KB122440

동소만록

저자 | 남하정 南夏正 (1678~1751)

본관은 의령(宜寧), 자는 시백(時伯), 호는 동소(桐巢)이다. 문종대 좌의정을 지낸 남지(南智)의 후손으로, 남수교(南壽喬)와 진주(晉州) 강씨(姜氏) 사이에서 태어났다. 일찍이 아버지를 여의었으나 학문에 전심하여 경사(經史)와 제자백가(諸子百家)에 통달하였다. 1714년(숙종40)에 진사시(進士試)에 합격하였으나 벼슬을 단념하고 경기도 진위현(振威縣) 동천(桐泉)의 구장(舊庄)에 은거하면서 후진 양성에 힘썼다. 대표적인 저술로는 『사대춘추(四代春秋)』와 『동소만록(桐巢漫錄)』 등이 있다. 『동소만록』은 근기(近畿) 남인(南人)계를 대표하는 당론서로서 이익(李瀷) 등 후학들에게 많은 영향을 끼쳤다.

역주 | 원재린

성균관대학교 사학과 졸업, 연세대학교 대학원 문학석사, 연세대학교 대학원 문학박사.
주요논저 : 『임관정요』(2012), 「조선후기 성호학파의 학풍연구」(2003), 『사도세자의 죽음과 그 후의 기억―玄皐記 번역과 주해―』(2015, 공역), 『충역의 시비를 정하다―『定辨錄』 번역과 주해』(2016, 공역), 「『桐巢漫錄』에 반영된 南夏正의 정국인식」(2011), 「조선후기 星湖學派의 黨爭 인식」(2013), 「조선후기 남인 당론서 편찬의 제 특징」(2016)

동소만록 桐巢漫錄

남하정 저 | 원재린 역주

초판 1쇄 발행 2017년 6월 30일

펴낸이 오일주
펴낸곳 도서출판 혜안

등록번호 제22-471호
등록일자 1993년 7월 30일

주소 04052 서울시 마포구 와우산로 35길 3(서교동) 102호
전화 02-3141-3711~2 / **팩스** 02-3141-3710
이메일 hyeanpub@hanmail.net

ISBN 978-89-8494-412-1 93150

값 38,000 원

동소만록 桐巢漫錄

남하정 저 | 원재린 역주

혜안

머리말

　조선시대 정치사는 16세기 붕당의 형성에 이어 정파 상호간의 대립과 갈등을 축으로 하여 전개되었다. 17세기 붕당정치기, 18세기 탕평정치, 19세기의 세도정치는 그러한 정치의 특질을 반영하여 나타난 현상이었다. 이러한 조선시대 정치사는 개별 시기 사상사, 학술사의 변화, 그리고 제 정치세력의 성장 및 사회경제적 변동과 연관하여 복잡하게 전개되었다. 따라서 이 시기 정치사에 대한 체계적이고 깊이 있는 이해를 위해서는 더욱더 풍부한 역사상을 다양한 관점에서 구체적으로 살펴보아야 할 것이다. 그렇게 할 때 여전히 우리 사회 한 구석에 남아 있는 당파성론이나 당쟁망국론의 편견으로부터 벗어날 수 있을 것이다.

　해방 이후 조선시대 정치사 연구는 양적 질적으로 괄목할 만한 발전을 보였음에도 불구하고 사적인 이해관계를 위해 싸운 당쟁사는 있지만, 공적인 사회통합이나 진보 문제를 놓고 싸운 정치사는 없다는 인식이 여전히 남아 있다. 혹은 개인의 전기(傳記)를 강조해서, 구조적 설명 같은 필연성보다 순간적인 인간 심리의 변화 같은 우연성을 정치사로서 부각시켰다. 한편 붕당정치론이 제기되면서 붕당 간에 현상적으로 공존하는 양상을 부각시켜 당쟁망국론을 극복하기도 했지만 그 저변에 깔려 있는 대립의 요인 및 필연성에 대해서는 주목하지 못하였다. 즉 정치적 대립은 왜 일어났으며, 그 갈등의 내용은 무엇인지를 천착하지는 못하였던 것이다. 이때 주목되는 사료가 당론서(黨論書)이다.

　당론서가 본격적으로 편찬된 시기는 서인(西人)과 남인(南人)의 대립이 격화되고 서인이 노론(老論)과 소론(少論)으로 분열된 17세기 후반 이후였다. 17세기의 붕당정치가 파국을 맞아서 숙종·경종 연간의 환국(換局)·처분(處分)과 같은 격렬한 정치적 소용돌이를 거치면서 주요 붕당이었던

桐
巢
漫
錄

노론, 소론, 남인의 당론이 발생한 이후에 편찬되었던 것이다. 대체로 다루어진 주요 내용은 붕당이 형성된 이래로 중앙정계에 큰 영향을 끼쳤던 정치적 사안을 중심으로 개별 정파의 입지를 유지·강화시킬 수 있도록 필요한 상황설명과 논평들이 일관된 논지 하에 정리되었다. 즉 당론서에는 해당 시기 정계와 학계를 주도했던 인물들의 구체적인 정치 행동뿐만 아니라, 그들의 현실 인식과 이를 뒷받침하는 세계관, 정치적 과제를 이해하고 대처하는 모습까지 매우 구체적으로 담겨 있다. 이는 실록이나 개인 문집에서 쉽게 찾을 수 없는 당론서만이 갖는 고유한 장점으로, 정치사 전개 과정에서 붕당의 이합집산, 개별 사건에 대한 정치적 입장 및 학문적 입장의 상관성 등을 살펴볼 수 있다.

이처럼 당론서는 정치사만이 아니라 해당 시기의 역사상을 총체적으로 담고 있는 귀중한 기록문화유산이다. 그럼에도 불구하고 주요 당론서에 대한 체계적이고 종합적인 역주작업은 미진한 상황이다. 1960~70년대 민족문화추진회에서 관심을 보이다가 이후 개인적 차원에서 몇 편이 번역되었을 뿐, 전체 당론서를 대상으로 정밀한 해제나 내적 관계를 고려한 분류조차 이루어지지 않고 대부분 방치되어 있다. 지금까지 야사류(野史類)를 포함하여 당론서로서 번역된 것으로는 『연려실기술(燃藜室記述)』·『대동야승(大東野乘)』(이상 한국고전번역원 역, 1966·1976), 그 외에 『동국붕당원류(東國朋黨源流)』(이민수 역, 1973)와 『당의통략(黨議通略)』(이민수 역, 1972 ; 이덕일 외역, 1998), 『패림(稗林)』(경상대 남명학연구소, 2009), 『현고기(玄皐記)』(김용흠 외역, 2015), 『정변록(定辨錄)』(김용흠 외역, 2016) 등이 있을 뿐이다. 전반적으로 번역의 완성도나 전문성이 점차 강화되는 상황이지만 다양성의 측면에서는 여전히 미흡하다. 무엇보다 남인계를 대표하는 당론서에 대한 성과물이 없었다. 물론『조야신필(朝野信筆)』(이희환 역, 2009)이 있지만 이보다 앞선 시기에 편찬된『동소만록(桐巢漫錄)』은 다수의 논문들에서 자주 인용되고 있음에도 불구하고 아직까지 번역작업이 이루어지지 않았다.

『동소만록』(이하 만록)은 남인을 대표하는 당론서로서 지금까지 알려진 바에 따르면 붕당론에 관한 한 통사적 체계를 갖춘 최초의 저술이라는 점에서 학술사적 의미가 적지 않다. 서인과 남인의 대립이 격화되어 간 17, 18세기의 사정을 가장 가까운 시기에 관찰하고 기록한 당론서로서, 이후 남인계 당론서인『대백록(待百錄)』,『조야신필』,『동남소사(東南小史)』,『수여록(睡餘錄)』등에 영향을 끼쳤다. 남하정(南夏正, 1678~1751)이『만록』을 편찬하게 된 직접적인 계기는 서인·노론에 의해 왜곡 기술된 역사적 사실을 교정하기 위함이었다. 이는 학문적 차원을 넘어 열세에 처한 정치상을 바라잡기 위한 현실적 고민의 산물이기도 하였다.『만록』을 통해 당대 남인들이 처한 정치적 난맥상을 타개하고 새롭게 정국운영의 주체로서 위상을 제고할 수 있는 명분과 입지를 제공하고자 했다. 이에 시기별 서인 집권의 부당함과 주요 정론가들의 공적인 실책 및 개인적 비위, 노소분당의 계기들에 대해서 천착하였다. 아울러 서인·노론의 정치 공세로 인해 주목받지 못한 남인들의 정치적 역할과 역량을 다양한 문헌들을 통해 드러내고 있다. 이로써 퇴패를 거듭했던 남인들의 재집권 계기를 마련하고, 정국운영의 정상화를 염원했던 것이다.

본서에 대한 역주작업은 2006~2007년도 한국연구재단의 지원을 받으면서 개시되었다. 이때『갑을록(甲乙錄)』(소론)과『아아록(我我錄)』(노론)에 대한 작업도 함께 진행되었다. 이상 3종에 대한 역주작업이 일차

桐
巢
漫
錄

마무리된 후 그 성과를 바탕으로 2011년 한국역사연구회와 2016년 한국사
상사학회 주관 아래 학술대회도 개최한 바 있다. 그 뒤 원고의 완성도를
높이려는 요량으로 출간이 미루어지다가 이제야 비로소 본서를 필두로
간행을 서두르게 되었다. 지난한 역주과정에서 끊임없는 조언과 실질적
인 도움을 주신 백승철, 김용흠, 정호훈, 정두영, 김정신 선생님께 감사의
말씀을 드리며, 당론서에 애정을 갖고 더딘 발걸음에도 오랜 시간 기다려
주신 혜안출판사 오일주 사장님과 난삽한 원고를 깔끔하게 정리해주신
김현숙, 김태규 선생님께 깊이 사례 드린다.

2017년 5월

원 재 린

차례

10

권
2

桐
巢
漫
錄

12

桐
巢
漫
錄

14

桐
巢
漫
錄

16

桐巢漫錄

범례

1 번역 저본은 오성사(旿晟社) 영인본[想白 古951.052-N15d(奎章閣 所藏)]을 활용한다.

2 번역문은 가능한 한 현대 우리말로 풀어쓰는 것을 원칙으로 하였다. 그러나 당대에 상용한 용어에 대해서는 처음 나왔을 때 괄호 안에 한자를 병기하고, 그 개념을 해설한 다음 그대로 사용하였다. 이는 지나치게 풀어쓰는 경우 오히려 본문의 내용에 대한 이해를 해칠 우려가 있다는 판단에 따른 것이다.

3 번역문에서 한자(漢字)는 필요한 경우 처음 나올 때 '( )'로 묶어 한글과 병기하였다.

4 번역문에서 표현이 바뀌어 원문의 한자 표기를 밝힐 필요가 있을 때에는 '[ ]' 안에 병기하였다.

5 숫자는 특별한 경우가 아니면 아라비아 숫자로 표기하는 것을 원칙으로 하였다.

6 『동소만록』의 판본이 여러 가지인 경우, 그 원문(原文)이 다르면, 판본 검토를 통하여 가장 적합하다고 판단되는 원문을 확정하여 번역과 주해에 임하였다. 현재 『만록』은 2종의 간본(刊本)과 다수의 필사본이 남아 있다. 대표적 간본은 여강출판사 영인본[2권 2책, 奎4505]과 오성사 영인본[3권 2책]이 있다. 여강출판사본은 필사본으로 되어 있다. 본 번역서는 오성사본을 저본으로 하되 여강출판사본과의 본문 교감을 통해서 최대한 오류를 줄이려 하였다.

7 각종 사전류와 고전 번역을 참고하여 작성하였으며, 이것을 대학교 학부 강의에서 활용할 수 있도록 그 수준을 조절하였다.

8 원문에서 줄을 바꾸어 표기된 문단을 기준으로 하여 편의상 권별로 각각 일련번호를 부여하였다. 권별 제목과 소제목은 독자의 편의를 위해 번역자가 파악한 내용을 감안하여 임의로 붙인 것이다.

해제

　『동소만록(桐巢漫錄)』(이하 만록)은 남하정(南夏正, 1678~1751)이 남인의 입장에서 조선시대 정치사를 정리한 대표적인 당론서이다. 남하정의 본관은 의령(宜寧), 자는 시백(時伯), 호는 동소(桐巢)이다. 할아버지는 대흥 군수(大興郡守)를 지낸 중유(重維)이고, 아버지는 성균관 생원 수교(壽喬)이 다. 그는 1714년(숙종40)에 진사시(進士試)에 합격하였으나 벼슬을 단념하 고 경기도 진위현(振威縣) 동천(桐泉)의 구장(舊庄)에 은거하면서 후진 양성 에 힘썼다. 이 같은 처사(處士)의 삶을 기억하고 학문위업을 기렸던 사람들 은 근기(近畿) 남인계 학자들로, 이익(李瀷)과 안정복(安鼎福), 황덕길(黃德吉) 등이었다. 이들에게『만록』은 자신들의 정치지향을 대변하는 저술이었 던 것이다. 조선후기 당론서는 철저히 자파의 정치적 입장을 정리하고 설파하기 위해 편찬되었다.『만록』역시 숙종대 이래 서인·노론의 공세로 실세한 남인의 위상을 제고하고, 수세국면에서 벗어나 남인의 정론을 펼칠 공간을 확보하기 위한 의도에서 비롯되었다. 특히 남하정은 영조대 초반 탕평(蕩平)을 통해 정계재편의 전기가 마련되는 상황 속에서 자파의 출사를 독려할 목적을 갖고 통사적 관점에서 당쟁의 내력을 정리하였다.

　『만록』의 전체 기사는 대략 413여 건으로, 이를 주요 사건·인물별로 빈도수를 기준으로 정리하면 다음과 같다. 일단 정치사건으로는 기축옥 사(己丑獄事), 환국(換局), 붕당일반, 노소분기(老少分岐), 영조대 탕평, 예송(禮 訟)논쟁의 순이다. 기축옥사는 동서분당 이래 당쟁을 격화시킨 최초의 사건이었다는 점에서 사적(史的) 관점에서 정치사를 정리하는 데 주목하 지 않을 수 없는 사안이었다. 동시에 남하정은 서인내 분기를 초래한 사건으로 인식하였다. 즉 권력 쟁취의 목적에서 무리하게 진행된 옥사의 결과, 그 책임 소재를 둘러싸고 서인 내부에서 갈등이 벌어지게 되었던 것이다. 환국과 탕평정국은 편자의 생존 시기로, 직접 듣거나 목도한 내용이 많다는 점에서 상당한 분량을 차지하였다. 더욱이 남인의 침체가 본격화된 시점이고, 폐고 상태에서 벗어나 점차 정계진출이 모색되던 국면이었다는 점에서 『만록』의 집필 의도를 가늠해 볼 수 있다. 기본적으로 숙종대 환국은 국왕이 주도한 것으로 당국자였던 남인들은 신하로서 직분을 다했다는 논지를 일관되게 견지하였다. 오히려 남하정은 각각의 국면에서 자행된 서인들의 정탐정치의 문제점을 김석주(金錫胄) 등의 사례를 들어 지적하였다.

　다음으로 노소분기는 서인 집권과정에서 불거진 필연적인 분화로 파악하고, 그 속에 내재된 차별성까지 면밀히 규명하였다. 기축옥사에서 비롯된 갈등의 양상이 점차 확대되어 마침내 윤선거(尹宣擧)의 기유의서(己酉擬書, 1669)와 윤증(尹拯)의 신유의서(辛酉擬書, 1681)로 격화되었다는 관점을 제시하였다. 그리고 양측 간의 대립 속에는 학문적 사상적 차이점이 내재되었음을 간접적으로 피력하였다. 예송논쟁은 서인·노론에 대비된 남인의 정치지향을 잘 드러낼 수 있는 현안이라는 점에서 주목되었다. 남인들은 국왕의 권위를 존숭하며 사대부와 구별되는 예제를 적용하려 한 반면, 노론은 왕실을 홀대하며 심지어 이를 빌미로 반란을 획책하려 했다는 것이다.

　한편 남하정이 중점적으로 다룬 주요 인물로는 송시열(宋時烈), 정철(鄭澈), 성혼(成渾), 윤선거 부자(父子), 김석주, 허적(許積), 이이(李珥), 송익필(宋翼弼), 이준경(李浚慶) 등이었다. 송시열은 위축된 남인의 정치력을 만회하고 실추된 위상을 재정립하기 위해서는 반드시 살펴야 할 인물이었다. 남하정은 송시열에 대해 일상사로부터 정치활동에 이르기까지 폭넓게 정보를 수집하여 열거하였다. 조선후기에 송시열이 있었다면 전기엔 정철이었다. 정철은 초기 당쟁을 격화시킨 주역으로서, 기축옥사 당시 동인 숙청에 앞장섰던 인물이었다. 그리고 배후로 이이를 지목하였다. 이이는 훈척·세도가문과 결탁하였으며, 성혼과 정철을 심복으로 삼고, 송익필의 무리들과 연계하였다는 것이었다.

남하정이 초기 당쟁과정을 개괄하면서[1] 성혼에 주목한 것은 이후 정국변동에서 직·간접적으로 주요 원인을 제공했기 때문이었다. 성혼은 송익필·정철 등과 함께 기축옥사에 깊이 간여하였으며,[2] 그 여파는 의도치 않게 서인내 갈등을 촉발하였던 것이다. 『만록』에 따르면 성문준이 기축옥사 이후 흉흉한 여론이 지속되자 그 책임을 정철에게 전가하고 부친을 빼내기 위해서 사화로 규정했다가[3] 정철 가문의 반발에 직면하자[4] 외손 윤선거에 의해서 역옥(逆獄)으로 재규정되었다. 그 과정에 송시열의 협조를 구했으나 끝내 거절당하였다.[5] 이에 치옥(治獄)으로 규정하여 책임을 류성룡(柳成龍)에게 전가하였다.[6]

또 하나 남하정이 주목했던 노소분기의 원인은 바로 윤휴(尹鑴)를 둘러싼 사상 대립이었다. 송시열은 윤휴의 반주자학적 태도를 비판한 반면, 윤선거는 상대적으로 그를 감싸는 모습을 보였다.[7] 이러한 상반된 태도는 점차 학술·사상 분야로 확대되었고, 결국 노소분기의 주요 원인이 되었던 것이다. 남하정은 양측의 시비를 분변하는 기준으로 유학 경전의 수립과정에서부터 적용되었던 자유로운 학풍에 주목하였다.[8] 경전은 본래 살아있는 책인데, 경직되게 고수한다면 이는 죽은 책이 되니 살아있는 책이 될 수 없다는 논지였다. 회의와 자득을 거부하고 주자 존숭을 빌미로 상대방을 공격하는 것은 당론에서 유래된 것이며, 이는 송시열이 남긴 독기라는 혹평을 제시하였다.[9] 주자 존숭의 학문태도를 명분의리론으로 치환시켜 자파의 정치력을 극대화하고 상대를 제압하려는 의도를 드러내어 재발을 방지하려 했던 것이다. 대표적인 사례가 남인에게 적용된

---

1) 『만록』 권3, 83번 기사 참조.
2) 『만록』 권1, 33번 기사 참조.
3) 『만록』 권1, 46번 기사 참조.
4) 『만록』 권1, 52번 기사 참조.
5) 『만록』 권1, 76번 기사 참조.
6) 『만록』 권1, 77번 기사 참조.
7) 『만록』 권2, 68·71번 기사 참조.
8) 『만록』 권2, 110번 기사 참조.
9) 『만록』 권2, 109번 기사 참조.

20

명의죄인(名義罪人) 죄목이었다.

　명의죄인은 기사환국(己巳換局) 당시 남인 당국자들이 인현왕후(仁顯王后)의 폐위를 적극적으로 막지 않고 방관하여 국정을 어지럽혔다는 혐의에 붙여진 것이었다. 이에 대해 남하정은 폐위를 막기 위해서 기울였던 남인 당국자의 노력을 구구절절이 인용·제시하였다. 아울러 폐위의 결정은 오직 국왕에게 있다는 사실을 부각시켰다.[10] 남하정이 명의죄인의 혐의에서 벗어나기 위해 적지 않은 분량을 할애한 현실적 이유는 꽉 막힌 벼슬길을 열기 위해서였다. 명의죄인을 빌미로 수천 사람이 과거를 볼 수 없게 되었으며,[11] 심지어 '역(逆)도 또한 전해지는 통(統)이 있다'는 역통론이 제기되어 중앙정계에서 남인의 입지가 더욱 좁아졌다.[12] 남하정은 명의죄인의 혐의를 벗어날 확실한 근거로 1695년(숙종21) 올린 남구만(南九萬)의 상소와 임금의 비답을 소개하였다.[13]

　아울러 남하정은 명의죄인의 혐의에서 벗어남과 동시에 남인의 위상 제고를 위해 동궁[경종] 보호 노력을 부각시켰다. 환국 관련 기사를 정리하면서 노론의 권모술수와 남인의 동궁 보호 노력을 대비시켜 정치 명분을 확보하고 재기할 수 있는 발판을 마련하고자 했다.[14] 남하정은 노론의 정탐정치에 대비하여 남인의 동궁 보호 노력과 그 속에 담긴 왕실 위호의 굳은 의지를 소개하여 입조 명분을 쌓아가고자 했다. 『만록』에 소개된 대표적인 동궁 보호 노력은 이잠(李潛)의 옥사였다. 이때 이잠의 동생들을 소개하였는데, 그 중 한 명이 이익이었다. 이익은 뛰어난 학행에도 불구하고 숨어 지내고 벼슬길에 나아가지 않았다고 했다.[15] 명의죄인의 혐의를 받아 남인의 출사길이 막혔던 사실을 은연중에 드러냈던 것이다. 이잠으로 대표되는 여주(驪州) 이씨 일문의 정치성향은 영조대

10) 『만록』 권3, 1~4번 기사 참조.
11) 『만록』 권3, 2번 기사 참조.
12) 『만록』 권3, 88번 기사 참조.
13) 『만록』 권3, 11번 기사 참조.
14) 『만록』 권3, 13·41번 기사 참조.
15) 『만록』 권3, 32번 기사 참조.

초반 다시 한번 주목되었다.

영조대 탕평정국은 남하정이 자신의 정론을 적극적으로 표명해야할 당대 현실이었다. 남하정은 소론주도의 탕평에 적극 반대하는 기사를 소개하였다. 영조대 조현명(趙顯命)과 송인명(宋寅明) 등이 탕평론을 주도하면서 소·노론의 보합(保合)을 이루었지만 그것은 '조·송의 천하'라고 폄하하였다.16) 소위 탕평론자들이 자신의 이익을 관철시키기 위해 가부를 모호하게 하고, 시비를 어물쩍 넘기면서 자리를 지키고 봉록을 유지하려 했다고 비판하였다. 즉 노소보합의 탕평은 당쟁을 해소하기보다는 두 정파의 현실적 이해관계를 관철하기 위해 이루어졌다고 판단했던 것이다. 이러한 관점에서 남하정은 남인 청론의 일원이었던 오광운(吳光運)의 '대탕평'에 대해서도 부정적인 입장을 취했다.17)

그렇다면 남하정이 추구했던 조제보합 방식은 어떤 것이었을까? 그것은 준론자(峻論者)의 등용이었다. 이와 관련하여 『만록』에서 제시 된 이맹휴(李孟休)의 등용 사례가 주목된다. 그는 이잠의 조카이자 이익의 아들이었다. 인용기사에 붙어 있는 논평에서 "만일 이잠의 조카이기 때문에 등용하지 않았다면 국가에 인재가 없을 것이다."고 하였고, "'건극(建極)' 두 글자가 비록 진부한 말이 되었지만 이것 이외에는 다른 방도가 없다."고 결론을 맺었다.18) 남하정의 입장에서 볼 때 여주 이씨 가문은 당론을 유지하면서 끝까지 동궁 보호를 통해 왕실을 지켜낸 준론자였다. 탕평이란 정파를 초월하여 왕권 위호의 신념과 시무 지식을 갖춘 인사를 국왕의 권한으로 등용하여 건극을 이루는 것이었다. 이 점에서 볼 때 이맹휴의 등용은 남인의 정치력을 회복하고 탕평을 이룩할 좋은 사례였던 것이다.

이상의 내용을 담고 있는 『만록』은 현재 2종의 간본(刊本)과 적지 않은 필사본이 남아 있다. 대표적 간본은 2권 2책[奎4505, 여강출판사 영인본], 3권 2책[想白 古 951.052-N15d(奎章閣 所藏), 오성사 영인본]이 있다. 박사정(朴

---

16) 『만록』 권3, 57번 기사 참조.
17) 『만록』 권3, 71번 기사 참조.
18) 『만록』 권3, 75번 기사 참조.

22

思正)의 발문(跋文)에 따르면 1779년(정조3) 스승 남하행(南夏行, 남하정의 동생)의 요청에 따라 본래는 3책이던 것을 중복된 것을 지우고 기사의 차례를 바로잡아 상·하 2권으로 만들었다고 했다. 분량만 놓고 볼 때 여강출판사본이 이때 편찬된 것으로 간주할 수 있지만, 세주(細註) 형태의 안설(按說) 내용이 소론의 관점에서 본문을 부연설명하거나 비판하는 것이라는 점에서 원본 그 자체는 아닌 것으로 판단된다.

한편 오성사본은 3권 2책으로 1925년에 일반 대중에게 널리 보급하고자 신식활자본으로 출간되었다. 편차 수정을 제외하고는 상대적으로 원본의 내용을 잘 따른 것으로 판단된다. 즉 박사정이 편집한 것을 참고로 하여 별도의 부록 한 편을 만들어 원록(原錄) 아래 붙여 놓았던 것이다. 이때 당시까지 남아 있던 여러 필사본들을 면밀히 대조하여 나름 정본으로 확정했을 가능성이 크다. 박사정의 편집본이 여러 집안에서 등사하는 과정에서 내용들이 번다해지거나 간략해지고, 순서가 서로 다른 문제가 발생하였다. 이 문제를 해소하기 위해 다시 지우고 정리했으며, 그 과정에서 문맥상 내용이 잘 맞지 않는 기사 일부를 부록에 편성함으로써 통사체계를 갖추었던 것이다. 이에 본 번역서는 오성사본을 저본으로 하되 여강본과의 교감을 통해서 최대한 오류를 줄이려 하였다.

동소 선생 약전(桐巢先生略傳)

공(公)의 성은 남씨이고, 생전 이름은 하정(夏正)[1]이다. 자는 시백(時伯)이고 본관은 의령(宜寧)이다. 좌의정을 지내고 충간(忠簡)의 시호를 받은 남지(南智)[2]의 후손으로, 증조부 남두화(南斗華)는 감찰을 지낸 뒤 좌승지에 추증되었다. 할아버지 남중유(南重維)[3]는 군수를 지냈고, 아버지 남수교(南壽喬)는 생원이었다. 어머니 진주 강씨는 부사(府使) 강석로(姜碩老)의 딸이었다.

공은 일찍이 아버지를 여의고 혼자 힘으로 학업을 닦았다. 날마다 뛰어나게 학업을 성취하여 두각을 나타냈다. 어릴 때 어머니[4]를 따라 외가 잔치에 갔는데 홀연히 자리에서 사라졌다. 이내 찾아보니 공이 서재로 쓰이는 다락 위에 꼼짝 않고 앉아서 책에서 손을 떼지 않고

---

1) 남하정(南夏正) : 1678~1751. 본관은 의령(宜寧), 자 시백(時伯), 호 동소(桐巢)이다. 부친은 성균관 진사 수교(壽喬), 모친은 진주 강씨로 부사 석로(碩老)의 딸이다. 충청도 공주에서 태어났다. 아버지를 일찍 여의었으나 학문에 전심하여 경사(經史)와 제자백가(諸子百家)에 통달하였다. 글을 잘 지어 문명(文名)을 떨쳤으니 「출사책(出師策)」은 명문장으로 일컬어져 이식(李植)에 비교하였다. 1714년(숙종40) 진사가 되었으나 곧 벼슬을 단념하고, 경기도 진위(振威)의 동천(桐泉)에서 은거하며 학문에 전념하였다. 저서로는 『사대춘추(四代春秋)』와 『동소만록(桐巢漫錄)』 등이 있다.
2) 남지(南智) : ?~1453. 본관은 의령, 자 지숙(智叔)이다. 영의정 재(在)의 손자, 병조의랑 경문(景文)의 아들로, 호조판서·우의정 등을 역임하였다. 1451년(문종1) 좌의정이 되어 영의정 황보인(皇甫仁)·우의정 김종서(金宗瑞)와 함께 단종(端宗)을 잘 보필해달라는 문종의 고명(顧命)을 받았으나 1452년 풍질(風疾)로 사직을 청하였다. 계유정난(癸酉靖難) 때 사돈 안평대군(安平大君)과 사위 우직(友直) 부자가 죽음을 당하였으나 병으로 화를 면하였다.
3) 남중유(南重維) : 1626~1701. 본관은 의령, 자 공진(公鎭)이다. 형조좌랑·대흥군수 등을 역임하였다. 1663년(현종4) 이이(李珥)와 성혼(成渾)의 문묘 종사를 반대하다가 정거(停擧)되기도 했다. 1681년(숙종7) 김환(金煥) 등과 비밀결사를 조직하여 반역을 도모했다고 참소당하기도 했다. 저서로는 『위혜병(威惠幷)』이 있다.
4) 어머니 : 태석인(太碩人). 다른 사람의 어머니를 높이는 칭호이다.

푹 빠져 있었다. 외할아버지 부사공(府使公)이 감탄하며, "이 아이는 반드시 문장으로 이름을 떨칠 것이다. 그러나 혹 높은 지위에 오르고 귀하게 되는 데에는 흠이 될 수도 있겠다."고 하였다. 더 성장해서는 견문을 더욱 넓혀서 학문에 통달한 유학자로서 큰 재목이 되었다. 자신을 엄격하게 단속하며, 말을 빨리하지 않고 쓸데없이 사람들과 교유하지 않았다. 진사가 되었지만 과거공부를 달갑게 여기지 않고 이내 포기하였다. 어머니를 효성스럽게 봉양하였으며, 여러 형제들 잘 돌보았다. 꽃과 대나무를 옮겨 심으며, 세상일에는 마음을 두지 않았으니 서울 가는 길을 다시 묻지 않은 지 거의 30년이 다 되었다. 공이 진위현(振威縣)5) 동천산(桐泉山) 아래 거처했기 때문에 스스로 동소(桐巢)라고 불렀다.

공은 무오년(1678, 숙종4)에 태어나 74세를 살다가 신미년(1751, 영조27)에 세상을 떠났다. 훈계를 남겨 자손들에게 받들어 따르게 하였다. 세상을 떠나기 직전 정신이 맑을 때 손수 장례절차를 작성하였는데 빈장(殯葬)6)에 관한 절차는 간소하고 검약하며 분수에 넘치는 예를 부끄러워해서 풍속으로 바로잡으려 했다. 공은 몇 권의 시문집을 남겼는데, 『사대춘추(四代春秋)』7)와 『동소만록』 등의 책이 집안에 보관되었다.

아, 공의 덕행과 도예(道藝)가 어떤지 상상할 수 있었으니, 여러 선배들의 글에서도 드러난다. 성호(星湖)8) 선생은 "군자는 마음에 지니고 있는

---

5) 진위현(振威縣) : 현재 경기도 평택시 진위면 동천리(東泉里)이다.

6) 빈장(殯葬) : 장례를 속히 치르지 못하고 시신을 방 안에 둘 수 없을 때 관을 놓고 이엉 따위로 그 위를 이어 눈과 비를 가릴 수 있도록 덮어 두는 일이다.

7) 사대춘추(四代春秋) : 남하정이 지은 한문소설. 가전체 작품으로 사계절의 변화에 공자의 춘추정신을 대입시켜, 정치현실의 이해득실을 논한 작품이다. 구성은 서두에 해당되는 사대춘추범례 8조목, 그리고 원기(元紀), 하기(夏紀), 상기(商紀), 북연기(北燕紀), 말미에 해당되는 외사씨(外史氏)로 구성되어 있다. 4종의 필사본이 현전한다.

8) 성호(星湖) : 이익(李瀷, 1681~1763)의 호. 본관은 여주(驪州), 자 자신(子新)이다. 대사헌 하진(夏鎭)의 아들이다. 1705년(숙종31) 증광시(增廣試)에 응했으나, 녹명(錄名)이 격식에 맞지 않았던 탓으로 회시(會試)에 응할 수 없게 되었다. 바로 다음해 9월에 둘째형 잠(潛)이 장희빈(張禧嬪)을 두둔하는 소를 올렸다가 역적으로 몰려 장살 당하자 광주(廣州) 첨성리(瞻星里)에 은거하며 학문에 전념하였다. 성호학파를 형성하여 실학사상의 확산에 공헌하였다. 저서로는 『성호사설(星湖僿說)』・『곽우록(藿憂錄)』・『사칠신편(四七新編)』 등이 있다.

본래 성품을 귀하게 여겼다."고 하였다. 묘갈명(墓碣銘) 순암(順庵)[9] 선생은 "선
생의 도는 오직 올바름을 보존하였으며, 선생의 문장은 오직 도를 기준으
로 삼았다."고 하였다. 쌍석(雙石) 정공(鄭公)은 "안으로는 인륜을 돈독히
하고, 밖으로 실행에 힘썼다. 총명하고 부지런했으며, 일찍부터 이름을
떨치고 유명하였다."고 하였다. 문집 서(序) 혜환자(惠寰子)[10]는 개인적으로
'정(貞)'이라는 시호를 바쳤다. 이것은 모두 후세에 믿을 만한 증거이다.
하려(下廬)[11] 어른은 "내가 『동소만록』을 보았는데 자기 당파라고 해서
비호하지 않았고, 다른 당파라고 구애받지 않았으니 삼장(三長)[12]을 갖춘
책이다."고 하였다. 또 말하기를, "당론이 생겨난 이래로 하늘을 기만하고
사람들을 속여 왔다. 당(黨)은 말라비틀어지고 원수들은 썩어 없어졌어도
3세(世)가 지나도록 사실과 다르게 전해진 말이 세상 사람들의 눈과 귀를
가렸지만 『동소만록』은 믿을 만한 기록임을 알 수 있다.……" 유사찬(遺事贊)

---

9) 순암(順庵) : 안정복(安鼎福, 1712~1791)의 호. 본관은 광주(廣州), 자 백순(百順)이다.
성호 이익의 직계문인으로서 신후담(愼後聃)·이병휴(李秉休) 등과 활발한 학문 활동을
벌였다. 저서로는 『동사강목(東史綱目)』·『임관정요(臨官政要)』 등이 있다.

10) 혜환자(惠寰子) : 이용휴(李用休, 1708~1782)의 호. 본관은 여주, 자 경명(景命)이다. 익(瀷)
의 조카이며, 가환(家煥)의 부친이다. 문학활동을 통해 여항(閭巷)문인들에게 큰 영향
을 주었다.

11) 하려(下廬) : 황덕길(黃德吉, 1750~1827)의 호. 본관은 창원(昌原), 자 이길(耳吉), 호 두호
(斗湖)이다. 형 황덕일(黃德壹)과 함께 안정복의 문하에 들어가 학문 활동을 펼쳤다.
저서로는 『조야신필(朝野信筆)』 등이 있다.

12) 삼장(三長) : 사서(史書)를 저술하는 데 필요한 세 가지 재주인 재(才)·학(學)·식(識)이다.

권

1

태조와 신덕왕후

001　홍무(洪武)¹⁾ 기미년(1380, 우왕 6) 고려 왕조대 태조 이성계가 양광(楊廣)²⁾·경상·전라 3도의 도순찰사(都巡察使)가 되었다. 이때 정포은(鄭圃隱, 정몽주)³⁾을 부사(副使)로 삼았다. 황산(荒山)⁴⁾에서 왜적을 토벌하여 크게 격파하였고, 태조의 공훈과 덕행, 대단한 명성이 날로 떨쳐서 세상을 뒤덮었다. 태조가 전주로 돌아오자 포은은 만경루(萬景樓)에 올라 시를 지었다.

　"천 길 언덕 머리에 돌길 비껴 놓여 있는데, 올라서 보니 감회가 그지없네. 청산(靑山)은 부여국(扶餘國)에 보일 듯 말듯하고, 누런 잎새는 백제성(百濟城)에 어지럽구나. 9월의 높은 바람은 나그네를 슬프게 하고, 백년의 호기(豪氣)는 서생(書生)을 그르치누나. 하늘가에 해는 지고 뜬구름이 모이니, 머리를 들어 옥경(玉京, 개경)을 바라볼 길이 없다." 태조는 끝내 그의 마음을 돌릴 수 없음을 알았다고 한다. 『무송소설(撫松小說)』⁵⁾

002　태조가 이름을 떨치기 전에 아버지 환조(桓祖)⁶⁾의 생일날, 형 이원계(李元桂)⁷⁾와 함께 백운산(白雲山)으로 사냥을 갔다. 사흘이 지나도록 짐승

---

1) 홍무(洪武) : 명나라 태조의 연호(1368~1398)이다.
2) 양광(楊廣) : 고려시대 5도(道)중 하나. 경기도 남부지역과 강원도 일부, 충청도를 포괄하는 지역이다.
3) 정포은(鄭圃隱) : 정몽주(鄭夢周, 1337~1392)의 호. 본관은 영일(迎日), 자 달가(達可)이다. 고려말 신진사대부로서 정도전(鄭道傳)과 함께 문벌귀족의 적폐(積弊)를 일소하려 했다. 조선 개창에 반대하다가 선죽교(善竹橋)에서 이방원의 문객 조영규(趙英珪) 등에 의해 죽임을 당하였다. 저서로는 『포은집』이 있다.
4) 황산(荒山) : 전북 남원시 운봉읍·아영면·인월면에 소재. 1380년 왜적이 침입하여 충청·전라·경상 3도를 약탈하자 고려 조정에서는 이성계를 양광·전라·경상도순찰사(慶尙都巡察使)로 임명, 이 지방의 방위책임을 맡게 하였다. 이에 이성계는 남원(南原)에서 배극렴(裵克廉) 등과 합류하여 왜구를 격파하였다.
5) 무송소설(撫松小說) : 김명시(金命時, 1592~?)의 저술. 당대 일을 기록한 야사(野史)이다.
6) 환조(桓祖) : 이성계의 부친 이자춘(李子春, 1315~1360)의 존호. 삭방도만호겸병마사(朔方道萬戶兼兵馬使) 등을 역임하였다. 1356년 고려를 도와 쌍성총관부(雙城摠管府) 회복에 공을 세웠다.
7) 이원계(李元桂) : 1330~1388. 환조의 맏아들로서, 이성계의 백형이다. 이성계와 함께 왜구 침입 때 공을 세웠으며, 요동정벌 때 출전하였다가 회군 5개월 뒤에 죽었다.

한 마리도 잡지 못하자 태조가 "떠나는 게 좋겠습니다. 필시 사나운 맹수가 있기 때문입니다."고 하였다. 잠시 뒤 검은 호랑이가 나타났는데 크기가 여러 마리 소를 합친 것만큼 컸다. 형이 활을 쏘려하자 태조가 "이는 신령스러운 짐승이니 범할 수 없습니다."고 하였지만 형이 듣지 않고 활을 쏘자 호랑이가 뛰어오르며 이빨로 물어서 두 동강이 냈다.

태조가 크게 놀라 어려움을 피해 도망쳤는데, 십여 리 쯤 달아나다가 심한 갈증을 느꼈고, 마침 개울가에서 빨래를 하던 여인을 보고 급히 물을 달라고 했다. 그녀는 표주박에 물을 담고 그 위에 버드나무 잎새를 띄워 주었다. 태조가 화를 내며, "목이 말라 물을 달라고 했는데 어찌하여 나뭇잎과 함께 주느냐."고 묻자, 여인이 "급히 마시면 반드시 몸이 상합니다. 갈증이 심하신 듯 보여 천천히 드시라고 그리하였습니다."고 대답하였다. 태조가 기특하게 여겨 마침내 후실로 맞이하였으니, 그녀가 신덕왕후(神德王后)[8] 강씨였다. 즉위한 뒤 현비(顯妃)에 책봉되었다.

신덕왕후가 병자년(1396, 태조5)에 세상을 떠나자, 태조가 슬피 여겨 차마 멀리 장례를 지내지 못하고 도성 안에서 지냈으니, 황화방(皇華坊) 북쪽 언덕으로 지금의 정릉동(貞陵洞, 정동 일대)이다. 기축년(1409, 태종9)에 동소문(東小門) 밖으로 이장하였는데, 종묘에 신주를 모시고 봉릉(封陵)[9] 하는 예를 모두 거행하지 않았다. 기유년(1669, 현종10)에야 비로소 신덕왕후의 신주를 종묘에 모시고, 휘호(徽號)를 올리고 능을 예법에 맞게 복원하였다. 『선보(璿譜)』[10]에서 보이고, 또한 『야승(野乘)』[11]에서도 보인다.

신덕왕후는 태조가 조선을 개창하여 즉위할 때부터 몇 해 동안 중전[中壼]으로 있었다. 태조가 세상을 떠난 뒤 신하들이 잘못하여 태조와 함께

8) 신덕왕후(神德王后) : ?~1396. 태조의 계비(繼妃). 본관은 곡산(谷山). 판삼사사(判三司使) 강윤성(康允成)의 딸이다. 조선왕조 개창에 크게 공헌하였다. 소생으로 방번(芳蕃)·방석(芳碩), 경순공주(敬順公主)를 두었다.
9) 봉릉(封陵) : 임금과 왕비의 능을 만들기 위해 혹은 무덤을 만들기 위해 흙을 쌓아 올리는 봉축(封築)을 하는 것이다.
10) 선보(璿譜) : 선원보략(璿源譜略). 조선 왕실의 족보이다.
11) 야승(野乘) : 대동야승(大東野乘). 조선 초부터 인조 때까지의 야사(野史)·일화(逸話)·소화(笑話)·만록(漫錄)·수필(隨筆) 등을 모아 놓았다.

신주를 모시는 예를 거행하지 못하였으므로, 사람과 귀신이 오랫동안 억울하게 여겨왔다. 조정의 의논이 간혹 나오기는 했지만 역대 왕들이 미처 겨를을 내지 못하다가 이때 비로소 성대한 의식을 거행했는데, 능침을 봉하고 제사를 지내던 날 갑자기 소나기가 정릉에 쏟아졌다. 그 일대에 사는 동민(洞民)들은 원통함을 씻어주는 비라고 말했다. 「현종행장 (顯宗行狀)」

정종의 묘호

003 월정(月汀) 윤근수(尹根壽)[12]가 선조의 일록을 살피니 예종(睿宗) 때 공정(恭靖)[13]에게 안종(安宗)이라는 묘호(廟號)를 올렸다고 한다. 『회은집(晦隱 集)』[14]

004 공정대왕(恭靖大王) 당시엔 묘호를 올리지 못하다가 예종대 이르러 안종으로 추존하였다. 그 뒤로 공정이라고 일컬으니 안종이라는 호칭은 곧 없애고 일컫지 않았다. 신유년(1681, 숙종7)에 교리(校吏) 오도일(吳道 一)[15]이 차자(箚子)[16]를 올려 다시 정종(定宗)으로 묘호를 정할 것을 청하였 다. 예종 때 고사(故事)가 있었지만 어느 누구도 그 일에 대해 아는 자가 없으니, 정말 의심스러운 바가 있다. 공정은 명나라에서 내려준 시호이고

---

12) 윤근수(尹根壽) : 1537~1616. 본관은 해평(海平), 자 자고(子固), 호 월정(月汀)이다. 영의정 두수(斗壽)의 동생으로, 이황(李滉)의 문인이다. 형조·이조판서 등을 역임하였다. 1591 년(선조24) 세자책봉 문제로 형 두수와 함께 삭탈관직 되었다.

13) 공정(恭靖) : 정종의 시호. 명나라에서 내려준 것으로, 공은 윗사람을 공경하여 섬긴 다는 뜻, 정은 너그럽고 즐겁게 살다가 잘 마쳤다는 뜻이다. 1398년 정안군(靖安君) 방원(芳遠)이 주도한 1차 왕자의 난 직후 세자로 책봉되고, 곧이어 왕위에 올랐다. 1681년(숙종7)에 묘호를 정종이라 하고 의문장무(懿文莊武)라는 시호를 더 올렸다.

14) 회은집(晦隱集) : 남학명(南鶴鳴, 1654~1722)의 문집. 본관은 의령, 자 자문(子聞), 호 회은이다. 구만(九萬)의 아들, 극관(克寬)의 부친이다.

15) 오도일(吳道一) : 1645~1703. 본관은 해주(海州), 자 관지(貫之), 호 서파(西坡)이다. 영의정 윤겸(允謙)의 손자이다. 대사헌·한성부 판윤 등을 역임하였다. 조지겸(趙持謙)·박태보 (朴泰輔)·한태동(韓泰東) 등과 함께 소론(少論)에 참여하여 노론(老論)과 갈등을 벌였다. 1702년(숙종28) 민언량(閔彦良)의 옥사에 연루되어 유배되었다.

16) 차자(箚子) : 일정한 격식을 갖추지 않고 사실만을 간략히 적어 올리던 상소이다.

묘호는 올리지 않았기에 어떤 사람이 "주상께서 겸양하여 남긴 뜻이 있어서 예종 때 비로소 묘호를 추가로 올린 것이다."고 하였다. 이미 추가로 올렸다면 조천(祧遷)한 신위를 모신 사당[17]에 위판이 있을 터인데 어찌 조정에서 알지 못했겠는가. 어떤 사람이 "병자·정묘호란 이후 위판을 모두 고쳤지만 묘호는 예전대로 쓰지 않았던가."라고 하였다. 이 일은 사사로운 마음에서 결정해서는 안 된다. 종묘의 예는 국가의 대사인데도 이와 같이 문헌으로 징험할 수 없으니 정말 개탄스러울 뿐이다.

현덕왕후 위호 회복

005 문종(文宗)이 동궁시절에 처음 호군(護軍) 김오문(金五文)의 딸을 세자빈으로 책봉했지만 교태를 부리는 술수를 사용하다가 폐위되었다. 다시 소윤(少尹)[18] 봉려(奉礪)[19]의 딸을 책봉하였지만 덕을 잃어 폐위되었다. 이에 세자의 후궁 권씨(權氏)를 빈(嬪)으로 삼았으니, 그녀가 곧 현덕왕후(顯德王后)[20]였다. 노산군(魯山君, 단종)[21]을 낳은 뒤 7일 만에 죽자 안산(安山)에서 장례를 치르고 소릉(昭陵)이라고 불렀다.

일찍이 세조[光廟]가 낮잠을 자다가 가위에 눌리게 되자 소릉을 파헤치라고 명하였다. 재궁(梓宮)[22]을 끌어내려 했지만 무게를 감당할 수 없었다. 군민(軍民)이 크게 놀라서 글을 지어 제사를 지내고서야 비로소 관이 움직였다. 나흘 동안 밖에 방치해 두었다가 서인(庶人)의 예로써 장사지냈

---

17) 조천(祧遷)한 신위를 모신 사당 : 영녕전(永寧殿). 조천은 종묘 본전 안의 위패를 그 안의 다른 사당인 영녕전으로 옮겨 모시던 일이다. 태조 선대의 4조(祖)인 목조(穆祖)·익조(翼祖)·도조(度祖)·환조(桓祖)를 비롯하여 정종·문종·단종(端宗) 및 기타 추존된 왕과 왕비 등 32위의 위패를 봉안해 놓은 곳이다.

18) 소윤(少尹) : 한성부(漢城府)·개성부(開城府)·상서사(尙瑞司) 등에 두었던 정4품 벼슬이다.

19) 봉려(奉礪) : 1375~1436. 본관은 하음(河陰)이다. 공조·호조참판 등을 역임하였다. 1429년 딸을 왕세자에게 출가시켜 종부시 소윤(宗簿寺少尹)으로 초배(超拜)되었다.

20) 현덕왕후(顯德王后) : 1418~1441. 문종의 비. 화산부원군(花山府院君) 권전(權專)의 딸이다.

21) 노산군(魯山君) : 단종(端宗). 1457년(세조3)에 노산군으로 강봉(降封)되어 강원도 영월에 유배되었다가 죽었다. 1681년(숙종7)에 노산대군으로 추봉되고, 1698년 신규(申奎)의 상소에 의해 복위가 결정되었다.

22) 재궁(梓宮) : 왕과 왕후의 관을 가리킨다.

다. 능을 파헤치기 수일 전 한 밤중에 능 가운데에서 곡소리와 함께,
"내 집을 부수려 하니 나는 장차 어디에 의지할 것인가."라고 하였기에,
마을 사람들이 크게 놀랐다. 무덤을 옮긴 뒤에도 역시 영험하고 이상한
일들이 벌어졌다. 촌민 가운데 옛 능의 목석을 훔친 자가 있었는데 비바람
이 크게 일었다.

006 성종 2년(1471)에 추강(秋江) 남효온(南孝溫)23)이 상소를 올려 소릉(昭
陵)의 위호(位號)를 다시 회복하기를 청하였지만 주상이 회답하지 않았다.
중종 8년(1513)에 홍문관[玉堂]과 사헌부·사간원에서 합계(合啓)24)하여 다
시 청하자 주상이 공경대신들에게 의논하도록 명하였다. 유순정(柳順汀)25)·
노공필(盧公弼)26)·김응기(金應箕)27) 등은 위호를 다시 회복시킬 수 없다고
했다. 반면 김전(金詮)·장순손(張順孫)28)·박열(朴說)29)·신용개(申用漑)30)·조

---

23) 남효온(南孝溫) : 1454~1492. 본관은 의령, 자 백공(伯恭), 호 추강(秋江)·행우(杏雨)·최락
   당(最樂堂)이다. 김종직의 문인으로, 김굉필(金宏弼)·정여창(鄭汝昌) 등과 함께 수학하였
   다. 1471년(성종2) 현덕왕후 복위문제를 거론했는데, 임사홍(任士洪)·정창손(鄭昌孫)
   등이 세조 즉위와 공신의 명분을 부정하는 것으로 간주하여 국문할 것을 주장했다.
   저서로는 『육신전(六臣傳)』·『추강집』 등이 있다.
24) 합계(合啓) : 사간원(司諫院)·사헌부(司憲府)·홍문관(弘文館)의 관원 중에서 두 사람 또는
   세 사람이 연명(連名)으로 올리던 계사(啓辭)이다.
25) 유순정(柳順汀) : 1459~1512. 본관은 진주(晉州), 자 지옹(智翁), 호 청천(菁川)이다. 김종직
   의 문인으로, 영의정 등을 역임하였다. 박원종(朴元宗)·성희안(成希顔) 등과 함께 중종
   반정(中宗反正)을 주도하여 정국공신(靖國功臣) 1등에 책록, 청천부원군(菁川府院君)에
   봉해졌다.
26) 노공필(盧公弼) : 1445~1516. 본관은 교하(交河), 자 희량(希亮), 호 국일재(菊逸齋)이다.
   영의정 사신(思愼)의 아들로서, 대사헌·공조판서 등을 역임하였다. 중종반정 직후
   명나라에 즉위 경위를 설명하고 권서국사(權署國事)의 칙지를 받아 귀국하였다.
27) 김응기(金應箕) : 1455~1519. 본관은 선산(善山), 자 미수(眉叟), 호 병암(屏菴)이다. 좌의정
   등을 역임하였다. 1504년(연산군10) 갑자사화에 연루되어 문외출송(門外黜送) 당한
   뒤 중종반정으로 다시 중용되었다.
28) 장순손(張順孫) : 1457~1534. 본관은 인동(仁同), 자 사호(士浩)·자활(子活)이다. 호조·병
   조판서 등을 역임하였다. 1518년(중종13) 조광조의 현량과(賢良科) 실시에 반대하였다.
   이듬해 사림을 몰아내려 했다는 혐의로 탄핵을 받았다.
29) 박열(朴說) : 1464~1517. 본관은 밀양(密陽), 자 열지(說之)이다. 예조판서·우찬성 등을
   역임하였다.
30) 신용개(申用漑) : 1463~1519. 본관은 고령(高靈), 자 개지(漑之), 호 이요정(二樂亭)·송계(松

계상(曺繼商)31)과 삼사(三司)32), 성균관에서는 모두 회복해야 한다고 하며
며칠 동안 대궐 문 밖에서 엎드려 청하였다.33) 그때 마침 번개가 종묘의
나무에 떨어진 일이 발생했다. 주상이 크게 놀라서 두려워하며 공경(公卿)
과 대시(臺侍)34)를 불러 들여 잘못된 일에 대해서 말해 볼 것을 재촉하였다.
모두 소릉 때문이라고 말하자 즉시 위호를 회복시키는 일을 윤허하였다.

처음 능을 파헤쳐 북쪽 해변에 옮겨 묻은 뒤로 무덤을 지키는 사람도
없이 단지 언덕 하나가 무덤이라고 전할 뿐이었다. 장차 무덤을 옮기려고
땅을 팠지만 관이 보이질 않았다. 그날 감관(監官)이 잠깐 졸다가 꿈을
꾸었는데, 꿈속에서 왕후는 장전(帳殿)35)안 궤석에 기대어 있었다. 법물(法
物)36)은 의례에 맞았으며, 두 시녀가 곁에서 모시고 있었다. 왕후가 감관을
불러 위로하며, "너희들이 고생이 많구나."고 하였다. 감관이 깜짝 놀라
땀을 흘리다가 깨어났고, 이를 기이하게 생각하고서 다시 몇 자 깊이
파보니 곧 관의 앞부분이 보였다.

4월에 현릉(顯陵, 문종 능호)과 같은 묘역에 묻기 위해 이장하였다.
하나의 묘역에 봉분은 달리 두었는데 소나무와 삼나무가 울창하게 자라서
서로 마주 볼 수 없었다. 그런데 현궁(玄宮)37)에 하관하려 할 때 갑자기
무덤구덩이 아래 쪽 두 능 사이에 심어져 있던 나무가 말라 죽어서
다시는 시야를 가리는 일이 없었다. 이장하던 날 옛 능 주변은 맑은

溪)·수옹(睡翁)이다. 영의정 숙주(叔舟)의 손자로서, 우의정·좌의정 등을 역임하였다.
1498년(연산군4) 무오사화(戊午士禍) 때 김종직의 문인으로서 투옥되었다가 1504년
갑자사화 때 유배되었다가 중종반정 이후 중용되었다.

31) 조계상(曺繼商) : 1466~1543. 본관은 창녕(昌寧), 자 종성(宗聖)이다. 공조판서·우찬성
    등을 역임하였다. 중종반정에 참여하여 정국공신 2등에 책록, 창녕군(昌寧君)에 봉해
    졌다.
32) 삼사(三司) : 언론을 담당하던 사헌부·사간원·홍문관이다.
33) 엎드려 청하였다 : 복합(伏閤). 중요한 국사에 대해서 조신(朝臣), 유생(儒生)들이 대궐
    문 밖에서 상소하고 엎드려 청하는 일이다.
34) 대시(臺侍) : 사헌부·사간원 관원이 왕을 시종하는 일. 여기서는 해당 관원을 가리킨다.
35) 장전(帳殿) : 임시로 거처하기 위해 꾸민 자리. 구름 차일(遮日)을 치고 휘장으로
    사방을 둘러막고 바닥을 높여서는 별문석(別紋席)이나 채화석(綵花席) 등을 폈다.
36) 법물(法物) : 제왕의 의장(儀仗)이나 종묘의 악기 등을 가리킨다.
37) 현궁(玄宮) : 왕과 왕비의 관을 묻은 광중(壙中)이다.

날씨임에도 불구하고 소나기가 내리더니 잠시 뒤에 그쳤다. 사람들은
혼령이 감흥했다고 여겼다. 5월에 종묘에 다시 모시니 정축년(1457, 세조3)
때 폐하기 이전과 같이 되었다. 계유년(1513, 중종8) 57년 만에 위호가
회복되었다. 『음애잡기(陰厓雜記)』38)

단종 위호 회복

007 무인년(1698, 숙종24) 9월에 전임 현감 신규(申奎)39)가 노릉(魯陵,
단종 능호)의 위호 회복을 청하는 상소를 올렸다. "세월이 흘러 지난
일이 되어 무덤은 이미 평평해졌고, 봄바람의 두견새40) 소리는 시인들의
시구에 들어가며, 보리밥 한식절(寒食節)에는 시골 늙은이들의 탄식 소리
를 되삼키게 하고 있습니다. 오랜 세월이 지나도 슬픈 한은 없어지기
어렵습니다.……" 주상이 문무백관과 종친들을 불러놓고 의논하도록
명하였다. 영의정 유상운(柳尙運)41)이 말했다. "중종 때 노산의 후손을
세우는 일을 의논할 때 상신(相臣) 정광필(鄭光弼)42)이 '입후하는 일은
어렵다.'고 하였습니다. 더구나 위호를 회복하는 일은 중대한 전례(典禮)인
데 이제 와서 경솔히 의논할 수 있겠습니까." 판중추부사 남구만(南九萬)43)

---

38) 음애잡기(陰厓雜記) : 이자(李耔, 1480~1533)의 저술. 본관은 한산(韓山), 자 차야(次野),
   호 음애(陰崖)·몽옹(夢翁)·계옹(溪翁)이다. 형조판서 등을 역임하였다.
39) 신규(申奎) : 1659~1708. 본관은 평산(平山), 자 문보(文甫), 호 취은(醉隱)이다. 진주목사
   등을 역임하였다. 1698년(숙종24) 노산군을 복위와 중종의 비 신씨(愼氏)를 복위시킬
   것을 주장하였다.
40) 봄바람의 두견새 : 단종이 수양대군(首陽大君, 세조)에 의하여 노산군으로 강봉되어
   영월에 유배되었다. 이때 자기 신세를 두견새에 비유한 '자규사(子規詞)'를 지었다.
41) 유상운(柳尙運) : 1636~1707. 본관은 문화(文化), 자 유구(悠久), 호 약재(約齋)이다. 영의정
   등을 역임하였다. 숙종대 소론(少論)으로서 희빈 장씨(禧嬪張氏) 보호에 힘쓰다가
   노론의 탄핵을 받아 남구만(南九萬)과 함께 파직되었다
42) 정광필(鄭光弼) : 1462~1538. 본관은 동래(東萊), 자 사훈(士勛), 호 수부(守夫)이다. 영의정
   등을 역임하였다. 1519년(중종14) 기묘사화(己卯士禍) 때 조광조를 구원하려다 파직되
   었다. 1515년 장경왕후(章敬王后)가 죽고 중종의 총애를 받던 후궁이 왕비에 오르려
   하자 간쟁하여 새로이 왕비를 맞아들이게 하였다
43) 남구만(南九萬) : 1629~1711. 본관은 의령, 자 운로(雲路), 호 약천(藥泉)·미재(美齋)이다.
   개국공신 재(在)의 후손으로, 할아버지는 식(烒), 아버지는 현령 일성(一星)이다. 송준길
   (宋浚吉)의 문인으로, 우의정·영의정 등을 역임하였다. 숙종대 초반 남인과 대립하며

36

이 말하였다.

"세조가 계유정난(癸酉靖難)⁴⁴⁾을 일으키고 왕위를 선양(禪讓)받았다고 하지만 실상은 혁제(革除)⁴⁵⁾한 것입니다. 지금 노산군의 원통하고 억울함을 풀어주어야 한다는 것만 알고, 친(親)·존(尊)·국가를 위해 감춰야 함을 알지 못하니 춘추의 의리에서 멀어진 것이 아닙니까. 명나라 조정에서 경태제(景泰帝)⁴⁶⁾를 복위한 일이 있지만 그 시작과 끝은 노릉의 경우와 크게 달라서 비교하기 어렵습니다. 명나라 말 홍광(弘光)⁴⁷⁾때 건문(建文)⁴⁸⁾의 묘호를 추존해 올린 일이 이와 비슷한 경우이지만 당시 명나라 조정의 정치가 마사영(馬士英)⁴⁹⁾의 손에서 나와서 극도로 혼란하였고, 얼마 안되어 황제가 사로잡히고 나라가 멸망하였습니다. 이것이 어찌 후세에 따를 만한 전례이겠습니까."

최석정(崔錫鼎)⁵⁰⁾의 의논은 유상운·남구만과 같았지만 좌의정 윤지선

정치적 입지를 다졌고, 1687년(숙종13) 영의정에 올라서 송시열(宋時烈)의 훈척비호를 공격하는 소장파를 주도해 소론의 영수로 지목되었다. 특히 1701년 희빈 장씨의 처벌에 대해 중형을 주장하는 김춘택(金春澤)·한중혁(韓重爀) 등 노론의 주장에 맞서 가벼운 형벌을 주장하다가 사사(賜死)가 결정되자 낙향하였다. 그 뒤 부처(付處)·파직 등 파란을 겪다가 다시 서용되었으나, 1707년 관직에서 물러나 봉조하(奉朝賀)가 되었다가 기로소에 들어갔다.

44) 계유정난(癸酉靖難) : 1453년(단종1) 수양대군이 왕위를 찬탈하기 위하여 일으킨 정변으로, 단종을 보좌하던 황보 인·김종서 등 수십 명이 살해되었다.

45) 혁제(革除) : 바람직하지 못한 것을 제거함. 명나라 성조(成祖)가 자기의 조카 건문황제(建文皇帝)의 자리를 빼앗은 고사에서 유래하였다.

46) 경태제(景泰帝) : 명나라 경태황제(景泰皇帝). 형 영종(英宗)이 북노(北虜)에게 포로로 잡혀간 뒤 황제가 되었다. 영종이 풀려서 돌아온 뒤에 군사를 일으켜 쫓아냈다. 후대 경태황제로 회복되었다.

47) 홍광(弘光) : 신종의 손자 복왕(福王)의 연호(1644~1645)이다.

48) 건문(建文) : 명나라 태조의 손자. 황제가 되었으나 숙부 성조(成祖)에게 쫓겨났다.

49) 마사영(馬士英) : 1591~1646. 명나라 때 역신(逆臣). 자는 요초(瑤草)이다. 낭중(郎中)·지부(知府) 등을 역임하였다. 복왕(福王) 주유숭(朱由崧)을 옹립하여 권세를 잡았으나, 청나라의 공세에 대책을 세우지 못하다가 남경(南京)이 위태로워지자 남쪽으로 달아났다.

50) 최석정(崔錫鼎) : 1646~1715. 본관은 전주(全州), 자 여시(汝時)·여화(汝和), 호 존와(存窩)·명곡(明谷)이다. 영의정 명길(鳴吉)의 손자로서, 남구만·이경억(李慶億)의 문인이다. 박세채(朴世采)와 교유하였다. 영의정 등을 역임하였다. 노론과 소론갈등이 심화되자 윤선거(尹宣擧)를 옹호한 나양좌(羅良佐)의 견해를 지지하였다. 1701년(숙종27) 무고(巫蠱)의 변이 일어나자 세자[경종] 보호를 위해서 희빈 장씨 사사에 반대하였다.

(尹趾善)51)·우의정 이세백(李世白)52)·영중추부사 윤지완(尹趾完)53)·동평위
(東平尉) 정재륜(鄭載崙)54)·좌참찬 윤증(尹拯)55)·참의 권상하(權尙夏)56) 등은
함께 위호 회복을 청하였다. 비망기(備忘記)57)에서 "거행할 일이라면 어찌
오래도록 논의하랴. 예관(禮官)으로 하여금 빨리 성대한 의례를 거행토록
하라."고 하였다.

　그해 12월 6일에 묘호를 단종(端宗), 시호는 공의온문순정안장경순돈효
(恭懿溫文純定安莊景順敦孝), 능호(陵號)는 장릉(莊陵)으로 정했다. 왕비 송씨의
시호는 의덕단량제경정순(懿德端良齊敬定順), 능호는 사릉(思陵)으로 정했
다. 단종의 장인이었던 송현수(宋玹壽)58)는 돈녕부원군(敦寧府院君)에 추증
되었다.

　저서로는 『명곡집(明谷集)』·『예기유편(禮記類篇)』이 있다.

51) 윤지선(尹趾善) : 1627~1704. 본관은 파평(坡平), 자 중린(仲麟), 호 두포(杜浦)이다. 우의정
지완(趾完)의 형으로, 우의정·좌의정 등을 역임하였다. 희빈 장씨의 소생의 원자(元子)
책봉에 반대하였다.

52) 이세백(李世白) : 1635~1703. 본관은 용인(龍仁), 호 우사(雩沙)·북계(北溪)이다. 우의정·
좌의정 등을 역임하였다. 1689년(숙종15) 기사환국 때 송시열을 유배시키라는 전지(傳
旨)를 쓰지 않아서 파직되기도 했다.

53) 윤지완(尹趾完) : 1635~1718. 본관은 파평, 자 숙린(叔麟), 호 동산(東山)이다. 지선(趾善)의
동생으로, 우의정 등을 역임하였다. 1717년(숙종43) 좌의정 이이명이 숙종과 독대한
뒤 세자[경종] 대리청정의 어명이 있자 반대하였다.

54) 정재륜(鄭載崙) : 1648~1723. 본관은 동래, 자 수원(秀遠), 호 죽헌(竹軒)이다. 영의정
태화(太和)의 아들이다. 효종의 다섯째 딸 숙정공주(淑靜公主)와 결혼하여 동평위(東平
尉)에 봉해졌다. 저서로는 『동평위문견록(東平尉聞見錄)』이 있다.

55) 윤증(尹拯) : 1629~1714. 본관은 파평, 자 자인(子仁), 호 명재(明齋)이다. 선거(宣擧)의
아들로서, 송시열의 문인이었지만 사상적 대립으로 노소 분당(老少分黨)을 초래하였
다. 본래 윤선거와 송시열 상호간에 현실인식과 학문관 등에서 현격한 입장차이가
있었는데, 이것이 윤휴(尹鑴)와 예송(禮訟)문제 등 주요 현안을 놓고 표면화되었으며,
부친사후 묘지명 문제로 격화되었다. 저서로는 『명재유고(明齋遺稿)』가 있다.

56) 권상하(權尙夏) : 1641~1721. 본관은 안동, 자 치도(致道), 호 수암(遂菴)·한수재(寒水齋)이
다. 송시열의 문인. 이단하(李端夏)·박세채(朴世采)·김창협 등과 교유하였다. 1689년(숙
종15) 기사환국(己巳換局)으로 송시열이 사사된 뒤 만동묘(萬東廟)와 대보단(大報壇)을
세워 유지(有志)를 받들었다. 한원진(韓元震)·이간(李柬)·윤봉구(尹鳳九) 등의 강문팔학
사(江門八學士) 등을 배출하였다.

57) 비망기(備忘記) : 임금의 명을 적어서 승정원에 내리는 문서이다.

58) 송현수(宋玹壽) : ?~1457. 본관은 여산(礪山)으로, 단종의 장인이다. 1457년(세조3) 금성
대군(錦城大君) 이유(李瑜) 등이 단종의 복위를 꾀하는 사건에 연루되어 죽임을 당하였다.

12월 25일에 창경궁(昌慶宮) 시민당(時敏堂)에서 신주를 고쳐 썼다.

12월 27일에 신주를 종묘에 모셨다. 대가(大駕)를 모시고 종묘로 나아갔다. 순서에 따라 예를 마치고 영녕전(永寧殿)에 받들어 모셨다. 종묘에 고하기 전날 갑자기 큰바람이 불어 영녕전 안팎의 촛불을 모두 꺼뜨렸다. 세조 신실 정간(井間) 판자가 흔들리다가 탁상 위로 엎어졌으며, 좌면지(座面紙)59) 가 조각조각 찢겨져 나아갔다. 위안제(慰安祭)를 거행하였다. 『회은집』

008 윤순거(尹舜擧)60)가 『노릉지(魯陵誌)』61)를 지었다. 윤희중(尹希仲, 윤휴)62)이 홍문관에 말하고 깨끗이 베껴서 올렸다. 이어서 주상에게 노릉(魯陵)에 특별히 제사드릴 것을 청하였는데, 이것이 복위(復位)의 발단이 되었다. 또 나63)에게 편지를 보내어 차자(箚子)를 올려 이를 말하도록 했지만 나는 그래서는 안 된다고 생각하여 편지를 썼다.

"지난해 성삼문(成三問)64)의 사당을 호서(湖西)에 지었다65)는 말을 들었

---

59) 좌면지(座面紙) : 제상(祭床) 위에 까는 기름종이를 가리킨다.

60) 윤순거(尹舜擧) : 1596~1668. 본관은 파평, 자 노직(魯直), 호 동토(童土)이다. 황(煌)의 아들, 선거(宣擧)의 형이다. 1660년(현종1) 영월군수가 되어 『노릉지』를 편찬하고 단종의 사묘인 지덕암(旨德庵)을 중건하였다.

61) 노릉지(魯陵誌) : 1663년(현종4) 영월군수 윤순거가 단종이 쫓겨난 과정, 사묘제향(祠廟祭享)의 절차, 여러 신하들의 사적, 후인들의 제기(題記)를 정리해 놓은 책이다.

62) 윤희중(尹希仲) : 윤휴(尹鑴, 1617~1680)의 자. 본관은 남원(南原), 호 백호(白湖)·하헌(夏軒)이다. 대사헌 효전(孝全)의 아들로, 대사헌·우찬성 등을 역임하였다. 송시열·윤선거 등 서인계 인사들과 교유하였다. 그러나 현종대 예송(禮訟)논쟁이래 주요현안을 둘러싸고 서인과 대립·갈등을 벌였으며, 그 과정에서 북인계(北人系) 남인으로서 독자적인 학문관과 사상경향을 드러냈다. 저서로는 『백호전서(白湖全書)』 등이 있다.

63) 나 : 허목(許穆, 1595~1682). 본관은 양천(陽川), 자 문보(文甫)·화보(和甫), 호 미수(眉叟)이다. 정구(鄭逑)의 문인으로, 이조참판·우의정 등을 역임하였다. 현종대 두 차례 예송논쟁에서 송시열과 대립하면서 남인계 영수로서 정국을 주도하였다. 1680년(숙종6) 경신환국(庚申換局)으로 실각한 뒤 정계에서 물러났다. 저서로는 『기언(記言)』 등이 있다.

64) 성삼문(成三問) : 1418~1456. 본관은 창녕(昌寧), 자 근보(謹甫), 호 매죽헌(梅竹軒)이다. 세종대 집현전(集賢殿) 학사로서 활동하였지만, 단종 복위운동에 참여했다가 처형되었다. 사육신(死六臣) 중 한 명이다.

65) 사당을 호서(湖西)에 지었다 : 충남 홍성(洪城)의 노은서원(魯恩書院)이다. 1676년(숙종2)에 세웠고 1692년에 사액(賜額)하였다.

을 때 혼자서 '당시 사육신(死六臣)의 일은 본래 옳고 그름을 따질 수
없으니 사당을 세워서는 안된다.'고 생각하였습니다. 하물며 이번 일이
어떤 일이며, 이 말은 어떤 말입니까. 귀를 막고 듣지 않기를 원할 뿐입니다.
옛날 진사패(陳司敗)가 '소공(昭公)이 예(禮)를 아느냐.'고 묻자, 공자(孔子)가
'예를 안다.'고 대답하였습니다.[66] 임금의 허물을 말하는 것과 임금의
허물을 간(諫)하는 것은 다르므로, 이로써 생각해 보면 그 의리가 밝아질
것입니다. 정릉(貞陵, 신덕왕후 능호)을 복구한다는 일과 이번 일은 대체가
같습니다. 선왕의 교지에서 '태종을 어떠한 처지에 두라는 말인가.'라고
한 말이 이것입니다. 비록 말을 그럴 듯하게 꾸민다 해도 허물 있는
말로써 허물없는 임금을 끌어들인다면 과연 좋은 일인지 모르겠습니다.”

009 「의상문의(擬上問議)」의 내용은 대략 다음과 같았다.

“만에 하나 이번 일이 시행되어 종묘에 고하고 교서를 팔방으로 반포하
게 된다면 신하로서 덕이 부족하고 부끄러워 어디로 돌아가야 할지
모르겠습니다. 신하가 임금의 허물을 숨기고, 자식이 부모의 허물을
숨기는 것은 예로부터 지금까지 변함없는 의리입니다. 때문에 공자가
노나라 선군(先君)의 허물을 숨겼던 것입니다. 지금 선왕의 일을 바로잡고
자 하여 신하로서 선왕의 교시가 틀렸다고 합니다.” 이때가 정사년(1677, 숙종3)이
었다. 조정의 논의가 점차 잦아들어 『기언(記言)』[67]에 싣지 않았다.

노릉군의 복위와 관련된 논의는 한때 이름 알리기 좋아하는 선비들의
숭상하는 것이지 처음부터 대의(大義)를 위해 그렇게 한 것이 아니었다.
가장 앞장서서 주창했던 사람이 이산(尼山)의 대윤(大尹) 윤선거(尹宣擧)[68] 형제

---

66) 『논어(論語)』 「술이(述而)」.
67) 기언(記言) : 허목의 문집인 『미수기언(眉叟記言)』. 저자 자신이 편찬하여 놓았던 것을
    1689년 숙종의 명에 의해 간행한 책이다.
68) 윤선거(尹宣擧) : 1610~1669. 본관은 파평, 자 길보(吉甫), 호 미촌(美村)·노서(魯西)·산천
    재(山泉齋)이다. 성혼(成渾)의 외손자, 황(煌)의 아들, 문거(文擧)의 아우, 증(拯)의 부친이
    다. 1636년 청나라의 사신이 입국하자 성균관의 유생들을 규합, 사신의 목을 베어
    대의를 밝힐 것을 주청하였다. 그 해 병자호란이 일어나자 강화도로 피신했다가
    이듬해 강화도가 함락되자 처 이씨가 자결하였고, 본인은 탈출하였다. 1651년(효종2)

였다. 동춘당(同春堂, 송준길)[69]·회천(懷川, 송시열)[70]과 백호(白湖, 윤휴)·시남(市南, 유계)[71]이 서로 합세하여 회복할 수 있다고 큰소리쳤다고 한다.

폐비 윤씨와 갑자사화

010 성종 때 공혜왕후(恭惠王后)[72]가 죽자 숙의(淑儀) 윤씨를 올려 왕비로 삼았다. 윤씨는 좌의정에 추증된 윤기무(尹起畝)[73]의 딸로서 성화(成化)[74] 병신년(1476, 성종7)에 연산군(燕山君)을 낳았다. 주상의 총애를 받자 교만 방자해져서 주상에게조차 불손하게 굴었다. 하루는 주상의 얼굴에 손톱자국을 냈고, 이를 본 인수대비(仁粹大妃)[75]가 크게 노하였다. 이 일로

이래 사헌부 지평·장령 등이 제수되었으나, 강화도에서 대의를 지켜 죽지 못한 것을 자책하고 끝내 출사하지 않았다. 김집의 문하에 출입하면서 성리학과 예학(禮學)에 정통하였다. 송시열이 경전주해(經傳註解) 문제로 윤휴와 사이가 나빠지자, 윤휴의 재질을 아끼는 마음에서 변호하는 태도를 취하다가, 송시열로부터 배척을 당하게 되었다. 이것이 뒤에 노소분파의 한 계기가 되었다. 유계(兪棨)와 함께 저술한『가례원류(家禮源流)』·『후천도설(後天圖說)』및 이에 관하여 유계와 논변한 편지를 비롯한 많은 저술을 남겼다. 영의정에 추증되었으며, 시호는 문경(文敬)이다. 저서로는『노서유고(魯西遺稿)』등이 있다.

69) 동춘당(同春堂) : 송준길(宋浚吉, 1606~1672)의 호. 본관은 은진(恩津), 자 명보(明甫)이다. 김장생(金長生)의 문인으로, 병조판서 등을 역임하였다. 송시열과 함께 효종대 정국을 주도하면서 북벌에 매진하였다. 현종대 예송논쟁에 참여하여 기년복(朞年服, 1년복)을 관철하였다. 저서로는『동춘당집』이 있다.

70) 회천(懷川) : 송시열(1607~1689)이 살던 회덕(懷德) 지역. 여기서는 송시열을 가리킨다. 본관은 은진(恩津), 자 영보(英甫), 호 우암(尤菴)이다. 김장생·김집의 문인으로, 우의정·좌의정 등을 역임하였다. 효종대 북벌을 주도하였으며, 현종대 예송논쟁 때 기년복을 주장하여 허목·윤휴 등 남인과 대립하였다. 숙종대 들어서도 노론의 영수로서 정국의 주도하며 남인과 소론을 배척하였다. 평생 주자(朱子)를 존모하여 그의 학설을 충실히 계승하였으며, 이와 다른 학문과 사상에 대해서는 사문난적(斯文亂賊)으로 규정하여 배격하는 데 앞장섰다. 저서로는『송자대전(宋子大全)』등이 있다.

71) 시남(市南) : 유계(兪棨, 1607~1664)의 호. 본관은 기계(杞溪), 자 무중(武仲)이다. 김장생의 문인으로, 대사헌·이조참판 등을 역임하였다. 송시열·송준길·윤선거·이유태(李惟泰) 등과 더불어 충청도 유림의 오현(五賢)으로 일컬어졌다.『가례원류』의 저술문제로 윤증과 대립하면서 노소분당의 계기를 제공하였다.

72) 공혜왕후(恭惠王后) : 1456~1474. 성종의 비. 영의정 한명회(韓明澮)의 딸이다. 1474년 소생 없이 죽자 '공혜'라는 시호가 추증되었고, 그 뒤 1498년(연산군4) '휘의신숙(徽懿愼肅)'이라는 휘호가 올려졌다.

73) 윤기무(尹起畝) : 본관은 함안(咸安). 폐비 윤씨의 부친으로, 지평 등을 역임하였다.

74) 성화(成化) : 명나라 헌종(憲宗)의 연호(1465~1487)이다.

주상이 크게 화를 내어 그것을 외정(外廷)[76]에 보이게 했고, 대신 윤필상(尹弼商)[77]이 의논을 올려서 윤씨를 폐하고 사저로 내쫓았다.

윤씨는 밤낮으로 울다가 끝내 피눈물을 흘렸다. 궁중에서는 근거 없는 말로 윤씨를 헐뜯는 일이 날로 심해졌다. 주상이 내시를 보내어 염탐했는데, 인수대비가 그 자를 시켜서 "윤씨가 머리 빗고 세수하고 예쁘게 단장하면서도 잘못을 뉘우치는 뜻이 없습니다."고 보고하게 하였다. 주상이 헐뜯는 말을 믿고 사약을 내리도록 명하였다. 윤씨가 피눈물을 닦아 얼룩진 수건을 어머니 신씨(申氏)에게 주면서 "우리 아이가 다행히 목숨을 보전하게 되면 이것을 보여서 원통함을 말해 주세요. 또 나를 거둥하는 길옆에 묻어 임금의 행차를 보게 해 주세요."라고 하였다. 윤씨가 죽자 건원릉(健元陵, 태조 능호)의 길 왼편에 장사지냈다.

인수대비가 세상을 떠나자 신씨가 나인[內人][78]들과 통하여 윤씨가 제명에 죽지 못하고 억울하게 죽은 사실을 몰래 하소연하고 또 피 묻은 수건을 올렸다. 연산군은 일찍이 자순대비(慈順大妃)[79] 중종(中宗)의 어머니를 친어머니인 줄 알고 있었는데, 이 말을 듣고 크게 놀라 매우 슬퍼하였다. 『시정기(時政記)』[80]를 들여서 보고, 당시 의논에 참여한 대신과 왕명을 받들었던 자는 관을 쪼개어 시체의 목을 베고 뼈를 부수어 바람에 날려 보냈다. 연좌된 자는 반드시 죽였다. 이미 죽은 자는 시신을 꺼내 형벌을

---

75) 인수대비(仁粹大妃) : 1437~1504. 추존된 덕종(德宗, 세조의 아들)의 비로 좌의정 한확(韓確)의 딸이며, 성종의 모친이다. 인수대비는 1473년(성종3) 남편이 추존됨에 따라 덕종비(德宗妃)가 되었다. 죽어서는 소혜왕후(昭惠王后)라는 시호를 받았다.

76) 외정(外廷) : 임금이 국정을 듣던 곳. 혹은 궁궐에서 조정의 관료들이 집무하는 관청이 배치되는 구역[外朝]을 가리킨다.

77) 윤필상(尹弼商) : 1427~1504. 본관은 파평, 자 탕좌(湯佐)·양경(陽卿)이다. 영의정 등을 역임하였다. 1504년(연산군10) 갑자사화 때 연산군 생모 윤씨의 폐위를 막지 않았다는 이유로 사사의 명을 받았다가 자결하였다.

78) 나인[內人] : 궁궐에서 왕족의 사생활을 시중하던 여관(女官)을 총칭한다.

79) 자순대비(慈順大妃) : 1462~1530. 성종의 계비(繼妃) 정현왕후(貞顯王后)의 휘호. 영원부원군(鈴原府院君) 윤호(尹壕)의 딸로서, 처음 숙의(淑儀)에 봉해졌고, 연산군의 생모 윤씨가 폐위되자 왕비에 책봉되었다.

80) 시정기(時政記) : 임금의 정무와 관련하여 사관(史官)이 추려 적은 기록이다.

가하고 대역죄로 논죄하여 8촌까지 연좌시켰다. 그리고 사묘(私廟)를 세워 원묘(原廟)⁸¹⁾와 같이 어머니를 제사지냈다. 윤필상·한치형(韓致亨)⁸²⁾· 한명회(韓明澮)⁸³⁾·정창손(鄭昌孫)⁸⁴⁾·어세겸(魚世謙)⁸⁵⁾·심회(沈澮)⁸⁶⁾·이파(李 坡)⁸⁷⁾·김숙경(金淑卿)·이극균(李克均)⁸⁸⁾·이세좌(李世佐)⁸⁹⁾·성준(成俊)⁹⁰⁾은 생 사를 불문하고 극형에 처해졌으니, 그 해가 갑자년(1504, 연산군10)⁹¹⁾이 었다.

011 당시 정승 허종(許琮)⁹²⁾이 아침 일찍 일어나 궁궐에 들어가 알현할

81) 원묘(原廟) : 경복궁의 문소전(文昭殿). 태조의 왕비 신의왕후(神懿王后) 한씨를 모신 사당이다.
82) 한치형(韓致亨) : 1434~1502. 본관은 청주(淸州), 자 통지(通之)이다. 우의정·영의정 등을 역임하였다. 1504년 갑자사화(甲子士禍) 때 윤씨 폐출에 가담했다는 이유로 부관참시 (剖棺斬屍)되었다.
83) 한명회(韓明澮) : 1415~1487. 본관은 청주, 자 자준(子濬), 호 압구정(狎鷗亭)·사우당(四友 堂)이다. 영의정 등을 역임하였다. 1453년(단종1) 계유정난으로 정난공신(靖難功臣) 1등에 봉해졌고, 권람(權擥)·신숙주(申叔舟) 등과 함께 조정을 이끌었다. 1504년(연산군 10) 갑자사화 때 폐비 윤씨 사사 사건에 관련되었다 하여 부관참시 당하였으나, 중종반정이 일어나 신원되었다.
84) 정창손(鄭昌孫) : 1402~1487. 본관은 동래, 자 효중(孝仲)이다. 좌의정·영의정 등을 역임하였다. 소릉(昭陵, 현덕왕후) 복위에 반대하였다.
85) 어세겸(魚世謙) : 1430~1500. 본관은 함종(咸從), 자 자익(子益)이다. 우의정·좌의정 등을 역임하였다. 1498년 무오사화(戊午士禍) 때 사초(史草) 문제로 탄핵을 받아 좌의정에서 물러났다.
86) 심회(沈澮) : 1418~1493. 본관은 청송(靑松), 자 청보(淸甫)이다. 세종의 비 소헌왕후(昭憲 王后)의 동생으로, 좌의정·영의정 등을 역임하였다.
87) 이파(李坡) : 1434~1486. 본관은 한산, 자 평중(平仲), 호 송국재(松菊齋)·소은(蘇隱)이다. 이색(李穡)의 증손으로, 좌참찬·우찬성 등을 역임하였다. 노사신(盧思愼)·서거정(徐居 正) 등과 함께 『동문선(東文選)』을 편찬하였다.
88) 이극균(李克均) : 1437~1504. 본관은 광주(廣州), 자 방형(邦衡)이다. 이조판서·좌의정 등을 역임하였다. 1504년 갑자사화 때 조카 세좌(世佐)와 함께 연루되어 죽었다.
89) 이세좌(李世佐) : 1445~1504. 본관 광주, 자 맹언(孟彦). 이조판서 등을 역임하였다.
90) 성준(成俊) : 1436~1504. 본관은 창녕, 자 시좌(時佐)이다. 우의정·영의정 등을 역임하였다. 갑자사화 때 폐비 윤씨 사사에 관여한 죄로 죽었다.
91) 갑자년 : 갑자사화가 발생한 해. 1504년(연산군10) 연산군은 생모 윤씨 복위문제에 반대한 응교 권달수(權達手)를 참형하고 이행(李荇) 등을 귀양보냈다. 또한 윤씨를 폐출(廢黜)할 때 찬성한 윤필상·이극균·김굉필(金宏弼) 등을 사형에 처하고, 이미 죽은 한치형·한명회 등을 부관참시 하였다.

채비를 하였다. 누이가 "어찌하여 일찍 일어나셨습니까."라고 묻자, 허종이 "곧 폐비에게 사약을 내릴 것을 명령하는 회의가 있을 듯합니다."고 대답하였다. 누이가 "상공(相公)의 의견은 무엇입니까."라고 묻자, 허종이 "주상의 뜻을 누가 감히 거역하겠습니까."라고 대답하였다. 누이가 말했다. "나는 여자인지라 아는 것이 없지만 쉽게 알아들을 수 있게 풀어서 말하면 이러한 것이지요. 어떤 집에 노복이 있었는데, 안주인을 죽이려는 집주인의 뜻을 어기지 못하고 함께 안주인을 죽였습니다. 그렇다면 훗날 안주인의 자식을 섬기는 데 마음이 과연 편안하겠습니까. 또한 재앙이 있을지 없을지 보장할 수 있겠습니까." 그제야 비로소 공이 크게 깨닫고, 종침교(琮沈橋)에 도착하자 일부러 아래로 떨어졌다. 들것에 실려 집으로 돌아와서는 떨어져 입은 상처로 거의 죽어간다고 핑계대고 논의에 참여하지 않았다. 그 뒤 홀로 참화 속에서도 죽음을 모면하였다. 종침교는 이 때문에 생긴 명칭이라고 한다.

012 윤씨가 폐출된 뒤 연산군이 동궁(東宮)이었을 때 일이다. 하루는 밖에 나갈 것을 아뢰어 청하고 허락을 받았다. 저녁이 다 돼서 돌아와 알현하였는데, 주상이 "오늘 거리에서 무엇을 보았느냐."고 묻자, 연산군이 대답하였다. "특별히 이상한 광경은 없었습니다. 다만 송아지가 어미를 따라가는 것을 보았는데, 어미가 울음소리를 내자 송아지가 답하였습니다. 그 광경이 가장 부러웠습니다." 주상이 이 말을 듣고 마음 아파하였다.

연산군이 왕위에 처음 올랐을 때에는 뛰어나고 용맹하다는 칭송을 들었지만 폐비 윤씨의 피 묻은 적삼을 보고 하루 종일 끌어안고 통곡한 뒤로 사람이 돌변하였고 마음의 병이 생겨 마침내 나라를 망칠 지경에 이르렀다. 성종이 집안을 바르게 하는 도를 한번 잃어버리자 왕비의 덕도 무너지고, 왕위를 계승한 자도 보위를 제대로 보존하지 못하였으니,

---

92) 허종(許琮) : 1434~1494. 본관은 양천, 자 종경(宗卿), 호 상우당(尙友堂)이다. 우의정 등을 역임하였다. 의학에 밝아 서거정(徐居正) 등과 함께 『향약집성방(鄕藥集成方)』을 언해하였다.

44

후세 사람들은 이 일을 본보기로 삼아야 할 것이다. 『죽계소설(竹溪小說)』

013　문광공(文匡公) 홍귀달(洪貴達)[93]이 성종대 이어 연산군 때 바른 말로 간하여 많은 것을 바로잡았다. 격구와 바둑을 금지할 것을 간하는 상소에는 옛날 곧은 신하의 풍모가 있었지만 이 때문에 폐조(廢朝, 연산군)에게 받아들여지지 않았다. 그가 경기도 관찰사에 부임했을 때 감영의 창고를 맡던 전복(典僕)[94]이 폐조의 총애를 받는 기생의 오빠였는데, 그 위세를 믿고 방자하게 멋대로 행동하였다. 문광공이 죄를 주자 폐조가 앙심을 품었다. 문광공의 아들 언방(彦邦)에게는 자태와 용모가 아름다운 딸이 있었다. 폐주가 협박하여 세자빈으로 삼으려 했지만 문광공이 끝내 따르지 않았고, 마침내 삭령 이북으로 귀양 가서 곧 사약을 마시고 죽었다.

　문광공의 둘째 아들 홍언충(洪彦忠)[95]의 호는 우암(寓庵)이었다. 17세 때 지은 「병상구부(病顙駒賦)」로 세상에 이름을 떨쳤으며, 과거에 합격하여 청요직(淸要職)을 거쳤다. 그러나 집안이 화를 입어 형제가 모두 외딴 섬으로 귀양을 가게 되었다. 폐주의 학정(虐政)이 날로 심해져서 민심이 떠나자 집안사람들이 그에게 권면하기를, "한때 이름을 얻는 것으로는 이희강(李希剛)과 같은 자가 있지만 그 또한 도망쳤습니다. 공은 어찌하여 이것을 따라서 도망쳐 천하가 맑아지기를 기다리지 않습니까."라고 하자 공이 "임금의 명령인데 도망칠 수 있겠는가."라고 대답하였다. 얼마 못되어 체포하라는 명이 내려졌다. 조령(鳥嶺)[96]에 도착했을 때 반정(反正)

---

93) 홍귀달(洪貴達) : 1438~1504. 본관은 부계(缶溪), 자 겸선(兼善), 호 허백당(虛白堂)·함허정(涵虛亭)이다. 이조·호조판서 등을 역임하였다. 성종대 연산군의 생모 윤씨의 폐비논의에 반대했다가 투옥되었다. 1498년(연산군4) 무오사화 때 왕의 난정(亂政)을 지목했다가 좌천되었다.

94) 전복(典僕) : 각사(各司)와 시(寺), 성균관·사학(四學)·향교(鄕校) 등에 딸려 음식을 만들거나 수직(守直) 혹은 건물을 짓는 등의 잡역을 맡아 하는 노복(奴僕)을 가리킨다.

95) 홍언충(洪彦忠) : 1473~1508. 본관은 부계, 자 직경(直卿), 호 우암(寓庵)이다. 귀달의 아들로서, 부수찬·이조좌랑 등을 역임하였다. 중종반정 이후 벼슬에 나아가지 않고 은거하였다. 문장이 뛰어나 정순부(鄭淳夫)·이택지(李擇之)·박중열(朴仲說) 등과 함께 당대 사걸(四傑)이라 불렸다.

96) 조령(鳥嶺) : 영남지방에서 서울에 이르는 영남대로 상에 위치한 고개. 경상북도

이 일어났다는 소식을 듣고서는 울음을 그치지 않았다. 새로운 왕이 즉위하자 제일 먼저 그 동안 배척받았던 사람들이 발탁되었는데, 장순손과 이장곤(李長坤)⁹⁷⁾ 같은 사람들은 모두 갓의 먼지를 털고 벼슬에 나아갔다. 하지만 공은 임금의 부름에 응하지 않고 시와 술로 스스로를 달랬으니, 연산군을 위해 끝까지 절개를 지킨 사람은 오직 우암 한 사람 뿐이었다.

『죽계소설』

단경왕후 위호 회복

014 정덕(正德)⁹⁸⁾ 병인년(1506, 중종1) 9월 2일에 중종반정(中宗反正)이 일어났다. 신씨(愼氏)가 왕비가 되어 법가(法駕)⁹⁹⁾를 갖추고 궁궐에 들어갔다.

9월 4일에 유순정·박원종(朴元宗)¹⁰⁰⁾·성희안(成希顔)¹⁰¹⁾이 유자광(柳子光)¹⁰²⁾과 비밀리에 "신수근(愼守勤)¹⁰³⁾이 이미 주살되었으니 그의 딸이 왕비자리에 앉는 것은 마땅치 않다."고 모의하여 폐출시킬 것을 청하고 윤여필(尹汝弼)¹⁰⁴⁾의 딸을 왕비로 책봉하였으니, 그녀가 장경왕후(章敬王

문경과 충청북도 괴산군 사이에 있다.

97) 이장곤(李長坤) : 1474~1519. 본관은 벽진(碧珍), 자 희강(希剛), 호 학고(鶴皐)·금헌(琴軒)이다. 병조판서 등을 역임하였다. 유장(儒將)으로서 북방 오랑캐를 물리치는 데 공을 세웠다.

98) 정덕(正德) : 명나라 무종(武宗)의 연호(1506~1521)이다.

99) 법가(法駕) : 왕의 행차의 일종. 대가(大駕)·법가(法駕)·소가(小駕) 등이 있다.

100) 박원종(朴元宗) : 1467~1510. 본관은 순천(順天), 자 백윤(伯胤)이다. 좌의정·영의정 등을 역임하였다. 중종반정을 주도하여 정국공신(靖國功臣) 1등에 책록, 평원부원군(平原府院君)에 봉해졌다.

101) 성희안(成希顔) : 1461~1513. 본관은 창녕, 자 우옹(愚翁), 호 인재(仁齋)이다. 우의정·영의정 등을 역임하였다. 중종반정을 주도하여 정국공신 1등에 책록, 창산군(昌山君)에 봉해졌다. 1510년(중종5) 삼포왜란(三浦倭亂) 때 군무를 총괄하였다.

102) 유자광(柳子光) : ?~1512. 본관은 영광(靈光), 자 우복(于復)이다. 1498년(연산군4) 무오사화(戊午史禍)를 일으켜 김종직 등 사림파를 핍박하였다. 중종반정 때 정국공신 1등에 책록, 무령부원군(武寧府院君)에 봉해졌다.

103) 신수근(愼守勤) : 1450~1506. 본관은 거창(居昌), 자 근중(勤仲), 호 소한당(所閒堂)이다. 연산군의 처남, 중종의 장인으로, 우의정·좌의정 등을 역임하였다. 중종반정 직전 박원종 등이 회유했지만 응하지 않자 살해되었다.

104) 윤여필(尹汝弼) : 1466~1555. 본관은 파평이다. 중종 비(妃) 장경왕후(章敬王后)의 부친

后)105)였다.

　을해년(1515, 중종10) 2월에 원자(元子) 인종(仁宗)가 태어났고, 7일 만에 장경왕후가 세상을 떠났다. 당시 소의(昭儀) 박씨와 숙용(淑容) 홍씨가 장남을 두었기 때문에 온 나라 사람들이 의구심을 가지며 불안해하였다. 사람들이 "후궁이 왕비가 되면 원자를 보호하기 어려울 것이다."고 하였다. 이때 순창군수(淳昌郡守) 충암(沖庵) 김정(金淨)106)과 담양부사(潭陽府使) 눌재(訥齋) 박상(朴祥)107)이 주상의 구언(求言)에 응하여 합사(合辭)108)하여 아뢰었다.

　"심온(沈溫)109)이 태종에게 죄를 입었지만110) 그의 딸 소헌왕후(昭憲王后)111)의 옥 같은 자태에는 흠이 되지 않았습니다. 저 박원종의 무리가 자기 자신을 위해 모의하면서 군부(君父)를 협박하여 국모(國母)를 쫓아내어 천하의 큰 명분을 범하였습니다. 바라건대 그들의 관직을 빼앗고 죄를 물으시며 신씨를 복위시켜 예전 은혜를 온전히 하고, 왕비자리를

　　　　으로, 중종반정에 참여, 정국공신 3등에 책록되었다. 세자[인종] 보호를 위해 윤원형
　　　　(尹元衡) 등과 대립하였다.

105) 장경왕후(章敬王后) : 1491~1515. 중종의 계비(繼妃). 영돈령부사 윤여필의 딸이다.
　　　처음 숙의(淑儀)에 봉해졌고, 단경왕후(端敬王后)의 손위(遜位)로 왕비에 책봉되었다.

106) 김정(金淨) : 1486~1520. 본관은 경주, 자 원충(元冲), 호 충암(沖菴)·고봉(孤峯)이다. 대사
　　　헌·형조판서 등을 역임하였다. 박상(朴祥)과 함께 단경왕후 신씨 폐위를 주도한
　　　박원종 등에게 죄를 묻는 상소를 올렸다가 유배되었다. 1515년(중종10) 조광조는
　　　그의 상소를 강상을 바로잡은 충언이라고 칭찬하였다. 1521년(중종16) 신사무옥(辛巳
　　　誣獄) 때 안처겸(安處謙)에 연루되어 사사되었다.

107) 박상(朴祥) : 1474~1530. 본관은 충주, 자 창세(昌世), 호 눌재(訥齋)이다. 충주·나주목사
　　　등을 역임하였다.

108) 합사(合辭) : 여러 관사(官司)나 또는 여러 관원들이 합동하여 임금에게 상소할 때
　　　사연을 합하여 하나의 상소로 하던 일이다.

109) 심온(沈溫) : ?~1418. 본관은 청송, 자 중옥(仲玉)이다. 세종의 장인으로, 이조판서·영의
　　　정 등을 역임하였다. 1418년 세종 즉위 직후 사은사(謝恩使)로서 명나라에서 귀국하던
　　　중 강상인(姜尙仁) 옥사가 발생하여 자결하였다.

110) 태종에게 죄를 입었지만 : 강상인(姜尙仁, ?~1418)의 옥사에 연루된 일. 1418년 병조참
　　　판 강상인이 상왕(上王)인 태종에게 군국대사(軍國大事)를 보고하지 않았다. 이 일로
　　　상왕이 진노하여 강상인을 포함한 심정(沈泟)·심온 등의 직첩을 빼앗은 후 사형에
　　　처하였다.

111) 소헌왕후(昭憲王后) : 1395~1446. 세종의 비. 청천부원군(靑川府院君) 심온의 딸이다.

엿보는 것을 막으십시오.……"

대간(大諫) 이행(李荇)¹¹²⁾과 대사헌 권민수(權敏手)¹¹³⁾가 이들의 상소를 사특한 말이라고 지목하고 두 사람을 붙잡아 유배 보낼 것을 아뢰어 청하였다. 다시 윤지임(尹之任)¹¹⁴⁾의 딸을 왕비로 책봉하였으니, 그녀가 문정왕후(文定王后)¹¹⁵⁾였다.

주상이 즉위 초에 세 대신의 압력으로 인해 신씨를 폐위시켰지만 끝내 그녀를 잊지 못하였다. 항상 경회루(慶會樓)에 나아가 그녀가 사는 집을 바라보았다. 집안사람들이 그 사실을 알고 매일같이 붉은 치마를 후원 뒤 암석에 걸쳐놓아 표식으로 삼았다. 지금 창의문(彰義門)¹¹⁶⁾ 밖에 있는 오래된 집이었으며, '치마바위[裳巖]'라고 부른 데가 바로 이것이었다.

신비(愼妃)가 죽은 뒤 그녀의 신주(神主)를 어머니에게 맡겼으나, 외손이 너무 가난해서 제사를 모시지 못하였다. 현종이 그 소식을 듣고 특별히 어명을 내려 본가에서 제사를 지내게 하고, 총호(冢戶)¹¹⁷⁾를 두어 관청에서 제사 음식을 공급해 주었다. 숙종 때 장릉(莊陵)을 복원할 때 신비 복위의 의견을 모으도록 명을 내렸다. 판중추부사 최석정이 말하였다.

"신비가 폐출(廢黜)당한 것은 훈신(勳臣)들의 협박한 청에서 나온 것이기 때문에 지금까지도 백성들이 불쌍히 여깁니다. 하지만 위호를 회복하려는 논의는 오래도록 듣지 못했습니다. 이것이 어찌 『예경(禮經)』에서 '폐출된 자는 위호 회복을 거행하지 않는다.'고 한 의리가 지극히 엄중하기

---

112) 이행(李荇) : 1478~1534. 본관은 덕수(德水), 자 택지(擇之), 호 용재(容齋)·창택어수(滄澤漁水)·청학도인(靑鶴道人)이다. 이조판서·좌의정 등을 역임하였다. 신진 사류인 담양부사 박상과 순창군수 김정 등이 폐비 신씨의 복위를 상소하자 강력히 반대하였다.
113) 권민수(權敏手) : 1466~1517. 본관은 안동(安東), 자 숙달(叔達), 호 퇴재(退齋)·기정(岐亭)이다. 사헌부 집의·충청도 관찰사 등을 역임하였다.
114) 윤지임(尹之任) : ?~1534. 본관은 파평이다. 문정왕후(文定王后)와 원형(元衡)의 부친이다.
115) 문정왕후(文定王后) : 1501~1565. 종종의 계비(繼妃). 윤지임의 딸, 명종의 어머니이다. 명종 즉위 후 수렴청정을 하면서 남동생 윤원형이 권력을 쥐고 윤임 일파를 몰아내는 을사사화를 일으켰다.
116) 창의문(彰義門) : 사소문(四小門)중 하나. 북문(北門) 또는 자하문(紫霞門)으로도 불린다.
117) 총호(冢戶) : 묘를 관리하는 역호(役戶)를 말한다.

때문이 아니겠습니까. 다만 생각건대 지존의 배필로서 폐출된 것은 그녀의 죄가 아닙니다. 지금 그 신주가 오래도록 민가에 있으면서 평민처럼 취급되고 있으니 편치 않습니다. 만약 관청에서 사당을 지어 제사를 지내게 한다면 조금이나마 귀신·사람의 근심과 억울함을 위로해 줄 수 있을 것입니다.……" 판중추부사 남구만이 말하였다.

"당초 신비 폐출이 비록 중종의 본의가 아니었지만 또한 중종의 명에 따라 폐출된 것이니, 중종 재위시 김정과 박상 무리가 상소하여 복위를 계청한 것은 올바른 도리라고 할 수 있습니다. 그런데도 중종이 처분을 내리지 않으셨고, 세상을 떠난 지 이미 백여 년이 지났습니다. 우리 후세 임금들이 선왕의 배필에 관한 중요한 문제를 아뢰어 승낙을 받을 곳이 없는데, 직접 진퇴를 결정한다면 어찌 『예경』에서 '폐출된 자는 위호 회복을 거행하지 않는다.'고 한 의리이겠습니까. 정릉·소릉을 복위한 것은 이 경우와 다릅니다. 두 능은 당초 태조와 문종 당시 폐출하라는 어명이 없어서 살아서는 존위에 거하였으며, 죽어서도 응당 존호(尊號)가 있었습니다. 능묘를 정비하지 않은 것은 대를 이을 후손 때였습니다. 그러므로 뒷날 복위시킨 것은 명분도 바르고 말도 순하여 의심할 바가 없는 것이니 어찌 지금 논의하는 바와 비교하여 같다고 하겠습니까."

위호를 회복하자는 논의가 잦아들었다. 지금은 사당을 세우고 제사를 지내고 있었다. 기미년(1739, 영조15)에 김씨 성을 갖은 유생(儒生)이 위호 회복을 간청하며 계속 상소를 올리자 감동하여 특별히 영을 내려 묘를 수리하고 복위시켰다. 휘호를 올리고[118] 능호를 온릉(溫陵)이라 하고 종묘에 신위를 모셨다. 임금 장인 신수근의 관작을 회복하고 시호를 내렸으며, 대를 이은 손자 후성(後成)을 침랑(寢郎)[119]에 임명하였다.

이준경의 붕당 경고

015 정묘년(1567, 명종22)에 주상이 편찮으시자 영의정 동고(東皐, 이준

---

118) 휘호(徽號)를 올리고 : 공소순열(恭昭順烈)이라는 휘호를 올렸다.

119) 침랑(寢郎) : 종묘·능·원(園)의 영(令)과 참봉(參奉)이다.

경)120)가 직접 머물며 상태를 살폈다. 점차 평온을 회복하자 다른 대신들은 모두 나아갔지만 공만은 홀로 남아서 "옥체가 편찮으신 지 오래되었기 때문에 경솔하게 곁을 떠날 수 없습니다."고 하였다.

6월 28일 늦은 밤에 주상이 크게 위중하자 공이 궁궐에 들어가 침전(寢殿) 발[簾] 밖에서 후사(後事)를 청하여 물었다. 인순왕후(仁順王后)121)가 직접 덕흥군(德興君)122)의 셋째 아들 아무개로 하여금 왕위를 계승하라는 명령을 전하였다. 입직(入直)했던 여러 재상 가운데 계상(階上)123)에 따라 들어온 자들이 늘어나자 공이 "소신은 귀가 어두우니 다시한번 하교해 주십시오."라고 하였다. 인순왕후가 두, 세 차례 분명히 말하였다. 여러 재상들이 함께 듣고 난 뒤 공이 한림(翰林) 윤탁연(尹卓然)124)에게 전교(傳敎)를 쓰게 하였는데, 윤탁연이 제삼(第三)의 '삼'자를 '삼(參)'자로 썼다. 공이 "이 사람은 누구의 아들인가."라고 하였으니, 그의 노숙함을 칭찬한 말이었다.

명종이 세상을 떠나자 공은 도승지 이양원(李陽元)125)을 보내어 본궁(本宮)에 나아가 임종(臨終)의 명을 전하도록 하였다. 당시 선조(宣祖)는 어머니 상(喪)126)을 당했는데, 명을 받자 즉시 빈소에 들어가 궤연(几筵)127)에 고하였다. 그리고 작은 가마를 타고 입궐하여 곡을 하고 발상(發喪)128)한

---

120) 동고(東皐) : 이준경(李浚慶, 1499~1572)의 호. 본관은 광주(廣州), 자 원길(原吉), 호 남당(南堂)·홍련거사(紅蓮居士)·연방노인(蓮坊老人)이다. 판중추부사 세좌(世佐)의 손자로서, 좌의정·영의정 등을 역임하였다.

121) 인순왕후(仁順王后) : 1532~1575. 명종의 비. 청릉부원군(靑陵府院君) 심강(沈鋼)의 딸이다.

122) 덕흥군(德興君) : 1530~1559. 중종의 아홉 째 아들. 선조(宣祖)의 부친이다.

123) 계상(階上) : 대궐의 섬돌 위를 가리킨다.

124) 윤탁연(尹卓然) : 1538~1594. 본관은 칠원(漆原), 자 상중(尙中), 호 중호(重湖)이다. 형조·호조판서 등을 역임하였다. 임진왜란 때 의병을 모집하여 왜군과 싸우다 전사하였다.

125) 이양원(李陽元) : 1526~1592. 본관은 전주(全州), 자 백춘(伯春), 호 노저(鷺渚)이다. 정종의 아들 선성군(宣城君) 무생(茂生)의 현손으로, 우의정·영의정 등을 역임하였다. 임진왜란 때 선조가 요동으로 건너가 내부(內附)한다는 소식을 전해 듣고 단식하다가 죽었다.

126) 어머니 상(喪) : 선조의 모친은 하동부 대부인(河東府大夫人) 정씨(鄭氏)이다. 정인지(鄭麟趾)의 증손녀로서, 덕흥군의 부인이다.

127) 궤연(几筵) : 영궤(靈几)와 혼백·신주를 모셔두는 곳을 가리킨다.

128) 발상(發喪) : 상례에서 시신을 안치하고 나서 상주가 머리를 풀고 곡을 하여 초상을

다음날 즉위하였다. 당시 후사가 정해지지 않은 상태에서 상사(喪事)가 발생하자 사람들의 심정이 불안하고 온 나라가 어수선하였다. 밖에 있던 신하들이 궁궐에 이르렀지만 일이 돌아가는 상황을 제대로 알지 못하였다. 대사헌 김덕룡(金德龍)[129]이 틈을 타서 후사에 대해서 묻자 공이 꾸짖으며 말하였다. "대신이 직접 유지(遺旨)를 받들어 후사가 이미 정해졌다. 사헌부의 수장은 다만 백관의 기강을 바로잡아 제자리를 지키기만 하면 된다." 공의 목소리와 얼굴빛은 조금도 동요되지 않았고, 황망한 가운데 대사를 잘 처리하여 국가의 위세가 태산반석에 올려놓듯 안정되었다. 그 시행함이 당대에 떨쳤을 뿐 아니라 그 국량이 준수하고 의젓하여 비록 한위공(韓魏公)[130]이라 할지라도 더할 수 없었다.

공이 임종할 무렵 점차 붕당의 조짐이 있다는 차자(箚子)를 올렸는데, 그 단서만 거론했을 뿐 분명하게 말하지 않았다. 율곡(栗谷) 이이(李珥)[131]가 상소를 올려 그 논의가 틀렸다고 하면서, "옛말에 '사람이 장차 죽을 때는 그 말이 선(善)하다.'[132]고 했는데, 지금 사람이 죽으면서 그 말이 악(惡)합니다."고 하였다. 또한, "머리를 감추고 얼굴을 숨긴 채 마치 귀신과 물여우 같아서 임금으로 하여금 온 세상을 의심하게 만들었습니다.……"고 하였다. 비록 공의 말이 명확하고 통쾌하지 않았지만 앞을 내다보는 지혜와 정승으로서 훌륭한 위업에 대해서는 사람들이 모두

이웃에 알리는 의례이다.

129) 김덕룡(金德龍) : 1518~?. 본관은 안동, 자 운보(雲甫), 호 낙곡(駱谷)이다. 도승지·대사헌 등을 역임하였다.

130) 한위공(韓魏公) : 1008~1075. 송나라 한기(韓琦). 자는 치규(稚圭), 호 공수(贛叟)이다. 범중엄(范仲淹)과 함께 오랫동안 병사의 일을 맡아 명성이 높아 '한범(韓范)'으로 불렸다.

131) 이이(李珥) : 1536~1584. 본관은 덕수(德水), 자 숙헌(叔獻), 호 석담(石潭)·우재(愚齋)이다. 이조·병조판서 등을 역임하였다. 1576년(선조9) 동인(東人)과 서인(西人)의 대립 갈등이 심화되자 중재하려 노력했고, 이후 서인 편에 섰다. 주기론(主氣論)을 제시하여 이황과 함께 조선성리학(朝鮮性理學)을 확립하는 데 기여하였다. 저서로는『율곡집』 등이 있다.

132) 사람이 …… 선하다 :『논어』「태백편(泰伯篇)」 "새가 죽으려 할 때는 울음소리가 애처롭고, 사람이 죽으려 할 때는 그의 말이 착합니다.[鳥之將死, 其鳴也哀, 人之將死, 其言也善.]"고 하였다.

칭찬하였다. 어찌하여 이와 같이 허물을 들추려 하는가.

옛날 장충정(張忠定)[133]이 구래공(寇萊公)[134]의 훈업(勳業)에 대해 평가하였다. "구래공으로 하여금 촉(蜀)을 다스린다면 그 지역을 안정시켜 인심을 복종시키고, 화란을 평정함이 나보다 낫다고 할 수 없을 것이다. 하지만 전연(澶淵)에서의 쾌거[135]는 나는 감히 이루지 못할 것이다." 옛 군자가 자신을 잘 파악하고 있음이 이와 같았다.

율곡이 학문의 영수(領袖)로 자처하는 것이 얼마인데 그의 말이 이와 같이 도리를 모를 뿐만 아니라 이것을 어찌 임금에게 고하는 글이라 하겠는가. 어떤 사람이 "나이가 어리고 기예(氣銳)가 지나쳐서 그렇다."고 하였지만 당시 율곡의 나이가 이미 37세인데 어찌 어리다고 하겠는가. 다른 사람이 이렇게 했다면 그와 같은 실수를 용납할 수 있지만 율곡은 세상에 걸출한 자태를 지닌 사람으로서 어린 나이에 선학(禪學)에 잘못 빠졌지만 즉시 반성하고 옛날 학자들에게 부끄러워했던 자이다. 그런 사람이 나이 40세가 다 되었는데도 이 같은 잘못을 저질러서야 되겠는가. 설령 도를 이루고 덕을 세우는 데 미치지 못했더라도 말년에 부끄럽게 이렇게 말할 수 있겠는가. 세상의 존경을 받는 그가 이 같은 상소를 남겨 두었다가 세상에 간행되게 하였으니 그 의도를 알지 못하겠다.

내가[136] 듣기로 오이상(吳二相, 오상)[137]이 동고를 위해 지은 만사(挽

---

133) 장충정(張忠定) : 946~1015. 송나라 장영(張詠)의 시호. 예부상서(禮部尙書) 등을 역임하였다. 구준(寇準)과 장영은 허물없이 친구 사이였는데, 구준이 재상이 되자 장영이 "구준은 뛰어난 인재이나 배움이 적다."라고 하면서 조언을 해주었다.

134) 구래공(寇萊公) : 961~1023. 송나라 구준(寇準). 염철판관(鹽鐵判官) 등을 역임하였다. 거란의 침입 때 많은 공을 세워 내국공(萊國公)에 봉해져 구래공(寇萊公)이라고도 하였다.

135) 전연(澶淵)에서의 쾌거 : 전연은 하북성 복양현 서북지역으로 구준이 거란을 물리친 곳이다. 송나라 진종(眞宗) 때 거란이 침입하자 다른 신하들은 모두 남쪽으로 피해 가 있을 것을 청하였으나 구준은 친정(親征)하기를 청하였다. 이에 진종이 친정을 결정하였으나 남성(南城)에 이르러서는 군사를 주둔한 채 강을 건너려고 하지 않았다. 그러자 구준이 다시 강을 건너기를 고집하였고, 결과적으로 사기가 고무되어 거란군을 물리칠 수 있었다.

136) 내가 : 『무송소설』의 저자 김명시(金命時, 1592~?)이다.

137) 오이상(吳二相) : 오상(吳祥, 1512~1573). 이상은 우·좌찬성을 달리 이른 말이다. 본관

辭)[138]에서 "백 년도 못 가서 공의(公議)가 정해질 텐데 오늘날 옳다 그르다 하는 것은 땅속 사람과 무슨 상관이랴."고 하였다. 얼마 못가 오상은 사신으로 연경에서 돌아오는 길에 탄핵을 받아 복명(復命)[139]하지 못하였다. 동지중추부사 민충원(閔忠元)[140]이 지은 동고의 만사에서 "떠도는 의논을 어찌 다 말할 수 있겠는가. 그 마음에는 속임이 없었다."고 하였다. 그 역시 대간의 탄핵을 받았다고 한다. 당시 논의가 이처럼 서로 갈라진 것이 이 지경에 이르렀다. 율곡의 묘비를 만조백관이 돌아가면서 시험 삼아 써보았는데, 판서 이필영(李必榮)[141]이 문장 끝에, "율곡에게서 의(義)가 나올 수 없다."고 썼는데, 서인(西人)이 화를 냈다.『무송소설』

이 일에 대해서 고산(孤山, 윤선도)[142]과 미수(眉叟, 허목)가 "앞으로 붕당의 화가 일어나도 구할 수 없다."고 하며, 심각하게 논하였으니, 동고의 멀리 내다보며 남긴 충성이 새삼 지극하다고 할 만하다. 저 무리들은 율곡이 한 말을 도리어 과장하였으니 무엇을 숨겨야 할지 모른 채 후세에 전해도 괜찮다고 생각했단 말인가.

016 동고가 일찍이 남명(南冥, 조식)[143]에 대해서 "건중(楗仲)은 도량이 좁아서 벼슬이 참봉이면 될 것이다."고 하였다. 선배들이 사람을 살필

은 해주, 자 상지(祥之), 호 부훤당(負暄堂)이다. 이조판서 등을 역임하였다.
138) 만사(挽辭) : 죽은 사람을 기리면서 쓰는 추도 시. 오상이 북경으로 사신을 가던 도중에 이준경의 사망 소식을 듣고 지었다.
139) 복명(復命) : 명령 받은 일을 집행하고 나서 그 결과를 보고하는 일.
140) 민충원(閔忠元) : 1541~?. 본관은 여흥(驪興), 자 노초(怒初)이다. 헌납·집의 등을 역임하였다.
141) 이필영(李必榮) : 1573~?. 본관은 광주(廣州), 자 이빈(而賓), 호 만회(晚晦)이다. 준경의 증손, 사수(士修)의 아들이다. 대사간·황해도 관찰사 등을 역임하였다.
142) 고산(孤山) : 윤선도(尹善道, 1587~1671)의 호. 본관은 해남(海南), 자 약이(約而), 호 해옹(海翁)이다. 공조·형조정랑 등을 역임하였다. 현종대 예송논쟁 때 서인과 대립하다가 유배되었다.
143) 남명(南冥) : 조식(曺植, 1502~1572)의 호. 본관은 창녕, 자 건중(楗仲)이다. 평생 처사(處士)로 자처하면서 관직에 나아가지 않고 정인홍(鄭仁弘)·최영경(崔永慶)·곽재우(郭再祐) 등 후진양성에 힘썼다. 남명학파를 이끌며 다양한 학술조류를 수용하여 새로운 학풍을 조성하였다. 저서로는 『남명집』 등이 있다.

때 매번 기량을 먼저 보기 때문에 당시 이와 같이 평가한 것이다. 율곡에 대해서는 "부제학을 맡으면 될 것인데, 이보다 지나치면 권력이 넘쳐나 균형이 무너질 것이다."고 하였다.

017 정승 동고가 임종할 때 유표(遺表)[144]를 남겨 조정에 붕당이 점차 생겨날 것을 깊이 경계하였다. 이는 노성한 사람의 뛰어난 식견이자 뒷날을 헤아리는 깊은 생각이었다. 그러나 율곡은 이것을 싫어했기에 원망하는 글을 남겼다. "옛날 군자는 장차 죽을 때는 그 말이 선하다고 했는데 오늘날 군자는 죽으면서 그 말이 악합니다." 악함은 무엇을 말하는 가. 자신이 직접 당인(黨人)의 영수였으면서 또한 악인이라 말하고 있다. 나는 이로써 율곡이 대사업을 이룰 수 없으며 실패하게 되었음을 알 수 있었다. 만약 율곡이 혼령이 있어서 오늘날 당인들이 저지르는 폐단을 본다면 또한 후회할 것이다.

018 고(故) 정승 이준경이 임종 직전에 주상에게 차자를 올렸다. "조정에 붕당의 조짐이 있고, 이는 훗날 구제하기 어려운 화가 될 것입니다." 이에 이이가 상소를 올려 이준경을 시기하고 미워하였다. 주상이 이이를 중용하였기에 당시 논의가 그에게 아부하는 경우가 많았고, 이준경의 관작을 추탈하자는 의논이 일어났다. 서애(西厓, 류성룡)[145]는 반대하면서 말하였다. "대신이 죽을 때 올린 말이 부당하다면 그것을 밝히면 그만이지 죄를 청하는 것은 조정에서 대신을 대접하는 체모를 손상하는 것입니다." 이내 논의가 그쳤다. 『기언·서애유사(西厓遺事)』

---

144) 유표(遺表): 죽은 뒤에 임금에게 올리는 표를 말한다.
145) 서애(西厓): 류성룡(柳成龍, 1542~1607)의 호. 본관은 풍산(豊山), 자 이현(而見)이다. 이황의 문인으로, 좌의정·영의정 등을 역임하였다. 임진왜란 때 군무(軍務)를 총괄하여 국난을 극복하는 데 기여하였다. 저서로는 『서애집』, 『징비록(懲毖錄)』 등이 있다.

율곡의 행적 비판

019 문성공(文成公) 이이의 자는 숙헌(叔獻), 호는 율곡으로 이원수(李元秀)
의 아들이다. 어려서 어머니를 잃었고, 서모(庶母)가 있었지만 자애롭지
않았으며 아버지의 사랑을 받지 못하였다. 출가하여 승려가 되었는데
승명(僧名)은 의암(義嚴)이었다. 사방에서 승려들이 그를 살아 있는 부처로
섬겼다. 태어나면서부터 영특하였으며 성장해서는 문장에서 뛰어났다.
특히 시를 잘 썼기에 "전생에 김시습(金時習)[146]이었는데, 이 세상에서는
도로 가낭선(賈浪仙)[147]이 되었다."고 하였다. 19세에 다시 집으로 돌아왔
고, 갑자년(1564, 명종19)에 생원시(生員試)에 장원급제하여 선비들 사이에
이름을 널리 알렸다. 당초 불교에 귀의한 이유는 집안이 불행했기 때문이
었는데, 어떤 사람이 "도를 구하기 위해 선(禪)에 들어간 것이 마치 장횡거
(張橫渠, 장재)[148]와 같다."고 하였다. 이는 그의 행적을 꾸미기 위한 말이었
다. 또한 어떤 사람이 말하였다. "산방(山房)에 거처하면서 독서하고 이치
를 궁구했을 뿐 머리 깎고 스님이 된 적은 없다." 이는 사람들을 속이기
위함이었다. 군자가 사람을 볼 때 다만 그 사람의 성취한 것만을 볼뿐이니
올챙이 시절의 일에 대해서 반드시 이해할 필요는 없다. 어찌 그의 불행함
을 종신토록 잘못이라고 할 것인가. 이는 사실을 왜곡하여 그를 비호하는
일과 함께 잘못된 것이다.

평생토록 동파(東坡, 소식)[149]와 매우 유사하게 재기·문장·언론·풍채로

---

146) 김시습(金時習) : 1435~1493. 본관은 강릉(江陵), 자 열경(悅卿), 호 매월당(梅月堂)·동봉(東
峰)·청한자(淸寒子)·벽산(碧山)이다. 수양대군의 왕위찬탈 소식을 듣고, 머리를 깎고
전국을 유랑하였다. 생육신(生六臣) 중 한명이다. 최초의 한문소설 「금오신화(金鰲新
話)」를 남겼다.

147) 가낭선(賈浪仙) : 779~843. 당나라 시인 가도(賈島)의 자이다. 스님이었다가 환속해서
장강주부(長江主簿) 등을 역임하였다.

148) 장횡거(張橫渠) : 1020~1077. 송나라 학자 장재(張載)의 호, 자는 자후(子厚)이다. 이학(理
學)을 창시한 오현(五賢) 중 한 사람으로,『정몽(正蒙)』을 지어 '기일원(氣一元)'의 철학을
제시하였다.

149) 동파(東坡) : 송나라 소식(蘇軾, 1036~1101)의 호. 자는 자첨(子瞻)이다. 당송팔대가의
한 사람. 중서사인(中書舍人)·한림학사겸시독(翰林學士兼侍讀) 등을 역임. 구법당(舊法黨)
에 속하여 왕안석(王安石)의 신법(新法)에 반대하였다.

한 시대 사람들의 사랑과 존경을 받았지만 동파는 젊어서 유가(儒家)를 따라 다니다가 뒤늦게 불교에 빠져서 세상을 마쳤다. 반면 율곡은 처음에 비록 선문(禪門)으로 도망쳤지만 끝내 선비의 행실로서 현달하였으니 이는 동파와 다른 것이다. 주자(朱子)150)가 "동파가 뜻을 펼칠 기회를 얻었다면 왕안석(王安石)151) 보다 그 해가 심했을 것이다."고 하였으니, 재주만 믿고 멋대로 행동했기 때문이었다. 동파가 뜻을 얻어 펼칠 기회를 갖지 못한 것이 어찌 동파의 불행이라고 하겠는가.

율곡이 부제학이 된 지 1년이 못되어 병조·이조판서에 올랐고, 마침내 우참찬이 되었다. 주상의 총애를 받아 큰 임무를 내렸는데, 마침 변방에 소란이 생겨 작게나마 자신의 경륜을 펼칠 수 있었다. 하지만 그 처리하는 바가 다른 사람의 마음을 크게 만족시키지 못하였다. 만약 더 살아서 막중한 임무를 담당했더라도 과연 북쪽 오랑캐의 간담을 서늘하게 하여 변방지역을 평온하게 만들고, 동서(東西)의 당을 없애버려 조정을 맑고 밝게 만들 수 있었겠는가. 전(傳)에서, "인재를 얻으면 번창하고, 인재를 잃으면 망할 것이다."고 하였다. 당시 노숙하며 뛰어난 어진 사람들이 있었으니 동고·오리(梧里, 이원익)152)·청천(聽天, 심수경)153)·서애·동강(東崗, 김우옹)154)·추연(秋淵, 우성전)155)·남명·수우(守愚, 최영경)156) 등 여러

---

150) 주자(朱子) : 송나라 학자 주희(朱熹, 1130~1200). 자는 원회(元晦)·중회(仲晦), 호 회암(晦庵)·회옹(晦翁)·고정(考亭)이다. 북송 사대가(四大家)의 성리학설을 집대성하여 신유학 체계를 완성하였다. 저서로는 『사서집주(四書集註)』·『자치통감강목(資治通鑑綱目)』·『근사록(近思錄)』·『소학(小學)』 등이 있다. 또한 아들 주재(朱在)가 편찬한 『주문공문집(朱文公文集)』, 여정덕(黎靖德)이 편찬한 『주자어류(朱子語類)』 등이 있다.
151) 왕안석(王安石) : 1021~1086. 자는 개보(介甫), 호 반산(半山)이다. 북송(北宋)때 신법(新法)을 추진하였다. 사마광(司馬光)이 이끄는 구법당(舊法黨)의 공세로 좌천되었다가 강녕(江寧)에 은거, 학술 연구에 몰두하였다.
152) 오리(梧里) : 이원익(李元翼, 1547~1634)의 호. 본관은 전주, 자 공려(公勵)이다. 태종의 아들 익령군 치(益寧君錙)의 4세손으로, 좌의정·영의정 등을 역임하였다. 광해군대 대동법(大同法)을 경기도에서 실시하였다. 폐모론(廢母論)에 반대하다가 유배되었다.
153) 청천(聽天) : 심수경(沈守慶, 1516~1599)의 호. 본관은 풍산(豊山), 자 희안(希安)이다. 좌의정 정(貞)의 손자로서, 우의정 등을 역임하였다.
154) 동강(東崗) : 김우옹(金宇顒, 1540~1603)의 호. 본관은 의성(義城), 자 숙부(肅夫) 호 직봉포의(直峰布衣)이다. 대사성·예조참판 등을 역임하였다. 류성룡·김성일(金誠一) 등과 동인(東人)으로 활동하면서 정철(鄭澈) 등 서인과 대립하였다.

군자들은 덕망 있고 지혜가 많아 비록 옛 군자라 할지라도 이들을 넘어서지 못하였다. 만약 이들로 하여금 시고 짠 맛을 조제하여 세상을 잘 다스려 화평을 크게 이루게 하고, 모두 한마음 한뜻으로 힘을 합쳐서 어려움을 극복하게 했다면 무슨 일이든 이루지 못할 것이 없었을 것이다.

그런데 율곡은 이런 사람들과 함께 일을 주관할 역량도 없을 뿐만 아니라 이들을 따르면서도 원수처럼 여겼다. 율곡이 주장했던 자들은 훈척·세도 가문이었고, 심복과 이목으로 삼은 자는 우계(牛溪, 성혼)[157]와 송강(松江, 정철)[158] 등 약간의 사람들이었으며, 끌어들인 자는 정여립(鄭汝立)[159]과 송익필(宋翼弼)[160]의 무리뿐이었다. 이들에게 나라를 맡기고 정치를 하게 했다면 때에 맞는 정치를 펼쳐 후세에 해를 끼치지 않고, 넘어지고 뒤집혀져서 낭패 볼 지경에 이르지 않기를 기대하기 어려웠을 것이다. 그렇기 때문에 율곡을 크게 쓰이지 못한 것이 어찌 율곡의 행운이 아니라고 하겠는가. 이 점에서 율곡과 동파는 매우 유사하다.

나는 율곡 학술의 조예나 깊이에 대해서 알지 못하지만 총명함이 뛰어나고 경전 주해를 한번 보면 그 의미를 꿰뚫어서 말로 함이 끊이지

---

155) 추연(秋淵) : 우성전(禹性傳, 1542~1593)의 호. 본관은 단양(丹陽), 자 경선(景善), 호 연암(淵庵)이다. 대사성 등을 역임하였다. 동인으로 활동하던 중 이발(李潑)과 대립하여 남인으로 좌정하였다. 임진왜란 때 왜군을 추적하다 죽임을 당하였다.

156) 수우(守愚) : 최영경(崔永慶, 1529~1590)의 호. 본관은 화순(和順), 자 효원(孝元)이다. 조식의 문인으로, 1589년(선조22) 정여립 옥사 때 길삼봉(吉三峯)으로 지목되어 국문을 받다가 죽었다.

157) 우계(牛溪) : 성혼(成渾, 1535~1598)의 호. 본관은 창녕, 자 호원(浩源), 호 묵암(默庵)이다. 현감 수침(守琛)의 아들로서, 이이와 평생 교유하면서 학문적·정치적 입장을 같이 하였다. 그의 학문과 사상은 외손 윤선거와 외증손 윤증에게 계승되면서 소론의 원류가 되었다.

158) 송강(松江) : 정철(鄭澈, 1536~1593)의 호. 본관은 연일(延日), 자 계함(季涵)이다. 유침(惟沈)의 아들로서, 이이·성혼·송익필(宋翼弼) 등과 교유하였다. 우의정·좌의정 등을 역임하였다. 1589년(선조22) 정여립 옥사를 기화로 동인을 제압하였다. 1591년 신성군(信城君)을 세자로 책봉하려다가 파직 당하였다.

159) 정여립(鄭汝立) : 1546~1589. 본관은 동래, 자 인백(仁伯)이다. 수찬 등을 역임하였다. 1589년(선조22) 반란 혐의로 고발되어 관군에 쫓겨 죽도에서 의문의 죽음을 당하였다. 이 사건 처리과정에서 기축옥사(己丑獄事)가 발생하여 다수의 동인이 죽임을 당하였다.

160) 송익필(宋翼弼) : 1534~1599. 본관은 여산(礪山), 자 운장(雲長), 호 구봉(龜峯)이다. 이이·성혼 등과 교유하였다. 예학에 밝아 김장생에게 영향을 주었다.

않고 이어졌다. 이를 듣는 자들은 누구든 '관서(關西)¹⁶¹⁾에 부자(夫子)가
다시 출현했다.'고 어찌 말하지 않을 수 있겠는가. 하지만 하학(下學)을
통해 상달(上達)을 이루고, 함양하고 실천하는 공부에는 미흡한 점이
있거나 혹 미처 그렇게 할 겨를이 없었다. 때문에 정승 백사(白沙, 이항
복)¹⁶²⁾ 이공이 비문에서 '바다 위를 떠도는 신기루 누각'과 '열자[鄭圃]가
바람을 타듯하다¹⁶³⁾'에 비유하였으니, 이는 실지와 근기(根基)가 없음을
말하는 것이었다. 사노(沙老, 이항복)는 같은 시대를 살면서 직접 그 더러움
을 보았기 때문에 문공(文公)을 위해 아첨한 말이 아니었다. 어찌 그
말을 믿지 않고 징험하려 하는가.

020 율곡의 비문을 백사가 찬술했는데 율곡의 문인 김장생(金長生)¹⁶⁴⁾·
정엽(鄭曄)¹⁶⁵⁾이 있는 그대로 솔직하게 찬술한 것을 꺼려 모두 지워버렸다.
그 뒤 율곡 문집은 잘못된 것¹⁶⁶⁾을 바로 잡는다는 핑계로 고쳐서 다시
간행하였는데, 그 내용 중에는 의리에 어긋나거나 논의가 편벽된 말들이
있었다. 세상에 근심거리가 될 내용은 혹 한, 두 행(行), 전체 행일지라도

---

161) 관서(關西) : 평안도와 황해도 북부 지역이다.
162) 백사(白沙) : 이항복(李恒福, 1556~1618)의 호. 본관은 경주(慶州), 자 자상(子常), 호 필운
(弼雲)·동강(東岡)이다. 우의정·영의정 등을 역임하였다. 1590년(선조23) 정여립 옥서를
처리한 공로로 평난공신(平難功臣) 3등에 봉해졌다. 광해군대 폐모론(廢母論)에 반대하
다가 유배되었다.
163) 열자 …… 타듯하다 : 정포(鄭圃)는 열자(列子)가 살았던 곳인데 여기서는 열자를
가리킨다. 『장자(莊子)』 「소요유(逍遙遊)」에서 "열자가 바람을 타고 날아다녔다.[夫列子
御風而行]"고 하였다.
164) 김장생(金長生) : 1548~1631. 본관은 광산(光山), 자 희원(希元), 호 사계(沙溪)이다. 이이·
송익필의 문인으로, 공조참의 등을 역임하였다. 인목대비 폐모논의가 일어나고
북인이 득세하자 낙향하여 예학연구와 후진양성에 몰두하였다. 주요 문인으로
아들 김집과 송시열·송준길·이유태·강석기(姜碩期)·장유(張維) 등이 있다. 저서로는
『가례집람(家禮輯覽)』·『상례비요(喪禮備要)』등이 있다.
165) 정엽(鄭曄) : 1563~1625. 본관은 초계(草溪), 자 시회(時晦), 호 수몽(守夢)이다. 송익필·성
혼·이이의 문인으로, 대사헌·우참찬 등을 역임하였다. 광해군대 성혼의 문인으로
배척당해 좌천되었다. 폐모론에 반대하여 은거하였다.
166) 율곡 문집은 잘못된 것 : 율곡 문인들이 지적한 비문의 문제점은 율곡의 학문을
육상산(陸象山)에 가깝다고 한 것, 선학(禪學)에 가깝다고 표현한 것이었다.

58

고치고 지워버려서 원래 내용은 완전히 사라졌다. 요컨대 천하 후세의
눈과 귀를 가려버렸으니, 여러 문자를 고치고 허위로 기록하는 것은
저들 무리의 장기였다.

조성기(趙聖期)167)가 탄식하며 말하였다. "지워서는 안되는데 사실과
다르게 고친 것이 이와 같이 끝이 없음이 얼마인가. 다른 사람의 문자가
되게 해서는 안 될 것이다." 조성기의 호는 졸수재(拙修齋)이며, 관찰사
조형기(趙亨期)168)의 형이었다. 학식이 높았지만 은거하였고, 회천 송시열
이 정국을 주도할 때 만나기를 원했지만 끝내 응하지 않았다. 평소 차록(箚
錄)을 남겨서 세상일에 기록하였는데 공론(公論)을 있는 그대로 적어 두었
다. 자손들이 모두 지워버리고 간행된 문집 중에는 싣지 않았다고 한다.

021 계미년(1583, 선조16) 율곡이 이조판서로 있으면서 정여립을 크게
쓰려고 적극 천거하여 수찬에 임명되었다. 일찍이 정여립은 율곡에 대해
서 "공자는 다 익은 감이고 율곡은 덜 익은 감이다."고 칭찬하였다.
그러나 율곡이 죽자 이발(李潑)169) 형제에게 붙어서 율곡을 공격하였다.
율곡이 선조[宣廟]를 만난 것은 천년에 한 번 있을 만한 일이라 할
수 있다. 그런데 이호(尼胡)의 변170)이 일어났을 때 병조판서로서 혼자서
말하고 듣고 계획하고 행할 뿐이었다. 또한 갑자기 일이 생기면 먼저
조처하고 그 다음에 주상에게 아뢰었다. 삼사(三司)가 돌아가며 그의
전횡을 공격하였는데 그 중에서도 허봉(許篈)171)·송응개(宋應漑)172)·박근

---

167) 조성기(趙聖期) : 1638~1689. 본관은 임천(林川), 자 성경(成卿), 호 졸수재(拙修齋)이다.
임영(林泳)·홍세태(洪世泰)·오도일 등과 교유하였으며, 김창협·김창흡(金昌翕) 형제에
게 학문적으로 영향을 주었다. 저서로는『졸수재집』등이 있다.
168) 조형기(趙亨期) : 1641~1699. 본관은 임천, 자 장경(長卿), 호 신재(新齋)이다. 경상·충청·
경기도 관찰사 등을 역임하였다.
169) 이발(李潑) : 1544~1589. 본관은 광산(光山), 자 경함(景涵), 호 동암(東巖)·북산(北山)이다.
정철의 처벌문제를 둘러싸고 대립할 때 북인을 이끌었다. 1589년 정여립 옥사에
연루되어 동생 이길(李洁)과 함께 죽임을 당하였다.
170) 이호(尼胡)의 변 : 1583년(선조16) 여진족 추장 이탕개(尼湯介)가 일으킨 난. 8개월에
걸쳐 최대 3만여 명 규모의 여진족이 함경도 북부를 침입한 전란이었다.
171) 허봉(許篈) : 1551~1588. 본관은 양천, 자 미숙(美叔), 호 하곡(荷谷)이다. 엽(曄)의 아들,

원(朴謹元)173)이 적극적으로 공격하였다. 주상이 크게 노하여 이들을 북쪽 변경지역으로 유배보냈다. 이로 인해 당론이 크게 갈라져서 벼슬아치들과 성균관 유생들이 서로 상소를 올려 공격하여 옳고 그름을 논쟁하였다.

율곡이 세상을 떠나고 한 해가 지났는데도 삼찬(三竄)174)이 여전히 유배지에 있었다. 영의정 노수신(盧守愼)175)이 주상에게, "삼찬이 차가운 기운에 몸이 상해서 죽기라도 한다면 아마 후회하실 것이니 너그럽게 용서해주십시오."라고 하였다. 주상이 대사헌 구봉령(具鳳齡)176)을 돌아보며 물었다. "세 신하가 이이를 크게 간사한 자라고 했는데, 이이가 과연 그렇게 크게 간사한 자였던가." 구봉령이 대답하였다. "이이가 비록 간사한 사람은 아니지만 자못 경솔한 사람이었습니다. 자기 의견만 옳다 하고, 다른 사람의 말은 듣지 않았으니 본심은 비록 나라를 그르치려는 것은 아니었지만 나랏일을 맡겼다면 끝내 그르쳤을 것입니다. 다만 문장에는 능하였습니다." 노수신이 말하였다. "이이는 다른 사람이 자기에게 아첨하는 것을 좋아하였습니다. 문장에 있어서는 그다지 힘쓰지 않았지만 대책문(對策文)을 지을 때 속어를 섞어가며 능숙하게 써서 막힘이 없었습니다." 주상이 "알았다."고 하였다. 얼마 지나지 않아서 삼찬이 풀려났다. 『파적록(破寂錄)』177)

난설헌(蘭雪軒)의 오빠, 균(筠)의 형이다. 이조좌랑 등을 역임하였다. 김효원(金孝元) 등과 동인으로서 서인과 대립하였다. 1583년(선조16) 이이를 탄핵했다가 유배되었다.

172) 송응개(宋應漑) : ?~1588. 본관은 은진, 자 공부(公溥)이다. 대사간 등을 역임하였다. 동인으로서 박근원·허봉 등과 함께 이이를 탄핵하다가 유배되었다.

173) 박근원(朴謹元) : 1525~1585. 본관은 밀양, 자 일초(一初), 호 망일재(望日齋)이다. 도승지 등을 역임하였다. 송응개·허봉 등과 함께 이이를 탄핵하다가 유배되었다.

174) 삼찬(三竄) : 송응개·박근원·허봉을 가리킨다. 1583년(선조16) 이이를 비난하고 공격한 이들 3명을 각각 회령·강계·종성으로 유배 보냈다. 이 사건을 계미삼찬(癸未三竄)이라고 하였다.

175) 노수신(盧守愼) : 1515~1590. 본관은 광주(光州), 자 과회(寡悔), 호 소재(蘇齋)·이재(伊齋)·암실(暗室)·여봉노인(茹峰老人)이다. 좌의정·영의정 등을 역임하였다. 정여립 옥사 때 예전 정여립을 천거했던 이유로 대간의 탄핵을 받고 파직되었다.

176) 구봉령(具鳳齡) : 1526~1586. 본관은 능성(綾城), 자 경서(景瑞), 호 백담(柏潭)이다. 1545년(인종1) 이황의 문인으로, 병조·형조참판 등을 역임하였다.

177) 파적록(破寂錄) : 김시양(金時讓, 1581~1643)의 저술. 직접 경험한 사실과 일화를 모아 놓았다. 본관은 안동, 자 자중(子中), 호 하담(荷潭)·언묵(彦默)이다. 호조판서 등을

022　정승 동고공은 4명의 주상을 섬긴 조정의 원로였다. 한마음으로 국가를 위해 충성을 다했으며 집에서는 지극한 행동을 했고, 국가를 위해 뛰어난 업적을 남겼다. 평소 성품이 엄격하고 곧았으며 학식이 뛰어났고 공정하였으며, 평생토록 조금도 편벽되고 사사로운 뜻이 없었다. 74세를 살면서 군자를 좋아하고 소인을 미워하였으니 온 나라 사람들이 공의 행위에 대해서 감히 그릇되게 욕하는 자가 없었다.

　공이 함경도 순변사(巡邊使)가 되었을 때 퇴계(退溪)[178]선생이 교서를 작성하였다. "공은 천인(天人)을 궁구하여 사물에 앞서 기미를 살피며 퇴폐한 풍속을 진정시키고, 우뚝함이 난세에 의연히 절개를 지키는 선비와 같았다." 또한 퇴계가 물러갈 것을 청하자 주상이 "경이 천거할 사람이 없는가."라고 묻자 대답하였다. "영의정 이준경입니다. 그는 음성과 얼굴색이 동요되지 않으며, 국세(國勢)를 태산과 같은 안정된 기반 위에 올려놓았습니다. 나라의 기둥이 되는 신하로서 이보다 뛰어난 자가 없습니다." 이와 같았기 때문에 공은 진실로 흠잡을 데 없는 사람이라고 할 수 있다.

　반면 율곡은 상소하여 "이준경은 머리를 감추고 형체를 숨긴 채 귀신과 물여우와 같은 말만 합니다."고 하였다. 또한, "질시의 효시이고 음험한 도적의 붉은 깃발입니다."고 하였다. 또한, "옛말에 이르기를 사람이 장차 죽을 때……"고 하였다. 이것이 도대체 무슨 말인가. 동고가 남긴 차자에 대해 소인들은 그 가운데 있는 정상(情狀)을 매우 싫어하였다. 이는 세상을 떠날 때 올린 유차(遺箚)인데도, 이 글을 보고 노하여 주먹을 쥐고, "소인은 군자를 당이라고 모함한다."고 하며, 붕당의 글자를 유차에서 빼서 임금의 귀를 현혹시켰다. 삼사가 서로 공격하여 이르지 않는 곳이 없었으나 임금의 깊이 헤아려 살핌에 힘입어 그 계책이 실현되지

역임하였다.

178) 퇴계(退溪) : 이황(李滉, 1501~1570)의 호. 본관은 진보(眞寶), 자 경호(景浩), 호 퇴도(退陶)·도수(陶叟)이다. 풍기군수 등을 역임하였다. 류성룡·김성일(金誠一)·정구 등과 함께 퇴계학파를 이끌었다. 주리론(主理論)을 주장하여 조선성리학을 확립하였다. 저서로는 『퇴계집』 등이 있다.

못하였다. 훗날 붕당의 화가 일어나 나라의 큰 병폐가 되었으니 과연 어둡고 은밀한 곳에 숨기려 해도 숨기지 못하게 되었다. 이로써 보건대 퇴계의 이른바, '사물에 앞서 기미를 살핀다.'고 한 말은 공을 제대로 평가한 말로써 헛된 칭찬이 아니었다.

만약 율곡이 공을 일찍부터 알았다면 '귀신과 물여우와 같은 말'이나 '질시의 효시이고 음험한 도적의 붉은 깃발'이라는 말로 공을 비방하지 않았을 것이다. 당시 소인들이 공을 모함하는 일이 이루다 말할 수 없을 정도였는데, 한 시대를 풍미한 이름난 유자였던 율곡이 이와 같은 일을 벌이고 이와 같은 말을 지어냈으니 참으로 개탄스럽다. 군자의 학문은 앎을 지극히 하는 것을 먼저 해야 하는데, 만약 앎이 지극한데 이르지 못한 채 행동하면 착오가 생겨 매사에 옳고 그름을 혼동하고, 사람에게 있어서 사특함과 올바름에 어둡게 된다. 『대학(大學)』의 도는 반드시 먼저 격물치지(格物致知)[179]하는데 있는 것은 이 때문이다. 율곡은 동고와 함께 같은 조정에 몸담은 지 오래되었는데도 어찌하여 이와 같이 미워했는지 후학으로서 의심스럽게 생각하는 바이다. 『고산집(孤山集)』

023 율곡이 대제학을 맡았을 때 주상에게 아뢰었다. "조정 사대부들이 날마다 대제학을 만나 문의(文義)를 강론하는 일을 그만두게 해서는 안됩니다. 청컨대 이것을 법령으로 정하십시오." 주상이 "사대부끼리 서로 왕래하면 됐지 어찌 조정의 명령으로까지 정해야겠는가."라고 답하였다. 그의 뜻은 사대부를 불러 모아놓고서 한쪽을 스승이라 하고 다른 한쪽을 제자라고 하여 마치 군대처럼 줄을 세워서 대오를 나누려고 한 것이다. 이것이야말로 편당(偏黨)의 붉은 깃발을 세우는 것이 아니겠는가.

---

179) 격물치지(格物致知) : 『대학』8조목 가운데 두 조목으로 사물의 이치를 궁극에까지 이르러 나의 지식을 극진하게 이른다는 뜻이다. 유학의 인식론을 이루는 기본 체계를 제공하였다.

기축옥사의 전말

024 기축년(1589, 선조22) 10월 2일에 황해도 관찰사 한준(韓準)[180]이 선비 조구(趙球)의 고변(告變)을 듣고 비밀 장계(狀啓)를 올렸다. 급히 선전관 (宣傳官) 이용준(李用濬)을 내관(內官)과 함께 전주로 보냈다. 당시 역적 정여 립이 진안(鎭安)의 죽도(竹島)로 놀러 갔었는데, 선전관이 진안현감 민인백 (閔仁伯)[181]과 함께 군대를 이끌고 와서 포위하고 정여립을 때려죽이고 목을 찔러 자살했다고 소문을 냈다. 시체를 서울까지 끌고 와서 참수하여 효시하고, 족속(族屬)과 당인(黨人)들을 잡아들여 국문하였다.[182]

정여립의 조카 정집(鄭緝)을 신문(訊問)한 뒤 다시 공초(供招)를 받는데, 이발·이길(李洁)[183]·백유양(白惟讓)[184] 등의 이름이 나왔다. 이들을 국문했 지만 실상이 없어서 변방으로 유배를 보냈는데, 즉시 아뢰어 다시 국문하 던 중 매 맞아 죽었다. 당시 노적률(孥籍律)[185]을 적용하자는 의논(議論)이 제기되었는데, 주상이 대신과 재신들로 하여금 합의토록 하였다. 서애가 예조판서로서 논의하였다. "죄인이 자백한 뒤에 노적률을 적용하는 것입 니다. 지금 이발·이길·백유양 등은 자복하지 않고 모두 죽었으니 노적률을 적용하기 어렵습니다." 그러나 공의 의견은 받아들여지지 않았고, 이발의 늙은 어머니와 어린 자식은 죽임을 당했다. 당시 공은 이조판서로서

---

180) 한준(韓準) : 1542~1601. 본관은 청주, 자 공칙(公則), 호 남강(南岡)이다. 이조판서 등을 역임하였다. 정여립 모반을 조정에 알린 공으로 평난공신(平難功臣) 2등에 녹훈, 청천군(淸川君)에 봉해졌다.

181) 민인백(閔仁伯) : 1552~1626. 본관은 여흥, 자 백춘(伯春), 호 태천(苔泉)이다. 성혼의 문인으로, 한성부 좌윤 등을 역임하였다. 정여립의 아들 옥남(玉男)을 잡아들인 공으로 평난공신 2등에 책록되었다.

182) 기축년 …… 국문하였다 : 정여립 옥사로 촉발된 동인과 서인간의 정쟁은 3년여에 걸쳐 전개되면서 1천여 명에 달하는 동인이 피해를 입었다고 한다.

183) 이길(李洁) : 1547~1589. 본관은 광산, 자 경연(景淵), 호 남계(南溪)이다. 발(潑)의 아우로 서, 1589년 정여립 옥사 때 형 발·급(汲) 등과 함께 죽임을 당하였다.

184) 백유양(白惟讓) : 1530~1589. 본관은 수원, 자 중겸(仲謙)이다. 인걸(仁傑)의 조카로서, 병조참판·부제학 등을 역임하였다. 며느리가 정여립의 형 여흥(汝興)의 딸이라는 혐의로 사직했다가 백인걸 부자와 연루되어 죽임을 당했다.

185) 노적률(孥籍律) : 당사자는 물론 처자까지 같은 형에 처하며, 재산을 몰수하는 형벌이 다.

휴가를 받아 고향에 내려갔다가 경인년(1590, 선조23) 5월 29일에서야 주상의 부름을 받고 다시 조정에 돌아왔다.

025 회천 송시열이 기사년(1689, 숙종15) 정월에 변무소(卞誣疏)를 써서 올렸는데, 김장생이 황종해(黃宗海)[186]에게 보낸 답장의 일부가 인용되어 있었다.

"기축옥 당시 정승 류성룡이 위관(委官)을 맡았는데, 이발의 늙은 어머니와 어린 자식이 어찌 살기를 바라지 않았겠는가. 하지만 죄 없는 80세 늙은 부인을 위해 구원하는 말 한 마디도 하지 않은 채 매 맞아서 지레 죽도록 내버려두었고, 7살 난 어린아이가 바로 죽지 않자 그의 목을 꺾어 죽였다. 그런데도 김숙부(金肅夫) 김우옹 와 정도가(鄭道可) 정구(鄭逑) [187]는 이 같은 일을 그의 허물로 삼지 않고, 도리어 우계와 송강에게 허물을 돌렸다. 이 어찌 공론(公論)이라고 하겠는가.……" 이것은 사계(沙溪, 김장생)가 꾸며낸 말이다.

이발에게 노적법이 적용된 시점은 경인년(1590, 선조23) 5월 12일이었고 서애가 정승이 되어 조정에 돌아온 시점은 그 해 6월인데 어찌 서애가 이조판서로서 위관이 될 수 있었겠는가. 사계는 서인[酉人][188] 가운데 가장 근후(謹厚)한 자로 평가받는데, 그런 사람도 역시 다시 이렇게 했으니 하물며 문인들은 어떻겠는가. 어떤 사람이 말하였다. "사계가 정홍명(鄭弘溟)[189]이 자기 아버지를 위해서 서애에게 비난을 전가하려 한 말을 자주 들었기 때문에 그렇게 한 것이다."

---

186) 황종해(黃宗海) : 1579~1642. 본관은 회덕(懷德), 자 대진(大進)이다. 1611년(광해군3) 정인홍이 이황 등을 모함하자 양호(兩湖)의 여러 유생들과 함께 상소하여 논척하였다.

187) 정구(鄭逑) : 1543~1620. 본관은 청주, 자 도가(道可), 호 한강(寒岡)이다. 김굉필(金宏弼)의 외증손, 판서 사중(思中)의 아들이며, 이황·조식의 문인이다. 충주부사·공조참판 등을 역임하였다. 경학(經學) 등 다양한 분야에서 두각을 나타냈으며, 특히 예학(禮學)에 밝았다.

188) 서인[酉人] : 간지(干支)의 방위(方位)로 유(酉)는 서쪽에 해당하므로 서인을 '유인'이라고 불렀다.

189) 정홍명(鄭弘溟) : 1592~1650. 본관은 연일, 자 자용(子容), 호 기암(畸庵)·삼치(三癡)이다. 정철의 넷째 아들로, 송익필·김장생의 문인이다. 대사성·이조참의 등을 역임하였다.

026 임신년(1692, 숙종18)에 전(前) 교관 류후상(柳後常)[190]이 할아버지[191]의 모함을 변론하기 위해 상소를 올렸다.

"고(故) 상신(相臣) 허욱(許頊)[192]과 판서 이수광(李睟光)[193]의 일기에 다음과 같이 말하였습니다. '기축년(1589, 선조22) 10월 2일에 황해도 관찰사 한준이 비밀리에 장계를 올려 재령(載寧)·안악(安岳)·신천(信川) 등지에서 모반 사건이 있다고 했다. 10월 11일에 판돈령부사 정철이 경기도로부터 궁궐에 들어와 곧 「역적을 잡아들이고 서울을 엄중히 지켜야 합니다.」고 차자를 올렸다. 11월 8일에 정철이 우의정이 되었다. 경인년(1590) 2월에 위관(委官) 심수경을 교체하고, 정철을 위관에 임명하였다. 같은 해 5월 13일에 이발의 늙은 어머니와 어린 자식이 매 맞아 죽었고, 사위 홍가신(洪可臣)[194]의 아들 홍절(洪窃)과 김응남(金應南)[195]의 아들 김명룡(金命龍)이 압슬(壓膝)을 당했으며,[196] 문생과 노복들이 혹독한 형벌을 받았지만 한 사람도 승복하지 않았다. 또한 같은 해 5월 19일에 위관 정철이 「신하로서 나라에 이전에 없었던 변고를 당해서 슬픔이 마음과 뼛속에 사무치니 아마도 주모자를 참수하는 일이 엄하지 않을까 두렵습니다.」고 아뢰었다. 또한 5월 29일에 이조판서 류성룡을 우의정에 임명하였다.……'

---

190) 류후상(柳後常) : 1648~1718. 본관은 풍산, 자 덕일(德一)이다. 동몽교관(童蒙敎官) 등을 역임하였다.

191) 할아버지 : 류성룡을 가리킨다.

192) 허욱(許頊) : 1548~1618. 본관은 양천, 자 공신(公愼), 호 부훤(負暄)이다. 우의정·영의정 등을 역임하였다. 1608년(광해군 즉위년) 유영경(柳永慶)의 일파로 몰려 파직되고, 이어 능창군(綾昌君) 전(佺)의 추대사건에 관련되어 유배되었다.

193) 이수광(李睟光) : 1563~1628. 본관은 전주, 자 윤경(潤卿), 호 지봉(芝峯)이다. 대사헌·이조판서 등을 역임하였다. 저서로 『지봉유설』이 있다.

194) 홍가신(洪可臣) : 1541~1615. 본관은 남양(南陽), 자 흥도(興道), 호 만전당(晩全堂)·간옹(艮翁)이다. 정여립 옥사 때 친분이 있다는 이유로 파직 당하였다. 1596년 이몽학 반란을 진압하는 공을 세웠다.

195) 김응남(金應南) : 1546~1598. 본관은 원주, 자 중숙(重叔), 호 두암(斗巖)이다. 우의정·좌의정 등을 역임하였다. 1583년 이이를 탄핵한 송응개·허봉·박근원 등과 연루되어 좌천되었다. 임진왜란 때 류성룡과 함께 정국을 안정시켰다.

196) 압슬(壓膝)을 당했으며 : 이들이 형벌을 받은 이유는 모두 이길(李洁)의 딸에게 장가갔기 때문이다. 압슬은 죄인의 무릎 위를 널빤지 같은 압슬기로 누르거나 무거운 돌을 올려놓던 형벌이다.

또한 신의 할아버지 연보에 따르면, '경인년(1590) 4월에 죽은 부인의 장례를 위해 휴가를 받아 고향에 내려갔으며, 5월 29일에 정승이 되어 6월에서야 조정으로 돌아왔다.'고 하니, 5월 13일에 이발의 어머니와 자식이 죽었을 때 위관은 정철이 아니면 누구였겠습니까. 이전에 송시열이 상소를 올리면서 스승 김장생과 어떤 사람이 나눈 편지를 첨부했는데 다음과 같은 내용이 있었습니다.

'정승 류성룡이 위관이 되었을 때 이발의 늙은 어머니와 어린 자식이 어찌 살기를 바라지 않았겠는가. 죄 없는 70세 늙은 부인을 위해 한마디 구원도 하지 않고 끝내 맞아 죽게 했으며, 10살도 안된 어린아이는 바로 죽지 않았는데 엄하게 꾸짖는 교서가 있자 목을 부러뜨려 죽였다. 이발과 백유양이 죽을 땐 이산해(李山海)[197]와 정승 류성룡이 송강과 함께 위관이었는데도 구원하지 않았다. 이제 와서 모든 죄를 송강에게 돌리니 편벽되지 않는가.……'

아, 신의 할아버지는 기축년 겨울에 예조판서가 되었는데, 예조판서를 위관에 임명하는 사례는 조정에서 있을 수 없는 일입니다. 하물며 당시 신의 할아버지 이름이 백유양의 초사(招辭)에 들어있어 석고대죄(席藁待罪)[198] 하였는데 이미 초사에서 이름이 나온 사람을 도리어 옥을 다스리는 자리에 임명하는 것이 이치에 맞는 일이겠습니까.……"

정철의 자품

027 송강 정철의 자는 계함(季涵)이며, 본관은 연일(延日)이었다. 병신년 (1536, 중종31)에 태어나서 임술년(1562, 명종17) 문과에 장원급제하였다. 인물됨이 맑고 밝으며 문장에 능하였지만 품성이 제멋대로이고 경박하였다. 찬성(贊成) 구사맹(具思孟)[199]·판서 신잡(申磼)[200]과 함께 조정[朝堂]에서

---

197) 이산해(李山海) : 1539~1609. 본관은 한산, 자 여수(汝受), 호 아계(鵝溪)·종남수옹(終南睡 翁)이다. 좌의정·영의정 등을 역임하였다. 선조대 정철이 세자책봉 문제를 제기하자 정철 등 서인을 귀양 보냄으로써 동인의 집권기반을 다졌다. 임진왜란 때 왜적의 침략을 용인했다는 이유로 탄핵 당했다.

198) 석고대죄(席藁待罪) : 거적을 깔고 엎드려 죄과에 대한 처분을 기다린다는 뜻이다.

66

회합을 가졌는데, 인빈(仁嬪)201)이 신잡과 구사맹을 위해 술과 다과를 내려 주었다. 구사맹은 인헌왕후(仁獻王后)202)의 아버지이고, 신잡은 신성부인(信城夫人)203)의 큰아버지204)였다. 두 사람이 함께 마실 것을 청하자 송강이 손사래를 치며, "내가 어찌 감히 궁궐 안에서 나온 음식을 먹을 수 있겠습니까."라고 하였다. 구사맹은 얼굴빛을 잃었지만 신잡은 즐겁게 음식을 먹었다고 한다.

정철이 정승이 되어 옥사를 살핌에 또한 경솔하였으며, 너그럽게 용서해주는 일이 없었다. 3년 동안 잇달아 죽은 사람이 천여 명에 이르렀으니 선조가 크게 노여워하여 강계(江界)로 귀양 보낼 것을 명하였다. 임진년(1592, 선조25)에 조정으로 돌아왔지만 계사년(1593) 삼남체찰사(三南體察使)가 되어 술에 만취해서 기생을 끼고 놀았다는 비방을 받아 삭출 당하였다. 그해 겨울에 강화도에서 죽었으니, 향년 59세였다.

일찍이 함경도 함흥의 낙민루(樂民樓)에서 시를 지었다. "백악이 하늘을 따라 일어나고 냇물은 바다로 흘러든다. 해마다 도로에는 꽃이 가득하며, 사람들은 석양에 다리를 건너는구나." 기사년(1569, 선조2) 봄에 퇴계 선생이 고향으로 돌아가자 정철이 광나루까지 쫓아갔지만 미치지 못하자 시 한 수를 남겼다. "뒤따라 광나루에 이르렀으나 신선의 배는 이미 아득하구나. 봄바람 강에 가득한 생각으로 석양에 홀로 정자에 오르네." 그 재능은 따를 수 없었다.

---

199) 구사맹(具思孟) : 1531~1604. 본관은 능성, 자 경시(景時), 호 팔곡(八谷)이다. 좌참찬·우참찬·이조판서 등을 역임하였다. 1632년(인조10) 정원군(定遠君)이 원종(元宗)으로 추숭되자 5녀 역시 인헌왕후(仁獻王后)로 추봉되었다. 본인도 능안부원군(綾安府院君)에 추봉되었다.
200) 신잡(申磼) : 1541~1609. 본관은 평산, 자 백준(伯俊), 호 독송(獨松)이다. 호조·병조판서 등을 역임하였다. 임진왜란 당시 탄금대에서 전사했던 신립(申砬)의 형이다.
201) 인빈(仁嬪) : 선조의 후궁. 아버지는 감찰 김한우(金漢佑)이다. 후궁 가운데에서 가장 왕의 총애를 받아 정원군을 포함, 4남 5녀를 두었다.
202) 인헌왕후(仁獻王后) : 1578~1626. 인조의 어머니. 능안부원군 구사맹의 딸이다. 정원군이 원종(元宗)으로 추존됨에 따라 추봉되었다.
203) 신성부인(信城夫人) : 선조의 4남 신성군(信城君, ?~1592)의 부인. 신립(申砬, 1546~1592)의 딸이다. 신잡은 신립의 큰 형이므로, 신성부인은 조카가 된다.
204) 큰아버지 : 저본과 필사본 모두 "叔父"로 되어 있다. 실록에 근거하여 번역하였다.

송강의 형 병조정랑 정자(鄭滋)205)는 계림군(桂林君)206)의 처남이었는데, 형벌을 받아 경원(慶源)으로 귀양 갔다가 그곳에서 죽었다. 선공(先公)이 늙어서도 형을 잊지 못하여 언급할 때마다 눈물을 흘렸다. 율곡이 찬한 정유침(鄭惟沈)207)의 묘지명에서, "송강은 자신이 직접 집안의 참혹한 화를 보았다."고 했는데, 기축옥사 당시 위관이 되어 처음부터 끝까지 조금의 너그러움도 베풀지 않은 것은 어째서인가. 매우 이상할 따름이다. 인종(仁宗)의 숙의(淑儀)도 송강의 큰누이였고, 선조의 숙의도 역시 그의 형 정황(鄭滉)208)의 딸이었다. 『무송소설』

송익필 집안 내력

028 배천(白川)의 갑사(甲士) 송자근쇠[宋者斤金]의 아들 송린(宋璘)이 정승 안당(安瑭)209)의 비(婢) 감정(甘丁)을 처로 삼았고, 무신년(1488, 성종19)에 송사련(宋祀連, 송익필 부친)을 낳았다. 그는 아첨을 잘하고 기술에 밝고 또한 재능이 많아서 음양과 술수에 능하고 여러 잡된 기술에 통달하지 않음이 없었다. 안당의 집안에서 크게 신뢰하고 아껴서 노(奴)로 여기지 않고 같은 친척 서얼가문의 하나로 보고 그에게 모든 일을 맡겼다.

신사년(1521, 중종16) 겨울에 송사련과 그의 처남 금루관(禁漏官)210) 정상(鄭鐺)이 몰래 안당 부인의 장례 때 조문 온 문상객 명단과 발인에

---

205) 정자(鄭滋) : 1515~1547. 본관은 연일, 자 민고(敏古), 호 청사(清莎)이다. 유침(惟沈)의 아들, 철(澈)의 형으로, 이조정랑 등을 역임하였다. 큰누이는 인종(仁宗)의 숙의(淑儀), 또 둘째 누이는 계림군(桂林君) 이류(李瑠)의 부인이었다. 1547년(명종2) 양재역(良才驛) 벽서(壁書)사건으로 유배되어 죽었다.

206) 계림군(桂林君) : ?~1545. 성종의 형 월산대군(月山大君)의 손자. 성종의 셋째 아들 계성군(桂城君)의 양자이다. 을사사화(乙巳士禍, 1545)에 연루되어 참수되었다.

207) 정유침(鄭惟沈) : 1493~1570. 정철의 부친으로, 돈령부판관 등을 역임하였다. 4남 3녀를 두었는데, 큰 딸은 인종의 숙의(淑儀), 또 둘째 딸은 계림군의 부인이 되었다.

208) 정황(鄭滉) : 정철의 셋째형. 선조의 후궁 귀인 정씨의 부친이다.

209) 안당(安瑭) : 1461~1521. 본관은 순흥(順興), 자 언보(彦寶), 호 영모당(永慕堂)이다. 우의 정·좌의정 등을 역임하였다. 중종대 김안국(金安國)·김식(金湜)·조광조(趙光祖) 등을 천거하였다. 중종의 폐비 신씨의 복위를 청하다가 탄핵을 받은 박상·김정 등을 변호하였다. 1521년(중종16) 송사련(宋祀連)의 고변에 따른 역모에 연루되어 죽었다.

210) 금루관(禁漏官) : 관상감(觀象監)에 소속되어 금루를 관리하던 직책이다.

참여한 역군(役軍)들의 명부를 증거로 삼아 조정에, "안처겸(安處謙)이 무뢰배를 불러다가 대신을 죽일 것을 모의했습니다."[211]고 고변하였다. 이때 남곤(南袞)[212]과 심정(沈貞)[213]이 사건을 조작하여 옥사를 일으켜서 정승 안당 집안을 멸족시키고 몰수된 재산과 토지, 노비들은 송사련이 차지하였다. 『기묘록』[214]

당시 안처겸의 동생 안처근(安處謹)에게 천첩(賤妾)이 있었는데 임신한 가운데 난을 피해 도망치면서도 몰래 감정과 관련된 문권(文券)을 지니고 있었다. 그녀는 아들을 낳았고 그 아들 안윤(安玧) 일명 정란(廷蘭)이 성장하자 문권을 주면서 원수를 갚고 억울함을 풀어달라는 유서를 남겼다. 병인년 (1566, 명종21)에 상소를 올려 정승 안당의 억울함을 호소하여 비로소 관직을 회복할 수 있었으며, 연좌되었던 자들은 풀려났다. 을해년(1575, 선조8)에 정민(貞愍)이라는 시호를 받았으며 제사를 지낼 수 있게 되었다.

안윤이 복수하려 했지만 고아인데다가 서얼인지라 믿고 의지할 세력이 없었다. 또한 주인은 약하고 노(奴)가 강하다는 것을 의식해서 맞서기 어려워해서 시간만 지체하고 말하지 못하다가 또한 4, 5년이 흘렀다. 이제 나이 들어 어머니의 지극한 유촉(遺囑)을 갚을 수 없을 것 같아서 문서를 가지고 장례원(掌隷院)[215]에 소송을 제기하였다. 당시 송사련은

---

211) 안처겸(安處謙)이 …… 모의했습니다 : 안처겸(1486~1521)의 본관은 순흥, 자 백허(伯虛), 호 겸재(謙齋)이다. 경(瓊)의 증손으로, 할아버지는 돈후(敦厚), 아버지는 좌의정 당(瑭)이다. 1521년(중종16) 모친상을 마치고 이정숙(李正叔)·권전(權磌) 등과 담론하면서 간신을 제거해야 한다고 하였다. 동석했던 송사련이 처남 정상(鄭鏛)을 시켜 간신은 곧 남곤과 심정을 지칭하는 것이라고 하며 고변하였다. 이 일로 처겸과 아우 처근(處謹) 등이 처형을 당하였다.

212) 남곤(南袞) : 1471~1527. 본관은 의령, 자 사화(士華), 호 지정(止亭)·지족당(知足堂)이다. 영의정 등을 역임하였다. 1519년(중종14) 심정(沈貞) 등과 함께 기묘사화를 일으켜 조광조 등 사림파를 숙청하였다.

213) 심정(沈貞) : 1471~1531. 본관은 풍산, 자 정지(貞之), 호 소요정(逍遙亭)이다. 좌의정 등을 역임하였다.

214) 기묘록(己卯錄) : 충청도 관찰사 김육(金堉, 1580~1658)이 1638년(인조16) 기묘팔현(己卯八賢)의 전(傳)과 기묘사화 때 화를 입었거나 삭직된 인물들의 사적을 모아 편찬한 책이다.

215) 장례원(掌隷院) : 노비의 부적(簿籍)과 소송 관계의 업무를 담당하던 관청이다.

이미 죽고 없었지만 그의 아들 부필(富弼)·익필(翼弼)·인필(寅弼)·한필(翰弼) 등이 율곡·우계·송강 등과 함께 친밀한 벗이어서 권력과 위세가 한 시대를 풍미하였다. 때문에 소송을 맡은 관리들이 한 달이 넘도록 서로 미루고 회피하여 처리하지 않았다.

관찰사 정윤희(丁胤禧)[216)가 이 소식을 듣고 분개하였지만 일부러 목소리를 높여 여러 사람들에게 말하였다. "『주관(周官)』[217) 「팔의(八議)」 가운데 하나로 '의현(議賢)'[218)이 있는데 구봉(龜峰) 송익필의 호 처럼 어진 자를 어찌 다른 사람의 노비로 삼을 수 있겠는가." 서인이 이 말을 듣고 크게 기뻐하여 정공을 판결사(判決事)[219)에 임명하였다. 정공은 관직에 나아간 다음날 곧바로 처결하여 안윤에게 제사(題辭)[220)를 내려주었다. 송익필 형제가 모두 잡혀 장차 형벌을 받게 될 처지에 놓이게 되었다. 서인이 속은 것을 한스러워하여 즉시 정윤희를 교체시키고, 송익필 형제를 풀어주어 먼 곳으로 도망치게 했다.

송익필의 무리가 황해도 지역으로 도망쳐 숨어 있으면서 밤낮으로 논의하며 동인(東人)에게 복수하기로 마음먹었다. 마침 정여립이 벼슬을 그만두고 고향 집으로 돌아와 교생과 문도를 불러 모았는데 대부분 잡된 무리들이었다. 또한 향촌의 무뢰배들을 모아 자제들과 대동계(大同契)를 결성하여 향사례(鄉射禮)[221)·향음주례(鄉飲酒禮)[222)를 거행하고, 멋대로 사사로움을 추구하고 법도를 따르지 않는다는 것을 알게 되었다.

---

216) 정윤희(丁胤禧) : 1531~1589. 본관은 나주(羅州), 자 경석(景錫), 호 고암(顧庵)·순암(順庵)이다. 이황의 문인으로, 예조·호조참의 등을 역임하였다.

217) 주관(周官) : 주례(周禮). 당나라 이후 '주례'라 칭하였다. 주나라 관제(官制)인 천·지·춘·하·추·동의 육관(六官)을 분류·설명해 놓았다.

218) 의현(議賢) : 『주관(周官)』 「팔의(八議)」의 하나. 덕행이 있는 사람이 죄를 졌을 때 감형을 논의하여 정하던 일이다.

219) 판결사(判決事) : 장예원의 수장으로, 정3품(正三品) 당상관(堂上官)이다.

220) 제사(題辭) : 백성이 제출한 소장(訴狀)이나 원서(願書)에 쓰던 관부의 판결을 가리킨다.

221) 향사례(鄉射禮) : 향대부(鄉大夫)가 인재를 왕에게 천거할 때, 그 선택을 위해 행하는 활 쏘는 의식이다.

222) 향음주례(鄉飲酒禮) : 향촌의 유생들이 모여 덕망이 높은 사람을 모시고 술을 마시며 잔치를 하는 의례이다.

이에 송익필은 이를 좋은 기회로 여겨 성과 이름을 바꾸어 황해도 연백(延白) 사이에서 은밀히 풍수사 노릇을 하였다. 그리고 그 지역의 향품(鄕品)·토호 가운데 부유한 자를 꾀여 말하였다. "내가 너희들의 산과 관상을 보고 너희들의 운명을 계산해보니 3, 4년 안에 정승이 될 것이다. 도내 아무 지역의 아무개라고 하는 자가 있으니 너희가 그와 함께 한다면 동시에 천자가 될 사람을 돕는 자가 될 것이다. 어찌 함께 교류하지 않는가." 또한 다음의 참문(讖文)[223]을 보여주면서 말하였다.

"'목자(木子)는 망하고 전읍(奠邑)은 흥할 것이다.'고 했으니, 지금이 그때이다. 내가 호남을 바라 보건대 왕기(王氣)가 왕성하다. 너희 무리가 빨리 가서 정씨 성을 가진 자를 물색하여 예언 문서에 따라 고하고 함께 큰일을 일으킨다면 부귀를 도모할 수 있을 것이다." 변방지역의 무식한 무리들이 그의 말을 듣고 그대로 믿었다. 송익필의 용모·기백·문장·술수·언론·풍채를 율곡과 사계 또한 사표로 삼았으니, 어찌 단지 어리석은 백성들만 듣고 믿었다고 하겠는가.

이들이 급히 호남으로 내려가니 그곳에서 정여립의 명성이 온 도에 명성이 자자하였다. 사람들이 그의 문하로 달려와서 서로 다투어 결탁하며, 오가는 행렬이 끊이지 않는다는 소문을 들었다. 저들 무리들이 함께 술을 마시는 사이에 서로 사귀면서 차츰 본심을 드러냈다. 정여립이 호남에 있었는데 고변이 황해도에서 나온 것은 이 때문이었다. 정여립의 옥사가 성사되자 송익필은 또한 은밀히 우계와 송강을 사주하여 동인의 명사를 빠짐없이 두루 엮어서 일망타진하여 모두 제거하였으니 그렇게 할 수 있었던 것도 역시 이 때문이었다.

흉인의 종자가 악으로 세상을 덮었지만 그 술수가 괴이하고 음모가 비밀스러워서 세상에서 이 사실을 알고 있는 자가 없었다. 다행히 안윤의 후손 가운데 충청도에 살고 있는 자가 안윤이 손수 기록하고 전해 준 바에 따라 이와 같이 말했다고 한다. 송사련의 묘가 경상도 동성(東城, 경남 사천군 소재)의 우이촌(牛耳村)에 있었는데 안윤이 판결을 받고 그의

---

223) 참문(讖文) : 미래를 예언한 문서를 가리킨다. 여기서는 『정감록(鄭鑑錄)』을 가리킨다.

무덤을 파고 관을 깨고 시신의 목을 베어 통쾌하게 복수하였다.

029 사예(司藝)224) 안돈후(安敦厚, 안당 부친)가 늙어서 부인을 잃자, 그의 형 안관후(安寬厚)의 비(婢) 중금(重今)을 집에 들여 잠자리 시중을 들게 하였다. 감정은 중금의 전 남편의 소생이었는데, 성질이 교활하고 간사하여 14, 5세 때 불순한 말을 일삼았다. 이에 사예가 이간의 조짐을 우려하여 아들 안총(安璁)을 시켜 발바닥을 때렸는데 발가락 두 개가 부러졌다. 배천으로 쫓아 보냈는데 그곳에서 송린(宋璘)과 결혼하여 송사련을 낳았다.

사예가 죽은 뒤 정민(貞愍, 안당 시호) 형제와 김응기(金應箕)의 부인225)을 중금이 길렀기 때문에 안씨 집에서는 중금을 불쌍히 여겨 서모(庶母)처럼 모셨다. 송사련이 자라서 의사(醫司) 소속 노비로 맡겨졌는데 그의 어머니가 속량(贖良)이 안돼서 동료에게 배척당하자 송사련이 천문학에 투신하여 관리가 되었다. 이 역시 당시 제조(提調)였던 정승 김응기의 도움을 받았다.226) 안씨 집안에서 송사련을 대우함이 다른 친족과 다름이 없었다고 한다. 송사련은 편안히 부귀를 누리다가 기사년(1569, 선조2)에 80세로 죽었다. 『기묘록』

030 송익필 형제는 모두 문장에 능하고 담론(談論)을 잘하였다. 그 할머니 감정이 죽었을 때 율곡이 신주(神主)를 써 주었는데, 송익필이 이 일을 사대부들에게 크게 떠들고 다녔다. 일찍이 송익필이 "『오례의(五禮儀)』를 신숙주(申叔舟)227)가 찬술했지만 나는 취하지 않을 것이다."고 하였다. 어떤 벼슬아치가 비웃으며, "송사련이 찬술한 것이라도 송익필의 무리가

---

224) 사예(司藝) : 성균관의 정4품 관직으로, 유생들에게 음악 지도를 맡았다.

225) 김응기의 부인 : 안돈후의 딸. 김응기(金應箕, 1457~1519)의 본관은 선산, 자 미수(眉叟), 호 병암(屛菴)이다. 우의정·좌의정 등을 역임하였다.

226) 김응기의 도움을 받았다 : 김응기는 1496년(연산군2) 관상감 제조(觀象監提調)·공안상정사 제조(貢案詳定司提調)를 역임하였는데, 제조 재임시 도움을 준 것으로 보인다.

227) 신숙주(申叔舟) : 1417~1475. 본관은 고령, 자 범옹(泛翁), 호 희현당(希賢堂)·보한재(保閑齋)이다. 좌의정·영의정 등을 역임하였다. 계유정란(癸酉靖難) 당시 정난공신(靖難功臣) 2등에 책훈되었다.

도리어 취하겠는가."라고 했다가 출세하지 못하고 불우하게 일생을 마쳤다. 당시 송익필 무리의 기세가 이처럼 대단하였다.

○ 회천이 지은 송익필의 비문에서 그를 선생이라고 칭하며 매우 지나친 문장으로 높이고 존숭하면서 "제갈량이 구봉(龜峰)과 비슷하다."[228]고 하였으니 이것이 양재사(楊再思)[229]가 연꽃이 육랑(陸郎)을 닮았다고 한 것[230]과 무엇이 다르겠는가. 또한 감정의 가계를 서술하면서 성을 거짓으로 꾸며 안당의 서매(庶妹)라고 기록하였다. 『기묘록』은 우리 유가(儒家)의 큰 문자인데 어찌하여 회천의 두루 살핌이 유독 이 일에 대해서만큼은 제대로 보지 않았는가. 그 말을 믿을 수 없음이 이와 같다.

031 인조 때 정엽 수몽(守夢) 이 송익필의 억울함을 풀어주기 위해 상소를 올렸다.

"신은 어려서부터 송익필에게 학문을 수학하였는데, 송익필의 문장과 학식은 당대에 매우 뛰어나서 이이·성혼과 서로 강론하고 연마하는 사이였습니다. 이이가 죽은 뒤 이발과 백유양 등이 이이와 성혼을 원수처럼 미워하였고, 그 영향이 송익필에게까지 미쳐 반드시 죽음의 구렁텅이에 몰아넣고자 했습니다. 이는 갑에게 노하여 그 화를 을에게까지 옮기는 것으로써 너무 심한 일입니다."

송익필의 아버지 송사련은 고(故) 정승 안당 누이동생의 아들[231]이었다. 송사련의 어머니가 이미 양인(良人)이 되었고, 송사련 또한 잡과(雜科)에 합격하여 계속해서 2대에 걸쳐 양역(良役)을 지게 되었다. 또한 60년의 기한이 지난 자는 다시 천민이 될 수 없다고 법전에 나와 있음에도

228) 『송자대전(宋子大全)』 권172, 「묘갈(墓碣)·구봉선생송공 묘갈(龜峯先生宋公墓碣)」.
229) 양재사(楊再思) : 당나라 측천무후(則天武后) 때 정승이었다.
230) 육랑(陸郎) : 당나라 때 장창종(張昌宗). 잘생긴 외모로 측천무후의 총애를 받자 양재사가 연꽃이 육랑을 닮았다고 아첨하였다.
231) 안당 누이동생의 아들 : 앞의 기사에서 송시열이 송익필의 비문에서 감정의 성을 모칭(冒稱)하여 안당의 서매(庶妹)라고 기록해 놓았다. 이에 근거하면 안당은 감정[송익필 할머니]과 남매사이가 되고, 감정의 아들 송사련은 누이동생의 아들이 된다.

불구하고 이발 등은 송사련이 조정에 고변한 일로 인해 안씨 자손들과
하늘을 함께 할 수 없는 원수가 된 것을 빌미로 삼아서 기회를 틈타
사주하여 법을 무시하고 다시 천민으로 만들려 했다. 당시 송사를 담당한
관리가 혹 법대로 집행하려하면 이발 등이 즉시 논박하여 쫓아냈으니
이렇게 하기를 두, 세 차례 한 뒤에 비로소 자신의 뜻을 관철시킬 수
있었다. 법이란 역대 임금들의 변치 않는 법전인데, 송사련이 비록 선류(善
類)에게 죄를 얻었고, 또 송익필이 비록 당시 사람들로부터 노여움을
받았다고 해서 어찌 한때의 사사로운 감정을 가지고 변치 않는 법전을
어기면서까지 자기 마음을 통쾌하게 할 수 있는가.232)

032 무자년(1588, 선조21) 정월에 전 현감(縣監) 조헌(趙憲)233)이 상소를
올렸다.

"노수신·정유길(鄭惟吉)234)·유전(柳㙉)235)·권극례(權克禮)236)·류성룡·김
응남·이산해 등은 편당을 지어서 나라를 병들게 합니다." 또한, "박순(朴
淳)237)과 정철 같은 어진 사람들이 먼 곳으로 내쫓겨 났으니 속히 불러올리
십시오."고 하였다. 또한, "송익필과 서기(徐起)238) 등은 모두 장수의 재주
가 있습니다.……"고 하였다. 비망기에서 "지금 조헌의 상소를 보니,

232) 『송자대전』 권172, 「묘갈·구봉선생송공 묘갈」.
233) 조헌(趙憲) : 1544~1592. 본관은 배천(白川), 자 여식(汝式), 호 중봉(重峯)·도원(陶原)·후율
     (後栗)이다. 사헌부 감찰·공조좌랑 등을 역임하였다. 임진왜란 때 의병을 일으켜
     금산(錦山)전투에서 전사하였다.
234) 정유길(鄭惟吉) : 1515~1588. 본관은 동래, 자 길원(吉元), 호 임당(林塘)이다. 김상헌(金尙
     憲)의 외할아버지. 예조판서·우의정 등을 역임하였다.
235) 유전(柳㙉) : 1531~1589. 본관은 문화, 자 극후(克厚), 호 우복당(愚伏堂)이다. 우의정·영
     의정 등을 역임하였다.
236) 권극례(權克禮) : 1531~1590. 본관은 안동, 자 경중(敬仲)이다. 대사헌·예조판서 등을
     역임하였다.
237) 박순(朴淳) : 1523~1589. 본관은 충주, 자 화숙(和叔), 호 사암(思菴)이다. 서경덕(徐敬德)
     문인으로, 우의정·영의정 등을 역임하였다. 이이를 옹호하다가 서인으로 지목되어
     탄핵을 받았다.
238) 서기(徐起) : 1523~1591. 본관은 이천(利川), 자 대가(待可), 호 고청(孤靑)·구당(龜堂)이다.
     서경덕·이지함(李之菡) 등에게 배웠다.

74

이 자는 요물이다. 이 상소는 차마 내려 보낼 수 없으니 차라리 내가 허물을 받고 말 것이다. 태워 버려라."고 하였다. 삼사(三司)에서 유배 보낼 것을 청하였다.

기축년(1589, 선조22) 겨울에 정철이 쫓겨났다 돌아오자 조헌이 상소를 올려 다시 전과 같은 논의를 펼쳤다. 또한 호남유생 양산숙(梁山璹) 등이 상소를 올렸는데 동시에 입계(入啓)되었다. 그 내용은 조헌의 것과 동일하였는데 특히 서애를 배척하였다. 이에 전교하였다. "이들 무리의 상소는 조정의 신하를 배척하는 내용인데 유독 정철이하 몇 사람만 찬양하면서 스스로 직언이라고 한다. 이로 인해 도리어 그 정황이 환히 드러났으니 비웃을만하다." 또 전교하였다.

"사노(私奴) 송익필 형제가 조정에 대한 원망이 쌓였으니, 반드시 일을 꾸미려 할 것이다. 조헌이 지금까지 올린 상소가 모두 그의 사주였다 하니, 매우 원통하고 분한 일이다. 더욱이 노복으로서 주인을 배반하고 도망쳐서 숨었으니 매우 해괴하다. 잡아들여 국문할 것이니 이 뜻을 형조에 말하라."『은대일기(銀臺日記)』[239] 송익필이 출몰하며 음흉한 계책을 꾸민 행적을 주상이 듣고 이와 같은 전교를 내린 것이다.

기축옥사와 송익필·정철

033 기축옥은 송익필이 주도하고 정철이 완결지은 사건이다. 주변에 머물고 있을 때 아계(鵝溪, 이산해)가 이조판서에 십여 년간 재임하고 있어서 서인이 그 뜻을 펴지 못했다. 정철이 전 판윤으로서 오랫동안 산직(散職)에 있으면서 근기지역에서 시간을 보내고 있었다. 그러던 중 옥사가 발생하자 우계와 송익필의 무리가 그를 권면하여 서울로 들어가게 하였다. 정철은 그날로 궁궐에 들어와 승정원에 출근하자 승정원과 홍문관의 사람들이 낯빛을 잃고 놀라지 않는 자가 없었다. 정철은 곧 비밀리에 차자를 올려, "조정에서 역적의 옥사를 엄하게 다스리지 않습니다."고

---

239) 은대일기(銀臺日記) : 은대는 승정원(承政院)의 별칭이다.『은대일기』는『승정원일기』이다.

하자, 주상이 곧 정철을 우의정에 임명하여 옥사를 담당하게 하였다. 며칠 뒤 우계가 이조참판이 되어 올라오자 송익필 형제가 그 사이를 왕래하면서 여러 모의하는 논의에 참석하지 않음이 없었다.

이때 유홍(兪泓)[240]·황정욱(黃廷彧)[241]·구사맹·홍성민(洪聖民)[242]이 성원하여 세를 불리고, 백유함(白惟咸)[243]·구성(具宬)[244]·장운익(張雲翼)[245]·황혁(黃赫)[246]·이흡(李洽)[247]·유공진(柳拱辰)[248]은 밑에서 추동하고, 성로(成輅)[249]·이춘영(李春英)[250]·송인필(宋寅弼)·송한필(宋翰弼)[251]은 심복이 되었다. 조영선(趙永善)은 수족노릇을 하였고, 나머지는 이[風]처럼 들러붙었으니 예를 들면 양천경(梁千頃)·강해(姜海)·홍천경(洪千璟)[252]·정암수(丁巖壽)와

---

240) 유홍(兪泓) : 1524~1594. 본관은 기계, 자 지숙(止叔), 호 송당(松塘)이다. 우의정·좌의정 등을 역임하였다. 정여립 옥사를 다스린 공으로 토역(討逆) 2등에 녹훈, 기성부원군(杞城府院君)에 봉해졌다.

241) 황정욱(黃廷彧) : 1532~1607. 본관은 장수(長水), 자 경문(景文), 호 지천(芝川)이다. 영의정 희(喜)의 후손으로, 예조·병조판서 등을 역임하였다.

242) 홍성민(洪聖民) : 1536~1594. 본관은 남양, 자 시가(時可), 호 졸옹(拙翁)이다. 대제학·호조판서 등을 역임하였다.

243) 백유함(白惟咸) : 1546~1618. 본관은 수원, 자 중열(仲悅)이다. 이조정랑·동부승지·좌부승지 등을 역임하였다.

244) 구성(具宬) : 1558~1618. 본관은 능성, 자 원유(元裕), 호 초당(草塘)이다. 좌찬성 사맹의 아들, 인헌왕후[인조 모친]의 오빠로서, 호조참판·대사성 등을 역임하였다.

245) 장운익(張雲翼) : 1561~1599. 본관은 덕수(德水), 자 만리(萬里), 호 서촌(西村)이다. 장유의 부친. 형조·이조판서 등을 역임하였다.

246) 황혁(黃赫) : 1551~1612. 본관은 장수(長水), 자 회지(晦之), 호 독석(獨石)이다. 정욱(廷彧)의 아들로서, 우승지·형조판서 등을 역임하였다.

247) 이흡(李洽) : 1549~1608. 본관은 한산, 자 화보(和甫), 호 취암(醉菴)이다. 장령·헌납 등을 역임하였다.

248) 유공진(柳拱辰) : 1547~1604. 본관은 문화, 자 백첨(伯瞻)이다. 이이의 문인으로, 동부승지·우승지 등을 역임하였다.

249) 성로(成輅) : 1550~1615. 본관은 창녕, 자 중임(重任), 호 석전(石田)·삼일당(三一堂)·잠암(潛巖)이다. 정철의 문인이다.

250) 이춘영(李春英) : 1563~1606. 본관은 전주, 자 실지(實之), 호 체소재(體素齋)이다. 지평·장령 등을 역임하였다.

251) 송인필(宋寅弼)·송한필(宋翰弼) : 송사련의 아들들. 부필(富弼)·익필(翼弼)·인필·한필 등을 더 두었다.

252) 홍천경(洪千璟) : 1553~?. 본관은 풍산(豊山), 자 군옥(羣玉), 호 반항당(盤恒堂)이다. 중추부첨지사 등을 역임하였다.

76

같은 자들은 이루 헤아릴 수 없을 정도로 많았다.

당시 호남과 영남지역에 특별히 어사를 파견하였으며, 또한 각 도의 관찰사·병사(兵使)·수령에게 비밀리에 알려 역적 당을 염탐하여 체포하고, 오가는 사람들을 체포하도록 하였다. 혹은 유언비어를 널리 전파하여 사람들을 크게 놀라게 하고, 혹은 사형수를 꾀이고 협박하여 무고하게 하여 증거로 삼는 등 온갖 계책으로 얽어서 3년 동안 억지로 죄를 만들어 냈다. 동인출신 명사 가운데 원통하게 죽은 자가 거의 천여 가에 이르렀다. 인심이 들끓고 여론이 그치지 않으니 얼마 지나지 않아 주상이 크게 깨닫고 후회하였다. 정철·성혼과 그들 당여(黨與)의 이름을 나열하고 죄를 성토하는 게시문을 조정에 걸어두었다. 정철은 가장 큰 죄인으로서 강계(江界)지역에 유배되어 안치(安置)253)되었다. 처음엔 특별히 진주로 유배되었으니 주상의 뜻이 있었기 때문이었다. 그 뒤 강계로 옮겨졌다.

034 장령 장운익이 아뢰었다. "동인이 매번 서인이 척리(戚里)254)와 결탁한다고 비루하게 배척하였는데, 이제 그들이 역적과 결탁하였으니 그 죄가 어떠합니까. 청컨대 삼족(三族)을 멸하는 법으로 처리하소서." 주상이 "장장령의 말이 옳다."고 하였다. 수찬(修撰) 허성(許筬)255)이 아뢰었다. "정해진 법으로 다스려도 충분한데 어진 임금이 다스리는 조정에서 어찌 어지러운 진나라에서 쓰던 가혹한 법을 쓸 수가 있겠습니까." 이로 인해 논의가 그쳤다. 『기축록』

035 정철은 어려서 기대승(奇大升)256)에게 수업을 받았다. 일찍이 기대

---

253) 안치(安置) : 『대명률(大明律)』에서 정한 형벌. 고향에 두는 본향안치(本鄉安置), 먼 변방에 두는 극변안치(極邊安置), 외딴 섬에 두는 절도안치(絶島安置), 그리고 더욱 엄격히 출입을 금하여 탱자 가시 울타리를 쳐서 두는 위리안치(圍籬安置) 등이 있다.
254) 척리(戚里) : 임금의 내·외 친척. 여기서는 명종 비 인순왕후(仁順王后)의 동생 심의겸을 가리킨다.
255) 허성(許筬) : 1548~1612. 본관은 양천, 자 공언(功彦), 호 악록(岳麓)·산전(山前)이다. 이조판서 등을 역임하였다. 동생 봉(篈)·균(筠) 및 여동생 난설헌(蘭雪軒)과 함께 문장가로 유명하였다.

승이 "계함(季涵, 정철)은 남의 잘못을 말하기 좋아하고, 은혜와 원수를
지나치게 구분한다. 훗날 뜻을 얻게 되면 백성을 그르칠 자가 이 사람이
아니겠는가."고 하였다. 뒷날 심의겸(沈義謙)257)에게 붙어서 김효원(金孝
元)258)을 배척하였으며, 기축년(1589, 선조22) 정여립 옥사가 일어나자
추관(推官)259)을 대신하여 동인을 얽어매는 데 힘썼다. 평소 좋아하지
않던 사람들을 모두 얽어서 잡아넣고, 3년을 끌어서 죽은 자가 거의
천여 명에 이르렀다. 정개청(鄭介淸)260)·최영경·이발·이길 등은 가장 미워

256) 기대승(奇大升) : 1527~1572. 본관은 행주(幸州), 자 명언(明彦), 호 고봉(高峰)·존재(存齋)
   이다. 이황의 문인으로, 병조좌랑·이조정랑·대사성 등을 역임하였다. 이황과 8년에
   걸쳐 사칠논변(四七論辨)을 벌였다. 이황의 이기이원론(理氣二元論)에 반대하며, 주정
   설(主情說)을 주장하였다.

257) 심의겸(沈義謙) : 1535~1587. 본관은 청송, 자 방숙(方叔), 호 손암(巽菴)·간암(艮菴)·황재
   (黃齋)이다. 명종의 비인 인순왕후(仁順王后)의 동생이고, 이황 문인이다. 1555년(명종10)
   진사시에 합격하고, 1562년 급제하여 청요직에 임명되었다. 1572년 이조참의 등을
   지내는 동안 척신 출신이지만 사림들 간에 명망이 높아 선배 사류들에게 촉망을
   받았다. 이때 김종직(金宗直) 계통의 신진세력인 김효원(金孝元)이 이조전랑(吏曹銓郞)
   으로 천거되었는데, 김효원이 일찍이 명종 때 권신이던 윤원형(尹元衡)의 집에 기거한
   사실을 들어 권신에게 아부했다는 이유로 이를 반대하였다. 1574년 결국 김효원은
   이조전랑에 발탁되었는데, 이번에는 1575년 그의 아우 충겸(忠謙)이 이조전랑에
   추천되자, 김효원이 전랑의 직분이 척신의 사유물이 될 수 없다 하여 반대, 두
   사람은 대립하기 시작하였다. 이에 구세력은 그를 중심으로 서인(西人), 신진세력은
   김효원을 중심으로 동인(東人)이라 하여 사림이 분당하는 사태가 발생하였다. 1584년
   이이가 죽자 이발·백유양 등이 일을 꾸며 동인과 합세하여 공박함으로써 파직
   당하였다. 그러나 벼슬이 대사헌에 이르렀고, 청양군(靑陽君)에 봉해졌다.

258) 김효원(金孝元) : 1542~1590. 본관은 선산, 자 인백(仁伯), 호 성암(省菴)이다. 조식·이황
   의 문인이다. 1564년(명종19) 진사가 되고, 1565년 알성문과에 장원으로 급제해
   병조좌랑·정언·지평 등을 역임했다. 명종 말 문정왕후(文定王后)가 죽은 뒤 척신계(戚臣
   系)의 몰락과 더불어 새로이 등용되기 시작한 사림파의 대표적인 인물로, 1572년
   이조전랑에 천거되었으나, 척신 윤원형의 문객이었다는 이유로 이조참의 심의겸이
   반대하는 바람에 거부당했다. 그러나 1574년 조정기(趙廷機)의 추천으로 결국 이조전
   랑이 되었다. 1575년 심의겸의 동생 충겸(忠謙)이 이조전랑으로 추천되자, 전랑의
   관직은 척신의 사유물이 될 수 없다는 이유로 이를 반대하고 이발을 추천했다.
   이러한 일을 계기로 심의겸과의 반목이 심해지면서, 사림은 동인과 서인으로 나누어
   지게 되었다.

259) 추관(推官) : 의금부에서 왕의 특지(特旨)를 받아 중죄인을 신문하는 관원이다.

260) 정개청(鄭介淸) : 1529~1590. 본관은 고성(固城), 자 의백(義伯), 호 곤재(困齋)이다. 예학(禮
   學)과 성리학에 밝아 당시 호남지방의 명유(名儒)로 알려졌다. 이산해의 천거로
   곡성현감을 지내기도 했다. 1589년(선조22) 정여립 옥사에 연루되어 유배되어 죽었

78

했던 자들이었는데, 정철은 있는 힘을 다해 죄를 얽어서 죽였다. 또한 백유함과 이춘영의 무리들을 자기편으로 삼아서 다른 당 사람들을 공격하여 귀양을 보내거나 죽였다. 그러나 얼마 안 되어 주상이 후회하여 최영경과 정개청의 원한을 풀어주었고, 정철은 강계에 위리안치(圍籬安置)²⁶¹⁾되었으며, 의정부에 그의 죄목을 내걸렸다. 정철은 임진년(1593)에 부름을 받아 행재소(行在所)²⁶²⁾에 나아가 하삼도 체찰사(下三道體察使)가 되었는데 종사관(從事官)과 함께 매일 술에 취해서 업무를 보지 않다가 이윽고 죽었다. 언관들의 말을 들어서 그의 관작을 추탈하였다.

　일찍이 정철은 율곡·우계와 더불어 교류하였는데 두 사람에 버금가게 서인으로부터 추앙을 받았다. 그러나 선한 무리를 해치고 당론의 확대시켜 우리나라에 너무 큰 해악을 끼친 자 가운데 으뜸이 되었다. 그의 무덤은 처음엔 고양(高陽)에 있었는데 마을 아이들이 모두 정철의 능(陵)이라고 불렀다. 이 또한 아이들이 군실(君實, 사마광)²⁶³⁾처럼 칭송해서 인가, 아니면 미워하고 천하게 여겨서 인가. 근래 들어 그의 자손이 이를 근심하여 다른 산으로 이장하였다고 한다.

036　좌의정 정철이 기축년 당시 여론을 주도하며 옥사를 다스렸다. 그러던 어느날 내가²⁶⁴⁾ 우연히 정철을 궐 아래에서 만났는데, 그에게 최영경의 옥사가 어떻게 처리되었는지 묻고 또한, "그 사람은 높이 알려진 선비로서 명망이 높으니 옥사를 상세히 살피지 않을 수 없을 것입니다."고 하였다. 정철은 평소에 경솔한데다가 또한 술에 취해 있었다. 홀연히

　다. 저서로는 『우득록(愚得錄)』이 있다.
261) 위리안치(圍籬安置) : 엄격히 출입을 금지하여 탱자 가시 울타리를 쳐서 두는 형벌이다.
262) 행재소(行在所) : 임금이 멀리 거둥할 때 머무르는 임시 거처. 임진왜란 당시 의주(義州)에 두었다.
263) 군실(君實) : 송나라 문신 사마광(司馬光, 1019~1086)의 자. 좌복야(左僕射) 등을 역임하였다. 편년체(編年體) 역사서 『자치통감(資治通鑑)』을 편찬하였다.
264) 내가 : 류성룡을 가리킨다. 『연려실기술』권14, 「선조조 고사본말(宣祖朝故事本末)·기축년 정여립 옥사」참조.

왼손으로 자신의 목을 잡고 오른손으로 찌르는 시늉을 하면서 소리 내며, "그 자가 평일 나를 향해 이와 같이 하고자 했다."고 하였다. 판중추부 사 심수경이 곁에 있다가 해명하였다. "사람들의 말을 어찌 다 믿을 수 있겠는가. 원컨대 대감께서는 사람들의 말을 믿지 마시오."

내가 정색하며 말하였다. "가령 그 사람이 실제로 그랬다 해도 공은 지금 옥관(獄官)이 되었으니 평소 품은 생각은 잊어야 할 것인데 무슨 이유로 그렇게 하려 합니까." 정철이 웃으며 말했다. "내가 어찌 이것을 생각하겠소. 이미 추안(推案)²⁶⁵⁾에서 힘써 최영경을 풀어달라고 했기 때문 에 오랫동안 형신(刑訊)을 가하지 않고 오직 가둬 두기만 하였소." 또 정철이 나에게 "공도 이미 그것을 생각했다면 어찌 말하지 않았는가."라 고 묻자, 내가 답하였다. "이번 일은 큰 옥사이니 밖에 있는 사람이 말하면 도움이 안 될 뿐만 아니라 오히려 화를 키울 수 있습니다. 오로지 옥사를 다루는 사람만이 원통하고 억울한 일을 헤아려 다스릴 수 있을 뿐입니다." 정철이 "나도 분명히 마음을 다하여 보호하고 있으니 별 문제 없을 것이오."라고 하였다. 과연 며칠 뒤 최영경이 석방되었다. 그러나 사헌부에서 주상에게 청하여 다시 가두고 국문하였다. 당시 윤두 수(尹斗壽)²⁶⁶⁾가 대사헌이었지만 실제로는 장령 구성이 논의를 주도하였 다. 사람들은 "정철이 겉으로 공의(公議)를 살펴서 풀어주었지만 속으로 당으로 하여금 논벌하게 했다."고 의심하였다. 『운암록(雲岩錄)』²⁶⁷⁾

037 정철이 임진년(1592, 선조25)에 다시 복관되었는데 임금의 수레를 따라서 개경에 도착하였다. 이때 시인(時人, 서인)²⁶⁸⁾들이 다시 정철을

---

265) 추안(推案) : 추국청(推鞫廳)에서 반역 사건 관련자들을 심문한 기록이다.

266) 윤두수(尹斗壽) : 1533~1601. 본관은 해평, 자 자앙(子昻), 호 오음(梧陰)이다. 근수(根壽)의 형으로, 좌의정·영의정 등을 역임하였다. 선조대 세자 책봉 문제로 정철이 화를 당할 때 연루되어 유배되었다.

267) 운암록(雲岩錄) : 해당 기사는 『운암잡록(雲巖雜錄)』「붕당(朋黨)」에 실려 있다. 『운암 록』의 다른 명칭으로 보인다. 류성룡의 저술로, '붕당(朋黨)·기정릉사(記靖陵事)·기기 축옥(記己丑獄)·잡기(雜記)·기건저사(記建儲事)·기염철사(記鹽鐵事)·기이상대조남명사 (記李相待曹南冥事)'등으로 이루어졌다.

불러들여 정치를 맡기기 위해 먼저 비밀리에 향촌에 사는 어리석은
백성 1, 2명을 꾀어서 주상에게, "옛 수도의 부로(父老)들을 위무하고
널리 깨우쳐야 합니다."고 아뢰도록 하였다. 이렇게 말을 올림으로써
겉으로는 공정히 아뢰는 입을 빌린 것이었지만 속으로는 사사롭게 구제하
려는 계책이었다.

당시 관부를 연 곳이 파주와 접경한 지역으로, 또한 해주(海州)로 가는
길목이었다. 갓을 쓰고 과거 시험장에 드나드는 자라면 태반이 성혼의
문도269)라고 일컬었다. 이들은 해주를 오가는 객(客)들을 머물러 있게
해주는 사람이었으니 그 일대가 곧 우계와 율곡 문인들의 소굴로 변하였
다. 이것이 모두 그들이 옷과 발우를 서로 전하는 비밀스러운 계책이었다.
혹 암암리에 근거 없는 소문을 퍼뜨리거나 혹 몰래 속언(俗諺)을 전파하여
매우 엄중한 곳으로 흘러들어가 주상의 총명함을 흐리게 하였다. 날아다
니기에 날개는 있지만 잡으려 하면 자취가 없었으니 모두 이 같은 술수를
폈기 때문이었다. 그 뒤를 김자점(金自點)270)과 심기원(沈器遠)271)의 무리들
이 이었고, 김석주(金錫胄)272)·이사명(李師命)273)·김익훈(金益勳)274)·김춘택
(金春澤)275)에 이르러서는 갈수록 더욱 은밀하고 참람되었다.

---

268) 시인(時人) : 당시 권력을 장악한 세력, 즉 여기서는 서인을 가리킨다.

269) 성혼의 문도 : 파문도(坡門徒). 파주에 거처했던 성혼을 따르던 문도를 가리킨다.

270) 김자점(金自點) : 1588~1651. 본관은 안동, 자 성지(成之), 호 낙서(洛西)이다. 우의정·영
    의정 등을 역임하였다. 인조반정으로 정사공신(靖社功臣) 1등에 녹훈된 뒤 청나라
    세력을 이용하여 권력을 유지하다가 아들과 함께 역모에 연루되어 복주(伏誅)되었다.

271) 심기원(沈器遠) : ?~1644. 본관은 청송, 자 수지(遂之)이다. 좌의정 등을 역임하였다.
    인조반정에 참여하여 정사공신 1등에 녹훈, 청원부원군(靑原府院君)에 봉해졌다.
    1644년(인조22) 회은군(懷恩君) 덕인(德仁)을 추대하려다가 죽임을 당했다.

272) 김석주(金錫胄) : 1634~1684. 본관은 청풍, 자 사백(斯百), 호 식암(息庵)이다. 육(堉)의
    손자, 좌명(佐明)의 아들로서, 이조판서·우의정 등을 역임하였다. 현종대이래 숙종대
    에 이르기까지 정국변동의 중심에 자리하면서 권력을 장악하였다.

273) 이사명(李師命) : 1647~1689. 본관은 전주, 자 백길(伯吉), 호 포암(蒲菴)이다. 세종의
    아들 밀성군(密城君)의 6대손, 영의정 경여(敬輿)의 손자, 대사헌 민적(敏迪)의 아들,
    좌의정 이명(頤命)의 형이다. 형조·병조판서 등을 역임하였다. 1680년 경신환국에서
    세운 공으로 보사공신(保社功臣) 2등에 녹훈, 완녕군(完寧君)에 봉해졌다.

274) 김익훈(金益勳) : 1619~1689. 본관은 광산, 자 무숙(懋叔), 호 광남(光南)이다. 장생의
    손자로서 송시열 등과 연계하여 병권을 장악하고 정국을 주도하였다.

임진년(1592, 선조25)에 정철이 온양(溫陽)에 체찰부를 개설하였다. 전 부제학 신담(申湛)[276]이 벼슬을 그만두고 한산(韓山, 충남 서천군 한산면)에 거처하면서 왕을 근위하려 의병 수천 명을 모았다. 그리고 홍계남(洪季男)[277]을 선봉장으로 삼으니 군대가 규율이 있었다. 정철이 이 소식을 듣고 꺼림칙한 마음을 가졌다. 군대가 지나던 길에 체찰부가 있으므로 어쩔 수 없이 투자(投刺)[278]하여 윗사람을 알현하려 했지만, 정철을 볼 수 없었다. 정철은 이내 군사들에게 명령하였다. "지금은 위급한 때로 난민(亂民)을 모아서 의병이라 칭하였지만 불측한 마음을 품었을 수도 있다. 신담이 이끄는 군대가 온양의 경계를 넘지 못하도록 하라." 이들을 마치 오랑캐 적처럼 방어하였다. 이에 무인출신 홍계남은 크게 화를 내며 병영으로 박차고 들어가 싸우려 하자, 신담이 급히 저지하면서 말하였다. "저 사람은 비록 나와 함께 조정에 있었지만 평소 자기와 다른 사람을 싫어하였다. 오늘 내린 명령 역시 여기서 말미암지 않은 것이 없다. 만약 그대 생각대로 한다면 나는 진짜 난민이 되며, 그는 또한 나를 불측한 자로 얽어맬 것이니 내가 알아서 처리하겠다."

마침내 신담은 전군의 지휘권을 홍계남에게 넘겨주고, 아울러 방략도 같이 전해주고서 홀로 말을 달려 피난처인 의주로 갔다. 홍계남이 병사를 이끌고 돌아와 충청도와 전라도를 돌아다니자 그 지역 인사들 가운데 의지해서 따르는 자들이 많았다. 이에 정철은 공의(公議)의 비난을 받을까 두려워하면서 다시 격문을 보내 홍계남을 불러들였지만 홍계남은 보고도 하지 않은 채 망우당(忘憂堂) 곽재우(郭再祐)[279]에게로 떠나 버렸다고 한다.

---

275) 김춘택(金春澤) : 1670~1717. 본관은 광산, 자 백우(伯雨), 호 북헌(北軒)이다. 만기(萬基)의 손자, 진귀(鎭龜)의 아들로서, 남구만 등 소론으로부터 정치공작을 펼친다는 비난을 받았다.

276) 신담(申湛) : 1519~1595. 본관은 고령, 자 중경(仲卿), 호 어성(漁城)이다. 예조참판 등을 역임하였다.

277) 홍계남(洪季男) : 본관은 남양이다. 경기도 조방장·수원판관 등을 역임. 임진왜란이 일어나자 안성(安城)에서 의병을 일으켜 여러 곳에서 승리하였다.

278) 투자(投刺) : 처음 윗사람을 뵈올 때에 미리 명함을 전하여 드리던 일이다.

279) 곽재우(郭再祐) : 1552~1617. 본관은 현풍(玄風), 자 계수(季綬), 호 망우당(忘憂堂)이다.

홍계남은 안성(安城)출신 천족(賤族)이었지만 담력과 지략이 뛰어나 많은 전투에서 공을 세웠고, 뒤에 조방장(助防將)에 임명되었다. 『죽계한화(竹溪閒話)』

038　최창대(崔昌大)280)의 『곤륜집(昆侖集)』에서 말했다.281) "지천(遲川, 최명길)282)이 백사에게, '송강은 어떠한 사람입니까.'라고 묻자, 백사가 '반쯤 취했을 때에 손뼉을 치면서 담소하는 것을 바라보면 천상의 사람 같다.'고 대답하였다." 이는 방현령(房玄齡)283)이 계위(季偉)284)에 대해서, "그 사람의 콧수염과 귀밑 머리털이 좋다."고 칭찬한 것과 같은 뜻이었다. 이내 말하였다. "백사의 높은 안목이 이와 같도다."고 하였으니 이는 어리석은 사람들 앞에서 꿈을 풀이해 주는 것 같다. 동시대 아계의 언론과 풍채가 어찌 송강만 못하였겠는가마는 저들 무리가 어찌하여 소인이라고 지목하였는가. 아계는 이산해의 호로 풍채와 자취가 뛰어났고, 문장을 잘 짓고 글체가 좋았으니 어려서부터 신동이라 일컬었다.

039　아계는 젊을 때 정철과 교분이 두터웠는데 뒤에 정철의 무리들로부터 공격을 받자 의심하고 이발·이길(李洁)285) 등과 함께 정철을 공격하였다. 기축옥사 때 정철이 다시 조정에 들어왔고, 이발 등이 고문을 받다

조식의 문인으로, 임진왜란이 발생하자 의령에서 의병을 일으켜 진주성 전투 등에서 승리하였다.

280) 최창대(崔昌大) : 1669~1720. 본관은 전주, 자 효백(孝伯), 호 곤륜(昆侖)이다. 명길(鳴吉)의 증손, 석정의 아들이다. 이조정랑·대사성·부제학 등을 역임하였다.

281) 『곤륜집(昆侖集)』 권20, 「유사(遺事)·지천공유사(遲川公遺事)」.

282) 지천(遲川) : 최명길(崔鳴吉, 1586~1647)의 호. 본관은 전주, 자 자겸(子謙)이다. 이항복 문하에서 이시백(李時白)·장유 등과 교유하였다. 좌의정·영의정 등을 역임하였다. 병자호란(1636, 인조14) 당시 화의론을 주장하다가 김상헌과 함께 심양에 잡혀가는 고초를 당하기도 했다. 저서로는 『지천집』 등이 있다.

283) 방현령(房玄齡) : 578~648. 당나라 태종때 재상. 15년 동안 재상 직에 있으면서 두여회(杜如晦)와 함께 정관지치(貞觀之治)를 이루며 현상(賢相)으로 칭송받았다. 태종의 신임이 지극하여 고구려 공격 때는 장안(長安)에 남아 성을 지키기도 했다.

284) 계위(季偉) : 후한(後漢) 모용(茅容)의 자. 행실이 바르고 절도가 있었으며 효성이 지극했다고 한다.

285) 이길(李洁) : 1547~1589. 본관은 광산, 자 경연(景淵), 호 남계(南溪)이다. 발(潑)의 아우이다.

죽자 이산해는 매우 두려워하여 그와 다시 결탁하여 공손히 섬기며, "전날 그대를 공격한 자는 김응남과 류성룡이 저지른 것이지 나는 아니다."고 하며, 자신만 빠져나오려고 했다. 하지만 정철이 묵은 원한이 깊어서 의심을 끝내 풀지 않았다.

당시 정철이 옥사를 남발하자 주상도 싫어하였는데, 이산해가 이런 주상의 뜻을 알아차리고 홍여순(洪汝諄)[286] 등과 함께 비밀리에 모의하여 모함하려했다. 먼저 아들 이경전(李慶全)[287]에게 유사(遊士) 홍봉선(洪奉先)·이성경(李晟慶) 등 6명과 결탁하여 궁궐에 나아가 정철이 권한을 멋대로 휘둘러 정사를 어지럽히고, 죄 없는 사람을 많이 죽인 상황을 말하게 하였다. 주상이 특별히 칭찬하는 유시(諭示)를 내리자 이산해는 즉시 대간에게 정철을 탄핵하는 소를 올리게 하였고, 상소가 들어가자마자 윤허를 받았다. 대사헌 홍여순이 또한 윤두수·윤근수·이해수(李海壽)[288] 등 6, 7인을 논박하여 귀양 보냈는데 이들은 모두 정철의 당이었다. 우성전과 이경중(李敬中)[289]은 정철의 무리가 아니었지만 이산해가 미워했던 사람들이었기 때문에 함께 파직 당하였다. 정철이 안치되었음에도 이산해는 오히려 정철의 안부를 묻는 등 관계를 끊지 않았으며, 약봉지를 보내기도 했다고 한다. 『운암록』

040 기축년(1589, 선조22) 겨울에 정여립 옥사가 발생하였다. 정여립의 조카 정집(鄭緝)이 조정의 신하 수십 명을 죄가 없는데도 무고하여 잡아들

---

286) 홍여순(洪汝諄) : 1547~1609. 본관은 남양, 자 사신(士信)이다. 호조·병조판서 등을 역임하였다. 1599년(선조32) 북인에서 갈라진 대북(大北)에 속해서 이이첨(李爾瞻) 등과 함께 남이공(南以恭)의 소북(小北)과 대립하였다.

287) 이경전(李慶全) : 1567~1644. 본관은 한산, 자 중집(仲集), 호 석루(石樓)이다. 영의정 산해(山海)의 아들로서, 형조판서 등을 역임하였다. 1608년 소북 유영경(柳永慶)을 탄핵하려다 유배되었다. 인조반정 때 주청사(奏請使)로 명나라에 가서 인조의 책봉을 요청하였다.

288) 이해수(李海壽) : 1536~1599. 본관은 전의(全義), 자 대중(大中), 호 약포(藥圃)·경재(敬齋)이다. 대사간·대사성 등을 역임하였다.

289) 이경중(李敬中) : 1542~1604. 본관은 전주, 자 공직(公直), 호 단애(丹崖)이다. 응교·집의 등을 역임하였다. 선조대 정여립을 논척하다가 파직되었다.

였으니 혹 죽거나 혹 귀양을 떠났다. 정집이 형벌을 받게 되자 크게
울부짖으며, "나를 유인해서 벼슬아치를 많이 끌어들이면 살려준다고
해 놓고서 지금 어찌 나를 죽이려 하는가."고 하였다. 이에 사람들이
옥사를 주도한 자가 어리석은 자를 꼬드겨서 사사로운 원수를 갚으려
했다는 사실을 알게 되었다. 조용주(趙龍洲, 조경)²⁹⁰⁾가 찬한 「정승 정언신(鄭彦信)²⁹¹⁾의
묘지명[撰相彦信碑]」

최영경과 기축옥사

041　수우(守愚) 최영경은 맑고 절개가 있어 속세와 동떨어졌으니 의롭지
않으면 한 터럭이라도 다른 사람에게 받지 않았다. 부모에게 효도를
다해 섬겼으며, 세상을 떠나자 모든 재산을 내어 장례를 지냈고, 마침내
빈궁해졌다. 서울에 살면서도 사람들과 교유하지 않았으니 세상에 그를
아는 자가 없었다.

　안민학(安敏學)²⁹²⁾이 그를 기이한 사람이라고 여겨 성혼에게 말했다.
성혼이 도성에 들어와 일부러 그의 집을 찾아가 문을 두드리니 한참
뒤에 맨발의 어린 여종이 문을 열어주었다. 잠시 뒤 최영경이 나왔는데
베옷에 다 떨어진 신발을 신고 있었으며, 안색이 창백하고 쓸쓸해 보였지
만 용모가 엄중하여 접근할 수 없는 사람이었다. 함께 말을 나누었는데
조금도 속된 기운도 없었다. 이윽고 돌아와 백인걸(白仁傑)²⁹³⁾에게, "내가
최영경을 만났는데, 돌아올 때에는 맑은 바람이 소매에 가득함을 깨달았
다."고 하였다.『율곡집(栗谷集)』 그 뒤 정철과 서로 미워하게 되자 우계 또한

290) 조용주(趙龍洲) : 조경(趙絅, 1596~1669)의 호. 본관은 한양(漢陽), 자 일장(日章)이다
　　예조·이조판서 등을 역임하였다.
291) 정언신(鄭彦信) : 1527~1591. 본관은 동래, 자 입부(立夫), 호 나암(懶庵)이다. 우의정
　　등을 역임하였다. 1589년(선조22) 정여립 옥사 때 위관(委官)에 임명되었지만 정여립과
　　삼종(三從)간이란 이유로 탄핵을 받아 사직하였다.
292) 안민학(安敏學) : 1542~1601. 본관은 광주(廣州), 자 습지(習之), 호 풍애(楓崖)이다. 이이·
　　정철·이지함·성혼·고경명(高敬命) 등과 교유하였다.
293) 백인걸(白仁傑) : 1497~1579. 본관은 수원(水原), 자 사위(士偉), 호 휴암(休庵)이다. 조광조
　　의 문인으로, 대사헌·공조참판 등을 역임하였다. 명종대 윤원형 등 외척세력과
　　맞섰으며, 동서분당의 폐단을 지적하였다.

절교하였다.

042 기축옥사 때 정승 백사 이항복이 문랑(問郎)²⁹⁴⁾이 되었다. 국문을
마치고 나와서 사람들에게, "내가 죄수를 국문하다가 위인을 보았다."고
하였다. 수우는 당대 뛰어난 선비로서 어려서 남명 문하에서 공부하여
오로지 기절을 숭상하였다. 도산(陶山, 이황)의 강학(講學) 반열에 나아가서
정미한 의리를 물으면서 갈고 닦는 공부를 하지 못한 것을 애석하게
여겼다. 그는 송강을 속 좁은 소인이라 하여 드러내 놓고 배척하였으며,
또한 성문준(成文濬)²⁹⁵⁾이 와서 위로할 때도 꾸짖었으며 대놓고, "너의
늙은이에게 미움을 샀다."고 말했다. 이는 국무자(國武子)가 숨김없이
말한 것²⁹⁶⁾과 같으니 지금 세상에서는 용납되기 어려웠다. 옛말에 '명철하
고 환하게 빛나도 뜻하지 않은 어려움에 직면해서는 공손해야만 천명을
보존할 수 있다.'고 하였다. 아마도 이와 같이 처신하지는 못한 듯싶다.

공은 기축년의 옥사를 원통한 일이라고 말하면서 『기축록』을 만들었
으니 강릉본(江陵本) 『백사집(白沙集)』에 실려 있었다. 오늘날까지 전해지지
않고 다만 개작(改作)된 『기축록』이 세상에 돌아다니고 있다. 『기언』

오늘날 간혹 강릉본을 소장하고 있는 사람이 있지만 『기축록』의 중요
한 내용 1장 반 정도는 삭제된 채로 실려 있다. 이는 필시 그의 문도들이
책을 빌려보고 몰래 없애버렸기 때문일 것이다. 그렇다면 전문(全文)이
끝내 세상에 나올 수 없단 말인가. 강릉본이 훼손된 뒤 진주에서 다시
간행되었지만 여전히 거짓 기록이 세상에 돌아다니고 있었다. 그 집안
자손 대에 문집의 내용에 대해서 들은 자가 없지 않을 터인데 조상이
기록한 바를 다른 사람에게 고치게 맡겨두고 그 진실을 전하지 않는

---

294) 문랑(問郎) : 죄인을 심문할 때 기록을 담당하는 낭관(郎官)이다.
295) 성문준(成文濬) : 1559~1626. 본관은 창녕, 자 중심(仲深), 호 창랑(滄浪)이다. 혼(渾)의 아들이다.
296) 국무자(國武子)가 숨김없이 말한 것 : 제나라 경극(慶克)이 성맹자(聲孟子)와 간통한 일을 포장자(鮑莊子)가 알아차리고 국무자에게 말하였다. 이에 성맹자가 노하여 포장자를 참소하여 처벌하였다.

것은 도대체 무슨 마음인가. 아니면 게을러서 일부러 고친 여부를 제대로 살피지 않은 것인가. 집안에서 소장한 것 가운데 다시는 진본의 흔적을 찾을 수 없지만 진본을 베껴둔 부본(副本)을 붙이는 것은 어째서 불가능하겠는가. 어떤 사람이 말하였다. "한, 두 곳 유서 깊은 집안에 강릉에서 만든 전본(全本)을 가지고 있는 자도 있고, 이를 보고 전하는 자도 있지만 노론[老黨]의 세력이 두려워 감히 내놓지 못한다고도 한다." 어떤 사람은 "공론은 백년을 기다려야 나올 것인가."라고 하였다.

수우가 국문을 받기 위해 잡혀 들어왔을 때 풍채가 사람들을 감동시켰다. 마치 신선 세계의 학이 내려오는 듯하여 주변 옥졸들이 놀라서 공경하지 않은 자가 없었다. 문랑이었던 백사가 추관을 돌아보고, "지금 이 노인을 보지 못했다면 일생을 헛되이 지낼 뻔하였다."고 하였다. 정철이 웃으면서 부채를 자기 목에 대고, "이 자가 내 머리를 이렇게 자르려고 했다……"고 하였다. 또한, "저런 용모로 죽림 속에 드러누워 시사(時事)를 조롱하였으니 헛된 명성을 얻을 만도 하다."고 하였다. 공사(供辭)[297]를 받을 때 최영경의 안색이 태연자약하자 정철이 말하였다. "저 자는 조금도 동요되는 빛이 없으니 아마도 대역무도한 자이든지 아니면 심지(心志)가 굳은 자일 것이다." 『괘일록(掛一錄)』[298]

백사가 망우리에 살 때 기축옥사에 대해 언급하였다. "옥사를 다스릴 때 여러 사람들이 진술하는 모습을 보면 대부분 황급하여 정신을 차리지 못하였다. 오직 최영경만 고문을 받을 때도 마치 방안 가운데 앉아 있는 듯 말이 어지럽지 않고, 마치 평상시 손님과 대화하는 듯하였다." 『석실록(石室錄)』

최영경이 두 번째 공초에서 말하였다. "신이 병으로 누워있어 문 밖에 나가지 못한 지 여러 해 되었는데 어찌 정여립과 함께 7백여 리 떨어진

---

297) 공사(供辭) : 범인이 범죄 사실을 진술하는 말이다.

298) 괘일록(掛一錄) : 이조민(李肇敏, 1541~?)의 저술. 중종대 대윤(大尹)·소윤(小尹)의 대립으로부터 선조대 동서분당에 이르기까지의 주요 사건들을 다루고 있다. 이조민의 본관은 용인, 호 육물(六勿)이다. 둘째부인은 윤원형의 서녀이다. 윤원형의 집에서 처가살이를 하며 김효원과 함께 기숙하였다.

곳에서 만날 수 있겠습니까." 국청(鞫廳)에서 홍정서(洪廷瑞)와의 대질을
요청하였다.[299] 홍정서가 당황하여 어쩔 줄을 몰라 하면서 감관(監官)
정홍조(鄭弘祚)에게, "그 말을 너에게서 들었으니, 너는 숨기거나 회피하지
말라."고 하였다. 정홍조가 크게 놀라서 말하였다. "제가 꿈에서도 알지
못할 말인데, 성주(城主, 홍정서)는 어찌 제게 들었다고 하십니까." 홍정서
가 윽박지르며, "너는 다른 말을 해서는 안 된다. 나와 함께 환난과
부귀를 함께 해야 할 것이다."고 하였다. 정홍조가 말다툼을 벌였지만
끝내 어쩔 수 없이 거짓으로 "알겠습니다."고 했다. 홍정서가 옥에 나아가
"감관 아무개에게서 들었다."고 진술했기 때문에 감관도 함께 잡아와
신문하였다. 정홍조가 진술하였다.

　"최영경이 문을 닫고 나오지 아니하여 이웃사람들 조차 그에 대해서
알지 못하였습니다. 하물며 신의 집과 최영경의 집은 40리나 떨어져
있었는데 비록 이런 일이 있을지라도 신이 어찌 알겠습니까. 판관이
근거 없는 말로 뚜렷하게 지적할 바 없이 신을 증인으로 삼으려 합니다.
신은 비록 보잘 것 없는 자이지만 어찌 감히 어진 사람을 모함하여
예측할 수 없는 지경에 떨어뜨릴 수 있겠습니까. 차라리 죽어서 의로운
귀신이 될지언정 살아서 의롭지 못한 사람은 되지 않겠습니다."

　정홍조는 여섯 차례 형신을 받고 풀려났다. 홍정서가 무고죄[300]에
걸릴 것을 두려워하였는데, 때 마침 최영경이 병이 들어 음식을 먹지
못하고 날마다 소주 한, 두 잔만을 마신다는 소식을 들었다. 이에 옥졸에게
뇌물을 써서 독이 든 술로 바꿔쳐서 마시게 하니 마침내 최영경이 죽고
말았다. 거의 죽어갈 무렵 정철이 의원을 보내 진찰하려 했지만 최영경은
손을 내저으며 물리쳤다. 제자들이 뒷일을 청하자 붓을 잡고 정(正)자를
쓰려 했지만 다 끝마치지 못하고 세상을 떠났다. 우계가 문인 박여룡(朴汝

---

299) 국청에서 …… 요청하였다 : 최영경은 진주판관 홍정서가 자기 집을 4, 5차례
　　방문했지만 만나지 않았으며, 이 일로 홍정서가 사람들에게 패악한 말을 전하고
　　다녔다고 했다. 이에 홍정서와 직접 대면할 것을 요청한 것이다.
300) 무고죄 : 반좌(反坐). 다른 사람을 무고(誣告)한 자는 무고 당한 사람에게 부과되는
　　죄만큼 벌을 받았다.

龍)301)에게 답장을 보냈다.

"최영경의 옥사를 보고 있으면 사람들로 하여금 두려움을 느끼게 한다. 그 사람은 애초 속된 선비가 아니었기에 맑게 닦는 높은 절조가 있었으며, 초탈하여 세속적인 것을 탐탁하게 여기지 않는 기풍이 있었다. 비록 나와 가는 길은 달랐지만 교분만은 끊지 않았다. 이것이 우리 집 아이를 보내 위문한 이유였다. 말년엔 아들을 잃고 술에 빠져 지냈으며, 두 번째 옥에 갇혔을 땐 뼈만 남고 정신이 오락가락하였으니 책임을 물을 수 없었다.……"『우계연보(牛溪年譜)』

043 파주 목사(坡州牧使) 김계휘(金繼輝)302)가 기축년(1589, 선조22)에 금 부도사(禁府都事)로 재직하면서 당시 옥사를 낱낱이 조사하였다. 최영경이 다시 잡혀온 뒤에 진주 판관(晉州判官) 홍정서가 '정여립의 노(奴)가 최영경의 집을 왕래했다.'는 설로 고변하면서 이를 '정홍조로부터 들었다.……' 고 하였다. 정홍조가 서울로 잡혀오는 날, 최영경이 죽자 당시 사람들은 "두려워하며 죽었다."고 의심하였다. 『석실록』

당시 일은 옥안(獄案)에 자세히 밝혀져 더 이상 숨길 수 없지만 우계가 '앞뒤가 바뀌고 어그러졌다.'고 한 것은 공사(供辭) 가운데 율곡을 흠잡은 내용이 있기 때문이다. 또한,『석실록』에서 '두려워하며 죽었다.'고 기록한 것은 참으로 각박하게 해치는 말이다.

044 갑오년(1594, 선조27) 5월 27일에 정언(正言) 박동열(朴東說)303)이 아뢰었다.

"동료들이 '국가에서 최영경에게 관작을 추증하게 되면 정철이 최영

---

301) 박여룡(朴汝龍) : 1541~1611. 본관은 면천(沔川), 자 순경(舜卿), 호 송애(松厓)이다. 공조정 랑 등을 역임하였다.

302) 김계휘(金繼輝) : 1526~1582. 본관은 광산, 자 중회(重晦), 호 황강(黃岡)이다. 장생의 부친으로, 공조·형조참판 등을 역임하였다.

303) 박동열(朴東說) : 1564~1622. 본관은 반남(潘南), 자 설지(說之), 호 남곽(南郭)·봉촌(鳳村) 이다. 동량(東亮)의 형으로, 병조·이조정랑 등을 역임하였다.

경을 죄에 빠뜨린 일을 논박해야 한다.'고 하기에, 신이 '나이 어린 무리들의 논의가 이와 같다.'고 하자, 정철이 대사헌 윤두수에게 편지를 보내어 힘을 다해 나이 어린 무리들의 논의를 막아 달라고 했습니다. 이로써 보건대 정철이 대신으로서 사태를 진정시키지 못했으니 이 일로써 논박당하는 것은 마땅하지만 만약 기회를 틈타 최영경을 모함했다는 죄로 처벌한다면 원통하지 않겠습니까. 더구나 재차 국문할 때 대간 가운데 이 논의를 힘써 주장한 자가 있으니 그 자에게 벌을 내려야 할 것입니다. 대간 이희(李墍)[304]가 '정철이 그런 말을 하였다 하더라도 그것은 겉으로는 허여하고 속으로는 억제한 것에 지나지 않는다.'고 했습니다. 신은 함부로 평일의 정견(定見)을 믿어서 구차하게 함께하지 않았으니 청컨대 신을 파직시켜 주십시오." 주상이 답하였다.

"나 역시 그 사이 일에 대해서 잘 모르며 또한 누구 소행인지도 모르지만 최영경이 독물에 의해 해를 입은 것만은 분명하다. 내가 석방하라고 명했지만 풀려나지 못했고, 끝내 옥중에서 죽었는데 자살했다는 오명(汚名)까지 더해졌으니 천지간에 원통함이 가득하구나. 아, 나는 곧 물러갈 사람이다. 그러므로 내가 재위에 있을 때 그 원통함을 풀어주고자 하는 것은 죽은 뒤에 만나더라도 부끄럽지 않기 위해서이다. 나의 뜻은 오직 여기에 있다. 옳고 그름에 대해서는 저절로 공론이 생길 것이니 나같이 어리석은 사람이 바늘방석에 앉아 있음을 어찌 알겠는가."

대간 이희·사간(司諫) 이상의(李尙毅)[305]·헌납(獻納) 최관(崔寬)[306]이 아뢰었다.

"정철은 성격이 편벽되고 시기심이 많아서 옥사를 일으켜 죄에 빠뜨리고, 자기와 뜻을 달리하는 자는 흘겨보고 원한이 생기면 복수하고자

---

304) 이희(李墍) : 1522~1600. 본관은 한산, 자 가의(可依), 호 송와(松窩)이다. 예조·이조판서 등을 역임하였다.

305) 이상의(李尙毅) : 1560~1624. 본관은 여주(驪州), 자 이원(而遠), 호 소릉(少陵)이다. 이조판서 등을 역임하였다.

306) 최관(崔寬) : 1613~1695. 본관은 전주, 자 율보(栗甫)이다. 대사간·좌찬성 등을 역임하였다.

합니다. 최영경이 간사한 정상(情狀)을 배척하는 것에 대해서 원망과
분함을 품고 독기를 부리려고 한 지 오래되었습니다. 마침 역적의 변이
일어나자 모함할 계획을 생각하고, 터무니없는 말을 많이 지어내어 옥사
를 일으켰습니다. 최영경의 무죄가 밝혀져서 주상이 특별히 석방할 것을
명하였지만 은밀히 언관을 사주하여 다시 죄목을 만들어 감옥에 가둬
두고 고생시켜 죽게 만들었으니, 온 나라 사람들이 원통한 일이라고
합니다. 오늘날 성상(聖上)께서 해와 달의 밝음을 열어 천지의 인자함을
내려서 그 처자를 진휼하시고 또 증직 시켜주셨습니다. 제왕의 큰 정치는
억울함을 풀어 주고 악한 자를 죽이는 것입니다. 때문에 신들은 착한
선비를 무고하여 죽인 정철의 죄를 따지고자 했는데, 정언 박동열이
'최영경의 죽음은 정철의 죄가 아니며, 사실은 당시 언론을 일삼은 자들에
게 있다.'고 하였습니다. 당시 최영경을 모함한 것은 정철이 부추기지
않음이 없었는데, 이제 와서 많은 사람에게 죄를 돌려 소란을 일으켜서는
안 되기 때문에 오직 정철만을 거론하였습니다. 하지만 의견이 서로
같지 않아서 동료들이 이로 인해 책임지고 사퇴하겠습니다.……" 지평
황시(黃是)307)가 처치하여 이희 이하 사람들을 출사하게 하고, 박동열을
체차(遞差)시켰다. 집의(執義) 신흠(申欽)308)이 아뢰었다.

"조정의 논의가 서로 대립하여 피차가 서로 공격하고 있습니다. 정철을
두둔하는 자는 '최영경을 구원했다.' 하고, 정철을 공격하는 자는 '최영경
을 얽어매어 죽였다.'고 하는데, 양쪽 주장 모두 중도를 잃었습니다.
정철은 대신이면서도 통렬하고 명백하게 분변하여 근거 없는 말을 막아
최영경을 죽음에서 벗어나게 하지 못하였으니, 비록 구원한 말이 있고
구원할 뜻이 있었다 하더라도 진정으로 구원했다고 보기 어렵습니다.
그렇지만 만약 이 일을 가지고 모함했다고 하거나 겉으로 도와주는

---

307) 황시(黃是) : 1555~1626. 본관은 창원, 자 시지(是之), 호 부훤당(負暄堂)이다. 섬(暹)의
    동생으로, 승지·삼척부사 등을 역임하였다.
308) 신흠(申欽) : 1566~1628. 본관은 평산, 자 경숙(敬叔), 호 현헌(玄軒)·상촌(象村)이다. 영의
    정 등을 역임하였다.

척하고 속으로 억압했다고 하면 그 죄명이 또한 크게 사실과 맞지 않을 것입니다.……" 대사헌 김우옹과 장령 기자헌(奇自獻)[309]이 아뢰었다.

"……신흠이 '정철이 옥사와 관련하여 잘못처리한 일들이 많아서 나도 또한 항상 크게 잘못되었다고 생각했다. 하지만 최영경의 일이라면 정철이 주상 앞에서 효도하고 우애한다고 최영경을 칭찬하고서「어찌 효도하고 우애하는 사람이 역적이 될 리가 있겠습니까.」라고 말했다. 내 소견으로는 최영경의 죽음은 이 사람의 짓이 아니라고 생각한다.'고 했습니다.……"

주상이 답하였다. "정철이 내 앞에서 최영경을 효우(孝友)로써 칭찬한 일은 아무리 생각해 보아도 기억이 나지 않는다. 그랬다면 분명 들은 자가 있을 것이다. 다만 윤해평(尹海平, 윤근수)의 지극한 효성이나 석곽(石槨) 등의 일을 말한 것은 들은 기억이 있다." 정언(正言) 이시발(李時發)[310]이 아뢰었다.

"신은 정철과 최영경의 일에 대해서 곡절을 상세히 알지 못합니다만 들어보면 최영경이 정철 때문에 죽었다고 합니다. 조순(趙盾)[311]도 오히려 임금을 시해한 죄에서 벗어나지 못했거늘 최영경을 죽인 죄에 대해서 정철이 무슨 말로 변명할 수 있겠습니까. 뒷날 공론이 들끓는 것을 그만둘 수 없습니다.……"

주상이 기자헌에게 답하였다. "정철의 일을 논하자면 입을 더럽히게 되니 그만 두는 게 좋겠다. 하지만 최영경의 원한은 내가 감당하겠다. 나라가 망할 지경에 이른 것이 당연하다."『은대일록』

045 계사년(1593, 선조26) 12월에 정철이 강화도에서 세상을 떠났다.

---

309) 기자헌(奇自獻) : 1567~1624. 본관은 행주, 자 사정(士靖), 호 만전(晩全)이다. 좌의정·영 의정 등을 역임하였다. 1601년(선조34) 최영경을 신원하고, 당시 옥사를 다스린 서인을 탄핵하였다.
310) 이시발(李時發) : 1569~1626. 본관은 경주, 자 양구(養久), 호 벽오(碧梧)·후영어은(後潁漁 隱)이다. 형조판서 등을 역임하였다.
311) 조순(趙盾) : 춘추시대 진나라 신하. 자신이 옹립했던 영공(靈公)을 시해하는데 도움을 주어 뒷날 '조순이 그 임금을 시해하였다'는 평가를 받았다.

사람됨이 편협하고 경박하여 정승의 그릇이 못되었다. 강계(江界)에 위리
안치 되어 있던 도중 왜란이 발생하여 풀려나 돌아왔지만 주상의 보살핌
과 대우를 받지 못해서 쓸쓸히 지내다가 뜻을 얻지 못하고 세상을 떠났다.
위와 같다.

기축옥사 책임 공방

046　회천이 「잡록(雜錄)」에서 말하였다. "성문준이 윤해평에게 보낸
편지에서 기축옥사를 사화(士禍)로 규정하였다. 또한 성문준이 직접 사화
라고 한 것이 아니라 우계에게서 사화 두 글자가 나온 것처럼 하였다."
또한 말하였다. "송강이 과연 이 옥사를 사화로 간주하고도 오로지 혼자서
옥사를 담당했다면 그는 소인 중에서도 가장 심한 자일 것이다. 아울러
우계 역시 송강이 '곧음으로써 원한을 갚는다.'[312]는 사실을 알면서도
권유했다면 비록 곧음으로 했지만 원한을 갚는 것을 알면서도 권유한
것이니 어찌 대현(大賢)의 마음이겠는가.……"[313]

　이는 달팽이의 두 뿔[314] 위에 있는 만(蠻)과 촉(觸)의 두 나라가 서로
다투는 것과 같았다. 바야흐로 정철이 옥사를 처결하는 일에 몸을 던져
직접 담당한 것은 오로지 사사로운 원한을 갚기 위함이 아니었겠는가.
급기야 죄 없는 사람들까지 멋대로 죽였으니 우계 역시 그 소식을 듣지
않음이 없을 텐데 어찌하여 우계의 마음이 처음부터 정철의 마음이
아니라고 할 수 있겠는가. 이로 인해 나라의 여론이 흉흉해지고, 오래도록
그치지 않았기 때문에 성문준의 이 편지는 상황이 악화되는 것을 두려워
하여 쓴 것이다. 정철에게 죄를 모두 덮어씌워서 아버지를 위해 변명하려
했다.

　장계곡(張溪谷, 장유)[315]이 찬술한 「백사행장」에서도 기축옥사와 관련

---

312) 『논어』 「헌문(憲問)」.
313) 『송자대전』 권132, 「잡저(雜著)·우기(偶記)」.
314) 달팽이의 두 뿔 : 와각(蝸角). 사소한 일로 다투는 일을 비유한다. 달팽이의 양쪽
　　뿔 위에 만(蠻)과 촉(觸) 두 나라가 서로 다투었다고 한다.
315) 장계곡(張溪谷) : 장유(張維, 1587~1638)의 호. 본관은 덕수, 자 지국(持國)이다. 김상용(金

하여, "이때 사화가 일어나자 정승 이항복이 정철을 사화의 우두머리로
간주하였다."고 언급되었다. 이처럼 사화라고 말하고 있으니 이것이
당시 공론이었음을 알 수 있다.

047 회천이 김수증(金壽增)316)에게 편지를 보냈다. "지난날 대윤(大尹,
윤선거)이 선사(先師, 김장생)에게 신공(申公, 신응구)317)을 질책하는 편지
를 없애줄 것을 청하였다. 그 편지에는 파산(坡山)318)의 문인이 송강을
배척하고, 기축옥사에서 문간(文簡, 성혼)을 빼달라고 한 것을 오로지
꾸짖은 것이었다. 이것은 옳고 그른데 크게 관련된 내용인데 어찌하여
없애 버릴 수 있겠는가."319) 선사는 사계를 가리키며, 신은 신응구이다.
응구는 파산의 문인이었는데, 정철의 행위를 좋아하지 않아서 항상 스승
에게 절교할 것을 간청하였다.

048 기축년(1589, 선조22) 국청(鞫廳)의 문랑(問郎)320)이 위관(委官)의 뜻
이라고 하면서 아뢰었다. "영남지역에 큰 도적321)이 있어서 임진(臨津)을
막고 차령(車嶺)을 차단하며 양수리[龍津]를 끊어 사방을 방어하려면 근왕
(勤王)의 병사가 그 가운데 일어날 수 있습니다. 미리 준비하지 않으면
안 될 것입니다." 주상이 "이것을 아는 자가 누구인지 즉시 회계(回啓)322)하
라."고 하였다.323) 정철이 백유함과 함께 술을 질펀하게 마시다가 이

　　尙容)의 사위, 효종비 인선왕후(仁宣王后)의 부친이다. 김장생의 문인으로, 공조판서
　　등을 역임. 인조반정으로 2등 공신에 녹훈되었다.
316) 김수증(金壽增) : 1624~1701. 본관은 안동, 자 연지(延之), 호 곡운(谷雲)이다. 상헌(尙憲)의
　　손자, 수항(壽恒)의 형이다. 1689년 기사환국(己巳換局)으로 송시열과 동생 수항 등이
　　죽자, 벼슬을 그만두고 은거하였다.
317) 신공(申公) : 신응구(申應榘, 1553~1623). 본관은 고령, 자 자방(子方), 호 만퇴헌(晩退軒)이
　　다. 성혼·이이의 문인으로, 형조참의·좌부승지 등을 역임하였다.
318) 파산(坡山) : 성혼을 가리킨다. 파산은 그가 거처했던 지역이다.
319) 『송자대전』 권51, 「서(書)·여김연지 을축년 6월 19일(與金延之乙丑六月十九日)」.
320) 문랑(問郎) : 이항복. 당시 문사 낭청(問事郎廳)에 재직하였다.
321) 큰 도적 : 최영경을 가리킨다.
322) 회계(回啓) : 임금의 물음에 대하여 논의하여 대답하는 것을 말한다.

94

소식을 듣고 놀라 술잔을 떨어뜨리고 어찌할 바를 몰랐다. 이내 정철은
충의위(忠義衛)324) 아무개가 고변했다고 아뢰었고, 즉시 잡아들여 국문하
고 두 차례 형신을 가했는데 죽고 말았다. 충의위는 정철이 데리고 있던
의녀(醫女) 선복(善卜)이 사랑하는 남자였다. 죄 없는 자를 모함하여 죽였으
니 그의 심술(心術)이 이와 같았다.

이발 형제가 귀양을 떠난 뒤 정철이 의관(醫官) 조영선을 시켜 선홍복(宣
弘福)을 은밀히 꾀어, "만약 이발 형제를 유인만 해준다면 자네는 아무
일이 없을 것이며 또한 좋은 관직을 주겠다."고 하였다. 선홍복이 이
말을 믿고 이발 형제를 유인하였고, 이발 형제가 다시 잡혀서 죽임을
당했다. 하지만 선홍복 역시 처형을 면하지 못하였으니 거리에 끌려나와
형벌을 받을 때 울면서 말하였다. "조영선의 꼬임에 넘어가서 죄 없는
사람들을 죽음에 이르게 하였다. 나는 죽어 마땅하지만 부끄럽고 한스러
움은 어찌 하겠는가."

정철이 조영선을 사류(士類)로서 대접하자 날로 교만방자 해졌다. 정철
이 큰 잔치를 베풀었는데 조영선이 그 자리에 끼어들어서 감히 다른
손님과 술을 주고받는 예를 행하였다. 대간 심충겸(沈忠謙)325)이 "내가
비록 노둔하지만 조영선의 잔을 받아 마실 수 있겠는가." 화를 내며
자리에서 일어서자 정철의 무리 장운익이 죽이려고 했고, 간신히 위기를
벗어날 수 있었다. 『우암집(尤菴集)』326)

049 『우암집』에서 말했다. "안형(晏兄)327) 정양(鄭瀁), 자는 용숙(龍叔)이다. 이 변

323) 주상이 …… 하였다 : 선조는 이 말을 한 자 역시 역모에 관여되었다고 믿었기
    때문에 이와 같은 말을 한 것이다. 자연스럽게 정철에게 그 혐의가 돌아갈 것이
    자명한 상황이었다.
324) 충의위(忠義衛) : 중앙군 오위(五衛). 공신의 자손이나 그 첩의 중승자(重承者)로 편성되
    었다.
325) 심충겸(沈忠謙) : 1545~1594. 본관은 청송, 자 공직(公直), 호 사양당(四養堂)이다. 의겸(義
    謙)의 동생으로, 병조참판 등을 역임하였다.
326) 우암집(尤菴集) : 송시열의 문집. 1717년(숙종43) 민진후(閔鎭厚)가 발간을 건의하고
    왕명에 의해 교서관(校書館)에서 활자로 간행되었다.

론한 내용에 대해서는 감히 알지 못한다. 조정의 공론이 있었다면 어찌 안형의 말을 기다린 뒤에야 알았겠는가. 설사 공론이 없어서 비록 그들이 그와 같은 말을 한다고 해도 사람들이 그 말을 믿겠는가. 지난번 기암(畸庵) 정홍명의 호 의 상소가 있었고, 그 내용이 자세하지 않음이 없었지만 도리어 저들이 이것을 구실 삼아 떠들어대니 무슨 도움이 되겠는가. 송강을 둘러싼 옳고 그름은 사림(士林)과 관련된 공공(共公)의 일로써 한 집안의 자손들이 스스로 주장할 일이 아니다. 김사계(金沙溪)·송구봉(宋龜峰)도 석계(石溪) 최명룡(崔命龍)328)에 미치지 못한다고 했으니, 또한 한, 두 가지 일에 있어서는 사람들의 뜻에 만족스럽지 못한 곳이 있었다."

○ 또 말하였다. "정기옹(鄭畸翁, 정홍명)이 성혼의 문인들에 대해서 원망하면서도 생각이 다른 사람과 교유했으니 그 본심을 생각해 보면 겉으로는 웃으면서 속으로 눈물을 흘린 자였다. 창랑(滄浪, 성문준)329)과 추탄(楸灘, 오윤겸)330)의 상례에 미쳐서 끝내 울지 않고, 창랑의 상례에는 날마다 와서 호상(護喪)331)을 하면서도 정작 상복을 입을 때 이르러서는 정양은 들어가서 곡하지 않았다.332) 우복(愚伏, 정경세)333)과는 함께 즐거움을 나누었으니 진실로 알 수 없는 사람이다."

---

327) 안형(晏兄) : 정철의 손자 정양(鄭瀁, 1600~1668). 본관은 연일, 자 안숙(晏叔), 호 포옹(抱翁)이다. 철(澈)의 손자, 종명(宗溟)의 아들이자 홍명의 조카이다. 간성 군수·장령 등을 역임하였다.

328) 최명룡(崔命龍) : 1567~1621. 본관은 전주, 자 여윤(汝允), 호 석계(石溪)이다. 정여립의 부친 희증(希曾)이 자기 아들과 친하게 지낼 것을 권했지만 겸손하게 사양하고 끝내 만나지 않았다. 최명룡이 사람 알아보는 눈이 있었다는 사실을 강조하기 위해 인용된 것이다.

329) 창랑(滄浪) : 성문준(成文濬, 1559~1626)의 호. 본관은 창녕, 자 중심(仲深)이다. 혼(渾)의 아들이다.

330) 추탄(楸灘) : 오윤겸(吳允謙, 1559~1636)의 호. 본관은 해주, 자 여익(汝益), 호 추탄·토당(土塘)이다. 성혼의 문인으로, 우의정·영의정 등을 역임하였다.

331) 호상(護喪) : 상사(喪事)가 생기면 상주 친구나, 예를 잘 아는 사람을 상례(相禮)로 삼아 돕게 하였다.

332) 정양은 …… 않았다 : 『노서유고(魯西遺稿)』에는 "상복을 입을 때 이르러서는 끝내 궤연(几筵)에 곡을 하지 않았다.[至成服, 而終不哭几筵]"로 되어 있다.

333) 우복(愚伏) : 정경세(鄭經世, 1563~1633)의 호. 본관은 진주, 자 경임(景任)이다. 류성룡의 문인으로, 이조판서·대제학 등을 역임하였다. 저서로는 『우복집』 등이 있다.

050　이희조(李喜朝)³³⁴⁾가 화양(華陽, 송시열)³³⁵⁾과 문답하였다. "'제가 어떻게 하면 편당(偏黨)에 속하지 않을 수 있겠습니까.'라고 묻자, 우옹(尤翁)이 '이 또한 사사로운 마음 때문이다. 다만 마음을 공평하게 먹으면 된다.'고 하였다. 이내 동서분당(東西分黨)에 대해서 논하면서 또한 물었다. '송강이 과격하게 일을 처리한 것이 많기 때문에 지금까지 헐뜯는 일이 그치지 않으니 이는 모두 스스로 취한 바입니다. 어찌해야 합니까.' 또 대답하였다. '수몽(守夢) 정엽 이 항상 송강을 소인이라고 배척했는데, 여러 노신(老臣)들이 교대로 간쟁하여 바로잡았다고 한다. 그 고친 것이 영천(靈川) 신응구 이 깔본 것³³⁶⁾에 비교하면 그 경중이 어떠한가. 우복이 송강에 대해서 나쁜 기운이라고 논하였는데 반정(反正) 후 그 내용을 지워버렸지만 뒤에 소견이 크게 변했겠는가. 내가 생각하기에 오늘날 만약 송강을 배척한 것을 가지고 옳고 그름을 판단한다면 우복의 책임이 가장 무거울 것이고,³³⁷⁾ 그 다음이 수몽이며, 그 다음이 영천일 것이다. 그런데 영천만이 홀로 배척되었으니 논의가 정당한지 어떠한지를 알지 못하겠다. ……' "이상 모두 『우암집』에 실려 있다.³³⁸⁾

051　노서(魯西) 윤선거 가 말하였다. "길삼봉(吉三峰)이란 자의 나이와 용모, 거주지가 진술에서 어지럽게 묘사되어 그 내용이 들쭉날쭉 하지만 대체로 성은 최씨이고 거주지는 진주임이 명백하다. 비록 영경이라는 두 글자가 나오지 않았어도 그를 잘 모르는 사람들이 의심을 품는 것은 그럴 만한 이치가 없다고는 말할 수 없다. 삼봉의 이름 바꿈은 마치 변사(邊泗)³³⁹⁾가 이름을 바꾸어 백일승(白日昇)이라 한 것과 같이 예측할

---

334) 이희조(李喜朝) : 1655~1724. 본관은 연안, 자 동보(同甫), 호 지촌(芝村)이다. 단상(端相)의 아들이다. 송시열의 문인으로, 이조참판·대사헌 등을 역임하였다.

335) 화양(華陽) : 송시열을 가리킨다. 화양은 그가 거처했던 지명이다.

336) 깔본 것 : 신응구가 정철의 행위를 좋아하지 않아서 항상 스승 성혼에게 절교할 것을 간청한 일을 가리킨다.

337) 우복의 …… 것이고 : 정경세는 1594년(선조27) 정철의 관작 추탈을 청하였다.

338) 『송자대전』 부록 권14, 「어록(語錄)·이희조록(李喜朝錄)」.

339) 변사(邊泗) : 정여립과 함께 난을 모의했던 인물이다.

수 없는데 최씨 성을 가진 진주에 사는 사람이라고 하는 것이 어찌 사축(司畜)³⁴⁰⁾의 불행이라고 하지 않을 수 있겠는가.……"

이 말은 정철이 죄인을 신문할 때도 입 밖에 내지 않은 것인데 이때 이르러 말하였으니 그 마음이 정철보다 열 배나 마음속에 독기를 품고 있었음을 알 수 있다. 가령 성이 윤씨이고 이산(尼山, 충남 논산 노성)에 거주하고 있다면 비록 선복(宣卜, 윤선거) 두 글자가 없다하더라도 강화도에 있을 때 이름을 선복으로 고쳤다.³⁴¹⁾ 사람들은 선복이라 이를 것이다. 어찌 그러한 이치가 없다고 할 수 없겠는가. 비록 사람을 모함하는데 급급하더라도 어찌 군자의 입에서 나올 말인가. 애석하도다! 말조심해야 할 것이다.³⁴²⁾ 그가 말하였다.

"사림이 최영경에 대해서 '불학무식한 늙은이로 단정한 것은 분명한 의논이므로 처사(處士) 두 글자를 망령되게 기록할 수 없다.'고 했다. 최영경이 처사인지 아닌지 나는 모르지만 만약 '그를 죽인 사람이 누구인가.'라고 묻는데, 곧 '송강이 처사를 죽였다.'고 말한 자는 정인홍(鄭仁弘)³⁴³⁾이 만들어낸 거짓말이라고 할 것이다."

그렇다면 최영경의 죽음에 대해서 저들이 자신만 빠져나오고 정인홍에게 책임을 돌리겠다는 말인가. 아니면 자살한 것으로 돌리기 위함인가. 어떤 설에서 "최영경의 두 번째 국문은 주상의 엄중한 명령으로 이루어졌다고 하는데 그렇게 말하는 의도는 장차 누구에게 책임을 돌리려는 것인가."라고 하였다. 또한 말하였다.

"이발의 늙은 어머니가 국문을 받을 때 송강이 즉시 여의(女醫)를 보내

---

340) 사축(司畜) : 가축을 기르는 일을 맡던 벼슬. 최영경이 1575년(선조18) 사축에 임명되어 잠시 취임했다가 곧 그만두었다. 여기서는 최영경을 가리킨다.

341) 강화도에 …… 고쳤다 : 병자호란 당시 강화도에 피신한 윤선거는 함락 당시 홀로 살아남아 남한산성으로 부친을 만나기 위해 진원군(珍原君)의 노비라고 속이고 오랑캐에게 전령으로서 점검을 받은 뒤 강화도에서 나올 수 있었다.

342) 말조심해야 할 것이다 : 사불급설(駟不及舌). 한번 내뱉은 말은 사마(駟馬)로 쫓아도 붙잡지 못한다는 뜻이다.

343) 정인홍(鄭仁弘) : 1535~1623. 본관은 서산(瑞山), 자 덕원(德遠), 호 내암(來菴)이다. 조식의 문인으로, 우의정·영의정 등을 역임하였다. 광해군대 대북정권을 이끌고 큰 영향을 미쳤으나 인조반정으로 참형되었다.

보살폈으며, 무거운 형벌을 가하라는 명령을 극력 거부하였다. 반면 서애는 옥졸을 단속하지 않아 멋대로 때리고 압슬형을 가하는 것을 그대로 두었으며, 한 마디도 구원하지 않았다. 정언신에게 사약을 내려 죽이라는 명령이 내려졌을 때도 송강은 힘써 구원했지만 서애는 구원하지 않았을 뿐만 아니라 사사롭게 '송나라 때 노다손(盧多遜)의 옥사[344]도 있다.'고 하였다. 수우가 국문을 당할 때에도 송강이 서애와 함께 구원하자고 약속했지만 서애는 처음엔 그렇게 하자고 했다가 뒤에 변했다고 한다.……"

이발의 어머니와 아들이 형장을 받고 죽은 때가 경인년(1590, 선조23) 5월 4일이었다. 4월초에 서애가 이조판서가 되었는데 죽은 부인의 장례를 치르기 위해 휴가를 내어 영남 고향에 내려갔다. 그 뒤 '6월[345] 29일 정승에 임명되어 다시 돌아왔다.'는 기록이『승정원일기』에 분명히 실려 있다. 그런데도 '같이 추국하기로 함께 약속했다.'거나 '추국에 따라갔다가 함께 약속했다.'는 등 멋대로 헐뜯었음을 미루어 알 수 있다. 더욱이 판서가 위관이 되는 것은 국조 이래 없던 규정이다. 하물며 휴가를 빌어 고향에 있었는데 어떻게 함께 국문하고 함께 약속할 수 있었겠는가.

052 김사계가 정철 행장의 초안을 잡았는데, 정종명(鄭宗溟)[346]이 아침 저녁으로 곁에서 도와주면서 행장을 완성했기 때문에 그 내용으로 인한 폐해가 심했다. 이에 정철과 성혼 두 집안의 자제와 문도들이 한 집안에서 싸우는 것처럼 치열하게 다투었으니 사소한 일에서 조차 원수보다 심하게 비방하고 배척하였다. 노서가 그 사이에서 화해를 주선하였는데, 적지 않은 마음과 힘을 기울이고서야 비로소 보합(保合)시킬 수 있었다. 그러나

---

344) 노다손(盧多遜)의 옥사 : 노다손(934~985)은 송나라 태종 때 정승으로, 진왕(秦王) 정미(廷美)의 모반 사건에 연루되어 애주(崖州)에 유배된 뒤 죽었다.
345) 6월 : 앞선 24, 26번 기사에는 '5월'로 되어 있다.
346) 정종명(鄭宗溟) : 1565~1626. 본관은 연일, 자 사조(士朝), 호 화곡(華谷)·벽은(薜隱)이다. 철의 둘째 아들로서, 예조좌랑 등을 역임하였다. 1594년(선조27) 부친의 관작을 추탈하자 이에 항변하다가 삭출되었다. 1624년(인조2) 관작을 복구하였다.

뒤에 정종명이 이정랑(李正郞)³⁴⁷⁾에게 보낸 편지에서 직접 보고 들은 바를 기록하여 강경하게 말하였는데 기축옥사를 기묘년³⁴⁸⁾에 견주었다. 정종명의 조카 정양(鄭瀁)이 전라도 용안(龍安) 현감으로 재직할 때 노서가 편지를 보내 세력으로 위협하고 이해관계로 꼬드겨 마침내 훼판(毁板)하게 만들었다. 또한 아울러 정철의 행장을 고칠 것을 여러 차례 김장생의 자손들에게 요구했지만 그 자손들은 선대의 문자이므로 고칠 수 없다고 했다.

이때 노서가 중론(衆論)이 일치되지 않음과 우계를 끝내 깨끗하게 빼낼 수 없음을 알고 이내 옥의 성격을 뒤집는 논의를 주창하였다. 기축옥사는 사류(士類) 가운데 발생한 억울한 옥사가 아니며 간사한 당 가운데 일어난 역옥(逆獄)이라는 것이었다. 억울하게 죽은 사류(士類)를 한꺼번에 모두 역당(逆黨)으로 몰아넣었다. 허위로 날조하여 흰색을 가리켜 검다고 하니 그 문장의 심각함이 기축년 당시 모함했던 것보다 심하였다. 필경 업신여겨 함부로 하는 말로 여기저기 변론하며, 설을 만들어 꾸며 편지에 기록해 두어서 허겁지겁 장살(狀殺)의 증거를 감추어, 이로써 스스로 하늘을 속이고 다른 사람을 속이며, 후세를 속이는 계책으로 삼으려 했다. 마음씀씀이가 밝은 대낮 도시 한 가운데에서 관리를 위협하여 돈을 빼앗는 수단과 같았다.

053 기축년(1589, 선조22)으로부터 노서가 그 글을 지었을 때까지는 60여 년이 지났다. 중간에 여러 차례 병화(兵火)가 일어나 공사의 문적(文籍)이 모두 불타 없어져서 남아 있는 것이 없었다. 원통한 일을 당한 집안의 자손들이 점차 사라지고 떨치지 못하였으니 후생들에게 당시 사실은 그저 멀리서 들리는 소문일 뿐이었다. 노서가 이때를 틈타서 불쑥 자기

---

347) 이정랑(李正郞) : 이기직(李基稷, 1556~1578). 본관은 연안(延安), 자 백생(伯生)이다. 정철 집안의 딸과 혼인하였다.

348) 기묘년 : 기묘사화(己卯士禍). 1519년(중종14) 발생한 사화로서 조광조를 위시한 다수의 신진 사림들이 훈구파에 의해 제거되었다.

멋대로 치우치고 불공정한 논의를 내놓았다. 그것은 무옥(誣獄)의 죄안을 뒤집고 사정(邪正)의 명목을 어지럽힌 것이었으며, 덧붙이고 덜어내 견강부회한 증거를 끌어들여 옳고 그름을 어지럽혔다. 이와 달리 선조(宣祖)가 내린 교서에서 '간사한 성혼과 표독한 정철'이라고 했으니 진면목과 실상이 해와 별처럼 환하게 드러나 고칠 수 없을 것이다. 죽인 자를 군자라 하고 죽임을 당한 자를 간당(奸黨)이라고 한 뒤에 그 혐의에서 벗어날 수 있겠는가. 선조의 교서야말로 발본색원의 묘책으로 백년토록 옳고 그름을 공정하게 판단한 것이다. 어찌 사람의 힘으로 거짓을 조작하여 없앴을 수 있겠는가.

054 다른 사람의 문자를 고치고 직필(直筆)을 가리고 당론에 맞추어 왜곡하는 것은 서인이 대대로 전하는 비법이자 장기이다. 백사의 『기축록』을 진주에서 다시 간행한 뒤 거짓 기록이 돌아다니게 되었다. 『율곡집』을 다시 간행하여 그 의리와 의심스러운 부분은 모두 덧붙이고 삭제하였다. 율곡의 비(碑) 역시 정엽이 기필코 고치려 했으나 본집에 분명히 실려 있기 때문에 끝내 고치지 못하였다. 「우계연보」는 성문준이 초(草)를 잡고 노서가 수정해서 자신들의 뜻에 맞게 새롭게 하려는 것이었다. 사계가 찬한 「송강행장」 가운데 성혼에게 해로운 내용들이 많았기 때문에 고치려 했지만 김장생의 후손이 선인(先人)의 설을 끝까지 고수하였고, 다시 신독재(愼獨齋, 김집)³⁴⁹)에게 부탁했지만 허락을 받지 못하였다. 이에 양송(兩宋, 송시열·송준길)에게 거듭 부탁했는데, 송시열이 "선사(先師)가 손수 쓴 내용이 이처럼 준엄한데도 후인으로서 일체 반대로 써달라고 한다. 이는 오히려 고쳐서 허물을 만드는 것과 같다."고 하였다. 그러자 노서가 다시 편지를 보냈다. "다행히 그대가 고치는 것을 허락한다 해도 여전히 미진함이 있기에 고치기를 청하여 비는 지리함을 절감합니다. 그러나 이 일은

---

349) 신독재(愼獨齋) : 김집(金集, 1574~1656)의 호. 본관은 광산, 자 사강(士剛)이다. 장생의 아들로서, 이조판서·좌참찬 등을 역임하였다. 부친과 함께 예학의 기본체계를 완비하였으며, 송시열에게 학문을 전하여 기호학파(畿湖學派) 형성에 중요한 역할을 하였다. 저서로는 『신독재유고(愼獨齋遺稿)』 등이 있다.

성혼 가문과 김장생 가문350)을 보합할 수 있는 일대 기회이기 때문에 어쩔 수 없이 이처럼 번거롭게 합니다."

당시 일은 국사(國史)와 야사에 기록되어 있으므로 오늘날 이르러 사람들의 이목을 가리어 속일 수 없게 되었다. 뒷날 성혼의 아들 성문준과 정철의 아들 정홍명이 돌아가며 억울함을 호소하면서도 서로 자기 주장만을 고집하다가 문제를 해결하지 못하였다. 성문준은 책임을 정홍명에게 미루고, 정홍명은 성문준에게 떠넘겨서 오래도록 결정하지 못하였다.

청음(清陰, 김상헌)351)이 정승 오윤겸에게 "지금까지도 송강이 죄를 지었다고 생각합니까."라고 묻자, 대답하였다. "우리들은 송강에게 불만이 많아서 사람들과 함께 성혼 선생을 뵙고 송강의 사람됨이 좋지 못함을 말하였다. 선생이 낯빛을 변하며 꾸짖기를, '송강은 내 친구이다. 너희들이 나를 스승으로 여긴다면 스승의 친구를 내 앞에서 이와 같이 욕할 수 있는가. 너희들이 이와 같이 거리낌이 없구나.'라고 하였다. 나는 그 뒤로 송강에 대해서 감히 거론하지 못하였다."352) 『석실어록(石室語錄)』

055 노서가 말하였다. "우계가 사축353)에 대해서 그 마음을 의심하지 않았을 뿐 아니라 장점을 인정하여 몇 장의 편지를 써 보냈는데 백세의 정론이 되었다. '효제(孝悌)하고 몸가짐을 깨끗이 하니 처음부터 속세의 선비가 아니었다.'고 하였으며, '초탈하여 세속적인 것을 탐탁하게 여기지 않는 기풍이 있었다.'고 하였다. 사축의 지조를 엿볼 수 있었다."

056 정철이 억세고 매우 편협한 고집불통이 소인이었음을 세상 사람들

---

350) 성혼 가문과 김장생 가문 : 파련(坡連). 파주의 성혼과 연산(連山)의 김장생을 가리킨다.
351) 청음(清陰) : 김상헌(金尚憲, 1570~1652)의 호. 본관은 안동, 자 숙도(叔度), 호 석실산인(石室山人)이다. 예조판서·좌의정 등을 역임하였다. 이정귀·김유·신익성·이경여·이경석·김집 등과 교유하였다. 인조대 청서파(清西派)의 영수로서 활동하다가 병자호란 때 척화론(斥和論)을 주장하였다.
352) 『송자대전』 권212, 「어록·석실선생어록(石室先生語錄)」.
353) 사축(司畜) : 당시 사축 벼슬에 있던 최영경을 가리킨다.

이 다 알고 있다. 어찌 우계만 몰랐으며, 노서 역시 몰랐단 말인가. 단지 우계는 보복하는 데에만 급급하였는데, 함께 기축옥사를 들었기 때문에 군부의 어려움에는 나아가 보지 않을지언정[354] 정철이 유배 가는 곳까지 쫓아가서 여러 날 머물다 돌아왔던 것이다. 이는 우계와 송강이 서로의 어려움을 함께 나눈 까닭이니 두 사람은 하나이면서 둘이요, 둘이면서 하나였다. 이 때문에 노서가 말했다. "송강은 신원하려 하면서 우계는 신원할 수 없다는 것은 말이 안 된다. 우계는 신원하려 하면서 송강은 신원할 수 없다는 것 또한 그렇게 될 수 없다." 이는 노서가 자기 외할아버지[355]의 결백을 주장하기 위해서는 송강을 버려서는 안 된다고 생각하였기 때문에 필시 기축옥사를 처리한 것을 공평무사라 하고, 반면 화를 입은 자를 당여[黨]라고 하였던 것이다. 이는 송강을 위해서가 아니라 자기 외할아버지를 위함이었다. 『춘추전(春秋傳)』에 '허물을 덮을수록 더욱 드러난다.'고 하였다. 노서가 외할아버지의 허물을 덮기 위해 송강의 허물도 함께 덮으려 했기 때문에 외할아버지의 허물은 덮으면 덮을수록 더욱 드러났던 것이다. 이것이 어찌 '거짓을 행하면 마음이 수고로운 가운데 날로 졸렬해 진다.'[356]는 것이 아니겠는가.

송강이 죄를 받은 뒤 우계 문인들이 자못 정인홍과 이이첨(李爾瞻)[357]에게 붙어서 우계에 대한 시기와 배척을 완화시키고 오로지 정철과 문원(文元) 김사계(金沙溪) 의 잘못은 크게 지적하여 배척하였다. 또한 송강의 행록(行錄)을 작성할 때 매우 준엄히 하였고, 윤선거의 연보에서, '진실을 잃었으니 해괴하다.'고 한 것이었다. 문원이 남긴 문자가 매우 많은데 노서가 문원의

---

354) 군부 …… 않을지언정 : 임진왜란 당시 성혼이 파주에 거쳐하면서도 피난 가는 선조를 찾아가 호종하지 않은 일이다.

355) 자기 외할아버지 : 성혼. 윤선거의 부친 윤황은 성혼의 딸과 결혼하였다.

356) 거짓된 일을 …… 졸렬하게 된다 : 『서경(書經)』 「주관(周官)」에서 "덕을 행하면 마음이 편안한 가운데 날로 아름다워지겠지만, 그 반면에 거짓을 행하면 마음이 수고로운 가운데 날로 졸렬해지게 될 것이다.[作德, 心逸日休, 作僞, 心勞日拙.]"고 하였다.

357) 이이첨(李爾瞻) : 1560~1623. 본관은 광주(廣州), 자 득여(得輿), 호 관송(觀松)·쌍리(雙里)이다. 대북(大北)의 영수로서, 정인홍 등과 광해군대 정국을 주도하면서 영창대군의 죽음과 폐모 논의 등에 깊숙이 간여하였다. 인조반정 당시 사로잡혀 주살되었다.

원고에서 삭제하기를 청하자 여러 사람들이 거듭 생각하였다. 광성(光城) 형제358)는 큰 사단을 야기할 것이라고 생각하고, 지난날 주상에게 올린 간행본에 개재하지 않았다.

기옹(畸翁)이 우계 문인에게 원망이 담긴 긴 편지를 보냈는데, 그 내용이 매우 통절하였다. 대윤(大尹, 윤선거)이 있는 힘을 다해 그 글을 삭제하였으므로 신노(愼老, 김집)의 마음이 불편해져서 안숙(晏叔, 정양)을 크게 꾸짖으며, "존숙부(尊叔父, 정홍명)의 문집 판본(板本)을 부숴버릴 수 있는가.……"고 하였다. 지난해 정이(鄭泧, 정홍명 서자)가 그 책을 추가로 간행하기 위하여 나에게 물었다. 이는 이해와 관련된 일인지라 권할 수도 만류할 수도 없기 때문에 다만 '잘 헤아려 처리하라.'고만 대답하였다. 당초 삭제하려한 실상은 윤선거가 작성한 정양의 제문(祭文)에서 살펴볼 수 있다. 『우암집』359)

057 기축화(己丑禍) 때 정승 정언신 역시 진술 때문에 형벌을 받고 갑산(甲山)으로 귀양 가서 죽었으며, 참판 정언지(鄭彦智)360)와 동강(東岡) 김우옹 역시 잡혀서 귀양가게 되었다. 수우가 감옥에 갇혀 고초를 받다가 죽었으니 이는 송강이 옥사를 다스리면서 무고한 사람을 죄에 빠뜨렸기 때문이었다. 그 역시 신묘년(1591, 선조24)에 강계로 유배되었다가 임진년(1592)에 풀려나 조정으로 돌아왔다. 하지만 계사년(1593)에 왕명을 받아 삼남(三南)지역을 체찰(體察)하였는데 기생을 옆에 끼고 술을 마셨다는 비방을 받았다. 조정의 의논이 준엄하여 삭탈관직을 청하였으며, 또한 죄를 더 하려고 하자 선상국(先相國, 류성룡)이 말하였다. "정철은 요직을 맡은 대신인데, 성조(聖朝)에서 이 같은 대신을 또한 죽였다는 소식을 듣는다면 이는 매우 불행한 일일 것입니다." 정언신을 가리켜 어르신이라고 했는데

358) 광성(光城) 형제 : 김만기(金萬基)와 김만중(金萬重) 형제이다.
359) 『송자대전』 권96, 「서·답이동보서 정축년 5월 3일 (答李同甫書丁丑五月三日)」.
360) 정언지(鄭彦智) : 1520~?. 본관은 동래, 자 연부(淵夫)이다. 우의정 언신(彦信)의 형으로, 한성부좌윤 등을 역임하였다. 정여립 옥사에 연루되어 강계에 유배되었다.

당시 여론이 모두 그렇다고 인정하였다.

진흥군(晉興君) 강신(姜紳)[361]을 대사간에 임명했는데 송강의 죄를 더해서 다시 먼 곳으로 유배 보내려 했다. 정언 강수준(姜秀峻)은 판서 김찬(金瓚)[362]의 조카이자 우찬성 윤자신(尹自新)[363]의 사위였다. 선상공 문하에 출입한 적은 없었지만 유독 강 정언은 판서 김찬을 통해 선상공과 친분관계를 유지했기 때문에 일찍부터 정철에 대한 의논을 듣고 있었다. 진흥군이 사헌부의 공적인 자리에서 정철을 처벌하자는 논의를 내놓자 강 정언이 너무 과중하다고 했지만 대사간은 따르지 않았다. 그러자 정언은 즉시 장막으로 칸막이를 하고 피사(避辭)[364]하며, "국가가 평온하고 안정되기를 기다린 뒤에 만약 정철의 죄를 논한다면 신은 또한 사직하지 않을 것입니다."고 하며, 물러가서 명령을 기다렸다. 진흥군은 무시당한 것을 빌미로 물러나며, "어찌 이렇게 사특한 의논이 정언의 입에서 나오리라고 생각했겠는가."라고 하였다. 정언이 교체되자 준론(峻論) 또한 그쳤고 직책만 삭탈 당하였다.

송강이 조상의 무덤에서 어명을 기다렸는데 정계(停啓)[365]한 뒤에야 강화도로 출발하였다. 우찬성 윤자신이 술병을 가지고 와서 전송하자 송강이 "오늘까지 목을 보존할 수 있었던 것은 정언의 은혜이다."고 하였다. 윤자신이 "사위의 일은 저 역시 알지 못하지만 말단의 사의(辭意)는 어떠합니까."라고 묻자, 송강이 웃으며, "이 늙은이가 죽을 날이 얼마 남지 않았는데 오래 가겠는가."라고 하였다. 과연 그해 겨울 세상을

---

361) 강신(姜紳) : 1543~1615. 본관은 진주, 자 면경(勉卿), 호 동고(東臯)이다. 도승지·좌참찬 등을 역임하였다. 정여립 옥사 처리에 참여하여 평난공신(平難功臣) 3등에 책록, 진흥군(晉興君)에 봉해졌다.

362) 김찬(金瓚) : 1543~1599. 본관은 안동, 자 숙진(叔珍), 호 눌암(訥菴)이다. 대사간·대사성 등을 역임하였다. 정철 밑에서 체찰부사를 지냈다. 접반사(接伴使)로서 명나라와의 외교를 담당하였다.

363) 윤자신(尹自新) : 1529~1601. 본관은 남원, 자 경수(敬修)이다. 공조·호조판서 등을 역임하였다.

364) 피사(避辭) : 인피(引避)하여 사직을 청하는 것이다.

365) 정계(停啓) : 대간이 한동안 계속하여 오던 논계(論啓)를 그만두는 것이다.

떠났다. 정언의 맏아들 강첨경(姜添慶)이 나에게 이와 같이 말해주었다.
『무송소설』

정개청과 기축옥사

058 곤재(困齋) 정개청 선생은 옛것을 좋아하고 돈독히 믿고 강학을
게을리 하지 않았다. 하도낙서(河圖洛書)366)와 팔괘구주(八卦九疇)367), 선천
(先天)의 근본과 후천(後天)의 쓰임, 그리고 주천368)도수(周天度數)·일월운
행·성신전차(星辰躔次)369) 등을 궁구하지 않음이 없었다. 호남을 대표하는
호걸스러운 선비였다. 선조 때 왜구가 장차 변란을 일으키려 하자 주상이
근심하여 누가 장수감으로 좋은지 물었다. 영의정 박순이 "정개청은
유학자로서 명성이 높으면서도 장수의 재질도 갖추고 있으니, 그에게
장수의 직책을 맡길만합니다."고 대답하였다. 선생은 평소에 정철을
좋아하지 않았고, 정철은 앙심을 품었다. 기축옥사가 일어나자 정철의
문객 정암수와 홍천경이 모함하여 중형을 받고 아산보(阿山堡)에서 죽었
다. 『기언』

기축년(1589, 선조22) 정씨가 북쪽 변방에서 죽었고 그의 문인으로
수업 받던 자들 역시 모두 죄를 입었다. 백여 년이 지난 오늘날까지도
남은 화가 그치지 않아서 사당이 없어질 지경에 이르렀다. 송준길이 건의하였
다.370) 남쪽지방에 사는 선비로서 정씨를 존경하는 자 가운데 옥에 갇힌
사람이 50여 명이며, 유배된 자가 20여 명이고, 금고(禁錮) 된 자가 400여

---

366) 하도낙서(河圖洛書) : 하도는 복희씨(伏羲氏) 때 황하에서 나온 용마(龍馬)의 등에 그려
져 있었다는 그림이다. 낙서는 우(禹)임금이 홍수를 다스릴 때 낙수(洛水)에서 나온
신귀(神龜)의 등에 새겨진 글씨이다.
367) 팔괘구주(八卦九疇) : 8괘는 하늘·땅·천둥·바람·물·불·산·연못을 상징한 것. 구주는
천하를 다스리는 9가지 대법(大法)으로, 오행(五行)·오사(五事)·팔정(八政)·오기(五紀)·황
극(皇極)·삼덕(三德)·계의(稽疑)·서징(庶徵) 및 오복(五福)과 육극(六極)이다.
368) 주천(周天) : 해·달·별 등이 궤도를 한 바퀴 도는 일이다.
369) 전차(躔次) : 태양·달·별들이 운행하는 도수이다.
370) 송준길이 건의하였다 : 현종대 송준길이 곤재서원(困齋書院)을 헐어버릴 것을 건의
하였다. 아래 60번 기사에 자세하다.

명에 이르렀다. 해옹(海翁, 윤선도)이 정치의 폐단에 대한 상소를 올리면
서371) 정씨의 억울한 죽음을 수없이 말했다. 그 역시 당인(黨人)들의 질시를
받은 지 오래되었기 때문에 열 번 상소를 올렸지만 주상에게 모두 전달되
지 않았다. 위와 같다.

059　탄옹(炭翁, 권시)372)이 곤재의 『우득록(愚得錄)』을 이윤(尼尹, 윤선거)
에게 보여주었다. 이윤이 보낸 왕복 편지에서 곤재가 아계의 천거를
받아 발탁된 일을 큰 허물로 평가하고, 송강에게 죽임을 당한 일은 큰
원한으로 간주하지 않았다. 편지 말미에서, "장차 내가 치우친 논의를
일삼았다고 할 것이다."고 하였다. 그 사람이 스스로 아는 것이 분명한데
편벽된 논의라는 것을 알았다면 어찌하여 공론을 펴지 않았는가.

060　현종대 초 동춘(同春, 송준길)이 곤재서원(困齋書院)373)을 헐어버릴
것을 건의하였다. 윤고산(尹孤山, 윤선도)이 억울함을 호소하며 전후의
일을 낱낱이 적어 10여 차례 상소를 올렸다. 승정원에서 저지했지만
끝내 헐지 못하게 막았다. 노서와 동춘이 형상도 없고 증거도 없는 설로써
날조하여 공격하는 형세를 도우려 했다. 또한 회천을 권면하여 글을
지어 뒷날 증거로 삼으려 하였으니 그 마음이 이와 같이 위태롭고 더욱
급하였다. 노서가 말하였다. "윤선도는 윤의중(尹毅中)374)의 손자이며,

371) 상소를 올리면서 : 1658년(효종9) 4월에 올린 상소. 윤선도는 상소를 올려 정원의
　　계사를 반박하고 사직을 청하다
372) 탄옹(炭翁) : 권시(權諰, 1604~1672)의 호. 본관은 안동, 자 사성(思誠)이다. 대사헌 등을
　　역임하였다. 1660년(현종1) 예송논쟁 당시 송시열·송준길과 대립하여 윤선도를
　　지지하는 상소를 올렸다가 파직되어 낙향하였다. 저서로는 『탄옹집』이 있다.
373) 곤재서원(困齋書院) : 정개청을 배향한 자산서원(紫山書院). 정개청이 기축옥사에 연루
　　되어 세상을 떠나자 문인들이 스승의 신원운동을 전개하면서 1616년(광해군8) 건립
　　하였다. 1678년(숙종4) 자산서원이라는 사액을 받으면서 남인과 서인의 당쟁으로
　　철폐를 반복하였다.
374) 윤의중(尹毅中) : 1524~?. 본관은 해남, 자 치원(致遠), 호 낙촌(駱村)이다. 대사헌 등을
　　역임하였다. 정여립 옥사에 동인들이 축출될 때 이발의 외삼촌이라는 이유로 파직되
　　었다.

의중은 이발의 외삼촌이다. 이발이 집안사람이기에 정개청의 신원을 청한 것이다. 특별히 죄 지은 집안의 자제로서 스스로 말을 만들어 현혹시키는 계책으로 삼으려 한다."

할아버지의 조카는 곧 성이 다른 종조숙(從祖叔)인데 그런 사람을 가문의 자제라고 하여 죄주는 것은 상앙(商鞅)375)의 수사율(收司律)376)에도 없으며, 그의 무리 장운익이 '삼족을 멸하라.'고 아뢴 바에도 없었다. 하물며 정개청이 무슨 친척이라고 꺼려서 말하지 못하는가. 또한 말하였다. "신축년(1601, 선조34)에 기자헌이 선비를 죽인 악명을 임금에게 돌려 주상의 분노를 샀다. 윤선도 또한 소인의 정태(情態)를 활용했으니 앞뒤가 같은 것이다." 그 말이 어쩌면 이렇게 교묘한가. 저들은 사사로운 감정에 따라 거짓으로 고소하여 착한 사람을 죽이려는 자들이니 어찌 군자라고 할 수 있겠는가.

또한 말하였다. "대현(大賢)은 초야에 숨어 있는데 난이 임박해도 부르지 않으니 이는 국가의 큰 부끄러움이다.……" 그렇다면 우계가 주상이 곤경에 처했는데도 나아가지 않으니377) 이 또한 임금의 허물이란 말인가. 또한 말하였다. "정여립의 악함은 역적모의를 하기 전에 사람들이 알고 있었는데도 이발과 정개청 등은 사이좋게 지내면서 정여립을 숭상했다.……" 정여립이 수찬(修撰)이 된 것은 율곡이 천거하고 우계가 3명의 후보자에 올렸기 때문이었다. 율곡과 우계는 어찌하여 반역을 일으키기 전에 그 사실을 알지 못했는가. 이같이 많은 말들이 사리에 어긋나고 황당무계하였다.

또한 말하였다. "정개청의 '절의가 나라를 망하게 한다.[節義亡人國論]'는 논의를 지금 살펴보면 글의 뜻이 인륜을 저버린데다가 감히 주자(朱子)를

---

375) 상앙(商鞅) : ?~B.C.338. 전국시대 법가. 엄정한 법 집행을 통해 진나라의 부국강병을 이루었다.
376) 수사율(收司律) : 수사연좌법(收司連坐法). 한 집이 죄를 지으면 아홉 집에서 고발하고, 고발하지 않으면 열 집 모두를 연좌시켰다.
377) 우계가 …… 나아가지 않으니 : 임진왜란 때 몽진(蒙塵)가던 선조 일행이 파주를 지나갈 때 성혼이 어가행렬을 맞이하여 호종(扈從)하지 않은 일을 말한다.

뜻을 이어받아 조술(祖述)³⁷⁸⁾한다고 했으니 그 패려(悖戾)함이 심하다. ……" 당초 정철이 정개청을 죽이려고 역초(逆招)³⁷⁹⁾로써 잡아들이기를 청하였지만 근거가 없어 다시 물을 만한 것이 없었다. 그러자 이번엔 저술한 내용 가운데 동한절의 진실청담론(東漢節義晉室淸談論)³⁸⁰⁾을 지목하여 배절의론(排節義論)³⁸¹⁾이라고 이름 붙여 심문하고, "네가 배절의론을 지었으니 절의를 배반하는 일을 좋아한 것이다. 절의를 배반하는 일은 무슨 일인가."라고 아뢰고 장살하였다.

지금 노서가 또 별안간 배절의를 절의망인국론(節義亡人國論)으로 바꾸어 지목하였다.³⁸²⁾ 그 문장의 극히 잔인하고 독설스러운 마음은 앞선 사람에 보다 심하였다. "주자의 뜻을 이어받아 조술한다고 했으나 패려함이 또한 심하다."고 한 것은 주자의 학설에서 어긋났다는 말과 같다. 어찌하여 노서와 회천의 무리가 떠받음만이 바르고 순종하며, 정개청의 떠받음은 어긋난다고 하는 것인가. 어찌하여 저들 무리들은 할 수 있는데

---

378) 조술(祖述) : 선인(先人)의 설을 근본으로 하여 그 뜻을 펴 서술하다.

379) 역초(逆招) : 역적이 진술한 조서이다.

380) 동한절의 진실청담론(東漢節義晉室淸談論) : 정개청이 『주자어류(朱子語類)』를 읽다가 34권의 '자위안연장(子謂顏淵章)'과 25장의 절의(節義)를 논한 대목에 이르러 감분하여 그 말을 인용하여 한 논설을 지었다. 그것이 '동한절의 진송청담 소상부동설(東漢節義晉宋淸談所尚不同說)'이었다. 여기서 정개청은 후한(後漢)의 명절(名節)은 말년에 이르러 자신은 귀하게 여기고 남은 천하게 여기는 폐단이 있었다고 했고, 또 진(晉)·송(宋)대 인물이 청고(淸高)함을 숭상했다고 하지만 개개인은 모두 관직을 바랐으며 한편으로는 권세를 섬기며 재물을 바쳤다고 했다. 이 같은 논설에 대해 정철 등은 자신들을 겨냥한 비판으로 인식하여 배절의론(排節義論)이라고 규정하며 논박하였다. 즉 정개청이 글이 부족하여 본래 주자의 설을 잘못 이해하여 마치 절의지사(節義之士)를 나라 망치는 사람이라고 기술했다고 비판하였다.

381) 배절의론(排節義論) : 정개청의 '동한절의 진실청담론'을 서인에 대한 공격으로 인식한 정철의 당여 정암수(丁巖壽) 등이 이를 배절의론으로 지목하여 정개청을 옥사에 연루시켜 죽음에 이르게 하였다. 즉 정개청이 박순에게서 배웠지만 박순이 영의정에서 파직되자 정여립·이발 등과 친교를 맺은 사실을 들어 절의를 배반한 혐의를 씌워 옥사에 얽어 넣었다.

382) 노서가 …… 지목하였다 : 1658년(효종9) 송준길에게 보낸 답장에서 정개청의 논설을 '절의망인국론'으로 규정하였다. 그 논설은 인륜에 어긋나며 주자의 뜻을 따르는 것도 아니라고 하였다.[『노서유고(魯西遺稿)』 권7, 「서·답송명보 무술년(答宋明甫戊戌)」]

다른 사람들은 할 수 없단 말인가.

이이와 성혼 비판

061   노서가 말하였다. "세도(世道)가 어두워지고 막히면서 사람들은 유현(儒賢)의 학술에 대해서는 알지 못하고, 오직 편당의 논의만 알고 있었다. 이에 유현을 끌어다가 편당에 들어가게 하거나 편당을 끌어다 유현에 붙이니 양현(兩賢, 이이·성혼)의 도를 크게 밝힐 수 없게 되었다." 나는 양현이 과연 편당 밖 사람인지 알지 못하겠다. 심의겸과 김효원으로부터 분당이 시작되었는데 심의겸을 주창하는 자는 당인이 아니란 말인가. 기축옥사 때 천여 명을 죽인 자도 당인이 아닌가. 『석담일기(石潭日記)』[383]를 보면 자신과 다른 사람에 대해서는 배척하고, 서로 좋아하는 자는 권장하여 추켜올렸으니, 이것은 당인이 아니란 말인가. 자신은 편당의 영수이면서 도리어 허물은 세도 탓으로 돌렸다. 이와 같은데도, "유현의 학술을 알지 못하고 유현을 끌어다 편당에 속하게 한다."고 칭하였다. 만약 유현에게 중도(中道)를 세우고 능한 자에게 따르게 했다면 편당은 저절로 사라질 것이고, 유현의 도(道)도 저절로 밝아졌을 것이다. 어찌 편당이 있어 유현을 끌어들여 도리어 유현의 도를 어둡게 할 수 있겠는가. 양현의 도가 밝지 않아서 스스로 편당에서 빠져나오지 못하는 것은 아닌가.

윤선거의 정인홍 비판

062   정인홍은 합천(陜川) 출신이다. 어려서 남명 문하에서 공부했는데, 절의와 효행, 문장으로 크게 명성을 떨쳐서 파산(坡山, 성혼)이 크게 두려워하였다. 「파산연보」에서 말했다. "정축년(1577, 선조10)에 정덕원(鄭德遠, 정인홍)이 우계를 방문하였다. 명성을 익히 들었지만 직접 그의 용모를 보니 마치 벽이 서 있는 듯 감히 범할 수 없는 안색을 지니고 있었고,

---

383) 석담일기(石潭日記) : 이이가 1565년(명종20)부터 1581년(선조14) 11월까지의 중요한 시사(時事)를 일기체로 기록한 책이다. 주로 임금에게 경적(經籍) 등을 진강(進講)한 내용을 수록한 것으로, 당시의 주요 사건과 인물들에 관해 소상히 기록하고 있다.

말은 간결하고 정밀했으며 한 마디도 허투로 말하지 않았다. 의심스러운 뜻을 물으면 또한 분명히 대답하였다. 성혼을 경계하는 말이 절실하게 이치에 맞았으니 성혼은 병중에도 절을 하여 맞아 들였다.……" 이로부터 사람됨을 미루어 알 수 있다. 어찌하여 늙어서 죽지 않고 노망들었으며, 죽을 때가 되어 이이첨의 무리들과 함께 주륙되어 악명을 후세에 남겼다. 오늘날에는 진짜 하류인(下流人)이 되었고, 때문에 "하류에 거처하여 함께 휩쓸려 갔다."고 할 수 있다. 노서가 자기 당여의 편벽됨을 감추고 숨기기 위해 책임을 정인홍에게 돌리고, 비방하는 여론(餘論)으로써 사람의 입을 막았다. 아, 정인홍이 어찌하여 노서의 충신이자 큰 기이한 보물이 아니겠는가. 옛날 전국시대 때 백규(白圭)가 이웃나라를 구덩이에 빠뜨렸듯이[384] 오늘날 노서 역시 정인홍을 구렁이에 빠뜨렸다.

정철 당여 처벌 및 복권

063 신묘년(1591, 선조24)에 양천경(梁千頃)과 강해(姜海) 정철의 사주를 받아 고변한 자 등을 잡아들여 국문하니 정철의 간사한 흉계를 사실대로 남김없이 말했습니다. 노서가 "저들에게 가혹한 형벌을 가하여 자백을 받고서야 그만두었다.……"고 하였다. 어찌 기축년(1589)에 천여 명을 죽일 땐 너그럽고 편안한 형벌을 사용하고, 유독 신묘년에만 엄중한 형벌을 가했단 말인가. 그 말이 조리가 없고 믿을 수 없는 것이 이와 같다.

064 계해년(1623) 인조반정(仁祖反正) 뒤에 송강과 동암(東巖, 이발) 형제가 모두 복관되었다. 문덕산(文德山)의 아들 문환(文煥)이 사람들에게 "사람을 죽인 자와 죽임을 당한 자 모두 같은 은혜를 받았다."고 하였다.

---

384) 백규(白圭)가 …… 빠뜨렸듯이 : 백규는 전국시대 사람으로 상업적 수완을 발휘한 인물이었다. 『맹자』「고자 하(告子下)」에서 맹자에게 세법(稅法)을 묻고 나서 치수(治水)에 대하여 "나의 홍수를 다스리는 것이 하우(夏禹)보다 낫지요?"라고 하자, 맹자는 "하우는 사해를 물이 빠지는 구렁으로 삼았는데, 그대는 이웃 나라를 물이 빠지는 구덩이로 만들었다."고 하였다.

성혼 행적 비판

065　성혼의 자는 호원(浩源), 호는 우계, 시호는 문간(文簡)이다. 처사 성수침(成守琛)[385]의 아들로 세상에서 훌륭한 아버지와 좋은 아들로 널리 알려졌다. 율곡이 장려하고 허여해서 사지(司紙)[386]와 사헌부 지평에 임명 하려 했지만 벼슬에 나아가지 않았다. 성혼이 부름을 받아 도성에 들어오 던 날 명망 높은 선비로서 나아가 맞이하려는 자들의 행렬이 십여 리에 달했고, 거리에는 세워둔 말들로 가득 찼다. 주상이 그를 불러 정사에 대해 묻고 질문했지만 그의 대답에 충직한 말이나 특출한 계책이 없었다. 그럼에도 품계는 가선대부(嘉善大夫)에 올랐고 이조참판이 되었다. 벼슬하 지 않은 선비로서 불과 몇 년 만에 공경재상(公卿宰相)의 반열에 오른 사례는 없었다. 그 뒤에 성혼은 옳고 그름과 벼슬에 나아가고 들어가는 것에 관해 숙헌(叔獻, 이이)이 하는 바에 따를 뿐이었다. 성혼은 조정에서 살리거나 죽이는 논의, 같은 편은 끌어들이고 다른 편을 무조건 공격하는 논의에 참여하지 않은 적이 없었다. 사신(史臣)이 "몸은 초야에 있으면서 조정의 권력을 잡아 흔들었다."고 하였으니, 모두 이 때문이었다.

임진년(1592, 선조25) 주상이 탄 수레가 피난하여 파주를 지나갈 때 주상은 성혼이 맞이하여 호종(扈從)할 것으로 생각하였으나 끝내 나오지 않자 못마땅하게 생각하였다. 그해 겨울 세자가 빨리 역마를 타고 오라고 하자 성혼은 평안도 성천(成川)의 분사(分司)[387]로 쫓아갔다. 우의정 유홍이 좌의정 윤두수에게 편지를 보내, "성혼은 어진 사람이니 벼슬의 품계를 올려 주어야 할 것입니다."고 하였다. 윤두수가 유홍의 말과 같이 아뢰었 지만 주상이 결정을 내리지 않았다. 이조에서 곧바로 참찬에 천거하여 자헌대부(資憲大夫)에 오르자 비로소 처자를 거느리고 행재소로 달려가

---

385) 성수침(成守琛) : 1493~1564. 본관은 창녕, 자 중옥(仲玉), 호 청송(聽松)·죽우당(竹雨堂)· 파산청은(坡山淸隱)·우계한민(牛溪閑民)이다. 조광조의 문인으로서, 기묘사화이후 학 문에만 전념하였다.

386) 사지(司紙) : 조지서(造紙署) 종6품 관직이다.

387) 평안도 성천(成川)의 분사(分司) : 분사는 임금이 도성을 떠나 오랫동안 다른 곳에 머물 때 각사(各司)의 관아를 나누어 두 곳에 두고 사무를 보는 일을 가리킨다. 여기서는 임진왜란 당시 세자였던 광해군이 이끌던 분조(分朝)를 가리킨다.

사은(謝恩)[388]하였다. 전교(傳敎)하기를, "내가 경의 문 앞을 지났지만 경을 볼 수 없으니 경에게 죄를 얻음이 심한 것 같다.……"고 하였다. 그 뒤 당시 여론을 주도하여 홍여순·송언신(宋言愼)[389]·이홍로(李弘老)[390]를 귀양 보냈다. 이들은 아계의 당파로서 정철의 당파를 공격했던 자들이었다.

주상이 의주에서 평양으로 돌아올 때 성혼의 가족이 너무 많아 여러 마을에서 말을 빌렸다. 또한 낙오하여 주상의 뒤를 따르지 않다가 주상이 정주(定州)에 머물자 병 때문에 따르지 못했다고 하면서 처벌을 기다렸다. 주상이 답하였다. "경이 의병장이 되어 회복해줄 텐데 한때의 일이 무슨 상관이겠는가. 처벌을 기다리지 말라." 성혼이 파주에 있을 때 마을에 사는 자제들을 거느리고 난을 피해 자신을 보호하면서 의병이라고 칭한 일이 있었는데, 주상이 이것을 기롱한 것이다.

주상이 도성으로 돌아오자 성혼이 따라 들어와 뵙고 왜적과 화친할 것을 아뢰었다. 주상이 화를 내며 심하게 배척하자 성혼은 두려워하며 궐문 밖에 나와서 명을 기다리다가 관직에서 해임되어 파주로 돌아갔다. 주상이 시를 지었다. "백번 죽는 것은 마음에 오히려 참을 수 있지만 화친하자는 말은 차마 들을 수 없네. 공공연히 간사한 말을 주장하여 의리를 무너뜨리고 삼군(三軍)을 미혹시키는구나." 이로부터 다시는 등용되지 못하였다. 무술년(1598, 선조31) 성혼이 병이 나서 위중할 때 사나운 호랑이가 지붕에 올라가 이엉을 모두 없애버리고, 노여워 크게 울어서 산골짜기를 진동시켰다. 이런 일이 여러 날 지속되자 집안사람들이 무기와 몽둥이를 가지고 방어하고 호위하여 겨우 화를 면할 수 있었다. 『운암록』

---

388) 사은(謝恩) : 관직을 제수 받거나 가계(加階)나 겸직을 받을 때 혹은 휴가·출사의 명을 받은 자 등이 공복을 갖추어 왕에게 숙배(肅拜)하고 치사(致謝)하는 일이다.
389) 송언신(宋言愼) : 1542~1612. 본관은 여산, 자 과우(寡尤), 호 호봉(壺峰)이다. 이조판서 등을 역임하였다.
390) 이홍로(李弘老) : 1560~1612. 본관은 연안, 자 유보(裕甫), 호 판교(板橋)이다. 경기도 관찰사 등을 역임하였다.

066　임진년(1592, 선조25)에 우계가 전임 이조참판으로서 경기지역에 살고 있었는데도 전란 초기에 나아가지 않았다. 임금의 수레가 고을을 지나가는데도 맞이하여 호종하지 않았다. 그의 처신하는 의리가 본래 근거가 없어서 국론이 그치지 않았으며, 비방하는 논의가 날로 늘어났다. 그러자 문인과 자제들, 벼슬아치와 유생들이 모두 일어나 그를 위해 조목조목 변론하는 자가 백 명, 천 명에 달하였지만 그 말들이 근거가 없었고 단지 "변란이 갑자기 일어나서 소식을 듣지 못하였으며, 나루터가 끊어져서 나아가지 못하였다."고 하는 데 불과하였다. 또한, "선생은 매번 자신을 왕(王)과 강(江)에 비견하였다. 왕과 강 역시 난리에 나아가지 못하였다."고 하였다.

　왕은 왕촉(王蠋)[391]이고 강은 강만리(江萬里)[392]이다. 왕촉은 획읍(畫邑)[393]에서 목숨을 끊었지 난을 피해 협강(峽江)으로 들어가지 않았다. 강만리 역시 지수(止水)에 몸을 던져 죽었지 의병을 일으켜 자신을 방어하지 않았다. 두 사람의 행적은 우계의 행적과 크게 달랐기 때문에 이와 같은 말들은 끝내 사람들을 설득해서 비난을 그치게 할 수 없었다. 이때 노윤(魯尹, 윤선거)이 유자(儒者)와 속인(俗人)의 도리가 다르다는 논의를 퍼뜨려서 말하였다. "유자에게는 사도(師道)를 행하고, 우도(友道)를 행하는 도리는 있지만 주상의 부름을 받지 않았는데도 움직이는 일은 없다. 논자들이 속인들의 처세를 가지고 유자를 논하면서 같은 맥락에서 일괄적으로 적용하는 데에서 벗어나지 못하였다. 신풍(新豊) 장유(張維)이 제작한 비문[394]과 월사(月沙, 이정귀)[395]가 찬술한 행장은 그 의리가 이들과 같음

---

391) 왕촉(王蠋) : ?~B.C.284. 전국시대 제나라 사람. 연나라 장수 악의(樂毅)가 왕촉에게 항복을 청하였으나, "충신은 두 임금을 섬기지 않고 열녀는 두 남편을 섬기지 않는다."고 하며 자결하였다.

392) 강만리(江萬里) : 송나라 도종(度宗) 때 가사도(賈似道)에게 미움을 받아 지산(芝山)에 은거한 뒤 원나라 군사가 쳐들어오자 물에 빠져 죽었다.

393) 획읍(畫邑) : 전국시대 제나라의 고을 이름. 이곳에서 왕촉이 연나라의 침입을 받았을 적에 '두 임금을 섬길 수 없다.'고 하고 자살하였다.

394) 신풍이 제작한 비문 : 장유는 성혼의 신도비문에서 임진왜란 당시 주상이 이홍로(李弘老)의 간계로 성혼이 마중하지 않는 것을 섭섭해 한 것으로 기술하였다.

2114

을 알지 못한 것이다.······" 실로 개탄할 만하다.

특히 양귀산(楊龜山)396)·윤화정(尹和靖)397)·호문정(胡文定)398)의 사례를 찾아내서 삼현(三賢)의 본받을 만한 처신이 곧 우계의 의리라고 한다. 노윤이 이 같은 논설을 만들어내어 스스로 '앞선 사람들이 밝히지 못한 것을 넓혔다.'고 하면서 별도의 의리를 만들어 천하 만세의 공의(公議)를 이기려고 했다. 공의가 과연 한 사람 한 집안의 사사로움으로 이길 수 있는 것이란 말인가.

067   양귀산이 건염(建炎)399) 2년(1128)에 부름을 받아 공부시랑(工部侍郞)에 임명되었으나 늙고 병든 것을 이유로 그만두기를 청하였으니 그때 나이가 이미 80여 세였다. 뒤에 여러 차례 도성을 떠나 피난 갔는데 묘(苗)·유(劉)400)의 난이 발생해서는 함께 떠나지 못하였다고 한다. 묘유는 내란(內亂)이었다. 난이 일어난 것은 그해 3월이었지만 4월에 즉시 토벌되었으며, 기간도 수십 일이 못 되었다. 반포된 조서[詔諭]를 여이호(呂頤浩)와 왕준(王浚) 등이 숨겨두고 선포하지 않았고, 이에 멀리 떨어진 군현들은 태반이 그 소식을 알지 못하였다. 도성을 떠나 피난 간 일을 『송사(宋史)』에서 찾으려했지만 명확히 언급해 놓고 있지 않아 어느 해 어느 때인지 알 수 없었다.

윤화정의 출처 또한 남달랐다. 정강(靖康)401) 원년(1126)에 포의(布衣)402)

---

395) 월사(月沙) : 이정귀(李廷龜, 1564~1635)의 호. 본관은 연안, 자 성징(聖徵), 호 보만당(保晚堂)이다. 우의정·좌의정 등을 역임하였다. 장유·이식(李植)·신흠과 더불어 이른바 한문사대가로 일컬어졌다.
396) 양귀산(楊龜山) : 1053~1135. 송나라 학자 양시(楊時)의 호. 자는 중립(中立)이다. 이정자(二程子, 정호·정이)의 도학을 전하여 낙학(洛學)의 대종(大宗)이 되었다
397) 윤화정(尹和靖) : 1071~1142. 송나라 학자 윤돈(尹焞)의 호. 자 언명(彦明)·덕충(德充)이다. 정이(程頤)의 제자이다.
398) 호문정(胡文定) : 1074~1138. 송나라 학자 호안국(胡安國)의 시호. 자는 강후(康侯)이다. 정이의 제자이다.
399) 건염(建炎) : 송나라 고종(高宗)의 연호(1127~1130)이다.
400) 묘(苗)·유(劉) : 묘부(苗傅)와 유정언(劉正彦). 1129년 송나라 고종을 퇴위시키고 그 아들 부(旉)를 황제로 추대하려다가 처형당하였다.

로서 부름을 받았지만 병을 이유로 사양하고 조정에 들어가지 않았다. 조정에서는 그를 머물게 할 수 없다는 사실을 알고 처사(處士)를 내려주었다. 호는 환산(還山)이었다. 소흥(紹興)[403] 8년(1138) 소감(少監)에 임명되어 다시 포의로서 부름을 받았지만 이때 더욱 쇠약해지고 병들어 조정에 나아가지 못하였다. 임금이 윤화정의 늙음을 근심하여 사록(祠祿)[404]의 직책을 내렸지만 잠시 뒤 벼슬을 그만두고 돌아갔으니 이미 70여 세였다. 선생은 소흥 7년(1137) 이전에는 어떤 직책도 받지 않았으며, 다만 이전처럼 처사로 지냈다. 8년 이후로는 신하가 되기를 사양하고 떠났으니 난리가 났을 때 임금을 따를지의 여부는 거론할 바가 아니었다.

이 두 현자는 비록 노쇠하고 병들어 관직을 사양하고 집에 머물렀지만 만약 임금이 탄 수레가 고을을 지나갔다면 유현(儒賢)으로서 스스로를 중히 여겨 집에 누운 채 나와서 맞이하지 않았는지의 여부는 나는 알지 못한다. 『예기(禮記)』에 '늙은 사람은 근력을 가지고 예를 행하지 않는다.'[405]고 하였다. 양귀산과 윤화정 두 현자는 나이가 모두 80여 세 가까이 되었으니 이들에게 오히려 근력을 가지고 행하는 예로써 책임지울 수 있겠는가. 모으기 어려운 구차한 변명을 가지고 말을 만들어 말재주로써 사람을 막으려하는구나. 노서 역시 어찌 알지 못하고 그런 일을 했겠는가.

호문정은 건염 2년(1128)에 급사중(給事中)으로서 부름을 받아 지주(池州)로 갔지만 질병을 이유로 물러날 것을 청하니 조정에서 허락하였다. 이는 편한 데로 거처하면서 아무런 단서 없이 나아가지 않은 자에게는 아득히 먼 은하수와 같은 일이다. 옛날 이장원(李長源)[406]은 황제가 촉(蜀)

---

401) 정강(靖康) : 송나라 흠종(欽宗)의 연호(1126~1127)이다.
402) 포의(布衣) : 모시와 삼을 섞어서 짠 베옷. 벼슬 없는 선비를 가리킨다.
403) 소흥(紹興) : 송나라 고종(高宗)의 연호(1131~1162)이다.
404) 사록(祠祿) : 도교 사원을 관리하고 받던 녹봉. 송나라 때 퇴직한 정승으로 하여금 도교의 절인 도관(道觀)을 관리하게 하고 주던 녹봉이다.
405) 노인이 …… 않는다 : 『예기』 「곡례 상(曲禮上)」에 "가난한 사람은 재물을 가지고 예를 행하지 않고, 늙은 사람은 근력을 가지고 예를 행하지 않는다.[貧者不以貨財爲禮, 老者不以筋力爲禮.]"고 하였다.
406) 이장원(李長源) : 당나라 재상 이필(李泌)의 자. 당나라 숙종대부터 빈우(賓友)의 대우를

땅에 들어가서 영무(靈武)407) 땅으로 오라는 부름에 응하지 않았다. 지금 노서는 불필요하게 서로 맞지 않은 삼현의 사례를 인용하기 보다는 이장원의 사례를 인용하여 증명하는 것이 십분 설득력이 있을 것이다. 그럼에도 불구하고 억지로 삼현의 사례를 인용하고 있으니 어찌 이장원이 유현이 아니기 때문에 함께 비교하는 것을 부끄럽게 여겨서인가. 아니면 무의백인(無衣白人)의 인망과 사업 때문인가. 비웃음을 살만하다.

지금 노서의 논설에서, "선생이 난에 직면하여 나아가지 않은 것은 본래 정해진 의리이다. 군자가 처세함에 은거하여 벼슬에 나아가지 않는 것은 마치 지조 높은 자가 유배되어 군신관계가 끝난 것과 같다."고 하였다. 이미 왕명에 응해 직책을 받아서 조정에 나아가 벼슬살이 했다면 몸을 바쳐야 한다. 주상을 섬기는 날, 평소 일이 없을 때에도 어려움에 나아가지 않는 것은 융통성 없이 평소 정해진 의리를 지키는 것이다. 이것은 무슨 마음인가. 『춘추전』에서 "임금을 업신여기는 마음이 있는 뒤에 드러난다."고 하였으니, 이것을 이르는가 보다. 오직 맹자만이 임금을 업신여긴 자를 확실히 말하고 배척할 수 있다. 그러나 세상에 맹자가 없으니 당연히 편벽되고 회피하는 말과 사특할 학설이 일어난다 해도 금지할 수 없다.

임금과 신하의 의리는 천지 사이에 피할 수 없는 것으로 유자와 속인의 구별이 없다. 유자는 평상시 대우받는 예와 총애 받아 발탁되는 은혜가 속류(俗流)를 뛰어 넘어 두터웠다. 그런데 국가가 전복되고 주상이 피난 가는 데도, "나는 유자이다. 임금이 나를 부르지 않았기 때문에 나 또한 따를 바가 없다."고 하였다. 혹은 난리를 피해 숨거나 혹 의병을 칭하여 자신을 보호하기만 하고, 임금을 수행408)하거나 달려 나와 안부를 묻는

받으면서 대가(大駕)를 호종하며 중흥의 방략을 논의하였다. 덕종(德宗)이 봉천(奉天)의 행재소에 있을 당시에 사태를 원만히 수습하여 사직을 안정시킨 공을 세웠다.
407) 영무(靈武) : 영녕(靈寧) 하회족(夏回族) 자치구. 안사(安史)의 난 때 황태자 형(亨)이 이를 피해 머물렀던 곳이다. 이곳에서 두홍점(杜鴻漸) 등에게 추대되어 즉위하였으니, 그가 숙종이었다.
408) 수행 : 부설(負絏). 본래 말고삐를 잡는다는 뜻이다.

일을 속류라고 칭탁하니 속류가 어찌하여 "나만 홀로 현명하여 수고롭네."라고 말하지 않는가.

인군(人君)이 유현(儒賢)을 중시하는 것은 무엇 때문인가. 국가에 도움이 되고, 사람들에게 모범이 되기 때문이다. 설령 조정에 유현들이 많더라도 국가에 변란이 발생했을 때 사람들이 저마다 '나는 유현이다.'고 하면서 하나같이 모두 출처의 절개를 끌어다가 고인의 성법(成法)을 거짓으로 칭하면서 속류와 함께 하지 않으려 해서 임금을 따라서 고난을 함께 할 사람이 한 명도 없다면 임금은 어쩔 수 없이 혼자 행하고 고립될 것이니 이것이 사람이 곁에 없기 때문이겠는가. 이와 같다면 인군 가운데 누가 조정에 유현이 많기를 원하겠으며, 유현은 도리어 임금을 버리고 스스로 편의만 도모하는 자의 효시가 되지 않겠는가. 『춘추전』에 이르기를, "나라를 떠나 벼슬에 나아가지 않는 자일지라도 본국에 난리가 일어나면 돌아와서 옛 군주를 위해 죽는다."고 하였다. 이것은 노서가 "밖에 있으면서 들어가지 않아도 된다."고 말한 의리와 크게 다르다. 그렇다면 『춘추』에 미비된 점이 있단 말인가.

자사(子思)[409]가 위(衛)나라에 거처할 때 제(齊)나라가 쳐들어오자 "만일 내가 임금 곁을 떠나면 임금은 누구와 함께 지키겠는가."고 하였다. 맹자가 "자사는 신하이며 미천하였다."[410]고 하였다. 자사는 위나라에서 벼슬한 일이 없고, 다만 위나라에 거처할 뿐이었는데도 이렇게 신하로서 절의를 자처해서 난을 피해 스스로 화를 면하지 않았다. 만약 자사가 조정에서 벼슬살이하여 현달했다면 장차 "신하로서 유자들이여, 스승이자 친구이다. 피난하여 면할 수 있다고 해서 임금과 더불어 나라를 지킬

---

409) 자사(子思) : 공자(孔子)의 손자. 이름 급(伋), 자사는 자(字)이다. 『중용(中庸)』의 저자이다.

410) 자사가 …… 하였다 : 자사가 위(衛)나라에 있을 때 제(齊)나라의 도적이 침입하자 임금을 지켜야 한다며 피신하지 않았다. 이에 대해 맹자가 "증자와 자사는 추구한 가치가 같았다. 다만 증자는 스승으로서 부형(父兄)의 위치에 있었고 자사는 신하로서 미천한 신분이었기 때문에 행적이 달랐던 것이니, 처지가 서로 바뀌었다면 외적의 침입에 대처한 방식도 서로 바뀌었을 것이다.[曾子思同道, 曾子師也父兄也, 子思臣也微也, 曾子子思易地則皆然.]"라고 설명하였다. 증자는 노나라의 무성(武城)에 있을 때 월(越)나라의 도적이 침입하자 남들보다 먼저 피신했다가 돌아왔다.[『맹자』 「이루 하(離婁下)」]

것인지의 여부를 돌보지 않겠는가.”라고 말하지 않겠는가.

사람들이 현자를 귀하게 여기는 이유는 세상에 도움이 되기 때문이다. 외적이 침략하던 날 높은 벼슬아치, 사대부, 변방의 미천한 백성, 조금이라도 지식이 있는 자라면 누구나 모두 자신이 살고 있는 곳에서 혹 의병을 일으키거나, 혹 맡은 곳을 지키거나, 혹 임금의 수레를 호위하거나, 혹 군대를 따라 나서서 자신의 수고로움을 드러내지 않음이 없었다. 지금 그 사람은 징사(徵士)411)로서 이미 벼슬이 재상에 이르렀으니 성조(聖朝)의 예우, 조정과 민간의 바람·기대를 어떻게 되갚을 수 있겠는가. 스스로 의병장이라고 불렀지만 적을 섬멸하거나 사로잡은 공로나 성을 수비한 공로도 없으면서 문안 인사도 지체하였으니 죄를 받지 않은 것이 그나마 다행이다. 현직 정승에게 아부하여 명분 없이 자급(資級)을 받은 것도 올바르지 않은 일이다. 조정이 위태로운데도 지금이 어떤 세상이라고 묘모(廟謨)412)와 군기(軍機)는 한 편으로 제쳐두고 사사로운 원한을 푸는 것을 통쾌하게 여겼으며, 서울로 돌아와서 도운 일이라곤 화친을 주장한 것뿐이었다. 숙헌(叔獻)이 살아 있었다면 어찌 이 지경에까지 이르게 했겠는가.

어떤 사람이 말하였다. “세상에 의논하는 자들이 즉시 임금의 수레를 따라 가지 않은 일로써 허물을 삼는데, 이는 당시 수레가 갑자기 나왔고 거처하는 곳이 궁벽한 곳이라 제대로 소식을 듣지 못했기 때문이다.” 이는 혹 그럴 수도 있다고 하자. 하지만 여름이 지나 겨울에 이르도록 지체하고 달려오지 않았다면 그 거처하는 의리를 이해할 수 없다. 그의 문도가 “빈사(賓師)의 지위에 있었기 때문에 나아가 맞이할 의리가 없다.” 고 하였다. 또한, “임금이 사직을 버리고 도망치는데 신하가 반드시 따라 죽을 필요가 없다.”고 하였다. 이는 모두 당론(黨論)에 병든 것으로써 세상의 떳떳한 도리를 잃은 것이다. 정릉(靖陵)이 도굴되자413) 삼성(三省)이

---

411) 징사(徵士) : 학식과 덕행 혹은 절행(節行)이 뛰어난 산림(山林)의 유일(遺逸)이 천거되어 조정에 나오는 것. 또는 그와 같은 선비를 가리킨다.

412) 묘모(廟謨) : 묘당의 어진 정치를 말한다.

합좌하여 죄인의 추국을 주장한 일,[414] 정개청과 최영경이 살해당한
일, 이발·이길·백유양의 처자식까지 죽인 일에 모두 간여하여 힘을 썼다.
이는 보통사람으로서 차마 하지 못할 일인데, 게다가 문묘(文廟)에 배향되
었다고 하니 차마 이럴 수 있단 말인가. 『운암잡록(雲巖雜錄)』[415]

068　임금의 수레가 의주로 피난 갈 때 우계는 근처에 살면서도 나아가서
맞이하지 않았다. 수레가 서쪽 변방에 머물 때에도 또한 불렀지만 나아가
지 않았다. 금상(今上, 광해군)이 세자였을 때 군대를 지휘하며 이천(伊川,
강원도 이천군)에 있었는데, 역마(驛馬)편으로 빨리 오도록 불렀지만 병을
핑계로 사양하다가 그해 겨울 명나라 군대가 압록강을 건너오자 비로소
달려와 행재소에 들어갔다. 이에 전교하였다. "내가 경(卿)의 문 앞을
지나면서 경을 찾아보지 않았으니 경에게 큰 죄를 지었다. 그런데 경이
지금 임시 거처까지 왔으니 내가 매우 부끄럽다." 조정에서는 이 일로
의견이 갈라졌고, 의논하는 자들이 비판하자 그의 당여들이 잘못이 아니
라고 하면서 "우계가 빈사의 지위에 있으니 주상이 나아가서 알현해야지
그가 맞이하여 찾아보아야할 예는 없다."고 하였다. 또한, "주상이 종묘사
직을 버리고 도망쳤기 때문에 따를 의리가 없다."고 하였다.
　아, 붕당에 사람이 없어 옳고 그름이 이 지경에 이르렀단 말인가.

---

413) 정릉(靖陵)이 도굴되자 : 정릉은 중종(中宗)의 능이다. 임진왜란 때 왜군에 의해 도굴
되고 관이 불태워지는 변고를 당하였다. 그런데 중종의 시신은 재궁(梓宮)이 불타기
전에 능 근처 송산(松山)에 옮겨져 있는 것을 광중(壙中)에 다시 묻었다 한다. 그러나
그 시체가 진짜 중종의 시신인지 알 수 없었다. 그 진위를 둘러싸고 논란이 발생하였
다. 본서 권1 91번 기사 참조.

414) 삼성(三省)이 …… 주장한 일 : 삼성은 의정부·사헌부·의금부로, 이들 기관이 합좌하
여 강상(綱常)에 관한 죄인을 추국하였다. 해당 시기에 발생한 사건은 1593년(선조26)
10월 18일 우변포도대장(右邊捕盜大將) 이일(李鎰)이 왜적과 결탁하여 선릉(宣陵)과
정릉(靖陵)을 도굴하는데 간여했던 풍저창(豊儲倉) 종 팽석(彭石) 등에 대한 추국을
청하였다. 곧이어 의금부에서도 강상에 관한 범죄임을 들어 삼성추국(三省推鞫)을
청했다.

415) 운암잡록(雲巖雜錄) : 류성룡의 저술. '붕당·기정릉사(記靖陵事)·기기축옥(記己丑獄)·잡
기·기건저사(記建儲事)·기염철사(記鹽鐵事)·기이상대조남명사(記李相待曹南冥事)'등으
로 이루어졌다.

설령 성혼이 실제로 빈사의 지위에 있었다 하더라도 임금이 갑자기
피난가게 되었다면 신하된 자로서 편안히 앉아서 나오지 않을 수 있었겠
는가. 지금 제자들이 말하는 대로라면 적에게 쫓겨 그 문 앞을 지나는데
스승이 안부를 묻지 않아도 괜찮단 말인가. 가령 빈사로서 자중하면서
편안히 앉아 있는 것이 괜찮다고 한다면 또한 어찌 뒤늦게 행재소엔
나왔는가. 그 마음이 반드시 편안하지 않았기 때문일 것이다. 종묘사직을
버리고 도망쳤기 때문에 쫓아갈 의리가 없다고 말하는 것은 정말 해괴한
논리이다. 문산(文山)416)이 휘종(徽宗)과 흠종(欽宗)417)을 호종하여 북쪽으
로 간 일은 충성되고 옳은 행동이 아니란 말인가. 지금 의주를 어찌
북원(北轅)418)에 비견할 수 있단 말인가. 당나라 덕종(德宗)이 봉천(奉天)으로
도망쳤으니 이 또한 종묘사직을 버린 것인데도 군자들이 육지(陸贄)419)를
충신이라고 부른 이유는 무엇 때문인가.

　군신의 의리는 천지간에 지켜야할 도리이기에 비록 삼척동자도 임금을
저버린 것이 죄라는 사실을 알고 있다. 그런데 벼슬아치 무리만이 임금의
녹으로 먹고 입을 것을 장만하면서도 모두 성혼이 죄가 없다고 한다.
한문공(韓文公)420)과 사마공(司馬公)421)이 양웅(楊雄)422)에게 도통(道統)이 전

---

416) 문산(文山) : 송나라 승상 문천상(文天祥)의 호. 원나라에 항복하지 않고 사형 당하였
　　다.

417) 흠종(欽宗) : 1100~1161. 휘종(徽宗, 1082~1135)의 맏아들. 1127년 금나라에 의해 북송의
　　수도 개봉(開封)이 함락되고 휘종과 흠종 두 황제가 포로로 잡혀 간 정강(靖康)의
　　변으로 북송이 멸망하였다.

418) 북원(北轅) : 임금의 대가(大駕)가 북쪽으로 끌려간 사건. 즉 금나라의 침입으로 휘종
　　과 흠종이 사로잡혀 북으로 끌려간 사건이다.

419) 육지(陸贄) : 754~805. 당나라 때 관료. 한림학사(翰林學士)·병부시랑(兵部侍郎) 등을
　　역임. 783년 주자(朱泚)의 난을 피해 덕종(德宗)을 모시고 봉천으로 파천하였다.

420) 한문공(韓文公) : 당나라 한유(韓愈, 768~824)의 시호. 자 퇴지(退之)이다. 이부시랑(吏部
　　侍郎) 등을 역임하였다. 문체(文體)개혁을 통해 중국 산문문체의 표준을 확립하였다.
　　또한 유학 사상을 존중하고 도교·불교를 배격하여 송대 이후 성리학의 선구자가
　　되었다.

421) 사마공(司馬公) : 송나라 문신 사마광(司馬光, 1019~1086). 좌복야(左僕射) 등을 역임하였
　　다. 편년체(編年體) 역사서 『자치통감(資治通鑑)』을 편찬하였다.

422) 양웅(楊雄) : B.C.53~A.D.18. 전한(前漢)말 유학자. 자는 자운(子雲)이다. 인간의 본성에
　　는 선과 악이 뒤섞여 있다는 주장을 내놓았다. 왕망(王莽) 정권에 적극 협력한

해졌다고 한 뒤 수천 년이 지나도록 잘못이라고 하는 자가 없다가 오늘날 우리 주부자(朱夫子)가 분대부(奔大夫)에게 편지를 보낸 뒤에야 비로소 양웅의 죄가 드러났다. 『자해필담(紫海筆談)』423)

069 승지 강서(姜緖)424)는 관상 보는 능력이 있었다. 은사(隱士) 성혼이 장령으로 부름을 받자 관료들이 물결처럼 몰려들었다. 강서가 자세히 살피고 대답하지 않고 읍(揖)하고 앉았다. 『어우야담(於于野譚)』425)

070 탄옹이 노서에게 편지를 보냈다. "임진년(1592, 선조25)에 일어난 선생의 일은 번거롭게 많이 쓸 필요 없이 단지 '산골짜기에서 병이 났다.[病在峽中]' 네 글자만 써도 되니 후대 사람들이 어찌 헤아려서 아는 자가 없겠는가." 좋도다! 이것은 길인(吉人)의 말인가 보다.

071 "이천에 있었던 세자가 이끄는 분조(分朝)426)의 부름은 뜻밖의 일이었다. 따라서 분조의 부름에 응하고 나서야 비로소 임금이 계신 대조(大朝)427)에 들어간 것은 어쩔 수 없는 일이다. 어쩔 수 없이 거행하는 것은 공자나 맹자 또한 피하기 어려운 일이다……" 어의가 불분명하여 옳고 그른지를 따지기 어려웠다. 『석실어록(石室語錄)』

혐의로 송학(宋學) 이후에 지조가 없는 사람으로 비난받았다.

423) 자해필담(紫海筆談) : 김시양(金時讓, 1581~1643)의 저술. 당대 인사와 관련된 기담(奇談) 및 이사(異事)를 정리하였다.

424) 강서(姜緖) : 1538~1589. 본관은 진주, 자 원경(遠卿), 호 난곡(蘭谷)이다. 우의정 사상(士尙)의 아들로서, 정여립 옥사와 임진왜란을 예견했다고 한다.

425) 어우야담(於于野譚) : 유몽인(柳夢寅, 1559~1623)이 엮은 설화집. 본관은 고흥(高興), 자 응문(應文), 호 어우당(於于堂)·간재(艮齋)·간암(艮庵)·묵호자(默好子). 대사간 등을 역임. 인조반정 직후 광해군 복위에 가담했다는 무고를 받아 죽음을 당했다. 편자가 모반의 혐의로 사형당하면서 10권 중 몇 권이 사라졌다. 하층민을 포함한 다양한 인간상을 담아냈다는 평가를 받았다.

426) 분조(分朝) : 임진왜란 때 조정을 선조가 이끌었던 대조(大朝)와 광해군이 이끈 소조(小朝)로 나누었다. 여기서는 소조를 가리킨다.

427) 대조(大朝) : 왕세자가 섭정하고 있을 때 임금. 여기서는 선조가 이끄는 조정을 가리킨다.

072　임진년(1592, 선조25) 이후 송익필이 우계에게 시를 써 주었다. "꽃은 피려할 적에 빛나고, 물이 못을 이루면 도리어 소리가 없네." 이는 큰 명성을 갖고 있으면서도 큰 난리를 당하여 일한 바가 없음을 풍자한 것이다. 우계가 화를 냈고 마침내 두 사람 사이에 틈이 생겼다. 아들 성문준이 이 같은 사실을 입증하였는데도 노서는 그렇지 않다고 해명하였으니, 어찌 외손자가 귀로 들은 소문이 자식이 직접 목격한 일보다 자세할 수 있단 말인가. 그의 말을 믿지 못하는 것이 이와 같았다.

　임진왜란으로 나라가 망하지 않은 것은 천운이었다. 나라를 중흥시키고 세상을 다스려서 민을 구제할 수 있었던 힘은 실제로 서애·완평(完平, 이원익)[428]·백사·한음(漢陰, 이덕형)[429] 등 여러 신하들이 충성을 다하고 멀리 내다보는 계책을 도모한 데서 나왔다. 이들의 풍성한 공로와 위대한 업적은 한나라의 운대(雲臺)[430], 당나라의 업후(鄴侯)[431]와 비교해도 크게 손색이 없다. 비록 우계 등이 백여 명 쯤 없더라도 나라에 무슨 부족함이 있겠는가. 송익필이 친한 친구에게 시를 보내 기롱한 것을 보면 다 그럴 만한 이유가 있기 때문이다.

　그 무리들은 자신들이 존경하는 유현(儒賢)의 흠을 숨기기 어렵다고 판단하였다. 이에 유현의 단점을 감추기 위해 나라를 중흥시킨 여러 신하들의 허물을 끊임없이 따졌다. 완평과 서애에 대해서는 한쪽으로 치우친 논의, 배우지 못함, 간사한 당을 결성함, 편협하다고 했다. 오성(鰲城, 이항복)에 대해서는, "속류 가운데 약간 특출난 자이나 우계가 모함 받을 때에는 한 마디도 변론하지 않다가, 서애가 논계를 당하자 누누이 조목조목 설명하였다."고 하였다. 그 마음 씀씀이와 일을 처리함에 있어서

---

428)　완평(完平) : 이원익(李元翼, 1547~1634)의 봉호. 1604년(선조37) 호성(扈聖) 2등공신과 완평부원군(完平府院君)에 책봉되었다.

429)　한음(漢陰) : 이덕형(李德馨, 1561~1613)의 호. 본관은 광주(廣州), 자 명보(明甫), 호 쌍송(雙松)·포옹산인(抱雍散人)이다. 영의정 이산해의 사위로서, 좌의정·영의정 등을 역임하였다.

430)　운대(雲臺) : 후한(後漢) 명제(明帝) 때 공신의 초상을 걸었던 곳이다.

431)　업후(鄴侯) : 당나라 덕종 때 이필(李泌)의 봉호. 당나라 현종·숙종·덕종을 섬기며 어진 정치를 펼쳤다.

백사에 대해서도 오히려 이와 같이 하였는데 다른 사람들이야 무엇을
더 말하겠는가. 백사가 송강의 원한을 풀어줄 때 이발과 이길 등도 풀어주
려 했으니 이렇게 공정한 마음을 갖고 있는 사람은 실로 얻기 어렵다.……
　서애의 경우 여러 사람들이 떠들고 비난하며, 아주 심하게 털을 불어서
흠을 찾아내려 했다. 노성(魯城)의 부자432)와 우산(牛山)의 안방준(安邦俊)433)
이 일마다 꾸며댐이 한, 두 가지 설이 아니었으며, 회천은 서애가 관서지방
에서 길 잃은 일434)로써 모함하였다. 이 같은 모호한 설을 지어내어
사람들을 의심스럽고 혼란스럽게 하여 그것을 사실인 듯 만들었다. 회천
은 사람을 무고할 때 활시위를 당길 뿐 쏘지 않기를 이와 같이하였으니
이처럼 터무니없는 것을 심법으로 삼았다. 또한 석실(石室, 김상헌)의
말을 인용하여 말하였다.
　"오성이 오봉(五峯, 이호민)435)에게 '최근 들어 유명한 정승을 꼽는다면
오직 류성룡이 최고이다.'고 하였다. 그러자 어떤 사람이 '드러나지 않는
곳에서 의심스러움이 많다.'고 하자, 오성이 '비록 조금 의심스러운 데가
있지만 규모나 성취함에 있어서 그에게 미칠 사람이 없다.'고 했는데,
오성이 만약 관서지방의 일을 거론했다면 이와 같이 말하지 않을 것이
다.……"436)

073　갑오년(1594, 선조27) 5월에 전라도 관찰사 이정암(李廷馣)437)이

432) 노성(魯城)의 부자 : 윤선거·윤증을 가리킨다.
433) 안방준(安邦俊) : 1573~1654. 본관은 죽산(竹山), 자 사언(士彦), 호 은봉(隱峰)·우산(牛山)
　　이다. 성혼의 문인으로, 공조참의 등을 역임하였다. 정몽주와 조헌을 숭상해서
　　자신의 호를 이들의 호를 한자씩 따서 '은봉'이라 하였다.
434) 서애가 …… 길 잃은 일 : 임진왜란 당시 선조가 선천(宣川)에 이르렀을 때 류성룡이
　　뒤늦게 도착해서는 길을 잃었다고 했다. 이에 김장생이 정홍명에게 보낸 편지에서
　　"충신이라면 이럴 수가 있겠는가. 조그마한 이해에 관해서도 이렇게 회피를 하였는
　　데, 대절(大節)에야 말할 것이 있겠는가." 하였다. 이같은 말을 송시열이 김장생에게
　　들은 것이라고 하여 김상헌에게 전하였다.(『송자대전』 권212, 「어록·석실선생어록
　　(石室先生語錄)」)
435) 오봉(五峯) : 이호민(李好閔, 1553~1634)의 호. 본관은 연안, 자 효언(孝彦), 호 남곽(南郭)·
　　수와(睡窩)이다. 대제학·좌찬성 등을 역임하였다.
436) 『송자대전』 권212, 「어록·석실선생어록」.

장계를 올렸는데, 대략 "본도(本道)의 일은 이루다 말로 표현할 수 없습니다. 지금 고총독(顧摠督)[438]의 공문서[箚付]를 보니 신의 뜻과 모두 같습니다. 사신을 보내 화약(和約)하시고, 삼포(三浦)[439]에 머무는 것을 허락하여 예전처럼 우호관계를 유지하는 것이 좋을 듯 합니다. 군사를 물리어 나라를 보호하소서.……"라고 하였다.

승정원과 사헌부·사간원에서 교대로 소장을 올려 이정암의 파직을 청하였다. 주상이 대신, 비변사 당상(堂上), 사헌부·사간원 각 1명, 승정원·홍문관 각 1명씩을 만나 이정암을 파직하는 것에 대해 물어보았다. 성혼이 "이정암의 장계는 절의를 위해 죽을 각오로 올린 것입니다."고 대답하자, 주상이 불쾌하게 여기며, "조정의 논의가 이래서야 되겠는가."고 하였다. 이에 다시 "제 말에 잘못이 있었습니다. 교체만 하고 죄를 내리지 마십시오."고 하였다. 성혼의 말이 분명하지 않고 처신이 황당하고 괴이하여 사람들이 비웃었다.

○ 갑오년(1594, 선조27) 여름에 주상이 지사(知事) 성혼의 상소에 대해 비답하였다. "나의 죄로 인하여 국사(國事)가 이 지경에 이르렀다. 충현(忠賢)들의 힘으로써 이 어려움을 극복해 나가기만 기대할 뿐이니, 경은 우선 내 죄를 용서하고 여러 재신(宰臣)의 반열에 참여하여 변방의 업무를 규획하여 주는 것이 어떻겠는가. 다행히 경의 힘을 입어 왜적을 소탕할 수 있다면 나는 경의 덕을 보답하지 않을 수 없을 것이며, 하늘에 계신 선대왕들의 영령이 어찌 어두운 곳에서 감동하지 않겠는가. 눈물이 흘러내려 어찌할 바를 모르겠다." 주상의 뜻은 성혼에 대해서 유감이 있었다.
승지 이덕열(李德悅)[440]의 『은대일기』

---

437) 이정암(李廷馣) : 1541~1600. 본관은 경주, 자 중훈(仲薰), 호 사류재(四留齋)·퇴우당(退憂堂)·월당(月塘)이다. 대사간·이조참의 등을 역임하였다. 임진왜란 당시 의병을 모아 왜군을 격퇴하였다.

438) 고총독(顧摠督) : 명나라 총독 고양겸(顧養謙). 임진왜란 당시 일본과의 화친을 주장하였다. 이에 영의정 류성룡과 성혼이 동조하였다.

439) 삼포(三浦) : 일본과의 교역을 위해 개방한 세 항구. 부산포(釜山浦)·내이포(乃而浦)·염포(鹽浦)이다.

440) 이덕열(李德悅) : 1534~1599. 본관은 광주(廣州), 자 득지(得之)이다. 준경의 아들로,

074 우계가 삭녕(朔寧)에 들어가서 의병을 칭하며 개성(開城) 의병장 김지(金漬)⁴⁴¹)를 따랐다. 김지가 행재소에 아뢰었다. "전하, 민심이 이미 배반하고 천명이 이미 떠났으니 왕위를 세자에게 선양하고 부흥을 도모해야 할 것입니다." 또 성혼을 의병대장으로 삼을 것을 청하였다. 김지는 주상을 저버린 무도한 역적이었다. 우계가 이 같은 사실을 알고도 그와 함께 있었다면 김지와 같은 부류의 사람인 것이며, 이를 모르고 같이 있었다면 현명하지 못한 자라 할 수 있다. 안방준이 이것을 좋다고 칭찬했다가 이홍로에게 참소 당했다. 노윤(老尹, 윤선거)이 "속인들은 유현의 거취를 감히 알지 못한다."고 한 것은 이를 두고 한 말인가 보다.

안방준은 보성(寶城) 사람이다. 우계 문하에 들어가 성문준과 친밀하게 우정을 나누었다. 임진년(1592, 선조25)에 우계가 임금의 수레를 호종하지 않았으며, 또한 나아가 문안도 드리지 않았다. 마을 사람과 족당(族黨)을 거느리고 삭령 골짜기로 피난 가서 의병이라고 칭했지만 실제는 그렇지 않았다. 이때 동인과 서인 간에 비방하는 의논이 일어나서 나아갈 수도 물러설 수도 없는 위기에 처했으니 종적이 매우 낭패스러웠다. 이때 성문준이 안방준에게 간사한 꾀를 구하자 안방준은 재빨리 이천으로 달려가 세자가 이끄는 분조의 대소 관료들에게 부탁하여 역마를 타고 오도록 했다. 행재소에 나아가는 계책으로 성혼을 다시 복귀시켰으니 모두 안방준의 힘이었다. 성문준이 안방준의 은혜를 입었다고 생각해서 딸을 안방준의 아들에게 시집보내고 극진히 대우하였다. 벼슬아치 사이에 칭찬을 늘어놓아서 지평[南臺]이 되어 참의(參議)에까지 올랐다. 평생의 지론이 망령되고 언행이 사나왔다.

평소에 그는 "길야은(吉冶隱, 길재)⁴⁴²)이 신우(辛禑)⁴⁴³)에게 벼슬살이

형조참의 등을 역임하였다.

441) 김지(金漬) : ?~?. 본관은 개성, 자 군택(君澤)이다. 공주목사 등을 역임하였다. 임진왜란 당시 의병을 일으켜 삭녕에 주둔하면서 왜적을 섬멸하였다. 왕위를 세자에게 전하여 인심을 수습할 것을 상소하여 선조의 노여움을 사기도 했다.

442) 길야은(吉冶隱) : 길재(吉再, 1353~1419)의 호. 본관은 해평(海平), 자 재보(再父), 호 금오산인(金烏山人)이다. 조선 건국 후 태상박사(太常博士)에 임명되었으나 두 임금을 섬기지 않겠다는 뜻을 말하며 거절하였다.

했으면서 공민왕에게는 벼슬하지 않은 것을 절개로 내세워서 본조(本朝, 조선)에 아첨했다."고 말하였다. 또한, "양촌(陽村, 권근)⁴⁴⁴)의 도학(道學)은 포은(圃隱, 정몽주)에 비해 뛰어나다."고 하였다. 또한, "남명은 진짜 처사가 아니다."고 하였다. 또한, 감히 오현(五賢)⁴⁴⁵)을 비방하고 배척하면서도 '매우 조심한다.'라고 했다. 회재(晦齋, 이언적)⁴⁴⁶)에 대해서는 멋대로 기롱하고 거리낌 없이 모욕하였으며, 동방의 진짜 유자는 오직 조중봉(趙重峰, 조헌) 한 사람뿐이라고 했다. 그는 태양을 가리는 무지개이며, 사문(斯文)의 난적(亂賊)이다. 그는 80세가 넘어서도 힘이 넘치고 늙지 않아 기술한 바가 많았지만 편파적이고 공정하지 못하였다. 야사와「매환당문답(買還堂問答)」⁴⁴⁷)이라고 하였으니 근거 없는 말로 이리저리 꾸며대고 아무것도 없는데도 모함하였다. 서애에 대한 비방이 가장 심하였다.

075 회천이 편지를 보냈다. "사계가 파산(坡山, 성혼)에게 나아가 '선생의 명위(名位)가 낮지 않았는데도 난이 일어났을 때 누워있는 것이 적절하지 못합니다.'고 하자 파옹(坡翁)이 끝내 응대하지 않았다.……" 또한, 이희조에게 편지를 보냈다.

"선사(先師) 사계가 율곡을 존경하였기 때문에 성혼에 대해서는 특별히 봄에 차별을 두지 않을 수 없었다. 정릉의 변고가 일어난 뒤 성혼이 임시방편으로 일을 처리하기 위해 방도를 청했다가 선조의 노여움을

---

443) 신우(辛禑) : 고려 공민왕의 아들 우왕(禑王)이다.
444) 양촌(陽村) : 권근(權近, 1352~1409)의 호. 본관은 안동, 자 가원(可遠)·사숙(思叔), 호 소오자(小烏子)이다. 대사성·의정부 찬성사 등을 역임하였다. 정종때 사병(私兵)제도의 혁파를 단행하였으며, 각종 문교(文敎)정책을 시행하였다. 성리학이 국정교학으로 자리잡는 데 공헌하였다.
445) 오현(五賢) : 김굉필·정여창(鄭汝昌)·조광조·이언적·이황을 가리킨다.
446) 회재(晦齋) : 이언적(李彦迪, 1491~1553)의 호. 본관은 여주, 자 복고(復古), 호 자계옹(紫溪翁)이다. 을사사화(乙巳士禍) 당시 의금부판사에 임명되어 사람들을 죄 주는 일에 참여했지만 곧 관직에서 물러났다. 1547년 양재역 벽서 사건에 연루되어 강계로 유배되었다.
447) 매환당문답(買還堂問答) : 안방준의 시문집인『은봉전서(隱峯全書)』권10,「잡저(雜著)·매환문답(買還問答)」이 출처이다.

받았으니, 화의(和議)를 청했기 때문이었다.448) 선사가 말하였다. '변(變)은
쉽게 처리할 수 없고, 권의(權宜)는 성인이 아니면 사용할 수 없는 것인데도
성혼이 쉽게 생각하고 말을 올려서 주상의 노여움을 샀다. 만약 이이로
하여금 이 일을 담당하도록 했다면 이와 같이 하지 않았을 것이다.'
그런데 성혼의 자손이 선사의 말뜻을 제대로 살피지 않고, 윤선거에
이르러 선사에게 불손한 말을 하였다. 성혼의 권의 논의에 대해서 선사가
의심하였으니, 황신(黃愼)449)은 비록 우계를 아버지처럼 섬기면서도 깊이
의심하여 힘써 쟁론하는 일을 피하지 않았다.……" 기사년(1689, 숙종15) 정월에
송시열이 상소를 올린 뒤 이희조에게 준 편지에 해당 상소가 실려 있다. 또한 박세채(朴世采)450)
에게 답장을 보냈다.

  "임진년(1592) 이후 우옹(牛翁, 성혼)이 화의를 주장하였다. 선사가 문인
들에게 '우계가 정릉의 변고 이후 국외인(局外人)으로서 갑자기 화의를
주장해서 선조에게 무한한 죄책(罪責)을 받았다.……'고 하였다. 이 말
때문에 성혼의 문인들이 노여워했다. 의관(宜觀) 윤안성(尹安性)451)이 시를
지었다. '회답사(回答使)452)란 이름을 띠고 어디로 가는가. 오늘날 이웃과
사귄다는 뜻을 나는 모르네. 그대는 한강에 가서 저쪽을 한번 바라보라.
두 능에 심은 송백 아직 가지도 나지 않았네.' 학사(學士) 남용익(南龍翼)453)
이 『기아(箕雅)』454)에 기록하였다. 이와 같은 일에 대해서 일일이 노여워한

448) 화의를 청했기 때문이었다 : 성혼이 정릉을 봉심(奉審)하다가 왜구와 화친해야 한다
    는 말을 했다.
449) 황신(黃愼) : 1562~1617. 본관은 창원, 자 사숙(思叔), 호 추포(秋浦)이다. 성혼·이이의
    문인이다. 성혼과 달리 왜적과의 화친에 반대하였다.
450) 박세채(朴世采) : 1631~1695. 본관은 반남(潘南), 자 화숙(和叔), 호 현석(玄石)·남계(南溪)
    이다. 동량(東亮)의 손자로서, 좌의정 등을 역임하였다. 송시열·송준길 등과 교유하였
    으며, 노론과 소론으로 분립되자 윤증·최석정·남구만 등과 소론의 영수가 되었다.
    숙종대 후반 붕당간의 조정에 힘을 기울여 탕평론을 적극 개진하였다.
451) 윤안성(尹安性) : 1542~1615. 본관은 파평, 자 계초(季初), 호 의관(宜觀)이다. 형조참판
    등을 역임하였다.
452) 회답사(回答使) : 회례사(回禮使). 일본 사절에 대한 답례로 보내는 사신이다.
453) 남용익(南龍翼) : 1628~1692. 본관은 의령, 자 운경(雲卿), 호 호곡(壺谷)이다. 좌참찬
    등을 역임하였다.
454) 기아(箕雅) : 1688년 남용익의 시선집(詩選集). 최치원으로부터 조선의 김석주 등에

다면 노여움을 다 감당할 수 없을 것이다." 『우암집』

윤선거의 성혼 변론

076 노서가 회천에게 편지를 보냈다. "윤선도의 상소[455]가 처음 올라왔을 때 먼저 동춘이 거론하고 이어서 집사(執事, 송시열)가 분명히 말하여 논박하였습니다. 아울러 제가 유직(柳稷)[456]의 무고 영남유생와 윤선도의 상소를 한꺼번에 논변했다면 여러 사람들의 마음이 복종되었을 것이라는 견해를 집사에게 말씀드렸습니다. 오늘날 일의 기미가 이미 변했는데 유생들에게 맡기고 삼사(三司)의 도움을 받으려 한다면 자칫 평지풍파를 초래하고 서로 다투고 충돌하여 한바탕 전쟁을 치르게 될 수 있습니다. 이는 무고를 변론하는 데 도움이 못됩니다. 지금 보건데 관학(館學)[457]이 다른 예를 들어 대비하여 거론할 것이고, 삼사는 의견을 달리할 것입니다. 뜻밖에 시끄럽게 되는 발단이 생기면 동춘과 집사께서 편안히 앉아서 승리할 수 없으며, 낭패에 이르게 될 것입니다. 다시한번 생각해 보기 바랍니다.

윤선도의 상소는 정개청의 일을 꼬투리삼아 오로지 송강만을 공격하였습니다. 이 같은 거짓말을 변론하기 위해서는 근원을 추궁하고 충분히 논의하지 않을 수 없습니다. 기축옥사에서 정여립은 형서(邢恕)[458], 이발은 장채(章蔡)[459]에 비견됩니다. 이발은 괴수임이 비교적 상세히 드러났는데도 특별히 역옥(逆獄)에 걸려들자 논의가 일어났고, 이에 불쌍히 여기지

이르기까지 497가(家)의 각체시(各體詩)를 선집하였다.

455) 윤선도의 상소 : 1658년(효종9) 7월에 윤선도가 정개청의 신원을 위해 상소를 올렸다.

456) 유직(柳稷) : 1602~1662. 본관은 전주, 자 정견(廷堅), 호 백졸암(百拙庵)이다. 1650년(효종 1) 이이와 성혼의 문묘종사(文廟從祀) 논의가 일어나자 유생 800여 명과 함께 서울에 올라와서 반대상소를 올렸다.

457) 관학(館學) : 성균관과 사학(四學)을 통틀어 이르던 말이다. 여기서는 성균관을 가리킨다.

458) 형서(邢恕) : 송나라 학자. 정호(程顥)를 배반하고 사마광의 문객(門客)이 되었다. 다시 사마광을 모함하고 장돈(章惇)에게 붙었다가 또 배반하고 채경(蔡京)의 심복이 되었다.

459) 장채(章蔡) : 송나라 장돈(章惇)과 채경(蔡京)을 가리킨다. 사마광(司馬光)·문언박(文彦博)·소식(蘇軾)·정이(程頤) 등 이른바 원우 당인(元祐黨人)들을 조정에서 축출하였다.

않음이 없어서 마침내 관직이 회복되었으니, 이 또한 애통함이 심한 것이 아니겠습니까. 한강(寒岡, 정구)460)이 을유년(1585, 선조18)에 유배 간 여러 사람들을 성혼·정철·윤두수 사당(邪黨)으로 간주하였으며, 서애는 이발 등이 뜻을 얻는 것을 어진 사람이 회복461)됐다고 했습니다. 한음은 임해군(臨海君)462) 옥사의 통쾌함이 기축옥사 보다 낫다고 했습니다. 계해년(1623, 인조1)에 완평이 이발 등을 정철과 함께 신원해 줄 것을 청하였습니다. 이 같은 논의들은 잘못됨이 오래되어 하나하나 논파하기 어렵습니다.

지금 급히 해결해야할 일은 먼저 이발 등을 변호하는 자들을 간괴(奸魁)로 드러내고 기축옥사를 역옥으로 확정하는 것입니다. 이를 위해 실제 자취를 드러내어 여러 어리석은 사람들을 계도해야 할 것입니다. 먼저 성(誠) 탄옹과 희(希) 백호 등 여러 친구들에게 고하여 말하며, 나라의 담사(談士)들에게 양현(兩賢, 이이·성혼)에 대한 헐뜯음이 정인홍의 입에서 나온 것임을 알게 하는 것이 진짜 억울함을 밝히는 일입니다. 이는 유생이나 삼사가 판단할 수 없는 일이며, 오직 집사만이 올바른 논의를 들어낼 수 있습니다. 최영경·이발·정개청의 일을 합해서 일통(一通)으로 삼아 아래로 백세를 기다릴 뿐입니다."

당론이 생긴 이래로 여러 일들을 기록해서 자기 멋대로 날조하여 뒷날 증거로 삼는 것은 서인의 장기였다. 특히 노서에게 기축옥사를 번복하는 것이 급선무였기 때문에 송시열에게 간절히 부탁하였지만 송시열은 끝내 들어주지 않았다. 이 역시 공변된 시비의 마음이 조금이라도 있었기 때문인가 보다.

077 기축옥사에 대해서 노서가 의도했던 것은 자기 외할아버지를 신원

---

460) 한강(寒岡) : 정구(鄭逑, 1543~1620)의 호. 본관은 청주, 자 도가(道可)이다. 김굉필의 외증손, 이황·조식의 문인으로, 충주부사·공조참판 등을 역임하였다. 경학(經學) 등 다양한 분야에서 두각을 나타냈으며, 특히 예학(禮學)에 밝았다.

461) 회복 : 양복(陽復). 음기(陰氣)가 사라지고 온화한 양기(陽氣)의 봄이 되는 것이다. 악한 자들이 물러나고 착한 사람이 모여 들어 좋은 세상이 된다는 뜻이다.

462) 임해군(臨海君) : 1574~1609. 선조의 첫째 서자(庶子)로, 어머니는 공빈 김씨(恭嬪金氏)이다. 광해군의 친형이다. 광해군대 영창대군과 함께 역모죄로 죽임을 당하였다.

하려는 일이었다. 그렇다면 여러 번 심기(心機)를 굽혀가며 역옥(逆獄) 혹은 무옥(誣獄)이라고 할 필요 없이 다만 기축치옥(己丑治獄)이라고 썼다면 이는 살리고 죽인 일은 정위(廷尉)[463]가 담당한 것이기에 산림의 선비가 어찌 간여할 수 있었겠는가. 탄옹의 편지에서 임진년 일을 거론한 것은 외할아버지 도를 말하는 것이 어느 정도 되었다고 생각했던 것 같다. 애석하도다! 노서의 지혜여. 이에 미치지 못하였도다. 한갓 말을 많이 했지만 어그러짐이 많았다.

　노서가 파산의 묘비명을 고치기 위해 석실에게 세 번이나 청하였다. 석실이 "묘비명은 신풍(新豐) 장유이 쓴 것인데 어떻게 고칠 수 있겠는가." 라고 하며 달갑게 여기지 않았다. 석실이 또 "선생이 임진년 초겨울에 주상을 따라 갔더라면 필경 논란의 단서가 생기지 않았을 것이다."고 하였다. 이것은 민간에서 "내 딸이 복통만 없다면 흠이 없다."고 한 말과 같지 않은가. 또한 웃음거리일 뿐이다. 그 뒤로도 아들 자인(子仁, 윤증)이 회천에게 노서의 비문을 고쳐달라고 했는데 세 번씩이나 애걸하고도 오히려 그치지 않았으니, 이 또한 대대로 내려오는 가법(家法)인가 보다.

078　퇴도(退陶, 이황) 선생이 성리학을 영남지역에서 크게 일으켰다. 그 뒤로 유현(儒賢)들이 나타나 직접 가르침을 배우고 학문을 좋아하게 된 자도 있었으며, 보고 듣는 것을 통해 흥기된 자들도 있었다. 이로써 영남일대가 성리학의 본 고장이 되었고, 성리학 연구가 오로지 동인의 사업이 되었다. 반면 서인 대부분은 훈척(勳戚)과 세가(勢家)로서 대대로 권력을 장악하였지만 도학(道學) 두 글자에 종사하는 자가 드물어서 항상 부끄럽게 여겼다.

　그런데 율곡의 뛰어난 재주와 영기(英氣)에 미쳐서는 볼 만한 견해가 있었다. 비록 공부 순서에 대해서는 사로(沙老) 백사도 의심스러워했지만

---

463) 정위(廷尉) : 형벌에 관한 시무를 맡은 관직이다. 여기서는 정철을 가리킨다.

더 오래 살았다면 덕성을 함양하고 절실히 실천해서 헤아릴 수 없을
만큼 학문의 진전을 이루어 오히려 한 세대를 떨칠 뛰어난 유학자가
되었을 것이다. 우계는 유명한 아버지[464]를 둔 아들로서 문학이 뛰어나
명성이 자자하였다. 게다가 이이의 장려를 받아 발탁되어 도학에서 뛰어
남을 인정받았다. 두 공이 청양(靑陽, 심의겸)을 쫓아서 서인 당에 들어갔다.
서인은 이전에는 도학의 명성이 없었지만 오늘날에는 크게 볼만해졌다.

어떤 사람이 그들을 존경하여 적전(嫡傳)의 연원으로 삼고자 정자(程子)
와 주자(朱子)가 다시 태어났다고 과장하고 곧장 그 기세와 권력을 이용하
여 문묘에 배향하는 반열에 올려놓으려 했다. 율곡이라는 옥도 흠을
가릴 수 없는데, 우계는 더욱더 얼룩이 많았다. 회천·동춘과 같이 당론에
치우친 자들조차 우계의 문묘 배향에 대해 이견이 없었던 것이 아니었다.
유독 이윤이 조상을 높이기 위해 홀로 그 일을 담당하여 여론의 비난
속에서도 삼현(三賢)[465]을 끌어다가 우계가 난리에도 주상의 수레를 맞이
하지 않은 사실을 속이려했다.

또한 기축년에 벌어진 장살(戕殺)을 간당(奸黨)들의 역옥이라고 무고하
여 사(邪)와 정(正)을 서로 바꾸고 옳고 그름을 어지럽혔다. 또한 말을
꾸며서 사리에 맞지 않은 설로 수식하고, 원수를 잊고 화친을 주장하는
논설을 차단하면서 말을 만들어 문집으로 간행하였다. 비록 본래 억지로
구부리고 교묘하게 꾸미려고 마음먹은 것은 아니었지만 조상을 위해
잘못을 감추려했다. 맹자가 "유려(幽厲)와 같다면 비록 효자나 자애로운
손자일지라도 그 잘못을 가릴 수 없다."[466]고 하였다. 옛 사람이 또한,
"한 사람의 손으로 천하의 눈과 귀를 가리기 어렵다."고 하였다.

---

464) 유명한 아버지 : 성수침(成守琛, 1493~1564). 본관은 창녕, 자 중옥(仲玉), 호 청송(聽松)·
죽우당(竹雨堂)·파산청은(坡山淸隱)·우계한민(牛溪閒民)이다. 조광조의 문인이다.

465) 삼현(三賢) : 양귀산(楊龜山)·윤화정(尹和靖)·호문정(胡文定)이다. 본서 권1 67번 기사 참
조.

466) 유려(幽厲)와 …… 없다 : 『맹자』 「이루 상(離婁上)」에 따르면, 주나라의 폭군 유왕(幽
王)과 여왕(厲王)이다. 포학한 임금의 시호로 어리석은 임금의 시호는 유이고, 악독한
임금의 시호는 여이다. 한번 붙여진 악명은 고칠 수 없다는 것이다.

079 『계갑록(癸甲錄)』은 안방준의 저술이다. 계미(1583, 선조16)·갑신년 (1584) 이후 동인과 서인으로 분당된 일들을 있는 그대로 기록했는데, 그 가운데 성혼에게 해로운 내용이 없지 않았다. 때문에 노서가 내용 가운데 사실이 뒤바뀌어 실지를 잃거나, 빠지고 소략하여 미비된 점이 많다고 하여 곧 자신이 직접 저술하였다. 동인·서인의 이해와 옳고 그름에 관련된 일은 『계갑록』으로 증거를 삼으니 사람들이 언뜻 보거나 듣고서 누가 알아서 그 진위를 변별할 수 있겠는가. 우계의 문집과 연보 등의 문자들이 모두 이 같은 부류이다. 어떤 사람이 물었다. "비록 보통사람들도 외할아버지와 장인이 남긴 문자가 있다면 자기 뜻에 따라 멋대로 고쳐서는 안 될 것인데 어찌 노서가 그러했겠는가." 이에 대답하였다. "이미 간행된 다른 집안 부형들의 문자에 대해서도 긴절하게 요구하여 고쳤는데, 하물며 자기 손으로 직접 쓰면서 그 높고 낮음을 마음대로 할 수 있는 경우에서랴."

어떤 사람이 말하였다. "어릴 적에 오랑캐 사신의 목을 베라는 상소와 문장을 지어 그 기절을 세상에 드러냈다. 강화도의 일467)이 있은 뒤로 부인을 위해 죽을 때까지 결혼하지 않았고, 친구를 위해 죽을 때까지 몸을 숨기고 벼슬길에 나아가지 않았다. 전원에서 고요함을 지키고 독서와 궁리에 전념하였으니 그 학문의 공적을 속일 수 없었다. 유계와 송시열에게 보낸 편지에서 내정을 닦고 외적을 물리쳐 원수를 갚고 치욕을 씻기 위한 경륜을 볼 수 있다. 만약 벼슬에 나아갔다면 정책의 성과가 유계나 송시열의 무리와 같은 수준에서 말할 수 없었을 것이다. 평일에 논의할 때는 편당(偏黨)을 제거하는 데 힘썼으며, 사람을 해치거나 사물을

---

467) 강화도의 일 : 병자호란 당시 윤선거는 가족·친구들과 함께 강화도에 피신하였다. 청나라 군대에 의해 성이 함락되자 부인과 친구들은 모두 죽었는데 홀로 부친을 만나기 위해 남한산성으로 가는 진원군(珍原君)을 수행하여 강화도를 빠져나왔다. 이후 윤선거는 주변의 추천과 조정의 거듭되는 부름에도 불구하고 강화도에서의 행적을 들어서 관직을 사양하였다. 후세에 이것을 두고 논란이 일어났는데, 노론측에서는 윤선거가 스스로의 행적이 떳떳하지 못하다고 생각했기 때문이라고 그 '사적(私的) 치욕'이라는 측면을 부각시킨 반면, 소론측에서는 호란으로 인한 국가적 치욕에 대한 반성에서 나온 것이라고 하여 그 공적 의미를 강조하였다.

해롭게 할 마음이 없었다. 그는 인후(仁厚)하고 충서(忠恕)함이 이와 같은 사람이니 기축년 등의 설은 선조를 위해 변론한 것이었다. 말이 비록 지나치다 하더라도 또한 '허물을 보고 어짊을 안다.'는 것이니 어찌 깊은 허물이겠는가."

이에 대답하였다. "임진년의 일은 비록 이와 같이 말하더라도 훗날의 재앙은 없었지만 기축년의 경우 황천을 떠도는 죽은 원혼에게도 거짓을 더하였으니, 이는 기축년에 매를 때려 죽인 자 보다 더욱 가혹하게 대한 것이다. 죽은 자에게도 이와 같거늘 살아 있는 사람은 어떤지 알만하다. 나는 사람을 다치게 할 마음이 없다는 것을 믿을 수 없다. 탄옹이 노서의 아들 자인에게 보낸 편지에서, '자네가 이 논(論)과 같이 하여 뜻을 얻어 도를 행한다면 죄 없는 사람을 거리낌 없이 죽일 것이다.'고 하였다. 이는 아버지가 사람을 죽여 원수를 갚으면 그 자손도 또한 위협을 가하는 것과 같은 것인저."

080　노서가 회천에게 편지를 보냈다.[468] "선생께서 우복이 남긴 글에 대해서 크게 소리 높여 찬양하면서 우계 문하에 대해서는 매번 눈을 내리깔고 경시하시니 어리석은 저는 왜 그런지 알지 못하겠습니다. 지금 괴이한 말들이 횡행하지만 방 안에서 나누는 말에서 차이가 있어서는 안 됩니다. 만약 균형을 잃는다면 물결처럼 퍼져서 수습하기 어려워질 것입니다. 선생이 편지에서 '당시 사건들이 복잡다단하여 사람들의 말이 아름답지 못한데, 특별히 억울함을 풀게 됐다고 해서 한 쪽 사람들이 완전히 지어냈다고 말할 수 없다.'고 하였습니다. 또한, '정인홍과 이이첨의 간사함에 대해서 심하게 엄절하지 못했다.……'고 한다면 말씀이 너무 엄중하지 않습니까."

468)『노서유고(魯西遺稿)』권8,「서·여송명보 영보 논창랑갈명 (與宋明甫英甫論滄浪碣銘)」.

조헌과 이발의 우의

081 김남창(金南窓)[469]이 말하였다. "당이 나눠진 이래 스승과 벗의 도가 온전치 못한 지 오래되었다. 오직 조여식(趙汝式, 조헌)이 있을 뿐이다. 과거 신묘년(1591, 선조24)에 내가 금산(錦山) 수령으로 재직할 때였다. 조사(朝士) 1명이 왕명을 받고 순행하여 도착했을 때 마침 조여식이 옥천(沃川)에서 올라왔다. 3명은 모두 오랜 친구로서 등불을 걸어두고 밤새 이야기를 나누었다.

이야기가 기축년의 일에 이르자 조여식이 경함(景涵) 이발에 대해서 애석하다고 탄식하자 조사가 말하였다. '경함이 역적모의에 동참했다고 하는데 절대 그럴 리 없다. 하지만 죄인의 원정(原情)[470]에 따라 죄가 확정되었고 그래서 죽었으니 이 또한 괴이한 일만은 아니다.' 조여식이 잔을 땅에 던지며 뒤돌아 앉아 조사에게 말하였다. '경함이 공과 평소에 친분이 두터운 자가 아니었는가. 경함이 죽지 않았다면 공이 말한 것이 오히려 괜찮지만 이미 억울하게 죽었는데 공은 무슨 이유로 이같이 말하는가. 사군자(士君子) 사이에 스승과 벗의 도가 과연 이와 같단 말인가.' 울음을 그치지 않았다. 조사가 부끄럽게 여겨 조여식에게 사과했지만 끝내 흔쾌히 받아들이지 않았다. 다소 과격해 보이지만 이 역시 사우 간에 본받을 만한 사례이다." 『중봉사우록(重峯師友錄)』

이항복의 이발 형제 신원

082 백사가 경자년(1600, 선조33)에 입시하였다. 경연(經筵)[471]이 끝날 무렵 주위의 사관(史官)들이 모두 물러갔지만 백사가 홀로 남아 절을 올리면서 말하였다.

"신이 일찍이 경연 중에 제 뜻을 한번 계달하려 했지만 몇 해 동안이나

---

469) 김남창(金南窓) : 김현성(金玄成, 1542~1621)의 호. 본관은 김해, 자 여경(餘慶)이다. 교서관 정자·양주목사 등을 역임하였다.

470) 원정(原情) : 죄인이 진술한 사정을 말한다.

471) 경연(經筵) : 군주의 학문연마를 위해 신하들과 함께 경전을 놓고 강론하는 일이다.

말씀드리지 못했습니다. 신은 홀로 뜻에 맞는 임금을 만나 은혜를 입었으며, 재능이 없으면서도 높은 지위를 얻어서 장차 복이 지나쳐 재앙이 생길 정도가 되었습니다. 죽을 날이 멀지 않았으니 군부의 앞에서 사실을 아뢰지 못한다면 죽어서도 눈을 감지 못할 것입니다." 주상이 "경은 그렇게 말하지 말라. 사건의 발단을 차례로 말해 보거라."고 하였다.

백사가 다시 절을 하고 앉아서 자세히 말하였다. "기축년 옥사를 다스릴 때 신이 문랑이 되어 자초지종을 상세히 알고 있습니다. 이발 형제의 원정과 신문하여 얻은 대답을 비교해 보니 역적모의가 아니라 단순히 참여했던 사람이었습니다. 역적이 벼슬아치 가운데 나옴에 전하가 크게 노하여 사람들이 벌벌 떨지 않을 수 없습니다. 한 명도 자신의 억울한 사정을 말하지 못하는 이유는 주상의 크게 노하는 데에 겁을 먹어서 그렇게 된 것입니다. 이발 역시 '예전에 역적 정여립과 서로 친했을 뿐입니다.'고 말하고 끝내 매 맞아 죽었으며, 70세 먹은 늙은 어머니도 고문 받다 죽었습니다. 이는 성세(聖世)의 폐가 되는 일입니다. 신이 평소 마음먹고 있었지만 두려워서 올리지 못한 것이 바로 이 일입니다."

주상이 웃으면서, "이 같은 말이 경의 입에서 나올 줄은 미처 몰랐다."고 하였다. 백사가 절을 하고 말하였다. "신이 그 억울함을 깊이 알고 있었지만 시종 주상을 거스르는 것이 두려워 말하지 못했습니다. 하지만 이는 성세의 은혜로운 대우를 저버릴 뿐만 아니라 또한 구천(泉下) 아래까지 한을 품고 내려가는 것이라 생각하게 되었습니다. 억울하게 죽은 사람의 원통함을 풀어주지 못한다면 더욱 어떻겠습니까." 주상이 사신(史臣)에게, "이는 뒷날과 관계되는 말이다. 말이 누설되어서는 안 되니 상세히 기록해 두어야 할 것이다."고 하였다. 당시 입시했던 겸춘추(兼春秋) 남복규(南復圭)[472)가 "동암 형제의 신원을 처음으로 제기하게 된 계기는 백사 공의 이 한 마디 말에서 비롯되었다."고 하였다. 『무송소설』

---

472) 남복규(南復圭) : 1559~1615. 본관은 영양(英陽), 자 여용(汝容)이다. 장령 등을 역임하였다. 광해군대 대북의 미움을 받아 유배되어 죽었다.

류성룡의 공평 판결

083 병신년(1596, 선조29)에 역적 이몽학(李夢鶴)473)과 한현(韓絢)474)이
연이어 난을 일으켰다. 우리 선상국(先相國, 류성룡)이 좌의정으로서 추관
(推官)475)이 되어 옥사를 관대하고 공평하게 처리하였다. 여론이 매우
만족스러워 하며, "정승이 옥사를 다스리니 이와 같이 되었다."고 하였다.
선상국이 임금 자리 앞에 나아가 진달하자 임기(任琦) 등 호서(湖西) 유생
200여 명과 호남 유생 30여 명이 풀려났다.476) 옥사가 마무리되던 날,
선조가 만나보고, "경이 명백하게 밝혀낸 사건으로 기축년에 발생한
억울한 옥사만한 것이 없으니 내가 가상히 여긴다."고 하교하였다. 선상국
이 일어나서 "주상의 덕이 아님이 없습니다. 어찌 신의 힘이겠습니까."라
하고, 나아가서 말하였다. "신이 어찌 감히 죽은 벗을 위해 군부를 속이겠
습니까. 이발은 정여립의 흉악한 역적모의를 알지 못한 채 서로 친하였으
니 그 죄는 죽어 마땅합니다만 함께 역적모의에 가담했다고 하는 것은
너무 억울하고 원통한 일입니다." 주상이 침묵하고 대답하지 않았다.
선상국이 궁궐 문을 나서면서 탄식하며, "내가 비록 경함을 지하에서
보더라도 부끄럽지 않겠도다."고 하였다.

판서 오만취(吳晚翠, 오억령)477) 어른이 경연을 끝내고 나가면서 사람들
에게, "오늘 좌의정이 감히 할 수 없는 말을 올렸으니, 다른 사람은
미칠 수 없는 것이라고 할만하다."고 하였다. 몇 개월 전 판서 홍만전(洪晚全,

---

473) 이몽학(李夢鶴) : ?~1596. 본관은 전주이다. 임진왜란 당시 모속관(募粟官) 한현(韓絢)
   등과 함께 홍산(鴻山) 무량사(無量寺)에서 의병을 가장하여 난을 일으켰다.
474) 한현(韓絢) : ?~1596. 임진왜란 당시 의병장으로 활약하다가 이몽학과 결탁하여
   난을 도모하였다. 면천으로 도망하였으나 면천 군수 이원(李援)에게 잡혀 이몽학과
   함께 참수형을 당하였다.
475) 추관(推官) : 의금부에서 왕의 특지(特旨)를 받아 중죄인을 신문하는 관원이다.
476) 임기 등 …… 풀려났다 : 임진왜란이 한창이던 1593년(선조26) 큰 가뭄이 들어
   민심이 흉흉하자 송유진(宋儒眞)이 의병대장이라 칭하고 변란을 도모하였다. 이
   사건에 임기(任琦) 등이 연루되었는데 류성룡의 시비를 가려 무사히 풀려날 수
   있었다.
477) 오만취(吳晚翠) : 오억령(吳億齡, 1552~1618)의 호. 본관은 동복(同福), 자 대년(大年)이다.
   대사헌·이조참판 등을 역임하였다.

홍가신[478] 어른이 상소를 올려 동암 형제 억울한 죽음의 실상을 아뢰면서
또한, "70세 먹은 늙은 어머니도 매 맞아 죽었으니 임진년의 변란이
오로지 이로 말미암은 것입니다."고 하였다. 주상이 진노하였지만 홍주목
사(洪州牧使)로 있으면서 역적의 수괴 이몽학을 참수했기 때문에 죄를
주지는 않았다. 위와 같다.

성문준의 성혼 변론

084 성문준의 호는 창랑(滄浪)이고, 우계의 아들이었다. 우계가 '실행함
이 나보다 났다.'고 말한 자식이었다. 같은 시대에 정홍명이 살았는데,
호는 기옹(畸翁)이고, 정철의 아들이었다. 정철과 성혼은 사사로운 원한으
로 선비를 죽였다고 해서 세상으로부터 많은 비방을 들었기 때문에
두 집안 자제들은 아버지를 위해서 각각 잘못을 씻어내려 했다. 그래서
당론과 관계없이 동서(東西) 사류들과 통하여 교류하면서 미봉하여 허물
을 덮어보려고 했다. 이로 인해 두 집안의 자제와 문도들은 서로 비방하였
다. 윤선거가 "사계의 문인 가운데 정홍명이 없었다면 도가 더욱 높아졌을
것이다."고 하였다. 이유겸(李惟謙)[479]은 "우계의 집안에 성문준이 없었다
면 허물이 더욱 줄어들었을 것이다."고 하였다. 이로 인해 윤선거가
이유겸의 뺨을 때리며 꾸짖고, 머리를 때리고 소란을 일으키는 지경[480]에
이르렀으니, 이 일로 마치 시어머니와 며느리 간에 서로 다투는 모양이
되었다.

085 계해년(1623, 인조1) 이후 시배(時輩, 서인)[481] 가운데 정철의 관작을

---

478) 홍만전(洪晚全) : 홍가신(洪可臣, 1541~1615)의 호. 본관은 남양, 자 흥도(興道), 호 간옹(艮
翁)이다. 정여립 옥사 때 친분이 있다는 이유로 파직 당하였다.
479) 이유겸(李惟謙) : 본관은 경주, 자 퇴지(退之), 호 동가(東嘉)이다. 유태의 동생이다.
480) 소란을 일으키는 지경 : 1653년(효종4) 11월 진산(珍山, 금산) 이유익(李惟益)의 별장에
서 모임을 가졌을 때 발생한 일이다. 윤선거가 이유겸의 뺨을 때렸는데, 이 일로
성혼의 문하에서 김장생의 문하를 좋지 않게 여기게 되었다. 송시열이 '윤선거가
신의 스승에게 불순한 말을 서슴지 않았다.'는 말이 곧 이 일을 가리킨 것이다.
481) 시배(時輩) : 시류(時流)를 타고 명리(名利)만 좇는 사람. 여기서는 서인을 가리킨다.

회복할 것을 청하는 자들이 있었다. 주상이 완평에게 묻자 답하였다. "정철에 대해 어떤 사람은 군자라 하고, 어떤 사람은 소인이라 합니다. 기축년의 옥사를 정철이 실질적으로 주관했는데 억울하게 죽은 사람이 많아서 지금까지 비통해 합니다. 신이 대사헌에 있을 때에도 그 사람에게 죄 주어야 한다고 논했습니다. 하지만 오늘날 당시 죄 입은 자들이 이미 사면되었으니 정철 또한 관작을 회복해 주어도 괜찮을 것 같습니다." 주상이 "그렇다면 양측 모두 사면해 주거라. 기축년 때 억울하게 죽은 자들도 모두 풀려났으니 정철도 함께 복관해도 될 것이다."고 하였다. 옛날 송나라 유학자 왕안석을 소인 가운데 군자라고 했다. 오늘날 완평이 이렇게 대답하였으니 정철 역시 소인 가운데 군자란 말인가. 왕안석의 혼령이 있다면 눈살을 찌푸리지 않겠는가.

내가 서인의 논의를 펴는 사람을 만나서 말을 나누었다. 그가 "우계가 경황이 없어서 임금의 수레에 나오지 못했으니 이는 성혼의 죄가 아니다."고 하였다. 이 말은 뒷날 성혼을 받드는 자들은 빈사(賓師)의 정해진 의리로써 설을 만들었는데, 그렇다면 우계는 후대 임금을 배신한 책임을 면하기 어려울 것이며, 만고의 죄인이 될 것이라고 했다. 그 사람이 말하였다. "동인들은 단지 우계가 임진왜란 때 임금 앞에 나오지 않은 일만 허물로 알 뿐 율곡 부인이 자결한 일이 우계에게 폐가 된 사실은 모르니 어찌된 일인가. 임진왜란 당시 율곡 부인이 먼저 생사를 함께 하자는 뜻을 편지로 알렸다. 우계는 함께 움직이기로 약속했는데 미처 내일이 오기 전 마을에 적이 쳐들어온다는 헛소문이 퍼졌다. 우계가 가족을 이끌고 도망쳤는데 미처 율곡 부인에게는 알리지 못했다. 부인이 도착했을 때 빈 집밖에 없었다. 부인이 탄식하며, '일이 이렇게 되었으니 어디로 가서 의지하겠는가.'고 하였다. 마침내 율곡 묘에 도착하여 스스로 목숨을 끊었다고 한다. 결국 난리 통에 두려워하고 어지러워서 나오지 않은 것은 형세 때문이지 어찌 빈사의 의리를 생각하여 나오지 않았던 것이겠는가."

안방준의 성혼 변론

086 근래 호남사람들에게서 안방준이란 자가 『오신전(五臣傳)』을 지었
다는 소식을 들었다. 다섯 신하는 곤재·동암 형제·장령 유몽정(柳夢井)[482]·
조대중(曺大中)[483] 전라도사(全羅都事)로서 기축옥사 때 죽었다. 이다. 다섯 신하가 기축
년에 억울하게 죽은 뒤 호남 사림들이 거듭 대궐문에 나아가 호소하여
무죄를 변론하였다. 안방준은 그 사실을 뒤집어 전(傳)을 지었는데 특히
곤재를 심하게 모함하고 비방하였다. 그의 의도는 정철이 착한 선비들을
죽인 죄를 숨기는 데 있었다. 그가 지은 전에 다섯 신하가 들어간 것이
송나라 현인들이 간당비(奸黨碑)[484]에 들어간 일과 무슨 차이가 있겠는가.
중천을 떠도는 억울한 원혼들이 또 모함을 받아 사람들로 하여금 기를
펴지 못하게 만들었으니, 촌사람[485]의 말을 어찌 영원토록 전하여 믿을
수 있겠는가. 본인에게 폐가 될 뿐만 아니라 정철에게도 도움이 못 된다는
것을 스스로 깨닫지 못한 것이니 그 술책이 허술하다고 하겠다.

087 안방준의 양아버지 진사(進士) 안중돈(安重敦)은 애초 계부(季父) 안정
(安綎)의 양자[繼子]였는데, 얼마 지나지 않아 안중돈이 안정에게 죄를
지었고, 안정이 감영에 소장(訴狀)을 내자 예조에서 양자를 파기하고
본가로 돌려보냈다. 이윽고 조카 안중묵(安重默)이 양자가 되어 가계를
계승하였다. 안중돈이 안정에 대해서 의리를 끊고 다시는 부자의 호칭을

---

482) 유몽정(柳夢井) : 1551~1589. 본관은 문화, 자 경서(景瑞), 호 청계(淸溪)이다. 집의 등을
    역임하였다. 고부군수 재직시 관곡(官穀)을 출현하여 역적의 재사(齋舍)를 짓는 것을
    도왔다는 혐의를 받았다.
483) 조대중(曺大中) : 1549~1589. 본관은 옥천(玉川), 자 화우(和宇), 호 정곡(鼎谷)이다. 이황(李
    滉)의 문인으로, 1589년 전라도사로 지방을 순시하던 중 정여립의 죽음을 슬퍼하여
    눈물을 흘렸다는 이유로 장살(杖殺)되었다. 국문을 받던 중 읊은 시가 '난언(亂言)'이라
    하여 죽은 뒤 추형(追刑)을 당하였다.
484) 간당비(奸黨碑) : 송나라 휘종(徽宗) 때 채경(蔡京)이 사마광·문언박·소식·정이 등 120인
    을 간당(奸黨)으로 지목하여 원우(元祐) 간당비를 세우고, 다시 사마광 이하 309인을
    기록하여 원우 당적비(黨籍碑)를 세웠다.
485) 촌사람 : 제동야인(齊東野人). 제나라 동쪽 변방 사람. 미미한 산야의 사람을 뜻한다.
    여기서는 안방준을 가리킨다.

쓰지 못했고, 안정의 재산 역시 안중돈이 간여할 수 없었다. 안중돈이 죽은 뒤 그 양아들 안방준이 안중묵에게 안정의 토지와 노비를 나눠줄 것을 요구했지만 안중묵이 주지 않았다. 그러자 안방준이 권세를 이용하여 큰소리로 꾸짖으며 송사를 제기할 기세였다. 이에 안중묵은 재산을 놓고 서로 싸우는 것을 부끄럽게 여겨 절반을 나누어주니 안방준이 편안하게 차지하였다. 호남에 사는 사대부들 가운데 이 사실을 아는 자들은 그 비루함에 침을 뱉지 않는 자가 없었다.

　노서가 안방준을 위해 비문을 지었다. "공의 고(故) 진사공은 계부의 뒤를 이었으나 일찍 돌아가셨다. 그 집안에서 또 한 사람을 양자로 삼아 재산을 전하였다. 공이 진사공의 뒤를 이었으니 법에 따라 마땅히 재산을 나눠 받아야 할 것인데도 조금도 취하지 않고 한 마디도 언급하지 않았으니, 당시 사람들이 그렇게 하기가 어렵다고 여겼다.⋯⋯" 이 말은 안중돈이 일찍 죽었는데 안정이 몰래 다른 사람을 양자로 정했다는 것과 같아서 양자를 파기한 사실 일체를 숨긴 것이 된다. 윤선거가 사실을 왜곡하여 아부하였으니 이처럼 믿을 수 없었다. 안중돈의 양자 파기 문건이 안정의 종손 안재덕(安載德)의 집에 있었다. 당시 안재덕이 양주(楊州) 어촌에 은거하며 살았는데 안방준의 후손이 매번 찾아와 내어줄 것을 애걸하자 그 문건을 불태워 버렸다고 하였다.

088　정승 포저 조익(趙翼)[486], 호는 포저(浦渚)이다. 가 말하였다. "인조반정 뒤 여러 사람들 가운데 완평과 추탄을 높이 평가할 만하다. 현옹(玄翁, 신흠)은 그 인물됨이 편협하고, 수몽은 평범하다." 내가[487] 대답하였다. "완평의 편벽된 논의가 매우 심하다. 처음엔 박근원(朴謹元)[488]·홍여순과 더불어

---

486) 조익(趙翼) : 1579~1655. 본관은 풍양(豊壤), 자 비경(飛卿), 호 포저(浦渚)·존재(存齋)이다. 중추부첨지사 영중(瑩中)의 아들, 어머니는 윤근수의 딸이다. 장현광·윤근수의 문인으로, 우의정·좌의정 등을 역임하였다. 저서로 『중용주해(中庸註解)』·『대학주해(大學註解)』 등이 있다.

487) 내가 : 김상헌을 가리킨다.

488) 박근원(朴謹元) : 1525~1585. 본관은 밀양, 자 일초(一初), 호 망일재(望日齋)이다. 도승지·대사헌 등을 역임하였다. 동서분당 당시 송응개·허봉 등과 함께 이이를 탄핵하다가

일을 도모하였고, 끝에 가서는 이발과 백유양 등의 신원(伸寃)을 청하였다. 공정한 사람이 아닌 듯하다."

포저가 말하였다. "연평(延平) 이귀(李貴)[489] 역시 일찍이 완평의 편벽된 논의가 심하다고 했지만 그가 나라에 충성을 다하는 것을 보니 다른 사람들은 미칠 수 없다." 완평과 추탄이 어찌 일대의 현명한 정승이 아니었겠는가. 그러나 완평은 편벽된 논의에 가려지고, 추탄 역시 사문(師門, 성혼)의 뜻을 밝히지 못하여 마침내 옳고 그름과 사정(邪正)을 섞어서 구별할 수 없게 만들었다. 나라를 중흥한 인물은 몇 사람에 불과하니 인재 얻기 어렵다는 말이 어찌 맞지 않겠는가.『석실록』

단거론 대 병거론

089 인조반정 초기 해주(海州)에 사는 유생 윤홍민(尹弘敏)이 문원을 찾아와 율곡의 문묘 종사를 청하면서 말하였다. "오판서(吳判書, 오윤겸)가 저희들의 의논을 듣고 즉시 월사의 집으로 가서 '오늘날 우계를 함께 거론하지 않으면 이후에 다시 도모하기 어렵다.'고 했습니다. 월사가 저희들을 불러 오판서의 뜻과 같이 말해 주었습니다.……" 문원이 "장차 일이 성사되기 힘들겠다."고 하였다.

을해년(1635, 인조13)에 송시열의 종형(從兄) 송시형(宋時瑩)[490]이 성균관에서 배향문제를 제기하였다. 동춘은 율곡만 배향하는 단거론(單擧論)을 힘껏 주장하고, 이홍연(李弘淵)[491]은 이이와 함께 우계를 배향하는 병거론(幷擧論)을 적극 주장하였다. 종형이 "일을 성사시키지 못할 뿐만 아니라

강계(江界)로 유배되었다.

489) 이귀(李貴) : 1557~1633. 본관은 연안, 자 옥여(玉汝), 호 묵재(默齋)이다. 이이·성혼의 문인으로, 병조·이조판서 등을 역임하였다. 인조반정에 참여하여 정사공신 1등에 녹훈, 연평부원군(延平府院君)에 봉해졌다. 정묘호란 당시 최명길과 함께 화친을 주장하다가 다시 탄핵되었다.

490) 송시형(宋時瑩) : 1592~1638. 본관은 은진, 자 유휘(幼輝)이다. 정인홍 등이 이이와 성혼을 폄하하자 여러 유생들을 이끌고 극력 변호하였다.

491) 이홍연(李弘淵) : 1613~1683. 본관은 한산, 자 정백(靜伯), 호 삼죽(三竹)이다. 병조·형조 참의 등을 역임하였다.

방 중의 논의에도 대단히 좋지 못할 것이다."고 하였다. 즉시 신독재(愼獨齋, 김집)에게 달려가 알리니 신독재가 함께 배향할 수 있다고 대답했다. 그 논의가 이미 정해지자 이로부터 우계 문인들이 사계 문인에 대한 원한을 풀었지만 그럼에도 본색을 간간히 드러냈다. 특히 윤선거가 분해하며 바른 도리를 잃었으니 산당(山堂)에서 이유겸의 뺨을 때린 일[492]은 매우 놀랄 만하였다. 『우암집』

조헌과 정철의 우의

090 조중봉이 처음엔 김동강(金東岡, 김우옹)·이발·최수우 등 여러 친구들과 송강을 소인이라 하여 배척하였다. 그 뒤 중봉이 전라도사(全羅都事)가 되었는데 얼마 뒤 송강이 전라도 관찰사로 부임하였다. 중봉이 그날로 즉시 관직을 버리고 돌아가려 하자 송강이 서로 보기를 간곡히 청하며 물었다. "듣건대 공께서 나를 소인이라고 하면서 돌아가려 했다던데 진짜 그런가." 중봉이 "그렇습니다."고 했다. 송강이 말했다. "공과 내가 평생토록 서로에 대해서 잘 알지 못하는데 무엇으로써 나를 안다고 하는가. 머물러 함께 일을 해보고 진짜 소인인지를 확인한 뒤 떠나도 늦지 않을 것이다." 그럼에도 중봉은 듣지 않았지만 우계와 율곡 등 여러 사람들이 권고하자 임지로 돌아갔다. 오랫동안 같이 일한 뒤 매우 기뻐하며, "처음에 내가 잘못된 소문을 들어서, 하마터면 공을 잃을 뻔했다."고 하였다.

　중봉은 학문에 뜻을 두어 부지런하였고, 효성을 다해 부모를 섬겼다. 정성을 다해 스승을 존경하고, 나라를 위해 충성을 다해 목숨을 바쳤다. 실로 옛사람에게 부끄러울 것이 없으며, 후세 칭송받을 만하다. 후학으로서 존경하고 공경해야하며, 제사를 지내서 세상에 높이 드러내야 하니 누가 감히 다른 말을 하겠는가. 내가 봉사(封事)[493]를 읽어보았는데 그

---

492) 이유겸의 뺨을 때린 일 : 본서 1권 84번 기사 참조.

493) 봉사(封事) : 임금에게 밀봉하여 올리던 글이다. 여기서는 동환봉사(東還封事)를 가리킨다. 동환봉사는 1574년(선조7) 성절사(聖節使)의 질정관(質正官)으로 명나라를 다녀

뜻이 오로지 우계와 율곡을 선양하고 보호하려는 데 있었다. 우계와 율곡을 비방하는 자를 모두 간사(奸邪)로 지목하고 함께 조정에 설 수 없다고 했다. 이것이 어찌 중봉이 고의로 당론을 삼으려 한 것이겠는가. 그런데 요즘 스승을 존경하여 받드는 자들을 보면 스승만 알뿐 다른 사람에 대해서는 알지 못한다. 많은 숫자만 믿고 다투어 이기려는 형세를 이루고 공(公)을 배반하고 당(黨)을 위해 죽는다는 의논이 고착되었다. 이런 일들은 아마 중봉이 제창한 듯 싶다.

옛날 비문에 '간당(奸黨)의 이름이 적힌 비석을 세워 위학(僞學)[494]을 금지하였다.'고 했으니, 이는 과연 사문(斯門)이 큰 액(厄)을 만난 것이었다. 그럼에도 불구하고 정자와 주자의 문인들이 스스로 자신의 도를 존숭하고 높이려 했지 상대방을 굴복시키거나 꺾으려 하지는 않았다. 어찌 이기기 위해서 조정과 더불어 힘써 옳고 그름을 다투는가. 중니(仲尼, 공자)가 무숙(武叔)의 비방을 받았지만 자공(子貢)은 단지 그 국량을 알지 못함을 배척하였다.[495] 어진사람의 제자로서 스승을 존경하면서도 무숙을 배척한 것을 어찌 그리 대수롭지 않게 하는가. 오늘날 그때와 비교해 보면 얻고 잃음이 어떤지 분변하는 자가 있을 것이다. 『백야기문(白野記聞)』[496]

계사능변과 성혼

091 계사능변(癸巳陵變) 때 유독 우계만 스스로 지중(至重)한 일에 대해 다른 의견을 제시하였다.[497] 그의 사주를 받은 구성(具宬)이 아뢰어 이홍국

온 뒤 올린 상소문을 안방준이 엮은 책이다.

494) 위학(僞學) : 여기서는 주자학을 가리킨다. 송나라 영종(寧宗) 때 왕회(王淮)·당중우(唐仲友) 등이 주자를 미워하고 도학(道學)을 공박하면서 주자학자들을 위학으로 몰아세웠다.

495) 중니가 …… 배척하였다 : 『논어(論語)』 「자장(子張)」에 따르면, 숙손무숙(叔孫武叔)이 자공(子貢)이 공자보다 훌륭하다고 평하자, 자공은 "이것을 궁궐과 담장에 비유하면 나의 담장은 겨우 어깨에 미칠 정도여서 그 안에 있는 집의 아름다움을 볼 수 있으나, 부자(夫子)의 담장은 몇 길이나 되어서 그 문을 찾아 들어가지 않으면 종묘의 아름다움과 백관의 풍부함을 볼 수 없는 것과 같다."고 하였다.

496) 백야기문(白野記聞) : 조석주(趙錫周, 1641~1716)의 저술. 본관은 배천(白川), 자 유신(維新), 호 백야이다. 장령 등을 역임하였다.

(李弘國)을 국문하였다.[498] 기축년 남을 해치려는 마음도 뉘우치지 않은 채 이와 같이 얽어 넣어 옥사를 일으킨 것은 이 일로 서애를 죽이려 했기 때문이었다. 이미 기축년에 옥사를 성사시켜 죄를 준 사례도 있었으니 만약 당시 여러 죄수들 가운데 한 명이라도 난잡한 말을 했다면 거짓 고소하여 얽어매어 서애뿐만 아니라 기축년에 다행히 화를 피한 동인들도 죄를 면하기 어려웠을 것이다. 그랬다면 남아 있는 자들이 있겠는가. 증자(曾子)가 "부자(夫子)의 도는 충서(忠恕)일 뿐이다."[499]고 하였다. 신하로서 망극한 지경에 처해서 다른 시체를 가지고 공을 요구하는 것은 우계도 반드시 하지 않은 일인데, 서애 또한 그렇게 하지 않을 것은 사람 마음이 같기 때문이다. 그런데 이 일로 사람을 얽어매려하니 어찌 자신을 미루어 남을 헤아리는 일이겠는가. 우계가 비록 훌륭한 유현(儒賢)이라고 칭하지만 너그러움[恕] 한 글자로 본다면 오히려 미치지 못한 것이 아니겠는가. 『은대록(銀臺錄)』

류성룡 관련 일화

092 관찰사 류중영(柳仲郢)[500]은 풍산(豐山) 사람이었다. 평소 집안에서

---

497) 계사능변(癸巳陵變) …… 제시하였다 : 계사년(1593, 선조26) 왜군에 의해 정릉이 도굴된 사건이다. 당시 성혼이 류성룡과 함께 시신의 진위 여부를 살펴보았는데, 이견이 발생하였다. 시신이 심하게 부패해서 알아 볼 수 없었고, 단지 체구와 신체 특징으로 판단하려 했는데, 견해가 갈렸던 것이다. 생전에 중종은 말랐는데, 시신은 살쪄 보였고, 얼굴에 자색(紫色) 수염이 있었는데, 수염이 없는 등 진위를 파악하기 어려웠다. 류성룡 등은 능에서 나온 것으로 본 반면 성혼 등은 진짜가 아닐 가능성이 있다고 주장하였다.

498) 구성(具宬)이 …… 국문하였다 : 1593년(선조26) 8월 9일 실록기사에 따르면 이홍국이 공을 세우기 위해 시신을 제대로 확인도 하지 않은 채 광중(壙中)에 봉안(奉安)하였고, 구성이 그 죄를 물었다. 이홍국은 양녕대군의 후손으로, 류성룡이 능을 살피기 위해 보낸 사람이었다. 당시 이홍국은 능 주위에 있던 시신과 옷가지 등을 거두어 모아 독음(禿音, 남양주에 위치한 한강 나루터에) 파묻었다.

499) 부자(夫子)의 도는 충서(忠恕)일 뿐이다 : 『논어』 「이인(里仁)」에 따르면, 공자가 제자 증삼을 불러서 "나의 도는 하나의 이치로써 모든 일을 꿰뚫고 있다.[吾道一以貫之]"고 하자, 증자가 그렇다고 하면서 다른 문인에게 "부자의 도는 바로 충서이다."고 설명하였다.

500) 류중영(柳仲郢) : 본관은 풍산(豐山), 자 언우(彦遇), 호 겸암(謙唵)이다. 성룡의 부친으로,

도 행실이 바르고, 후덕함과 멀리 내다보는 식견이 있었으며, 자제들을 엄하게 키웠다. 문충공(文忠公) 서애가 자식이었지만 독려하고 꾸짖음에 순수하고 깊어서 한 번도 편안한 말과 얼굴로 대해준 적이 없었다. 서애조차 감히 아버지 앞에서는 평범한 사람으로 자처하지 못할 정도였다. 하루는 공이 고향에 돌아와 마을 어른들을 뵙고 밤새 이야기를 나누었다.

어떤 사람이 "서울 사람들은 어떠합니까."고 묻자, 공이 탄식하며, "지금부터 10년 뒤에 우리나라에 큰 난리가 일어날 것인데 한 분야를 맡길 만한 인재가 없다. 우리 성룡이 만한 인물도 많이 볼 수 없으니 크게 한심스럽다."라고 하였다. 이때 서애가 창문 밖에서 고개를 숙이고 엎드려 있다가 이 말을 듣고 벌떡 일어나 혼잣말을 했다. "의외로다, 아버지로부터 이런 말을 듣다니. 내가 어찌 거론되는 몇 명 안에 들어갈 수 있겠는가."

서애는 집안에서 어진 부형의 가르침을 받았고, 밖에서는 도산 문하에 들어가 학문을 갈고 닦아 마침내 대유(大儒)가 되었다. 비록 하늘에서 받은 고유한 능력이 있었지만 뒷날 이름을 크게 떨치고 덕업을 성취할 수 있었던 것은 어찌 그 연유하는 바가 없겠는가. 『자해필담』

093 서애는 문장과 학행(學行)으로 세상에서 높이 받들어졌다. 오랫동안 삼공(三公)의 지위에 있었지만 한미한 선비처럼 청빈하였다. 정치를 펼침에 공정하고 밝아서 사람들이 사사롭게 간섭하지 못하였다. 임진왜란 때 영의정으로서 나라를 맡아 힘써 경영하였으니 국가에 이로운 것은 남의 말을 돌아보지 않았다. 훈련도감을 세우고 군적(軍籍)을 통틀어 섞어서 속오군(束伍軍)을 조직했으며, 공안(貢案)을 개정하였으니 지금도 시행되고 있다. 탁한 세력을 제거하고 맑은 세력을 권장하여 점차 성과가 나타났는데 이 때문에 사람들의 참소를 받았다. 조정을 떠나 고향 집으로 돌아온 지 10년 만에 세상을 떠났다. 조정과 민간에서 애석하게 여겼다.

좌부승지·황해도 관찰사·승지 등을 역임하였다.

146

위와 같다.

당쟁의 폐해와 임진왜란

094 관씨(管氏)⁵⁰¹⁾가 말하기를, "예·의·염·치는 국가의 사유(四維)이다. 사유가 펴지지 않으면 국가가 멸망한다."고 하였다. 국가가 개창되고 평화로운 날이 오래 지속되면 정치가 문란해지고 윤리와 기강이 점차 해이해져서 어른을 범하고 귀인을 능멸하며, 부모를 버리고 임금을 무시하게 되었다. 관(官)에서는 뇌물이 횡행하고, 재화를 주고 옥사를 면하며, 형을 때리고도 잘못을 뉘우치지 않고, 여자를 유혹하고도 괴이하게 여기지 않으니 예의가 사라졌기 때문이다. 사욕의 풍조가 하늘을 삼키고, 탐욕의 불길이 뼈를 태우며, 여항(閭巷)에 좋은 옷을 입고 살찐 말을 탄 사람들도 애걸하지 않음이 없었다. 조정에서 배불리 먹고 취한 자들도 남은 것을 구걸하면서도 크게 부끄러워하지 않았다. 여기에 더해 궁실·의복·음식이 사치스럽고, 인심은 야박해져서 풍속이 무너졌는데도 만조백관은 이익을 농단하고, 오직 관직의 높고 낮음을 둘러싸고 동인과 서인으로 갈려 대립하였다. 속담에 "안으로 의관을 차려 입은 도둑이 있은 뒤에 바깥에 창과 방패를 든 도적이 있다."고 하였다. 어찌 도요토미 히데요시⁵⁰²⁾의 군대가 아무 이유 없이 쳐들어 올 수 있었겠는가. 맹자가 "나라는 반드시 스스로 공격한 뒤에 남이 공격하는 것이다."⁵⁰³⁾고 하였으니, 어찌 이 말을 믿지 않으리오. 『무송소설』

095 임진년(1592, 선조25) 도요토미 히데요시가 병력 20만을 동원하여 4월 13일에 바다를 건너와 부산과 동래를 함락시키고 거침없이 쳐들어

501) 관씨(管氏) : 춘추시대 제나라 정치가 관중(管仲). 포숙아(鮑叔牙)의 천거로 환공(桓公)을 도와 패업(霸業)을 이루었다. 저서로는 『관자(管子)』가 있다.
502) 도요토미 히데요시[豊臣秀吉] : 1536~1598. 오다 노부나가[織田信長]의 뒤를 이어 일본 통일의 대업을 완수하고, 조선을 침략해 임진왜란을 일으켰다.
503) 나라를 …… 해친다 : 『맹자』 「이루 상」에 따르면 "사람은 반드시 스스로 업신여긴 뒤에 남이 그를 업신여기며, 집안은 반드시 스스로 패가(敗家)한 뒤에 남이 그를 패가하며, 나라는 반드시 스스로 공격한 뒤에 남이 공격하는 것이다."고 하였다.

왔다. 순변사(巡邊使) 이일(李鎰)504)이 상주(尙州)에서 패퇴하고, 신립(申砬)505)의 군대가 충주에서 전멸하였다. 주상이 여러 신하들과 의논하였는데, 이산해가 가장 먼저 피난할 것을 건의하였고 주상이 그 말에 따랐다. 우의정 유홍이 적극적으로 서울을 버릴 수 없다고 주장했는데, 유홍은 이미 집안사람들에게 도성을 떠나 적군을 피하라고 해놓고 큰 소리를 쳤던 것이다. 이는 명예를 구하려는 계책이었기에 사람들이 그 속임수를 싫어하였다.

5월 3일에 임금의 수레가 개성에 도착한 뒤 조정의 논의가 일어나 도성을 버리고 국가를 그르친 죄를 물어 이산해를 평해(平海)로 유배 보내고, 류성룡을 함께 내쫓았으며, 정철을 다시 불러들였다. 그날 도요토미 히데요시의 군대가 서울을 점령하였다. 바다를 건너온 지 불과 20일만이었다. 당시 조정의 논의처럼 서울을 끝까지 지키고자했다면 정강(靖康)의 전철506)을 면하기 어려웠을 것이다. 그런데도 조정의 논의가 이같이 된 것은 당치도 않게 큰소리치는 것일 뿐만 아니라 당론의 폐해가 아님이 없다. 병자년(1636, 인조14) 초 건주(建州) 오랑캐507)들이 쳐들어올 기세여서 스스로 강해지고 자신을 지키는 계책을 세웠어야 했지만 어느 누구도 이 문제를 살피지 않고 오히려 큰소리만 일삼다가 끝내 평성(平城)의 치욕508)을 당했다. 이는 청론(淸論) 때문이었다.

---

504) 이일(李鎰) : 1538~1601. 본관은 용인, 자 중경(重卿)이다. 전라좌수사·경원부사 등을 역임하였다. 임진왜란 때 상주와 충주에서 대패하고 황해·평안도로 피신했으나, 광해군을 모시고 전공을 세우기도 했다.

505) 신립(申砬) : 1546~1592. 본관은 평산, 자 입지(立之)이다. 삼도순변사 등을 역임하였다. 임진왜란 때 충주 탄금대(彈琴臺)에서 배수진을 치고 전투를 벌이다가 순절하였다.

506) 정강(靖康)의 전철 : 금나라의 공격으로 송나라 휘종과 흠종이 포로가 된 정강(靖康, 1126~1127)의 변을 가리킨다. 흠종의 아우 강왕(康王)이 즉위하여 남송(南宋)이 성립되었다. 앞 수레가 넘어지면 뒷 수레가 경계하듯 같은 잘못을 되풀이하지 않겠다는 의미이다.

507) 건주(建州) 오랑캐 : 건주는 남만주 길림(吉林) 지방의 옛 이름이다. 이곳에서 생활했던 오랑캐를 건주 여진족이라고 불렀다. 병자호란 때 쳐들어온 청나라 군대를 가리킨다.

508) 평성(平城)의 치욕 : 한나라 고조(高祖)가 흉노에 의해 평성에서 포위되었다가 겨우 탈출한 사건이다. 본문에서는 남한산성에서 청나라 군대에 포위된 상황을 가리킨다.

조정이 개국한 지 200년이 지나도록 큰 전쟁이나 7, 9년간의 재앙도 없었으며, 오늘에 이르기까지 위로 조정으로부터 아래로 민간에 이르기까지 호화스러운 사치만을 서로 숭상하였다. 사물이 번성하다가 쇠퇴함은 천도(天道)의 항상 됨이다. 수십 년이래로 전염병의 기운이 유행하여 많은 백성들이 죽고, 기축년 옥사가 일어나 죄 없는 자들이 죄에 걸려들어 3년도 못되어 천여 명의 사람들이 억울하게 죽었다. 남은 백성들은 생업을 잃고 농사를 망쳐 도성의 사방은 시체로 가득 찼으며, 게다가 천연두까지 퍼지고 학질이 크게 유행하니 한번 감염되면 곧 죽었다. 조선 수천 리에 다시는 사람을 볼 수 없을 것 같았다. 난리가 심하여 운세가 극도로 꽉 막힌 상황 속에서도 사람들이 잘못을 뉘우치고 다스림을 생각한다 해도 태화(太和)의 운수를 다시 열 수 있었겠는가. 『송와잡록(松窩雜錄)』[509]

096 을미년(1595, 선조28) 정월 경연 석상에서 정경세가 아뢰었다. "황정욱 부자가 서장(書狀)에[510] '신(臣)'자를 쓰지 않았음에도 목숨을 보존한 것을 다행으로 여겨야 하는데도 지금 유배지에서 멋대로 거리낌 없이 작폐를 일삼음이 한두 가지가 아닙니다. 그 죄를 용서하기 어렵습니다." 이에 "작폐를 일삼지 못하도록 하라."고 전교하였다. 그러자 사헌부와 사간원에서 번갈아가며 소장을 올려 그의 죄를 논하여 잡아들여 국문할 것을 청하였다.

같은 해 3월에 황정욱 부자를 잡아 올려 삼성(三省)이 함께 앉아서[511] 국문하였지만 황정욱은 죄를 인정하지 않았다. 추관(推官)이 형벌을 내릴

---

509) 송와잡록(松窩雜錄) : 이희(李墍, 1522~1600)의 저서. 명사(名士)들에 대한 사적과 일화(逸話) 등이 기록되었다. 본관은 한산, 자 가의(可依)이다. 그런데 저자의 생몰년을 고려할 때 본문에서 병자호란을 거론한 점은 재삼 정확한 출처를 확인할 여지를 남기고 있다.

510) 황정욱 부자가 서장(書狀)에 : 황정욱 부자는 임진왜란 당시 순화군(順和君)과 함께 왜군에 사로잡혔다. 왜장 가토 기요마사[加藤清正]가 항복 권유문을 쓰도록 협박하자 거부하다가 아들 혁(赫)이 대신 썼다. 이 문제로 인해 길주에 유배되었다. 서장은 항복 권유문을 가리킨다.

511) 삼성(三省)이 함께 앉아서 : 삼성교좌(三省交坐). 형조·사헌부·사간원 등 삼성이 합동으로 사건을 심의 조사하던 제도이다.

것을 청하였지만 "형문[刑推]은 안 되니 의논하여 처리하라."고 전교하였다. 그러자 추관이 "사형을 감하여 먼 지방으로 유배 보내십시오. 일찍이 유배지에 있으면서 공사 간에 해를 끼쳤으니 다시 엄하게 막아서 금지하여 출입을 통제하십시오."라고 아뢰었다. 아뢴 대로 황혁(黃赫)⁵¹²⁾에게 여섯 차례 형문을 가하였지만 죄를 인정하지 않았다.

4월에 위관(委官) 정탁(鄭琢)⁵¹³⁾이 "황혁 부자를 함께 유배지로 돌려보내서 위리안치 시키십시오."라고 청하였다. 서애가 의견을 모아서 말하였다. "지금 위관이 아뢴 것은 신의 뜻과 다름이 없습니다. 장석지(張釋之)가 '장릉(長陵)의 한줌 흙을 훔치면 무슨 형벌로 죄를 주겠습니까.'라고 하였습니다.⁵¹⁴⁾ 지금 왜란 당시 황정욱 등이 협박을 받아 작성한 한 장의 글 때문에 부자를 함께 죽인다면 마치 중행열(中行說)⁵¹⁵⁾과 위율(衛律)⁵¹⁶⁾처럼 적에게 투항하여 나쁜 짓을 하는 자에게는 무슨 법을 적용하겠습니까. 더구나 그는 훈구 가문 출신이니 조정에서는 그의 죄를 용서하여 죽이지 말고 귀양 보내 가두기만 해도 징계했다고 할 만합니다. 대간은 곧음을 위주로 하며 대신은 공평한 의논을 위주로 하지만 곧은 의논이 없으면 공의(公議)가 설 수 없고, 편안하게 공평한 의논이 없으면 혹 형정(刑政)이 지나치게 됩니다. 양단을 잡아 그 중(中)을 선택하는 것은 오직 주상의 결정에 달려 있습니다."

---

512) 황혁(黃赫) : 1551~1612. 본관은 장수(長水), 자 회지(晦之), 호 독석(獨石)이다. 정욱(廷彧)의 아들로서, 우승지·형조판서 등을 역임하였다. 임진왜란 당시 항복 권유문을 썼다고 탄핵을 받아 유배되었다. 1612년 이이첨(李爾瞻)을 시로써 풍자한 일 때문에 미움을 받아, 순화군의 아들 진릉군(晉陵君)을 왕으로 추대하려 한다는 무고를 받고 투옥되어 옥사하였다.

513) 정탁(鄭琢) : 1526~1605. 본관은 청주, 자 자정(子精), 호 약포(藥圃)·백곡(栢谷)이다. 형조·이조판서 등을 역임하였다.

514) 장석지가 …… 하였습니다 : 한나라 문제(文帝) 때 고묘(高廟)에 옥환(玉環)을 훔친 자를 엄중한 벌로 다스리려 하자 장석지가 "어리석은 백성이 장릉(長陵)의 한줌 흙을 훔쳤다면 이것도 중벌에 처해야 하겠습니까?"라고 반문하여 법의 공평한 적용을 주장하였다.

515) 중행열(中行說) : 한나라 문제 때 환관이다.

516) 위율(衛律) : 중행열과 함께 한나라를 배반하고 흉노에게 항복한 자이다.

097 추포(秋浦) 황신(黃愼)517)은 우계의 문도였다. 병신년(1596, 선조29)에 명나라에서 임회후(臨淮侯) 이종성(李宗城)과 양방형(楊邦亨)을 왜책사(倭冊使)518)로 임명하여 동래(東萊)로 보냈다. 내려가는 길에 우리 조정의 일에 해박한 재신(宰臣) 한 명을 동행시켜 줄 것을 요구하니 일이 매우 급박하였다. 평소 황신은 기개와 절조, 재주와 명망으로 명성이 높았다. 또한 유격(遊擊)의 직책을 맡은 심유경(沈惟敬)519)을 접반할 때 조정에서 논의하여 특별히 통정(通政)520)의 품계를 더해 주고 정사(正使)로 삼았다. 대구부사(大丘府使) 박홍장(朴弘長)을 차출하여 부사(副使)에 임명하고 뒤를 따르는 배신(陪臣)이라고 칭하여 보내 편의를 돕게 하였다.

그런데 뒷날 윤증이 찬술한 황신의 비문에서 "정승 서애와 서로 틈이 생겨 은밀히 사지(死地)에 밀어 넣으려 했다."고 하며, 애옹(厓翁)을 소인으로 지목하였다. 애옹이 과연 틈을 만든 음지의 소인이란 말인가. 비문 또한 역사 기록인데 그렇게 치우치게 말해서는 안된다. 그 뒤 무인년(1638, 인조16)에 오랑캐 사신이 오고갈 때마다 일이 생기니 관서지역으로 벼슬살이 하는 것을 꺼리고 기피하였다. 황신의 아들 일호(一皓)521)가 그들 무리들에 의해 특별히 의주부윤(義州府尹)에 천거되었다가 청나라 사신들에게 책살(磔殺)522)되었다. 이것을 어찌 "당시 천거한 자가 틈을 만들어 음지에 떨어뜨린 것이다."라고 하지 않았는가.

098 또 황신의 비문에 말하였다. "임진왜란 초 황신이 교유문(敎諭文)을

---

517) 황신(黃愼) : 1560~1617. 임진왜란 때 명나라 사신 양방형·심유경을 따라 통신사로서 일본에 다녀왔다. 화의가 결렬된 뒤 명나라의 내원(來援)을 청하였다.

518) 왜책사(倭冊使) : 봉왜부사(封倭副使). 일본을 봉하는 직책을 맡았다.

519) 심유경(沈惟敬) : ?~1597. 임진왜란 당시 명나라 신기삼영유격장군(神機三英遊擊將軍)의 신분으로 조선에 와서, 고니시 유키나가[小西行長]와 화평 협상을 추진하였다.

520) 통정(通政) : 통정대부. 정3품 문관의 품계이다.

521) 황일호(黃一皓) : 1588~1641. 본관은 창원, 자 익취(翼就), 호 지소(芝所)이다. 의주부윤 재직시 명나라를 도와 청나라를 공격하기 위해 최효일(崔孝一) 등과 모의하다가 발각되어 죽었다.

522) 책살(磔殺) : 기둥에 묶어세우고 창으로 찔러 죽이는 것이다.

대신 쓰게 되었다. 그 내용 가운데 '조정에서 후금과 주화(主和)에 힘썼으니 진회(秦檜)523)의 고기를 먹어도 된다. 간신들이 앞장서서 촉(蜀)으로 가자고524) 하였으니 양국충(楊國忠)525)의 머리를 매달만 하였다.'고 한 구절이 있다. 그 말뜻이 서애를 염두에 두었다." 만약 주화 때문에 배척되었다면 황신은 스승 우계가 숨은 일에 대해서 마음을 두어야 할 뿐 아니라 드러내놓고 배척했어야 했는데, 그렇게 했다면 제자의 반열에 서 있을 수 없었을 것이다. 어찌 유독 서애에게만 그렇게 하는가.

또한 회천이 지은 장계군(長溪君)526) 황정욱 비문에 말하였다. "황정욱이 순화군(順和君)527)을 모시고 북쪽으로 가서 철원에 도착하여 격문을 돌리면서 황신이 쓴 주화와 '촉으로 가자'는 구절을 인용하였다. 이로 인해 풍원부원군(豊原府院君) 서애의 훈호(勳號)이 벼르고 있다가 틈을 기다려 함정에 빠뜨렸다." 이 구절로써 본다면 풍원부원군이 벼르다가 두 황씨를 함정에 빠뜨린 것이 되는데 어찌 이상하지 않은가.

같은 시기 상락군(上洛君) 김귀영(金貴榮)528)과 지평 이홍업(李弘業)529)도 임해군을 호위하여 동쪽으로 갔는데, 이들은 모두 이름난 동인이었다. 또한 격문을 쓰지 않았지만 황정욱과 함께 사로잡혔다. 황정욱에 앞서

---

523) 진회(秦檜) : 1090~1155. 송나라 간신. 금나라와의 항전을 주장했던 악비(岳飛)를 죽이고 화친을 관철시켰다.
524) 촉(蜀)으로 가자고 : 당나라 현종 때 안사(安史)의 난이 일어나자 천자가 장안(長安)을 버리고 촉 지방으로 피신한 일이다.
525) 양국충(楊國忠) : ?~756. 당나라 현종(玄宗) 때 간신. 양귀비(楊貴妃)의 친척으로 중용되어 인사를 농단하다가 안사의 난 때 죽임을 당했다.
526) 장계군(長溪君) : 황정욱의 봉호. 그는 1590년(선조23) 태조 이성계의 잘못 기록된 세계(世系)를 시정해달라고 주청(奏請)했던 종계변무(宗系辨誣)의 공으로 광국공신(光國功臣) 1등에 녹훈, 장계부원군(長溪府院君)에 책봉되었다.
527) 순화군(順和君) : 선조의 6남으로, 순빈 김씨(順嬪金氏)의 아들. 부인은 승지 황혁의 딸이다. 임진왜란 당시 함경도로 피신했다가 임해군과 함께 포로가 되었다.
528) 김귀영(金貴榮) : 1520~1593. 본관은 상주, 자 현경(顯卿), 호 동원(東園)이다. 우의정·좌의정 등을 역임하였다. 1589년(선조22) 평난공신(平難功臣) 2등에 녹훈, 상락부원군(上洛府院君)에 봉해졌다. 임진왜란 때 임해군·순화군 등과 함께 포로가 되었다. 강화를 요구하는 글을 받기 위해 풀려나 탄핵되어 유배중 죽었다.
529) 이홍업(李弘業) : ?~?. 본관은 경주, 자 시립(時立), 호 포세(逋世)이다. 임진왜란 당시 포로가 되어 강화 문서를 전달했다가 탄핵을 받아 유배되었다.

수년 만에 풀려나 조정에 돌아오자 주상은 적들에게 죽임을 당하지 않은 것에 노하여 국문하려 했다. 이에 여러 신하들이 힘껏 간쟁해서 특별히 먼 곳으로 유배 보냈고, 그곳에서 죽었다. 이것이 어찌 장자후(章子厚)가 한 짓530)과 같겠는가. 자기 당이었다면 늙은 황정욱처럼 오랑캐 포로가 되었더라도 죽이지 않았을 것이고, 한나라 중랑(中郎)의 절개531)로써 평가하여 포상 받았을 것이다. 자기 당이 아니었기 때문에 서애는 덕업에도 불구하고 오히려 욕심 많고 사특한 소인의 혐의를 면하지 못하였다. 저 당인들의 마음속에는 어린아이만큼의 공정한 의리도 없단 말인가.

비문은 세상 사람들이 함께 보는 바인데 오히려 이 같이 왜곡했으니 하물며 사필(史筆)은 어떻겠는가. 5, 60년 이래 역사를 기록한 자들은 한쪽 당파 사람들이었다. 높이고 깎아 내리며 살리고 죽이는 데에 이르지 못한 바가 무엇이 있었겠는가. 옛날 김안로(金安老)532)가 "『동국통감(東國通鑑)』533)은 사람이라면 누구나 읽을 것이다."고 하였으니, 두렵고 꺼리는 바가 있어서 이렇게 말한 것이다. 하지만 오늘날 역사 기록은 사필(私筆)이 되었으니, 훗날 읽는 자가 있더라도 무엇으로써 옳고 그름의 공정함을 살필 수 있겠는가. 비록 김안로와 같은 자가 있어도 또한 어찌 후세 사람들이 읽을지 안 읽을지를 두려워하고 꺼려하겠는가. 지금 이후로 공정한 역사 기록은 없다고 해도 괜찮을 것이다.『기언』

---

530) 장자후(章子厚)가 한 짓 : 송나라 철종(哲宗) 때 권신 장돈(章惇, 1035~1106). 왕안석의 신법(新法) 시행할 때 반대하던 사마광·문언박·여공저·범순인 등 원우제현(元祐諸賢)을 배척하였다.

531) 중랑(中郎)의 절개 : 중랑은 한나라 무제(武帝)때 소무(蘇武, ?~B.C.60)이다. 흉노에 사신 가서 19년 동안 억류되었다가 돌아왔다. 소제(昭帝)는 그의 충절을 기려 벼슬을 내려주었다.

532) 김안로(金安老) : 1481~1537. 본관은 연안(延安), 자 이숙(頤叔), 호 희락당(希樂堂)·용천(龍泉)·퇴재(退齋)이다. 우의정·좌의정 등을 역임하였다. 문정왕후의 폐위를 도모하다가 사사되었다.

533) 동국통감(東國通鑑) : 1485년(성종16) 서거정(徐居正) 등이 왕명을 받고 편찬한 역사서. 1458년(세조4)에 편찬 사업이 시작되어 고대사 부분이 1476년(성종7)에 『삼국사절요(三國史節要)』로 간행되었으며, 1484년에 『동국통감』이 완성되었다. 그 이듬해에는 전년에 완성된 책에 찬자들의 사론을 붙여 『동국통감』 56권을 신편하였다.

099 광주 교생(光州校生) 김덕령(金德齡)[534]은 용력(勇力)이 뛰어났고, 스스로 둔갑(遁甲)이라 칭하였다. 이귀가 그를 신임하여 군무사(軍撫司)에게 천거하며, "용과 호랑이를 쫓아 공중을 날 듯 도둑을 잘 잡고, 제갈량처럼 지혜롭고, 관우 보다 용맹하다."고 하였다. 동궁(東宮, 광해군)이 그를 만나 격려하여 익호장군(翼虎將軍)에 임명하였으며, 선조가 명하여 초승(超乘)[535]으로 고쳐 불렀다. 이에 온 나라에 신령스러운 장군으로 이름을 떨쳤고, 김덕령 자신도 또한 그 사실을 숨기지 않았다. 하지만 실제로는 겁이 많아서 술만 마실 뿐 적과 대적하지 않았으니, 삼군(三軍)을 거느리고서 조그마한 공도 이루지 못하였다. 끝내 헛된 명성만 가지고 있다가 이몽학의 당에 연루되어 고문 받다가 죽었다. 이 역시 자초한 일이었다.

김덕령이 적당(賊黨)과 연루되었다는 소식이 알려지자 주상이 크게 놀라 즉시 좌우를 물리치고 대신들과 의논하였다. 주상이 물었다. "김덕령의 용맹은 삼군 가운데 으뜸이고, 또한 친병(親兵)이 있다고 하니 만약 잡아오라 해도 잡아오지 않으면 어찌할 것인가." 정승 류성룡이 대답하였다. "신이 오랫동안 남쪽 고을에 있으면서 그를 보았는데 그도 보통사람과 같습니다. 비록 용력이 뛰어나다고 하지만 다른 사람에 비해 그렇게 뛰어난 것도 아닙니다. 인심을 크게 잃었기 때문에 친병들도 다른 마음을 품고 있습니다. 비록 명령을 거역하고자 해도 그렇게 할 수 없습니다."

주상이 "누가 그를 잡아올 수 있겠는가."라고 묻자, 류성룡이 말했다. "만약 도망쳐서 숨어 있다면 모를까 그렇지 않다면 체포하는 일은 손바닥 뒤집듯 쉽습니다." 그럼에도 주상이 오히려 불안해하자 서성(徐渻)[536]이 말했다. "영남에 사는 한명련(韓明璉)[537]이라는 자가 매우 용맹하다고

---

534) 김덕령(金德齡) : 1567~1596. 본관은 광산, 자 경수(景樹)이다. 의병장으로서 왜군을 무찔러 익호장군(翼虎將軍)의 호를 받았다. 1596년(선조29) 모함을 받아 옥사하였다.
535) 초승(超乘) : 뛰어서 수레에 오른다는 뜻으로 뛰어난 용력을 가리킨다.
536) 서성(徐渻) : 1558~1631. 본관은 달성(達城), 자 현기(玄紀), 호 약봉(藥峯)이다. 대제학 거정(居正)의 현손이다. 이이·송익필의 문인으로, 형조·병조판서 등을 역임하였다.
537) 한명련(韓明璉) : ?~1624. 임진왜란 당시 의병장이 되어 곽재우·김덕령 등과 함께 공을 세웠다. 1624년(인조2) 이괄의 난에 가담했다가 부하의 배반으로 죽임을 당하였다.

합니다. 한명련을 시켜 잡아오도록 하십시오. 그리고 김응서(金應瑞)[538]에게 항복한 왜인 50명을 주어 돕도록 한다면 김덕령이 버틸 수 있겠습니까." 정승 류성룡이 "서성이 어찌 감히 전하 앞에서 당치도 않게 큰소리를 치겠습니까. 그 말은 따를 만합니다."고 하였다. 주상이 명하였고, 서성이 급히 명령을 받들어 김덕령을 잡으러 갔다.

일행이 전주(全州)에 도착했을 때 도원수 권율(權慄)[539]이 진주에서 죄수들을 잡아들였다. 서성이 말을 달려가서 아뢰었다. "권율이 김덕령을 시켜 이몽학을 토벌하게 하였는데 나흘이 지나도록 지체하면서 성패를 관망했기 때문에 잡아 들였다고 합니다." 이 여덟 글자[540]가 마침내 김덕령의 단안(斷案)이 되었다. 사람들이 모두 서성을 원망하였지만 이 사실은 국사[國乘]에 실려 있으니 무고만은 아닐 것이다. 김덕령의 죽음은 처음부터 끝까지 서성과 관련되어 있는데 그 죄를 서애에게 돌리는 자는 도대체 무슨 마음인가. 서성은 서인의 유력자였고, 서애는 그 당 소속이 아니었기 때문이다.

100 서애 선생이 살아 계실 때 우계와 송강의 무리들이 함정에 빠뜨리려고 했으며, 이이첨·박홍도(朴弘道)[541]·남이공(南以恭)[542]의 무리는 죽이려

---

538) 김응서(金應瑞) : 1564~1624. 본관은 김해, 자 성보(聖甫)이다. 임진왜란 당시 평양전투에서 큰 공을 세워 포도대장이 되었다. 광해군대 청나라에 항복한 뒤 정보를 유출하려다가 죽임을 당하였다.

539) 권율(權慄) : 1537~1599. 본관은 안동, 자 언신(彦愼), 호 만취당(晚翠堂)·모악(暮嶽)이다. 이항복의 장인으로, 호조판서 등을 역임하였다. 임진왜란 때 행주대첩을 승리로 이끌었다.

540) 여덟 글자 : '四日遲留, 觀望成敗[나흘이 지나도록 지체하면서 성패를 관망하다]'를 가리킨다.

541) 박홍도(朴弘道) : 1576~1623. 본관은 죽산(竹山), 자 자수(子修)이다. 홍문관 수찬·이조정랑 등을 역임하였다. 이이첨의 무리들과 연루된 혐의로 1623년(인조 즉위년)에 좌부승지로 재직중 참형당하였다.

542) 남이공(南以恭) : 1565~1640. 본관은 의령, 자 자안(子安), 호 설사(雪簑)이다. 대사헌·공조판서 등을 역임하였다. 선조대 북인으로 활동하다가 유영경과 함께 소북을 이끌었다. 다시 남당(南黨), 청소북(淸小北)과 유당(柳黨), 탁소북(濁小北)으로 나뉘었다. 광해군이 즉위하자 유영경과 함께 파직 당하였다.

했다. 서애가 죽은 뒤 이산과 회천 무리들 또한 쫓아다니며 비방하였는데, 그렇게 하지 않았다면 어떻게 뒷날 군자를 보았다고 하겠는가. 공이 영의정으로서 이조·병조판서, 대제학에 수차례 겸임해서 권세를 잡고 있었기 때문에 사람들의 입에 오르내리게 된 것이다.

양현종사 추이

101 율곡과 우계를 문묘에 종사하려는 논의는 을해년(1635, 인조13)에 송시형 등이 제기한 이래 인조·효종·현종 삼조(三朝)를 거치면서 끝내 윤허를 받지 못하였다. 사람들의 눈과 귀가 크고 작은 일과 행동에 미치게 되면서 주상도 세세한 이유를 알게 되기 때문이었다. 신유년(1681, 숙종7)에 이르러 문묘에 입향(入享)되었으나 기사년(1689)에 출향(黜享)되었다가, 갑술년(1694)에 다시 입향되었다. 출향되고 입향되는 일이 또한 당론(黨論)과 크게 관계되었으니, 국면에 따라 주상이 번복하였다. 문묘에서 제사지내는 중대함이 어찌 이리도 욕되고 경솔하단 말인가.

말류가 하늘을 뒤덮었으니 사계가 계속해서 입향되고 회천이 천거되었다. 그 뒤 이윤(尼尹, 윤선거)·현석(玄石, 박세채)·황산(黃山, 권상하)543), 그리고 이상(李翔)544)과 이재(李縡)545)에 이르러 제자라고 하거나 스승이라고 하면서 차례차례 배향 대상자로 거론되었다. 이것을 두고 진인(晉人)이 "어느 시대인들 현자가 없겠는가."라고 한 것인가 보다. 정축년(1757, 영조33) 우암과 동춘당이 문묘에 배향되었다. 기묘년(1759)에 김집과 조헌을 배향하자는 논의가 있었고,

---

543) 황산(黃山) : 충남 논산군 일대. 여기서는 송시열의 문인 권상하(權尚夏, 1641~1721)를 가리킨다. 본관은 안동, 자 치도(致道), 호 수암(遂菴)·한수재(寒水齋)이다. 1689년(숙종15) 기사환국으로 송시열이 사사된 뒤 만동묘(萬東廟)와 대보단(大報壇)을 세워 유지(遺志)를 받들었다.

544) 이상(李翔) : 1620~1690. 본관은 우봉(牛峰), 자 운거(雲擧)·숙우(叔羽), 호 타우(打愚)이다. 유겸(有謙)의 아들로서, 이조참판·대사헌 등을 역임하였다. 송시열을 통하여 김집의 학통을 이어받았다. 숙종대 소론과 반목하였다.

545) 이재(李縡) : 1680~1746. 본관은 우봉, 자 희경(熙卿), 호 도암(陶菴)·한천(寒泉)이다. 유겸(有謙)의 증손이다. 김창협의 문인으로, 이조참판·대제학 등을 역임하였다. 영조대 노론의 의리론에 입각 탕평정치에 반대하였다. 호락논쟁(湖洛論爭)에서는 한원진의 호론에 맞서 낙론을 주장하였다.

갑신년(1764)에 현석이 입향되었다. 현석은 임금이 탕평주인(蕩平主人)이라고 하면서 특별히 명하여 배향되었다.

율곡과 우계가 입향되었다가 출향되고, 출향되었다가 다시 입향되기를 세 차례나 반복하였다. 출향되면 한쪽 편 사람들이 신주를 밧줄에 묶어 끌고 가서 떠다니는 시신을 구덩이에 버리는 것 같이 여겨 한스러워했다. 반면 배향이 되면 한쪽 편 사람들이 원하는 바를 얻은 듯 기뻐하되 일이 성사되지 못할 것을 우려해서 해당 관청의 회계(回啓)를 기다리지 않고 급히 받들어 배향하여 마치 한나라 분자(盆子)가 왕위에 오르듯 하였다.546) 이것이 무슨 꼴인가. 영의정 약천(藥泉, 남구만)이 세 가지 후회스러운 일이 있다고 했다. 그 중 하나가 갑술년(1694, 숙종20) 이후 두 성현의 신위에 다시 제사지낼 때 신중해야 한다는 뜻으로 조금 머뭇거리다가 청하지 못하였다고 하였으니, 바로 이것이었다.

예로부터 문묘에 배향되는 자로 마융(馬融)547)·왕필(王弼)548)·최치원(崔致遠)549)이 있다. 이들은 덕행으로써 기술할 만한 것이 없더라도 혹은 뛰어난 문장이나, 혹은 경전으로 특별히 배향되어 대대로 그 공로가 인정되었다. 오늘날 우계와 율곡 역시 허물을 곡진히 비호하기 보다는 그들의 도학을 장려하여 왕필·마융·최치원과 같은 반열에서 배향하려 했다면 남인[午人]550) 또한 목숨을 걸고 다투지 않았을 것이다.

『석담일기(石潭日記)』는 율곡의 옹졸함을 감추고 있었기 때문에 간행되어 반포하지 않은 것은 잘된 일이다. 그 내용 중에 동시대 사대부들

---

546) 분자(盆子)가 왕위에 오르듯 : 성급하게 자리에 오름을 비유한 말. 한나라 말 왕망(王莽)이 멸망한 뒤 적미(赤眉)의 난이 일어나 유분자(劉盆子)가 왕위에 올랐으나, 곧 광무제(光武帝)에 의해 제압되었다.
547) 마융(馬融) : 79~166. 후한(後漢) 학자. 자는 계장(季長)이다. 노식(盧植)·정현(鄭玄) 등을 가르쳤다.
548) 왕필(王弼) : 226~249. 위나라 학자. 하안(何晏)과 함께 위·진(魏晉)의 현학(玄學)의 시조이다.
549) 최치원(崔致遠) : 857~?. 본관은 경주, 자 고운(孤雲)·해운(海雲)이다. 서서감지사(瑞書監知事) 등을 역임하였다.
550) 남인[午人] : 간지(干支)의 방위로 오(午)는 남쪽에 해당하므로 남인을 '오인'으로 지칭하였다.

가운데 차츰 자기와 부합되지 않은 자들을 모두 옳지 않다는 죄목에
부쳐 세상에 본래 온전한 사람이 없다고 하였다. 자신을 자랑하는 것이
너무 지나쳤으니 이것이 어찌 군자의 마음 쓰는 바이겠는가. 어떤 사람은
"송강 정철은 명성에 의탁하여 거짓 기록한 자이지만 거처함에 포용력이
간혹 있기도 했다."라고 하였다. 『자해필담』

서궁 유폐와 인조반정

102 병오년(1606, 선조39) 봄에 계비(繼妃) 정의왕후(貞懿王后)551) 김씨가
영창대군(永昌大君)552) 이의(李㻁)를 낳았다. 영의정 유영경(柳永慶)553)이 문
무백관을 인솔하여 탄생을 축하하였다. 무신년(1608) 2월 1일에 주상이
세상을 떠나고, 광해군이 즉위하자 유영경이 사약을 먹고 죽었다. 임자년
(1612, 광해군4)에 해주에서 김직재(金直哉)의 옥사554)가 일어나서 유영경
에게 추가로 역률(逆律)이 적용되었다.

계축년(1613) 4월에 포도청에 잡혀있던 도적 박응서(朴應犀) 박순(朴淳)의
서자(庶子)가 옥중에서 "김제남(金悌男)555)과 함께 모의하여 이의를 왕위에
세우려했다."고 고변하였다. 광해군이 직접 국문하여 김제남의 자백을
받고 역률로 처벌하였으며, 영창대군 이의는 강화도로 쫓아 보냈다.
갑인년(1614)에 부사(府使) 정항(鄭沆)을 시켜 영창대군을 핍박하여 죽였다.

---

551) 정의왕후(貞懿王后) : 1584~1632. 선조의 계비(繼妃) 인목대비(仁穆大妃). 연흥부원군(延
興府院君) 제남(悌男)의 딸이다. 존호는 소성정의명렬(昭聖貞懿明烈)이다.

552) 영창대군(永昌大君) : 1606~1614. 인목대비 소생으로 선조의 적자(嫡子). 광해군 때
서인으로 강등된 뒤 강화도에 유배되었다가 죽임을 당하였다.

553) 유영경(柳永慶) : 1550~1608. 본관은 전주, 자 선여(善餘), 호 춘호(春湖)이다. 우의정·영
의정 등을 역임하였다. 동인에서 출발하여 이발과 함께 북인에 가담하였다. 이후
유희분 등과 함께 소북의 영수가 되었다. 광해군 때 대북 이이첨·정인홍의 탄핵을
받고 유배되었다가 사사되었다.

554) 김직재(金直哉)의 옥사 : 1612년(광해군4) 김직재가 아들 백함(白緘)과 함께 진릉군(晉陵
君)을 왕으로 추대하려는 역적모의를 꾸몄다는 혐의로 투옥되었다가 죽었다. 소북을
제거하기 위하여 대북이 조작한 옥사라고 한다.

555) 김제남(金悌男) : 1562~1613. 본관은 연안, 자 공언(恭彦)이다. 인목대비의 부친으로
연흥부원군에 봉해졌다. 1613년(광해군5) 이이첨 등에 의해 영창대군을 추대하려
했다는 공격을 받아 사사되었다.

을묘년(1615)에 인목대비(仁穆大妃)를 경운궁(慶運宮)에 유폐시켰으니 이이
첨 등이 멋대로 일을 꾸며 나라를 어지럽혔다.

　계해년(1623)에 인조(仁祖)는 김류(金瑬)556)·이귀와 함께 비밀리에 약속
하고, 3월 12일 저녁에 각자 장정들을 이끌고 홍제원(弘濟院)으로 나왔다.
초저녁 무렵 장단부사(長湍府使) 이서(李曙)557)가 군사 600명을 거느리고
와서 모이니 대략 천여 명이 되었다. 그날 밤 2고(鼓, 오후10시 전후)에
창의문(彰義門)을 부수고, 직접 경덕궁(經德宮)558)에 진입하였다. 당시 이이
반(李而攽)559)이 이 사실을 알아차리고 같은 날 오시(午時, 정오 전후)에
변고를 알렸다. 광해군은 즉시 훈련대장 이흥립(李興立)560)에게 군대를
이끌고 호위하게 하였다. 영의정 박승종(朴承宗)561)·좌의정 박홍구(朴弘
耉)562)·호조판서 김신국(金藎國)563)·병조판서 권진(權縉)564) 등이 이이반을
비변사에서 국문하였다. 그때 군사들의 함성이 진동하자 박승종 등은

---

556) 김류(金瑬) : 1571~1648. 본관은 순천(順天), 자 관옥(冠玉), 호 북저(北渚)이다. 영의정
　　등을 역임하였다. 인조반정으로 정사공신 1등에 녹훈, 승평부원군(昇平府院君)에
　　봉해졌다.

557) 이서(李曙) : 1580~1637. 본관은 전주, 자 인숙(寅叔), 호 월봉(月峰)이다. 총융사·호위대
　　장 등을 역임하였다. 병자호란 때 남한산성에서 적군을 막다가 죽었다.

558) 경덕궁(經德宮) : 원래 인조의 생부 원종(元宗)의 잠저(潛邸)가 있던 곳. 1616년(광해군8)
　　건립 당시에는 경덕궁이라 하였으나, 1760년(영조36)에 경희궁(慶喜宮)이라고 개칭하
　　였다. 1910년 국권침탈 직전부터 일본인들에 의하여 강제로 철거되었다.

559) 이이반(李而攽) : ?~1623. 본관은 전주이다. 광평대군(廣平大君) 여(璵)의 후손으로 인조
　　반정에 참여했다가 도리어 반정계획을 폭로하였다. 반정 직후 고변했다는 이유로
　　처형되었다.

560) 이흥립(李興立) : ?~1624. 본관은 광주(廣州)이다. 이괄의 난 때 적에게 투항했다가
　　난이 평정되자 자결하였다.

561) 박승종(朴承宗) : 1562~1623. 본관은 밀양, 자 효백(孝伯), 호 퇴우당(退憂堂)이다. 좌의정·
　　영의정 등을 역임하였다. 인조반정이 일어나자 아들과 함께 목매어 자결하였다.

562) 박홍구(朴弘耉) : 1552~1624. 본관은 죽산, 자 응소(應邵)이다. 우의정·좌의정 등을
　　역임하였다. 이괄의 난 때 인성군(仁城君)을 추대하려 한다는 모함을 받아 죽임을
　　당하였다.

563) 김신국(金藎國) : 1572~1657. 본관은 청풍, 자 경진(景進), 호 후추(後瘳)이다. 선조대
　　소북으로 활동하다가 파직되었다. 인조반정 이후에도 공조·형조판서 등을
　　역임하였다.

564) 권진(權縉) : 1572~1624. 본관은 안동, 자 운경(雲卿), 호 수은(睡隱)이다. 근(近)의
　　8대손이다.

급히 도망쳤고, 이흥립은 군대 앞으로 나와 절하여 맞이하였다. 인조가 즉시 숭정전(崇政殿, 경희궁 정전) 섬돌 위에 올라 간의 의자565)에 앉아 즉시 이귀와 도승지 이덕형(李德泂)566)을 경운궁으로 보내어 입직하게 하였다. 분병조참의(分兵曹參議) 유순익(柳舜翼)567)이 내부에서 몰래 통해 문을 열어주니, 3고(鼓, 자정 전후)였다.

계해년(1623) 3월 13일에 여러 재신(宰臣)들과 문무백관을 패(牌)를 내어 불러들여568) 각자의 직분을 맡기고, 이이첨 등 13인을 체포하였다. 오후에 주상이 서궁(西宮, 경운궁)에 나아갔고 폐주(廢主, 광해군)와 동궁을 가마에 태워 뒤따르게 하였다. 체포한 흉악한 무리들을 경운궁 안으로 잡아들이게 하고, 대장 이흥립에게 명하여 호위토록 하였다.

3월 15일에 종루(鍾樓)에 진을 치고 길가에는 백관이 서 있었다. 역적 이이첨·정조(鄭造)569)·윤인(尹訒)570)·이위경(李偉卿)571)·이홍엽(李弘燁)572)·이익엽(李益燁)·의관(醫官) 조귀수(趙龜壽)·박응서(朴應犀)·한효길(韓孝吉) 등을 능지처참하였다.

3월 22일에 판윤 이괄(李适)573)이 폐주와 동궁을 잡아들여 강화도에

---

565) 간의 의자 : 승상(繩床). 노끈으로 얽어서 접었다 폈다 할 수 있게 만든 의자이다.
566) 이덕형(李德泂) : 1566~1645. 본관은 한산, 자 원백(遠伯), 호 죽천(竹泉)이다. 예조판서·우찬성 등을 역임하였다. 인조반정 때 광해군을 죽이지 말 것을 주장했으며 이를 본 능양군(綾陽君, 인조)이 충신이라고 판단해 반정 후 인목대비를 맞이하는 의식에서 그를 앞세워 반정을 보고했고, 능양군에게 어보(御寶)를 내리게 하는 데 공을 세웠다. 정묘·병조호란 때 왕을 호종하였다. 저서로는 『죽창한화(竹窓閑話)』 등이 있다.
567) 유순익(柳舜翼) : 1559~1632. 본관은 진주, 자 여중(勵仲), 호 지강(芝岡)이다. 병조·공조 참판 등을 역임하였다.
568) 패를 내어 불러들여 : 패초(牌招). 승지가 왕명을 받고 신하의 입시를 명할 때 패를 사용하던 제도이다.
569) 정조(鄭造) : 1559~1623. 본관은 해주(海州), 자 시지(始之)이다. 대사성·대사간 등을 역임하였다. 폐모론을 제기하여 인목대비를 서궁(西宮)에 유폐시키는 데 적극 가담하였다.
570) 윤인(尹訒) : 1555~1623. 본관은 파평, 자 인지(訒之)이다. 예조참판·대사헌 등을 역임하였다.
571) 이위경(李偉卿) : 1586~1623. 본관은 전의, 자 장이(長而)이다. 우승지·대사간 등을 역임하였다.
572) 이홍엽(李弘燁) : 1592~1623. 본관은 광주(廣州). 자 문언(文彦)이다. 이첨(爾瞻)의 아들, 대사성 익엽(益燁)의 형, 이조참 대엽(大燁)의 아우이다.

위리안치 시켰다. 정인홍·한찬남(韓纘男)[574]·박홍도·백대형(白大珩)[575]·이
원엽(李元燁)·이대엽(李大燁)[576]·이강(李茳)[577]·민조(閔藻)를 사형에 처하였
다. 이각(李覺)·유희발(柳希發)[578]·이정원(李挺元)[579]·박종주(朴宗冑)[580]·황
덕부(黃德符)[581]·유희분(柳希奮)[582]·박엽(朴燁)[583]·김상궁(金尙宮)[584]·윤숙
의·나인 옥녀(玉女)·승(僧) 성지(性智)·무당 복동(福仝) 등 60명을 참수하였다.
부원군 민형남(閔馨男) 등 200여 명은 삭훈(削勳)하여 자급(資級)을 강등하였
다. 순녕군(順寧君) 이경검(李景儉)[585]과 승지 황중윤(黃中允)[586] 등 65명을
위리안치 시켰다. 예조판서 임취정(任就正)[587] 등 115명은 멀리 귀양 보냈다.
부원군 이시언(李時彦)[588] 등 80여 명을 부처(付處)[589]시켰다. 박홍구(朴弘耉)·

573) 이괄(李适) : 1587~1624. 본관은 고성(固城), 자 백규(白圭)이다. 평안병사 겸 부원수
    등을 역임하였다. 인조반정 직후 논공행상에 불만을 품고 반란을 일으켰다.
574) 한찬남(韓纘男) : 1560~1623. 본관은 청주, 자 경서(景緖)이다. 대사헌·형조판서 등을
    역임하였다. 광해군 때 김제남의 처벌을 적극 주장하였다. 이이첨의 사주를 받아
    해주옥사를 일으켰다.
575) 백대형(白大珩) : 1575~1623. 본관은 수원, 자 이헌(而獻)이다.
576) 이대엽(李大燁) : 1587~1623. 본관은 광주(廣州), 자 문보(文甫). 이첨(爾瞻)의 장남으로,
    동생 원엽(元燁)·홍엽·익엽을 두었다.
577) 이강(李茳) : 1573~1623. 본관은 영천(永川), 자 형보(馨甫)이다.
578) 유희발(柳希發) : 1568~1623. 본관은 문화, 자 인초(靷草)이다. 광해군의 처남으로,
    이조정랑 등을 역임하였다. 이이첨 등과 함께 폐비론에 가담하였다. 인조반정이
    일어나자 형 희분과 함께 주살(誅殺)되었다.
579) 이정원(李挺元) : 1567~1623. 본관은 경주, 자 중인(仲仁), 호 후포(後浦)이다.
580) 박종주(朴宗冑) : 1591~1623. 본관은 고령, 자 언중(彦仲)이다.
581) 황덕부(黃德符) : 1582~1623. 본관은 회덕(懷德), 자 신백(信伯)이다.
582) 유희분(柳希奮) : 1564~1623. 본관은 문화, 자 형백(亨伯), 호 화남(華南)이다. 도승지·병
    조판서 등을 역임하였다.
583) 박엽(朴燁) : 1570~1623. 본관은 반남(潘南), 자 숙야(叔夜), 호 약창(藥窓)이다.
584) 김상궁(金尙宮) : 광해군의 총애를 받은 궁녀. 일명 김개똥[김개시]이다.
585) 이경검(李景儉) : 본관은 전주이다. 해풍군(海豊君) 기(耆)의 아들로, 폐모론에 동조하였
    다.
586) 황중윤(黃中允) : 1577~?. 본관은 평해(平海), 자 도선(道先)이다. 명나라와 외교를 단절
    하고 오랑캐와 통교했다는 죄목으로 유배되었다.
587) 임취정(任就正) : 1561~1628. 본관은 풍천(豊川), 자 진화(進和)이다.
588) 이시언(李時彦) : 1545~1628. 이직언(李直彦). 시언은 초명이다. 본관은 전주, 자 군미(君
    美), 호 추천(秋泉)이다. 효령대군의 5대손이다.
589) 부처(付處) : 특정 지역을 정하여 가족과 함께 머물게 하는 형벌이다.

유몽인(柳夢寅)590) 등 33인을 관직을 빼앗고 도성 밖으로 내쫓았다. 한효순(韓孝純)591)·민몽룡(閔夢龍)592) 등 14명은 추탈하였다. 박승종과 아들 자흥(自興)은 반정이 일어난 날 산사(山寺)에서 자살하였다. 『조야기문(朝野記聞)』593)

103 광해군 때 김상궁이 농간을 부려 사람들의 마음이 분하고 억울해 하는 모습을 보고 홍문관 서리 김충렬(金忠烈)이 상소하였다. "『시경(詩經)』에 '빛나고 빛나던 주나라를 포사(襃姒)594)가 멸망시킬 것이다.'595)고 했는데 우리 조선의 300년 종사가 장차 김상궁의 손에 의해 멸망할 것입니다. 신은 전하를 위해 통곡합니다." 하지만 승정원에서 물리쳤다. 김충렬이 시를 잘 짓기에 자신의 호를 옥호자(玉壺子)라 하였다. 『동평위문견록(東平尉聞見錄)』596)

유몽인 관련 일화

104 어우자(於于子) 유몽인은 광해군 때 이조참판을 지냈다. 계해년(1623, 인조1) 반정이 일어난 뒤 정해진 거처 없이 여러 곳에 피해 다녔다. 그 해597) 역옥의 진술로 체포되었는데 처음엔 소재를 파악하지 못하여

---

590) 유몽인(柳夢寅) : 1559~1623. 본관은 고흥(高興), 자 응문(應文), 호 어우당(於于堂)·간재(艮齋)·간암(艮庵)·묵호자(默好子)이다. 대사간 등을 역임하였다. 인조반정 직후 광해군 복위에 가담했다는 무고를 받아 죽음을 당했다.

591) 한효순(韓孝純) : 1543~1621. 본관은 청주, 자 면숙(勉叔), 호 월탄(月灘)이다. 우의정·좌의정 등을 역임하였다.

592) 민몽룡(閔夢龍) : 1550~1618. 본관은 여흥, 자 치운(致雲), 호 운와(雲窩)이다.

593) 조야기문(朝野記聞) : 서문중(徐文重, 1634~1709)의 저술. 조선 초부터 병자호란에 이르기까지의 역대 사적과 인물에 대해 기록하였다. 본관은 달성, 자 도윤(道潤), 호 몽어정(夢漁亭)이다. 좌의정·영의정 등을 역임하였다. 1694년 갑술환국 때 희빈 장씨와 남인에 대한 온건론을 폈다가 배척당하였다. 박세채의 천거로 중용되었다.

594) 포사(襃姒) : 서주(西周) 마지막 왕 유왕(幽王)의 애첩. 그녀를 웃게 하기 위해 거짓 봉화를 올렸다고 한다.

595) 『시경(詩經)』 「소아(小雅)·기보지십(祈父之什) 정월(正月)」.

596) 동평위문견록(東平尉聞見錄) : 정재륜(鄭載崙, 1648~1723)의 저술. 본관은 동래, 자 수원(秀遠), 호 죽헌(竹軒)이다. 영의정 태화(太和)의 아들로서, 효종의 사위이다. 효종의 다섯째 딸 숙정공주(淑靜公主)와 결혼하여 동평위에 봉해졌다.

597) 그 해 : 저본에는 무진년으로 되어 있다. 유몽인은 계해년(1623) 7월 27일에 정주목사

162

혹 망명했다는 말이 있었지만 얼마 뒤 경기도 서산(西山, 양주 소재)에서
체포되었다. 국청(鞠廳)에서 "너는 어찌하여 역적모의를 했으며, 또 왜
망명하였느냐."라고 묻자, 유몽인이 대답하였다. "광해가 망하게 되리라
는 것은 부녀자나 어린 아이도 다 아는 일이고, 새 임금의 성덕(聖德)은
노예들도 다 아는 일인데 내가 어찌 성군(聖君)을 버리고 옛 주인을 복위시
키려는 뜻을 가졌겠는가. 나는 망명한 것이 아니라 서산에 거처했을
뿐이오."

대신이 물었다. "네가 서산에 갔다는 말은 나도 들어 알고 있다. 무왕(武
王)이 기자(箕子)598)를 세워 천자가 되었다면 백이(伯夷)599) 또한 서산에
들어갔겠느냐." 유몽인이 아무 말 없이 한참 있다가 "내가 전에 과부사(寡
婦詞)를 지어서 내 뜻을 표현하였는데, 이것이 죄가 된다면 죽여도 할
말이 없습니다."고 하며, 곧 시를 외웠다. "70세 늙은 과부, 단정히 빈
방을 지키고 있네. 옆에 있는 사람들이 시집가라 권하니 남자 얼굴이
무궁화 꽃처럼 잘 생겼다고 하네. 여사(女史)600)의 시를 자주 익혀 외워서
임(姙)·사(姒)601)의 교훈을 조금 알고 있네. 흰 머리로 젊게 꾸민다면
어찌 연지분이 부끄럽지 않겠는가."

대신은 유몽인을 살려주고 싶었지만 훈신(勳臣)들이 "유몽인을 죽이지
않으면 그 잘못을 본받아 조정에 나오려 하지 않는 사람이 많을 것이다.
제방602)을 엄하게 하지 않을 수 없다."고 하였다. 마침내 역률로써 죽였다.

『동평위문견록』

(定州牧使) 이신(李愼)과 가선대부 유응경(柳應洞) 등이 변란을 일으키려 한다는 고변으
로 인해 사로잡혔고, 8월 4일에 처형되었다.
598) 기자(箕子) : 은나라 말 현자(賢者). 주나라 무왕으로부터 조선을 봉해 받고 팔조(八條)
의 가르침을 펼쳤다.
599) 백이(伯夷) : 은나라 말 현자. 주나라 무왕이 은나라를 정벌하려 할 때 아우 숙제(叔齊)
와 함께 간하였으나 받아들여지지 않자 수양산으로 들어가 굶어 죽었다.
600) 여사(女史) : 궁중에서 글을 맡은 여관(女官)을 가리킨다.
601) 임(姙)·사(姒) : 임은 문왕(文王)의 어머니, 사는 무왕(武王)의 어머니. 덕 있는 부인을
가리킨다.
602) 제방(堤防) : 본문에서는 예법과 기강을 의미한다.

105 이사상(李師尙)603)은 어릴 적부터 어우자의 문장을 좋아해서 아침저녁으로 외워서 읊조리는데도 오히려 많이 외우지 못함을 한스러워했다. 어느날 새벽, 홀연히 꿈속에서 정승이 나타나 당에 올라 예를 다해 인사하고 앉아서 자신을 어우자라고 하면서 말하였다. "내가 죽임을 당한 이후 평생토록 남긴 원고들이 민간에 흩어졌는데 사람들이 수집할 줄 모르니, 저승에 있으면서도 맺힌 한이 끝이 없다. 지금 그대를 나의 자운(子雲)604)으로 여기며 아침저녁으로 만나니 그대가 지하에 있는 이 사람을 위하여 원고를 썩지 않게 해 줄 수 있겠는가." 그가 말하였다. "어른의 가르침이 없어도 이는 소자의 평소 뜻이기도 합니다. 하지만 관직에서 쫓겨난 몸이라 그 일을 수행할 만한 재력이 없으니 어찌해야 합니까." 유몽인이 말했다. "지금이후 몇 년 안에 아무 관직에 올라서 그 일을 할 능력이 생길 것이니 그렇게 되면 내 부탁을 잊지 않겠지." 이사상이 말했다. "소자가 마음에 두고 있으니 어찌 잊겠습니까."라고 하였다. 유몽인이 말하였다. "그렇다면 매우 다행스럽다. 시문을 적어둔 약간의 책을 아무개에게 맡겨두었으니 자네가 그를 방문하여 구하면 얻을 것이네. 자네가 이미 어른과 약속하였으니 훗날 옥을 이루게 된다면 두터운 보답이 있을 것이네. 하지만 신의를 잃는다면 재앙이 없지 않을 것이니 자네가 힘써 주기 바라네." 이사상이 "삼가 가르침을 받들겠습니다."라 하고, 그와 작별을 고하였다.

잠에서 깨어나서도 너무나 생생하여 꿈에 따라 수소문해 보니 과연 꿈과 일치하였으며, 그렇게 수집한 책이 13책에 이르렀다. 그 뒤 경상도 관찰사가 되어 문집을 간행하려 했으나 집이 너무 가난하여 겨우 먹고사는데 급급하여 짐짓 천천히 추진하다가 끝내 간행하지 못하고 교체되어 돌아가게 되었다. 이에 을사년(1725, 영조1)의 화를 만나게 되었다고

603) 이사상(李師尙) : 1656~1725. 본관은 전주, 자 성망(聖望)이다. 부제학 등을 역임하였다. 신임환국(1721~1722) 당시 준소(峻少)계열로 노론에 대한 강력한 처벌을 주장하였다. 1725년(영조1) 노론의 탄핵을 받아 유배되었다가 김일경·목호룡 등과 함께 처형되었다.
604) 자운(子雲) : 한나라 문장가 양웅(揚雄, B.C.53~A.D.18)이다.

한다.

내가 어우자의 문장을 읽어보았는데, "족함을 알면 욕되지 않고, 그칠 줄을 알면 위태롭지 않다."라는 초고현인(楚苦縣人, 노자)의 훈계가 생각났다. 그 자신은 광해군 때 총애 받는 신하로서 이부(吏部)의 책임을 맡아서 5년 동안 교체되지 않았으니 이는 말만 잘하고 행동은 제대로 하지 못한 자였지만 그의 문장과 기절은 뛰어난 점이 있었다. 또한 억지로 죽였어도 그의 혼백은 없앨 수 없었으니 지금까지도 여전히 그를 두려워하였다. 유몽인은 후손이 없으며 방계 자손이 흥양(興陽)과 두원(豆原)[605]에 많이 살고 있다고 한다.

인조의 장릉 이장

106 원종(元宗)[606]의 초상(初喪) 때 관곽(棺槨)의 틈이 벌어져 별도의 목판을 사용하여 보수하였다. 개장(改葬)할 때 능성군(綾城君) 구굉(具宏)[607]이 아뢰었다. "당초 구차하게 보수하여 사용했지만 지금은 재궁(梓宮)을 갖추어 고쳐야 합니다." 인조가 하교하였다. "몸과 백(魄)이 여기 있은 지 오래되어 이곳을 편안히 여긴다. 지금 부득이하게 옮겨서 봉분을 쌓지만 어찌 이로 인해 재궁을 고쳐 크게 놀라게 하겠는가." 특별히 영을 내려 고치지 않도록 하였다. 크도다! 성인으로서 이치에 통달한 견해여. 만력(萬曆) 경신년(1620, 광해군12) 양주(楊州)에서 장례를 치렀으며, 정묘년(1627, 인조5) 김포 장릉(長陵)으로 이장하였다.

이귀의 딸과 인조반정

107 옥여(玉汝) 이귀에게는 예순(禮順)이라는 딸이 있었는데, 남편은 김자겸(金自謙) 김자점의 동생 이었다. 그는 불교를 몹시 좋아하여 서얼 출신

---

605) 흥양(興陽)과 두원(豆原) : 전라남도 고흥(高興) 일대를 가리킨다.
606) 원종(元宗) : 인조의 생부 정원군(定遠君). 인조반정 뒤에 원종으로 추존되었다.
607) 구굉(具宏) : 1577~1642. 본관은 능성, 자 인보(仁甫), 호 군산(群山)이다. 사맹(思孟)의 아들, 인헌왕후(仁獻王后, 元宗의 妃) 오빠이다. 지중추부사·한성판윤 등을 역임하였다.

친구 오언관(吳彦寬)과 불교를 공부하였다. 거처하고 음식을 먹는데 내외 구분이 없었으며, 심지어 잠자리도 함께 하였다. 김자겸이 병들어 죽어갈 때 오언관에게 부인을 부탁하였다. 오언관이 친척처럼 예순의 집에 출입 하면서 불경을 가르쳐서 다른 사람의 마음을 읽을 수 있게 되었다.

어느날 갑자기 예순이 오언관을 따라 머리 깎고 전라도 안음(安陰) 덕유산(德裕山)으로 출가하였다. 그곳에서 대나무를 잘라 집을 만들어 거처하였다. 그녀가 데리고 있던 노복이 도둑질하다가 붙잡혔고, 오언관 과 예순 역시 서울로 잡혀 올라왔다. 궁궐 뜰에서 신문 받다가 오언관은 죽고, 예순은 감옥에 갇혔다. 그녀가 남동생에게 시를 써 주었다. "옷은 누런 먼지로 더럽혀졌는데 어찌하여 푸른 산은 사람들을 허여하지 않겠는 가. 둥근 하늘만이 나를 가둬 둘 수 있으니 의금부는 멀리 노니는 이 몸을 막을 수 없다네." 『유씨도올(柳氏檮杌)』608)

그 뒤 예순은 궐 안으로 들어가 김상궁과 깊이 결탁하여 궁중의 일을 은밀히 아버지에게 전해주지 않음이 없었으니, 계해년(1623) 거의(擧義, 인조반정)에 큰 힘이 되었다. 역시 어찌 때에 잘 대처해서 살아난 것이 아니겠는가.

이해의 반정공신 비판

108 함릉부원군(咸陵府院君) 이해(李澥)609)는 정사공신(靖社功臣)이었다. 벼슬을 우습게 생각하고 거리낌 없이 자유분방하게 살았으며, 발가벗은 채 신체를 드러내고 검속함에 힘쓰지 않았다. 내가610) 젊었을 때 그 사람됨을 기이하게 여겨 일찍이 아버지611)에게 질문하자 웃으며, "이공은

---

608) 유씨도올(柳氏檮杌) : 유몽인이 지었다고 전해지는 야사류. 도올(檮杌)은 초나라 역사 책이다. 악한 것을 기록하여 후세에 경계한다는 뜻이다.

609) 이해(李澥) : 1591~1670. 본관은 함평(咸平), 자 자연(子淵), 호 농옹(聾翁)이다. 공조판서 등을 역임하였다. 인조반정으로 정사공신 2등에 녹훈되었다. 공신에게 지급되는 전답을 모두 반환하여 청백한 사람으로 칭송을 받았다.

610) 내가 : 정재륜이다.

611) 아버지 : 정태화(鄭太和, 1602~1673). 본관은 동래, 자 유춘(囿春), 호 양파(陽坡)이다. 영의정 광필(光弼)의 5대손, 유길(惟吉)의 증손, 형조판서 광성(廣成)의 아들이다. 좌의

자기 나름의 의견을 갖고 있다."고 대답하였다. 처음 반정에 대해서 의논할 때 여러 사람들이 종묘사직을 안정시키고 백성을 보호하는 것으로 반정의 명분을 말하였기에 이공이 그 말을 좋게 여겨 반정에 참여하였다. 그러나 반정에 성공한 뒤 많은 사람들이 앞서 한 말을 실천하지 않고, 날마다 모여 재산을 몰수한 집안의 그릇과 의복 등을 자기 몫으로 나눠 가졌다. 이공은 자질구레하고 탐욕스러운 광경을 보고 부끄럽게 여겨 죽고자하였으며 죽을 때까지 밝음으로써 뜻을 삼았다. 어찌 드러난 흔적을 가지고 마음에 품은 생각을 논할 수 있겠는가. 비로소 내가 그의 뜻을 잘 알 수 있었다. 『동평위문견록』

조경과 이명준의 간쟁

109 용주(龍洲) 조경(趙絅)[612]과 잠와(潛窩) 이명준(李命俊)[613]은 인조 때 입시하여 임금 앞에서 주상의 잘못에 대해서 숨김없이 물었다. "전하께옵서 궁중에 있으면서 몇 시경에 어떤 일이 있었고, 몇 일경에는 어떤 사항을 행하셨는지요." 주상이 혹 말을 돌려 대답하면 두, 세 차례 다시 진달하여 인조가 승복한 뒤에 물러나갔다. 두 사람이 바른 말을 올리던 자들이었으며, 인조가 바른 말을 높이 평가하고 장려해서 주상의 낯빛을 범하면서도 직접 말할 수 있었다. 만약 이 두 사람이 다른 시절에 이와 같이 했다면 죄를 면하기 어려웠을 것이다. 위와 같다.

봉림대군의 처신

110 효종이 봉림대군(鳳林大君)으로 계셨을 때 윤선도를 스승으로 모시고 가르침을 받았다. 어느날 처신하는 방도에 대해서 묻자 윤선도가 대답하였다. "'공자왕손(公子王孫)이 꽃나무 아래에서 떨어지는 꽃을 보고,

---

정·영의정 등을 역임하였다. 저서로는 『양파유고(陽坡遺稿)』 등이 있다.

612) 조경(趙絅) : 1586~1669. 본관은 한양, 자 일장(日章), 호 용주(龍洲)이다. 예조·이조판서 등을 역임. 병자호란 당시 척화(斥和)를 주장하였다.

613) 이명준(李命俊) : 1572~1630. 본관은 전의, 자 창기(昌期), 호 잠와(潛窩)·진사재(進思齋)이다. 대사간·병조참판 등을 역임하였다.

청아한 노래를 부르며 고운 춤을 추네.'라고 하였으니 어찌 천고의 명작이
아니겠습니까." 효종이 갖고 있는 성왕(聖王)의 자질이 비상한 것을 보고
재질과 학식을 감추도록 넌지시 일러 주었던 것이다. 효종이 그의 대답을
듣고 마음에 새겨 두었다가 대통(大統)을 계승해서는 매번 사위들과 이야
기를 나누며, "그날 윤선도가 나를 아껴 나에게 경계하고 두려운 말을
해주었기에 많은 도움을 받았다."고 하였다. 위와 같다.

남이흥의 한탄

111 정묘년(1627, 인조5) 역적 한명련의 아들 한윤(韓潤)이 오랑캐 땅으
로 도망쳤는데, 그곳에서 강홍립(姜弘立)[614]을 사주하여 오랑캐를 이끌고
쳐들어왔다.[615] 얼어붙은 압록강을 건너 한밤중에 의주를 습격하여 부사
(府使) 이완(李莞)[616]과 판관(判官) 최몽량(崔夢亮)[617]을 죽였다. 이윽고 진격
하여 안주(安州)를 함락하고, 병사(兵使) 남이흥(南以興)[618]과 목사(牧使) 김준
(金俊)을 죽였다. 남공이 죽을 무렵 한탄하며 말했다. "조정이 평화로울
때 나로 하여금 장군을 훈련시키고 병졸을 조련시켰다면 어찌 이 지경에
이르렀겠는가." 당시 공신들이 심하게 시기하고 의심하여 몰래 널리
염탐해서 장군들은 군사 훈련을 회피하였다. 동계(桐溪) 정온(鄭蘊)[619]이

---

614) 강홍립(姜弘立) : 1560~1627. 본관은 진주, 자 군신(君信), 호 내촌(耐村)이다. 정묘호란
당시 입국하여 강화에서 화의(和議)를 주선하였다. 역신으로 몰려 관직을 삭탈
당하였다가 죽은 뒤 복관되었다.

615) 한윤이 …… 쳐들어왔다 : 1624년(인조2) 한윤은 아버지 명련이 이괄과 함께 반란을
일으켰다가 살해되자 탈출하여 구성(龜城)에 숨었다. 이듬해 정부군의 추적을 당하자
후금(後金)의 건주(建州)로 도망하여, 명나라의 요청으로 후금을 토벌하러 갔다가
후금에 투항한 강홍립의 휘하에 들어갔다. 1627년(인조5) 후금이 조선을 침공할
때 후금 군대에 종군하여 그 공격에 앞장을 섰다. 화의(和議)가 이루어진 뒤에도
조선의 위법을 들어 재침을 하도록 오랑캐들을 부추겼다. 이에 조선에서는 그를
가리켜 '한적(韓賊)'이라 하였다.

616) 이완(李莞) : 1579~1627. 본관은 덕수, 자 열보(悅甫)이다. 순신(舜臣)의 조카이다. 정묘
호란 당시 의주가 포위되었을 때 항복하지 않고 순국하였다.

617) 최몽량(崔夢亮) : 1579~1627. 본관은 경주, 자 계명(啓明)이다. 정묘호란 당시 포로가
되어 끝내 순국하였다.

618) 남이흥(南以興) : 1576~1627. 본관은 의령, 자 사호(士豪), 호 성은(城隱)이다. 평안도
병마절도사 등을 역임하였다. 정묘호란 당시 항전하다가 분사하였다.

"전하께옵서 이들로 인해 나라를 얻었지만 이들로 인해 나라를 잃을 것입니다."고 상소하였다. 이 같은 일을 두고 말한 것이다.

강홍립 종복 언복의 간언

112 정묘년(1627, 인조5) 화친을 논의하는 날 강홍립의 종복(從僕) 언복 (彦福)이 강화도 행재소에 와서 조정[廟堂]에서 말했다. "오랑캐의 군대가 원군(援軍)도 없이 너무 깊이 들어왔으니 봄여름 사이 장마가 들면 진퇴양 난에 빠질 것입니다. 원컨대 포수 수천 명을 시켜 앞뒤에서 공격한다면 오랑캐 군진은 괴멸될 것입니다. 그런 뒤에 화친을 맺는다면 오랑캐는 다시 쳐들어올 생각을 갖지 못할 것입니다. 만약 싸우지 않고 화친한다면 10년도 못돼 다시 쳐들어올 것입니다." 하지만 조정에서는 이 계책을 쓰지 않아서 병자년에 패배를 당하였다. 이러고도 나라에 인재가 있다고 하겠는가.

인성군 처벌을 둘러싼 논란

113 무진년(1628, 인조6) 유효립(柳孝立)620)의 역옥 당시 죄인들의 입에 서 인성군(仁城君) 이공(李珙)621)이 거론되자 조정에서 처벌을 논하였다. 그러자 검열(檢閱) 목성선(睦性善)622)과 정자(正字) 유석(柳碩)623)이 구언(求言) 에 응하여 상소하였다. "조정의 논의가 인성군을 죽이려 하는데 이는 임금을 사랑하는 덕이 아닙니다. 공신들이 왕실 혼인의 파기를 청하는

---

619) 정온(鄭蘊) : 1569~1641. 본관은 초계, 자 휘원(輝遠), 호 동계(桐溪)·고고자(鼓鼓子)이다. 대사간·부제학 등을 역임하였다.

620) 유효립(柳孝立) : 1579~1628. 본관은 문화, 자 행원(行源)이다. 희분(希奮)의 조카로서, 우부승지 등을 역임하였다. 1628년(인조6) 광해군을 상왕으로 삼고 인성군(仁城君) 이공(李珙)을 추대하려다가 처형되었다.

621) 이공(李珙) : 선조 후궁 정빈(靜嬪) 민씨 소생. 인목대비 폐위를 주장했지만 인조의 관용으로 무사하였다. 1628년(인조6) 유효립 등이 모반을 기도할 때 왕으로 추대되었 다가 진도에서 자살하였다.

622) 목성선(睦性善) : 1597~1647. 본관은 사천(泗川), 자 성지(性之), 호 병산(甁山)이다. 좌승지 등을 역임하였다.

623) 유석(柳碩) : 1595~1655. 본관은 진주, 자 덕보(德甫), 호 개산(皆山)이다.

것은 공변된 마음이 아닙니다." 주상이 너그럽게 답하였다. 당시 여론이
분연히 일어나 "목성선 등이 시인(時人)을 공격하여 물리치려고 이러한
논의를 주장했다."고 하였다. 이명한(李明漢)624)·이식(李湜)625)·이경석(李景
奭)626)·박황(朴潢)627)은 상소를 올려 목성선 등을 공격하였고, 대간(大諫)
이성구(李聖求)628)는 상소를 불태울 것을 청하였다. 부제학 김상헌이 말하
였다. "목성선 등이 역적 가문의 여자와 혼인을 맺으려 했으며,629) 또한
역적들의 진술에서 나온 왕자에게 아부하고 있습니다. 평온할 땐 척리(戚
里)의 도움을 받으려 하고, 세상이 혼란해지면 인성군을 변론한 공로를
인정받으려 합니다." 그러자 지평 조경이 아뢰었다. "지난 광해군[昏朝]
때 남을 모함하는 자들이 역적을 비호한다고 했습니다. 그때 김상헌은
지붕만 쳐다보면서 탄식하는 자였는데 뜻하지 않게 지금 자신이 답습하고
있습니다." 홍문관에서 둘 다 교체할 것을 청하였지만 주상은 김상헌의
말이 매우 각박하다고 여겨 특별히 교체시킬 것을 명하고, 조경은 교체시
키지 않았다. 이 일로 청음이 용주에 대해서 좋지 않게 생각했다고 한다.
  청음이 평소 문학으로써 명성이 높음을 스스로 내세우며 이름을 숨기
는데 급급하지 않았다. 이이첨·정조·윤인의 전철을 밟아서 인주(人主)를

---

624) 이명한(李明漢) : 1595~1645. 본관은 연안, 자 천장(天章), 호 백주(白洲)이다. 좌의정
    정귀(廷龜)의 아들로서, 대제학·이조판서 등을 역임하였다. 이경여·신익성 등과 함께
    척화파로 지목되어 심양(瀋陽)에 잡혀가 억류되었다.
625) 이식(李湜) : 1643~1700. 본관은 연안, 자 정원(正源)이다. 대사간 등을 역임하였다.
    1689년(숙종15) 때 송시열의 죄를 논하고 국문할 것을 주장하였다.
626) 이경석(李景奭) : 1595~1671. 본관은 전주, 자 상보(尙輔), 호 백헌(白軒)이다. 김장생의
    문인으로, 좌의정·영의정 등을 역임하였다. 1636년 병자호란 때 인조를 호종하여
    남한산성에 들어갔다. 산성을 나온 뒤 삼전도비문(三田渡碑文)을 지어 올렸다. 인조·효
    종·현종의 3대 50년에 걸쳐 명재상으로 칭송받았다. 저서로는 『백헌집』이 있다.
627) 박황(朴潢) : 1597~1648. 본관은 반남, 자 덕우(德雨), 호 나옹(儒翁)·나헌(儒軒)이다. 병조
    판서·대사헌 등을 역임하였다.
628) 이성구(李聖求) : 1584~1644. 본관은 전주, 자 자이(子異), 호 분사(分沙)·동사(東沙)이다.
    이조판서 수광의 아들, 민구(敏求)의 형으로, 좌의정·영의정 등을 역임하였다. 병자호
    란 당시 최명길과 함께 주화론을 주장하였다.
629) 역적 가문의 …… 했으며 : 윤의립(尹毅立)의 딸을 세자빈에 간택하려는 것을 두고
    하는 말이다. 김자점 등은 윤의립의 조카 윤인발(尹仁發)이 인성군 사건에 연루되었다
    는 점을 들어 반대하였다.

유인하여 골육을 죽이게 만들었다. 그도 그것이 의롭지 못한 일임을 모르지 않았지만 이 논의를 주도하는 자는 모두 훈척 가문이기 때문이었다. 반면 은혜를 온전히 하자고 주장하는 자는 특별히 동계·목성선·유석이 었는데, 이들은 청음과 같은 당여(黨與)가 아니었기 때문이었다. 당시 현곡(玄谷)630) 정공이 술자리에서 이민구(李敏求)631)를 꾸짖으며, "너희 집 세 부자632) 가운데 한 사람이라도 양심이 있다면 목성선의 상소를 불태우자고 청하지 않았을 것이다."고 하자, 이민구는 얼굴빛을 잃고 자리에서 일어났다. 또 『하담록(荷潭錄)』633)에서 보인다.

인조가 세자를 위해 세자빈을 간택할 때 윤의립(尹毅立)634)의 딸도 간택 대상 중에 들어 있었다. 하지만 공신들이 윤의립이 자기 당파가 아니라 하여 꺼려하였다. 이상급(李尙伋)635)을 사주하여 "윤씨가 역적의 족속으로 왕실 혼인의 대상으로 적합지 않다."고 논하였다. 윤의립의 형 경립(敬立)의 서자[孽子]636)가 이괄을 좇아 반란에 가담했기 때문이다. 김자점·심명세(沈命世)637) 등은 그래서는 안 된다고 적극 말렸지만 주상이 명을 내려 혼인을 중단시키고 이상급 등은 문외출송(門外出送)638)시켰다.

홍서봉의 행실 비판

114   홍서봉(洪瑞鳳)639)은 정사공신(靖社功臣)이었다. 병조판서로 재직할

---

630) 현곡(玄谷) : 정백창(鄭百昌, 1588~1635)의 호. 본관은 진주, 자 덕여(德餘), 호 곡구(谷口) 이다. 대사간·이조참판 등을 역임하였다. 광해군 당시 폐모론에 반대하여 임숙영(任 叔英)·이식(李植) 등과 은둔하였다. 삼사(三士)라 불렸다.

631) 이민구(李敏求) : 1586~1669. 본관은 한양, 자 일장(日章), 호 용주(龍洲)·주봉(柱峯)이다. 수광의 아들, 성구(聖求)의 동생으로 예조참판·형조판서 등을 역임하였다.

632) 세 부자 : 이수광, 이성구, 이민구를 가리킨다.

633) 하담록(荷潭錄) : 김시양(金時讓, 1581~1643)의 문집. 『하담파적록(荷潭破寂錄)』이다.

634) 윤의립(尹毅立) : 1568~1643. 본관은 파평, 자 지중(止中), 호 월담(月潭)이다. 예조판서· 좌참찬 등을 역임하였다. 화가로서 명성이 높았다. 저서로는 『야언통재(野言通載)』 등이 있다.

635) 이상급(李尙伋) : 1571~1637. 본관은 벽진(碧珍), 자 사언(思彦), 호 습재(習齋)이다. 병조참 지 등을 역임하였다.

636) 경립의 서자 : 윤인발을 가리킨다.

637) 심명세(沈命世) : 1587~1632. 본관은 청송, 자 덕용(德用)이다. 공조참의·호위대장 등을 역임하였다. 인조반정으로 정사공신 2등에 녹훈, 청운군(靑雲君)에 책봉되었다.

638) 문외출송(門外出送) : 죄지은 사람의 관작을 빼앗고 도성 밖으로 추방하던 형벌이다.

639) 홍서봉(洪瑞鳳) : 1572~1645. 본관은 남양, 자 휘세(輝世), 호 학곡(鶴谷)이다. 좌의정·영

때 무부(武夫) 한 명이 정사를 보는 곳에[640] 들어와 뇌물을 바치고 관직을 얻은 자 수십 명을 낱낱이 열거하면서 스스로 갓과 의복을 찢고 나가버렸다. 홍서봉은 곁에 있는 사람들이 볼까 부끄러워 한 마디도 못했다. 탐욕스럽고 속이 검은 것에 대해 세상에서 손가락질 받은 것이 오래되었다. 청음이 몸바쳐 공론에 맞서서 권세 있는 훈척의 편을 들었으니, 어찌 청렴한 선비의 부끄러움을 알지 못해서이겠는가. 오직 당의 사사로움과 편벽된 마음에 얽매여 있었기 때문이었다.『청구야언(靑邱野言)』

115 병자년(1636, 인조14)에 사간(司諫) 조경이 벼슬자리를 팔아 뇌물을 받은 혐의로 영의정 홍서봉을 탄핵하였다. 또한 제주 판관(濟州判官) 이대하(李大厦)가 좋은 말을 빼내 뇌물을 올린 일을 거론하였다. 홍서봉이 아들 명일(命一)과 이대하를 시켜 상소를 올려 자신의 결백을 주장하였다. 주상이 대신들에게 의논토록 하였는데, 영돈령 김상용(金尙容)[641]이 정위(廷尉)를 불러서 공을 신문하도록 의논하고 서리에게 내려 보냈다. 동지의 금부사 민형남(閔馨男)[642]이 "대신(臺臣)을 잡아가두는 일은 국조 200년 이래 없었습니다."고 상소하였다. 경연관(經筵官) 유백증(兪伯曾)[643]이 "유영경도 정인홍을 가두지 못했고 이이첨도 윤선도를 죽이지 못했는데, 어찌 오늘날 망국의 일이 있을 줄 생각이나 했겠습니까."고 아뢰었다.

의정 등을 역임하였다. 인조반정에 참여 정사공신 3등에 녹훈, 익령군(益寧君)에 봉해졌다. 1628년 유효립(柳孝立)의 모반을 고변하여 다시 공신에 책록되었다. 병자호란이 일어나자 최명길과 함께 화의(和議)를 주장하였다.

640) 정사 보는 곳 : 정청(政廳). 이조나 병조에서 인사행정을 맡아보는 관리[銓官]가 정사를 보던 곳이다.

641) 김상용(金尙容) : 1561~1637. 본관은 안동, 자 경택(景擇), 호 선원(仙源)·풍계(楓溪)이다. 정유길(鄭惟吉)의 외손, 상헌의 형으로, 예조·이조판서 등을 역임하였다. 병자호란 당시 강화도에서 순절하였다.

642) 민형남(閔馨男) : 1564~1659. 본관은 여흥, 자 윤부(潤夫), 호 지애(芝崖)이다. 민순(閔純)의 문인으로, 형조판서·우찬성 등을 역임하였다. 인조반정으로 삭탈되어 물러났으나, 이괄이 난 때 국왕을 호위하여 중용되었다.

643) 유백증(兪伯曾) : 1587~1646. 본관은 기계, 자 자선(子先), 호 취헌(翠軒)이다. 이조참판·대사헌 등을 역임하였다. 인조반정에 참여 정사공신 3등에 녹훈, 기평군(杞平君)에 책봉되었다.

172

주상이 답하였다. "옥에 가두라고 한 자가 대신인데 그 의도가 어디에 있는지 모르겠다." 이조판서 김상헌이 상소하여 유백증을 힘껏 공격하면서 말했다. "홍서봉이 '조경은 부정한 자'라고 했는데, 홍서봉이 정승이 되자 조경이 징계 받을 것을 걱정해서 근거 없는 말을 모아 한 번에 몰아내려 했습니다." 그런데 홍서봉이 조경에 대해서 이런 말을 한 적이 없었다. 주상이 말하였다. "내가 비록 우매하고 어리석지만 나이 많은 군왕이지만, 신하가 사사로움을 가지고 이같이 하고 싶은 대로 말할 수 있는가. 김상헌을 파직하고 조경을 석방하라." 위와 같다.

116 회천이 「잡록(雜錄)」에서 말했다. "내가 개인적으로 청음에게 '옛날 정승 홍서봉을 위해 조경을 탄핵했는데 어떤 의도에서 그러셨습니까.'라고 묻자, 청음이 '나는 홍서봉을 위해서 그런 것이 아니라 조경의 마음씀씀이가 미워서 그랬다.'고 하였다." 마음씀씀이란 무엇을 말하는가. 청음은 평생토록 당론이 각박했던 사람이었다. 조금의 공평된 마음 없이 자신과 견해를 달리 하는 자들을 배척하고 물리치는 태도가 고질병이었다. 그 뒤 손자 김수항(金壽恒)644)이 당론 때문에 죽었고, 김수항의 아들 김창집(金昌集)645) 역시 당론 때문에 역적으로 몰려 일족이 뒤집어졌으니 이와 같이 가정을 물들여 더럽혔다. 세상에서 당론에 빠진 자들은 경계로 삼아야 할 것이다.

644) 김수항(金壽恒) : 1629~1689. 본관은 안동, 자 구지(久之), 호 문곡(文谷)이다. 상헌의 손자로서, 영의정 등을 역임하였다. 1689년(숙종15) 기사환국 때 사사되었다.
645) 김창집(金昌集) : 1648~1722. 본관은 안동, 자 여성(汝成), 호 몽와(夢窩)이다. 상헌의 증손, 수항의 아들, 창협(昌協)·창흡(昌翕)의 형이다. 영의정 등을 역임하였다. 노론 4대신으로서 신임환국 때 사사되었다.

권
2

척화와 주화

001　병자년(1636, 인조14) 봄 3월 11일에 무재(武宰) 이확(李廓)¹⁾과 나덕헌
(羅德憲)²⁾을 춘신사(春信使)³⁾로 삼아 심양(瀋陽)에 보냈다. 후금 임금⁴⁾ 홍타시
(弘他時)⁵⁾가 멋대로 황제라 칭하고, 나라이름을 청(淸)이라고 불렀다. 이확
등을 겁박하여 축하연에 참석하게 하니 이확 등이 죽음도 불사하고
따르지 않았다. 그러자 오랑캐 차사(差使)가 난입하여 마구 때리면서
의관을 찢었다. 이확 등은 비록 엎어지고 넘어졌지만 끝내 허리를 굽히지
않고 굴복하지 않겠다는 의사를 보였다. 항복하여 포로가 된 한인(漢人)들
이 이 광경을 보고 눈물을 흘렸다.

　장차 돌아오려 할 때 임금이 답서를 주었는데 황제라고 칭하였다.
이확 등이 답서를 가지고 통원보(通遠堡)에 이르자 청포(靑布)로 싸 몰래
가죽주머니에 넣어서 보(堡)를 지키고 있는 오랑캐의 처소에 놓아둔 채
돌아왔다. 평안도 관찰사 홍명구(洪命耈)⁶⁾가 말을 달려 와서 "이확 등이
처음부터 후금 임금의 편지를 물리치지 못하고 중간에 몰래 버렸다."고
보고하면서 "상방참마검(尙方斬馬劍)⁷⁾을 내려 국경에서 효수해야 합니다."
고 청하였다. 주상이 그 장계(狀啓)를 비변사에 내리자 이조판서 김상헌(金

---

1) 이확(李廓) : 1590~1665. 본관은 전주, 자 여량(汝量)이다. 경녕군(敬寧君, 태종 아들)의
　6대손. 충청도병마절도사·삼도수군통제사 등을 역임하였다. 이괄의 난을 진압하는
　데 공을 세웠다.
2) 나덕헌(羅德憲) : 1573~1640. 본관은 나주, 자 헌지(憲之), 호 장암(壯巖)이다. 의주부윤
　등을 역임하였다. 외교적 수완이 능하여 여러 차례 심양에 사신으로 다녀왔다.
3) 춘신사(春信使) : 정묘호란 이후 봄에 후금(後金)으로 보냈던 사신이다.
4) 후금 임금 : 금한(金汗). 청나라의 전신인 후금의 임금을 낮춰 이르는 말이다. 청
　태조 누르하치 혹은 청나라 2대 임금인 태종을 가리킨다. 여기서는 청 태조이다.
5) 홍타시(弘他時) : 1592~1643. 청나라 제2대 황제 태종. 내몽골을 평정하여 대원전국(大
　元傳國)의 옥새를 얻고 국호를 대청(大淸)이라 고쳤다. 문관·육부의 설치 등 조직정비에
　힘썼고, 청나라의 기초 확립에 공적이 컸다.
6) 홍명구(洪命耈) : 1596~1637. 본관은 남양, 자 원로(元老), 호 나재(懶齋)이다. 부제학·평
　안도 관찰사 등을 역임하였다. 병자호란 때 남한산성이 포위되자 청군과 싸우다
　전사하였다.
7) 상방참마검(尙方斬馬劍) : 상방은 한나라 때 황제의 일상 용품을 보관해 두는 곳이다.
　참마검은 말을 벨 수 있을 정도로 예리한 칼이다. 여기서는 임금이 간악한 신하를
　제거할 때 쓰는 칼을 가리킨다.

176

尚憲)8)이 당장 죽이자는 논의를 하였다. 성균관 유생 조복양(趙復陽)9) 등이 모두 소를 올려 벨 것을 청하고, 삼사가 합계(合啓)10)하여 죄를 조사하여 다스릴 것을 청하였다. 비변사의 여러 재신들은 이들에게 죄가 없다는 사실을 분명히 알고 있었지만 중론(衆論)에 얽매여 잡아서 국문할 것을 회계11)하였다.

영의정 김류(金瑬)12)가 척화론(斥和論)을 주장하자 젊고 준열한 논의를 하는 자들이 호응하였다. 척화자를 청론(淸論)이라고 이르렀으니, 깨끗한 명성을 얻어 청직(淸職)에 나아갔다. 반면 주화자(主和者)를 사론(邪論)이라고 부르고 비난과 처벌이 뒤따랐다. 벼슬아치 가운데 멀리 내다보고 깊이 걱정하는 자들은 모두 생각하였다. '후금 임금이 스스로 황제라고 할뿐이니 그 나라 일이 우리와 무슨 상관일 것인가. 우리나라는 다만 정묘년(1627, 인조5)의 맹약만을 지키고, 스스로 강해지는 계책만을 도모할 뿐이다. 그런데 우리나라의 국력과 병력을 헤아리지 않고 먼저 우호맹약을 저버려 원망을 돋우고 화를 부르니 이는 제대로 된 계책이라 할 수 없다.' 그러나 견해가 비록 이와 같다 하더라도 감히 말하지 못하였다.

그 해 초여름에 용골대(龍骨大)와 마부대(馬夫大)13), 두 장군이 인열왕후(仁烈王后)14)의 상사(喪事)에 조문하겠다고 하면서 후금 열 번째 왕자의 편지를 보여주며 대청황제(大淸皇帝)라고 참람되게 호칭한 일이 있었다.

---

8) 김상헌(金尙憲) : 1570~1652. 본관은 안동, 자 숙도(叔度), 호 청음(淸陰)·석실산인(石室山人)이다. 예조판서·좌의정 등을 역임하였다. 인조대 청서파(淸西派)의 영수로서 활동하다가 병자호란 때 척화론을 주장하였다.
9) 조복양(趙復陽) : 1609~1671. 본관은 풍양, 자 중초(仲初), 호 송곡(松谷)이다. 익(翼)의 아들로서, 이조·예조판서 등을 역임하였다.
10) 합계(合啓) : 사간원·사헌부·홍문관의 관원 중에서 두 사람 또는 세 사람이 연명(連名)으로 올리던 계사(啓辭)이다.
11) 회계(回啓) : 임금의 물음에 대하여 논의하여 대답하는 것을 말한다.
12) 김류(金瑬) : 1571~1648. 본관은 순천, 자 관옥(冠玉), 호 북저(北渚)이다. 영의정 등을 역임하였다. 인조반정으로 정사공신 1등에 녹훈, 승평부원군(昇平府院君)에 봉해졌다.
13) 용골대(龍骨大)와 마부대(馬夫大) : 청나라 장군들. 병자호란 당시 10만 대군을 거느리고 조선을 침탈하였다.
14) 인열왕후(仁烈王后) : 1594~1635. 인조의 비로, 영돈령부사 한준겸(韓浚謙)의 딸이다.

아울러 이확 등이 축하 반열에 참여하지 않은 죄를 거론하면서 화친
맹약을 끊을 수 없다고 하였다. 하지만 그 실상은 우리나라의 의중을
탐지하여 군사를 일으키려는 계책이었다. 그 기미가 매우 중대함에도
불구하고 당국자들의 논의는 이를 무시하고 오랑캐가 군대를 출병하지
않을 것이라고 여겼다. 오랑캐를 대하는 예의가 한결같이 비루하고 천박
한 데다가 왕자의 편지 또한 뜯어보지도 않자 두 오랑캐가 크게 분노하였
다. 장령 홍익한(洪翼漢)15)과 성균관 유생 윤선거(尹宣擧)16)가 사신을 참수
할 것을 청하는 상소를 올렸다. 두 오랑캐는 이 사실을 탐지하고 관문(關門)
을 박차고 밖으로 나아가 민간에 숨었다가 말을 빼앗아 타고 달아났다.
이로 인해 서울에 큰 소란이 일어났으며, 조정에서는 비로소 겁을 먹고
재상 십여 명을 연이어 보내 머물 것을 청하였지만 두 오랑캐는 끝내
들어오지 않았다. 이로부터 크고 작은 글들이 날마다 올라왔는데 모두
척화를 주장하는 논의뿐이었다.

　김류·홍서봉(洪瑞鳳)17)·이홍주(李弘冑)18)가 삼공(三公)으로서 나라 일을
맡고 있었는데 화친은 이미 기대할 수 없게 되었으며, 싸워서 지키는
방략 또한 말한 바가 없었다. 그해 가을에 김자점(金自點)19)을 도원수,

---

　15) 홍익한(洪翼漢) : 1586~1637. 본관은 남양, 자 백승(伯升), 호 화포(花浦)·운옹(雲翁)이다.
　　　장령 등을 역임하였다. 삼학사(三學士)로서 척화를 주장하다가 오달제(吳達濟)·윤집(尹
　　　集)과 함께 죽임을 당하였다.
　16) 윤선거(尹宣擧) : 1610~1669. 본관은 파평, 자 길보(吉甫), 호 미촌(美村)·노서(魯西)·산천
　　　재(山泉齋)이다. 성혼의 외손자, 증의 부친이다. 김집의 문인이다. 병자호란 때 강화도
　　　에서 부인은 자결하고 자신은 탈출하였다. 이후 금산(錦山)에 머물면서 송시열·윤휴
　　　등과 교유하였다.
　17) 홍서봉(洪瑞鳳) : 1572~1645. 본관은 남양, 자 휘세(輝世), 호 학곡(鶴谷)이다. 좌의정·영
　　　의정 등을 역임하였다. 인조반정에 참여 정사공신 3등에 녹훈, 익녕군(益寧君)에
　　　봉해졌다. 병자호란이 일어나자 최명길과 함께 화의(和議)를 주장하였다.
　18) 이홍주(李弘冑) : 1562~1638. 본관은 전주, 자 백윤(伯胤), 호 이천(梨川)이다. 우의정·영
　　　의정 등을 역임하였다. 병자호란 때 국서(國書)를 가지고 화의를 교섭하였다.
　19) 김자점(金自點) : 1588~1651. 본관은 안동, 자 성지(成之), 호 낙서(洛西)이다. 1636년
　　　병자호란 때 도원수로서 임진강 이북에서 청군을 저지해야 할 총책임을 맡았으나
　　　적군의 급속한 남하를 막지 못하여 1년 동안 강화도에 위리안치 되었다. 이후
　　　인조의 신임 아래 정권을 담당하면서 청나라의 후원을 얻어 정치적 입지를 굳혀갔다.
　　　효종의 즉위 후 김집·송시열 등의 공격을 받아 홍천에 유배되자 역관 정명수(鄭命壽),

신경진(申景禛)20)을 부원수에 임명하였다. 체찰사 김류가 아뢰었다. "만약 오랑캐 군사들이 깊숙이 쳐들어오면, 도원수와 부원수, 양서(兩西)21)의 관찰사는 노륙(孥戮)22)의 형률에 처해야 할 것입니다." 주상이 "체찰사만 중죄를 면할 수 있겠는가."라고 하였다. 김류가 크게 두려워하며 도리어 화친하자는 의논에 붙어 힘을 다하였다.

당시 방추(防秋)23)가 임박했는데 최명길(崔鳴吉)24)이 화친의 사신을 보낼 것을 논의하자, 윤집(尹集)25)과 오달제(吳達濟)26)가 최명길의 참수를 청하였으며, 삼사 모두 같은 의견을 내놓았다. 논계(論啓)를 그만두기 전에 주상이 특별히 하급 역관을 보내어 오랑캐의 실정을 관찰하도록 하였다. 후금 임금이 역관에게 "너희 나라가 만일 10월 25일 이전에 대신과 왕자를 들여보내어 다시 화친을 청하지 않는다면 내가 크게 군사를 일으켜 동쪽으로 쳐들어갈 것이다." 하고, 답장하였다.

"너희 나라가 산성을 많이 쌓았지만 나는 큰 길을 통해서 곧장 서울로 들어갈 것이니 산성을 가지고 나를 막을 수 있겠는가. 너희 나라가 믿는 것은 강화도이지만 내가 만일 팔도를 유린한다면 일개 작은 섬만 가지고

이형장(李馨長)을 시켜 조선의 새 왕이 옛 신하들을 몰아내고 청나라를 치려 한다고 고발하고, 그 증거로 청나라의 연호를 쓰지 않은 장릉지문(長陵誌文)을 보냈다. 이로 인해 광양으로 유배되었다.

20) 신경진(申景禛) : 1575~1643. 본관은 평산, 자 군수(君受)이다. 입(砬)의 아들로서, 좌의 정·영의정 등을 역임하였다. 인조반정에 참여 정사공신 1등에 녹훈, 평성군(平城君)에 봉해졌다.

21) 양서(兩西) : 평안도와 황해도지역이다.

22) 노륙(孥戮) : 연좌제에 의하여 죄인의 처자식을 함께 사형에 처하던 일이다.

23) 방추(防秋) : 국경이나 해안을 방비하기 위해 수자리 서는 것이다. 당나라 때에 북방오랑캐가 가을철에 노략질하므로 이를 방비했던 사실에서 유래한 말이다.

24) 최명길(崔鳴吉) : 1586~1647. 본관은 전주, 자 자겸(子謙), 호 지천(遲川)이다. 이항복 문하에서 이시백·장유 등과 교유하였다. 좌의정·영의정 등을 역임하였다. 병자호란 당시 화의론을 주장하다가 김상헌과 함께 심양에 잡혀가는 고초를 당하기도 했다.

25) 윤집(尹集) : 1606~1637. 본관은 남원, 자 성백(成伯), 호 임계(林溪)·고산(高山)이다. 화친을 주장하는 최명길에 반대하였다. 삼학사로서 오달제·홍익한과 함께 죽임을 당하였다.

26) 오달제(吳達濟) : 1609~1637. 본관은 해주, 자 계휘(季輝), 호 추담(秋潭)이다. 희문(希文)의 손자로서, 청나라와의 화친에 반대하다가 윤집·홍익한과 함께 죽임을 당하였다.

나라가 되겠는가. 너희 나라에서 논의를 주장하는 자는 문사(文士)들인데, 그들이 붓을 휘둘러 우리를 물리칠 수 있겠는가." 역관이 돌아와 그 말과 편지를 전달하자 묘당에서 의논하여 재신(宰臣)을 보내려 했지만 척화의 논의가 두려워서 사신을 보내자는 말을 공개적으로 하지 못하였다. 한참 뒤에 박로(朴篆)27)를 보내려 했지만 이미 후금 임금이 정한 기일을 넘기고 말았다. 이것이 바로 의논을 정해질 무렵 이미 오랑캐는 강을 넘었다는 것이다.

이때 가도도독(椵島都督) 심세괴(沈世魁)가 화친에 반대하는 우리 조정의 뜻을 명나라 조정에 보고하였고, 명나라에서 감군(監軍) 황손무(黃孫茂)를 보내어 우리나라에 황제의 뜻을 전하였다. 황손무가 관서(關西)28)지방으로 들어와서 묘당에 자문(咨文)29)을 보냈다. "너희 나라 사람들의 인심과 무기를 보니 결코 강한 오랑캐의 상대가 되지 못할 것이다. 명나라 조정이 일시적으로 장려하는 말 때문에 저들과의 화친을 단절하지는 말라." 조정의 논의가 그의 말을 깊이 새겨듣지 않았다.

12월 6일에 후금 임금이 군대를 동원하여 강을 건너 강화(講和)라고 칭하면서 바람과 같이 빠르게 진격해 내려왔다. 변방의 신하들이 보고를 올렸지만 모두 중간에서 빼앗겼기 때문에 조정에서는 그 사실을 전혀 모르고 있었다. 14일에 적 기병이 홍제원(弘濟院)에 들이 닥치자 주상의 수레가 황급히 남한산성으로 들어갔지만 산성 아래의 맹약(盟約)을 면치 못하였다. 이것은 하늘의 운수[天數]이기도 했지만 또한 사람의 계책이 나빴기 때문이 아니겠는가.

002 병자년(1636, 인조14)에 오랑캐의 편지를 읽지 않으려 했으니 이는

---

27) 박로(朴篆) : 1584~1643. 본관은 밀양, 자 노직(魯直), 호 대호(大瓠)이다. 도승지·병조참판 등을 역임하였다. 병자호란 직전 전비(戰備)를 주장하였다. 소현세자를 따라 심양에 잡혀갔다가 귀국하였다.
28) 관서(關西) : 평안도와 황해도 북부 지역이다.
29) 자문(咨文) : 북경·심양의 6부(六部)에 조회(照會)·통보·교섭 등을 목적으로 주고받던 문서이다.

낫으로 눈을 가리는 것이었다. 뜯어보고 난 뒤에 좋은 말로 다음과 같이 답장했어야 했다.

"우리나라는 예로부터 황제라 칭하던 시절이 없었으며, 전례에 따라 중국에 귀부하였다. 더욱이 작은 나라로서 재조(再造)의 은혜[30]를 입었기에 덕(德)을 배반할 수 없다. 그대 나라가 만약 황제라 칭하고자 해서 혼자 그렇게 한다면 괜찮지만 우리에게 함께 황제라 칭하자고 해서는 안될 것이다. 우리나라는 문헌의 나라로서 고사(古事)를 조금 알고 있는데, 천하가 통일되지도 않았는데 황제라 칭하는 것은 역사책에 참역(僭逆)한 도적이라고 쓰여 있기 때문이다. 지금 스스로를 높이려 하지만 이는 자신을 욕되게 만드는 일이다. 그대 나라가 만약 이와 같은 사실을 안다면 반드시 잘못을 저지르지 말아야 할 것이다. 내가 형제의 의리로써 말하지 않을 수 없다." 이와 같이 말했다면 명분이 바르게 되고 말이 순하게 되었을 것이니 어찌 갑자기 노여움을 일으켜 급속히 공격당하는 화가 생겼겠는가. 『택당가록(澤堂家錄)』[31] 천하의 일은 일이 지나간 뒤에 따지는 것은 어렵지 않고, 말을 바꾸는 것은 매우 쉽다. 어찌 그 때 장량(張良)[32]·진평(陳平)[33]과 같은 분들이 없단 말인가.

003 병자년(1636, 인조14)에 척화의 논의는 하늘과 땅의 바른 도리이자 사람과 사물의 떳떳한 도리로서 당당하여 바꿀 수 없는 정론이었다. 홍익한·오달제·윤집이 나라를 위해 목숨을 바쳤으니 평소 말한 바를 실천에 옮긴 사람이기에 의논할 필요가 없다. 반면 팔송(八松) 윤황(尹煌)[34]

---

30) 재조(再造)의 은혜 : 임진왜란 당시 명나라가 두 차례 원군을 파병하여 구원해준 은혜를 말한다. 인조반정 이래 숭명반청(崇明反淸)의 현실적 근거가 되었고, 결국 두 차례 호란(胡亂)을 당하는 빌미를 제공하였다. 이후 재조의 개념은 국가개혁을 전제로 체제변화를 추구하는 흐름으로 분기되어 명분의리론적 관점에서 벗어나 실리(實利)·실용(實用)을 추구하는 경향으로 자리잡게 되었다.

31) 택당가록(澤堂家錄) : 이식(李植, 1584~1647)의 저술. 본관은 덕수, 자 여고(汝固), 호 택당(澤堂)·남궁외사(南宮外史)이다. 이조판서 등을 역임하였다. 병자호란 당시 척화파로 청나라에 끌려갔다 돌아왔다.

32) 장량(張良) : ?~B.C.189. 한나라 정치가. 유방(劉邦)을 도와 중국을 통일하였다.

33) 진평(陳平) : ?~B.C.178. 유방을 도와 통일을 이룬 뒤 수성(守成)의 공을 세웠다.

의 경우 "후금 임금이 만약 쳐들어오면 장차 내가 자식 8명35)을 거느리고 나가 오랑캐를 쳐서 물리칠 것이다."고 하였다. 장하도다! 그 말이여. 하지만 남한산성과 강화도에서 아버지와 자식, 9명에게는 큰 일이 없었으며, 충절과 뛰어난 절개가 있어서 사람들의 마음을 사로잡았다는 소식도 듣지 못하였다. 구굉(具宏)이 배척하여 호통을 치며 참수해야 한다고 했고, 신경진이 쥐새끼라고 칭하였다. 회천(懷川, 송시열)36)이 윤선거를 선복(宣卜)37)이라고 꾸짖은 일은 오히려 지금까지도 전해지니 그때 행적이 어찌 여러 사람들의 입에 오르내림이 없겠는가.

사람들은 청음(淸陰) 김상헌이 목을 매었다가 새끼줄이 끊어져 살아난 일을 동계(桐溪, 정온)38)가 배를 찔렀지만 죽지 않은 일에 비견하여 같다고 했다. 마침내 그가 득의양양하여 다시 정사당(政事堂)에 들어가 나라 일을 살폈다. 이는 죽을 때까지 숨어 살면서 반성한 것에 비교하면 크게 차이 나는 것이었다. 하물며 연경(燕京, 북경)의 감옥에서 살아 돌아왔을진대, 동로(桐老, 정온)였다면 그렇게 하지 않았을 것이다. 때문에 사람들이 "가련한 수송대(愁送臺)39)여, 앞 물결을 같이 할 수 없구나."라고 풍자하였다.

청음이 심양(瀋陽)에 도착하자 지천(遲川) 최명길이 차자(箚子)40)를 올렸다. "필부의 소견으로 보아도 김상헌은 자신의 역할을 제대로 못하면서 종묘사직을 이어받은 군부를 책망하려 했습니다.……" 주상이 부제학

<hr>

34) 윤황(尹煌) : 1572~1639. 본관은 파평, 자 덕요(德耀), 호 팔송(八松)·노곡(魯谷)이다. 선거의 부친으로, 대사간·이조참의 등을 역임하였다. 정묘호란 때 주화론자의 유배를 청하고, 항장(降將)은 참할 것을 주장하였다.

35) 자식 8명 : 『국조인물고(國朝人物考)』에 따르면 윤황은 창녕 성씨(昌寧成氏, 성혼의 딸) 사이에서 6남 3녀를 두었다. 큰아들 윤훈거(尹勳擧), 둘째 윤순거(尹舜擧), 셋째 윤상거(尹商擧), 넷째 윤문거(尹文擧), 다섯째 윤성거(尹成擧), 여섯째 윤선거였다.

36) 회천(懷川) : 송시열이 살던 회덕(懷德) 지역. 여기서는 송시열을 가리킨다.

37) 선복(宣卜) : 병자호란 당시 윤선거가 강화도가 함락되자, 이름을 선복이라 고치고 진원군(珍原君)의 종이 되어 자신의 신분을 감춘 채 강화도를 빠져나왔다.

38) 동계(桐溪) : 정온(鄭蘊, 1569~1641)의 호. 본관은 초계(草溪), 자 휘원(輝遠), 호 동계·고고자(鼓鼓子)이다. 대사간·부제학 등을 역임하였다.

39) 수송대(愁送臺) : 거창에 소재한 바위. 백제가 멸망할 무렵 사신을 보내면서 이곳에서 돌아오지 못함을 걱정하였다고 한다.

40) 차자(箚子) : 일정한 격식을 갖추지 않고 사실만을 간략히 적어 올리던 상소이다.

이목(李楘)41)의 상소에 답하였다. "그 자는 다만 죽으려는 명분만 취했을 뿐 끝내 목숨을 버린 사실은 없다. 내가 보건대 참된 마음[天眞]을 지키는 데 이르지 못한 것이 분명한 듯하다. 그런데 경들이 지나치게 칭찬하니, 이는 공도(公道)가 부족해서 그런 것이 아닌가." 당시 그 광경을 목격하여 기록한 자가 이와 같이 논했고, 주상의 밝은 가르침 또한 이와 같았다.

행동과 마음씨가 혹 성실하고 거짓이 없는 데에서 나오지 않았더라도 의논할 만한 것이 있지 않겠는가. 비록 남한산성에서 항복문서를 찢어버린 것은 당시 한 사람뿐이었으니 청음만 청명한 선비가 아니겠는가. 그러나 병산(甁山)42)·유석(柳碩)을 배척하는 상소43)를 올려 그 명성을 더욱 높이려했으니 결국 한 쪽 당색에 치우쳤다는 의심에서 벗어나기 어렵지 않겠는가. 그런데도 용주(龍洲)44)공이 동로와 함께 청음을 칭찬하였으니 그 또한 남의 아름다운 점을 이루게 해주는 것을 좋아하는 자인가.

004 병자년(1636, 인조14)에 정승 최명길이 함께 일을 도모하려 하니 내가45) 허락하였으며, 곧 최명길에게 상소하기를 권하였다. 당시 나는 비변사에 근무하면서 조정에서 호응하려 했지만 최명길은 사람들의 말에 겁을 먹고 단지 그 단서만을 말할 뿐이었다. 이는 화친 사신을 청하여 보내는 일이었다. 상소가 비변사로 내려가자 사람들이 모인 자리에서 아무개 정승이 말하였다. "최근 내려오는 상소문들을 날마다 결재받고46) 있지만 모두 즐거운 것은 아닙니다. 그런데 오늘 상소 하나를

41) 이목(李楘) : 1572~1646. 본관은 전주, 자 문백(文伯), 호 송교(松郊)이다. 효령대군의 후손. 부제학·형조참판 등을 역임하였다. 윤황 등이 척화한 일로 유배되자 글을 올리고 물러났다.

42) 병산(甁山) : 목성선(睦性善, 1597~1647)의 호. 본관은 사천, 자 성지(性之), 호 병산이다. 좌승지 등을 역임하였다.

43) 배척하는 상소 : 1629년(인조7)에 목성선과 유석이 역모에 연루된 인성군(仁城君) 이공(李珙)을 비호하자 김상헌이 반대 상소를 올렸다.

44) 용주(龍洲) : 조경(趙絅, 1586~1669)의 호. 본관은 한양, 자 일장(日章)이다. 예조·이조판서 등을 역임하였다. 병자호란 당시 척화를 주장하였다.

45) 내가 : 이식을 가리킨다.

46) 결재 받고 : 계하(啓下). 담당 관서에 먼저 보고하여 의논한 뒤에 임금에게 아뢰어

결재 받았는데 진정한 상소이기 때문입니다." 은연중에 최명길의 상소를 가리켜 말한 것이다. 당시 몇몇 공들이 겉으로 말하지 못했지만 속으로는 실로 주화(主和)의 일을 성사시키려 했다. 내가 사적으로 청음에게 "최명길이 상소에서 말한 내용은 크게 잘못되지 않은 듯 싶다."고 하자, 김상헌이 "내가 참(斬)자를 싫어한다."고 하였다. 다시 사실을 확인해보니 청음역시 다른 사람들의 말을 두려워하였던 것이다. 『택당가록』 당시 척화를 주장하는 청론에서 지천을 참수해야 한다고 말했으니 이 때문에 청음이 '참'자를 싫어한다고 말한 것이다.

005 병자호란 뒤에 청음에 대해서 말하였다. "청음의 일은 미진한데가 있다. 죽을 수 없었다면 산성에서 한 발짝도 나오지 말았어야 했다. 옛 사람들처럼 집으로 돌아가 죽을 때까지 수레에서 내리지 않는 의리가 있어야 흠이 없다고 할 수 있다. 이제 산성에서 나와 향촌으로 물러나거처하면서 다시 살아서 인간의 재미를 누렸다면 이는 곧 임금이 성밖으로 나온 덕을 입은 것이다." 청음이 심양에 잡혀간 뒤 내 의논이또 변하자 불만을 품은 자들이 있었다. 이에 곧 내가 말하였다. "우리는모두 죽지 못했고, 저 사람은 굴복하지 않았으니 우리가 다시 논의할수 없을 것이다." 『택당가록』

006 김창흡(金昌翕)[47])이 정승 최석정(崔錫鼎)[48])에게 절교의 편지를 보냈다. "오랑캐 사신이 소리치며 어지럽게 꾸짖으니 이는 곧 옷을 벗고 남의 집에 올라가 남의 조상과 아버지를 욕보인 것이다. 그 자식과 손자들

결재를 받던 일이다.

47) 김창흡(金昌翕) : 1653~1722. 본관은 안동, 자 자익(子益), 호 삼연(三淵). 상헌의 증손, 수항의 셋째 아들, 창집(昌集)과 창협(昌協)의 동생이다. 부친이 사사된 이후 학문에 전념하였다.

48) 최석정(崔錫鼎) : 1646~1715. 본관은 전주, 자 여시(汝時)·여화(汝和), 호 존와(存窩)·명곡 (明谷)이다. 영의정 명길의 손자이다. 노론과 소론갈등이 심화되자 윤선거를 옹호한 나양좌의 견해를 지지하였다. 1701년(숙종27) 무고(巫蠱)의 변이 일어나자 세자[경종] 보호를 위해서 희빈 장씨 사사에 반대하였다.

이 느끼는 원통함은 어떠했을 것인가." 곤륜자(昆侖子)[49]가 한 마디 말로 저지하지 못한 채 다만 지천과 청음이 심양관[藩館][50]에 함께 잡혀 있으면서 서로 사이좋게 지냈던 많은 사실들을 예로 들어 설득하면서 너그럽게 봐달라고 애걸하였으니, 참으로 가련하구나.

병자호란 이전 청음이 황해도 관찰사에게 먹봉[墨封]을 받은 적이 있었다. 그것은 수양매월(首陽梅月)[51]이었는데 이를 일가의 여러 소년들에게 나누어 주었다. 심양에서 풀려나 돌아오자 김수홍(金壽弘)[52]이 먹을 되돌려 보내며, "지금은 귀하지 않습니다."고 하자, 청음이 매우 부끄러워했다.

『청구야언(青邱野言)』

김시양의 선견지명

007　병자년 이전 판서 김시양(金時讓)[53]은 홀로 오랑캐 군대가 쳐들어올 것이라고 짐작하였다. 당시 오랑캐 사신들이 봄가을로 많이 방문하자 호조에서 접대를 맡았다. 하루는 호조좌랑이었던 조카가 말했다. "내일 오랑캐 사신들이 온다고 합니다. 그들이 한강에서 말을 씻기겠다고 해서 접대할 물건을 가지고 가서 기다리려 합니다." 공이 "너는 삼전도(三田渡)[54]에 나가 있거라. 오랑캐 사신들은 반드시 한강으로 가지 않을 것이다."고 하였다. 좌랑이 그 말을 어기기 어려워 삼전도에서 대기하였다. 과연 오랑캐 사신들이 그곳에 도착하였는데, 좌랑을 보고 "어떻게 우리가

---

49) 곤륜자(昆侖子) : 최창대(崔昌大, 1669~1720)의 호. 본관은 전주, 자 효백(孝伯)이다. 명길의 증손, 석정의 아들로서, 이조참의·대제학 등을 역임하였다.

50) 심양관[藩館] : 청나라에 인질로 붙잡혀간 소현세자와 봉림대군이 심양에서 거처하던 처소이다.

51) 수양매월(首陽梅月) : 최고 품질의 먹. 수양매월, 부용당(芙蓉堂), 어약 용문(魚躍龍門) 등이 모두 해주(海州)에서 나왔다.

52) 김수홍(金壽弘) : 1601~1681. 상용(尙容)의 손자로, 호조참판 등을 역임하였다. 송시열과 달리 명나라 연호인 숭정(崇禎) 대신 청나라의 강희(康熙) 연호 사용을 주장하였다.

53) 김시양(金時讓) : 1581~1643. 본관은 안동, 자 자중(子中), 호 하담(荷潭)·언묵(彦默)이다. 호조판서 등을 역임하였다.

54) 삼전도(三田渡) : 경기도 광주군(廣州郡) 중대면(中垈面) 송파리(松坡里)에 있던 나루. 한강진·양화진과 더불어 한강 삼진 중 하나이다. 병자호란 당시 남한산성이 함락되자 인조가 직접 청나라 태종에게 항복한 장소이다.

여기올 줄 알았는가."하며, 크게 놀라하였다. 사신들이 말을 달려본다는 핑계를 대고서 남한산성 아래에까지 왔다가 되돌아갔다. 좌랑이 돌아와 공에게 어떻게 알았는지를 묻자 공이 대답하였다. "오랑캐들이 우리나라에 뜻을 둔 지 오래되었다. 그들은 말을 씻긴다는 핑계로 서울 근처의 방어체계와 지형을 알아보려 한 것이다." 그 말을 듣던 사람들이 탄복하였다. 『회은집(晦隱集)』[55]

참화 속 백성들

008 정축년(1637, 인조15)에 남한산성에서 나와 항복하던 날 수만 명의 남자와 부녀자들이 포로로 잡혀갔다. 이들은 적진에서 주상을 우러러 보며 울부짖었다.

"주상이시여. 주상께서는 어찌 우리에게 차마 이 같은 지경에 이르도록 하셨습니까. 조정의 사대부들이 당을 나누어 서로 싸우고, 국사를 돌보지 않아서 이 같은 지경에 이르게 되었습니다. 그런데도 나라를 그르친 조정의 사대부들은 평일처럼 아주 태연히 지내고, 한갓 무고한 백성들만 묶여서 잡혀가는 참화를 당하였습니다. 원컨대 주상께서는 이점을 유념 해서 물과 불의 재앙 가운데에서 우리를 구해주십시오." 인조가 굽어보며 눈물을 흘렸다. 『동평위문견록』

효종의 너그러움

009 정축년(1637, 인조15)에 소현세자(昭顯世子)[56]와 효종이 함께 심양관 으로 잡혀갔다. 본국으로 돌아올 때 각각 남녀 포로 수백 명을 은화를 주고 풀려나게 해주었다. 조선으로 돌아오자 효종은 이들을 풀어주어 고향에서 살게 했지만 소현세자는 모두 내수사(內需寺)의 노비로 귀속시

---

55) 회은집(晦隱集) : 남학명(南鶴鳴, 1654~?)의 문집. 남구만의 아들이다.
56) 소현세자(昭顯世子) : 1612~1645. 인조의 맏아들. 청나라에 항복한 이후 봉림대군과 함께 인질로 끌려가 심양관에 머물면서 양국간 외교창구 역할을 했다. 1645년(인조23) 귀국했으나 갑작스럽게 죽었다.

켰다.

이계의 억울한 죽음

010 이계(李烓)[57]의 호는 명고(鳴皐)이다. 그는 시문을 잘 지어서 명망이
있었다. 사헌부에 근무할 때 다른 사람을 탄핵하고 공격한 일이 많아서
오랫동안 시배(時輩, 서인)의 미움을 받았다. 이계가 선천부사(宣川府使)로
재직할 때 당시 명나라에서 표류해온 뱃사람이 우리나라에 정박하게
되었다. 이계가 영문(營門)에 보고하고 배를 수리해 주며 쌀을 공급하고
전송하였다. 뒷날 이 일이 정명수(鄭命壽)[58]에게 발각되어 이계는 심양으
로 붙잡혀 갔다. 다행히 죽지 않고 돌아왔지만, 시배들이 나라를 팔아
목숨을 도모하였다고 하면서 명확하지 않은 죄안(罪案)으로 얽어매어
처자까지 죽였다.

정미년(1667, 현종7)에 회천의 무리들이 정국을 장악하였는데, 때 마침
중국 사람이 표류하여 호남지역에 도착하였다. 한족(漢族)의 의식을 고치
지 않고 자신이 동남 지역에 아직 남아 있는 명나라 황제의 혈통이라고
하면서 물 한 말[斗]을 요청했지만, 시배들이 이를 허락하지 않고 잡아서
연산(燕山)에 풀어 놓았다. 그 사람이 또한 조선의 백성이 되기를 애걸했지
만 유명윤(兪命胤)[59]과 권액(權諮)이 안 된다고 하여 거부되었다.

뒷날 회천이 두 사람의 비문을 지을 때 존주(尊周)의 의리로써 허락하고
장려해 마지않았다. 반면 이계에 대해서는 흉적이라고 칭하였으니 어찌
이토록 옳고 그름을 헤아리는 마음이 뒤집어지고 어그러질 수 있는가.

---

57) 이계(李烓) : 1603~1642. 본관은 전주, 자 희원(熙遠), 호 명고(鳴皐)이다. 효령대군의
  8대손으로, 인조대 주화파로서 척화파 김상헌 등을 공격하였다. 선천부사로 재직시
  명나라 상선과 접촉한 사실이 청나라에 발각되어 처형되었다.

58) 정명수(鄭命壽) : ?~1653. 1629년(인조7) 역관으로 후금(後金) 정벌에 참여했다가 포로
  가 되었다가 풀려난 뒤에도 청나라에 우리나라 사정을 자세히 밀고해 황제의
  신임을 얻었다. 1636년(인조14) 병자호란 때 용골대·마부대 등 청나라 장수의 역관으
  로 들어와 백성을 괴롭히고 매국행위를 일삼았다.

59) 유명윤(兪命胤) : 1629~1669. 본관은 기계, 자 윤보(胤甫)이다. 계(棨)의 아들로서, 정언·
  지평 등을 역임하였다.

설령 이계가 목숨을 살려달라고 한 죄가 있다하더라도 존주의리로써
공을 삼아 죄를 갚는다면 너그럽게 처리할 수도 있었을 것이다. 그러나
저 무리들은 조금의 여지도 없이 역적으로 몰아 죽였으니 이는 당론이
아닐 뿐만 아니라 사사로운 감정 때문이다. 어찌 저 무리들에게 존주의
의리가 있단 말인가.

이계가 명나라와 교류하다가 심양의 옥에 잡혀 들어갔다. 수감된 뒤
평안도 관찰사 구봉서(具鳳瑞)[60]가 이계의 공사(供辭)[61]에 나라를 음해하는
일들이 많다고 보고하였다. 이계가 죄를 받아 죽고 가족까지 죽임을
당할 때 공[62]이 상소를 올렸다. "이 말은 모두 구봉서가 전해들은 것
뿐입니다. 단서가 아직 드러나지 않았으니 실상을 파악한 뒤 처리해도
괜찮을 듯 싶습니다." 당시 의논이 공이 역적을 두둔한다고 하여 귀양
보낼 것을 논하였다. 『기언·이분사비(李分沙碑)』

011　『동방명신록(東方名臣錄)』「신익성(申翊聖)」[63]전(傳)에서 말하였다.
"적신(賊臣) 이계가 선천부사가 되었을 때 잠상(潛商)사건[64]이 발생했는데
나쁜 말을 지어내어 우리나라를 비방하였다.……" 이계가 명나라에서
표류한 사람을 진휼하고, 죄수로 잡혀 간 일은 우리나라 사람이라면
누구나 알고 있는 사실인데 그 책에서 '잠상(潛商)'이라고 썼다. 우리나라
에서 벌어진 일에 대해서도 그러한데, 하물며 저 이역만리 밖에서 들려오

---

60) 구봉서(具鳳瑞) : 1597~1644. 본관은 능성(綾城), 자 경휘(景輝), 호 낙주(洛洲)이다. 호조참
　　의·평안도 관찰사 등을 역임하였다.

61) 공사(供辭) : 범인이 범죄 사실을 진술한 말이다.

62) 공 : 이성구(李聖求, 1584~1644). 본관은 전주, 자 자이(子異), 호 분사(分沙)·동사(東沙)이
　　다. 이조판서 수광(晬光)의 아들, 민구(敏求)의 형이다. 좌의정·영의정 등을 역임하였다.
　　병자호란 당시 최명길과 함께 주화론을 주장하였다.

63) 신익성(申翊聖) : 1588~1644. 본관은 평산, 자 군석(君奭), 호 낙전당(樂全堂)·동회거사(東
　　淮居士)이다. 흠(欽)의 아들, 선조의 사위이다. 병자호란 때 척화오신(斥和五臣)의 한
　　사람으로서, 1642년 선천부사 이계 사건으로 최명길·김상헌·이경여 등과 함께 심양
　　에 붙잡혀가 억류당하였다.

64) 잠상(潛商)사건 : 당시 이계가 명나라 상선(商船)과 접촉했다가 청나라에 발각되어
　　처형당한 사건이다.

는 유언비어를 어떻게 믿을 수 있겠는가. 세상에서 『동방명신록』이 오로지 개인적으로 좋아하고 싫어하는 데서 나온 것이라고 지적하였다. 이와 같이 왜곡된 사례가 많은 것을 보면 믿을 만한 역사 기록이 아니라고 한 사실을 알 수 있다.

김류 관련 일화

012　김승평(金昇平, 김류)이 죽은 뒤 뛰어난 문장가가 없었던 것은 아니었지만 신도비문(神道碑文)을 지을 만한 사람이 없었다. 이에 회천이 지었으니 김류의 보살핌을 많이 받았기 때문이다. 강화를 맺기 전후에 한 번도 김류가 청론(淸論)을 주장한 적이 없는데도 비문 가운데 그 집안에서 '평생토록 춘추대의(春秋大義)를 간직했다.'고 하였으니 이는 축흠명(祝欽明)의 오경(五經)65)과 같은 일이었다. 맹자가 말하였다. "명예를 좋아하는 사람은 천승(千乘)의 나라를 양보할 수 있지만 그럴 만한 사람이 아니면 밥 한 그릇과 국 한 그릇에도 얼굴빛에 나타나는 것이다."66) 이를 이르는 것이 아니겠는가. 갑자년(1624, 인조2)에 일어난 이괄의 변란 때 기자헌(奇自獻)67) 등 30여 명이 참수되었는데, 김류는 이 일을 꾸몄으면서도 '완평(完平, 이원익)이 꾸민 일이다.'고 썼다. 어찌 제대로 사실을 알지 못해서 그렇게 쓴 것이겠는가. 당시 완평의 자손들이 상소를 올려 억울함을 하소연하였다.

박장원의 정직함

013　구당(久堂) 박장원(朴長遠)68)은 충효의 인물이었다. 효성스럽게 부모

---

65) 축흠명(祝欽明)의 오경(五經) : 한 번 아첨에 학문위업이 모두 사라진다는 뜻. 당나라 축흠명은 오경에 통달하였는데, 어느날 연회에서 아첨하기 위하여 경박하게 팔풍무(八風舞)를 추었다. 사람들이 조롱하기를 "축공의 오경이 쓸어낸 듯 다 없어졌다."라고 하였다.

66) 『맹자』「진심 하(盡心下)」.

67) 기자헌(奇自獻) : 1562~1624. 본관은 행주, 자 사정(士靖), 호 만전(晩全)이다. 우의정·좌의정 등을 역임하였다. 광해군 즉위에 공헌하였으나 폐모론에 반대하다가 유배되었다. 인조대 이괄의 난이 일어나자 연좌되어 죽임을 당하였다.

를 섬겼으며, 관직에 나아가서는 청렴결백하고 지론(持論)이 자못 공평하였다. 일찍이 스스로 말하였다. "우계(牛溪, 송혼)와 율곡(栗谷, 이이)의 문묘종사를 배격하는 논의가 처음으로 발의되었을 때 어찌 할 바를 몰라서 여러 장로들에게 물어보았다. 그 때 가르침 받기를, '후배가 선배에 대해서 추존하고 장려하는 것은 아름다운 풍속이다. 헐뜯고 비방하는 것은 요즘 생긴 천박한 습속이다.'고 하였다. 이에 내가 스스로 거취를 정할 것이다." 이 또한 꾸밈없는 정직한 말이다.

조경과 남이웅 일화

014 판중추부사 조경은 어려운 생활 속에서도 청렴하고 검소했다. 정승 남이웅(南以雄)[69]은 호탕하고 사치를 좋아했다. 서로 성격이 맞지 않았지만 매우 친밀하게 교유하였다. 어떤 사람이 판중추부사에게 물었다. "사람들이 사귈 때에는 서로의 뜻과 취향이 비슷해야 변하지 않는데, 공과 남공은 뜻이 같지 않으면서도 무슨 이유로 깊이 교유하십니까." 공이 웃으며 대답하였다. "내 천성이 좁기 때문에 남공의 너그러움을 좋아하며, 남공은 사교적이지만 지나침이 있기 때문에 나의 검소함을 취하고자 하는 것이다. 이 때문에 서로 좋아한다." 『동평위문견록』

015 판서 윤강(尹絳)[70]이 말하였다. "일찍이 조용주(趙龍洲, 조경)의 집 근처에 살았었는데, 그의 아버지가 돌아가셨을 때 울음소리의 애절함과 상례를 절도에 맞게 집행하는 것이 실로 보통사람은 미치지 못할 점이 있었다. 세상에서 상례를 치른 사람들이 이것을 보았다면 스스로 부끄러워하지 않을 자가 드물 것이다." 위와 같다.

---

68) 박장원(朴長遠) : 1612~1671. 본관은 고령(高靈), 자 중구(仲久), 호 구당(久堂)·습천(隰川)이다. 문수(文秀)의 조부로서, 예조판서·한성부판윤 등을 역임하였다.

69) 남이웅(南以雄) : 1575~1648. 본관은 의령, 자 적만(敵萬), 호 시북(市北)이다. 우의정·좌의정 등을 역임하였다. 이괄의 난 때 공을 세워 진무공신(振武功臣) 3등에 녹훈, 춘성군에 봉해졌다. 소현세자 빈 강씨(姜氏) 사사(賜死)에 반대하며 사직하였다.

70) 윤강(尹絳) : 1597~1667. 본관은 파평, 자 자준(子駿), 호 무곡(無谷)이다. 좌의정 지선(趾善), 우의정 지완(趾完)의 부친으로, 대사헌·도승지 등을 역임하였다.

016 신사년(1641, 인조19) 봄에 춘성공(春城公, 남이웅)이 이조판서가
되었다. 인사를 처리할 때 서·남·북인 세 당색의 사람들을 섞어서 3명의
후보를 추천하였다. 세상 사람들이 '삼색도화(三色桃花)'라고 불렀으나
시배(時輩)들은 좋아하지 않았다. 어떤 사람이 정동명(鄭東溟)[71]의 인사를
부탁하러 갔다가 쫓겨난 일이 있었다. 정동명이 쌀쌀맞게 비웃으며 말하
였다. "그는 명문대가집 자식으로 어려서 진사가 되어 장원급제하였으니
이미 『홍문록(弘文錄)』[72]에 실릴 것이 정해졌다. 그는 광해군 때 홀로
폐모(廢母)를 논의하는 정청(廷請)[73]에 참여하지 않았다. 갑자년(1624, 인조
2) 이괄의 난 때 관향사(館餉使)로서 군량을 제때 공급한 공으로 진무훈(振武
勳)에 녹훈되었다. 인목대비가 세상을 떠나자 대비의 능을 3년 동안 지켰
고, 건주(建州)[74]의 오랑캐 추장[75] 때문에 길이 막히자 배를 타고서 연경에
들어가 조회하였다. 이듬해 세자를 호위하여 심양에 들어갔고, 다시
가서 겨울이 지난 뒤에야 비로소 돌아왔다. 벌열로서 이룬 공로를 말하자
면 그것이 어찌 이조판서에게만 그치겠는가. 행함에 정승의 반열에 들어
가고, 그 반열에 들어간 뒤 구석(九錫)[76]의 의논이 더해졌는데 나에게
달려와 고했다면 내가 장차 논박했을 것이다." 이 같은 말이 한 때 웃음거리
로 볼 수도 있지만 그 말에 담긴 나쁜 버릇을 볼 때 정동명의 말이라고
할 수 있겠는가. 위와 같다.

017 춘성공이 이조판서에 재임할 때 참판 남노성(南老星)[77]이 좌랑(佐郎)

---

71) 정동명(鄭東溟) : 정두경(鄭斗卿, 1597~1673)의 호. 본관은 온양(溫陽), 자 군평(君平)이다.
   부수찬·정언 등을 역임하였으며, 문학으로 명성이 높았다.

72) 홍문록(弘文錄) : 홍문관의 교리(校理)와 수찬(修撰)을 선거 임명하던 기록. 홍문관의
   7품 이하 관원이 후보자의 명단을 작성하면 홍문관 부제학 이하 여러 사람이
   각자 추천하는 사람의 성명 위에 동그라미를 찍는다. 이것을 도당록(都堂錄)으로
   만들어서 임금에게 올려서 교리 또는 수찬에 임명하였다.

73) 정청(廷請) : 백관을 인솔하고 궁궐에 들어가 국사를 아뢰고 하교를 기다리다.

74) 건주(建州) : 여진족 근거지였던 길림(吉林) 부근과 목릉하(穆陵河) 유역 일대이다.

75) 오랑캐 추장 : 청나라 태조 누르하치를 가리킨다.

76) 구석(九錫) : 큰 공로가 있는 제후에게 주던 9가지 물건. 거마(車馬)·의복·악기·주호(朱
   戶)·납폐(納陛)·호분(虎賁)·부월(鈇鉞)·궁시(弓矢)·거창(秬鬯)이다.

으로 재직하였다. 당시 필선(弼善)자리가 비었는데, 새로 뽑아서 대신 차출하여 심양에 파견해야할 상황이었지만 시배 가운데 힘 있는 자들은 꺼리고 회피하였다. 처음에 어떤 사람을 추천했는데 좌랑이 "그 자는 늙은 부모가 있어 추천하기에 적당치 않습니다."고 하였다. 다시 사람을 추천하자 또한 "그 자는 병이 있으니 다른 사람으로 바꿔주십시오."라고 하자, 공이 말했다. "이처럼 추천할 사람이 없으니 장차 어떻게 하겠는가. 북행(北行)을 역질로 간주하지만 한 번씩 다녀오는 것을 애초 면하기 어렵다. 좌랑은 늙은 부모가 없고 또한 병에도 걸리지 않았으니 좌랑을 가장 먼저 천거할 것이다." 좌랑이 한 마디 말도 못하고 이름을 써냈다. 위와 같다.

강석기와 강빈 옥사

018 월당(月堂) 강석기(姜碩期)[78]가 궁궐에서 숙직하던 날 밤에 꿈을 꾸었는데 흰 고양이 한 마리가 집안에 들어와 사람들의 목을 물어뜯어 죽였다. 몰골이 송연하여 깜짝 놀라 깨어났는데 식은땀이 흘러 이불을 적셨다. 아침이 밝아오기도 전에 집으로 달려가 알리려 했는데 마침 부인이 출산하여 딸을 얻었다. 공이 꺼리는 마음에 그 여자아이를 거두지 말 것을 명령했지만 아이에게 아무 일도 없었으며 어떤 일도 생기지 않았다. 하지만 뒷날 소현세자의 빈(嬪)으로 간택되어 병술년(1646, 인조 24)에 죄를 지어 사약을 마시고 죽었고,[79] 가문사람들도 죽임을 당하였다.

---

77) 남노성(南老星) : 1603~1667. 본관은 의령, 자 명서(明瑞), 호 운곡(雲谷). 병조·호조참판 등을 역임하였다.

78) 강석기(姜碩期) : 1580~1643. 본관은 금천(衿川), 자 복이(復而), 호 월당(月塘)·삼당(三塘) 이다. 소현세자 빈의 부친으로, 우의정 등을 역임하였다.

79) 병술년에 …… 죽었고 : 1646년(인조24) 소현세자의 빈 강씨가 사사된 사건. 1645년 (인조23) 소현세자의 급서 후, 세자의 지위가 소현세자의 장남이 아닌 봉림대군에게 돌아간 상황에서, 인조는 강씨를 인조의 후궁인 소의(昭儀) 조씨(趙氏)를 저주하고 어선(御膳)에 독약을 넣었다는 죄목으로 후원(後苑)에 유폐(幽廢)하였다. 이때 이미 인조는 강빈이 심양에 있었을 때 내전(內殿)의 칭호를 사용하거나 홍금적의(紅錦翟衣) 를 미리 만들어 두었다는 소문을 들어 역위(易位)를 도모한 혐의가 있다고 의심하고 있었던 상황이었다. 이에 확실한 물증이 없는 상황에서 신하들의 반대를 무릅쓰고

정승 강석기 역시 죽은 뒤에 형벌을 받는 화를 면치 못하였다. 숙종 말년에 강씨가 복위되고 월당 역시 복관되었다.

내가80) 강씨의 일에 대해서 그녀가 원통하다고 생각하면 마음이 매우 울적해지고, 반대로 원통하지 않다고 생각하면 마음이 차츰 안정될 수 있었다. 어째서인가. 사람이 지켜야 할 도리를 어겨서 생기는 변고는 시대마다 없었던 적이 없었다. 성정(性情)이 나쁜 부인은 형세가 급박해지고 분노가 깊어지면 저지르지 못할 짓이 없었다. 이는 으레 있던 일이었지만 강씨의 일을 원통하게 여겼기 때문에 우리 주상이 오늘날 이 같은 조처를 냉약을 복용한 일81) 내렸던 것이다. 천고(千古)에 생각할 수 없는 일인데도 이와 같은 지경에 이르렀으니 가슴 한 가운데가 자연스럽게 막히게 되었다. 때문에 항상 원통스러운 마음을 가져서는 안 될 것이다. 『택당가록』

019 신묘년(1651, 효종2) 조귀인(趙貴人)82)이 사약을 마시고 죽었다. 판서 홍우원(洪宇遠)83)이 수찬이었을 때 응지소(應旨疏)를 올렸다. "선왕의 능토(陵土)가 마르지도 않았는데 선왕이 총애하는 여자를 죽이고 사랑하는 아들을 귀양 보냈습니다." 사람들이 모두 두려워하였지만 주상이 너그럽게 답하고 이내, "다시는 이 같은 말을 올리는 자가 있으면 역률로써 처벌할 것이다."고 하였다. 황해도 관찰사 김홍욱(金弘郁)84)이 금령을

1646년 3월 마침내 강씨를 사사하고, 그 소생 석철(石鐵), 석린(石麟), 석견(石堅)을 제주도로 귀양 보내 석철·석린을 죽음에 이르게 하였다.

80) 내가 : 이식을 가리킨다.

81) 냉약(冷藥)을 복용한 일 : 『승정원일기』 인조 24년 기사에 따르면 그 해 열기를 다스리기 위해서 냉약을 처방한 기록이 일곱 번 등장한다.

82) 조귀인(趙貴人) : ?~1651. 인조의 후궁이다. 숙원(淑媛)에 책봉되어 귀인까지 올랐다. 인조의 총애를 악용하여 권세를 장악하고, 각종 패악을 저질렀다. 특히 인조와 소현세자 사이를 이간하고, 강빈을 무고하여 사사되는데 일조하였다. 1651년(효종2) 김자점과 역모를 도모하다가 사사되었다.

83) 홍우원(洪宇遠) : 1605~1687. 본관은 남양, 자 군징(君徵), 호 남파(南坡)이다. 형조판서 가신(可臣)의 손자로서, 공조참판·이조판서 등을 역임하였다. 인조대 소현세자 비 강씨를 옹호하다 장살(杖殺) 당한 김홍욱의 신원(伸寃)을 주장하다 파직되었다. 현종대 예송논쟁으로 유배된 윤선도의 석방을 주장하다 파직 당하였다. 1680년 경신환국 당시 허적의 역모사건에 연루되어 유배되었다.

모르고 조귀인의 일로 상소를 올렸고, 강빈의 억울한 죽음까지 언급하였
다. 주상이 크게 노하여 잡아들여 전정(殿庭)에서 국문하여 죽이고 현종(顯
宗)을 불러 놓고 말했다. "홍우원은 절실하고 곧게 말했으니 이는 나의
허물을 간한 것이다. 하지만 김홍욱은 금령을 내린 뒤에 말했을 뿐만
아니라 선조(先朝)를 범했기 때문에 죽이지 않을 수 없었다."

병신년(1656, 효종7) 효종이 장렬(莊烈) 조대비(趙大妃)[85]를 위해 만수전
(萬壽殿)[86]을 지었다. 고(故) 익헌공(翼獻公, 정태화)[87]이 도제조(都提調)가
되었고, 원두표(元斗杓)[88]·허적(許積)[89]·정유성(鄭維城)[90]이 제조가 되었다.
이들이 만수전 터를 살피기 위해 후원을 따라 궁내로 들어갔는데, 주상이
길목에 있는 별당에서 기다리고 있었다. 여러 공들이 "사관(史官)과 함께

---

84) 김홍욱(金弘郁) : 1602~1654. 본관은 경주(慶州), 자 문숙(文叔), 호 학주(鶴洲)이다. 추사(秋
史) 김정희(金正喜)의 7대조이다. 이조좌랑·황해도 관찰사 등을 역임하였다. 1654년
황해도 관찰사 재임시 천재로 효종이 구언(求言)을 내리자 8년 전 사사된 강빈의
억울함을 풀어줄 것을 상소했다. 당시 이 사건은 종통(宗統)에 관한 문제로 효종의
왕위 보전과도 관련되는 것이기 때문에 누구도 감히 말하지 못했다. 이로 인해
하옥되었다가 장살되었다.

85) 장렬(莊烈) 조대비(趙大妃) : 1624~1688. 인조의 계비(繼妃)로서, 효종이 즉위하자 대비
가 되었다. 1659년 효종이 죽자, 효종에 대한 복상(服喪)문제로 서인·남인 간에 대립이
생겼는데, 서인의 승리로 기년복(朞年服, 1년복)을 입었다. 1674년(현종15) 며느리인
효종비 인선대비(仁宣大妃)가 죽자 다시 복상문제가 일어났다. 서인은 대공설(大功說,
9개월복)을 주장하였고, 남인은 기년설을 주장하였다.

86) 만수전(萬壽殿) : 1656년(효종7)에 창덕궁 인정전 북쪽 옛 흠경각(欽敬閣) 터에 건축하
여 대왕대비전으로 사용하였다.

87) 익헌공(翼獻公) : 정태화(鄭太和, 1602~1673)의 시호. 본관은 동래, 자 유춘(囿春), 호
양파(陽坡)이다. 영의정 광필(光弼)의 5대손, 유길(惟吉)의 증손, 형조판서 광성(廣成)의
아들이다. 좌의정·영의정 등을 역임하였다.

88) 원두표(元斗杓) : 1593~1664. 본관은 원주(原州), 자 자건(子建), 호 탄수(灘叟)·탄옹(灘翁)
이다. 우의정·좌의정 등을 역임하였다. 인조반정으로 정사공신 2등에 녹훈, 원평부원
군(原平府院君)에 봉해졌다.

89) 허적(許積) : 1610~1680. 본관은 양천, 자 여차(汝車), 호 묵재(默齋)·휴옹(休翁)이다. 영의
정 등을 역임하였다. 숙종대 초반 송시열의 처벌문제를 둘러싸고 청남(淸南)·탁남(濁
南)으로 분열되자, 탁남의 영수가 되어 서로 갈등하였다. 1680년(숙종6) 서자 견(堅)의
모역사건에 휘말려 사사되었다. 1689년 신원되었다.

90) 정유성(鄭維城) : 1596~1664. 본관은 영일, 자 덕기(德基), 호 도촌(陶村)이다. 몽주(夢周)의
9대손으로, 호조판서·우의정 등을 역임하였다. 현종대 홍여하(洪汝河)가 송시열의
사임을 주장하자 이에 반대하여 철회시켰다.

들어오지 아니하였습니다."고 하며, 사양했지만 주상이 서서 재촉하니 어쩔 수 없이 들어갔다. 주상이 손수 술잔을 주어 권하며 국가 대사를 의논하였다. 주상이 스스로 목숨이 얼마 남지 않은 것을 알고 슬픈 말을 많이 하는지라 여러 공들은 자신도 모르게 눈물을 흘렸다. 주상이 말하였다. "내가 지금 군비(軍備)에 유의하여 조치하는 일이 많다. 그러나 군사훈련과 무기 확충은 나라에 나이 먹은 임금이 있을 때 해야지 어린 군주를 받들어 할 수 있는 일이 아니다." 과연 갑인년(1674, 숙종 즉위년) 이후 여러 신하들이 군대 일을 가지고 논의하다가 화를 당한 자들이 많았다. 크도다! 주상의 말씀이여. 돌아가신 뒤에도 잊을 수 없구나.『동평위견문록』

효종 관련 일화

020　기해년(1659, 효종10) 봄에 효종이 유생의 일로써 교칙(敎勅)을 내리고자 붓을 들어 초안을 잡으려했지만 손이 떨려서 그만두고 대신 익평위(益平尉) 홍득기(洪得箕)[91]에게 구술한 성지(聖旨)를 받아 적도록 하였다. 홍득기가 잘 알아듣지 못하는 곳이 있으면 세자로 하여금 옆에서 깨우쳐 주도록 명하였다. 문서를 다 작성하고 난 뒤 주상이 몇 군데 더하고 뺄 곳이 있다고 여겨 궤안에 넣어두었다. 당시 여러 부마들과 신[92] 역시 곁에 있었지만 나이가 어려서 단지 유생의 일만을 알 뿐 교지의 뜻을 이해하지 못하였다. 뒷날 익평위에게 묻자 대답하였다.

"효종이 잠저(潛邸) 때 장로(長老)의 말을 듣고 어지러운 조정에서 유생들의 상소가 권력을 지닌 간악한 신하의 지휘아래 나왔음을 알고 항상 개탄스럽게 생각했다. 그래서 왕위에 올라 신료들을 인접할 때마다 여러 차례 타이르며 다음과 같이 가르쳤다. '광해군이 장차 폐모할 때 관학(館學) 유생들이 상소를 올렸는데, 상소에 참여한 자들이 어찌 모두 폐모시키려

---

91) 홍득기(洪得箕) : 1635~1673. 본관은 남양, 자 자범(子範), 호 월호(月湖)이다. 우의정 중보(重普)의 아들로서, 효종의 장녀 숙안(叔安)공주와 혼인하여 익평부위(益平副尉)에 봉해졌다.
92) 신 : 정재륜을 가리킨다.

는 마음을 갖고 있었겠는가. 유생이란 열심히 독서하여 관직에 나아가려고 몸가짐을 바르게 갖는 자들인데, 등용하거나 쫓아내는 권한을 가진 자가 화복으로써 위협하여 함께 참여할 것을 요구하였다. 큰 역량과 식견을 가진 자가 아닌 다음에야 과연 누가 눈앞의 화를 두려워하지 않을 수 있으며, 누가 협박을 받지 않을 수 있단 말인가. 다른 사람의 재촉으로 끝내 벗어나지 못하고 세상에서 버린 받은 자가 이루다 헤아릴 수 없다. 이는 다만 유생들의 잘못일 뿐만 아니라 국가가 이들을 제대로 인도하지 못했기 때문이다. 유생들의 의사표현 방식을 정하여 내외에 밝히려고 했으나 시간만 지체하게 되었다. 이에 오늘에야 비로소 초안을 잡을 수 있게 되었다.' 또한 성지를 내렸다.

'관학 유생과 향유(鄕儒)가 상소를 올리고자 한다면 먼저 내외 유생들에게 통문을 돌려 아무 날 아무 일로 상소를 올릴 것임을 분명히 밝히게 한다. 뜻을 같이 하는 자는 와서 참여하며, 참여를 원치 않은 자에게 벌을 내려서 참여를 강요해서는 안될 것이다. 비록 성균관에 기거하여 공부하는 자나 사학(四學)93)에 머물며 수업하는 유생도 각자 자신의 뜻에 따를 수 있도록 해야 할 것이며, 참여하고자 하는 자는 참여하며, 참여하기 싫은 자는 참여하지 않도록 해서 선하고 악함을 자기 스스로 결정하되 협박에 의해 결정되지 않도록 한다.' 교지를 더 쓰고 지우지 못한 채 갑자기 돌아가셨다." 위와 같다.

021 일찍이 효종이 현종에게 명하였다. "신하들 가운데 충성스러워 보이지만 실제로는 간사한 자가 있고, 또한 간사해 보이지만 충성스러운 자도 있으니 그 마음가짐이 어떤지를 살필 뿐이다." 인종(仁宗)이 즉위할 때 문정왕후(文定王后)94)가 대비였는데, 인종이 편찮을 때면 김인후(金麟

---

93) 사학(四學) : 서울에 두었던 중학(中學)·동학(東學)·남학(南學)·서학(西學) 등이다.
94) 문정왕후(文定王后) : 1501~1565. 종종의 계비(繼妃). 본관은 파평이다. 윤지임(尹之任)의 딸, 명종의 어머니이다. 명종 즉위 후 수렴청정을 하면서 남동생 윤원형이 권력을 쥐고 윤임 일파를 몰아내는 을사사화를 일으켰다.

196

厚)95)가 자신을 약을 논의하는 데 참여시켜줄 것을 청하였다. 약방에서
그 직책이 아니라고 거절하자 김인후는 소리치고 가슴을 두드리며 간청하
였다. 또한 인종을 다른 궁으로 옮길 것을 청하여 기력을 조절하고 보양할
수 있게 했다. 그 행적을 살피면 어머니와 아들사이를 이간시켜 그 죄가
죽음으로도 용서하지 못할 듯했지만 사람들이 그의 정성과 충성됨에
감복되지 않는 자가 없었다.

　광해군대 인목왕후가 대비로 계실 때 정조(鄭造)96)와 윤인(尹訒)97)이
광해군을 다른 곳으로 옮길 것을 청하였으니 그 행적으로 말하자면
김인후와 같지만 마음속엔 역적모의가 숨겨져 있었다. 인종은 오직 옳지
않은 것을 보지 않는 것으로써 마음으로 삼았으며, 가슴 속에 정성스러움
과 효심으로 가득 채웠으니, 임금의 자질은 푸른 하늘과도 같았다. 그래서
김인후가 자신의 이해를 돌보지 않고, 급히 임금을 보호하고자 하는
마음이 앞서서 약을 의논하고 거처를 옮기는 일을 청하기까지 했던
것이다. 이에 인종의 정성과 효심은 더욱 드러나고, 김인후의 정성과
충성도 또한 드러날 수 있었다. 반면 광해군은 시기하고 의심하는 마음을
갖고 있었기에 정성과 효성스러운 행동이 없었다. 따라서 정조와 윤인이
거처를 옮기자고 청하여 임금의 마음을 흔들어 놓고, 이것을 총애를
굳히고 벼슬과 녹봉을 탐하는 계책으로 삼았다. 이것은 반역의 마음으로
써 김인후의 일과 양상은 같지만 마음은 다른 경우였다.

　조광조(趙光祖)98)가 중종때 나이 어린 서생으로서 예로부터 내려오던
제도와 문물을 변혁하려 했지만 실현하지 못하였으니 그 도모한 일이

---

95) 김인후(金麟厚) : 1510~1560. 본관은 울산, 자 후지(厚之), 호 하서(河西)·담재(湛齋)이다.
　홍문관 부수찬 등을 역임하였다. 김안국에게서 배우고, 이황과 교유하였다. 인종(仁
　宗) 사후 고향 장성에 돌아가 학문에 전념하였다.
96) 정조(鄭造) : 1559~1623. 본관은 해주, 자 시지(始之)이다. 폐모론을 제기하여 인목대비
　를 서궁(西宮)에 유폐시키는 데 적극 가담하였다.
97) 윤인(尹訒) : 1555~1623. 본관은 파평, 자 인지(訒之)이다. 예조참판·대사헌 등을 역임
　하였다.
98) 조광조(趙光祖) : 1482~1519. 본관은 한양, 자 효직(孝直), 호 정암(靜菴)이다. 대사헌
　등을 역임하였다. 김굉필(金宏弼)에게 수학하고, 김종직(金宗直)의 뒤를 이어 사림파의
　영수가 되었다. 사림 중심의 도학정치를 펼치다가 기묘사화 때 죽임을 당했다.

어찌 다 선하다고 할 수 있으며, 또한 인물을 논하고 천거할 때 사람들의
마음을 흡족하게 못하였다. 하지만 그 마음은 지극히 공정한 데서 나온
것이었다. 후대 사람들이 사사롭게 좋아하거나 싫어해서 취하고 버리며,
다른 사람의 눈과 귀를 가리는 것과는 달랐다. 이제 군자라고 칭하며
갈수록 공경됨이 더해지니 내가 사람을 볼 때 다만 그 마음가짐이 사특한
지 정직한지를 살펴볼 뿐 그 행적에 집착해서 의심해서는 안 될 것이다.
위와 같다.

022　판서 정유악(鄭維岳)99)은 정뇌경(鄭雷卿)100)의 아들이었다. 그가 진
사시(進士試)에서 장원을 하여 사은(謝恩)101)하던 날 효종이 특별히 만나보
고 그의 아버지가 나라를 위해 목숨을 바친 충성에 대해서 언급하고
탄식하여 위로하며 손을 잡고, "네가 원하는 바가 무엇이냐."고 묻자,
그가 "우계와 율곡의 문묘 종사를 소원합니다."고 대답하였다. 주상이
손을 놓고 잠자코 있다가 붓과 먹, 표범 가죽을 내려주라고 명하였다.
물러간 다음에 주상이 "정뇌경이 아들을 잘 두었다고 할 수 없을 것이다."
고 하였다. 효종이 심양에 있을 때 직접 정뇌경이 죽는 광경을 보았기
때문에 그 자식도 자신처럼 오랑캐에 대한 원수를 갚기를 원할 것이라
생각해서 이같이 물었던 것이다.

송시열과 북벌 그리고 상례

023　회천이 처음 벼슬살이했을 때 궁궐에서 여러 명의 무인들이 나와서
차비문(差備門)102)으로 들어가는 것을 보고 이상하게 여겼다. 이윽고 주상

---

99) 정유악(鄭維岳) : 1632~?. 본관은 온양, 자 길보(吉甫), 호 구계(癯溪)이다. 뇌경(雷卿)의
　　아들로서, 경기도 관찰사·형조판서 등을 역임하였다. 1680년 경신환국때 유배되었다
　　가 다시 복귀하였으나 1694년 갑술환국으로 다시 진도에 안치되었다.
100) 정뇌경(鄭雷卿) : 1608~1639. 본관은 온양, 자 진백(震伯), 호 운계(雲溪)이다. 공조·예조·
　　병조좌랑 등을 역임하였다. 소현세자를 따라 심양에 갔다. 정명수 등의 폐악을
　　막으려다가 처형당했다.
101) 사은(謝恩) : 관직을 제수 받거나 가계(加階)나 겸직을 받을 때 혹은 휴가·출사의
　　명을 받은 자 등이 공복을 갖추어 왕에게 숙배(肅拜)하고 치사(致謝)하는 일이다.

이 북벌을 염두에 두고 매번 한가할 때마다 무사를 불러놓고 군대 일을 논한다는 사실을 몰래 알게 되었다. 이에 크게 존주양이(尊周攘夷)[103]의 논의를 주창하니 이로 말미암아 주상의 총애가 날로 융성하여 정승에 임명되는 데에까지 이르렀다. 특별히 독대(獨對)[104]하는 영광을 내려 두루 북벌의 계책을 물었지만 별도의 기이한 꾀나 특이한 계책은 없었다. 그가 대장의 재목으로 천거한 인재가 이유태(李惟泰)[105]이었는데 그는 단숨에 대사헌의 자리에 올랐지만 구체적인 시행 방략은 지금까지도 들리지 않았다.

024 회천이 정승 정태화의 집을 방문하여 북벌의 대사에 대해 큰소리로 "오늘이야말로 군대를 일으켜 북벌을 도모해야할 때입니다."고 하였다. 정승 정태화가 응대하여 말했다. "공은 계책과 지략이 있어서 주상으로부터 부탁을 받아 천하의 대의(大義)를 자임하고 천하의 대사를 주관하였으니 안 되는 일이 어디에 있겠습니까. 이 늙은이는 너무 늙고 어리석어서 창을 잡고 종사하는 대열에 서서 그 역을 감당할 수 없습니다. 오직 바라건대 잠시라도 특별한 공을 세워 천하에 대의를 펼치십시오." 회천이 실망하여 침울한 모습으로 물러갈 것을 고하였다. 그의 자제가 물었다. "지금이 어떤 때인데 북벌을 도모할 수 있겠습니까. 대인께서는 무슨 이유에서 이와 같이 말씀하셨습니까." 정승 정태화가 웃으면서 말했다.

---

102) 차비문(差備門) : 임금이 평상시에 거처하는 편전(便殿)의 앞문이다.
103) 존주양이(尊周攘夷) : 주(周)나라 왕실을 존숭하고 오랑캐를 물리친다는 뜻이다. 조선 후기에 이르러 명나라를 존숭하고 청나라를 배척한 것을 이른다. 양난 이후 사회변동에 대처하면서 서인·노론이 내세웠던 주의·주장이었다.
104) 독대(獨對) : 양반 관료가 홀로 임금에 대면하여 정치에 관한 의견을 아뢰는 일이다. 여기서는 1659년(효종10) 3월에 이루어진 기해독대(己亥獨對)를 가리킨다. 당시 효종은 이조판서 송시열을 불러들여 북벌 추진의 의지를 강력히 피력하였고, 송시열은 군주성학(君主聖學)을 통한 내수외양(內修外攘)을 강조하였다.
105) 이유태(李惟泰) : 1607~1684. 본관은 경주, 자 태지(泰之), 호 초려(草廬)이다. 효종대 송시열과 송준길의 천거로 관직에 나아가 공조참의·동부승지 등을 역임하였다. 현종대 예송논쟁 당시 송시열의 기년설(期年說)을 옹호하였으며, 숙종대 다시 예송논쟁에 휘말려 유배되었다.

"누가 내일 병사를 거느리고 모화관(慕華館)을 넘는다고 했는가. 공이 북벌을 자신의 소임으로 간주하여 주상으로부터 받은 대우가 얼마이고, 얼마나 큰일을 맡았단 말인가. 하지만 세월은 속절없이 흘러 공을 이루지 못했고, 사방을 돌아봐도 시행할 만한 계책이 없으니 나아갈 수도 물러설 수도 없는 궁지에 빠졌다. 때문에 나에게 '북벌은 안된다'는 말 한 마디를 구해서 이를 구실로 다른 사람에게 죄를 돌리고 자신은 빠져 나오려는 계책으로 삼으려 했던 것이다. 내가 어찌 속아 넘어가겠는가. 아, 저 사람이 권모술수로써 막으려하니 나 또한 권모술수로 응대한 것이다." 속담에, '강자 위에 또한 강자가 있다.'고 하였으니, 이 일을 두고 하는 말인가 보다.

양파(陽坡, 정태화)가 과천에 있는 묘소에 머물 때 일이었다. 마침 폭우가 계속해서 내렸는데 이웃에서 손님이 와서 서울의 백악산(白岳山)이 무너졌다는 말을 들었다고 했다. 양파가 "봉우리가 날카롭기 때문에 무너졌을 것이다."고 하였다. 다음날 손님이 와서 자기가 잘못 들은 것으로 백악이 무너지지 않았다고 하자 양파가 "기반이 든든하니 무너지지 않은 것 또한 마땅하다."고 하였다. 나라 일을 처리하는 태도도 이와 같이 애매하여 모나지 않게 처리하는 경우가 많았다.

025 기해년(1659, 현종 즉위년) 효종의 상례에 회천이 문예관(問禮官)이 되었다. 소렴(小斂)[106]을 할 때, "옥체가 손상될까 두려우니 천으로 묶는 일을 대충해서는 안된다."고 하였다. 이에 "날씨가 더워져서 뜻밖의 근심이 생길 것이 두렵다."고 하는 대비의 지시가 내려졌고, 일을 살피던 신하들이 모두 그렇다고 했지만 회천은 멋대로 『예경(禮經)』을 인용하며 말했다. "군주의 초상에 사용되는 옷은 128벌이며 관제(棺制)는 여유가 있다. 때문에 차라리 다른 근심이 있을지언정 그렇게 할 수 없다." 뜻을 굽히지 않고 고집을 부렸다. 애초 정해진 제도에 근거한 재궁(梓宮)의

---

106) 소렴(小斂) : 시신에 새로 지은 옷을 입히고 작은 이불로 싸는 일이다.

크기를 알지 못한 채 끝내 한 해 동안 만든 옷칠한 널을 쓸 수가 없게 되었고 부득이 재궁에 또 판을 붙여 사용해야 했으니, 이는 예전엔 없던 변고였다.

이때 국론이 흥흥하여 끊이지 않자 회천이 상소를 올렸다. "당시 여러 대신들이 모두 들어가 살폈으니 사람의 잘못으로 그렇게 된 것이 아님이 명백합니다.……" 스스로 변명하였다. 사람의 잘못 때문에 그렇게 된 것이 아니라고 말하였으니 과연 무슨 말인지 모르겠다. 사람의 잘못으로 그렇게 된 것이 아니라면 장차 하늘이 그랬단 말인가. 신하가 경계하고 신중해야 할 때 고집을 부려서 일을 그르쳐 이 지경에 이르고 말았는데도, 또한 상소문을 통해 과도하게 잘못을 보호하면서 죄를 시인하지 않으니 다른 일에 대해서 오히려 무슨 말을 하겠는가.

뒷날 산릉(山陵)[107]을 수원부(水原府) 뒤쪽에 정하고, 토목공사가 반 정도 이루어졌다. 이 무렵 회천이 또다시 다른 주장을 내세워서 건원릉(健元陵) 경내로 옮겨 정하였는데 얼마 안돼 능을 옮기는[108] 변고가 일어났다. 수원은 윤고산(尹孤山, 윤선도)과 여러 지사(地師)[109]들이 논의하여 정한 곳이었다. 회천이 일부러 힘써 저지하여 막았는데 이는 당시 수원의 이민(吏民)들이 산릉으로 지정되면 생업을 잃을까 두려워하여 돈 수천을 거두어 당국자에게 뇌물을 썼기 때문이었다. 이처럼 당론에 따라 국가의 대사를 마음대로 정하고, 이미 정해진 정책도 사사롭게 뇌물을 받아서 갑자기 바꾼다면 매우 망극한 변고에 이를 것이다. 이것을 참는다면 못 참을 일이 어디 있겠는가. 만약 여호(驪湖, 윤휴)[110]에게 이런 일이

---

107) 산릉(山陵) : 임금과 왕비의 무덤. 인산(因山) 전에 아직 이름을 정하지 아니한 능(陵)이다.

108) 능을 옮기는 : 원래 동구릉(東九陵, 경기도 구리)의 건원릉 서쪽에 있었으나 석물에 틈이 생겨 봉분 안으로 빗물이 샐 염려가 있다 하여 1673년(현종14) 세종의 영릉(英陵, 경기도 여주) 동쪽으로 능을 옮겼다.

109) 지사(地師) : 풍수설에 따라 집터나 묘자리를 봐주는 사람을 가리킨다.

110) 여호(驪湖) : 윤휴(尹鑴, 1617~1680)를 가리킨다. 여주(驪州)를 지나는 남한강을 여강(驪江)·여호라고 부른다. 본관은 남원, 자 희중(希仲), 호 백호(白湖)·하헌(夏軒)이다. 대사헌 효전(孝全)의 아들. 대사헌·우찬성 등을 역임. 송시열·윤선거 등 서인계 인사들과 교유하였다. 그러나 현종대 예송논쟁이래 주요현안을 둘러싸고 서인과 대립·갈등을

하나라도 있었다면 회천은 그 죄를 논의하여 이미 멸족시켰을 것이다. 그 뒤 갑인(1674, 현종15)·계해년(1683, 숙종9)에 상소를 올려 영릉(寧陵)[111]을 길지(吉地)라 하여 잘못 옮기는 허물에 대해서 논하면서 이익수(李翼秀)[112]·이정(李楨)[113]·이남(李柟)[114] 무리의 죄로 돌리려 했다. 이것은 자신의 과오를 가리고 사람들의 입을 막으려는 계책이었다.

026 기해년(1659, 현종10) 효종대왕 상례 당시 소렴(小斂)을 위해 내습의(內習儀)[115]를 거행할 때 회천이 문예관(問禮官)이 되었다. 판서 정선흥(鄭善興)이 의식을 주관하였는데, "장교(長絞)와 행교(橫絞)[116]를 펼치는데 어느 것을 먼저 해야 합니까."라고 묻자, 회천이 "장교를 먼저 해야 한다."고 대답하였다. 정선흥이 장교를 펼쳐 놓고, 횡교를 간략하게 묶고는 그것을 들어 보이며, "이렇게 하면 장교를 묶을 수 없는데 어떻게 해야 합니까."라고 묻자, 회천이 눈썹을 찡그리고는 즉시 응대하지 않았다. 정공이 희롱하며 말하였다. "상공(相公)은 비록 예에는 익숙하지만 염습하는 절차는 나 정선흥만 같지 못합니다. 속담에 '상사(喪事)가 생기면 돕겠다고 말하지 말라.'고 했으니, 상공이라 할지라도 말씀을 너무 많이 해서는 안될 것입니다." 이미 재궁에 모시고 들어가서 수의(襚衣)[117]로 갈아입히는 절차를 마쳤는데도 오히려 빈곳이 남아 있었다. 회천이 "만약 남은 옷이 있으면

벌였으며, 그 과정에서 북인계(北人系) 남인으로서 독자적인 학문관과 사상경향을 드러냈다.

111) 영릉(寧陵) : 효종과 인선왕후(仁宣王后)를 모신 능이다.

112) 이익수(李翼秀) : 1673년(현종14) 3월 24일·4월 2일 실록기사에 따르면 이익수가 종실 (宗室) 이정 등의 사주를 받아 영릉의 돌에 틈이 생겼다는 상소를 올려 사화를 일으키려 했다고 한다.

113) 이정(李楨) : 1641~1680. 인조의 3남 인평대군(麟坪大君)의 아들 복창군(福昌君). 1608년 (숙종6) 경신환국 때 허적의 서자 허견(許堅)과 아우 복선군(福善君) 등과 함께 사사되었다.

114) 이남(李柟) : 1647~1680. 인평대군의 아들 복선군이다.

115) 내습의(內習儀) : 궁궐에서 행하는 예행연습을 가리킨다.

116) 횡교(橫絞) : 가로로 묶는 매포. 매포는 빨아서 다듬이질 한 가는 베이다.

117) 수의(襚衣) : 시신에 입히는 옷이다.

202

빈 곳을 보충하시오."라고 하자, 정공이 "이같이 검소한 상례에 어찌 남은 옷이 있겠습니까."라고 하니, 회천의 안색이 매우 평온하지 못했지만 실수할까 두려워서 감히 말을 꺼내지 못하였다.

최석정의 윤증 제문, 최창대 변론

027　갑오년(1714, 숙종40) 봄에 이상(尼相, 윤증)118)이 세상을 떠났다. 정승 명곡(明谷, 최석정)이 유생들을 대신해서 제문을 지었다. "오늘날 유자를 보면 실속이 없고 교만하며 외모만 강직하게 꾸몄는데도 재주가 뛰어나다는 소문이 온 나라에 파다하였다. 가문의 원한은 깊고 국가의 수치를 씻지 못했는데도 끝내 잊었다고 말하지 않고 돌아가 자기 한 몸의 결백만 지킬 뿐이었다. 어찌 저 사람처럼 밖으로만 내달려 명예를 구해 빈말을 실천하지 못하고 고상한 말을 이루지도 못한 것과 같겠는가." 이에 노론[老黨]이 그를 미워하였다. 성균관 유생 황상로(黃尙老)119) 등이 상소를 올렸다.

"그 뜻이 국치(國恥)를 당한 뒤 오직 죽을 때까지 폐인(廢人)임을 자처하며 세상과의 관계를 끊는 것을 의(義)에 합당한 행동이라고 여겼습니다. 하지만 세무(世務)를 담당하여 적을 토벌하고 복수 갚는 일을 자신의 일로 삼았는데 도리어 밖으로 내달려 명예를 구하는 것이라고 합니다. 나라의 치욕을 당한 뒤 적을 토벌하고 복수 갚는 일을 담당한 자가 송시열이 아니면 그 누구이겠습니까. 아, 효종께서 원수를 갚기 위해 온갖 괴로움을 견뎌내려는 의지를 갖고 초야에 있는 송시열을 불러들였습

---

118) 이상(尼相) : 정승 윤증(尹拯, 1629~1714)을 가리킨다. 윤증이 이산(尼山)에 살았기 때문이다. 본관은 파평, 자 자인(子仁), 호 명재(明齋)이다. 선거의 아들로서, 송시열의 문인이었지만 사상적 대립으로 노소분당(老少分黨)을 초래하였다. 본래 윤선거와 송시열 상호간에 현실인식과 학문관 등에서 현격한 입장차이가 있었는데, 이것이 윤휴와 예송문제 등 주요 현안을 놓고 표면화되었으며, 부친사후 묘지명 문제로 격화되었다.

119) 황상로(黃尙老) : 1683~1739. 본관은 창원으로, 하신(夏臣)의 아들이다. 성균관 전적·지평 등을 역임하였다. 1714년(숙종40) 최석정이 윤증 제문을 지으면서 송시열을 논척하자 상소를 올려 논변하였다.

니다. 면밀히 경영한 바는 첫째도 원수를 갚고 치욕을 씻기 위함이요, 둘째도 원수를 갚고 치욕을 씻기 위함이었습니다. 그렇다면 효종의 의지는 곧 송시열의 의지이며, 송시열의 일은 곧 효종의 일이었습니다. 그런데 지금 송시열을 '밖으로 내달려 명예를 구하였다.'고 한다면 효종에 대해서는 장차 뭐라고 하겠습니까. 대의를 배척함은 내려오는 맥락이 있으니 그 자에게서 이런 말이 나온 것은 괴이한 일이 못됩니다. 또 그 글에서 '속이 없고 교만하며 외모만 강직하게 꾸몄는데도 재주가 뛰어나다는 소문이 온 나라에 파다하였다.' 등의 말로써 송시열을 비난하고 배척하니 아, 이 또한 참담합니다. 신들은 여러 말로써 변명할 겨를도 없습니다만, '밖으로만 내달려 명예를 구해 빈말을 실천하지도 못하고 고상한 말을 이루지도 못했다.'고 하였으니, 대목으로써 송시열만 모함 받게 해서는 안될 것입니다." 주상이 "이를 조정까지 올리는 것은 결코 옳지 못한 일이다."고 답하였다.

028 무술년(1718, 숙종44)에 동궁(東宮)이 대리청정(代理聽政) 할 때 판결사(判決事) 최창대가 상소를 올렸다.[120]

"지난번 신구(申球)[121]라는 자가 상소를 올려 선신(先臣, 최석정)의 제문을 가지고 망극한 말을 지어냈는데, 심지어 '송시열을 모함하는 것은 곧 효종을 모함하는 것과 같다.'고 했습니다. 그 뒤 김치후(金致垕)[122]·김유(金楺)[123] 등이 번갈아가며 상소를 올려 함께 '공이 대의를 빙자하여 송시열을 배격하였습니다.'고 했습니다. 아, 이게 무슨 말입니까. 존경하는 우리 효종께서 명나라를 받들고 청나라를 물리치려는 큰 계책을

---

120) 1718년(숙종44) 7월 20일에 올린 상소이다.
121) 신구(申球) : 1666~1734. 본관은 평산, 자 군미(君美)이다. 송시열의 문인으로, 1716년 윤선거와 윤증을 논핵하여 관작을 추탈하고 윤선거의 문집을 훼판하였다.
122) 김치후(金致垕) : 1692~1742. 본관은 청풍, 자 사중(士重), 호 사촌(沙村)이다. 대사간 등을 역임하였다. 1716년 유생 80여 인과 함께 윤증을 논핵하였다.
123) 김유(金楺) : 1653~1719. 본관은 청풍, 자 사직(士直), 호 검재(儉齋)이다. 이조참판·대제학 등을 역임하였다. 숙종대 예송논쟁으로 송시열 등이 화를 입게 되자 과거를 포기하고 은거하였다.

장려하기 위해 몸소 원수를 갚기 위해 온갖 괴로움을 이겨내려는 큰 뜻을 실천하며, 여러 시행할 조처들을 묻고 실효를 권면하여 책임 지웠습니다. 비록 도와주는 사람이 없어 대업을 제대로 끝마치지 못했지만 그 덕분에 떳떳한 도리와 사물의 법칙이 없어지지 않았고, 우주를 지탱하며 하늘과 땅을 환히 비추니 여러 신하들의 얻고 잃음을 추론한들 그것이 성덕(聖德)의 만분의 일에 무슨 상관이 있겠습니까. 앞뒤에서 말하는 자들이 감히 '효종을 무함하고 성조(聖朝)를 헐뜯는다.'고 하는데, 함부로 근거 없이 말하는 것이 어찌 이와 같을 수 있습니까.

신이 제문[誄文]의 본뜻을 대략 거론하겠습니다. 약소국이 불행하게도 오랑캐 침탈을 받았는데, 병자·정묘호란 이후 산림(山林)[124]·유일(遺逸)[125] 출신 선비들이 치욕스럽게 여겨서 스스로 가볍게 거취를 옮기려 하지 않았습니다. 출처의 의리에는 두 가지 방도가 있습니다. 때가 알맞은지 여부를 살피고 재능의 장단점을 고려하며 세도를 담당하여 나와서 다스릴 수 있다고 생각하면 인정(仁政)을 베풀어 민심을 얻고, 덕을 닦아 오랑캐를 물리치는 근본에 힘쓰는 것입니다. 군대를 정비하여 실질적으로 나라를 강하게 만들어 원수를 갚고 치욕을 씻어서 공을 세우는 것이니 이것이 벼슬해서 대의를 이루는 경우입니다. 이렇게 할 수 없다면 조정의 명령을 극력 사양하고, 올바른 도리를 벗어나지 않으려 산림에 자취를 감추고 논밭 가운데에서 목숨을 마쳐야 했습니다. 이것이 은거하면서 대의를 온전히 하는 경우입니다.

몸을 일으켜 부름에 응하여 높은 벼슬에 올라 막중한 권한을 쥐고서도 단지 원수를 갚고 치욕을 씻는 큰 의리를 말할 뿐 하는 일마다 실질적인 것이 없었습니다. 명호(名號)는 아름답다고 할 수 있지만 어찌 끝내 벼슬하지 않고 대의를 온전히 보전한 자와 함께 같은 날 논의될 수 있겠습니까.

---

124) 산림(山林) : 재야에 은거하면서 학식과 덕망을 갖추고 정치적 영향력을 행사하던 인물이다.

125) 유일(遺逸) : 학식과 덕망을 갖추고서도 중앙정계에 나아가지 않고 재야에 머물던 선비이다.

때문에 제문에서 말했습니다. '국가의 수치를 씻지 못했는데도 끝내 잊었다고 말하지 않고 돌아가 자기 한 몸의 결백만 지킬 뿐이었다.' 이 대목은 윤증의 결백과 절개를 찬미한 것입니다. '빈말을 실천하지 못하고 고상한 말을 이루지도 못했다.'고 말한 대목은 송시열을 지목한 것으로 실제 한 일도 없는데 아름다운 명성만 있음을 기롱한 것입니다. 이와 같이 선신이 말을 남긴 것은 대의를 숭상하고 권장하여 특별히 몸소 실천하는 것과 말로만 하는 것이 서로 같지 않음을 밝히기 위해서였습니다. 그런데 오늘날 공이 대의를 배척했다고 하니 어찌 전적으로 문장의 뜻을 이해하지 못해서 그런 것이겠습니까.

어떤 사람이 물었습니다. '주자(朱子)는 송나라가 남쪽으로 내려간[126] 뒤에도 오랑캐를 섬기는 조정에서 벼슬살이 하면서 나라를 회복하려 노력했지만 끝내 성과를 내 놓지 못했습니다. 하지만 거듭 의견을 올려 어지러운 세상을 다스리고 죄를 토벌하는 의논을 드러냈습니다. 어찌 유독 송시열에게만 실사(實事)가 없이 헛된 명성만 있다고 비난하십니까.' 내가 대답하였습니다.

'그렇지 않다. 송시열을 주자에 비견할 수 없다. 주자가 역임한 관직 가운데 제일 높았던 것이 숭정전 설서(崇政殿說書)에 불과하였으니 이는 공경장상(公卿將相)의 지위와 같이 어떤 일을 거행하거나 조정하는 권한을 가진 지위가 아니었다. 그럼에도 불구하고 의견이나 차자(箚子)를 올려 지적하여 진달하고 비판한 것이 이 모두 실제에 속해서 말과 행동이 서로 부합된다고 할 수 있다. 그리고 주자는 장강(長江)에서 싸워서 지키는 계책을 말하였다. 「상류에 있는 도독(都督)과 원수(元帥)는 본시 명망이 가벼운 자이기에, 하류의 수병(戍兵)들이 회전(淮甸)[127]을 버린 것입니다.」 이와 같이 다른 경연자리에서 계책을 도모하고 장막 안에서 계책을 시행함이 하나 둘이 아니었다. 그런데 지금 송시열의 위상과 권력을

---

126) 남쪽으로 내려간 : 남도(南渡). 송나라 고종(高宗) 때 양자강을 건너 남으로 내려가 절강성(浙江省) 항현(杭縣) 임안(臨安)에 도읍한 일이다.

127) 회전(淮甸) : 회수(淮水) 지방 혹은 회남(淮南)의 수도를 가리킨다.

돌아보건대 어떠한가. 그 실사를 확인해 보면 허망하니 옛사람과 오늘날 사람의 같은 점과 다른 점이 어찌 천만리 서로 멀리 떨어져 있을 뿐이겠는 가. 또한 오랑캐의 기운이 성대하여 국력으로 경쟁하기 어려운데 본거지를 섬멸하고 중국에서 쓸어버리려 한 것이 비록 한 사람에게 책임을 지울 수 있는 일이 아니다. 하지만 당시 중책을 맡고 있으면서 성실한 마음을 가졌다면 성조(聖祖, 효종)가 노심초사하고 부지런히 힘쓰던 날 임금 앞에 앉아서 크게 조정의 지혜를 드러냈어야 했다. 어찌하여 효과적으로 내정(內政)을 닦고 외적을 물리칠 실질적인 내용을 한 가지 일, 한 가지 계획도 제시하지 못하였는가. 비록 독대할 때 올린 내용을 보았지만 허망한 일단을 증험할 뿐이다.'

어떤 사람이 물었습니다. '부름에 응하여 원수를 갚고 치욕을 씻는 일에 대해 말하는 사람들이 앞뒤로 잇달았지만 오직 송시열만을 허물 삼는 이유는 무엇 때문입니까.' 내가 대답하였습니다. '관직에 나아가 세도를 담당하면서도 끝내 실사가 없다면 거처하여 대의를 높이는 것만 같지 못하였다. 하물며 스스로 힘써 원수를 갚고 치욕을 씻겠다고 주장하면서 집안의 계책[家計]을 도모하는 방편으로 삼고 높은 명분을 내세워 이름을 세웠으니 이것이 모두 송시열이 한 것인데 송시열을 질책하지 않으면 누구를 질책한단 말인가.'

또한 말하는 자들이 감히 공자가 『춘추』를 지은 뜻을 끌어다가 비유하고, 맹자가 양주(楊朱)[128]와 묵적(墨翟)[129]을 물리친 일에 비견하니 이는 송시열의 무리에 아부하기 위함입니다. 그 명분과 실제가 서로 맞지 않음을 병통되게 여김에도 사실을 속이고 서로 변명하려 했습니다. 이미 대의를 이루었다고 할 수 없기 때문에 변명하는 말을 구하려 해도 얻을 수 없으니 외람되게 성인에게 의탁해서 교훈을 내리는 사례를 헛되게

---

128) 양주(楊朱) : B.C.440~B.C.360. 전국(戰國)시대 학자. 자신만을 위한다는 '위아설(爲我說)'을 주장하였다. 맹자로부터 이단으로 지목되었다.

129) 묵적(墨翟) : B.C.470~B.C.391. 전국시대 학자. 남을 위한다는 '겸애(兼愛)'을 주장하였다. 이단으로 지목되었다.

만들었습니다. 아, 전(傳)에서 '사람을 견줄 때는 대등한 무리에 비교해야 한다.'130)고 하였습니다. 송시열이 어떤 사람입니까. 김유가 감히 송시열을 앞선 성인들에 견주어 말하였으니 그 망령되며 어긋나고 무식함이 어찌 여기에 이르렀단 말입니까. 공자와 맹자는 그 직위를 얻지 못했지만 명분을 바르게 하고 공(功)과 죄를 정하여 왕도의 권형(權衡)을 드러냈고 성도(聖道)를 밝히며 이단을 물리쳐서 천하를 구원하였으니 말로 하거나 글로 쓰는 것에 지나지 않을 뿐입니다. 하지만 만약 장상(將相)의 중요한 위치에 거처하여 여러 조정으로부터 세상에 보기 드문 예우를 수십 년동안 받아 세도를 맡았는데도 어떻게 원수를 갚고 치욕을 씻는 논의를 주창하는 한 가지 계책도 세우지 못하고 헛되이 적막한 빈 말만 한단 말입니까.

또한 『춘추』는 공자가 아니면 지을 수 없으며, 양주와 묵적은 맹자가 아니면 물리칠 수 없습니다. 만약 오늘날 대의를 세우려면 영원불변의 떳떳한 도리가 하늘의 달과 별처럼 빛나서 사람들이 보고 알 수 있어야 하니 처음부터 심오하고 은미하여 이해하기 어려운 것이 없습니다. 때문에 병자·정묘호란 이후 공경(公卿)·시종(侍從)으로부터 근래 가난한 선비에 이르기까지 주대(奏對)131)와 장독(章牘)132), 공사에 거론된 문장마다 대의의 설을 칭한 것이 하나 둘이 아니어서 집집마다 말하고 사람마다 외울 정도로 거론되었습니다. 이것은 송씨 집안에서 사사롭게 전해지는 물건이 아닙니다. 이 의리는 이미 사람들마다 말할 수 있기에 비록 오늘날 후생 소자의 입에 올리고 편지에 써도 막을 수 없습니다. 이와 같은데도 보통사람133)이 모두 춘추의 대의를 잡아서 헛된 말을 세상의 교훈으로 내려 줄 수 있단 말입니까. 옛사람이 '그대의 가슴 속에 어찌 소란스럽게 그렇게 많은 주공(周公)과 공자가 들어 있는가.'라고 했으니 비슷하게

---

130) 『예기(禮記)』 「곡례 하(曲禮下)」.
131) 주대(奏對) : 임금의 물음에 신하가 대답하여 아뢰다.
132) 장독(章牘) : 문서·책·편지 등을 가리킨다.
133) 보통사람 : 장삼이사(張三李四). 중국에서 가장 흔한 성인 장씨의 세 아들과 이씨의 네 아들이라는 의미로 보통사람을 뜻한다.

208

맞는 말이 아닙니까.

『춘추』를 저술하고 양주와 묵적을 배척하는 것은 공자와 맹자가 아니면 할 수 없습니다. 그렇다고 해서 대의를 논하는 것이 '장차 송시열이 아니면 불가능하다.'고 해도 되겠습니까. 인의(仁義)가 아름답지 않은 것은 아니지만 성인도 오히려 빌려 쓰는 것을 꺼려했습니다. 포모(包茅)의 책임을 물어서 군대를 일으킨 것을[134] 의로운 거사라고 할 수 있으며, 또한 모두 실사와 실공(實功)이 있는데도 군자가 그 마음의 근본을 살펴 낮추고 억눌렀습니다.

지금 대의에 대해 송시열 마음의 허실과 진위를 신은 감히 알지 못하겠습니다. 다만 이미 실사가 없다고 말할 수 있으니 내용이 없다는 혐의를 받아도 변명할 수 없을 것입니다. 그러나, 지금 내용이 없다고 하지 않고 단지 빈말과 고상한 말이라고 말하는 것은 충분히 타당하다고 여겨집니다. 이렇게 말해도 지나치게 너그러운 것인데 오히려 붕우(朋友)의 노여움과 여러 사람들의 탄식을 초래하고 가깝지 않은 『춘추』와 양주·묵적을 끌어다가 구차하게 빠져 나갈 계책으로 삼으니 아, 그 속을 알지 못하겠습니다.

어떤 사람이 물었습니다. '지금 국가의 형세가 명나라를 받들고 청나라를 물리치며 원수를 갚고 치욕을 씻는 공을 이루기 어렵지만 이 의리는 천리·떳떳한 도리와 크게 관련된 것이어서 끝내 사라지게 놔둘 수 없습니다. 송씨가 주장하여 밝게 드러냈으니 어찌 그 공을 모두 없앨 수 있단 말입니까.' 내가 대답하였습니다. '그렇지 않다. 행사(行事)로 드러내지 못하고 말과 문자로만 표현했으니 이는 산림과 유일 출신 사람들의 일일 뿐이다. 이미 그 직위에 거처하고 몸소 그 의리를 맡았으면서도 대략 실질적인 조치를 시행하지 못하고 다만 담론(談論)과 설화(說話)만을 공으로 삼는데 그쳤을 뿐이다. 그 마음이 내용이 없는데서 나오지 않았다

---

134) 포모(包茅) …… 것을 : 포모는 제사지낼 때 강신(降神)할 때 쓰는 묶음 띠이다. 초나라가 주나라에 포모를 바치지 않아 제사를 못 드리게 되자 제나라 환공이 군대를 거느리고 초나라를 정벌하였다.

고 해도 무슨 말로 천하후세의 책임을 피할 수 있겠는가.'

아, 밝고 밝은 선왕들이 아래로 빛을 비추니 오늘날 신하가 어찌 멋대로 지목해서 몰래 같은 편은 끌어들이고 다른 편을 무조건 공격한단 말입니까. 공자와 맹자의 도는 천지와 함께 지켜야할 표준입니다. 만약 인심을 가진 자라면 누가 경솔히 헤아려 논의해서 스스로 참람되게 죄에 몰려 죽겠습니까. 신구와 김류가 어떤 사람들이기에 성조를 끌어들이고 공자·맹자를 욕되게 하여 오로지 권세를 옆에 끼고 사람들을 속이려 하는 것입니까. 그 마음 씀씀이의 흉악함을 논한다면 외람되고 종묘를 가볍게 여기며 성현을 능멸함도 역시 심하다고 이를만합니다. 신은 저들 무리들이 말하는 '기강이 폐지되고 법이 무너지는 화'는 저들로부터 말미암았다고 생각합니다.……"

송시열의 북벌 촌평

029 옛날 세조때 이시애(李施愛)135)의 반란이 발생하자 주상이 경대부(卿大夫)를 불러 회의를 열었다. 반열에 있던 한 명이 앞으로 나와 큰소리로 "이시애를 사로잡아야 합니다."고 했다. 주상이 "사로잡아야겠지. 그런데 어떻게 사로잡아야 하는가."라고 묻자, 그 사람이 "신은 사로잡아야 한다는 것만 알지 사로잡는 계책은 모릅니다."고 하였다. 주상이 웃자 여러 신료들이 모두 따라 웃었다. 송시열의 원수를 갚고 치욕을 씻는 논의는 이와 다를 바가 없었다.

030 회천은 명나라를 받들고 청나라를 물리쳐서 원수를 갚고 치욕을 씻는 논의를 일생의 집안 계책으로 삼았다. 그런데 이는 '바람소리'이거나 '물속의 달'로써 단지 바라보고 듣기 좋을 뿐이었다. 정령(政令)을 시행함에 있어서 어찌 한 가지 행동이나 일도 내정을 닦고 외적을 물리치는 일에 관련하여 실질적인 것이 있었단 말인가. 그런데도 직접 이 같은

---

135) 이시애(李施愛) : ?~1467. 본관은 길주(吉州)이다. 호적법 등 세조가 단행한 일련의 개혁정책에 반대하여 1467년 토호세력으로서 민심을 선동하여 반란을 일으켰다.

텅 빈 명성을 빙자하여 확고한 총애와 권한을 잡고서 사람들을 시끄럽게 만드는 술수로 삼았다.

여호(驪湖)는 실제로 추진하고자 병거(兵車)를 제작하며 군졸을 훈련시키고, 체찰부를 다시 세우려 했다. 하지만 계획을 세우는데 분분하여 날마다 강론할 뿐 군대 일을 알지 못하였으니 날카로운 병기는 점차 무뎌 갔다. 결국 스스로 멸망하는 근심이 생겼고, 마침내 그 몸을 해친 뒤에야 그치고 말았다. 자기를 위한 꾀가 서툴렀음을 알 수 있었다. 사람들이 "크게 어리석은 자가 조금 꾀를 냈을 뿐이다."라고 한 것이 이것인가.

현종대 예송논쟁

031 기해년(1659, 현종 즉위년) 효종의 국상에서 대왕대비의 복제[136]를 이조판서 송시열이 기년복(期年服)[137]으로 정해 거행할 것을 주장하자 전 지평 윤휴가 말하였다. "맏아들의 지위를 빼앗거나[138] 적자의 지위를 빼앗는 것[139]은 떳떳한 도리가 아닙니다. 선대의 무거운 기업을 이어받아 천지와 종묘의 제사를 주관하는 주인이 되었으니 효종은 장남이고, 효종에게 종통(宗統)이 있습니다. 따라서 대왕대비는 왕위를 이어받은 맏아들[140]의 상복을 입어야 하며, 지존의 상복을 입어야 할 것입니다. 그런데 어찌하여 장중(長衆)[141]과 적서(嫡庶)를 거론한단 말입니까. 참최(斬衰)[142]

---

136) 대왕대비의 복제 : 인조 계비(繼妃) 자의대비(慈懿大妃)의 복제이다. 1659년 효종이 죽자, 대왕대비의 입장에서는 아들[효종]이 먼저 죽었기 때문에 어머니로서 입어야 할 복제가 문제로 대두되었다. 즉 맏아들로 대우하여 상복을 입느냐, 아니면 둘째 아들로 대우하여 입느냐의 문제였다. 이로 인해 서인과 남인 간에 대립이 생겼는데, 서인의 승리로 기년복(朞年服, 1년복)을 입었다. 1674년(현종15) 며느리인 효종비 인선대비(仁宣大妃)가 죽자 다시 복상문제가 일어났다. 서인은 대공설(大功說, 9개월복)을 주장하였고, 남인은 기년설을 주장하였다.

137) 기년복(期年服) : 1년 동안 입는 상복이다.

138) 맏아들의 지위를 빼앗거나 : 탈종(奪宗). 맏아들이 아니면서 맏아들 행사를 하는 것이다.

139) 적자의 지위를 빼앗는 것 : 탈적(奪嫡). 서자가 적자의 지위를 빼앗는 것이다.

140) 왕위를 이어받은 맏아들 : 계체(繼體). 장자인 소현세자를 대신하여 효종처럼 임금이 된 경우를 가리킨다.

3년복을 입어야 마땅합니다.……" 그러자 송시열은『대명률(大明律)』의 '장자(長子)와 중자(衆子) 모두 기년복을 입는다.'는 문장을 인용하여 종적(宗嫡)143)과 장중의 설을 가리고, 대충 미봉해서 기년복으로 단정하였다.144)

경자년(1660, 현종1) 연기(練期)145)가 다가오자 장령 허목이 상소를 올려 말하였다. "『의례(儀禮)』'장자(長子)'조의 주소(註疏)에서 규정한 '제1자가 죽으면 적처(嫡妻) 소생 둘째 아들을 세워서 장자라고 한다.'는 데에 근거하여 대비의 복제는 장자복이 되어야 합니다. 아들이 어머니를 위해 자최(齊衰)146) 3년복을 입기 때문에 어머니도 아들을 위해, 아들이 입는 복제에서 벗어나지 않으므로 자최 3년복이 마땅합니다.……" 주상이 대신과 유신(儒臣)들에게 명하여 다시 논의하게 하자 송시열이 말하였다.

"성인(聖人)이 예(禮)를 만들 때 차례[倫序]와 장자·서자의 구별에 삼가하지 않음이 없었습니다. 때문에 주공(周公)이 예를 만들고 자하(子夏)가 전(傳)을 짓고, 정현(鄭玄)이 주(註)를 붙였는데, 어디에서도 '차자(次子)가 장자가 된다.'는 설을 찾을 수 없습니다. 다만 가공언(賈公彦)147)의 소에서 비로소 이 같은 설이 보이지만 단지 '제1자가 죽으면'이라고 말했을 뿐 '제1자가 후사 없이 죽으면'이라고 말하지 않았습니다. 이것은 아마도 어른이 되기 전에 죽은 것을 의미하는 것입니다. 장자가 어른이 된 뒤에 죽었는데도 차장자(次長子)를 모두 장자라 칭하고 참최복을 입는다면 적통이 엄격하지 않을 것입니다.……" 찬찬 송준길이 역시 동의하였다. 주상이 양송(兩宋)의 논의에 따라 기년복을 거행하고 고치지 않았다.

---

141) 장중(長衆) : 장자와 중자를 가리킨다.
142) 참최(斬衰) : 가장 거칠고 굵은 삼베로 만들되 아랫단을 깁지 않는 상복이다.
143) 종적(宗嫡) : 종묘의 적통을 의미한다.
144) 대충 …… 단정하였다 : 고례(古禮)에는 자의대비가 차자로서 왕위에 오른 효종을 위해 어떤 상복을 입을지 분명히 규정되어 있지 않았다. 이에 장자·차자 구별 없이 기년복을 입는다는『대명률』·『경국대전』에 따랐던 것이다.
145) 연기(練期) : 소상(小祥). 세상을 떠난 지 1년 뒤에 지내는 제사이다.
146) 자최(齊衰) : 거친 생마포로 아랫단을 접어서 지은 상복이다.
147) 가공언(賈公彦) : 당나라 유학자.『의례소(儀禮疏)』·『예기소(禮記疏)』등을 저술하였다.

당시 세 가지 예설[148]이 서로 논쟁을 벌였다. 영중추부사 원두표·공조
좌랑 김수홍[149]·영남유생 유세철(柳世哲)[150]·호군(護軍) 윤선도 등이 혹
상소[151]를 올리거나 혹 설을 펼쳤으니 수많은 말들이 나왔다. 이들은
3년복을 옹호하며 송시열의 기년복이 잘못되었다고 배척하였다. 송시열
의 문도들이 모두 일어나 논박하며 아뢰어 김수홍을 삭판(削板)하고 윤선
도를 유배 보내며 유세철을 영원히 과거에 응시하지 못하도록 하였다.
이어서 예를 논의하는 것을 금지하는 법령이 나왔다.

032 기해년(1660, 현종1) 상례를 논의함에 기년·참최 3년·자최 3년설이
제기되었는데 각각의 소견이 서로 모순되었다. 그 의리와 시비를 잠시
접어두고 예송(禮訟)에 관계된 글을 모아놓는 것이 오히려 괜찮았을 것이
다. 그런데 송시열이 "단궁(檀弓)의 문(免)[152]과 자유(子游)의 최(衰)[153]를
과연 살펴볼 필요가 없단 말입니까."라고 하였으니, 이것이 과연 무슨

---

148) 세 가지 예설 : 기년복·참최 3년복·자최 3년복을 가리킨다.

149) 김수홍(金壽弘) : 1666년 김수홍은 송시열에게 편지를 보내 허목의 예설을 지지하고
     강빈옥사로 소현세자의 적통은 효종에게 옮겨간 것이라고 주장하였다. 『현종실록』
     7년 2월 21일 기사 참조.

150) 유세철(柳世哲) : 1627~1681. 본관은 풍산, 자 자우(子遇), 호 회당(晦堂)이다. 효종 사후
     자의대비 복제와 관련하여 「상복고증(喪服考證)」 29조를 지어 1년복설을 반박하는
     상소를 올렸다.

151) 윤선도 등이 혹 상소 : 1660년(현종1) 4월 18일에 윤선도가 상소를 올려 효종에
     대한 자의대비의 복제는 자최 삼년복이 마땅하다고 주장하였다. 그 근거로서 적통을
     이어받은 아들은 할아버지와 체(體)가 된다는 점과 아버지가 적자의 상에 참최
     삼년복을 입는 것은 자식을 위해서가 아니라 조종(祖宗)의 적통을 이어받아서라는
     점을 들고, 이로써 송시열의 예설을 "군부를 낮춘다[貶薄君父]"고 비판하였다. 4월
     24일에 상소를 불태우라는 명이 내렸고, 30일에 함경도 삼수군(三水郡)에 안치하라는
     처분이 내렸다.

152) 단궁(檀弓)의 문(免) : 단궁은 공의중자(公儀仲子)의 상(喪)을 당해서 그가 적손을 세우지
     않고 중자(衆子)를 세웠으므로 이를 견책하는 뜻에서 문(免)을 하고 조문하였다.
     문은 한 치 너비의 흰 천을 목에 걸어 앞이마에 매듭을 짓고, 다시 뒤로 돌려
     상투를 감는 것이다. 상례를 잘못 치른 사람을 기롱하기 위한 행동이다.

153) 자유(子游)의 최(衰) : 자유는 혜자(惠子)의 상을 당해서 그가 적자를 버려두고 서자를
     후사로 삼았으므로 이를 견책하는 뜻에서 마최(麻衰) 차림으로 조문하였다 한다.
     마최는 길이 여섯 치, 너비 네 치의 삼베 헝겊을 앞가슴에 붙이는 것이다. 상례를
     잘못 치른 사람을 기롱하기 위한 행동이다.

말인가. 공의중자(公儀仲子)의 초상에 단궁이 문복(免服)을 하고 조문한 것은 중자(仲子)가 적손을 버리고 서자(庶子)로 후손을 세웠기 때문이며, 자유가 최복(衰服)을 입고 조문한 것은 혜자(惠子)가 적자를 폐하고 서자를 세웠기 때문이었다. 뒤를 잇는데 적당하지 않은 자를 세웠기 때문에 단궁과 자유 두 사람이 부적합한 예라고 여겨 그 적당하지 못함을 기롱하였던 것이다. 이것이 기년·참최·자최의 논의와 무슨 관계가 있다는 말인가. 그가 이 같은 사례를 끌어다 입증하려 했으니 의도가 어디에 있단 말인가. 이와 같은 설을 만약 소현세자가 죽고 효종이 즉위하기 전에 말했다면 오히려 이경여(李敬輿)처럼 충직하다고[154] 했을 것이다. 그런데 이제 와서 적합하지도 않은 때에 이렇게 말하니 진실로 망발이 아니라면 그 반역의 마음이 들어 있단 말이 아니겠는가.

얼마 뒤 강화도에서 이유정(李有湞)의 변란을 획책하는 편지가 나왔는데 그 내용 가운데, "회천을 맹주로 하였으며, 단궁의 문과 자유의 최의 설을 효시로 했다."고 하였다. 회천의 이 말이 비록 아무 생각 없이 말한 것이고, 이유정의 역모에 그가 비록 간여했다고 할 수 없더라도 춘추의 의리로써 논하자면 회천이 역적모의를 주창한 악의 우두머리가 아니라고 할 수 있겠는가. 회천의 많은 죄를 사면한다 해도 이 한 가지는 법안으로 처리해야 할 것이 아니겠는가. 기사인(己巳人)[155]들 가운데 죄를 성토한 자가 하나 둘이 아닌데도 그가 역적임을 명확히 밝히지 못했으니 역적들이 복종하겠는가. 가령 당시 남인이 이 같은 말을 했다면 회천의 문도들이 옥사를 다스려 장차 멸족시키라는 법조문을 들어 따지지 않았겠

---

154) 이경여(李敬輿)처럼 충직하다고 : 1645년(인조23)에 이경여는 소현세자가 죽은 뒤 제기된 세자책봉 문제에서 원손(元孫)이 있는데 순서를 어겨서는 안 된다고 주장하였다. 이경여(1585~1657)의 본관은 전주, 자 직부(直夫), 호 백강(白江)·봉암(鳳巖)이다. 세종의 7대손으로, 형조판서·영의정 등을 역임하였다. 1646년 강빈의 사사를 반대하다가 유배되었다.

155) 기사인(己巳人) : 기사환국(己巳換局)에 관련된 사람들로 남인을 가리킨다. 기사환국은 1689년(숙종15) 희빈 장씨의 소생을 원자로 정호(定號)하는 문제를 둘러싸고 벌어진 남인과 서인 간 정치적 대립이다. 이 일로 송시열이 사사되었고, 이이명(李頤命)·김만중(金萬重)·김수흥·김수항 등이 복주(伏誅) 또는 유배당하였다

는가. 그렇다면 기사년(1689, 숙종15)의 사약을 마시고 죽은 것[156]은 송시열의 불행이 아니라 행운인 것이다.

033　갑인년(1674, 현종15) 2월 인선왕후(仁宣王后)[157]의 상례에 대왕대비가 입을 상복으로 기년복을 준비했지만 바로 전날에 대공복(大功服)[158]으로 표지를 붙여 바뀌었다.[159] 주상이 "때가 다 되어서야 마련하니 제 때 상복을 입지 못할까 근심된다. 예조의 당상과 낭청을 잡아들여 신문하라."고 전교하였다. 이때 대구 유생 도신징(都愼徵)[160]이 상소를 올렸다.

　"우리 효종대왕께서는 종묘와 사직을 10년 동안 주관하신 군주였습니다. 어찌 10년 동안 종묘와 사직을 주관한 군주가 돌아가신 뒤 부모가 그를 위해서 맏며느리 상복을 입지 않을 수 있겠습니까. 기해년(1659, 현종 즉위년) 기년복은 이미 국제(國制, 경국대전)에 따라 거행했다고 하는데, 도리어 국제에 따라 중서(衆庶)의 상복인 대공복을 써야 된다고 하니 오늘날 인륜과 기강을 더럽히고 어지럽히는 것이 이보다 심한 것이 또 무엇이 있겠습니까.[161] 전하가 대비에 대해서 만약 중서부(衆庶婦)의 자식이라고 한다면 곧 중서손(衆庶孫)이 될 것이니 그렇게 되면 대비께서는 천추의 한을 남기게 될 것입니다. 뒷날 전하가 대비를 위해서 적손(嫡

---

156) 사약을 마시고 죽은 것 : 차율(次律). 사형에 처하는 일률(一律)보다 한 등급 낮은 데서 이렇게 이른다. 본문에서는 사약을 마시고 죽은 것을 가리킨다. 송시열은 1689년 원자 정호에 반대하는 상소를 올렸다가 제주도로 유배되었다. 그 해 6월 서울로 압송되어 오던 중 정읍에서 사약을 받고 죽었다.

157) 인선왕후(仁宣王后) : 1618~1674. 효종의 비. 우의정 장유(張維)의 딸이다.

158) 대공복(大功服) : 9개월 복. 굵은 숙포(熟布, 표백한 베)로 상복을 만들어 입는다.

159) 대왕대비가 …… 바뀌었다 : 대왕대비 입장에서는 며느리가 먼저 죽었기 때문에 시어머니로서 입어야 할 복제가 문제로 대두되었다. 즉 맏며느리로 대우하여 상복[기년복]을 입느냐, 아니면 둘째 며느리로 대우하여 상복[대공복]을 입느냐의 문제였다.

160) 도신징(都愼徵) : 1604~1678. 본관은 성주(星州), 자 휴숙(休叔), 호 죽헌(竹軒)이다.

161) 대공복 …… 있겠습니까 : 효종 사후 복제를 기년복[1년복]으로 정할 때 맏아들이냐 둘째 아들이냐의 갈등을 피하기 위해서 국제에 의거하였다. 그런데 효종비가 죽자 복제를 둘째 며느리 복제인 대공복[9개월복]으로 정하였다. 이는 결국 효종의 기년복 역시 맏아들이 아닌 둘째 아들로 간주한 것이라고 생각하여 비판한 것이다.

孫)으로서 제사를 받들 수 없지 않겠습니까. 예로부터 지금까지 과연 대통의 위중함을 이어서 종묘와 사직의 주인이 되었는데도 적통이 되지 못하고 중서라고 불러서야 되겠습니까."

이때 주상이 크게 깨닫고 그날로 대신·중신·삼사를 불러 의견을 논의하였다. 영의정 김수흥(金壽興)162)·예조판서 조형(趙珩)163)·호조판서 민유중(閔維重)164)·이조판서 홍처량(洪處亮)165)·좌부승지 김석주(金錫胄)166)·헌납 홍만중(洪萬重)·교리 이유(李濡)167)가 입시하였다. 주상이 "대왕대비의 복제를 9개월 복으로 개정한 것은 무슨 이유에서인가."라고 묻자, 김수흥이 "기해년(1659)에 이미 기년복으로 정해서 거행했기 때문입니다."고 대답하였다. 주상이 "기해년에 고례(古禮)를 사용하지 않고 우리 조정의 예제를 사용하였는데, 9개월 복제 역시 국제인가."라고 묻자, 민유중이 "고례에는 대공복으로 규정되어 있고, 국제에는 기년복으로 되어 있습니다."고 대답하였다. 주상이 "고례에는 장자의 복을 어떻게 규정해 놓았는가."라고 묻자, 김수흥이 "참최 3년입니다."고 대답하였다. 주상이 "기해년 정태화와 송시열이 동의해서 국제를 적용한 것이다.168) 지금에 와서 고례를 적용한 것은 무슨 이유에서인가. 오늘날 대공복을 적용하는 이유를 알지 못하겠다."고 하였다. 조형이 "기해년에 이미 기년복으로 정했기

---

162) 김수흥(金壽興) : 1626~1690. 본관은 안동, 자 기지(起之), 호 퇴우당(退憂堂)·동곽산인(東郭散人)이다. 수항(壽恒)의 형으로, 호조판서·영의정 등을 역임하였다.

163) 조형(趙珩) : 1606~1679. 본관은 풍양(豊壤), 자 군헌(君獻), 호 취병(翠屛)이다. 공조·예조판서 등을 역임하였다. 1674년 예송논쟁 당시 대공설을 주장하다가 양주로 귀양갔다.

164) 민유중(閔維重) : 1630~1687. 본관은 여흥, 자 지숙(持叔), 호 둔촌(屯村)이다. 인현왕후의 부친으로, 병조판서 등을 역임하였다.

165) 홍처량(洪處亮) : 1607~1683. 본관은 남양, 자 자회(子晦), 호 북정(北汀)이다. 예조참판·대사헌 등을 역임하였다.

166) 김석주(金錫胄) : 1634~1684. 본관은 청풍, 자 사백(斯百), 호 식암(息庵)이다. 육(堉)의 손자, 좌명(佐明)의 아들로서, 이조판서·우의정 등을 역임하였다. 현종대 이래 숙종대에 이르기까지 정국변동의 중심에 자리하면서 권력을 장악하였다.

167) 이유(李濡) : 1645~1721. 본관은 전주, 자 자우(子雨), 호 녹천(鹿川)이다. 우의정·영의정 등을 역임하였다.

168) 기해년 …… 적용한 것이다 : 1659년(현종 즉위년) 5월 5일 실록기사에 따르면 정태화가 국제에서 부모가 자식을 위해 장자·차자를 가리지 않고 모두 1년복을 입는다는 조항을 채택하여, 대왕대비가 효종을 위하여 1년복을 입도록 정하였다

때문에 오늘날 내려서 대공복을 적용한 것입니다."고 하였다.

주상이 젊은 내시를 시켜 도신징의 상소를 김수홍에게 주고 읽게 하였다. 하교하기를, "기해년의 복제는 과연 차장자(次長子)로서 정한 것인가."라고 묻자, 김석주가 "송시열의 수의(收議)에 '효종대왕은 인조대왕의 서자로 보아도 괜찮다.'고 하였습니다. 때문에 허목이 상소를 올려서(庶)자 뜻을 자세히 분변해서 논쟁[169]을 벌였습니다."고 하였다. 주상이 말했다. "예조는 기해년의 일을 자세히 살핀 다음 증거를 대고 고쳐 정했어야 할 것인데, 갑자기 대공복으로 고쳤으니 어찌 이와 같이 할 수 있단 말인가." 또한, "사안이 중대하므로 육경(六卿)이하 삼사의 장관(長官)을 모두 불러들여[170] 오늘 궁궐 안에 모여 의논하여 아뢰거라."고 하였다.

같은 날 빈청(賓廳)[171]회의를 열었다. 판중추부사 김수항[172]·영의정 김수홍·호조판서 민유중·병조판서 김만기(金萬基)[173]·이조판서 홍처량·대사헌 강백년(姜栢年)[174]·형조판서 이은상(李殷相)[175]·부응교 최후상(崔後尙)[176] 등이 의논하여 아뢰었다. "기해년(1659) 국상에 대해서 당시 대신과

---

169) 논쟁 : 허목은 서자를 첩자(妾子)로 본데 반해 송시열은 적장자를 제외한 적처소생의 중자(衆子)로 보았다. 허목은 사종설(四種說)에서 체이부정(體而不正)의 서자(庶子)는 첩자(妾子)만을 가리킨다고 하여 서자첩자설(庶子妾子說)을 주장하고, 따라서 효종은 체이부정에 해당되지 않는다고 하였다. 그는 효종이 본래는 차자(次子)였지만 종통을 계승한 이상 장자(長子)가 되어 정체전중(正體傳重)에 해당하므로, 『의례(儀禮)』「자최장(齊衰章)·모위장자조(母爲長子條)」에 의하여 자의대비는 효종에게 자최 삼년복을 입어야 한다고 주장하였다.

170) 모두 불러들여 : 패초(牌招). 승지가 왕명을 받고 신하를 부르는 일이다.

171) 빈청(賓廳) : 궁궐에서 대신이나 비변사의 당상들이 모여서 회의하던 곳이다.

172) 김수항(金壽恒) : 1629~1689. 본관은 안동, 자 구지(久之), 호 문곡(文谷)이다. 상헌(尙憲)의 손자로서, 영의정 등을 역임하였다. 1689년(숙종15) 기사환국 때 사사되었다.

173) 김만기(金萬基) : 1633~1687. 본관은 광산, 자 영숙(永淑), 호 서석(瑞石)·정관재(靜觀齋)이다. 장생(長生)의 증손, 인경왕후(仁敬王后, 숙종 비)의 부친이다. 송시열의 문인으로, 병조판서·대제학 등을 역임하였다.

174) 강백년(姜栢年) : 1603~1681. 본관은 진주, 자 숙구(叔久), 호 설봉(雪峯)·한계(閑溪)·청월헌(聽月軒)이다. 예조판서·우참찬 등을 역임하였다. 1646년 강빈 옥사가 일어나자 상소하였다가 삭직 당하였다.

175) 이은상(李殷相) : 1617~1678. 본관은 연안, 자 열경(說卿), 호 동리(東里)이다. 정귀(廷龜)의 손자로서, 도승지·형조판서 등을 역임하였다.

유신(儒臣)이 올린 의견을 살펴보면 단지 시왕(時王)의 제도라고 말했지 장자(長子)나 중자(衆子)를 논의하여 구분했다는 말은 없었습니다. 3년복을 입어야 한다는 의논이 생기면서부터 비로소 장자니 차자니 하는 말로 논의가 분분해져 여러 번 의논을 수렴하였지만 결국 국제에 의거해서 기년복으로 결정하고 거행했습니다. 장자를 위해서 3년복을, 중자를 위해서 기년복을 입는 것은 고례이고, 장자와 중자를 구분하지 않고 모두 기년복을 입는 것은 국제입니다. 당초 3년복을 행하지 않고 기년복으로 한 것은 고례의 중자 복제로부터 나온 것입니다. 이번에 해당 관청이 대공복으로 개정해서 표지를 붙인 것 역시 여기에서 나온 것이고, 이 밖에는 근거해 볼 만한 일이 없었습니다.……"

주상이 구두로 하교하였다. "올린 글의 내용이 명백하지 못하다. 대왕대비께서 기년복을 입어야 될지 대공복을 입어야 될지 하나를 지적하여 처리하지 못한 것은 무슨 이유에서인가." 김수흥이 말하였다. "오늘 주상 앞에서는 기해년에 상복 제도를 의논해 정할 때 고례를 사용할지 시왕의 제도를 사용할지의 여부에 대해 살피라는 뜻으로 분부 받았기에 대왕대비께서 기년복을 입어야 될지 대공복을 입어야 될지의 여부를 먼저 의논해 아뢰지 못하였습니다." 비망기(備忘記)[177]를 내렸다. "오늘 회의를 연 이유는 기해년 의견을 모을 때 옳고 그름을 결정한 문서를 살펴서 기년복과 대공복 가운데 하나를 확정하기 위한 것이다. 지금 종이를 가득매운 글씨는 기해년의 등록(謄錄)[178]이니 등록만 살펴본다면 승지 1명이면 충분하다. 무엇 때문에 여러 신하들로 하여금 모여 의논하게 했겠는가. 나는 정말 놀랐다."

빈청에서 다시 아뢰었다. "지금 시왕의 제도로 말한다면 『경국대전』 '오복(五服)'조의 자(子) 밑에 기년이라고만 쓰여 있고, 장자니 중자니

---

176) 최후상(崔後尙) : 1631~1680. 본관은 전주, 자 주경(周卿)이다. 명길(鳴吉)의 아들로서, 예문관 검열·홍문관 응교 등을 역임하였다.

177) 비망기(備忘記) : 임금의 명령을 적어서 승지에게 전하던 문서이다.

178) 등록(謄錄) : 관청에서 조치하여 행한 일이나 사실 가운데 중요한 것을 주무 관서에서 그대로 기록하여 만든 책이다.

구분하지 않았습니다. 그 밑에 장자의 처에 대해서는 기년이라고 쓰여 있고, 중자의 처에 대해서는 대공이라고만 할 뿐 승중(承重)[179] 여부를 거론하지 않았습니다.[180] 이로써 볼 때 대왕대비께서 입어야 할 상복은 대공복으로 정해야 할 것 같습니다. 그러나 이는 막중한 예이므로 신들이 감히 국전(國典) 기록만을 따라 경솔하게 단정지을 수 없습니다.……"

다음날 14일 좌부승지 김석주와 동부승지 정유악을 만나 보았다. 주상이 말하였다. "빈청에서 재차 올린 글에서『경국대전』'오복'조에 있는 몇 마디 말로만 그럭저럭 책임을 때우고 말았다. '대공복을 입어야 할 듯하다.'는 말을 또 어떻게 할 수 있단 말인가. 참으로 괴이하도다. 빈청에서 처음 올린 글만 보더라도 이미 장자나 중자의 구분이 없다고 해 놓고는 오늘에 이르러 감히 대공복으로 입어야 한다고 하니, 이는 기해년에는 없던 말로 오늘날 빈청이 만들어 낸 말이다. 먼저 선왕이 중자임을 밝힌 뒤에 9개월 복제를 논해서 정할 수 있는데 해당 관청은 감히 바로 표지를 붙여 들이고, 빈청에서는 어떻게 이렇게 할 수 있단 말인가. 대비는 강가(姜哥, 소현세자 빈 강씨)가 세상을 떠났을 때 상복을 입지 않았으니 오늘의 예가 이와 같아서는 안된다. 승지는 똑똑히 듣고 빈청에 가서 전달하라."

빈청에서 세 번째 아뢰었다. "『경국대전』에 자식을 위해 입는 상복은 장자나 중자 구분 없이 모두 기년복으로 정해져 있었기 때문에 기해년에 논의하여 정할 때 중자니 장자니 하는 말을 거론하지 않았습니다. 지금 『경국대전』에 며느리를 위해 입은 상복에 대해 장자의 부인과 중자의 부인의 구분이 있지만 '중자의 부인에게는 대공복을 입어 준다.'는 조항 밑에 별도로 '승중자(承重者)[181]의 부인일 경우 기년복을 입는다.'는 말이

---

179) 승중(承重) : 종묘나 가묘(家廟) 혹은 상제(喪祭)를 받들 막중한 책임을 이어받게 됨을 나타내는 뜻이다.

180) 그 밑에 …… 거론하지 않았습니다 :『경국대전』에는 어머니가 아들을 위해서 장·중자 구별 없이 기년복을 입는 것으로 되어 있지만 시어머니가 며느리를 위해서는 장자 처(長子妻)의 경우는 기년복을 중자처의 경우는 대공복을 입는 것으로 되어 있었다.

181) 승중자(承重者) : 종통(宗統)을 승계(承繼)하여 제사를 받드는 사람이다. 대개 적장자(嫡

없으니 대공복이 근거가 없는 것도 아닙니다. 그래서 기해년 장자와 중자를 구분하지 않고 상복을 똑같이 기년복으로 정했습니다. 인륜의 차례로 말한다면 장자와 중자의 구별이 있습니다만 중자가 왕위를 계승하여 장자가 된다는 조문은 국전에 뚜렷하게 나타난 곳이 없습니다. 그래서 오늘날 대공복 이외의 것에 대해서 쉽게 논의하기가 어렵습니다.……"

신시(申時, 오후 4시 전후)에 주상이 빈청에서 올린 글 가운데 '중자가 대통을 계승하면 장자가 된다.'는 글에다 표지를 붙여 승정원에 내려보내면서 "이 글이 어디에서 나왔는지 살펴서 아뢰거라."고 분부하였다. 승정원에서 "국전에 뚜렷이 나타난 곳이 없습니다. 다만 허목의 소장에 비슷한 구절이 있습니다."고 아뢰었다. 주상이 전교하였다. "빈청에서 올린 글은 오늘날 새롭게 지어낸 말이 아닐 것이다. 이 글이 뚜렷이 나타난 곳을 상고해서 아뢰거라." 승정원에서는 『의례(儀禮)』 '아버지가 장자를 위해서[父爲長子]'조항과 허목의 상소, 송준길과 송시열의 수의, 원두표의 차자(箚子), 영남유생 유세철과 성균관 유생 홍득우(洪得禹)[182]의 상소를 아울러 첨부하여 들여보냈다. 주상이 "윤선도의 상소도 찾아서 함께 들이라."고 하자, "당시 불태워 버리라고 해서 『승정원일기』에 실려 있지 않으니 찾아서 들일 수 없습니다."고 하였다. 또한, "김수흥·김석주·정유악을 만나 보겠다."고 전교하였다. 주상이 양심각(養心閣)으로 나아가니 가주서 이담명(李聃命)[183]·기사 심수량(沈壽亮)[184]·이후항(李后沆)이 함께 입시하였다.

長子) 승계를 원칙으로 하고, 적자가 없을 경우 서자(庶子) 혹은 첩자(妾子)가 잇기도 한다. 혹은 종법제(宗法制)에 따라 대종(大宗)에 후계자가 없을 경우 소종(小宗)의 지자(支子)가 대종의 가계를 잇는다. 마지막으로 아버지가 사망하여 손자가 조부를 승계하는 경우도 있다. 곧 적손승조(嫡孫承祖)를 가리킨다.

182) 홍득우(洪得禹) : 1641~1700. 본관은 남양, 자 숙범(叔範), 호 수졸재(守拙齋)이다. 우의정 중보(重普)의 아들, 득기(得箕)의 동생이다. 1676년 송준길이 예를 잘못 적용한 문제로 삭탈 당하자 반대하다가 유배되었다.

183) 이담명(李聃命) : 1646~1701. 본관은 광주(廣州), 자 이로(耳老). 호 정재(靜齋)이다. 원정(元禎)의 아들로, 허목의 문인이다. 부제학·이조참판 등을 역임하였다.

184) 심수량(沈壽亮) : 1644~1692. 본관은 청송, 자 용경(龍卿)이다. 이조좌랑·사간 등을 역임하였다. 기사환국 때 오두인·박태보 등과 인현왕후 폐위에 반대하다가 관직에서 물러났다.

주상이 물었다. "기해년의 복제를 국전에 의거하여 결정한 것은 '상례(喪禮)는 선조의 의리를 따라야 한다.'는 뜻이었지 선왕을 실제로 중자로 여겨서 그런 것이 아니었다. 그런데 오늘날 빈청에서 직접 중자라고 쓰면서 조금도 어려워하는 뜻이 없었으니 대공복으로 정하려는 것은 도대체 무슨 의도인가. 대왕대비께서 이미 역적 강빈(姜嬪)을 위해 상복을 입은 일이 없는데 기년복은 어디로 돌아간단 말인가." 김수흥이 말하였다. "고례에 근거하지 않고 시왕의 제도로만 논한 것은 주상의 하교를 받든 것이고, 지금 기년복은 국전에 없기 때문에 이와 같이 의논하여 아뢴 것입니다." 주상이 말하였다. "국전에 명확한 말이 없다고 하면서 어떻게 적자와 서자를 명확하게 구분하는가. 기해년에는 구분한 일이 없었는데 이제 와서 구분한 것은 무엇 때문인가. '제1자가 죽고 둘째 아들이 왕이 되면 또한 장자라고 한다.' 하였으니 장자임에 틀림없다. 분명하지 않은 예를 사용하는 것이 어찌 도리라고 하는가."

곧 김석주에게 명하여 비답(批答)을 초안하였다. "기해년에 복제를 의논하여 정할 때 장자와 중자에 대한 설은 듣지 못하였다. 그런데 오늘에 이르러 중자와 서자에게는 대공복을 입어야 한다는 설이 비로소 나왔다. 『경국대전』 '오복'조에 대통을 계승한 것에 대해서는 언급이 없으니 시왕이 제정한 예일지라도 미비한 곳이 있는 것이다. 그런데 하교를 핑계로 『예경(禮經)』을 참조하지 않았고 지당한 결론이라고 억지로 주장하니 오늘 회의를 연 의미가 어디에 있는가. 다시 자세히 살펴서 의논하여 아뢰거라."

빈청에서 네 번째 아뢰었다. "지금 『의례』에 '아버지가 장자를 위해서[父爲長子]' 조항 주소(注疏)에서 '제1자가 죽으면 본부인[嫡妻] 소생인 둘째 아들을 왕으로 세우는데 역시 장자라고 부른다.'고 하였습니다. 이를 넓게 보면 본부인한테서 난 아들로서 승중자라면 통틀어 장자라고 한 것 같습니다. 하지만 그 밑에 또한 '장자라 해도 3년복을 입어 줄 수 없는 네 가지 사례[185]가 있다.'고 했습니다. 그 첫 번째 사례가 '왕위를 계승했지만 적자가 아닌 경우[體而不正]'이니 서자(庶子)를 세워서 뒤를 이은 것입니다. 서자란 첩에게서 태어난 자식을 부르는 호칭입니다. 본 부인 소생 둘째 아들은 중자라고 했지만 지금은 모두 서자라고 부르는 것은 장자와 확연히 구별하기 위해서였기 때문에 첩 자식과 호칭이 같아진 것입니다. 이로써 본다면 상단과 하단에서 말한바[186] 본 부인 소생 둘째 아들도 같은 경우인데도, 한쪽에서는 장자로 보아 '3년복을 입는다.'라 하고 다른 한쪽에서는 서자로 보아 '3년복을 입을 수 없다.'고 하니 그럴 만한 이유가 있습니다.

또 다른 네 가지 설 가운데 '적자이면서 왕위를 계승하지 못한 경우[正體不得傳重]'이니 적자가 병이 들어 종묘를 맡을 수 없는 것입니다. 이것을 깊이 생각해 보면 상단에서, '둘째 아들을 후사가 되어 장자라고 부른다.'고 한 것은 적자인데 병들어 왕위를 잇지 못한 경우 적자에게 3년복을 입어 주지 않기 때문에 둘째 아들 또한 장자라 하고 3년복을 입어 주는 것입니다. 하단에서 '서자를 세워 뒤를 잇는 자는 비록 본부인 소생 둘째 아들일지라도 모두 서자이다.'고 하였는데, 이것은 이미 장자를 위해서 3년복을 입었기 때문에 둘째 아들을 위해서 3년복을 입을 수 없다는 경우 아니겠습니까. 또한 '적부(嫡婦)'조항의 주석에 '부모가 자식에 대해서, 시부모가 며느리에 대해서 장차 전중(傳重)[187]하지 못할 경우 상복은 모두 서자나 서부(庶婦)처럼 입어 준다.'고 했습니다. 여러 조목에서 논한 것을 가지고 반복하여 살펴보면 이번 상복 제도를 국전의 대공복을 따르는 것이『예경』의 뜻에서 어긋나지 않습니다……"

주상이 답하였다. "올라온 글을 보니 나도 모르게 근거가 없음에 크게

185) 네 가지 사례 :『의례주소(儀禮注疏)』에 따르면 네 가지 사례는 다음과 같다. ①적자로서 폐질 때문에 왕위를 계승하지 못한 경우[正體不得傳重], ②서손(庶孫)이 뒤를 이은 경우[傳重非正體], ③서자(庶子)가 뒤를 이은 경우[體而不正], ④적손이 뒤를 이은 경우[正而不體]이다. 이 네 가지 경우에는 비록 승중(承重)하더라도 아버지가 아들을 위하여 3년복을 입지 않는 것이다.
186) 상단과 하단에서 말한바 : 상단은 '제1자가 죽으면 적처(嫡妻) 소생인 둘째 아들을 왕으로 세우는데 역시 장자라고 부른다.', 하단은 '장자라 해도 3년복을 입어 줄 수 없는 사례가 넷이 있다.'는 설을 가리킨다.
187) 전중(傳重) : 상사(喪事)·제사나 종묘(宗廟)의 중임(重任)을 자손에게 전하여 잇게 한다.

놀랐다. 경들은 선왕의 은혜를 입은 자들데 이제 와서는 감히 '왕위를 계승했지만 적자가 아닌' 설로써 오늘날 예법을 단정하려 한단 말인가. '아버지가 장자를 위해서'라는 대목 밑에 풀이하기를 '둘째 아들을 세우면 또한 장자라고 부른다.'고 하였고, 전(傳)에는 '위로 종통을 잇는 적장자[正體於上]'라고 하였는데, '왕위를 계승했지만 적자가 아니'라고 할 수 있겠는가. 경들이 이와 같이 이치에 가깝지 않는 설을 예법이라고 정하였으니 임금에게 야박하게 하고 어디에 잘 보이려 하는가. 이것을 내가 미워한다. 막중한 예를 억지로 끌어다 부친 논리를 가지고 단정해서 정해진 제도라고 할 수 없다. 애초 국제에 따라서 기년복으로 거행하라."

비망기를 내렸다. "해당 관청은 고례를 살펴보지도 않고 의논해 처리하자고 청하지도 않은 채 바로 표지를 붙였는가하면, 올린 글의 말도 명백하지 않았다. 직책을 제대로 수행하지 않았으니 죄를 면할 수 없다. 당시 예관(禮官)을 모두 잡아들여 엄히 문초하여 죄를 정하라. 예조판서 조형, 참판 김익경(金益炅)[188], 참의 홍주국(洪柱國)[189], 좌랑 임이도(任以道)의 죄상을 고하거라." 또 비망기를 내렸다. "대신의 직책은 문서를 받들어 거행하는 데에만 그치지 않는다. 영의정 김수흥이 오늘 모여서 복제를 논의했는데, 처음 올린 글엔 종이 가득 이해하기 어려운 말만 늘어놓고 끝내 뚜렷한 결론을 내리지 않았다. 다시 올린 글엔 '왕위를 계승했지만 적자가 아닌'이라는 말을 하여 감히 떳떳한 도리를 무너뜨리는 말도 안 되는 소리를 주장하였으니, 선왕의 은혜를 잊어버리고 다른 주장에 빌붙은 죄를 결코 다스리지 않을 수 없다. 중도부처(中途付處)[190]하라."

홍문관에서 대왕대비의 복제를 기년복으로 바꾸어 추복(追服)[191] 할

---

188) 김익경(金益炅) : 1629~1675. 본관은 광산, 자 계명(啓明)이다. 송시열의 문인으로, 이조참의·예조참판 등을 역임하였다. 1674년 인선왕후 상에 9개월복을 주장하다가 유배되었다.

189) 홍주국(洪柱國) : 1623~1680. 본관은 풍산, 자 국경(國卿), 호 범옹(泛翁)·죽리(竹里)이다. 예조참의 등을 역임하였다. 1674년 인선왕후의 상에 9개월복을 주장하다가 귀양갔다.

190) 중도부처(中途付處) : 유배시킬 때 어떤 중간 지점을 지정하여 거기에 머물게 하였다.

191) 추복(追服) : 상례(喪禮) 의식의 하나. 부모가 돌아갔을 때 나이가 어렸거나 또는

것을 아뢰어 청하였다. 대간 남이성(南二星)[192]이 반대 상소를 올리자 전교하였다. "남이성이 대신에게 아부하여, '빈청에서 의논하여 올린 글대로 한 뒤에야 국가의 전례(典禮)가 조금도 미진하다는 비평을 받지 않을 것입니다.'고 하였다. 그 말은 이치에 어긋난 말을 가지고 '한 터럭도 미진한 것이 없다.'라고 한 것이니 이는 임금을 무시하는 말이다. 멀리 외딴 섬으로 귀양 보내고, 예관들도 모두 명에 따라 중도부처 시켜라."

그해 8월 16일에 현종이 세상을 떠나고 숙종이 즉위하였다. 송시열이 예를 잘못 적용한 죄를 받아 함경도 덕원(德源)으로 유배되었다가 대계(臺 啓)[193]로 인해 남쪽 변방으로 옮겨갔다. 주상이 영의정 허적의 상소에 답하였다. "송시열의 극악한 죄는 하늘과 땅도 용납할 수 없고, 귀신과 사람이 원통하고 분하게 여기는 바이다. 나라의 법을 바르게 하고 조금도 용서하지 않아서 효종께서 받은 치욕을 내가 씻는 것이 밤낮으로 몹시 분하여 속을 썩이면서 바라던 소원이었다. 하지만 경의 말이 이와 같으니, 독기 없는 곳으로 옮겨 송시열을 경상도 장기(長鬐, 포항)에 안치하라."

뒤에 그의 문도 유필명(柳弼明)의 상소로 인해 유배지에 가시울타리가 쳐졌다.

034 을묘년(1675, 숙종1) 5월 의금부에서 아뢰었다. "유필명을 역률(逆 律)로써 논의하여 처벌하고 국문하여 죄를 결정하라는 명을 내리셨습니다. 역적을 다스리는 예에 따라 대신이하 신료들이 의금부에 모여서 국문하고 그 결과를 아룁니다." 비망기를 내려 "유필명이 올린 두 차례 흉악한 상소를 보니 뒤에서 부추기는 사람이 있다. 문목(問目)에 넣어 적발하라."고 하였다. 영의정 허적의 차자에 답하였다. "종통(宗統)의 설이

어떤 사고로 인하여 상복(喪服)을 입지 못하였다가 나중에 상복을 입는 것이다. 여기서는 대공복에서 기년복으로 바꿔 입은 것을 가리킨다.

192) 남이성(南二星) : 1625~1683. 본관은 의령, 자 중휘(仲輝), 호 의졸(宜拙)이다. 대사성·예 조판서 등을 역임하였다. 1675년 예송문제로 영의정 김수항이 귀양가자 변호하는 상소를 올렸다가 유배되었다.

193) 대계(臺啓) : 사헌부·사간원에서 유죄로 인정하여 올리는 글[啓辭]이다.

얼마나 중대한 일인데 유필명이 무륜(無倫)한 설로써 외람되게 태정(太丁)을 끌어다가 효종을 경멸하고[194] 송시열의 죽을 죄를 무죄라고 하는가. 이는 효종에게는 야박하게 대하면서 송시열에게는 잘 보이려는 것이다. 내가 이 상소를 본 뒤에 빈소에서 오열하고 이부자리에서 잠을 이룰 수 없었다. 나는 경이 올린 상소를 이해할 수 없다."

대사헌 윤휴가 뵙기를 청하며 말했다. "유필명이 종통을 지적하여 논한 것은 공경스럽지 못한 죄를 범한 것으로 전하께서 크게 화를 내시는 것은 당연합니다. 하지만 그 죄는 한 차례 형신(刑訊)만으로도 넉넉하오니 형 집행을 중지해주십시오. 요상한 사람의 어지러운 말로 대신의 죄를 물어 죽이는 것은 진정시키는 좋은 방도가 아닙니다. 민유중을 잡아들이라는 명을 거두어주십시오." 주상이 말했다. "유필명의 상소 내용이 흉패하여 무륜(無倫)할 뿐만 아니라 효종을 깎아 내리고 종통을 문란케 하였으니, 역률로 논죄해야 한다. 민유중이 유필명의 상소 내용이 좋다고 하였으니 크게 놀라 잡아들여 국문하려는 것이다. 하지만 경의 말이 이와 같으니 잡아들여 국문하지 말라." 영의정이 아뢰었다. "유필명이 종통에 대해서 한 말은 흉역에 해당합니다. 주상께서 역률로써 다스려야 하겠지만 이것은 역적모의와는 차이가 있습니다. 또한 끌어들인 사람들을 모두 잡아서 국문한다면 옥사가 확대될까 우려됩니다." 주상이 말했다. "최신(崔愼)[195]은 흉소를 지은 자이니 잡아들여 국문하지 않을 수 없다.

---

194) 유필명이 …… 경멸하고 : 1675년(숙종1) 5월 19일 실록기사에 따르면 청주의 선비 유필명(柳弼明)이 송시열 등이 주장한 대공설(大功說)을 지지하여 소(疏)를 올렸다. 그는 탕왕의 태자 태정이 죽고 탕왕이 세상을 떠난 뒤 차자(次子) 외병(外丙)이 즉위할 때 종통을 태정에게서 계승하였다고 했다. 이를 근거로 효종 역시 소현세자의 종통을 계승하여 임금이 된 까닭에 효종의 상(喪)에 기년복을 입는 것이 당연하다고 주장하였다.

195) 최신(崔愼) : 1642~1708. 본관은 회령(會寧), 자 자경(子敬), 호 학암(鶴菴)이다. 송시열의 문인으로, 1675년(숙종1) 스승이 예송으로 화를 입자 상소를 올리려 하다가 중지했는데, 동문인 유필명의 소문(疏文)을 지었다는 무고를 받고 귀양갔다가 사면되었다. 1684년(숙종10) 4월에 사옹원 직장으로서 윤증의 「신유의서」를 보고 송시열을 옹호하며 윤증을 비판하는 상소를 올렸는데, 이로 인해 회니시비(懷尼是非)가 조정으로까지 비화되었다.

하지만 이수인(李秀仁)과 송원석(宋元錫)은 비록 죄를 지었지만 특별히 너그
러운 법으로 다스리며, 그 나머지 끌어들인 사람들은 모두 국문하지
말라." 의금부에서 유필명에게 한 차례 형벌을 가하고 제주도 정의(旌義)로
유배 보낼 것을 아뢰었다.

035 기해년(1659, 현종 즉위년) 예론문제로 논쟁을 벌일 때 영의정
정태화가 송시열을 거스르는 것을 두려워했고, 또한 공의(公議)로부터
죄를 얻을 것을 두려워하였다. 그래서 『대명률』 「구족도(九族圖)」에 '장자
나 중자를 위해서 기년복을 입는다.'는 설을 인용하여 국제라고 거짓으로
내세워 대충 얼버무렸다. 이 때문에 세상 사람들이 정태화가 집안을
보존함이 정승의 업무보다 먼저였다고 말했다. 집안 자제들이 물었다.
"대인(大人)이 올린 의견은 쉽게 바뀔 수 없는 확정한 의논이라 할 수
있지만 뒷날 폐단이 없겠습니까." 정태화가 답하였다. "없을 것이다.
뒷날 예론에서 남인이 이겨서 송영보(宋英甫, 송시열)는 패배하고 허여차
(許汝車, 허적)가 권력을 장악할 것이다." 또한 물었다. "그렇다면 서인이
다시 떨쳐 일어나지 못한단 말입니까." 답하였다. "허여차의 도량이
좁아 어찌 오랫동안 유지할 수 있겠는가." 뒷날 갑인년(1674, 현종15)에
그 말대로 되었다.196)

이유정 모반 사건

036 정승 잠곡(潛谷) 김육(金堉)197)의 장례에 부원군 김우명(金佑明)198)이

---

196) 갑인년에 그 말대로 되었다 : 갑인예송(甲寅禮訟)에서 남인이 승리한 일을 가리킨다.
　　당시 효종비 인선왕후가 죽자 대왕대비 조씨의 상복을 두고 논쟁이 벌어졌고,
　　기년복을 주장했던 남인의 주장이 반영되었다.

197) 김육(金堉) : 1580~1658. 본관은 청풍, 자 백후(伯厚), 호 잠곡(潛谷)·회정당(晦靜堂)이다.
　　식(湜)의 3대손으로, 우의정·영의정 등을 역임하였다. 화폐의 주조·유통, 수레의
　　제조·보급 및 시헌력(時憲曆)의 제정·시행 등에 노력하였으며, 대동법(大同法) 실시를
　　주도하였다.

198) 김우명(金佑明) : 1619~1675. 본관은 청풍, 자 이정(以定). 육(堉)의 아들이다. 현종의
　　장인으로서 청풍부원군(淸風府院君)에 봉해졌다. 민신(閔愼)이 병든 아버지를 대신해
　　서 상복을 입는[代父服喪] 문제로 같은 서인인 송시열과 대립하여 남인인 허적에

수도(隧道)¹⁹⁹)를 분수에 맞지 않게 만들어 사용하였다. 송시열이 매번 이 일을 가지고 위협하는 술수로 이용하였다. 부원군 형제가 이를 감당하기 어려워 회천을 제거하려 했다. 이들은 남인이 아니면 제거할 수 없을 것이라고 생각하여 다시 사상(社相, 허적)²⁰⁰)을 조정으로 불러들여 남인을 등용하고 이용하여 송시열을 거제도로 유배 보냈다. 남인이 갑인년(1674, 현종15)에 정국을 장악할 수 있었던 것은 이 때문이었다. 그 과정에서 행해진 권모술수는 청성부원군(淸城府院君) 김석주로부터 나왔다. 이후 그가 사상의 집안을 출입할 때면 공손하게 자제의 예절을 지켰으며, 사상 역시 그의 재주와 도량을 중시하여 매사에 자문을 구했다.

얼마 뒤 남인의 권세가 점차 커지자 김석주의 마음이 불편해졌다. 당시 불만에 가득찬 그의 친척과 사돈들이 날마다 거짓말을 하거나 혹은 온갖 방법으로 떠들고 다녔다. 김석주 또한 아들을 위해 남인집안과 혼인하려 했지만 남인이 허락하지 않았다. 강화도에서 이유정이 반역을 도모한다는 편지가 나오자 김석주가 정승 허적에게 말하고, 옥사를 일으켜 서인을 전멸시키고자 했지만 허적이 안 된다고 고집하였다. 또한 허적이 이유정의 처소에서 나온 도록 책자²⁰¹)를 불태우며, "불안한 마음에 모반을 꾀한 자들은 스스로 마음을 편안히 가지도록 해라."고 하였다. 김석주는 화가 자신에게 미칠 것을 두려워하여 경신년(1680, 숙종6)에 옥사를 조작하여 7곳에 국청을 설치하니 해가 다 지날 때까지 국문이 지속되었다. 이 일로 허견(許堅)²⁰²)이 역적으로 죽임을 당했으며, 남인 가운데 죄가 없는데도 사건에 연루된 자가 수 천여 명에 달했다. 그해 봄부터 가을까지 혜성이 하늘을 남북으로 가로질러 떨어졌다.

037 사상(社相)과 회천은 조정에서 친한 사이로 지냈다. 매번 정당(政堂)
에서 시사를 논의할 때 회천의 말에 대해 한 번도 어기거나 견해를
달리한 적이 없었다. 회천이 섬으로 유배되어 가시울타리가 쳐지자 허적
이 거듭 상소를 올려, " '단궁(檀弓)의 문(免)'과 '자유(子游)의 최(衰)'는
지나친 말이지만 군부를 깎아 내리려 했다는 것은 매우 원통합니다."고
구원하였다. 죄를 종묘에 고하자는 논의가 이르자 이를 의도적으로 저지
하여 막으려 했다. 강화도의 변란에 관한 편지를 주상에게 아뢰지 않은
것은 회천을 지극히 위하고자 함이었다. 회천은 말할 때마다 반드시
역적 허적 혹은 흉악한 허적이라고 했으니 어찌 조금이라도 배려하는
마음이 있었겠는가. 왕문정(王文正)[203]이 내공(萊公)[204]에 대해 '여러 해가
지났으니 어리석음이 없으리라.'고 칭찬했는데, 그것이 어찌 사상을 두고
한 말이겠는가. 차라리 사람들이 나를 속일지언정 나는 다른 사람을
속일 수 없었기 때문에 적(賊)이 된 것이다.

  송시열의 문도 이유정은 경상도 장기에 가서 스승이 갇혀 지내는
모습을 보고 돌아와서 곧 이우(李藕)에게 편지를 보내 성을 쌓는 승군(僧軍)
을 동원하여 서울을 침범할 날짜를 약속하였다. 흉서의 내용 중에 '궁성을
불로 공격한다.'는 말이 있었으며, 또한 '영의정이하 모두 죽인다.'고
했으며, '안에서 내응할 자가 있다.'고 했다. 일이 발각되어 이유정이
도망쳐 숨자 조정에서는 현상금을 걸어 잡아들였다. 이유정의 편지 가운
데 뜻을 잃은 서인 무리로서 자주 왕래한 자들의 이름이 적혀있었다.
주상이 즉시 국청을 설치할 것을 명하니 이유정은 자백하고 이우는
맞아 죽었다. 공과 판의금 오공 수촌(水村, 오시수)[205] 이 뵐 것을 청하고 아뢰었
다. "이유정의 일은 실상이 드러났습니다. 죽인다고 해서 모두 죽일

203) 왕문정(王文正) : ?~1017. 송나라 진종(眞宗) 때 문신 왕단(王旦)의 시호. 지추밀원(知樞密
院)·태보(太保) 등을 역임하였다.
204) 내공(萊公) : 961~1023. 송나라 진종(眞宗) 때 재상 구준(寇準)의 시호. 자 평중(平仲)이다.
거란 침입 때 큰 공을 세웠다.
205) 수촌(水村) : 오시수(吳始壽, 1632~1681)의 호. 본관은 동복, 자 덕이(德而)이다. 이조판
서·우의정 등을 역임하였다. 1680년 경신환국 때 김석주 등에게 탄핵을 받아 유배되
었다가 사사되었다.

228

수 있는 것이 아니니 청컨대 다만 이유정만 참수하십시오. 그 편지를
불태워서 불안해하는 자들을 편안하게 만드십시오." 주상이 윤허하였다.

『사상행장(社相行狀)』

038 기미년(1679, 숙종5) 3월 여러 도에서 승병을 뽑아서 강화도의
돈대(墩臺)²⁰⁶)를 쌓았는데 전임 수사(水使)²⁰⁷) 이우가 지휘하였다. 어떤
사람이 촌의 할머니를 시켜 투서(投書)를 역소(役所)²⁰⁸)에 전달하였다.
투서의 내용은 다음과 같다. "여러 공들이 대군을 거느리고 도성 근처에
거처하고 있으니 이는 하늘이 여러 공에게 손을 빌려 준 것이다. 군중(軍中)
에 명령을 내려 급히 도성으로 들어가 소현세자의 손자 임창군(臨昌君)²⁰⁹)
을 옹립한다. 임창군이 나라의 종통이다. 오늘날 붕당의 화가 이처럼
극렬해졌으니 무엇 때문인가. 종통이 그 차례를 잃었기 때문이다. 이
나라 사람이라면 누구나 임창군을 옹립하여 나라의 종통을 바로 잡고
붕당을 제거하려 하지 않았는가. 시세에 제압되어 임금으로 받들지 못하
고 있다. 따라서 오늘날 여러 공들이 만약 임창군을 옹립하여 붕당을
바로잡는다면 이는 난리를 평정하여 세상의 질서를 바로잡는 것이니
당대의 공일 뿐 아니라 후세 옳고 그름을 정하는 사람이 될 것이다.
어찌 통쾌하지 않으리오.……"

또한 파자교(把字橋)²¹⁰)에 괘서(掛書)가 걸렸다. "남인은 혼탁하고 서인은
원한에 차 있다. 인심은 이반되고 나라 일은 어떻게 할 방도가 없으며,
종묘와 사직이 위태로운데 하늘의 뜻은 정해지지 않았다. 큰 변란이
9일로 임박하였다.……" 이우는 일부러 죄수를 놓아 준 죄로 먼저 잡혀
들어가서 압슬과 화형을 당했지만 자백하지 않았다. 투서인은 광주(廣州)

---

206) 돈대(墩臺): 주변 관측이 용이하도록 높은 평평한 땅에 설치한 소규모 군사 기지이다.
207) 수사(水使): 수군절도사(水軍節度使). 주진(主鎭)에 주둔하며 거진(巨鎭)·제진(諸鎭) 등을 총괄하여 지휘하던 정3품 외관직 무관이다.
208) 역소(役所): 공사[役事]하는 곳을 말한다.
209) 임창군(臨昌君): 경안군(慶安君, 소현세자 3남) 회(檜)의 아들이다.
210) 파자교(把字橋): 창덕궁의 동문 돈화문 앞에 위치하였다.

출신 이인징(李仁徵)의 고발로 잡혔다. 이유정도 잡혀서 국문을 받았으며, 그의 아들 홍도(弘道)와 동생 유신(有信), 그의 노(奴) 후승(後升) 등은 원정(原情)²¹¹⁾의 내용을 승복하였다. 이유정은 한 차례 형벌을 가하자 자백하였다. 결안(結案)²¹²⁾의 내용은 대략 다음과 같다.

"이른바 '종통이 차례를 잃었다.'고 한 것은 근래 예송논쟁에서 적서를 둘러싸고 '적'자는 장자이어야 하고, '서'자는 중자이어야 한다는 데서 비롯된 것이다. 때문에 종통을 가지고 말한 것이 이것이다. '오늘날 붕당의 화가 종통의 순서가 잘못된 데서 비롯되었다.'고 한 것은 효종이 중자로서 종통을 계승하였고, 경안군(慶安君)²¹³⁾의 자식은 종통임에도 불구하고 차례를 잃어버렸기 때문이었다. 이에 서인이 이 문제로 남인과 서로 싸우면서 종통이 붕당의 원인이 된다고 말한 것이다."

역적모의가 사실로 드러나서 형벌이 집행되었다. 이인징을 동지중추부사에 임명하고 이유정의 가산을 몰수하여 내려주었다. 송시열로부터 종통이 엄정하지 못하다는 말이 나왔기 때문에 거제도의 처소에 가시울타리가 쳐졌다. 대신·삼사·유생들이 극력 형률 적용을 청하였으나 윤허하지 않았다. 『조야기문』

한당과 산당의 대립

039 처음에 김익희(金益熙)²¹⁴⁾가 신면(申冕)²¹⁵⁾과 틈이 생기자²¹⁶⁾ 송시열

---

211) 원정(原情) : 죄인이 진술한 사정을 가리킨다.
212) 결안(結案) : 사형에 해당되는 죄인에 대한 국왕의 최종 결재에 따라 사형을 집행하기에 앞서 형을 확정하기 위한 절차 또는 그 문서를 가리킨다.
213) 경안군(慶安君) : 1644~1665. 소현세자의 셋째 아들. 1647년(인조25)에 어머니 강빈의 죄로 인해 두 형과 함께 제주도에 유배되었다. 1659년(효종10) 경안군에 봉해져 복권되었다. 임창군은 그의 아들이다.
214) 김익희(金益熙) : 1610~1656. 본관은 광산, 자 중문(仲文), 호 창주(滄洲)이다. 장생의 손자로, 대사헌·대제학 등을 역임하였다. 병자호란 때 화의론에 반대하고, 남한산성에 가서 독전어사(督戰御使)가 되었다.
215) 신면(申冕) : 1607~1652. 본관은 평산, 자 시주(時周)이다. 익성(翊聖)의 아들로서, 부제학·대사간 등을 역임하였다. 효종 때 송준길의 탄핵을 받고 유배되었다. 1651년(효종2) 김자점 옥사에 연루되어 국문을 받다가 자결하였다.
216) 처음 …… 생기자 : 1645년(인조23) 2월 11일 실록기사에 따르면 김익희가 병조정랑

과 교유관계를 더욱 긴밀히 가지며 산당(山黨)이라고 칭하였다. 신묘년
(1651, 효종2) 김자점 옥사217)가 발생했는데, 이때 신면이 산당의 모함을
받아 죽었다. 김석주는 신면의 조카였으니 이 일로 송시열의 무리에게
큰 원한을 갖게 되었다. 송시열이 패배하게 되자 김석주는 외척으로서
막중한 병권을 휘둘렀다. 김만기는 김익희의 조카로서 날마다 송시열의
복귀를 기대하면서 김석주에게 붙어서 그를 유인하였으며, 또한 주상
장인의 위세를 이용하여 위협하였다. 김석주와 김만기가 한마음이 되었
지만 허적 공은 '김석주는 산당과 다르다.'고 여겼다. 총애 받는 신하218)는
한 번에 쳐서 물러나게 할 수 없다고 생각하고 조제(調劑)하려 했는데,
김석주가 돌아서서 호시탐탐 기회를 엿보는 것을 깨닫지 못하였다.

  신면이 죽었을 때 공이 억울함을 알았기에 을묘년(1675, 숙종1) 관직을
회복시킬 것을 아뢰었다. 그러자 김석주가 신면의 아들인 종화(宗華)와
공화(拱華)를 시켜 은인(恩人)으로 삼게 하고, 공의 집을 출입할 때 자제의
예를 거행토록 하였다. 김만기가 숙부 김익훈(金益勳)219)을 시켜 공을
엿보게 하였는데, 마치 노복과 같이 붙어 다니며 그 움직임을 살폈다.
사람들이 공에게 김석주와 김만기가 해치려는 마음을 갖고 있다고 했지만
새겨듣지 않았다. 이때 김석주가 요얼(妖孽, 허견)을 알게 되었고, 은밀히
심복 정원로(鄭元老)를 허견에게 보내 교유하면서 왕실 종친220)과 연결하

성초객(成楚客)을 탄핵하였는데, 성초객은 신면과 오랫동안 관계를 유지하면서 좋은
대우를 받았다. 이 사건으로 양자 사이에 갈등이 시작되었다.
217) 김자점 옥사 : 인조반정으로 집권한 김자점은 공서파(功西派)의 영수로 활동하면서
김상헌 등을 중심으로 한 청서파(淸西派)와 갈등하였다. 효종이 즉위하면서 대사간
김여경(金餘慶) 등의 탄핵을 받아 파직 당하자 청나라에 조선의 북벌계획을 누설하였
다. 이 일로 유배되자 1651년(효종2) 역모를 꾸미다가 사로잡혀 처형당하였다.
218) 총애 받는 신하 : 폐부지신(肺腑之臣). 골육 또는 지친의 신하를 말하는데, 여기서는
허적을 가리킨다.
219) 김익훈(金益勳) : 1619~1689. 본관은 광산, 자 무숙(懋叔), 호 광남(光南)이다. 장생의
손자로서, 형조참판·어영대장 등을 역임하였다. 훈척세력으로서 송시열 등과 연계
하여 병권을 장악하고 정국을 주도하였다.
220) 왕실종친 : 인평대군(麟坪大君, 인조3남)의 세 아들 복창군(福昌君) 이정(李楨, 1641~
1680), 복선군(福善君) 이남(李枏, 1647~1680), 복평군(福平君) 이연(李㮂, 1648~1682)을
가리킨다.

여 뒷날 후일을 도모하는 마음을 먹게 하였다. 그리고 김만기에게 유언비어를 만들어 주상에게 알려서 하룻밤사이에 훈련도감과 어영청의 대장을 교체하였다. 또한 정원로에게 내시를 통해 급변을 보고하고,221) 한 밤중에 나팔소리가 요동쳐서 주상의 마음을 불안하게 만들어 마치 화난의 기미가 곧 닥치는 것처럼 꾸며 마침내 한꺼번에 제거하는 계책을 이루었다. 이미 허견은 자백하고 죽었으며, 또한 정원로를 죽여서 입을 막아버렸다.
『사상유사』

허적 관련 일화

040　사상(社相)은 총명하고 재주가 뛰어나 삼조(三朝, 효종·현종·숙종)에 걸쳐 오랫동안 많은 공적을 세웠다. 나라 일에 대해서 아는 것 모두 말하였으며, 시행하고 조처하는 일은 때에 알맞았다. 금법(禁法)을 밝히고 기강을 떨쳐서 방방곡곡에 법질서가 확립되자 상하가 탄복하였다. 또한 정로(鄭虜, 정명수)222)가 공갈을 치며 빈번히 강제로 빼앗으려 하고 지나치게 침학했는데도 웃으면서 막아내 나라를 편안하게 만들었다. 그 업적이 당나라를 구했던 재상 방현령(房玄齡)223)보다 뛰어났다. 갑인년(1674, 숙종 즉위년) 이후 주상의 고명(誥命)224)을 받들어 정권을 잡았지만 늙고 나이 먹어 하는 일마다 어두워서 예전만 못했다. 여러 적들이 곁에서 엿보고 눈을 크게 뜨고 살피고 있었는데, 요얼 허견의 일이 다시 발생했으니 그 사이에 비록 패배하지 않으려 해도 그렇게 할 수 있었겠는가. 이는 이윤(伊尹)225)이 "신하는 임금에게 총애를 받는다고 해서 자기 일이 다

---

221) 정원로에게 …… 보고하고 : 1680년(숙종6)에 김석주는 정원로를 시켜 허견이 복창 군·복선군·복평군[三福]과 역모를 도모했다고 무고하였다.

222) 정로(鄭虜) : 정명수. 그가 저지른 패행으로 인해 비칭으로 '노(虜)'자를 붙였다.

223) 방현령(房玄齡) : 578~648. 당나라 태종때 재상. 15년 동안 재상 직에 있으면서 두여회 (杜如晦)와 함께 정관지치(貞觀之治)를 이루며 현상(賢相)으로 칭송받았다. 태종의 신임 이 지극하여 고구려 공격 때는 장안(長安)에 남아 성을 지키기도 했다.

224) 고명(誥命) : 임금이 임종 때에 세자 및 신임하는 신하에게 뒷일을 부탁하여 남기는 말이다.

225) 이윤(伊尹) : 은나라 탕왕 때 재상. 하나라의 걸왕을 멸망시키고 선정을 베풀었다.

이루어졌다고 생각해서는 안 된다."²²⁶⁾고 한 뜻이었다. 위와 같다.

041　임인년(1662, 현종3) 공이 병조판서로서 고향에 머물 때 일이다. 의주 부윤 이시술(李時術)²²⁷⁾이 군대에 명하여 중강도(中江島)의 나무를 베게 하였는데 청나라에 발각되었다. 청나라에서 진상을 조사할 사신이 도착했고, 곧바로 이시술을 붙잡아 서울로 압송하였다. 청나라 사신이 "황제의 명령에 따라 죽일 죄에 해당하니 빨리 척결하시오."라고 하자, 주상이 급히 공을 불러 특별히 칼을 차고 호위하는 운검(雲劍)의 직책에 임명하고, 함께 칙사가 묵고 있는 관사에 이르렀다. 칙사가 노하여 잔치상을 발로 차면서 빨리 이시술의 목을 벨 것을 요구하자 대신이하 신료들이 감히 말을 꺼내지 못하였다. 주상이 공에게 눈짓을 보내자 공이 칙사 앞으로 다가가 말하였다. "오늘날 이시술의 죄는 큰 나라의 법에 따르면 사형에 해당되지만 조선의 법률에 적용해보면 다만 죄를 신문하는데 해당할 뿐입니다. 칙사가 죽이고 떠난다면 황제의 어질고 너그러움에 처연한 슬픔을 더하는 것입니다. 이시술이 만약 원한을 품고 죽는다면 칙사는 반드시 하늘의 재앙을 받을 것입니다."

칙사가 웃자 공이 말하였다. "내가 사과드리는 사신으로 연경에 가서 다시 아뢰겠습니다. 만약 큰 나라의 법으로 죽여야 한다면 어찌할 수 없겠지만 만일 작은 나라 법률로써 살아날 은혜를 베푼다면 이 또한 지극할 것입니다." 공은 속담에 비유하여 말하였다. "지금 어떤 부자가 이웃하여 살고 있는데, 아들이 아버지의 숲에 들어가 땔나무를 베었습니다. 아버지가 자식을 죽이려 한다면 아들은 진짜 잘못한 것이지만 그 아버지 또한 어찌 아버지라고 할 수 있겠습니까. 오직 칙사께서 헤아려주셔야 할 것입니다." 칙사가 또한 크게 웃고 자리를 마쳤다. 공은 부사로서 연경에 가서 문서를 올려 경계를 다투니 이시술은 죽음을 면할 수 있었다.

---

226) 『서경(書經)』「태갑 하(太甲下)」.
227) 이시술(李時術) : 1606~1672. 본관은 경주, 자 사강(士强)이다. 항복(恒福)의 손자로, 병조참판·이조참판 등을 역임하였다.

위와 같다.

042 김홍욱을 잡아서 국문할 때 효종[天威]이 크게 노하여 하교하였다. "감히 김홍욱을 위해서 억울함을 구원하는 자가 있다면 김홍욱에게 내린 죄로 벌줄 것이다." 조정의 신하들이 노기(怒氣)에 눌려 말하지 못하였는데 군함(軍啣)²²⁸)이었던 공만이 상소를 올려 원통함을 호소하고 힘껏 간언하였다. 집안사람들과 친구들이 궐문 밖에 멍석을 깔고 주상의 명을 기다렸으니 사람마다 공을 위태롭게 여기지 않은 자가 없었다. 상소가 들어가자 주상이 크게 노하고 상소를 직접 들고 대비전에 갔다. 대비가 "무슨 상소냐."라고 묻자, 주상이 "허적이 김홍욱을 구원하기 위해 올린 상소입니다."고 대답하였다. 대비가 "김홍욱이 죽게 되었는데 어찌하여 구원하는 자가 없었단 말인가."고 묻자, 주상이 "그 자를 구원하면 죄로 다스린다고 하교하여 감히 말하는 자가 없었습니다."고 대답하였다. 대비가 한탄하며 말했다. "선왕께서 신하를 알아보셨도다. 항상 '허적에게 큰일을 맡길 수 있다.'고 하셨다. 지금 상소를 보니 그의 충절을 볼 수 있도다." 주상이 노여움을 풀고 상소를 머물러 두게 하고 내리지 않아서 공은 무사할 수 있었다. 위와 같다.

043 사상(社相)이 영의정 겸 도체찰사가 되어 체찰부를 서울 중심에 설치하고, 글재주·용력(勇力)·재식(材識) 등의 명목을 내세워 보좌하는 사람을 뽑았다. 때문에 서울과 지방의 잡스러운 무리가 각자의 재능을 뽐내니 집안이 시장터처럼 시끄러웠다. 정승 민희(閔熙)²²⁹)가 나²³⁰)를 방문하여 말하였다. "사상의 정신은 보통사람 보다 뛰어났기 때문에

---

228) 군함(軍啣) : 군함(軍銜). 상호군(上護軍)·대호군(大護軍)·호군(護軍)·부호군(副護軍) 등 무관 벼슬자리들을 통칭하였다.
229) 민희(閔熙) : 1614~1687. 본관은 여흥, 자 호여(皞如), 호 설루(雪樓)·석호(石湖)이다. 암(黯)의 동생으로, 우의정·좌의정 등을 역임하였다. 허적과 탁남(濁南)에 속해 활동하다가 1680년 경신환국 때 삭탈 당하였다.
230) 나 : 정재륜을 가리킨다.

비록 거칠고 까불어 차근차근하지 못한 병통이 있지만 학식과 견문이 매우 뛰어납니다. 그런데 오늘날 나이를 먹고 기운이 쇠퇴해져서 나쁜 아들에게 속으니 한심스럽습니다. 게다가 잡스러운 손님들이 문에 차고 넘치니 이는 패망할 징조입니다. 사상이 공의 일가를 믿고 있으니 진정으로 한 마디 말을 한다면 깨닫게 될 것입니다."

내가 물었다. "대감이 말할 수 있는데도 하지 않고 나더러 말하라고 하는 이유가 무엇입니까." 민희가 "사상이 우리와 달리 공을 대우합니다. 공의 말 한 마디가 우리가 백번 말하는 것보다 났습니다."고 하였다. 내가 "나는 어려서부터 침상아래에서 절을 올리던 처지인데, 어떻게 마음을 돌려놓을 수 있겠습니까."라고 하니, 민희가 한 동안 말없이 있다가 "나는 말할 수 없고 공은 말하려 하지 않으니 단지 패망하는 것을 기다릴 뿐인가."라고 하며, 이내 눈물을 글썽거렸다. 과연 수년 뒤에 패망하고 말았다. 지금 생각해보면 비록 받아들여지지 않더라도 말했어도 무방한데 그 패망함을 그저 바라보면서 말하지 못하였으니 죽어서도 차마 부끄럽지 않음이 없을 것이다.『동평위문견록』

044 경신년(1680, 숙종6) 옥사에서 공을 대질함에 장렬대비(莊烈大妃)[231]가 별감을 시켜 두, 세 차례 위로하며 죽을 넣어주었다. 주상 역시 그의 충성을 헤아려 특별히 방귀전리(放歸田里)[232]를 명하였으나 대관(臺官)이 계속해서 아뢰어 마침내 사약을 내려 죽게 하였다. 기사년(1689, 숙종15)에 관직을 회복하고 제사를 내리고, 김만기와 김석주에게 내린 공을 세워 내린 칭호를 삭탈하여 보사위훈(保社僞勳)이라고 했다.[233] 김익훈·이광한(李光漢)[234]·이사명(李師命)[235] 등은 무고한 죄로 벌을 내렸다.『허상유

---

231) 장렬대비(莊烈大妃) : 인조 계비(繼妃). 본관 양주(楊州). 한원부원군(漢原府院君) 조창원(趙昌遠)의 딸이다.

232) 방귀전리(放歸田里) : 벼슬을 빼앗고 고향으로 내쫓는 형벌이다.

233) 보사위훈(保社僞勳) : 경신옥사(庚申獄事)때 김석주 등에게 내린 보사공신(保社功臣)의 훈명이 잘못되었다는 뜻에서 '보사위훈'이라고 하였다.

234) 이광한(李光漢) : 1640~1689. 김익훈의 심복. 허견(許堅)의 집을 여러 차례 정탐하고

사(許相遺事)』

045 사상(祉相)이 대사헌이 되었을 때 길을 가다 우연히 어리석은 자를 만났다. 시정(市井)의 자식인데도 관복을 입고 있어서 법률을 어겼기 때문에 사헌부에 잡아들여 그날로 죽였다. 그 뒤 꿈에 그 자가 나타나 문으로 들어와 비틀거리며 장벽을 지나갔다. 그 뒤 허견이 태어났는데 품행이 불량스러웠다. 집안에서도 항상 견여(肩輿)²³⁶를 타고 출입하였다. 사람들이 집안의 원한을 끼칠 빚이라고 말했지만 사상은 깨닫지 못하였고, 마침내 허견 때문에 패망하고 말았다. 경신년(1680, 숙종6) 옥사는 모함으로 날조된 것으로 끝없이 죄로 엮어 얽어매었다. 당시 대간의 상소에서 오히려 "오직 아비 혼자만 이 사실을 알지 못하였습니다."고 하였다. 공론은 속일 수 없는 것이다. 사상이 사약을 받고 죽자 도성의 백성들이 통곡하며, "우리가 억만 금을 내어 죄를 갚을 수만 있다면 아깝지 않았을 것이다."고 하였다.

046 관서지방에 허적의 생사(生祠)²³⁷가 있었는데 관찰사 유상운이 못된 사람 1, 2명을 시켜 공문서를 올려 허물어 버렸다. 평양과 정주(定州)에 있는 허적의 공덕비 또한 유상운이 직접 쓰러뜨렸다. 유상운은 서인 중에서도 가장 심한 자라고 칭할 수 없는데도 오히려 이와 같았다. 저 송시열·송준길·이무(李堥)²³⁸·이상(李翔)²³⁹·김징(金澄)²⁴⁰·이숙(李翻)²⁴¹

남인을 실각시키는 데 공을 세웠다.

235) 이사명(李師命) : 1647~1689. 본관은 전주, 자 백길(伯吉), 호 포암(蒲菴)이다. 대사헌 민적(敏迪)의 아들로, 형조·병조판서 등을 역임하였다. 김석주·김익훈 등과 경신환국에 참여 보사공신(保社功臣) 2등으로 책록되고 완녕군(完寧君)에 봉해졌다. 1689년 기사환국으로 사사되었다.

236) 견여(肩輿) : 두 사람이 앞뒤에서 메는 가마. 교자(轎子).

237) 생사(生祠) : 관찰사나 수령의 선정을 기리기 위해 생존할 때부터 모시다가 제사지내는 사당이다. 생사당(生祠堂).

238) 이무(李堥) : 1621~1703. 본관은 전주, 자 자삼(子三), 호 낙계(駱溪)이다. 중종의 서자 덕양군(德陽君) 기(岐)의 현손으로, 호조참판 등을 역임하였다. 남인 윤선도를 탄핵하였고, 허적을 배척하다가 삭직되었다.

236

무리들이 허적을 질투하고 능멸하여 날마다 상소를 번갈아 올려 배척하여
죽이고자 한 것 또한 괴이한 일이 아니었다. 위와 같다.

047 경신년(1680, 숙종6) 옥사로 급제(及第)²⁴² 허적과 이정(李楨)²⁴³·이
남(李柟)²⁴⁴ 등 네, 다섯 집안의 재산을 모두 몰수하였다가 기사년(1689)
관직이 회복되어 다시 돌려받았다. 그러나 갑술년(1694, 숙종20) 기사년의
문서를 살펴서 하나하나 도로 뺏으려 했다. 서리 김정립(金正立)이 말하였
다. "조정에서 이미 돌려주었으니 팔아서 생계를 위해 사용하는 것은
자연스러운 형세이다. 이미 남아 있는 것만 거둬야지, 마치 도적의 장물을
추징하듯 6년 뒤에 문서를 살펴 다시 빼앗은 것은 크게 신의를 잃는
일이다. 서인 사대부들이 어찌 이 같은 이치를 모르겠는가." 상소하려
했으나 그만두었다.『동평위문견록』

김석주 관련 일화

048 우의정 김석주가 갑인년(1674, 현종15) 이후 외척으로서 병조판서
와 어영대장을 겸직하였다. 당시 영의정에게 서얼 자식 허견이 있었는데
허견과 친한 자를 시켜 역적모의를 우의정 김석주에게 고변토록 하였다.
김석주는 내관(內官)을 이용하여 주상에게 알리고 옥사를 일으켜 한쪽
편 사람들을 한꺼번에 내쫓았으며, 그 공으로 녹훈(錄勳)되어 청성부원군

---

239) 이상(李翔) : 1620~1690. 본관은 우봉, 자 운거(雲擧)·숙우(叔羽), 호 타우(打愚)이다. 유겸
(有謙)의 아들로, 이조참판·대사헌 등을 역임하였다. 송시열을 통하여 김집의 학통을
이어받았다. 숙종대 소론과 반목하였다.
240) 김징(金澄) : 1623~1676. 본관은 청풍, 자 원회(元會), 호 감지당(坎止堂)이다. 전라도
관찰사 등을 역임하였다.
241) 이숙(李翻) : 1626~1688. 본관은 우봉, 자 중우(仲羽), 호 일휴정(逸休亭)이다. 유겸(有謙)의
아들로, 송시열의 문인이다. 이조판서·우의정 등을 역임하였다.
242) 급제(及第) : 기사환국으로 허적의 관직이 삭탈 당했기 때문에 '급제'라고 한 것이다.
243) 이정(李楨) : ?~1680. 인평대군(麟坪大君, 인조의 3남)의 맏아들 복창군(福昌君)이다.
1680년 경신환국 때 허견 등의 추대를 받아 역모를 한다는 무고를 받고, 복선군(福善君)·
복평군(福平君)의 두 아우와 함께 삼복(三福)이 역모죄로 사사되었다.
244) 이남(李柟) : ?~1680. 인평대군의 둘째 아들 복선군. 김석주 등의 무고로 형 복창군,
아우 복평군과 함께 역모죄로 몰려 사사되었다.

(淸城府院君)에 봉해졌다. 대비(大妃, 명성왕후)245)가 한글 편지를 써서 김석주에게 경계하여 말했다. "경이 병조판서와 대장군을 겸직하고 있는데 또한 훈작을 봉해 받으니 매우 걱정스러워서 편히 잠을 잘 수 없습니다. 내관을 이용하여 역적모의를 밀고한 일 하나만으로도 해서는 안 될 일인데, 그것을 결코 규례로 삼아서도 안 됩니다. 매사 떳떳함을 지키지 않는다면 공론의 죄를 얻을 뿐만 아니라 주상 역시 옳지 않다고 생각할 것입니다. 주상의 마음이 엷어지면 내가 비록 주상의 어머니라 해도 구해줄 수 없습니다. 조심스럽게 직책을 받들어 애초에 죄를 짓지 말아야 할 것입니다. 또한 신하들이 붕당을 일삼는 것은 악습이지만 군부가 보기에 모두 신하로 여기고 있으니 이들을 다 죽이는 것은 인군이 보기에도 매우 상서롭지 못하게 여깁니다. 모름지기 이 같은 뜻을 옥사를 다스리는 여러 신하들에게 말하여 관대하게 처리하도록 힘써야 할 것입니다."

이 같은 전교가 하나 둘에 그치지 않았다. 내가 우의정 김석주에게 물어보니 상자 가운데서 꺼내서 보여주었다. 김석주의 호는 식암(息庵)이었다. 기사년(1689, 숙종15)에 삭훈되었다가 갑술년(1694)에 관직이 회복되었다. 위와 같다.

049   김석주가 경신년(1680, 숙종6)이후 몇 겹으로 둘러싸인 방에 거처하였으며, 마치 큰 적을 방어하듯 밤이면 자주 처소를 옮겼다. 이는 아만(阿瞞, 조조)246)·임보(林甫)247)의 잔꾀였다. 말년에 혹 낮에 귀신처럼 앉아 있다가 허적과 유혁연(柳赫然)248)이 죽이러 온다고 크게 소리쳤다. 기사년 옥안이 뒤집어져서 처 임(任)씨는 비(婢)가 되고 하나뿐인 아들 도연(道淵)은 약을

---

245) 대비 : 명성왕후(明聖王后, 1642~1683). 현종의 비, 숙종의 모친. 청풍부원군 김우명의 딸로, 김석주의 사촌간이다.
246) 아만(阿瞞) : 중국 삼국시대 위나라를 건국한 조조(曹操, 155~220)의 어릴 적 이름이다.
247) 임보(林甫) : 당나라의 재상. 현종에게 아첨하여 정권을 농단하다가 안녹산(安祿山)의 난을 초래하였다.
248) 유혁연(柳赫然) : 1616~1680. 본관은 진주, 자 회이(晦爾), 호 야당(野堂)이다. 한성판윤·공조판서 등을 역임하였다. 효종대 이완과 더불어 북벌사업을 이끌었다. 남인으로 분류되어 서인의 견제를 받았다.

먹고 자살하였기에 자식이 없었다. 사람들 가운데 이익을 탐하고 죽이기를 좋아하는 자들은 적지 않게 경계해야 할 것이다.

050　갑자년(1684, 숙종10) 도성에 사는 백성의 꿈에 유혁연이 융복(戎服)[249]을 입고 칼을 뽑아들고 말을 타고 지나가면서 "지금 김석주에게 복수하러 간다."고 했다. 그 소리에 놀라 잠에서 깨어나 거리에 다니던 사람들이 청성(淸城, 김석주)이 죽었다는 소리를 들었다. 『몽예록(夢囈錄)』[250]

051　정승 식암 김석주가 세상을 떠난 뒤 귀신이 평안도 무인 아무개에게 씌워져 스스로 정승의 혼령이라 칭하였다. 하늘의 소리를 듣는다고 하면서 평생 동안 행적과 저술한 편목과 장절을 혼동하지 않고 말하였다. 김석주 집안사람들이 이 소식을 듣고 그 무인을 서울로 데리고 와서 노복의 집에 머물게 하였다. 그런데 그 자가 시키는 바는 모두 집안을 어지럽히지 않음이 없었다. 그 자가 장례지낼 산을 정할 때는 물이 용솟음치는 것이 우물 같은 곳을 길지라고 했다. 또한 친구를 평가할 때 과오를 구해주고 잘못을 바르게 하는 친구들을 악하다고 하여 절교하라고 하였다. 반면 원수 집안의 첩자는 좋은 사람으로 지목하여 잘 대접하게 했으며, 술사와 우활하고 괴상한 자들은 좋은 사람이라고 하여 그들의 말을 따르도록 하였으니 이는 모두 집에 해가 되는 것들이었다. 그 혼령이 과연 김석주의 혼령이었다면 집안을 패망시키는 것이 어찌 이처럼 심할 수 있었겠는가. 온 집안이 이를 깨닫지 못하고 기사년 후손이 끊기는 화를 당하였다.

　옛 일에 밝은 노인으로부터 들었는데, 세조 때 훈신의 집안에서도 스스로 조상의 혼령이라고 칭하고 집에 화를 끼친 자가 있었다고 했다.

---

249) 융복(戎服) : 철릭과 주립으로 된 군복이다.
250) 몽예록(夢囈錄) : 남극관(南克寬, 1689~1714)의 저술. 구만(九萬)의 손자이다. 20여 세에 병을 얻어 오직 서책을 통해서만 세상을 보고 그 소감을 문자로 표현했지만 자못 잠꼬대에 가깝다는 의미에서 몽예(夢囈)라고 이름하였다.

당시 사람들은 원수를 갚으려는 자가 죽어서 귀신이 되어 조상의 혼령에
가탁하여 괴이함을 저지른 것이라고 했다. 지금 식암의 집에 내려온
귀신 역시 경신년(1680, 숙종6)에 죽은 원수 집 귀신이 아니겠는가. 오로지
정승의 매형 온양군수 조현기(趙顯期)[251]만이 재앙의 조짐을 우려하고
끊임없이 탄식하였다. 비슷한 시기 용인의 여자 무당에게도 신이 내렸다
고 하면서 스스로 정승 이항복의 신(神)이라고 하여 허황된 말을 지어내고,
유집(遺集) 가운데 싯구를 말했지만 백사(白沙, 이항복)의 자손은 맞아들이
지 않았다. 이미 다른 이에게 일어났던 일로 교훈 삼았기 때문이었다.

『동평위문견록』

김익훈 묘소 침탈

052 처음에 김익훈이 매 맞아 죽었을 때 시신을 의금부 문 밖에 두었는
데, 원수 집안에서 다투어 살점을 거두려하였다. 상여가 나아가는 날
밤 비가 내리고 어두워지자 세 집안에서 틈을 엿보았다. 김익훈의 집안에
서도 많은 사람을 모아 어둠을 틈타 몰래 떠났다. 동관왕묘(東關王廟)[252]
앞에 이르렀을 때 원한에 찬 사람들이 위협하자 김진서(金鎭瑞)[253]가 칼을
휘두르며 앞으로 나아가 겨우 핍박에서 벗어날 수 있었다. 제기현(祭基峴)
에 이르러서 불을 끄고 몰래 매장하고 봉분을 평탄하게 하였다. 아들
김만채(金萬埰)[254]가 신주를 품에 안고 유배지로 향하였다.

이때에 이르러 어떤 무인이 제물을 싸가지고 평평한 무덤 근처에
며칠 동안 머무르며 울면서 말했다. "나는 광남(光南, 김익훈)집안의 옛
부하장교인데 입은 은혜를 갚기 위해 술 한 잔 올리고 싶어서 제사

---

251) 조현기(趙顯期) : 1634~1685. 본관은 임천(林川), 자 양경(楊卿). 호 일봉(一峰)이다. 성기(聖期, 1638~1689)의 형이다. 부인은 김좌명(金佐明)의 딸이다. 좌의정 권대운(權大運)의 천거로 관직에 나아가 온양·서산군수 등을 역임하였다.

252) 동관왕묘(東關王廟) : 동대문 밖에 위치한 관우(關羽)의 혼령을 모신 묘. 임진왜란 때 명나라의 요청으로 1601년(선조34)에 지었다.

253) 김진서(金鎭瑞) : 김만기의 아들. 진귀(金鎭龜)의 동생이다.

254) 김만채(金萬埰) : 1644~?. 본관은 광산, 자 자봉(子封). 익훈(益勳)의 아들이다. 대사간 등을 역임하였다. 1689년(숙종15) 부친이 장살되자 억울함을 진정하다 유배되었다.

음식을 가져왔지만 장례를 지닌 곳이 어딘지 알지 못하겠습니다." 눈물을 줄줄 흘리는 모습을 본 김익훈 집안의 늙은 노비가 진짜 정성이 있는 사람으로 여기고 이내 무덤이 있는 곳을 알려주었다. 무인과 늙은 노복이 밤에 몰래 가서 제사를 지내고 제물을 노복에게 주고 갔다. 그가 떠난 지 닷새 엿새 뒤 늙은이가 멀리 까마귀 떼가 모이는 것을 보고 가서보니 김익훈의 무덤이 파헤쳐진 채 시신은 머리가 없어진 채 땅위에 나뒹굴었고 옷과 관은 모두 불태워졌다. 김익훈 집안에서 이 소식을 듣고 옷을 갖추어 염을 다시해서 다른 곳으로 옮겼다고 한다.

김석주 묘소 이장

053 김석주의 묘는 평구 역촌(平丘驛村, 경기도 남양주 소재)에 있었다. 무옥(誣獄)이 일어나 아들 김도연이 죽자, 그 집안에서는 원수진 집안에서 묘를 파헤칠까 두려워하여 한 밤중에 몰래 이장하였다. 무덤이 있던 촌사람들조차 그 사실을 알지 못하였다. 집안사람들이 잠곡의 묘 아래 강변에 새로운 무덤을 가리키며 청성의 옮긴 무덤이라고 했다. 하지만 혹 의심컨대 전날 몰래 이장한 것은 원수들을 두려워해서인데 오늘날 그렇게 말한 것은 반드시 빈 무덤으로 사람을 속이기 위한 것이라고 한다.

유혁연의 문장력

054 대장 유혁연은 장군 집안 출신의 장수였다. 문무를 겸비하고, 사졸(士卒)들의 마음을 사로잡았으며, 제법 옛 명장의 풍취가 있었다. 그의 막부(幕府)에 있으면서 뒷날 유혁연을 존모하던 자들은 매번 그때 일을 말할 때면 분해서 주먹을 불끈 쥐고 눈물을 흘리지 않는 자가 없었다. 정축년(1637, 인조15) 소현세자가 심양에 갔을 때 주상이 친히 창릉(昌陵)[255] 언덕에까지 나와 배웅하였는데 백관들에게 시를 지어 작별의

---

255) 창릉(昌陵) : 예종(睿宗)과 예종 비 안순왕후(安順王后)의 능이다. 경기도 고양시 덕양구 용두동에 소재.

예를 거행하도록 명하였다. 당시 유혁연은 선전관(宣傳官)으로서 세자를 호위하였는데 제일 먼저 연구(聯句)를 완성하였다. "서교(西郊)에 내리는 가는 비는 군신의 눈물이며, 북궐(北闕, 경복궁)에 엉긴 구름은 부자의 정이로다." 당대 문장을 잘 짓는 선비들이 머리를 숙였다.

정승 이완(李浣)[256]과 함께 효종의 총애를 받아 북벌 사업의 한 편을 자신의 임무를 여겼지만 선왕께서 돌아가시고 시사(時事)가 크게 어긋나고 말았다. 이에 이오(伊吾)[257]의 명검(鳴劍)[258] 뜻이 두우(杜郵)[259]에서 한이 되고 말았다. 그 뒤 영혼이 잠들지 못하고 자주 주상의 꿈속에 나타나니 억울함을 밝게 씻어주도록 특별히 명하였다.

이태서의 시문

055 이태서(李台瑞)는 연천·삭령 사이 지역 출신으로 문장에는 힘이 넘쳤으니 당대 보기 드문 솜씨였다. 과거에 급제하여 성균관 전적(典籍)이 되었다. 항상 김석주가 "내 문장과 자네 문장을 비교하면 어떠한가."라고 묻자, 이태서가 경솔하게 "대감의 문장은 상소문에 적합하며, 공사를 처리하는 곳에서 넉넉할 듯합니다."고 하였다. 김석주가 크게 화를 냈다. 경신년(1680, 숙종6) 옥사 때 이태서 부자가 함께 죽었으며, 그가 지은 문장은 몰수된 집안 재산 속에 들어가 함께 없어졌다. 세상에 전해진 것이라곤 과장(科場)에서 남긴 두, 세 책문뿐이었다. 이태서의 시 가운데 사람들이 혹 전해 듣고 외운 것이 있었다.

그 중 '증별연행(贈別燕行)'이라는 시가 있다. "천하가 진나라를 받든 뒤로 동해의 파신(波臣)[260]은 나에게 몇 번이나 나루를 물었던가. 압록강은

---

256) 이완(李浣) : 1602~1674. 본관은 경주, 자 징지(澄之), 호 매죽헌(梅竹軒)이다. 병조판서 등을 역임하였다. 효종을 도와 북벌을 도모하였다.

257) 이오(伊吾) : 서역(西域)의 지명. 이곳은 비옥한 지역이라 항상 흉노와 다툼이 벌어졌다.

258) 명검(鳴劍) : 전욱(顓頊)이 사용한 보검이다.

259) 두우(杜郵) : 진나라 때 백기(白起)가 억울하게 죽은 곳이다.

260) 동해의 파신(波臣) : 『장자(莊子)』 「외물(外物)편」에서 수레바퀴 자국에 고인 물 가운데 있는 붕어가 스스로를 '동해의 파신'이라고 일컬었다. 어려운 처지에 놓인 우리나라

242

지금 남북의 한계를 짓지 못하는지. 매년 동지 때마다 사행 가는 사람을 전송하는구나." '영두우(詠杜宇)'라는 시가 있다. "금강(錦江)의 물결은 초나라의 강과 이어졌고, 죽은 자라가 둥둥 떠오니 뛰어난 인물들이 만들어지네. 백제성은 황폐해진 지 오래되었고, 푸른 산의 꽃은 죽고 봄바람만 슬퍼우네." '범해(泛海)'라는 시가 있다. "봉래(蓬萊)와 창해(滄海)의 하늘과 바람은 장엄하고, 총석(叢石)과 금란(金蘭)의 구름과 달은 외로운데, 한 마리 학이 동쪽으로부터 만 리를 날아와 어느 곳에서 마고(麻姑)[261]를 찾을지 알 수 없네." '억향산(憶鄕山)'이라는 시가 있다. "아미산(峨嵋山) 위의 달이 몹시 그립고, 아미산 위의 구름이 몹시 그리워지네. 가는 곳마다 구름과 달이 없는 것은 아니지만 아미산의 것이 가장 티 없이 깨끗하도다." '노자기상독응(鸕鷀磯上獨鷹)'이라는 시가 있다. "속(籔)[262]을 쳐서 아침마다 굶주림을 견디고, 여울 돌 머리에 홀로 서 있을 때. 풀 숲 사이에도 여우와 토끼는 없고, 오직 따라서 배우는 것은 가마우지라네."

이계현의 연조비가

056　이계현(李啓賢)은 천인이었는데 춘성공(春城公, 남이공)을 섬겼다. 그는 재주가 많고 말솜씨가 있어 응대를 잘하였으며, 또한 검(劍)을 치며 '연조비가(燕趙悲歌)'를 잘 불렀는데 듣는 사람들이 눈물을 흘렸고 머리카락이 치솟아 관(冠)을 찔렀다. 그 소문이 벼슬아치들 사이에 자자했고, 김석주가 자기 측근으로 들어올 것을 은밀히 권하였지만 따르지 않자 김석주가 노하여 억지로 술을 마시라고 명령하였다. 이계현이 의도를 알아차리고, "대감께서는 어찌하여 제가 술을 마시지 못함을 잘 알지 못하고, 억지로 마실 것을 명하십니까."라고 하였지만 김석주가 꾸짖으며 강제로 마시게 했다. 술 마신 뒤 정신이 혼미해져 간간히 걸어 겨우 집에 돌아올 수 있었다. 집에 도착하자 근처에 사는 평소 친분이 있는

의 형편을 비유하는 듯하다.
261) 마고(麻姑) : 손톱으로 가려움증을 없애준다는 선녀이다.
262) 속(籔) : 가루를 치는 제구(祭具)이다.

사대부들이 와서 부탁했지만 그 말이 끝나기 전에 즉시 거절하였다. 김석주가 은밀히 부탁한 이유는 박빈(朴斌)과 남두북(南斗北) 경신년 옥사를 무고한 자들의 무리들처럼 이계현을 부리고자 했기 때문이라고 한다.

이계현은 스스로 풍수설을 잘 안다고 했다. 춘성공의 무덤이 있는 봉명산(鳳鳴山)은 이계현이 정한 곳이었는데 오늘날 후손이 끊어지고 오랜 세월 집안 형세가 몰락했으니 그 술수를 믿을 수 없다. 일찍이 이계현이 시를 지었다. "뜨락의 작은 복숭아꽃 다 떨어지고, 두견새 우는 소리 가는 봄을 전송하누나."

허목 관련 일화

057 미수(眉叟) 허목 선생의 자는 문보(文父), 또는 화보(和甫)이다. 눈썹은 얼굴을 덮고 수염은 희고, 길이가 열 손톱 마디를 합쳐 놓은 것과 같이 길고 눈과 같았다. 용모는 예스럽고 기이하여 어지러운 세상에서 벗어난 딴 세상 사람과 같았다. 80세가 되어서도 독서하고 글짓기를 더욱 부지런히 하였으며, 문장은 쉽고 간결하고 고풍스러웠으니 우리 조선에 3백년이래로 이 같은 작품이 없었다. 학자들이 그를 유학의 종주로 받들고, 스스로 자유(子游)와 자하(子夏)의 문장으로 자처하였다. 장령이 된 지 1년 만에 우의정에 발탁되었으며, 임술년(1682, 숙종8) 88세에 세상을 떠났다. 송곡(松谷) 이서우(李瑞雨)[263]가 대신 묘비명을 지었다. "미수의 수염을 우러러보니 완연히 동원공(東園公)과 기리계(綺里季)[264]의 그림을 대하는 듯하도다. 임금에게 올린 글을 살펴보니 마치 서한(西漢)과 선진(先秦)의 문장을 읽는 듯하였으니, 사람들이 '오묘한 정신을 전하는 듯하다.'고 하였다."

---

263) 이서우(李瑞雨) : 1633~?. 본관은 우계(羽溪), 자 윤보(潤甫), 호 송곡(松谷)이다. 황해도 관찰사 등을 역임하였다. 1675년 허목의 천거로 출사하였고, 김수항 등 서인과 대립하다가 1694년 갑술환국 때 삭출 당하였다.

264) 동원공(東園公)과 기리계(綺里季) : 한나라 때 상산(商山)에 숨어 살던 노인들. 동원공·기리계·하황공(夏黃公)·녹리 선생(甪里先生). 수염과 눈썹이 모두 희다고 하여 호(皓)라 하였다. 상산사호(商山四皓).

058 허목의 즐겨 쓴 전서체[眉篆]에서는 예스러운 풍취가 저절로 나타났으니 진(晉)과 당나라 이래로 이런 글씨가 없었다. 경연에 같이 참여했던 이정영(李正英)265)이 명령을 내려 금지할 것을 청하였으니 그는 무슨 마음을 먹은 것인가. 허목이 지은 시에 이르기를, "아침 해가 동쪽 산머리에 떠오르고, 구름과 노을 창문에 서리네. 산 밖의 일일랑 알 까닭이 없고, 칡 붓에 먹을 찍어 과두를 쓰네."라고 하였으니, 이는 전서체를 말한 것이다. 삼척[眞珠]266)에 있는 응벽헌(凝碧軒)267)에 편액 세 개가 있었는데 글씨체가 마치 칡넝쿨과 같았으니 이는 미수 어른의 재능을 한껏 뽐낸 필체였다. 하지만 뒤에 송창(宋昌)268)이라는 자가 긁어 버려서 지금은 다시 볼 수 없다. 그 또한 이정영과 같은 부류의 사람인가 보다.

정승 문보(文父) 허목의 전서체는 매우 특이하였는데, 세상 사람들 가운데 그와 취향을 달리하는 자들이 허목의 전서체를 일일이 찾아내어 깎아 버렸다. 비록 하찮은 재주였지만 이조차 허락하지 않았으니 참으로 우습다. 후세 공정한 마음과 밝은 안목을 가진 자가 있다면 어느 누가 스스로 그 총명함을 막고서 오직 너의 편벽된 마음을 스승 삼으려 하겠는가. 『몽예록』

미수의 문장은 말년에 비로소 굳세고 활발했으니 허적을 공격하는 상소에서 구사된 문장의 활발함은 마치 탄환이 얼음 위를 달리듯 하여 잣구가 비록 들쭉날쭉했지만 절대 방해되거나 이상하지 않았다. 허희화(許熙和, 허목)가 허적을 배척한 일은 장사가 팔뚝을 자르는 용기라고 할 만 했다. 위와 같다.269)

박서계(朴西溪, 박세당)270)가 허미수를 논평하였다. "그 문장을 보니

---

265) 이정영(李正英) : 1616~1686. 본관은 전주, 자 자수(子修), 호 서곡(西谷)이다. 이조판서·형조판서 등을 역임하였다. 글씨를 잘 썼는데 특히 전서(篆書)·주서(籒書)에 뛰어났다.
266) 삼척[眞珠] : 진주는 삼척의 옛 명칭이다.
267) 응벽헌(凝碧軒) : 삼척에 소재한 건축물. 허목은 66세 때(1660) 삼척부사에 부임하였다.
268) 송창(宋昌) : 1633~1706. 본관은 진천(鎭川), 자 한경(漢卿)이다. 공조판서 등을 역임하였다.
269) 『몽애집(夢囈集)』 곤(坤) 「잡저(雜著)·사시자(謝施子)」.
270) 박서계(朴西溪) : 박세당(朴世堂, 1629~1703)의 호. 윤증을 비롯하여 박세채, 처숙부

산과 들에 자라는 나무 같아서 억지로 옛 것만을 따르지 않다는 것을 알 수 있다." 위와 같다.271)

059 이옥동(李玉洞) 이서(李漵)272) 이 세상을 떠난 뒤 문인들이 사사롭게 홍도 선생(弘道先生)이라는 시호를 붙였다. 초서(草書)를 잘 써서 유명하였다. 삼일포(三日浦)273)를 유람했을 때 마침 고성(高城) 수령 권세태(權世泰) 어른 이 사선정(四仙亭)274)을 새로 지었다. 이서가 편액을 부탁받아 써주고 돌아가다가 40리 즈음 갔다가 미진하다고 생각해서 다시 돌아와 글을 썼다. 그 필획이 힘차고 고색이 저절로 드러나니 마치 용과 호랑이가 꿈틀거리는 기세 같았다. 공재(恭齋) 윤두서(尹斗緖)275)로 하여금 현판에 글씨를 그대로 본떠 새기도록 하였다. 그러나 뒤에 시인(時人)들이 칼로 도려냈으니 송창이 미수의 응벽정(凝碧亭) 편액을 파낸 것과 같은 마음이었 다. 옛사람이 "어찌해서 이 시대엔 현인이 없는가."라고 했으니, 이를 두고 하는 말인가 보다. 탄식할 만하다.

060 학사(學士) 권해(權瑎)276)가 말했다.
"미수 허선생에게는 세 가지 큰 절개가 있었다. 첫째, 광해군 때 폐모론

남이성(南二星), 처남 남구만, 최석정 등과 교유하였다. 『사변록』을 통해 반주자적인 학문경향을 드러냈다. 이로 인해 사문난적으로 지목되어 유배 중 죽었다.
271) 『몽애집』 곧 「잡저·사시자」.
272) 이서(李漵) : 1662~?. 본관은 여주, 자 징지(徵之), 호 옥동(玉洞)·옥금산인(玉琴散人)이다. 하진(夏鎭)의 아들, 실학자 이익(李瀷)의 형이다. 서예의 대가로서 동국진체(東國眞體)를 창시하였다.
273) 삼일포(三日浦) : 강원도 고성군(高城郡)에 위치한 호수이다.
274) 사선정(四仙亭) : 삼일포에 위치한 정자. 4명의 신선이 삼일포 절경에 매료되어 사흘 동안 머물렀다.
275) 윤두서(尹斗緖) : 1668~1715. 본관은 해남, 자 효언(孝彦), 호 공재(恭齋)이다. 선도(善道)의 증손, 정약용(丁若鏞)의 외증조이다. 극심한 당쟁에 벼슬을 포기하고 학문과 시서화로 생애를 보냈다.
276) 권해(權瑎) : 1639~1704. 본관은 안동, 자 개옥(皆玉), 호 남곡(南谷)이다. 대재(大載)의 아들로서, 대사헌·호조참의 등을 역임하였다. 1679년(숙종5) 민암(閔黯)에 의하여 청남(淸南) 허목의 당으로 몰려 부친과 함께 유배되었다.

246

을 주장했던 한찬남(韓纘男)²⁷⁷)을 유적(儒籍)에서 삭제한 일이다. 둘째, 기해년(1659, 현종 즉위년) 예를 잘못 적용하여 종통을 어지럽혔을 때 가장 먼저 항의하는 소를 올려 할 말을 다한 일이다. 셋째, 허적이 권력을 잡았을 때 상소를 올려 죄를 논하여 청의(淸議)를 일으킨 영수로서 우뚝 선 일이다."

061 정승 허목은 옛 풍모와 옛 마음을 가지고 있었으며, 고문(古文)을 읽고 고례(古禮)를 좋아했으니 이 또한 옛사람과 같았다. 정사년(1677, 숙종3) 봄에 주상에게 덕일신잠(德日新箴)을 아뢰며 친경의(親耕議)를 올려 직접 농사지을 것을 권면하였으며, 또한 친잠의(親蠶議)를 올려 옛 도를 거행하려 했다. 회천이 편지를 보냈다. "역적 신하 아무개가 중궁을 꾀어서 직접 농사짓기를 권하고, 또한 길쌈을 권면하였다. 그 의도는 명부(命婦)²⁷⁸)·세부(世婦)²⁷⁹)의 수를 갖출 때 요염한 여자²⁸⁰)를 궁궐에 들이는 기회로 삼아서 주상과 중궁 사이를 멀어지게 만들기 위함이다. 또한 예론을 빌미로 대신 2, 3명을 죽이고, 주상의 장인 김만기까지 죽이고 주상에게까지 이르고자 했다.……" 심하도다! 사람들이 말을 지어냄이여. 김수흥 형제가 점차 세력을 잃자 김창국(金昌國)²⁸¹)의 딸을 후궁²⁸²)으로 맞아들이려 했으니 이것은 이 무리들이 잘하는 장기였다.

---

277) 한찬남(韓纘男) : 1560~1623. 본관은 청주, 자 경서(景緖)이다. 대사헌·형조판서 등을 역임하였다. 광해군 때 영창대군의 외할아버지 김제남(金悌男)의 처벌을 적극 주장하였다. 이이첨의 사주를 받아 해주옥사(海州獄事, 1616)를 일으켰다.
278) 명부(命婦) : 국가로부터 작위를 받은 부인들을 모두 일컫는 말이다.
279) 세부(世婦) : 천자를 모시던 후궁의 하나. 빈(嬪)의 아래 어처(御妻)의 위로 27명을 두었다. 여기서는 비빈(妃嬪)을 가리킨다.
280) 요염한 여자 : 오정창(吳挺昌)의 딸을 가리킨다. 인경왕후와 그녀 아버지 김만기를 제거하기 위해 윤휴 등이 복창군·복선군의 외숙인 오정창의 딸을 숙종의 빈어(嬪御)로 들일 목적으로 친경을 행하자고 건의했다는 것이다.
281) 김창국(金昌國) : 1644~1717. 본관은 안동, 자 원계(元桂)이다. 상헌의 증손, 수증(壽增)의 아들이다. 숙종의 후궁 영빈 김씨(寧嬪金氏, 1669~1735)의 부친이다.
282) 후궁 : 숙종의 후궁 영빈 김씨. 1702년(숙종28) 귀인에서 영빈으로 봉해졌다. 영빈 김씨는 인현왕후와 더불어 기사환국(1689, 숙종15)에 폐출되기도 하였으며 갑술환국(1694)에 인현왕후와 함께 복위되었다. 자식이 없었고, 영조를 친아들처럼 여기며

062 무오년(1678, 숙종4) 회천이 섬으로 귀양 갔을 때 삼민(三閔)[283]에게 편지를 보냈다. "송나라 철종이 즉위했을 때 선인황후(宣仁皇后)[284]가 사용하는 탁자가 좋지 않아서 바꾸라고 했다. 철종이 달가워하지 않으면서 '이것은 우리 아버지가 쓰시던 것입니다.'고 하니, 이는 다시 원풍(元豊)[285]의 의사를 따른 것이다. 그러자 선인황후가 크게 통탄하였고, 철종이 몹시 언짢게 여겨 끝내 충돌하여 한결같이 소인만 등용하였다. 철종이 소인을 좋아해서 선인황후도 언짢게 했으니 다른 일에 대해서 또 무엇을 말하겠는가. 또 소인들이 태자를 책봉하는 일로 은밀히 임금의 뜻을 추동하자 원우(元祐)[286]의 여러 현인들이[287] 어찌 패망하지 않을 수 있었겠는가. 오늘날 연한(漣漢, 허목)[288]이 바로 이와 같으니 국본(國本)이 정해지지 못한 일에 대해 올린 상소가 오늘날 뜻밖의 화가 되었으며, 내 죄를 종묘에 고하는 논의는 남인에게 훈작을 내려주려는 의도인데, 사람들이 이를 간파하지 못하였다.……"

063 숙종 즉위초 국가의 예제를 바로잡고 옛 사람[289]을 다시 등용하여 대행대왕(大行大王, 현종)[290]의 유지(遺旨)를 받들어 법식으로 준행하려 했다. 그런데 그가[291] 언짢게 여겨 감히 주상을 철종의 어리석음에 견주어

키웠다고 한다. 영조가 항상 어머니라고 일컬었으며 1735년(영조11) 영빈 김씨가 죽자 명빈(禖嬪) 박씨의 예에 따르도록 하였다.

283) 삼민(三閔) : 민시중(閔蓍重)·정중(鼎重)·유중(維重) 삼형제이다.

284) 선인황후(宣仁皇后) : 송나라 영종(英宗)의 황후. 신종(神宗)이 죽고 철종(哲宗)이 즉위하자 신종의 어머니로서 수렴청정하였다.

285) 원풍(元豊) : 송나라 신종의 연호(1078~1085)이다.

286) 원우(元祐) : 송나라 철종의 연호(1086~1094)이다.

287) 원우의 여러 현인들 : 사마광(司馬光)·여문저(呂文著)·문언박(文彦博)·소식(蘇軾)·정이(程頤)·황정견(黃庭堅) 등을 가리킨다. 철종 당시 장돈(章惇)·채경(蔡京) 등의 모함을 받아 정이·소식 등이 유배되었다.

288) 연한(漣漢) : 허목이 연천(漣川)에 거주해서 붙여진 호칭이다.

289) 옛 사람 : 여기서는 남인을 가리킨다.

290) 대행대왕(大行大王) : 현종. 승하(昇遐)한 지 얼마 안 되어 시호(諡號)가 아직 없는 전왕(前王)을 높여 부르는 말이다.

291) 그가 : 송시열을 가리킨다.

비교하였으니, 이는 『춘추』에서 '임금을 무시하는 마음이 있은 뒤에
나온 것이다.'고 한 것과 같다. 숙종은 원자가 태어나자 강보(襁褓)에서
벗어나는 해에 곧바로 책봉하는 것도 오히려 더디다고 여겼다. 당시
정승 허목이 세자를 빨리 정할 것을 촉구하는 상소를 올리면서 가의(賈
誼)[292]의 「보전편(保傳篇)」[293]을 함께 올렸다. 회천이 비난하자 미수는
다시 나아가 어쩔 수 없이 스스로 변명하는 상소를 올렸으니 이것이
어찌 화를 일으키는 핑계가 되겠는가. 국가의 예제를 바르게 하는 것은
대사(大事)이다. 일이 생기면 올바른 예로써 고해야 하는데, 이것이 어찌
훈작을 내려주는 것과 관계된단 말인가. 그 말하는 바가 음험하여 매우
두렵다. 남백거(南伯居, 남극관)가 '거의 사람을 잡아먹으려고 했다.'고
한 것과 같다.

송시열과 윤휴의 갈등

064　처음 회천이 어떤 사람에게 편지를 보냈다. "충청도 보은 삼산(三山)
에 가서 윤경(尹鏡)을 만나보고, 비로소 내 10년 공부가 가소롭다는 사실을
깨달았다." 경(鏡)은 여호(呂湖, 윤휴)[294]의 어릴 때 이름이었다. 삼산은
윤휴의 외가집이 있는 곳으로 항상 여기에 머물렀다.

여양부원군(驪陽府院君) 민유중(閔維重) 형제가 매번 여호를 볼 때마다
그에게 감화된다고 말했다. 사람들이 그 이유를 묻자 답하였다. "그
기상과 용모를 살펴보건대 앉은 자리에는 봄바람의 기상이 있다. 그
언론을 들어보건대 경전에 출입하여 고금을 관통하였고, 사람들과 지칠
줄 모르고 담론하였으며, 시 읊는 것을 좋아해서 '구름이 걷히자 모든
나라가 달을 보고, 꽃이 피니 집집마다 봄을 얻었도다.'고 하였다. 내가
어찌 심취하지 않을 수 있겠는가."

---

292) 가의(賈誼) : B.C.200~B.C.168. 한나라 문제 때 유학자. 법제와 예악을 정비하였다.
293) 보전편(保傳篇) : 태교와 소아기의 교육에 관한 내용으로 구성되었다.
294) 여호(呂湖) : 윤휴를 가리킨다. 그가 거처했던 여호(驪湖)·여강(驪江)의 다른 명칭이다.
　　여주를 지나는 남한강을 가리킨다.

이 때문에 송시열이 편지를 보냈다. "윤휴 무리의 흉흉함이 끊이지 않는데, 그 무리가 누구든 두 민씨295)만 들어가지 않으면 흉흉하더라도 두려울 것이 없다." 또한, "윤휴가 처음에는 이렇지 않았는데, 병조판서 형제가 도와주어서 여기에 이른 것이다."고 하였다. 병조판서는 민정중을 가리킨다. 이 때문에 송시열은 거듭 두 민씨와 윤휴 사이를 이간질하여 교유를 끊기 바랐다.

065 회천이 다른 사람을 무고할 때 스스로 설을 만들어냈는데, 마치 여우가 묻고 파낸 것296) 같이 교활해서 다른 사람의 말로써 증험케 하였으니, 이것이 장기였다. 그의 기록 가운데 "윤휴가 왕규(王珪)와 위징(魏徵)이 당나라 태종을 섬긴 일297)로써 의롭다는 증거로 삼았고,298) 이익(李翊)에게299) 포은(圃隱, 정몽주)이 사주(私主, 공양왕)를 섬긴 일로써 의리에서 벗어났다300)고 했다."고 하였다.

---

295) 두 민씨 : 민정중(閔鼎重, 1628~1692)과 민유중. 민정중은 유중의 형으로서 좌의정 등을 역임하였다.
296) 여우가 묻고 파낸 것 : 여우는 의심이 많아서 일단 묻은 것을 파 보는 습성이 있다.
297) 왕규(王珪)와 위징(魏徵)이 태종을 섬긴 일 : 당나라 태종 신하 왕규(571~639)와 위징(580~643). 두 사람은 모두 태자 건성(建成)을 섬기다가 옹립하는데 실패하자 그 아우인 태종을 섬겼다.
298) 윤휴가 …… 삼았고 : 1676년(숙종2) 11월 9일에 이익은 최석정으로부터 들은 윤휴의 언설을 송시열에 전달하였다. 최석정이 일찍이 한림으로 경연(經筵)에 입시(入侍)하여 『논어』를 진강(進講)했는데 '관중(管仲)이 자규(子糾)를 위해 죽지 않았다.[管仲不死子糾]'는 글의 집주(集註)에 있는 왕규와 위징의 일에 이르자, 윤휴가 "왕규와 위징이 태종을 섬긴 것은 의(義)이다. 태종이 이미 천하의 의주(義主)가 되었으니, 왕규와 위징이 섬기지 못할 이치가 없다."고 했다는 것이다. 이에 대해 송시열은 "신하된 자가 임금을 배반하고 원수를 섬겨도 된다는 학설이 장차 세상에 행해져도 막을 수 없게 되었으니, 그 재앙은 홍수나 이적(夷賊)의 해보다 더 심하다." 한탄하였다.(『송자대전』 권132, 「잡저·잡기(雜記)」)
299) 이익(李翊) : 1629~1690. 본관은 우봉, 자 계우(季羽), 호 농재(農齋)이다. 호조참의 유겸(有謙)의 아들, 송시열의 문인으로, 형조·이조판서 등을 역임하였다. 송시열이 사사될 때 귀양 가서 죽었다.
300) 포은이 …… 벗어났다 : 유계가 송시열에게 전한 말이다. 윤휴가 유계와 고려말 상황을 논하다가, "천하를 위해 대의(大義)를 밝히려 한다면 사주(私主)는 돌아보지 않아도 될 것이니, 비록 그를 폐하거나 죽이더라도 안 될 것이 없다. 포은의 일은

250

유계(兪棨)301)에게 그 나머지 터럭을 불어서 흠을 찾아내게 해서 반드시 다른 사람을 시켜 엿볼 수 있게 한 적이 한, 두 번이 아니었다. 회천이 희중(希仲, 윤휴)에 대해서 "그가 푹 빠져서 스스로 빠져나오지 못한 지 거의 수십 년이 되었다."고 하였다. 그 사이에 윤휴가 행한 어떤 일도 논하지 않고, 어떤 말을 했는지 들으려 하지 않았으며, 잘못을 드러내려 할 때 다른 사람에게 맡겼으니 무슨 마음인가. 이윤(尼尹, 윤선거)을 무고할 때 그 말의 근원을 따지다가 궁색해지면 곧 말을 지어내어 허물이라고 칭하면서 '내가 감당하겠다.'고 했다. 이윤은 형세가 비슷해서 오히려 물어볼 수 있지만 여윤(呂尹, 윤휴)은 자손이나 문도가 모두 죽어서 재가 되었으니 누구에게서 다시 살필 수 있겠는가.

066 회천이 여호(呂湖)를 개[狗]·개자식[狗裔]·대추(帶雛)302)·자일(刺日)303) 이라고 불렀으니 매우 해괴한 일이다. 심지어 여호의 부인을 암캐[雌狗]라 고 했으니 이토록 패악스럽고 무륜(無倫)한 말이 사대부의 입에서 나올 수 있단 말인가. 송시열이 시를 지었다. "처음엔 대방인(帶方人)304)과 함께 옛 도로써 서로 기약했으나 어찌 효경(梟獍)305)의 마음이 20세부터 있었던

의리라고 할 것이 못 된다."고 하였다. 이에 대해 유계는 천하에 어찌 자기 임금을 폐하거나 시해하고서 천하의 대의를 밝힐 자가 있을 수 있겠는가라고 우려했고, 송시열은 이단사설로 배척해야 한다고 했다.(『송자대전』 권132, 「잡저·잡기」)

301) 유계(兪棨) : 1607~1664. 본관은 기계, 자 무중(武仲), 호 시남(市南)이다. 김장생의 문인으로, 대사헌·이조참판 등을 역임하였다. 송시열·송준길·윤선거·이유태 등과 더불어 충청도 유림의 오현(五賢)으로 일컬어졌다.『가례원류』의 저술문제로 윤증과 대립하면서 노소분당의 계기를 제공하였다.

302) 대추(帶雛) : 대방의 병아리. 대방은 전라도 남원(南原)의 옛 이름으로 윤휴의 본관이었다.

303) 자일(刺日) : 해를 찌르는 운기(雲氣), 광명(光明)을 가리다. 송시열은 "내가 태어난 지 겨우 11년이 되는 해 자일자(刺日者)가 태어났으니, 이 자가 태어난 날이 바로 나의 화복(禍福)이 결정된 날이었다."고 하였다. 이어서 "자일이란 말은『주례』에 나오는데,『주례』에서 말한 십훈(十暈) 중 셋째가 휴(鑴)이다. 휴는 해를 찌르는 운기(雲氣)를 말한 것이다. 그렇다면 이 사람이 휴라고 이름을 지은 것이 그 사람됨과 들어맞았다."고 하였다.(『송자대전』 권46, 「서·답이운거(答李雲擧)」)

304) 대방인(帶方人) : 대방은 전라도 남원의 옛 이름. 윤휴의 본관이 남원이므로 한 말이다.

305) 효경(梟獍) : 나쁜 짐승. 효(梟)는 어미를 잡아먹는 새이고, 경(獍)은 아비를 잡아먹는

줄 알았겠는가." 또한, "저 개의 집 문을 보건대 안장을 갖춘 말이 마치 구름처럼 모이고 있다."고 하였다. 합윤(合尹, 윤선거·윤증)이 저술한 『존요록(尊堯錄)』을 보면 두 사람의 인물됨은 행적을 통해서 살펴보지 않으려 해도 분명히 알 수 있다.『몽애록』

067 여호의 죄안에는 단지 대비의 동정을 살피고 체찰부를 복설한 혐의만 지적되었다. 하지만 체찰부를 복설한 것은 북벌을 위해서 반드시 행해야할 바였으며, 대비의 동정을 살핀다는 말은 한기(韓琦)306)를 인용하여 한 말이기 때문에 죄가 될 수 없었다. 때문에 저들 무리는 말을 옮기고 멋대로 해석하였다. "'동정을 살핀다[照管]'고 할 때 조(照)는 상황을 낱낱이 헤아린다[照勘]는 것이고, 관(管)은 통제[管束]한다는 것이다." 이는 모두 회천의 뜻이었다. 여호에게 두 차례 형신을 가한 뒤 사약을 내려 죽였다.

회천이 편지를 보냈다. "그 사람의 자질은 아름다우며 기상은 호쾌하고, 행동은 높고 입론은 빼어났다. 그래서 세상 사람들이 휩쓸리듯 몰려들며, 마음을 기쁘게 하여 성심으로 감복하게 만들었다." 회천이 평상시 여호를 이와 같이 칭찬하였으니, 이것이 시기하는 마음에서 말미암아 나온 것인가. 여호가 사약을 마시고 죽은 뒤 회천이 '윤휴가 형벌을 받아 죽었다.'고 여러 차례 기록하였으니 기뻐하며 썼음을 알 수 있다. 기사년(1689, 숙종 15) 이후 살아남은 남인도 '송시열이 형벌을 받아 죽었다.'고 썼다. 귀신도 오히려 요동의 적흑자(翟黑子)307)를 알고 있는데 사람들이 어찌 비웃지 않겠는가.

068 백호(白湖, 윤휴)가 경연에서 주상에게 아뢰었다. "경전의 주해(註解)

짐승이다.

306) 한기(韓琦) : 1008~1075. 송나라 문신. 범중엄(范仲淹)과 함께 오랫동안 군사의 일을 맡아 명성이 높아 한범(韓范)으로 불렸다. 영종(英宗)이 즉위하자 우복야(右僕射)가 되고, 위국공(魏國公)에 봉해졌다. 영종과 태후(太后)의 사이가 악화되자 태후에게 조관(照管)하기를 청하였다.

307) 적흑자(翟黑子) : 위나라 태무제(太武帝) 때 문신. 뇌물 받은 사실을 끝까지 부인하다가 죽었다. 거짓말로 상황을 모면하는 것을 경계한 말이다.

는 매우 번잡합니다. 만 가지 일을 주관하는 인주가 두루 살필 겨를이 없으니 경문(經文)의 요점만 깨닫는 것에 전력을 기울여야 할 것입니다." 회천이 편지를 보내 "경연에서 윤휴가 주자(朱子)의 주(註)를 보지 말라고 청하였다."고 하였다. 또한, "최근 윤휴가 정자(程子)와 주자를 배척하였고, 자신을 홍수를 막은 대우(大禹)의 공에 비유하였다.……"고 하였다. 사람들이 문득 이 말을 들으면 누구든 여호를 괴물이나 기이한 부류로 여기지 않을 수 없었을 것이다. 회천이 여호를 무고함이 모두 이와 같았다.

069 여호의 어머니는 여사(女士)로서 현명하고 사람을 알아보는 식견이 있었다. 여호가 어려서 아버지를 여의었지만 어머니에게 의방(義方)[308]의 가르침을 많이 들었다. 회천이 여강(呂江)[309]을 지날 때면 반드시 몇 일간 머물면서 숙식을 잊어가며 주인과 손님 간에 담론을 벌였다. 어머니가 평상시 손님과는 다르다고 느껴서 문틈 사이로 엿보다가 크게 놀라서 사이를 틈타 경계하며 말하였다. "저 손님을 보니 시기하는 마음이 많고 음흉하며 어의(言議)가 평탄치 않은듯하니 어질지 못한 마음을 품고 있는 자 같다. 장차 너에게 이로움이 있겠는가." 여호가 말하였다. "그 손님은 대유(大儒)로서 문장과 학식에 있어서 당대 비교할 자가 없습니다. 반드시 그렇지 않을 것입니다." 뒷날 여호는 과연 이 손님 때문에 죽고 말았으니 사람들이 어머니가 현명하다는 것을 알았다.

070 회천이 말하였다. "정관재(靜觀齋) 이유능(李幼能) 이단상(李端相)[310] 과 윤휴가 서로 친했다. 어느날 형제들과 의논하기를, '이 사람은 믿기 어려우니 오늘 그에게 다짐을 받아 두지 않으면 뒷날 번복할 것이다.'고 하고, 드디어 윤휴를 불러서 '자네는 양현(兩賢, 이이·성혼) 종사(從祀)에 대하여

---

308) 의방(義方) : 집안에서 아버지가 아들에게 주는 가르침이다.
309) 여강(呂江) : 여강(驪江). 여주를 지나는 남한강을 여강이라고 부른다.
310) 이단상(李端相) : 1628~1669. 본관은 연안, 자 유능(幼能), 호 정관재(靜觀齋)·서호(西湖)이다. 좌의정 정귀(廷龜)의 손자, 명한(明漢)의 아들, 희조(喜朝)의 부친이다. 이조정랑 등을 역임하였다.

어떻게 생각하는가.'고 묻자, 윤휴가 '합당하다.'고 대답하였다. 윤휴가 간 뒤에 그의 처남 권준(權儁)이 왔다. 이유능이 '희중(希仲)이 합당하다고 진술하였다.'고 하자, 권준이 '지난번 나는 안 된다고 들었는데 어찌 그럴 수 있단 말인가.'라고 하였다. 이에 이유능이 즉시 윤휴를 불러서 힐문하니 윤휴는 얼굴색이 흙빛처럼 되어 일어섰다.⋯⋯"311)

윤휴가 이처럼 아주 쉽게 진술을 주고받으며 부르면 오고 갔다고 하는데, 이렇게 어린아이도 하지 않는 짓을 했다면 이는 회천이 장차 윤휴를 허벅지와 손바닥 사이에 올려두고 마음대로 조정했다는 것이다. 어찌 크게 교활하고 음험한 자를 보고 평생토록 마음을 써서 10년 동안 차근차근 밟고 물어뜯어 죽이지 않으면 그치지 않는 지경에 이르렀던 말인가. 이 같은 설로 자신을 속이고 남을 속이려 했지만 누가 믿어주겠는가.

071 이회(尼懷)의 다툼312)은 비록 여러 가지 원인에서 비롯되었지만 드러나지 않은 것이 있다. 그 중 하나가 "회천 스스로 말하였듯이 '윤휴가 주자를 헐뜯자 자신의 몸을 돌보지 않고 배척했다.'고 했다."고 하였다. 그러나 좋은 점을 들어 윤휴를 추천하고 칭찬하여 장려하였으니 또한 윤휴가 주자를 헐뜯었다고 한 뒤의 일이었다. 특히 예론을 둘러싼 논쟁에서 격해지면서 주자를 모함한 것으로 배척하였던 것이다. 다른 하나는 "노서(魯西, 윤선거)가 윤휴와의 교류를 끊지 않고 실제로 그를 존신하여 애정을 갖고 보호하였다."고 한 것이다.

이 두 가지 설은 모두 맞다. 어째서 그런가. 회천은 윤휴가 후생이면서도

---

311) 정관재 ⋯⋯ 일어섰다 : 동일한 기사가 노론 측 당론서인 『형감(衡鑑)』에도 실려 있다. 『형감』은 숙종대 노소분기 당시 송시열과 노론의 입장을 정리한 당론서이다. 『형감』에서는 양현종사에 대한 윤휴의 이중성을 부각시켜 해당 기사를 사실로 확정한 반면, 『동소만록』에서는 기사 밑에 논평을 실어 사실여부에 회의적인 견해를 피력하였다. 해당 기사의 실재여부 및 사실을 둘러싼 상반된 시각을 살펴볼 수 있는 사례이다.
312) 이회(尼懷)의 다툼 : 서인내 노·소론의 분기를 야기한 송시열과 윤선거·윤증의 갈등을 말한다. 회는 송시열이 살던 곳이 회덕(懷德)이고, 이는 윤증이 살던 곳이 이산(尼山)이다. 양측 간의 대립은 주자학에 대한 인식의 차이로부터 윤휴에 대한 상반된 평가에 이르기까지 다양한 부문에서 이루어졌다.

자기보다 명성이 높아지자 가장 먼저 마음속으로 그를 해치려 했다. 하지만 자신은 사림의 영수이고, 그에게는 잘못이 없었으므로 갑자기 문을 닫고 억지로 끊어버리는 것은 세상 사람들에게 인정받을 수 있는 방법이 아니라고 여겼다. 그래서 억지로 좋아하는 모습을 짓고, 절조를 굽혀 교유하였으니 비록 혜란(蕙蘭)313)을 끌어다가 비유하고 백이(伯夷)에 비견하여 높이면서도 어찌 하루도 윤휴를 배척하는 일을 잊었겠는가. 다만 때가 맞지 않아 기다리고 있었을 뿐이다.

『중용』주석314)에 미쳐서는 비로소 뛸 듯 좋아하며 좋은 기회를 잡았다고 여겨 은밀히 다른 사람에게 말하여 합당한지의 여부를 시험하였지만 모두 큰 잘못이 없다고 하여 이미 실효가 없게 되었다. 윤휴가 주자와 같은지 다른지를 그들에게 살피게 하는 것은 좋은 계책이 아니라고 여겼다. 이에 윤휴를 여덟 자급(資級)이나 빠르게 승진시켜 진선(進善)에 발탁하였으며,315) 문서를 보지 않고 산송(山訟)을 즉시 해결해 달라고 청하였다.316) 이는 일반적인 경우에서 벗어나서 특별히 우대한 것으로 매우 이례적인 일이었다. 하지만 이 모두가 임시로 틈을 메워 그에게 조금의 의심도 받지 않기 위해서였다. 그러나 마음에 담아두고 잊지 못함이 차츰 위태롭고 위급해져 갔다. 기해년(1659, 현종 즉위년) 예송의 일에 이르러서는 드디어 드러내놓고 말하고 눈을 크게 뜨고 배척하면서 오히려 그 일을 이루지 못할까 두려워하였다. 허목의 상소·원두표의 차자·해윤(海尹, 윤선도)의 상소가 연이어 나오자 일어서서 '남을 헐뜯고

---

313) 혜란(蕙蘭) : 난초의 한 종류. 고아한 인품을 비유할 때 쓰는 말이다.

314) 『중용』주석 : 윤휴의 『중용』관련 저술로는 「공자달도달덕구경지도(孔子達道達德九經之圖)」·「중용지도(中庸之圖)」와 「중용장구차제(中庸章句次第)」·「분장대지(分章大旨)」·「중용주자장구보록(中庸朱子章句補錄)」 등이 전해진다. 이를 통해서 윤휴는 주자의 『중용장구』의 4대절 33장 체재를 따르지 않고 10장 28절 체재를 주장하였다. 이로 인해 윤휴는 사문난적(斯文亂賊)으로 몰리게 되었다.

315) 여덟 자급이나 …… 발탁하였으며 : 송시열이 이조판서로 재직시 윤휴가 여덟 자급을 뛰어오른 일을 말한다.

316) 문서를 …… 청하였다 : 1659년 윤휴가 산송(山訟)의 일로 사직을 하자, 송시열이 징사(徵士)를 송자(訟者)로 대우해서는 안 되니, 특별히 조사하지 말고 직결(直決)해야 한다고 했다.

비난하는 자[讒人]'라고 하거나 '세상을 어지럽히는 도적[亂賊]'이라고 거리낌 없이 불렀다. 좋아하지 않는 자에게 직접 '그가 나를 공격해서 노하였다.'고 했다. 지난 수십 년 동안 끊이지 않고 왕래하면서도 알 수 없었던 속마음을 이때 이르러 비로소 분명히 알 수 있었다.

노서는 윤휴에 대해서 이와 달랐다. 처음 윤휴를 만났을 때 그의 뛰어난 재질과 식견에 기뻐하며, 동료들에 비해 월등히 뛰어났다고 평가했다. 하지만 끝내 경박한 마음과 들뜬 기운 때문에 낭패함을 애석하게 여겼다. 그가 기뻐한 점은 덕을 좋아하는 떳떳한 마음이었으며, 그가 애석하게 여겼던 점은 옛 친구를 돈독히 생각함이었다. 말로에 탐욕과 방자함, 보복하려는 마음 같은 것은 보지 못했기 때문에 존신하고 아껴서 보호하려 했던 것이다. 이는 경신년(1680, 숙종6) 이후 상황을 보면 불길한 제목이지만 당시 사정에서 본다면 옛 친구에게 큰 허물이 없으면 버리지 않는 의리가 있으니 그의 처신을 볼만했다.……

이것은 백거(伯居) 남극관이 여호와 회천 사이에 맺힌 원한을 논하며 기록한 글로 처음부터 끝까지 진실만을 있는 그대로 기술한 것이다. 여호는 처음엔 봄바람 같은 얼굴과 모습을 갖고 있었으며, 학문과 재능·기예를 겸비하였다. 몸에서 도는 기운이 맑고 언론은 재기가 두드러지게 뛰어났으니, 그를 본 사람은 마치 좋은 막걸리에 취하는 듯하였다. 당시 조사(朝士)로서 여양(驪陽, 민유중)[317]이하 서울에 사는 유생들에 이르기까지 그의 문하에 이르지 않는 자가 없었다. 반면 회천의 집 문에는 적막하기만 했다. 회천이 "저 개의 문에는 안장을 얹은 말이 구름처럼 많이 모였다."고 하였다. 시기하는 마음에서 나온 말이 아님이 없었다. 이 같은 회천의 마음을 몽애(夢藝, 남극관)가 잘 간파했던 것인가. 유봉(酉峯, 윤증)이 여호와 절교하지 않자 그의 문인과 자제들이 남은 두려움을 떨쳐버리지 못해서 입을 다물고 마치 말 못하는 사람처럼 있었다. 몽예만은 분명하게 말하여 사람들의 마음을 기쁘게 하였다.

317) 여양(驪陽) : 민유중. 딸이 숙종 계비[인현왕후]가 되자 여양부원군이 되었다.

김수홍에 대한 비난

072 기해예론(己亥禮論)[318]에서 김수홍은 정승 허목과 서로 견해가 같았으며,[319] 또한 홀로 종묘에 고해야 한다는 상소를 올렸다. 회천이 미워하며, "김수홍의 이름 가운데 수는 정명수(鄭命壽)의 수이고, 홍은 정인홍의 홍이다."고 썼으니, 몹시 싫어해서 쓴 글이다. 그런데도 그 자손들은 미워할 줄 모르고 도리어 회천 떠받들기를 아버지와 할아버지 보다 더했으니 당론이 인심을 미혹함이 이와 같았다.

현종에 대한 비난

073 당시 회천이 정승 김수홍에게 보낸 편지가 발견되어 주상[320]에게 전달되었다. 편지에서 말했다. "온천엔 해마다 행차하면서 가깝게 있는 영릉(寧陵, 효종릉)[321]엔 한 번도 참배하지 않았다. 처음 홍제동에 있을 땐 멀다고 해서 참배하지 않더니 비록 영릉이 가까이에 있어도 참배하지 않으니 지금의 영릉이 무엇이 이상해서인가……" 군자가 "군주의 허물을 말하는 것과 군주의 허물을 간쟁하는 것은 같지 않다."고 하였다. 송시열이 정승의 지위에 있으면서 만약 마음에 품은 것이 있었다면 꺼리지 말고 말했어야 했는데, 사사로운 편지에서 남의 비밀스러운 일을 들춰낸 것은 도대체 무슨 마음인가.

---

318) 기해예론(己亥禮論) : 기해년(1659, 현종 즉위년) 효종이 죽자 인조 계비 자의대비의 상복을 두고 벌어진 예송논쟁. 효종이 둘째 아들인 점을 고려하여 조씨가 기년복을 입어야 한다는 서인의 주장과 종통을 계승한 적자로 인정하여 3년복을 입어야 한다는 남인의 주장이 맞섰다.

319) 김수홍은 …… 같았으며 : 1666년(현종7) 2월 21일 실록기사에 따르면 김수홍은 허목의 예설을 지지하고 강빈옥사로 소현세자의 적통은 효종에게 옮겨간 것이라고 주장하였다.

320) 주상 : 현종을 가리킨다. 이 편지는 1663년(현종14) 5월 10일 보내진 편지였다. [『송자대전』 습유(拾遺) 권2, 「서·답김기지 계축년 5월 10일 (答金起之癸丑五月十日)」

321) 영릉(寧陵) : 효종의 능호. 경기도 양주의 건원릉 서쪽에 있던 것을 1663년(현종14)에 여주로 옮겼다.

송시열과 이유태

074 이유태의 호는 초려(草廬)이고 충청도 사람으로서 보통사람 보다 재주가 뛰어났다. 처음에 회천과 교유하였으며 무리지어 말을 타고 돌아다녔다. 재상의 지위에 올라서는 매우 정성스럽게 사당(私黨)을 보호하고, 자기와 다른 사람들과 다투었다. 한결같이 회천의 호령에 따랐으니 편벽된 논의를 이끌지도 못하면서 어떻게 천하를 이끌 수 있단 말인가. 말년에 정승 회천과 서로 미워하고 원수로 돌변하여 다시는 얼굴을 보지 않았다. 이유태가 죽었을 때 자제들이 회천의 조문을 받지 않으니 회천이 그의 문도를 시켜 몰래 묘에 가서 제사 드리게 했다. 이 또한 회천의 괴이한 점이다. 『몽예집』에서 말했다. "회천이 말년에 쓴 문자를 보니 마치 사람을 잡아먹을 듯하여 책을 덮고 이마를 찡그리게 된다. 아, 맑은 하늘아래 두터운 땅 위, 끝없이 광활하여 안온한 세계에서 그윽하고 깊은 험난한 길을 만났는데, 저 자는 어찌 홀로 즐겁단 말인가. 어찌 지치지도 않는가."322)

송갑조 행적 비판

075 정사년(1617, 광해군9) 신방(新榜)323)진사(新榜進士) 정옹(鄭滃) 등이 상소하여 청하였다. "병조판서 유희분의 사례324)에 따라서 새로 과거에 급제한 사람들이 경운궁에 사은숙배(謝恩肅拜)325)를 올리는 것을 정지해 주십시오." 이것이 소위 교방소(交榜疏)인데 교방이라고 한 것은 생원과 진사들이 각자가 이름을 교차하여 기록했기 때문이다. 송갑조(宋甲祚)326)의 이름이 17번째 들어 있었다. 『상촌기사(象村記事)』 박태보(朴泰輔)327)가 이

---

322) 『몽예집』 곤 「잡저·사시자」.
323) 신방(新榜) : 과거에 새로 급제한 사람의 성명을 써 붙인 방이다.
324) 병조판서 유희분의 사례 : 1617년(광해군9) 11월 17일 실록기사에서 정흡이 폐비를 거론하면서 유희분이 대비전에 사은숙배를 올리지 않은 일을 인용하였다.
325) 사은숙배(謝恩肅拜) : 숙사(肅謝). 관직의 임명을 받은 자가 처음으로 출근할 때에 먼저 궁중에 들어가서 은혜에 감사드리는 것이다.
326) 송갑조(宋甲祚) : 1574~1628. 본관은 은진, 자 원유(元裕), 호 수옹(睡翁)이다. 송시열의 부친이다. 경기전 참봉·사옹원 봉사 등을 역임하였다.

상소를 얻어 기록하여 세상에 퍼뜨려서, "송갑조의 이름이 흉악한 상소에 들어있으니 그 역시 흉인이다."고 하였다. 회천이 뼈 속 깊이 원한을 품었고, 이 때문에 직접 서계(西溪) 부자328)에게 손을 쓰려 했다. 박태보가 죽자 기사년(1689, 숙종15)에 회천이 자신의 문도들을 시켜 송갑조를 욕한 박태보의 문자를 모두 삭제하라고 했다.

송갑조가 이 같은 잘못을 저질렀기 때문에 회천은 자기 아버지가 홀로 서궁(西宮, 경운궁)329)에 나아가서 문안을 드렸다는 말을 거론하였다. 사람들은 이것이 아버지의 잘못을 숨기고 허물을 덮으려는 계책임을 알지 못하였다. 기사년(1689, 숙종15) 정월에 회천이 무고를 변론하는 상소를 올렸는데 상소 가운데 홍헌(洪憲)·심지원(沈之源)330)·김덕승(金德升)331) 세 명의 이름을 거론하면서 상소를 주동한 우두머리가 이영구(李榮久)라고 했다. 이름을 몰래 기록해 둔 것은 이것을 사람들에게 퍼뜨려서 신임을 얻는 자료로 삼으려 했기 때문이라고 했다. 그의 말이 일단 그럴듯하다고 해두자. 또한 말했다. "계해년(1623, 인조1) 초에 인목대비가 김수흥의 외조모 정씨(鄭氏)를 통해 송시열의 맏누이 윤엽(尹爗)의 아내에게 하교하기를, '네 아비의 기특한 절의에 대해서는 내가 마음에 두고 잊지 못한다.'고 하였다.……" 인목대비가 서궁에 유폐되었을 때 방어와 호위가 엄밀하고 주변을 엄중히 살폈다. 아침저녁으로 땔감을 걷고 물 긷는 일을 제외하고 안팎으로 접근하기 어려워서 감히 바람도 통하여 불

---

327) 박태보(朴泰輔) : 1654~1689. 본관은 반남, 자 사원(士元), 호 정재(定齋)이다. 박세당의 아들로서, 지평·정언 등을 역임하였다. 인현왕후 폐위를 강력히 반대하다가 죽임을 당했다.

328) 서계(西溪) 부자 : 박세당과 박태보이다.

329) 서궁(西宮) : 광해군이 인목대비를 유폐했던 궁이었던 경운궁을 가리킨다.

330) 심지원(沈之源) : 1593~1662. 본관은 청송, 자 원지(源之), 호 만사(晩沙)이다. 좌의정·영의정 등을 역임하였다. 아들 익현(益顯)이 효종의 딸인 숙명공주(淑明公主)에게 장가들어 효종의 두터운 신임을 받았다.

331) 김덕승(金德升) : 1595~1658. 본관은 김해(金海), 자 가구(可久), 호 소첩(巢睫)이다. 장령·지평 등을 역임하였다. 1617년 생원시의 장원 이영구(李榮久)가 폐모론을 상소하면서 다른 합격한 사람들의 이름을 도용하였다. 그의 이름도 들어 있어 문제가 되기도 하였으나 무고임이 밝혀졌다.

수 없을 정도였다. 저 하잘 것 없는 일개 진사가 구중궁궐 안으로 들어가
아침에 찾아가 뵐 수 있었겠는가. 더욱이 대비가 누구에게 물어서 그를
알아보고 이름을 기억했다가 7, 8년 뒤에 이와 같이 늘상 기억하여 잊지
않고 있었다는 전교를 내릴 수 있단 말인가. 부녀자로써 증거를 삼으니
다른 사람들이 알지 못했고, 대비의 명령을 빌렸기 때문에 외사(外史)332)에
도 기록할 수 없었다. 자기 멋대로 말해 특별히 허물을 숨겨 놓고서
'물을 담아도 새지 않는다.'고 하였으니 어찌 그가 사람들이 자신의
속을 들여다보는 듯하다는 사실을 알았겠는가. 회천이 권력을 잡은 뒤
또한 그 당에 부탁하여 특별히 국사(國史)에 기록해 달라고 하였으니
이것이야말로 장차 천하후세를 속이고자 한 것이다. 비록 천하후세는
속일 수 있다지만 어찌 귀신을 속일 수 있겠는가.

076　기사년(1689, 숙종15) 회천의 상소에 기술된 내용은 청음이 쓴
송갑조의 묘갈문(墓碣文)과 윤황(尹煌)333)·이목(李楘)334)이 쓴 만사(挽詞)335)
를 근거로 삼았다. 그런데 청음은 정사년(1617, 광해군9)336)으로부터
30년이 흐른 병술년(1646, 인조24)에 묘갈문을 찬술하였으니 당시 송갑조
가 서궁에 혼자 나아가 인사를 올린 일에 대해서 어떻게 국사에서 고증하
고 야사[野乘]에서 징험한 사실을 얻어서 문자로 쓴 것이겠는가. 자식이
보여준 행장에 따라서 아부하는 필체로 아첨해서 쓴 묘갈문에 불과할
뿐이다. 이것을 과연 믿을 수 있단 말인가. 만사 역시 이와 같으니 기사년

---

332) 외사(外史) : 사관이 아닌 사람의 기록을 가리킨다.
333) 윤황(尹煌) : 1572~1639. 본관은 파평, 자 덕요(德耀), 호 팔송(八松)·노곡(魯谷)이다. 선거
　　의 부친으로, 대사성·대사간 등을 역임하였다. 병자호란 때 척화를 주장하다가
　　탄핵을 받아 유배되었다.
334) 이목(李楘) : 1572~1646. 본관은 전주, 자 문백(文伯), 호 송교(松郊)이다. 성혼·김장생의
　　문인으로, 부제학·형조참판 등을 역임하였다. 윤황 등이 척화를 주장하다가 유배되
　　자 벼슬에서 물러났다.
335) 만사(挽詞) : 죽은 사람을 위해 지은 글이다.
336) 정사년 : 송갑조가 생원시(生員試)에 합격하고 나서 혼자서 서궁에 숙배했다는 해이
　　다.

(1689)에 비로소 사실이 드러났다. 기사년은 병술년(1646)으로부터 40여 년이나 지난 시점으로 이미 사람과 뼈 모두 썩었으니 진실과 거짓을 누구에게 물을 수 있는가. 물가에 사는 사람에게 묻는 것337)과 무엇이 다르겠는가. 정자(程子)가 "영정(影幀)을 그릴 때 한 터럭의 머리털도 같지 않으면 다른 사람이 된다."고 하였다. 자식이 아버지 용모를 그릴 때 조금도 찬미할 수 없음을 의미한다. 또한 다른 사람이 아버지를 형상한 것을 보고 의심하는 것 역시 군자의 의리가 아니다. 회천이 찬술한 아버지의 묘지명을 박태보가 보지 않은 것도 아닌데 송갑조를 흉인이라 칭한 것은 자식이 평생 마음을 쓴 것이 여러 사람들로부터 의심을 샀기 때문이 아니겠는가. 회천이 이에 또한 스스로 초래한 일이다.

송시열 관련 일화

077　『명촌잡록(明村雜錄)』338)에서 말했다. "우리 종조(從祖) 고모부 유연기(柳燕岐)339)에게는 동생이 있었는데, 일찍 죽고 아들 없이 다만 유복녀(遺腹女)만 있었다. 가족들이 그녀를 애중히 여겨 반드시 믿음직한 사위를 얻기 원하였다. 우옹(尤翁, 송시열)이 그녀가 어질다는 소문을 듣고 힘써 유연기에게 구혼하니 그는 사양하지 못하고 마지못해 따랐으며, 홀로 된 동생 부인 역시 결혼시키고 싶지 않았지만 어길 수 없었다. 결혼한 뒤 질책하는 말이 끝없이 나왔고, 나이 어린 부인은 감당하지 못하고 강으로 뛰어들어 죽었다. 그녀 어머니는 너무 슬픈 나머지 소상(小祥)340)을

---

337) 물가에 …… 묻는 것 : 강화도 함락 당시 순사한 김익희가 윤선거에 대해 잔인한 사람이라고 했다는 말이 있었다. 이에 대해 송시열이 물가에 사는 사람에게 물어보라고 하였다. 당시에도 물가에 대해서 여러 가지로 해석하고 있다. 어떤 사람은 김익희의 호인 '창주(滄洲)'에서 찾기도 하고, 또 어떤 사람은 윤증의 어머니가 죽은 강화도를 의미한다고 보기도 했다. 이 일로 인해 윤증과 송시열의 사이가 더욱 악화되었다.

338) 명촌잡록(明村雜錄) : 나양좌(羅良佐, 1638~1710)의 저술. 변무기록(卞誣記錄)·편지·일기·제문 및 김창협·김창흡 등이 나양좌에게 보낸 편지 등을 모아 놓았다.

339) 유연기(柳燕岐) : 감찰을 역임했던 유동발(柳東發, 1582~?)을 가리킨다. 본관은 문화, 자 진백(震伯)이다.

340) 소상(小祥) : 초상을 치른 지 1년 뒤 지내는 제사이다.

마치지 못하고 죽고 말았다.

계해년(1683, 숙종9) 봄 내가[341] 회천을 양재촌(良才村) 집에서 만났는데 갑자기 말하였다. '그대는 죽은 며느리가 강에 투신한 이유를 들었는가. 먼 곳에 사는 사람의 집안 일을 자세히 알지 못한 채 사돈을 맺었는데, 그 뒤 듣자하니 처녀 때 어떤 변고가 있었고, 그 소문이 차츰차츰 퍼졌기 때문에 투신한 것이라고 들었네.' 내가 이 말을 듣고 나도 모르게 차가운 기운에 떨었고, 즉시 돌아왔다. 조카 김창협[342]이 이 소식을 듣고 놀라서 '서구(敍九) 송주석(宋疇錫)[343]의 자가 처음부터 끝까지 앉아서 듣지 않았습니까.' 라고 물었다. '그렇다'고 대답하자 김창협이 '근거 없이 함부로 말하는구나. 근거 없이 함부로 말하는구나. 어찌 차마 앉아서 들을 수 있단 말입니까.' 라고 했다. 내가 '회천이 작은 목소리로 말하였으니 내가 듣기에 병을 변고라고 한 것 같은데.'라고 하자, 김창협이 '어려서 아픈 적이 있다고 들었을 뿐인데 그것이 어찌 강물에 투신할 이유가 되겠습니까.……'라고 하였다.

아, 시아버지와 며느리 사이에 며느리가 죽은 뒤에 차마 듣지 못할 악명으로 망측하게 무고하였다. 이 사람의 마음 씀씀이가 험하고 악하니 무슨 일이든 무고하지 않겠으며, 어떤 말이든 만들어 내지 않겠는가. 정묘년(1687, 숙종13)에 상소를 올려 변명할 때만 해도[344] 잊고 있었는데 이 사람과 대면해서는 변론하였으니 지금에 와서 생각해 보면 그 부끄럽고 욕됨을 감당할 수 없다."

341) 내가 : 나양좌. 본관은 안정(安定), 자 현도(顯道), 호 명촌(明村)이다. 만갑(萬甲)의 손자, 윤선거의 문인이다. 1687년(숙종13) 스승의 누명을 벗기려고 상소했다가 영변에 유배되었다.

342) 김창협(金昌協) : 1651~1708. 본관은 안동, 자 중화(仲和), 호 농암(農巖)·삼주(三洲)이다. 김상헌의 증손, 수항의 아들, 창집의 아우이다. 대사성·대사간 등을 역임하였다. 나양좌는 김수항의 처남, 김창협의 외삼촌이 된다.

343) 송주석(宋疇錫) : 1650~1692. 본관은 은진, 자 서구(敍九), 호 봉곡(鳳谷)이다. 송시열의 둘째 손자, 기태(基泰)의 아들로서, 예문관 검열·수찬 등을 역임하였다.

344) 정묘년에 …… 때만 해도 : 1687년 나양좌가 스승 윤선거의 억울한 누명을 벗기려고 상소했던 일을 가리킨다.

078 공주에 사는 향인(鄕人) 최석태(崔碩泰)가 나에게 말했다. "젊어서 회천을 따라 황산(黃山, 충남 논산)에 갔는데, 사방에서 거저 보내온 쌀과 포 이외, 생선과 고기와 같은 음식이 날마다 대문을 가득 채우고 3칸짜리 임시 집에 쌓여서 비록 그 집사람조차 한 번도 맛보지 못한 채 날마다 썩어서 그 냄새를 감당하지 못하였습니다. 그래서 건강한 노복들에게 짊어지게 하여 수일에 걸쳐 강에 버려도 일을 다 끝내지 못했습니다. 지나치게 재물을 아끼는 게 아닌지 의심스럽습니다.

며느리가 강에 투신하여 자살했는데도 왜 죽었는지 이유를 살피지 않고, 그날로 황산으로 가서 아무 일도 없는 듯 있다가 시신을 건져내 말 안장 위에 올려두어 마신 물을 모두 토해내게 하고, 이내 끌고 갔다. 당시 시신을 본 사람들은 놀라고 매우 참혹하게 여겼다. 사람들이 크게 의아해 하자 일이 있다고 하며 걸어서 돌아왔다. 그 뒤에 들리는 소문에 따르면, '우리 집이 속리산에 있기 때문에 그 일을 알지 못하였다.……'고 하였다. 여러 사람들이 보았는데 숨길 수 있겠는가. 이에 의심은 더욱 깊어졌다." 최석태는 향촌의 노인으로서 질박하고 정직하며 당이 없는 사람인데 그의 말이 이와 같았다. 『명촌잡록』

079 "듣건대 자인(子仁, 윤증)이 어미의 죽음이 해명되지 않았다고 하여 손자 송주석을 심하게 논박했으니 그 손자가 어찌 감히 좋은 벼슬자리에 나가려 하겠는가. 이 때문에 예문관에서 빨리 벼슬하기를 재촉했지만 늘 위축되어 있으니, 어느 때에 벗어날 날이 있을런지 모르겠네. 지금 그대가 손자에게 강석(講席)에 응하게 하였는데, 이는 여론을 듣지 못하고 한 일인지 아니면 듣고도 억지로 시킨 것인지 모르겠네. 손자의 계모(繼母)가 마음의 병이 있어서 스스로 여산강(礪山江, 금강)에 몸을 던졌는데, 이 일이 손자와 무슨 관계가 있단 말인가. 또 그때 손자가 나를 따라서 멀리 속리산 정상에 머물러 있다가 어미의 부음을 받고 돌아갔었네. 당시 손자는 어렸으니 이 일 때문에 오히려 흠잡는 것은 도대체 무슨 말인지 알 수 없네." 이상은 회천이 박세채에게 보낸 편지[345] 내용이다.

위와 같다.

080 송주석이 예문관의 천거를 받은 뒤에도 여론이 나빠 오랫동안 과거시험을 보지 못하였다. 당시 우옹이 손님을 접대하며, "손자 주석이 저지당한 이유는 어미의 잘못 때문이 아니라 이 늙은이 때문이다."고 하였다. 만나는 사람마다 이렇게 말한 이유는 며느리가 물에 빠져 죽은 일이 누(累)가 되었다는 사실을 널리 퍼뜨리기 위함이었다. 송주석의 어머니는 시아버지의 험한 독설과 거짓 헐뜯음을 감당하지 못하여 빠져죽었기 때문에 시아버지가 도리어 그녀를 더욱 미워했던 것이라고 한다.
위와 같다.

081 회천이 사람들과 더불어 산방(山房)에서 책을 읽었는데 종산(鍾山)의 은자346)라고 칭하면서 작은 방의 가격을 비싸게 받았다. 홀연히 한밤중에 친구를 발로 차 깨워서 물었다. "내가 평교(平轎)를 타고 호창(呼唱)347)하며 궁궐로 나아갔는데 이게 무슨 징조인가." 친구가 희롱하며, "그대가 꿈에서 깨어났으니 옛날에 선정(禪定)에 들어간 스님이 드러눕자 몸이 썩어 버렸다는 선어(禪語)와 같구나."고 하였다. 회천은 놀림에 화가 났고, 틈이 벌어져 절교했다고 한다. 『명촌잡록』

082 회천이 선대 묘소의 비석을 새롭게 정비하는 일로 여러 종친들이 모여서 살펴보았는데 어떤 사람이 "뒷면에 무엇이 있는지를 알지 못하겠다."고 하자, 회천이 편안히 앉은 채로 얼굴색 하나 변하지 않고 비석을 뒤집었다. 종친들이 선생의 억센 힘이 다른 사람에 비해 뛰어났으며,

---

345) 『송자대전』 권68, 「서·답박화숙서 계해년 12월(答朴和叔書癸亥十二月)」.
346) 종산(鍾山)의 은자 : 남조(南朝) 송나라의 주옹(周顒)을 가리킨다. 그는 남경(南京)의 북산인 종산에 은거하다가 뒤에 조정의 부름을 받고 해염현령(海鹽縣令)이 되었다. 하지만 함께 은거하였던 공치규(孔稚圭)가 '북산이문(北山移文)'이라는 글을 지어 주옹의 변절을 비난하였다.
347) 호창(呼唱) : 양반이 행차할 때 행인을 물리치기 위해 외치는 행동을 가리킨다.

264

종기(鍾氣)[348] 또한 범상치 않았다고 했다. 위와 같다.

083 『소설(小說)』에서 말했다. "하늘이 송나라를 그르치는구나. 3백년 간 쌓은 역사에 진회(秦檜)[349]를 내어 여기에 이르게 되었는가. 하늘이 하는 일은 알 수 없는 것이 많아서 진회의 괴기함은 사람들이 헤아릴 수 없었다. 당시 사대부들 가운데 진회의 명성과 습성에 오염되어 화답하여 응해서 부합한 자가 천하의 2/3에 달하였으니, 비단 권세가가 그렇게 만든 것이 아니었다. 음흉하고 간사한 기량이 마치 하늘로부터 부여받은 듯하니 또한 기이한 일이다."

오늘날 회천 또한 하늘이 우리나라를 그르치기 위해서 낸 자였다. 40년간 산당(山黨)의 영수로 있으면서 날로 당론이 고치기 어려운 병이 되고 선비의 취향이 나날이 무너지며, 세도가 날로 쇠퇴하여 오늘날 해독이 더욱 심해졌다. 그 태어남이 어찌 우연이겠는가. 진회가 죽자 그 세력이 소멸되었지만 지금 회천은 죽었어도 그 세력은 더욱 번성하여 한 마디라도 회천에게로 말이 미치면 바로 영광과 치욕이 판가름되고 죽고 사는 것이 뒤따르니 이는 진회도 하지 못하였다.

084 회천의 전집은 50책이며, 별집과 연보가 또한 10여 책이나 되니 많다고 할만하다. 비록 천지 사이에 이 같은 문집이 없었던 것은 아니었지만 스스로 만든 것이 아니기 때문에 평생에 걸쳐 지은 기량, 사사로운 행실과 은밀한 마음가짐과 행적을 누가 알아서 다 깰 수 있겠는가. 윤동형(尹東衡)[350]이 아무 생각 없이 부지런히 보호하고 석실(石室)에 감추어 둔 것이 아니었으니 당시 상소문을 올려 윤동형을 탄핵하는 것은[351]

---

348) 종기(鍾氣) : 정기(精氣)가 한데 뭉치다. 또는 그 정기를 가리킨다.
349) 진회(秦檜) : 1090~1155. 송나라 재상. 정권 유지를 위해 금나라에 굴욕적인 외교관계를 맺고, 옥사를 일으켜 악비(岳飛)를 죽였다.
350) 윤동형(尹東衡) : 1674~1754. 본관은 파평, 자 사임(士任)이다. 순거(舜擧)의 증손으로, 윤증의 문인이다. 공조참판·한성부 판윤 등을 역임하였다.
351) 당시 …… 탄핵한 것은 : 1722년(경종2) 6월 22일 실록기사에 따르면 윤동형이

너무 지나친 것이 아닌가.

085 공자가 말하였다. "죽은 자를 죽은 자로 대우하는 것도 어질지 못하여 그렇게 하지 않았다."³⁵²⁾ 하물며 살았는데 죽었다고 할 수 있겠는 가. 민신(閔愼)은 회천의 문인이었다. 할아버지 업(業)³⁵³⁾이 세상을 떠났는 데, 아버지 민세익(閔世翼)이 혹질(惑疾)이 있어 상복을 입을 수 없자 회천에 게 상례를 문의하였다. 회천이 민신에게 아버지를 대신하여 참최 3년복을 입고 상례를 주관토록 하였다.³⁵⁴⁾ 부원군 김우명이 상소를 올려, "민신이 아버지를 없는 것으로 간주해서 인륜을 어지럽혔습니다."고 했지만, 의논이 회천에게서 나왔기 때문에 세상 사람들이 그 죄를 바로잡을 수 없었다. 주상이 "민신을 잡아들여 국문하라."고 하자, 홍문관에서 "민신의 일은 개인 가문에 관계된 것으로서 국문할 필요가 없습니다."고 상소했지만, 주상이 "이는 강상과 관련된 일로 국문하지 않을 수 없다."고 하였다. 민신이 세 차례 형신을 받고 변방으로 유배되었다. 경신년(1680,

---

윤선거 부자를 헐뜯는 내용이 실린 송시열의 문집을 싣고 간 일에 대한 비난하는 상소가 있었다.

352) 죽은 자를 …… 하지 않았다 : 본래 『예기(禮記)』「단궁(檀弓)」편의 원문은 다음과 같다. "죽은 자를 보내면서 산 자처럼 대우하는 것도 지혜롭지 못한 것이고, 살아 있는 자를 죽은 자로 대우하는 것도 어질지 못한 것이다.[之死而致生之, 不知也, 之生而致死 之, 不仁也.]"

353) 민업(閔業, 1605~1671) : 본관은 여흥, 자 자앙(子昂), 호 양호(楊湖)이다. 김장생에게서 수학하였다.

354) 할아버지 업(業) …… 주관토록 하였다 : 1671년(현종12) 민신이 조부 민업의 초상을 당해 아버지 민세익(閔世益)을 대신하여 참최 삼년복을 입은 것을 말한다. 민업이 죽었을 때 예법상 아들 민세익은 참최 삼년복을 입어야 하고, 손자 민신은 자최 기년복을 입어야 했다. 그런데 민세익에게 정신질환이 있어 손자 민신이 아버지를 대신하여 조부를 위해 참최 삼년복을 입은 것이다. 이는 '아버지가 살아 있는데도 아들이 승중(承重)을 할 수 있는가?'의 예론상의 문제를 야기하는 것이었으므로 민신은 송시열·박세채 등에게 자문을 구하였다. 송시열·박세채는 주자의 「상복차 자(喪服箚子)」를 근거로 민신이 아버지를 대신하여 집상할 수 있다는 대복론(代服論)을 주장하였다. 반면 윤휴는 주자의 「상복차자」가 천자와 제후에게만 해당되는 것이지 일반 사서인(士庶人)은 거기에 해당되지 않는다고 하여 대복불가론(代服不可論)을 주장하고, 송시열·박세채의 대복론(代服論)이 천자·제후의 상복을 사서(士庶)에게 동일하게 적용한 주장임을 비판하였다.

숙종6)이후 민신이 풀려 돌아와서 이름난 할아버지의 손자인데 사람들에
의해 몸과 명성에 오욕을 입은 것을 애통하게 여겨서 벽에 칼을 꽂아두고
자기 배를 베어 죽었다.

086 미수가 말하였다. "아버지가 병이 있어도 할아버지를 위해 3년
상을 지내는 것이 임금의 예의이다. 송나라 수황(壽皇)355)의 상례에 광종(光
宗)이 병이 나자 가왕(嘉王)356)이 즉위하여 참최복을 입었다. 할아버지를
위해 참최복을 입은 것이 아니라 임금으로서 참최 3년복을 입은 것이다.
이것이 주자(朱子)가 『정지(鄭志)』357)를 근거로 단정하였다."

○ 회천이 민신에게 아버지를 대신하여 참최복을 입게 하면서 송나라
영종(寧宗)때 주자의 상소를 근거로 삼았으면서 "아버지가 생존하는데
승중한 사례는 주자가 단정하여, '인군(人君)·사서(士庶) 모두 통행되는
가르침이다.'고 하였다."고 했지만, 이는 본래 주자의 글이 아니었다.
주자가 고증했던 근거인 정씨(鄭氏)의 설에 따르면, "천자·제후의 상에는
참최 3년복만 있을 뿐 기년복은 없다."고 했다. 주자가 "정씨의 말을
듣고서 이것이 임금으로서 나라를 조부로부터 계승받은 자의 상복인
줄 알게 되었다."고 하였다. 그렇다고 해서 주자가 어찌 일찍이 천자와
제후의 상복을 사서(士庶)에게 적용하여 쓸 수 있다고 했던가.

또한 회천이 주자의 고묘문(告廟文)을 인용하여, "70세에 집안일을 자손
에게 전하였지만 상제(喪祭)에 대해서는 다시 허락하지 않았다."358)고

---

355) 수황(壽皇) : 남송(南宋)대 효종(孝宗, 1127~1194)의 존호이다.

356) 가왕(嘉王) : 남송대 영종(寧宗, 1168~1224). 광종(光宗)의 둘째 아들로, 1189년 가왕(嘉王)
    에 봉해졌다. 1194년 효종이 죽자 광종이 병을 이유로 나와 초상을 집행하지 않자
    조여우(趙汝愚)·한탁주(韓侂冑) 등이 책립하여 황제가 되었다.

357) 정지(鄭志) : 위나라 정소동(鄭小同)의 저술. 정현(鄭玄)의 손자이다. 『정지』에 따르면
    천자·제후의 복은 아들과 손자를 논하지 않으며 비록 방지(旁支)가 승통(承統)한다고
    하더라도 또한 모두 참최복을 입는다고 규정하였다.

358) 70세에 …… 않았다 : 송시열은 70세가 되면 혈기가 쇠하기 때문에 가사(家事)를
    자손에게 전하고 상례(喪禮)와 제사에도 다시 참예하지 않고 자손이 그것을 대행한다
    고 보았다. 따라서 할아비와 아비가 살아 있더라도 아들이나 손자가 상례와 제사를
    대행하는 것은 예로부터 있어온 일이었다고 했다. 그렇다면 미친 아비를 대신하는

하였다. 이는 주자를 무고하는 것이다. 주자가 고묘문에서, "대 이을 아들이 이미 죽고 어린 손자 감(鑑)이 순서에 따라 종통을 계승해야 했기 때문에 지금 이미 의논을 정하여 그에게 제사를 받들도록 한다."고 하였다. 또한 회천이 "할아버지가 죽기 직전에는 집안 일의 대강(大綱)을 힘써 총괄하여 선조의 훈계를 욕되게 해서는 안된다."고 하였는데, 주자가 어찌 일찍이 "상제에 참여하지 않는다."고 말했겠는가. 또한 회천이 "이미 상례를 집행했으면 제사를 받들지 않을 수 없으며, 이미 제사를 받들었다면 신주(神主)에 방제(旁題)359)하고 선대(先代)를 체천(遞遷)360)하는 일은 모두 하나로 연관된 일이다."고 말했다.

또한 조천(祧遷)361)의 질문에 대한 주자의 답변을 인용하며, "장차 소손 (小孫)362)이 제사를 받든다면 그 형세 또한 이와 같아야 한다."고 하였다. 이것이 어찌 주자가 '죽기 전에는 신주에 이름을 쓰거나, 옮기는 일은 손자를 따르라.'고 한 것이겠는가. 회천은 평생 주자를 인용하며 모두 이런 식으로 다른 사람들을 막았다. 만약 주자를 끌어들여 남을 죄준 것을 논한다면 본인이 가장 먼저 꼽힐 텐데도 도리어 죄인을 성토하며 반드시 '주자를 배반한 적(賊)이다.'고 말하니 과연 적을 알지 못하는 자가 누구란 말인가.

087　만의사(萬儀寺)는 수원에 있는 유명한 사찰이었다. 절에 거처하는 스님들은 자못 부유하였는데, 회천이 매번 사직하면 만의사에 가서 자리를 빌려 보름이나 한 달 가량 머물렀다. 그가 돌아간 뒤 어느날 밤 돌아다니며 물건을 파는 행상(行商)처럼 꾸민 건장한 사내 2명이 각각 한 짐씩 지고 와서는 숙소를 정하였다. 갑자기 한 밤중에 사방에서 불이 일어나

것도 가능하다고 보았던 것이다.[『송자대전』 권15, 「차자(箚子)·인국구론척대죄소 계축년 9월13일(因國舅論斥待罪疏癸丑九月十三日)」]
359) 방제(旁題) : 신주 위패에 주사자(主祀者)를 쓰는 것이다.
360) 체천(遞遷) : 대수(代數)가 다한 신주(神主)를 최장방(最長房)으로 옮겨 받드는 일이다.
361) 조천(祧遷) : 세대가 끝난 신주를 다른 곳으로 옮겨 가는 예절이다.
362) 소손(小孫) : 손자가 할아버지를 두고 스스로를 일컫는 말이다.

1백여 칸 되는 방이 한꺼번에 타버렸으며, 스님들 대부분 불에 타죽었다. 아침이 되어 주위를 살펴보니 두 남자는 이미 자취를 감추었고 불이 난 이유를 알 수 없었다. 수개월이 못되어 송시열이 부인 묘를 그곳으로 옮겼다. 옮긴 뒤에야 비로소 그곳에 거처하는 스님이 크게 깨달았으니 그 날 두 남자는 송시열의 지시를 받은 자였고, 이들이 지고 온 것은 불을 일으키는 초황(硝黃)이었다.

그 뒤 절의 골짜기와 삼보(三寶)의 전지(田地)를 한꺼번에 빼앗겼고, 스님들은 세월이 지나 소송을 제기했다. 여러 번 송사를 제기했지만 위세에 눌려 계속 지고 말았다. 무인 구성임(具聖任)363)이 수령으로 부임해서 비로소 억울함을 하소연할 수 있었지만 수년 뒤 후임 수령이 오자 다시 지고 말았다. 승려들이 힘을 다했지만 현재는 송사를 하지 않았다. 오늘날 절은 다른 동네로 옮겨갔지만 회천의 자손의 포악한 행동은 끝이 없어 이를 감당하지 못하여 절은 텅 비고 말았다. 또한 그 곳에 토착해 있던 승려들은 관의 명령에 따라 잡혀갔다가 돌아왔다. 그 피해가 이웃 친족에게까지 미쳐도 감히 회천의 자손을 체포하지 못했으며, 송사조차 할 수 없었다. 절이 우리 동네 부근에 있어서 여러 차례 오가면서 스님들의 말을 많이 들을 수 있었다. 기사년(1689, 숙종15) 송시열 또한 이곳에 묻혔다. 무인년(1758, 영조34) 현손(玄孫)인 송능상(宋能相)364)이 이장하려 했지만 산 아래 사는 송학상(宋學相)과 송덕상(宋德相)365)의 무리가 반대하였다. 그러자 송능상이 종손을 끼고 청주 화양동(華陽洞) 근처로 이장했다고 한다.

088 회천이 세 민씨366)에게 답장을 보냈다. "만의사에서 말썽이 벌어진

---

363) 구성임(具聖任) : 1693~1757. 본관은 능성, 자 백형(伯衡)이다. 굉(宏)의 후손으로, 의금부 판사 등을 역임하였다.

364) 송능상(宋能相) : 1709~1758. 본관은 은진, 자 사룡(士龍), 호 운평(雲坪)·동해자(東海子)이다. 시열의 현손, 한원진(韓元震)의 문인이다 윤봉구(尹鳳九)·이재(李縡)·임성주(任聖周)·송환기(宋煥箕) 등과 교유하였다. 장령·집의 등을 역임하였다.

365) 송덕상(宋德相) : ?~1783. 본관은 은진, 자 숙함(叔咸), 호 과암(果菴)이다. 시열의 현손으로, 이조판서 등을 역임하였다. 정조가 즉위한 뒤 홍국영(洪國榮)의 후원을 받아 관직에 진출하였지만 홍국영이 실각하자 삼수부(三水府)에 안치되었다.

일을 알고 있네. 진사 박원도(朴原道) 같은 자가 그 잘못을 크게 성토한다는 것도 이미 들었네. 그러나 그 사람들을 환속시키고, 그 사람들이 살고 있는 곳을 민간의 집으로 만드는 것은 성세(盛世)에 하고 싶었던 일이었네. 더구나 주자가 그렇게 했던 일도 있고,[367] 채서산(蔡西山) 역시 그렇게 하였으니,[368] 비록 철륜(鐵輪)을 이마에 굴린다 해도 나는 머리카락 하나 까닥하지 않을 것이다."

한문공(韓文公, 한유)[369]이 "그 사람을 사람 되게 만들고 그 책을 불태운다."고 했지 어찌 일찍이 그 사람을 죽이고 그 초가집을 불태우라고 했던가. 주문공(朱文公)이 아버지 위재(韋齋, 주송)[370]를 영범사(靈梵寺) 부근에 장사지냈고, 채서산이 자기 무덤을 정하고 절 옆에다 장사지냈으니 이 또한 어찌 그 절을 빼앗아 차지하려 했던 것인가. 주자의 행위를 칭송하는 자가 속이는 것이 매우 심하도다.

회천은 평생토록 온 마음을 다하여 주자를 존모한다고 일컬었다. 다른 사람이 혹 한 마디 말이나 한 가지 일에서 주자에 미치지 못하는 경우가 있으면, 반드시 주자를 업신여기고 거짓 고소했다고 하면서 크게 소리치며 내쳤다. 이는 진실로 올바른 일이다. 그런데 회천이 「함흥으로 가는 주씨 성을 가진 두 사람에게 보낸 시의 서문」[371]에서 말했다. "옛날 해씨(解氏) 성 가진 사람을 미워하는 사람이 있었다. 그는 물속에 사는 게[蟹]까지도 미워하였으니 좋아하는 것에서도 또한 그런 식이었다. 내가 자양(紫陽, 주자)을 사랑하는 마음으로 주씨 성을 가진 두 사람들을 아끼는

---

366) 세 민씨 : 해당 편지는 '답민공서·대수·지숙 신축년 11월(答閔公瑞·大受·持叔辛丑十一月)'[『송자대전』 권57, 「서(書)」]로서, 삼민은 공서 민시중(閔蓍重), 대수 민정중(閔鼎重), 지숙 민유중(閔維重)이다.

367) 주자가 그렇게 했던 일도 있고 : 주자가 부친 주송(朱松)을 상매리(上梅里) 적역산(寂歷山) 중봉(中峰)의 승사(僧舍) 뒤에 천장(遷葬)하였던 일을 가리킨다.

368) 채서산 역시 그렇게 하였으니 :『주자대전』에 따르면 송나라 유학자 채원정(蔡元定, 1135~1198)이 죽기 전에 자기 묘를 절 가운데 매입했다고 한다.

369) 한문공(韓文公) : 당나라 문장가 한유(韓愈, 768~824)이다.

370) 위재(韋齋) : 주자의 부친 주송(朱松, 1097~1143)의 호이다.

371)『송자대전』 권137, 「서(序)·송함흥이주군서(送咸興二朱君序)」.

데에는 반드시 이유가 있다. 해씨를 미워하는 사람이 게[蟹]까지 미워하는 뜻으로 미루어 본다면, 저 풀 숲 사이 거미[蛛]도372) 역시 사랑할 수 있는데, 하물며 주씨 성을 가진 두 사람들에게야 더 말할 나위가 있겠는가. 앞으로는 내가 좋아하는 것이 풀숲 사이에 있는 거미[蛛]에만 그치지 않고, 비록 저 무정(無情)한 수유나무[茱]나 나무뿌리[株]까지도 또한 내 마음에 거리낌이 없을 것이다.”

내가 논하건대 일이 올바르지 않고 말이 불경스럽다. 글자가 주(朱)자인 것을 취함에 어찌하여 풀숲 사이에 거미에 적용하는가. 또한 수유나무나 나무뿌리가 무정하다면 거미는 유정(有情)한 것인가. 이보다 심하게 주자를 업신여긴 것은 없을 것이다.

089　회천은 익숙하게 주자의 문장을 읽으며, 볼과 입 위에다가 베껴놓고 일마다 비슷한 사례를 끌어다 걸핏하면 인용하였다. 항상 주자를 빌어 사람을 죽이고 모함하며 욕하여 사람들이 감히 뒷이야기를 하지 못하게 하였으니 이는 천자를 끼고 명령을 내리는 술수였다. “자주색 개구리[紫蛙]와 『주례』가 마침내 천하를 어지럽혔다.”고 하니, 이것이 어찌 『주례』의 잘못이겠는가. 『주례』 「춘관(春官)」 '몽인(蒙人)'에 “유학자가 『시경(詩經)』과 『서전(書傳)』을 말하면서 무덤을 파헤친다.”373)고 하였다. 이는 말도 안 되는 소리지만 전국(戰國)시대 세도는 점점 희미해지고 진정한 유학자가 나타나지 않자 입으로는 주공(周公)과 공자의 설을 말하면서도 몸으로는 큰 도둑인 도척(盜跖)과 같은 행동을 하는 자가 있었기 때문이었다. 따라서 일부러 이처럼 분노해서 질타하는 말을 지어내어 성리학설을 담론하면서 명리(名利)를 얻으려는 자를 풍자한 것이다.

아, 오늘날 주자 글 한 부를 가지고 볼에 표시하는 금추(金錐)로 삼으니

---

372) 게[蟹]까지 …… 거미[蛛]도 : '蟹'의 음이 '해'이기 때문에 싫어하고, 반면 '蛛'는 음이 '주'이기 때문에 좋아한다는 의미이다.

373) 유학자가 …… 파헤친다 : 언행이 일치하지 않는 위선적인 유학자를 비평한 말이다. 『장자(莊子)』 「외물(外物)편」에 “유자들이 입으로는 시와 예를 말하면서 무덤을 파헤친다.[儒以詩禮發冢]”고 하였다.

어찌 주자 글에 일대 액운이 되지 않겠는가. 당자서(唐子西, 당경)³⁷⁴⁾가 말하였다. "천자를 끼고서 제후에게 명령하니 제후들이 따르지 않을 수 없지만 이것을 가지고 임금을 높였다고 한다면 잘못이다. 육경(六經)을 끼고서 백가(百家)들을 명령하니 백가들이 어쩔 수 없이 복종할 뿐인데 이것을 경전을 따른다고 한다면 이것도 잘못이다." 회천이 주자의 글을 가지고 이용하는 것을 주자를 높이는 것이라고 할 수 있는가. 실상은 주자 문하의 죄인인 것이다.

090　갑인년(1674, 숙종 즉위년)에 회천이 예론을 어지럽힌 우두머리로 죄를 받아 경상도 장기에 유배되고 집 주위에 가시울타리가 쳐졌다. 경신년(1680, 숙종6) 4월에 무옥(誣獄)이 일어난 뒤 비망기를 내렸다. "이미 나라의 예가 정해졌으니 만약 간신 흉얼이 상소를 올린다면 이는 국시(國是)를 어지럽히는 자이며, 종묘와 선왕의 죄인이다. 곧 그 죄를 역률로써 정할 것이다."『조야기문』

회니시비

091　기해예론(己亥禮論)이 나오자 노서가 우의정 미수의 논의를 옹호했다. 그의 아들 윤증은 회천을 스승으로 섬겼는데 사제(師弟) 간은 아버지와 아들 사이 같았다. 윤증이 간절히 "이와 같이 큰 의논(議論)에 있어서 우옹과 어긋난다면 장차 불리할 것입니다."고 청하였다. 이에 끝내 어쩔 수 없이 처음의 의논을 고치고 말았다. 그 뒤 기유년(1669, 현종10) 편지에서 말했다. "불행히도 예송이 일어났을 때 내가 분명한 견해를 가지고 있지 못해서 굽어보고 쳐다볼 수 없었으니 10년 동안 머뭇거렸습니다. ……" 구차하게 동조하려는 자취를 여기서 볼 수 있다. 회천의 대단한 기세가 온 세상 사람을 굴복시켜 따르게 했던 사실이 모두 이와 같았다.

---

374) 당자서(唐子西) : 송나라 문장가 당경(唐庚, 1071~1121)이다.

092 노서가 기유년(1669, 현종10) 회천에게 보내려고 썼던 편지[擬書]375)에서 말했다.

"돌아보건대 이 사람은 유독 합하(閤下)에 대해서 스스로 외면하지 못했습니다. 제갈공명에게 충언을 올린 최주평(崔州平)376)처럼 평소 생각해온 바를 말하고자 합니다. 불행히도 예송이 일어났을 때 내가 분명한 견해를 가지고 있지 못해서 굽어보고 쳐다볼 수 없었으니 10년 동안 머뭇거렸습니다. 그 마음이 염려스럽고 답답해도 말하지 못하였으니 매번 집안의 여러 동생들과 더불어 탄식할 뿐이었습니다. 일찍이 내가 「무신봉사(戊申封事)」377)를 읽어보았는데 천하의 대본은 진실로 군주의 마음가짐에 있으므로 오늘날 군주의 마음을 바로잡는 책임은 집사(執事, 송시열)에게 있습니다. 지난번 주자의 말을 인용하여 올린 상소에서 '세상에 없었던 큰 공을 세우기는 쉽지만 지극히 은미한 본심은 지키기 어렵고, 중원에 있는 오랑캐를 쫓아내는 것은 쉽지만 자신의 사욕을 제거하기는 어렵다.'고 하였습니다. 한마디 말이 어찌 군주에게만 적용되겠습니까. 빈사(賓師)의 책무를 맡은 자 역시 더욱 주의를 기울이지 않으면 안 됩니다. 우리 임금에게 사사로운 생각이 없게 하려면 먼저 자신의 사사로운 생각을 제거해야 하고, 우리 임금이 언로를 열게 하려면 먼저 자신의 언로를 열어야 할 것입니다. 청컨대 이 두 가지 문제에 대한

---

375) 회천에게 보내려고 썼던 편지[擬書] : 이 편지는 노·소론 분립의 중요한 계기로 작용하였던 「기유의서(己酉擬書)」이다. 「기유의서」는 1669년(현종10) 윤선거가 죽기 직전에 송시열에게 보내려 했던 편지로, 여기에는 송시열의 정치 행태를 비판하는 내용이 다수 담겨 있다. 윤선거의 사후 아들 윤증은 송시열에게 부친의 묘갈명(墓碣銘)을 청하면서 관련 자료와 함께 이 「기유의서」도 보냈다. 소론 측에서는 이 편지가, 송시열이 윤선거에게 원한을 품고 묘갈명을 부정적으로 지은 주요한 원인이 되었다고 보았다.

376) 최주평(崔州平) : 후한 말기 탁군(涿郡) 안평(安平) 사람으로, 제갈량(諸葛亮)·석광원(石廣元)·서서(徐庶) 등과 함께 공부했다.

377) 무신봉사(戊申封事) : 남송(南宋) 효종 때(1188) 주자가 마지막으로 효종에게 상언한 것으로, 8년 전의 「경자(庚子)봉사」와 같이 그 근본은 제왕의 학(學)에 두고 있다. 그 내용을 여섯 가지로 요약하면 태자를 바르게 인도하고, 대신에 적임자를 뽑으며, 강유(綱維)를 일으키고, 풍속을 변화시키며, 백성의 힘을 기르고, 군정(軍政)을 정리하는 것이고, 총괄하여 임금의 마음이 바르면 천하의 일이 모두 바르게 된다고 하였다.

내 생각을 모두 말해보고자 합니다.

옛날에 시남(市南, 유계)이 매번 말하기를, '집사께서 친구를 돈독히 대하여 인정이 지나친 폐단이 있고, 싫은 것을 미워함이 심해서 아량이 좁은 단점이 있다.'고 했습니다. 사랑하는 사람에 대해서는 그 악함을 모르고 또한 자신도 그것을 따르는 것을 면하지 못합니다. 반면 미워하는 사람에 대해서는 그 선함을 모르고 또한 지나치게 살펴서 의심하는 것을 면하지 못합니다. 좋아하고 미워함을 마음대로 하고 주고 빼앗는 것과 높이고 낮추는 것을 자기 뜻대로만 하면 총명이 가리게 되어 좋아하거나 싫어하는 것이 뒤집어져도 전혀 깨닫지 못합니다. 세상인심이 싫어하는 것은 모두 여기에 있으니 사사로운 생각을 마땅히 제거해야 한다는 것입니다.

일찍이 석호(石湖)[378] 윤문거 형이 '유학자가 세상에 나갈 때 먼저 왕형공(王荊公, 왕안석)[379]의 사례를 항상 잊지 말고 생각해야[380] 한다.'고 했습니다. 유학자는 자기의 뜻을 행하고자 하여 자신과 뜻을 같이 하는 사람을 현명하다고 하고 다른 사람은 틀렸다고 생각합니다. 걸핏하면 옛 것을 인용하기 때문에 순순히 따르는 사람을 보고 자신을 알아준다 여기고, 의심하고 비난하는 사람을 보면 자신을 알아주지 않는다고 여깁니다. 자기 뜻이 의리에 맞는지 확신할 수 없고, 옛 것이 오늘날 합당한지 확신할 수 없어도 미처 반성해 볼 틈이 없게 됩니다. 이를테면 의서에 약 처방이 있는데, 옛 처방이 아니라고 해서 증세에 맞지 않는 것이라고 하며 곧 틀렸다고 합니다. 지금 약을 썼는데 증세에 맞지 않는데도, 사람들이 틀렸다고 하면 거부하며 '이것은 옛 처방이다.'고 한다면 옳겠습

---

378) 석호(石湖) : 윤문거(尹文擧, 1606~1672)의 호. 본관은 파평, 자 여망(汝望)이다. 황(煌)의 아들. 부교리 등을 역임하였다.

379) 왕형공(王荊公) : 송나라 문신 왕안석(王安石, 1021~1086). 1070년 신종(神宗)의 신임을 받아 적극적으로 신법(新法)을 실시하였다. 하지만 반(反) 변법파의 공격을 받아 1076년에 사직하였다. 신종 사후 사마광(司馬光)이 변법을 모두 혁파하자 병사하였다.

380) 항상 잊지 말고 생각해야 : 참전의형(參前倚衡). 서면 앞에 나타나게 되고 수레를 타면 수레채 끝의 횡목(橫木)에 와 닿게 되는 것이다. 왕안석이 신법을 시행하다가 실패한 것을 거울삼아 언제 어디서나 잊지 말아야 한다는 뜻이다.

니까. 우리 당의 선비들에게 이러한 폐단이 많습니다. 그래서 으스대는 언성과 안색으로 사람들을 물리치고, 대놓고 아첨하며 견강부회(牽强附會)381)하는 풍습도 부끄럽게 여기지 않게 됩니다.

집사는 스스로 성찰하는 것이 명석하면서도 부지런히 묻기를 좋아하지만 간혹 사람들이 넓게 받아들이지 못하는 것이 병이라고 여기는데, 이는 지나치게 주장하는 것이 있기 때문입니다. 이것이 언로를 열어야 한다는 것입니다. 최근 주상 앞에서 진술한 7, 8조항을 들었는데, 그 내용이 인욕을 막고 천리를 보존하는 것이 아님이 없습니다. 합하(閤下)께서 먼저 진술한 것은 그 요체를 얻었다고 할 만합니다. 다만 '내 부족한 점을 부지런히 지적해 달라.'는 무후(武侯, 제갈량)의 말을 문인 제자들에게서 들을 수 없는 것은 무엇 때문입니까. 내 어리석은 충정으로 천리 밖에서도 안타깝게 여기지 않을 수 없습니다.

일찍이 초려가 논하는 것을 들었는데, 자신과 다른 설은 일체 금지해야 한다고 했습니다. 사람들은 각자 자기 견해를 갖고 있는데 어떻게 일일이 마치 안자(顔子)382)가 공자에게처럼 서로 부합될 수 있겠습니까. 모르고 의심스러운 점을 묻고 답해야 바른 것이 서로 잘 드러날 텐데 생각이 다르다고 해서 배척하면 이 또한 도량이 좁지 않습니까. 천하에 서로 다른 의논이 없다면 편안함에 이르는 길이 아니라고 생각합니다.

지금 앞서 말한 두 가지를 실천한 뒤에야 사사로운 생각이 사라지고 공론이 드러나 행해지며, 아첨하는 사람의 자취가 사라져 옳은 말이 다투어 나와서 이로부터 임금을 바로 잡고 국가를 안정되게 만드는 공이 생겨나게 될 것입니다. 내가 생각하기에 천하의 형세란 합하면 강해지고 나눠지면 약해지는 것이니 이것은 바꿀 수 없는 말입니다. 서인과 남인의 치우친 당론을 깨뜨리지 않으면, 주자의 말처럼 양주(梁州)와 익주(益州)의 반만 가지고는 결코 오나라와 위나라를 온전히 도모할 수 없을 것입니다. 송나라 때 소식(蘇軾)383)과 정이(程頤)의 갈등384)을 제거

---

381) 견강부회(牽强附會) : 이치에 맞지 않는 말로 억지로 유리하게 만든다는 말이다.
382) 안자(顔子) : 공자 제자 안회(顔回, B.C.521~B.C.490)이다.

하지 못했듯 울타리 안에서 변란이 일어나서 결국 외부 침략으로 치욕을 당하는 화를 막지 못할 것입니다. 이것을 사람들이 보지 못한 것이 아닌데도 오늘날 고질병이 되어 구제할 방법을 알지 못합니다. 내가 생각하기에 '일에는 본말이 있으니, 먼저 근본을 바로잡아야만 끝이 따라올 것이다.'고 여겼습니다."

또 말하였다. "양현의 신주를 문묘에 모시는 논의[385]가 결정되면 이단이 일어날 수 없고 선비들의 습속이 타락하지 않고 인재도 등용될 수 있으며, 당색에 치우친 논의도 점차 사라질 것입니다. 편벽된 논의의 구분은 기원이 이미 오래되었습니다. 오늘날 다투는 논의 가운데 문묘에 신주를 모시는 일보다 큰 문제가 없습니다. 사(邪)와 정(正)이 각기 대립하고, 흑과 백이 서로 공격한다면 신주를 모시는 논의로 인해 나라가 크게 분열될 것입니다. 집사의 본래 의도는 마치 주자가 옛 수도로 돌아와서 소목(昭穆)의 의리를 고치려 했던 것과 같습니다. 이것이 정당하지 않은 것은 아니지만 이번 일을 당해서 앞선 성인들을 욕하는 무리들을 변파하지 않을 수 없고, 어진 사람을 욕보이려는 무리를 물리치지 않을 수 없으니 비록 후일을 기다린다 해도 형세 상 그렇게 하지 못할 것입니다. 만약 먼저 근본을 바르게 하지 않고 끝을 바르게 하려 한다면 임금 또한 하지 못할 것입니다. 마침 최근 주상이 문묘에 참배할 때 뵙기를 청한 것에서 그 일단을 볼 수 있습니다. 하물며 마음을 가지런히 하나로

383) 소식(蘇軾) : 1036~1101. 송나라 문인. 자는 자첨(子瞻), 호 동파(東坡)이다. 당송팔대가의 한 사람. 중서사인(中書舍人)과 한림학사겸시독(翰林學士兼侍讀) 등을 역임하였다. 구법당(舊法黨)에 속하여 왕안석의 신법에 반대하였다.

384) 소식(蘇軾)과 정이(程頤)의 갈등 : 천락지표방(川洛之標謗). 송나라 철종 때 사천(四川)출신 소식과 낙양(洛陽)출신 정이가 서로 대립하여 두 당색을 형성한 일이다.

385) 양현의 …… 논의 : 이이와 성혼의 문묘 종사 문제를 가리킨다. 1635년(인조13) 5월 11일에 성균관 유생 송시형(宋時瑩) 등 270여 명이 이이와 성혼을 문묘에 종사하자는 내용의 상소를 올린 이래 집권 서인 세력은 꾸준히 이 두 사람의 문묘 종사를 주장, 국가 차원에서 자파의 도통(道統)을 정립하려는 노력을 기울였으나 남인의 반발과 국왕의 암묵적 반대로 실현되지 못하고 있었다. 이후 이이와 성혼은 1680년(숙종6) 경신환국(庚申換局)으로 서인이 남인을 몰아내고 집권한 후 비로소 문묘에 배향되게 되었다.

해서 추진해야할 큰 사업과 큰 정책은 어떻겠습니까.

옛날에 도학과 유학을 비방함이 2백여 년 동안 지속되었으나 단평(端平) 때 종사(從祀)[386]로 인해 크게 안정되었습니다. 오늘날 정성을 다해 위로 주상에게 아뢰고, 아래로 선비들을 깨우쳐서 하루아침에 크게 성대한 의식을 거행한다면 사론(士論)은 하나로 돌아오고 사특한 설은 영원히 사라질 것입니다. 이것이 맹자가 말하는 '군자는 상도(常道)로 돌아갈 뿐이다.'[387]고 한 것입니다. 어찌 이단을 물리치는 근본으로 삼지 않겠습니까. 지난날 시남의 의논이 이와 같았으니 속마음을 살펴보면 영고(寧考, 효종)[388]의 가르침을 본받아 정책을 분간하여 선택하고 버리는 계책을 추진하고 싶어 하는 것 같았습니다. 내 보건대 집사를 위해서도 중요한 것 같은데 반드시 이루어지리라고는 생각하지 않습니다."

또 말하였다. "예송에 대한 금지령이 해제되면 유교의 도리가 저절로 그대에게 돌아가서 의심을 드러내는 사람도 너그러운 마음에 의심이 풀어지게 되고, 다른 논의를 주장했던 자들도 함께 말을 따지더라도 해를 받지 않고 당색을 표방하는 일이 즉시 제거될 수 있을 것입니다. 당론이 나라를 망하게 하는 화를 키우는 태반이라는 것이 바로 선정(先正) 의 주장입니다. 국정을 주도하는 입장에서는 먼저 당론을 제거한 뒤에야 일을 도모할 수 있으니, 선비된 자라면 누구라도 당을 제거하려 하지 않겠습니까.『대학』에 보이는 정심(正心)의 공부가 미진하면 지나치거나 미치지 못하는 사이에 스스로 깨닫지 못하고 당론으로 돌아가게 됩니다.

지금 예송에서 나오는 논의는 당론 중의 당론입니다. 처음에는 옳고 그름을 다투다가 점차 사정(邪正)이 나뉘는 기준이 되었습니다. 저쪽에서 는 스스로 다른 마음이 없다고 말하더라도 이쪽에서는 사악한 뜻이 있다고 여깁니다. 공격 받는 쪽에서 스스로 억울하다고 말하면 공격하는

---

386) 단평(端平) 때 종사(從祀) : 단평은 남송(南宋) 이종(理宗)의 연호(1234~1236). 단평 2년 (1235)에 공자 제자 10명[十哲]을 종사한 사실을 가리킨다.
387) 『맹자』「진심 하(盡心下)」.
388) 영고(寧考) : 천명을 받아 천하를 평정한 선왕(先王). 여기서는 효종을 가리킨다.

쪽에서 오히려 불쾌하게 생각합니다. 곁에서 지켜보는 자가 혹 공격이 너무 지나치다고 말하면 준론(峻論)이라 하여 조사하는 법률로써 논죄하니, 점차 더욱 확대되어 사론(土論)으로 정해진 것이 오늘날 10년이 되었습니다. 그 사이에 어찌 다른 마음이 없는 자가 없겠습니까. 어찌 억울한 자가 없겠습니까. 어찌 너무 심하게 처리된 자가 없겠습니까.

저 해윤(海尹, 윤선도)은 탐욕스러운 인물이니, 비록 시기하여 미운 짓한 것은 아니지만 등용할 수 없습니다.389) 그러나 만약 해윤이 음험한 행동과 질투하는 마음을 고친다면 능력에 따라서 등용해야 합니다. 3년상을 주장했다고 해서 영원히 배척해서는 안됩니다. 조경과 홍우원 등 나머지 사람들은 비록 논의의 근거가 없고 마음씀씀이가 편파적이었더라도 처벌이 지나쳤고 등용되지 못한 지 오래되었으니 죄를 용서하고 기용하는 것이 좋을 것입니다.390) 하물며 윤휴와 허목은 본래 사류(土類)에 속하는 사람이니 비록 잘못이 있더라도 어찌 끝내 못되고 악독한 적으로 단정해서 용납하지 않을 수 있겠습니까.

김하보(金夏甫, 김수홍)는 이미 성은을 입어 용서받았다고 합니다. 그런데 윤휴나 허목의 논의도 김수홍의 주장에 불과합니다. 김수홍의 사람됨은 윤휴와 허목에 미치지 못합니다. 과연 오늘날 예송 때문에 시기하고

---

389) 등용할 수 없습니다 : 1660년(현종1) 4월 18일에 윤선도가 상소를 올려 효종에 대한 자의대비(慈懿大妃)의 복제를 자최 삼년복(齊衰三年服)으로 주장하는 한편 송시열의 예설을 "군부를 낮춘다.[貶薄君父]"고 비판하였다. 송시열은 윤선도의 상소를 윤휴의 사주를 받아 서인 전체를 일망타진하려는 음모로 간주하였고, 이후 서인들은 예론을 둘러싼 종통 시비에서 이론의 여지를 없애기 위해 윤선도를 극형에 처하고자 하였다. 「기유의서」에서 윤선거 또한 윤선도에 대해 대략 부정적으로 인식하고 있음을 볼 수 있다.

390) 처벌이 …… 것입니다 : 윤선도가 서인의 공격을 받고 삼수에 유배된 후 권시(權諰), 조경, 홍우원 등 남인들이 윤선도를 구하고 서인 예론의 오류를 논변하다 지속적으로 처벌되었다. 이들에 대한 서인정권의 처분은 단호하여, 남인의 예론을 옹호하거나 윤선도를 두둔하는 관료와 유생은 가차 없이 조정에서 추방하여 폐고시키거나 정거(停擧) 처분하여 출사(出仕)의 기회를 박탈하였다. 윤선거는 이와 같은 서인의 단호한 대처가 당론의 편파성과 당쟁을 더욱 격화시키고 있다는 문제의식 아래 두 당파의 양 극단을 지양하고 능력 있는 인사들을 고르게 등용할 것을 주장하고 있다.

꺼린 흔적을 잘 씻어버리기를 먼저 이 두 사람에게서 시작하여 사사로움도 없고 인색하지도 않은 자신의 마음을 보여준다면 안으로는 자신의 아량이 넓어지고 밖으로는 사람들의 마음을 복종하게 만들 수 있을 것입니다. 하물며 지난번 한가한 지위에 있을 때 비하면 오늘날 집사가 정권을 잡았으니 실로 큰 기회를 잡은 것입니다. 날마다 극기(克己)하면 천하가 인으로 돌아간다고 하는데 고명(高明)께서는 어떻게 생각하시는지요.

또 듣건대 집사가 다른 당색의 사람들을 취하고 버리는 기준을 단지 승복하느냐 아니냐에 둔다고 하는데, 과연 그렇다면 거짓으로 꾸미는 풍토가 더욱 자라서 이루다 말을 할 수 없을 정도로 세도에 해를 끼치게 될 것입니다. 집사는 사사로움이 없이 어진 사람만 기용한다는 '친밀하여 크게 등용한다.'391)는 뜻을 간절히 바라셨습니다. 내가 생각하기에 국사를 담당한 사람은 왕문정(王文正)이 장사덕(張師德)을 배척한 것,392) 사마공(司馬公, 사마광)이 유안세(劉安世)393)를 천거한 것처럼 한 뒤에야 자중하여 수치를 아는 선비를 얻어서 등용할 수 있을 것입니다. 그렇지 않으면 얻는 사람이 단지 아첨하고 추종하는 무리일 뿐이며, 식견 있는 사람은 이들과 더불어 어깨를 나란히 하는 것을 부끄럽게 여길 것입니다. 어찌 기꺼이 나오기를 기대할 수 있겠습니까."

또 말하였다. "주자의 「임오봉사(壬午封事)」394)를 살펴보면 '계획을 정하는 것'을 긴요한 방도로 삼고 있는데, 이것은 늦출 수 없습니다. 아, 오늘날 천하가 오랑캐 옷을 입고395)있는데, 우리나라만 오랑캐의 머리를

---

391) 친밀하여 크게 등용한다 : 비구오현비(比九五顯比). 『주역(周易)』 비(比)의 오효(五爻). 친밀하여 현달시킨다는 뜻이다.

392) 왕문정(王文正)이 …… 배척한 것 : 왕문정은 송나라의 재상 왕단(王旦, 957~1017)으로, 문정은 시호이다. 공정한 인사처리로 유명하였다. 어느날 간의대부(諫議大夫) 장사덕(張師德, ?~1026)이 청탁을 위해 자신을 찾아왔다는 말을 듣고 이를 비판하였다.

393) 유안세(劉安世) : 1048~1125. 송나라 학자, 사마광의 문인이다.

394) 임오봉사(壬午封事) : 1162년 남악묘신(南嶽廟臣)으로 있던 주자가 송나라 효종이 즉위하여 내린 구언조서(求言詔書)에 응해 올린 봉사를 이른다.

395) 오랑캐 옷을 입고 : 좌임(左袵). 옷깃을 왼쪽으로 여미는 것으로 오랑캐 복장을 가리킨다.

하지 않고 있으니 이것은 척화를 주장한 여러 사람들의 공입니다. 큰
의리가 희미해졌는데도 우리나라가 홀로 그 일맥을 부지하였으니 이것은
사림의 힘입니다. 이것이 어찌 사람이 도모해서 그렇게 된 일이겠습니까.
이것은 하늘의 뜻입니다. 비록 문왕(文王)이 곤이(昆夷)를 섬긴 것396)에
비하면 그 뜻이 같지 않지만 형세를 논한다면 서로 비슷한 점이 있습니다.
어진 사람의 교화는 가까운 데로부터 시작하여 먼 곳에 이르니 천하를
셋으로 나누더라도 2/3를 소유할 수 있습니다. 우리 동국은 비록 편벽되고
작지만 어찌 홀로 백리의 땅이라고 해서 군대를 일으킬 수 없겠습니까.
하물며 지금 중원에서는 주인을 핍박하고 좋지 않은 행실을 싫어하고
있으니 맹자가 '일은 반밖에 안했는데 공은 배가 된다.'397)고 한 말이
이때를 이르는 것입니다. 나라를 세워서 법통을 내려준 것은 선왕이지만
그 뜻을 이어 일을 도모하는 것은 주상에게 있습니다. 구천(句踐)398)은
속임수를 썼고, 경연광(景延廣)399)은 미쳤으니,400) 인(仁)은 문왕의 정치를
본받고, 의(義)는 『춘추』의 계책을 강론해야만 동방에 주나라의 도를
일으킬 수 있을 것입니다.

예전에 분수를 모르고 망령되게 『역(易)』의 뜻으로 경계를 잘 말씀드리
고 먼저 헛된 말만 앞세우는 잘못을 범하였다가 그대의 동의를 받지
못하였습니다. 작은 일도 헛되이 말만 앞세우면서 오히려 실공(實功)을
기대해서는 안 되는데, 하물며 이러한 막대한 사업에서 그래서야 되겠습

---

396) 문왕(文王)이 곤이(昆夷)를 섬긴 것 : 맹자는 오직 인자라야 능히 큰 나라로써 작은
　　나라를 섬길 수 있다고 하면서 그 사례로 은(殷)나라의 탕왕(湯王)이 갈(葛)나라를
　　섬기고 주문왕(周文王)이 곤이(昆夷)를 섬긴 사례를 들었다.[『맹자』「양혜왕 하(梁惠王
　　下)」]
397) 『맹자』「공손추 상(公孫丑上)」.
398) 구천(句踐) : ?~B.C.465. 춘추시대 월나라 임금. 와신상담(臥薪嘗膽)하여 오나라 부차(夫
　　差)를 물리치고 원수를 갚고 패왕이 되었다.
399) 경연광(景延廣) : 892~947. 후진(後晉) 출제(出帝) 때 문신. 거란에 굴복하지 않고 죽음을
　　맞이하였다.
400) 구천(句踐)은 …… 미쳤으니 : 구천이 오왕(吳王) 부차(夫差)에게 치욕을 당한 뒤 몰래
　　복수를 계획한 것을 속인 것에, 국력을 헤아리지 않고 큰소리치다가 죽은 경연광은
　　미친 것에 비유한 것이다.

니까. 혈기에 넘쳐 무모한 행동을[401] 저지를 자와는 더불어 일을 이룰 수 없고, 큰 소리로 영합하는 자는 심복으로 삼지 말아야 되는데, 알 수 없지만 전날의 편지에 대해서 생각을 좀 해 보았는지요. 굳이 깊은 말씀은 않겠습니다만 깊이 살펴주셨으면 합니다."

이 편지를 보내지 않다가 노서가 죽은 뒤 비로소 보냈는데 송시열이 보고 자신을 비방하는 것으로 여겼다. 끝내 이 편지 때문에 원수처럼 사이가 벌어졌다고 한다. 송시열이 이희조[402]에게 답장을 보냈다.

"자네가 보내온 편지에서 '기유년(1669, 현종10) 윤선거의 편지는 붕우끼리 서로 경계하는 뜻에서 나온 것이다.'고 하였는데, 아마 그대가 여기에 대해서 다 간파하지 못한 듯하네. 그의 주된 의도를 보면 모두가 윤휴를 위하려는 데 있으며, 조경과 허목 등은 세속에서 말하는 들러리에 불과하네. 그러나 어찌 윤휴를 편들 송시열이 있겠는가. 이는 사사로움에 가려서 한 말인데 사람들은 그 속마음을 보지 못하였다."

093 갑인년(1674, 효종15)에 윤명재(尹明齋, 윤증)가 아버지 노서의 묘지명을 지어줄 것을 회천에게 부탁하였다. 그러자 회천이 현석(玄石) 박세채가 편찬한 행장을 인용하고 자신이 총론을 짓지 않았다. 명재와 박세채가 거듭 부탁하자 마침내 노서가 백호와의 관계를 끊지 않은 일과 명재가 백호의 전뢰(奠誄)[403] 받은 것을 빌미로 다시 고쳐 짓지 않았다. 명재가 이 일을 매우 뼈아프게 생각하고 「신유의서(辛酉擬書)」[404]를 썼다.……

---

401) 혈기에 넘쳐 무모한 행동을 : 포호빙하(暴虎憑河). 혈기가 넘쳐 무모한 행동으로 포호는 맨손으로 호랑이를 쳐 죽이는 것이고, 빙하는 배 없이 맨몸으로 황하를 건너가는 것을 말한다.

402) 이희조(李喜朝) : 1655~1724. 본관은 연안, 자 동보(同甫), 호 지촌(芝村)이다. 이단상의 아들이다.

403) 전뢰(奠誄) : 치전(致奠)과 제문(祭文). 치전은 사람이 죽었을 때 친척이나 스승 또는 벗이 제물과 제문을 가지고 조상(弔喪)하는 일이다.

404) 신유의서(辛酉擬書) : 1681년(숙종7) 윤증이 스승 송시열에게 쓴 편지. 박세채의 만류로 부치지 않았다. 그 뒤 송시열의 손자이자 박세채의 사위인 송순석(宋淳錫)이 몰래 베껴서 송시열에게 전하면서 사제 간의 갈등이 확대되었다.

094 제가405) 외람되게 문하406)에 오래 있었기 때문에 간직하고 나타내
는 것을 엿볼 수 있었는데, 혹 회옹(晦翁, 주자)이 경계한 왕도와 패도를
아울러 쓰고, 의(義)와 이익 둘 다 행하는 것을 면치 못한 듯 싶습니다.
가만히 스스로 생각하기를, '내가 문하에서 받은 가르침이 회옹의 글뿐인
데, 무슨 까닭으로 회옹의 글과 서로 같지 않은 듯할까.'라고 여겼습니다.
만약 마음속에 의심을 품고도 문하에게 죄 얻는 것을 두려워하여 우러러
바로잡지 못한다면 이것은 문하를 영원히 버리는 것이고, 결국 회옹마저
도 저버리는 것입니다. 이에 감히 한번 제 마음 속에 있는 생각을 털어
놓습니다. 이른바 '왕도와 패도를 아울러 쓰고, 의(義)와 이익 둘 다 행하는
것'이 무엇이겠습니까. 우선 겉으로 드러난 한, 두 가지 일로 그것을
밝히고, 그 마음속에 간직한 것에 대해서는 뒤에 논하려 하는데, 괜찮겠습
니까.

가만히 살펴보건대 문하의 도학은 한결같이 회옹을 근본삼고 사업은
오로지 대의(大義)를 실현하는 것에 있으므로, 처음에는 본디 순수하게
한결같이 천리대로 하기로 스스로 기약하였는데, 어찌 패도와 이(利)를
말할 수 있겠습니까. 오직 회옹의 도로 자임하고 중대한 의리의 이름으로
자처하기 때문에 주장이 너무 높지 않을 수 없었습니다. 주장이 너무
지나치므로 마음을 비우고 이로운 말을 받아들일 수 없었고, 자부하는
것이 너무 높기 때문에 사람들이 의문을 제기하며 따지고 비판할 수가
없었습니다. 이에 같은 입장에 있는 자들과는 친해지지만 옳지 않다고

405) 제가 : 저본에는 "尹拯"으로 되어 있다. 이하 내용이 윤증이 신유년(1681, 숙종7)에
송시열에게 쓴 보내지 않은 편지이므로 "제가"로 번역하였다. 윤증이 「신유의서」를
지은 이유는 흔히 알려져 있듯이 윤선거 묘갈명을 둘러싼 갈등 때문만은 아니었다.
오히려 경신환국(1680) 이후 서인 내부에서 조성된 대남인 강경 기류를 의식하고
나왔다고 보는 것이 보다 사실에 가까워보인다. 서인 내부에서 윤휴를 사사하고
난 이후에도 남인을 도태시키려는 시도가 멈추지 않는 것을 보고 윤증은 부친
윤선거가 「기유의서」에서 표방한 대남인 포용책의 연장선상에서 송시열에게 이의
를 제기하기 위해 이 편지를 지은 것이었다. 어쨌든 「기유의서」와 「신유의서」
두 편지는 윤선거·윤증 부자가 송시열을 비판하는 결정적 내용을 담은 편지가
되었다.
406) 문하(門下) : 여기에서는 스승인 송시열을 가리킨다.

비판하는 자들은 소원해졌으며, 견해를 달리하여 잘못을 바로잡으려는
자는 근심과 어려움 속에 있고 순종하는 자는 재난이 없습니다. 이것이
큰 명성은 세상을 누르지만 참된 덕은 속에서 병드는 까닭입니다. 이것은
처신에서 드러난 문제점입니다.

　일찍이 받은 가르침 가운데, "퇴도(退陶, 이황)의 학문은 한결같이 주자
를 본받았으나, 강의(剛毅)하고 준절한 측면은 끝내 부족한 듯하다."고
하였습니다. 퇴도에 대해서는 이러한 단점을 지적하면서도 자처하시는
것은 굳세고 준엄한 쪽에만 치우치는 것을 깨닫지 못하십니다. 스스로
능히 용감할 수 있는 사람이 굳센 것인데, 이제 남을 힘으로 복종시키는
것을 굳세다고 하고, 천리가 인욕을 이기는 것이 굳센 것인데 이제 다른
사람을 힘으로 복종시키는 것을 굳세다고 한다면, 이 또한 진정 굳센
것이 아닐 것입니다. 이 때문에 서로 말을 주고받는 사이에 나타나는
것을 보면 사욕을 극복하고 몸소 실행하며 실지로 힘쓰는 일은 드물고,
책망하며 풍자하고 깎아 내려 억양(抑揚)·여탈(與奪)하는 뜻이 입만 열면
함부로 기세를 부립니다. 통절하고 심각하게 남을 공격하고 남을 이기려
는 말이 어두(語頭)에서 끊어지지 않으며, 따르는지 어기는지를 먹줄로
재듯하여 한마디 말이라도 다르거나 한 가지 일이라도 차이가 나면
나누고 또 나누며, 쪼개고 또 쪼개서 평생 동안 쌓아 온 정의(精義)를
내팽개치듯이 버리기까지 하므로, 은혜를 베푸는 것이 인색하기로는
신불해(申不害)·한비자(韓非子)[407]와 같으니, 이것이 바로 다른 사람을 대할
때 나타난 문제점입니다.

　오직 이렇기 때문에 문하에 출입하는 사람들이 뜻을 받들어 억지로
끌어다 붙이는 것으로 어진 이를 존경하는 것으로 여기고, 험악하고
각박하게 무함하고 헐뜯는 것으로 악한 자를 미워하는 것이라고 합니다.

---

407) 신불해(申不害)·한비자(韓非子) : 신불해(?~B.C.337)는 법가(法家) 사상가로서 한(韓)나
　　라의 소후(昭侯)를 섬겨 재상으로 15년간 재직하면서 내치(內治)와 외교(外交)를 가다듬
　　어 나라를 태평하게 다스렸다. 한비자(B.C.280~B.C.233)는 한(韓)나라의 공자(公子)로서
　　신불해와 같이 법치주의에 입각한 부국강병책을 여러 차례 한왕에게 건의하였다.
　　하지만 한왕은 이를 받아들이지 않고 결국 진나라에 의해 멸망당하였다.

높은 사람들은 그 명성을 흠모하고, 낮은 사람들은 이익을 탐내어, 한결같이 학문을 이야기하면서도 그 성(性)·정(情)·신(身)·심(心)과 일상에서의 인륜에 대해서는 모두 무시해 버립니다. 이 때문에 문하가 조정에 있을 때에는, 뜻이 같고 다른 것으로 친소가 나뉘고, 좋아하고 미워하는 것에 따라 피차로 갈라지며, 선배와 후배가 서로 다투고 가는 곳마다 편을 가르니, 사대부의 풍습이 무너져 단지 사의(私意)가 어지럽게 흐르는 데에 그치지 않습니다.

문하가 초야에 있을 때에는 문인들이 서로 세력으로 선동하고 서로 위세로 협박하며, 말을 주워 모아 아첨하고 남을 헐뜯어 출세하니, 향당(鄕黨)의 풍속이 무너지는 것이 영천태수(潁川太守)가 백성들을 구거(鉤距)로 다스리던 때와 같아졌습니다.[408] 심지어 고을에서 수령들이 선물을 보내 문안하는 것이 예법에 어긋나고 사림(士林)이 떠받드는 것이 실정을 넘어서서, 사람들이 그 위세를 두려워하지만 그 덕을 생각하지 않으니, 완연히 하나의 부귀한 집안처럼 변하였지만 선비의 기상은 다시 찾아 볼 수 없게 되었습니다.

끝내 평생 친구 가운데 한 사람도 처음부터 끝까지 우정을 보전하는 자가 없고 6, 70년 동안 형제처럼 화목하게 서로 도와 학문과 덕을 닦던 곳이 하루아침에 변하여 하찮은 일로 싸우는 마당이 되었습니다. 장차 후세에 웃음거리가 됨을 면하지 못할 것이니, 또한 한 집안에서 싸우는 변고와 다름없게 되었습니다. 그림자가 이러하므로 그 형상을 알 만하니 이것은 문하에서 징험으로 증명된 문제점입니다.

문하의 문장과 언론은 한결같이 회옹을 근본으로 삼지 않는 것이 없어서 만약 회옹의 말이 없으면 그 설을 믿지 못합니다. 그러나 실상을 냉정하게 살피면 혹 단지 명목만 있고 그 의의가 서로 다른 것이 있고,

---

408) 영천태수(潁川太守)가 …… 같아졌습니다 : 영천태수는 한나라 선제(宣帝) 때 조광한 (趙廣漢)이다. 구거(鉤距)는 미늘이 있는 낚시로, 이 낚시는 삼키기는 쉬우나 뱉기는 어렵다. 즉 남을 얽어 넣어 빠져나가지 못하게 하고 일의 은밀한 정형(情形)을 탐지하여 백성을 다스리는 것을 비유한 표현이다. 조광한이 영천을 다스릴 때 이에 능하였다고 한다.

혹 먼저 자기 뜻을 세우고 주자의 말을 끌어대어 중요하다고 강조한 것도 있습니다. 심한 경우에는 거의 천자를 끼고 제후를 호령하듯 하는 것도 있어서 사람들이 모두 겉으로는 저항하지 못하지만 속으로는 복종하지 않습니다. 바로 문장에 나타난 문제점이 이러합니다.

문하께서 평생 수립하는 것은 실로 대의를 앞장서서 밝히는 것인데, 소위 대의는 언어로 판가름 날 수 있는 것이 아니고 또한 임금의 동의를 받았다고 해서 반드시 이룰 수 있는 것도 아닙니다. 처음에는 인심을 깨우치고 보고 듣는 사람을 놀라게 하는 효과가 있었으나 차츰 시간이 지나도 실속 있게 이어지지 못하였습니다. 그래서 이른바 '안에서 정치를 잘하여 바깥의 오랑캐를 물리친다. 즉 나라를 편안하게 하여 군사를 강하게 하여 원수를 갚고 치욕을 씻기를 도모한다.'는 것은 지금 뛰어나게 볼 만한 실제적인 일은 없습니다. 볼 수 있는 것이라고는 단지 녹봉과 지위만 융숭하고 무거워졌으며, 명성이 널리 흘러넘치는 데 그칠 뿐입니다. 사업에서 나타난 문제점이 또한 이와 같습니다.

이처럼 겉으로 나타난 문제점을 살펴보면 속에 간직한 한, 두 가지 문제점도 엿보아 말씀드릴 수 있습니다. 하나는 기질을 바꾸지 못하였다는 것이고, 하나는 정성껏 학문하지 않았다는 것입니다. '기질을 바꾸지 못하였다.'고 한 것은 무엇을 말하겠습니까. 율곡 선생이 "기질을 교정하는 법은 극기(克己)에 있다."고 하였으니, 사욕을 극복하지 못했다면 기질을 교정할 방법이 없습니다. 주자가 "극복해야할 사욕이 세 가지가 있는데, 성질이 치우친 것이 하나이고, 이목구비의 욕망이 둘이고, 다른 사람과 나 사이에 시기하거나 이기려는 하는 사욕이 세 번째이다."고 하였습니다. 율곡이 "사욕 가운데 극복하기 어려운 것은 오직 분노와 욕망이다."고 하였습니다. 사씨(謝氏)[409]가 말하기를, "강(剛)과 욕(慾)은 정반대이다. 물욕을 이길 수 있는 것을 강이라 하니, 때문에 항상 만물의 위에 펼쳐져

---

409) 사씨(謝氏) : 북송(北宋)의 유학자 사량좌(謝良佐, 1050~1103). 정호(程顥) 문하의 수제자이다. 유초(游酢)·여대림(呂大臨)·양시(楊時) 등과 정문사선생(程門四先生)으로 일컬어졌다.

있다. 물욕에 의해 가려져 있는 것을 욕이라고 하니, 때문에 항상 만인의 아래 굴복하게 된다."고 하였습니다. 분노하고, 시기하거나 이기려는 것은 강한 것 같지만 강이 아닌 것은 다름이 아니라 이것은 모두 인욕이기 때문입니다.

제가 문하의 기질을 살펴보면 강한 덕[剛德]은 많지만 위에서 논한 것과 같이 그 쓰임이 천리에 순수하지 못한 점이 있기 때문에 도리어 이러한 덕을 병들게 하였으니, 이른바 기질을 극복하기 어렵다는 것입니다. 자기의 사욕을 극복할 수 없기 때문에 그 기질의 병을 바로 잡아서 그 덕을 보전할 방법이 없었던 것입니다. 겉으로 드러난 문제점은 이러한 병폐로 인해서 생겨나지 않은 것이 없습니다.

'학문을 성실하게 하지 않으신다.'는 것은 무엇을 말하는 것일까요. 공자가 "충(忠)과 신(信)을 위주로 삼는다."[410]고 하였는데, 주자가 "사람이 충과 신을 위주로 삼지 않으면 일이 모두 실(實)이 없어서 악을 행하기는 쉬우나 선을 행하기는 어렵기 때문에 배우는 자는 반드시 바른 것을 위주로 삼아야 한다."고 풀이하였습니다. 또한, "충은 실심(實心)이 되고 신은 실사(實事)가 된다."고 하였습니다. 율곡은 이것을 확장하여 말하였습니다. "하늘엔 실리(實理)가 있고 인간에게는 실심이 있다. 인간이 실심이 없으면 천리에 어그러진다. 한 마음이 성실하지 않으면 만사가 모두 거짓이 되고 한 마음이 성실하다면 모든 일이 진실이 된다. 그러므로 주자(周子)가 '성(誠)은 성인의 근본이다.'고 하였다."[411] 이제 기질의 병이 저와 같은데 바로잡지 못하시니 실심으로 학문을 할 수 없다는 것을 바로 여기서 알 수 있습니다. 의는 천리이고, 이는 인욕이며, 천리에 순수한 것이 왕도이고 뒤섞인 것이 패술(覇術)입니다. 진술한 것과 겉으로 나타난 것이 위에서 말한 것과 같이 순수하게 한결같이 천리에서 나왔다고 할 수 없으니, 어찌 의리와 이익 둘 다 행하고 왕도와 패도를 같이 쓰지 않을 수 있겠습니까.

---

410) 『논어』 「학이(學而)」.
411) 『율곡전서(栗谷全書)』 권21, 「성학집요(聖學輯要)·수기(修己) 제2중」.

286

아, 우리 문하의 총명하고 강의(剛毅)한 자질과 오직 확실하고 치밀하게 살피는 학문으로써 평생 동안 수립한 업적이 뛰어났지만, 그 하나의 성실한 자세를 세우지 못하고 그 하나의 사욕을 극복하지 못한 것으로 말미암아서 결국 그 득실의 결과가 이렇게 되기에 이르렀으니, 이것이 어찌 문인과 후생들이 의지할 곳을 잃어버린 것에 그칠 뿐이겠습니까. 아마도 총명한 문하께서 스스로 반성해 보신다면 또한 장차 학문에서 초심을 저버렸다고 탄식하실 것입니다. 이로 말미암아 『춘추[麟經]』 대의와 회옹의 법문(法門)이 저 벼슬아치와 유생의 종장(宗匠)[412]이라는 기대와 더불어 모두 문하의 한 몸에 모여 있는데, 장차 참으로 천하 후세에 당당하게 내세울 만한 실질이 없게 되었으니, 이것이 어찌 지극히 슬프고 통탄스러운 일이 아니겠습니까.

095 명재가 보내려고 썼던 편지 가운데 동춘(同春, 송준길)이 말한 '모두가 권모술수이다.'[413]와 초려가 말한 '오로지 권모술수만 쓴다.', 선친(先親, 윤선거)이 말한 '왕도와 패도를 함께 사용했으며 의와 이(利)를 같이 거행했다.'고 하는 말이 들어 있었다고 한다. 이 말들은 스승과 제자의 분수가 있었기 때문에 배척해서 바로 드러내지 못하고 일부러 억지로 가져다 붙여서 이렇게 말한 것인가. 그렇지 않다면 그가 알고 있는 것은 완전히 아는 것이 아닌 것이다. 회천의 평생 한 일을 살펴보면 권모술수를 사용하여 모두 겉으로 명분을 내세우면서 속으로는 이(利)를 추구하였다. 어찌 의리와 이익 둘 다 행하고 왕도와 패도를 같이 거행한 적이 있는가.

---

412) 종장(宗匠) : 학문과 기예가 뛰어나 스승으로 추앙받는 사람이다.
413) 동춘이 …… 이다 : 송준길이 송시열을 두고 권모술수를 일삼는다고 비판한 말을 가리키는데, 송시열 쪽에서는 이를 송준길의 농담이라고 하였다. 즉 1669년(현종10) 동춘당 송준길과 민정중의 손자가 같은 해 사마시에 합격한 것을 축하하는 잔치 석상에서 송시열이 귀향하려는 것을 눈치챈 송준길이 언제 떠날 것인지를 물었는데, 송시열이 날짜를 미리 정하면 주상부터 관학(館學) 유생들까지 모두 만류하고 나설 것을 염려하여 날짜를 정하지 않고 기회를 보아 떠나기로 했다고 하자 이렇게 농담을 했다는 것이다.(『송자대전』 수차 권6)

096   이산(尼山, 윤증)이 50여 년 동안 회천을 스승으로 섬겼으므로 비록 어리석은 사람일지라도 스승의 평생 동안 마음씀씀이가 일상에 나타난 것을 알 수 있었을 것이다. 어째서 유독 총명했던 이산이 따라다니며 교유한 지 몇 년이 지나도록 전혀 알지 못하였던가. 애석하도다! 너무 늦게 앎이여. 의서(擬書)를 쓴 것은 묘비명을 애걸하였지만 얻지 못한 뒤의 일이니 괴이하지 않은가. 회천이 의견을 따르지 않자 문도들이 쫓아다니며 변명하였다. 때문에 협(協) 김창협 이 편지를 보내, "우옹(尤翁)이 한 마디 소리도 내지 않았기에[414] 아미타 부처가 아비지옥(阿鼻地獄)에 떨어져 끝없는 죄를 받았다."고 하였다. 이는 지극한 말이니 이산 역시 스스로 자초한 일이 아니겠는가. 어떤 사람이 "스승을 섬긴 지 50년이 되도록 몰랐다면 현명하지 못한 것이요, 알면서도 제거하지 못했다면 미혹된 것이다."라고 하였다. 세상에서 명재(明齋)를 암재(暗齋)라고 칭하였으니 이는 스스로 자초한 일이다.

097   세상의 논자들이 말하였다. "회천이 비문을 작성할 때 한결같이 좋은 말로써 칭찬하여 마음에 들게 하여 흘겨보는 자의 마음을 얻었다면 의서는 나오지 않았을 것이고, 노론과 소론은 결코 나눠지지 않을 것이다. 회천의 단점도 드러나 알려지지 않은 채 대충 가려져 숨기고 보호되어 율곡과 우계처럼 떠받들어졌을 것이며, 이산과 회천은 사이가 좋아져서 같은 길을 걸었을 것이다." 이렇게 말하는 자는 아는 것이 있단 말인가.
   이산과 회천이 서로 미워하게 된 이유는 사람 때문이 아니라 하늘 때문이다. 그렇지 않다면 곁에 있는 사람조차 알지 못하는 회천의 간특하고 음흉함을 집안사람도 아닌데 어떻게 알아서 천하후세에 알려지게

---

414) 우옹(尤翁)이 …… 않았기에 : 윤증이 부탁한 부친의 묘지명에 대해 송시열이 박세채의 행장을 그대로 인용하고 별도의 언급을 하지 않은 것을 가리킨다. 1673년(현종14) 윤증이 부친의 연보와 박세채가 쓴 행장을 가지고 송시열을 찾아가서 묘지명을 부탁하였다. 하지만 송시열은 병자호란 당시 강화도에서 처자와 친구는 죽고 윤선거만 탈출한 사실과 윤휴와 절교하지 않은 일을 지적하며, 묘지명을 짓는데 자기는 선거에 대해 잘 모르고 오직 박세채의 행장에 의거해 말할 뿐이라고 하며 자구만 수정하고 글의 내용은 고쳐주지 않았다.

할 수 있었겠는가. 나양좌의 『명촌잡록』을 보면 직접 사람들로 하여금 소리 내게 했다. 회천은 최신(崔愼)·이동형(李東亨)·채하징(蔡河徵)·윤헌(尹櫶) 등 하찮은 무리들을 거두어 평생 동안 이용한 수단으로 길렀다. 그런데 어찌하여 몇 행의 문자를 거짓으로 꾸미는 것을 아껴서 일개 큰 제자를 달아나게 만들었는가. 살아서나 죽어서 무한히 큰 명성과 큰 제사를 받아들이지 않아 앞선 문도로 하여금 배반하여 자신의 흉덕(凶德)을 드러내게 했는가. 이것이 회천이 천하의 비난 받는 큰 잘못이다. 회천이 자신의 운수를 알고 있으면서 이 지경에 이르게 된 것은 사람이 아닌 하늘이 끌어들인 것이다. 때문에 성인들이 "내가 누구를 속였는가. 하늘을 속였도다."라고 하였다.

098 이산은 탄옹(炭翁)[415] 권공의 사위였다. 이산이 회천에게 가던 길에 탄옹의 집을 지나게 되었다. 탄옹이 "회천의 단점으로는 이러이러한 것이 있으니, 이는 후생이 배워서는 안된다."고 하자, 이산이 낯빛을 붉히며, "장인께서는 진실로 망령된 사람입니다."고 하면서 소매를 털고 일어났다. 그 뒤 이산이 탄옹을 위해 곡하는 글을 지었는데 후회의 뜻이 없지도 않았지만 모두 토로하지 못하였으니 오히려 두려워하는 바가 있기 때문이었다.

099 회천이 노서에게 편지를 보냈다. "신응구(申應集)의 상소[416]에 담긴 큰 뜻은 송강(松江, 정철)과 우계를 판별하는 데 있습니다. 그런데 형이 지워버린 편지 사본을 보니 그와 관련된 단락을 모두 삭제되었습니다. 이는 본래 의도가 아닌 것 같습니다. 만약 죽은 자가 이 일을 안다면 어찌 싫어하지 않겠습니까."[417] 『우암집』

---

415) 탄옹(炭翁) : 권시(權諰, 1604~1672)의 호. 본관은 안동, 자 사성(思誠)이다. 대사헌 등을 역임하였다. 1660년(현종1) 예송논쟁 당시 송시열과 송준길에 대립하여 윤선도를 지지하는 상소를 올렸다가 파직되어 낙향하였다. 저서로는 『탄옹집(炭翁集)』이 있다.

416) 신응구(申應集)의 상소 : 1608년(광해군 즉위년) 11월 22일 실록기사에 따르면 광주목사 신응구가 스승 성혼에게 씌워진 억울함을 토로하는 상소를 올렸다.

김수항·김창협 관련 일화

100 회천이 거칠게 항상(恒相) 김수항⁴¹⁸⁾을 꾸짖었고 사람들 역시 그를 싫어하였다. 저 김창협과 김창흡의 무리들이 어찌 이 같은 소문을 즐거워했겠는가. 하지만 그를 받든 지 오래되어 하루아침에 갑자기 관계를 끊어 버릴 수 없었다. 그래서 기사년(1689, 숙종15) 이전에는 오히려 마음의 결정을 내리지 못하고 어쩔 수 없이 따랐다. 기사년에 이르러서 송시열과 더불어 같은 죄로 화를 당하자 서로 굳게 결탁하여 이전에 서로 욕하던 일은 혹 달갑지 않은 거짓말로 돌리고, 혹은 일가 부형이 서로 가르치고 깨우쳐 모두 숨겨 마치 애초부터 들어서 알지 못한 것처럼 하였다. 그 마음은 다름이 아니라 두 집안이 합세해서 같은 원수를 보복하는 계획으로 삼고자 하였다. 나양좌가 거듭 편지를 써서 깨우쳐주었지만 듣지 않았다. 『몽예록』

101 김수항이 장차 죽으려할 때 나양좌가 와서 말하였다. "오늘 형에게 닥친 화가 무엇인지 아십니까. 정승 송시열이 첫 번째이고, 김귀인(金貴人)⁴¹⁹⁾이 두 번째입니다." 김수항이 아무 말도 하지 않았다. 귀인은 김수항의 종손녀였기 때문이었다.⁴²⁰⁾ 위와 같다.

102 김구지(金久之, 김수항)는 성품이 자못 온화하였으며, 그 죄가 아닌데도 죽었기 때문에 많은 사람들이 애석하게 여겼다. 그러나 그가 이룬 업적을 논한다면 얽매인 데가 있어서 사람들의 눈치만 보았다. 그의 재질로 말하자면 국가를 위한 계책과 백성의 근심을 말했지만 하나도 쓸 만한 것이 없었다. 그 출처를 따져보면 틈과 허물이 잇달아 나타나고

---

417) 『송자대전』 권38, 「서·여윤길보 을사년 9월(與尹吉甫乙巳九月)」.
418) 김수항(金壽恒): 1629~1689. 본관은 안동, 자 구지(久之), 호 문곡(文谷)이다. 김상헌의 손자로, 영의정 등을 역임하였다. 1689년(숙종15) 기사환국 때 사사되었다.
419) 김귀인(金貴人): 숙종의 후궁 영빈 김씨(寧嬪金氏, 1669~1735). 도정(都正) 김창국(金昌國)의 딸이다. 1702년(숙종28) 귀인에서 영빈으로 봉해졌다.
420) 『몽예집』 곤 「잡저·사시자」.

탐하는 마음을 제거하지 못했다. 말과 논리를 거론하면 자기와 다른 사람을 해치고, 소매를 걷어붙이며 우두머리라고 칭하였다. 8년간 펼쳤던 정치를 총괄해 보면 한 가지도 착한 정황이 없었으니 이렇게 하고도 나라를 저버렸다고 하지 않을 수 있겠는가. 회천이 그를 꾸짖은 이유는 패려함이 많아서였지만 암(暗)과 열(劣) 두 글자 외에 다른 평가가 없었다. 위와 같다.

103 기사년(1689, 숙종15)에 김수항이 진도에서 형벌을 받고 죽었다. 회천이 편지를 보냈다. "이도장(李道章)[421]의 손자 이담명(李聃命)[422]이 문곡(文谷, 김수항)을 죽이려 했으니 하늘이 어찌하여 이 같은 독종을 낳아서 우리 착한 사람을 섬멸하려 하는가.……" 이원정(李元禎)[423]의 아들이라고 하지 않고 이도장의 손자라고 한 것은 이도장이 김상헌을 논박하는데[424] 참여한 것을 미워하고 또한 이원정이 김수항에게 죽임을 당한 사실을 드러내지 않으려 했기 때문이다. 경신년(1680, 숙종6)에 김수항이 전 판서 이원정을 죽이려 했는데 이는 당론이고 사사로운 원한 때문이었다. 당론과 사사로운 원한으로써 아버지를 죽인 자가 독종이 아니겠는가. 자식이 아버지를 위해 복수한 것이 도리어 독종이란 말인가. 춘추의리가 아마도 이와 같지 않을 것이다. 위와 같다.

104 김창협의 글 솜씨는 비록 화기 있고 인정이 두터운 데에는 못 미치지만 우리나라에서 일가를 이루었다고 할 만했다. 늦은 나이에 강학

421) 이도장(李道章) : 1607~1677. 본관은 광주(廣州), 자 태관(泰觀), 호 감호당(鑑湖堂)·석담(石潭)이다. 정구·장현광의 문인이다.

422) 이담명(李聃命) : 1646~1701. 본관은 광주, 자 이로(耳老). 호 정재(靜齋)이다. 도장의 손자, 원정(元禎)의 아들이다. 허목의 문인으로, 부제학·이조참판 등을 역임하였다.

423) 이원정(李元禎) : 1622~1680. 본관은 광주, 자 사징(士徵), 호 귀암(歸巖)이다. 도장의 아들로서, 도승지·대사성 등을 역임하였다. 1680년 경신환국으로 유배 도중에 장살당하였다.

424) 이도장이 …… 참여하고 : 1638년(인조16) 10월 9일 실록기사에 따르면 이도장이 남한산성에서의 김상헌의 행실에 대해 논박하고 있다.

을 하였으니 졸오(卒伍)를 불러 모아 부당(部黨)의 유격 기병[遊騎]으로 삼으려 했던 것이다. 문장의 뜻을 깊이 연구하는 공은 또한 쉬운 것이 아니어서 언의(言議)의 옳고 그름과 심술(心術)의 사정(邪正)에 대해서 깊이 있게 논설하지 못하였다. 외할머니를 위해 지은 수서(壽序)[425]에서 '충현 (忠賢)들이 죽고, 나라가 병들고 말았다.'라고 극언을 하였으니 아버지와 이사명(李師命)[426]을 충현에 해당되었던 것이다. 나도 모르게 실소가 나온 다.[427] 위와 같다.

박세채 관련 일화

105 허거비(許去非)의 이름은 시(昰)인데 문사(文士)로서 행실이 있고 기개를 숭상하였다. 젊어서 현석 박세채의 문하에서 공부하였는데 몇 개월 뒤 돌아가겠다고 아뢰었다. 박세채가 물었다. "그대는 애초 몇 년 동안 머물기로 약속해 놓고, 지금 갑자기 돌아가려 하니 이유가 무엇인가." 허거비가 머뭇거리며 물러나서 길게 읍하고 문하에서 나왔다. 이로부터 이름을 시(昰)로 바꾸고 자(字)를 거비라고 하였다. 그 뒤 허거비는 산골짜 기에서 직접 농사를 짓고 살다가 죽었다. 살아 있을 때 사람들이 갑자기 돌아간 이유를 묻자 대답하였다. "군자가 절교할 때도 나쁜 소리를 내지 않는데 하필 이러쿵저러쿵 하겠는가. 다만 내가 매우 의심스러운바가 있었으니 저 사람에게 대부인이 계셨는데 아침저녁으로 문안드리는 일을 보이지 못했고, 웃어른을 찾아뵙는 예절도 대수롭지 않게 여겨서 열흘이나 보름이 지나도 드리지 않으니 내가 무엇을 배울 것인가. 문장만 배우란 말인가. 문장은 다른 사람도 역시 능한 것이다."

106 판서 이세화(李世華)[428]는 순박하고 마음이 곧은 사람이었다. 박세

---

425) 수서(壽序) : 오래 살기를 기원하며 짓는 글이다.
426) 이사명(李師命) : 1647~1689. 본관은 전주, 자 백길(伯吉), 호 포암(蒲菴)이다. 세종의 아들 밀성군(密城君)의 6대손, 영의정 경여(敬輿)의 손자, 대사헌 민적(敏迪)의 아들, 좌의정 이명(頤命)의 형이다.
427) 『몽예집』 곤 「잡저·사시자」.

채가 정승이 되자 나아가 "소인이 오늘 무릎이 귀한 줄을 알았습니다."고 하자, 박세채가 "무슨 말인가."라고 묻자, 대답하였다. "소인은 평소 지체가 낮고 한미하여 탐욕스러운 서리들의 무릎을 형장으로 쳤습니다. 오늘날 병조판서 대감은 무릎을 꿇어서 정승이 된 것을 보니 이 모든 것이 무릎의 공인듯 싶습니다. 무릎이 어찌 중요하지 않겠습니까." 박세채가 얼굴을 붉히고 아무 말도 하지 않았다.

107 박필위(朴弼渭, 박세채 손자)의 부인 김씨는 고 대간 김홍복(金洪福)[429]의 딸이다. 박필위가 과거에 합격했을 때 온 집안사람들이 모두 기뻐하였으나 부인만 홀로 즐거워하지 않았다. 박태회(朴泰晦, 박세채 아들)[430]가 이상하게 여겨 이유를 묻자 대답하였다. "소첩은 유학자 집안의 자녀입니다. 일찍이 집안 어른이 십여 년간 책을 소리 내어 읽었지만 그 이름을 얻기 어려웠습니다. 지금 신랑을 보니 하루에 한 줄도 책을 읽지 않고 날마다 단지 축국(蹴踘)[431]놀이하거나 비둘기를 희롱할 뿐이었습니다. 그런데 갑자기 큰 명예를 얻게 되었으니 재앙이 생길까 두렵고 우려스럽습니다." 온 식구들이 불길한 여자라고 했는데, 이윽고 화가 발생하고 말았다. 사람들이 비로소 앞을 내다보는 현명함이 있다고 하며 감복하였다. 『회은집』

428) 이세화(李世華) : 1630~1701. 본관은 부평(富平), 자 군실(君實), 호 쌍백당(雙栢堂)·칠정(七井)이다. 예조·이조판서 등을 역임하였다. 1689년(숙종15) 인현왕후 폐위에 반대하는 상소를 올렸다가 친국 당하였다.
429) 김홍복(金洪福) : 1649~1698. 본관은 김해, 자 자회(子懷), 호 동원(東園)이다. 대사간 등을 역임하였다.
430) 박태회(朴泰晦) : 박세채의 아들. 형은 박태은(朴泰殷)·박태여(朴泰輿)·박태정(朴泰正)이다. 1699년(숙종25) 과옥(科獄)에 연루되어 1701년 친국을 받고 처벌되었다. 1702년 그 아들 박필위도 함께 처벌해야 한다는 상소가 올라와 함께 옥에 갇혔다. 1703년 사간 김상직(金相稷)·헌납 윤헌주(尹憲柱) 등이 과거 시험장의 부정을 뿌리 뽑아야 한다며 올린 계사(啓辭)로 인해 박태회는 진도(珍島)로, 박필위는 금갑도(金甲島)로 유배되었다.
431) 축국(蹴踘) : 꿩깃을 꽂은 공을 땅에 떨어뜨리지 않고 발로 차던 놀이였다.

108 기묘년(1699, 숙종25)에 과옥(科獄)이 발생하였다.432) 범인들은 먼저 많은 뇌물을 써서 시원(試院, 과거시험장)의 서리들을 매수하여 밤에 몰래 둑소(纛所)433)에 들어갔다. 이윽고 시골출신으로 세력이 없는 자 가운데 합격한 사람의 봉투를 골라 겉봉투를 열고 글자를 바꾸어 성명과 4조(祖)를 고친 뒤 이전대로 봉해서 집어넣었다. 범인들의 모의가 매우 교묘하고 손쉬웠으니 시험을 주관하는 자에게 뇌물을 주어 성사시킬 수 있다. 하지만 일이 발각되어 옥사가 이루어졌는데 민시준(閔時俊)의 공초(供招)에서 이성휘(李聖輝)·이수철(李秀哲)·박태회, 그리고 그 아들 박필위·김인지(金麟至)·송성(宋晟)·심익창(沈益昌)·이도징(李道徵)의 이름이 나왔다. 이성휘는 최석정의 사위였다. 이수철은 대사헌 수언(秀彦)의 형이었다. 박필위는 세채의 손자였다. 송성은 승지(承旨) 창(昌)의 동생이었다. 심익창은 모의했던 집 주인의 아들이었다. 김인지는 응판관(應辦官)434)이었다.

여러 죄수들이 모두 세력 있는 집안의 유력자들이었기 때문에 옥사가 4년 동안 지체되었다. 이성휘·이수철·송성·박태회·박필위·김인지는 외딴 섬으로 충군(充軍)되었다. 심익창은 지난 일을 후회하고 과거에 참가하지 않았기 때문에 도배435)되었다. 박태회는 직접 뇌물을 써서 간특함을 자행했기 때문에 아들과 함께 죄를 받았다. 민시준은 사헌부의 서리로서 여러 해 이 같은 수법으로 돈을 벌었다. 민시준이 진술하였다. "매번 과거에서 어찌 한, 두 사람에게 이런 일이 없었겠습니까. 이번 과거의 경우 관련자가 많았기 때문에 일이 어긋난 것이니 이소(二所)436)에 어찌

---

432) 과옥이 발생하였다 : 기묘년(1699, 숙종25) 가을에 단종 복호(復號)를 축하하기 위해서 열린 증광시로 직장(直長) 한세량(韓世良) 등 34명을 선발하였는데, 이때 부정행위로 인해 옥사가 발행한 것이다. 당시 박태회가 평소 안면이 있던 홍수우(洪水禹)와 오석하(吳碩夏)가 회시(會試)의 봉미관(封彌官) 시관(試官)이 된 것을 알고, 시험장에서 자신의 아들 박필위를 돌봐달라고 청탁하였다. 이때 홍수우와 오석하가 박필위를 비롯한 여러 사람들의 피봉(皮封)을 높은 점수를 받은 다른 사람의 답안지와 바꾸어 문과 급제의 당락을 뒤바뀌게 되었다.

433) 둑소(纛所) : 군중(軍中)의 대장기(大將旗)를 세워 놓고 제사를 지내던 곳. 서울의 동쪽, 지금의 뚝섬에 사당이 있었다.

434) 응판관(應辦官) : 시험장 차관(差官). 여러 가지 일을 응접하고 처리하였다.

435) 도배(徒配) : 일정기간 구금되어 노역(勞役)에 처한 뒤 귀양 갔다.

294

둑소와 같은 경우가 없지 않았겠습니까. 특별히 발각되지 않았을 뿐입니다."

사문난적 논란

109 서계 박세당이 평일 『사변록(思辨錄)』437)을 지었는데 회천의 문도들이 주자의 학설에 어긋난다고 하여 상소를 올려서 그 책을 태워버리고 그 사람에게 죄를 줄 것을 청하였다. 주상이 해당 관청에 명령을 내렸으니 그 때가 계미년(1703, 숙종29)이었다. 경전의 의리는 무궁하다. 학자는 그 뜻을 궁구함에 의심스러운 곳이 없을 수 없으니, 의심스러우면 생각하고 생각하면 판별해야 한다. 생각하여 판별하는 득실과 깊고 얕음은 오직 경전에 대한 그 사람의 식견이 어떠한지에 관계될 뿐이다. 그런데 이것이 경전에 대해 무슨 해가 되며, 주자에 대해 무슨 관계가 있는가. 반드시 그 책을 불 지르고 그 사람을 끊어버리려는 것은 무슨 마음인가.

경전은 본래 살아 있는 책이다. 만약 굳건하게 정하고 단단하게 붙여서 한결같이 묶어둔다면 이는 죽은 책이 되니 어찌 살아 있는 책이라고 할 수 있겠는가. 당론이 발생한 이래로 세상에 여러 일들이 당론에서 유래되지 않음이 없었다. 불행히도 성경(聖經)·현전(賢傳)이 또한 당론과 관련되었으니 이것은 송시열이 남긴 독기가 아님이 없다. 앞서서 여윤(呂尹)이 『중용』을 해석하다가 큰 죄를 얻어 죽었으며, 그 뒤로 이윤의 『가례원류(家禮源流)』438)나 명곡의 『예기유편(禮記類編)』439) 등이 모두 훼

---

436) 이소(二所) : 제2시험장. 초시(初試)와 회시(會試) 등을 거행할 때 응시자를 두 곳에 나누는데, 제2시험장을 이소라 하였다.

437) 사변록(思辨錄) : 박세당이 『대학』·『중용』·『논어』·『맹자』·『상서』·『시경』을 주해한 저술. 이 중에서 문제가 된 것은 사서(四書), 그 중에서도 『대학』과 『중용』이었다. 그는 격물치지(格物致知) 등에 대한 주자의 설을 비판하는 동시에 독자적인 주석을 내놓았다. 이에 서인·노론으로부터 사문난적으로 배척당하였다.

438) 가례원류(家禮源流) : 『가례』에 관한 여러 글을 분류·정리한 책. 이 책은 유계(兪棨)와 윤선거·윤증이 함께 편찬하였다. 그런데 유계의 손자 유상기(兪相基)가 이 책을 간행하면서 유계가 단독으로 편찬하였다고 하면서 시비가 벌어졌다.

439) 예기유편(禮記類編) : 최석정이 『예기』를 분류·편찬한 책. 주자의 『의례경전통해(儀禮經傳通解)』 체제를 따랐는데, 주자가 별도로 떼어낸 『중용』과 『대학』을 다시

판되는 것을 피하지 못하였다. 심하도다! 당론이여.

110 상고(上古)시대 노자(老子)·장자(莊子)·양주(楊朱)·묵적(墨翟)·순자(荀子)·양자(揚子)⁴⁴⁰⁾의 책들은 물론 송나라 이래 이태백(李泰伯)⁴⁴¹⁾은 『맹자』를 비난하는 책을 썼고, 육상산(陸象山)⁴⁴²⁾은 태극을 분변하는 책을 썼다. 명나라 때에는 왕양명(王陽明)과 진백사(陳白沙)⁴⁴³⁾의 책이 있었지만, 중국 사람들이 책을 태워버리거나 훼판했다는 이야기는 들어본 적이 없다.

우리나라의 경우에도 이회재(李晦齋)⁴⁴⁴⁾가『대학장구보유(大學章句補遺)』를 지었는데, 주자의 학설과 크게 달랐지만 퇴계나 한강(寒岡, 정구)⁴⁴⁵⁾등 여러 현자들 사이에서 책을 불태우거나 훼판을 논의했다는 이야기는 없었다. 오늘날 경전을 떠받들고 도를 지킨다고 하는 자들이 앞선 현자들보다 월등하게 뛰어난지 알 수 없도다.

111 어떤 사람이 물었다. "주자의 전주(箋註)는 고금의 것을 모아서 크게 이룬 것인데, 주자의 뒤에 태어나서 감히 다른 의견을 낸다면 대일통(大一統)의 의리를 범한 것과 같지 않겠습니까." 이에 대답하였다. "그렇지 않다. 『역경(易經)』은 일찍이 3명의 성인의 손을 거쳤으며, 『춘추』는 당시

『예기』에 포함시켰다. 이로 인해 주자의 학설을 무시하고 편목을 자의적으로 편집했다는 공격을 받았다.
440) 양자(揚子) : B.C.53~A.D.18. 한나라 학자 양웅(揚雄). 자 자운(子雲)이다.
441) 이태백(李泰伯) : 송나라 학자 이구(李覯, 1009~1059). 자는 태백(泰伯)이다. 그는 '상어변(常語辯)'에서 『맹자』의 내용에 대해서 반론을 제기하였다.
442) 육상산(陸象山) : 1139~1192. 남송(南宋)의 유학자 육구연(陸九淵)의 호. 시호 문안(文安)이다. 심즉이(心卽理) 학설을 제창하여 양명학(陽明學)의 토대를 제공하였다.
443) 진백사(陳白沙) : 1428~1500. 명나라 학자 진헌장(陳獻章)의 호. 육상산의 학풍을 계승하였다.
444) 이회재(李晦齋) : 이언적(李彦迪, 1491~1553)의 호. 본관은 여주, 자 복고(復古), 호 자계옹(紫溪翁). 손숙돈(孫叔暾)과 조한보(曹漢輔) 사이에 벌어진 '무극태극(無極太極)' 논쟁에 참여하여, 주리적(主理的) 관점을 피력하였다. 저서로는 『회재집』 등이 있다.
445) 한강(寒岡) : 정구(鄭逑, 1543~1620)의 호. 본관은 청주, 자 도가(道可)이다. 김굉필의 외증손, 판서 사중(思中)의 아들이다. 이황·조식의 문인으로, 공조참판 등을 역임하였다. 경학 등 다양한 분야에서 두각을 나타냈으며, 특히 예학에 밝았다.

자유(子游)와 자하(子夏)의 문도들은 한 문장도 찬술할 수 없었지만 오히려 구사(九師)[446]가 각자 자기 분야를 주장하여 오전(五傳)[447]이 이리저리 나뉘었다. 『역경』이나 『춘추』 모두 이와 같은데, 어찌 반드시 구사를 죄주고 오전을 불지른 뒤에야 대통이 비로소 받들어지겠는가. 주자의 주해(註解)도 역시 이와 같으니 뒷사람들이 혹 같거나 다름을 살피고 고치며, 그 얻고 잃음을 변론하고 경전의 뜻을 발휘하여 앞선 현인들의 편이 된다면 이것이 바로 주자 문하의 충신이다. 어찌하여 큰 도적을 금지하고 엄격히 막고, 오로지 그것만을 따르기만 해야 하는가. 이는 모두 속 좁고 미워하는 마음에서 나온 것으로 이 도[448]를 천하의 공적인 것으로 삼으려 하지 않기 때문이다."

이상·이재 관련 일화

112 이상(李翔)은 숙(翿)[449]의 형이다. 호는 타우(打愚)이다. 집안사람이 모두 회천의 문하에 출입하였다. 관직은 대사헌에 이르렀으며, 사는 곳은 전의(全義, 충청도 소재)였다. 욕심 많고 불법을 저지르지 않음이 없으면서도, "나는 정심(正心) 공부를 수행해서 사물의 바르지 않은 것을 보면 내 마음이 불안해진다."고 하였다. 실제로 사다리 모양의 토지 한 변이 바르지 않은 것이 있으면 반드시 이웃의 전지(田地)를 잘라내어 바르게 하였다. 사람들이 그 세력을 두려워하여 노여워하면서도 감히

---

446) 구사(九師) : 『주역(周易)』에 정통한 아홉 사람. 한나라 회남왕(淮南王) 안(安)이 『주역』에 전통한 학자 아홉 명을 초빙하였으니 이들을 가리켜 구사(九師)라고 하였다.

447) 오전(五傳) : 춘추오전. 『춘추』의 전(傳)을 지은 오가(五家). 『추씨전(鄒氏傳)』·『협씨전(夾氏傳)』·『좌씨전(左氏傳)』·『공양전(公羊傳)』·『곡량전(穀梁傳)』이다.

448) 이 도 : 1704년(숙종30) 8월 30일 실록기사에 따르면 박세당 문인 홍우행(洪禹行) 등이 상소를 올렸다. 여기에서 '이 도'란 주자의 개방적인 경전 해석 태도를 가리킨다. 즉 사람에게 경전을 읽는 법을 가르칠 때 '한 글자도 남겨 두지 말고, 선현의 주설(註說)에서 오직 본문의 뜻을 구하라' 하였다. 또한 경의(經義)를 변석(辨釋)할 때도 '어느 것이 옳은지 자세히 알 수 없다'라고 하면서 '두 말이 모두 통하여 감히 억지로 풀이할 수가 없으니, 아는 사람을 기다려라'고 하였다.

449) 이숙(李翿) : 1626~1688. 본관은 우봉, 자 중우(仲羽), 호 일휴정(逸休亭)이다. 유겸(有謙)의 아들로서, 송시열의 문인이다. 이조판서·우의정 등을 역임하였다.

말할 수 없었다. 같은 마을에 사는 부민(富民) 가운데 자식을 맡겨서 가르침을 받게 한 자가 있었는데, 그는 기름진 전지를 많이 소유하고 있었다. 얼마 뒤 이상이 부민의 아들에게, "오늘 우리 집에 손님이 올 것이니 너는 아무개 여자 종의 방에서 묵거라."고 말하였다. 그리고 은밀히 여자 종으로 하여금 밤중에, "아무개가 강간하려 한다."고 소리치게 하였다. 여자 종이 소리치자 곧 남편이 들어와 부민의 아들을 밧줄로 묶어서 관아로 끌고 가서 죽을 죄를 억지로 만들었다. 얼마 뒤 이상이 마치 거간이 되어 화해를 주선시키자 부민의 많은 전지는 모두 이상에게 넘어갔다. 이 같은 소식을 들은 사람들은 모두 귀를 막았다.

그 뒤 친척이 강상죄를 지었는데, 이내 무고하는 상소를 올려 주상을 속이려했다.450) 주상이 매우 미워하여 의금부에 가두었는데 이윽고 죽고 말았다. 갑술환국[甲戌翻局]451) 뒤로도 주상이 특별히 교서를 내려 "감히 이상을 위해 변론하는 자가 있으면 엄한 법으로 다스릴 것이다."고 하였다. 그 뒤 다시 관작이 복관되었고, 이로부터 그의 문도들이 서원을 건립하고 제사를 지냈는데 10년이 못되어 원우(院宇)에 천둥이 치고 벼락이 쳤다. 사람들이 "천도가 알고 있기 때문이다."고 하였다. 『춘추전』에서 "이백(夷伯)452)의 묘에 벼락이 쳤는데 이는 전씨(展氏)들이 숨긴 일이 있었기 때문이다."고 하였다.

113　근래 이상의 종손(從孫) 이재(李縡)453)가 또한 이상의 뒤를 이어

---

450) 상소를 …… 속이려 했다 : 1688년(숙종14) 이조참판 이상(李翔)이 천안에 사는 자신의 친척인 유두성(柳斗星)이라는 사람을 '계모를 간음하였다.'고 상소를 올려 음행을 고발하였다. 이로 인해 옥사가 일어났는데, 노·소론 사이에 견해를 달리하여 서로 대립하다가 기사환국 이후 남인들이 집권하여 '이상이 사람들을 유인하고 협박하여 옥사를 완성'한 것을 밝혀내자, 이상이 자복하지 않고 옥중에서 문초받다가 죽었다.

451) 갑술환국[甲戌翻局] : 1694년(숙종20) 남인이 인현왕후 복위를 도모하던 서인을 축출하려다가 실권하고 소론과 노론이 재집권하였다.

452) 이백(夷伯) : 노나라 대부 전씨(展氏)의 조부(祖父)이다.

453) 이재(李縡) : 1680~1746. 본관은 우봉, 자 희경(熙卿), 호 도암(陶菴)·한천(寒泉)이다. 유겸(有謙)의 증손으로, 김창협의 문인이다. 이조참판·대제학 등을 역임하였다. 영조대 노론의 의리론에 입각 탕평정치에 반대하였다. 호락논쟁(湖洛論爭)에서는 한원진의

학자라 칭하고 수많은 문도들을 모았다. 매번 나갈 때면 술과 음식을 지니고 다녔으니 그를 따르는 자들이 수십여 리에 달하였다. 남쪽이든 북쪽이든 가는 곳마다 그들이 행차하는 곳이면 모두 그러했다.

지난해 문도들이 상소를 올려 스승의 도덕을 칭찬하고 불러들여 큰 소임을 맡길 것을 청하였다. 상소문에 기록된 숫자가 5천여 명에 이르렀다. 옛날에 공자가 대성(大聖)으로서 대국에서 태어났지만 제자들이 3천여 명에 불과했다. 지금 이재의 문도 수가 2배에 이르니 오히려 이재가 우리 부자(夫子)보다 났다는 것인가. 이에 주상이 당여가 크게 성대해지는 것을 미워해서 '편치 않다.'고 하교하였는데도 이재는 오히려 태연히 문도를 모아서 더욱 그 수가 늘어났다. 뒷날 이재가 병들어 말을 하지 못하였는데, 병인년(1746, 영조22)에 아들이 억지로 모시고 서울로 올라오다가 도로 위에서 죽었다.

114 이재의 문하에 영남출신의 유생이 있었는데 꿩 2마리를 가지고 찾아와 청하여 물었다. "계모가 있는데 아버지가 살아계실 때 소박 당했는데 출모(出母)454)와 동일하니 계모가 죽었을 때 마땅히 3년복을 입지 않아도 되겠습니까." 이재가 불분명하게 대답하였다. 이때 경상도 관찰사 유척기(兪拓基)455)가 지나가던 길에 앉아서 이 소리를 듣고 크게 놀라며, "우리나라 풍속은 중국과 다르니 본래 출모라는 것이 없습니다. 이는 인륜을 어지럽히는 일입니다."고 하였다. 이에 자세히 조사해 보니 그 사람은 계모가 죽자 상복을 입지 않은 자였다. 유척기가 즉시 명령을 내려 붙잡아 쫓아내니 주인이 두려워서 급히 꿩을 찾아서 돌려보냈는데 그중 한 마리는 이미 털이 뽑혀 있었다.

호론에 맞서 낙론을 주장하였다.
454) 출모(出母): 아버지에게 쫓겨 나간 어머니이다.
455) 유척기(兪拓基): 1691~1767. 본관은 기계, 자 전보(展甫), 호 지수재(知守齋)이다. 우의정·영의정 등을 역임하였다. 영조대 신임환국 때 죽은 김창집·이이명 두 대신의 복관(復官)을 건의하여 신원(伸冤)시켰다.

권상하 관련 일화

115 권상하(權尙夏)⁴⁵⁶)는 본래 이익을 따지지 않는 거자(擧子)⁴⁵⁷)였다. 중년에 회천에게 붙어서 아버지처럼 섬겼으며, 이내 발탁되어 경상(卿相) 의 자리에 앉게 되었다.⁴⁵⁸) 그 인물됨을 논하면 용렬하고 무능하였으며, 문장으로 말하면 겨우 편지 쓰는 데에나 통하였다. 도학과 인륜의 실천은 어떤지 알 수 없었지만 특별히 용모가 후덕하여 마치 덕이 있는 사람처럼 보였다. 때문에 회천이 죽은 뒤 그의 문도들이 회천을 섬기는 예로써 권상하를 섬겼다. 살아서는 함장(函丈)이라 칭하였고, 죽어서는 융성하게 제사를 받들어 숭상되었다. 세상에 혹 비난하고 비웃는 자가 있으면 제자들이 모두 일어나서 '바른 사람을 미워하고, 현인을 모욕한다.'고 하였으니 이 모든 것이 회천이 남긴 위세였다.

권상하의 호는 수암(遂庵)이고 청풍(淸風) 황강촌(黃江村)에 거처하였다. 황강에서 산인(山人)으로서 자처하였다. 주상이 충청도 온양으로 행차하 자 행재소에 나아가서 뵈었다. 이때 자줏빛 종립(鬃笠)⁴⁵⁹)를 쓰고 푸른 비단으로 만든 철익(綴翼)⁴⁶⁰)을 입었는데 사람들이 부적절한 복장을 보고 웃었다. 그 뒤 주상의 손을 잡은 것이라 하여 다시는 씻지 않아서 손톱에 때가 가득 끼니 더럽고 추해서 혐오스러웠다. 보는 사람들이 모두 놀랐다.

116 국휼(國恤)때 상복을 입기 전에 조정의 관원은 오사모(烏紗帽)⁴⁶¹)·흑

---

456) 권상하(權尙夏) : 1641~1721. 본관은 안동, 자 치도(致道), 호 수암(遂菴)·한수재(寒水齋)이 다. 송시열의 문인으로, 이단하·박세채·김창협 등과 교유하였다. 1689년(숙종15) 기사환국으로 송시열이 사사된 뒤 만동묘와 대보단을 세워 유지(有志)를 받들었다. 한원진·이간·윤봉구 등의 강문팔학사(江門八學士)를 배출하였다.

457) 거자(擧子) : 과거를 보는 선비를 가리킨다. 거인(擧人).

458) 경상의 자리에 앉게 되었다 : 권상하는 1703년(숙종29) 찬선, 이듬해 호조참판, 1705년 이조참판, 1712년 이조판서, 1717년 좌찬성·우의정·좌의정, 1721년(경종1) 판중추부사 에 임명되었으나 사직소를 올리고 나가지 않았다.

459) 종립(鬃笠) : 종모(鬃帽). 기병이 쓰던 모자. 갓보다 약간 높고 위의 통형(筒形) 옆에 깃털을 붙였다.

460) 철릭(綴翼) : 신들이 입던 공복(公服). 철익의(綴翼衣)·천익(天翼).

461) 오사모(烏紗帽) : 사(紗)로 만든 검은 빛깔의 모자. 관리들이 관복을 입을 때 착용하였다.

각대(黑角帶)462)·흰도포를 입었다. 전함(前啣)463)과 사서인(士庶人)은 백포 대(白布帶)·흑립(黑笠)을 입었다. 거처하는 곳에서 아침저녁으로 조문하였 다. 그런데 경자년(1720) 숙종의 상(喪)을 당해서 황강(黃江, 권상하)과 문도 여러 명이 누암서원(樓巖書院)464)에 모였는데 망건과 관을 벗고 출입 하면서 참곡(叅哭)하니 보는 사람들이 크게 놀랐다. 어떤 사람이 예가 아니라고 말하자 갑작스럽게 촌사람의 평량자(平涼子)465)를 빌려 썼고, 문도들도 평량자를 쓰는 것을 예의라고 생각하였다. 그래서 두루 돌아다 니며 평량자를 찾았고, 분주히 다니며 시골사람들을 소란스럽게 하였으 니 그 일은 지금까지 웃음거리로 전해지고 있다. 내가 오랫동안 향촌에 거처하면서 한량 무리들이 서로 조문하는 것을 보았는데 친척과 친구를 막론하고 먼저 관을 벗고 망건을 벗은 다음 들어가 곡을 하였다. 황강의 예를 모두 여기서 볼 수 있는 것인가.

117   회천이 별록을 남겼는데 율곡의 『석담일기(石潭日記)』처럼 동인·서 인을 막론하고 모두 그 잘못을 지적하였다. 별록을 매우 단단히 봉해놓고 서 자손들에게 백년 뒤에 출간할 것을 훈계하였다. 비록 문도 가운데 매우 친밀한 자조차 볼 수 없었다. 문집이 간행되었고, 황강은 송무원(宋婺 源)466)의 무리들과 모의하여 손을 씻고 첫 권을 펼쳐 보았다. 그 내용 가운데 '권격(權格)467)이 강릉에 부임하였는데 그 아버지가 죽었다는 소식을 듣고도 지체하여 즉시 분상(奔喪)468)하지 않았다.……'고 한 대목

---

462) 흑각대(黑角帶) : 흑각으로 만든 띠. 관리들의 공복(公服)을 입을 때 착용하였다.
463) 전함(前啣) : 현직자가 아니고 전일에 벼슬에 종사한 관원의 직함[官銜]을 가지고 있음을 말한다.
464) 누암서원(樓巖書院) : 1695년(숙종21) 세워진 서원으로 송시열·민승중·권상하·정호 등을 배향하였다. 충북 충주시 가금면(可金面) 창동(倉洞)에 소재한다.
465) 평량자(平涼子) : 천인이 쓰는 대나무로 만든 삿갓이다. 패랭이.
466) 송무원(宋婺源) : ?~?. 본관은 은진, 자 경휘(景徽), 호 염수와(念修窩)이다. 시열의 증손 자, 회석(晦錫)의 아들, 환억(煥億)의 아버지이다. 동몽교관(童蒙敎官) 등을 역임하였다.
467) 권격(權格) : 1620~1671. 본관은 안동, 자 정숙(正叔), 호 육유당(六有堂)이다. 병조정랑·강릉 부사 등을 역임하였다.
468) 분상(奔喪) : 먼 곳에서 어버이의 죽음을 듣고 급히 돌아가는 것이다.

이 있었다. 권격은 권상하의 아버지였다. 황강이 크게 놀라서 없애버릴
것을 청하였지만 허락받지 못하였다. 이 때문에 권상하는 삼공[台司]의
지위에 올랐지만 송무원의 무리가 이것을 가지고 매번 조종하여 노예
부리듯 하였다.

118 어떤 선비가 황강을 지나던 길에 물었다. "선생께서는 숲속에서
조용히 거처하고 계시니 마음에 둔 경륜이 있을 텐데 당장 지금 급선무는
무엇입니까." 권상하가 "춘추의리를 제일로 삼는다."고 대답하였다. 선비
가 물었다. "이것은 앞선 성현들이 밤낮으로 근심하던 바입니다. 이처럼
당연한 논의는 비록 아녀자나 어린아이라도 어찌 알지 못해서 다투겠습니
까. 나라가 작고 세력이 약해서 미치지 못하는 바가 있으니 어찌해야
하는지 그 다음을 듣고 싶습니다." 권상하가 "개가(改嫁)하는 법을 시행한
뒤에야 호구(戶口)가 늘어날 것이다."고 대답하였다. 선비가 말했다. "개가
는 애초 조정에서 법을 만들어 금지했던 것이 아니었습니다. 개가한
집 자손들이 특별히 청직(淸職)에 진출하는 것이 허용되지 않자 사대부들
이 이를 꺼려서 점차 풍속이 되었습니다. 만일 풍속을 바꾸려한다면
어찌 명문대가로부터 시작해서 백성들에게 모범이 되어야 하지 않겠습니
까." 권상하는 얼굴빛이 변해서 아무 말도 하지 못하였다. 이 법은 송시열
이 주장한 것인데 권상하가 그 뜻을 조술469)하였다.

예전에 회천이 신만(申曼)470)에게 "내가 장차 개가하는 것에 대한 의논
을 건의하려는데 자네는 어떻게 생각하는가."고 묻자, 신만이 말했다.
"아주 좋습니다. 공의 음덕이 끝이 없어서 소생은 늙은 홀아비여서 더욱
다행스럽습니다. 존문(尊門)의 홀로된 누이를 소생에게 시집보내주시면
어떠하겠습니까." 이 일은 세상의 웃음거리가 되었다. 신만은 속세를
떠난 사람으로 자처하면서 세상을 희롱하면서 항상 방자한 말로 회천을

---

469) 조술(祖述) : 선인(先人)의 설을 근본으로 하여 그 뜻을 펴 서술하다.
470) 신만(申曼) : 1620~1669. 본관은 평산, 자 만천(曼), 호 주촌(舟村)이다. 흠(欽)의 증손으로,
    송시열의 문인이다. 효종대 송시열과 함께 조정에 나아가 북벌논의를 주도하였다.

마치 어린아이처럼 희롱하였던 것이다. 회천이 지은 신만의 묘갈명에서, "비록 꾸짖고 책망함이 지나쳐서 다른 사람들은 감당하지 못하는 바가 있으나 서로 사귀는 정은 하루와 같네."라고 한 것이 이것이다.

서인의 권력의지

119 계해년(1623, 인조1)에 공신의 무리들이 '왕실 혼인을 놓치지 말자', '학자를 추천하여 장려하자'고 약조하였다. 왕가와 결혼하는 것은 호화스러운 수레와 기름진 말과 척리(戚里)로서 부귀를 누리기 위한 일일 뿐만이 아니었다. 중전과 친하여 아무 때나 궁궐에 출입하면서 궁내(宮內)의 움직임을 엿보고 주상의 뜻에 영합하여 이익을 보려하며, 치밀하게 모의하여 은총을 굳게 할 수 있었다. 또한 사돈·외척으로서 요직을 담당하고, 주상을 호위하는 임무를 맡았으니 이것이 권력을 누리면서 놓치지 않은 방법이었다. 때문에 남인의 자식 중에도 딸이 후비·귀인·왕자 부인이 되고, 아들이 공주·옹주의 남편이 되었지만 선조와 인조 이래 1백여 년간 두, 세 집안에 불과하였다. 인조대 세자빈을 간택할 때 판서 윤의립(尹毅立)[471]의 딸이 후보에 뽑혀서 주상의 뜻이 그 쪽으로 기울어졌으나, 공신들이 같은 족속이 아니라는 이유로 목숨을 걸고 막으려 하였다.[472] 주상이 어쩔 수 없이 혼인을 중단하였으니 그 약조의 효과 때문이었다.

학자의 칭호는 진실로 사대부의 아름다운 이름이었다. 학자라고 부르면 그 학문의 높고 낮음이나 인물의 재주와 지혜가 어떤지 묻지 않고, 벼슬아치·대부로부터 유사(儒士)에 이르기까지 받들어 존경하지 않음이 없었다. 작게는 자의(諮議)·진선(進善)이 되고, 크게는 이부(吏部)[473]·대사헌이 되는 등 자질과 경력에 구애받지 않고 차례를 뛰어넘어 발탁되니 벼슬길에 오르는 빠른 길이었다. 학자라는 이름에 해당되는 자는 비록

---

471) 윤의립(尹毅立) : 1568~1643. 본관은 파평, 자 지중(止中), 호 월담(月潭)이다. 예조판서·좌참찬 등을 역임하였다. 화가로서 명성이 높았다. 저서로는 『야언통재(野言通載)』 등이 있다.
472) 윤의립 …… 막으려 하였다 : 자세한 내용은 본서 권1, 113번 기사 참조.
473) 이부(吏部) : 이조(吏曹). 여기서는 이조판서를 가리키는 듯하다.

내실이 없어도 겉으로 허다하게 꾸며 학자인척 하였다. 회송(懷宋, 송시
열)⁴⁷⁴⁾이래로 이윤(尼尹) 부자·이유태·박세채·이상·권상하·김간(金幹)⁴⁷⁵⁾
등이 조정과 민간을 진동시키지 않음이 없어서 경상의 반열에까지 올랐
다. 그들이 만들어낸 언론과 평가는 한 시대의 영광과 굴욕이 되기에
충분하고, 그 기세와 권력은 외롭고 추운 자를 덮어서 보호하기에 충분하
였다. 이에 사방에서 유학자의 관과 옷을 입은 자들이 모두 선생이라
칭하거나 제자라고 하면서 몰려서 한꺼번에 나아갔다. 혹 그 입술을
빌려 자리를 차지하고 녹봉만 축내거나 혹은 과장된 행동으로 소리를
내며 시골에서 거들먹거리다가 고을에서 죄를 얻었다. 군적(軍籍)에 이름
이 오른 자들이 모두 한데 모여들어 서로 따뜻하게 보살폈다. 이 무리를
이용하여 상소 올리는데 앞장세웠다. 이 무리들은 또한 영광과 명성을
공경하고 사모해서 그렇게 이용되는 것을 즐겁게 여겨 끓는 물이나
불 속에 들어가 죽더라도 피하지 않았다. 이처럼 사람들을 모아서 당을
수립하려는 계책은 여기에 그치지 않았으니, 이것만큼은 서인의 술수가
한 수 위였다.

반면 남인은 본래 나그네로서 나왔다 물러갔다 할 뿐이며, 또한 뒤를
바 줄 외척 같은 세력이 없어 정권을 잡고도 10년 이상 지속하지 못하였다.
그 습속과 기질이 구속받기를 싫어하고 빈틈이 많아서 스스로 경계하는
일에 소홀하였다. 어찌 배척당하지 않을 수 있었겠는가.

송시열의 쌍수정비 음기

120 충청도 관찰사가 비문의 글씨를 요청해 왔지만 내 기력으로 어찌
그 일을 수락할 수 있겠는가. 또한 정승 송시열이 작성한 '쌍수정비
음기(雙樹亭碑陰記)'⁴⁷⁶⁾를 보건대 특별히 마음을 먹고, "조정에서 이괄을

---

474) 회송(懷宋) : 회덕(懷德)의 송시열을 가리킨다.
475) 김간(金幹) : 1646~1732. 본관은 청풍, 자 직경(直卿), 호 후재(厚齋)이다. 박세채·송시열
    의 문인이다. 대사헌·우참찬 등을 역임하였다. 예설(禮說)에 조예가 깊어 선인들의
    문집 가운데 예설을 뽑아 정리한 『동유예설(東儒禮說)』을 편찬하였다.
476) 쌍수정비 음기(雙樹亭碑陰記) : 이괄의 난(1624) 당시 인조가 공주 공산성으로 피난하

304

대우함이 마땅함을 잃었다."고 하였다. 또한, "군대를 육성하는 계책을 꺼리고 직무를 게을리 하여 임시방편이 되어 다시는 계책을 세우지 못하였다."고 하였다. 끝부분에 "편안한 즐거움이 무서운 독이 되는가."라고 하였다. 그 문구의 배치가 매우 해괴하니 만약 인조가 생존했을 때 경계하는 상소로 올렸다면 혹 괜찮다고 할 것이다. 하지만 지금 3, 4대가 지난 백년 뒤에 공로를 포상하는 비석에서 이렇게 말한다면 그 문체가 잘못되었을 뿐만 아니라 어찌 아래 있는 사람이 감히 이렇게 말할 수 있는가. 이 한 편으로 인해 그 일에 대해서 참여하여 간섭하기 어렵게 되었다.477) 「약천(藥泉, 남구만)이 자식에게 보낸 편지」

또 말하였다. "현종 때 문관 민여로(閔汝老)478)라는 자가 있었는데, 젊어서 척화소(斥和疏)를 올렸다. 이 때문에 청관(淸官)의 자격을 얻어479) 대간이 되었는데, '서서 어지럽게 오줌 누는 것을 금한다.'는 영(令)을 내놓아서 한때 웃음거리가 되었다. 대감 이경휘(李慶徽)480)가 이조판서로 재직하면서 오랫동안 의망(擬望)481)하지 않자 정승 우암이 '이 대감이 의리에 어둡고, 기재와 절조를 부양시키지 못한다.'고 하며 엄중히 배척하였다. 이 대감이 이 일로 매우 억울해 하였고, 얼마 지나지 않아 등창이 도져 죽고 말았다. 그 사람의 이름이 민여로와 비슷했는데 세월이 오래되어 분명히 기억하지 못하니 너는 그 일의 여부를 알고 있는가."482) 「약천집」

여었다. 당시 인조가 나무 두 그루 밑에서 반란군이 진압되기를 기다렸다. 마침내 난이 진압이 되자 두 나무에 정3품의 지위를 부여하였다. 나무가 죽자 그 자리에 쌍수정이라는 정자를 세웠다.[『송자대전』 권171, 「비(碑)·쌍수정비 음기(雙樹亭碑陰記)」 참조]

477) 『약천집(藥泉集)』 권34, 「서(書)·기아(寄兒)」.

478) 민여로(閔汝老) : 1598~1671. 본관은 여흥, 자 태수(台叟)이다. 사헌부 헌납·장령 등을 역임하였다.

479) 청관(淸官)의 자격을 얻어 : 통청(通淸). 청환(淸宦, 이조와 삼사)에 들어가는 것이다.

480) 이경휘(李慶徽) : 1617~1669. 본관은 경주, 자 군미(君美), 호 묵호(默好)·춘전거사(春田居士)이다. 시발(時發)의 아들로, 이조판서 등을 역임하였다.

481) 의망(擬望) : 삼망(三望)의 후보자로 추천하는 일이다.

482) 『약천집』 권34, 「서·기아」.

권시 관련 일화

121 탄옹이 농담을 좋아하여, "오늘날 은사(隱士)는 곧 뻐꾹[法局] 은사이다."고 하였다. 어떤 사람이 그 이유에 대해서 묻자 탄옹이 대답했다. "어린 아이들을 보면 몸을 숨기고 친구들로 하여금 찾게 하는데, 찾는 자가 오랫동안 이르지 않고 몸을 숨긴 지 오래되면 곧 스스로 뻐꾹 _{뻐꾹은 집비둘기의 울음소리이다.} 거려서 빨리 찾을 수 있도록 한다. 오늘날 은사들이 유일(遺逸)⁴⁸³⁾의 아름다운 명성을 얻자마자 세상이 자신을 알아주지 않는 것을 두려워해서 드러내어 알리려는 술수를 부린다. 이것은 몸을 숨기면서도 스스로 뻐꾹 소리를 내는 것이 아니고 무엇이겠는가. 내가 이 때문에 말하는 것이다.……"『백야기문(白野記聞)』

122 경자년(1660, 현종1) 탄옹이 우윤(右尹)으로서 조정에 있을 때 사헌부와 사간원에서 고산(孤山) 윤선도를 법에 따라 처벌할 것을 청하였다. 탄옹이 윤선도를 구원하는 상소를 올렸고,⁴⁸⁴⁾ 상소가 들어오자 사헌부와 사간원에서는 모두 관직에 나아가는 것을 피하면서 극심한 말로 공격하였다. 탄옹이 문밖에 나아가려 했는데 말과 시중을 구할 수 없어 수구문(水口門)⁴⁸⁵⁾으로 걸어가면서 혼자서 "무중(武仲)은 반드시 내 뜻을 알 것이다."고 하였다. 무중은 유계의 자이다.

홍문관의 상소에서 탄옹을 심정과 남곤에 비유하였는데, 시남(市南) _{유계의 호} 이 장관으로서⁴⁸⁶⁾ 실제로 이와 같이 주장하였다. 탄옹이 과연 시남을 알지 못했단 말인가. 시남이 친구를 배반한 것인가. 시남은 스스로 공론을 따른다고 하면서 친구라고 해서 용서하지 않은 것인가. 이제 내가 남곡(南谷)에 있을 때 아침저녁으로 탄옹의 집 문을 드나들어서

---

483) 유일(遺逸) : 학식과 덕망을 갖추고서도 중앙정계에 나아가지 않고 재야에 머물던 선비이다.
484) 탄옹이 …… 올렸고 : 1660년(현종1) 4월 24일 실록기사에 따르면 권시가 복제문제와 관련하여 윤선도의 3년설에 동의하며 구원하였다.
485) 수구문(水口門) : 서울 동남쪽에 있는 광희문(光熙門)을 달리 부르는 말이다.
486) 장관으로서 : 당시 부제학에 재직 중이었다.

그 일의 처음과 끝을 자세히 알고 있기 때문에 여기에 기록해 둔다.

위와 같다.

권

3

숙종대 기사환국의 전말

001 숙종은 한창 젊은 나이였음에도 불구하고 오랫동안 뒤를 이을
세자를 두지 못하였다. 무진년(1688, 숙종14)에 귀인(貴人) 장씨(張氏)¹⁾가
의릉(懿陵, 경종 능호)을 낳자 주상이 몹시 사랑하여 세자가 탄생한 예를
거행하려 했지만 송시열과 김수항이 반대하였다. 주상이 매우 불만스러
워 했으니 사람들이 김수항과 송시열에게 닥친 화가 여기서 싹트기
시작했다고 말했다. 기사년(1689) 여름에 남인이 등용되고 서인이 쫓겨났
으며,²⁾ 인현왕후(仁顯王后)³⁾를 폐위시키고 장씨를 왕비로 책봉하였다.
하지만 갑술년(1694)이 되어 서인이 다시 등용되고 남인이 쫓겨나자
인현왕후를 복위시키고 장씨를 폐위시켰다.⁴⁾ 신사년(1701, 숙종27) 장씨
가 사약을 마시고 죽었다. 이때 서인은 남인의 죄를 성토하여 지난 날
이이첨(李爾瞻)⁵⁾의 무리가 인목대비(仁穆大妃)⁶⁾를 폐위시킨 죄로써 벌을
주려하였다. 죄 주는 것이 갈수록 더욱 각박해서 그칠 줄 모르니 이
일을 어찌 하겠는가. 그렇다면 서인은 스스로 갑술·신사년⁷⁾의 일을 장차

---

1) 장씨(張氏) : ?~1701. 본관은 인동(仁同), 이름은 옥정(玉貞)으로 전해진다. 아버지는
   역관(譯官) 출신인 장형(張炯)이다. 1686년(숙종12) 숙원(淑媛)으로 책봉되었고 소의(昭
   儀)로 승격되었다가 1688년 왕자 윤(昀, 경종)을 낳았고, 이듬해 아들이 원자로 책봉되
   면서 희빈(禧嬪)이 되었다. 1690년 왕자 윤이 세자로 책봉되자 왕비로 책립되었다.
   1701년 인현왕후 민씨가 죽자, 궁인·무녀 등과 함께 왕비를 무고(巫蠱)했다는 서인의
   탄핵을 받고 사사되었다.
2) 기사년 …… 쫓겨났으며 : 기사환국(己巳換局). 1689년(숙종15) 서인이 축출된 사건.
   소의(昭儀) 장씨가 아들을 낳자 숙종이 원자로 정호(定號)하려했다. 송시열 등 서인은
   반대하다가 정권에서 쫓겨나고, 남인이 정권을 장악한 사건이다.
3) 인현왕후(仁顯王后) : 1667~1701. 숙종의 계비. 여양부원군 민유중의 딸이다. 1681년
   계비가 되었으나 1689년 폐위되었다가 1694년 갑술환국이 일어나자 다시 복위되었다.
4) 갑술년 …… 폐위시켰다 : 갑술환국(甲戌換局). 1694년(숙종20) 남인이 축출된 사건.
   기사환국 이후 실각했던 김춘택·한중혁 등이 폐비 복위를 도모하자 민암 등이
   저지하려다가 숙종의 분노를 사서 축출되었다.
5) 이이첨(李爾瞻) : 1560~1623. 본관은 광주(廣州), 자 득여(得輿), 호 관송(觀松)·쌍리(雙里)
   이다. 대북(大北)의 영수로서, 정인홍 등과 광해군대 정국을 주도하면서 영창대군의
   죽음과 폐모 논의 등에 깊숙이 간여하였다. 인조반정 당시 사로잡혀 주살되었다.
6) 인목대비(仁穆大妃) : 1584~1632. 선조의 계비 정의왕후(貞懿王后). 연흥부원군(延興府院
   君) 김제남(金悌男)의 딸이다.
7) 신사년 : 신사옥사(辛巳獄事). 1701년(숙종27) 희빈 장씨가 무당을 불러 인현왕후를

자신들의 힘으로 했다고 주장하는가. 폐위시킨 자를 다시 세우고, 살아 있는 자를 죽이는 일이 주상의 뜻이 아님이 없는데, 어찌 신하가 감히 폐위시키고 세우며, 살리고 죽이는 일에 대해서 그 공과 죄를 논할 수 있겠는가. 그렇게 본다면 기사년 남인은 기사년의 일로 죄를 줄 수 없는 것은 또한 서인이 갑술·신사년의 일에 감히 힘을 쓴 것이 아니라는 것과 같다. 저들이 갑술·신사년의 일에 힘을 쓸 수 없었는데도 유독 기사년의 일은 남인에게 죄를 씌우려하는가.

기사년(1689, 숙종15) 4월 23일에 주상이 중궁전 승전색(承傳色)8) 주빈(朱彬)을 중궁의 탄일문안 단자(誕日問安單子)를 받들어 올린 일로 잡아서 신문할 것을 명하자 승정원에서 아뢰어 저지하고 풀어줄 것을 청하였다. 이에 전교하였다. "오늘의 일은 관련된 것이 작지 않은데, 경들이 종묘를 위해 깊이 근심하는 도리를 생각하지 않고 이와 같이 번거롭게 하는구나. 마음대로 하라." 승정원이 또 "죄를 기다린다."고 아뢰자, 주상이 "번거롭게 하지 말라."고 답하였다. 이에 문무백관들이 당황해서 승정원, 홍문관, 사헌부·사간원, 빈청9)에서 모두 나서서 여러 번 아뢰었다. 빈청에 답하였다.

"예로부터 나라가 다스려지고 어지러워지는 것 흥하고 폐망하는 것, 모두 후비(后妃)로부터 연유되는 것이기에 신중하지 않을 수 없다. 지금 중전[宮闈]에게 마음씨 곱고 정조가 바른 덕은 없고 도리어 여(呂)·곽(霍)10)의 패려스러운 행실만 있다. 여기에 투기와 원망, 노여움이 서로 더해져 마침내 감히 선왕(先王, 현종)과 선후(先后, 명성왕후)의 말을 지어내서 공공연히 말하였다. 이처럼 임금을 능멸하고 간사하고 간특함이 오늘날과 같은 적이 없었다. 내 나이 30세에 비로소 원자(元子)11)를 두었으니

저주한 일로 자신은 물론 일족이 처형당한 사건이다.
8) 승전색(承傳色) : 전명(傳命)을 담당하는 내시부(內侍府) 소속 관원이다.
9) 빈청(賓廳) : 궁궐에서 대신이나 비변사의 당상들이 모여서 회의하던 곳이다.
10) 여(呂)·곽(霍) : 한나라 여후(呂后)와 곽황후(霍皇后). 여후는 여주(女主)로서 권력을 휘둘렀다. 곽황후는 허황후(許皇后)를 독살하였다.
11) 원자(元子) : 임금의 맏아들. 후궁의 소생이라 하더라도 일단 원자로서의 명호를

진실로 조금이라도 착한 본성을 지닌 사람이라면 경사스러운 마음과 돌보아 아끼는 정이 자기가 낳은 자식과 다름이 없어야 할 것이다. 그런데 노여운 기색을 드러내며, 불평하는 말을 한 적이 한 두 번이 아니다. 공주12) 집과 더욱 친밀해져서 불충한 마음과 자취가 서로 뒤엉켜 나타났다. 이와 같은 일이 그치지 않는다면 뒷날의 걱정을 이루다 말할 수 없다. 때문에 지난 봄 내가 서둘러 국본(國本)을 정한 것은 미래를 걱정해서이다. 아, 조종(祖宗)께서 어두운 가운데 보호하고 돕기 위해 세자를 탄생시킨 것이다. 그런데 전날의 교만하고 무고함이 간사한 정을 빌어서 더욱 사실로 드러나고 있으니, 이는 실로 종묘사직에 죄를 짓는 사람이다. 이런 사람이 한 나라의 국모(國母)로 군림할 수 있겠는가. 옛 법전을 상세히 조사하여 속히 거행해야 할 것이다. 경들이 절의를 세워 국모를 섬기려 한다면 내가 무슨 낯으로 다시 공경(公卿)을 볼 수 있겠는가. 과인을 아버지로 여겨 섬기는 수치를 더하지 말기 바란다.”

이에 빈청 대신이하 모두 급히 면대를 청하였다. 영의정 권대운(權大運)13), 좌의정 목내선(睦來善)14), 우의정 김덕원(金德遠)15), 병조판서 민암(閔黯)16), 좌참찬 이관징(李觀徵)17), 이조판서 심재(沈梓)18), 예조판서 민종도(閔

정하면 장차 왕비가 대군(大君)을 출산해도 한번 명호가 정해진 왕자의 왕위계승권은 여전히 유효할 수 있었다.

12) 공주 : 숙종의 고모 숙안공주(淑安公主, 효종의 장녀). 홍득기(洪得箕)와 결혼하여 홍치상(洪致祥)을 낳았다.

13) 권대운(權大運) : 1612~1699. 본관은 안동, 자 시회(時會), 호 석담(石潭)이다. 우의정·영의정 등을 역임하였다. 1689년(숙종15) 기사환국 때 송시열 사사를 주도하였다. 1694년 갑술환국으로 삭탈관작되어 외딴 섬에 유배되었다.

14) 목내선(睦來善) : 1617~1704. 본관은 사천, 자 내지(來之), 호 수옹(睡翁)·수헌(睡軒)이다. 우의정·좌의정 등을 역임하였다.

15) 김덕원(金德遠) : 1634~1704. 본관은 원주, 자 자장(子長), 호 휴곡(休谷)이다. 우의정 등을 역임하였다. 숙종대 허목과 함께 청남(淸南)으로 활동하며 허적을 견제하였다.

16) 민암(閔黯) : 1636~1694. 본관은 여흥, 자 장유(長孺), 호 차호(叉湖)이다. 병조판서·우의정 등을 역임하였다. 1689년(숙종15) 기사환국 당시 김수항·송시열을 탄핵하여 그들의 처형을 주장하였다. 1694년 인현왕후를 복위시키려 한다는 고변이 있자, 훈련대장 이의징(李義徵)과 함께 옥사를 일으키려 했지만 숙종은 갑자기 남인을 쫓아내고 서인을 등용하는 갑술환국을 단행하였다. 이후 귀양갔다 사사되었다.

17) 이관징(李觀徵) : 1618~1695. 본관은 연안, 자 국빈(國賓), 호 근옹(芹翁)·근곡(芹谷)이다.

宗道)19), 형조판서 이우정(李宇鼎)20), 우참찬 유명천(柳命天)21), 판윤 오시복
(吳始復)22), 좌윤 윤이제(尹以濟)23), 이조참판 유하익(兪夏益)24), 호조참판
권유(權愈)25), 공조참판 신후재(申厚載)26), 공조참의 박정설(朴廷薛)27), 호조
참의 이의징(李義徵)28), 예조참의 유하겸(兪夏謙)29), 참지 이현기(李玄紀)30),
동복 이서우(李瑞雨), 주서 이재춘(李再春), 기사관 민진형(閔震炯)31)·박정(朴
涏)32) 등이 입시하였다. 영의정이하로부터 모두 화평하여 진정시키고

이조판서 등을 역임하였다. 현종대 예송논쟁에서 3년설을 주장하다가 쫓겨난 허목
등을 구원하려다가 좌천되었다.

18) 심재(沈梓) : 1624~1693. 본관은 청송, 자 문숙(文叔), 호 양졸재(養拙齋)이다. 도승지·공
조판서 등을 역임하였다. 세자[경종] 책봉을 반대하는 송시열·김수항 등을 강력히
탄핵하여 유배보냈다.

19) 민종도(閔宗道) : 1633~?. 본관은 여흥, 자 여증(汝曾)이다. 좌찬성 점(點)의 아들로,
큰아버지는 좌의정 희(熙)이며, 동생 이조정랑 홍도(弘道)이다.

20) 이우정(李宇鼎) : 1635~1692. 본관은 전주, 자 중백(重伯)이다. 형조판서·대사헌 등을
역임하였다.

21) 유명천(柳命天) : 1633~1705. 본관은 진주, 자 사원(士元), 호 퇴당(退堂)이다. 대사성·예
조판서를 역임하였다. 1701년 장희재(張希載)와 공모하여 인현왕후를 모해하려 하였
다는 혐의를 받아 탄핵되었다.

22) 오시복(吳始復) : 1637~?. 본관은 동복, 자 중초(仲初), 호 휴곡(休谷)이다. 우참찬 억령(億
齡)의 증손으로, 한성판윤·호조판서 등을 역임하였다.

23) 윤이제(尹以濟) : 1628~1701. 본관은 파평, 자 여즙(汝楫)이다. 한성판윤·형조판서 등을
역임하였다. 기사환국 때 남인으로서 어영대장에 임명되는 등 요직을 두루 거쳤다.

24) 유하익(兪夏益) : 1631~1699. 본관은 기계, 자 사겸(士謙), 호 백인당(百忍堂)이다. 형조판
서·대사헌 등을 역임하였다.

25) 권유(權愈) : 1633~1704. 본관은 안동, 자 퇴보(退甫), 호 하곡(霞谷)이다. 대사간·호조참
판 등을 역임하였다.

26) 신후재(申厚載) : 1636~1699. 본관은 평산, 자 덕부(德夫), 호 규정(葵亭)·서암(恕庵)이다.
도승지 등을 역임하였다.

27) 박정설(朴廷薛) : 1612~?. 본관은 함양, 자 여필(汝弼), 호 돈우당(遯愚堂)이다. 공조참의·
예조참의 등을 역임하였다.

28) 이의징(李義徵) : ?~1695. 본관은 전주이다. 공조판서·훈련대장 등을 역임하였다.

29) 유하겸(兪夏謙) : 1632~?. 본관은 기계, 자 수보(受甫)·중휘(仲撝). 예조참의·승지 등을
역임하였다.

30) 이현기(李玄紀) : 1647~1714. 본관은 전주, 자 원방(元方), 호 졸재(拙齋)이다. 수광(睟光)의
증손. 대사성 등을 역임하였다.

31) 민진형(閔震炯) : 1662~?. 본관은 여흥, 자 중명(仲明)이다. 교리·검토관 등을 역임하였
다.

32) 박정(朴涏) : 1653~?. 본관은 밀양, 자 거원(巨源)이다. 이조좌랑·이조정랑 등을 역임하

관용과 감화의 도에 힘쓰고, 비망기를 빨리 거두라는 뜻을 거듭 올렸다. 또한 각각 2, 3차례에 걸쳐 수천마디 말을 반복해서 아뢰었다. 위에서 신하들이 차마 들을 수 없는 하교가 내려오자 민암이 울면서 주상에게 말하였다. 주상이 "우는 자는 모두 나가라."고 했지만, 신하들이 반복하여 간쟁하는 일을 그치지 않았다. 그래도 주상이 대답하지 않자 어쩔 수 없이 물러갔다. 물러간 뒤 홍문관과 빈청에서 합사(合辭)33)하여 다시 아뢰자, 답하였다. "나라에 해를 끼칠 것이라고 생각하지 못하여 임금의 명을 어기고 거역하니 오늘날 국사가 매우 한심해졌다. 경들 마음대로 하라."

4월 24일에 홍문관에서 차자(箚子)34)를 올리자 전교하였다. "지금 홍문관의 차자를 보니 글의 뜻이 무엄하고, 전혀 말을 가려서 하지 않으니 매우 놀라울 뿐이다. '중궁이 화목하지 못한데 이것이 누구의 허물인가.'라는 말을 방자하게 쓰기까지 하였다. 임금에게 올린 문자에 이렇게 멋대로 쓰다니 매우 통탄스럽다. 하물며 오늘의 처분은 실로 종묘사직을 위해서 화변이 일어날까 근심해서 내린 것인데 이와 같이 유난스럽게 절개를 세워서 군부를 경시하는 무리들을 엄중하게 다스리지 않을 수 없다. 맨 앞에 참가한 응교 이식(李湜)35)의 벼슬과 품계를 빼앗고 도성 밖으로 내쫓아라."

승정원에서 다시 아뢰었고, 사헌부·사간원과 빈청에서도 또한 아뢰었지만 답을 내리지 않고, "빈청대신 이하만 만나 보겠다."고 전교하였다. 또한, "어제 민암이 울면서 진달했기 때문에 내보냈는데, 오늘 빈청에서 올린 글에 감히 이름을 적었으니 매우 무엄하도다. 오늘은 입시하지 말라."고 하였다. 영의정이하가 입시하자 주상이 "경들은 어제 내 앞에서

간곡한 하교를 들었는데도 한결같이 고집하여 뜻을 어기는 것은 무슨 이유인가."라고 하였다. 영의정이 앞서 아뢴 내용을 다시 말하였다. 주상이 "홍치상(洪致祥)36)의 범죄행위37)에 대해 심장을 가진 사람이라면 원통하고 분하겠는가. 그렇지 않겠는가."라고 하였다. 영의정이 "누군들 원통하고 분하지 않겠습니까."라고 하였다. 주상이 말했다.

"내 앞에서 내린 하교와 비망기는 오히려 미진한 점이 있었다. 홍치상의 행동은 세월이 갈수록 더욱 심한데, 경들은 매번 '한때의 조그마한 일이며 중도를 지나쳤지만 끝내 감화될 것입니다.……'고 하니, 이게 무슨 말인가. 송시열과 홍치상의 일은 매우 분했기 때문에 지난번 이미 단서를 은미하게 드러냈다. 또한 홍치상은 왕실의 가까운 친족으로서 임금을 모함한 사실이 드러났는데도 오히려 '홍주부(洪主簿), 홍주부'하면서 그가 죄를 받은 것을 매우 애석하게 여기니 이것은 무슨 마음인가. 경들은 어찌 내 뜻을 모르고 이와 같이 억지로 우기는가. 신하의 의리는 이와 같아서는 안될 것이다."

여러 신하들이 다시 순서 없이 간곡히 아뢰었다. 주상이 말했다. "어제 문안 때 이미 한결같이 '생일날 단자를 들이지 말라.'하였다. 그는38) 황공스럽게 여겨야 하는데 오히려 '나를 어찌하겠는가.'라고 하며 방자하게 두려워하지 않으니 어찌 이런 자가 있을 수 있는가." 이우정이 "어제는 차마듣지 못할 전교를 받들었습니다. 지금은 또한 하교가…" 하는 말이 채 끝내기도 전에 주상이 말했다. "어제부터 민암과 이우정이 앞장서서 일을 맡아 절의를 세우려 하는데 그 마음을 헤아릴 수 없다. 이우정을 파직해서 내쫓아라." 권열(權說)39)이 말하였다. "신은 늙고 병든데다가

---

36) 홍치상(洪致祥) : ?~1689. 본관은 남양, 자 응화(應和)이다. 홍득기와 숙안공주의 아들 로서, 숙안공주는 숙종의 고모이자 효종의 장녀이다.

37) 홍치상의 범죄행위 : 1687년(숙종13) 홍치상은 조사석(趙師錫)이 우의정에 임명되자 "후궁 장씨의 모친이 조사석의 여종 출신이기 때문에 이 연줄로 정승이 되었다."고 무함하였다. 그는 이 일로 1689년 사형 당하였다.

38) 그는 : 승전색 주빈을 가리킨다.

39) 권열(權說) : ?~1701. 본관은 안동, 자 열경(說卿)이다. 지중추부사 등을 역임하였다.

귀까지 먹어서 대답할 수가 없습니다만, 오늘의 일은 결코 그렇게 해서는 안 된다고 알고 있습니다." 주상이 "이미 비망기 내용을 보고도 오히려 결코 안 된다고 하니, 권열을 잡아들여 문초하라."고 하였다. 이만원(李萬元)⁴⁰⁾이 말하였다. "신하가 망극한 일에 직면하였으니 비록 죄를 받아 죽을지라도 정성과 힘을 다해 전하의 마음을 돌리고자 할 뿐입니다. 전하께서 앞선 시대의 역사를 살펴서 신하들로부터 구하신다면 공도보(孔道輔)와 여이간(呂夷簡)⁴¹⁾에게서 무엇을 취할 수 있겠습니까."

말이 끝나기도 전에 주상이 노하여 "이만원의 말이 무례하고 무례하도다. 창읍왕(昌邑王)⁴²⁾은 인군인데도 오히려 종묘사직을 위해 폐출하였다."고 하였다. 이만원이 "신이 아뢴 것은 바로 송나라 때 신하 공도보를 말한 것이지 창읍왕의 일을 말한 것이 아닙니다."고 하였다. 주상이 "내가 어찌 공도보의 일을 모르겠는가. 창읍왕은 천자인데도 종묘사직을 위하여 폐출하지 않음이 없으니 이것은 진실로 무례한 것이다."고 하였다. 대간 강선(姜銑)⁴³⁾이 말했다. "여러 신하들이 죽고 사는 것과 이롭고 해로운 것을 모르지 않는데도 어리석음을 무릅쓰고 다투어 고집하는 것은 어찌 다른 이유가 있겠습니까. 단지 성덕에 폐가 되지 않기 위해서일 뿐입니다." 주상이 "이만원을 아주 먼 변방으로 귀양 보내고, 강선은 파직하라."고 하였다. 목창명(睦昌明)⁴⁴⁾이 말했다. "가슴이 너무 아파 아뢸 바를 모르겠습니다. 옛사람이 '부모 사이가 나쁘면 자식은 마땅히 간하여 그치게 한다.'고 했습니다. 10년 동안 모후(母后)로 계셨는데 어찌 차마 폐출하라는

40) 이만원(李萬元) : 1651~1708. 본관은 연안, 자 백춘(伯春), 호 이우당(二憂堂)이다. 이조참판 등을 역임하였다.
41) 공도보(孔道輔)와 여이간(呂夷簡) : 송나라 진종(眞宗)과 인종(仁宗) 때 재상. 공도보는 간관으로서 곽후(郭后)의 폐위를 반대하다가 귀양갔다. 반면 여이간은 인종이 곽후를 폐위하는 것을 찬성하여 간언을 올린 공도보 등을 축출하였다.
42) 창읍왕(昌邑王) : B.C92~B.C59. 한나라 무제(武帝)의 손자 유하(劉賀). 소제(昭帝)를 이어 임금이 되었으나 곽광(霍光)에 의해 쫓겨났다. 선제(宣帝)가 그 뒤를 이었다.
43) 강선(姜銑) : 1645~?. 본관은 진주, 자 자화(子和)이다. 백년(栢年)의 아들로, 형조참판·도승지 등을 역임. 1694년 기사환국 때 송시열의 죄를 논하고, 신문할 것을 청하였다.
44) 목창명(睦昌明) : 1645~1695. 본관은 사천, 자 제세(際世), 호 취원(翠園)이다. 형조·병조판서 등을 역임하였다.

전교를 받들 수 있겠습니까." 마침내 여러 신하들이 물러갔다.

승정원 승지 이옥(李沃)45)·김해일(金海一)46)·박진규(朴鎭奎)·이서우 등이 아뢰었다. "옛날 질운(郅惲)은 자신의 처지를 미루어 군주를 헤아리고,47) 공도보는 온 몸을 던져서 임금에게 간했습니다. 신들이 비록 못났지만 또한 저것을 버리고 이것을 취함은 알고 있습니다. 이에 감히 한 목소리로 호소하니 전하께서 마음을 돌리시기 바랍니다." 비답하지 않고 돌려보냈다. 빈청과 홍문관에서 "일을 바로잡지 못한 죄를 받기를 청합니다."고 상소하였다. 우의정 김덕원과 좌의정 목내선이 "신들이 감히 임금의 뜻을 따르지 못한 죄를 빨리 바로 잡으소서."라고 상소하였다. 홍문관이 다른 관아와 합동으로 앞서 간곡한 뜻을 다시 아뢰었다. 영의정이 병으로 사양하며 앞서 간곡한 뜻을 다시 아뢰었다. 예문관에게 상소를 올려 통절한 심정을 아뢰었지만 모두 답하지 않고 돌려보냈다. 비망기를 내렸다. "여인 김씨48)는 궁중에 들어온 뒤로 조금도 공경하고 순종하는 행동이 없이 밖으로 죄인 김수항과 숙안공주 집에 결탁하여 서로 호응하여 주상의 동정을 살펴서 궁중의 여러 일들을 누설하지 않은 것이 없었다. 지난 정묘년(1687, 숙종13)에 임금 앞에 입시하여 만나보고 대화를 나눌 때 직접 작은 종이에 기록해 두었는데, 곧 멋대로 몰래 훔쳐서 소매 속에 감춰두었다. 여러 차례 힐문하자 형세가 어쩔 수 없음을 알고 비로소 내놓았으니 주장하여 일을 꾸미는 음흉함이 실로 헤아리기 어려웠다. 또한 교묘히 속이는 간특한 부인49)에게 밤낮으로 아첨하며 혈당(血黨)을

---

45) 이옥(李沃) : 1641~1698. 본관은 연안, 자 문약(文若), 호 박천(博泉)이다. 관징(觀徵)의 아들로서, 예조참판 등을 역임하였다. 숙종대 아버지와 함께 허목·윤휴의 청남에 속하여 송시열의 극형을 주장하였다.

46) 김해일(金海一) : 1640~1691. 본관은 예안, 자 종백(宗伯), 호 단곡(檀谷)이다. 승지 등을 역임하였다. 허목과 윤휴가 대립하자 허목을 편들었다.

47) 질운은 …… 헤아리고 : 질운은 후한(後漢) 때 문신. 후한의 광무제(光武帝)가 황후를 폐하려 하자 질운이 "부부의 법도는 아버지가 자식에 대해서도 어떻게 하지 못하는데 하물며 신하로서 임금에게 어떻게 할 수 있겠습니까."라고 하였다. 그러자 광무제가 "자기의 처지를 미루어 다른 사람의 입장을 헤아린다.[恕己量人]"라고 하였다.

48) 여인 김씨 : 김수항의 종손녀인 김귀인(金貴人)을 가리킨다.

만들었으며, 유언비어를 퍼트려 심하게 비방하였다. 또한 나라를 어지럽
히고 임금을 핍박하였으니, 그 죄상은 실로 패역(悖逆)을 범한 것이다.
작위를 거두고 폐하여 내쫓아라. 너희들은 그리 알라."

4월 25일에 삼사가 합문(閤門)에 엎드린 채 물러가지 않고,50) 좌·우의정
이 백관들을 거느리고 아뢰었다. "삼가 내전께서는 선모후(先母后, 명성왕
후)의 명을 받아 중궁 자리에 올라 지존의 배필이 되어 근 10년이나
한 나라의 어머니로서 지냈습니다. 설사 말과 행동에 혹 잘못이 있더라도
지난번 조처를 경솔하게 논의할 수 없음은 명백합니다. 전하께서 아직
발생하지 않은 일을 미리 염려하여 갑작스럽게 망극한 전교를 내리시니
만일 원자께서 장성하여 오늘의 일을 들으신다면 애통하고 절박한 심정이
어찌 오늘날 신들의 마음 보다 적을 수 있겠습니까. 조정 신하들이 비록
어리석지만 끝내 전교를 받들지 못하겠습니다." 주상이 "번거롭게 하지
말라."고 답하였다. 행 사직(行司直) 오두인(吳斗寅)51) 이세화(李世華) 52)·박태
보(朴泰輔)53) 등이 말했다. "신들이 주상의 전에 없던 잘못된 처분54)을
직접 보고 있습니다. 지금은 마침 산반(散班)55)이 되어 스스로 구구하게
애통하고 절박한 심성을 아뢸 수가 없으므로 서로를 이끌고 와서 간절히
호소하는 것입니다.……" 상소를 올리자 주상이 "입직 승지를 봐야겠다."
고 전교하였다. 불러서 볼 때 오두인 등을 오늘밤 3경(更, 자정 전후)전까지
잡아들여 직접 친국하겠다고 하교하였다. 또한, "친국하는 일은 인정(人定,

49) 간특한 부인 : 인현왕후를 가리킨다.
50) 합문에 …… 않고 : 복합(伏閤). 신하들의 결정을 받아들이지 않을 때 편전 정문인
    합문에 엎드려 물러가지 않는다.
51) 오두인(吳斗寅) : 1624~1689. 본관은 해주, 자 원징(元徵), 호 양곡(陽谷)이다. 공조·형조
    판서 등을 역임하였다.
52) 이세화(李世華) : 1630~1701. 본관은 부평, 자 군실(君實), 호 쌍백당(雙栢堂)·칠정(七井)이
    다. 예조·이조판서 등을 역임하였다. 1689년(숙종15) 인현왕후 폐위에 반대하는
    상소를 올렸다가 친국 당하였다.
53) 박태보(朴泰輔) : 1654~1689. 본관은 반남, 자 사원(士元), 호 정재(定齋)이다. 세당(世堂)의
    아들로, 지평·정언 등을 역임하였다. 인현왕후 폐위를 강력히 반대하다가 죽었다.
54) 잘못된 처분 : 인현왕후를 폐위시킨 일을 말한다.
55) 산반(散班) : 일정한 직무가 없는 벼슬이다.

오후10시)56) 전까지 거행하라고 분부하였는데 오히려 하지 않으니 해당 도사를 잡아들여 국문하라."고 하였다. 또한, "음흉한 죄인들에게 형벌을 청하지 않은 의금부 당상들도 함께 잡아들여 국문하라."고 하였다. 친국할 때 박태보·오두인·이세화 등에게 각각 한 차례씩 형문(刑問)57)을 가하였다. 박태보는 압슬과 낙형(烙刑)58)이 각각 한 차례 가하였다. 천둥 같은 위엄과 소리가 조정 밖까지 이르니 주변 신료들이 놀라 땀을 흘리고 숨도 쉬지 못하였다. 우의정 김덕원이 상소를 올렸는데 대략 구원하는 단서를 말하였다. 몇 마디 되지 않았는데도 주상이 크게 노하여, "우의정이 감히 박태보 등을 구원하려 하는가. 파직하여 내쫓거라."고 하면서 전교하였다. "지금 이후로 이와 같은 상소를 올리는 자가 있다면 역률로 처리하여 결코 용서하지 않을 것이다. 승정원에서는 즉시 이 뜻에 따라 구체적인 조항을 정해서 중외에 포고하도록 하라."

4월 26일에 박태보에게 형신(刑訊)을 가하였다. 영의정 권대운이 병을 핑계로 사직할 것을 아뢰면서 아울러 박태보 등을 구원하였다. 주상이 답하였다. "경의 간절한 뜻은 잘 알겠다. 박태보는 흉역에 관계되어 형벌을 받아 죽는 것을 면하기 어렵다. 이미 지금이후로 역률로 논하겠다는 교서를 내렸는데, 이 일은 지금 이전과 관계된 일이어서 참작할 만한 도가 있다. 박태보는 죽을죄를 줄여서 위리안치59)하고, 오두인은 안치하며 이세화는 멀리 귀양보낼 것이니 경은 안심하고 죄를 기다리지 말라."

4월 27일에 우참찬 이관징이 상소를 승정원에서 올렸다. 비망기를 내렸다. "박태보 등이 목숨을 보존한 것만으로도 다행스럽게 여겨야 하는데도 이관징이 감히 '살릴 수 있는 방도를 곡진히 해주십시오.'라고 하는 말로 함부로 방자하게 상소를 올렸다. 만약 이런 말이 시행되게 되면 끝내 생길 해로움을 이루다 말할 수 없을 것이다. 이 상소를 돌려주고

---

56) 인정(人定) : 통행금지를 위해 매일 밤 10시경에 종 치던 일이다.
57) 형문(刑問) : 형장으로 정강이를 때리던 형벌이다.
58) 낙형(烙刑) : 쇠를 불에 달구어 지지는 형벌이다.
59) 위리안치(圍籬安置) : 유배지 주변의 출입을 엄격히 금지하며 탱자 가시 울타리를 쳐서 두는 형벌이다.

이관징의 죄를 엄중히 밝혀라."

5월 1일에 성균관 유생 홍경렴(洪景濂)·학유(學儒) 허확(許碻) 등이 "울면서 바라옵건대 중전을 떠받들어 섬기게 해 주소서."라고 상소하였다. 승정원에 올렸지만 돌려주었다.

5월 2일에 비망기를 내렸다. "민씨를 폐하여 서인(庶人)으로 만들고 사저로 돌려보내라. 그리고 이 사실을 종묘에 아뢰고 교서로 반포하는 일은 양조(兩朝, 효종·현종)대 옛 사례에 따라 예관(禮官)에게 즉시 거행토록 하라." 승정원에서 "홍문관에서 뵙기를 청합니다."고 아뢰자, 주상이 "내가 마침 불편하니 의견을 글로 써서 올려라."고 하교하였다. 교리 이윤수(李允修)[60]와 수찬 심계량(沈季良)이 말하였다. "근일 주상께서 이미 역률로써 다스린다는 명령을 내렸기에 신들은 감히 말을 다하지 못하고 두려워 위축되었습니다. 신들이 춘추관에서 성종대 고사(古事)를 살펴보니 폐비 윤씨의 죄와 잘못이 밝게 드러났지만 성종께서는 여러 신하들의 청을 힘써 따라서 3년을 기다린 뒤에야 처분하였습니다. 이는 선(善)을 옮겨 잘못을 고치고자 하는 마음에서 나왔으니 선대왕들이 신중하게 일을 처리하는 뜻이 이와 같습니다. 그러므로 신들이 고사에 밝지 못하여 전후 나아가 뵙고 말씀드릴 때 적절한 근거를 찾아서 개진하지 못하였으니 이에 감히 뵙기를 청합니다." 도승지 신후재(申厚載)[61]가 "비단 홍문관만의 뜻이 아닙니다. 3년을 늦추어 기다리는 것은 신들 역시 바라는 바입니다."고 아뢰었다. 비망기를 내렸다. "성종 때 일은 지금의 일과 크게 다르다. 내 뜻이 이미 정해져서 비망기가 이미 내려갔는데도 뒤에서 서로 이끌며 만나 보기를 청하며 한결같이 구원을 도모하니 어찌 이처럼 멋대로 방자하게 무엄할 수 있는가. 이윤수와 심계량을 잡아들여 국문하라."

---

60) 이윤수(李允修) : 1653~1693. 본관은 광주(廣州), 자 면숙(勉叔)이다. 영의정 덕형(德馨)의 증손으로, 대사간 등을 역임하였다. 1689년(숙종15) 세자 책봉에 반대하는 송시열을 귀양 보낼 것을 주장하였다.

61) 신후재(申厚載) : 1636~1699. 본관은 평산, 자 덕부(德夫), 호 규정(葵亭)·서암(恕庵)이다. 도승지 등을 역임하였다.

320

  영의정 권대운이 차자를 올렸다. "신이 비망기를 보건대 왕비를 폐위시
켜 서인으로 만들고 사저로 돌아가라는 교서를 내렸으니 그 애통하고
절박함을 이기지 못하겠습니다. 내전께서 말하는 사이에 설혹 잘못과
착오가 있더라도 이는 부부의 은혜를 우러르고 포용의 덕을 믿어서
주상께 중대한 죄를 지은 줄 스스로 깨닫지 못한 것에 불과합니다. 보통
사람에게도 죄가 있으면 오히려 착한 데로 옮기는 길과 허물을 고치는
단서를 열어 주는데, 하물며 주상의 배필과 같은 중요한 사람에게 있어서
는 말할 것도 없습니다. 그만 둘 수 없으시다면, 별궁에 두고 명호(名號)를
존속시키며, 의식에 필요한 여러 물품을 그대로 두면 주상이 변고에
대처하는 도리가 이에 극진하게 될 것입니다. 신은 10년 동안 국모로
섬기어 그 명분이 이미 정해졌는데 하루아침에 갑자기 바꾸는 이번
조처가 가슴이 아파서 스스로 그치지 못하겠습니다." 주상이 답하였다.
"잘 살펴보았다. 대신이 비록 일반 신료들과 다르지만 이제 국가의 처분이
이미 정해졌으니 정청(庭請)62)할 때와는 크게 다른데 혹은 '지나치고
어긋나다.'고 일컫고 혹은 내전(內殿)이라고 일컬으니, 국체(國體)로서 헤아
리건대 결코 이와 같이 하는 것은 부당하다."

  전교하였다. "민씨는 이미 폐출되었고, 조정의 처분은 이미 정해졌다.
그런데 영의정의 상소는 진실로 뜻밖이다. 지금 이후로는 이 같은 상소는
들이지 말라." 비망기를 내렸다. "예로부터 후비가 투기로 인하여 원망하
고 분노하는 경우가 간혹 있었지만 지금과 같은 정도의 일은 아니었다.
투기하는 것 외에도 별도로 간특한 계획을 꾸며, 스스로 선왕과 선후의
하교를 지어 공공연히 나에게 큰소리로, '숙원(淑媛)은 전생에 짐승이었는
데 주상께서 쏴 죽이셨으므로, 묵은 원한을 갚기 위해서 이 세상에 태어났
습니다. 그래서 경신년 역옥(逆獄) 후에 못된 무리와 서로 결탁하였으니
그 화를 장차 이루 헤아릴 수 없을 것입니다. 또 팔자에 본디 아들이
없으니 주상이 힘들게 애쓰셔도 공이 없을 것입니다. 내전에는 자손이

---
 62) 정청(庭請): 중대사가 있을 때 세자 또는 의정(議政)이 백관을 거느리고 궁정에
    이르러서 계(啓)를 올리고 전교를 기다리다.

많을 것이니 장차 선조[宣廟] 때와 다름이 없을 것[63]입니다.'고 하였다. 이는 비록 삼척동자라도 반드시 듣고 믿지 아니할 것이다. 더욱이 이제 선대 임금들이 묵묵히 도와 세자[元良]가 태어나서 스스로 만든 흉계가 낱낱이 드러났으니, 그 누구를 속이겠는가. 하늘을 속이겠는가. 아, 국모로 한 나라에 임하여 신민(臣民)이 우러러 받드는데, 이런 간특한 사실이 있음은 천고에 듣지 못한 바이다. 이것을 참는다면 무엇을 참지 못하겠는가. 이는 폐비 윤씨에게도 없는 죄인데, 박태보 등이 죽음으로써 절개를 세운다고 하면서 임금을 모함하니 이 또한 성종 때에도 듣지 못한 일이었다. 이른바 '서로 핍박하고 서로 알력하며 참소한다.'는 등의 말과 어찌 조금이라도 비슷한 것이 있겠는가. 천지의 귀신이 하늘에서 내려다보고 곁에서 꾸짖어 결코 속일 수 없는데도 이와 같이 임금을 잊은 흉악한 무리들을 별도로 징벌하지 않을 수 없다. 박태보·오두인·이세화 등의 아들·사위·동생을 아울러 영구히 관직을 빼앗고 등용하지 말라."

좌의정 목내선이 애통하고 절박한 심정을 아뢰기 위해 승정원에 상소를 써서 올렸다. 승정원에서 "대신의 상소를 어떻게 처리합니까."고 묻자, 주상이 "비록 대신의 상소이지만 다시 들이지 말라."고 전교하였다. 또한, "오늘 폐비 민씨가 평소처럼 옥교(屋轎)를 타고 요금문(曜金門)[64]을 지나 본가로 돌아갈 것이다. 승정원은 그리 알라."고 전교하였다. 성균관 유생들이 권당(捲堂)[65]하며 아뢰었다. "성균관에 거처하면서 국가의 비상한 일을 보고, 애통하고 절박함을 견디지 못하여 두 번이나 글을 올렸습니다. 하지만 승정원이 저지하여 끝내 올릴 수 없게 되었으니 이에 감히 편안하게 있을 수 없어서 수업을 거부하고 성균관을 나옵니다.……"

영중추부사 이상진(李尙眞)[66]이 "신이 보건대 어제 비망기는 너무 가슴

---

63) 선조 …… 없을 것 : 선조는 후비들로부터 14남 11녀를 두었던 사실을 가리킨다.
64) 요금문(曜金門) : 창덕궁 서북쪽 담장에 난 문. 내시·상궁들이 병들어 죽었을 때 퇴궐시키던 문이다.
65) 권당(捲堂) : 공관(空館). 성균관 유생들이 행하던 일종의 동맹휴학이다.
66) 이상진(李尙眞) : 1614~1690. 본관은 전의, 자 천득(天得), 호 만암(晩庵)이다. 이조판서· 우의정 등을 역임하였다.

322

이 아픕니다. 바라옵건대 잘못을 바로잡는 정성을 다하지 못하였으니 불충한 죄를 물어주십시오."라고 하였다. 상소가 들어오자 비망기를 내렸다. "이번에 이상진이 상소를 올렸는데 방자하게도 이미 폐출한 뒤에 절개를 세워서 훗날 핑계거리로 삼으려 한다. 임금을 잊고 나라를 저버림이 이보다 더 심한 것이 있겠는가. 세도가 땅에 떨어지고 풍속이 타락하여 더욱 심하게 무리지어 자기편을 두둔하여, '차라리 군부를 저버릴지언정 사당(私黨)을 변명하여 구원하지 않을 수 없다.'고 생각한다. 만약 엄중하게 다스리지 아니하면 장차 역적 강빈[逆姜]도 함께 신원하려 들 것이다. 이상진을 위리안치하라." 또 말하였다. "이상진이 이미 폐출한 뒤에 절개를 세우니 만약 엄하게 과조(科條)67)를 세워서 통렬하게 막지 않는다면, 김홍욱68)과 같은 무리가 장차 잇따라 나와 훗날 이 일을 핑계로 국가에 화를 일으키고 말 것이다. 이제부터 강신(强臣)과 흉얼(凶孽) 가운데 다시 이 일을 제기하는 자가 있다면, 바로 역률로써 논단하여 결코 용서하지 않는다는 사실을 중외에 반포하라."

　　대사간 권환(權瑍)69)과 교리 김주(金澍) 등의 상소에 답하였다. "오두인 등의 일은 실제 엄하게 다스린다는 뜻에서 나왔거늘 지금 이 일을 가지고, '중벌을 받은 뒤에 먼 변방에 유배되기까지 하였다.'고 하여 마치 죄는 가벼운데 적용된 형률이 무거운 것처럼 말하였으니 이는 훗날 사론(邪論)의 효시가 될 만하다. 어찌하여 말을 골라 하지 않는 것이 여기에 이르렀는가." 영의정과 예조 당상 등이 입시할 때 영의정이 아뢰어서 이상진은 도내(道內)로 옮겨져 유배되었다.

---

67) 과조(科條): 조목별로 된 법률·명령·조례·규칙 등이다.
68) 김홍욱(金弘郁): 1602~1654. 본관은 경주, 자 문숙(文叔), 호 학주(鶴洲)이다. 추사(秋史) 김정희(金正喜)의 7대조이다. 1654년 황해도 관찰사 재임시 천재로 효종이 구언하자 8년 전 사사된 강빈의 억울함을 풀어줄 것을 상소했다. 당시 이 사건은 종통에 관한 문제로 효종의 왕위 보전과도 관련되는 것이기 때문에 누구도 감히 말하지 못했다. 이로 인해 하옥되었다가 장살되었다.
69) 권환(權瑍): 1636~1716. 본관은 안동, 자 중장(仲章), 호 제남(濟南)이다. 권대운의 조카이다. 허목의 문인으로, 병조참판·대사성 등을 역임하였다. 기사환국 때 박태보·오두인 등을 구원하는 상소를 올렸다.

002 이는 모두 당시 일어난 사건들로 사서(史書)에 실려 있으니, 사신(史臣)들이 어찌 속이겠는가. 비상한 조처70)가 발생한 이래 대소 신료들로부터 선비들에 이르기까지 크게 놀라서 분주하지 않음이 없었다. 혹 주상을 대면하여 직접 말하거나 상소를 올려 정성껏 말을 하여 지극함을 다하지 않음이 없었지만 결국 주상의 마음은 사람의 힘으로 되돌릴 수 없었다. 비록 입장을 바꾸어 그들71)이 이 일을 당했더라도 어찌하겠는가. 이처럼 조심하고 조심했는데도 끊임없이 남인을 배척하니 도대체 무슨 마음인가.

당시 남인 가운데 엄한 벌을 받아 쫓겨난 자가 한 두 사람이 아니었으니 단지 죽음에 이르지 않았을 뿐이었다. 죽지 않은 자는 그나마 운이 좋았던 것이고, 죽은 자는 매우 불행한 것이었다. 지금 박태보처럼 죽지 못했다고 죄를 준다면 박태보의 상소에 기록되어 죄를 입은 자를 제외하고도 무려 70여 인이나 된다. 그 밖에 혹 직책을 가지고 있거나 산반(散班)으로서 서울과 경기지역을 떠도는 사람들 역시 그 무리가 적지 않다. 만약 그들이 다른 사람을 질책하는 마음으로 자기를 질책한다면 사람마다 어찌 박태보의 뒤를 이어 두 번째 세 번째 상소, 심지어 열 번째 백 번째 상소를 올려서 반드시 박태보처럼 하지 않고서 유독 남인에게만 책임을 지우려 하는가.

당시 여러 차례 경연에서 대면하여 말했고, 여러 신하들이 올린 상소를 통해 입이 아프게 간쟁하고 심혈을 쏟아 사양하는 말들이 있었는데 어찌 박태보와 이상진의 상소에 미치지 못했단 말인가. 저들에 대해서는 '기절(氣節)이 있고, 정충(貞忠)이 있다.'고 하여 마치 용봉(龍逢)72)·비간(比干)73)과 같다고 장려하면서도 남인에게는 죄 주기에 온 힘을 남김없이 기울였으니 이것이 과연 공론이라 할 수 있는가. 중전이 이미 폐위되었는데도 오히려

70) 비상한 조처 : 인현왕후를 폐위시킨 일을 가리킨다.
71) 그들 : 서인을 가리킨다.
72) 용봉(龍逢) : 하나라 충신 관용봉(關龍逢). 걸왕(桀王)의 무도(無道)함을 간하다가 죽었다.
73) 비간(比干) : 은나라 충신. 주왕(紂王)의 악정(惡政)을 간하다가 죽었다.

조정에 들어가 직무 수행한 것을 가지고 죄 주려 한다면 이는 마치 어떤 집안에 불행히 아버지가 잘못된 조처로 어머니를 쫓아내자 자식이 의관을 찢고 반드시 아버지로부터 도망쳐서 머리를 풀어헤치고 산 속으로 들어가 야만 바야흐로 효도라고 하는 것과 무엇이 다르겠는가. 세상에 이 같은 의리는 없다. 이로써 죄를 주려했지만 불가능해지자 죄명을 만들었으니 이것이 바로 명의죄인(名義罪人)이었다. 요컨대 이 두 글자를 빌미로 수천 사람의 과거 길을 천만세토록 막았으니 『주관(周官)』·『여형(呂刑)』74), 한·당·송나라 이래 『대명률』, 우리나라 형전을 살펴봐도 명의죄인이라는 죄명은 없었다.

003 옛날 한나라 광무제(光武帝)75) 때 곽후(郭后)를 폐위시키고 음귀인(陰貴人)76)을 세웠다. 당시 운대(雲臺)77) 여러 명신(名臣)들이 어떻게 임금에게 간하고 입조(立朝)하여 처신했는지 알 수 없지만 주자가 『통감강목(通鑑綱目)』78)을 펴낼 때 명의죄인이라고 하지 않았다. 송나라 인종(仁宗) 때 곽황후(郭皇后)79)가 폐위되어 정비(淨妃)로 강등되었을 때 오직 공도보(孔道輔)80) 등 몇 사람을 제외하고 구양수(歐陽脩)81)·조첨(趙瞻)82)·두연(杜衍)83)·

---

74) 여형(呂刑) : 주나라 형서(刑書)이다.
75) 광무제(光武帝) : B.C.6~A.D.57. 후한의 초대 황제. 전한(前漢)의 고조(高祖) 유방(劉邦)의 9세손. 신(新)나라를 세운 왕망(王莽)을 죽이고 한 왕조를 재건하였다.
76) 음귀인(陰貴人) : 후한 광무제의 왕비 음려화(陰麗華). 폐위된 곽후(郭后)를 대신하여 왕후가 되었다.
77) 운대(雲臺) : 후한(後漢) 명제(明帝)가 공신의 초상화를 그려서 걸어 놓았던 곳이다
78) 통감강목(通鑑綱目) : 주자의 저술. 사마광(司馬光)의 『자치통감(資治通鑑)』을 강(綱)과 목(目)으로 나누어 편찬하였다.
79) 곽황후(郭皇后) : 송나라 인종(仁宗)의 비(妃). 상미인(尚美人)과 다투다가 인종의 얼굴에 상처를 내었고, 이 일로 인해 폐출 당하였다.
80) 공도보(孔道輔) : 공자(孔子)의 45대손. 자 원로(元魯). 곽황후를 폐할 때 간관으로서 반대하였다.
81) 구양수(歐陽脩) : 1007~1072. 송나라 학자. 자는 영숙(永叔), 호 취옹(醉翁), 시호 문충(文忠) 이다. 참지정사(參知政事) 등을 역임하였다. 글씨와 문장에서 이름을 떨쳤으며, 왕안석 의 신법에 반대하여 정치적 갈등을 빚기도 했다.
82) 조첨(趙瞻) : 1019~1090. 송나라 문신. 호부시랑·동지추밀원사 등을 역임하였다.
83) 두연(杜衍) : 978~1057. 송나라 문신. 부필·범중엄 등과 함께 폐정을 개혁하였다.

한기(韓琦)84)·부필(富弼)85)·문언박(文彦博)86) 등 여러 공들이 바로 잡으려 노력했다는 말을 듣지 못했지만 그렇다고 해서 명의죄인이라고 하지 않았다. 심지어 여이간(呂夷簡)87)과 힘을 합쳐 폐위에 힘쓴 자가 있었는데도 주자 또한 『명신록(名臣錄)』88)에서 삭제하지 않았다.

우리나라 중종 때 발생한 신비(愼妃) 폐위는 박원종(朴元宗)89)·유순정(柳順汀)90) 무리들이 협박하여 이루어진 것이지만 살아서 모토(茅土)91)를 나눠받고 죽어서는 종묘에 배향되었으며, 오늘날 온릉(溫陵, 단경왕후)92)으로 복위된 뒤에도 여전히 배향되었다. 그 자손들은 좋은 벼슬자리에 올라 중요한 지위를 누렸으니 그들 중에서 명의죄인의 명목으로 벌받은 자는 없었다. 그 이름은 무슨 이름이고, 이 죄는 무슨 죄인지 알지 못하겠다. 남인은 명목도 없는 죄로써 처벌 받은 것이다. 갑술년(1694, 숙종20)으로부터 이미 50여 년이 지났지만 남인은 그들의 비난을 받을까봐 두려움에 떨고 있으며, 어떤 사람은 '기사남인은 할 말이 없다.'고 하니 이것을 일러 이른바 '공자를 공부하는 자들도 터무니없고 망령된 말을 즐기면서 스스로 작게 여겼다.'는 말과 같다. 우리 동사(東事)는 5, 60년이 지나면 잊혀져 당시 사실을 알지 못해서 남의 귀를 빌어 말을

84) 한기(韓琦) : 1008~1075. 송나라 문신. 추밀부사(樞密副使) 등을 역임하였다.
85) 부필(富弼) : 1004~1083. 송나라 문신. 자 언국(彦國)이다.
86) 문언박(文彦博) : 1006~1097. 송나라 문신. 부필 등과 영종 옹립에 공을 세웠다.
87) 여이간(呂夷簡) : 978~1044. 송나라 문신. 곽후 폐위를 주도하였다.
88) 명신록(名臣錄) : 송명신록(宋名臣錄) 혹은 명신언행록(名臣言行錄). 주자가 편찬한 책으로 송대(宋代) 명신(名臣)의 언행을 모아 기록한 것이다. 전집(前集)·후집(後集)은 주자가, 속집(續集)·별집(別集)·외집(外集)은 이유무(李幼武)가 보충하여 편집하였다.
89) 박원종(朴元宗) : 1467~1510. 본관은 순천, 자 백윤(伯胤)이다. 좌의정·영의정 등을 역임하였다. 중종반정을 주도하여 정국공신(靖國功臣) 1등에 책록, 평원부원군(平原府院君)에 봉해졌다.
90) 유순정(柳順汀) : 1459~1512. 본관은 진주, 자 지옹(智翁), 호 청천(菁川)이다. 박원종·성희안 등과 함께 중종반정을 주도하여 정국공신 1등에 책록, 청천부원군(菁川府院君)에 봉해졌다.
91) 모토(茅土) : 제왕으로부터 받는 영지(領地)이다. 한나라 때 제후(諸侯)를 봉할 때 오행설(五行說)에 따라 방면마다 해당 흙을 흰 띠풀로 싸서 주었다는 고사에서 유래하였다. 제후는 이 흙을 받아 사직단(社稷壇)을 만들었다.
92) 온릉(溫陵) : 중종의 왕비 단경왕후(端敬王后) 신씨의 능이다.

만들어낸다. 최근 한 때 부끄러움을 모르는 무리들이 이 같은 상황을 악용하여 말을 만들어 승진의 바탕으로 삼고, 시의(時義)에 아부하여 녹봉을 구하니 참으로 미워할 만하다.

004 예로부터 지금까지 아버지가 혹 어머니를 쫓아내는 일이 한, 두 번이 아니었다. 자식은 울면서 아버지의 뜻을 따라야 했으니 진실로 아버지에게 억지로 권하여 어머니를 내쫓는 일을 막을 수 없기 때문이었다. 군신관계는 부자 사이와 같아 군부가 왕후를 쫓아내려 하면 신하는 간쟁해야 하지만 군부를 강압하여 폐하지 못하게 만들기도 어렵다. 군부가 혹 그 간언에 노여워하여 간쟁한 자를 죽이려 한다면 죽어야 할 것이며, 죽지 말라고 하면 죽지 않아야 할 것이다. 죽고 사는 문제는 오직 군부의 명에 따라야 할 것이니 이것을 보건대 신하가 무엇을 할 수 있겠는가. 공씨 집안은 3대에 걸쳐 부인을 쫓아냈는데[93] 당시 백어(伯魚)와 자사(子思)가 큰일에 대처했던 도리는 경전에서 찾아볼 수 없어서 어떻게 했는지 알 수 없다. 그렇다고 선성(先聖)과 선현(先賢)들이 백어와 자사가 죽지 않은 것은 불가하다고 한 적이 없다. 이 때문에 공도보가 간쟁을 할 수 있었지만 끝내 곽후의 폐위를 막지 못하였으니 신하의 도리로써 군부에게 강제할 수 없는 점이 있기 때문이다.

005 예로부터 신하와 자식 가운데 아버지가 어머니를 쫓아내고 임금이 왕후를 폐위할 때 죽은 자는 없었다. 때문에 최창대가 오두인을 충절이라고 칭한 것에 대해 이해할 수 없어서 "후비를 위해서 죽는 것이 예입니까." 라고 묻자, 최창대가 "후비를 위해서 죽는 것이 아니라 의를 위해서 죽는다."고 대답하였다. 이는 망설이다가 한 말이다. 후비를 위해서 죽는 것이 예가 아님을 알진대 어찌하여 유독 기사남인에게만 죽지 못했다고

---

93) 공씨 집안은 …… 쫓아냈는데 : 공자 부친 숙량흘(叔梁紇)과 공자 아들 백어(伯魚), 백어 아들 자사(子思)가 모두 부인을 쫓아냈다. '공씨삼세출처(孔氏三世出妻)'의 고사는 『공자가어(孔子家語)』 후서(後序)에 실려 있다.

질책해서 그토록 심하게 죄를 주는가. 그 비문에서 또한 말했다. "현명한 군주를 위해 큰 과실을 구원하니 군신의 도리를 다 했다고 이를만하다. 국모를 위해서 신하의 도리를 다하였으니 부자의 도리를 다했다고 할 만하다. 우리 주상이 장후(莊后, 인현왕후)를 보호하게 했으니 부부의 도리라고 이를만하다. 한번 움직임에 삼강(三綱)이 확립되었다."

이것이 오두인이 충성과 절의로써 특별히 추천된 이유였다. 그런데 기사남인은 이 세 가지를 능히 하지 못하고 오직 오두인만 했단 말인가. 기사남인이 두세 번 나아가서 천백 마디를 했는데 어찌 오두인에게 미치지 못해서 오직 오두인의 한 마디 말에만 충성과 절의가 달렸다고 하는가. 죽고 살았다는 차이가 있을 뿐인데 어찌 죽은 자는 충성된 자라하고 죽지 않은 자는 충성스럽지 못하다고 하는가.

006 약천(藥泉, 남구만)이 지은 신익상(申翼相)[94]의 묘지명에서 말했다. "왕비가 사저로 강등되어 내려가자 군함(軍啣)[95]이었던 공이 정청에 참여하였다. 이튿날 새벽 상소를 올리려고 초고를 소매에 넣고 궁궐로 나아갔는데, 마침 '상소한 자를 역률로써 다스리라.'는 하교가 있어서 궐문 밖으로 쫓겨나 이리저리 방황하게 되었다."

영중추부사 여성제(呂聖齊)[96] 또한 잘못된 것을 바로잡지 못했다고 하며, 죄 받기를 청하는 상소를 올렸는데 단지 몇 마디에 불과하였다. 어찌 주상의 하교가 엄격한데도 신하의 명분과 의리로 감히 강제할 수 있겠는가.

---

94) 신익상(申翼相) : 1634~1697. 본관은 고령, 자 숙필(叔弼), 호 성재(醒齋)이다. 공조판서·우의정 등을 역임하였다. 1689년(숙종15) 기사환국 때 인현왕후 폐위의 부당함을 간하고 사직하였다. 1694년 갑술환국 때 다시 기용되어 소론 탕평파로 활동하였다.

95) 군함(軍啣) : 군함(軍銜). 상호군·대호군·호군·부호군 등 무관 벼슬자리들을 통칭하였다.

96) 여성제(呂聖齊) : 1625~1691. 본관은 함양(咸陽), 자 희천(希天), 호 운포(雲浦)이다. 한준겸(韓浚謙)의 외손자로, 좌의정·영의정 등을 역임하였다. 1689년(숙종15) 인현왕후 폐위에 반대하는 상소를 올렸다가 유배되었다.

007 서인이 명의(名義)로써 함정을 만들어 놓고 앞뒤에서 남인을 함정에 밀어 넣어 해치려 한 것이 이르지 못하는 일이 없었다. 조태구(趙泰耈)[97]가 남인의 아들과 손자들에게까지 벼슬길을 막으려 했고, 윤순(尹淳)[98]은 '어머니가 없다'는 의논을 내놓을 정도로 극심하였다. 조태구는 중하인(中下人)으로서 신축년(1721, 경종1) 위급한 때를 당해 정승의 지위에 있으면서 소론(少論) 무리들에 의해 추대되었다. 당시 약현(藥峴) 심단(沈檀)[99] 대감이 이조판서가 되었는데, 혹 한 쪽 편 사람들[100]이 다시 등용되면 참혹하고 각박한 논의를 주장할까 두려워하여 소인의 무리들이 부추긴 것이었다. 그 사람들[101]이 어찌 알았겠는가.

윤순은 본래 어머니가 안 계신 사람이라고 했으니 그의 어머니는 남인의 자식이 아니었던가.[102] 외삼촌 이현기(李玄紀)[103]는 기사년(1689, 숙종15) 대각(臺閣)에 몸담았던 사람이 아니었던가. 그가 어려서 외가에 의지하여 성장하였으니 외삼촌의 보살핌을 받지 않음이 없었다. 기사년의 일을 그가 어찌 알지 못했는가. 당론에 치우쳐 어머니가 없다고 하며 남인을 배척하였으니, 과연 그에게 어머니가 있었던가. 옛날 외삼촌의 피로써 비단을 더럽힌 자가 윤순의 부류란 말인가.

---

97) 조태구(趙泰耈) : 1660~1723. 본관은 양주(楊州), 자 덕수(德叟), 호 소헌(素軒)·하곡(霞谷) 이다. 우의정 사석(師錫)의 아들, 태채(泰采)·태억(泰億)의 종형이다. 경종대 노론 4대신 이 연잉군(延礽君, 영조)을 왕세제(王世弟)로 책봉하고 곧이어 대리청정을 단행하자 이를 저지하였다.

98) 윤순(尹淳) : 1680~1741. 본관은 파평, 자 중화(仲和), 호 백하(白下)·학음(鶴陰)·만옹(漫翁) 이다. 두수(斗壽)의 5대손으로, 공조·예조판서 등을 역임하였다.

99) 심단(沈檀) : 1645~1730. 본관은 청송, 자 덕여(德輿), 호 약현(藥峴)·추우당(追尤堂)이다. 어머니는 윤선도의 딸, 외조부 윤선도에게서 교육을 받았다. 형조·예조판서 등을 역임. 인현왕후 폐위 당시 박태보 등이 죽자 그 충성을 칭찬하였다.

100) 한 쪽 편 사람들 : 남인을 가리킨다.

101) 그 사람들 : 남인을 가리킨다.

102) 그의 어머니는 …… 아니었던가 : 윤순의 어머니는 전주 이씨로 승지 동규(同揆, ?~1677)의 딸이다. 이동규는 이성구(李聖求)의 아들, 수광(晬光)의 손자이다. 전형적인 남인출신 가문이다.

103) 이현기(李玄紀) : 1647~1714. 본관은 전주, 자 원방(元方), 호 졸재(拙齋)이다. 수광의 증손으로, 경상도 관찰사 등을 역임하였다.

정시한의 폐위 반대 상소

008 진선(進善) 정시한(丁時翰)[104]의 호는 우담(愚潭)이고, 강원도 원주[原城]에 거처하였다. 성리학설을 강론하면서 벼슬에 나아가는 것을 즐기지 않았고, 직접 농사를 지어 먹고 살았다. 조정에 유일(遺逸)[105]로 천거된 이후 거듭 여러 차례 추천되어 집의[中丞]에 이르렀으나 모두 나아가지 않았다. 매번 몸을 일으키면 개골산(皆骨山, 금강산)[106]에 들어가서 수개월 동안 지내다가 돌아올 것을 잊어버렸다. 산 중의 스님들이 그 풍채와 거동을 깊이 사모하여 지선(地仙)이라고 칭하였으니 당대 위인이었다. 기사년(1689)에 왕후가 폐위된 일로 상소를 올렸으며, 병자년(1696, 숙종 22)에 또 봉사(封事)[107]를 올려 많은 말을 하였다. 희빈의 일을 논하였고, 또한 김춘택(金春澤)[108]무리가 뇌물을 쓴 일을 말하였다. 나이 70세를 넘겨 집에서 세상을 떠났다. 법천(法泉)에 있는 옛 집에는 마을에서 세운 현사(賢祠)가 있다.

009 정시한의 상소는 대략 다음과 같았다. "두 공주[109]가 젊은 나이에 홀로되었으니 애처롭습니다. 아들[110]이 있었는데 착하지 못하여 하늘에 죄를 지었습니다. 깊은 궁궐에 거처하여 그림자와 서로 위로하며 지내던 부인[111]의 좁은 성품으로는 아들의 악한 짓을 모릅니다. 근심이 지나쳐

---

104) 정시한(丁時翰) : 1625~1707. 본관은 나주, 자 군익(君翊), 호 우담(愚潭)이다. 이현일·이유장 등과 교유하였다. 기사환국 때 인현왕후를 폐위시킨 일을 잘못이라고 상소하고, 1696년 희빈 장씨의 강등에 반대하였다.

105) 유일(遺逸) : 학식과 덕망이 높은 재야 선비를 과거시험 없이 선발하는 방식이다.

106) 개골산(皆骨山) : 금강산의 겨울철 명칭이다.

107) 봉사(封事) : 임금에게 밀봉하여 올리던 글이다.

108) 김춘택(金春澤) : 1670~1717. 본관은 광산, 자 백우(伯雨), 호 북헌(北軒)이다. 만기(萬基)의 손자, 진귀(鎭龜)의 아들이다. 남구만 등 소론으로부터 음모정치를 펼친다는 비난을 받았다.

109) 두 공주 : 숙안·숙명(淑明)공주. 숙명공주는 청평위(靑平尉) 심익현(沈益顯, 1641~ 1683)에게 시집을 갔다. 심익현은 이조참판 심지원의 아들이다.

110) 아들 : 숙안공주의 아들 홍치상을 가리킨다.

111) 부인 : 숙안공주를 가리킨다.

병이 된다면, 전하께서는 어찌 불쌍하게 여겨 마음이 상하지 않겠습니까.
바라건대, 후하게 은혜로운 예를 더하여 친족을 친애하는 의리를 두텁게
하소서. 신은 왕비를 폐하여 서인으로 만든 일에 대해서 더욱 유감이
있습니다. 전하의 배필로 지낸 지 거의 10년이 되었습니다. 지금 비록
폐위되었지만 별궁에 살게 하며 예로써 대우하여 제왕가의 법도를 지키
고, 예전 은의(恩義)를 온전히 해야 하는데, 이제 서인이라는 이름으로
여염 가운데에 두었으니, 전하의 대우가 너무 박하지 않습니까. '군자는
교제를 끊을 때 나쁜 소문을 내지 않는다.'고 했습니다. 이제 전하께서는
특별히 슬퍼하고 애쓰시는 뜻이 없고, 도리어 박절하게 은혜를 적게
베푸시니 신은 매우 애석하게 여깁니다. 원컨대 예전에 정한 데로 다시
시행하십시오.……"

또 말하였다. "지금 국면이 다시 바뀌자 죽고 귀양 간 사람들이 속출하는
데, 이 사람들은 전하를 살육하는 데로 인도하다가 도리어 재앙을 받았으
니 이는 천도의 필연입니다. 그러나 저들이 당초 전하에게 고하지 않고
마음대로 한 것이 아니라 전하를 속여 계책을 부렸고, 전하께서 속아서
미워하는 자를 마음대로 죽이게 했습니다. 이제 전하는 뉘우쳐 깨닫고
지난 날 속은 것을 경계로 삼아야 하고, 조정 신하들 역시 지난 날 유감을
멋대로 드러낸 것을 징계로 삼아 군신상하가 서로 권계(勸戒)하여 크게
너그러운 정치를 펼쳤으니 참으로 국가의 복이 될 것입니다. 더구나
우리 조선은 어질고 후덕함으로써 나라를 세우고 여러 왕대를 거친
이래 신하를 예우하고 함부로 죽이지 않았습니다. 어찌 전하의 조정에서
처럼 대신을 여러 번 죽인 일이 있었겠습니까.

전하께서 재위에 오른 지 16년이 지났는데 그 동안 세 번이나 정국이
변했고, 매번 국면이 바뀔 때마다 한쪽 편 사람들만 등용되었습니다.
내쫓긴 자들은 원한에 사무쳤으며, 뜻을 얻은 자는 보복을 자행했습니다.
조정은 예의와 겸양이 있는 곳인데 이제는 전쟁터가 되었고, 벼슬아치들
은 풍속을 교화하는 데 앞장서는 자들인데 오로지 갈등만 일삼고 있습니
다. 전하께서는 그들이 하는 대로 내버려두어 피차를 구별하지 않고,

인심을 조제하는 방법에 대해서 생각하지 않고 있습니다. 신은 이렇게 가다가 전하의 조정에서 싸움이 그칠 때가 없을까 두렵습니다. 더구나 인재를 얻기 어렵다는 탄식이 지금보다 심한 때가 없는데도 나라를 들어 붕당을 나누고 있습니다. 옛사람이 '치우쳐 들으면 간사한 일이 생기고, 오로지 맡기면 어려운 일들이 생긴다.'라고 했습니다. 전하께서 멋대로 사람을 등용하여 물리치고 덕을 굳세게 지키지 못하며, 주고 빼앗음이 일관되지 않기 때문에 여러 신하들이 장구한 계책으로 전하를 섬기지 못합니다. 각자 자신을 위해 도모하고 나라 일을 생각하지 않으며, 조정 간에서 드러나는 일이라고는 그 기상이 얕고 좁으며 어지러워서 날로 위망한 지경으로 다다르니 신은 어디에 의지해야 할지 모르겠습니다."

또 말하였다. "전하께서 재위에 오른 이래 을묘년(1675, 숙종1)으로부터 기미년(1679)에 이르기까지 모두 어질다고 해서 존경받고 총애 받은 자들이 여러 명 있었는데 기사년(1689)에 이르러 죽지 않으면 쫓겨나고, 쫓겨나지 않으면 배척당하였으니 이들을 현명하다고 하겠습니까. 사특하다고 하겠습니까. 그렇다면 기사년으로부터 어질어서 존경받고 총애 받은 자들이 다른 날 에는 과연 현명했는지 사특했는지 신은 알지 못하겠습니다."

또 말하였다. "박태보와 오두인의 죽음에 대해서 차마 말씀드릴 것이 있겠습니까. 전하께서 과거 역사를 살펴보건대 간언을 드리는 신하를 때려죽이는 것이 과연 어떤 군주입니까. 온 조정의 신하들이 한 사람도 힘써서 제 몸을 잊고 감히 간쟁하는 사람이 없으니 신이 몹시 애석하게 여깁니다. 또한 전하께서는 듣기 싫은 것이 있으면 먼저 금령을 세우니 비방의 나무[112]를 세우지 않을지언정 어찌 금령을 내려 신하들의 간언을 막아서야 되겠습니까. 사람들이 올린 말 가운데 혹 한 마디라도 금기를 범하면 여러 사람들이 괴이하게 여겨 모여 꾸짖으면서 당시 시사(時事)에

---

112) 비방의 나무 : 천자의 잘못을 써서 붙이던 나무. 정치의 과실을 쓰게 하고, 스스로 반성하였다고 한다.

어두운 어리석은 사람이라고 할 것입니다. 말하는 것이 낮은 벼슬아치를 탄핵하는데 불과하고, 논하는 것은 자기와 다른 사람을 배척하니 한 시대의 풍습이 후퇴함이 이미 이 지경에 이르렀습니다. 전하께서 한가할 때 시험 삼아 16년간의 행사(行事)를 하나하나 살피고 '어느 해 아무개 신하가 어떤 일로 간했고, 내가 응대한 것이 과연 간쟁을 받아들이는 도리에 적합했는가'를 따져보기 바랍니다.……" 상소가 올라오자 관직을 삭탈 당하였다.

박상경의 장희재 처벌 요구

010　갑술년(1694, 숙종20) 윤 5월에 경기도 양주(楊州) 유생 박상경(朴尙絅)의 상소[113]에 대해 다음의 비망기를 내렸다. "이간질 했다느니 폐위를 도모했느니 따위의 말이 은연중 나에게까지 미치고 있으니 실로 백성의 위에서 다스릴 면목이 없도다. 아, 기사년(1689)에 사저로 내보낸 뒤로 민암이 교묘히 왕언(王言)을 속여 말을 만들어 흘러 들어가게 한 죄가 있으며, 장희재(張希載)[114]가 그 말을 듣고 전한 실상이 명백히 드러나 감추기 어렵다. 그러나 군부의 앞에서 이간질 하거나 아직 폐출되기 전에 도모한 것은 그럴듯하지 않음이 없다.…… 경장 초에[115] 포고한 비망기의 뜻을 살펴본다면 과인의 본심을 충분히 알 수 있다. 그런데도 박상경은 유독 군부의 밝은 가르침을 믿지 않고, 기어이 실정 밖의 일을 억측하여 갖다 붙일 수 없는 것을 붙이려고 하니 매우 놀랍다.……"

---

113) 박상경(朴尙絅)의 상소 : 당시 박상경은 민암과 장희재 등에 대한 엄벌을 강력히 요구하는 상소를 하였다.
114) 장희재(張希載) : ?~1701. 역관 현(炫)의 종질이며, 희빈 장씨의 오빠이다. 희빈이 숙종의 총애를 받게 되자 그 덕으로 금군별장이 되었으며, 이어 1692년(숙종18)에 총융사가 되었다. 1694년에 인현왕후가 복위한 뒤로 이를 시기하는 희빈과 함께 인현왕후를 해하려는 음모를 꾸미다가 발각되어 사형을 받게 되었으나, 후환이 세자에게 미칠 것을 염려한 남구만 등 소론의 주장으로 사형은 면하고 제주도에 유배되었다. 1701년 인현왕후가 죽은 뒤 희빈장씨가 앞서 인현왕후를 저주한 사실이 발각되어 사형에 처해졌다.
115) 경장(更張) 초에 : 갑술환국으로 인현왕후가 복위된 일을 가리킨다.

남인의 무고함을 밝힌 남구만

011 을해년(1695, 숙종21) 여름에 죄수를 너그럽게 처결할 때 영의정 남구만이 아뢰었다. "광해군 때 여러 흉악한 무리들이 인목대비의 폐모 논의를 주장하였습니다. 기사년(1689) 일은 주상의 지나친 처분이었는데 여러 신하들이 힘을 다해 간쟁하지 못한 죄가 있을 뿐입니다. 어찌 일체 금지하여 벼슬에 나아가지 못하게 하고 풀어줄 것을 논의하지 않습니까."

주상이 말했다. "기사년의 일을 어찌 광해군 때의 일과 비교하는가. 마치 당시 여러 신하들은 머리를 부딪쳐 힘써 간쟁하지 못해서 공도보와 범중엄의 죄인이라고 한다면 혹 괜찮다는 것 같다. 어찌하여 매번 비교할 수 없는 일로써 적당하지 않는 경우와 비교하려 드는가. 옛말에 '돌을 던져 쥐를 잡고 싶지만 옆에 있는 그릇을 깰까 꺼린다.'라고 하였거늘 어찌 이와 같이 하는가." 이 같은 성교(聖敎)를 보건대 기사년에 관련된 사람들은 명의죄인이 아님이 저절로 밝혀진 것이다.

숙종대 갑술환국의 전말

012 기사년(1689, 숙종15) 폐위가 단행될 당시 남인이 만약 돈으로 뇌물을 써서 궁중과 서로 통하여 복위를 도모하거나 폐출시킴이 갑술년(1694)에 한중혁(韓重爀)[116]·김춘택과 같이 했다면 서인이 마땅히 그 자를 적발하여 죄상을 밝히고 삼족을 멸하지 못할 바가 없었을 것이다. 그런데 명의 두 글자로써 한 쪽 편 사람들을 모두 몰아서 함정 가운데 빠뜨리려 했으니 이는 당인(黨人)을 일망타진하려는 술수에 불과 할 뿐이다. 과연 다른 사람을 설복시킬 수 있겠는가.

013 갑술년(1694)에 한중혁과 김춘택의 남아 있는 자손들은 신축년(1721, 경종1) 삼수(三手)[117]의 그림자였다. 이 무리들의 공초(供招)와 문안

---

116) 한중혁(韓重爀) : ?~1697. 본관은 청주이다. 1694년(숙종20) 김춘택 등과 함께 폐비 민씨의 복위를 도모하고, 자금을 모아 요로의 인물들을 매수하려다가 함이완(咸以完) 의 고발로 발각되었다.

(文案)에서 말했다. "소위 서인 거실·대족·명사·대부들이 참여하여 알지 못한 자가 없어서 그 자취가 여기저기 흩어져 어지러울 뿐만 아니라 진흙 가운데 짐승 싸움이 되었다. 비록 한 편의 서인을 들어서 모두 김춘택과 한중혁, 삼수의 남아 있는 당이라고 해도 저들 무리는 달리 도망갈 말을 찾지 못할 것이다." 그럼에도 남인이 감히 이름을 말하지 못하였으며, 서인은 기세를 키워 극악한 행위에도 스스로 위축되지 않았다. 기사년이후 오늘에 이르기까지 남인이 죄를 알지 못한 채 명의죄인이라는 죄명을 달게 받은 지 50년이 되었다. 마치 속박되어 갇혀서 스스로 벗어날 수 없었으니 이 또한 슬픈 일이다.

기사년(1689, 숙종15) 폐위시 신하들이 비록 힘껏 막지 못했지만 마치 제나라 환공(桓公)이 가구(柯丘)에서 회맹(會盟)[118]했던 것처럼 군부에게 뵙기를 청하여 특별히 궁중의 법도를 갖추었다면 잘못을 교정하고 빈 곳을 보충하는 도리라고 보아도 괜찮은 것이니 오히려 또한 천하후세에 할 말이 있게 되었을 것이다. 애석하게도 당시 여러 신하들 가운데 한 사람도 여기에 생각이 미치지 못하였으니 이것이 서인이 명의로써 남인을 죄준 이유였다. 그러나 이것은 남인만의 죄가 아니다. 서인 중 한 사람도 이것을 말하는 자가 없었으니 초나라가 비록 잃었지만, 제나라도 얻은 것이 없었다. 서인이 오로지 남인에게 죄가 있다고 하는 것이 어찌 공평한 마음이고 공정한 논의이겠는가.

기사년에 희빈 장씨를 올려 왕후로 삼을 때 주상이 성종과 중종의 고사에 따라 책립 교서를 내렸다. 성종 때 정현왕후(貞顯王后)[119], 중종 때 장경왕후(章敬王后)[120] 모두 숙의(淑儀) 출신으로서 후궁에서 올라가서

---

117) 삼수 : 노론이 경종을 제거하려던 세 가지 방법이다. 첫째, 칼로 시해하는 대급수(大急手), 둘째 독약으로 시해하는 소급수(小急手), 셋째 숙종의 전교를 위조하여 왕을 폐출시키는 평지수(平地手)를 가리킨다.

118) 가구(柯丘)에서 회맹(會盟) : 제나라 환공(桓公)이 가(柯)에서 회맹할 때에 노나라 장군 조말(曹沫)이 비수(匕首)로 환공을 위협하여 잃었던 땅을 회복하였다.

119) 정현왕후(貞顯王后) : 1462~1530. 성종의 계비. 영원부원군(鈴原府院君) 윤호(尹壕)의 딸이다. 처음 숙의(淑儀)에 봉해졌고, 연산군의 생모 윤씨가 폐위되자 왕비에 책봉되었다.

120) 장경왕후(章敬王后) : 1491~1515. 중종의 계비. 영돈령부사 윤여필의 딸이다. 처음

왕후가 되었기 때문이다. 당시 여러 신하들이 비록 특별히 좋은 집안에서 뽑아들일 것으로써 힘써 간언하였더라도 그렇게 할 수 없었을 것이다. 간언을 듣고 안 듣고는 주상에게 달린 것이지만 신하는 올바름으로써 임금을 인도해야 할 것이다.

014 갑술년 봄에 김춘택이 은화를 모아 궁중과 서로 통하여 왕후를 복위시키려했다는 혐의로 감옥에 잡혀 들어왔다. 환국이 일단락되고 진술 내용이 결안(決案)으로 완성되었다. 마침 그날 날이 저물어 장차 내일 아침 형벌을 거행하려 했는데, 3경(更, 자정 전후)에 사태가 크게 변하여 조정이 전면 개편되었다. 김춘택의 무리 수십 명이 결안을 뒤집어 김춘택과 한중혁이 은화를 모아 궁중과 서로 통한 사안을 무죄로 방면하였다. 이것은 무슨 술수인가. 그 간의 사정이 비밀에 붙여져 세상에서는 그 연고를 알지 못하였다. 어떤 사람이 말하기를, "김춘택이 천금을 써서 궁인의 누이를 첩으로 얻었고, 이것이 바람이 통하는 경로가 되었다." 고 하였다.

015 갑술년(1694, 숙종20) 4월 2일 밤 2경(更, 오후11시 전후)에 비방기가 내려졌다. "우의정 민암이 함이완(咸以完)의 일[121]을 아뢰며, '곧 의금부에 가두어 신문하고, 죄줄 자는 죄를 주고 석방할 자는 석방하게 해주십시오.' 라고 청하였다. 내가 일단 윤허했지만 의심스러웠다. 겨우 하루가 지났을 뿐인데 의금부 당상이 무례하게 직접 만나 뵐 것을 청하여 옥사를 확대하려 했다. 예전에 갇혀서 죄를 추궁받던 자가 이제는 도리어 국문하게 되었고, 예전에 죄를 정하던 자가 이제는 도리어 극형을 받게 되었다. 하루 이틀 만에 죄수들이 가득 차고 서로 끌어대며 대면시켜줄 것을 청하였는데, 대면이 끝나면 대부분 형벌을 주길 청하였다. 만약 이 일을

숙의에 봉해졌고, 단경왕후(端敬王后)의 손위(遜位)로 왕비에 책봉되었다.
121) 함이완(咸以完)의 일 : 1694년(숙종20)에 서인 김춘택이 뇌물을 써서 궁녀들과 내통하여 인현왕후의 복위를 꾀하고 이를 기회로 정국을 바꾸려 한다고 함이완이 고변하였다.

그치지 않으면 앞뒤로 끌어댄 자도 차례로 죄에 얽혀들어 숙안공주의 집과 한쪽 편 사람 가운데 죄를 면할 자가 드물 것이다. 군부를 우롱하고 벼슬아치를 함부로 죽이는 정상이 매우 통탄스럽다. 국문에 참가한 대신 이하는 모두 관작을 삭탈하여 도성 밖으로 내쫓고, 민암과 의금부 당상은 모두 외딴 섬에 안치하라."

비망기를 내렸다. "승정원에서 전지(傳旨)를 받들고도 오히려 거행치 않고, 상의하여 반드시 구제하려 하니 매우 가슴 아프고 놀랍다. 입직 승지와 홍문관원을 모두 파직하라. 이번 왕명을 거행하지 않는 일에 대한 논의는 밖에 있는 승지가 모를 리가 없으니 이들도 모두 파직하라. 김두명(金斗明)[122]과 이동욱(李東郁)[123]을 아울러 승지에 임명하라." 또 말하였다. "광폭한 신하와 흉악한 자손들이 감히 국가의 근본을 흔들려고 한다. 폐인(廢人, 인현왕후)·홍치상·이사명을 구원하려는 자는 역률로써 죄를 처단하고 이상(李翔)을 구원하려는 자는 마땅히 무거운 형률로써 죄를 물을 것이다. 이 같은 뜻을 명백히 포고하라. 전임 영의정 남구만은 영의정으로 삼고, 신여철(申汝哲)[124]을 훈련대장에 임명하라. 이조판서 이현일(李玄逸)[125]은 밖에 있었으므로 개차(改差)하고, 유상운(柳尙運)[126]을 다시 서용[127]하여 임명하라."

또 말하였다. "죄수들이 은밀히 고발하여 죄수들이 늘어났으니 빨리

---

122) 김두명(金斗明) : 1644~1706. 본관은 청풍, 자 자앙(子昻), 호 만향(晩香)이다. 윤증의 문인으로, 승지·병조참의 등을 역임하였다.

123) 이동욱(李東郁) : 1646~1708. 본관은 여주, 자 자문(子文), 호 한천(寒泉)이다. 병조·이조 참판 등을 역임하였다.

124) 신여철(申汝哲) : 1634~1701. 본관은 평산, 자 계명(季明), 호 지족당(知足堂)이다. 영의정 경진(景禛)의 손자로, 형조·호조판서 등을 역임하였다. 숙종대 서인 편에서 병권을 장악하였다.

125) 이현일(李玄逸) : 1627~1704. 본관은 재령(載寧), 자 익승(翼升), 호 갈암(葛庵)이다. 대사헌·이조판서 등을 역임하였다. 퇴계 학풍을 계승한 대표적인 영남 산림이었다. 저서로는 『갈암집(葛庵集)』 등이 있다.

126) 유상운(柳尙運) : 1636~1707. 본관은 문화, 자 유구(悠久), 호 약재(約齋)이다. 영의정 등을 역임하였다. 숙종대 소론(少論)으로서 희빈 장씨 보호에 힘쓰다가 노론의 탄핵을 받아 남구만과 함께 파직되었다.

127) 서용(敍用) : 죄를 지어 면관(免官)되었던 사람을 다시 등용하는 일이다.

처결하지 않을 수 없다. 한중혁·이시도(李時棹)·강만태(康晩泰)·최격(崔格) 등의 공사(供辭)[128] 가운데 비록 폐인을 들어낸 말이 있지만 이것은 금령을 어겨 상소한 것과 차이가 있다. 사형을 감면하여 아주 멀리 떨어진 변방으로 유배하라. 그 나머지 이시회(李時檜)·이담(李譚)·유명기(兪命基)·이진명(李震明)·한석좌(韓碩佐)·홍기주(洪箕疇)·이언순(李彦純)·한해(韓楷)·유복기(兪復基)·김춘택·이돌이(李乭伊)·이후성(李後成)·김도명(金道明)·이동번(李東蕃)·이기정(李起貞)·변진영(邊震英)·홍만익(洪萬翼)·변학령(卞鶴齡)·김노득(金魯得)·원차산(元次山) 등은 모두 풀어주어라. 이 밖에 미처 잡아들이지 못한 자는 그대로 두어라. 함이완이 공을 바라고 은밀히 고발하여 큰 옥사를 일으킨 사실은 몹시 통탄스러운 일이니 의금부로 하여금 대충처리하지 말고 각별히 엄하게 형신(刑訊)하라." 다섯 차례 형신을 가한 뒤, 외딴 섬으로 유배보냈다.

장령 유집일(兪集一)[129]과 지평 김시걸(金時傑)[130]이 아뢰었다. "죄인의 실정을 살피지 않고 갑자기 풀어주는 것은 진실로 살리기 좋아하는 덕에서 나온 것으로 볼 수 있지만 옥사의 중대성에 비춰볼 때 크게 잘못된 것입니다. 만약 거짓 고소하여 죄에 얽어맨 실상을 밝게 드러낸다면 고발당한 자들이 저절로 억울함을 풀 수 있을 것입니다. 청컨대 죄수들을 모두 가두고 살펴서 밝히십시오." 아뢴 대로 하라고 답하였다. 이때 이시도 등이 취초(取招)에 승복하여 내일 정형(正刑)[131]되는 것이 명백했다. 그런데 하룻밤 사이에 국면이 크게 바뀌었고 의금부가 모두 그 당여들이어서 다시 수사했을 때 바뀐 진술에 따라서 함이완의 무고로 돌려 혹 유배되거나 혹 풀려났으니 미처 석방되지 못한 자는 몇 명 안됐다.

---

128) 공사(供辭) : 범인이 범죄 사실을 진술하는 말이다.

129) 유집일(兪集一) : 1653~1724. 본관은 창원, 자 대숙(大叔)이다. 형조·공조판서 등을 역임하였다.

130) 김시걸(金時傑) : 1653~1701. 본관은 안동, 자 사흥(士興), 호 난곡(蘭谷)이다. 집의·응교 등을 역임하였다.

131) 정형(正刑) : 대역(大逆)·강상(綱常)을 범한 자, 명화적(明火賊)·관리로서 죄상이 극악한 자, 적에게 동조한 자 등을 사형에 처하는 것이다.

338

그해 겨울에 영의정 남구만이 상소를 올렸다. "신이 여름에 국문하려할 때 강만태·최격·이시도·한중혁의 공사와 편지를 보았습니다. 강만태가 주장한 해상 진인(海上眞人)의 설은 매우 해괴하였으니 다른 범죄는 논할 것도 없이 이 한 구절만으로도 무겁게 적용해서 처단하지 않을 수 없을 것입니다. 최격이 한중혁에게 편지를 주고, 이시도 등이 모은 은화를 가지고 인현왕후의 복위를 도모하여 조정을 뒤집으려 모의했습니다. 이시회와 한중혁, 그의 형 이시도 등이 연줄을 대어 뇌물을 주고 환국(換局)을 모의했다는 설은 이미 결안(結案)132)에 담겨 있으니 놀라움을 금치 못하겠습니다. 한중혁을 국문할 때 비록 죄를 인정하지 않았지만 편지가 발견되었고, 편지 세 장 가운데 하나는 한중혁이 이시회를 위해 대신 쓴 것이었습니다. 형 이시도에게 보낸 편지에서 말하였습니다. '충청도 비인(庇仁)에 살고 있는 승지 댁133)에서 두 번이나 사람을 보내 달라고 요청해서 서울로 왔습니다. 총융사 본댁134)에 거처를 정하고, 문 앞에 이르자 총융사가 매우 정성스럽게 대접해 주었습니다. 한생원(韓生員, 한중혁)과 많은 일을 상의하였으며, 그 중에 오묘한 이치가 많았는데 그 가운데 기쁜 내용이 있으니 어찌 다 말씀드릴 수 있겠습니까. 한생원의 말을 자세히 들으니 이번에는 염려스러울 것이 거의 없다고 합니다.' 이시도가 동생 시회에게 보낸 답장에서 말하였습니다. '한생원이 은 백 냥만 굳게 봉함해서 보냈으니 이걸로 동쪽을 채우고 서쪽 일도 보충해 나갈 수 있겠네. 옛말에 「진평(陳平)135)의 큰 방략이 있어도 천금을 사용해

132) 결안(結案) : 사형에 해당되는 죄인에 대한 국왕의 최종 결재에 따라 사형을 집행하기에 앞서 형을 확정하기 위한 절차 또는 그 문서를 가리킨다.
133) 승지 댁 : 한중혁의 부친 한구(韓構, 1636~1715). 본관은 청주, 자 긍세(肯世), 호 안소당(安素堂)이다. 집의·승지 등을 역임했다. 아들 중혁이 김춘택 등과 함께 인현왕후 복위를 꾀하다가 1694년 투옥되자, 이에 연좌되어 변방으로 유배되었다. 5년 후 사면되어 풀려났다. 서예에도 뛰어나 그의 글씨를 자본(字本)으로 삼아 '한구자(韓構字)'라 하였다. 김석주와 친교를 맺고 있었기 때문에『잠곡집(潛谷集)』등이 모두 이 활자로 간행되었다.
134) 총융사(總戎使) 본댁 : 당시 총융사는 이기하(李基夏, 1646~1719)로, 본관은 한산, 자 하경(夏卿)이다. 어영대장 여발(汝發)의 아들로, 1694년(숙종20) 총융사에 발탁되었다. 훈련대장 등을 역임하였다.

야 일이 순조로웠다.」고 했다. 하물며 필부의 집에서이겠는가. 한생원과
함께 편지를 보고서 자세히 생각해 본 다음에 한승지 영감에게 여쭈고
다시 알려주면 좋겠네.'라고 하였습니다.

한중혁이 이시도에게 보낸 편지에서 말하였습니다. '영감이 오랫동안
귀양살이하는 것은 우리들의 불행이다. 주상의 뜻이 아님이 없으니 단지
탄식만 나온다. 올 가을 이후로 묘한 이치 하나를 얻었지만 영감과 상의할
길이 없다. 때문에 부득이 그대 동생에게 두 번이나 사람을 보내 요청하여
나와 함께 서울에 있는데, 이미 총융사를 만나 정성스러운 대접을 받았다.
다른 경로를 통해서도 아주 좋은 소식이 있으니 단지 그대가 풀려날
날이 멀지 않을 뿐 아니라, 우리 또한 오래지 않아 조정에 들어가게
될 것이다. 이 기쁜 사실을 어찌 다 말할 수 있겠는가. 이번만은 지난날처럼
허망하게 되지 않을 것이니, 그대는 염려하지 말게.……'

이 세 장의 편지를 보건대 한중혁이 은을 모아 일을 꾸민 사실은
자백을 기다리지 않고도 알 수 있습니다. 이로써 벌을 내린다면 저들은
반드시 할 말이 없을 것입니다. 때문에 지난 번 신이 직접 바친 상소를
통해 강만태를 잡아들여 흉언 여부를 국문하여 통쾌하게 왕법대로 시행하
고, 최격과 이시도는 이미 주상을 속인 죄로 다스리기를 청합니다. 한중혁
은 본인이 직접 쓴 편지를 가지고 죄를 논의하여 결정하는 일을 결코
그만둘 수 없습니다. 이렇게 해야 조정의 조치가 명백하고 공명정대해질
것이며, 그 다음에 편법을 동원하지 않았는가 하는 의심이 사라지게
됩니다. 강만태는 이미 죄를 인정하여 형벌을 받았습니다. 최격과 이시도
는 의금부에서 바친 공초를 뒤집으려고 마음먹었기에 이를 가증스럽게
여겨 형장을 가하기를 청하였으니 더 할 말이 없습니다. 유독 한중혁에
대한 처결에 대해서는 신이 의문을 갖지 않을 수 없습니다. 한중혁이
은화를 거두어 모은 일을 이시도가 동생에게 보낸 답장에서 모두 실려
있고, 영향력 있는 자의 힘을 빌려 모의하고 내통한 자취는 이 또한

---

135) 진평(陳平) : ?~B.C.179. 한나라 개국 공신. 뇌물을 사용하여 항우와 범증 사이를
　　 이간시키고 한신(韓信)을 생포하는 등 많은 계책을 내었다.

그가 대신 쓴 이시도의 편지와 그가 이시도에게 보낸 편지에 실려 있습니다.

　지금 의금부에서 죄를 물을 때 한중혁이 '묘한 이치'라고 한 말은 방책을 쌓는 것으로 돌리고, '기이하고도 기이한 좋은 소식'이라고 한 말은 이시도의 석방을 도모한 것, '우리들이 오래지 않아 들어가게 된다.'고 한 말은 이시도를 위로하여 풀려나게 한 것에 돌리고 있고, 은화를 거두어 모은 일도 터무니없는 말로 둘러대는 정상이 밝게 드러나서 속일 수 없게 되었습니다. 죄인을 심문할 때 사실대로 답변하지 않으면 형장을 더하기를 청해야 하는데, 의금부에서 갑자기 주상에게 결재를 청했으니 이는 이미 법례가 아닙니다. 법전을 살펴서 멀리 떨어진 변방으로 유배 보낼 것을 청하였다가 뒤에 무거운 죄인데도 가벼운 법률로써 처리해야 한다며 다시 외딴 섬으로 유배 보내는 것으로 결정했습니다. 죄의 경중을 막론하고, 거짓 진술에 따라 미리 법률을 적용하였으니 이는 옥사를 처리하는 원칙이 잘못된 것입니다. 지금 한중혁 등의 죄를 다스리기 청하는 것은 그 뜻이 주상을 위해 조정과 민간에 의혹을 해명하려는 것이며 중전을 위해 복위의 정대함을 밝히려는 것이고, 또한 조정 사대부들을 위해 오랜 치욕을 씻어버리려는 데 있습니다. 그런데 이제 와서 처벌이 여기에 그친다면 의혹은 풀지 못한 채 도리어 의심을 일으키니 처음부터 죄를 다스리지 않기로 한 것만 못합니다.

　바라건대 의금부에 명하여 다시 한중혁을 국문하여 사실을 캐내어 처분하도록 명하십시오. 또한 한중혁은 젖비린내 나는 어린아이니 더 말할 필요 없지만 한구(韓構)의 경우 나이도 많고 벼슬도 낮지 않습니다. 지금 이시도의 편지를 보면 모의를 주도한 주체는 실제로 한구입니다. 아, 이는 무슨 마음입니까. 중전이 사저에 물러나 계실 때 신하된 자로서 누가 가슴을 치며 울부짖는 정성이 없었겠습니까. 복위시키는 일은 오직 주상께서 하루아침에 깨닫기를 기다려야 할 뿐입니다. 어찌 은을 모아 주선하여 복위시킬 계획을 꾸밀 수 있단 말입니까. 그 말들이 비록 겉으로는 대의를 핑계대고 있지만 그 죄는 실제 주상을 속이는 것입니다. 만일

이번에 이런 부류들을 용서해 준다면, 이제부터 뒤따라 일어나는 자들을 어떻게 징계하여 끊어버릴 수 있겠습니까. 한구를 한중혁과 같이 붙잡아 국문해야 하지만 부자를 함께 힐문하는 것이 옥사를 손상시킨다면 또한 마땅히 먼 변방으로 물리쳐야 할 것입니다. 그렇게 해야 깨끗한 조정이 의심해서 혼란스러워지는 근심이 사라질 것입니다.……"

애초 죄수들이 말했던 수많은 진술이 상소 가운데 모두 실리지 않았지만 남구만의 상소 하나만 보더라도 당시 옥사의 정세를 대략 살펴 볼 수 있다. 또한 상소에서, "오늘날 조정 신하들의 이름이 죄수들의 진술에서 나오는 경우가 매우 많습니다."고 하였다. 거실·대가들이 참여하여 알지 못한 자가 없었음을 잘 알 수 있다. 이 무리들은 비록 한때 뜻을 잃었지만 모두 훈척과 친당(親黨)들이었으니 이들의 세력 기반이 무엇이고, 그 권력은 어떤 권력이겠는가. 그런데도 저 남인은 칼날로 엉덩이뼈를 찔러 깊은 맛을 보려 했지만 힘이 부족하였으니 스스로 패한 것이나 마찬가지이다.

또한 상소에서 한구가 모의를 주도한 종주였다고 규정했지만 이것은 잘못된 말이다. 못된 자들을 숨겨주고 천백의 은화를 모으며, 세력 있는 곳과 간사한 구멍을 관통하지 않은 바가 없었으니 이는 모두 김춘택이 한 짓이다. 특별히 그 기세가 두렵고, 그의 음흉함을 예측할 수 없었으니 사람들이 모두 풀려나자 여러 사람들이 손가락질 할 뿐 감히 말하지 못하였다. 비록 정승 남구만 조차 김춘택에게 뭐라 하지 못하고 한구에게 죄를 덮어 씌웠던 것이다.

016 갑술년(1694, 숙종20) 4월 9일에 중전 민씨는 복위되고 장씨는 폐위되어 희빈으로 강등되었다. 승정원에서 아뢰었다. "중전 지위에 오르거나 내리는 일은 큰 대사인데도 대신에게 주상의 명령을 받들어 조정에서 상의하게 하지 않고, 갑자기 한 차례 비망을 승정원에 내려서 거행토록 하셨습니다. 이것이 어찌 큰 성인이 변고에 대처하면서 신중하게 살피는 도리이겠습니까. 조급하게 거행했다는 평가를 면하기 어려울

것이니 빨리 대신·재신(宰臣)·삼사의 신하들을 불러들여 조정에 모여 의논하여 지극히 정당한 데로 돌아가게 하십시오."

4월 17일에 영의정 남구만이 아뢰었다. "승정원에서 아뢴 것은 부당합니다. 기사년(1689, 숙종15)에 희빈이 중전의 지위에 오를 때 조정의 신하였다면 경전의 뜻으로써 논쟁하는 것이 옳았습니다. 하지만 중전의 지위에 오른 뒤 명의가 이미 정해져서 한 나라의 국모가 된 이후 신하로서 섬겨왔는데, 이제 또 다시 내리는 일이 발생하였으니 신하의 도리가 기사년과 무엇이 다릅니까. 신하의 일상적인 예의로 말하자면 죽음으로써 간쟁해야겠지만 오늘 일을 기사년과 비교하면 다른 점이 있습니다. 그것은 중전(中殿, 인현왕후)께서는 이미 당초에 정후(正后)였다가 다시 복위하셨는데, 또한 희빈의 등급으로 낮추는 것을 다툰다면, 이는 한 나라에 두 존위가 있다는 혐의를 피할 수 없습니다. 이것이 오늘날 신하가 복위를 경축하다가 또 낮추는 것을 슬퍼하여 그 당황함을 형용할 수 없어서 놀라고 안정되지 못하는 까닭입니다. 지금 전하의 처분을 살펴 변고에 대처하는 도리에 흠결이 있다고 여겨 도리어 신하들을 모아놓고 의논한다면 이것은 아들이 어머니를 의논하는 것이고, 신하가 임금을 의논하는 것입니다. 일 처리를 신중하게 하려다가 도리어 경솔하게 되고, 마땅하게 하려다가 도리어 잘못되는 것만 볼 것이니 신하로서 감히 할 수 없는 일일 뿐만 아니라 전하께서도 신하에게 물어 보아서는 안 될 일인 듯싶습니다." 주상이 "대신의 말이 이러하니 모여서 의논하지 말라."고 하였다.

017 좌의정 박세채와 우의정 윤지완(尹趾完)[136]이 환국 뒤 처음 여는 경연에서 아뢰었다. "함이완이 고변한 여러 죄인들을 신문하지 않을 수 없습니다. 중궁의 복위는 주상께서 깨닫고 결연히 시행하신 것이니

---

136) 윤지완(尹趾完) : 1635~1718. 본관은 파평, 자 숙린(叔麟), 호 동산(東山)이다. 지선(趾善)의 동생으로, 우의정 등을 역임하였다. 1717년(숙종43) 좌의정 이이명이 숙종과 독대한 뒤 세자[경종] 대리청정의 명이 있자 이에 반대하였다.

크게 밝고 정당해서 사람들이 잘못을 바로잡음을 알고 있습니다. 강만태가 말하는 것과 같다면 이것이 어떤 일인데 저들이 도모한다는 말입니까. 도모한다면 또 감히 어디에 도모한다는 말입니까.”

주상이 얼굴빛을 고쳤다. 애초 김춘택 등이 못된 무리와 결탁하여 몰래 중전의 복위를 도모한다고 흔적이 많이 나타났다. 이에 민암이 그 사실을 정탐하여 국문하여 다스리려 했는데, 하루 저녁 사이에 국면이 뒤집어져 주상이 오히려 민암을 국문하고 다른 죄수들을 모두 석방하였다. 윤지완이 이 소식을 듣고, “이 무리들을 민암 때문에 엄하게 다스릴 수 없었으니 성덕에 누가 되는 것을 어찌하겠는가.”라고 하였다. 윤지완이 들어와서는 주상에게 아뢰고, 나아갈 때 영의정에게 옥을 다스릴 것을 말하였다. 영의정이 장희재를 용서하려 하자 김춘택 등이 시골 유생 강민저(姜敏著)를 시켜 상소를 올려 쫓아내려 했지만 끝내 이루지 못하였다.

018 집의 정시한이 상소를 올렸다. “기사년(1689) 초에 중전께서 사저에 나가 계실 때, 박태보 등이 간쟁하다가 형벌을 받아 죽었습니다. 신도 기사년에 올린 상소에서 주상의 잘못을 아뢰었습니다. 오늘날 주상께서 뉘우치고 깨달아 중전의 지위를 회복시켜 바로잡으셨으니 박태보 등에게도 또한 칭찬하고 높여 특별히 베푸는 은혜를 내려서 잘못을 인정하고 고치는 것을 숨기지 않는다면 어느 누가 우러르지 않겠습니까. 그때 신하들이 힘껏 주상의 마음을 되돌리지 못한 것은 잘못입니다. 그런데도 박태보 등이 맨 먼저 극형을 받았고, 계속해서 역률로써 처벌하려는 논의가 있자 신하들이 힘껏 간쟁하지 않은 것은 죽음을 두려워했기 때문입니다. 처음에는 천둥 같은 위엄을 떨쳐서 끝내 박태보 등에게 윤리를 무너뜨린 죄를 적용했으니 지금 전하께서 마음을 가라앉히고 스스로 살펴서 다른 사람에게 책임을 덜 묻는다면 어찌 시원스럽게 용서하는 도리가 아니겠습니까. 중전을 복위시키고 희빈의 등급을 낮춘 것은 나라에 두 명의 존위가 없다는 의리에서 나왔으니 이는 형세가 진실로 그렇습니다. 다만 6년 동안 국모였던 존귀한 몸을 다시 빈첩으로

삼는다면 이는 후궁의 반열에 내려놓는 것과 차이가 없으니 이 같은 사실은 이전에도 찾아볼 수 없으며, 예에서도 찾을 수 없습니다. 일단 물러나게 한 뒤에 받들어 모시는 예절과 대우하는 예는 앞선 시대의 예를 살피고 물어 정하여 마땅함을 따른다면 어떻게 자기 부인을 높인다는 혐의가 있겠습니까. 그런데 오늘날 그렇게 하지 않고, 도리어 금지하는 명령을 만들어 그 일에 대해 말하지 못하게 하니 신은 도대체 무슨 일인지 모르겠습니다."

또 말하였다. "갑술년 옥사에 대해서 전해 들었는데, 그 의혹됨이 점차 커집니다. 사적으로 은화를 모은 무리들이 범죄 사실을 자백해서 죽을 죄를 받아야 하는데도 하룻밤 사이에 모두 풀려나고, 옥을 다스리던 신하들은 벼슬아치를 참살하려 했다는 죄목으로 죽거나 귀양을 떠났습니다. 신은 그 사이에 무슨 일이 있었는지 알지 못하지만 당시 처분을 살펴보면 옥을 다스리던 신하들이 죄를 자백한 내용을 날조하고 협박한 결과로 돌리는 것이 마땅할 것 같지만 그렇지 않습니다. 더욱이 잠시 뒤 말하는 자가 계속 나타나 엄호하고 가릴 수 없게 되어 도로 가두어 놓고 조사하여 다스리니 지난번 죄를 자백한 자 중에는 혹 이미 법에 따라 죽은 자도 있으며, 또한 장차 죽을 자도 있습니다. 이것으로 말하면 옥을 다스린 신하들이 벼슬아치를 참살한 정황이 어디에 있습니까. 그런데도 아직까지 죄명이 남아 있으니 신은 그 이유를 모르겠습니다.

또한 은화는 시정(市井)에서 사용하는 물건으로써 사대부는 수치스럽게 생각합니다. 그럼에도 불구하고 은화를 모아 뇌물을 쓴 무리가 불행히 사대부의 족속에서 나와 나라에 유포되어 마치 진흙 속에서 싸우는 모습이 되었습니다. 또한 저들이 보낸 서찰과 대신·대신(臺臣)의 상소를 보면 역시 단서가 남아 있는데도, 어찌 거리에 돌아다니는 말로써 사대부를 배척하고 조정을 더럽히지 않음이 없는데도 조정의 사대부는 태연스럽게 놀라지 않습니다. 당대 유현(儒賢) 조차 충분히 조사할 것을 상소에 아뢰지 않고, 신문할 때도 엄정하지 않아서 시일을 끌어 세월만 보내고 있습니다. 뒤늦게 어떤 대신이 상소를 올려 모의를 주도한 우두머리가 신문하는 조목에서 빠졌다고 했지만 구차하게 입을 다물고 가시를 삼킨 듯 모호해서 끝내 분명히 조사하여 시원하게 바로잡지 않았습니다. 이로 인해 전하께서 전에 없던 치욕을 받게 되었는데도 사대부는 애매모호한 데 머무는 것에 만족해 합니다. 신은 이 점을 매우 슬프게 생각합니다."

019 갑술년(1694, 숙종20)에 약천이 조정으로 돌아왔을 때 정승 서문중 (徐文重)137)이 편지를 보냈다. "각각 9년과 6년 동안 국모로 있으면서 자식이 있고 없음에 경중의 차이가 있으나 함께 상소를 올려 논쟁하는 것이 신하의 의리입니다.……" 정승 남구만이 말했다. "전에 왕비가 이미 복위되었으니 이는 한번 오르고 한번 내려가는 것은 형세이다. 이번 일은 기사년의 일과는 차이가 있으니 신하로서 다투어서는 안된다.……" 논의가 점차 그쳤다.

당시 조정의 논의가 인현왕후를 복위시키고 희빈 장씨를 강등하는 일로써 말을 삼았지만 감히 희빈을 내쫓자는 말을 더하지 못하였다. 하지만 신사년(1701, 숙종27)에 이르러 무고(巫蠱)의 옥사138)를 만들어 얽어 죽이고야 말았다. 세자의 어머니를 얽어 죽이는 일이었지만 아무 거리낌도 없었으며, 그 뒤 이로 인한 재앙도 없었다. 이는 나라가 세워진 이래 유례를 찾아 볼 수 없는 일이었다. 노론[老黨]의 대단한 기세와 권력의 두려움이 이와 같았다.

020 성종 때 윤비(尹妃)에게 사약을 내려 죽이려 할 때 우의정 허종(許

---

137) 서문중(徐文重) : 1634~1709. 본관은 달성, 자 도윤(道潤), 호 몽어정(夢漁亭)이다. 좌의정·영의정 등을 역임하였다. 1694년 갑술환국 때 희빈 장씨와 남인에 대한 온건론을 폈다가 배척당하였다.

138) 무고(巫蠱)의 옥사 : 1701년(숙종27) 희빈 장씨가 취선당(就善堂) 서쪽에 신당(神堂)을 설치하여 저주하면서 중궁으로 복위하기를 기도한 사실이 발각되어 발생하였다. 당시 소론은 세자를 위하여 희빈을 용서할 것을 청하였지만 숙종은 사약을 내리고 장희재 등 장씨 일파를 국문하여 죽였다. 아울러 남구만·유상운·최석정 등 소론 대신들을 귀양 또는 파면시켰다. 이 사건으로 소론세력은 약화되는 반면, 노론이 조정에 크게 진출하는 계기가 되었다.

琮)139)이 아침 일찍 일어나 궁궐에 들어가려는데 누이를 뵈었다. 누이가
"어찌하여 일찍 일어나셨습니까."라고 묻자, 허종이 "오늘 폐비에게 사약
을 내릴 것을 명령하는 회의가 있을 듯합니다."라고 대답하였다. 누이가
"상공(相公)의 의견은 무엇입니까."라고 묻자, 허종이 "주상의 뜻을 누가
감히 거역하겠습니까."라고 대답하였다. 누이가 말했다. "나는 여자인지
라 아는 것이 없지만 쉽게 알아들을 수 있게 풀어서 말하면 이런 것이지요.
어떤 집에 노복이 있었는데, 안주인을 죽이려는 집주인의 뜻을 어기지
못하고 함께 안주인을 죽였습니다. 그렇다면 훗날 안주인의 자식을 섬기
는 데 마음이 과연 편안하겠습니까. 또한 재앙이 있을지 없을지를 보장할
수 있겠습니까." 그제야 비로소 공이 크게 깨닫고 종침교(琮沈橋)에 도착하
자 일부러 다리 아래로 떨어졌다. 들것에 실려 집으로 돌아와서는 떨어져
입은 상처로 거의 죽어간다고 핑계대고 논의에 참여하지 않았다. 그
뒤 홀로 참화 속에서도 죽음을 모면하였다. 지금 종침교는 이 때문에
생긴 명칭이라고 한다. 국조(國朝)의 고사가 이미 이와 같은데도 저 신사년
(1701) 옥사를 만들어 주도한 자는 돌이켜 살피는 뜻이 없었던 것인가.

021 갑술년(1694, 숙종20) 4월 5일 밤 2경(更, 오후10시 전후)에 의금부
죄인 이시도가 사내 4명과 함께 포도대장 장희재의 집에 들어가 장희재의
멱살을 잡고 온갖 욕설을 퍼붓고 패도(佩刀)를 뽑아 찌르려 할 순간 가동(家
僮)들이 일제히 구원하여 죽음을 피할 수 있었다. 이내 이시도를 묶고
난장(亂杖)140) 30도(度)를 때리고 진술을 받고 놓아 보냈다. 의금부에서
아뢰어 이시도를 다시 잡아들이고 장희재 역시 즉시 보고하지 않은
이유로 파직되었다. 이미 장희재는 기사년(1689)에 유입된 한글편지로
인해 잡혀서 국문을 당하였다.141) 정승 남구만이 의견을 아뢰어 죽음만은

---

139) 허종(許琮) : 1434~1494. 본관은 양천, 자 종경(宗卿), 호 상우당(尙友堂)이다. 우의정
    등을 역임하였다.
140) 난장(亂杖) : 신체의 부위를 가리지 않고 마구 때리는 형벌이다.
141) 장희재는 …… 당하였다 : 본서 권3 26·31번 기사 참조.

면하고 귀양 보내져 위리안치 되었다. 사간원과 사헌부에서 해를 넘겨 논쟁하자 나라 안 밖에서 장희재를 배척하는 상소들이 떼를 지어 올라오니 이 때문에 정승 남구만이 조정에서 하루도 편안할 날이 없었다. 장희재가 귀양을 간 뒤에 김춘택이 사사롭게 장희재의 처 작은아기[者斤阿只]와 간통하여 그녀를 부추겨서 신사년 옥사를 만들었다. 장희재가 죽은 뒤 여러 장씨들도 모두 죽었다.

장희재는 저자거리에서 자라난 어리석은 부류였는데, 특별히 희빈의 오빠였기 때문에 외람되게 숭반(崇班)[142]에 올랐다. 물정(物情)이 해괴한 것은 이 때문이었다. 죽을죄를 지었다면 죽이지 않을 수 없는데도 정승 남구만이 사람들의 비방을 무릅쓰면서까지 살리려 했던 것은 장희재가 죽으면 희빈이 위험해지고, 희빈이 위험해지면 동궁이 불안해지기 때문이었다. 남구만을 공격하는 자는 뒷날 복을 기대하기 때문이라고 했다. 얼마 뒤 신사년(1701)의 옥사가 발생한 이래 그 뒤 정유년(1717)에 독대하는 사건[143]이 일어났고, 그 뒤 신축년(1721, 경종1) 삼수의 역적 옥사[144]가 일어났다. 이 모든 것이 하나로 일관된 순서에 따라 발생한 것으로 반드시 일어나고야 말 형세였다. 깊고 멀리 내다보아야 한다는 정승 남구만의 말 뜻을 여기에서 알 수 있었다.

경종보호 노력

022 신사년(1701) 8월에 중궁이 세상을 떠났다. 9월 24일에 비망기를 내렸다. "대행왕비가 병에 걸린 2년 동안 희빈 장씨는 한 번도 문안하지 않았을 뿐만 아니라, 중전이라 하지도 않고 민씨라고 일컬었다. 또한

---

142) 숭반(崇班) : 1품(品)의 품계(品階)이다.
143) 정유년에 독대(獨對)하는 사건 : 정유독대(丁酉獨對). 1717년(숙종43) 숙종과 노론대신 이이명이 독대하여 세자[경종] 대리청정을 주청한 일이다. 이 사건을 계기로 숙종을 뒤이을 왕위 계승 문제를 두고 노론과 소론의 갈등이 첨예화되었다. 노론은 독대를 근거로 연잉군(延礽君, 영조)과 연령군(延齡君) 두 왕자에 대한 보호를 자처하였고, 소론은 노론이 세자를 바꾸려 한다고 의심하였다. 본서 권3 38번 기사 참조.
144) 삼수(三手)의 역적 옥사 : 소론 김일경이 남인 목호룡을 사주하여 노론이 삼수(三手, 칼·독약·가짜 전교)를 이용하여 경종을 시해하려 했다고 고변하여 발생한 옥사이다.

취선당(就善堂, 창경궁 소재) 서쪽에 몰래 신당(神堂)을 설치해 놓고 매번 2, 3명의 비복(婢僕)들과 더불어 사람들을 물리치고 기도하였으니 이같은 짓을 참는다면 무엇을 못 참겠는가. 유배중인 죄인 장희재를 빨리 처형하라." 또 비망기를 내렸다. "장씨의 죄가 모두 드러났다. 만약 잘 다스리지 않는다면 뒷날 근심은 말로 형용하기 어려울 것이다. 장씨는 스스로 목숨을 끊도록 하라."

가주서 이명세(李命世)[145]가 말하였다. "전하가 내리신 오늘의 처분은 격분한 감정에서 나온 것이 아닙니까. 신이 기사년의 일기를 보니, 그때 역시 '충분히 헤아렸다.'라는 전교가 있었지만 끝내 후회하셨습니다. 오늘의 처분 역시 어찌 격분한 감정에서 나온 것이 아니겠습니까." 주상이 크게 노하여 "오늘의 일을 기사년에 비교하는가. 이명세를 파직토록 하라."고 하였다. 이명세가 말했다. "신은 기사년의 일과 비교하려는 것이 아닙니다. 다만 처분이 갑자기 내려져 심한 번뇌에서 말미암은 것이 아닌가 해서 아뢴 것입니다." 주상이 "이명세를 잡아들여 국문하라."고 하였다. 이때 주상이 크게 노하여 서안(書案)을 발로 차서 이명세의 관모(官帽) 위로 날려보냈다. 이명세는 얼굴색을 바꾸지 않고 대꾸하고, 초고[手草]도 거둬들이지 않았으니 사람들이 어려운 일이라고 했다. 뒷날 대계(臺啓)[146]로 인해 이명세는 변방으로 귀양갔다.

023 왕세자[147]가 상소를 올렸다. "신이 올해 14세이지만 제 어머니의 악함을 잘 알고 있습니다. 청컨대 어머니와 함께 죽여주십시오.……" 영의정 최석정(崔錫鼎)[148]이 직접 세 차례 차자(箚子)를 올려 '전숙(田叔)이

---

145) 이명세(李命世): 1673~1727. 본관은 전주, 자 천보(天保)이다. 지평 등을 역임하였다. 1701년 장희재의 비망기를 논의할 때 세자를 보호하다가 숙종의 노여움을 사서 파직되었다.
146) 대계(臺啓): 대간이 논하여 아뢰는 일이다. 특히 관리의 잘못을 지적하여 유죄임을 밝히려고 임금에게 올리는 계사(啓辭)이다.
147) 왕세자: 경종을 가리킨다.
148) 최석정(崔錫鼎): 1646~1715. 본관은 전주, 자 여시(汝時)·여화(汝和), 호 존와(存窩)·명곡(明谷)이다. 영의정 명길의 손자이다. 1701년(숙종27) 무고(巫蠱)의 변이 일어나자 세자

양왕(梁王)의 옥사에 대해 묻지 말라고 한 일'[149]을 인용하며 간곡히 아뢰기를, "희빈을 용서하고 세자를 안심시키십시오.……"라고 청하였다. 이 일로 최석정은 중도부처되었다. 판중추부사 윤지선(尹趾善)[150]·유상운·서문중, 우의정 신완(申琓)[151] 등이 각각 상소를 올렸으니 말의 깊고 얕음이 달랐지만 은혜를 온전히 하려는 의사는 모두 같았다. 반면 좌의정 이세백(李世白)[152], 지의금(知義禁) 김창집(金昌集)[153]·이여(李畬)[154]는 아무 말이 없었다.

10월 5일과 9일에 강원·함경도에 천둥과 번개가 쳤다.

10월 14일 서울에도 큰 바람과 함께 천둥과 벼락이 쳤다.

10월 18일에 영두성(營頭星)[155]이 하늘 가운데로부터 나와서 하늘 전체로 뻗쳤다. 그 모습이 마치 그릇의 끝부분과 같았으며, 길이는 10여 척이나 되었는데, 소리가 나고 흰색을 띠었다.

10월 19일에 천둥과 번개가 쳤으며, 달이 동정성(東井星)[156]으로 들어갔다.

10월 25일에 달이 태미원(太薇垣) 단문(端門)[157] 안으로 들어갔다. 관상감

[경종] 보호를 위해서 희빈 장씨 사사에 반대하였다.

149) 전숙이 …… 말라고 한 일 : 한나라 경제(景帝)가 전숙(田叔)을 보내 동생 양왕(梁王)의 반역을 조사하도록 했다. 전숙이 양왕의 일에 대해서 묻지 말라고 하면서 태후(太后)의 마음이 상할 것이라고 했다. 이에 양왕의 신하 몇 사람에게만 죄를 돌려 처단하였다.

150) 윤지선(尹趾善) : 1627~1704. 본관은 파평, 자 중린(仲麟), 호 두포(杜浦)이다. 우의정 지완(趾完)의 형으로, 우의정·좌의정 등을 역임하였다. 희빈 장씨 소생의 원자 책봉에 반대하였다.

151) 신완(申琓) : 1646~1707. 본관은 평산, 자 공헌(公獻), 호 경암(絅菴)이다. 박세채 문인이다. 1700년(숙종26) 우의정으로서 희빈 장씨의 처벌 완화를 주청하였다.

152) 이세백(李世白) : 1635~1703. 본관은 용인, 호 우사(雩沙)·북계(北溪)이다. 1689년(숙종15) 기사환국 때 송시열을 유배시키라는 전지(傳旨)를 쓰지 않아서 파직되기도 했다.

153) 김창집(金昌集) : 1648~1722. 창협(昌協)·창흡(昌翕)의 형으로, 영의정 등을 역임하였다. 노론 4대신으로서 신임환국 때 사사되었다.

154) 이여(李畬) : 1645~1718. 본관은 덕수, 자 자삼(子三)·치보(治甫), 호 포음(浦陰)·수곡(睡谷)이다. 식(植)의 손자로, 좌의정·영의정 등을 역임하였다.

155) 영두성(營頭星) : 낮에 떨어지는 유성이다.

156) 동정성(東井星) : 28수 가운데 하나. 남방 주작칠수(朱雀七宿)에 속한 정수(井宿)이다.

157) 태미원(太薇垣) 단문(端門) : 고대 천문에 따르면 하늘의 중앙 부분을 세 구역으로

(觀象監)에서 아뢰었다.

024 10월 8일에 앞선 비망기에 의거하여 희빈 장씨에게 스스로 목숨을 끊게 하였다. 호군(護軍) 강세귀(姜世龜)[158]가 상소하였다. "신은 산골의 초동목수(樵童牧豎)의 마을에 살고 있기 때문에 궁궐 일에 대해서 잘 알지 못하며, 길에서 듣고 전하는 소문은 믿을 바가 못 되므로 주상께서 내린 처분의 얻고 잃음에 대해 말씀드릴 수 없습니다. 다만 세자께서 당하신 일과 이치를 가지고 생각해 보건대, 저절로 가슴을 치지 않을 수 없습니다. 어린나이에 아름다운 자질일지라도 끓는 물과 타오르는 불이 마음을 태우면 근심이 쌓이고 두려움이 더할 터인데 어떻게 착한 본성을 잘 보존할 수 있겠습니까. 맹자가 '지금 어떤 사람이 어린아이가 우물에 빠지려는 것을 보면, 반드시 마음이 조마조마하고 측은한 마음이 생긴다.'[159]라고 하였습니다. 저 어린아이가 저와 부모형제 관계가 아닐지라도 그렇게 되는 것은 천리가 드러나 스스로 그만둘 수 없기 때문입니다. 만약 부모자식의 친밀함이 있다면, 어떻게 보살펴야 하겠습니까. 왕세자는 이제 막 종묘의 일을 맡을 수 있는 나이지만 아직 기어 다니는 어린애에 불과합니다. 지금 땅바닥에 자리를 깔고 울부짖는 아픔이 어찌 우물에 빠지려는 절박함에 그칠 뿐이겠습니까. 전하께서 여전히 마음을 쓰지 않으신다면, 천리에 비춰볼 때 어긋나는 것이 아니겠습니까.

예로부터 제왕가에서 궁궐에 변고가 생겼을 때, 잘 처리하지 못하면 나라가 어지러워져 망했던 경우가 하나 둘이 아니었습니다. 신은 전하께서 거듭 생각해서 간곡히 세자의 처지를 위하여 은혜와 노고로써 위안하고 보호해야만 온 나라의 신민들도 또한 주상의 뜻이 어디에 있는지를

나눠 삼원(三垣)이라 한다. 북두칠성 주변으로 자미원(紫微垣), 땅군 별자리 주변으로 천시원(天市垣), 북두칠성아래 처녀위쪽 태미원(太微垣)으로 규정하였다. 태미원의 대문에 해당하는 별자리가 단문(端門)이다.

158) 강세귀(姜世龜) : 1632~1703. 본관은 진주, 자 중보(重寶), 호 삼휴당(三休堂)이다. 예조참의·대사간 등을 역임하였다.

159) 『맹자』 「공손추 상(公孫丑上)」.

알고서 10줄의 사륜(絲綸)160)을 사방에서 전하여 외우며 믿고 두려워하지
않아도 된다는 것을 알게 될 것입니다. 그런데 벼락같이 위엄 있는 명령이
그치지 않으니, 조정과 민간의 의혹은 더욱 심해졌습니다. 오늘이후
알 수 없는 일이 있다면, 나라 사람들이 모두 '우리의 주상이 중요한
천륜과 위탁받은 종묘와 사직의 일에 대해 또한 돌아보지 아니하시는데,
어찌 우리 백성들을 돌보겠는가.'라고 할 것입니다. 전하께서 비록 날마다
덕음(德音)을 내리시고 어진 정치를 거행하려 해도, 백성 중에 누가 이를
믿겠습니까. 이번 일은 수많은 인심이 흩어지고 뭉쳐지는 것과 떠나가고
모이는 큰 계기이니, 어찌 삼가지 않을 수 있겠습니까. 이 말은 나라를
걱정하는 지극한 정성에서 나온 것입니다. 세자를 위해 죽기를 원하는
것은 세자만을 위해서 그런 것이 아니라 실제로 전하께서 성덕을 온전히
하기 위함입니다. 뒷날의 후회를 없게 하십시오.

신이 매번 역사책을 읽을 때마다 위나라 왕 조비(曹丕)와 아들 조예(曹叡)
사이에 있었던 어미 사슴과 새끼 이야기161)에 이르면 책을 덮고 측은하게
여겼는데, 이 같은 일을 곧 전하의 세대에서 보리라고 생각하지 않았습니
다. 전하의 요(堯)·순(舜) 같은 거룩한 성덕으로써 국가의 만년 대계를
이룸이 어찌 위나라 조씨보다 아래에 있겠습니까. 신의 나이가 70세가
되어 이제 남은 날을 기약할 수 없으며, 훗날의 복도 바라지 않습니다.
바라는 바가 있다면 그것은 신이 4세(世) 5조(朝) 동안 받은 깊은 은혜를
생각하며 한 마디만 하고 죽어서 지하에서 선왕에게 보답하고자 합니
다.……" 대계(臺啓)로 인해 함경도 홍원(洪原)으로 유배되었다.

025 의금부 국청(鞫廳)에서 죄인 장희재의 처 작은아기가 진술하였다.

---

160) 사륜(絲綸) : 조서(詔書). 임금의 선포문이나 명령을 관료나 일반 백성에게 전달하기
위하여 작성한 문서이다. 임금의 말이 실같이 가늘어도 신하는 인(印)끈인 윤(綸)같이
중히 여겨야 한다는 뜻이다.

161) 위나라 …… 새끼 이야기 : 모록설(母鹿說). 삼국시대 위나라 조비가 사냥을 하다가
어미 사슴을 쏘아 죽이고 아들 조예에게 새끼를 쏘라고 명하였다. 조예가 울면서
"폐하께서 어미 사슴을 쏘아 죽였으니, 저는 차마 새끼를 쏘아 죽일 수 없습니다."라
고 하면서 활을 버리고 측은하게 여겼다.

"숙원 장씨[162]가 원자를 낳은 뒤에 숭선부인(崇善夫人) 신씨(申氏)가 아들 이항(李杭)[163]과 함께 장희재의 애첩 숙정(淑正)을 시켜 궐내에 편지를 통하였습니다." 또한, "안여익(安汝益)과 안세정(安世禎)[164]이 숙정의 집에서 장천한(張天漢)·김태윤(金泰潤)[165]·정빈(鄭彬)[166] 등과 모여 모의하였다."고 하였다. 또한, "이언강(李彦綱)[167]이 자주 그 집에 편지를 보냈습니다. ……"고 하였다. 이에 잡아들여 국문하였는데 안여익·안세정·장천한·정빈 등은 매 맞아 죽었고, 김태윤은 매를 맞은 뒤 유배되었다. 이언강은 삭판되었고, 이항은 사약을 먹고 죽었으며, 그 후손들을 연좌시켜 노비의 적(籍)에 올리고 재산을 몰수하였다. 자근아기는 진술한 뒤 그날 밤 갑자기 죽었는데, 세상 사람들은 김춘택이 그녀를 죽여 입을 막은 것이라고 했다.

026 죄인 윤순명(尹順命)[168]이 "오시복(吳始復)[169]이 사람을 시켜 희빈의 복제[170]를 염탐하고 희빈을 복위시킬 상소를 함께 논의했습니다. ……"고 하였다. 오시복을 위리안치 시켰다. 황세정(黃世楨)[171]은 진술에서 민언

---

162) 숙원(淑媛) 장씨 : 1686년(숙종12) 숙원이 되었고, 1688년 소의(昭儀)로 승진하여 원자를 낳았다. 1689년(숙종15) 세자로 책봉되면서 희빈으로 승격되었다.

163) 이항(李杭) : ?~1701. 숭선군(崇善君, 인조의 5남)의 아들로, 동평군(東平君)이다. 희빈 장씨는 동평군과 조사석(趙師錫)의 주선으로 궁에 들어가 숙종의 총애를 받았다. 1701년 신사(辛巳)의 옥이 일어나자 평소 장씨 일가와 친하였기 때문에 유배되었다가 사사되었다.

164) 안여익(安汝益)과 안세정(安世禎) : 이들은 모두 숙원 장씨의 인척이었다.

165) 김태윤(金泰潤) : 우의정 덕원(德遠)의 손자이다.

166) 정빈(鄭彬) : 우의정 민암의 처남이다.

167) 이언강(李彦綱) : 1648~1716. 본관은 전주, 자 계심(季心)이다. 1680년(숙종6) 경신환국 때 윤휴 등의 처벌을 주장하였다. 1701년 장희재 처와 윤순명의 진술에서 이름이 나와 탄핵 받았다.

168) 윤순명(尹順命) : 희빈 장씨의 외사촌동생으로, 세자 시해 음모를 적은 편지를 장희재에게 받아 희빈 장씨에게 전달한 혐의로 처형되었다.

169) 오시복(吳始復) : 1637~?. 본관은 동복, 자 중초(仲初), 호 휴곡(休谷)이다. 한성판윤·호조판서 등을 역임하였다.

170) 희빈의 복제 : 인현왕후 사후 희빈 장씨가 입을 복제를 가리킨다.

171) 황세정(黃世楨) : 1622~1705. 본관은 회덕, 자 주경(周卿), 호 제곡(霽谷)이다. 공조좌랑

량(閔彦良)172)을 끌어들이고, 민언량 또한 이우겸(李宇謙)·권중경(權重經)173)
을 끌어대면서 "상소 올릴 일을 오도일(吳道一)174)과 상의하고 그를 선동하
여 이룬 것입니다."고 주장하였다. 오도일이 인정하지 않자 국청에서
대면을 청하며 의논하여 아뢰었다. "민언량은 다시 '몰래 환국을 도모하
였으며 비밀리에 복제를 논의하였다.'고 진술하니 이미 모두 사실대로
말했습니다. 비록 역적모의에 참여한 정도 차이는 있었지만 궁궐을 엿보
았고 도리에 어긋나게 죄를 범하였습니다." 판결을 내리고 형벌을 거행하
며 재산을 몰수하였다.

우의정 신완이 말했다. "권중경 등은 처음으로 민언량의 진술에 나오는
데, 민언량의 지금까지 진술을 보면 착오와 잘못된 곳이 많습니다. 하지만
그가 아들을 잃은 뒤 정신이 이상해졌다고 하는데 이는 실제와 비슷합니
다. 그러므로 그 말을 완전히 믿을 수는 없으니 권중경 등에게 형장을
때리다가 목숨을 잃게 될까 염려됩니다." 권중경은 위리안치 시키고,
이우겸과 오도일은 유배 뒤에 대계에 따라 먼 지역으로 귀양 보냈다.

사헌부에서 아뢰었다. "희빈의 복제를 논하는 이봉징(李鳳徵)의 상소175)
는 극악하고 음흉하니 위리안치 시키십시오. 유명천(柳命天)·유명현(柳命
賢)176)·유명견(柳命堅)177)·심단·목임일(睦林一)178)은 복위를 도모하는 상소

　　　등을 역임하였다. 현종대 예송문제로 송시열 등이 유배되자, 남인을 비난하는
　　　상소를 올렸다.
172) 민언량(閔彦良) : 1657~1701. 본관은 여흥, 자 뇌중(賚仲)이다. 장희재와 교유하다가
　　　1701년(숙종27) 인현왕후 모해사건으로 부친 종도(宗道)와 함께 처형되었다.
173) 권중경(權重經) : 1642~1728. 본관은 안동, 자 도일(道一), 호 정묵당(靜默堂)·손재(巽齋)이
　　　다. 대운(大運)의 손자로, 전라도 관찰사 등을 역임하였다. 1728년(영조4) 조카 이인좌
　　　가 난을 일으키자 자살하였다.
174) 오도일(吳道一) : 1645~1703. 본관은 해주, 자 관지(貫之), 호 서파(西坡)이다. 영의정
　　　윤겸(允謙)의 손자로, 대사헌·한성부 판윤 등을 역임하였다. 1702년(숙종28) 민언량(閔
　　　彦良)의 옥사에 연루되어 유배되었다.
175) 이봉징(李鳳徵)의 상소 : 이봉징(1640~1705)의 본관은 연안, 자 명서(鳴瑞), 호 은봉(隱峰)
　　　이다. 대사헌 등을 역임하였다. 1701년 8월 27일에 상소를 올려 인현왕후를 위해
　　　입어야할 희빈 장씨의 복제를 다른 후궁과 차이를 두어야 한다고 주장하였다.
　　　또한 희빈 장씨의 사사에 반대하다가 유배되었다.
176) 유명현(柳命賢) : 1643~1703. 본관은 진주, 자 사희(士希), 호 정재(靜齋)이다. 이조·형조
　　　판서 등을 역임하였다. 1701년 장희재와 공모, 인현왕후를 해치려 하였다는 죄로

에 동참하였으니 멀리 귀양보내십시오." 또한 합계(合啓)하여, "남구만이 장희재를 간곡히 비호하였으며, 유상운은 벌레 같은 역적[179]을 풀어달라고 했으니 모두 중도부처 시키십시오."라고 하였다. 국청에서 장희재의 한글편지를 내려줄 것을 주청하였지만 이미 지워버렸다고 했다. 장희재의 결안에서 말하였다.

"'당시 한글편지의 내용을 비록 다 기억하지 못하지만 직접 민암을 찾아가 보았더니 때마침 민암 부자와 민종도(閔宗道)[180]가 한자리에 모여 앉아 있었습니다. 민종도가 「항간에 떠도는 말에 은화를 모아 환국을 꾀하는 자가 있다고 하며, 중궁과 귀인 김씨도 은화를 냈다는 설이 떠돌아 다니고 있다.……」고 하였습니다. 그러자 민장도(閔章道)[181]가 「귀인이 은화를 내려고 한다면 비록 천금일지라도 무엇이 어렵겠는가.」고 하였습니다. 저는 마음속으로 깜짝 놀랐습니다. 동기간에 비록 편지로 알려준 일인데 직접 살펴보실 줄 전혀 몰랐습니다. 이것은 제 무식의 소치입니다.'고 하였다. 민암 부자와 결탁하여 한글편지를 궁중으로 들여보내 실제로 국모를 해치려고 하였다. 능지처참하고 처자식도 처벌하며 재산을 몰수하라."

시골 유생 박규서(朴奎瑞)와 임창(任敞)[182] 등이 상소를 올렸는데 그 내용이 해괴하고 정상에서 벗어났다. 사헌부·사간원에서 윤홍리(尹弘

　　　탄핵받아 다시 귀양가서 죽었다.

177) 유명견(柳命堅) : 1628~?. 본관은 진주, 자 백고(伯固), 호 모산(茅山)이다. 승지·대사간 등을 역임하였다. 1701년 장희재의 무리로 몰려 유배되었다.

178) 목임일(睦林一) : 1646~?. 본관은 사천(泗川), 자 사백(士伯), 호 청헌(靑軒)이다. 좌의정 내선(來善)의 아들로, 도승지·대사헌 등을 역임하였다. 1701년 인현왕후 사후 희빈 장씨를 중궁으로 올리자고 심단·민언량 등과 함께 상소를 올렸다가 유배되었다.

179) 벌레 같은 역적 : 장희재의 종 업동(業同)을 가리킨다.

180) 민종도(閔宗道) : 1633~?. 본관은 여흥, 자 여증(汝曾)이다. 좌찬성 점(點)의 아들로, 병조 참지 등을 역임하였다. 아들 민언량과 인현왕후 모해사건에 연루되어 처형되었다.

181) 민장도(閔章道) : 1655~1694. 본관은 여흥, 자 여명(汝明)이다. 우의정 암(黯)의 아들로, 지평 등을 역임하였다. 1694년 갑술환국 때 부친과 함께 국문 도중 죽었다.

182) 임창(任敞) : 1652~1723. 본관은 풍천, 자 회이(晦而), 호 강개옹(慷慨翁)이다. 1701년 인현왕후가 죽자 역적을 벌주고 왕후의 원수를 갚아야 한다고 상소하였다. 1723년 흉언을 일삼았다는 이유로 참형되었다.

离)[183]·윤헌주(尹憲柱)[184]·황일하(黃一夏)[185]·이동언(李東彦)[186]·김상직(金
相稷)[187] 등이 올린 글이 박규서와 임창의 것과 큰 차이가 없었지만 박규서
와 임창만 멀리 유배보냈다. 임창이 상소하였다. "희빈이 중궁을 죽인
것이 얼마나 큰 변고인데 종묘에 고하고 신민(臣民)들에게 반포하지 않습
니까. 전하께서 희빈을 죽인 것이 어떤 대의(大義)인데, 선대왕에게 고하고,
신하와 백성들에게 반포하지 않으십니까." 또한 말하였다. "이제 와서
희빈을 처벌하지 않아야 세자의 마음을 위안할 수 있다고 합니다. 세자의
마음이 정모(正母, 인현왕후)가 시해당한 데는 무심하고, 사친(私親, 희빈
장씨)만 치우치게 두둔하는 것처럼 말하고 있으니 그 자취가 비록 세자에
게 충성을 바치는 듯하지만 사실은 세자를 옳지 못한 데로 돌아가게
하는 것입니다." 신축년(1721, 경종1) 정형(正刑)되었다.

027 갑술년(1694, 숙종20) 4월에 비망기를 내렸다. "김석주(金錫胄)[188]는
정승 지위에 있으면서 몸가짐을 단출하게 하며 검약하지 못했고, 그
집안도 옛사람의 검소함[189]에 부끄러움이 있었다. 임술년(1682, 숙종8)에
무고했던 김중하(金重夏)와 김환(金煥)의 옥사[190]를 잘못 처리하여 공의(公

---

183) 윤홍리(尹弘离) : 1641~1708. 본관은 파평, 자 거경(巨卿)이다. 정언·장령 등을 역임하였
　　다. 1682년(숙종8) 임술 삼고변(壬戌三告變) 사건 때 김익훈 등을 두둔한 이유로 탄핵
　　당하였다.
184) 윤헌주(尹憲柱) : 1661~1729. 본관은 파평, 자 길보(吉甫), 호 이지당(二知堂)이다. 호조참
　　판·평안감사 등을 역임하였다.
185) 황일하(黃一夏) : 1644~1726. 본관은 창원, 자 자우(子羽)이다. 좌참찬 등을 역임하였다.
186) 이동언(李東彦) : 1662~1708. 본관은 전주, 자 국미(國美), 호 삼복재(三復齋)이다. 지평·
　　정언 등을 역임하였다.
187) 김상직(金相稷) : 1661~1721. 본관은 연안, 자 여시(汝時). 형조참판·도승지 등을 역임하
　　였다.
188) 김석주(金錫胄) : 1634~1684. 좌명(佐明)의 아들. 이조판서·우의정 등을 역임하였다.
　　현종대 이래 숙종대에 이르기까지 정국변동의 중심에 자리하면서 권력을 장악하였
　　다. 1680년 경신환국으로 보사공신 1등에 녹훈, 청성부원군에 봉해졌다.
189) 옛사람의 검소함 : 근용선마(僅容旋馬). 송나라 정승 이항이 집을 짓는데 대문 안이
　　겨우 말을 돌릴 정도로 검소했다.
190) 김중하(金重夏)와 김환(金煥)의 옥사 : 1682년(숙종8) 김중하와 김환 등이 복평군을
　　왕으로 추대하는 역적모의를 꾸민다고 남인을 무고하였다. 1680년(숙종6) 경신환국

議)를 들끓게 했으니 본디 그의 잘못이 있다. 그러나 국가에서 대신을 대우하는 방도는 남들과 다르니 특별히 관직을 회복하고 몰수한 재산을 돌려주도록 하라." 송시열 역시 관직을 회복하였다.

천지의 수가 양(陽)은 하나이고 음(陰)은 둘이기 때문에 음이 양을 이기는 일이 많았다. 그래서 오늘날 검은 오랑캐가 중화를 어지럽히고 백년동안 천하를 호령하니 천지에 음만 있고 양이 없을 징조이다. 온 천하가 이와 같은데 유독 우리 조선은 한 구석에 있으면서 겨우 오랑캐 옷 입는 것을 면하였으니 이는 오직 우리 역대 국왕들의 문교와 예악의 교화 때문이다. 그러나 병자호란(1636)이후 갑인년(1674, 현종15)과 경신년 (1680, 숙종6), 경신년 이래로 기사년(1689), 기사년 이래로 갑술년(1694)을 거쳐 지금에까지 군자의 도가 쇠퇴하고 다스려지는 날이 항상 적었다. 착한 무리들이 망하고 나라가 쇠잔해지는 것은 모두 천하의 기수 때문이 지 사람의 힘으로 피할 수 있는 것이 아니다. 내가 하늘에 대해서 어떻게 하겠는가.

신사년(1701, 숙종27)에 지평 이동언이 아뢰었다. "윤순명의 공초에서 김춘택이 장희재의 처와 간통했다는 말이 있는데, 은밀한 일의 실상을 밝혀내기 어렵지만 김춘택은 젊은 선비로서 사람들로부터 지목 받고, 지금까지 흉악한 도적들의 진술에서 이름이 오르내리고 있습니다. 징계 하고 권려하는 도리가 없을 수 없으니 유배 보내십시오." 몇 달 뒤 풀려나서 돌아왔다.

김춘택의 정치공작

028 김춘택은 김진귀(金鎭龜)[191]의 아들이며, 김만기(金萬基)의 손자이

이후 서인이 집권한 뒤 남인의 잔여세력을 완전히 숙청하기 위하여 서인의 김석주·김익훈 등이 전 병사 김환 등을 시켜 무고하게 하였다. 즉 남인 유생이던 허새(許璽) 등이 주상이 무도하고 조정이 문란하므로 300명의 병사가 궁궐을 침범하여 복평군을 추대하고 대왕대비를 수렴청정(垂簾聽政)하게 하려고 모의한다는 무고였다. 이에 국청(鞫廳)을 설치하여 관련된 남인들을 모두 처단하게 되었다. 그 뒤에 무고가 밝혀져 1689년(숙종15) 기사환국 때 참형되었다.

191) 김진귀(金鎭龜) : 1651~1704. 만기(萬基)의 아들, 인경왕후(仁敬王后)의 오빠이다. 공조·

다. 10살 때 청성부원군(淸城府院君) 김석주가 밤에 그 집에 도착하여 할아버지와 함께 외딴 방에서 몰래 비밀스러운 일을 모의하였다. 김춘택이 창문 밖에서 그 소리를 듣고 갑자기 문을 열며 들어와서 "모의하는 일이 어떤 일인데 창밖을 막지 않습니까. 어린아이가 들어서 다행이지 만약 다른 사람이 들었다면 어찌 위태롭지 않겠습니까."라고 하였다. 김석주가 김춘택을 크게 기특하게 여겨 기술을 모두 전수해 주었다. 또한 『수호전(水滸傳)』한 질을 주면서 열심히 읽도록 하였으니 김춘택 일생의 얕은 술수가 모두 그 책에서 나온 것이었다. 아, 청성은 남의 아들을 해롭게 한 자라고 할만하다.

029 신사년(1701, 숙종27) 옥사는 민언량의 난초(亂招)[192]에서 비롯되었는데 민암을 추가로 거론하여 노적률[193]에 걸려들었다. 죄인들이 비록 역적으로 죽었지만 죄를 인정하지 않으면 연좌할 수 없는 것이 법전의 규정이다. 그런데도 주상이 좌의정 이세백의 논의에 따라 민암의 서자 유도(有道)를 죽였다. 이에 영의정 최석정이 경연에서 그것은 법에 어긋난다고 논하였다. 윤세수(尹世綏)가 상소를 올려 역적을 비호한다고 공격하였으며, 이어서 권익평(權益平)이 상소를 올려 심한 욕을 하였다. 권익평은 김춘택이 기른 무뢰한 자였으니 시골 유생을 가탁해서 이와 같은 상소를 올린 적이 한 두 번이 아니었다.

030 민언량의 난초(亂招) 역시 윤순명의 경우와 같이 김춘택의 지시에 따라 만들어진 것이다. 중간에 본가의 개인 편지를 거짓으로 작성하여 옥중에 넣었으면서, "이와 같이 진술하면 살 수 있다."고 하였다. 민언량이 어리석게도 그 말을 믿고 시키는 대로 했으니 스스로 역적의 옥사에

호조판서 등을 역임하였다.
192) 난초(亂招) : 죄인들이 함부로 꾸며 횡설수설 대답한 진술이다.
193) 노적률(孥籍律) : 당사자는 물론 처자까지 같은 형에 처하며, 재산을 몰수하는 형벌이다.

걸려들었는지 몰랐다. 권중경 대감도 동시에 옥에 들어갔는데 김춘택이
또한 같은 방법으로 권중경을 꾀었지만 권중경이 편지를 보고 크게
놀랐다. 그것이 거짓 편지임을 알아차리고 그 설을 뒤집어서 다행히
죄를 면하였다. 석방되어서 집안사람들에게 물으니 편지에 대해서 알지
못하였다. 편지가 전달된 경로를 추적해보니 모두 김춘택의 짓이었다고
한다.

031   갑신년(1704, 숙종30) 여름에 임부(林溥)의 옥사가 있었다. 처음
신사년(1701) 옥사 때 죄수 윤순명은 장희재의 이종 사촌 동생이었다.
결안을 작성할 때 큰 소리로 말하였다. "내가 지금까지 진술한 내용은
김춘택이 종용한 것입니다. 춘택이 나에게 '이렇게 진술하면 죽지 않고
이득이 될 것이다.'고 했는데, 이제 도리어 나를 죽이려 하니 이게 무슨
일인가." 서리와 옥졸이 모두 들었지만 옥사를 담당한 자는 난잡한 말이라
고 하며 기록하지 않았다.

   또 공사(供辭)에서 말하였다. "장희재가 유배지에서 한글편지를 보내
아내의 죄악을 일일이 거론하며, '이 여자가 서인과 결탁하여 나를 죽이고
동궁을 모해하려고 한다.'고 했지만 옥사를 담당하는 자가 그 말을 싫어하
여 문안에 기록하지 않았다." 여러 사람들의 입을 통해 전해지면서 그
설이 이리저리 흩어져 어지럽게 되어 마침내 임부의 상소에까지 이르게
되었으니, 대략 다음과 같다.

   "신사년(1701, 숙종27)에 동궁을 꾀어 해치려한다는 말이 죄인 윤씨
성을 가진 자의 진술에서 나왔는데, 그때 국청에서 '모해동궁(謀害東宮)'
네 글자를 빼버리고 숨겨서 아뢰지 않았으니 이것이 진실로 무슨 뜻입니
까. 처음 꾀어 해치려던 자가 끝내 흉악한 짓을 마음대로 하지 않을
것을 어찌 알겠으며, 전에 가리어 숨기던 자가 뒤에 와서 몰래 발설하지
않을 것을 어찌 알겠습니까.……"

   당시 옥사를 담당했던 사람들이 각자 스스로 변론하는 상소를 올렸다.
이광적(李光迪)194)이 "윤순명은 애초 이런 말을 한 적이 없습니다."고

하였다. 김창집이 말했다. "윤순명이 장희재의 편지에 따를 뿐 모해동궁이
라고는 말하지 않았습니다. 단지 '만약 나를 죽이면 세자에게 어찌 좋게
되겠는가.'라고 하였습니다.……" 주상이 영의정 최석정에게 명하여
신문하며 형장을 가하니 신사년(1701) 문랑 여필중(呂必重)과 강이상(姜履
相)195)이 그 말의 근원인데,196) 모두 이들로부터 나왔기 때문이었다.
강이상과 여필중의 공초와 김창집의 상소가 서로 다르고 말이 맞지
않아서 더욱 의심스러워하였다. 김창집의 무리들이 곁에서 꾸짖기를
그치지 않으니 신문한 자들이 두려워하여 말을 못해서 더 이상 물어
볼 수 없었다고 했다. 강이상과 여필중이 아뢴 말이 실제와 다르다고
해서 이들을 변방으로 유배보냈다. 임부는 남을 해치려는 마음을 가졌다
는 혐의로 형장을 맞고 외딴 섬으로 유배되었고, 그 뒤 다시 잡아들여
국문하였으며, 삼형제 모두 매 맞아 죽었다.

이잠의 세자보호 상소

032　이잠(李潛)197) 선생은 또한 동방에서 흔히 볼 수 없는 뛰어난 선비였
다. 흉악한 무리들을 베어 버릴 것을 청하는 상소를 올려서 명의(名義)의
실상을 명확히 분석해 드러내어 소인의 마음을 파헤쳐 바르고 공평하며
엄정하고 조화롭게 만들었다. 원대한 계책을 큰소리로 외쳐 한 시대의
기준이 될 만하였으니 이것이 어찌 옛날 초야 선비가 남의 비밀을 들추고
헐뜯는 논의에 비길 수 있겠는가. 애석하도다. 마음먹고 한번 올린 상소가

---

194) 이광적(李光迪) : 1628~1717. 본관은 성주(星州), 자 휘고(輝古), 호 은암(隱巖)이다. 1706년
　　(숙종32) 임부의 옥사를 소홀히 다룬 죄로 공조참판에서 파직되었다.
195) 강이상(姜履相) : 1657~1719. 1701년(숙종27) '모해동궁(謀害東宮)' 네 글자를 삭제한
　　사실이 발각되어 유배되었다가 1711년에 풀려났다.
196) 여필중과 …… 근원인데 : 임부의 상소에 나오는 '모해동궁' 네 글자가 당시 문사낭
　　청(問事郎廳)이었던 강이상과 여필중에게서 나왔다. 두 사람은 "모해란 말은 듣지
　　못하고 다만 좋지 못한 일이 있다는 말을 들었다."고 했다.
197) 이잠(李潛) : 1660~1706. 본관은 여주, 자 중연(仲淵), 호 섬계(剡溪)·서산(西山)이다. 실학
　　자 성호(星湖) 이익의 형이다. 1706년 김춘택이 원자의 세자 책봉을 미루는 것이
　　원자를 제거하고 연잉군(延礽君, 영조)을 후사로 삼기 위한 것이라고 보고, 상소를
　　올렸다가 장살되었다.

실현되지 못하자 엎드려서 엿보던 자가 뒤에서 쑥덕거렸다. 기린이 큰
들판에서 쓰러지니 귀신같은 무리들은 뜻을 얻어 활개쳤다. 슬프도다.

내가 일찍이 그를 위해 찬(贊)하였다. "형구198) 앞에서도 온화하고
곤장과 주뢰(周牢)199) 당하면서도 웃으면서 대범하였다. 그 앞에서는 주운
(朱雲)이나 매복(梅福)200)도 혀를 빼어물고, 진동(陳東)이나 구양철(歐陽
澈)201)도 기가 질린다." 또 말하였다. "열렬한 기상이 영원히 빛나리니
해와 별을 능가하고, 바람과 천둥을 내뿜는다. 완연히 큰 무지개가 되어
중천에 찬란하네. 아래로 더러운 속세를 내려다보니 돼지들이 꿀꿀거린
다." 이 글은 몽애(夢藹) 남백거(南伯居)가 쓴 것이다.202)

선생의 빼어난 행동과 뛰어난 기절은 비록 당시 함께 좋아하던 자들도
오히려 알지 못했지만 백거(伯居, 남극관)가 알았던 것이다. 옛말에 '선비
가운데 서로 감통하는 자'라고 했는데, 이것을 이르는가 보다. 선생은
병술년(1706, 숙종32) 가을에 상소를 올려, "김춘택과 이이명(李頤命)203)이
동궁에 대해서 이롭지 못할 것입니다."고 했다가 끝내 옥중에서 죽었으니
이는 세상의 운수와 관계된 일이었다. 아, 학자들이 그를 서산 선생(西山先
生)이라고 불렀다.

선생에게는 두 명의 동생이 있었는데, 둘째 동생은 찰방을 지낸 이서(李
溆)204)로, 호는 옥동(玉洞)이었다. 막내 동생은 감역(監役)을 지낸 이익(李

198) 형구 : 정확(鼎鑊). 사람을 삶는 큰 솥. 고대에 사형 가운데 하나인 팽형(烹刑)을 내릴
때 사용했던 기름 가마이다.
199) 주뢰(周牢) : 다리 사이에 주릿대를 끼워 비트는 형벌이다.
200) 주운(朱雲)이나 매복(梅福) : 한나라 성제(成帝) 때 외척 왕씨(王氏) 집권을 탄핵한 충신
들이다.
201) 진동(陳東)이나 구양철(歐陽澈) : 송나라 고종 때 충신들. 고종 때 황잠선(黃潛善)과
왕백언(汪伯彦)을 파직하라고 주청했지만 받아들여지지 않았다. 당시 태학생(太學生)
이었던 진동과 구양철이 탄핵하자 고종이 격노하여 둘 다 참수하도록 했다.
202) 『몽애집』 곤 「잡저·사시자」.
203) 이이명(李頤命) : 1658~1722. 본관은 전주, 자 지인(智仁)·양숙(養叔), 호 소재(疎齋)이다.
병조판서 사명(師命)의 동생이다. 1717년(숙종43) 정유독대(丁酉獨對)를 통해 세자[경
종]의 대리청정을 주청하였고, 1721년(경종1) 왕세제[영조]의 대리청정을 건의하다
가 김창집 등과 함께 유배되어 사사되었다.
204) 이서(李溆) : 1662~?. 본관은 여주, 자 징지(徵之), 호 옥동(玉洞)·옥금산인(玉琴散人)이다.

瀷[205]으로, 호는 성호(星湖)였다. 둘 다 학행이 뛰어났지만 숨어서 지내고 벼슬에 나아가지 않았다.

033 동평위(東平尉)[206]가 일찍이 사람들에게 말하였다. "기사년(1689, 숙종15)에 박태보를 잡아들여 국문할 때 입시한 여러 대신과 대신(臺臣)들 가운데 한 사람도 정면에서 애써 말하여 논쟁하는 자가 없었다. 이에 내가 남인을 원망스럽게 여겼다. 그런데 병술년(1706)에 이잠을 친히 국문할 때 내가 마침 운검(雲劍)[207]으로 시위(侍衛)하면서 직접 그 광경을 보았다. 주상의 진노가 대단하여 사람들 마다 혼백이 빠져서 덜덜 떨고 낯빛이 창백해졌으니 아주 담대한 사람이 아니라면 한 마디 글과 한 마디 말도 올릴 수 없었다. 나는 그제야 비로소 기사남인이 이와 같았을 것임을 알게 되었다. 너무 심하게 허물해서는 안된다.……"

김춘택 관련 일화

034 내가 김춘택을 과거시험장에서 보았다. 얼굴은 작은 밥상만 했는데 여러 군데 천연두 자국이 있어서 매우 밉고 고집스러워 보였으며, 사람들의 구경거리가 되어 손가락질 받았다. 돼지 같은 눈으로 흘겨보면서 주위 사람을 전혀 의식하지 않고 떠돌아다니는 무뢰배였다. 편안히 방안에 누워서 죽었지만 그 세력뿐만 아니라 음흉하고 거짓됨이 여전히 남아 있어서 소론 가운데 살아남은 자가 없었다.

대사헌 하진(夏鎭)의 아들, 이익의 형으로, 서예에 능하여 동국진체를 창안하였다.
205) 이익(李瀷) : 1681~1763. 본관은 여주, 자 자신(子新), 호 성호(星湖)이다. 1705년(숙종31) 증광시(增廣試)에 응했으나, 녹명(錄名)이 격식에 맞지 않았던 탓으로 회시(會試)에 응할 수 없게 되었다. 바로 다음해 9월에 둘째형 잠이 희빈 장씨를 옹호하는 소를 올렸다가 장살 당하자 광주(廣州) 첨성리(瞻星里)에 은거하며 학문에 전념하였다. 성호학파를 형성하여 실학사상의 확산에 공헌하였다. 저서로는『성호사설(星湖僿說)』·『곽우록(藿憂錄)』·『사칠신편(四七新編)』 등이 있다.
206) 동평위(東平尉) : 정재륜(1648~1723)의 작호. 효종의 다섯째 딸 숙정공주와 결혼하여 동평위에 봉해졌다.
207) 운검(雲劍) : 칼을 들고 왕의 신변을 보호하는 임시직이다.

035 최창대가 박태한(朴泰漢)[208]의 유사(遺事)[209]를 기술하면서 칭송하였다. "박태한이 동산(東山) 윤지완과 함께 앉아서 장희재를 죽이는 일을 논할 때 세상의 당심을 끼고 사사로운 뜻을 부린 자와는 같지 않아서 말투가 크고 어의가 정밀하고 깊이 있었다." 저 장희재는 단지 외로운 병아리와 썩어빠진 쥐에 불과할 뿐이니 바로 죽여서 뿌리에 묻어도 잿더미에 무슨 도움이 되겠는가. 또한 그가 저지른 범죄는 사적인 편지를 흘려 유포시킨 것뿐인데 당시 사사로운 길을 열어 몰래 비밀스러운 흉계를 꾸미면서 못된 짓을 저지르지 않는 것이 없었던 자는 김춘택이 아니었던가. 저들이 오히려 다시 한 사람이 있다고 하면서 감히 죽여야 할 자라고 말할 수 있었던가. 김춘택을 두려워 할 뿐만 아니라 또한 의지하려한 점이 있었다.

저들은 기사년에 권력을 잃은 것은 장희재가 죽었기 때문이라고 여겨서 항상 마음속으로 한스럽게 생각하였다. 또한 장희재를 살려두면 혹 다른 날 근심이 될 것을 우려하여 '반드시 죽여야 한다.'고 한 것이다. 갑술년(1694, 숙종20)에 정권을 잡아서 김춘택이 힘을 갖자 저들은 모두 유리할 것이라고 여겼기 때문에 의지하려는 마음이 없지 않았다. 또한 그 권세를 두려워하여 죽이려 했다가 죽이지 못하면 도리어 화를 당할 것 같아서 감히 죽이자는 말을 꺼내지 못했다. 박태한의 격양된 말씨가 장희재에게는 용감하고 김춘택에게는 겁을 먹었으니 어찌된 일인가. 그 뒤 노론이 대역죄로 장희재를 죽였으니 이것은 박태한의 주장이 행해진 것이다. 당시 시세·인심·종사(宗社)를 볼 때 과연 어떠한가. 박태한의 주장이 비록 협잡하는 사사로움이 없고 모두 공평한 마음에서 나온 것이라고 하는데 이는 어린아이의 억지소리에 불과하다.

---

208) 박태한(朴泰漢) : 1664~1698. 본관은 고령, 자 교백(喬伯)이다. 윤증의 문인으로, 승문원 정자 등을 역임하였다. 평소 언론이 준정(峻正)하여 당파에 휩쓸리지 않았다는 평가를 받았다.
209) 『곤륜집』 권20, 「유사(遺事)·박형교백유사(朴兄喬伯遺事)」.

남인 집권 촌평

036 경신년(1680, 숙종6) 살육이후 원망의 기운이 온화한 기운을 범하였으니 매년 흉년이 들어 공적으로나 사적으로 저장해 놓은 것이 부족해졌다. 기사년(1689)에 남인이 정권을 잡은 이래 시절이 평온하고 해마다 풍년이 들어 5, 6년 동안 서울로부터 시골에 이르기까지 창고가 가득차고 사민(四民)이 자신의 직분에 만족하며 나라에는 큰 일이 없었다. 이에 각 관청의 재용이 넉넉해지고 직책을 맡은 사대부들은 업무에 힘쓰고 즐거움을 만끽했다. 주상 역시 함께 즐겼으며 아무 때나 경연을 열고 화답하는 노래를 부르며 즐겁게 놀았다. 홍문관과 호당(湖堂)210)에서는 촛불에 금을 새겨 시간을 정하여 주상의 명에 따라 시문을 짓고, 술과 음악을 내려주어서 중사(中使)211)들이 줄지어 오고갔다. 대제학 민암이 시를 지었다. "궁궐에서 만든 술을 구준(衢樽)212)에 붓고 실컷 마시니, 은촛대의 불은 궁궐 앞거리를 느릿느릿 돌아다니네." 이는 모두 사실을 기록한 것이다.

갑술년(1694) 이후 해마다 흉년이 들어 부고(府庫)가 텅 비었다. 병자(1696)·정축년(1697)에 이르러 큰 기근이 들어 굶어죽은 시체들이 길에 가득 찼다. 무인년(1698)에는 역병이 돌아 사방이 전염되어 사대문 밖에 시체가 산을 이루었다. 민인들은 다시 살아갈 뜻을 갖지 못하고 날로 풍속이 점점 심하게 나빠졌다.

하루는 판서 이익수(李益壽)213)가 연릉군(延陵君) 이만원(李萬元)214)을 희

---

210) 호당(湖堂) : 독서당. 문학에 뛰어난 관원을 선출하여 휴가를 주어 특별히 학업을 연마하게 한 서재이다. 성종대 상설기구로 용산(龍山)에 복설(復設)했고, 중종대 두모포(豆毛浦)의 정자를 고쳐 지어 설치하고 동호독서당(東湖讀書堂)이라 하였다.

211) 중사(中使) : 궁중에서 왕의 명령을 전하던 내시이다.

212) 구준(衢樽) : 자유롭게 술 마시기 위해 설치한 술동이다.

213) 이익수(李益壽) : 1653~1708. 본관은 전주, 자 구이(久而), 호 백묵당(白默堂)이다. 이조판서 등을 역임하였다. 1687년 나양좌를 옹호하다 삭직 당하였다. 희빈 장씨의 어머니가 가마를 타고 궁문을 나가는 것을 막다가 파직되기도 했다.

214) 이만원(李萬元) : 1651~1708. 본관은 연안, 자 백춘(伯春), 호 이우당(二憂堂)이다. 이조참판 등을 역임하였다.

롱하며, "기사년이후 남인은 날마다 술자리를 벌였다는데 어찌된 일입니까."라고 묻자, 연릉군이 답하였다. "태평스러운 시대에 나타나는 현상입니다. 오늘날과 비교해 보면 거리에는 슬픈 통곡소리로 가득차고, 마을에는 처참한 광경만 있고 굶주림을 구휼하지만 길에서 죽은 시체를 파묻는데 하루가 부족합니다. 이 광경은 무엇입니까." 이익수가 억지로 웃을 뿐 대꾸하지 못하였다.

037　신묘년(1711, 숙종37) 정승 약천 남구만이 세상을 떠났다. 갑술년(1694) 영의정으로 부름을 받았을 때 김춘택과 한중혁 등이 몰래 은화를 거두어 폐비(廢妃, 인현왕후)를 복위하려 모의하였다. 민암 등이 이를 적발하고 국문하여 다스리려 했는데 그때 마침 주상이 민암 등을 내쫓고 옛 신하들을 불러 다시 등용하였다. 어떤 사람이 "저들에 의해 살해당할 뻔했는데 어찌하여 왕세충(王世充)[215]과 두건덕(竇建德)[216]의 원수를 갚으려 합니까.[217]"라고 묻자, 공이 대답하였다. "김청성(金淸城, 김석주) 이후로 사사롭게 정탐하는 정치의 길이 열려 계속 이런 일이 발생하였는데 통렬히 막지 않으면 나라가 망할 것이다." 한중혁 등을 엄히 다스릴 것을 청하였다. 또한, 말하였다. "못된 무리들이 오늘의 거사에 조금이라도 힘을 쓴 것이 있다면 성덕에 누가 됨이 어떠하겠는가. 그 허실을 국문하여 명쾌하게 왕법으로 바로잡아야 할 것이다. 이것은 성주(聖主)를 위해 나라 안팎의 의혹을 해소하며, 중전을 위해 복위의 정대함을 밝혀서 천고의 수치를 씻을 수 있다. 옛사람들이 '조정을 존중함이 해와 달보다 높다.'는 것이다.……" 한중혁이 고문을 받다가 죽었다.

---

215) 왕세충(王世充) : ?~621. 수나라 양제(煬帝)가 시해되고 정국이 혼란스러울 때 스스로 정제(鄭帝)라고 칭하다가 당나라 태종에게 대패하여 항복하였다.

216) 두건덕(竇建德) : 573~621. 장락왕(長樂王) 혹은 하왕(夏王). 왕세충을 구원하러 갔다가 당 태종에게 패해 장안(長安)에서 참수되었다.

217) 왕세충 …… 갚으려 합니까 : 당나라 태종에 의해 죽임을 당한 왕세충과 두건덕의 형제들이 두 사람의 원수를 갚으려 한다는 뜻이다. 여기서는 남인을 위해 원수[김춘택]를 갚겠다는 것이다.

숙종대 정유독대의 전말

038 정유년(1717, 숙종43) 7월 19일에 좌의정 이이명, 약방제조 민진후·
이관명(李觀命)218), 가주서 이성기(李聖起), 기주 김홍적(金弘迪), 기사 권적(權
樀)이 입시하였다. 주상이 "눈이 어두워져 문서를 살펴보는 일이 매우
어려우니 변통하는 방도를 마련한 뒤에야 다른 근심이 없을 것이다."고
하였다. 이이명이 말하였다. "목소리가 또렷한 자를 시켜 주상에게 올린
문서를 읽게 하고, 세자로 하여금 옆에 두고 보게 하면 어떻겠습니까."
주상이 "당나라 태종이 말년에 그렇게 변통하지 않았는가."라고 하자,
이이명이 "멀리서 인용할 것 없이 세종이 몸이 편찮을 때 문종을 별전에
데리고 가 국사를 참관하여 처결했습니다."고 하였다. 민진후가 "신들은
주상께서 옛일을 살펴서 그렇게 해도 된다면 따르지 않을 수 있겠습니까."
라고 하며, 드디어 모두 물러갔다. 같은 날 미시(未時, 오후2시 전후)에
"좌의정을 다시 입시케 하라."고 전교하였다.

주상이 희정당(熙政堂, 창덕궁 소재)에 나아가자 이이명, 동부승지 남도
규(南道揆), 사관 이의천(李倚天)219)·김홍적·권적이 궐문에 나아갔다. 승전
색이 주상의 명에 따라 "좌의정을 먼저 입시케 하라."고 전하자 이이명이
급히 들어갔다. 승지와 사관은 망설이며 들어가기를 청하지 못했는데,
승전색을 시켜 따라 들어가고 싶다는 뜻을 주상에게 보고하였다. 주상이
오래도록 결정하지 않다가 두 번 아뢰자 허락하였다. 주상이 "대신이
독대하는 일은 옛날에도 있었는데 승지와 사관이 어찌하여 쟁론하는가."
고 하자, 모두 밖으로 나갔다. 독대할 때 말하는 사람 이외에 다른 사람은
들을 수 없었다.

같은 날 신시(申時, 오후4시 전후)에 현임·전임 대신과 함께 판중추부사

218) 이관명(李觀命) : 1661~1733. 본관은 전주, 자 자빈(子賓), 호 병산(屛山)이다. 영의정
경여(敬輿)의 손자, 이조판서 민서(敏敍)의 아들, 좌의정 건명(健命)의 형이다. 좌의정
등을 역임하였다. 1722년(경종2) 신임환국 때 아우 건명이 노론 4대신으로 극형을
받자, 이에 연좌되어 유배되었다.
219) 이의천(李倚天) : 1676~1753. 본관은 전주, 자 사립(斯立), 호 박직와(樸直窩)이다. 1722년
신임환국 때 조태구·유봉휘를 죽이라는 계를 올리기도 했다.

서종태(徐宗泰)[220]·조상우(趙相愚)[221]·김우항(金宇杭)[222] 등을 불렀지만 나오지 않았다. 영의정 김창집·좌의정 이이명·판중추부사 이유(李濡)[223]가 함께 나오자, "만나 보겠다."고 전교하였다. 승지 이기익(李箕翊)[224], 사관 이의천·김홍적·권적이 입시하였다. 주상이 말했다. "내 병이 낫지 않고 오래 끌어서 사물을 볼 수 없게 된 지 3년이 되었다. 크게 변통하는 방도가 없을 수 없으니 여러 대신들을 만나서 의논하고 싶다." 김창집이 "모르겠습니다만 주상께서는 어떻게 생각하고 계십니까."라고 아뢰자, 주상이 말했다. "처소에 들어와 진찰할 때 내가 말을 꺼냈더니 대신이 세종의 일을 가지고 아뢰었다. 지금 병이 이와 같으니 세자에게 대리청정[225]하게 할 생각이다. 이 때문에 다시 좌의정을 불러들였다."

이유가 말하였다. "을유년(1705, 숙종31)에 양위(讓位)하겠다는 전교를 내릴 때 소신이 세자가 곁에서 결재를 돕게 한다면 점차 국사를 익히고, 주상의 건강을 살피는 방도에도 반드시 도움이 될 것이라고 말씀을 드렸습니다. 지금 신의 낮은 소견도 이와 같은 데에 불과합니다." 주상이 말하였다. "좌의정이 입시했을 때에 이미 나의 의견을 다 말했다. 지난 을유년 내가 왕위를 물려주려고 했는데, 지금은 행하려 해도 반드시 곤란한 단서가 있을 것 같다." 이유가 말하였다. "예로부터 태자에게

---

220) 서종태(徐宗泰) : 1652~1719. 본관은 대구, 자 군망(君望), 호 만정(晩靜)·서곡(瑞谷)·송애(松厓)이다. 좌의정·우의정 등을 역임하였다. 1689년(숙종15) 기사환국 때 인현왕후가 폐위되자, 오두인·박태보 등과 상소를 올리고 은퇴하였다.

221) 조상우(趙相愚) : 1640~1718. 본관은 풍양, 자 자직(子直), 호 동강(東岡)이다. 우의정 등을 역임하였다. 1717년(숙종43) 세자 대리청정의 명령이 내렸을 때 반대하는 상소를 올렸다. 남구만·최석정 등과 함께 소론으로 활동하였다.

222) 김우항(金宇杭) : 1649~1723. 본관은 김해, 자 제중(濟仲), 호 갑봉(甲峰)·좌은(坐隱)이다. 우의정 등을 역임하였다. 1722년 신임환국 당시 노론 4대신이 화를 당하자 극력 반대하였다.

223) 이유(李濡) : 1645~1721. 본관은 전주, 자 자우(子雨), 호 녹천(鹿川)이다. 세종의 다섯째 아들 광평대군(廣平大君) 여(璵)의 후손으로, 좌의정·영의정 등을 역임하였다. 김창집·이이명·민진후 등과 교유하였다.

224) 이기익(李箕翊) : 1654~1739. 본관은 전주, 자 국필(國弼), 호 시은(市隱)이다. 무(堥)의 아들로, 병조참판 등을 역임하였다. 1694년 성균관 유생을 이끌고 송시열의 신원을 위한 상소를 올렸다.

225) 대리청정(代理聽政) : 왕명에 따라 임금을 대신하여 정사를 보는 것이다.

대신 정사를 보게 한 사례가 많습니다. 그런데 성교(聖敎)에서 행할 수 없다고 하시니, 신들은 전하의 뜻이 어떠하신지 모르겠습니다." 주상이 "내가 아무리 생각해도 지금은 곤란하다."고 하였다. 이유가 "곤란하신 이유가 무엇입니까."라고 묻자, 주상이 "내 뜻은 본래 대리청정이 곤란하다는 것이 아니다."고 하였다. 이유가 "곤란하다는 것은 무슨 일입니까." 라고 묻자, 주상이 대답하지 않았다.

이기익이 "역대 조정의 고사(古事)에 따라 거행한다면 국가의 행복입니다."고 말했다. 주상이 말했다. "오늘날 다른 도리가 없다. 역대 왕들의 고사에 따라 행하겠다. 문종 때 결재를 도운 사례가 실린 실록을 춘추관의 당상관과 낭청을 파견하여 살펴보도록 할 것이다." 이이명이 "이 일은 중대한 것이니 결재를 돕고 대리청정하는 일을 비망기로 하교하셔야 합니다."고 하였다. 주상이 말했다. "5년 동안 병을 앓은 나머지 눈병이 점차 위중해져서 사물을 보는 것이 어려워졌으니 나라 일이 걱정된다. 우리나라와 당나라의 고사에 의거하여 세자에게 대리청정하게 하라."

7월 20일에 승정원에서 "세자에게 대리청정의 명을 내리셨습니다. 이에 따른 모든 일은 실록에서 살피고 돌아온 뒤에 의절(儀節)을 논의하여 거행하는 것이 어떻겠습니까."라고 아뢰자, 주상이 "그렇게 하라."고 하였다.

7월 21일에 홍문관에서 상소를 올려 아뢰었다. "연석(筵席)²²⁶은 엄중하고 비밀스러운 곳이므로 당일 나눈 대화를 자세히 알 수 없습니다. 다만 들리는 바에 따르면 주상께서 처리하는 사이에 편치 않다는 하교가 많이 있었다고 합니다. 혹 언어가 잘못 전파되면 소문에 현혹되기 쉽습니다. 그날 신하들과의 자리에서 하교하신 것 가운데 춘궁(春宮, 경종)과 관련된 내용은 거둬들여 『승정원일기』에 기록하지 마십시오." 주상이 "일기에 기록하지 말라는 의견을 그대로 따르겠다."고 하였다.

다음날 집의 권황(權熀), 헌납 박성로(朴聖輅), 필선 윤양래(尹陽來)²²⁷,

---

226) 연석(筵席) : 임금이 신하들과 함께 자문주답(諮問奏答)하면서 경전을 강론하거나 시사(時事)를 의논하는 자리이다.

368

문학 조언신(趙彦信), 설서 조최수(趙最壽), 장령 조명겸(趙鳴謙)228)이 각각 상소를 올렸다. 대략 독대의 잘못에 대해서 논하였으며, 혹 보호하는 방도를 말했다고 한다. 같은 날 전 수찬 이인복(李仁復)229)이 상소하였다. "전하는 어찌 근본이 흔들리고도 나라가 망하지 않은 것을 보신 적이 있습니까. 신이 『대학연의(大學衍義)』230)의 「제가(齊家)」 세 편을 읽다가 이필(李泌)231)이 당나라 태종에게 아뢴 말을 보고는 감동하여 울었습니다. 그날 대신이 독대했을 때 이렇게 아뢰었는지 모르겠습니다."

7월 22일에 전 지평 최종주(崔宗周)232)와 지평 김태수(金台壽) 등이 상소를 올렸는데 그 내용이 대개 같았다. 같은 날 부사직 이세필(李世弼)233)도 상소하였다. "삼강(三綱)234)이 끊어지고도 망하지 않는 나라는 없습니다. 아, 중전이 복위된 것은 실로 오랜 세월동안 없던 성절(盛節)인데 기사년 일을 소급해서 생각해보면 가슴에 아픈 마음이 아직도 남아 있습니다.

---

227) 윤양래(尹陽來) : 1673~1751. 본관은 파평, 자 계형(季亨), 호 회와(晦窩)이다. 지선(止善)의 손자로, 공조판서·대사헌 등 역임하였다. 1746년(영조22) 신임환국에 관련된 소론들을 몰아낼 것을 주장했다가 한 때 삭직되었다.

228) 조명겸(趙鳴謙) : 1663~1722. 본관은 양주, 자 익지(益之)이다. 1719년(숙종45) 윤선거의 서원을 허물라는 계청을 중지시켰다가 체임되었다.

229) 이인복(李仁復) : 1683~1730. 본관은 전주, 자 내초(來初), 호 춘절재(春節齋)이다. 원익(元翼)의 5대손으로, 병조참판 등을 역임하였다.

230) 대학연의(大學衍義) : 송나라 진덕수(眞德秀)가 편찬한 저술. 그 내용은 제왕위학차서(帝王爲學次序)·제왕위학본(帝王爲學本)·격물치지지요(格物致知之要)·성의정심지요(誠意正心之要)·수신지요(修身之要)·제가지요(齊家之要)의 6편으로 나누어 매편마다 고현(古賢)의 언행을 들고, 이에 고증을 첨가하여 논설하였다. 조선에는 1403년(태종3), 1434년(세종16), 1527년(중종22) 등 여러 차례 국비로 간행하였다.

231) 이필(李泌) : ?~?. 당나라 때 충신. 자 장원(長源), 시호 현화(玄和), 봉호 업후(鄴侯)이다. 현종이 태자 숙종에게 선생이라 부르게 했다. 숙종이 즉위한 뒤 밖에 나갈 때마다 말을 함께 탔고, 잘 때는 탑(榻)을 마주하여 태자로 있을 때처럼 대우했다. 덕종이 태자를 폐하려 할 때 간절하게 충간하여 중지하도록 하였다.

232) 최종주(崔宗周) : 1683~1737. 본관은 삭녕(朔寧), 자 문길(文吉), 호 자봉(紫峰)이다. 좌승지 등을 역임하였다. 1721년(경종1) 신임환국으로 노론의 실각과 더불어 관직을 삭탈당하였다.

233) 이세필(李世弼) : 1642~1718. 본관은 경주, 자 군보(君輔), 호 구천(龜川)이다. 항복의 증손, 이조참판 시술(時術)의 아들, 우의정 태좌의 부친이다. 1717년(숙종43) 정유독대에 반대하였다.

234) 삼강(三綱) : 군위신강(君爲臣綱)·부위자강(父爲子綱)·부위부강(夫爲婦綱)이다.

더구나 왕위에 오른 이래 이름난 신하와 보좌를 잘한 신하 가운데 목숨을
보존하지 못한 자들이 한둘이 아니니 이는 더없는 불행입니다. 지금
연세가 많고 오랫동안 질병을 앓으신 가운데도 천만 다행스럽게도 세자가
계셔서 의지할 데가 있습니다. 만백성이 우러러 보고 귀신과 사람들의
기원이 여기에 있습니다. 혹시라도 여기에 만분의 일이나마 다시 차질이
생긴다면 삼강에 비추어볼 때 어떠하겠습니까." 판중추부사 김우항·조상
우·서종태, 승지 이관명·이덕영(李德英), 교리 조관빈(趙觀彬)235), 정언 유척
기(兪拓基)236) 등과 판윤 홍만조(洪萬朝), 지사 강현(姜鋧)237) 등, 사직 오명준
(吳命峻)238)·이대성(李大成)·김연(金演) 등이 함께 이름을 적고, 대간 권변(權
抃), 참찬 조태구 등이 연이어 상소를 올리니 큰 뜻은 대략 같았다.

7월 23일에 동지춘추관사 신임(申銋)239)과 대교(待敎) 권적이 실록을
살펴보고 왔다. 7월 27일에 영중추부사 윤지완이 대략 다음과 같은 상소를
올렸다. "예로부터 쇠망하는 세상에서는 항상 음흉하고 사악한 마음을
품은 못된 무리들이 생겨서 사람·집안·나라를 패망시켰습니다. 지난
갑술년에 특별히 비망기를 내려서 '강신(强臣)과 흉얼(凶孼)로서 국본(國本)
을 동요시키는 자가 있으면 역률로써 죄를 논하겠다.'고 하셨습니다.
신이 '국본을 동요시키면 이것은 곧 역적이니, 따로 금지하는 법령을

---

235) 조관빈(趙觀彬) : 1691~1757. 본관은 양주, 자 국보(國甫), 호 회헌(晦軒)이다. 좌의정
    태채(泰采)의 아들로, 호조판서 등을 역임하였다. 1723년 부친에 연좌되어 유배되었다
    가, 영조대에 등용되었다.
236) 유척기(兪拓基) : 1691~1767. 본관은 기계, 자 전보(展甫), 호 지수재(知守齋)이다. 우의정·
    영의정 등을 역임하였다. 영조대 신임환국 때 죽은 김창집·이이명 두 대신의 복관을
    건의하여 신원(伸寃)시켰다.
237) 강현(姜鋧) : 1650~1733. 본관은 진주, 자 자정(子精), 호 백각(白閣)·경암(敬庵)이다. 판중
    추부사 백년(柏年)의 아들로, 판의금부사 등을 역임하였다. 신임환국에서는 노론을
    치죄했다는 혐의로 1725년 삭출되었다.
238) 오명준(吳命峻) : 1662~?. 본관은 해주, 자 보경(保卿)이다. 병조판서 도일(道一)의 종손,
    우의정 명항(命恒)의 형이다. 1715년『가례원류』시비가 발생하자 윤증의 행동을
    비난하였다.
239) 신임(申銋) : 1639~1725. 본관은 평산, 자 화중(華仲), 호 한죽(寒竹)이다. 박세채의 문인
    으로, 공조판서 등을 역임하였다. 연잉군을 왕세제로 책봉하고 대리청정의 근거를
    실록에서 초출하였다.

제정하는 것은 사리에 어긋나는 일입니다.'라 아뢰고, 거둬들일 것을 청하여 윤허를 받았습니다. 당시 대신 남구만이 기미를 생각하고 장래를 걱정하여 정성껏 돌보고 보살피는 말을 했지만 다시 살아날 수 없게 되었습니다. 같은 시기 옛 신하 가운데 늙고 아직 죽지 않은 신은 정성이 부족하고 인망이 가벼워 주상의 마음을 감동시켜 돌려놓거나 인심을 진정시켜 복종하게 만들 수 없습니다. 생각이 여기에 미치자 몸과 마음이 함께 떨립니다. 우리 춘궁께서는 이미 명릉(明陵)240)의 보살펴 주시는 자애를 잃었고 계속해서 신사년에 뼈를 깎는 아픔을 당하였습니다.241) 감싸주고 보호해 주기를 우러러 의지할 데는 전하뿐인데 싫어하는 기색을 표현하는 말이 갑자기 경연자리에서 나왔으니 신은 어쩌다가 이렇게 되었는지 모르겠습니다. 예로부터 인군의 부자 사이에 속마음을 다 드러내어 말하고 비밀스러운 이야기를 남김없이 논한 경우는 이필이 아뢴 것242)과 같은 것이 없었습니다. 그가 기미를 막고 은의(恩義)를 보존시킨 것은 실로 '이런 뜻을 드러내지 말라.'고 경계한 데에 있었던 것입니다. 독대한 일은 임금과 신하가 서로 잘못했다는 말을 피하기 어렵습니다. 전하께서 어떻게 정승을 사인(私人)으로 삼을 수 있으며, 대신도 또한 어떻게 여러 사람들이 바라보는 정승의 지위를 임금의 사인으로 만들 수 있습니까. 조정과 민간이 놀라 의심하고 여론이 떠들썩한 것은 당연한 일입니다." 전 부솔 김재해(金載海)가 상소하였다. "전하는 작년 강세귀의 상소가 잘못되고 망령되었다고 여겨 특별히 위엄과 노여움을 드러내셨습니다. 하지만 지금 생각하면 그의 말에 볼 만한 것이 없지 않습니다."

이이명은 여러 상소에서 자신을 비난하고 배척하는 것을 불편하게 여겨 동문 밖으로 나아갔다. 승지와 사관이 날마다 '들어오라'는 말을 전하였다. 장령 홍은(洪蒑) 호흡(湖邑)의 품관으로서, 이이명의 하수인 이 상소하였다.

240) 명릉(明陵) : 서오릉 안에 있는 숙종과 계비 인현왕후, 두 번째 계비 인원왕후의 능호. 여기서는 인현왕후를 가리킨다.
241) 신사년에 …… 당하였습니다 : 1701년(숙종27) 희빈 장씨가 사사된 일이다.
242) 이필이 아뢴 것 : 이필이 당나라 덕종(德宗)에게 태자(太子)를 폐할 수 없다고 간하였고, 이에 감동되어 중지하였다.

"오늘날 신하들이 글을 올리는 데에는 깊은 뜻이 있습니다. 말을 가리지 않는다거나 혹 근본이 흔들린다거나 혹 삼강이 끊어진다고 하며 그 말을 확대하여 마치 비상한 변고가 있는 것처럼 말합니다. 그 중에서도 김재해의 상소는 주상과 세자 사이에 헐뜯는 말이 횡행하고 틈이 생긴 것처럼 음험하게 한 내용을 담고 있습니다. 강세귀의 말은 볼 만한 것이 없지 않지만 마치 그 말이 오늘날 징험된 바가 있는 듯하니 이것은 무슨 마음입니까. 원하건대 이들을 엄히 다스리십시오." 주상이 "지금부터 이들의 상소는 받지 말라."고 전교하였다.

8월 1일에 왕세자가 시민당(時敏堂, 창경궁 소재)에 나아가 조참례(朝參禮)를 받았다. 오늘부터 세자가 대리청정하기 시작했다.

8월 14일에 영중추부사 윤지완이 다시 상소를 올렸다. "신이 종사의 앞날을 위해 지극한 계책을 아뢰었는데, 전하는 깊이 생각해야 될 일을 소홀히 여겨 받아들이지 않으셨습니다. 제 생각에 전하의 이번 조치가 끝내 나라를 망치는 근원이 될까 두렵습니다. 하물며 지금 저보(邸報)243)에 이정익(李楨翊)244)을 승선에 임명하였는데, 이정익이 예전에 올린 상소가 비록 단정할 수는 없지만 반역의 마음으로써 온 세상의 지목을 받아온 것은 오래 되었습니다. 전하는 조정이 위태롭고 민심이 동요될 때도 돌보아 꺼리는 것이 없으셨으니 신은 가슴 아프게 생각합니다. 독대의 일이 잇달아 상신(相臣)들의 상소에 보이는데, 그 중에는 '하늘에서 타고 나신 자질을 지니셨다.'고까지 합니다. 상신들이 이것을 확충하여 마음을 다해 보호해서 끝내 이필이 나라를 도와 편안하게 만든 일과 같은 공을 이루게 된다면 신은 충신이라는 두 글자를 붙이는 것이 아깝지 않습니다. 어찌 다시 사신(私臣)이라고 지목하겠습니까." 주상이 답하였다. "경이 머리가 허연 나이에 조정을 어지럽힐 마음을 품고 있으니, 내가 통탄스럽

243) 저보(邸報) : 경저(京邸)에서 지방의 각 고을로 보내던 연락 보고 문서이다.
244) 이정익(李楨翊) : 1655~1726. 본관은 한산, 자 붕거(鵬擧), 호 애헌(崖軒)이다. 갑술환국(1694) 이후 남인에 대한 완론을 폈던 남구만 등의 소론 인사들에 대해서도 비판하였다. 1720년(경종 즉위년)에는 당시 소론의 거두 김일경을 탄핵하는 등 강경노선을 펼치다가 유배되기도 했다.

게 여긴다." 이내 사직하고 돌아갔다. 그믐날 영남좌도 유생 김승국(金升國) 등 7천여 명 서울에 들어온 자가 50여 명, 영남우도 황종준(黃鍾濬) 등 5천여 명 서울에 들어온 자가 38명 이 상소를 올렸지만 승정원에서 돌려주었다.

12월에 부수찬 홍만우(洪萬遇)[245]가 상소를 올렸다. "신은 영중추부사의 얼굴을 본적이 없지만 소신 있고 심지가 굳은 매우 의로운 사람이라고 알고 있습니다. 나라 일에 근심하는 정성을 죽어도 놓지 않아서 지독한 질병으로 몸을 지탱할 수 없는데도 가마를 타고 달려오니 거리 사람들이 감탄했습니다. 피를 쏟는 정성은 부녀자와 아이들도 칭송하니 윤지완의 진정한 충성심은 쇠와 돌도 뚫을 수 있습니다. 그런데 전하는 그가 서둘러 서울로 들어왔다고 도리어 책망하셨으니 말씀의 박절함이 매우 뜻밖입니다. 90세 늙은 신하가 이 세상에서 무엇을 얻을게 있다고 어지럽힐 마음을 먹고 전하의 조정에서 전하의 아첨하는 신하가 되고자 하겠습니까. 지난날 인심이 놀라고 두려워하여 오래도록 안정되지 않으므로, 크고 작은 장주(章奏)를 매번 올려 세자를 보호하는 도리를 극진히 하지 않는 것이 없었습니다. 간신(諫臣)이 상소하여 종묘에 고하기를 청한 것도 이 같은 뜻인데도 영의정은 일을 빨리 처리하지 않고 미루려는 의도를 갖고 다만 회계(回啓)[246]하여 앞선 사례가 있는지 없는지만 살펴서 널리 알리려 했습니다. 산림의 유상(儒相, 선비 출신 정승) 권상하은 당초 상하가 걱정하고 의심하는 즈음에 한 마디도 없었으니 대신으로서 나라를 위하는 충성심과 산인(山人)으로서 세자를 보호하는 도리에 비추어 볼 때 이렇게 해서는 안 될 것입니다. 영남에서 과거를 보려는 유생들이 응시를 포기하고 봉장(封章)을 올린 것은 목을 길게 빼고 죽기를 기다리는 심정에서 나온 것이었습니다. 이것이 관찰사 입장에서 화낼 일이겠습니까.[247]

---

245) 홍만우(洪萬遇) : 1671~1722. 본관은 풍산, 자 계회(季會), 호 추헌(楸軒)이다. 1717년(숙종 43) 김승국 등 영남 유생들의 파장(罷場)하고 상소 올린 일을 두둔했다가 파직되었다. 이어 영의정 김창집과 우의정 조태채 등을 배척하다가 유배되었다.

246) 회계(回啓) : 임금의 물음에 대하여 논의하여 대답하는 것을 말한다.

247) 관찰사 입장에서 화낼 일이겠습니까 : 관찰사는 권업(權㒤, 1669~1738). 본관은 안동, 자 사긍(士兢), 호 기오헌(寄傲軒)이다. 당시 영남 유생들이 파장(罷場)하자 관찰사 권업이 장계를 올려 난동 부린 사실을 조정에 알렸다. 이에 임금이 앞장서서 논의를

신이 관찰사의 장본(狀本)을 보니 '처분이 이미 정해진 뒤에 보호하려
하는데 이 무슨 의도인가.'라고 하였습니다. 또한, '한 무리의 유생들이
상소에서 말하고 싶은 것은 그 의도가 어디에 있는지 알 수 없습니다.'고
하니, 깊이 미워해서 죄를 꾸미려는 뜻을 드러낸 것입니다. 만약 이와
같다면 대궐의 신하들과 그 형 권변(權抃)²⁴⁸⁾의 상소도 처분을 내려 정해진
뒤에 올린 것이니 권업이 이를 보고도 그 의도를 모른다고 하겠습니까.
아, 과거는 선비들에게 매우 중요한 일입니다. 인정으로 보아 어찌 과장(科
場)을 그만두려 했겠습니까. 영남 외진 곳에 살면서 떠돌아다니는 말을
듣고 나라를 걱정하는 정성에서 그런 것에 불과하며, 스스로 떳떳한
도리에서 나온 것인줄 모르고 있을 뿐입니다. 만여 명에 가까운 선비들이
서로 이끌고 대궐을 향하여 호소한 일은 마침 주상께서 사기(士氣)를
배양한 결과임을 알 수 있습니다. 칭찬하고 권장해야 할 것이므로 그들에
게는 죄가 없습니다. 그런데도 시험관은 군졸을 시켜 몰아냈고 관찰사는
장계를 올려 죄를 날조하여 잡아 가두고 충군(充軍)하고야 말았습니다.
신은 이 일을 매우 슬프게 생각합니다.……"

비망기를 내렸다. "상소를 살펴보건대 단지 받아들이지 않으면 그만이
지 죄 줄 필요는 없다. 하지만 상소에서 대신을 힘써 비웃고 배척하였으니
너무 놀랍고 분하다. 홍만우를 파직하고 등용하지 말라." 정언 김려(金
礪)²⁴⁹⁾가 아뢴대로 울산으로 유배 보냈다.

039 이후 임인년(1722, 경종2)에 조흡(趙洽)이 진술하였다. "아버지 조이
중(趙爾重)²⁵⁰⁾이 평안도 병마사로 재직할 때 김운택(金雲澤)²⁵¹⁾이 감진어사

주도한 자를 찾아내어 충군(充軍)하라고 명하였다.
248) 권변(權抃) : 1651~1726. 본관은 안동, 자 이숙(怡叔), 호 수초당(遂初堂)이다. 1689년(숙종
15) 폐비의 일이 발생하자 당시 급제한 것을 부끄럽게 여겨 곧바로 고향으로 내려갔다.
249) 김려(金礪) : 1675~1728. 본관은 경주, 자 용여(用汝), 호 설재(雪齋)이다. 1723년(경종3)
직언하다가 영암으로 유배되었는데 1725년(영조1) 풀려났다.
250) 조이중(趙爾重) : ?~?. 본관은 양주, 자 구경(九卿), 호 대석(臺石)이다. 영의정 조상우(趙
相禹)의 아들로, 칠도병마사·삼도통제사 등을 역임하였다.
251) 김운택(金雲澤) : 1673~1722. 본관은 광산, 자 중행(仲行), 호 백운헌(白雲軒)이다. 만기의

(監賑御使)[252]로 왔다가 일이 생겨 서울로 돌아가던 길에 조이중에게, '나라에 장차 큰 일이 일어날 것입니다.'라고 하였다. 조이중이 '무슨 일이냐.'고 묻자, 김운택이 '곧 알겠지만 독대의 일[253]이 있을 것입니다.' 고 하였다. 조이중이 조흡에게 '김가(金哥)는 참으로 괴이하구나.'라고 하였으니, 이들은 그 일을 미리 알고 있었습니다.……"

이헌(李瀗)이 진술하였다. "내관(內官) 장세상(張世相)[254]이 당시 독대한 일이 있을 것이라고 말하고 먼저 이이명에게 알려주었다. 며칠 뒤 과연 그러했으니 이로 인해 이이명의 무리들이 장세상을 믿게 되었다. 그래서 매번 장세상을 통해 지상궁(池尙宮)과 내통하여 세자를 위태롭게 하는 일을[255] 모의했습니다.……"

040 정유년(1717, 숙종43) 봄에 주상이 온양 탕정(湯井)에 행차하였다. 90세의 정승 동산 윤지완이 병든 몸을 이끌고 길가에서 안부를 여쭈었지만 단지 '알았다'는 대답만 들었다. 반면 황강(黃江, 권상하)이 뵈려하자 특명을 내려 직접 만나 손을 잡으니 총애하는 융성함이 유례가 없었다. 윤지완은 양조(兩朝, 현종·숙종)를 모신 늙은 신하로서 나라의 충신임을 부녀자와 아이들도 잘 알고 있었는데 대우하는 예는 황강에 비해 크게 차이났다고 한다.

손자, 예조판서 진귀의 아들, 춘택의 동생이다. 형조참판 등을 역임하였다. 1722년에 신임환국 때 유배되었다가 목호룡의 고변으로 노론 4대신과 함께 죽임을 당했다.

252) 감진어사(監賑御使) : 큰 흉년으로 기근이 들었을 때 그 실태를 조사하고 지방관들의 진휼을 감독하기 위하여 파견한 어사이다.

253) 독대의 일 : 정유독대. 1717년(숙종43) 숙종과 노론대신 이이명이 독대하여 세자 [경종]대리청정을 주청한 일이다. 이 사건을 계기로 숙종을 뒤이을 왕위 계승 문제를 두고 노론과 소론의 갈등이 첨예화되었다.

254) 장세상(張世相) : 내관으로 연잉군을 보필하였다.

255) 세자를 위태롭게 하는 일 : 이기지·정인중·이희지·김용택 등이 은을 지상궁에게 주고, 그로 하여금 약을 타게 하여 흉악한 일을 행하게 하였다.

경종을 노리는 삼급수

041 경오년(1690, 숙종16) 경종을 세자로 책봉하였다. 을해년(1695)에
관례(冠禮)를 치루고 성균관에 들어갔으니 겨우 8살이었다. 타고난 자질이
뛰어났고, 음성과 용모가 갖추어졌으며, 모든 행동거지가 예의에 맞았다.
당시 성균관에 있는 많은 유생들이 우러러 보았다. 입시했던 의관(醫官)들
이 또한 전하는 말에 따르면, "혈맥이 크고 장건하여 마치 새끼줄 같아
보통사람 보다 두 배나 특수했다.⋯⋯"고 하였다. 이건명(李健命)²⁵⁶)이
'마비되고 약해서 병들었다.'고 한 말이 어느 때부터 나왔는지 모르지만
사람들의 의혹됨이 오늘에 이르러 더욱 심하였다.

신사년(1701)에 발생한 무고(誣蠱)의 옥사는 김춘택이 꾸미고 이세백과
김창집의 무리가 완성시켰다. 이미 그 어머니를 죽였는데 신하로서 그
자식을 섬기고 싶을 리 없었다. 이들은 삼수(三手)의 음모를 꾸몄으니
이미 하루아침의 일이 아니었으며, 다만 신축년(1721, 경종1)에 발각되었
을 뿐이었다. 회금(灰金)이 독약을 쓰자고 주장했지만 이이명 부자가
한 파(派)가 되었고 서덕수(徐德修)²⁵⁷) 역시 한 파가 되었다는 설이 빈번하게
신축년 여러 역적들의 공초 가운데 나왔다. 신사년이래 초주(椒酒)²⁵⁸)와
독이 든 떡[鴆餠]의 설이 있었으니, 한두 차례 시도된 것이 아니었다.
천명이 보호하고 여러 신의 보살핌으로 비록 흉계가 이루어지지 못했지만
독물이 차츰 쌓이면서 질병이 되었는지는 알 수 없다. 『역경』에서 '자식이
아버지를 시해하고 신하가 임금을 시해하는 것은 그 유래가 점진적으로
이루어진 것이다.'²⁵⁹)고 하였다. 신축년 역적들의 공초에서 삼수의 설이
나왔으니 하나는 칼이고 하나는 독약이고 하나는 왕위에서 내쫓는 것이었

---

256) 이건명(李健命) : 1663~1722. 본관은 전주, 자 중강(仲剛), 호 한포재(寒圃齋)·제월재(霽月
齋)이다. 영의정 경여(敬輿)의 손자, 이조판서 민서(敏敍)의 아들, 좌의정 관명(觀命)의
동생이다. 좌의정 등을 역임하였다. 1721년 연잉군의 왕세제 책봉을 주청하고자
청나라에 갔다가 돌아와서 사사되었다.
257) 서덕수(徐德修) : 영조의 처조카. 1721년(경종1) 영의정 김창집 등 노론 4대신이 경종의
건강과 후사가 없음을 들어 왕세제 책봉을 논의한 내용을 연잉군에게 전달하였다.
258) 초주(椒酒) : 한나라 때 왕망(王莽)이 평제(平帝)에게 독을 넣은 초주를 올려 죽였다.
259) 『주역』「곤괘(坤卦)」.

다. 칼은 대급수(大急手)이고, 독약은 소급수(小急手)이며, 내쫓는 것은 평지수(平地手)라고 했다.

임인년(1722)에 김성절(金盛節)의 결안에서 말했다. "정유년(1717) 금평위(錦平尉)²⁶⁰⁾의 사행(使行) 때 이기지(李器之)²⁶¹⁾ 부자가 백금을 주고 독약을 구입하였습니다. 그 약은 정우관(鄭宇寬)²⁶²⁾을 시켜 장세상에게 들여보내게 하였고, 장세상은 수라간 차지(次知)²⁶³⁾ 김상궁과 함께 모의하여 시행했지만 주상이 곧바로 토했습니다." 이 같은 사실은 『약원일기(藥院日記)』를 살펴보면 믿을 수 있다. 이때 삼사에서 합계하고 대신·종반(宗班)·문무백관 등이 돌아가며 조사할 것을 청하였는데 해가 지나도록 그치지 않았다. 갑진년(1724, 경종4)에 조지별제(造紙別提) 방만규(方萬規)가 상소하였다. "저들 무리가 김씨 성을 가진 궁인이라고 하는 사람은 자성(慈聖)²⁶⁴⁾을 가리켜서 한 말이었다." 그 말이 매우 흉악하여 즉시 방만규를 잡아들여 국문하였다. 그가 자백하였다. "저는 아무것도 모르는 어리석은 자입니다. 상소는 본래 윤봉조(尹鳳朝)에게 나온 것입니다……" 이에 방만규는 참수되고 윤봉조는 유배되었다가 얼마 뒤 사면 받아 다시 돌아왔다. 그러자 대간에서 명을 거둘 것을 아뢰어 청하였고 여러 해 걸쳐 논쟁이 지속되었으니 노론조차 갑자기 그만두게 하지 못했는데, 집의 김정윤(金廷潤)이 정지시켰다. 판서 권이진(權以鎭)²⁶⁵⁾이 소식을 듣고 "김정윤의 이름이

---

260) 금평위(錦平尉) : 효종의 사위 박필성(朴弼成, 1652~1747). 본관은 반남, 자 사홍(士弘), 호 설송재(雪松齋)이다. 숙영옹주(淑寧翁主)와 결혼하여 금평위에 봉해졌다.

261) 이기지(李器之) : 1690~1722. 본관은 전주, 자 사안(士安), 호 일암(一庵)이다. 좌의정 이명(頤命)의 아들로, 1721년(경종1) 부친에 연루되어 유배되었다.

262) 정우관(鄭宇寬) : ?~1722. 경종대 왕세제의 대리청정을 주장했던 김운택(金雲澤)의 가신. 서덕수(徐德修)·김창도(金昌道)·이정식(李正植) 등과 함께 모의했다는 조흡의 고발로 인해 조사 받다가 죽었다.

263) 차지(次知) : 각 궁방의 일을 맡아 보던 사람이다.

264) 자성(慈聖) : 숙종의 후궁 영빈 김씨(寧嬪金氏, 1669~1735). 도정(都正) 김창국의 딸이다. 1702년(숙종28) 귀인에서 영빈으로 봉해졌다. 영빈 김씨는 인현왕후와 더불어 기사환국(1689, 숙종15)에 폐출되기도 하였으며, 갑술환국(1694)에 인현왕후와 함께 복위되었다. 자식이 없었고, 영조를 친아들처럼 여기며 키웠다고 한다. 영조가 항상 어머니라고 일컬었다.

265) 권이진(權以鎭) : 1668~1734. 본관은 안동, 자 자정(子定), 호 유회당(有懷堂)·만수당(漫收

세상에 헛되이 나온 것이 아니다."고 하며, 모두 돌아가며 웃었다. 이보다 앞서 전 도사 유응환(兪應煥)이 방만규와 함께 상소를 올렸는데 그 뜻이 하나로 통하였으며, 역시 윤봉조의 필체였다. 윤봉조는 윤비경(尹飛卿)[266]의 자손이었다.

영조대 위시(僞詩) 사건

042 금상(今上) 영조 경신년(1740, 영조16) 겨울에 민백창(閔百昌)[267]이 신래(新來)[268]하는 자리에서 조현명(趙顯命)[269]이 민형수(閔亨洙)[270]에게 말하였다. "김창집과 이이명이 이미 관작이 회복되었는데, 김용택(金龍澤)[271]과 이천기(李天紀)[272]는 어찌하여 억울함을 풀어주지 않는가." 이에 민형수가 큰소리로 "김용택의 집에 숙종이 비밀리에 하사한 시[273]가 적힌 편지가 있는데 그 필체가 금상의 필체와 같다. 어찌 억울함을 풀 수 있지 않겠는가."라고 하였다. 조현명이 "어찌 주상 앞에 내놓지 않는가."라고 묻자, 민형수가 알았다고 했다.

다음날 조현명과 송인명(宋寅明)[274]이 민형수와 함께 뵙기를 청하였다.

堂)이다. 송시열의 외손이다. 윤증의 문인으로, 호조판서 등을 역임하였다.

266) 윤비경(尹飛卿) : 1607~1680. 본관은 파평, 자 충거(冲擧)이다. 호조참판 등을 역임하였다. 1660년(현종1) 예송논쟁 당시 3년설을 주장한 윤선도의 국문을 청하였다.

267) 민백창(閔百昌) : 1707~?. 본관은 여흥, 자 대이(大而)이다. 우의정 응수(應洙)의 아들로, 승지 등을 역임하였다.

268) 신래(新來) : 과거에 급제한 뒤 새로 임관되어 처음으로 관아에 출사하는 사람이다.

269) 조현명(趙顯命) : 1690~1752. 본관은 풍양, 자 치회(稚晦), 호 귀록(歸鹿)・녹옹(鹿翁)이다. 조문명・송인명과 함께 영조대 전반 완론세력을 중심으로 한 노소탕평을 주도하였다.

270) 민형수(閔亨洙) : 1690~1741. 좌의정 진원(鎭遠)의 아들로, 형조참판 등을 역임하였다.

271) 김용택(金龍澤) : 1680~1722. 본관은 광산, 자 덕우(德雨), 호 고송재(孤松齋)이다. 만중(萬重)의 손자, 이사명의 사위이다. 1722년 목호룡의 고변으로 이천기 등과 함께 국문을 받다 죽었다.

272) 이천기(李天紀) : 본관은 전주이다. 김춘택의 사위로, 노론 4대신과 함께 연잉군의 대리청정을 주장하다가 역적으로 몰려 처형되었다.

273) 숙종이 …… 하사한 시 : 숙종이 직접 짓고 연잉군이 글씨를 써서 김용택・이천기에게 주었다는 시를 가리킨다. 노론은 이를 숙종의 연잉군 보호 의지와 노론의 연잉군 추대를 입증하는 증거로서 제시하였는데, 영조는 이 시를 위시(僞詩)로 간주하여 쓴 사실 자체를 부인했다.

민형수가 말하였다. "정유년(1717, 숙종43) 이이명이 독대할 때 숙종이 '조정에 여러 신하들은 내가 모두 알고 있지만 선비 가운데 누구에게 큰일을 맡길 수 있겠는가.'라고 묻자, 이이명이 '김진화(金鎭華)의 아들 김용택이 그에 합당한 사람입니다.'라고 대답하였다. 숙종이 시를 짓고 전하에게 쓰도록 명하였고, 이내 이이명에게 분부하여 시를 김용택에게 주었습니다. 이이명은 곧 백망(白望)을 시켜 김용택에게 전해주었고, 지금까지 김용택의 집에서 보관하고 있습니다. 매부 민익수(閔翼洙)[275]가 직접 보고 전달한 말인데 전하께서는 어찌하여 잊으셨습니까." 주상이 "이와 같은 일은 없었다."고 하였다. 곧 국청을 열어 김용택의 아들 원재(遠材)를 잡아들이게 하였다.

김원재는 국청에 나아가 형장 6도(度)를 맞았으나 죄를 인정하지 않았다. 주상이 노하여 "민익수를 함께 잡아들여 국문하라."고 하였다. 송인명이 나아가 말하기를, "이와 같이 하시면 사태가 확대될 것입니다. 민익수에 대한 국문을 잠시 그치심이 어떠하신지요."라고 하였다. 얼마 안 있어 김원재가 승복하고 가짜 시를 내놓았다. 주상이 이를 두루 신하들에게 보이며 "이것이 어찌 내 필체인가."라고 하였다. 즉시 없애버리라고 했다. 또한 "이같이 요사하고 사악한 일은 반드시 김복택(金福澤)[276]이 한 짓이다."고 하였다. 김복택을 잡아들여 친히 국문하니 두 차례의 형신을 받고 죽었다. 회금(灰金)과 8명의 택(澤)[277]이 있었는데 6명의 택은 이때 모두 죽었다. 김원재는 아직 어리다는 이유로 죽이지 않고 삼천리

---

274) 송인명(宋寅明) : 1689~1746. 본관은 여산, 자 성빈(聖賓), 호 장밀헌(藏密軒)이다. 영조대 노·소론을 아울러 온건한 인사를 등용하는 탕평론을 주도하여 국왕의 신임을 받았다.

275) 민익수(閔翼洙) : 1690~1742. 본관은 여흥, 자 사위(士衛), 호 숙야재(夙夜齋)이다. 유중(維重)의 손자, 진후(鎭厚)의 아들, 대사헌 우수(遇洙)의 형이다. 사촌동생 형수(亨洙)가 김용택의 아들 김원재의 집에 영조가 쓴 시를 보았다고 말했다. 좌의정 송인명이 구원하여 삭직에 그쳤다.

276) 김복택(金福澤) : 1681~1742. 만기의 손자, 인경왕후의 조카이다. 1721년(경종1) 노론 4대신 왕세제 책봉을 논의하자 서덕수를 통하여 연잉군에게 이 말을 전하였다.

277) 8명의 택(澤) : 김진귀의 아들 8형제를 가리킨다. 김춘택·김보택(金普澤)·김운택(金雲澤)·김민택(金民澤)·김조택(金祖澤)·김복택·김정택(金廷澤)·김연택(金延澤)이다.

밖으로 유배보냈다. 이때 민형수는 공포에 질려 얼굴빛을 잃고 말았다.
송인명이 주상에게 "이번 거짓 전지(傳旨)를 발견하여 주상의 억울함을
풀어준 것은 모두 민형수의 공입니다. 민형수에게도 또한 상을 내리십시
오."라고 하였다. 세상에서는 송인명이 마음을 바꾸고 상반된 태도를
잘 짓는 자라고 하였다.

이소훈 독살 사건

043　임인년(1722, 경종2) 5월에 서덕수의 결안 초사(結案招辭)에서 말했
다. "이소훈(李昭訓)[278]은 우리 집안에 피해를 끼쳤기 때문에 그해 5월
장세상과 상의하여 백망에게 2백금을 주어 친분이 있는 역관 집에서
약을 샀습니다. 동궁전의 주부(廚府) 나인을 시켜 음식에 타서 이소훈을
독살하였습니다. 세상이 전하는 말에, '이 여자가 이미 죽었으니 어찌
좋아하지 않을 수 있겠는가.'라고 했습니다.……"

이소훈은 효장세자(孝章世子)[279]를 낳은 생모였다. 그 뒤 효장은 바싹
마르고 쇠약해지며 불치병에 걸려 죽고 말았다. 어의가 무고(誣蠱)의
재앙을 받았다고 전하자 포도대장 장붕익(張鵬翼)[280]이 무고한 자를 수사
하여 체포하였다. 요적(妖賊) 정사공(鄭思恭)[281]이 죄를 자백하고 노적(孥
籍)[282]되었지만 연루된 무리들은 명백히 죄를 자백하지 않았다. 세상에서

---

278) 이소훈(李昭訓) : 영조의 후궁 정빈 이씨(靖嬪李氏). 1719년(숙종45)에 영조의 아들 효장
　　세자(孝章世子)를 낳았다. 연잉군이 세제로 책봉되자 종5품 소훈에 올랐지만 바로
　　사망하였다.
279) 효장세자(孝章世子) : 1719~1728. 영조의 맏아들. 1725년 세자에 책봉되었으나 10세에
　　죽었다. 그 뒤를 이어 사도세자(思悼世子)가 세자가 되었다. 사도세자의 아들 정조(正祖)
　　가 그의 양자(養子)가 되어 즉위함에 따라 진종(眞宗)으로 추존되었다.
280) 장붕익(張鵬翼) : 1674~1735. 본관은 인동, 자 운거(雲擧)이다. 훈련대장·형조참판 등을
　　역임하였다. 1723년(경종3) 김재로·신사철 등과 함께 김창집의 당으로 연루되어
　　유배되었다.
281) 정사공(鄭思恭) : ?~1730. 1728년(영조4) 이인좌(李麟佐)난에 가담했다가 살아났지만
　　1730년(영조6) 궁녀와 모의하여 왕을 저주하는 인형을 궁중에 묻었다는 혐의로
　　체포되었다. 국문을 받던 중 의금부의 나졸을 매수하여 음독자살하였다.
282) 노적(孥籍) : 반역자를 극형에 처한 뒤, 그 처자를 연좌시켜 노비의 적에 올리고
　　그들의 재산까지 몰수하는 처벌이다.

는 서덕수의 잔당이라고 의심하였으며, 그들이 신사년(1701, 숙종27)이후 김춘택의 무리가 한 짓을 다시 했다고 한다.

영조대 경술년 옥사

044　정사공은 판서 정유악(鄭維岳)[283]의 서얼 자식이다. 지난해 종가(宗家)에 흉하고 더러운 것을 묻어두고 종손을 저주하여 죽이려다가 발각되어 체포되어 옥에 갇혔지만 운 좋게 사면 받았다. 경술년(1730, 영조6) 포도대장 장붕익이 몰래 살펴 체포하고 마침내 그 종족이 몰살되었다.

　장붕익은 신축년(1721, 경종1)의 당여(黨與)로서 거칠고 사나우며 화를 즐기는 자였다. 무신년(1728, 영조4)[284]과 경술년(1730)의 옥사[285] 때 광범위하게 수사해서 멋대로 고문하여 자백을 받았다. 노비들 가운데 주인을 미워하는 자나, 원수 집안에 사사롭게 원한을 갚으려는 자가 고발해 오면 증거 없는 말에도 포도청으로 잡아들여 부당한 형벌을 가해 죽이지 않음이 없었다. 이에 죄없이 집안이 파산되고 목숨을 잃은 자가 헤아릴 수 없을 정도로 많았다. 길 가던 사람들이 흘겨보며 그를 나감(羅鉗)[286]에 비유하였다고 한다.

045　박지문(朴趾文)[287]의 자는 세능(世能)이고 사인(舍人) 정(涏)의 아들이

---

283) 정유악(鄭維岳) : 1632~?. 본관은 온양, 자 길보(吉甫), 호 구계(癯溪)·동촌(東村)이다. 뇌경(雷卿)의 아들이다.

284) 무신년(1728, 영조4) : 이인좌(李麟佐, ?~1728)의 난이 발생한 해. 영조의 즉위로 소론이 정계에서 배제되자 이인좌는 정희량(鄭希亮)·이유익(李有翼) 등 소론 과격파와 갑술환국 이후 정계에서 물러난 남인들과 공모하여 밀풍군(密豊君) 탄(坦)을 추대하고 무력으로 정권쟁탈을 꾀하였다. 한 때 청주성을 장악하는 등 위세를 떨쳤으나 진압군에 패하여 대역죄로 능지처참되었다.

285) 경술년(1730)의 옥사 : 1730년(영조6)에 이인좌의 난에 가담하였던 잔당들이 궁인(宮人) 순정(順正)과 세정(世貞) 등을 매수하여 세자와 옹주를 저주하기 위해 물건을 궁중에 묻은 일로 인해 발생하였다. 이 사건으로 주동자 이동혁(李東赫)·정도륭(鄭道隆)·정사공(鄭思恭) 등이 처결되었다.

286) 나감(羅鉗) : 당나라 나희석(羅希奭, ?~755). 간신 이임보(李林甫, ?~752)에게 붙어서 길온(吉溫)과 함께 엄혹하게 법을 사용하였다. 당시 사람들이 '나감길망(羅鉗吉網)'이라 하였다.

었다. 학식이 있고 문장에 능하였으며 몸가짐이 바른 빛나고 이름난 선비였다. 정도륭(鄭道隆)과 함께 권중경의 사위였다. 권대감이 전라도 관찰사가 되었을 때 정도륭의 서숙(庶叔) 정사공이 군관을 데려 갈 것을 요구하였는데, 세능이 그 인물됨이 사특하고 좋지 않다고 여겨 저지하자 정사공이 이 때문에 원한을 품었다. 경술년(1730, 영조6) 발생한 저주의 옥사에게 정사공이 무고하여 세능을 끌어들이며, "정도륭과 친한 동서사이인 것으로 보아 정도륭의 음모를 세능도 알고 있는 듯 싶었다."고 하였다. 세능이 정도륭과 함께 잡혀 들어왔지만 서로 관련 없다는 정황이 처음 진술에서 밝혀졌다.

승지 유엄(柳儼)[288]이 주상에게 아뢰었다. "죄인이 무신년(1728, 영조4)의 반역[289]에 앞서 미리 고향에 내려갔습니다. 이는 역적모의에 참여하여 알고 있었다는 증거입니다. 또한 아무 이유 없이 과거를 보지 않다가 올해 봄 참봉에 임명되었지만 사은[290]하지 않았으니 이는 조정을 더럽게 여기고 벼슬하지 않겠다는 뜻입니다." 이에 형장을 가했고 고문 받다가 죽었다. 이는 정개청이 처음 역적으로 고발되어 잡혀왔다가 끝내 청담절의론(淸談節義論)으로써 죽인 것과 같았다.

선비 정광진(鄭光震)이 말하였다. "나와 박지문은 처음엔 교분이 없었다. 그러다가 성균관에서 그의 말과 행동을 보고 보통사람과 다른 점이 있기에 마음에 새겨두었다. 이조판서 이덕수(李德壽)가 나를 방문하여 남인 사류(士流) 가운데 재랑(齋郎)[291]을 담당할 사람을 묻기에 박지문을 추천해 주었다. 후보자에 올라 낙점을 받고 교지가 이미 내려졌다. 판서가

---

287) 박지문(朴趾文) : 1694~1730. 본관은 무안(務安)이며, 정도륭의 동서이다. 1730년(영조6)에 발생한 경술년 옥사에서 주동자들의 공초에 연루되어 처형되었다. 1754년(영조30)에 신원되었다.

288) 유엄(柳儼) : 1692~?. 본관은 진주, 자 사숙(思叔), 호 성암(省庵)이다. 중종반정 공신 순정(順汀)의 후손으로, 형조판서 등을 역임하였다.

289) 무신년의 반역 : 이인좌의 난이다.

290) 사은(謝恩) : 관직을 제수받거나 가계(加階)나 겸직을 받을 때 혹은 휴가·출사의 명을 받은 자 등이 공복을 갖추어 왕에게 숙배(肅拜)하고 치사(致謝)하는 일이다.

291) 재랑(齋郎) : 묘(廟)·사(社)·전(殿)·궁(宮)·능(陵)의 참봉을 이르는 말이다.

다시 물었다. '박지문의 온 가족이 속리산에 들어갔다고 하던데 가족친지 가운데 서울 근처에 사는 자가 누구인지 잘 모르겠다. 관교(官敎)²⁹²)를 어떻게 전달해야 하는가.' 내가 '반인(泮人)²⁹³)에게 주면 됩니다.'고 하였다. 이에 이조판서가 종자(從子)를 시켜 성균관에 들어가 반인을 불러오게 한 뒤 임명장을 주어 전달하게 했다. 하루 이틀이 지나 기한이 이미 지났는데도 주상에게 와서 숙사²⁹⁴)하지 않았다. 죄 될 것이 없었지만 이 일로 인해 죽었으니 이른바 '백인(伯仁)이 나 때문에 죽었다.'²⁹⁵)는 것과 같아서 안타까움을 금할 수 없었다. 박지문이 비록 정도륭과 동서지 간이었지만 두 사람 모두 젊은 나이에 부인을 잃었다. 또한 정도륭과는 서로 맞지 않아 평소에도 왕래하지 않았으니 친구라면 잘 알고 있었다."

김진상과 노론 4대신

046 김진상(金鎭商)²⁹⁶)은 만채(萬埰)의 아들이고, 익훈(益勳)의 손자이다. 숙종 말년 동궁에게 대를 이을 자식이 없자 희빈의 묘를 다른 곳으로 옮기라고 명하였다. 예조에서 무덤 속에서 관을 드러내고 내려놓으려 할 때 동궁이 망곡(望哭)²⁹⁷)하는 의주(儀注, 예식 순서)를 계하(啓下)²⁹⁸)받으려 하자 김진상이 상소를 올렸다. "장씨가 이미 대조(大朝, 숙종)에 죄를 짓고 죽었으니 세자에 대해서도 모자간의 도가 끊어진 것입니다. 망곡해

---

292) 관교(官敎) : 왕이 직접 내리는 임명장이다.
293) 반인(泮人) : 반촌(泮村)에 거주하던 성균관의 사역인(使役人). 6개월마다 번(番)을 나누어 입역하였고, 그렇지 않은 자들은 각기 생업에 종사하였다.
294) 숙사(肅謝) : 숙배(肅拜)와 사은(謝恩). 벼슬에 임명되어 처음으로 출근할 때 임금에게 숙배하고 사은하였다.
295) 백인이 나 때문에 죽었다 : 백인은 진나라 충신 주의(周顗, 269~322)의 자. 그는 왕돈(王敦) 등이 반란을 일으켰을 때 왕도(王導)를 변호하였는데, 왕도가 그 사실을 모르고 있다가 주의가 죽은 뒤 사실을 알고 "내가 비록 백인을 죽이지는 않았지만 백인이 나 때문에 죽었다."고 하였다.
296) 김진상(金鎭商) : 1684~1755. 본관은 광산, 자 여익(汝翼), 호 퇴어(退漁)이다. 1716년 병신처분(丙申處分) 뒤 윤선거의 서원과 문집 목판을 없앨 것을 청하였다.
297) 망곡(望哭) : 부모의 상을 당한 때 먼 곳에서 그쪽을 바라보며 슬피 우는 일이다.
298) 계하(啓下) : 임금에게 올려진 계문(啓聞)에 대한 답이나 의견으로 내려진 것. 임금은 계문을 보고 계자인(啓字印)을 찍어 친람(親覽)과 결재를 마쳤음을 표시하였다.

서는 안될 것입니다.……" 사람들이 크게 놀라 "김익훈이 죄를 지어 죽었으니 아들 만채는 익훈에게 곡할 수 없단 말인가."라고 하였다.

경종 때 김진상이 함경도 무산(茂山)으로 유배 갔지만 금상(今上, 영조)이 왕위에 오른 뒤 석방되고 관직을 받았다. 이때 "일찍이 4대신²⁹⁹⁾을 아버지처럼 섬겼습니다. 4대신이 화를 면하지 못하였으니 차마 관복을 입고 조정에 설 마음이 생기겠습니까."라고 상소하고, 여강(驪江)으로 물러갔다. 여러 차례 삼사에 임명되었고, 정경에 이르러 기로소에 들어갔지만 널리 유명한 산을 유람하는 것으로 시간을 보냈다. 4대신 집안 자손들이 관복을 입고 벼슬했지만 김진상만 홀로 끝내 나아가지 않았으니, 아버지를 섬기는 정성이 그 자손들보다 더 하다는 것인가. 김익훈 역시 화를 당해 죽었지만 김만채는 입조하여 직책을 받들어 정승의 반열에 올랐다. 그 아버지가 김익훈을 섬기는 것이 과연 김진상이 4대신을 아버지처럼 섬김만 못한 것인가. 심하도다, 김진상이 당론에 빠짐이여. 어찌 그토록 망령된 말을 할 수 있는가.

박윤동의 경종 만장

047 장령 박윤동(朴胤東)이 경종의 만장(挽章)³⁰⁰⁾을 지어 바쳤다. 그 중 한 구절에 "위태로운 돛대는 천 겹의 파도를 겪었고, 왕좌[黼座]는 한바탕 꿈속에 희미했네."라고 하였다. 또한, "가벼운 질병을 어찌 근심하겠는가. 시위하는 여러 신하들도 또한 알지 못하였네."라고 하였다. 마침내 논척을 받아 벼슬에 나아가지 못했다. 다음해 을사년(1725, 영조1) 판서 강현(姜鋧)³⁰¹⁾이 생일에 시를 지었다. "당화(黨禍)가 오늘날 다시 돌아 을사년에 이르고, 충현(忠賢)은 예로부터 내려와 경인년(1650, 효종1)에 이르는구

---

299) 4대신 : 신임환국(1721~22) 당시 역모죄로 몰려 죽음을 당한 김창집·이이명·이건명· 조태채를 가리킨다.

300) 만장(挽章) : 죽은 사람을 슬퍼하여 지은 글을 비단천이나 종이에 적어 기(旗)처럼 만든 것이다.

301) 강현(姜鋧) : 1650~1733. 본관은 진주, 자 자정(子精), 호 백각(白閣)·경암(敬庵)이다. 백년 (栢年)의 아들이다.

나."

강대감이 경인년에 태어났기 때문이었다. 당로자들이 크게 원수처럼
여겨 자식을 침랑(寢郞)³⁰²)으로 도태시켰다. 최근에 박공의 손자 박도천(朴
道天)이 과거에 합격했지만 벼슬길을 막아버렸다. 예나 지금이나 시 내용
이 죄가 된다고 해서 어찌 자식의 벼슬길을 막고, 또 손자의 벼슬길도
막는가. 아, 참으로 각박하도다.

강박 관련 일화

048 강박(姜樸)³⁰³)의 자는 자순(子淳)이고, 호는 혜포(蕙圃)였는데 국포(菊
圃)로 고쳤다. 금상 원년(1725)에 홍문관으로 재직하면서 민진원과 어유구
(魚有龜)³⁰⁴)가 주상의 외숙부³⁰⁵)와 장인³⁰⁶)이었으면서도 먼저 경종을 저버
린 죄를 지었다고 하여 힘껏 배척하였다. 또한 경연에서 윤지술(尹志述)³⁰⁷)
을 요적(妖賊)이라고 배척하였다. 이 일로 크게 노론의 원수가 되었기
때문에 대제학의 물망에 올랐지만 온갖 어려움을 겪다가 탈락하고 말았
다. 무신년(1728, 영조4) 통정대부에 올랐지만 그 뒤 15년 동안 끝내
실직(實職)에 임명되지 못하고 죽었다. 노론의 위세가 갈수록 기승을
부리더니 근래 들어 남인과 소론출신으로서 노론 편에 붙는 자들이
점차 늘어났으며, 양송(兩宋, 송시열·송준길)을 배향하는 논의에 앞 다투
어 참여하니 마치 온 나라 사람들이 두둔하는 것 같았다. 병자년(1756,
영조32)에 배향되었고 서울과 지방에서 한 마디도 배척하는 자가 없었다.

---

302) 침랑(寢郞) : 종묘(宗廟)·능(陵)·원(園)의 영(令) 및 참봉(參奉)을 가리킨다.
303) 강박(姜樸) : 1690~1742. 본관은 진주, 자 자순(子淳), 호 국포(菊圃)이다. 교리·필선
   등을 역임하였다.
304) 어유구(魚有龜) : 1675~1740. 본관은 함종(咸從), 자 성칙(聖則), 호 긍재(兢齋)이다. 경종의
   장인이다. 1718년 그의 딸이 세자빈이 되었고, 그 뒤 선의왕후(宣懿王后)가 되었다.
305) 주상의 외숙부 : 경종의 생모 희빈 장씨가 사사되었으므로 경종의 어머니는 인현왕
   후가 된다. 따라서 민진원은 경종의 외삼촌이 되는 셈이었다.
306) 장인 : 어유구의 딸이 경종의 비 선의왕후였다.
307) 윤지술(尹志述) : 1697~1721. 본관은 칠원, 자 노팽(老彭), 호 북정(北汀)이다. 1720년(경종
   즉위년) 숙종의 지문(誌文)이 편파적으로 기록되었다고 상소했다가 사사되었다.
   임창·이의연(李義淵)과 함께 신임(辛壬)의 삼포의(三布衣)로 불렸다.

아!

049 갑술년(1694, 숙종20)이래 여러 차례 어려움과 고생을 겪으면서 남인은 서인의 유력자들을 두려워하여 감히 대항하지 못하였으니, 하물 며 회천에 대해서 대항할 수 있었겠는가. 병신년(1716, 숙종42) 봄에 이회(尼懷)의 싸움308)이 벌어졌고, 노론이 상소를 올려 소론을 배척하였다. 또한 기사년(1689, 숙종15) 우암(尤菴)이 화를 입은 일을 거론하였다. "흉악 한 당인들이 현자를 해쳤으니 종묘에 고해야 한다.……"

　소론출신 승문원 정자 김홍석(金弘錫)309)이 상소한 유생을 벌주자는 통문(通文)310)을 사관(四館)311)에 돌렸다. 이에 정자 강박 등이 답하였다. "왕법으로써 죽이는 것을 '현자를 해친다.'312)고 하고, 종묘에 고하자는 정론을 흉당이라고 했으니, 이들을 먼저 과거를 보지 못하게 해야 한다." 정언 송진명(宋眞明)313)이 "통문에 대답하는데 앞장선 사람을 적발하여 파직시켜야 합니다."고 하였다. 그러자 김홍석이 말했다. "강박 등이 보내 온 간통(簡通)314) 가운데 사나운 말과 어그러진 설이 가득해서 함께 승문원 에 있을 수 없습니다." 소장을 올려 스스로를 해명하였다. 직접 글을 써서 근실한 것을 보면 이산(尼山, 윤증)을 돕는 듯 싶고, 동참하지 않은 것을 보면 회천을 돕는 듯했다. 이는 단지 자신은 논의를 주도하고, 사태에

---

308) 병신년 봄에 이회(尼懷)의 싸움 : 1716년(숙종42)에 일어났던 병신처분(丙申處分). 1716 년(숙종40)에 김창집이 윤선거의 문집에 효종을 비난한 부분이 있다고 하자 숙종이 직접 시비에 판정을 내려 노론이 옳고 소론이 틀렸다고 하여 윤선거 문집의 판을 헐어버리게 한 처분을 말한다. 이 결정으로 노론이 정국을 주도하게 되었다.

309) 김홍석(金弘錫) : 1676~?. 본관은 광산, 자 윤보(胤甫)이다. 진규(震奎)의 아들로, 지평 등을 역임하였다. 1717년(숙종43) 이대성(李大成) 등과 함께 세자[경종] 대리청정에 반대하였고, 1722년(경종2) 노론 4대신의 왕세제[영조] 대리청정에 반대하였다.

310) 통문(通文) : 여러 사람의 성명을 적어 차례로 돌리어 보는 통지문이다.

311) 사관(四館) : 성균관·예문관·승문원(承文院)·교서관(校書館)이다.

312) 현자를 해친다 : 1689년(숙종15) 기사환국 때 송시열을 죽인 일을 말한다.

313) 송진명(宋眞明) : 1688~1738. 본관은 여산, 자 여유(汝儒), 호 소정(疎亭)이다. 인명(寅明)의 종형으로, 호조·이조판서 등을 역임하였다.

314) 간통(簡通) : 사헌부나 사간원의 벼슬아치가 글로써 서로의 의견을 통하던 일이다.

대처해서는 정밀하고 상세히 살피기만 하였던 것이다. 승문원 상박사(上博士) 강륜(姜綸)이 화답하여 정자 강박의 뜻에 동의하였다. 정언 김계환(金啓煥)이 "처음에는 어진 이를 높이는 뜻에 슬쩍 붙어서 협잡할 생각을 부리려고 합니다. 청컨대 이들을 파직시켜야 합니다."고 청하였다.

소론의 의도는 강박이 자기 견해를 나타낸 것에 대해서 노하고, 또한 이산의 죄를 잡스럽게 욕하는 것을 방치한 것에도 노해서 번갈아 가며 그 잘못을 따져 아뢰었다. 강박은 멀리 유배되고, 강륜은 관직을 빼앗겼다. 김홍석의 이랬다저랬다 하는 태도는 차마 바로 볼 수 없었다. 장령 권세항(權世恒)315)이 상소하였다. "강박이 따지고 공격한 것은 곧 의서(擬書)316)에서 공격한 것입니다. 저 의서의 뜻을 이어받아 조술317)한 자가 도리어 강박의 주장을 죄주자고 하였으니 어찌 인심을 납득시킬 수 있겠습니까."

목대숙(睦大叔)318)이 귀양 가는 국포에게 시를 써주었다. "무슨 마음에 비바람은 또 아침 내내 내리는지 인간세상 모든 일에 기운이 사라지려 하네. 권지정자(權知正字)가 황량한 곳으로 가니 27살 사내 적막하지 않겠는 가."

윤지술과 삼현사

050 이이명이 명릉(明陵, 숙종 능호)의 지문(誌文)을 지어 바쳤는데 희빈에게 사약을 내려 죽게 한 일에 대해서 분명히 말하지 못하였다. 장의(掌議)319) 윤지술이 성균관에서 논의를 주도하여 말했다. "전하와 장씨 사이

---

315) 권세항(權世恒) : 1665~1725. 본관은 안동, 자 여구(汝久)이다. 정랑 이경(以經)의 아들로, 수찬·헌납 등을 역임하였다. 1722년(경종2) 경주에 있는 송시열의 영당(影堂)을 철거 하도록 하고, 이를 반대하는 선비들을 감옥에 가두었다.

316) 의서(擬書) : 1681년(숙종7) 윤증이 송시열에게 보내려고 썼던 신유의서(辛酉擬書)이다.

317) 조술(祖述) : 선인(先人)의 설을 근본으로 하여 그 뜻을 펴 서술하다.

318) 목대숙(睦大叔) : 목천임(睦天任, 1673~1730)의 자. 본관은 사천, 호 묵암(默菴)이다. 좌의 정 내선(來善)의 손자, 대사헌 임일(林一)의 아들이다. 신임환국의 고변자 목호룡과 친분으로 영조대 고초를 겪다가 무신란(戊申亂) 모의 가담자로 연루되어 1730년에 죽었다.

319) 장의(掌議) : 성균관 재생(齋生)들의 자치기구인 재회(齋會)의 임원이다.

에 이미 모자의 의리가 끊어졌으니 그 사실을 숨길 필요가 없습니다. 성균관 유생들을 이끌고 상소를 올려 고쳐 짓기를 바랍니다.……" 추악한 무리들조차 이 소식을 듣고 서로 돌아보고 놀라 태반이 도망쳤다. 이 때문에 상소를 올리자는 논의가 이루어지지 않았고, 권당(捲堂)320)하기에 이르렀다. 윤지술의 소회를 담은 글이 주상에게 올려졌는데 그 말이 매우 흉악스러웠다. 주상이 노하여 특별히 명하여 윤지술의 죄를 물어 죽였다. 노론은 윤지술이 절개를 세워 의롭게 죽었다고 여겨 추천하여 장려하고 존모하였으니 그 정도가 진동(陳東)과 구양철(歐陽澈)321) 보다 지나쳤다.

옛날 한나라 무제가 구익부인(鉤弋夫人)322)을 죽였는데 반고(班固)가 『한서(漢書)』에서, "구익부인이 행차를 따라가다가 허물이 생겨 견책을 받아 근심 속에 죽었다."고 하였다. 당시 이미 소제(昭帝)가 세상을 떠났지만 소제를 위해 그 사실을 감춘 것이다. 사필(史筆)이 지엄한데도 오히려 이와 같은데 하물며 지명(誌銘)의 법도는 아름다운 것을 칭송하고 악한 것은 칭송하지 않는다. 오늘날 사람들이 자식을 대하면서 그 어머니의 악함을 드러냈으니 이 같은 일은 비록 노복일지라도 차마 입에 담지 못하는데 군부에게 있어서랴. 이 같은 뜻은 인심을 가진 자라면 누구나 다 알고 있는데 저 무리들은 한 사람도 아는 자가 없으니 정말 모른단 말인가.

그 뒤 좌의정 민진원이 소매에서 차자를 꺼내 의릉(懿陵, 경종 능호)이 평소 질병이 있고 어둡고 어리석었다는 것으로 종묘에 아뢰고 널리 펴서 알릴 것을 청하였다. 앞서 임창이라는 자가 희빈이 중궁을 시해한

320) 권당(捲堂) : 공관(空館). 성균관 유생들이 행하던 일종의 동맹휴학이다.
321) 진동(陳東)과 구양철(歐陽澈) : 송나라 고종 때 충신들. 고종 때 황잠선(黃潛善)과 왕백언(汪伯彦)을 파직하라고 주청했지만 받아들여지지 않았다. 당시 태학생(太學生)이었던 진동(1086~1127)과 구양철(1091~1127)이 탄핵하자 고종이 격노하여 둘 다 참수하도록 했다.
322) 구익부인(鉤弋夫人) : ?~B.C.87. 한나라 무제(武帝)의 후궁으로, 소제의 어머니이다. 무제가 소제를 후계자로 삼으면서 "어린 임금에게 젊은 어미가 있으면 폐단이 있을 것이다."고 하면서 구익부인을 죽였다.

388

사실을 나열하여 조종에 고하고, 신민에게 반포할 것을 청하였다. 이들은 모두 윤지술과 같은 마음을 갖고 있었다.

051 무술년(1718, 숙종44) 성균관에 삼현사(三賢祠)를 설치하였으니 삼현은 하번(何蕃)[323]·진동·구양철이었다. 논의를 주도한 자는 당시 장의 윤지술이었다. 신축년(1721, 경종1)에 윤지술이 주상의 사친(私親) 희빈 장씨의 잘못을 배척하다가 부도함으로써 죄를 받아 죽었다. 정사년(1737, 영조13)에 노론이 정국을 장악하자 윤지술을 삼현사에 배향하였다. 본래 삼현사를 세운 것도 의리가 없는데 주상의 어머니를 욕보인 흉악한 도적을 배향하였으니 이것이 어찌 또한 의리이겠는가. 정미년(1727, 영조3)에 소론들이 뜻을 얻자 윤지술을 내쫓았다. 윤지술은 어리면서 망령된 자인데, 민익수 집안에서 사사롭게 식객으로 키우던 자였다.

서원 남설의 폐해

052 서원은 옛날 당(黨)·숙(塾)·서(庠)·서(序)의 뜻을 본받아 선비들이 학문을 배우고 학업을 익히기 위해 만든 곳이었다. 향촌에 사는 어진 처사(處士)들 가운데 앞서 세상을 떠난 덕이 있는 자를 제사지내 사람들로 하여금 공경하고 신중하며 가지런하고 엄숙하여, 눈으로 보고 마음으로 느낀 것을 떨쳐 일으킨 곳이다. 그러나 근래 세도가 어그러지면서 선비들은 옛 사람을 섬기지 않고 각기 다른 논의가 생겨났다. 어진 이를 존숭하고 덕을 숭상하는 풍토가 쇠퇴해지면서 당의 사사로움을 존모하는 습성이 이루어졌다. 아무개는 도덕이 있고, 아무개는 의로운 행동이 있고, 아무개는 문장이 뛰어나다고 하면서 모두 제사를 지낼 수 있다고 하여 앞다투어 제사 지내 섬기고 서로 어지럽게 과시하고 있다. 혹은 높은 관직에 오르기만 해도 제사 지내고, 당을 이루었다고 해서 제사를 지내니 전국 방방곡곡에 서원과 사우(祠宇)로 넘쳐났다. 봄철에 『시경』, 여름철에 『예

---

323) 하번(何蕃) : 당나라 덕종(德宗) 때 태학생. 주자(朱泚)의 난을 당해 육관(六館)의 선비를 꾸짖어 반역자를 따르지 못하게 하였다고 한다.

기』를 외우는 소리는 들리지 않고, 단지 향리 자제들이 술과 고기를
서로 다투어 빼앗는 장소로 변질되었다. 실호(實戶) 정남(丁男)들이 군적(軍
籍)에서 이름을 빼는 곳으로 악용되니 교화에 아무런 도움도 주지 못하고,
정치에도 해가 됨이 이보다 심한 것이 없다. 서원 설치를 어찌 마음대로
할 수 있는가.

숙종이 폐해를 깊이 살펴 서울과 지방의 서원을 여러 번 세우거나
신설하는 것을 금지하며 허물라는 법령을 냈지만 담당 관리가 태만하여
거행하지 않았다. 신유년(1741, 영조17) 북청(北靑)의 노덕서원(老德書院)에
이광좌(李光佐)[324]를 배향하려하자 특별히 명령을 내려 갑오년(1714, 숙종
40)이후 설치된 서원·생사(生祠)·향현사(鄕賢祠)·영당(影堂) 등을 일체 혁파
하였으니 그 숫자가 무려 백여 소에 이르렀다. 하지만 그 중에서도 세력이
있는 곳은 그대로 보존되었다고 한다.

이광좌 관련 일화

053 백사(白沙, 이항복)가 함경도 북청으로 귀양 갔을 때 그곳 사람들이
서원을 세우고 제사를 지냈다. 정승 이광좌가 죽자 북청 선비들이 순찰사
(巡察使)를 지낼 당시 그가 남긴 은혜를 기리기 위해 백사를 모신 서원에
배향하였다. 그 일이 성사된 뒤 순찰사 박문수(朴文秀)[325]가 비로소 아뢰었
지만 노론이 조정에 알리지도 않고 사사롭게 배향한 것은 금지조항을
어긴 것이라고 하면서 박문수를 쫓아내고 민형수로 교체하여 대신 부임시

---

324) 이광좌(李光佐) : 1674~1740. 본관은 경주, 자 상보(尙輔), 호 운곡(雲谷)이다. 항복(恒福)의
　　현손으로, 우의정·영의정 등을 역임하였다. 숙종대 소론으로서 병신처분(丙申處分)
　　에 반대하다가 파직되었고, 경종대 경종 보호에 힘썼으며, 영조 즉위 뒤 파직당하였
　　으나, 1728년 정미환국으로 소론정권이 다시 등장하자 영의정에 올랐다. 1730년에
　　영조에게 탕평책을 상소하여 당쟁의 폐습을 막도록 건의했다. 노론 민진원과 제휴하
　　여, 노론과 소론의 연립정권을 세웠다. 1740년 박동준(朴東俊) 등이 중심이 되어
　　삼사의 합계(合啓)로 호역(護逆)한 죄를 들어 탄핵을 해오자 울분 끝에 단식하다가
　　죽었다.
325) 박문수(朴文秀) : 1691~1756. 본관은 고령, 자 성보(成甫), 호 기은(耆隱)이다. 이조판서
　　장원(長遠)의 증손, 영은군(靈恩君) 항한(恒漢)의 아들이다. 병조·호조판서 등을 역임하
　　였다. 영조대 4색(色) 당파를 고루 등용하는 탕평 실시를 주장하였다.

켰다.

부임 즉시 민형수는 그 일을 맡았던 유사(有司)를 잡아들이고 아울러 위패를 압수하였다. 돌아다니며 순시할 때 유사를 시켜 위패를 지고 먼저 떠나게 했다. 그리고 병졸 2명에게 장(杖)을 가지고 뒤를 밟아 몰아대니 수 십리를 질주하다가 숨이 차서 넘어지고 말았다. 그러자 즉시 길에서 잡아 곤봉으로 때리고 위패를 끌어냈다. 주변의 군인들을 시켜 '역적 이광좌를 잡았다.'고 일제히 소리를 지르게 하였는데, 그것이 마치 잡아들여 국문하는 광경처럼 보였다. 이내 도끼로 위패를 조각내어 길 한 가운데 버리고 말들로 하여금 밟고 지나가게 해서 잘게 부수었다.

며칠 뒤 감영으로 돌아왔는데 갑자기 민형수가 죽고 말았다. 사람들이 정승 이광좌의 혼령이 저주하여 죽인 것이라고 했다. 뒷날 다시 민씨 집안과 왕래하던 사람이 "민형수가 이광좌의 위패로 측간을 만드는데 사용했는데, 그 뒤에 피를 토하고 즉사했다."고 들었다. 집안사람 가운데 혹 이광좌를 지적해서 배척하는 말을 하면 재앙을 입었기 때문에 집안에서는 감히 이광좌 이름 석 자를 입에 올리지 않았다고 한다. 북청에 오랫동안 살던 군관이 있었는데 업무에 해박하고 유능하였다. 그래서 정승 이광좌가 함경도 관찰사로 재직할 때 포상하고 발탁하여 신임했다. 민형수가 부임하자 그 자에게 억지로 다른 죄를 더해서 그 날로 잡아 죽였다. 당론의 원망하고 미워함이 이 지경에 이르렀단 말인가.

054 이광좌는 정승 상보(尚輔) 이태좌(李台佐)[326]와 8촌 동생[三從弟] 사이로 소론 가운데 일인자로 꼽혔던 인물이었다. 장중하고 위엄과 명망이 있어 조정과 민간에서 두려워했는데 소민(小民) 가운데 병든 자가 그의 이름을 종이에 써서 등에 붙였더니 곧 병이 났다고 한다. 노론이 매우 미워서 합계하여 죽이려 했다. 지사(地師)[327] 박동준(朴東俊)이 사주를 받아

---

326) 이태좌(李台佐) : 1660~1739. 본관은 경주, 자 상보(尚輔), 호 운곡(雲谷)이다. 항복의 현손, 시술(時術)의 손자, 세필(世弼)의 아들, 광좌의 8촌 형이다. 우의정·좌의정 등을 역임하였다.

327) 지사(地師) : 풍수설에 따라 집터나 묏자리를 봐주는 사람이다.

"아버지를 왕자(王字) 혈맥에 묻었으니 이는 반역의 마음을 품은 것입니다."고 고변하였다. 이광좌는 분하고 원통하여 먹지도 않고 궐문 밖에서 왕명을 기다리다가 갑자기 세상을 떠나고 말았다. 수개월 뒤 모두 네 차례나 이장했으니 이는 지하의 백골이 화를 당한 것과 다름없는 일이었기에 사람들이 모두 원통하게 여겼다.

이태좌 관련 일화

055 정승 이태좌는 조심성 있고 온화하며 덕이 많았다. 일찍이 모녀사이인 여자 노비 2구(口)를 구입하였다. 모녀가 내실[328]에 거처하면서 당 아래로 자주 내려가지 않았다. 혹 명령에 응하여 부역에 나아가더라도 노비무리와 섞여 어울리는 것을 즐겁게 여기지 않았다. 이 광경을 본 이태좌가 이상하게 여겨 실정을 추궁하였다. 본래 이들 모녀의 가장은 수원에 살고 있는 향족(鄕族) 최씨 성을 가진 자였는데 흉년에 먹고 살 수 없게 되자 모녀를 팔아서 생계를 마련하였던 것이다. 정승 이태좌가 이 사실을 알고 불쌍히 여겨 처지를 고쳐주기 위해서 장신구를 마련하여 딸을 우덕명(禹德明)이란 자에게 시집보냈다. 그리고 그 어머니와 함께 사위에게 돌아가게 했고, 그 날로 노비문서를 불태웠다.

삼급수, 역모의 근원

056 신축년(1721, 경종1) 뒤로 역옥이 계속 발생하여 의금부 낭관이 잇달아 나오고 역마가 도로를 덮고, 시골 병졸들이 여기저기 불려 다니느냐 피곤하였다. 옛날 정승 백사 이항복이 말하였다. "역적은 새와 짐승, 물고기와 자라 등과 같이 곳곳에서 생산되는 물건이 아니다. 오늘날 산이 헐벗고 물이 말라서 새와 짐승, 물고기와 자라 등도 곳곳에서 나올 수 없게 되었거늘 역적이 생산되지 않는 곳이 없으니 이 무슨 세상의 변고인가." 예로부터 역적들이 하나 둘이 아니지만 그 참혹함이 낭자하니,

---

328) 내실(內室) : 아녀자들이 거처하는 안방이다.

원류가 되어 만연시킨 것으로 삼수의 역모만한 것이 없었다. 역모를 주도한 자는 모두 세력이 있던 집안 출신이어서 반역이 갑자기 충으로 바뀌고, 관직이 회복되어 시호를 받을 뿐만 아니라 심지어 서원에서 제사지냈다. 속담에 '역적 또한 세력이 있은 뒤에야 이루어질 수 있다.'고 하였으니, 이를 말하는가 보다.

영조대 무신란의 전말

057 무신년(1728, 영조4)에 이인좌(李麟佐)[329] 등이 시골의 무뢰한 자제들을 불러모아 청주로 쳐들어가 병사(兵使) 이봉상(李鳳祥)[330]과 영장(營將) 남연년(南延年)[331]을 죽이고 스스로 대원수라고 칭하였다. 그리고 거짓 관문(關文)[332]을 호서지역에 돌리자 여러 군들이 바람에 쓰러지듯 넘어왔고, 성을 버리고 도망치는 자들이 10명 가운데 6, 7명에 달하였다. 조정에서는 병조판서 오명항(吳命恒)[333]을 파견하니 열흘이 못되어 평정되었다.

주상이 숭례문에 올라 역적의 머리를 받았다. 그 역적의 무리들을 체포하니 서인 혹은 남인의 당인으로 불리운 자들이 섞여 나왔고, 서로 돌아가며 끌어들여서 그 부류가 크게 늘어났다. 조문명(趙文命)[334]과 송인명(宋寅明)[335]이 그들을 취조하였으니 명목이 서인인 자는 애초 잡아들일

---

329) 이인좌(李麟佐) : ?~1728. 본관은 전주이다. 관찰사 운징(雲徵)의 손자, 윤휴의 손녀사위이다. 영조가 즉위하자 소론 준론(峻論), 남인과 공모하여 밀풍군 탄을 추대하고 난을 일으켰다.
330) 이봉상(李鳳祥) : 1676~1728. 본관은 덕수, 자 의숙(儀叔)이다. 순신(舜臣)의 5대손으로, 형조참판 등을 역임하였다. 1728년(영조4) 이인좌의 난 당시 작은아버지 홍무(弘茂)와 함께 청주를 지키다가 전사하였다.
331) 남연년(南延年) : 1653~1728. 본관은 의령, 자 수백(壽伯)이다. 청주영장 재직 당시 이인좌의 난을 당해 이봉상과 함께 전사하였다.
332) 관문(關文) : 동등한 관서 상호간이나 상급관서에서 하급관서로 보내는 문서이다.
333) 오명항(吳命恒) : 1673~1728. 본관은 해주, 자 사상(士常), 호 모암(慕菴)·영모당(永慕堂)이다. 윤겸(允謙)의 현손으로, 이조·병조판서 등을 역임하였다. 이인좌 난을 평정하여 분무공신(奮武功臣) 1등에 녹훈, 해은부원군(海恩府院君)에 봉해졌다.
334) 조문명(趙文命) : 1680~1732. 본관은 풍양, 자 숙장(叔章), 호 학암(鶴巖)이다. 현명의 형으로, 우의정·좌의정 등을 역임하였다. 송인명과 함께 탕평론을 주도하였다.
335) 송인명(宋寅明) : 1689~1746. 본관은 여산(礪山), 자 성빈(聖賓), 호 장밀헌(藏密軒)이다. 우의정·좌의정 등을 역임하였다. 영조대 노·소론을 아울러 온건한 인사를 등용하는

것을 청하지 않았으며, 비록 잡아들였더라도 모두 석방되었다. 반면 명목이 남인인 자는 끝까지 신문해서 자백을 받아냈다. 권첨(權詹)³³⁶⁾·권익관(權益寬)³³⁷⁾·김중기(金重器)³³⁸⁾·윤수(尹邃) 등의 부류들이 그러했다. 형적이 의심스러운 것이 진흙구덩이에 찍힌 짐승 발자국 같은데도 조문명과 송인명의 당여였기 때문에 늦추고 덮어주어 끝내 무사하였다. 이 밖에 이름을 알 수 없는 자들 가운데 잡혀 왔다가 풀려난 사람들은 이루 헤아릴 수 없지만 만약 그 자가 남인이면 죄를 얽어매어 고문하지 않음이 없었다. 같은 당류를 풀어주기 위해 계책을 마련하고 그 죄를 모두 남인에게 돌렸다. 몇 년에 걸쳐 옥사가 지속되어 죄 없는 자들이 연루되었고 권세를 손에 쥐고 재앙과 복, 삶과 죽음을 자신들이 좋아하고 싫어함에 따랐으니 사람들이 '조현명과 송인명의 천하였다.'고 칭하였다.

058 예로부터 흉악한 역도 가운데 군대를 일으킨 자로 이징옥(李澄玉)³³⁹⁾·송유진(宋儒眞)³⁴⁰⁾·이몽학·이인거(李仁居)³⁴¹⁾와 같은 자들이 하나둘이 아니었다. 그 중에서도 망령되고 사나운 자로 무신란의 6적(賊)만한 자들이 없었다. 군대를 이끌고 흉악한 역적을 토벌한 장수가 하나 둘이 아니었지만 실제로 진압한 성과가 없으면서도 큰 명성을 얻은 자로 오명항만한 자가 없었다. 『감난록(勘亂錄)』³⁴²⁾을 살펴보면, "군사를 부리

탕평론을 주도하여 국왕의 신임을 받았다.
336) 권첨(權詹) : 1664~1730. 본관은 안동, 자 숙량(叔良)이다. 대사간 등을 역임하였다. 이인좌 난 때 충청도 관찰사로 있으면서 역적과 내통했다는 혐의를 받아 옥사하였다.
337) 권익관(權益寬) : 1676~1730. 본관은 안동, 자 홍보(弘甫)이다. 이인좌 난에 연좌되어 유배되었다가 곧 풀려났다.
338) 김중기(金重器) : ?~1735. 본관은 안동, 자 대기(大器)이다. 이인좌의 난 때 순토사(巡討使)로서 역할을 못했고, 반란에 참여한 이유익(李有翼)과 사돈사이였는데 그를 숨겨준 혐의로 처형되었다.
339) 이징옥(李澄玉) : ?~1453. 1453년(단종1) 계유정란 뒤 김종서의 심복이라는 혐의로 파직 당한 뒤 함경도에서 반란을 일으켰다.
340) 송유진(宋儒眞) : ?~1594. 임진왜란 당시 의병장으로서, 병력을 모아 한양을 침공할 계획을 세웠다.
341) 이인거(李仁居) : ?~1627. 1627년(인조5) 정사공신들이 나라를 그르친다는 명분으로 난을 일으켰다.

고 병술을 사용한 것이 귀신같은 꾀와 솜씨가 제갈량에 못지않았다."고 하였다. 그러나 군사가 출동한 뒤 적도들이 이미 스스로 흩어져 도망가 숨었으니 한 번도 제대로 전투를 벌이거나 진을 펼친 적이 없었고, 이르는 곳마다 단지 관곡(館穀)343)을 축내고 소란이나 피울 뿐이었다. 신기한 계책, 귀신같은 꾀와 솜씨는 어디에 베풀어졌단 말인가. 『감난록』은 조현명과 송인명이 지은 것이다. 그것을 읽은 사람들이 "만약 옛 역사서가 이와 같다면 분양(汾陽)344)이 안사(安史)의 난을 섬멸한 공이나 서평(西平)345)이 주자(朱泚)를 평정한 치적을 모두 믿을 수 없다."고 하였다. 이것은 근래 일들이 눈으로 보고 귀로 들어서 속일 수 없기 때문에 여러 사람들이 이와 같이 말한 것이다. 박문수는 당시 오명항의 종사관(從事官)으로서 그와 더불어 공을 같이 세웠던 사람이었다. 때문에 처음 역적의 머리를 바치던 때 오명항이 군대를 출병하고도 진군하지 않은 일을 탄핵하여 '공은 크고 죄는 작다.……'고 했다. 요컨대 스스로 공론에 부쳐 먼저 사람을 제압하고, 다른 사람들이 감히 그 뒤를 논의하지 못하게 한 것이다.

059 청주가 함락되었다는 소식이 알려지자 조정에서는 오명항을 파견하였다. 그가 도감군(都監軍)346)을 거느리고 출정하였고, 행렬이 경기도

---

342) 감난록(勘亂錄) : 1728년(영조4)에 일어난 이인좌의 난의 전말을 기록한 책. 영조는 난이 평정된 뒤 정석삼(鄭錫三)·이광좌·조문명 등의 주장에 따라 좌의정 조태억에게 명하여 편찬을 주관하게 하였고, 송인명·박사수(朴師洙)가 편집하여 1729년에 간행하였다. 조현명이 쓴 영조의 어제서문(御製序文)에는 이 사건의 원인을 붕당에서 찾고 있으며, 이와 같은 변란의 재발을 막기 위하여 이 책을 편찬한다고 명시하였다.

343) 관곡(館穀) : 관아에서 숙식을 제공하는 것이다.

344) 분양(汾陽) : 당나라 현종(玄宗)때 명장 곽자의(郭子儀, 697~781). 안사(安史)의 난을 평정하고, 토번을 정벌하여 분양군왕(汾陽郡王)에 봉해졌다. 안사는 안녹산(安綠山)과 사사명(史思明)이다. 755년 안녹산이 반란을 일으켜 국호를 대연(大燕), 연호를 성무(聖武)라 하였다. 안녹산이 죽은 후 그의 부장 사사명이 범양(范陽)에 웅거하여 대연황제라고 자칭하였다.

345) 서평(西平) : 당나라 덕종(德宗) 때 장군 이성(李晟). 주자(朱泚)의 난을 평정하여 서평왕(西平王)에 봉해졌다. 764년 주자는 경원절도사(涇原節度使) 요영언(姚令言)에 의해 황제로 추대되었다. 하지만 이성에게 패하여 도망치다가 부장(部將)에게 죽음을 당하였다.

진위(振威)에 도착하였다. 그곳에서 사흘 동안 지체할 무렵 의금부 가도사(假都事) 김성옥(金聲玉)이 평택에서 죄인을 체포하였다. 평택에서 출발한 역졸 수십 명이 밤에 병조판서가 머물고 있는 곳에 도착하여 군중(軍中)에 거처하게 해달라고 요청하였다. 그날 밤 군중에서는 한바탕 소란이 일어났다. 가도사를 역도의 첩자로 간주하여 가도사와 수하 병졸들을 몰아내어 참수하였다. 종사관 조현명이 변란의 소식을 듣고 깜짝 놀라 갑옷을 입고 중군(中軍)의 막사로 나아갔다. 그러다가 반란군 병사로 간주되어 잡혀서 끌려와 참수되려 할 때 조현명이 다급히 소리쳤다. 오명항이 귀에 익은 목소리를 듣고 끌고 오게 하니 조현명이었다. 조현명이 노하여 "네가 나를 죽이려 하니 반란을 도모하려하는가."고 하자, 오명항이 크게 놀라 그에게 사죄하였다.

군대가 진군하는데 척후가 없어서 청주에 주둔한 역도의 동태를 알지 못한 채 직접 청주로 들어가려 했다. 소사(素沙)를 지나갈 무렵 안성(安城) 관리 문이익(文以益)이 마침 진천(鎭川)으로부터 역도의 동태를 살피고 달려와 급히 보고하였다. 오명항이 오히려 역도를 위해서 군대를 속이려 했다고 하며 참수하려 하자 문이익이 울면서 하소연하였다. "제가 진천에 있을 때 역도가 주둔하고 있던 모습을 직접 목격했습니다. 지금쯤 안성에 도착했을 것이니 안성에 역도가 없다면 그 뒤에 죽여도 될 것입니다." 오명항이 도로를 따라 안성으로 가서 극적루(克敵樓)347) 아래 진을 치고 한문현(翰門峴)을 내려다보니 역도의 군대가 모습을 드러냈다. 안성 파총(把摠)348)을 보내 그 지역 병사를 인솔하여 적을 시험해 보니 역도들이 바라보다가 바람처럼 도망쳤다. 역도의 장수가 막중에 앉아 있었는데 그 졸개가 장막을 급습하여 목을 베어 토벌군에 바쳤다.

이에 오명항은 군대를 이끌고 그곳으로 추격해 들어갔지만 적병은

346) 도감군(都監軍) : 훈련도감에 소속한 군사를 일컫는 말이다.
347) 극적루(克敵樓) : 안성에 소재한 누각. 1361년(공민왕10) 홍건적의 침입시 적을 물리친 점을 높이 평가하여 '극적루'라고 이름지었다.
348) 파총(把摠) : 각 군영의 종4품 무관이다.

396

하나도 잡지 못하고 약탈만 했다. 산골짜기에서 만난 피난민을 모두
죽이고 역적의 목으로 충당하였다. 죽산(竹山)에서도 이와 같이 했으니
죄 없이 죽은 자가 적지 않다. 영남을 넘어가니 역도들은 이미 저절로
뿔뿔이 흩어졌고, 사로잡으려 했지만 도로에는 사람이 없었다. 오명항은
세상에 없는 걸출한 공을 세웠다고 해서 공신에 책봉되고 정승이 되었지
만 몇 년 뒤 죽었다. 그가 죽은 뒤 집에 불이 나서 다 타버렸으니 사람들이
억울한 사람을 많이 죽인 보복이라고 했다. 노론에서는 혹 오명항이
스스로 출병을 청하고 사흘 동안 진위에 머물며 전진하지 않은 일을
가지고 처음에 역적과 내통한 것이라고 의심했다고 한다. 어찌 그러했겠
는가.

060 청주가 역적들에게 함락되는 날 병사(兵使) 이봉상이 큰 잔치를
벌였다. 그날 저녁 청주목사 박당(朴鐺)이 보고하였다. "성 밖 주점에
무뢰한 무리들이 삼삼오오 모여서 머물러 있는데, 행적이 의심스러우니
은밀히 살펴야 할 듯 싶습니다." 병사가 술에 취해서 "왕래하는 행인을
어찌 모두 검문할 수 있겠는가."라고 대답하였다. 술자리가 무르익을
무렵 홀연히 까치 한 마리가 술자리 사이로 날라 들어와 시끄럽게 울자
손님들이 좋은 소식이라고 하면서 꿈쩍도 하지 않았다. 밤이 깊어 술이
취해 기생을 끼고 별당으로 잠자러 갔다. 3경(更, 자정 전후)즈음 진영
문이 활짝 열리고 적병들이 쳐들어 왔다. 병사가 놀라 달아나가 후원
뒤 대나무 숲에 숨었으나 반란군에게 살해당했다. 적병들은 처음엔 병사
를 알지 못해 끝까지 찾을 수 없었고, 비장(裨將) 홍림(洪霖)이 봉축보(逢丑
父)349)를 본받아 병사 대신 죽었다. 영장 남연년이 사로잡혔지만 굴복하지
않고 죽었다. 우후(虞候)350) 박원종(朴宗元)은 투항하였다.

---

349) 봉축보(逢丑父) : 춘추시대 제나라 사람. 전투에서 패퇴한 경공(頃公)을 대신하여
죽었다.
350) 우후(虞候) : 각 도 절도사에 소속된 관직. 막료로서 절도사를 보필하였다. 아장(亞將)·
부장(副將).

역도들이 청주에 머물다가 나흘 닷새가 지나 진천·안성·죽산 등으로 흩어졌다. 가짜[351]병사 신천영(申天永)이 산성에 거처했는데 안성과 죽산의 적진이 패배했다는 보고가 성에 전해졌다. 이졸을 은밀히 불러 모으고, 그 지역에 오랫동안 살던 한산직(閑散職) 박민웅(朴敏雄)은 역도들이 대비가 없는 것을 알고 모두 참수하였다. 박민웅은 영장에 임명되었고 역도들이 평정된 뒤 청주에 충렬사(忠烈祠)를 지어 이봉상·남연년·홍림을 제사지냈다. 이름을 알 수 없는 어떤 사람이 충렬사 벽에 시를 적어 놓았다. "3경에 신령한 까치가 들보에 앉아서 시끄럽게 우는데 불 꺼진 화당(華堂) 엔 술에 취해 꿈꾸듯 어둡기만 하네. 비장(裨將)이 연막(蓮幕)[352]을 대신해서 절개를 세웠지만 원융(元戎)[353]은 속절없이 대나무 숲에서 혼령이 되었네. 운(雲)은 비록 죽어서도 당사(唐史)에 드리워졌지만, 능(陵)[354]은 홀로 무슨 마음에 한나라의 은혜를 저버렸는가. 가소롭도다! 어부의 공을 앉아서 취하니 한때 영예와 총애가 향촌에 빛나는구나." 박당은 성을 버리고 도망치다가 도로에서 연이어 계사(啓辭)를 올렸기 때문에 죽음을 면했고, 벼슬도 올라갈 수 있었다.

061 역도들이 돌린 거짓 관문(關文)이 충청도 홍성[洪州]에 이르자 홍주목사 유엄이 당황하며 어찌할 바를 몰라 단지 말을 정렬하고 활 통을 갖추어 기다릴 뿐이었다. 이때 백전립(白氈笠)을 쓴 한 사내가 말을 달려 성문을 지나가며, "대군이 방금 도착할 것이다."고 하자, 유엄이 이 소리를 듣고 급히 말을 몰아 혼자 도망쳐서 어디로 갔는지 알 수 없었다. 부(府)내에 주인이 없어지자 백성들이 크게 동요하였으며, 관아의 식구들이 울부짖

---

351) 가짜 : 무신란 당시 이인좌가 대원수라 자칭하고, 거짓 서명으로 권서봉을 목사로, 신천영을 병사로, 박종원을 영장으로 삼았기 때문에 가짜라고 표현하였다.

352) 연막(蓮幕) : 대신(大臣)의 저택. 여기에서는 병사 이봉상을 가리킨다.

353) 원융(元戎) : 총사령관. 여기에서는 병사(兵使)를 가리킨다.

354) 능(陵) : 한나라 무제 때 장군 이릉(李陵, ?~B.C.74). 흉노와의 전쟁에서 병사를 위해 투항하였으나 무제가 가족을 모두 죽였다. 소제(昭帝)때 곽광(霍光)을 보내 불렀지만 끝내 돌아오지 않았다.

으며 어찌할 바를 몰랐다. 급창(及唱)[355]이 대부인(大夫人)을, 이방(吏房)이 부인을, 통인(通引)은 딸을 업고 성을 넘어 각각 산속 마을로 숨었다.

며칠 뒤 차츰 안정되자 유엄이 비로소 부로 돌아와 도망쳤을 때 공을 세운 자에게 상을 내렸다. 대부인을 업고 간 자에게는 쌀 한 섬을 내려주었고, 부인과 딸을 업고 간 자에게는 그들 부부에게 열 배로 갚아주었으며, 또한 지금까지도 숙소를 문하에 두어 군관과 별장으로 삼았으니 이로움이 끝이 없었다. 그러자 급창은 이곳저곳에 하소연하며 그 부인과 딸을 업고 나오지 못한 것을 분하게 여겼다. 부에 사는 사람 모두 이 소식을 전해 듣고 비웃었으니 입이 있는 자라면 누구나 이 일을 말했다. 지평 이석신(李碩臣)은 이 사실을 갖추어 탄핵하였다. "'관찰사가 전최(殿最)[356] 하기를 쌀을 고르게 나눠주지 않았으니 그 공이 거중(居中)[357]이다.'고 했습니다. 유엄이 권력 있는 상신의 인척임을 내세웠고 형세가 막중했기 때문에 길에서 소리치며 다니면서도 부끄러운 기색이 없습니다." 이 일로 이석신은 10년 동안 등용되지 못하였다.

이현일 상소를 둘러싼 논란

062 기사년(1689, 숙종15) 4월에 남악(南岳)[358] 이현일(李玄逸)이 주상의 부름을 받아 공조참의에 임명되어 서울로 올라오다가 광주(廣州)에 이르러 대략 다음의 현도봉소(縣道封疏)[359]를 올렸다. "저보[360]를 살펴보니 주상의 마음이 편치 못하여 장차 중전을 동요시킬 뜻을 가지고 있고, 대소신료들이 말하다가 죄를 얻었으니 이는 어리석은 신이 평일 전하에게 바라던 바가 아닙니다. 옛날 후한 광무제(光武帝)가 앞서 이런 일을 행하려

---

355) 급창(及唱) : 관아에서 부리는 사내종이다.
356) 전최(殿最) : 관찰사가 수령의 치적을 조사하여 성적을 매기는 고과(考課)하는 일. 전은 근무평정 고과에서 최하등의 등급을 말하고 최는 최상등을 말한다.
357) 거중(居中) : 근무 평가시 중간에 해당하는 성적이다.
358) 남악(南岳) : 이현일의 별호(別號)이다.
359) 현도봉소(縣道封疏) : 시골에 있는 재상이 현(縣)이나 도(道)를 통하여 올리는 상소이다.
360) 저보(邸報) : 승정원에서 처리한 사항을 아침마다 기록해서 반포하던 조보(朝報)이다.

다가 현명한 천자로서의 잘못을 면하지 못하였습니다. 송나라 인종(仁宗)이 폐비를 행한 뒤 끝내 백옥(白玉)의 허물361)이 되었습니다. 오직 전하께서 유념하고 경계해야 할 것입니다.……"

광주유수(廣州留守) 정항(鄭沆)이 "상소를 받지 말라는 엄중한 교지가 방금 내려왔습니다."고 하면서 상소를 올리지 않았다. 이현일이 곧 정감문(鄭監門)362)의 사례에 따라서 금령을 어기고 역마를 타고 올라와 조리(曹吏, 주군의 관리)에게 주어 승정원에 바쳤지만 주상에게는 이르지 못하였다. 또한 이현일이 재이(災異)로 인해서 상소하였다.

"폐비 민씨는 궁중의 법도를 따르지 않아 스스로 하늘을 끊었지만 육례(六禮)363)로 맞아서 중궁 자리에 오른 지 10년이나 됩니다. 이제 폐출되어 민간에 두고서 그 양식을 끊었으니 이는 매우 중도를 잃은 잘못된 처사입니다. 청컨대 송나라 인종대 곽후(郭后)364)의 사례에 따라 이궁(離宮)365)에 거처하게 하며, 군졸을 배치해서 호위하고 조심스럽게 단속하며 양식을 주어서 의지할 수 있게 한다면, 변고에 대처함에 정성을 다하는 것입니다.……"

갑술년(1694, 숙종20)에 장령 안세휘(安世徽)가 이현일이 말한 '스스로 하늘을 끊었다.'고 한 말과 '조심스럽게 단속한다.[糾禁]' 등의 말을 집어내어 국문할 것을 청하였다. 이에 원정(原情)366)을 올렸다. "주상은 중궁의 하늘이므로 '스스로 하늘을 끊었다.'고 하여 폐출당한 일을 완곡하게

361) 백옥(白玉)의 허물 : 송나라 인종의 비 곽황후(郭皇后)가 상미인(尚美人)과 다투다가 인종의 얼굴에 상처를 내었고, 이 일로 인해 폐출 당하였다. 그 뒤 유신(儒臣)이 오히려 '백옥의 허물'이라고 하였다.

362) 정감문(鄭監門) : 북송대 정협(鄭俠, 1041~1119). 신법(新法) 폐지 등 현안에 대해 적극적으로 의견을 개진하다가 진퇴를 거듭하였다. 휘종(徽宗)이 즉위하자 사면을 받아 원직에 복귀했지만 곧 채경(蔡京)에게 빼앗긴 뒤 다시는 나가지 않았다.

363) 육례(六禮) : 혼인절차의 여섯 가지 의식. 납채(納采)·문명(問名)·납길(納吉)·납징(納徵)·청기(請期)·친영(親迎)을 말한다.

364) 곽후(郭后) : 송나라 인종의 비. 임금의 총애를 둘러싸고 상미인(尚美人)과 다투다가 이를 말리던 용안에 상처를 내었고, 이 일로 인해 폐출 당하였다.

365) 이궁(離宮) : 일반적으로 임금이 국도(國都)의 왕궁 밖에서 머물던 별궁을 가리킨다.

366) 원정(原情) : 여기서는 사인(私人)이 원통한 일, 억울한 일 또는 딱한 사정을 국왕 또는 관부에 호소하는 문서이다.

말한 것입니다. 그리고 별궁으로 옮기고 그곳을 지키는 관원을 시켜 조심스럽게 단속하게 하면 경비하고 지키는 것이 차츰 근엄해지면 예모가 차츰 높아지는 것입니다. 예로부터 궁성과 국문(國門)에 모두 단속함이 있었기 때문에 그 뜻을 잠시 가져다 쓴 것인데 안세휘가 그 말만 집어내어 죄를 덮어씌우려 합니다. 주상을 높이려는 뜻이 도리어 주상을 모독하게 되었으니 어찌 원통하지 않습니까."

위관(委官) 남구만과 윤지선 등이 "이현일의 본래 의도가 국모를 해치려는 데 있지 않습니다."고 하면서 영북(嶺北)으로 천극(荐棘)367)할 것을 청하였다. 신사년(1701, 숙종27) 최석정과 이여가 "이현일의 상소는 결코 다른 사람을 해치려는 것이 아닙니다."고 하자, 주상이 풀어주라고 했다. 그 뒤 경자(1720, 경종 즉위년)·신축년(1721) 계속해서 직첩을 돌려주라는 명이 내려지자 노론이 명을 거둘 것을 힘써 청하였다.

063 정사년(1737, 영조13) 교리 김성탁(金聖鐸)368)이 사직 상소를 올렸는데 대략 다음과 같다. "영남유생 신헌(申瀗)이 상소를 올려 '편파적이고 모함하는 말로 추악하게 꾸짖고 욕하였다.'고 하며 신을 배척하였습니다. 또한 신의 스승 이현일을 광해군[昏朝] 때 적신(賊臣) 정인홍에 비견하고 있으니 '생삼사일(生三事一)369)의 의리'로써 어찌 차마 입을 다물고 말하지 않겠습니까. 이현일이 아직도 죄적(罪籍) 중에 남아 있는 까닭은 기사년(1689, 숙종15) 가을에 올린 응지상소 중 한 구절 때문입니다. 글 전체의 본의는 실제로 성모(聖母, 인현왕후)를 위안해 드리는 도리를 다하고, 선왕이 변고에 대처하는 데 도리를 다할 수 있도록 인도하려 한 것입니다. 기묘년(1699, 숙종25)에 이현일을 고향으로 돌려보내고, 신사년(1701)에

---

367) 천극(荐棘) : 유배지 주변에 가시울타리를 쳐서 격리하였다.
368) 김성탁(金聖鐸) : 1684~1747. 본관은 의성, 자 진백(振伯), 호 제산(霽山)이다. 홍문관 수찬 등을 역임하였다. 1737년(영조13) 이현일의 신원소(伸冤疏)를 올렸다가 유배되었다.
369) 생삼사일(生三事一) : 백성은 아버지·스승·임금 셋의 도움으로 살아가므로 세 분이 죽을 때까지 오직 하나 같이 섬겨야 한다는 말이다.

완전히 석방하려 하신 것은 심정이 이것에 다름이 없음을 볼 수 있습니다. 신은 전하께서 기사년의 사건을 지난 일로 간주하여 지나간 일에 부치신 것으로 알고 있습니다. 신 때문에 욕이 스승에게 미치는 것이 몹시 원통합니다.……"

상소가 들어가자 노론이 '기사년의 사건을 지나간 일에 부쳤다.' 등의 말을 지적하며 주상을 격노시켜 국청을 설치하고 신문하여 죽이려 했다. 이에 풍원군(豊原君) 조현명이 상소하였다. "애초 조정에서 역률로써 이현일의 죄를 처단하지 않았는데, 역적을 비호했다는 것으로 김성탁을 책망한다면 백성을 속이는 것이 아니겠습니까. 역적을 비호한 김성탁을 죽이고자 한다면 이현일을 처형한 뒤 그 죄에 연계시켜 추가하여 시행한 뒤에 가능할 것입니다. 법전에 정해진 절차가 있으니 역적을 비호했다는 죄율을 쉽게 김성탁에게 적용하는 일은 옳지 못합니다. 그리고 지나간 일에 부쳤다는 말에 이르러서는 어찌 특별히 숨겨둔 실정이 있어서 한사코 국문하려 하십니까. 조정에서 명분론이 너무나 기승을 부리고 의금부의 평결이 공평함을 잃었으니, 애석합니다. 전하의 조정에 한낱 장석지(張釋之)370) 같은 자가 없단 말입니까.……" 이에 노론에서는 좌의정으로부터 삼사에 이르기까지 교대로 상소를 올려 풍원군을 명의죄인으로 공격하였고, 사간 서명형(徐命珩)371)이 멀리 귀양 보낼 것을 청하였다.

교리 정이검(鄭履儉)372)은 풍원군을 구원하는 상소를 올렸다. "김성탁이 이현일을 신원하는 것을 역적을 비호하는 일이라 하고, 조현명이 김성탁을 변론한 것을 명의 죄를 얻었다고 합니다. 이렇게 되면 성스러운 조정의 명의 죄안이 너무 무겁게 됩니다. 천하의 역적은 모두 같은데 김창집·이이명·임징하373) 등 이름이 죄안에 있는데도, 이를 무릅쓰고 억울함을 씻으려

370) 장석지(張釋之) : 한나라 문제(文帝) 때 관료. 고묘(高廟)에 옥환(玉環)을 훔친 자를 엄중한 벌로 다스리려 하자 장석지가 "어리석은 백성이 장릉(長陵)의 한줌 흙을 훔쳤다면 이것도 중벌에 처해야 하겠습니까."라고 하여 법의 공평한 적용을 주장하였다.
371) 서명형(徐命珩) : 1687~1750. 본관은 대구, 자 행옥(行玉)이다. 문준(文濬)의 손자, 한성부서윤 종적(宗積)의 아들로, 도승지 등을 역임하였다.
372) 정이검(鄭履儉) : 1695~?. 본관은 동래, 자 원례(元禮)이다. 호조참의 등을 역임하였다.

는 상소를 올리면서 조정에서 의기양양하게 행세하니 조정의 형정이 편중됨을 면하기 어렵습니다.……" 이에 노론은 대신이하 정승의 직책에 있는 자들이 모두 상소를 올려 책임지고 사퇴했다. 윤급(尹汲)³⁷⁴⁾과 한익모(韓翼謩)³⁷⁵⁾가 상소를 올려 정이검에 대해 논척하였다. "저들은 이이명과 김창집 두 신하를 죄주는 것이 대리³⁷⁶⁾를 원수로 여기는 데로 돌아간다는 사실을 알지 못하고 있는 듯합니다." 병조판서 민응수(閔應洙)³⁷⁷⁾가 "저 무리들은 건저(建儲, 영조)의 충신을 원수처럼 여깁니다.……"고 하였다.

8월 5일에 경연석상에서 "내 신하들은 어찌 윤급의 말을 듣고도 마음이 편안한가."라고 하교하였다. 이에 윤혜교(尹惠敎)를 포함한 7명의 정승과 여러 군직을 갖고 있는 자들이 상소를 올려 윤급을 공격하였다. 다음날 조영국(趙榮國)과 김광세(金光世) 등 수십 인이 정이검을 구원하는 상소를 올렸다. 이처럼 양쪽의 소장이 끊임없이 올라오자 비답을 내리지 않고 되돌려 보냈다.

8월 8일에 승지와 사관이 입대하였다. 많은 하교가 있었는데, 그 내용은 대략 편벽된 당론의 폐단을 지적한 것이었고, 신하들이 차마 들을 수 없는 내용이 들어 있었다. 왕위를 선양한다는 것이었다. 이어서 "군부가 이틀 동안 먹지 않았는데도 여러 신하들이 오히려 명을 기다리지 않으니 신하의 도리가 이와 같단 말인가."라고 하교하였다. 벼슬아치들과 상소를

373) 임징하(任徵夏) : 1687~1730. 본관은 풍천(豊川), 자 성능(聖能), 호 서재(西齋)이다. 1725년(영조1) 탕평책을 반대하고, 소론을 제거할 것을 주장하다가 유배되었고, 1729년 역모죄로 친국 받다가 죽었다.

374) 윤급(尹汲) : 1697~1770. 본관은 해평, 자 경유(景孺), 호 근암(近庵). 영의정 두수의 5대손이다. 이재(李縡)·박필주(朴弼周)의 문인이다. 1734년 이조판서 송인명이 전주권(銓注權)을 독점한다고 비난하다가 파직되었다. 영조의 탕평론에 반대하였다.

375) 한익모(韓翼謩) : 1703~1781. 본관은 청주, 자 경보(敬甫), 호 정견(靜見)이다. 1762년 사도세자에 대한 나경언 고변의 배후를 가릴 것을 주청하였다. 정조 즉위 후 홍인한 등을 국문할 때, 불참한 죄로 유배되었다.

376) 대리(代理) : 1721년(경종1) 영조를 왕세제로 세워 대리청정하게 하려던 일을 가리킨다.

377) 민응수(閔應洙) : 1684~1750. 본관은 여흥, 자 성보(聲甫), 호 오헌(梧軒)이다. 이조판서 진주(鎭周)의 아들로, 우의정 등을 역임하였다. 이광좌·조태억의 관작 추탈을 상소하다 면직되었다.

올린 여러 사람들이 의금부 앞에서 석고대죄378) 하였으며, 우의정 송인명
과 봉조하(奉朝賀)379) 이광좌가 함께 궁궐에 들어와 주상의 명령을 기다렸
다. 이에 "모든 크고 작은 공무 처리를 중지한다."고 하교하였다. 또
말하였다. "군부가 음식을 먹지 못한 지 여러 날 되었는데 윤급과 한익모는
집에 드러누운 채 임금의 명령을 기다리지 않으니 그 마음을 알 수
있다." 직접 국문하겠다고 분부하였다. 또한, "내가 여러 신하들의 임금이
아니기 때문에 정문으로 나아가 직접 국문할 수 없다. 진선문(進善門,
창덕궁 소재)으로 나아가겠다."고 하였다. 이에 좌의정·우의정·원임 봉조
하가 모두 거적을 깔고 그 위에서, "한익모와 윤급이 비록 함부로 말했지만
어찌 친국하려 하십니까……"라고 상소하였다. 모두 되돌려주라고 명하
였다. 한익모와 윤급, 두 죄인을 추문한 뒤 좌의정·우의정과 입시했던
여러 신하들이 구원하여 풀어줄 것을 청하자 남해로 천극시키라고 명하였
다. 하교하기를, "송시열이 이 같은 당론을 말해 그 피해가 지금에 이르니
이는 나라의 적이다. 만약 송시열이 이 자리에 있었다면 엄한 형률을
적용했을 것이다."고 하였다. 김취로(金取魯)380)가 억울함을 풀어주기 위
해 단서를 꺼냈지만 주상이 노하여 물러갈 것을 분부하고 중도부처
시켰다. 윤순(尹淳)381)·이병상(李秉常)382)·오원(吳瑗)383)·김상로(金尙魯)384)
등은 모두 당론이 심하다고 하여 관직을 빼앗고, 도성문 밖으로 내쫓았다.
벼슬아치 가운데 상소에 참여한 사람들도 모두 관직을 빼앗았다.

---

378) 석고대죄(席藁待罪) : 거적을 깔고 엎드려 죄과에 대한 처분을 기다린다는 뜻이다.
379) 봉조하(奉朝賀) : 종3품의 관리가 사임한 뒤 특별히 내려준 벼슬이다.
380) 김취로(金取魯) : 1682~1740. 본관은 청풍, 자 취사(取斯). 대제학 유(楺)의 아들, 상로(尙
     魯)의 형이다. 이조판서 등을 역임하였다.
381) 윤순(尹淳) : 1680~1741. 본관은 파평, 자 중화(仲和), 호 백하(白下)·학음(鶴陰)·만옹(漫翁)
     이다. 두수(斗壽)의 5대손. 공조·예조판서 등을 역임하였다.
382) 이병상(李秉常) : 1676~1748. 본관은 한산, 자 여오(汝五), 호 삼산(三山)이다. 공조판서
     등을 역임하였다.
383) 오원(吳瑗) : 1700~1740. 본관은 해주, 자 백옥(伯玉), 호 월곡(月谷)이다. 두인(斗寅)의
     손자로, 공조참판 등을 역임하였다.
384) 김상로(金尙魯) : 1702~?. 본관은 청풍, 자 경일(景一), 호 하계(霞溪)·만하(晚霞)이다.
     대제학 유(楺), 좌의정 약로(若魯)의 아우로, 영의정 등을 역임하였다.

이태좌를 대면하여 "그대의 아들 이종성(李宗城)[385]은 편벽된 논의가 매우 심하니 속히 머리를 잘라 가지고 오라."고 하였으니, 말투가 엄격하고 차가웠다. 이광좌가 특별히 영의정에 임명되었는데, 주상의 말씀이 간절하고 진실하며 돌봐주심이 지극해서 어쩔 수 없이 나와서 직책을 받아들였다. 좌의정과 우의정 또한 다시 임명하라고 명하고, 삼정승에게 마음을 합쳐 공경을 다할 것을 당부하였다. 이내 약탕(藥湯)과 채소를 들이라고 명하면서 하교하였다. "여러 신하들이 겉으로는 먹지 않는다고 하면서 속으로는 음식을 들이도록 했다고 생각하겠지만 저 하늘에 맹세코 사흘 동안 실제로 먹지 않았다."

064 신유년(1741, 영조17) 주상이 월랑(月廊)에 행차하여 하교하였다. "내가 덕이 부족하여 종묘사직이 당론으로 망할 것이니 무슨 얼굴로 여러 신하들을 볼 수 있단 말인가. 모두 물러가라." 신하들이 각자 죄를 아뢰니 이것이 채 끝나기 전에 주상이 다시 명을 내려 가마를 타고 깊은 금원(禁苑)에 위치한 전각으로 행차하여 내관들을 시켜 문을 열고 발[簾]을 걷게 하였다. 이내 주상은 선왕들의 초상을 봉안해놓은 곳에 올라 통곡하니 나인들과 내시들이 모두 소리내어 울었다. 여러 신하들 가운데 따라 우는 자가 있었으니 그 중 윤양래(尹陽來)가 제일 잘 울었다.

얼마 뒤에 주상이 곡을 그치고 정전(正殿)으로 행차하여 여러 신들에게 직접 대면하겠다고 명하였다. 대신들이 나와서 "전하께서 무슨 이유로 몹시 괴로워하시며 이전에 없던 일을 행하십니까."라고 묻자, 주상이 대답하였다. "이미 발단이 있었다. 종묘사직이 장차 망하려는데 신하들의 붕당은 그치지 않으니 내가 물러날 수밖에 다른 방도가 없다. 오늘 신하들과 영원히 이별하겠다. 이 때문에 선왕의 영정에서 통곡한 것이다." 신하들이 황급히 두려워하여 모두 죄를 자백하고 계속해서 진달하였다.

---

385) 이종성(李宗城) : 1692~1759. 본관은 경주, 자 자고(子固), 호 오천(梧川)이다. 항복의 5세손, 태좌의 아들로 좌의정·영의정 등을 역임. 1748년 신임환국으로 이광좌의 관작을 추탈하려 하자 반대하였다.

이로부터 다시 당론을 말하지 못하였는데, 윤양래가 맹세하며, "이후 다시 당론을 말하는 자는 진짜 개자식[狗子]입니다."고 하였다. 주상이 빙그레 웃으며, "이와 같이 한다면 경들의 말을 따르겠지만 앞으로 두고 보겠다."고 하였다. 여러 신하들이 물러났다.

이관후의 송인명 탄핵 상소

065 무오년(1738, 영조14)에 지평 이관후(李觀厚)가 송인명을 탄핵하며 올린 상소문 가운데, '아랫사람이 윗사람을 비방하면 꾸짖는 소리가 사방에서 일어납니다.[叱嗟之聲四起]'라고 하는 여섯 글자가 들어 있었다. 영의정이 이 같은 구절을 문제 삼아 소매 속에 『사기(史記)』'노중련전(魯仲連傳)'386)을 갖고 알현하여 주상을 격노케 하였다. 드디어 이관후를 국청하였는데, 그는 어리석은 자인지라 불러서 상소문을 다시 쓰도록 하였지만 그렇게 하지 못하였다. 전 전적 배윤명(裴胤命)이 초안을 대신 잡아준 것으로써 그 말의 뜻에 깊고 얕음을 그가 제대로 살피지 못하였다. 이에 배윤명을 붙잡아 국문하고, 부도(不道)의 죄목으로 죽였다. 이관후는 형벌을 받아 섬으로 유배되었다. 전 지평 이시희(李時熙)와 정자 허추(許錘)는 상소문의 초안을 잡는 데 간여했다고 해서 모두 유배되었다.

이관후는 영남의 선비 이익혐(李益馣)의 아들이었는데, 무공으로 공신이 된 이익필(李益馝)387)의 양자로 들어갔다. 이익필은 이관후가 세상의 폐인(廢人)임을 알고 곧 잘못들을 모아 관에 고하여 파양(罷養)시켰다. 세상 사람들은 모두 이익필이 인륜을 저버렸다고 하며 침을 뱉었다.

민백상의 도량

066 민백상(閔百祥)388)은 진원의 손자였는데 당론에 빠져 있으면서도

---

386) 노중련(魯仲連) : 전국시대 제나라 선비. 무도한 진나라가 천하를 차지한다면 동해로 걸어 들어가 죽겠다고 맹세하여 높은 절의를 드러냈다.
387) 이익필(李益馝) : 1674~1751. 본관은 전의, 자 문원(聞遠), 호 하옹(霞翁)이다. 무신란 당시 오명항과 함께 토벌에 참여하였다. 그 공적으로 전양군(全陽君)에 봉해졌다.
388) 민백상(閔百祥) : 1711~1761. 본관은 여흥, 자 이지(履之). 진원(鎭遠)의 손자, 형수(亨洙)의

오히려 공심(公心)이 있었으니 어찌 그리 다를 수 있는가. 동래 부사를 거쳐 경상도 관찰사로 부임한 초반에 8촌 형[三從兄] 성주 목사(星州牧使) 민백남(閔百南)이 한강서원(寒岡書院)389) 재임(齋任)을 죄수로 붙잡아 장황하게 보고하였다. 한강서원은 남인의 서원이었는데 향촌에 사는 새로운 논의를 주창하는 자390)들이 이름을 적은 소장을 관아에 냈다. "정한강(鄭寒岡, 정구)이 입암(立巖) 민제인(閔齊仁)391)의 호이다. 을 배척하였습니다. 지금 원임(院任) 아무개의 조상 아무개에게 잡록(雜錄)이 있는데 민제인을 비방하는 내용이 많이 실려 있다고 합니다.……" 이에 민백남이 보고하여 '반드시 엄하게 다스려야 한다.'고 했지만 민백상은 제사(題辭)392)를 보냈다. "그렇다고 해서 아무개를 어찌하여 보고도 하지 않고 바로 가두겠습니까. 즉시 풀어주십시오. 그리고 소장을 올린 우두머리를 잡아 놓은 뒤에 보고하십시오." 그러자 민백남은 민백상이 사태를 잘못 파악하고 잘못된 제사를 내렸다고 의심하고 또 이전에 올린 제사를 올려 보고하였다.

이에 민백남이 직접 와서 "선조가 억울하게 욕을 먹었으니 우리 형제가 목사와 관찰사가 되어서 다스리지 않을 수 있겠는가."라고 하였다. 민백상이 말하였다. "형님께서 어찌하여 이 같은 말을 하십니까. 동인과 서인으로 나뉜 뒤 서로 헐뜯고 배척함이 괴이할 것이 없습니다. 다만 선조의 을사년 일은 뒷날 주상이 특별히 생각하여 후회해서 억울함을 풀게 되었으니393) 나와 다른 사람들이 배척하는 것에 대해서 어찌 마구 떠들면

아들이다. 우의정 등을 역임하였다.

389) 한강서원(寒岡書院) : 회연서원(檜淵書院)을 가리킨다. 본래 1583년(선조16) 정구가 회연초당(檜淵草堂)을 세우고 인재를 양성하던 곳이었다. 사후에 문도들이 그의 뜻을 기리기 위해 1627년(인조5)에 같은 자리에 서원을 건립하였고, 1690년(숙종16) 사액을 받았다.

390) 새로운 논의를 주창하는 자 : 남인에서 서인으로 전향한 자들을 가리킨다.

391) 민제인(閔齊仁) : 1493~1549. 본관은 여흥, 자 희중(希仲), 호 입암(立巖)이다. 호조판서 등을 역임하였다.

392) 제사(題辭) : 소장(訴狀)이나 원서(願書)에 쓰던 관부의 판결이다.

393) 선조의 을사년 일은 …… 되었으니 : 선조는 민제인이며, 을사년의 일은 1545년(명종 즉위년) 발생한 을사사화를 가리킨다. 을사사화 당시 민제인은 윤임(尹任) 일파 처벌에 관여하였고, 그 공로로 추성위사홍제보익공신(推誠衛社弘齊保翼功臣) 2등에 책록되고 여원군(驪原君)에 봉해졌다. 그러나 보익공신에 책록된 것을 빌미로 한

서 변론할 필요가 있겠습니까. 이는 잿속에 묻어둔 불씨를 다시 일으키는 것과 같습니다. 민간에 남아 있는 사사로운 기록을 모두 적발해 내기 어렵습니다. 또한 남인 가운데 새로운 논의를 주장하는 자는 구론(舊論)을 주장하는 집안과 같지 않습니다. 그들은 목사와 관찰사인 우리 형제가 사사로운 원수를 풀려고 하는 것을 이용해서 서원[院宇]을 다투어 빼앗는 계책을 시행하려 합니다. 이같이 바른 도를 어지럽히는 무리들을 엄히 막아야 향전(鄕戰)³⁹⁴)을 끝낼 수 있습니다." 즉시 관문(關文)을 보내 먼저 잡혀온 죄수를 풀어주고, 잡아들인 소장을 낸 우두머리를 엄히 다스려서 돌려보냈다. 유독 민백상이 이 일에 대해서만 이 같은 도량을 보여주었겠는가. 도를 다스림에도 역시 많은 선정을 남겼다고 한다.

유혁연의 명성

067 고(故) 판서 유혁연(柳赫然)³⁹⁵)은 재주와 국량을 두루 갖춘 사람이었다. 김석주가 자신을 따르지 않는 것을 미워하여 경신년(1680, 숙종6) 옥사 당시 여러 계책을 내어 죽였다. 지금까지 백성들은 그의 죽음을 슬퍼하였다. 판서의 아들 고 부사(府使) 유성명(柳星明)은 죽을 때까지 서쪽을 향해서 앉지 않았다. 부사의 6촌 동생[再從弟] 고 통제사 유성추(柳星樞)가 부사의 둘째 아들 유봉장(柳鳳章)을 얻어 대를 이을 자식으로 삼으며 말하였다. "우리 집안은 선조로부터 대대로 동인이었는데 지금 내가 남인의 자식을 얻어서 아들로 삼았으니 아비가 되어 자식을 따르는 것이 당연하다.……" 통제사의 이 말은 다만 자식을 따르겠다는 의미뿐 아니라 근본을 잊지 않겠다는 뜻이었다.

때 을사사화에 가담했다는 오명을 받기도 했다. 하지만 이손(耳孫)이었던 민정중에 이르러 가장(家狀) 1통을 가지고 와서 신설(伸雪)의 근거로 제시하였다.

394) 향전(鄕戰) : 군현(郡縣)의 재지사족들 간의 갈등관계. 향전의 양상은 군현의 상황과 재지사족의 입지에 따라 다양하게 나타나고 있었다. 특별히 조선후기에 들어서 중앙의 정파와 연루되면서 더욱 치열하게 전개되었다.

395) 유혁연(柳赫然) : 1616~1680. 본관은 진주, 자 회이(晦爾), 호 야당(野堂)이다. 한성판윤·공조판서 등을 역임하였다. 효종대 이완과 더불어 북벌사업을 이끌었다. 남인으로 분류되어 서인의 견제를 받았다.

408

유봉장 또한 아들이 없어서 막내 동생 고 좌랑 유득장(柳得章)의 둘째 아들 유관기(柳寬基)를 입양하여 뒤를 이었다. 유관기 또한 판서의 증손이 자 부사의 손자였으니 지금 서인 보기를 어떻게 해야 하는가. 하물며 또한 유득장이 기유년(1729, 영조5) 옥사[396]에 연루되어 피해를 입었고, 뒤에 비록 억울함을 풀었지만 그 아버지를 살해한 원수에 대해서 어찌해 야 하는가. 그런데 유관기가 지금 통제사의 자손이 되어 말했다. "내 선조 통제공께서 신축년(1721, 경종1) 옥사[397]에서 빠져나오지 못할 뻔 했는데 당시 여론에 붙어서 스스로 올바른 곳으로 돌아갔다." 당초 통제사 가 옥사에 걸려든 것은 남인 혹은 서인이었기 때문에 당한 일이 아니었다. 살아서 옥문을 나올 수 있었던 것도 남인 혹은 서인이었기 때문에 그런 것이 아니라 우연히 옥사에 걸렸다가 요행히 살아남은 것이다. 만약 통제사가 비록 일시적인 횡액을 면하지 못해서 시인(時人)[398]에게 달려가 붙었다 해도 시론(時論)이 옳다고 여겨서 붙은 것은 아니었을 것이다.

유관기는 스스로 '양할아버지가 시론을 위해서 그런 것이라.'고 여긴 것은 양할아버지를 위한 것이므로 착한 일이라고 할 수 있다. 하지만 어찌하여 자기를 낳아주신 아버지와 할아버지, 증조할아버지는 생각하 지 않는가. 그가 스스로 '올바른 곳으로 돌아갔다.'고 했으니 올바름의 반대는 사특함인데 태어난 집안을 사당(邪黨)에 두는 것이 괜찮단 말인가. 인륜을 해치고 의리를 패하는 것이 이보다 심함이 없었다.

삼수의 남은 독

068 경신년(1740, 영조16)에 참판 이춘제(李春躋)[399]가 아들의 관례(冠禮)

---

396) 기유년 옥사 : 송내성(宋來成)의 초사(招辭)에서 해남현감(海南縣監) 유득장의 이름이 나왔기 때문에 국문을 받은 사건이다. 송내성은 정도륭·옥정(玉貞)과 더불어 역모에 동참했다는 혐의를 받고 참형에 처해졌다.

397) 신축년 옥사 : 김일경이 노론을 제거하기 위해 목호룡 고변을 기화로 일으킨 옥사이 다. 이때 관련자를 국문하는 과정에서 유성추가 황해병사 김성행(金省行)에게 뇌물을 주었다는 결안(結案)이 나와 고초를 겪었다.

398) 시인(時人) : 당시 권력을 장악한 세력, 즉 여기서는 노론을 가리킨다.

399) 이춘제(李春躋) : 1692~1748. 본관은 전주, 자 중희(仲熙)이다. 사헌부 집의 등을 역임하

를 위해 손님을 맞이하였다. 송인명 부자가 관례를 돕는 사람으로 참석하였고, 조현명을 포함하여 잔치에 참석한 소론이 무려 30여 명이 되었다. 그런데 잔치가 끝나기도 전에 태반이 약물에 중독되었으니 젊은 명사 4명이 죽었다. 황정(黃晸)과 송인명의 외아들, 이춘제의 홀로된 형수의 외동딸 등 남녀 가운데 죽은 자가 10여 명에 이르렀다. 청지기와 노복 가운데 죽은 자는 모두 수십 명이었다.

주상이 이 소식을 듣고 크게 놀라 선부(膳夫)400)와 주감(廚監, 주방장)을 체포하도록 명령하였다. 주감을 신문했는데 그는 이춘제의 서제(庶弟) 이하제(李夏躋)였다. 선부는 스스로 목을 찔러 죽었고, 이하제를 여러 차례 신문했지만 혀를 깨물어 다시는 말할 수 없었다. 선부의 부인이 "잔치가 벌어지기 수일 전 남편이 구리 60궤미401)를 지고 왔는데 어디서 가져왔는지 몰랐습니다."고 진술하였다. 그 뒤 끝내 단서를 찾지 못하자 세상에서는 삼수(三手)의 남은 독이 이때 이르러 퍼진 것이라고 의심하였다. 예전 이삼(李森)402)과 이광좌의 죽음도 이와 비슷하게 일관된 점이 있었고 한다.403)

이홍모의 절개

069 사범(士範) 이홍모(李弘模)404)는 호안공자(湖安公子)405)의 자손이었

였다.

400) 선부(膳夫) : 문소전(文昭殿)과 대전(大殿)의 식사를 감독하는 사옹원(司饔院) 관리이다.

401) 60궤미 : 약 240냥 정도이다. 1냥을 5만원으로 추정할 때 1천2백만원 상당한 액수이다.

402) 이삼(李森) : 1677~1735. 본관은 함평, 자 원백(遠伯)이다. 윤증의 문인으로, 무신란 때 세운 공으로 분무공신(奮武功臣) 2등에 녹훈되었으나, 그 뒤 여러 차례 이인좌의 무리라는 무고를 받았다.

403) 예전 …… 한다 : 본 기사는 노론계 당론서 『족징록(足徵錄)』에도 실려 있다. 그런데 마지막 문장이 『동소만록』과 다르다. 즉 "예전 이삼과 이광좌의 갑작스러운 죽음도 이와 같이 관련 있다는 것인가?[而向來李森·李光佐之暴死, 亦是一串耶]"라고 하였다. 노론 은 소론 인사의 죽음에 자파가 간여한 사실에 대해 회의적이었다. 반면 남하정은 본 사건과 이삼 등의 죽음과의 개연성을 인정하고 있다. 정파적 관점 차이가 확연히 드러나는 사례로서, 당론서의 특성을 잘 보여준다.

404) 이홍모(李弘模) : 선조 생부 덕흥대원군(德興大院君)의 5대손 이정한(李挺漢)의 2남이다.

405) 호안공자(湖安公子) : 이오(李澳, 1596~1665). 본관은 전주, 자 백첨(伯瞻)으로, 덕흥대원

다. 신축년(1721, 경종1)에 이홍술(李弘述)⁴⁰⁶⁾과 이명좌(李明佐)⁴⁰⁷⁾가 역적으로 몰려 죽었고, 이명회(李明會)⁴⁰⁸⁾ 역시 연루되어 덕흥묘(德興廟)⁴⁰⁹⁾의 제사를 제대로 모시지 못했다. 사범이 종친부(宗親府)⁴¹⁰⁾의 천거로 도정(都正)의 직임을 받아 제사를 주관하였다. 을사년(1725, 영조1)에 이명회의 관작이 회복되자 제사는 본종(本宗)으로 돌아가게 되었고, 사범의 직책을 거두었지만 특별히 첨추(僉樞)의 벼슬을 내렸으니 이 또한 특별한 일이었다. 회덕현감(懷德縣監)을 끝으로 관직을 마쳤다.

사범은 문을 숭상하고 재물과 이익에는 소홀해서 집안 살림은 돌보지 않고 시를 읊는 것을 좋아했다. 세상에 얽매이지 않은 공자의 풍류와 기질을 지니고 있었다. 사범은 종실이기 때문에 동인이나 서인 어느 편에 들어가지 않아도 문제가 없었지만 아버지 때문에 인척과 친구들 가운데 남인이 많았으며, 변함없이 절개를 지켰다. 애초 척당(戚黨)에서 권력을 잡아 정승이 되었으므로 그들을 위해 말하고 따랐다면 좋은 벼슬을 얻었겠지만 그렇게 하지 않았다.

일찍이 말하였다. "사대부 가운데 동인이나 서인의 논의를 주장하는 자들은 저 할아버지 아버지로부터 성을 받아 자손 대대로 지켜서 바꾸지 않았으니 만약 이것을 바꾸면 마치 성을 바꾸는 것처럼 여긴다. 이제 오늘날 머리를 묻고 얼굴을 바꾸며 아침에 내려가고 저녁에 돌아서는 자들 보면 그 곧고 굳은 뜻을 어떻게 감당하겠는가." 나는 사범을 잘 알고 있지만 그 사실을 사범이 알고 있을 필요는 없었다. 지난번 사범이 외로울 때 내게 와서 만날 것을 청하였는데 내가 친구사이였지만 경계할

군의 증손이다. 15살 때 호안정(湖安正)에 임명되었고, 나중에는 2품 호안군이 되었다.
406) 이홍술(李弘述) : 1647~1722. 본관은 전주, 자 사선(士善)이다. 덕흥대원군의 후손으로, 1722년(경종2) 삼급수(三急手)의 주동자로 몰려 신문받다 죽었다.
407) 이명좌(李明佐) : 1681~1722. 본관은 전주, 자 자우(子遇)이다. 덕흥대원군 7대 사손(嗣孫)으로, 1722년(경종2) 이홍술과 연좌되어 죽었다.
408) 이명회(李明會) : 1685~1727. 본관은 전주, 자 제숙(際叔)으로, 이명좌(李明佐)의 동생이다.
409) 덕흥묘(德興廟) : 선조의 생부(生父) 덕흥대원군의 묘이다.
410) 종친부(宗親府) : 역대 국왕의 계보와 초상화를 보관하고, 왕과 왕비의 의복을 관리하고 선원제파(璿源諸派)를 감독하던 관서이다.

바가 있어서 말해 줄 수 없었다. 그 일이 있은 지 몇 해가 지났지만 마음속에 그 일이 남아서 스스로 그만둘 수 없었다. 그래서 글 쓰는 여가가 생길 때 몇 줄 적어서 내 뜻을 말하려 했지만 이 역시 외로운 자에게 꼭 보여줄 필요는 없었다.

김화윤의 선행

070　진사 중진(仲鎭) 김화윤(金華潤)은 정승 집안의 후손[411]이다. 풍모가 장대하고 배포가 있으며, 예의범절이 중후해서 한번 보면 대가의 인물임을 알 수 있었다. 노년에 이르도록 학술·문장·행동이 변하지 않아서 지킴이 확고하였다. 갑술년(1694, 숙종20)이래로 바람 불고 서리가 내리며 급격하게 정세가 변하고, 언의(言義)가 격앙되는 와중에도 시세의 이해(利害)로써 그의 지조를 빼앗을 수 없었으니 사우(師友)들이 의지하여 중히 여겼다. 기유년(1729, 영조5)에 싫어하는 자들의 모함을 받아 형제 모두 변방으로 유배되었지만 곧 풀려났다.

경술년(1730, 영조6)에 목대숙(睦大叔)이 집안 노비 때문에 감옥에서 죽자[412] 시신을 거두어 고향 선산으로 돌아왔다. 이때 주변 남인을 수사하고 재앙의 그물이 하늘을 덮으니 친구 가운데 조문하는 자가 없었다. 그러나 중진만이 홀로 달려가 통곡하고 직접 입관과 소렴(小斂)[413]을 지켜보았으니 이는 쇠락한 세상에서 행하기 힘든 일이었다. 궁핍하게 살다가 70세에 굶어서 죽었다. 죽기 전날 목욕하고 몸가짐을 정돈하고, 여러 자식을 불러서 상장(喪葬)의 일을 일러주었다. 그리고 스스로 묘지명

---

411) 정승 집안의 후손 : 우의정을 역임했던 김덕원(金德遠, 1634~1704)의 손자이다. 김덕원은 숙종대 허목과 함께 청남(淸南)으로 활동하며 허적을 견제하였다

412) 목대숙이 …… 죽자 : 대숙은 목천임(睦天任)의 자. 1725년(영조1)에 그는 신임환국의 고변자 목호룡과의 친분으로 인해 평안도 벽동군으로 유배당하였다가 1727년 정미환국(丁未換局)으로 석방되었다. 그러나 1728년 무신란이 발생하자 모의가담자로 연루되어 1730년에 붙잡혔다. 당시 국옥에서 집안 노비들의 불리한 진술로 매를 맞아 죽었다. 1743년 영조는 당시의 형벌이 지나쳤다는 것을 알았다는 전교를 내려 복관시켰다.

413) 소렴(小斂) : 세상을 떠난 다음 날 시신을 당중(堂中)으로 옮겨 옷을 갈아입히고 이불을 덮어 주는 일이다.

백여 마디를 지어서 자손에게 남겼다. 그날 밤 편안히 잠을 자고 그 다음날 세상을 떠났다. 그가 평소 몸가짐을 지킴이 보통사람과 달랐음을 알 수 있다.

대탕평론 비판

071 신유년(1741, 영조17) 가을에 오광운(吳光運)[414]이 상소를 올려 대탕평론(大蕩平論)[415]을 아뢰었다. "아침에는 대조(大朝, 경종)의 역적을 다스리고 저녁에는 동궁(東宮, 영조)의 역적을 다스려서 토벌되지 않은 무리가 없는데도 흉안(凶案)은 오히려 그대로 남아 있습니다.……" 주상이 상소를 받아들여 친히 대훈(大訓)[416]을 짓고 종묘에 고하여 반포하였다. 이이명과 김창집의 시호를 회복하고 신임옥안(辛壬獄案)을 모두 불태워 버렸고, 오직 이천기·김용택·이희지(李喜之)[417]·심상길(沈尙吉) 등 4, 5명만 역적으로 남게 되었다. 혹자들은 오광운이 원경하(元景夏)[418]의 사주를 받았다고

---

414) 오광운(吳光運) : 1689~1745. 본관은 동복(同福), 자 영백(永伯), 호 약산(藥山)이다. 예조참판 등을 역임하였다. 영조대 탕평정국에서 청남(淸南)의 지도자로서 활약. 원경하·정우량 등과 함께 대탕평론을 주장하였다.

415) 대탕평론(大蕩平論) : 탕평을 실현하기 위해서는 동인·서인·남인·북인을 불문하고 등용한 이후에야 공도(公道)를 넓힐 수 있다는 주장. 즉 관직을 추천할 때만 4색의 모양을 갖추는 탕평은 이름만 탕평일 뿐이라고 보고, 능력을 기준으로 4색 당파의 인재를 모두 등용해야 한다는 입장을 견지했다. 노론의 원경하가 주창하고 남인 청류였던 오광운이 지지하는 양상으로 전개되었다. 오광운은 탕평정치를 제대로 실현하려면, 각 당파 중에서 명류(名流)로 지칭되는 인물들을 동시에 등용해야 한다고 주장했다.

416) 대훈(大訓) : 신유대훈(辛酉大訓, 1741). 신임환국(1721~22)을 무옥(誣獄)으로 규정하여 이 사건에 연루된 노론 4대신[김창집·이이명·이건명·조태채] 가운데 이이명과 김창집의 시호가 회복되었다. 신유대훈의 선포 결과 신임환국의 충역시비는 노론측 승리로 돌아갔다.

417) 이희지(李喜之) : 1681~1722. 본관은 전주, 자 사복(士復), 호 응재(凝齋)이다. 판서 사명(師命)의 아들, 이명(頤命)의 조카이다. 1722년(경종2) 목호룡의 고변으로 이기지(李器之), 이이명 아들·김성행(金省行, 김창업 손자) 등과 함께 투옥되었다가 죽었다.

418) 원경하(元景夏) : 1698~1761. 본관은 원주, 자 화백(華伯), 호 창하(蒼霞)·비와(肥窩)이다. 효종의 딸 경숙공주(敬淑公主)의 손자로, 부제학 등을 역임하였다. 임정(任珽)·정우량(鄭羽良)·오광운·윤유(尹游) 등과 함께 노론·소론 위주의 소탕평(小蕩平)에서 벗어나 동서·남북을 모두 포함하는 대탕평을 주장하였다.

했다.

원경하는 고 정승 원두표(元斗杓)[419]의 증손이다. 일찍이 송시열을 배척하였으며, 또한 주상 앞에서 노론의 잘못을 지적해서 겉으로는 노론과 다른 것처럼 처신하였다. 또한 고 대간 이동표(李東標)[420]를 장려하고 그 아들 이제겸(李濟兼)[421]을 다시 등용하게 청하여 공정하고 곧다는 명성을 구하였다. 마침내 오광운과 함께 대탕평론을 제창한다며 사흉(四凶)[422]을 사충(四忠)으로 바꾸어 놓았으며, 아울러 반역자의 죄를 기록해 놓은 역안(逆案)을 지워버리면서도 직접 손을 쓰지 않았으니 그 권모술수가 김석주와 김춘택의 무리들과 같은 부류였다고 한다. 당시 고심재(古心齋) 박공[423]이 시를 남겼다. "신축·임인년의 흉악한 세력이 하늘을 삼키고, 의금부의 죄안이 밝은 달에 걸렸네. 이미 죄 받은 괴수를 정승으로 되돌려 놓고, 다시 완성된 죄안을 불태워 버렸네. 국언(國言)[424]이 천여 명의 입에 오르내려도 어찌할 수 없으니 공론이 어찌 백년을 기다렸겠는가. 푸른 하늘이 밝게 비치고 귀신이 증명하니 날뛰며 으르렁 대는 잔당은 거들먹거리지 못하리라."

또 말했다. "사직 약산(藥山, 오광운)이 명예에 뜻이 없어 벼슬을 그만둔다고 칭하면서도 깨끗한 조정을 향하지 않고 세도 있는 자리를 탐하는구

---

419) 원두표(元斗杓) : 1593~1664. 본관은 원주, 자 자건(子建), 호 탄수(灘叟)·탄옹(灘翁)이다. 우의정·좌의정 등을 역임하였다. 인조반정으로 정사공신 2등에 녹훈, 원평부원군(原平府院君)에 봉해졌다.

420) 이동표(李東標) : 1644~1700. 본관은 진보, 자 군칙(君則)·자강(子剛), 호 나은(懶隱)이다. 박태보·오두인 등을 구원하다가 양양현감으로 좌천되었다.

421) 이제겸(李濟兼) : 1683~1742. 본관은 진성(眞城), 자 선경(善慶)·사달(士達), 호 두릉(杜陵)·창랑(滄浪)·녹은(鹿隱)이다. 양양 부사 동표(東標)의 아들로, 율봉도찰방(栗峰道察訪) 재직 시 무신란이 일어났는데, 역도들에게 역마를 제공했다고 무고(誣告)를 받아 선천(宣川)에 유배되었다. 귀양에서 풀려나 제자들을 가르치는 일에 전념하였고, 1741년에 누명이 벗겨져 다시 벼슬이 주어졌지만 나가지 않았다.

422) 사흉(四凶) : 신축·임인환국으로 죽은 노론 4대신이다.

423) 박공(朴公) : 박이문(朴履文, 1675~1745). 본관은 무안, 자 중례(仲禮), 호 고심재(高心齋)이다. 첨지중추부사 창하(昌夏)의 손자, 승지 징(澄)의 아들이다. 사간원 정언·사헌부 장령 등을 역임하였다. 성학을 돈독히 하고 큰 원칙을 세우고 탕평책을 시행할 것을 주장하여 왕의 가납을 받았다.

424) 국언(國言) : 여기서는 신축·임인옥안을 고친 처사에 대한 원성을 가리킨다.

414

나. 어찌 외로운 몸을 그 사이에 던져 넣고, 어찌하여 한 편의 상소로 기관(機關)425)에 저촉하는가. 진실로 충성스럽다고 스스로 자처하며 좋은 것을 살피니 마음의 자취가 서로 어긋나 감추기 어렵게 되었네. 예문관과 승정원을 쉽게 드나들면서 의릉(懿陵, 경종 능호)을 동쪽으로 바라보면서도 얼굴에 땀이 나지 않는구나."

또 말했다. "병든 늙은이가 바위 많은 바닷가의 일을 끝내지 못하였기에 성세(聖世)의 큰 계책을 감히 알 수 있겠는가. 새벽에 주상의 사륜(絲綸)이 반포된다는 명을 들었지만 얼어붙은 하늘에서 비가 내리고 타고 갈 말이 없네. 급한 마음에 종이를 폈지만 글은 더디기만 하고, 점도 제대로 찍지 못했는데 훈계를 들었네. 적막한 초가집 문을 닫고 앉아서 하늘을 우러러보며 말없이 홀로 크게 탄식을 하네." 군자들이 이것을 일러 시로 읊은 역사[詩史]라고 하였다.

072 오광운이 신유년(1741, 영조17)에 올린 상소에서 선정신(先正臣) 이이(李珥)라고 칭하였는데, 율곡을 선정으로 칭한 것은 남인이 생긴 이래 없던 일이었다. 오광운의 부친 돈녕공(敦寧公, 오상순)426)은 기사년(1689, 숙종15) 초에 율곡의 문묘 배향을 배척하는 상소에 참여하였다. 배척하고 받들기를 아버지와 아들이 각기 다르니 의리에 비춰볼 때 어찌 된 것인지 모르겠다. 또한, "북상(北相)이 나라를 그르쳤다."고 하였다. 북상은 아계(鵝溪, 이산해)427)를 가리킨다. 아계는 자기 집안 외가의 선조였다. 맹자가 "효자와 자손(慈孫)이라 해도 그 악을 가리지 못한다."428)고 했으니 이것을 가리키나 보다. 아계의 사위는 관찰사 안응형(安應亨)429)이

---

425) 기관(機關): 여기서는 신축·임인옥안을 다루는 사안이다.
426) 돈녕공(敦寧公): 오광운의 부친 돈녕부도정(敦寧府都正) 오상순(吳尙純)이다.
427) 아계(鵝溪): 이산해의 호. 선조대 정철이 세자책봉 문제를 제기하자 정철 등 서인들을 귀양 보냄으로써 동인의 집권기반을 다졌다.
428) 『맹자』「이루 상」.
429) 안응형(安應亨): 1578~?. 본관은 광주(廣州), 자 숙가(叔嘉), 호 정재(靜齋)이다. 호성공신(扈聖功臣) 안황(安滉)의 아들. 개성유수 등을 역임하였다.

며, 관찰사의 손자는 승지(承旨) 안후열(安後悅)로, 오광운의 외할아버지였다.

073　오광운은 책상과 존경각[430]에『율곡집』을 두었는데, 장령 정광운(鄭廣運)[431]이 이것을 보고 웃으며, "『속곡집(粟谷集)』은 뭐 때문에 봅니까." 라고 하였다. 속곡이라고 말한 이유는 당시 '정(丁)'자도 모르는 자들이 여론에 많이 붙었는데 '율(栗)'자를 알지 못해서 속곡이라고 한 적이 있기 때문에 그렇게 말한 것이다.

074　임술년(1742, 영조18) 정시(廷試)[432]에서 고관(考官) 원경하가 시권(試券) 하나를 들고서 훌륭한 문장이라고 칭찬하다가 이윽고 "애석하도다. 망발이 있어서 선발할 수 없다."고 하였다. 곁에 있던 사람이 "어찌하여 문장이 좋다고 하고서는 망발이 있다고 합니까."라고 묻자, 원경하가 말하였다. "문장은 매우 좋지만 선정신 이이를 칭찬하였으니 만약 그 자가 서인이라면 본색이 그대로 탄로난 것이며, 남인이라면 아첨하는 것이다. 어찌 망발이 아니겠는가." 어떤 사람이 오광운을 지적하며 물었다. "이 영감이 올린 상소 가운데 선정이라고 칭하였으니 아첨하는 것이라고 할 수 있겠습니까." 원경하가 "상소는 괜찮지만 과거 답안지는 안 된다."고 하면서 서로 바라보며 크게 웃었다고 한다. 이때 오광운은 민망해서 고개를 숙이고 아무 말도 하지 못했다고 한다.

이맹휴의 등용과 건극 확립

075　임술년(1742, 영조18) 9월에 주상이 춘당대(春塘臺, 창경궁 소재)에서 직접 선비들에게 계책을 묻고 그 중 10명을 선발할 것을 명하였다.

---

430) 존경각[尊閣] : 1475년(성종6) 성균관 안에 건립된 도서관 건물이다.
431) 정광운(鄭廣運) : 1707~1756. 본관은 해주, 자 덕이(德而), 호 휴휴자(休休子)이다. 병조좌랑 등을 역임하였다.
432) 정시(廷試) : 임금 앞에서 보는 과거시험이다.

다음날 숭문당(崇文堂, 창경궁 소재)에서 합고(合考)⁴³³⁾할 때 조명리(趙明
履)⁴³⁴⁾가 시권을 읽었다. 주상이 크게 칭찬하며, "비록 아는 일이지만
어찌 이와 같이 써 낼 수 있는가."라고 하였다. 정우량(鄭羽良)⁴³⁵⁾이 "이는
모두 뱃속 가득 경륜이 들어 있어서 문장이 매우 견고하고 치밀해서
발로 차고 밟아도 깨지지 않습니다."고 하였다. 원경하가 "끝부분에는
오히려 정신이 깃들어 있습니다."고 하였다. 주상이 "이것이 만약 오랫동안
쌓여 나온 것이라면 그가 바로 준수한 인재이다."고 하였다. 송인명이
"장원으로 삼아도 되겠습니까."라고 묻자, 주상이 "그렇게 하라."고 하였
다.

　승지가 시권을 올리자 주상이 시권을 직접 뜯으니 경기도 광주(廣州)에
사는 이익의 아들 이맹휴(李孟休)⁴³⁶⁾였다. 서종옥(徐宗玉)⁴³⁷⁾이 "이름 있는
선비입니다. 그의 부친은 학문으로써 명성이 높습니다."라고 하였다.
오광운이 말하였다. "그는 고 참판 이하진(李夏鎭)⁴³⁸⁾의 손자입니다. 평소
해박하고 문장에 능하여 이름이 세상에 알려졌습니다. 그의 부친 역시
학문이 매우 높아서 일찍이 감역(監役)을 내렸지만 벼슬에 나아가지 않았
습니다. 자식 가르치기를 매우 부지런히 해서 이맹휴는 일찍부터 문장으
로 명성을 얻었습니다."

　9월 12일 주강(書講)⁴³⁹⁾에서 원경하가 "이맹휴는 박학한 선비입니다만

---

433) 합고(合考) : 과거 합격자를 가리는 마지막 단계. 초고(初考)·재고(再考)·합고(合考) 등
　　3차례 심사를 받았다.

434) 조명리(趙明履) : 1697~1756. 본관은 임천, 자 중례(仲禮)·원례(元禮), 호 노강(蘆江)·도천
　　(道川)이다. 부제학·한성부 판윤 등을 역임하였다. 소론 이광좌의 당으로 지목되어
　　유배되었다.

435) 정우량(鄭羽良) : 1692~1754. 본관은 연일, 자 자휘(子翬), 호 학남(鶴南)이다. 좌의정
　　휘량(翬良)의 형으로, 우의정 등을 역임하였다.

436) 이맹휴(李孟休) : 1713~1750. 본관은 여주, 자 순수(醇叟)이다. 익(瀷)의 아들로, 예조정
　　랑 등을 역임하였다.

437) 서종옥(徐宗玉) : 1688~1745. 본관은 달성, 자 온숙(溫叔), 호 인재(訒齋)·학서(鶴西)이다.
　　판서 문유(文裕)의 아들로, 호조판서 등을 역임하였다.

438) 이하진(李夏鎭) : 1628~1682. 본관은 여주, 자 하경(夏卿), 호 매산(梅山)·육우당(六寓堂)이
　　다. 지평 지안(志安)의 아들로, 실학자 익(瀷)의 부친이다. 허목·윤휴 등과 함께 서인
　　노론과 대립하였다.

이잠의 조카이기도 합니다."고 하였다. 주상이 답하지 않았다. 또한, "이잠은 선조(先朝, 숙종)대 벌을 받아 죽은 죄인이었으니 애석하다고 할 만합니다."고 했지만 주상이 또한 반응하지 않았다.

9월 17일에 과거 합격자를 발표하고 문과 급제자 10명을 선정전(宣政殿, 창덕궁의 편전)으로 불러서 볼 것을 명하였다. 주상이 이맹휴에게 "내가 너의 대책(對策)을 보니 시무(時務)에 식견이 있는 듯 싶구나."라고 하면서 이내 국가의 조세법과 용인(用人)의 방도를 묻고, 거듭 공적인 일에 힘쓰고 당심(黨心)을 갖지 말 것을 경계하였다.

9월 18일에 주강(書講)에서 주상이 원경하에게 "경이 이맹휴가 이잠의 조카라고 하는데 그 사람됨이 문장뿐만 아니라 정밀하고 긴요하여 장차 큰 재목이 될 만하다. 어찌 경은 이와 같이 말하는가. 경을 위하여 개탄스럽게 여긴다."고 하니, 원경하가 답하였다. "어찌 장차 큰 재목이 될 만한 사람을 신이 막아서 끊어 버리려 하겠습니까. 다만 주상께서 아무개 집안출신인지 모르시는 것 같아서 군부에게 알려드리는 것이 신하의 직무라고 여겼습니다."

9월 20일에 도정(都政)[440]이 있었다. 주상이 "이맹휴는 시무에 식견이 있으니 마땅히 친민(親民)의 관직에 임명해야할 것이다."고 하자, 이조참의 윤급이 "5부주부(五部主簿)의 자리가 비어 있습니다."고 하였다. 그러자 승지 홍상한(洪象漢)[441]이 "5부의 관원은 주상이 임명하는 자리가 아닙니다. 한성부 또한 5부를 총괄합니다."라고 하자, 주상이 "그렇다면 한성주부(漢城主簿)에 임명하라."고 하였다.

9월 27일 전강(殿講)[442]에 이맹휴가 참석하였다. 주상이 말하였다. "지난번 원경하가 '이맹휴가 누구의 조카'라고 해서 내가 원경하에게 '숙부가

---

439) 주강(書講) : 낮에 열리는 경연(經筵)이다.
440) 도정(都政) : 관원의 치적을 조사하여 출척(黜陟)과 이동(異動)을 행하던 인사제도이다.
441) 홍상한(洪象漢) : 1701~1769. 본관은 풍산, 자 운장(雲章)이다. 병조판서 등을 역임하였다.
442) 전강(殿講) : 임금이 문무 당상관들을 궁중에 모아 직접 글을 강(講)하여 행하던 시험이다.

잘못했다고 해서 조카를 등용할 수 없단 말인가.' 하였다." 송인명이
말하였다. "원경하가 이 같이 말한 것은 진심에서 나온 것입니다. 이
말을 하지 않고 그 사람만을 막는다고 해서 무슨 문제가 있겠습니까.
다만 사세(事勢)를 불편하게 여기고 스스로 보통 사람과 다르다고 생각해
서 말씀드린 것입니다. 애석한 뜻이 있습니다." 주상이 말하였다. "지난번
영의정 김재로(金在魯)443)에게 이 말을 하자 영의정이 '둘째아버지와 조카
사이에 무슨 관계가 있습니까. 다만 스스로 혐의 없는 자와 조금 다릅니다.'
고 하였으니, 이는 당시 도리로써 한 말이라고 할 수 있다. 이잠이 어찌하여
역적이란 말인가. 역적이 아니다." 송인명이 "우리 조선의 사례를 살펴보
면 심정의 손자였던 심수경(沈守慶)444)이 우의정이 되었으며, 옛날 심충(沈
充)445)의 아들 심경(沈勁)446)이 명신(名臣)이 되기도 했습니다."고 하였다.
주상이 말하였다. "이번 일을 어찌 저 일에 비교하는가. 근래 일에 다른
뜻을 몰래 사용하니 위에 있는 사람으로서 자세히 살피지 않을 수 없다."
　주상이 이내 명을 내려 이맹휴에게 경연에서『주역』을 강론하게 하였
다. 하교하기를, "그 사람됨이 지극히 맑고 밝으니 오늘 여러 신하들
가운데 그 아버지를 본 사람이 있는가. 그 나이가 몇인가."라고 하였다.
전강을 끝내고 주상이 "이잠이 비록 역적이라 해도 내가 그 죄를 씻어주고
이맹휴를 등용하려 하는데 하물며 역적이 아닌 자야 어떠하겠는가."라고
하였다.
　지난날 주상의 생각이 깊고 멀어서 신축(1721, 경종1)·임인년(1722)과
같은 일이 발생할 것을 미리 알고 싹을 막아 방지하여 이러한 처분을

443) 김재로(金在魯) : 1682~1759. 본관은 청풍, 자 중례(仲禮), 호 청사(清沙)·허주자(虛舟子)이
　　다. 우의정 구(構)의 아들로, 영의정 등을 역임하였다. 1731년 신임환국으로 죽은
　　노론의 김창집·이이명의 복관을 추진하였다.
444) 심수경(沈守慶) : 1516~1599. 본관은 풍산 자 희안(希安), 호 청천당(聽天堂)이다. 기묘사
　　화를 일으켰던 좌의정 정(貞)의 손자로, 우의정 등을 역임하였다.
445) 심충(沈充) : 진(晉)나라 문신. 반역죄로 죽은 부친을 부끄러워하다가 모용격(慕容恪)이
　　산릉(山陵)을 침입하자 싸우다 전사하였다.
446) 심경(沈勁) : 진나라 애제(哀帝) 때 5백 군사와 함께 모용각(慕容恪)의 대군에 맞서
　　싸우다가, 성이 함락되면서 절의를 지키고 죽었다.

내렸다. 그 뒤 이잠에게 벼슬을 올려줄 것을 아뢴 것은 지나쳤으니 포상한 것도 당심(黨心)이고, 폄하한 것 또한 당심이었다. 만약 이 같은 일을 그치지 않았다면 신축·임인년과 무신년(1728, 영조4) 뒤에도 눈에 거슬린 자가 어찌 많지 않았겠는가. 만일 이잠의 조카이기 때문에 등용하지 않았다면 국가에 어찌 등용할 인재가 있다고 하겠는가. 건극(建極) 두 글자는 비록 진부한 말이 되었지만 이것 이외에는 다른 방도가 없을 것이다.

요성의 유군덕 일화

076 무인년(1698, 숙종24)에 판서 오도일이 연행사(燕行使)가 되어 요성 (遼城)447)에 도착하여 유군덕(劉君德)448)을 만났다. 스스로 "운남(雲南)에서 개국할 때 한림으로 재직하다가 오삼계(吳三桂)449)가 패망하자 변방으로 귀양 가서 이곳에 이르렀다."고 하였다. 오왕(吳王, 오삼계)의 고사(故事)를 대략 설명해주면서 눈물을 흘렸다. 돌아가는 길에 다시 방문하여 시를 주고 회답을 요청하였지만 유군덕이 간곡히 사양하면서 "청컨대 고시(古詩)를 읊겠다."고 하였다. 스스로 춘추시대 대부들이 시를 읊는 사례에 따라서 당시(唐詩)를 써 주었다. "연조비가(燕趙悲歌)450)를 부르는 선비들이 맹씨(孟氏) 집안에서 서로 만났네. 마음 속 말을 다하지 못했는데 가는 길에 해는 저물려 하네."451) 한 절구를 써서 주니 그 뜻이 매우 비장했다. 오왕은 강희(康熙) 무오년(1678, 숙종4)에 죽었다고 한다.

요동의 임본유 일화

---

447) 요성(遼城) : 요녕성(遼寧省) 요양현(遼陽縣)이다.
448) 유군덕(劉君德) : 오삼계(吳三桂)의 부하. 요좌(遼左)에 유배되었다.
449) 오삼계(吳三桂) : 1612~1678. 청나라가 중국을 통일할 때 평서왕(平西王)에 봉해졌다. 1673년 반란을 도모하여 호남(湖南)에서 주(周)나라를 세우고, 소무(昭武)라 건원하였으나 병들어 죽었다.
450) 연조비가(燕趙悲歌) : 연나라와 조나라 선비들이 나라를 근심하며 부른 슬픈 노래였다.
451) 『서파집(西坡集)』 권26, 「잡식(雜識)·병인연행일승(丙寅燕行日乘)」.

077 을묘년(1735, 영조11)에 남원군(南原君) 이설(李樆)이 정사(正使) 서평군(西平君) 이요(李橈)452)를 따라 연경(燕京)으로 사신을 떠나 요동에 도착하였다. 그 곳에서 노인 임본유(林本裕)의 이름을 듣고 서장관(書狀官) 신치근(申致謹)453)과 함께 노인의 집을 방문하였다. 그 집에는 1만여 권이 넘는 책으로 가득 차 있었으며, 정원에서 꽃과 돌이 아주 많았다. 당시 임본유의 나이가 94세였는데도 정신이 멀쩡하였다. 스스로 "14세에 재략이 있어 선발되어 오삼계를 따랐으며, 오왕이 패망한 뒤에 요동에 억류되어 이처럼 늙었다."고 하였다. 남원군이 임노인에게 질문하려 하자 일행을 물리치고 글을 써서 보여주었다. "우리와 너희 사이엔 병자년(1636, 인조14)·정축년(1637) 청나라에 항복해서 생긴 원한이 있으니 깊은 말을 나눌 수 없다." 남원군이 말하였다. "우리나라는 명나라의 은혜를 입음이 아버지와 아들 사이와 같은데 어찌하여 은덕을 저버릴 수 있겠습니까. 나라가 작고 힘이 약하기 때문에 어쩔 수 없이 강대국을 따랐을 뿐이니 어찌 죄가 되겠습니까. 오늘날 늙은 유민(遺民)이 오히려 신음소리를 내며 슬퍼하고 분해하니 잊을 수 없습니다."

임노인이 곧 눈물을 흘리며 오왕의 일을 말해주었다. "오왕의 키는 9척에 달하였고, 얼굴은 대춧빛을 띠며 보기 좋은 수염을 갖고 있었다. 제왕의 도량을 갖추고 있었지만 제왕의 재질은 없었다. 그래서 머리를 짧게 깎고 청나라에 항복하여 운남지역을 분봉받았다. 구영개(九英介)454)가 오왕이 마차에 올라 길을 떠나는 것을 보고, '이 사람은 반드시 오랫동안

---

452) 서평군(西平君) 이요(李橈) : 1684~?. 선조의 아들 인성군 공(仁城君珙)의 증손. 1723년(경종3) 동지사 겸진하사(冬至使兼進賀使)가 되어 청나라에 다녀오고, 1725년(영조1) 동지사가 되어 다시 청나라에 다녀왔다. 달변과 깊은 학식을 바탕으로 어려운 외교문제를 해결하여 영조의 신임이 두터웠고, 이후에도 여러 차례 청나라에 다녀왔다. 하지만 부정한 방법으로 치부(致富)하였으므로 대간의 탄핵을 받기도 하였다.

453) 신치근(申致謹) : 1694~1738. 본관은 평산, 자 유언(幼言)이다. 영조대 이광좌의 흉당으로 몰려 탄핵을 받기도 하였다. 1735년 진주 겸 사은사(陳奏兼謝恩使)의 서장관이 되어 청나라에 다녀왔다.

454) 구영개(九英介) : 1612~1650. 청나라 태조의 14번째 아들인 화석 예친왕(和碩睿親王) 도르곤(多爾袞)의 별칭. 태종(太宗)의 뒤를 이어 어린 나이로 즉위한 조카 순치제(順治帝)를 보좌하여 국정을 맡아 다스렸다.

신자(臣子)의 나라에 머물지 않을 것이다.'고 하였는데, 마침내 나라를
세워 이름을 주(周)라 하고 대주황제(大周皇帝)라고 칭하였으며 연호를 고쳐
서 선무(宣武)로 정하였다. 백관과 의물을 갖추었는데, 그 배열한 규모가
기강이 있어서 자손에게 전해졌으나 대략 3세 뒤에 망하고 말았다."

남원군이 물었다. "그렇다면 오왕은 어찌하여 명나라 주씨(朱氏)를
세우지 않고 스스로 왕이 되었습니까." 임노인이 답하였다. "주씨가
망한 것은 은덕이 민들에게 미치지 못했기 때문이었다. 백성들이 다시
주씨를 생각하지 않으니 이 또한 민의 바램을 따른 것이다." 이내 구왕(九王,
구영개)의 어짐을 말하고 주공(周公)보다 공이 났다고 했다. 남원군이
크게 눈을 뜨고 물었다. "주공은 성인입니다. 어찌 구왕에 비견할 수
있단 말입니까." 임노인이 대답하였다. "조선 사람들의 의논은 으레
이와 같이 편협하도다. 주공은 성인의 아들이며, 성인의 동생으로 중국에
서 태어났으니 주공의 성인됨은 또한 마땅하지 않은가. 하지만 주공이
한 일은 신하의 직분이었으니 이와 같지 않다면 무엇으로써 주공이라고
할 수 있겠는가. 비록 구왕은 오랑캐 땅에서 태어나 성인의 책을 보지
못했지만 의에 처하여 일을 행함에 도리에 맞았으니 아주 뛰어난 자질이
아니고서야 이와 같이 할 수 있겠는가. 동쪽을 정벌하고 서쪽을 토벌함에
대적할 적이 없어서 천하가 평정되고, 인심이 모두 구왕에게 돌아갔지만
초연히 왕위에 오르지 않고 형의 의지할 데 없는 아들을 이끌어 왕위를
물려주었다. 자신은 주공처럼 섭정했음에도 관숙(管叔)과 채숙(蔡叔)의
유언비어455)가 없었으니 이는 주공보다 뛰어나다는 것이다."

임노인은 글씨와 그림뿐만 아니라 시에도 능하였다. 몇 년 뒤에 해흥군
(海興君)456) 이강(李橿)이 상사(上使)로서 북경으로 가다가 임노인의 거처를
지나게 되었다. 돌아올 때 글씨를 써서 안부를 묻자 임노인도 손수 글을

455) 관숙(管叔)과 채숙(蔡叔)의 유언비어 : 관숙과 채숙은 주나라 무왕의 아우이자, 주공의
형이었다. 무왕이 죽고 어린 아들 성왕이 즉위하자 주공이 섭정하였다. 그러자
관숙과 채숙이 "주공이 장차 어린아이에게 이롭지 못하리라."고 유언비어를 퍼뜨리
고 반란을 일으켰다.
456) 해흥군(海興君) : 1700~1762. 선조의 13남 영성군(寧城君)의 증손이다.

써서 답하였고, 시 한 수를 지어 주었다. "매번 동국의 고매한 사람들을 만나보니 공자들의 뛰어난 풍채는 다시 비길 데가 없네. 내가 장(醬)을 팔고 개를 잡는 것을 부끄럽게 여기지만 신릉군(信陵君)[457]처럼 허리를 굽혀 서로 친하려 하네."

풍윤의 곡씨 일화

078 의원 권검(權儉)이 윤유(尹遊)[458]를 따라 연경으로 사행을 떠났다. 풍윤(豊潤)을 지나다가 곡씨(谷氏)의 장원(庄園)에 묵게 되었는데, 장원의 주인은 축익당(築益堂) 곡응태(谷應泰)[459]의 손자였다. 역사를 기록하는 것을 좋아했는데, 역사를 거론할 때면 감정이 북받쳐 오를 때가 많았지만 사람들이 알까봐 매우 두려워하였다. 밤이 되어 조용해진 뒤에서 상자에서 죽은 사람의 옷을 꺼내 보여주면서 울며 말하였다. "이 옷은 우리 선조가 천자를 뵐 때 입었던 옷이다. 매번 제사드릴 때마다 이 옷에 기탁하여 옛일을 추억하며 오늘을 슬퍼한다." 또한, "오늘날 만주족이 천하를 통일하여 이미 중화의 옷이 없어졌지만 이 옷이 해지면 고쳐서 자손들에게 전해줄 것이다."고 하였다.

이어서 말하였다. "명나라 주씨 자손은 남쪽 모퉁이 섬에서 살면서 선조의 묘에 제사지내니 지금까지도 끊어지지 않았다. 당시 여러 신하들이 쳐서 멸망시키자고 했지만 청나라 황제가 '자손이 조상에게 제사지내는 것이 무슨 죄인가. 그대로 두라.'고 했으니 순치(順治)[460] 천자의 넓은 도량이 이와 같다. 오늘날 천하가 태평하고 밤에도 문을 닫지 않으며,

---

457) 신릉군(信陵君) : ?~B.C.244. 전국시대 위나라 정치가. 맹상군·춘신군·평창군과 함께 '사군(四君)'으로 꼽혔다. 인재를 얻기 위해 자신을 낮추었다고 한다.

458) 윤유(尹遊) : 1674~1737. 본관은 해평, 자 백숙(伯叔), 호 만하(晚霞)이다. 이조·예조판서 등을 역임하였다. 영조대 초반 신임환국을 일으킨 주동자로서 삭출 당했다가 1727년 정미환국으로 소론이 재집권하자 다시 출사하였다.

459) 곡응태(谷應泰) : 순치(順治) 연간에 진사가 되어 여러 벼슬을 역임하였다. 경사(經史)에 밝아 『명사기사본말(明史記事本末)』과 『축익당집(築益堂集)』 등을 지었다.

460) 순치(順治) : 1638~1661. 청나라 제3대 황제. 이자성(李自成)을 물리치고 북경에 도읍을 정하였다.

도로에 떨어진 물건을 줍지도 않는다고 하니 이는 모두 순치·강희(康熙)⁴⁶¹⁾의 교화 때문이다.……"

아, 이것이 이른바 오랑캐에게서도 군주가 있다는 말인가. 갑신년(1644, 인조22) 이래로 오늘날 이르도록 이미 백년이 지났으니 그렇다면 오랑캐에게는 백년의 운수가 없다고 한 말은 헛소리가 될 것인가. 아!

조현명과 건륭제

079 계해년(1743, 영조19)에 건륭제(乾隆帝)⁴⁶²⁾가 10만의 병사를 거느리고 10월 심양(瀋陽)으로 행차하여 묘소를 살피고 제사를 지냈다. 일족이 모두 따라 나섰으니 이는 강희제로부터 거행되었던 오래된 행사였다. 그런데 이 소식이 조정에 잘못 전해져서 "건륭제가 다루[獺奴]에서 심한 모욕을 받아 성을 버리고 도망쳤으며 장차 우리나라에 몸을 맡긴다."고 하였다. 혹은 "어느 황숙(皇叔)이 영고(靈古)⁴⁶³⁾에서 반란을 도모했기 때문에 직접 정벌하러 가면서 10만 병사의 군량을 우리나라에 책임 지우려고 한다."고 하였다. 혹은 "황제가 금강산에 유람하러 온다."는 소문이 있었다. 이에 중신들이 강화도에 가서 성첩(城堞)을 둘러보고 각 도에 무기를 검열하라는 명령을 내렸으며, 서울에 외성을 쌓자는 논의가 다시 일어났다. 이에 더욱 유언비어들이 떠돌며 사방이 매우 소란스러웠다.

9월에 우의정 조현명이 문안사(問安使)의 명목으로 심양에 가서 기다리고 있었다. 태후가 먼저 도착하고, 건륭제는 다루를 지나 흑룡강에서 사냥을 한 뒤에 도착하였다. 조현명은 50십리 밖까지 나아가 황제를 맞이하였다. 당시 오랑캐의 진영에서도, "연경이 빈틈을 이용하여 조선에서 장차 군대를 일으켜 쳐들어 올 것이라."는 유언비어가 돌았고 나라 안에 소문이 흉흉하여 그치지 않았다. 건륭제 역시 의심하고 있었는데,

---

461) 강희(康熙) : 1654~1722. 청나라 제4대 황제. 삼번(三藩)의 난을 평정하고 내정과 외정을 닦았다.
462) 건륭제(乾隆帝) : 1711~1799. 청나라 제6대 황제. 할아버지 강희제와 부친 옹정제(雍正帝, 1678~1735)를 거쳐 18세기 청나라 최대 전성기를 구가하였다.
463) 영고(靈古) : 영고탑(寧古塔). 만주의 지명으로 청나라의 발원지이다.

멀리서 사신이 왔다는 소식을 듣고 크게 기뻐하였다. 또 제물과 첩자(帖子)를 바치자 "이는 다른 나라에서는 하지 않는 것이다."고 하며, 바로 예의 있는 나라라고 칭찬하였다. 특별히 사신을 잘 대접하여 자주 만나보고, 대궐 잔치에 참석케 하여 손수 '동번의 표가 된다.[式表東蕃]' 네 글자를 써서 주었다. 그리고 붉은 활과 화살, 임금이 타는 말안장 등을 내려주어 조선의 국왕에게 답례하고, 조선의 사신에게도 더해주었다.

조현명이 돌아와 주상에게 결과를 보고하려 했는데 지체되어 성 밖에서 하루를 머물게 되었다. 특별히 의장(儀仗)464)을 내려주고, 나팔과 북으로 환영하며 맞아들였다. 지평 조중회(趙重晦)465)가 상소하였다. "오랑캐의 글을 국경에서 버릴 수 없었던 것은 이해가 되지만 조현명이 백마와 황금안장을 갖추고 득의양양하게 돌아와서는 스스로 황제의 은혜를 입었다고 하며 마치 큰 공훈을 세운 자처럼 행세하니 교만함이 날로 심합니다." 이에 우의정 조현명은 성 밖으로 나아가서 명을 기다렸다.

조중회와 육상묘

080 또 조중회가 상소하였다. "주상께서 종묘의 예는 열심히 거행하지 않고 자주 친어머니 사묘(私廟)466)에 행차하여 친히 제사지내시니 이는 예가 아닙니다.……" 주상이 크게 노하여 조중회의 관직을 빼앗았다. 다음날 날짜를 가려 받지 않고 어머니 사묘로 행차했다가 저녁 때 돌아와서는 곧 문을 닫아버리고, 공사에 대해 출납을 명령하지 않았다. 삼공이 백관을 거느리고 대궐 문 앞에 엎드려 상소하였다. 신하들이 궁전의 뜰에서 밤을 지세우고 날이 밝지 않았는데도 문을 열고 들어갔는데, 잘못해서 중궁의 침전을 두드렸고 당황해서 용서를 빌었다. 주상 역시

---

464) 의장(儀仗) : 국가 의식에 쓰는 무기·깃발 등의 물건이다.

465) 조중회(趙重晦) : 1711~1782. 본관은 함안, 자 익장(益章)이다. 이재(李縡)의 문인으로, 공조판서 등을 역임하였다.

466) 사묘(私廟) : 영조의 생모 숙빈 최씨(淑嬪崔氏)를 봉사(奉祀)한 묘. 1725년 영조가 즉위하면서 생모를 기리기 위해 묘를 세웠다. 1744년(영조20)에 육상묘(毓祥宮)로 개칭하였으며, 1753년에는 육상궁으로 승격시켰다.

세자 가례(嘉禮)가 얼마 남지 않은지라 신하들의 뜻에 따랐다.

조태상의 조중회 비판

081 정언 조태상(趙台祥)이 우의정 조현명을 구원하는 상소를 올렸다. 또한, "주상이 직접 사묘(私廟)에 제사지내는 것은 인정과 예의를 펴는 것이니 조중회의 말이 바르지 않으므로 무거운 형벌에 처할 것을 청합니다.……"라고 하였다. 주상이 그 뜻을 맞추는 것을 미워하여 조태상을 특별히 가두어 죄를 추궁하여 심문하도록 명하였다. 겨울이 다 지나도록 잡아두니 조태상의 부인이 한스럽게 생각하였다. 그러던 어느날 밤 비복을 시켜 홍경보(洪景輔)467)와 허채(許采)468)의 집 문 앞에서 꾸짖어 욕하면서 말하였다. "너희들이 우리 집에 와서 남편을 꼬드겨 상소를 올리게 해 놓고 남편만 죄를 받고 너희들은 무사하다. 너희들이 한글 반, 진서(眞書)469) 반으로 쓴 초안이 지금 여기에 있으니 끝까지 피할 수 있겠는가."

이 말이 벼슬아치 사이에 널리 알려졌고, 경연에서 대신(臺臣)들이 아뢰었다. 주상이 말하였다. "이들 무리들의 심술이 교묘하고 흉악해서 나라 가운데서 함께 할 수 없구나. 홍경보와 허채를 잡아들여라." 이내 멀리 귀양 보낼 것을 명하였다. 한종제(韓宗濟)가 "3명이 비록 같은 죄를 지었지만 원사(爰辭)470)를 받지 않았고 섣불리 법률을 적용하여 처벌해서야 어찌 인심을 감복시키겠습니까.……"고 하였다. 주상이 올라온 주의(奏議)를 받아들여 각각의 원사를 받았지만 말한 것이 분명하지 않았다. 주상이 서로 엄호하는 것에 대해 노하여 아침부터 저녁까지 계속해서 중사를 보내 엄중한 뜻을 내려 보내고, 정직하게 진술할 것을 재촉하자 죄수 3명은 궁지에 몰려 어쩔 수 없이 감춘 사실을 말했다. 주상이 말하였

---

467) 홍경보(洪景輔) : 1692~1745. 본관은 풍산, 자 대이(大而)이다. 중하(重夏)의 아들로, 대사간·좌찬성 등을 역임하였다. 1729년(영조5) 탕평의 폐단을 호소했다가 온성부사로 좌천되었다. 1734년 정월 김약로에 의해 배척을 받기도 했다.

468) 허채(許采) : 1696~?. 본관은 양천, 자 사량(士亮)·중약(仲若)이다. 장령 등을 역임하였다.

469) 진서(眞書) : 해서(楷書)체를 가리킨다.

470) 원사(爰辭) : 죄인이 진술한 범죄 사실을 적어 놓은 문서이다.

426

다. "교묘하고 흉악한 말로 주상을 속였으니 죄상이 아주 나쁘다. 한꺼번에 쫓아내는 것이 어려우니 그 죄를 응징하여 모두 시골로 쫓아내고, 조적(朝籍)471)에서 영원히 빼서 죽을 때까지 등용하지 말라."

사색 분당의 전말

082 계미년(1584, 선조17)에 김효원472)과 심의겸473)이 심충겸(沈忠謙)474)의 전랑 임명을 둘러싸고 서로 비방하고 논쟁하였다. 조정의 벼슬아치들 가운데 김효원의 편을 드는 자는 동인, 심의겸의 편을 드는 사람은 서인이 되었다. 이 일로 처음으로 동·서의 명칭이 생겨나게 되었다.

신묘년(1591, 선조24)에 아계가 정철475)과 그 당여를 공격하였다.476) 대사성 우성전(禹性傳)477)이 다른 사람들에게까지 미쳐서는 안 된다고 생각하여 정철을 지원하였다. 홍여순(洪汝諄)478)이 우성전을 아울러 탄핵하자 이 일로 남과 북으로 당론이 갈리게 되었다. 정철의 처벌을 서두르는 자는 북인이 되고, 처벌을 늦추자는 사람은 남인이 되었다.

기해년(1599, 선조32)에 남이공(南以恭)479)과 김신국(金藎國)480)이 홍여

471) 조적(朝籍) : 조정 관리의 관직자의 명단을 기록한 문서이다.
472) 김효원(金孝元) : 1532~1590. 본관은 선산, 자 인백(仁伯), 호 성암(省庵)이다. 심의겸의 동생 충겸(忠謙)이 이조전랑으로 추천되자 명종의 비 인순왕후의 동생임을 들어 반대하고 이발을 추천하였다. 김효원의 집이 서울 동쪽 낙산(駱山) 밑 건천동(乾川洞)에 있다고 하여 동인이라고 불렀으며, 심의겸의 집이 서울 정릉방(貞陵坊)에 있었기 때문에 서인으로 불렀다.
473) 심의겸(沈義謙) : 1535~1587. 본관은 청송, 자 방숙(方叔), 호 손암(巽庵)·간암(艮庵)·황재(黃齋)이다. 이조전랑 자리를 둘러싸고 김효원과 갈등을 벌이다가 동서분당을 초래하였다.
474) 심충겸(沈忠謙) : 1545~1594. 의겸(義謙)의 동생이다.
475) 정철(鄭澈) : 1536~1593. 이이·성혼·송익필 등과 교유하였다. 1589년(선조22) 정여립 옥사를 계기로 동인을 제압하였다. 신성군을 세자로 책봉하려다가 파직되었다.
476) 그 당여를 공격하였다 : 1591년(선조24) 정철이 세자책봉 문제를 제기하여 이산해와 함께 광해군을 건의하기로 했다. 이로 인해 선조의 노여움을 받아 파직되었다.
477) 우성전(禹性傳) : 1542~1593. 동인으로 활동하던 중 이발과 대립하여 남인으로 좌정하였다. 임진왜란 때 왜군을 추적하다가 죽었다.
478) 홍여순(洪汝諄) : 1547~1609. 1599년(선조32) 북인에서 갈라진 대북에 속해서 이이첨 등과 함께 남이공의 소북과 대립하였다.
479) 남이공(南以恭) : 1565~1640. 선조대 북인으로 활동하다가 유영경(柳永慶)과 함께 소북

순을 탄핵하였다.[481] 아계와 홍여순을 따르는 자들은 대북(大北)이 되었고, 김신국과 남이공을 따르는 자는 소북(小北)이 되었다. 얼마 뒤 아계와 홍여순이 권력을 둘러싸고 서로 공격하자 이이첨이 여러 신하들을 협박하여 홍여순을 공격하였다. 홍여순을 따르는 자들은 골북(骨北)이 되었고, 아계와 이이첨을 따르는 자들은 육북(肉北)이 되었다. 이로부터 완남(緩南)과 급북(急北), 대북과 소북, 골북과 육북의 명칭이 생겨났다.

정사년(1677, 숙종3)에 미수(眉叟, 허목)[482]와 정승 허적[483])이 갈라서니 이 일로 청남(淸南)과 탁남(濁南)의 명칭이 생겼다. 허목과 허적이 갈등을 벌일 때 이산(尼山)과 회천(懷川)이 서로 헐뜯으니 이 일로 노론과 소론의 명칭이 생겨났다.

임술년(1682, 숙종8)에 김익훈이 무고하다가[484] 발각되어 옥에 갇혀 형벌을 받게 되자 한태동(韓泰東)[485]·조지겸(趙持謙)[486]·오도일의 무리들이 죽이고자 하였다. 반면 훈척 등 노론[老黨]들이 그를 보호하여 살리려는

을 이끌었다. 다시 남당(南黨, 淸小北)과 유당(柳黨, 濁小北)으로 나뉘었다. 광해군이 즉위하자 유영경과 함께 파직 당하였다.

480) 김신국(金藎國) : 1572~1657. 소북의 영수로 활동하다가 광해군대 삭탈관작 되었다.

481) 홍여순을 탄핵하였다 : 1599년(선조32) 홍여순의 대사헌 임명을 둘러싸고 남이공 등이 반대하였다.

482) 미수(眉叟) : 허목의 호. 현종대 2차례 예송논쟁에서 송시열과 대립하면서 남인계 영수로서 정국을 주도하였다. 1680년(숙종6) 경신환국으로 실각한 뒤 정계에서 물러났다.

483) 허적(許積) : 1610~1680. 숙종대 초반 송시열의 처벌문제를 둘러싸고 청남·탁남으로 분열되자, 탁남의 영수가 되어 서로 갈등하였다. 1680년 서자 견(堅)의 모역사건에 휘말려 사사되었다가 1689년 신원되었다.

484) 김익훈이 무고하다가 : 1682년(숙종8) 김석주와 함께 전익대(全翊戴)를 사주하여 남인이 모역한다고 고변하였다. 이 일로 유명견(柳命堅) 등 남인이 옥에 갇혔으나 무고임이 밝혀져 풀려났다.

485) 한태동(韓泰東) : 1646~1687. 본관은 청주, 자 노첨(魯瞻), 호 시와(是窩)이다. 1682년(숙종8) 김익훈·김석주 등이 남인 역모설을 조작하자, 조지겸 등 소장파와 함께 흉계를 폭로하고 처형을 주장하였다가 이듬해 파직되었다. 서인내 노론과 소론이 분기되는 계기가 되었다.

486) 조지겸(趙持謙) : 1639~1685. 본관은 풍양, 자 광보(光甫), 호 우재(迂齋)·구포(鳩浦)이다. 좌의정 익(翼)의 손자, 이조판서 복양(復陽)의 아들이다. 윤선거·윤증 부자와 교분이 깊었다. 조지겸은 박세채·윤증을 지지하던 한태동·박태보·오도일·최석정·박태손 등과 소론으로 활동하였다.

428

뜻을 펴고자 하였는데, 송시열이 서울로 올라와 김익훈을 보호하는 논의를 주도하였다. 이로 인해 노론과 소론의 논의가 일어나게 되었다. 정묘년 (1687, 숙종13) 이산과 회천의 다툼으로487) 각기 당파가 성립되었다. 갑술년(1694)에 김춘택이 재물을 쓴 행적이 낭자하자 오도일의 무리가 함께 엮여 비난받는 것을 꺼려하여 김창집과 민진원 등으로부터 갈라져 나왔다. 이로부터 노론과 소론의 논의가 점차 격화되어 서로 원수처럼 여기게 되었다. 노론과 소론 가운데 또한 각각 완파(緩派)와 준파(峻派)의 명칭이 생겨났다.

당초 심의겸과 김효원을 외직으로 보임할 때 인재를 조제(調劑)하려는 율곡의 논의가 없었던 것은 아니지만 주변에서 견제하여 마침내 한 쪽으로 치우치게 되는 실수를 피하지 못하였다. 서로 어그러지고 갈라짐이 더욱 심해져서 허봉488)·송응개489)·박근원490)이 쫓겨나고,491) 이어서 성혼492)·신급(申礏)493)·하락(河洛)494) 등 황해도 유생(儒生)의 상소가 끊임없이 올라

487) 정묘년 …… 다툼으로 : 1687년 3월 17일 실록기사에 따르면 김수항과 이단하 등이 윤선거를 변론하는 나양좌의 상소를 논박하였다. 나양좌는 송시열과 달리 윤휴·윤선도·허목 등 남인들을 포용했던 스승의 입장을 적극 옹호하였다.
488) 허봉(許篈) : 1551~1588. 엽(曄)의 아들, 난설헌(蘭雪軒)의 오빠, 균(筠)의 형이다. 김효원 등과 함께 서인과 대립하였다. 1583년(선조16) 이이를 탄핵했다가 유배되었다.
489) 송응개(宋應漑) : ?~1588. 동인으로서 박근원, 허봉 등과 함께 이이를 탄핵하다가 유배되었다.
490) 박근원(朴謹元) : 1525~1585. 송응개·허봉 등과 함께 이이를 탄핵하다가 유배되었다.
491) 허봉·송응개·박근원이 쫓겨나고 : 계미삼찬(癸未三竄). 1583년(선조16) 율곡을 비난하고 공격한 송응개·박근원·허봉을 각각 회령·강계·종성으로 귀양 보낸 일을 가리킨다.
492) 성혼(成渾) : 1535~1598. 이이와 교유하면서 학문적·정치적 입장을 같이 하였다. 그의 학문과 사상은 외손 윤선거와 외증손 윤증에게 계승되면서 소론의 원류가 되었다.
493) 신급(申礏) : 1543~1592. 1583년(선조16) 붕당간의 조정을 자임한 이이에게 불만을 가진 동인계열의 홍혼(洪渾)·우성전·김응남·박근원(朴謹院) 등이 이이·성혼·박순의 작은 과실을 사림의 공론으로 내세워 공격하자, 그는 유학(幼學)의 신분으로서 이를 사악한 논의로 단정하고 이는 사림의 화를 불러일으킨다고 탄핵하는 소를 올렸다.
494) 하락(河洛) : 1530~1592. 본관은 진주, 자 도원(道源), 호 환성재(喚醒齋)이다. 조식의 문인으로, 1583년(선조16) 이이·성혼 등이 무고로 어려움에 처하자 상소를 올려 구제하였다.

와 마침내 제멋대로 흐르니 무엇으로 이것을 막을 수 있었겠는가.

083 당론은 심의겸과 김효원에서 발원되었으니, 처음엔 마치 물이 졸졸 흘러 흙을 더하면 막을 수 있었지만 우계와 율곡에 이르러 물결이 일어났다. 송강과 아계에 이르러 옆으로 터지고 남이공과 이이첨에게서 붕괴되었고, 계해년(1623, 인조1) 공신 무리들에 이르러서 크게 범람하였다. 이후 기해예론(己亥禮論)에 이르러 육지가 잠기고 하늘에 이르렀다. 갑인(1674, 현종15)·경신(1680, 숙종6)·기사(1689)·갑술년(1694) 정국이 뒤집어지는 사이에 조정에서는 사소한 일조차 매일 같이 다투고, 창끝을 서로 부딪침이 더욱 격화되었다. 점차 당쟁이 심해지면서 작게는 상대방을 유배 보냈으며, 크게는 무참히 죽이니 원한을 원한으로 서로 갚아 끝이 없고 그침이 없었다.

밖으로 학(學)·교(校)·상(庠)·서(序)에서 서로 다투어 시끄럽고, 주(州)·여(閭)·향(鄕)·당(黨)에서는 원수가 되는 일이 자주 일어났다. 당색 간에 서로 시기하여 마음속엔 의심이 가득 찼으며, 간과 쓸개가 초나라와 월나라 사이처럼 되어 가까이 있으면서도 천리 바깥에 있는 것처럼 서로 멀리하였다. 오늘에 이르러 사대부뿐만 아니라 심지어 관사(官司)의 서례(胥隷)[495], 민간의 노비에 이르기까지 서로 등을 돌리지 않음이 없었다. 온 세상 사람들이 어른과 아이를 막론하고 시끄럽게 쫓아다니며 싸우는데 몰두하여 광폭한 파도와 풍랑 속에 빠져서 물가를 바라보고 언덕에 오르는 자가 없으니 모두가 빠져 죽을 뿐이었다.

084 동인은 기축옥사(1589, 선조22) 당시 성혼과 정철에게 죽임을 당한 뒤 광해군대에도 하루도 편안할 날이 없었다. 단지 서인의 뒤를 따라다니는 국면이 지속되면서 어렵게 나아가고 쉽게 물러났지만 스스로 청류(淸類)임을 잃지 않았다. 비록 우계와 율곡의 문묘배향을 배척해야한다는

---

495) 서례(胥隷) : 서리(胥吏)와 하례(下隷, 하인)이다.

논의 때문에 서인의 미움을 샀지만 서인 또한 감히 그 허물을 지적하지 못했다. 갑인년(1674, 현종15)에 비로소 정국 주도권을 잡는 과정에서 처음에는 척리496)의 도움을 받았지만 경신년(1680, 숙종6)에 이르러 도리어 왕실 집안의 모함에 빠지고 말았다. 이것은 '조맹(趙孟)이 귀하게 한 사람은 조맹이 천하게 할 수 있다.'497)는 말이니 누구를 원망하겠는가. 기사년(1689)에 이르러 중전의 지위가 오르고 내려질 때 군부(君父)의 사랑과 미움 때문이었기에 신하로서 그 사이에서 힘을 쓸 수 없었지만 끝내 총애와 이익을 좇는데서 벗어나지 못하였으니 변고에 잘 대처했다고 할 수 없을 것이다.

갑술년(1694)부터 오늘에 이르기까지 50여 년이나 지났지만 살아서 서인의 무한한 모욕을 받고 있으니 이는 동인들의 불행이자 또한 스스로 불러들인 것이다. 하지만 동인의 잘못은 경신년(1680)에 꾸며낸 거짓말498)과 갑술년(1694) 은화를 모은 일499)에 비교하면 크게 차이난다. 서인은 훈척 출신으로서 노나라의 환공(桓公)과 제나라의 전씨(田氏)와 같이 대대로 국정을 장악하여 일의 옳고 그름을 따지지 않고 오로지 권세와 이익, 권력으로써 사람들을 몰아댔으니 이는 말하기에도 부족하다. 반면 동인은 스스로 군자의 당(黨)이라고 여겼지만, 완전하기를 바라는 군자의 도리로써 본다면 갑인년과 기사년의 당국을 책임지면서 작은 부끄러움도 없다고 할 수 없으니 군자로서 애석할 따름이다.

085 노론은 대대로 권력을 잡았기 때문에 당류들의 근거가 든든하고 뿌리가 깊어서 동조세력이 널리 퍼져있었다. 그 몸과 목숨을 보존하는 방법이 인의(仁義)와 성실에 근본하지 않고, 온갖 구실을 빌어서 지극한

---

496) 척리(戚里) : 임금의 내·외 친척을 가리킨다. 여기서는 김석주를 가리킨다.
497) 『맹자』 「고자 상(告子上)」.
498) 경신년 꾸며낸 거짓말 : 김석주가 정원로를 시켜 허적의 서자 견(堅)이 인평대군의 세 아들 복창군·복선군·복평군과 역모를 도모했다고 무고한 일이다.
499) 갑술년 은화를 모은 일 : 서인 김춘택·강만태·한중혁·최격·이시회 등이 몰래 은화를 모아 인현왕후를 복위시키려고 도모한 일이다.

계책으로 삼으며, 꾸짖고 내치는 것을 능사로 삼았다. 혹 명의(名義)를 빙자해서 무겁게 내세우고, 혹 상대방의 허물과 실수를 가리켜 배척하는 것을 명분으로 삼았다. 권모술수를 부리는 방식이 자기와 다른 사람을 배척하고 사사로움을 도모하는 것에서 벗어나지 않았으니 칼날을 들이대고 용맹함을 뽐냈기 때문에 다른 사람들이 침범하기 어려웠다. 이것이 세 임금에게 죄인이 되는 이유였다. 상대당과 싸울 때 막강한 군대 같아서 그 언론이 항상 세차고 모진 것을 위주로 하였으니 비록 이것 때문에 패하더라도 개의치 않았다.500) 『곤륜집』

086 당론이 생긴 이래 정철이 최수우(崔守愚)501)와 정곤재(鄭困齋)502)를 모함하여 죽였으니 이것이 살육의 시작이었다. 그 뒤 경신년(1680, 숙종6) 김석주가 항상 일을 꾸몄으니 처참하게 죽은 자가 낭자하고 죄 없이 잡혀간 자가 이루 헤아릴 수 없이 많았다. 그리하여 서인과 남인 사이의 원한이 대대로 깊어졌고, 결혼하는 길이 모두 끊어져 서로 혼인하지 않았다.

갑술년(1694)이래 50년 동안 서인이 정권을 잡았고, 남인은 다시는 떨쳐 일어나지 못하였다. 이에 정래주(鄭來周)503)와 홍경보로부터 벼슬과 녹봉을 탐하는 경로로 혼인을 이용하여 소론에게 딸을 시집보낸 자들이 나타났다. 또한 처음 권해(權晐)로부터 노론 집안과 결혼하는 자들이 생겨났다. 그러나 서인 가운데 남인 아들에게 딸을 시집보낸 자는 없었다. 이것이 오손왕(烏孫王) 곤막(昆莫)504)이 한나라의 재물을 이롭게 여겨서

500) 『곤륜집』 권11, 「서(書)·여윤대간유린 병술년 (與尹大諫幼麟丙戌)」.
501) 최수우(崔守愚) : 최영경(崔永慶, 1529~1590)의 호. 조식의 문인으로, 1589년(선조22) 정여립 옥사 당시 길삼봉으로 지목되어 옥사하였다.
502) 정곤재(鄭困齋) : 정개청(鄭介淸, 1529~1590)의 호. 예학과 성리학에 밝아 당시 호남지방의 명유(名儒)로 알려졌다. 이산해의 천거로 곡성현감을 지내기도 했다. 1589년(선조22) 정여립 옥사에 연루되어 유배되어 죽었다.
503) 정래주(鄭來周) : 1680~1745. 본관은 동래, 자 내중(來仲), 호 동계(東溪)이다. 병조참판 등을 역임하였다.
504) 오손왕(烏孫王) 곤막(昆莫) : 감숙성 서부에 걸쳐 세력을 떨치고 있던 흉노출신 오손국

한나라 여자를 찾으려 한 것과 같은 것인가.

남인의 분화

087 임인년(1722, 경종2) 사이에 또 하나의 새로운 논의가 있었다. 약현(藥峴, 심단)505) 대감이 주장하였고, 이인복과 이중환(李重煥)506) 등 약간의 사람들이 호응하였다. 이들은 미수를 종주로 하면서 여호(驪湖, 윤휴)507)와 정승 허적, 목(睦)·민(閔)·유(柳)씨 세 집안을 떼어낸 것이었다. 요컨대 이는 경신년(1680, 숙종6)과 기사년(1689)의 여러 남인과 자신들을 구별해서 말한 자들로 이들이 문외파(門外派)가 되었다. 그렇게 해서는 안된다고 하면서 배척한 자들이 있으니 권중경이 주도하고 김화윤(金華潤)과 권서경(權敍經) 등 몇 명이 호응하였다. 이들이 문내파(門內派)가 되었다. 한편 양쪽을 붙잡고 둘 사이를 오가던 자들이 있었으니, 이들이 과성파(跨城派)가 되었다. 싸움이 한바탕 일어나서 세찬 바람과 파도가 그치지 않았으니 사람들이 이 광경을 두 과부가 서로 싸우는 것에 비유하였다.

088 그 뒤 지평 이재후(李載厚)가 상소를 올려 "경신년(1680, 숙종6)과 기사년(1689) 남인이 역적질 했는데, 마치 도통이 서로 전해지듯 했다."고 밝혔다. 역(逆)도 또한 전해지는 통이 있단 말인가. 그의 논설이 매우 기괴하였다. 시인(時人, 노론)들은 도통으로써 서로 동료임을 과장하였고, 그는 역통(逆統)으로써 동료를508) 서로 해치게 하였으니, 동료 사이가

의 왕. 한나라 무제가 오손국의 위세를 제압하기 위해서 공주를 시집보냈다.
505) 약현(藥峴) : 심단(沈檀, 1645~1730)의 호. 인현왕후 폐위 당시 박태보 등이 이를 반대하다가 참살을 당하자 그의 충성을 칭찬하였다.
506) 이중환(李重煥) : 1690~1756. 본관은 여주, 자 휘조(輝祖), 호 청담(淸潭)·청화산인(靑華山人)이다. 성호 이익의 종손(從孫)으로 그의 문인이었다. 병조정랑 등을 역임하다가 목호룡(睦虎龍)의 당여로 처벌받아 유배되었다. 저서로는『택리지(擇里志)』가 있다.
507) 여호(驪湖) : 윤휴를 가리킨다. 송시열·윤선거 등 서인계 인사들과 교유하였다. 그러나 현종대 예송논쟁이래 주요현안을 둘러싸고 서인과 대립·갈등을 빚었으며, 그 과정에서 북인계 남인으로서 독자적인 학문관과 사상경향을 드러냈다.
508) 동료를 : 이재후는 강박과 사돈사이로 남인이었기에 동료라고 한 것이다.

서로 멀어짐이 매우 심하였다. 본래 이 논의를 펼친 자들은 깊은 뜻을
갖고 있지 않았다. 다만 경신년 화를 입은 집안과 기사년 정국을 주도했던
사람들의 자손들이 이미 죽고 없어서 모함하기 어렵지 않았기 때문에
이 같은 명칭을 만들어 시인에게 아첨해서 혹은 용서를 받고 좋은 관작을
바랐던 것이다. 하지만 좋은 벼슬은 끝내 얻지 못하고 한갓 사람들에게
그 마음만 의심받아서 비웃음을 사고 욕을 먹었다. 이것이 어찌 당나라
누사덕(婁師德)509)이 말한 지혜가 부족한 자가 아니겠는가.

　만약 벼슬살이 하는데 급급하다고 하면 홍성보(洪聖輔)510)와 김정윤
처럼 노론에 붙거나, 홍경보와 정래주의 무리처럼 소론에 붙었다면 오히
려 솔직하고 질박함이 가상하다고 할 것이다. 어찌 교묘하게 색목을
지어서 자신을 속이고 다른 사람을 속이려 하는가. 그 뒤 오광운이 만언소
(萬言疏)를 올렸는데 역시 같은 논의였다. 송인명이 경연에서, "이들 무리들
은 오락가락해서 믿고 등용할 수 없습니다."고 하였다. 장령 이규채(李奎采)
또한 배척하는 상소를 올렸다. "기사년(1689, 숙종15)에 많은 흉인 가운데
돌아볼 것도 없는 민암과 민종도를 끄집어내 은근히 스스로 공정한
논의에 붙여서 정직하다는 평가를 받으려는 계책입니다.……" 저들은
그 말의 옳고 그름을 따지지 않았고, 저들에게 모욕을 받은 것이 많았다.
마침내 가죽·비단·개·말로 섬기는 것을511) 면하기 어려우니 차라리 목숨
을 바쳐 선한 도를 지키는 것을 정론으로 삼는 것이 났지 않겠는가.512)

---

509) 누사덕(婁師德) : 당나라 때 재상. 30년 동안 재상으로 있으면서 덕이 많고 충성이
　　깊다는 평가를 받았다.
510) 홍성보(洪聖輔) : 1685~1742. 본관은 풍산, 자 유량(幼亮)이다. 대사간 등을 역임하였다.
511) 가죽·비단·개·말로 섬기는 것을 : 여기서는 이익을 쫓는다는 의미이다. 본래 주나라
　　무왕(武王)의 증조인 태왕이 빈(邠)에 있을 때에 오랑캐들이 침해하자 가죽·비단으로
　　섬겨도 되지 않고 개·말을 가지고 섬겨도 되지 않자 기산(岐山) 아래로 옮긴 고사에서
　　인용한 것이다.
512) 필사본에는 88번과 89번 기사 사이에 두 편의 기사가 더 있다. 한 편은 소론 탕평파를
　　비판하는 기사이다. 송인명 등이 탕평을 빌미로 사적인 권력을 추구하려 했다고
　　비판하였다. 다른 한 편은 노론의 핍박을 받는 영남남인의 형국을 거론하였고,
　　이어서 경상도 관찰사 정익하(鄭益河)의 패행을 구체적으로 서술하였다.

장씨 부인의 결기

089　부인은 여헌(旅軒) 장선생의 증손녀[513]로서 안씨(安氏) 집안으로 시집갔다. 유씨(柳氏) 집안으로 시집간 딸의 집에서 기미년(1739, 영조15)에 98세를 일기로 세상을 떠났다. 생전에 부인의 아들 안연석(安鍊石)[514]이 교묘하게 권모술수를 부렸다. 높은 벼슬에 급급해서 대대로 지켜 온 당론을 지키지 않았으니 남인 선비들이 부끄럽게 여겼다. 안연석이 죽자 아들 안복준(安復駿)[515]이 더욱 심하게 아버지의 행적을 따랐다. 남인 선비들 가운데 그에게 해를 입어 잡혀가거나 귀양 간 사람들이 많았다. 남인 선비들이 분해서 안복준의 집에 모여 집을 부수고 고향에서 내쫓으려 했다. 비로소 부인이 사정을 자세히 알게 되었고, 크게 걱정하며 사람을 시켜 자손을 제대로 가르치지 못함을 사죄하였다. 선비들이 어진 어머니를 다치게 할까 염려하여 차마 집을 부수지 못하고 멈칫거리다가 물러갔다. 부인이 안복준을 불러 엄하게 책망하고 다시는 얼굴을 보지 않았다. 그 뒤로 매번 손자를 생각할 때면 깊이 탄식하지 않은 적이 없었으며, 매우 원통하게 여겼다. 그렇지 않을 때는 혹 갑자기 잊고서 다시 기억하지 못하였으니 노인이라서 그런 것이다.

안복준이 집에 있다가 부득이 서울에 다녀올 일이 생겼다. 서울에서 오랜만에 돌아와 뵈려하자 부인이 "그대는 무슨 일로 돌아왔는가."라고 묻자, 안복준이 "집에 돌아와 건강이 어떠신지 살피러 왔습니다."라고 대답하였다. 또 부인이 "이 집이 너의 집인가."라고 묻자, 그렇다고 했다. 부인이 말하였다. "우리 집안은 조상대대로 남인 집안이다. 내 더 이상 네 집에서 거처할 수 없게 되었으니 속히 가마를 준비하라." 안복준이 "어디로 가시려고 하십니까."라고 묻자, 부인이 "너의 고모부 유씨 집에

---

513) 장선생의 증손녀 : 부인의 부친은 장영(張鍈, 1622~1705), 조부는 장응일(張應一, 1599~1676), 증조부가 장현광이다.

514) 안연석(安鍊石) : 1662~1730. 본관은 순흥(順興), 자 보천(補天), 호 보만당(保晩堂)이다. 양산 군수 등을 역임하였다. 어사 박문수의 탄핵을 받아 진주에 유배되었다.

515) 안복준(安復駿) : 1698~1777. 본관은 순흥, 자 자초(子初), 호 택헌(擇軒)이다. 호조참의 등을 역임하였다.

갈 것이니 그는 남인 사람이다. 내가 그곳에 의지하여 죽을 것이다."라고
하였다. 안복준이 간절히 만류하며, "날이 저물어 어두우니 혼자 가실
수 없습니다. 내일 떠나십시오."라고 했지만, 부인이 노하여 당에서 내려
와 앉아 명하였다. "네가 나의 뜻을 어긴다면 여기서 바로 죽겠다. 그러면
사람들이 나를 핍박하여 죽였다고 하지 않겠는가. 빨리 가마를 준비하여
더 이상 나를 더럽히지 말라." 안복준이 어쩔 수 없이 가마를 준비하고
행장을 꾸렸다. 수 십리를 가서 유씨 집에 도착하였는데 밤이 매우 깊었다.

이 일로 병세가 악화되자 안복준이 탕약 올리기를 청하였지만 부인이
거절하며, "내가 너의 곁에서 죽기 보다는 차라리 내 딸 손에서 죽는
것이 낫다."고 하였다. 거듭 유씨에게 경계하자 딸은 신중히 어머니의
말씀을 받아들였다. 안복준은 내외 여러 자손들을 모아놓고 영결하게
하니 이에 세상을 떠났다. 거처를 옮긴 지 겨우 닷새 만이었다. 군자가
말하였다. "영남은 선현들의 본향이었기에 오늘에 이르러서도 오래된
가문의 풍속과 전해져오는 훌륭한 가르침이 없어지지 않았다. 비록 세상
의 어려움과 고생 속에서 오랜 세월동안 깎여 나가고 변하더라도 끝내
명절(名節)로써 서로 권장해서 확고해졌다. 아마도 공자가 말하는 군자의
강함516)이 이것이 아니겠는가."

부인은 여자였지만 90세의 나이에 죽음을 앞두고 깊이 사랑해야할
손자에 대해서 자애로움을 거두고 조금도 봐주지 않았고 엄정하게 결단하
고야 말았다. 평일에 어머니로서 보여준 위의(威儀)와 규범(閨範)은 이
일로부터 상상해 볼 수 있으니 아! 공경하고 두려울만하도. 경계하고
간절히 간하여 바로잡으려 한 것은 한결같이 정성어린 마음으로 근심한
데서 나온 것이니 어찌 의로운 가르침과 달갑지 않은 가르침이 아님이
없었겠는가. 하지만 자손은 두려워하며 뉘우치지 않고 고치지 않았으니
끝내 어리석음에서 벗어나지 못하였다. 부인의 전기(傳記)를 쓰려는 남인
선비가 있었지만 그 일을 전해 듣지 못하였다. 다행히 안복준의 매부

---

516) 『중용장구(中庸章句)』 10장.

황씨 성을 가진 유생이 대략 이 같은 내용을 전해 들어서 「장부인 유사(張夫人遺事)」를 지을 수 있었다.

홍중기의 조덕린 후장

090   홍중기(洪重夔)는 풍산(豊山) 사람이었으며, 무과출신으로 성격이 매우 준엄하였다. 강진현감(康津縣監)이 되었을 때 일이다. 승지 조덕린(趙德鄰)517)이 상소를 올렸는데, 대간에서 뒤늦게 탄핵하여518) 잡아들여 국문할 것을 청하였다. 마침내 제주도로 유배되어 가시울타리가 쳐지는 형벌을 받았다. 조덕린의 행렬이 강진에 도착했을 무렵 무더위로 인해 노인의 병이 매우 위중해졌다. 홍중기가 의원을 불러 조덕린을 힘껏 구호했지만 금부도사는 갈 길을 재촉할 뿐이었다. 조덕린 일행이 마을에서 나와서 후풍관(候風館)519)에 머물렀는데 현까지 거리가 십리나 되었지만 홍중기는 날마다 가서 병세를 살피고 병을 구호하였다.

하루는 압송해 가던 금부도사가 전갈을 보내서 "급히 의논할 일이 생겼으니 빨리 오기를 바란다."고 하였다. 홍중기가 빨리 밥을 먹고 달려가니 금부도사가 맞이하여 말했다. "죄인이 곧 죽을 것이다. 꿈에 판의금부사가 오셔서 내가 황급히 들어가 뵈었는데 그 분이 바로 청포를 입은 선관(仙官)이었다. 내가 '당상관520)께서 어찌 친히 오셨습니까.'라고 묻자, 선관이 '장차 죄인을 데리고 가려 한다.'고 대답하면서 명을 내려 앞장서게 했는데, 그 앞에 커다란 무지개가 영롱한 빛을 상서롭게 띠고 하늘까지 뻗쳐 있었다. 선관과 죄인이 걸어오기에 나도 따라서 몇 층을 올라갔는데, 다리가 심하게 흔들려 앞으로 갈 수 없었다. 다시 공중을

---

517) 조덕린(趙德鄰) : 1658~1737. 본관은 한양, 자 택인(宅仁), 호 옥천(玉川)이다. 동부승지 등을 역임하였다.
518) 대간에서 뒤늦게 탄핵하여 : 1736년(영조12)에 조덕린이 서원의 남설(濫設)을 반대하는 상소를 올렸다가 1725년(영조1)에 올린 상소와 연관되어 대간의 탄핵을 받고 제주도 유배에 처해졌다. 당시 그는 노론·소론의 당론이 격화되자 당쟁의 폐해를 지적하는 10여 조의 상소를 올렸고, 그 가운데 노론을 비난하는 내용이 들어 있었다.
519) 후풍관(候風館) : 바다의 기상상태를 살피는 관(館)이다.
520) 당상관[首堂] : 수당(首堂)은 한 관아의 당상관 우두머리를 가리킨다.

굽어보고 엎드려 귀 기울이니 신선의 음악이 귀에 가득차고 신선의 향기가 코를 찌르는 듯하였다. 꿈에서 깨어나서 서리와 나장(羅將)들을 불러 물으니 이들도 같은 꿈을 꾸었다고 하니 어찌 이상스러운 일이 아니겠는가."

홍중기가 다 듣고 나서 방안에 들어가 보니 지난밤부터 조덕린의 병이 조금 나아지면서 아침에는 머리 빗고 세수 하고 다시 옷을 갈아입고 미음도 먹기 시작했다고 했다. 조덕린은 의관을 가지런히 하고 똑바른 자세로 앉아 직접 두 아들에게 편지를 쓰고 친히 겉봉을 붙이고서 다시 누워서 "누워서 얘기를 나누니 좋다."고 하였다. 겨우 몇 마디 말을 하다가 눈을 감았다. 처음부터 심한 가래는 없었고, 또한 고통스러운 소리도 없었다. 깨끗하게 죽어서 향취가 방안에 가득차고, 안색은 변하지 않았다고 하니 신선이 되었다는 것인가. 홍중기가 수의(襚衣)를 짓고 장례 절차와 아침저녁으로 음식을 올리고 제사를 지내는 비용, 사람과 말의 비용을 모두 부담하고 지급해서 고향에서 치르도록 하였다.

또한 아전 한 명을 차출하여 본가에 이를 때까지 상여를 호위하게 했다. 군(郡) 앞에 큰 고개가 있는데, 홍중기가 고개 너머까지 전송하고 곡하고 돌아왔다. 돌아온 뒤 지금까지 들어간 비용을 계산해보니 천금에 달하였고, 이로 인해 매우 곤궁해졌지만 그의 높은 의리는 옛사람에게도 부끄럽지 않았다. 국포(菊圃) 강학사(姜學士, 강박)의 아들 강순(姜淳)이 평소에 "홍중기의 항문[屎糊]이 김정윤의 입보다 낫다고 하는 것이 마땅하다."고 하였다. 김정윤은 잇달아 아뢰어 조덕린을 잡아서 국문하는 윤음을 받아낸 자였다. 계를 올린 자는 논할 것도 없지만 김정윤은 본래 남인이면서도 도리어 여론에 붙어서 멋대로 행동을 일삼았으니 세상에서는 비루한 자라고 하여 침을 뱉었다. 그 설이 매우 많지만 대략을 거론할 뿐이다.

천연두 귀신은 없다

091 천연두가 발생하면 가장 먼저 제사와 장례를 기피하였다. 때문에 세속에서는 천연두가 발생하면 제사를 폐지하고 상갓집에 조문가지

438

않으며, 사람의 왕래를 금지했다. 지난 정미년(1727, 영조3) 봄의 일을 기억해 보면 다음과 같다.

"길일을 택해 외할아버지의 매장 날짜를 정했는데, 묘를 관리하는 노비 집에 천연두가 크게 퍼져 사람들이 많이 죽었다. 외삼촌 정랑공(正郎公)은 구애받지 않았으니 노비들이 역시 말을 꺼내지 못하였다. 발인하고 집안에 빈소를 차릴 때 향불을 올리고 곡하며 제사 음식을 올리는 것을 예의에 따라 한결같이 거행하였다. 이때 묘를 관리하는 노비의 자녀 가운데 스무 살 먹은 3명이 아파서 가까운 곳에 누워 있었는데 증세가 가벼워서 끼니때 마다 반찬을 빌어먹었는데, 상처가 곪아 반점이 생겼다가 딱지가 떨어졌고 약속이라도 한 듯 일어났다."

이상의 이야기를 듣고 보면 천연두 귀신은 없는 것 같다. 비록 있다 하더라도 귀신이 간여할 수 없다는 것을 알면 감히 해칠 수 없는 것이 아닌가. 장수(長水)출신 권심(權訫)521) 어른이 말하였다. "천연두가 발생한 집에서는 높은 평상과 향료를 올려놓는 상을 두어 음식을 차리고 밤낮으로 기도하였다. 그래도 잡된 요괴가 들러붙어 떨어지지 않아서 괴이한 일이 생기고 재앙이 발생하여 순(順)이 역(逆)으로 되고 산 사람도 죽여 버리니 정말로 탄식할 만하다. 이치를 아는 자라면 엄히 근절해야 할 것이다."『백야기문(白野記聞)』

세속에서 천연두를 두려워하는 자들이 재계한다고 하면서 심지어 환자에게는 생선과 고기도 먹지 못하게 해서 기를 허(虛)하게 하고 위태롭게 하니 어찌 그리 어리석은가. 허기를 보충해주는 것으로 닭즙만한 것이 없으니 닭을 잡아서 지속적으로 즙을 복용한다면 죽음도 되돌릴 수 있는 유효한 처방일 것이다. 천연두에 걸린 자가 밖에 돌아다니는 닭을 잡아 삶아 먹는 것을 꺼려서는 안 된다. 근래 들어 한, 두 집에서 세속의 금기를 저버리고 혹 곡하면서 제사를 지내거나 혹 소를 잡아서 잔치를 베풀어도 해가 없으니 죽은 자는 죽은 자일 뿐, 산 자는 살아야

521) 권심(權訫) : 권득기(權得己, 1570~1622)의 셋째 아들, 권시(權諰, 1604~1672)의 형이다.

한다는 사실을 알 수 있다. 구구하게 세속의 금기에 얽매일 필요가 없으니 가소로운 일이다. 나 역시 이 같은 광경을 많이 보고 들어서 평소 이와 같은 사실을 알고 있었다. 백야(白野)의 기록522)은 내 뜻과 같다.

최동원 부인의 정절

092 진위(振威) 자랑촌(子郞村)에 사는 백성 최동원(崔東元)이 같은 현에 사는 이 아무개의 딸을 아내로 맞이하였는데, 미운 얼굴은 아니었다. 몇 해가 지나 최동원이 어떤 소년과 함께 술을 마시다가 취해서 쓰러지고 말았다. 그런데 이웃에 사는 이석철(李石鐵)이라는 나쁜 젊은이가 같은 자리에 앉아 있다가 이것을 보고, 곧장 최동원의 집에 갔다. 최동원의 부인은 옷을 벗고 깊은 잠에 빠져 있었는데 이석철이 살금살금 다가가 이불 속으로 들어와 그녀를 끌어안았다. 최동원의 부인은 비몽사몽 하는 가운데 곁에 누운 자가 남편으로 생각하여 의심하지 않았다. 이윽고 깨어나 몸을 만지고 음성을 들으니 남편이 아님을 알고서 급히 일어나 도적이라고 소리를 치니 마을 사람들이 모여들었다. 최동원도 놀라 깨어나 집으로 돌아가 보니 자기 부인이 통곡하며, "저를 범한 놈이 이석철입니다. 제가 여자로서 몸이 더럽혀졌으니 무슨 면목으로 남편을 다시 볼 수 있겠는가."라고 하면서 즉시 부엌으로 들어가 칼을 찾아 목숨을 끊고 말았다.

최동원은 본래 나약한 자로서 이석철 집안의 강성함을 두려워하여 소장을 내지 못하였다. 이석철이 도망쳤다가 수년 만에 다시 마을로 돌아왔다. 당시 이하귀(李夏龜)가 마을 수령이었는데, 이 소문을 듣고 이석철을 체포하여 발바닥을 때리고, 주리를 각각 한 차례 시행한 뒤 풀어주었다. 옥사가 성립되지 않은 것은 죽은 여자의 남편이 고발하지 않았기 때문이었다. 애석하도다, 이 여자가 불행히 갑작스럽게 변을 당해 비록 정절을 온전히 보존하지는 못했지만 단 칼에 목숨을 끊는

522) 백야(白野)의 기록 : 백야는 조석주(趙奭周, 1641~1716)의 호. 백야의 기록은 『백야기문(白野記聞)』을 가리킨다.

440

것을 어렵게 여기지 않아서 결백함을 밝혔으니 그 열렬한 행동은 풍속을
장려하고 사람들을 감동시켰으며, 절개로써 허여하지 않음이 없었다.
군자가 "옛날 팔뚝을 자른 왕씨(王氏) 부인에 비견할 만하다."고 하였으니
어찌 이에 미치지 못하겠는가.

서평공자와 단적들

093 어떤 무인이 자신을 평양감영 방납지부인(防納地部人)이라고 하면
서 서평공자(西平公子)523) 집에 머물렀다. 의복과 말의 치장이 사치스럽고
따르는 사람 몇 명도 건장하였으며, 서너 개의 짐바리에 실려 있는 물건도
섬세하고 정교하였다. 이들이 이곳저곳에서 물 쓰듯 돈을 썼으며, 온
궁 안이 술과 밥으로 흥건하게 넘쳐났다. 크고 작은 노복들 역시 기뻐하지
않음이 없었고, 마음을 다하니 이로 인해 공자를 만나 볼 수 있었다.
공자 역시 그 자의 훤칠한 외모와 뛰어난 말솜씨에 끌려 친해졌으며,
늦게 만난 것을 한스러워했다. 그 자의 허리띠 고리가 기묘했는데 공자가
계속 쳐다보자 그 자가 "제게는 이것보다 나은 것이 있습니다."고 하면서
주머니 깊숙한 곳에서 꺼내주었고 또한 허리에 차고 있던 무소뿔로
만든 작은 칼도 조금도 아까워하지 않고 풀어 주었다. 며칠 뒤 그 자를
만났는데 근심어린 표정을 짓고 있었다. 공자가 이유를 묻자 답하였다.
"내일 방납가의 절반을 지불해야 하는 데 2백은(銀)이 모자랍니다. 서쪽에
서 사람이 와서 지불하기로 했는데, 며칠 기한을 어겨서 걱정입니다."
공자가 "그런 사소한 일을 가지고 어찌 번거롭게 근심하는가. 내가 빌려줄
것이다."고 하면서 즉시 2백냥을 주었다. 며칠 뒤 곧 220냥으로 갚았다.
공자는 이 일로 그 자를 신의와 의리가 있는 사람이라고 여겼다.

날이 갈수록 더욱 친밀해져서 이윽고 장사하고 재물을 늘리는 방도를
논의하게 되었다. 그 사람이 손뼉을 치며 이익에 대해서 논의하면서
세밀하게 분석하자 공자는 입에 거품을 무는 것도 알지 못한 채 앞으로

---

523) 서평공자(西平公子) : 서평군 이요(李橈, 1684~?). 영조대 국왕의 신임을 받았으나
    부정하게 치부(致富)해서 대간의 탄핵을 받기도 하였다.

다가가 "네 계책처럼 한다면 지금 어떤 경우에 가장 큰 이익을 얻을 수 있겠느냐."라고 묻자, 대답하였다. "강원지역 아무 주(州)의 전세(田稅)가 대략 몇 섬인데 올해 안에 홍수가 나서 쌀값은 뛰고 돈 가치가 떨어졌습니다. 만약 서울의 쌀 가격으로 호조에다가 계산하여 돈으로 대신 납부하고, 영문에 관문(關文)을 보내 관동의 쌀 가격으로 민간에서 거두되 얼마를 줄여준다면 백성들이 즐거워할 것입니다. 이같이 된다면 몇 관(貫)의 돈이 이윤으로 남아 문호의 각종 잡비를 제외하고도 4, 5개월 이내 3배의 이익을 거둘 수 있습니다." 공자가 "그렇다면 은을 어느 정도 쓰면 되겠는가."라고 묻자, 대답하였다. "많으면 많을수록 좋습니다만 적어도 3천냥이 아니면 안 됩니다. 공자께서 변통하실 수 있겠습니까." 공자가 "내가 마련해볼 테니 내탕고의 재물을 기울여 그 숫자를 채울 것이다. 나한테 전적으로 맡기면 알아서 처리하겠다."고 하였다.

약속한 날이 되자 은을 내어 궁노(宮奴) 5, 6명을 시켜 먼저 시장에서 기다리게 하고, 그들에게 몇 전(錢)을 주어 돈을 운반할 도구를 사들였다. 말 1마리에 은을 실었고, 그 자 또한 말을 타고 따르다가 문을 나서자마자 사잇길로 도망치듯 달아났다. 시장에서 기다리던 궁노들은 오래도록 오지 않는 것을 이상하게 여기며 해가 저물고 나서야 돌아와 물었지만 이미 종적을 감춘 뒤였다. 그들이 남긴 것을 살피니 단지 짐 싣는 말 2마리와 다 떨어진 옷가지 몇 벌 뿐이었다. 그들이 한 달여 머물면서 마신 술과 음식비, 동원된 사람들을 헤아려 보니 은화 2백냥 정도였다. 그 자의 권모술수가 또한 옛날의 '내가 왔다 간다'[524]고 한 부류라서 잡을 수 없는 것인가.

이 일에 이어서 동지사(冬至使)가 황해도 봉산(鳳山) 경계에서 방물(方物)을 겁박당해 빼앗겼는데 포도청 기찰포교가 최진사(崔進士)라는 자를 도성 밖에서 잡았다. 또한 도적 1명을 황해도에서 잡아들였는데, 힘센 장사여서 팔뚝을 자르고서야 비로소 잡을 수 있었다. 그 자가 탄식하며,

---

524) 내가 왔다 간다 : 남송(南宋)대 임안(臨安) 지역에 횡행했던 도적이다. 물건을 훔친 뒤 "내가 왔다 간다[我來也]"라는 글을 남기고 떠났다고 한다.

442

"이 손이 쓸 만했는데 이제 쓸 수 없게 되었구나."라고 하면서 얼굴빛이 태연자약했다고 한다. 그 자를 신문하니 그 무리가 당을 이룰 정도로 많아서 평안도와 황해도, 함경도가 그들의 소굴이었다. 졸개들은 여러 도에 나뉘어 모두 합쳐 13단(壇)으로 편제되어 관리되었으니 각각 병사 2천여 명에 달했다. 이들은 작년 평안도 삼등현(三登縣)을 노략질했으며 예전 서평군의 은을 속여서 빼앗은 자들 역시 같은 무리라고 한다. 이 말이 비록 도적이 큰소리치는 과정에서 나왔기 때문에 다 믿을 수 없지만 이 일로 인해 나라 안팎이 꽤나 시끄러웠다. 이보다 앞서 서울지역에 '야단(野壇)의 노래'가 있었는데 사람들은 단적(壇賊)이 응대한 것이라고 한다. 경신년(1740, 영조14)에 발생한 일이다.

영조대 전염병 창궐

094 신유년(1741, 영조17)·임술년(1742)·계해년(1743) 3년에 걸쳐 역병이 전국에 크게 퍼져 전염되지 않은 곳이 없었다. 죽은 사람이 병자호란(1636, 인조14) 때보다 3배나 많았으니 이번 일 또한 우리 조선의 큰 재앙이었다. 남소문동(南小門洞, 장충동 일대)에 사는 전 주부(主薄) 남궁경(南宮鏡)의 일곱 식구와 집사(執事)·비복들이 연이어 죽었다. 역병이 가라앉은 뒤에 일가친척들이 빈장(殯葬)[525]을 치르기 위해 들어와 보니 한 방에 놓여 있는 시신들이 누가 누군지 알 수가 없었다. 게다가 시신이 심하게 부패하여 다만 의복으로 남자인지 여자인지를 겨우 구별할 뿐이었다. 부득이 남녀 별로 관을 구분하고 남자는 남자끼리 한 봉분에, 여자는 여자끼리 한 봉분에 장례를 지냈다고 한다.

095 충청도 어느 마을에 가난한 자와 부자가 살고 있었는데 동시에 전염병에 걸려 죽어서 함께 어느 언덕에 거적으로 싸서 장례를 지냈다. 당시 부잣집 아들 역시 전염병에 걸려 병이 위중하여 장례를 돌볼 수

---

525) 빈장(殯葬) : 초빈(草殯). 장례를 제대로 치를 수 없을 때 시신을 관에 넣고 이엉 따위로 그 위를 덮어 주는 일이다

없어서 죽은 아버지의 장례를 이웃사람 몇 명에게 부탁하여 치렀는데 그 사람들 또한 감염되어 죽고 말았다. 부잣집 아들이 병이 나아 일어났지만 가난한 자의 무덤을 자신의 아버지 무덤으로 착각하였다.

가을이 되어 제대로 장례를 치르기 위해 새롭게 염습(殮襲)[526]할 도구를 준비하고 지사(地師)[527]를 불러 길지를 택하여 땅을 파고 구덩이 주위에 회를 발랐다. 그리고 가난한 자의 무덤을 들추어냈는데 이미 봄과 여름을 지낸지라 의복이 썩어서 분별할 수가 없었다. 부잣집 아들은 아무런 의심 없이 아버지 시신이라 믿고 다시 염을 하고 관에 넣어 상여에 싣고 장지에 도착하여 관을 들어서 구덩이에 내려놓고 겨우 봉분을 세웠다.

이때 가난한 자의 아들이 멀리서 바라보고 있다가 무덤에 이르러 절을 하고 통곡하며, "무슨 일로 당신은 당신 아버지를 버리고 우리 아버지를 장사 지내십니까."라고 묻자, 부잣집 아들은 크게 놀라면서 한편으로는 노하고 또 한편으로는 꾸짖으니 서로 다투어 힐난함이 끝이 없었다. 가난한 자의 아들이 "당신이 내말을 믿을 수 없다고 하니 어찌 당신 아버지 무덤을 들추어 증험해 보지 않을 수 있겠는가."라고 하였다. 두 사람은 일꾼을 불러 관을 열어보니 썩지 않은 명주옷이 나왔다. 가난한 자가 "내 아버지가 어디서 명주옷을 얻을 수 있겠는가. 내가 아버지의 무덤을 직접 만들었는데 어찌 알지 못하겠는가."라고 말했다. 부잣집 아들이 비통해하며 무덤을 파내려 하자 가난한 자가 "이미 만든 무덤을 사사롭게 파헤친다면 이는 남의 무덤을 파헤친 죄에 해당한다."고 하였다. 마을에 살고 있는 부로(父老)들이 모두 "그 사람의 말이 맞다. 어찌 관아에 소송하지 않겠는가."라고 하였다.

양쪽 모두 송사를 제기하니 관아에서 판결하였다. "이미 장례를 지냈으니 다시 파낼 수 없지만 저 자는 관을 만들고 염하는데 들어간 비용을 보상하라." 가난한 자가 말하였다. "저는 가난하기 때문에 그 돈을 감당할

---

526) 염습(殮襲) : 시신을 씻긴 뒤 수의를 갈아입히고 염포로 묶는 일이다
527) 지사(地師) : 풍수설에 따라 집터나 묏자리를 봐주는 사람이다.

수 없다는 사실을 잘 알 것입니다. 제 아버지가 죽었지만 복이 있어 다행히 후장(厚葬)할 수 있게 되었으니 그 은혜 또한 큽니다. 제가 노(奴)가 되는 것을 제외하고는 보상할 방법이 없습니다." 부잣집 아들 또한 변척하지 않고 머뭇거리면서 물러갔다.

096 임술년(1742, 영조18) 겨울에 수원 금곡(金谷)에 사는 소년이 소금을 팔러 선산(善山) 경계에 이르렀다. 그곳에서 멀리 높은 산 아래 숲 사이에 큰 마을이 보여 말을 몰고 그곳에 도착하였는데, 그 마을은 집집마다 가시나무로 문을 막고 있었으며, 사람의 소리가 들리지 않았다. 오직 한 집만이 사립문이 반 쯤 닫혀져 있었으며, 희미하게 굴뚝에서 연기가 피어오르고 있었기에 소년이 울타리 밖에서 주인을 불렀다. 잠시 뒤 집안에서 "손님은 어디서 오셨습니까."라고 묻자, 대답하였다. "지나가던 상인인데 날이 저물어 이곳에 도착하였습니다. 잠잘 곳을 찾을 수 없으니 하룻밤 묵어갈 수 있겠습니까. 바깥양반이 집에 계신지는 잘 모르겠습니다만." 그러자 "바깥양반은 조금 뒤에 돌아올 것입니다. 말을 묶어두고 손님은 편한대로 하십시오."라고 대답하였다. 소년이 "여기 밥할 쌀이 있는데 어디서 해먹을 수 있습니까."라고 묻자, 답하였다. "이 마을은 촌구석이라 제대로 대접하지는 못하지만 꼴 베는 아이들 정도는 대접할 수 있으니 손님께서는 너무 염려치 마십시오." 이윽고 "밥이 다 익었으니 손님은 들어와 식사하십시오."라고 하자, 소년이 "바깥주인이 안 계시니 꺼림직해서 몸 둘 바를 모르겠습니다."고 하였다. 이에 대답하였다. "우리 집에 동반자가 있으니 혼자 계신 집이 아닙니다. 우리 집은 위 아래로 방이 있으니 구애받지 마십시오." 소년은 굳이 사양할 수 없어서 내실에 들어갔더니 여자 2명이 있었다. 한 여자는 머리를 새로 올렸으며, 다른 여자는 아직 비녀를 하지 않았다. 두 여자는 쪽빛 저고리에 푸른색 치마를 입고 있었는데 모두 뒤집어 입고 있었다. 술을 따르며 식사를 권하니 은근히 마음속으로 의심스러웠지만 차마 물어 볼 수 없었다.

이윽고 머리 올린 여자가 말했다. "우리 마을에 원래 양호(良戶)가 수십 가(家)나 되었지만 괴이한 질병을 만나 남녀노소 가운데 죽은 자만 10명 가운데 6, 7명에 달하였으며, 생존한 자는 각자 사방으로 도망쳐서 흩어졌습니다. 우리 집도 본래 식구가 13명이었지만 함께 거처하던 10명이 감염되어 죽고 품팔이 노비[傭奴] 한 놈도 도망치는 바람에 둘만 남게 되었습니다. 본가와 외가 쪽으로 친한 친척이 없어서 이렇게 시체가 방안에 가득 쌓여도 빈장을 치루거나 염습해줄 사람이 한 사람도 없습니다. 손님께서 만약 빈장이나 염습을 해주신다면 우리 집이 본래 못살지 않아 토지와 소·말이 있으며, 또 얼마간의 햅쌀과 묶은 쌀이 몇 가마가 있고, 면포나 돈 또한 부족하지 않습니다. 저는 올해 22살이며, 이 작은 아이는 18세로서 인연을 따라 좋은 짝이 되어 손님을 따를 수 있으니 손님께서 이 아이의 남편[家主]이 되어주심이 어떠한지요. 손님의 뜻은 어떠하신지요."

그 남자는 정성스러운 대접에 감복되었고, 그 이로움에 끌려 흔쾌히 응낙하였다. 다음날 아침 식사를 마치자마자 옆 건물에 도착하여 문을 여니 2칸짜리 방안에 시체가 마(麻)와 같이 어지럽게 놓여있었다. 혹은 엎어져 있기도 하며 혹은 누워있기도 하고, 혹은 팔을 구부리고 있기도 하며 혹은 허벅지가 가로 놓인 채로, 혹은 눈을 크게 부릅뜬 채로, 혹은 입을 벌린 채로였으니 공포에 질려 경악하는 모습이 매우 참혹하였다. 여러 날 썩어서 악취가 코를 찔러 정신이 아찔해서 넘어질 것 같아서 문을 닫고 도망쳤다. 머리 올린 여자가 위로하며, "손님께서 먼 길을 달려와서 힘이 들어 피곤한 것이니 이상한 일이 아닙니다. 며칠 편안히 쉬면서 몸을 돌보고 다시 해 보는 것이 어떻겠습니까."라고 하였다. 손님이 그렇게 하겠다고 했지만 하룻밤을 꼬박 새면서 여러 모로 생각해 보아도 감당할 수 없을 것 같아서 아침이 밝기 전에 소변을 누러 간다고 핑계대고 몰래 빠져나와 말에 안장을 올리고 무거운 짐을 버린 채 몸만 빠져나와 집으로 돌아왔다. 집에 돌아온 지 10여 일 만에 전염병에 감염되어 죽고 말았다. 금곡(金谷)에 사는 사문(斯文)[528] 이사윤(李思胤)이 그 소문을 직접 듣고 이와 같이 전해주었다.

097　계해년(1743, 영조19) 겨울 은진(恩津)에서 보고하였다. "어떤 여자가 쌍둥이를 낳았다고 하는데 아기가 위 아래로 머리가 있고 모두 사람 얼굴을 하고 있었으니 하나는 똑바로 붙어 있었지만 다른 하나는 거꾸로 붙어 있었습니다. 배꼽이 서로 붙어 틈이 없고, 몸뚱이와 손발이 거꾸로 달려 서로 붙어 있는데 손가락과 발가락은 각각 5개였습니다. 남녀의 성기가 없고 항문이 없으며, 머리는 2개였습니다. 아이가 울면서 사흘이 지나도록 죽지 않으니 괴이한 일입니다.……"

　쌍둥이가 배와 등이 서로 붙어 나온 경우는 간혹 있었지만 머리가 하나씩 거꾸로 매달렸는데도 살아있는 사례는 없었다. 이치에 어긋난 일로 매우 괴이하였다.

---

528) 사문(斯文) : 유학자를 달리 이르는 말이다.

부 록

태조의 내기바둑

001 태조가 함흥으로부터 환궁하여 경기도 풍양(豊壤)¹⁾에 궁을 짓고 머물 때였다. 간혹 미복(微服)차림으로 토원천(兎院川)에서 노닐었으며, 낚시를 드리우면서도 미끼를 사용하지 않았다. 하루는 아침에 비가 내리다가 오후에 갠 적이 있었다. 상왕(上王)이 홑옷에 안건(岸巾)²⁾을 쓰고 거둥하다가 행인 한 사람을 만났다. 행인은 마침 내린 비에 다 젖어 말안장을 풀어 놓고 개천가에서 햇빛에 말리고 있었는데 멀리서 태조를 보고 시골에 사는 사대부인줄로만 알았다. 낚시질 하는 것을 바라보다 흥이 나서 이내 바구니에 배를 담아 올리며 "미끼도 없이 낚시질은 뭐하러 하십니까."라고 묻자, 상왕이 웃으며, "나는 물고기를 낚으려 하는 것이 아니라 유유자적하기 위함일세."라고 대답하였다. 상왕이 행장을 널어놓고 말리던 곳을 배회하다가 종이 바둑판을 보고, "바둑 둘 줄 아는가."라고 묻자, 행인이 "어릴 때부터 잘 두어서 대적할 만한 자가 드뭅니다."고 대답하였다. 상왕은 하늘에서 내린 성인인지라 못하는 바가 없었다. 드디어 대국을 벌였는데 수준이 서로 대등하여 세 번째 대국에서도 승부가 나지 않았다.

날이 저물어 행인이 떠나려 하자 상왕이 만류하며 끝을 보자고 했다. 그러자 그 사람이 "내일 병조에서 점고(點考)³⁾하기 때문에 조금도 지체할 수가 없습니다."고 하였다. 상왕이 "병조당랑(兵曹堂郞)이 나와 절친하니 너의 입번(入番)을 감해 줄 수 있다."고 하면서 또한, "내가 먼저 돌아가 너를 맞이할 것이다."고 하였다. 수십 보를 걸어서 궁에 들어가 젊은 환관에게 맞아들이라고 명하였다. 이윽고 그 사람이 "어떤 양반이 나에게 들어오라고 했는데 그 집이 어디 있는가."라고 묻자, 젊은 환관이 웃으며, "우리 상왕 전하입니다."고 하였다. 그 사람이 크게 놀라서 "죽을죄를

---

1) 풍양(豊壤) : 경기도 남양주의 옛 지명. 이곳에 풍양 이궁(離宮)을 두었다.
2) 안건(岸巾) : 두건을 뒤로 젖혀 써서 이마를 드러내는 것이다. 태도가 소탈하거나 예에 구애받음 없는 것을 의미한다.
3) 점고(點考) : 명부(名簿)에 점을 찍어 가면서 인원수를 조사하는 일이다.

졌도다. 죽을죄를 졌도다. 장차 어찌하면 좋을 것인가."라고 하였다. 젊은 환관이 이끄는 데로 들어가 계단 아래 엎드려 절을 드렸다. 상왕이 전(殿)으로 올라와 대국을 명하고 승부를 겨루었다. 새벽이 되어 대국이 끝나자 별감의 직방(直房, 입직 처소)에 묵도록 명하였다.

다음날 아침 또 불려가서 다시 바둑을 두었다. 그 날은 태종이 도성에서 행차하여 문안드리기로 한 날이었다. 문 밖에 이르니 내시가 바둑 두는 사실을 아뢰자 태종이 몹시 기뻐하였다. 상왕을 풍양으로 모신 뒤로 만나 뵙지도 못하고 간간이 문안만 드릴 뿐이었는데 오늘에서야 비로소 궁궐 정원으로 들어가 네 번 절하고 계단을 따라 전에 올라 상왕을 곁에서 모실 수 있었다. 태종이 문 안으로 들어오자 그 사람이 일어나 피하려 했지만 상왕이 저지하고 대국을 계속하였다. 상왕이 혹 실수하면 태종이 곁에 있다가 깨우쳐 주었다. 상왕이 천천히 "누가 자네보고 훈수 두라고 했는가."라고 하였다. 이윽고 군인의 이름이 적힌 작은 종이를 꺼내어 주며, "이 군인은 지금 입번에서 면제시켜 주거라."고 하였다. 태종이 직접 받아서 막차(幕次)로 나와 구두로 명령하여[4] 특별히 당상관으로 승진시키고 풍양궁(豐壤宮) 위장(衛將)에 임명하였다.

정단(政單)이 이미 들어가자 상왕이 웃으며, "너는 나아가서 너의 임금에게 감사를 표하라."고 하였다. 중관(中官)에게 명하여 관복을 내려주었다. 태종이 직접 만나서 술을 내리자 상왕이 "임금과 신하의 분의(分義)는 거행해야할 장소에서 해야 하니 그에게 대가(大駕)를 호종하여 도성에 들어간 다음 다시 돌려보내서 마치도록 하라."고 하였다. 상왕 말년에 위장으로서 숙직하여 2품에 올랐으니 어떤 사람은 송씨 성을 가진 사람이라고 하는데 이름은 전해지지 않으니 안타깝도다.『무송소설』

정종의 묘호

002　공정왕(恭靖王)[5]은 묘호가 없었는데, 증명할 문자가 없이 단지 "유교

---

4) 구두로 명령하여 : 구전정사(口傳政事). 구두 명령을 받아 관원을 임명하던 정사이다.
5) 공정왕(恭靖王) : 정종(定宗)의 시호. 명나라에서 내려준 시호로서, 공은 윗사람을

(遺教)가 있었다고 전해질 뿐이다."고 하는데, 어찌 믿을 수 있겠는가. 자손이 봉작을 받았지만 3세대에 그치고 말았으니 당시 그럴 만한 이유가 있었을 것이다. 미수(眉叟, 허목)의 『기언(記言)』에서도 또한 예종 조에 추존한 일은 말하지 않았다.

이상 두 가지 이야기는 본래 원록(原錄) 상편(上篇) '정릉동의 억울함을 씻어주는 비[貞陵洞洗冤雨]' 기사 아래 '월정 윤근수가 선조의 실록을 살피다[尹月汀根壽 考先朝實錄]'는 기사 위에 있었으나 지금 옮겨서 여기에 두었다. 이하 여러 이야기들은 원본의 소재처가 어딘지 다 기록해 두지 않겠다. 다만 사실들이 원록에 널리 실려 있으니 이것과 비교해 살펴보는 것이 좋을 듯싶다.

이이의 실정

003　우리나라 식년(式年)6) 무과 규정에는 육량(六兩) 편전(片箭)7)과 추창 (騶搶)8) 등 여러 기술과 고강(考講)9)에 모두 입격한 자 가운데 등수를 매겨 28명만을 합격시켰다. 세조 6년(1460) 전국을 순행하면서 이르는 곳마다 무과를 실시하였다. 초시(初試)를 면제해 주고 규정에 제한을 받지 않고 응시자의 숫자에 따라 뽑았으니 각 도를 통틀어 천팔백여 명에 달하였다. 오늘날 무사 가운데 말을 다룰 줄 모르고, 활 쏠 줄도 모르는 자를 속칭 '경진년(1460) 무과'라고 하며 놀렸으니, 이후부터 무과 시험을 깔보게 되었다. 그러나 성종과 중종대 비록 별시로 무과를 보더라도 육량 편전을 120보 밖에서 쏘게 했고, 말 타고 달리며 활 쏘는 것도 네 번 적중해야 하며, 경서 강독은 조통(粗通)10)의 수준은 되어야

공경하여 섬긴다는 뜻, 정은 너그럽고 즐겁게 살다가 잘 마쳤다는 뜻이다.
6) 식년(式年) : 정기적으로 과거를 시행한 해를 가리킨다. 자(子)·묘(卯)·오(午)·유(酉)가 드는 해로, 3년에 한 번씩 돌아오며 이때 시행하던 과거를 식년시(式年試)라 한다.
7) 편전(片箭) : 애기살. 작고 짧아 먼 거리를 쏠 수 있는 화살이다.
8) 추창(騶搶) : 말을 타고 창을 사용하는 것. 기창(騎槍). 무과시험의 주요 과목이다.
9) 고강(考講) : 경서(經書)나 병서(兵書) 등을 배운 뒤 외우고 풀이하는 것을 시험 보는 것이다.
10) 조통(粗通) : 강경(講經) 시험 때 매기는 성적의 하나. 초기에는 대통(大通)·통(通)·약통 (略通)·조통(粗通)·불통(不通)으로 나누다가 점차 통(通)·약(略)·조(粗)·불(不)의 4등급으로

했기에 선발된 무사가 모두 뛰어난 사람들이어서 쓸 만하였다.

만력(萬曆)[11] 계미년(1583, 선조16)에 북쪽 오랑캐 이탕개의 난[12]이 발생하였다. 당시 병조판서 이이(李珥)가 적을 방어하고 나아가 싸우는 계획을 세웠다. 이에 별과를 실시하여 무사 6백여 명을 뽑았으며, 해마다 여러 가지 명목으로 각각 수백 명이 넘게 선발하였다. 그래서 선대왕들의 오래된 규정은 이로 인해 문란해졌고, 선발인원은 늘어났지만 재질이 뛰어난 인재는 더욱 줄어들었다. 나라를 다스리는 자가 생각하지 않음이 이처럼 심하였다. 『송와잡설(松窩雜說)』[13]

004 나라의 인재를 등용하는 방법은 문무 양과 출신 이외 성균관의 생원과 진사 가운데 인재를 뽑아 등용하였다. 또한 효자나 공순한 자손 가운데 문장과 행실이 있는 선비를 유일(遺逸)[14]로 천거하였다. 일을 맡길 만한 이서(吏胥)가 있으면 해당 조(曹)에서 천거하여 재능을 시험보아 합격시킨 뒤 선발하여 등용한다. 때문에 혈통이 불분명하고 가문이 보잘 것 없는 자는 동서 양반에 발을 들여 놓지 못하였다. 그런데 명종 때 이르러 심의겸과 이이가 함께 국론을 장악하여 현인을 등용한다고 하면서부터 취재(取才)[15]의 규례를 따르지 않고 오직 좋아하는 사람을 자기 뜻에 따라 등용하는 길을 열어 놓았다. 이에 조종조의 구제(舊制)가 크게 변하였으며, 관직에 오르는 길이 점차 혼탁해졌다. 위와 같다.

구분하였다.

11) 만력(萬曆) : 명나라 신종(神宗)의 연호(1573~1619)이다.

12) 이탕개(尼湯介)의 난 : 1583년(선조16) 여진족 추장 이탕개가 일으킨 난이다. 8개월에 걸쳐 최대 3만여 명 규모의 여진족이 함경도 북부를 침입한 전란이었다.

13) 송와잡설(松窩雜說) : 이희(李墍, 1522~1600)의 시화만록집(詩話漫錄集). 본관은 한산, 자 가의(可依), 호 송와(松窩). 지란(之蘭)의 아들이다.

14) 유일(遺逸) : 학식과 덕망을 갖추고서도 중앙정계에 나아가지 않고 재야에 머물던 선비이다.

15) 취재(取才) : 과거와 별도로 수령이나 경아전(京衙前)인 녹사(錄事) 및 서리(書吏) 등 하급관리를 임용하기 위한 특별채용제도를 말한다.

005 이이와 성혼은 모두 심의겸의 천거로 등용된 자들이었다. 이 두 사람은 한 때 막중한 세도를 스스로 맡았는데, 일 꾸미기를 즐기고 권력을 좋아하며 사람들이 자기에게 아첨하는 것을 좋아했다. 기로소의 구신(舊臣)들이 불쾌하게 여겼다. 홍문관에서 박순·이이·성혼 세 사람이 권력을 멋대로 휘두른다는 이유로 논척하였다. 이이에 대해서 논척하였다. "왕안석이 교만하고 건방져서 임금을 업신여겼는데 이이도 그러합니다. 왕안석이 굳은 총애를 임금에게 강요했는데 이이도 그러합니다. 왕안석이 언로를 배척하였는데 이이도 그러합니다." 사헌부에서도 이이에 대해서 "나라의 권력을 잡고 멋대로 휘두릅니다."고 논척하였으며, 사간원에서도 "어지럽게 고치기를 좋아하고 집요하게 자기 계책만 고집합니다."고 논척하였다.

공은16) 사간원을 사직하면서 직접 이이의 여러 허물들을 공격하였다. "자신에게 몇 가지 허물이 있었는데 그 중 하나가 속세로 돌아와 세속에 머문 것입니다." 주상이 노하여 "말한 바가 불충하다."고 하며, 장흥(長興) 부사로 쫓아냈고, 전한(典翰) 허봉도 창원(昌原) 부사로 쫓겨났다. 그래도 주상이 삼사에 대한 분이 풀리지 않았는데 마침 하락(河洛)17)이라는 자가 상소를 올려 삼사를 공격하였다. 승정원에서 "하락이 주상의 좋아하는 바를 따른 것입니다."고 아뢰었다. 주상이 더욱 화가 나서 승지에게 명을 내려 방금 벼슬에 오른 김제갑(金悌甲)18)·이원익·성락(成洛)19) 등을 모두 교체시켰다. 또한 도승지 박근원은 강계(江界)로, 허봉은 갑산(甲山)으로, 공은 회령(會寧)으로 유배 보내라고 명하였다. 송응개 공 묘갈(宋公應漑墓碣)

---

16) 공은 : 송응개를 가리킨다.
17) 하락(河洛) : 1530~1592. 본관은 진주, 자 도원(道源), 호 환성재(喚醒齋)이다. 조식(曺植)의 문인으로, 1583년(선조16) 이이·성혼 등이 무고로 어려움에 처하자 상소를 올려 구제하였다.
18) 김제갑(金悌甲) : 1525~1592. 본관은 안동, 자 순초(順初), 호 의재(毅齋)이다. 이황의 문인으로, 1583년(선조16) 이이·박순을 탄핵하다가 벼슬에서 물러났다.
19) 성락(成洛) : 1542~1588. 본관은 창녕, 자 사신(士伸), 호 남애(南崖)이다. 이황의 문인으로, 1583년 홍여순·유영경과 함께 이이·성혼·박순을 논박하였다.

006　계미(1583, 선조16)·갑신년(1584) 즈음에 이숙헌(李叔獻, 이이)이 동인과 서인을 조정(調停)하는 논의를 제기하였는데, 실제 서인을 위주로 하였다. 경안령(慶安令) 이요(李瑤)가 주상의 비위를 맞추어 거짓으로 헐뜯은[20] 뒤로부터 선비들이 더욱 숙헌을 불쾌하게 여겼다. 어떤 사람이 오리(梧里) 이 문충공(李文忠公, 이원익)에게 물었다. "숙헌의 조정론에 대해 사론(士論)은 '서인을 위주로 추대하고 도우려는 것이다.'고 허물하고 있는데 그 옳고 그름은 어떻습니까." 공이 대답하였다.

"사람들이 평지에서 싸우는데 어떤 사람이 높은 곳에서 이 광경을 바라보고 있었다. 멀리 떨어져 있으면서 말로써 양쪽의 싸움을 말리지만 그치지 않으면 그만둘 뿐이다. 하지만 견디다 못해 내려가 직접 화해시키려 한다면 화해시킬 수 없을 뿐만 아니라 마침내 자신도 그 싸움에 휩쓸릴 수밖에 없을 것이다."

공의 이 말은 포괄적이어서 절박하지 않았지만 당시 숙헌이 처한 상황을 잘 묘사했으니 좋은 비유였다. 만약 숙헌에게 이 얘기를 들려주었다면 무슨 말로 해명할지 모르겠다.

성혼의 행실 비판

007　기축년(1589, 선조22) 우계(牛溪)가 조정에 들어오자 서교(西郊)로부터 인접한 창의동(彰義洞, 서울 청운동)에까지 그를 맞이하는 사람들로 도로가 가득 찼지만 그가 돌아가는 길에 패망의 징조가 이미 나타나고 있었다. 궁궐에 나아가 사직하고 나오자 심청양(沈靑陽, 심의겸)이 와서 송별해주었다. 쓸쓸히 횃불 하나를 앞세우고 성을 나가는데 배웅하는 사람이 없었으니 지난날 도로를 메웠던 사람들은 하나도 남아 있지 않았다. 일찍이 청양이 "인심의 각박함이 이와 같았다."고 하였다. 『택당가록(澤堂家錄)』

---

20) 거짓으로 헐뜯은 : 1583년(선조16) 4월 17일 실록기사에 따르면 경안령 이요가 임금과 면대하면서 조정이 안정되지 못한 이유로 동서분당을 들면서 그 책임을 류성룡·이발·김효원·김응남 등 동인에게 돌렸다.

008 우계가 지평으로 부름을 받아 오게 되었는데 도성에 들어오는 날 성 안에 사는 선비로서 명예를 좋아하는 자들은 모두 나와서 맞이하였다. 우계가 말을 타고 앞서고 좌우에 따르는 자들이 길게 뻗쳐 있었으며, 행인들은 그들을 위해 말을 멈추었다. 『운암록』

정경세의 안목

009 우복(愚伏, 정경세)이 젊은 시절 최영경을 방문하였다. 최영경이 "지금 내가 나갈 참이니 자네와 이야기 나눌 시간이 없네. 나를 따라가겠는가."라고 하자, 우복이 그러겠다고 했다. 장차 나아가려고 하는데 최영경을 따르는 자가 무려 백여 명이나 되었으며 그 행렬은 마치 긴 뱀과 같이 진을 이루었고, 그 끝이 들판에까지 이어졌다. 우복은 마음속으로, '어쩔 수 없이 따라가지만 잠은 다른 곳에서 자고, 다음날 하직인사를 드려야겠다.'고 생각하였다. 그 뜻은 '최영경이 산림의 선비인데 몸가짐이 이와 같으니 이는 재앙을 불러오는 방도일 것이다.'는 것이다. 우복의 나이가 비록 20세에 불과했지만 사람을 보는 안목이 이와 같이 노숙하였다. 『택당가록』

010 산림의 선비로서 손님을 접대하는 일이 혼란스럽고 시끄러운 모습이 성혼과 최영경이 같았다. 하지만 어떤 사람은 문묘에 종사되고, 어떤 사람은 고문 받다가 죽었다. 필경 화와 복은 이와 같이 달랐으니 그 사람이 한 일이 같지 않았기 때문인가. 아니면 하늘로부터 받은 명이 같지 않았기 때문인가. 정공(鄭公, 정경세)은 앞을 내다보는 밝음이 있는데 어찌 같은 일에 대해서 다르게 헤아렸겠는가. 나는 알 수 없지만 옛사람들이 "천하의 일은 오직 형세가 있을 뿐이다."고 하였다. 형세는 하늘과 사람 모두가 어찌 할 수 없는 것인가 보다.

이홍발의 처세

011 사간 이홍발(李興浡)[21]은 병자년(1636, 인조14)에 지방 수령을 지냈

었는데, 난리가 발생한 초기에 국왕에게 충성을 다하지 못하였다. 더욱이 안부를 묻기 위해 임시 거처에 들어가지도 못한 채 난이 끝나고 말았다. 자책하여 말하였다. "군부가 피난을 떠났는데도 한 가지 일도 조처하지 못하고, 한 가지 계책도 내지 못해서 국가의 은혜에 보답하지 못하였으니 차마 무슨 얼굴로 다시 조정에 설 수 있겠는가." 시골로 내려가 벼슬에 나아갈 뜻을 끊어버렸다. 조정에서는 그의 뜻을 높이 평가해서 계속해서 관직에 나올 것을 명하였지만 끝내 나서지 않은 채 현종 때 세상을 떠났다. 『동평위문견록』

애석하도다! 이공(李公)은 속류(俗流)로다. 삼현(三賢) 우계 문하에서 양귀산(楊龜山)·윤화정(尹和靖)·호문정(胡文定)이라고 칭하였다. 의 성법(成法)을 알지 못한 채 자신을 가볍게 여겨 끝내 관직에 나아가지 않았던가.

정철의 행실 비판

012 대간 동암(東巖) 이발과 동생 사인(舍人) 남계(南溪) 이길은 당대 이름 난 사람으로 높은 벼슬아치를 두려워하지 않았다. 일찍이 잔치석상에서 정승 정철의 수염을 잡아당긴 일이 있었다. 그러자 송강이 읊조리기를, "몇 가닥의 성긴 수염을 군(君)이 뽑아내니 노부(老夫)의 풍채가 다시 쓸쓸하구나."라고 하였다. 기축년(1589, 선조22)에 이르러 정여립의 역옥이 일어나자 동암 형제가 정여립과 교유했다는 혐의로 붙잡혀 고문 끝에 매 맞아 죽었다. 동암에게는 70세 늙은 어머니와 10세 어린 아들이 있었는데 그들 역시 매 맞아 죽었다. 인간의 참혹한 재앙이 이보다 심할 수 없었다. 『무송소설』

013 임진년(1592, 선조25) 12월 1일에 승지 이덕열(李德悅)[22]이 충청도

---

21) 이흥발(李興浡) : 1600~1673. 본관은 한산, 자 유연(悠然), 호 운암(雲巖)이다. 1636년(인조 14) 척화를 주장하는 상소를 올린 뒤 벼슬을 버리고 향리에 돌아가 명나라를 위하여 절개를 지키며 학문에 전념하였다.

22) 이덕열(李德悅) : 1534~1599. 본관은 광주(廣州), 자 득지(得之)이다. 준경(浚慶)의 아들로, 형조참의 등을 역임하였다.

공주를 지날 때 체찰사 정철과 부체찰사 김찬(金瓚)23)을 찾아뵈었다. 체찰사가 조촐하게 술자리를 마련하고 귤껍질로 술잔을 만들어 웃으며 즐겁게 마셨으며, 오고가는 말에는 즐거움이 넘쳤다. 정공이 난리를 만나 직책을 맡았으면서도 술자리와 여색에 빠져서 백성들의 고통을 돌보지 않고 적을 토벌할 계책을 내놓지 못하였으니 남쪽 백성들이 실망하였다. 『은대록(銀臺錄)』

송익필의 인사청탁

014 미수 어른이 일찍이 정승 이원익에게서 들은 이야기이다. 정승 이원익이 말하였다. "일찍이 강판결사(判決事)24)가 자리에 앉아 업무를 보려 할 때 집안에서 심부름 하는 아이가 들어와 '모처에 사는 송생원이라는 자가 만나 뵙기를 청한다.'고 말하였다. 강공(姜公)25)은 단지 송생원 세 글자를 몇 차례 부르자 송생원이 들어와 강공을 만났지만 한번 힐끗 보고 다시는 쳐다보지 않았다. 송생원은 먼저 한훤(寒暄)26)을 거론하며 이내 소매에서 작은 종이를 꺼내 강공의 앞에 내밀며, '감히 작은 부탁이 있습니다.'고 하였다. 강공이 즉시 노비를 불러 그 자를 끌어내어 쫓아버리며 말했다. '네가 송생원이라고 스스로 말해 기분이 나빴는데 또한 어찌 감히 공사를 청탁하려 하는가.' 송생원이 끌려 나아가며, '이 자는 발광하는 양반이다.……'고 하였다." 송생원은 송익필이었으며, 그는 벼슬아치들과 친분 맺기를 좋아하던 자였다. 『여호만필(呂湖漫筆)』

---

23) 김찬(金瓚) : 1543~1599. 본관은 안동, 자 숙진(叔珍), 호 눌암(訥菴)이다. 정철 밑에서 체찰부사(體察副使)를 지냈다. 접반사(接伴使)로서 명나라와의 외교를 담당하였다.

24) 판결사(判決事) : 장례원(掌隷院)의 정3품 관직이다. 장례원의 장관으로서 노비송사에 대한 판결책임관이었다.

25) 강공(姜公) : 강서(姜緖, 1538~1589)이다. 본관은 진주, 자 원경(遠卿), 호 난곡(蘭谷)이다. 이원익 등과 교유하였다. 정여립 옥사와 임진왜란이 일어날 것을 예견하였다.

26) 한훤(寒暄) : 김굉필(金宏弼, 1454~1504)의 호. 본관은 서흥(瑞興), 자 대유(大猷), 호 사옹(簑翁)이다. 김종직의 문인이다. 1498년(연산군4) 무오사화 때 유배되었다. 평안도 희천에서 조광조에게 학문을 전수하였다. 1504년 갑자사화 때 죽임을 당했다.

015 "구봉(龜峯, 송익필)은 재주와 학식이 있었으나 어질고 너그러움은 부족하다."고 한 계곡(谿谷, 장유)의 논설은 오늘날 생각해 보면 진실로 소견이 있는 듯하다고 할 수 있다. 『우암집』

허견의 자품

016 허견(許堅)[27]은 간사했지만 재능과 기예가 많았고, 또한 과거시험에서 보던 문체[功令][28]를 잘 지어서 과장(科場)에서 명성이 자자했다. 당시 명사(名士)였던 서종태와 조지겸의 무리들이 그를 가리켜 '다른 사람이 대신 지어준 것이다.'고 하였다. 허견이 이를 한스럽게 여겨 과장에 붓과 벼루만을 지니고 들어가 일부러 서종태와 조지겸 옆에 자리를 펴고 앉아 시권(試券)을 작성하여 던져 보여주었다. 또한 서종태와 조지겸의 답안지를 빼앗아 읽고 평가하였다. 서종태의 것은 "그런대로 괜찮다."고 했고, 조지겸의 것은 "스스로 뛰어나다고 하지만 조금 기다렸다가 과거를 보는 것이 어떻겠는가."고 하였고, 웃으면서 "하늘이 인재를 내림에 어찌 서얼이라고 해서 차별이 있겠는가."하며, 의기양양해서 일어났다. 서종태와 조지겸은 크게 화났지만 어쩔 수 없었다. 그 글은 감응(感應)에 대한 책문이라고 한다.

숙종대 경신옥사

017 경신옥(1680, 숙종6)에 대한 고변이 있던 날 정승 허적의 집안에서는 궤장(几杖)을 하사받은 것을 축하하는 잔치가 열렸다. 잔치 상을 차려놓은 곳에 닭이 뛰어들어 상을 뒤엎었으니 '닭이 일으킨 재앙'[29]이라고 할만 했다. 그날 늦도록 김석주는 병을 핑계로 오지 않았고, 대장 유혁연(柳赫然)에게 사람을 보내 잔치에 참여하지 말라고 했다. 유혁연이 그 뜻을

---

27) 허견(許堅) : ?~1680. 허적의 서자(庶子). 인평대군의 아들 복선군 형제와 왕래하다가 김석주 등으로부터 고변 당하여 기사환국의 빌미를 제공하였다.

28) 공령(功令) : 과거시험에 사용하는 시문(詩文)이다.

29) 닭이 일으킨 재앙 : 계화(鷄禍). 서인의 모략으로 일어난 화란을 뜻한다. 서인을 유인(酉人), 즉 서쪽에 위치한 닭에 비유한 것이다.

알지 못하고 잔치에 참여했다가 함께 난을 당하였다. 그날 잔치 석상에 참여한 사람 가운데 화를 피한 사람이 드물었다고 한다.

이발 관련 인사

018 주부 일퇴(一堆) 이의신(李懿信)[30]은 내 이모부인데 어려서 이동암(李東岩, 이발)에게서 배웠다. 기축년(1589, 선조22)에 이발의 문생이라는 혐의로 형벌을 받아 함경도 부령(富寧)으로 유배되었다가 임진년(1592)에 풀려났다. 그 뒤 풍수에 전념하여 도선(道詵)[31]과 나옹(懶翁)[32]의 뒤를 잇는 사람이 되었으며, 역수(易數)에 밝았다고 한다. 『무송소설』

019 정경남(鄭慶男)은 동암이 전랑으로 재직했을 때 그 집 청지기[33]였다. 동암이 정여립과 교유했다는 혐의로 고문 받을 때 정경남은 끝까지 이발의 뒤에서 떨어지지 않았으며, 비오는 듯 눈물을 흘렸다. 동암이 죽은 뒤 시신을 누가 돌볼 것인가. 정경남은 동암의 처조카 첨지 박종현(朴宗賢)과 함께 경기도 고양 벽제점(碧蹄店) 근처에 매장하였다. 정경남이 매번 말하였다. "동암에게 자녀가 없어서 분묘(墳墓)를 지킬 자가 없으니 내가 죽은 뒤 아는 자가 없을 것이다. 어찌 탄식하지 않겠는가." 정경남의 명성이 세상에 알려지게 되었고, 아들 몽태(夢台)가 역관(譯官)으로서 가선(嘉善)이 되었으며, 자손들이 번성하여 복과 녹봉을 누렸다고 한다. 조카 정몽필(鄭夢弼)이 화를 일으켰지만[34] 집안사람으로 보지 않았으니 이

---

30) 이의신(李懿信) : ?~?. 광해군대 술사(術士). 한양의 지기(地氣)가 쇠해졌다고 하면서 교하로 천도하기를 청하였다. 이정귀(李廷龜)와 이항복 등 강력한 반대로 무산되었다.
31) 도선(道詵) : 827~898. 신라말 고승으로, 풍수설의 대가이다. 왕건(王建)의 탄생과 고려 건국을 예견하였다.
32) 나옹(懶翁) : 1320~1376. 고려 말 고승으로, 중국 각지를 편력하며 견문을 넓혔다. 고려말 보우(普愚)와 함께 조선시대 불교의 초석을 세운 고승으로 평가되었다.
33) 청지기 : 겸종(傔從). 양반집에서 잡일을 맡아보거나 시중을 들던 사람이다.
34) 조카 정몽필이 화를 일으켰지만 : 정몽필은 광해군대 폐모 논의에 가담하였다. 당시 정몽필은 김상궁의 총애를 받아 양아들이 되었고, 그 세력을 믿고 부정축재를 저지르는 등 민폐를 야기하였다.

또한 더욱 볼만하였다. 뒷날 지금 충주 목사 엄아무개가 고양 수령이 되었을 때 어떤 상놈 하나가 동암의 묘라고 가리키고, 묘지기가 되었다고 한다. 위와 같다.

정개청 관련 일화

020 곤재가 경인옥(1590, 선조24)35) 때 상소하였다. "신이 예전에 주자(朱子)의 편지를 읽고 주자의 논설을 보았습니다. 『주자어류』에서, "진·송나라 연간 인물들이 비록 그들이 맑고 고결한 것을 숭상하면서도 그들 가운데에는 벼슬을 구하려는 자도 있었다. 한쪽으로 맑고 고상한 이야기를 하면서도 또 한쪽으로는 권세를 구하여 뇌물을 바쳤다. ……"고 하였다. 이에 마음속으로 느낀 점이 있어서 동한절의 진송청담(東漢節義晉宋淸談)의 폐단을 논하는 글을 지었습니다." 또한 말하였다. "지난날 신이 거론했던 절의와 청담은 말뜻이 비록 분명치 않았지만 실제는 절의의 근본을 배양하는 데 있었습니다. 그런데도 도리어 절의를 배척하였다고 하는데,36) 이는 신의 본심이 아니지만 원통한 마음을 드러낼 수 없습니다.……"

021 곤재 선생은 송돈(松墩)의 은자에게 역수학(易數學)을 전해주었다. 은자는 무안현(務安縣) 송재리(松在里) 사람 윤정우(尹挺宇)37)로서, 자는 천수(天授)였다. 낡은 옷과 쑥대문 집에 살면서 채소뿐인 밥을 즐겨먹으며 자취를 끊고 남과 왕래하지 않고, 『주역』을 읽으며 밖에 나가지 않다가 7, 80세에 세상을 떠났다. 이제 그가 남긴 글을 읽어 보면 변화무궁한 묘미에 통하여 조짐이 없어도 다 아는 데까지 이르렀다. 은자는 수정(守貞)

---

35) 경인옥 : 최영경과 정개청이 무고당해서 죽은 옥사이다.
36) 절의를 배척하였다고 하는데 : 정개청이 '동한절의 진송청담 소상부동설(東漢節義晉宋淸談所尙不同說)'을 지어 후한(後漢)의 명절(名節) 및 진·송 청고(淸高)함의 문제점을 지적하였다. 그런데 정철 등 서인들은 정개청의 논설을 자신들에 대한 공격으로 인식하고, 이를 '배절의론(排節義論)'으로 지목하여 배척하였다. 본서 권1 60번 기사 참조.
37) 윤정우(尹挺宇) : 윤제(尹濟)의 아들. 부친은 정개청의 조카사위로, 정개청에게서 배웠고 그가 죽은 뒤 사사받은 역학을 윤정우에게 전수하였다. 윤정우 역시 평생을 은거하며 『주역』연구에 매진하였다.

노인 윤제(尹濟)38)의 아들이었다. 수정 노인은 정씨에게서 역수를 배웠는데, 그 책을 감추고 읽은 것을 다른 사람들에게 숨겼다. 역수를 익히고도 다른 사람에게 말하지 않았으며, 또한 남에게 보여 주지 않다가 늙어서 자기 아들에게 전해주고 84세에 죽었다. 은자에게는 제자가 없었으며, 스스로 이름을 숨겨서 세상에 드러나지 않았으므로 세상에서 그를 아는 사람이 없었다. 『기언』

022   관재(寬齋)노인의 이름은 대청(大淸)이고 자는 의중(義仲)이었다. 선생의 손아래 동생으로 선생보다 세 살 어렸다. 역시 박학다식하여 두루 통하여, 세간에서는 형제간에 우열을 가릴 수 없다고 한다. 선생이 죽자 13년 동안 한결같이 비통해 하였다. 그가 죽을 무렵 아들에게 경계하며, "내가 죽은 뒤 염할 때에 화려한 복장을 사용하지 말고, 제사에도 생선과 고기를 쓰지 말며, 살아 있을 때와 똑같이 하라."고 하였다. 72살에 세상을 떠났다. 고향 사람들이 선생을 위하여 사당을 세우고 관재 노인을 배향하였다. 위와 같다.

백사집 휘판

023   기축년(1589, 선조22) 무옥(誣獄) 때 고 상신 정언신이 정철의 모함을 받아 형장을 맞고 갑산(甲山)에 유배되었다. 아들 정율(鄭慄)이 아버지의 지극한 원한을 애통하게 여겨 음식을 먹지 않다가 피를 토하고 죽었다. 당시 연루자에 대한 처벌이 확대되자 사람들은 두려워하였고, 집안사람들은 예에 따라 장례를 지낼 수 없었으며, 감히 만사(挽詞)39)를 바치는 사람도 없었다. 그런데도 이백사(李白沙, 이항복)는 정율과 교분이 있었으며, 당시 문사낭청(問事郎廳)40)으로서 원통한 사정을 알고 있었으므로

---

38) 윤제(尹濟) : 1562~1645. 본관은 파평, 자 박이(朴而), 호 수정(守貞)이다. 정개청이 1590년(선조23) 정여립 옥사에 연루되어 죽자 벼슬을 단념하고 은거하여 학문에 전념하였다.
39) 만사(挽詞) : 죽은 사람을 위해 지은 글. 상여가 떠날 때 만장을 앞세워 장지로 향한다는 뜻에서 만장이라고 부르며, 망인이 살았을 때의 공덕을 기려 좋은 곳으로 갈 것을 인도하게 한다는 뜻도 담겨 있다

관을 열 때 죽은 사람을 위해 글 한 편을 지어 그 속에 넣어 두었다.
뒷날 정율의 아들 정세규(鄭世規)⁴¹⁾가 성장하여 아버지의 무덤을 옮기기
위해 관을 열어보니, 24년이 지났는데도 종이에 쓰여진 글자가 뚜렷하였다.

그 뒤 이현영(李顯英)⁴²⁾이 강원도 관찰사, 이명준(李命俊)⁴³⁾이 강릉부사가
되어 강릉에서 『백사집』을 간행하였다. 그 문집이 세상에 반포되어
돌아다닌 지 오래되었는데 정철의 아들 정홍명이 문집에 실린 이 만사를
보고 싫어하였다. 『백사집』이 경상도 진주에서 다시 간행될 때 그 시를
삭제하고, 원본도 모두 훼판되었다. 세상에 혹 원본을 갖고 있는 집이
있었지만 크게 두려워하여 내놓을 수 없다고 하였으니 세상의 변고가
많았기 때문이었다. 그 시는 다음과 같다.

"인생이란 본래가 더부살이 같은 것인데, 누가 수명의 오래되고 빠름을
논하겠는가. 오면 바로 돌아가는 것이니 그 이치를 내가 먼저 깨달았도다.
그런데도 그대 위해 슬퍼하는 건 속세의 인연을 면치 못했기 때문이라.
입이 있어도 어찌 말할 수 있겠는가. 눈물은 나지만 감히 곡도 못하겠네.
베개를 만지며 남이 엿볼까 두려워하고, 소리를 삼켜가며 남몰래 눈물
머금고 울었다네. 그 누가 예리한 칼로 내 심장을 이리도 아프게 가르는
가."

024　백사의 「기축기사(己丑記事)」에 대해 세간에서 "뒷부분은 고친 것이
다."고 했는데, 지금 읽어보니 그런 듯싶다. 어떤 사람은 "이는 동회(東淮,
신익성)⁴⁴⁾의 짓이다."고 하였고, 어떤 사람은 "서인의 문집은 동회가
고친 것이 많은데 이것만이 아니다."고 하였다. 상촌(象村, 신흠)의 서자(庶

---

40) 문사낭청(問事郎廳) : 죄인을 문초한 조서를 작성하여 읽어 주는 일을 맡은 임시직이다.
41) 정세규(鄭世規) : 1583~1661. 본관은 동래, 자 군칙(君則), 호 동리(東里)이다. 좌의정
　　언신(彦信)의 손자, 율(慄)의 아들이다. 이조판서 등을 역임하였다.
42) 이현영(李顯英) : 1573~1642. 본관은 한산, 자 중경(重卿), 호 창곡(蒼谷)·쌍산(雙山)이다.
　　1642년(인조20) 김상헌과 함께 심양에 감금되었다가 귀국과정에서 죽었다.
43) 이명준(李命俊) : 1572~1630. 본관은 전의, 자 창기(昌期), 호 잠와(潛窩)·진사재(進思齋)
　　이다. 병조참판 등을 역임하였다.
44) 동회(東淮) : 신익성(申翊聖, 1588~1644)의 호. 흠(欽)의 아들로, 선조의 사위이다.

子)가 "우리 대감의 문집이 있는데 사람들은 이것이 대감의 문집인줄 알겠는가."라고 하면서, "동회가 더하고 덜어낸 것이 있다."고 하였다. 고친 것의 많고 적음을 억측할 수는 없지만 하담(荷潭, 김시양)의 기록에 근거해 보면 일단을 볼 수 있다.

양사언의 모친 일화

025 봉래(蓬萊) 양사언(楊士彦)[45]의 자는 자미(子美)이다. 그의 외할아버지는 정선군(旌善郡) 여량(餘糧)의 역참 이속이었다. 삼척 부사였던 봉래 선생의 부친이 감영에 갔다 오던 길에 역참 이속의 집에 머물게 되었는데, 당시 봉래의 어머니는 15, 6세로 매우 아름다웠다. 양공이 어머니를 보고 사랑스러움을 느껴서 "이 아이는 주인의 딸인가."라고 묻자, 그렇다고 대답하고 딸을 불러서 인사드리게 하였다. 이에 봉래의 어머니가 곧 입고 있던 옷을 벗고 새 옷으로 갈아입으니, 부모가 이유를 묻자 "부사께서 부르시어 혹 들어와 앉으라고 할 수 있으니 더러운 기운이 있을까 두렵습니다."고 대답하였다. 양공이 그녀에게 들어와 앉도록 하면서 "너의 용모가 비범해서 특별히 불러 보려한 것이다."고 하며, 곧 갖고 있던 새 부채를 주었다.

그 해 겨울 부모님이 딸을 시집보내려 하자 사양하며 말했다. "지난번 부사께서 부채를 주었는데 이는 저를 마음에 두고 있다는 뜻입니다. 다른 곳으로 시집갈 수 없습니다." 부모가 딸의 뜻을 꺾지 못하고 삼척에 가서 고하니 마침 양공은 부인이 세상을 떠나 이별한 상태였다. 이에 크게 기뻐하며, "내가 장례를 마치고 돌아오는 길에 데리고 오겠다."고 하였다. 이미 장례를 마치고 가서 부인으로 맞아들였다.

그 뒤 봉래 선생과 삼형제를 낳으니 모두 옥과 같았지만 양공은 항상 삼형제가 뛰어난데도 혹여 벼슬길에 나아가지 못할까 걱정하였고 죽기 직전까지도 슬프게 탄식하였다. 본처가 낳은 맏아들이 "우리가

---

45) 양사언(楊士彦) : 1517~1584. 본관은 청주, 자 응빙(應聘), 호 봉래(蓬萊)·완구(完邱)·창해(滄海)·해객(海客)이다. 안평대군·김구(金絿)·한호(韓濩) 등과 함께 사대 서예가로 불렸다.

계모로서 모시면서 초상이 나면 3년복을 입을 것이니 다른 사람들이
뭐라 해도 개의치 않겠습니다."고 하면서 계모로서 섬겼다. 양공이 세상을
떠난 뒤 장례를 치르는데 봉래 어머니가 유서를 남겼다. "내가 죽으면
본처의 맏아들이 최복(縗服, 3년복)을 입어야 하는데 그렇게 되면 예를
범하여 본분을 어기는 일이 될 터이니 내 마음이 편치 않을 것이다.
이번 달에 내가 알아서 처신하는 것만 같지 못할 것이다." 드디어 목메어
죽었다고 한다. 여자 가운데 천년에 한번 나올 군자라고 할 만하였다.
깊은 골짜기에 사는 천족(賤族) 출신으로서 타고난 품성이 현명한 부인과
같으니 참으로 기이하도다.

봉래는 과거에 합격하여 관직이 강릉 부사에 이르렀다. 문장과 필법이
고금에 뛰어나 정승 한음(漢陰, 이덕형)이 어린 시절부터 문하에서 수업을
받았다. 경기도 영평(永平, 포천)의 금수담(錦繡潭)에 첨지 김곽(金鑵)46)의
정사(亭舍)가 있었는데 못 가운데 돌 위에 봉래의 칠언절구가 새겨져
있었다. "비단물 은모래는 마냥 고운데, 골 구름 강 비 속에 갈매기
산뜻하네. 진인(眞人)을 찾아가다 잘못 봉래길에 들었으니, 고깃배를 동구
밖으로 내몰지 마오." 한음이 어린 시절 오언절구를 지었다. "들은 넓고
저녁 햇빛은 옅어지는데, 물은 맑고 산 그림자는 길게 드리우네. 푸른
나무에서 흰 연기가 일어나니 우거진 숲 속 두, 세집이로다." 봉래가
크게 칭찬하여 "자네는 나의 스승이네."라고 하며, 진초(眞艸)로써 '이
아무개가 10살 때 쓴 시이다.'라고 썼다. 한음 행장에서 볼 수 있다.

내가 만력(萬曆) 갑인년(1614, 광해6)에 가보니 정자 앞 바위에 '금수담'
세 글자가 새겨져 있었다. 못 가운데 돌이 있고, 그 가운데 패인 곳에
술 여러 되를 담을 수 있었는데 이곳에 크게 준암(樽岩) 두 글자가 새겨져
있었다. 또한 반석 위에 다음의 시가 새겨져 있었다. "녹기금(綠綺琴)47)

---

46) 김곽(金鑵) : 1574~1646. 본관은 안동, 자 계실(季實), 호 선무당(宣務堂)이다. 1603년
무과에 급제한 뒤 수군만호(水軍萬戶) 등을 역임하였다.
47) 녹기금(綠綺琴) : 거문고 이름. 한(漢)나라 때 유명한 문인 사마상여(司馬相如)가 탁문군
(卓文君)의 마음을 얻기 위하여 연주하였던 거문고이다.

백아(伯牙)⁴⁸⁾의 마음, 한번 타고 또다시 한번 읊노라. 바람이 선들선들
면 봉우리서 일어나고, 강의 달은 곱고 고우며 강물은 깊고 깊네." 모두
봉래의 글씨였다. 봉래의 아들 양만고(楊萬古)⁴⁹⁾의 호는 비로도인(毗盧道人)
이었다. 경술년(1610, 광해2) 반시(泮試)⁵⁰⁾에 장원으로 합격하여 관직이
3품에 이르렀다.『무송소설』

홍성민 관련 일화

026 갑오년(1594, 선조27) 6월에 익성부원군(益城府院君) 홍성민(洪聖
民)⁵¹⁾이 어머니 초상을 치르고 있는데 주상의 부름을 받아서 서울로
올라오다가 여사(旅舍)에서 세상을 떠났다. 홍성민은 마음을 드러내지
않고 음험해서 서인과 당을 이루었으니 사사로운데 편중되는 병통 됨이
많았지만 재능이 뛰어났기에 사람들이 애석하게 여겼다.『은대록』

이희 관련 일화

027 을미년(1595, 선조28) 9월에 이조참의 이희(李墍)⁵²⁾가 사직하려 했지
만 윤허하지 않았다. 이희는 어려서부터 맑고 신중하며 순선(純善)하기가
당대 제일이었다. 당시 70세가 넘으면서 정신이 혼미해지자 경연관과
본직을 사직하였다.

병신년(1596, 선조29)에 이희가 이조판서에 임명되었다. 이희는 오랫동

---

48) 백아(伯牙) : 춘추시대 거문고 잘 타는 사람. 종자기(鍾子期)와 친했는데, 종자기가
    죽자 다시는 거문고를 타지 않았다고 하였다.
49) 양만고(楊萬古) : 1574~1654. 본관은 청주, 자 도일(道一), 호 감호(鑑湖)·비로 도인(毗盧道
    人)이다. 통진 부사(通津府使) 등을 역임하였다.
50) 반시(泮試) : 성균관의 거재(居齋)유생에게 보이는 시험이다.
51) 홍성민(洪聖民) : 1536~1594. 본관은 남양(南陽), 자 시가(時可), 호 졸옹(拙翁)이다. 1590년
    (선조23) 태조 이성계의 잘못 기록된 세계(世系)를 시정해달라고 주청(奏請)했던
    종계변무(宗系辨誣)사건으로 광국공신(光國功臣) 2등에 책록되고, 익성군(益城君)에
    봉해졌다.
52) 이희(李墍) : 1522~1600. 본관은 한산, 자 가의(可依), 호 송와(松窩)이다. 지란(之蘭)의
    아들로, 임진왜란 때 순화군(順和君)을 보필하면서 강원도에 내려가 의병을 모집하
    였다.

안 쌓은 덕과 명망이 높아 종2품에 오랫동안 재직하였으며, 이때 이르러 이조판서로 승질⁵³⁾하였으니 여론이 매우 흡족하게 여겼다. 위와 같다.

이항복의 청렴함

028   갑오년(1594, 선조27) 7월에 이항복이 병조판서가 되었다. 이항복의 청렴결백함은 당대 최고였다. 위와 같다.

조헌과 안방준

029   조중봉(趙重峯, 조헌)은 평생 언론이 격앙되었지만 용기는 나라를 위해 목숨을 바칠 정도였으며 충절이 뛰어났다. 그러나 성학(聖學) 공부에서 만큼은 그의 스승에 견주어 볼 때 방회(方回)⁵⁴⁾의 종복 같았다. 그것이 한번 전하여 안방준(安邦俊)⁵⁵⁾ 같은 사람이 되었으니 저 안방준은 회천(懷川)이하로부터 끊이지 않고 특별한 공경과 숭상, 존모함을 끊임없이 받았다. 그 사람은 조헌의 명성을 드러내고⁵⁶⁾ 이에 힘입어 시골구석까지 장악하여 여러 사람들을 모아 당론을 조성하여 호남의 영수가 되었다.

030   야은(冶隱) 길재⁵⁷⁾는 백이(伯夷)의 맑은 절의가 있고 기자(箕子)의 중도(中道)를 겸하였으니 백이라고 말해도 꺼릴 것이 없었다. 그런데 안방준이 길재가 상소를 올려 사직을 청한 것은, "백이의 '이폭역폭(以暴易暴)의 노래'⁵⁸⁾에 미치지 못한다."고 하며, 비난하였다. 학문이 앎의 지극함

---

53) 승질(陞秩) : 정3품 이상의 품계에 오르다.
54) 방회(方回) : 1227~1307. 송말·원초 문인. 자 만리(萬理), 호 허곡(虛谷)이다. 원나라가 들어서자 관직을 그만두고 시작(詩作)에 힘썼다.
55) 안방준(安邦俊) : 1573~1654. 본관은 죽산, 자 사언(士彦), 호 은봉(隱峰)·우산(牛山)이다. 성혼의 문인이다.
56) 조헌의 명성을 드러내고 : 안방준은 정몽주·조헌을 숭배하여 포은(圃隱) 정몽주와 중봉(重峰) 조헌의 호를 빌려 자기의 호를 은봉이라고 지었다고 했다.
57) 길재(吉再) : 1353~1419. 본관은 해평, 자 재보(再父), 호 야은(冶隱)·금오산인(金烏山人)이다. 조선 건국 후 태상박사(太常博士)에 임명되었으나 두 임금을 섬기지 않겠다는 뜻을 말하며 거절하였다.
58) 이폭역폭(以暴易暴)의 노래 : 백이(伯夷)·숙제(叔齊)가 지은 노래. "저 서산에 올라 고사

에 미치지 못하면서 경솔하게 말했기 때문인가. 아니면 호남 선현의 논의를 저버리고 스스로 문호를 세우려한 것인가. 그 말이 이와 같으니 변론할 것도 없다. 윤고산(尹孤山, 윤선도)이 정동리(鄭東里)에게 보낸 편지 중에서[59]

광해군대 성릉 추봉

031 광해군 초에 이진(李珒, 임해군)[60]이 역적의 옥사로 죽자 광해군이 친어머니[61] 위패를 모실 곳이 없어서 잠시 효경전(孝敬殿)[62] 낭무(廊廡)[63]에 안치하려 했으나 예관(禮官)이 "감히 그렇게 할 수 없습니다."고 했다. 당시 내[64] 조카 예조정랑 유혁(柳湙)이 여러 대신에게 의논하여 자문을 구하였는데 누이 홍씨 부인 집을 지나다가 그 사실을 아뢰었다. 부인이 말하였다.

"예로부터 제왕들은 친어머니를 정위(正位)로 받들지 않음이 없었다. 한나라 문제(文帝)가 박태후(薄太后)를 봉한 이래로 소제(昭帝)는 구과부인(鉤戈夫人)을, 애제(哀帝)는 공황후(共皇后)를, 송나라 인종은 신비(宸妃)를 봉하는데 이르기까지 빛나는 명호를 올리지 않음이 없었다. 오직 한나라 장제(章帝)[65]만이 친어머니를 봉하지 않았으니 앞선 시대 역사에서 이를 찬미하였다. 지금 만약 옳다고 주장하면 주상에게 아첨한다고 할 것이며,

리를 캐노라. 사나움으로 사나움을 바꾸면서 그름을 알지 못하는구나. 신농·우하 없어졌으니 내 갈 곳이 어디인가.[登彼西山兮, 采其薇矣. 以暴易暴兮, 不知其非矣. 神農虞夏忽焉, 沒兮我安適歸矣.]"

59) 『고산유고(孤山遺稿)』 권4, 「서(書)·상정지사 세규 별폭 기해년 정월(上鄭知事世規別幅己亥正月)'」.

60) 이진(李珒) : 임해군(臨海君, 1574~1609)의 이름. 광해군의 친형으로 광해군이 즉위 뒤 사사되었다.

61) 친어머니 : 공빈 김씨(恭嬪金氏, 1553~1577). 공성왕후(恭聖王后)로 추존되고, 그 묘를 성릉(成陵)이라 하였다.

62) 효경전(孝敬殿) : 선조의 비 의인왕후(懿仁王后) 박씨의 혼전(魂殿)이다.

63) 낭무(廊廡) : 정전(正殿)에 부속된 건물이다.

64) 내 : 유몽인(柳夢寅, 1559~1623). 인조반정 직후 광해군 복위에 가담했다는 무고를 받아 죽었다.

65) 장제(章帝) : 57~88. 후한 제3대 황제. 이름은 유달(劉炟)이다. 학자들을 백호관(白虎觀)에 모아 오경(五經)의 이동(異同)을 토론하게 하였고, 도량이 넓은 정치를 폈다.

막아서 물리쳐 잘못되었다고 한다면 사단(師丹)[66]의 화가 생길 것이다. 하물며 낭무에 안치하는 것조차 안 된다고 해도 어찌 관철시킬 수 있겠는 가. 너는 신중해야 할 것이다." 그 뒤 성릉(成陵)[67]에 추봉되었고, 대비의 현호를 주청함이 그녀의 말과 같았다. 『류씨도올』[68]

정인홍의 폐모 논의

032 광해군 때 정인홍이 우의정을 사직하고 경상도 합천(陝川)에 물러나 살았는데, 당시 명망이 높았다. 이이첨이 폐모(廢母, 인목대비)를 논의할 때 정동계(鄭桐溪, 정온)[69]가 안 된다는 상소를 올렸지만 정인홍은 도리어 폐모가 마땅하다는 상소를 올렸다. 당시 정인홍의 아들이 봉양을 이유로 경상도 성산(星山)의 수령으로 부임했는데, 어떤 사람이 이름을 감추고 시를 지어 정인홍의 집 대문에 붙여두었다. "천고 강상(綱常)이 휘원(輝遠, 정온)의 붓에 있고, 백년의 종사가 이이첨의 손에 달렸네. 승상(丞相, 이사)[70] 이 진나라를 속였으니 만 번 죽어도 마땅한데 이유(李由, 이사의 아들)[71]는 무슨 일로 삼천(三川) 군수가 되었는가." 정인홍이 이 시를 보고 크게 놀라서 "내가 편안히 죽지 못할 것이다."고 하였다. 『동평위문견록』

033 백강(白江) 정승 이경여[72] 이 일찍이 완평(完平, 이원익)의 종사관을 지낸

---

66) 사단(師丹) : ?~A.D.3. 한나라 충신. 애제(哀帝)가 친어머니 정도공왕후(定陶共王后)를 황태후(皇太后)라 칭하려 했을 때 예에 어긋난다고 하여 반대하였다.

67) 성릉(成陵) : 광해군의 친모 공빈(恭嬪) 김씨 묘호이다.

68) 류씨도올(柳氏檮杌) : 유몽인의 저술. 도올이라는 표현으로 보아 역사적 사실을 담은 것으로 보인다.

69) 정동계(鄭桐溪) : 정온(鄭蘊, 1569~1641)의 호. 광해군대 폐모론의 부당함을 주장하였 으며, 인조대 절의로써 추앙받았다.

70) 승상(丞相) : 진나라 승상 이사(李斯, B.C.280~B.C.208). 법가(法家)로서 진나라의 모든 정치·문화의 개혁을 주도하였다.

71) 이유(李由) : 진나라 승상 이사의 아들. 삼천 군수를 역임하다 항우의 숙부 항량(項梁) 에 의해 살해당하였다.

72) 이경여(李敬輿) : 1585~1657. 본관은 전주, 자 직부(直夫), 호 백강(白江)·봉암(鳳巖)이다. 세종의 7대손으로, 형조판서·영의정 등을 역임하였다. 1642년 배청친명파로서 청나 라 연호를 사용하지 않음을 이계(李烓)가 청나라에 밀고해 심양(瀋陽)에 억류되기도

적이 있었다. 계유년(1633, 인조11)에 이경여가 전라도 관찰사가 되자 강가로 완평을 찾아가 인사를 드렸다. 완평이 말하였다.

"내가 지금 원하는 것은 빨리 죽는 것이다. 근래 정인홍이란 자가 젊어서부터 스스로 맑은 이름과 절개로 한 시대를 뒤흔들었는데, 늙도록 죽지 않고 있다가 정신이 혼미해져 이 무리들에게 속아 끝내 흉악한 논의73)에 참여하였네. 내가 이를 경계하여 매번 곧 죽지 않는 것을 두려워 할 뿐이다." 얼마 안 되어 이원익이 세상을 떠났다. 『회은집(晦隱集)』

034 무오년(1618, 광해10)에 사마방(司馬榜)을 붙였다. 이때 "합격자들은 인목대비의 폐위를 청하는 상소를 올린 뒤에야 홍패(紅牌)를 내려주고 사은(謝恩)74)하게 하라."고 하였다. 생원과 진사들이 상소를 올려 이름을 적을 때 아직 홍패를 받지 못하였기에 생원과 진사로 쓸 것인지 아니면 이미 합격자 발표가 났기 때문에 유학(幼學)으로 쓸 것인지를 놓고 의견이 갈렸다. 결정을 내리지 못하자 이이첨에게 가서 물었다. 이이첨이 선사(選士)로 쓰게 하였다. 상소가 올라갔는데 그 중 폐모논의를 부끄럽게 여기는 자들은 집으로 돌아가서 합격자 발표에 응하지 않은 사람들 또한 많았다. 『죽계소설(竹溪小說)』

이만의 상소

035 갑신년(1644, 인조22)에 장령 이만(李曼)75)이 상소를 올려 사대부들 이 사사롭게 음식을 내어 청나라 역관[商譯]을 접대한 일을 비난하였다. 이 일은 1, 2명의 훈신(勳臣) 집에서 시작되었으니, 임오년(1642) 겨울에

했다. 1646년 강빈(姜嬪)의 사사(賜死)를 반대하다가 유배되었다가 효종 즉위 후 풀려나 영중추부사가 되었다.

73) 흉악한 논의 : 폐모론을 가리킨다.
74) 사은(謝恩) : 관직을 제수 받거나 가계(加階)나 겸직을 받을 때 혹은 휴가·출사의 명을 받은 자 등이 공복을 갖추어 왕에게 숙배(肅拜)하고 치사(致謝)하는 일이다.
75) 이만(李曼) : 1605~1664. 본관은 전주, 자 지만(志曼)이다. 양녕대군(讓寧大君)의 후손으로, 공조참판 등을 역임하였다.

오랑캐 사신이 다섯 대신의 일76)을 신문하기 위해 서울에 들어왔다. 역관이 "이번에 화를 면한 집은 역관에게 감사하지 않을 수 없을 것이다." 고 말을 전하였다. 여러 집안에서 감히 거역할 수 없었으며, 공77)의 집안에서도 여러 집안을 따라서 이와 같이 했는데, 이때 공은 평안도에 있다가 아직 돌아오기 전이었다. 이만의 상소가 올라오자 공이 비로소 그 사실을 알고 크게 놀랐다. 이에 상소를 올려 스스로 책임을 인정하고 "이번 일은 오늘날 사대부들의 정수리에 일침을 가한 것입니다. 어둡기만 하던 천지에 이 상소는 밝은 빛이 아니겠습니까."라고 하며 이만의 상소를 칭찬하였다. 이만은 이 일로 인해 주상의 총애를 받아 발탁되었다. 『택당시장 (澤堂諡狀)』

박장원의 우의

036 구당(久堂) 박장원(朴長遠)78)은 어려서 관찰사 김치(金緻)79)로부터 두시(杜詩)를 배웠으며, 그의 격려와 총애를 받았다. 백곡(栢谷) 김득신(金得臣)80)과는 우애가 두터워 진중(陳重)·뇌의(雷義)81)와 같은 의리가 있었고, 늙어서도 변하지 않았다. 사람들은 이들 사이를 오성(鰲城, 이항복)과 한음(漢陰, 이덕형)에 비견하면서 '쇠퇴한 세상에 하기 어려운 바'라고

---

76) 다섯 대신의 일 : 다섯 대신은 최명길·임경업·이경여·신익성·이명한. 당시 선천부사 이계가 명나라 선인(船人)과 밀무역을 하다가 발각되어 청나라에 의해 처형을 받게 되자, 목숨을 도모하기 위하여, 최명길·임경업이 명나라와 내통하고, 이경여는 숭덕(崇德, 청태종의 연호) 연호를 쓰지 않고, 신익성·이명한은 명나라를 위하여 절의를 지킨다는 등 조선의 비밀을 제공하였으므로 청사(淸使)가 조사하러 나온 일을 말한다.
77) 공 : 이식을 가리킨다.
78) 박장원(朴長遠) : 1612~1671. 본관은 고령, 자 중구(仲久), 호 구당(久堂)·습천(隰川)이다. 문수(文秀)의 증조부로, 이조판서 등을 역임하였다.
79) 김치(金緻) : 1577~1625. 본관은 안동, 자 사정(士精), 호 남봉(南峰)·심곡(深谷)이다. 경상도 관찰사 등을 역임하였다.
80) 김득신(金得臣) : 1604~1684. 본관은 안동, 자 자공(子公), 호 백곡(柏谷)이다. 치(緻)의 아들이다. 당대 이식(李植)으로부터 시문에 있어서 당대 제일이라는 평을 듣기도 하였다.
81) 진중(陳重)·뇌의(雷義) : 진뢰(陳雷). 후한때 진중과 뇌의는 우애 깊은 친구사이였다.

하였다. 박장원은 죽을 때까지 부지런히 관찰사 김치의 제삿날 음식을
제공하였다.

이경여와 윤선도

037　백강(白江, 이경여)은 오랫동안 윤해옹(尹海翁, 윤선도)과 서로 친하
게 지냈다. 백강이 진도로 유배 갔을 때[82] 해옹이 해남 금쇄동(金鎖洞)에
물러나 있었다. 백강이 시를 써서 안부를 물으며, "푸른 바다 외로운
신하는 눈물을 적시는데, 석실에는 만권의 책을 펼쳐두었도다."고 하며,
한가하게 노니는 것을 부러워 한 것이다. 해옹이 답시를 썼다. "엄혹한
중에서 은근히 위문하는구려. 후한 녹봉[83]은 그간 편지 한통 없었도다."
백강이 매우 유감스러워 하였다.

갑인예송

038　갑인년(1674, 현종14)에 인선왕후(仁宣王后)[84]의 복제를 논의하여
정하는 과정에서 말하였다. "『의례(儀禮)』 '아버지가 장자를 위하는[父爲長
子]' 조항에 따르면, '적자(嫡子)가 죽었는데 적손(嫡孫)을 세우지 않으면
장자를 위해 3년복을 입을 수 없다.'고 하였다. 만약에 회천의 논의대로
8명의 대군이 순서에 따라 왕위에 올랐다가 차례로 죽는다 해도 적손을
세우는 일은 반드시 한 차례일 뿐 두, 세 차례 할 수 없다는 것이다.
회천의 이른바 '8명의 대군이 모두 참최복을 입는다.'는 것[85]은 미혹됨이
심한 것이다."

---

82) 진도로 유배 갔을 때 : 1646년(인조24) 이경여는 강빈의 사사에 반대하다가 유배되었
　　다. 1650년(효종1)에 풀려나 영의정에 올랐다.

83) 후한 녹봉 : 고위관료. 여기서는 이경여를 가리킨다.

84) 인선왕후(仁宣王后) : 1618~1674. 효종의 비. 우의정 장유(張維)의 딸이다.

85) 8명의 대군이 모두 참최복을 입는다 : 송시열은 기해년의 복제를 논하면서, "만약
　　국가가 불행해서 8대군이 서로 이어 세자가 되었다가 죽으면 모두 그를 위하여
　　자최 3년복을 입을 것인가."라고 하였다. 이는 허목이 주장한 '제2장자도 장자라
　　명명한다'는 설을 논박하기 위해 제시한 것이다.

039 탕(湯)임금이 죽자 태자 태정(太丁)이 있었지만 일찍 죽었다. 주(註)에서, "『예기(禮記)』에서 '대부가 죽으면 졸(卒)이라고 하는데, 태정이 왕위에 오르지 못하고 죽었기 때문에 졸이라고 칭한 것이다.'고 하였다." 그의 동생 외병(外丙)이 재위 2년 만에 죽었고, 그 동생 중임(仲壬)이 재위 4년 만에 죽었다. 태정의 아들 태갑(太甲)이 왕위에 올랐지만 현명하지 못해서 이윤(伊尹)이 동궁(桐宮)⁸⁶⁾으로 내쫓았다. 태갑이 우(憂)에서 머문 지 3년 만에 잘못을 뉘우치자 이윤이 받들어 박(亳)으로 돌아오게 하였다. 주에 이르기를, "태갑이 중임의 뒤를 이었기 때문에 중임을 위해 3년상을 거행했다."⁸⁷⁾고 하였다. 이걸 보면 정승 회천은 『사략(史略)』의 첫 권도 읽지 않은 것이다.

040 예론은 김수홍의 해설⁸⁸⁾이 분명하며, 정승 원두표의 상소⁸⁹⁾ 역시 명쾌하여 알기 쉬웠다. 여호(驪湖, 윤휴)의 논의는 의논과 문사(文辭)가 조리 있고 정연했지만 서자[庶]와 적자[嫡]를 크게 구별하지 않았다.

허적과 잠상 사건

041 익헌(翼獻) 정태화(鄭太和)가 평안도 관찰사로 재직할 때 공은⁹⁰⁾ 도사(都事)였다. 이때 중국 배가 표류하여 평안도 선천(宣川)에 도착하였는데, 정공이 조정의 명령에 따라서 배를 고쳐주고 식량을 실어주면서, '우리는 옛 은혜를 잊지 않고 있다.'는 뜻을 전달하였다. 공이 이번 일이 누설될까 염려하여 정공에게 부탁하여 심양에 있는 세자 처소에 보고하였

---

86) 동궁(桐宮) : 산서성(山西省) 영하현(榮河縣)의 탕임금의 능묘 곁에 세운 별궁. 태갑(太甲)이 3년간 유폐되었다.
87) 태갑 …… 거행했다 : 이를 통해 적서구별 없이 왕위를 계승한 자에 대해서는 3년복을 입었던 사실을 제시함으로써 장자를 위해서만 3년복을 입어야 한다는 송시열의 주장을 비판하였다.
88) 김수홍의 해설 : 자의대비의 복상 문제에 있어서 송시열이 주장했던 기년복에 반대하고 3년복을 주장한 남인 예설에 동조하였다.
89) 원두표의 상소 : 장자가 죽으면 제2장자를 세우고 또한 장자라 한다고 하면서 3년복을 주장하였다.
90) 공은 : 허적을 가리킨다.

다. "아무 월 아무 일 해적들이 쌀을 운반하던 배 한 척을 빼앗아 달아났습니다.……" 이에 세자가 있는 심양관에서 청나라 병부에 그 소식을 알렸다. 그 뒤 배가 여순(旅順)에서 붙잡혔는데 청나라에서는 조선이 명나라와 다시 소통하는 것으로 의심하여 5천명의 병사를 구련성(九連城)으로 보내 무력시위를 벌였다. 이에 급히 조정에서는 비변사 여러 재신(宰臣)들에게 답변하게 하니 지난번 심양관에 보낸 문자에 힘입어 무사할 수 있었다. 『허상유사(許相遺事)』

042 중국 배가 표류하여 평안도 선천에 도착하였는데, 부사 이계(李烓)가 관찰사 정공(鄭公, 정태화)에게 첩보하였다. 정공이 군관 이지룡(李枝龍)을 통해 사적인 편지를 이계에게 보내어 그로 하여금 양식을 내주도록 하였다. 그 뒤 이 일이 알려졌고, 이계가 붙잡혀 의주에 도착하였다. 이때 정명수(鄭命壽)[91)]가 한 밤중에 이계의 처소에 들어가 중국 배가 표류했을 때 보낸 문서를 뒤졌는데 그 중에서 정태화가 보낸 사적인 편지도 있었다. 공이 억지로 정명수를 끌어내 자리에 앉히고 술을 먹여서 빼앗으려 했지만 여의치 않았다. 일단 정명수와 용골대 주변에 뇌물을 써서 편지를 잠시 올리지 못하게 하였다. 그리고 정공에게 급히 보고하고, 말을 타고 몰래 나와 책문 밖에서 정공을 만나 청나라의 움직임을 낱낱이 일러주어 여차여차하게 대처하게 했다. 이에 정공이 신문받는 곳에 나아가 허적이 가르쳐 준 대로 대처하여 잘 마무리할 수 있었다.

정공이 나아가서 막차(幕次)에서 세자를 알현하였다. 세자가 위로하며, "나라가 거의 망할 뻔 했는데 다행히 보존할 수 있게 되었다."고 하였는데, 말이 채 끝나기도 전에 정명수가 들어와 알현하면서 찾아 낸 편지를 내놓으면서, "이 편지에는 두려운 내용이 실려 있습니다."고 하였다. 세자가 편지를 펴서 여러 신하들에게 보여주려 했으나 보지 못하였다. 보덕(輔德)으로서 세자를 모시던 정승 정치화(鄭致和)[92)]가 갑자기 편지를

---

91) 정명수(鄭命壽) : ?~1653. 역관으로 청나라의 주구가 되어 매국행위를 일삼았다.
92) 정치화(鄭致和) : 1609~1677. 본관은 동래, 자 성능(聖能), 호 기주(棋洲)이다. 태화의

말아서 입에 넣고 삼켜버려서 볼 수 없었던 것이다. 위와 같다.

정태화의 예지력

043 역관 가운데 정승 양파(陽坡, 정태화)와 친한 자가 있었는데 새로
부인을 맞아들였다. 몇 달이 못 되어 아이를 낳게 되자 양파에게 대책을
문의하려 했다. 너무 늦어서 다음날 새벽 문을 두드리며 만나 뵐 것을
청하였다. 양파가 맞이하며 "너희 집에 이러이러한 변고가 있으니 조심해
야 할 것이다."고 하였다. 그 사람이 놀라 돌이켜 생각해도 말도 안했는데
어떻게 그 일을 알고 있었는지 알지 못하였다.

정승 허적 부인이 말년에 병이 들어서 충주에서 갑자기 서울로 올라와
동대문 안 누추한 동네에 거처를 정하였으니, 친척 가운데 그 사실을
알지 못하는 자들이 있었다. 수레를 타고 도착했을 땐 이미 날이 저물었는
데 부마도위(駙馬都尉) 정재륜이 사람을 보내 문안하고 음식과 약을 보내왔
다. 사람들이 "마을 사람들의 사정을 귀신같이 안다."고 하였다. 세상에서
"정씨에게 가법(家法)이 있기 때문이다."고 하였다.

송시열 관련 일화

044 회천이 사람들과 더불어 산방(山房)에서 책을 읽었는데 종산(鍾山)의
은자93)라고 칭하면서 작은 방의 가격을 비싸게 받았다. 홀연히 한밤중에
친구를 발로 차 깨워서 물었다. "내가 평교(平轎)를 타고 호창94)하며 궁궐로
나아갔는데 이게 무슨 징조인가." 친구가 희롱하며, "그대가 꿈에서
깨어났으니 옛날에 선정(禪定)에 들어간 스님이 드러눕자 몸이 썩어 버렸
다는 선어(禪語)와 같구나."고 하였다. 회천은 놀림에 화가 났고, 틈이

동생이다. 태화의 막내아들 재륜을 입양하였다.

93) 종산(鍾山)의 은자 : 남조(南朝) 송나라의 주옹(周顒)을 가리킨다. 그는 남경(南京)의
   북산인 종산(鍾山)에 은거하다가 뒤에 조정의 부름을 받고 해염 현령(海鹽縣令)이
   되었다. 하지만 함께 은거하였던 공치규(孔稚圭)가 '북산이문(北山移文)'이라는 글을
   지어 주옹의 변절을 비난하였다.

94) 호창(呼唱) : 양반사대부들이 행차할 때 행인들을 물리치기 위해 외치는 행동이다.

벌어져 절교했다고 한다.『명촌잡록(明村雜錄)』

045 동춘(同春, 송준길)이 회천과 함께『맹자』부동심(不動心)을 강론하였다. 회천이 "이는 어렵지 않으니 내가 40세가 넘은 뒤 역시 능히 알 수 있었네."고 하자, 동춘당이 "자네는 무엇 때문에 검은 옷 입은 사람을 보면 얼굴색이 변하는가."고 물으니, 회천이 발끈하자 동춘당은 껄껄 웃고는 자리를 파하였다. 일찍이 회천이 이웃에 사는 아녀자와 정을 통하였는데, 남편이 알아차리고 울면서 관아에서 소란을 피웠다. 회천이 조의(皂衣)를 보면 현(縣)에서 온 줄 알고 크게 놀라했다. 혹은 "정을 통할 때 남편과 검은 옷을 입은 남자가 갑자기 들어왔기 때문에 놀라서 달아났다."고도 한다. 동춘당이 비밀스러운 일을 알고 있었기 때문에 희롱한 것이다. 뒷날 회천의 문도들이 검은 옷을 입은 사람이 누구냐고 물었더니, 회천이 "여(驪)는 '검다'는 것이니 여호인(驪湖人, 윤휴)을 가리킨다. 나와 동춘 사이의 은어이다."고 대답하였다.

046 송주석이 예문관의 천거를 받은 뒤에도 여론이 나빠 오랫동안 과거시험을 보지 못하였다. 당시 우옹(尤翁)이 손님을 접대하며, "송주석이 저지당한 이유는 그 어미의 잘못 때문이 아니라 이 늙은이 때문이다."고 하였다. 우옹이 만나는 사람마다 이렇게 말한 이유는 며느리가 물에 빠져 죽은 일이 누(累)가 되었다는 사실을 널리 퍼뜨리기 위함이었다. 송주석의 어머니는 시아버지의 험한 독설과 거짓 헐뜯음을 감당하지 못하여 빠져죽었기 때문에 시아버지가 도리어 그녀를 더욱 미워했던 것이라고 한다.

송주석의 교만함
047 송주석은 우암의 손자였다. 늙은 부모의 봉양을 청하여[95] 김제

---

95) 늙은 부모의 봉양을 청하여 : 걸양(乞養). 늙은 부모가 계실 때 그 봉양을 위하여 수령이 될 것을 주청하는 일이다.

476

군수가 되었다. 교만하고 건방진 태도로 온 도를 압도하니 관찰사이하 관원들은 그 앞으로 바람처럼 빨리 달려갔다. 그가 감영에 올 때 영문(營門)에 이르러 말소리가 들리면 일산(日傘)을 펼쳐들었다. 문에 들어와 가마에서 내려 곧장 평상복을 입은 채 관찰사를 만나는 데도 병사(兵使)나 수사(水使)이하는 엎드린 채 아무 소리도 내지 못하였다.

당시 여산(礪山)의 영장(營將) 이두망(李斗望)은 호서의 보잘 것 없는 집안 출신이었지만 호걸이었다. 무기를 점검하라는 관문(關文)이 내려지면 군리(郡吏)가 공장(工匠)을 불러 무기를 수리해야 했지만 송주석은 "그냥 두라."고만 말할 뿐이었다. 또한 영장을 영접하고 접대하는 등의 일을 보고하면 송주석은 또한 '그냥 두라'고 하였다. 영장이 와서 객사에 앉아 크게 화를 내며, 향(鄕)·장청(將廳)이하 호장·이방·병방에 이르기까지 관련 책임자들을 잡아들이니 관아의 뜰이 가득 찼다. 이속들이 두려워서 급히 송주석에게 아뢰었지만 송주석이 "골치 아프다. 내가 장차 나아가 볼 것이다."고 하며, 평상복에 견여96)를 타고 직접 객사 대청에서 내려 의자 앞에서 읍을 했다. 영장은 못 본채 하고 갑자기 성난 목소리로 말하였다. "네 할아비가 정승이면 너도 정승이냐. 비록 할아비가 정승이었더라도 네가 군수인데 위아래 관원에게 예모를 갖추어야 한다는 소리를 듣지 못하였는가. 네 할아비가 이렇게 하라고 가르쳤는가. 이학(理學)이라는 것이 이와 같단 말이냐." 송주석이 한 마디도 하지 못하고 기운을 잃고 기절하였다.

통인(通引)97)이 업고 돌아와 물을 흘려 넣고 마비된 팔다리를 주물렀다. 얼마 뒤 정신을 차리고, "내가 어쩌다 이 지경이 되었는가."라고 묻자, "영장이 성난 목소리로 질책했기 때문입니다."고 하였다. 송주석이 "그가 어찌 감히 나에게 큰 소리를 쳤단 말인가."라고 하자, 듣고 있던 자들이 배를 잡고 웃었다. 영장이 이로 인해 감색(監色)과 여러 이서들에게 마구 곤장을 쳤으며, 마침내 무기를 점검하고 탈난 것을 집어내어 파면시켰다.

96) 견여(肩輿) : 두 사람이 앞뒤에서 메는 가마. 교자(轎子).
97) 통인(通引) : 관아의 심부름 맡은 이속이다.

온 군(郡)이 두려움에 떨면서 호랑이 영장이라고 하였다. 하지만 이두망은 우암을 꾸짖고 욕을 했기 때문에 출세하지 못한 채 세상을 마쳤으며, 송주석 역시 이와 연루되었기 때문에 웃음거리가 되어 높은 벼슬에 오르지 못하였다.

윤선거와 신상

048 노서(魯西, 윤선거)가 부사(府使) 신상(申恦)[98] 강화도로 임금을 모시고 갔다 포로로 잡혔다가 돌아온 자이다. 의 제문을 쓰면서 신상의 말을 빌어 "우리로 말하자면 포로 가운데 깨끗한 사람이다."고 하였다. 저 오랑캐에게 잡힌 자들이 어찌 깨끗하고 더러운지를 구별할 수 있겠는가. 웃음을 참을 수 없었다.

윤증의 비문 요청

049 이산(尼山, 윤증)이 아버지의 비문(碑文)을 송시열에게 요청했는데 한, 두 차례는 괜찮지만 세, 네 차례 이르고서도 오히려 스스로 그만둘 줄 몰랐으니 이는 모두 구차하게 미봉하려는 의도에서 나온 것이다. 이와 같이 해서 비록 영광스러운 칭찬을 받으면 죽은 자에게는 영광이 될지 모르겠지만 살아 있는 자들에게 오히려 부끄럽지 않겠는가.

김석주 관련 일화

050 경신년(1680, 숙종6) 무옥(誣獄)이후 김석주가 봉작을 받았다. 분애 (汾厓) 신판서(申判書)[99]를 방문하였는데, 정원 앞 나무에 복숭아가 갓 익어 있었다. 신공이 몇 개를 따서 친구들에게 보내기 위해 어린 여종을 불러 숫자를 세고 확인시켰다. 그런 뒤 직접 밀봉하면서 몰래 몇 개를 빼내고,

---

98) 신상(申恦) : 1598~1662. 본관은 평산, 자 효은(孝恩), 호 은휴와(恩休窩)이다. 강화도가 함락될 당시 세자빈(世子嬪)을 위기에서 구하였다.

99) 신판서(申判書) : 신정(申晸, 1628~1687). 영의정 흠의 손자, 참판 익전(翊全)의 아들로, 이조판서 등을 역임하였다.

478

편지와 함께 보냈다.

얼마 후 다시 어린 여종을 불러 숫자를 세니 몇 개가 부족하였다. 신공이 노하여 여종에게 형장을 가했더니 거짓으로 "길을 가다가 목이 말라 몇 개를 먹었습니다."고 자백하였다. 신공이 몰래 빼낸 열매를 보여주며, "여종이 빼먹지 않았는데도 형벌이 중해서 억울하게 자백한 것이다."고 하였다. 이윽고 최근에 지은 시 한 수를 읊었다. "기린대(麒麟臺)100) 위에 뭇 공들을 그려 놓았는데, 가장 으뜸인 명성은 박륙후(博陸侯)101)의 공이로다. 어찌 성 남쪽의 병든 학사102)와 비슷하겠는가. 온갖 꽃들이 만발한 가운데 봄바람에 취해있는 것과 같겠는가." 김석주가 아무 말도 못하고 자리를 떠났다.

051　김석주의 평생소원은 책훈되어 군(君)에 봉해지는 것이었다. 경신년(1680, 숙종6) 옥사 때 여러 곳을 수사하여 갖가지 방도로 얽어매 고문하고 참혹하게 엄한 법을 적용하였으니 맹청(孟靑)103)보다 더 심했다. 어찌 사람의 본성이 악해서 그렇겠는가. 그 공명을 탐하는 마음이 그렇게 만든 것이다. 갑술년(1694) 4월에 비망기를 내렸다.

"김석주는 정승 지위에 있으면서 몸가짐을 단출하게 하며 검약하지 못했고, 집도 옛사람의 검소함104)에 비춰볼 때 부끄러운 점이 있었다. 임술년(1682)에 무고했던 김중하와 김환의 옥사105)를 잘못 처리하여 공의(公議)를 들끓게 했으니 본디 그의 잘못이었다. 그러나 국가에서

---

100) 기린대(麒麟臺) : 기린각(麒麟閣). 한나라 선제(宣帝) 때 공신의 화상을 그려 놓았던 곳이다.
101) 박륙후(博陸侯) : 한나라 무제 때 공신 곽광(霍光, ?~B.C.68)으로, 박륙후에 봉해졌다. 여기서는 경신옥사 때 김석주의 공이 가장 컸음을 풍자한 것이다.
102) 병든 학사 : 신정(申晸) 자신을 가리킨다.
103) 맹청(孟靑) : 맹청봉(孟靑棒). 동진(東晋)때 낭야왕(琅邪王) 충(沖)을 쳐서 죽였던 장군이다. 가혹함이 심하다는 뜻이다.
104) 옛사람의 검소함 : 근용선마(僅容旋馬). 송나라 정승 이항이 집을 짓는데 대문 안이 겨우 말을 돌릴 정도로 검소했다고 한다.
105) 김중하와 김환의 옥사 : 1682년(숙종8) 김중하와 김환 등이 복평군을 왕으로 추대하는 역모를 꾸민다고 남인을 무고하였다. 1689년 기사환국 때 참형되었다.

대신을 대우하는 방도는 남들과 다르니 특별히 관직을 회복하고 몰수한 재산을 돌려주도록 하라. 지난날 대각의 신하들이 나열했던 송시열의 죄상은 한, 두 가지가 아니었다. 그 중에서도 기사년(1689) 상소에서 '병들어서야 비로소 태자를 책봉한다.'는 말이 있으니 이는 옳지 못한 것이다. 그러나 화평한 마음으로 곰곰이 따져본다면 어찌 다른 의도가 있단 말인가. 특별히 관직을 회복시켜라."

숙종 신사년 혜성 출현

052 신사년(1701, 숙종27) 12월 19일 관상감에서 "달이 헌원성(軒轅星)106)으로 들어갔습니다."고 아뢰었다. 22일에 또한 아뢰었다. "흰 무지개가 해를 꿰뚫었고, 태백이 사지(巳地)에서 나타났습니다. 초저녁에는 흰 기운 한 줄기가 서쪽으로부터 일어나서 곧바로 하늘 가운데로 지나갔는데 그 모양이 마치 혜성과 같으며 길이가 4, 5장(杖)이고 넓이가 1자 가량이었습니다."

남구만 관련 일화

053 경진년(1700)에 계성사(啓聖祠)107)를 다시 짓자는 논의가 일어났다. 정승 약천(藥泉, 남구만)이 대략 다음의 의견을 냈다.

"계성사의 의논은 송나라 말년에 시작되었는데 명나라 때 다시 제기되어 가정(嘉靖)108)연간 장부경(張孚敬)109)의 청원으로 건립되었습니다. 앞뒤 여러 논의를 보면 안자(顏子)·증자(曾子)·자사(子思) 부자의 위차(位次)를 둘

---

106) 헌원성(軒轅星) : 별 이름. 황후(皇后) 또는 여왕(女王)의 형상을 뜻한다.
107) 계성사(啓聖祠) : 공자·안자(顏子)·자사(子思)·증자(曾子)·맹자의 부친을 제사하는 사당. 1574년(선조7) 조헌을 질정관(質正官)으로 중국에 보내어 규모와 제도를 조사시켰고, 1699년(숙종25) 예조판서 김구(金構)와 대사헌 홍수헌(洪受瀗)을 시켜 성균관의 대성전 서북쪽에 터를 잡고 건축을 시작하여 1701년에 완공하였다. 제향 된 위패는 공자의 아버지 제국공 공숙량흘(齊國公孔叔梁紇), 안자의 아버지 곡부후 안무유(曲阜侯顏無繇), 증자의 아버지 내무후 증점(萊蕪侯曾點), 자사의 아버지 사수후 공리(泗水侯孔鯉), 맹자의 아버지 주국공 맹격(邾國公孟激)이다.
108) 가정(嘉靖) : 명나라 세종의 연호(1522~1566)이다.
109) 장부경(張孚敬) : 명나라 세종 때 태학사(太學士)이다.

러싸고 논의가 있었습니다. 계성묘(啓聖廟) 제도를 알지 못하지만 그 뜻을 미루어 보면 집의 기둥·추녀의 높이, 칸·시렁의 폭, 축문·폐백·전물110)·헌작111)의 절차, 희생(犠牲)과 대그릇·나무그릇에 담는 제사 음식, 헌현(軒懸)112)의 풍악, 육일(六佾)의 춤113)도 모두 왕자의 예제를 사용하여 대성전(大成殿)114)과 조금도 차이가 없게 할 것입니까. 만약 대성전에 비해 조금이라도 줄인다면 공자가 자신을 낳아 준 아버지를 높이는 마음으로써 논할 때 어찌 우울하지 않겠으며, 자신에게 주어진 큰 제사를 받는 것이 편안하겠습니까. 안자·증자·자사가 각자의 아버지보다 먼저 제사 받는 것은, 공자가 위에 있어서 같이 제사받기 때문에 오히려 압존(壓尊)115)의 뜻으로 말할 수 있습니다. 하지만 숙량흘(叔梁紇)에 대한 제사를 지내지 않으면 모를까, 제사를 지내는데 공자보다 낮춘다면 또 무슨 의리라고 핑계하겠습니까. 공자를 받들어 제사지내는 것을 숙량씨에게까지 미루고, 숙량흘로 인해 안로(顔路)·증점(曾點)·공리(孔鯉)에게 이를 것이며, 또한 이름을 알지 못하는 맹손(孟孫) 씨에게까지 이르게 될 것입니다. 그 사례를 주자(周子)·장자(張子)·정자(程子)·주자(朱子)의 아버지에게 미룬다면 이는 마치 신하들이 조정에서 제후로 봉하고 관작을 받으면 그 할아버지와 아버지도 추증되는 것과 같은 일입니다. 성현의 덕을 숭상하고 공을 보답하려는 의리를 높이려다가 도리어 비하하는 혐의가 생기지 않겠습니까. 또 그 일을 가령 행하려 해도 끝내 번거로운 예와 겉치레로 꾸미는 데로 돌아갈 것이므로, 오늘날 급히 힘써해야 할 일은 아닐 듯 싶습니다. 뒷날을 기다리는 것만 같지 못합니다.……"

올라온 의견에 따라 대성전 뒤에 사당을 세웠다. 제국공(齊國公) 숙량흘

---

110) 전물(奠物) : 제전(祭奠)에 쓰이는 제기(祭器)나 음식물이다.
111) 헌작(獻酌) : 헌작(獻爵). 신령에게 술을 바치는 일이다.
112) 헌현(軒懸) : 편경과 편종 등 타악기를 설치하는 틀, 또는 악기이다.
113) 육일(六佾)의 춤 : 6인이 8줄로 늘어서서 추던 춤. 곧 모두 48인이 춤을 추었는데, 이는 제후의 무악(舞樂)으로 문무(文舞)와 무무(武舞)로 구분되었다.
114) 대성전(大成殿) : 문묘의 시설 가운데 공자의 위판을 봉안한 전각이다.
115) 압존(壓尊) : 보다 더 높은 어른 앞에서 공대가 줄어드는 것이다.

을 주향(主享)하고 곡부후(曲阜侯) 안로와 내무후(萊蕪侯) 증점, 사수후(泗水侯) 공리와 주국공(邾國公) 맹씨를 배향하여 안치하였다. 이들에 대한 제의(祭儀)·품식(品式)은 공자의 십대 제자116)의 사례에 따랐다.

054 내가117) 경인년(1650, 효종1)에 문묘에 종사할 것118)을 청하는 상소에 참여했었는데, 지금까지도 후회하고 있다. 가(可)한지 불가(不可)한지를 논하기에 앞서 유생으로서 상소한 것은 매우 부당한데, 하물며 지금 성균관이 어찌 이같이 유생들이 발붙일 곳이겠는가. 비록 이 일로 인해 과거시험을 보지 못하게 해도 결코 가서는 안 된다. 『약천집』119) 무자년 (1708, 숙종34)

이현석의 강산풍월도중기

055 판서 이현석(李玄錫)120)이 청풍부사에 부임했다가 돌아갈 때 시를 지어 필사하고 제목을 '강산풍월도중기(江山風月都重記)'라 하고 도장을 찍어 지통(紙筒)에 담아 두었다. 그 시의 한 구절에서 "사찰의 주지가 술과 구운 고기를 차려오고, 상청(上淸)121)의 선자(仙子)가 처자를 데리고 있네."고 하였는데, 그 사실을 기록한 것이다. 또한 삼유십무(三有十無)라는 제목의 시가 있었으니 삼유(三有)는 누각[樓觀]·강산(江山)·연하(烟霞)122)를 말하며, 십무(十無)는 쌀·소금·간장·떡·물고기·술·기생·음악·문(文)·무(武)

---

116) 공자의 십대 제자 : 십철(十哲). 공자의 대표적인 제자 안회(顔回), 민자건(閔子騫), 염백우(冉伯牛), 중궁(仲弓), 재아(宰我), 자공(子貢), 염유(冉有), 자로(子路), 자유(子有), 자하(子夏)이다.

117) 내가 : 남구만을 가리킨다.

118) 문묘에 종사할 것 : 1649년(효종 즉위년) 11월 성균관 유생 홍위(洪葳) 등이 이이와 성혼의 문묘 종사를 상소하였다. 그러자 이듬해 2월 경상도 진사 유직(柳稷) 등이 반대상소를 올렸다.

119) 『약천집(藥泉集)』 권34, 「서(書)·기아 무자년 4월 20일(寄兒戊子四月二十日)」.

120) 이현석(李玄錫) : 1647~?. 수광(睟光)의 증손. 1682년(숙종8) 송시열 등 서인의 예론을 반대하다가 철원에 부처되었다.

121) 상청(上淸) : 도교에서 신선이 산다는 궁전중 하나. 옥청(玉淸)·상청(上淸)·태청(太淸).

122) 연하(烟霞) : 안개가 낀 듯한 고요한 산수의 경치이다.

가 없다는 것이다.

남인의 신론 평가

056 세상의 논자들이 말하였다. "새로운 논설을 만드는 자들이[123] 비록 스스로 녹(綠)을 이롭게 하는 마음을 갖지 않고 공정함에서 나온 것이라고 한다. 하지만 이는 마치 구자왕(龜玆王)에 대해서 나귀는 나귀가 아니고 말은 말이 아니다고 한 것 같으니[124] 또한 그래서는 안 될 것이다. 한쪽을 차지하여 편벽된 수단을 강구하니 그들이 보는 것이 어찌 좁고 작지 않은가." 그 말이 옳다. 「원록(原錄)」에 실려 있는 '임인년(1722, 경종2) 신론장(新論章)'을[125] 참고해 볼 것이다.

당색별 평가

057 옛날 역사책에 우리 동토의 풍속에 대해서 "사람들이 유순하고 착해서 거듭 악한 짓을 당해도 문득 바라보면 어리석은 듯 가만히 있었다." 라고 하였다. 이 때문에 군자의 나라라고 한 것이다. 당론이 서로 어긋난 뒤 풍습이 나눠지고 내려 받은 성품이 각기 다르게 되었다. 노론은 굳세고 사나움이 많았고, 소론은 진실됨이 적었으며, 소북(少北)은 꾸미기를 좋아하였다. 오직 동인만 유순하고 착해서 어리석은 듯 보이지만 동토의 본래 풍속을 잃지 않았다. 물론 모두 그런 것은 아니지만 대체로 그런 편이었다. 용모와 몸가짐을 보고, 색목을 구별하면 십중팔구 맞아 떨어지니 어찌 천명이 아니며, 또한 사람들이 감응되지 않음 없다고 할 수

---

123) 새로운 논설을 만드는 자들이 : 남인 내 한 분파인 문외파(門外派)를 가리킨다.

124) 구자왕에 …… 같으니 : 구자왕은 지금의 신강(新疆) 일대에 구자국의 임금을 가리킨다. 당시 구자국 왕 강빈(絳賓)이 한나라의 제도와 문물을 본받으려 했는데, 심지어 매일 조회 때 종을 치거나 무릎 꿇고 말하는 것들까지도 한나라의 방식에 따랐다. 이를 비웃으며 사람들이 "나귀도 아니고 말도 아니다[非驢非馬]."라고 하였다.[『한서(漢書)』 권96, 「열전(列傳)·서역전(西域傳)」] 즉 남의 것을 그대로 따르다가 이것도 저것도 아닌 것이 되었다는 비판이었다.

125) 임인년 신론장 : 본서 권3 87번 기사 참조. 임인년(1722, 경종2)에 심단을 중심으로 이인복과 이중환 등 약간의 사람들이 참여한 문외파였다. 그들은 경신년(1680, 숙종6)과 기사년(1689)의 여러 남인과 자신은 다르다고 주장하였다.

있겠는가.

정인홍의 자품

058 이학(理學)은 하늘과 땅 사이에 첫 번째 중요한 일이다. 만약 세상을 속이고 명성을 도둑질하기 위해 이학을 일삼는다면 이는 크게 간사하고 사특하거나 크게 과단성이 있는 사람일 것이며, 끝내 큰 간사함을 저지를 것이다. 정인홍이 그러한 자였다. 『택당가록』

권시 관련 일화

059 탄옹(炭翁, 권시)은 너그럽고 대범하며, 겉으로 꾸밈이 없었다. 자제에게 편지를 보낼 때 종종 나를[126] 시켜 읽게 해서 빠진 글자가 없는지 물었다. 또한 자제의 편지가 오면 역시 나에게 읽게 하고 그 내용을 듣고서 조용히 말하였다. "세상 사람들이 친구사이에도 편지를 보낼 때 몰래 쓰고 보는 것은 옆 사람이 내용을 알까 두려워한다. 어찌 말한 바가 정명광대 함을 말하지 않았기 때문이 아니겠는가." 이와 같이 탄옹은 숨기거나 사사로움이 없으니 사람됨을 알 수 있다. 『백야기문』

060 탄옹은 항상 "사람을 저주하여 죽일 수 없다."고 하였다. 내가 그 자리에 앉아 있었지만 어려서 감히 질문하지 못했는데 이제 와서 그 말뜻을 이해할 수 있게 되었다. 어찌 사람들이 바라는 것이 부귀와 장수가 아니라고 하겠는가마는 이를 얻기 위해 끝없이 기도하고 축원했다고 해서 한결같이 뜻대로 되지 않는다. 그런데 어찌 유독 어둠 속에서 저주하는 것만 뜻대로 될 이치가 있겠는가. 이것이 저주해서 사람을 죽일 수 없는 이유가 아니겠는가. 아, 저주의 옥사[127]가 근래 잇따라 발생하여 혹 자백하던지, 그렇지 않던지 간에 끝내 몸을 해치는 데로 돌아갔는데도 저주가 그치지 않고 있다. 만약 탄옹의 설이 세상에 널리

---

126) 나 : 『백야기문』의 저자인 조석주(趙奭周)를 가리킨다.
127) 저주의 옥사 : 1701년(숙종27) 희빈 장씨가 일으킨 무고(巫蠱)의 옥(獄)을 가리킨다.

484

알려져 저주해도 사람을 죽이는 것이 불가능하다는 사실을 알게 되면 그칠 것이다. 어진 사람의 말이 크게 이롭도다. 위와 같다.

061 장수장(長水丈) 권우(權訏)는 탄옹의 형이다. 몸가짐이 단정하고, 의지가 굳건하여 범접할 수 없었다. 상례를 치를 때 밤낮으로 최복(衰服)을 벗지 않았으며, 터진 곳은 바늘로 꿰매 입고 3년 상을 마쳤다. 그 두려워하고 꺼려하여 게을리 하지 않는 실상을 미루어 알 수 있다. 사람을 가르칠 때는 표의(表衣)128)를 입고 복건(幅巾)을 쓰고 불편한 자리에서도 바르게 앉아 강론하고 가르쳤으니 해가 저물어서야 그쳤다. 배우는 자들이 『사략(史略)』 첫 권의 본문을 가지고 와도 사양하지 않고 상대해서 권면하였다. 그 사람이 읽기를 정밀하게 하고 배우는데 익숙해지기를 기대했지만 처음부터 막히고 감당하지 못해도 허물하지 않았다. 옛말에 "사람을 가르침에 게을리 하지 않는다."고 한 것이 이것이었다. 선생은 질박함을 숭상하고 꾸미기를 싫어해서 서로 말할 때 자기주장을 펴서 세속에 따라 아부하지 않았으니 조정에서 그를 따라올 자가 없었다. 그런데 세상 사람이 그를 일개 음사(蔭仕)129)출신이라고 하니 한탄스러울 뿐이다. 위와 같다.

당론 비판

062 맹자가 '춘추시대에는 의로운 전쟁이 없다.'130)라고 했는데 내가 생각하기엔 '당론에는 군자가 없다.'라고 할 수 있다. 무엇 때문인가. 널리 교류 하되 편 가르지 않고, 무리 짓되 당을 만들지 않는 것이 군자가 되는 까닭이다. 그런데 오늘날 학문적으로 세상에 존경을 받는 사람은 모두 당목(黨目) 가운데 있으면서 머리를 들락날락 거리며, 그들과 함께

---

128) 표의(表衣) : 겉에 입는 웃옷이다.
129) 음사(蔭仕) : 조상의 공덕으로 과거를 거치지 않고 벼슬길에 나아가는 것이다.
130) 맹자가 …… 없다 : 『맹자』「진심 하(盡心下)」에서 "『춘추』에 의로운 전쟁이 없으나, 그 중에 저것이 이것보다 나은 것은 있다.[春秋無義戰, 彼善於此則有之矣]"고 하였다.

동화되었으니 어떻게 편 가르지 않고 당을 만들지 말라는 것으로 질책할 수 있겠는가. 편 가르지 않고 당을 만들지 않는 것은 이미 바랄 수 없게 되었다. 종종 당론을 같이하는 자의 득세함에 힘입어 살아서는 좋은 벼슬을 차지하고, 죽어서는 명성을 얻으니 이거야말로 당론으로써 자기의 이익을 추구하는 것이다. 옛날 군자는 결코 이같이 하지 않았기 때문에 내가 '당론에는 군자가 없다.'라고 한 것이다.

이광좌의 말년

063 옛날 범촉공(范蜀公)[131]이 벼슬을 그만둔 뒤 천자가 계속해서 간곡히 불렀지만 끝내 나아가지 않았다. 정승 이광좌(李光佐)[132]가 이미 봉조청(奉朝請)[133]이 되어 금강(錦江) 어정(魚亭)에서 낚시질 하며 늘그막에 한가롭게 지내는 것이 어찌 불가했겠는가. 힘써 조정에 다시 나아가 조아리면서 명성을 떨어뜨렸고, 끝내 무한한 낭패를 당했다. 범공에게 부끄러운 점이 많다.

허적 관련 일화

064 허적 공이 의주 부윤에 부임했을 때 일이다. 당시 청나라에 포로로 잡혀갔다가 의주로 돌아온 사람이 있었다. 공이 평안도 관찰사에게 보고하자 관찰사 구봉서(具鳳瑞)[134]가 그 자를 평안도 창성(昌城)으로 옮겨 머물게 하였다. 그런데 얼마 지나지 않아 그 사람이 다시 심양으로 돌아갔다. 구봉서가 크게 놀라 공에게 관문(關文)을 보내 의견을 묻고 또한, "이 공문을 영문(營門)으로 되돌려 보내 달라."고 하였다. 공은 구봉서가

---

131) 범촉공(范蜀公) : 송나라 범진(范鎭, 1008~1089). 왕안석과 뜻이 맞지 않아 물러난 뒤 조정에 나아가지 않았다.
132) 이광좌(李光佐) : 1674~1740. 본관은 경주, 자 상보(尙輔), 호 운곡(雲谷)이다. 우의정·영의정을 역임하였다.
133) 봉조청(奉朝請) : 정3품의 관리가 사임했을 때 특별히 내려준 벼슬. 공로가 있는 퇴직한 당상관에게 녹봉을 지급하기 위해 주는 명예직이다.
134) 구봉서(具鳳瑞) : 1597~1644. 본관은 능성(綾城), 자 경휘(景輝), 호 낙주(洛洲)이다. 호조참의·평안도 관찰사 등을 역임하였다.

이같이 요청한 것은 뒷날 자신을 끌어들이려는 의도가 숨겨져 있다고 간파하고 이내 "공문은 뒤에 살펴보기 위해서 그대로 두겠습니다."고 회답하였다. 해당 사건을 조사할 청나라 칙사가 오자 구봉서가 울면서 동궁에게 달려가 말하였다. "신이 조정의 명을 받들어 사로 잡혔다가 몰래 도망쳐 나온 사람을 머물게 하였는데, 이로 인해 죽게 된다면 어찌 원통하지 않겠습니까. 원컨대 부윤에게 대신 책임을 감당하게 해주십시오." 공이 "신이 어찌 구봉서를 대신하여 죽어야 합니까."라고 하였지만, 구봉서는 계속 울면서 하소연하였다. 동궁이 "관찰사가 겁먹었으니 부윤이 대신 감당할 수 있지 않는가."라고 묻자, 공이 "저하의 하교가 이에 미쳤으니 신이 어찌 감히 목숨을 아깝게 여기겠습니까."라고 하며, 이내 그 자리에서 전날 받았던 관문을 던지고 돌아갔다. 구봉서가 그것을 주워 들이고서 기뻐하였다. 공은 조사받았지만 굴복하지 않았고, 사건은 마침내 종결되었다. 공이 조사 받을 때 구봉서와 수령 한 명이 문틈으로 그 모습을 엿보고 들었는데, 정신이 없고 두려움에 다리를 떨었다. 공이 문밖으로 나오자 구봉서가 공의 손을 잡고 말하였다. "내가 어찌 공보다 현명하지 않겠는가. 그대가 잘 하리라는 것을 알고 있었으니 이것이 현명하지 않으면 무엇이겠는가." 『허상유사』

영조대 이의풍 사건

065　이의풍(李義豊)[135]이 함경도 병마절도사에 부임했을 때 토착 군관 아무개[136]를 사소한 일로 곤장을 때려 죽였다. 부인은 영속(營屬)[137] 배희당(裵希唐)의 딸[138]이었는데, 남편의 원수를 갚기 위해 대낮에 단검을 지니고 몰래 영문으로 들어가 계단을 통해 동헌(東軒)에 올라갔다. 병마절

---

135) 이의풍(李義豊) : ?~1754. 본관은 전의, 자 계형(季亨). 어영대장 등을 역임하였다.
136) 토착 군관 아무개 : 1734년(영조10) 7월 18일 실록기사에 따르면 아무개는 배수현(裵守賢)이었다.
137) 영속(營屬) : 각 군영이나 감영에 딸린 아전이다.
138) 배희당(裵希唐)의 딸 : 1734년(영조10) 7월 18일 실록기사에 따르면 배수현의 아내는 자근례(者斤禮)이었다.

도사가 앉아 있는 자리에 단검을 들이대니 곁에 있던 기생이 깜짝 놀라 소리를 질렀다. 이의풍이 황급히 뒷문을 통해 담장을 넘어 도망가려 하자 배씨 딸이 단검을 휘두르며 추격하였고, 이의풍의 왼쪽 넙적 다리를 찔렀다. 감영의 병졸들이 그녀를 포박하였고, 옥사가 마무리 되고 나서 죽임을 당했다. 어떤 여자이기에 이처럼 강건하였던가. 비록 법에 따라 죽였지만 의롭고 장렬했던 이 사실을 지워버릴 수 없었다. 애석하게도 내가 그 이름을 잊었다. 갑인년(1734, 영조10)의 일이었다.

홍중기의 향전 판결

066 계축년(1733, 영조9) 5월에 홍중기(洪重夔)가 강진현감에 부임했을 때 향전(鄕戰)이 벌어지고 있었다. 노론은 전임 수령이 있을 때부터 남인 7명의 죄를 열거하여 소장을 올렸는데 처결이 끝나기도 전에 수령이 교체되고 말았다. 겸관(兼官)[139] 역시 즉시 처결하지 않고 소장을 올리니 감영에서 제사(題辭)[140]하였다. "7명은 교화에서 벗어난 난민(亂民)이다. 훔쳐 먹은 향교 물건을 모두 거둬들인 뒤 관찰사에게 보고하라." 이에 겸관이 처결하려 하자 노론이 "이는 겸관이 처결할 일이 아닙니다. 새 수령이 멀지 않아 도임할 것이니 조금 늦추어야 합니다."고 하였다.

새 수령이 부임한 다음날 12명이 모두 와서 감영에서 받은 제사를 올렸다. 홍중기가 겸관 두 글자를 보고 노하여 하나하나 가리키면서 "내가 겸관인가."라고 묻자, 12명이 "성주(城主)입니다."고 대답하였다. 또한 "그렇다면 어찌 감히 겸관이 받은 제사가 적힌 소장을 내게 보여주는가."라고 물으며, 반나절 동안 질책하였다. 이내 소장을 장두(狀頭)[141]의 머리에 붙이고 끌어내어 쫓아 버렸다. 노론 12명이 다시 감영에 소장을 내어 제사를 받고 이를 수령에게 올렸다. 홍중기가 말하였다. "이 일은 향전에서 비롯된 것으로 사람마다 각자 의견이 있다. 내가 자세히 살펴본

---

139) 겸관(兼官) : 수령이 결원되어 후임자가 오기 전에 이웃 고을의 수령이 겸직하였다.
140) 제사(題辭) : 소장(訴狀)이나 원서(願書)에 쓰던 관부의 판결이다.
141) 장두(狀頭) : 소장의 맨 앞에 이름을 적은 사람이다.

뒤에 처결하겠으니 잠시 물러가거라." 12명이 모두 "관에서 몰래 살피고 자한다면 보름이나 한 달이 걸려도 관문(官門)에서 기다리겠습니다."고 하였다. 홍중기가 "알아서 하라."고 하였다.

7월 20일 이후 12명을 불러서 "너희가 올린 소장에는 다른 사람을 모함하는 내용은 없는가."라고 묻자, "어찌 거짓 고소함이 있겠습니까."고 대답하였다. 홍중기가 "만약 거짓 고소함이 있다면 이에 상응하는 벌[142]을 내리겠다."고 하였다. 진술을 받은 뒤 "남인 7명을 잡아들여 변론하게 하라."고 하니, 며칠 뒤 7명이 도착하였다. 대면하여 변론하게 하고는 사리를 따져 관찰사에게 보고하며 말했다. "이미 오랜 시간이 지났고 빨리 처리해야 할 공무이었기 때문에 또 몰래 살펴 실정을 파악하였습니다. 지금 비로소 피차의 공사[143]와 변론한 말을 받들어서 보고하니 참작하여 살피시길 바랍니다.……" 관찰사 윤득화(尹得和)[144]가 크게 노하여 제사하였다. "영문의 제사를 게을리 처리하여 늦게 도착했다. 더욱이 근거 없는 말로 보고하면서 드러내놓고 7명의 뜻을 편파적으로 따르니 어찌 이와 같은 일이 있단 말인가. 형리(刑吏)는 7명에게 형틀을 씌우고 엄중히 가두며, 현감은 스스로 근신하라.……" 또한 말하였다. "문관 수령은 모두 방석에 앉지 않는데 지난번 홍중기는 곧바로 방석에 앉았으니 어찌 이토록 나를 업신여기는가." 홍중기가 "더 무슨 말을 하겠는가. 근신하라 하니 벼슬을 버리고 돌아가겠다."고 하며 즉시 나와 향촌으로 물러났다. 청리(廳吏)가 "형리가 상사(上使)와 7명을 잡아 오라고 하는데 어찌 해야 합니까."라고 묻자, 홍중기가 "스스로 근신하는 관리가 어찌 다시 현(縣)의 일에 대해서 간여하겠는가."라고 하였다.

얼마 지나지 않아 가을에 관찰사가 순행하겠다는 관문이 내려왔는데, 본 현이 맨 처음 방문하는 읍이었다. 향청(鄕廳)과 장청(將廳)의 하리(下吏)

---

142) 상응하는 벌 : 반좌(反坐). 다른 사람을 무고(誣告)한 자는 무고 당한 사람에게 부과되는 죄만큼 벌을 받았다.

143) 공사(供辭) : 범인이 범죄 사실을 진술하는 말이다.

144) 윤득화(尹得和) : 1688~1759. 본관은 해평, 자 덕휘(德輝)이다. 대사성·도승지 등을 역임하였다. 영조의 탕평론에 반대하였다.

등이 각자 담당하는 일을 아뢰었는데 홍중기는 대답하지 않고 물리쳤다. 윤득화가 말을 달려 현에 도착하였지만 응대하고 영접하는 예절을 일체 거행하지 않았다. 윤득화는 화가 나서 객사로 들어가 버렸다. 홍중기가 즉시 비장(裨將)들에게 전갈하여 말했다. "내가 그냥 돌아갈 수도 있었지만 너희들과 한 마디 작별의 말이라도 나누고 싶어서 머문 것이다. 들어가서 볼 수 있겠는가." 비장들이 "들어오십시오."라고 대답하였다. 이에 홍중기가 들어갔지만 관찰사가 머물고 있는 방에는 들어가지 않았다. 여러 비장들이 혀를 차며, "일을 어찌 이와 같이 처리해서 문제를 야기하여 이 지경에 이르게 했단 말입니까."라고 하자, 홍중기가 노한 목소리로 말했다.

"나는 작은 실수도 저지르지 않았다. 수령은 백리를 다스리는 책임을 지니는데 조정에서 어찌 수령에게 일의 시비곡직을 헤아리지 않고 단지 관찰사의 명령을 따르라고 하는가. 또한 관찰사와 수령이 모든 일을 상의할 수 있는데 어찌 견해가 다르다고 하여 근신하라고 하는가. 어전에서도 삼공(三公)으로부터 부참봉(部參奉)에 이르기까지 모두 방석이 있다. 지방관의 체통과 법례로 말한다면, '당상 수령은 무늬가 있는 방석에 앉고, 당하 수령은 무늬가 없는 방석에 앉는다.'고 하였으니, 수령이 방석에 앉는 것은 의례 있는 일이다. 내가 처음 수령이 되어 관찰사와 수령 간의 체모에 익숙하지 않아서 앉을 수 없다면 애초부터 방석을 내어주지 않으면 그만이지 이미 방석을 줘놓고서 또한 앉았다고 질책하는 것은 무슨 까닭인가. 비록 근신하라는 제사가 없더라도 나 또한 사대부인데 어찌 이런 관찰사에게 머리를 굽히는 아래 관원이 되란 말인가. 비록 내가 남인 7명의 편을 들었다고 하지만 감영의 결정을 기다렸다. 내가 보기엔 관찰사가 노론 12명의 편을 드는 것이 더욱 심한 것 같다. 지금 당장 내 노비를 거느리고 내 말을 타고 채찍질 한번이면 고향에 돌아갈 수 있으니 어찌 비루하게 현의 곡식을 축내겠는가."

윤득화가 대청마루에 앉아 그 말을 상세히 듣고 자신도 모르게 부끄러워 거듭 사람을 보내 만날 것을 요청하였다. 이에 "나는 근신하는 관리로서

490

벼슬아치 복장은 맞지 않다."고 대답하면서 느지막이 평소 입던 옷을
입고 윤득화를 만나 조목조목 변파하였다. 윤득화가 절절이 죄를 칭하고,
그 소장을 취해 지난번 제사를 떼어냈다. 홍중기가 "근신하는 자가 어찌
감히 따를 수 있겠습니까."라고 하자, 윤득화도 "나도 그만두고 싶다."라
고 하기에 홍중기가 마지못해 머무는 것을 허락하였다. 윤득화는 아전들
을 매질하지 않고 다음날 아침 급히 돌아갔다.

영조의 이지억 중용

067 항승(恒承) 이지억(李之億)145)은 무진년(1749, 영조25) 발생한 이지서
(李之曙)의 옥사146)에 연루되어 체포되어 신문받았다. 당시 그는 냉수
한 사발만을 마셨을 뿐인데도 정신이 맑고 혼미하지 않아서 매우 명확하
게 변론하였다. 주상이 크게 가상하게 여겨 말하였다. "너는 이미 죄가
없으니 즉시 석방하겠다. 그러나 너희 형제147) 가운데 호서지역에서
살면서 역적의 진술에 이름이 거론되었는데도 아직 잡아들이지 못한
자들이 있으니, 그들이 온 뒤에 한 차례 신문하고 모두 풀어주겠다."
　형제는 나흘 동안 옥에 갇혀 있다가 그들이 도착하는 날 바로 풀려났는
데 이미 해가 저물고 어두워졌다. 주상이 순라군(巡邏軍)에게 호송하도록
명하면서 이지억을 위로하고, 과거시험 공부에 더욱 힘쓰게 하였다.
그해 국제(菊製)148)때 이지억이 3등으로 급제하였는데 주상이 명하여
2등으로 올려 사제(賜第)149)하였다. 또 약을 내려주며, "나이 드신 어머니가
있다고 들었다. 사흘치는 될 것이다."라고 하였다. 정성껏 대접하고 베푼

---

145) 이지억(李之億) : 1699~1770. 본관은 연안, 자 덕수(德廋)·항승(恒承), 호 성헌(醒軒)이다.
　　이조판서 광정(光庭)의 후손으로, 형조·병조판서 등을 역임하였다. 그가 죽자 영조가
　　애석하게 여기고, 상례비용을 내려주었다.
146) 이지서(李之曙)의 옥사 : 이지서는 이지억과 육촌간. 1748년(영조24) 충청도 청주와
　　문의(文義)에서 괘서 사건을 일으켰다.
147) 너희 형제 : 이지양(李之陽)과 이지억을 가리킨다.
148) 국제(菊製) : 매년 9월 9일 성균관에서 거재 유생(居齋儒生)과 지방 유생에게 제술(製述)
　　로써 행하던 시험이다.
149) 사제(賜第) : 임금의 명으로 특별히 과거 급제자와 똑같은 자격을 주는 것이다.

은혜가 여러 가지였으니, 이는 전에 없던 특별한 일이었다.

영조대 엄택주 사건

068　엄택주(嚴宅周)는 남의 집 종이었는데 성은 이씨였고 이름은 만강(萬江)이었다. 충청도 전의(全義) 관아에서 심부름하는 종150)의 아들이었으며, 어머니도 노비였다. 어려서 재주가 뛰어나서 같은 현(縣) 문관출신 신(愼)씨에게서 글을 배워 3년 뒤인 16, 7세 때 문예가 크게 진전되었다. 하루는 신씨에게 "아무 촌 아무개 집안에 처자가 있는데 혼자 몸으로 의탁할 곳이 없으니 그녀와 결혼하기를 원합니다."고 하였다. 그가 말한 어느 집안은 엄택주의 주인집으로 재앙이 생겨 집안사람들이 모두 죽었고, 단지 여자 하나만 남았는데 결혼할 시기가 지났지만 시집가지 못하였다. 신씨는 같은 고장에 살면서 그에 대해서 잘 알고 있었기에 크게 꾸짖으며, "네가 어찌 감히 멋대로 하려는가. 오늘이후로 우리 집에 발길을 들이지 말라."고 하였다. 만강이 이 일로 인해 도망쳐서 동쪽에서 유랑하다가 영월 호장(寧越戶長)의 사위가 되고 스스로 엄흥도(嚴興道)151)의 후손이라고 칭하고 이름을 고쳐 엄택주라고 하였다.

용문사(龍門寺)에서 독서에 전념한 지 10년 만에 나와 경상(卿相) 자제들과 교유하면서 대과(大科)와 소과(小科)에 합격하여 연일(延日)현감에 임명되었고, 다스림에 명성이 있었다. 벼슬을 그만두고는 태백산아래 궁벽한 곳에 살면서 향촌 사람들을 가르쳤다. 향촌의 사족들 가운데 혹 혼인하려는 자가 있어서 아버지와 할아버지의 이름을 합자(合字)하여 성문(成文)했지만 사람들이 알지 못했다. 당초 과거 급제하여 벼슬살이 할 때 한 번도 고향으로 돌아가 산소를 돌보지 않았다. 이에 마을사람들이 힐문하였는데 모호하게 대답하자 사람들이 그 종적을 의심하였다.

을축년(1745, 영조21)에 지평 홍중효(洪重孝)152)가 전의(全義) 수령인 형

---

150) 심부름 하는 종 : 급창(及唱). 군아에 속하여 원의 명령을 간접으로 받아 큰 소리로 전달하는 일을 맡아보던 사내종이다.
151) 엄흥도(嚴興道) : 단종이 시해되었을 때 시신을 수습하여 안장했던 영월 호장이다.

492

홍중후(洪重厚)를 만나기 위해 여러 차례 왕래하다가 그의 집안 내력을
알게 되었다. 그가 간사하다고 간언하였고, 잡아들일 것을 명하였다.
엄택주가 진술했는데 완강히 숨기자 일족을 불러 대질하였다. 일족들
모두 말했다. "서로 보지 않은 지 이미 30년이 지났기 때문에 용모나
몸집을 자세히 알 수 없지만 어렸을 때 부스럼153)을 앓아 목에 상처가
남아 있으니 그것으로 증명할 수 있을 것입니다." 그 말에 따라 살펴보니
과연 그러하였다. 주상이 명하였다. "아버지와 할아버지의 이름을 고쳐
국가를 속인 것만으로도 죽어 마땅하지만 적용할 법조항이 없으므로
특별히 죽음을 면하여 노비로 만들어 흑산도로 영구히 유배보내라."

김석주의 정탐정치

069 금산(錦山)에 사는 무과출신 박귀령(朴龜齡)이라고 하는 자가 있었는
데 담력과 지략이 있었다. 어느날 판서 송규렴(宋奎濂)154)이 그를 불러
"병조판서가 자네를 보고자 하네. 즉시 서울로 올라오게."라고 하였다.
박귀령이 곧 서울에 올라와 곧바로 병조판서 댁으로 갔다. 병조판서
김석주가 밀실로 불러 "자네가 내말을 잘 들으면 멀지 않아 내 지위에
오를 것이다……"고 하였다. 박귀령이 "소인이 어찌 감히 말씀을 따르지
않겠습니까. 죽음도 피하지 않겠습니다."고 하자, 김석주가 "나라에 큰
도둑이 있으니 자네가 고변하게 하라……"고 하였다. 박귀령이 "그
일은 어렵지 않습니다만 도둑이 누군지 모르니 어찌 고변하겠습니까."고
하자, 김석주가 "그게 누구인지 알 수 있는 방도가 있네. 자네는 다만
시키는 대로 하기만하면 되네."라고 하였다. 박귀령이 "죽기를 각오하고
그렇게 하겠습니다……"고 하였다. 김석주가 기뻐하자 박귀령이 "소인
이 주인집에서 자고 내일 새벽에 대령하겠습니다."고 하였다. 김석주가

---

152) 홍중효(洪重孝) : 1708~1772. 본관은 풍산, 자 성원(聖源), 호 백서헌(栢西軒)·소와(疎窩)이
    다. 대사헌 등을 역임하였다.
153) 부스럼 : 연주창(連珠瘡). 멍울이 터져서 목에 생긴 부스럼이다.
154) 송규렴(宋奎濂) : 1630~1709. 본관은 은진, 자 도원(道源), 호 제월당(霽月堂)이다. 송준길
    의 문인으로, 예조참판 등을 역임하였다.

아무런 의심 없이 허락하였다.

박귀령이 즉시 평소 친분이 있는 친구 집으로 가서 밤이 깊도록 김석주와 주고받은 말을 들려주었다. 친구가 "사람을 죽여 공을 이루는 일은 보통사람은 함부로 하지 않는 것인데 더구나 반드시 살 수 있는 것도 아닌 경우이겠는가."라고 하며, 좋은 말과 먹을 쌀 몇 말을 준비해 주었다. 또한, "내일 파루(破漏, 새벽 4시)155)가 되면 도망치되, 큰길로 가지 말고 멀리 피해 간다면 목숨은 구할 수 있을 것이다……"고 하였다. 박귀령이 그 말을 따라서 목숨을 구했다고 한다.

앞서 승려 계현(戒玄)이라는 자가 풍수지리에 능하였는데, 속세로 돌아와 교련관(敎鍊官, 각 군영 소속 무관)이 되었다. 김석주에게 핍박을 받았지만 굳게 거절하고 듣지 않았다. 김석주가 술 한 잔을 내려주었는데, 나아가자마자 바로 죽고 말았다. 그 뒤 정원로(鄭元老)를 얻어 자기 몸을 해치며 꾸민 계책을 썼다. 정원로에게 곤장을 쳐서 원망을 산 다음 허적의 집을 살피고, 허견의 요망한 말을 얻어내어 고변하였다고 한다. 당초 허적과 김석주는 매우 친하였다. 그래서 광성부원군 김만기가 이사명을 시켜 둘 사이를 이간질하여 큰 옥사156)를 꾸몄다. 당시 국청을 세 곳에 설치하였는데, 한 곳은 포도청이고, 다른 한 곳은 의금부였으며, 마지막 한 곳은 석주의 집이었다고 한다.

070 이중민(李重敏)은 용인출신 천한 서얼이었다. 가난해서 어머니가 세력가의 빈 사랑채를 얻어 살며 물건을 팔아 생계를 유지하고, 그 집 노비를 얻어서 부인으로 삼았다. 어머니는 바느질 솜씨가 있어 내당(內堂)에 출입하였는데, 맡은 일을 부지런히 잘했다. 그 덕에 아들 이중민이 교련관(敎鍊官)에 임명되었고 무과에 급제하여 운산(雲山) 군수가 되었다. 아들 이광한(李光漢)에 이르러 천민에서 벗어났고, 아버지를 이어서 군문(軍門)에 들어갔다. 청성(淸城, 김석주)의 총애를 받았는데, 청성이 이광한을

---

155) 파루(破漏) : 새벽 4시에 쇠북을 치면 통행금지가 해제되었다.
156) 큰 옥사 : 1680년(숙종6) 경신환국을 가리킨다.

494

부추겨 몰래 살필 것을 지시하자, 이광한이 대답하였다. "소인 부자가
대감과 친구 분들 집에 출입한 지 10년이 되었습니다. 많은 사람들이
보고 있으니 만약 자기 몸을 해치며 꾸민 계책이 아니면 저들이 믿겠습니
까." 청성이 웃으며 "네가 견딜 수 있겠는가."라고 하였다. 뒷날 여러
사람이 모인 자리에서 죄목을 지어내어 크게 노한 척하며 혹독한 형장을
가하니 살이 터지고 피가 흥건히 흘러서 거의 죽을 지경에 이르렀다.
그러자 여러 사람들이 말려 저지하고 끌어내었다.

　이광한이 그날로 광통교(廣通橋) 아래로 가서 피 묻은 엉덩이를 씻어내며
청성을 크게 욕하며 길거리에서 손가락질 하니 사람들이 차마 들을
수 없었다. 급기야 정승 허적의 집에 붙어서 허견과 교분을 쌓았다.
허견이 함께 말을 나누고서 그 영리함을 좋아하였고 근실하여 믿게
되었으니 그에 대한 친밀함이 비길 데가 없었다. 이에 이광한은 불의로써
허견을 꼬드기고 비리로써 유인하며, 날마다 그의 움직임을 살펴 김석주
에게 은밀히 보고하여 마침내 고변하였다. 결국 허견은 죽고 집안은
망하였으니 누가 허견을 총명하다고 했는가. 이광한이 여기저기 다니면
서 날마다 큰 소리로 집주인을 꾸짖고 욕하니 귀를 가리지 않은 사람이
없었다. 어리더라도 지각이 있는 자였다면 그를 멀리하고 오히려 가까이
하는 것을 두려워해야 했는데 어찌 어울려 일을 꾸몄단 말인가. 하늘이
그의 백(魄)을 빼앗아서 그런 것인가. 사람들이 "정승 허적이 만든 원망의
빚이 허견으로 환생한 것이고, 그래서 집안에 재앙이 미쳤다."고 하였다.
어떤 사람은 그런 것이 아닌가라고 했다.

　경신년(1680, 숙종6) 11월에 이사명·김익훈·이광한 등 6명이 보사공신
[保社勳]¹⁵⁷⁾으로 추록되었다. 기사년(1689)에 이사명과 이광한 등은 죄를
자백하고 사형에 처해졌다. 갑술년(1694)에 억울함이 풀렸지만 훈호(勳號)
는 삭탈되었고 더 이상 거론되지 않았다. 임인년(1722, 경종2) 옥사 때
이광한의 아들 이숭조(李崇祖)는 흉적으로 죽임을 당하였다.

---

157) 보사공신[保社勳] : 1680년(숙종6) 복선군을 추대하려던 허견을 제거한 공. 김석주를
　　비롯한 일곱 사람에게 내린 공신 칭호이다.

장붕익의 부당한 처결

071 정사공(鄭思恭)[158]은 판서 정유악(鄭維嶽)의 서얼 자식이었다. 지난 해 종가(宗家)에 흉하고 더러운 것을 묻어두고 종손(宗孫)을 저주하여 죽이 려다가 발각되어 체포되어 옥에 갇혔지만 운 좋게 사면 받았다. 경술년 (1730, 영조6)에 포도대장 장붕익(張鵬翼)[159]이 몰래 살펴 체포하고 마침내 그 종족이 몰살되었다.

장붕익은 신축년(1721, 경종1)의 당우(黨友)로서 거칠고 사나우며 화를 즐기는 자였다. 무신년(1728, 영조4)과 경술년(1730)의 옥사 때 포도대장으 로서 광범위하게 몰래 살피고 멋대로 고문하여 죄를 자백 받았다. 노비들 가운데 주인을 미워하는 자나, 사사롭게 원수 집안에 원한을 갚으려 하는 자가 고발해 오면 증거 없는 말에도 포도청으로 잡아들여 부당한 형벌을 가해 죽이지 않음이 없었다. 이에 죄 없이 집안이 파산되고 목숨을 잃은 자가 헤아릴 수 없을 정도로 많았다. 길 가던 사람들이 흘겨보며 그를 나감(羅鉗)[160]에 비유하였다고 한다.

역귀는 없다

072 우리 마을에 홍씨 어른이 계셨는데 늦은 나이에 아들 셋을 낳아서 지극히 사랑하고 보호하였다. 그런데 천연두가 집안에 번져 만연하자 부정한 일을 멀리하고 몸과 마음을 깨끗이 하고, 고기도 먹지 않고 술도 마시지 않았다. 상을 차려 놓고 하루에도 2, 3차례 조금도 게으르지 않고 기도드렸지만 얼마 뒤 아들 하나가 요절하였다. 홍씨 어른은 성의가 부족하다고 여겨 더욱 공경하고 근신했지만 얼마 뒤 아들 하나가 또 요절하였다. 이에 홍씨 어른이 크게 원망하며 말하였다. "내가 신에게

---

158) 정사공(鄭思恭) : ?~1730. 1728년(영조4) 이인좌(李麟佐)난에 가담했다가 살아남았지만 1730년(영조6) 궁녀와 모의하여 왕을 저주하는 인형을 궁중에 묻었다는 혐의로 체포되었다. 국문을 받던 중 의금부의 나졸을 매수하여 음독자살하였다.

159) 장붕익(張鵬翼) : 1674~1735. 1723년(경종3) 김재로·신사철(申思喆) 등과 함께 노론 김창 집의 당으로 연루되어 유배되었다.

160) 나감(羅鉗) : 당나라 나희석(羅希奭). 간신 이임보(李林甫)에게 붙어서 길온(吉溫)과 함께 엄혹하게 법을 사용하였다. 당시 사람들이 '나감길망(羅鉗吉網)'이라 하였다.

잘못한 것이 없는데도 신이 나에게 재앙을 내려 아들 셋 가운데 둘을 죽였으니 어찌 남은 하나도 보호할 수 있다고 장담할 수 있겠는가. 신이여, 신이여! 살리든 죽이든 마음대로 하십시오."

마침내 기도 올리던 상을 엎어버리고 병든 아이를 바깥사랑채로 내쫓고 소를 잡아 술을 마셨다. 그날 밤 너무 취해서 아들의 병세가 어떤지 묻지도 않았는데 열흘이 못되어 차츰 나아졌으며, 상처 하나도 남지 않았다. 오늘날까지 자식도 낳고 손자도 낳아 대대로 조상 제사를 받들고 있다. 만약 신이 있다면 공경할 때는 보답 받지 못하다가 오히려 무시하니깐 도움 얻는 이치가 어찌 있겠는가. 아니면 본래 신은 없는데 사람들이 있다고 믿는 것인가.『백야기문』

송시열 관련 일화

073 원주에 권시도(權時道)라는 선비가 살고 있었다. 그가 다음의 이야기를 들려주었다. 자신의 할아버지 아무개는 어려서 언행이 바르며, 집안 또한 부유하였다. 일찍이 회천에게 나아가 배웠는데 4, 5년이 지나 어머니 병 때문에 집으로 돌아가게 되었다. 3년 상을 마친 뒤 회천의 거처로 다시 돌아갔는데, 당시 회천은 깊은 산 속 작은 암자에 머물고 있었다. 그가 이른 아침에 뵈었는데 회천은 처음부터 아무 말 하지 않고 다만 끄덕일 뿐이었다. 한참 뒤에 "자네가 올 때 우리 집 문을 지나왔는가."라고 묻자, 그가 대답하였다. "오던 길에 선생께서 이곳 암자에 계시다는 말을 듣고 빨리 뵙기 위해 곧장 오려 했지만 산이 깊고 날은 저물어 촌 아래 5리 밖에서 묵었습니다." 회천이 "알았다. 알았다."라고 할 뿐 다른 말은 없었다.

얼마 뒤 스님이 "밥을 지으려 하는데 생원께서는 쌀을 내놓으실 수 있습니까."라고 묻자, 그가 "제가 눈 내리는 새벽에 걸어오느라 몹시 춥고 배고픈데다가 돈 주머니를 산 아래 두고 왔으니 어떻게 해야 합니까?"라고 하며, 회천을 쳐다보았지만, 회천은 아무 말하지 않고 못들은 척하였다. 예전과 다른 대접에 그는 마음속으로 의아하게 생각하였다. 이윽고 회천이 턱으로 시중드는 아이를 시켜 시렁161)의 음식을 내려 차리게 하고 소리를 내며 씹고 소주를 마셨다. 차려놓은 것은 예전과 다름없었지만 한 가지 맛도 함께 나누지 않았다. 잠시 뒤 회천이 일어나 화장실에 가자 그는 시렁의 음식을 내려 마음껏 먹고, 술도 마셔댔다. 회천이 들어와 병과 그릇이 어지럽혀져 있는 것을 보고 노하여 흘겨보자 그가 벌떡 일어나 나아가며 말하였다.

"집사께서 저를 제자로 대우하지 않으니 저도 다시는 선생이라고 부르지 않겠습니다. 제가 문하에 출입한 지 이미 4, 5년이 되었으니 한 집안사람과 무엇이 다르겠습니까. 하지만 3년상을 마치고 돌아올 때까지 한 번도 조문하지 않았고, 지금 상복을 벗고 행장을 차려 멀리서 왔는데도 한 마디 위로의 말도 없이 모르는 사람 대하듯 하니 인정이 과연 이럴 수 있단 말입니까. 제가 집사에게서 '천리와 인정이 함께 운행되며 서로 어그러지지 않는다.'라고 배웠는데, 이것이 과연 천리란 말입니까. 스스로 돌아봐도 집사에게 죄를 얻은 것이 없습니다. 다만 평소 왕래할 때 먼저 물건과 목록을 보냈는데, 이번엔 급히 온 나머지 이것들이 없었으니 그것이 집사에게 죄를 얻은 이유인듯 싶습니다. 지난 4, 5년간 재산을 덜어서 집사를 받듦이 어찌 1, 2백 민(緡)에 불과하겠습니까. 제가 이런 말을 하면 소인이 되겠지만 지금에야 비로소 집사가 군자가 아님을 알게 되었습니다." 이내 종을 불러 작은 괘함을 내밀며, "이 찬물(饌物)을 지금 바치는 것은 내 본심이 아니며, 도로 가지고 가는 것도 내키지 않는다."고 하였다. 회천이 보는 앞에서 부셔버리고 장읍(長揖)162)하고 문을 나섰고 회천이 엄한 눈빛으로 뚫어지게 쳐다볼 뿐이었다. 권시도의 할아버지가 두 권의 책을 썼는데, 회천에 관한 일이 많이 실려 있어서 내보이지 못하였다고 한다. 이원유(李元裕)가 권시도를 만나 이 말을 듣고 나에게 전해주었다.

---

161) 시렁 : 기각(庋閣). 음식을 올려놓는 시렁이다.
162) 장읍(長揖) : 두 손을 마주 잡고 높이 들어 허리를 굽히는 예(禮)이다.

074   어떤 선비가 청파로(靑坡路) 옆에 초가집 몇 칸을 짓고 쓸쓸히 살고 있었다. 흰머리 가득한 채 『역경』을 읽기만 하고 동네 출입은 하지 않아서, 얼굴을 본 사람이 없었으며 이름도 알지 못한 채 '역학(易學) 은자'라고 불렀다. 은자가 일찍이 『역경』을 가지고 회천에 가서 어려운 곳을 송우암(宋尤菴)에게 물었는데 그 답변이 틀렸다. 은자가 반복해서 묻자 송우암이 화를 내며 토론하기를 꺼려하였다. 은자가 말하였다.

"세상에서 『역경』을 아는 사람이 없는데 공이 알 것 같아서 왔습니다. 제가 의심나는 바를 가지고 오면 공의 도움을 받아 풀 수 있고, 공이 제대로 풀지 못한 점은 제 도움을 받아 풀 수 있을 것입니다. 이것이 바로 서로 가르침을 받아 도움이 되는 도리입니다. 이것은 세상에 말하는 이해를 논하는 것과 다릅니다. 그런데 어찌하여 공은 자신만 높다고 여겨 이기려고만 하십니까." 마침내 책을 싸고 일어났다. 우암이 부끄러워 하며 사죄하고 머물 것을 청하였지만 은자는 더 이상 머무르지 않고 읍을 하고 돌아가 버렸다. 어떤 사람이 "은자의 성은 이씨이고 이름은 홍업(弘業)이다."고 하였다.

명종의 성덕

075   명종 때 의신군(義信君)[163]은 태평성대에 성장하여 호방하고 씩씩하며 의협심이 강하다고 스스로 여겼다. 하루는 승전색이 정승 동고(東皐, 이준경)공에게 가서 성지(聖旨)를 전하며, "주상이 의신군을 세자로 삼는다고 하며 새벽 일찍 궁궐로 나오라는 유지(有旨)[164]입니다.……"고 하였다. 다음날 새벽에 동고가 궁궐에 들어가 내관에게 물었다. "어제 이와 같은 일로 내관이 와서 주상의 말씀을 전하였다고 하는데, 과연 그런 일이 있었느냐." 내관들은 모두 '모른다'고 대답하였다. 이 정승이 비밀리에 그 일을 아뢰니, 주상이 옥좌에 앉아 의신군을 불러놓고 따져 물었다.

---

163) 의신군(義信君) : 평성군(坪城君) 이위(李偉, 1436~1500)의 다섯째 아들이다.
164) 유지(有旨) : 담당 승지가 임금의 명령을 직접 써서 본인의 직함과 성(姓)을 쓰고 수결(手決)한 다음 명령을 받는 이에게 송부하는 주요한 왕명서(王命書)이다.

의신군이 대답하였다. "이러한 태평성대에 태어나 풍족한 녹과 지위를 누리면서 다른 사람에게 원수진 일이 없는데 오늘의 일은 신이 정말 알지 못합니다." 주상이 "네가 서울의 기생이나 노비 가운데 돌본 자가 있는가."라고 묻자, 의신군이 "서울의 기생 아무개와 어울려 지냈습니다." 고 대답하였다. 곧 기생을 잡아서 엄히 신문하니 의신군 외에 최근 들어 정을 통하는 자가 있었다. 기생이 "도성에 사는 아무개입니다."고 대답하였다. 즉시 그 자를 잡아오게 하니 과연 어제 이 정승 집에 가서 명을 전한 자였다. 그 자는 수염이 없어서 내시와 용모가 비슷하였다. 법률에 따라 처벌하였다. 주상이 이 정승에게 하교하였다. "만약 한기(韓琦)¹⁶⁵⁾였다면 이 자를 붙잡아 왔을 것이다. 경은 옛 사람에 크게 미치지 못하도다." 특별히 명을 내려 정승을 교체하였지만 며칠 뒤 다시 관직을 회복하였다. 이 같은 고사로부터 명종의 성덕(聖德)을 알 수 있다. 『무송소설』

북벌에 힘쓴 윤휴

076 여호(呂湖)가 경신년(1680, 숙종6)에 남인에 대한 처벌이 확대될 무렵, 사복시 제조(司僕寺提調)로서 여러 도의 목장 관련 공사를 살피고 있었다. 어떤 사람이 그만두라고 하자 말하였다. "북벌을 도모하려면 마정(馬政)¹⁶⁶⁾이 급선무인데 내가 하루라도 관직에 있으면서 어찌 감히 책무를 다하지 않겠는가." 그가 실제 북벌을 거행할 수 있다고 생각했음을 알 수 있다. 장차 죽을 때가 되어서 탄식하며 말하였다. "조정에서 유현(儒賢)을 등용하지 않으면 그만이지 어찌 죽이기까지 하는가." 사람들이 그를 역적으로 간주하여 죽였는데, 유현으로 자처하였으니 그럴 수 있는가. 우활(迂闊)하도다. 비록 그렇다 하더라도 그 말 또한 족히 비통하지 않은가. 『백호연보(白湖年譜)』에 실려 있는데 문장이 조금 다르다.

---

165) 한기(韓琦) : 1008~1075. 송나라 문신. 자 치규(稚圭)로, 추밀원 직학사(樞密院直學士) 등을 역임하였다.

166) 마정(馬政) : 국가에서 필요한 말을 번식시키고 조달하는 정책 전반을 지칭하는 말이다.

500

조현명의 윤광신 구원

077　윤광신(尹光莘)167)은 참판 윤동형(尹東衡)168)의 아들이었다. 근력으로 무예에 힘써 병마절도사에까지 올랐다. 을축년(1745, 영조21)에 충청도 수군절도사가 되어 음탕한 짓과 수탈을 일삼자 관찰사가 파직시킬 것을 아뢰어 청하였다. 선전관(宣傳官)을 파견하여 관부(官符)를 빼앗으려 했지만 병을 핑계로 만나지 않다가 선전관이 협박하자 문틈으로 관부를 던져 주었다. 또한 금부도사가 잡으러 왔는데도 나아가지 않았다. 신임 수군절도사 이언상(李彦祥)이 관인(官印)의 인수인계169)를 청하였지만 역시 나오지 않았다. 어쩔 수 없이 군관 십여 명을 시켜 핍박하여 청하게한 뒤에 받아냈다. 조정에서 이 소식을 듣고 특별히 금부도사를 파견하여 잡아왔고, 대관(臺官)들이 목을 벨 것을 청하였다. 주상이 윤허하였지만 우의정 조현명이 하루에 세 번이나 상소를 올려 힘껏 구원하자 엄히 국문할 것을 명하였다. 한 차례 종지뼈를 심하게 내려치자 바로 죽고 말았다.

합강정 현판

078　합강정(合江亭)은 충청도 연기(燕岐)에서 경치가 좋은 곳이었다. 정자의 주인은 성씨(成氏)였는데 죽을 때 정자 위 높은 언덕에 장사지낼 것을 유언하고, "손님 가운데 술을 들고 이곳을 유람하는 자가 있다면 먼저 한 잔을 내어 무덤에 올리도록 하라."는 글을 판에 새겨 처마에 걸었다. 그 자는 활달하고 거리낌이 없는 선비였다. 지금까지도 이곳을 유람하는 자는 술을 올리는 일을 그치지 않았다고 한다.

---

167) 윤광신(尹光莘) : 1701~1745. 본관은 파평, 자 성빙(聖聘)이다. 포도대장 등을 역임하였다.
168) 윤동형(尹東衡) : 1674~1754. 본관은 파평, 자 사임(士任)이다. 순거(舜擧)의 증손으로, 윤증의 문인이다. 공조참판 등을 역임하였다.
169) 인수인계 : 교귀(交龜). 관인을 인수인계하다. 지방 수령에서 교체되어 조정에 들어오거나 가는 것을 말한다.

본손(本孫) 집안에서 소장하고 있는 『동소만록』은 농와(聾窩) 박공(朴公,
박사정)170)이 편집한 것이다. 여러 집안에서 소장하고 있는 필사본들은
이 소장본을 등사하여 전해 내려오던 것으로 생각된다. 그런데 내용들이
번다하거나 간략하며 순서가 서로 다르니 이는 등사하여 전하는 자들이
다시 지우고 정리했기 때문이었다. 지금 인쇄본 또한 여러 집안에서
소장하고 있던 편본 가운데 하나로서 박사정이 편집한 것을 참고하여
별도의 부록 한 편을 만들어 원록(原錄) 아래 붙여 놓았다. 비록 한두
마디 짧은 말과 글을 잊어 버려 생기는 탄식은 없지만 대감 이지억(李之億),
금산(錦山) 박귀령(朴龜齡), 용인(龍仁) 이중민(李重敏) 관련 기사는 박사정이
편집한 편본 부록에 들어 있기에 여기에서도 함께 넣어둔다.

170) 박공(朴公) : 박사정(朴思正, 1713~1787). 본관은 반남(潘南), 자 자중(子中), 호 농와(聾窩)
이다. 안정복과 교유하였으며, 아들 처순(處順)은 안정복의 문하에서 수학하였다.

발(拔)

○ 내가1) 어렸을 때 아버지와 형님의 뒤를 따라서 동소(桐巢) 남선생을 찾아뵙고 가르침을 받을 기회가 있었다. 풍모가 장대하고 위엄이 있으며, 말씀이 막힌 데가 없어 사람들을 감동시키기에 충분해서 나도 모르게 공손히 우러러 보았다. 그러나 어리고 우매하여 아는 것이 없어서 겉만 대충 볼 뿐 속내를 자세히 살피지 못하였으며, 식견을 대략 살피기는 했지만 그 깊이를 측정하지 못하였다. 물러난 뒤 혼자서 "당당하도다 큰 분이여! 빛나도다 군자여!"라고 하였다. 사람들이 간간이 선생의 동생 잠옹(潛翁, 남하행)2)을 찾아가 배웠는데 선생의 유문(遺文)을 얻어 읽고서 야 비로소 그 깊은 내면을 알 수 있었다. 지키는 바가 확고하고 실천하는 것이 독실하며, 문장이 박식하고 논의는 공정하여 편벽되지 않았다. 어지러운 세상에 걸출한 분이었을 뿐 아니라 예로부터 '천하 삼대에 살았던 사람'이라고 할 만하였다. 황홀해져서 마치 높은 산을 우러르는 것 같이 나도 모르게 마음이 기쁘고 진정으로 감복되었다.

오직 『동소만록』한 편은 선생이 만년에 저술한 책으로, 내용은 공사 간 옛 사실과 특별히 들어서 알고 있는 일을 모아 정리하였다. 중세이래 공경대부와 선비, 그리고 유자(儒者)라는 이름을 가진 자들의 언행과 사업, 현우(賢愚)와 사정(邪正)을 면밀히 분석하여 정확히 밝혀놓았으니 춘추필법3)을 얻었다고 할 만하다. 진실로 사서(史書)는 아니지만 사서라고 할 만하지 않은가. 아, 한번 동인·서인·남인·북인으로 나뉜 이래로 계속해

---

1) 내가 : 박사정을 가리킨다.
2) 잠옹(潛翁) : 남하행(南夏行, 1697~1781)의 호. 본관은 의령, 자 성시(聖時), 호 잠옹·돈암 (遯庵)이다. 이서(李漵)·이익(李瀷)의 문하에서 수학하였다.
3) 춘추필법 : 곤월(袞鉞). 『춘추』의 표창이 곤룡포를 받는 것보다 영광스럽고, 폄하가 도끼에 맞아 죽는 것보다 더 무섭다는 뜻이다.

504

서 노론과 소론, 완론과 준론으로 분열되었고, 자주 세상 일이 변하여 바둑판처럼 빈번하게 뒤집어졌다. 사람들은 각기 스승을 두고, 선비마다 별도로 무리를 지어 같은 의견을 가진 사람끼리 한패가 되어 다른 의견을 가진 사람들을 물리치는 습관으로 눈과 귀를 가렸다. 당파를 바꾸어 새롭게 따르는 쪽은 주인으로 삼고, 이미 버린 쪽은 노비로 삼는4) 뜻을 가슴에 새겨서 옳다고 하거나 그르다고 하며 서로 다투었다. 혹 스스로 공정한 마음이고 공평한 말이라고 하면서 매번 비방하거나 칭찬하고 취하거나 버릴 때마다 한 편에 치우쳐 들었다 놓았다하며 내쫓거나 등용하였다.

수 백년이래로 이 같은 세태가 널리 퍼졌지만 오직 선생만이 혼탁한 세파 가운데 홀로 벗어나 타락하는 풍속 밖에 우뚝 서 계셨다. 비록 당색이 같고 뜻과 마음이 서로 통하더라도 옳지 않은 점이 있으면 바른 말로 지적하며 비호하지 않았다. 율곡과 우계, 이산과 회천은 한쪽 편 사람들이 존경하고 추앙하며, 제사를 받드는 자들이었다. 하지만 그들의 평생을 가만히 살펴보면 마음씀씀이와 언설이 사사로워서 공정하지 않았고, 정치를 맡아 거행한 일은 속여서 바르지 못하며 여러 가지 흠과 많은 잘못들이 있었다. 선생은 머리와 살갗을 쪼아 깨뜨리며, 뱃속을 분석하여 조금도 용서하지 않고 책에 기록하였다. 가령 그들이 다시 살아난다 해도 결코 변명하거나 깃발을 내리기에 겨를이 없을 것이다.

돌아보건대 그 무리들이 점차 번성해서 권력을 잡아 권세와 기염이 하늘을 찌를 듯 높았지만 옳고 그름이 어찌 충역을 전도시킬 수 있으며, 어찌 화와 복을 변화시킬 수 있겠는가. 사람을 죽이고 살리는 것이 오직 하고자 하는 바에 달렸으니 길 잃은 우리는 두려워서 벌벌 떨 뿐 감히 기운을 떨쳐 소리 내어 장단을 비교하고 얻고 잃음을 논쟁하지 못한지 거의 백여 년이 되었다. 만약 이 책이 세상에 나온다면 같은 집안에서 조차 눈을 크게 뜨고 보고 얼굴색이 붉어지는 자가 하나 둘이 아닐

4) 당파를 …… 삼는 : 입주출노(入主出奴). 어느 한 당파를 버리면 곧 다른 당파를 따르게 되어 버린 쪽을 종으로, 따르는 쪽을 주인으로 삼는다는 뜻이다.

것이고, 적진 가운데 창을 잡고 검을 어루만지는 자가 천만인뿐이 아닐 것이다.

애석하고 안타깝도다. 이 같은 위대한 글과 훌륭한 말을 사람들에게 보여 세상에 전할 수 없단 말인가. 비록 그렇지만 천지간에 밤만 지속되지 않으며, 해와 달이 있어 항상 어둡지 않았으니 대의는 오랜 세월 지나도 끝내 사라지지 않으며, 지극한 말은 백세 뒤에도 믿게 된다. 작은 상자 속에 보물처럼 감추어 열 번씩 싼 책이 그 날을 기다리고 있으니 지금부터 백세·천세·만세를 지내면서 어찌 만날 날이 하루도 없겠는가. 다행스럽게 그날이 올지, 불행스럽게 안 올지는 하늘에 달렸을 뿐이니 하늘을 어찌하 겠는가.

잠옹이 내게 원본 세 책을 주며 경계하여 말하였다. "이 책은 애초 수록(隨錄) 형태로 작성된 것이기 때문에 앞뒤 사이에 혹 한 가지 일을 거듭 말한 것이 있네. 내가 바로 잡으려했지만 늙고 눈이 어두워 지금까지 완성하지 못하였네. 원컨대 자네가 나를 위해 대신 정리해 주게. 또한 한 마디 말을 베풀어 발휘하는 것은 그대가 아니면 잘 정리하지 못할 것이네." 내가 선생의 유업(遺業)을 정리하는 명예를 얻었으니[5] 사양할 수 없었다. 마침내 책상 위에 펴 놓고 여러 번 펴 본 뒤 번다한 내용을 지우고 순서를 다시 정하고 직접 필사하여 상·하 2권으로 만들었다. 그리고 느낀 점이 있어서 발문을 붙였는데 혹 선생이 땅 속에서 이 일을 아신다면 나를 세상의 자운(子雲, 양웅)[6]으로 여기지 않을까.

기해년(1779, 정조3)[7] 5월[皐月] 하순[下浣] 면성(綿城, 전라도 무안 소재) 에서 박사정(朴思正)이 쓰다. 박사정의 호는 농와(聾窩)이고, 무안(務安) 사람이다. 초정(草亭) 박응선(朴應善)[8]의 5대손이다. 순암 안정복과 동시대 사람이고, 문집이 있으며 또한 『가례작통(家禮酌

<hr/>

5) 명예를 얻었으니 : 부기(附驥). 파리가 천리마 꼬리에 붙어 천리를 간다. 후배가 선배의 뒤에 붙어 명예를 얻는 것이다.
6) 자운(子雲) : 전한(前漢)의 학자 양웅(揚雄, B.C.53~A.D.18)의 자이다.
7) 기해년 : 도유 대연헌(屠維大淵獻). 도유는 천간(天干) 중에 기(己) 자가 들어간 해. 대연헌은 해(亥)이다. 기해년(1779, 정조3)을 가리킨다.
8) 박응선(朴應善) : 본관은 반남, 자 이길(而吉), 호 초정(草亭)이다. 사헌부 지평·단양

506

通)』 4권을 남겼다.

동방의 은둔하던 고상한 선비가 있었으니 동소 남선생이 바로 그
분이다. 공은 명문가에서 나고 자라서 고인의 말씀을 외우고 따랐으니
장차 이 세상에 크게 쓰일 것으로 기대했다. 하지만 세도가 날로 쇠퇴하고,
풍속이 변하여 돌이킬 수 없음을 알고 세상사를 끊고 일개 진사로서
늙도록 산림 속에서 지내며 저술활동과 강학에 뜻을 두고 세월을 보냈다.
그러다가 한가한 때를 만나 예전에 들은 일들을 모으고 남긴 말들을
차록(箚錄)하여 고찰하고 열람하는 것을 대비하였다. 그 말씀이 깊이
파고들지 않음이 없고, 깊이 파고들어 입증한 내용은 믿을만하였다.
뒷날 세상을 경계하기 위해 편찬하여 『동소만록』이라고 하였다.

공이 세상을 떠나고 책은 집안에서 보관해 왔다. 내가 일찍이 얻어
보았는데 그 뜻이 고통스럽고, 그 말이 절실하였으니 또한 그 뜻을 가엽게
여기지 않을 수 없었으며, 그 말을 슬퍼하지 않을 수 없었다. 책을 덮고
크게 탄식하며, "이 같은 시대에 그 말이 어찌 삐걱거리지 않았겠는가.
중화(中和)에 이르지 못하였구나."라고 하였다. 오늘날 공이 살았던 시대를
돌아보면 또한 지금과 크게 달랐으니 도는 없어지고 문(文)은 폐해져서
날로 잘못되었다. 내가 두려워하는 것은 이 책이 오래지나 없어져 후생
말학들이 의혹됨을 바로잡아 바른 데로 나아가지 못하는 것이다. 마침내
논의하여 출간하니 책을 두루 본 사람들은 공이 편록(編錄)할 때의 고통을
알 수 있으며, 간록(刊錄)하는 일이 고심 끝에 나온 것임을 알게 되었다.
공의 행적은 이미 권1 앞 약전(略傳)에 잘 드러나 있다. 한정원(韓井源)이 간행한
것에 공의 행장과 묘갈명 등 여러 자료를 참작하여 더해서 약전을 만들었다. 이 책의 편차
전말을 부록 아래 역시 대략 적어두고 더 이상 덧붙이지 않는다.

임술년 봄9) 하순 청주 한정원(韓井源) 쓰다.

군수 등을 역임하였다.
9) 임술년 봄 : 현익춘(玄黓春). 현익은 고갑자(古甲子)에서 천간(天干)의 아홉째인 임(壬)을
가리킨다. 한정원이 발문을 지은 해가 임술년(1922)이었다.

【桐巢漫錄 原文】

桐巢先生略傳

○ 公姓南氏, 諱夏正. 字時伯, 貫宜寧. 左議政謚忠簡智之後, 曾祖斗華監察贈左承旨. 祖重維郡守, 考壽喬生員. 妣晉州姜氏, 府使碩老之女也. 公早孤能自力爲學業. 日就屹然見頭角. 幼時從太碩人, 赴外氏宴會, 忽失所在. 乃尋到書樓上兀坐, 手卷耽玩. 外王考府使公歎曰: "此兒必以文詞鳴. 或者欠於榮進." 及長, 聞見益博, 成通儒長材. 律己甚嚴, 無疾言, 罕交遊. 旣成進士, 不屑擧業而棄之. 孝奉太碩人, 撫誨諸弟. 蒔花移竹, 頓絶世念, 不復問漢津者, 殆三十年. 以其居振威縣之桐泉山下, 故自號桐巢.

生於肅廟戊午, 至年七十四, 而场英祖辛未也. 有遺戒使子孫, 有所遵奉. 又手草治命, 殯葬之節, 必省必約, 恥盈禮以矯俗也. 公所著有詩文集若干卷, 及『四代春秋』·『漫錄』等書藏于家. 嗚呼, 公之德行·道藝, 槪可想, 見於諸先輩之論. 星湖先生曰: "君子貴內存所性也."【墓碣銘】順庵先生曰: "先生之道, 惟正是保, 先生之文, 惟道是權."【墓誌銘】雙石鄭公曰: "內篤人倫, 外著實行. 聰明勤苦, 夙著聞譽."【文集序】惠寰子獻私謚曰: "貞." 此皆足以徵信後世. 而又下廬翁曰: "余觀『桐巢漫錄』, 不阿于好, 不苟于異, 三長備焉." 又曰: "自黨論以來, 瞞天謾1)人. 黨枯仇朽, 三乘傳訛, 塗世人耳目, 乃知是錄之爲信筆也. 云云."【遺事贊】

---

1) 謾: 저본으로 "瞞"으로 되어 있다. 『下廬集』에 근거하여 수정하였다.

卷之一

태조와 신덕왕후

001 洪武己未, 麗朝以太祖爲楊廣·慶尙·全羅三道都巡察使. 以鄭圃隱
爲副. 討賊於荒山大破之, 太祖勳德威名, 日益盖世. 還至全州, 圃隱登萬景
樓作詩曰: "千仞岡頭石逕橫, 登臨使我不勝情. 靑山隱約扶餘國, 黃葉繽
紛百濟城. 九月高風愁客子, 百年豪氣誤書生. 天涯日暮浮雲合, 矯首無由
望玉京." 太祖知其終不歸心也云爾.【『撫松小說』】

002 太祖微時, 爲桓祖晬辰, 與伯元桂, 獵白雲山. 出入三日, 不遇一禽,
太祖曰: "可以去矣. 必有猛獸." 俄見黑虎, 其大兼數牛. 伯欲射之, 太祖
曰: "此神物不可犯." 伯不聽, 矢纔發, 虎躍而前齧爲兩段. 太祖大驚, 逃亂
疾走, 十餘里渴甚, 見溪邊有女子浣瀡, 急索水. 女進瓢飮, 而掇柳葉, 和水
以奉. 太祖怒曰: "渴甚求水, 何和葉也." 女曰: "急飮必傷. 人見郎君渴
甚, 故欲其飮徐徐爾." 太祖異之, 遂求副室, 是爲神德王后康氏也. 及卽位
策爲顯妃.

丙子薨, 太祖悼之, 不忍遠葬, 葬于城內, 皇華坊北原, 至今稱貞陵洞者,
是也. 太宗己[1]丑, 移葬東小門外, 祔廟封陵之禮, 皆不擧. 至顯宗己酉, 躋祔
于太廟, 上徽號復陵寢如儀.【見『璿譜』, 又『野乘』.】后當太祖, 開國正位, 中壼[2]
有年. 太祖昇遐, 群臣失議, 闕幷祔之禮, 人神久鬱. 廷論雖間發, 而列聖未
遑, 至是始擧曠典, 封陵設祭之日, 驟雨滿於貞陵. 一洞民以爲洗冤雨.【『顯
宗行狀』】

---

1) 己 : 底本에는 "乙"로 되어 있다. 실록과 필사본에 근거하여 수정하였다.
2) 壼 : 저본에는 "梱"으로 되어 있다. 용례와 필사본에 근거하여 수정하였다. 이하
동일한 수정사례는 校勘記를 달지 않는다.

정종의 묘호

003 尹月汀根壽, 嘗考先朝日錄, 睿宗朝, 追上恭靖爲安宗.【『晦隱集』】

004 恭靖大王當時, 不上廟號, 逮至睿宗朝, 追號安宗. 而其後但稱恭靖, 安宗之號, 仍廢不稱. 及肅宗辛酉, 校理吳道一箚請, 更上定宗號. 盖睿宗朝 故事, 無一人知者此事, 誠有可疑. 恭靖乃天朝所賜諡也, 不上廟號, 或者"聖 上撝謙之遺意, 而及至睿宗朝始爲追上歟." 旣追上, 則雖祧廟宜題[3]在位版, 而擧朝奚不知歟. 或者"丙·丁亂後改成位版, 而廟號仍舊不題歟." 此不可私 意臆決者. 宗廟之禮, 國家大事, 而文獻之無徵如此, 良可慨也.

현덕왕후 위호 회복

005 文宗在東宮, 初冊護軍金五文女, 以挾媚道廢. 復冊少尹奉礪女, 以 失德廢. 冊良娣權氏爲嬪, 卽顯德王后. 誕魯山, 七日而薨, 葬安山, 號昭陵. 光廟嘗於禁中晝魔, 命發昭陵. 曳出梓宮, 重不能勝. 軍民大駭, 爲文祭之, 梓宮乃動. 暴四日, 以庶人禮葬. 發陵前數日, 夜半陵中, 有哭聲曰:"將壞 予室, 予將疇依." 驚動里民. 遷瘞之後, 亦著靈異. 村氓有犯舊陵木石者, 風雨輒大作.

006 成宗二年, 南秋江孝溫所請復號, 不報. 中宗八年, 玉堂·兩司合啓更 請, 上令公卿·大臣雜議之. 柳順汀·盧公弼·金應箕, 以爲不可復. 金銓·張 順孫·朴說·申用漑·曹繼商及三司·太學, 皆言可復, 伏閤屢日. 會雷震太 廟木. 上驚懼促召公卿·臺侍入言闕失. 皆以昭陵爲對, 遂卽允下.
初昭陵旣廢, 移北海濱, 奠守無人, 只傳一皁, 是其葬所. 將遷開土, 玉匣無 所見. 是日, 監官乍假寐夢, 后憑几帳殿. 法物如儀, 兩丫鬟傳. 召監官勞之 曰:"爾等勤苦." 監官駭汗, 覺而異之, 更深數尺, 乃見前和. 四月, 祔葬顯 陵. 同域異原, 松杉蔽蔚, 不可相望. 玄宮纔下, 兩陵間樹木, 忽自枯, 更不遮

---

3) 題: 저본에는 빠져 있다. 필사본에 근거하여 보충하였다.

隔. 開新陵之日, 環舊陵白日, 大雨俄頃而止. 人以爲精爽所感. 五月, 祔太
廟, 如初光廟丁丑廢. 中宗癸酉復, 凡五十七年.【『陰厓雜記』】

단종 위호 회복

007　肅宗戊寅, 前縣監申奎上疏請復魯陵略曰："時移事往, 邱隴已平,
春風杜宇, 長入騷人之句, 麥飯寒食, 空呑野老之聲. 天荒地老, 哀恨難窮.
云云." 上命文·武·宗親·百官會議. 領相柳尙運以爲："中廟, 有魯陵立後
之議, 相臣鄭光弼以爲：'不可立後.' 猶不可復位, 是何等典禮, 而到今輕
議乎."

判府事南九萬以爲："光廟靖難, 雖曰'受禪', 實則革除. 今徒知冤鬱之爲
可復, 而不知於親於尊於國之當諱, 則其於春秋之義, 不亦遠乎. 明朝景泰
之復位號, 其終始與魯陵懸殊, 非所可擬. 弘光之追上建文廟號, 此與相類,
而其時朝政, 皆出馬士英之手, 龐亂極矣, 未幾身禽國滅. 此何足爲後世倣
行之典禮乎." 崔錫鼎議, 與柳·南同, 左相尹趾善·右相李世白·領府事尹
趾完·東平尉鄭載崙·左參贊尹拯·衆議權尙夏, 幷以爲當復. 備忘記曰：
"事苟可行, 何必持疑. 其令禮官, 亟擧縟儀."

是年十二月六日, 議上廟號曰："端宗." 諡曰："恭懿溫文純定安莊景順
敦孝." 陵曰："莊陵." 妃宋氏曰："懿德端良齊敬定順." 陵曰："思陵."
國舅宋玹壽贈領敦寧府院君. 二十五日, 改題主于時敏堂. 二十七日, 祔廟.
大駕陪詣太廟. 躋禮旣成奉祔永寧殿. 前一日行告由祭時, 忽旋風暴起, 殿
內外燈燭皆滅. 世祖室井間, 板子震動, 輪轉卓上, 座面紙, 片片裂碎. 遂行
慰安祭.【『晦隱集』】

008　尹舜擧嘗作『魯陵誌』. 尹希仲言於玉堂, 繕寫以進. 仍請特祭魯陵,
是復位張本也. 致書於我, 欲上箚言之, 我以爲不可復, 書曰："頃年作成
三問廟於湖西, 僕聞之, 私自語曰：'六臣事, 固是非之所不到, 而立廟則不
可.' 況此事何事也, 此言何言也. 直欲掩耳, 而不願聞也. 昔陳司敗問：'昭
公知禮乎.' 孔子曰：'知禮.' 言君之過, 與諫君之過, 不同, 以此推之, 其義

可明. 復貞陵事, 與此一體. 先王之敎'置太宗於何地'者, 此也. 雖善爲辭說, 以有過之言, 引無過之君, 未知其善也.

009 「擬上問議」略曰：“萬一事得施行, 上告太廟, 頒敎八方, 則臣未知慚德所歸也. 臣爲君隱, 子爲父隱, 萬古通義. 故孔子爲魯先君諱. 今直欲正先王之事, 臣以爲非先王之敎也.”【時肅宗丁巳也. 議遂寢, 不果上『記言』.】大抵魯陵復位之議, 都是一代好名之士所尙論, 而初不計大義之爲如何耳. 首倡者, 尼之大尹【宣擧】兄弟也. 同春·懷川及白湖·市南, 與之相好, 時相唱和, 大言必可復云.

폐비 윤씨와 갑자사화

010 成宗, 恭惠王妃薨, 陞淑儀尹氏爲妃. 贈左議政起畝女, 成化丙申生燕山. 寵隆驕恣, 不遜於上. 一日聖顔有爪痕, 仁粹大妃大怒. 激成天威, 出示外廷, 大臣尹弼商獻議, 廢黜私第. 尹氏日夜號泣, 繼之以血. 宮中傷毁且溢. 上遣內竪廉訪, 仁粹敎其宦歸報以“梳洗粧艷, 無悔恨意”, 上遂信之命賜死. 尹氏以淚斑血帨, 付其母申氏曰：“吾兒幸全保, 當以是告我哀冤. 且葬我於輦路傍, 俾瞻車駕.” 遂葬于健元陵路左.

及仁粹上賓, 申氏交通內人, 潛訴尹氏非命之冤, 且上其帨. 燕山尙以慈順妃【中宗母后】爲親母, 及聞此愕然痛悼. 入『時政記』見之, 獻議大臣及奉使之人, 皆剖棺斬尸, 碎骨颺風, 緣坐應誅. 先亡者幷戮尸, 論以大逆, 緣坐八寸. 立私廟祭如原廟. 尹弼商·韓致亨·韓明澮·鄭昌孫·魚世謙·沈澮·李坡·金淑卿·李克均·李世佐·成俊, 勿論存沒幷致極刑, 歲甲子也.

011 是時, 許琮相公晨赴闕歷謁. 其姊曰：“何早也.” 曰：“將賜廢妃死, 有命會議.” 曰：“相公議如何.” 曰：“上意也, 誰敢違之.” 曰：“吾女子也, 無見識, 以淺近易知者言之. 設令人家僕隸, 不敢違家主父之意, 共殺其家主母. 他日服事主母之子, 果安於心. 而且保其無禍患乎否.” 於是公大悟, 到琮沈橋, 自墜橋下. 仍擔舁歸家, 托以落傷殊死, 不叅其議. 其後獨免慘

514

禍. 琼沈橋之得名以是云.

012　尹氏廢後, 燕山在東宮. 一日啓請出遊許之. 至夕還謁, 上問 : "今日街上, 有何所見." 對曰 : "無他異觀. 但有犢隨母, 而行其母有聲, 犢輒應之. 此最所可羨." 上聞而悲之. 燕山踐阼之初, 頗稱英武, 及見尹氏血污白錦衫, 日夕抱而哭之, 轉成心恙, 竟至失國. 盖成廟一失正家之道, 壺德敗壞, 嗣子亦不能保, 後之人尙鑑玆哉.【『竹溪小說』】

013　洪文匡貴達在成廟 · 燕山朝, 以直諫多所匡捄. 其諫打圍疏, 有古直臣風, 以是不容於廢廟. 其爲畿伯營庫典僕者, 以廢朝嬖妓之兄怙勢, 恣行泛濫. 文匡抵罪, 廢主啣之. 文匡子彦邦有女好姿容. 廢主將脅, 納爲世子嬪, 文匡又不從, 遂竄朔北, 尋賜死.

文匡次子彦忠, 號寓庵. 十七以「病鸚駒賦」名於世, 早登第歷淸顯. 及罹家禍, 兄弟俱謫海島. 廢主淫虐日久, 天心已離, 家人勸之曰 : "一時知名之人, 如李希剛亦亡命. 公曷不從此, 去以待天下之淸耶." 公曰 : "君命焉, 可逃." 未幾拿命至. 至鳥嶺, 聞反正之報, 涕泣不已. 新王卽位, 首擢被斥之人, 如張順孫 · 李長坤等, 皆彈冠而起. 公終不赴召命, 以詩酒自娛, 而終爲廢朝, 守節之人, 惟寓庵一人已.【『竹溪小說』】

단경왕후 위호 회복

014　正德丙寅九月二日, 中宗反正. 愼氏爲王妃, 具法駕入宮. 四日, 柳順汀 · 朴元宗 · 成希顔, 與柳子光密謀以爲 : "守勤旣誅, 其女不宜主壺." 逼請廢黜, 冊尹汝弼之女, 卽章敬王后.

乙亥二月, 誕元子【仁宗】, 七日而上賓. 時朴昭儀 · 洪淑容, 俱有長男, 國人危疑. 皆言 : "後宮陞位, 元子難保." 於是冲庵金淨任淳昌, 訥齋朴祥[4]爲潭陽, 因求言之旨, 合辭陳疏略曰 : "沈溫被罪, 昭憲玉度不玷. 而彼元宗輩,

---

4) 祥 : 저본에는 "詳"으로 되어 있다. 실록과 필사본에 근거하여 수정하였다. 이하 동일한 수정사례는 교감기를 달지 않는다.

自爲身謀, 劫制君父, 放逐國母, 犯天下之大分. 請追奪定罪, 復愼氏以全舊恩, 以防側位之窺. 云云." 大諫李荇·大憲權敏手, 指爲邪說, 啓請拿推流配. 復冊尹之任之女爲妃, 是爲文定王后. 上初爲三大臣所迫, 雖廢愼氏, 追念不忘. 常御慶會樓, 望其私第. 家人知之, 每以紅裳圍其園後岩石爲標. 至今彰義舊宅, 號稱裳巖者, 是也.

妃旣沒, 其神主托在私親, 外裔貧甚廢祀. 顯廟聞之, 特命歸之本宗, 爲置塚戶, 官給祭需. 肅廟復莊陵時, 愼妃復位事, 亦命收議. 判府事崔錫鼎以爲: "愼氏被黜, 雖出於勳臣之脅請, 國人憐之至今. 然追復之論, 久未有聞. 豈不以『禮』有'廢莫擧之義', 至嚴且重歟. 第念, 配體至尊廢黜, 不以其罪. 而今其神主在於閭家下同匹庶, 有所未安. 自官建祠行祭, 庶慰神人之悶鬱. 云云." 判府事南九萬以爲: "當初愼妃之黜, 雖非中宗之本意, 且以中宗之命黜之矣, 中廟當宁之日, 若金淨·朴祥[5]輩之復請, 可謂得正. 而中廟未嘗有處分, 禮陟在天, 今已百有餘年. 在我後王, 乃於祖宗配匹之重, 無所稟承, 直以進退, 豈『禮經』所謂'有廢莫擧之義乎'. 至若貞陵·昭陵之復, 則有別焉. 盖二陵當太祖·文宗時, 未嘗有廢黜之命, 生居尊位, 沒應尊號. 而陵廟之不修, 乃在於繼世之後. 故後之復位, 名正言順, 無可疑者, 烏可與今日所論, 比而同之乎."云. 以故追復之議, 遂寢. 至今立祠祀之. 今上己未, 儒生金姓人疏請追復, 屢疏不已, 上感之, 特令修墓復位. 上徽號, 陵號曰: "溫陵." 躋祔太廟. 國舅愼守勤復爵贈諡, 嗣孫後成除寢郎.

이준경의 붕당 경고

015 明宗丁卯, 上不豫, 東皐以首相, 直宿聖候. 漸向平復, 他大臣皆出, 公獨留. 曰: "玉體違和久矣, 不可輕易離去." 至六月二十八日夜半, 上疾大漸, 公入侍寢殿簾外, 請問後事. 仁順王后親傳, 以德興君第三子諱, 嗣位爲敎. 入直諸宰, 隨至階上者亦多, 公曰: "小臣重聽, 更爲下敎." 仁順再三明言. 諸宰衆聽, 然後, 公使翰林尹卓然書傳敎, 尹於第三之三字, 具書參

---

5) 祥: 저본에는 "詳"으로 되어 있다. 實錄과 筆寫本에 근거하여 수정하였다.

516

字. 公曰: "是誰之子歟." 盖稱其老熟也.

逮至昇遐, 公遣都承旨李陽元, 詣本宮傳末命. 宣祖方持德興喪, 卽入辭几筵. 乘小轝詣闕入哭, 發喪明日卽位. 是時儲位未建, 喪出不意, 群情危疑, 舉國遑遑. 諸臣自外至者, 未知事機. 大憲金德龍請問後嗣, 公責曰: "大臣親受遺旨, 大策已定. 憲長只當正百官成班行而已." 公之不動聲色, 處大事於蒼黃罔極之中, 措國勢於泰山磐石之安. 其所施爲, 不但聳動一代, 亦可見其器量之凝重, 雖如韓魏公蔑以加矣.

公之臨沒, 以朋黨有漸進箚, 而既發端不明言. 栗谷李珥疏論其非, 至云"古人之'將死, 其言也善', 今人之'將死, 其言也惡." 又曰: "藏頭匿形, 如鬼如蜮, 使人君舉疑一世. 云云." 使公之言, 雖不明白痛快, 至於先見之明·相業之偉, 則人所共稱. 何其摘過至此乎. 昔張忠定議寇萊公之勳業曰: "使萊公治蜀, 則鎮服人心, 平定禍亂, 未必勝我. 知若澶淵一擲, 我不敢爲也." 古之君子, 自知甚明如此.

栗谷以學問領袖自處何如, 而言辭之無倫至此, 此豈告君之辭哉. 或曰: "年少氣銳之致也." 然其時, 栗谷年已三十七歲, 豈可謂少年. 自他人觀之, 則容或有此失, 而栗谷以間世傑出之姿, 弱冠誤入禪學, 旋卽自悟, 則實愧於古之學者. 已近不惑, 而有是過耶. 設或猶未及於道成德立, 未知其末年能無愧於其言之至此耶. 舉一世尊崇, 而留此疏, 刊行於世, 其意亦未可知也.

余聞吳二相, 題東皐挽曰: "不待百年公議定, 是非何累地中身." 未幾赴京而還, 被臺評不得復命. 閔同樞忠元題東皐挽曰: "浮議何須說. 中心不自欺." 亦被臺彈云. 時論之携貳, 盖至此矣. 栗谷墓碑, 滿朝輪回試書, 李判書必榮於文末書云"義不可出", 西人恚之.【『撫松小說』】

此事孤山及眉叟論之痛切"朋黨之禍, 將至不可救", 東皐之遠識遺忠, 可謂至矣. 栗谷此語, 彼輩反爲誇張, 不知所諱何也, 眞以爲可傳於後世耶.

016 東皐嘗謂南冥曰: "楗仲量狹, 議其官叅奉, 可也." 盖先輩觀人, 每以器量爲先, 故當時評品. 栗谷者以爲: "議其任副學, 可也, 過此, 恐其權勝而衡殆."云.

017 皐相臨沒有遺表, 深戒朝廷朋黨之漸. 老成之達識遠慮也. 而栗谷恚之, 戡筆書之曰: "古之君子, 將死其言也善, 今之君子將死, 其言也惡." 惡是何言也. 親以身爲黨人領袖, 且惡人之言之. 吾以是知栗谷之不可以做得大事業, 而動致顚蹎也. 如使栗谷有靈觀今黨人之流弊, 則其亦悔是哉.

018 故相李浚慶臨卒上箚言: "朝廷朋黨爲他日難救之禍." 李珥上疏以爲媢嫉. 上方柄用珥, 時議多附之, 議追奪公. 西厓不可曰: "大臣臨死, 進言不可, 則卞之而已, 請罪則傷朝廷待大臣之體." 其乃止.【『記言·西厓遺事』】

율곡의 행적 비판

019 文成公李珥, 字叔獻, 號栗谷, 元秀之子也. 早失母, 庶母不慈, 不得於其父. 出家爲僧, 僧名義巖. 四方緇徒, 皆事之以生佛. 生而穎敏, 長於文. 又能詩曰: "前身定是金時習, 今世仍爲賈浪仙." 年十九復歸家, 甲子生員及第俱壯元, 自是有名士流間. 當初逃佛, 蓋其不幸也, 其徒或謂: "求道入禪, 如張橫渠." 是文飾之說也. 或謂: "棲息山房, 讀書窮理也, 削髮被緇, 曾無是事." 是誣也. 君子觀人, 但觀其人之畢竟成就而已, 科斗時事, 不必理會. 烏可以其不幸爲其終身之累. 其曲爲遮護者, 皆非也. 其平生 · 才氣 · 文章 · 言論 · 風采爲一世人所愛慕者, 大類東坡, 而坡少從儒行出, 晚以媢佛終. 栗谷始雖逃禪, 卒以儒行顯, 此其所異也. 朱子稱"得志其害甚於安石", 蓋爲其挾才好自用也. 然則東坡之不得志, 豈云東坡之不幸也. 栗谷以副學一歲中, 超遷兵 · 吏判, 至右叅贊. 上意眷注, 將降大任, 適屆邊圉之騷亂, 少施經綸. 而其所區畫, 多有不厭人意者. 設令假之年而遂當重權, 果可能驚破北虜之膽, 而疆場安妥, 消融東西之黨而朝著淸明乎. 傳曰: "得人者昌, 失人者亡." 當是時也, 耆耇英賢, 如東皐 · 梧里 · 聽天 · 西厓 · 東崗 · 秋淵 · 南冥 · 守愚, 衆君子者, 其德望才智, 雖古人不過. 如能使調劑酸鹹, 陶甄太和, 一體同心, 共濟時艱, 何事不可做. 不徒無爾許力量, 可能辦

518

此, 又從而仇視之. 其所主者, 乃勳戚勢利之家, 其所寄心目耳腹者, 只是牛溪·松江若干人, 其所推引者, 如汝立·翼弼輩而已也. 以此當國, 以此爲政, 其能有爲於時, 無害於後, 而終不至於顚頓狼狽者, 無幾矣. 然則栗谷之不見大用, 安知非栗谷之幸歟. 此栗谷所以大類於東坡者也.

其學術之造詣·淺深, 吾不知, 而盖其聰悟絶世, 經傳註解, 覽輒貫穿, 發而爲言, 亹亹不渴. 聽之者孰不曰: "關西夫子復出乎." 然其下學上達, 涵養踐履之工, 年索日淺, 或有未遑者矣. 故白沙李相公銘其碑喩之, 以"蜃閣之浮海"·"鄭圃之御風", 謂其無實地根基也. 沙老乃同時親見汙, 不爲文公之諛辭者. 其言詎不信而有徵.

020 栗谷碑白沙撰之, 而其門人金·鄭, 惡其硬直, 皆刪去. 其後栗谷文集, 托以正訛, 又復刊改, 而其中義理之乖舛, 論議之偏辭. 爲世所疵病處, 或一行·二行·盡行竄改, 全沒本色. 要以錮天下後世之耳目, 凡諸文字之改撰僞錄, 固彼徒之長技也. 趙聖期嘗歎之曰: "刪之猶不可, 改之無義, 若此不已幾何. 不便成別人文字也." 聖期, 號拙修, 監司亨期之兄也. 有學識高踏, 懷【宋時烈】之當路時, 要與相見, 而終不肯見. 平日有箚錄, 書當世事, 多有直筆公論. 而其子孫皆削之, 不載刊行集中云.

021 癸未, 栗谷爲吏判, 極薦鄭汝立可大用, 於是汝立爲修撰. 汝立嘗稱栗谷曰: "孔子已熟底柿子, 栗谷未熟底柿子." 及栗谷卒, 附李潑兄弟, 攻栗谷. 栗谷於宣廟際遇, 可謂千載一時. 至尼胡之變, 判兵部, 自以言聽計行. 且在倉卒事, 多先行後聞. 三司交攻, 以爲專擅, 許篈·宋應漑·朴謹元攻之尤力. 上大怒幷竄北邊. 於是黨論分崩, 搢紳·館學互相呈訴, 爭論是非. 栗谷卒踰年, 三竄猶在謫. 領相盧守愼白上曰: "三竄或罹霜露, 恐有後悔, 願賜寬有." 上顧都憲具鳳齡曰: "三臣言珥大奸, 珥果大奸乎." 曰: "珥雖不爲姦, 顧輕率人也. 自是己見, 不聽人言, 本心雖不誤國, 使之爲國, 則終至於誤矣. 文章則有之." 守愼曰: "珥喜人佞己. 至於文章, 亦不致力, 但於對策, 雜以俚語, 浩汗不渴." 上曰: "唯." 三竄未久蒙放.【破寂錄】

022　東皐相公, 四朝元老. 一心徇國, 家有至行, 國有偉烈. 素性嚴毅方直, 素學光明正大, 平生無毫末偏私之意. 是以在世七十四年, 君子好之, 小人惡之, 國人無愚智, 不敢疵議. 公之爲咸鏡巡邊使也, 退溪先生製其敎文"有學究天人, 沈機先物, 鎭頹俗, 屹若中流砥柱"等語. 且退溪之乞退也, 上曰: "卿無可薦者乎." 對曰: "首相李浚慶不動聲色, 措國勢於泰山. 柱石之臣, 無出此右也." 然則公眞所謂無間然矣者.

栗谷之疏曰: "浚慶藏頭匿影, 鬼談蠱說." 又曰: "媚嫉之嚆矢, 陰賊之赤幟." 又曰: "古人之將死. 云云." 此何謂也. 盖公之遺箚, 小人深惡其中其情狀. 繷及屬纊, 怒拳爭6)抵謂"小人例陷君子爲黨", 做出朋黨字眩惑君聽. 三司交攻, 無所不至, 幸賴聖明照燭, 其計不售. 其後朋黨禍起, 爲國大蠹, 果不自掩於幽隱欲掩之中. 以此觀之, 則退翁所謂'沈機先物', 概有實見得於公, 非虛美之言.

若使栗谷早知公, 則必不以"鬼談蠱說"·"媚嫉陰賊"等語, 詆公矣. 當時小人之誣陷公, 固不足言, 栗谷以一世名儒爲此擧措, 作此言語, 良可慨也. 君子之學, 必以知至爲先, 知之未至則行之必差, 於事則昧於是非, 於人則暗於邪正. 『大學』之道, 必先於格物致知者, 此也. 栗谷之於東皐, 同朝亦久矣, 何爲此媚嫉, 後學所以疑惑者也.【『孤山集』】

023　栗谷之秉文衡也, 白上曰 : "令朝士大夫, 日來見主文者, 講論文義, 不可已也. 請著爲令甲." 上曰: "士大夫相往來, 豈有著爲朝令者乎." 此其意盖欲因是收召士大夫, 曰"師"·曰"弟子", 要爲部伍之遊騎也. 此非爲偏黨之赤幟乎.

기축옥사의 전말

024　己丑十月二日, 因黃海監司韓準密啓, 以士人趙球7)告變. 急送宣傳官李用濟8), 同內官馳到全州. 逆賊鄭汝立方遊鎭安竹島, 與縣監閔仁9)伯

---

6) 爭 : 저본에는 "將"으로 되어 있다. 『東皐遺稿』와 필사본에 근거하여 수정하였다.
7) 球 : 저본에는 "絿"로 되어 있다. 실록에 근거하여 수정하였다.

領軍圍住, 汝立亂撲殺之, 以自刎聞. 舁至京師斬尸, 其族屬黨人拿鞫[10].
立之姪緝, 訊刑後更招, 招出李潑·李洁·白惟讓等. 就鞫無實邊配, 旋啓更
鞫, 皆死於杖下. 時議論將用孥籍之律, 上令大臣·宰臣合議. 西厓以禮判
議曰:“罪人必承服, 以後有孥籍之法. 今潑·洁·讓等, 皆不服而死, 孥籍
殊爲未安.” 公之議不行, 潑之老母·稚子竟就戮. 公時以吏判乞暇歸鄕, 庚
寅五月二十九日, 承召始還朝.

025　懷【宋時烈】之肅宗己巳正月, 卞誣疏錄進, 金長生答黃宗海書曰:
“己丑獄卽柳相之爲委官也, 李潑之老母·稚子, 豈不欲其生. 而無罪八十
老婦, 不能一言救解, 先斃於杖下, 七歲稚兒不卽死, 則折其頸而殺之. 金肅
夫【宇顒】·鄭道可【述】, 不此之爲咎, 反歸咎於牛溪·松江. 是豈公論乎. 云
云.” 此沙溪之誣也. 潑之孥籍, 在庚寅五月十二日, 西厓拜相還朝, 在其年
六月, 則豈厓相乃以吏判爲委官也. 沙溪在西人中最稱謹厚者, 而謹厚者
亦復爲之, 況其靑出者乎. 或曰:“沙溪慣聽鄭弘溟之言爲其父, 欲分謗於
西厓, 故而然云.”

026　肅宗壬申, 前敎官柳後常卞祖誣疏曰:“故相臣許頊及判書李晬光
日記有曰:‘己丑十月初二日, 海伯韓準密啓入來, 乃載寧·安岳·信川等
處, 有謀反事也. 十一日, 判敦寧鄭澈自畿甸入來, 上密箚「乃搜捕逆賊, 戒
嚴京城事也」. 十一月初八日, 澈拜右相. 庚寅二月, 委官沈守慶遞, 而澈爲
委官. 又同年五月十三日, 李潑老母·稚子并死杖下, 其婿洪可臣之子窫[11],
金應南之子命龍, 俱壓膝, 門生·奴僕盡爲嚴刑, 而無一人承服者. 又同年
五月十九日, 委官鄭澈啓曰:「人臣當國家無前之變, 所當痛心與骨, 惟
恐[12]誅討之不嚴.」 又二十九日, 吏判柳成龍拜右相, 云云.’

8) 用濬: 저본에는 “濬慶”으로 되어 있다. 실록에 근거하여 수정하였다.
9) 仁: 저본에는 “齊”로 되어 있다. 실록에 근거하여 수정하였다.
10) 鞫: 저본에는 “鞠”으로 되어 있다. 용례에 따라 수정하였다.
11) 窫: 저본에는 “稅”로 되어 있다. 『燃藜室記述』에 근거하여 수정하였다.
12) 恐: 저본에는 “怨”으로 되어 있다. 필사본에 근거하여 수정하였다.

又臣祖年譜中'庚寅四月, 以亡妻歸葬, 乞暇還鄉, 五月二十九日, 拜相, 六月還朝', 則五月十三日之殺李潑母·子者, 非委官鄭澈而誰歟. 頃歲, 宋時烈投進一疏, 附其師金長生與人書曰: '柳相爲委官, 潑之老母·稚子, 豈不欲生之. 而無罪七十老婦, 不能一言救之, 竟斃杖下, 未滿十歲, 兒子不卽就死, 而有嚴責之敎, 則折其頸而殺之. 李潑·白惟讓之死, 山海及柳相, 與松江同爲委官, 不能救之. 今專蔽罪於松江, 不其偏乎. 云云.'

噫, 臣祖於己丑冬爲禮判, 以禮判爲委官, 不但朝廷必無之理. 況其時臣祖之名, 出於惟讓之招, 席藁待罪, 旣出其招, 反治其獄, 寧有是理. 云云."

정철의 자품

027　松江鄭澈, 字季涵, 延日人也. 生丙申, 壬戌魁文科. 爲人淸明能文, 而性颿輕. 嘗與具贊成思孟·申判書碟, 會於朝堂, 仁嬪饋酒果於申·具, 具卽仁獻王后之考, 而申卽信城夫人叔父也. 二公要共飮, 松江掉臂曰: "吾豈敢喫自內出送之饌乎." 具色沮而申怡然飮之云.

及爲相按獄, 亦以輕率, 無所寬恕. 三歲連延死者, 殆千餘, 宣廟震怒, 命竄江界. 壬辰然還, 癸巳, 又爲三南體察使, 重被縱酒挾妓之謗, 遭削出. 癸巳[13]冬, 卒於江華, 年五十九. 嘗題咸興樂民樓詩曰: "白岳連天起, 成川入海遙. 年年芳艸路, 人渡夕陽橋." 己巳春, 退溪先生之還鄉也, 追至廣津不及, 題一絶云: "追至廣津上, 仙舟已杳冥. 春風滿江思, 斜日獨登亭." 其才不可及.

松江兄兵曹正郎滋以桂林君妻甥, 被刑竄沒於慶源. 先公至老, 未嘗忘于懷, 有時言及, 必下淚語. 在栗谷所撰惟沈誌銘"松江身親見家內酷禍", 而己丑之獄, 身爲委官, 終始主張少無寬緩者何耶. 深可異也. 仁廟淑儀乃松江之姊也, 宣廟淑儀亦其兄滉之女也.【『撫松小說』】

---

13) 癸巳: 저본에는 "甲午"로 되어 있다. 실록에 근거하여 수정하였다.

송익필 집안 내력

028 白川甲士宋者斤金子璘, 以安瑭相家婢甘丁作妻, 戊申, 生祀連. 便佞巧慧, 又多才能, 陰陽術數, 諸方雜技, 無不通解. 安相家大爲信愛, 不以奴畜視同親孼家中, 凡事一皆委任. 辛巳冬, 祀連與其妻甥禁漏官鄭鎬,[14] 竊安相夫人殯葬時, 弔客錄·役人簿爲證上變告, 安處謙招集無賴, 謀殺大臣. 於是袞·貞鍛鍊成獄, 族滅安相家, 籍其家産田民, 祀連皆有之.【『己卯錄』】

時處謙之弟處謹, 有賤妾方娠逃難, 窃懷甘丁所付文券. 以出生子, 玩【一名廷闌】旣長授其券, 又遺書囑之以復讐伸冤. 至明廟丙寅, 乃上書訴冤安相, 始復官, 有孥坐. 及宣廟乙亥, 贈謚貞愍, 致祭. 玩欲有爲, 而以孤獨孼子, 無攀緣之勢. 且念主弱奴强, 難於力敵, 遲回不敢發者, 又四·五年. 旣而年老, 恐無以報其母至囑, 於是挾券訟于掌隷院. 時祀連已死, 其子富弼·翼弼·寅弼·翰弼, 與栗·牛·松, 皆爲執友, 其權力氣焰, 能驅駕一世. 以故訟官, 相繼辭避, 不坐者殆月餘. 丁監司胤禧聞而忿之, 故揚言於衆中曰: "『周官』「八議」, 其一議賢, 賢如龜峰者【翼弼, 號也】, 豈可爲人奴乎." 酉人大喜, 乃以丁公除判決事. 公出仕翼日, 卽決給安玩. 翼弼兄弟幷囚禁, 將欲刑之. 酉人恨其見賣, 卽遞之, 故縱翼弼兄弟, 使之遠避.

翼弼輩亡匿海西, 日夜思議, 必欲甘心於東人. 而知鄭汝立方棄官歸家, 召聚學徒門多雜類. 又結鄕里無賴子弟, 作大同契·鄕射·飮, 武斷行私, 不循法度. 於是翼弼以爲奇貨, 乃變名姓, 潛蹤賣術, 於黃海延白之間. 誑誘其鄕品土豪之富厚黥長者流曰: "吾卜爾之山, 相爾之面, 筭爾之命, 三·四年內, 當作宰相. 道內某某地, 有某某者, 皆與爾輩, 同時佐命之人, 盍與相從交結." 又示讖文曰: "'木子亡, 奠邑興', 此其時也. 吾望觀湖南, 王氣方旺. 爾輩宜急往, 物色鄭姓人, 以讖文告之, 與之同擧大事, 富貴可立圖也." 遐裔無識之徒, 聽信其言【其容貌·氣魄·文章·術數·言論·風采, 栗谷·沙溪, 皆以爲師表, 豈但愚氓之聽信哉.】

---

14) 鎬: 저본에는 "瑚"로 되어 있다. 실록에 근거하여 수정하였다.

奔走湖南, 聞鄭汝立之名, 方藉藉一道. 輻輳其門, 爭相結納, 來往不絶.
因渠輩酒間相訐, 稍稍發露. 汝立居湖南, 而告變自海西起者, 以是也. 汝立
獄成, 翼弼又陰嗾牛·松, 密密羅織東人名士, 網打殆盡者, 亦以是也. 凶人
種子, 世濟其惡, 以其術詭謀秘, 擧世尟有知者. 玗之後孫在湖中者, 有玗手
錄傳道如此云. 祀連葬在東城牛耳村, 玗旣得決案, 發其塚剖棺戮尸, 快復
其讎.

029　安司藝敦厚年老喪耦, 以其兄寬厚婢重今, 家畜侍寢. 甘丁乃重今前
夫所生也, 性狡黠, 年十四五, 有不道語. 司藝恐其有離間之漸, 使子瑧杖
足, 折其兩指. 仍放歸白川, 交嫁宋璘生祀連. 司藝捐世後, 貞愍兄弟及金相
應箕之夫人, 皆爲重今所鞠養, 故安氏家顧憐重今如庶母. 及祀連長屬醫
司, 以其母未贖爲同類所擯, 乃投入天文學爲官. 亦賴金相時爲提調也. 安
氏之遇祀連, 無異親屬者以此云. 祀連安享富貴, 死於宣廟己巳年, 八十餘.
【『己卯錄』】

030　宋翼弼兄弟皆能文善談論. 其祖母甘丁之死, 栗谷爲之題主, 以是在
士大夫間, 放言無忌. 翼弼嘗曰: "『五禮儀』申叔舟所做, 吾不取也." 有一
朝士戲之曰: "宋祀連所做, 翼弼輩反可取乎." 其人坐此, 坎軻終身. 其時
翼弼輩氣焰, 有如此者矣. ○ 懷作翼弼碑稱先生, 極筆襃崇乃曰"諸葛亮似
龜峰", 此何異於楊再思之蓮花似陸郞者歟. 其紋甘丁之系, 冒姓爲安相塘
之庶妹. 『己卯錄』乃吾儒家大文字, 豈以懷之博覽, 獨於此, 不之見歟. 其
言之不可準如此.

031　仁祖朝, 鄭曄【守夢】爲翼弼伸冤疏曰: "臣少從宋翼弼受學, 翼弼文
章·學識, 超絶一世, 故與李珥·成渾爲講磨之交. 李珥旣沒之後, 李潑·白
惟讓等, 仇嫉珥·渾, 延及翼弼, 必欲置之死地而後已. 可謂怒甲移乙之甚
者也."
翼弼之父祀連, 乃故相安塘少妹之子也. 祀連之母, 旣已從良, 祀連又至於

524

雜科出身, 則連二代良役. 且過六十年大限者, 不得還賤, 明在法典, 而潑等以祀連上變, 爲安家子孫不共天之讎, 故乘機指嗾, 蔑法還賤. 其時訟官, 或有執法之意, 則潑等駁遞之, 至再至三, 而後始得行其志. 夫法者祖宗金石之典也, 祀連雖得罪善類, 翼弼雖犯時怒, 豈可以一時之私憤, 屈祖宗金石之典, 以快其心哉.

032 宣祖戊子正月, 前縣監趙憲上疏言:"盧守愼·鄭惟吉·柳塤·權克禮·柳成龍·金應南·李山海等, 黨比病國." 且論:"朴淳·鄭澈之賢, 見棄遐荒, 宜速宣召." 又言:"宋翼弼·徐起, 有將帥才. 云云." 備忘記曰:"今見趙憲疏, 乃人妖也. 此疏不忍下, 予寧受過已. 焚之矣." 三司請罪定配. 己丑冬, 澈復起放還, 上疏復伸前論. 又湖南儒生梁山璹等上疏, 同時入啓疏. 槪與憲同, 而專斥西厓. 傳曰:"此輩陳疏, 盡斥朝士, 而獨贊鄭澈以下數人, 自以爲直言. 而反露其情狀, 可哂也." 又傳曰:"私奴翼弼兄弟, 蓄怒朝廷, 必期生事. 趙憲前後陳疏, 無非此人所指嗾云爾, 極爲痛惋. 況其叛主逃躱不現, 尤爲駭愕. 捉囚鞫問事, 言于刑曹."【『銀臺日記』】盖翼弼出沒, 陰凶之跡, 自上稔聞, 故有此敎.

기축옥사와 송익필·정철

033 己丑獄, 俑於翼弼而成於澈. 從傍左右之時, 鵝溪判銓殆十年, 酉人頗不得志. 澈以前判尹, 久在散地, 翺翔近畿. 及獄起, 牛溪·翼弼輩勸之入. 澈卽日進闕中入坐政院, 政院·玉堂諸人, 莫不驚駭失色. 澈仍進密箚言"朝廷治逆不嚴", 上乃拜澈爲右相, 專爲按獄. 數日牛溪以吏叅上來, 翼弼兄弟居間往來, 凡諸謀議, 莫不叅同. 兪泓·黃廷彧·具思孟·洪聖民爲聲勢, 白惟誠·具宬·張雲翼·黃赫·李洽·柳拱辰承下風, 成輅·李春英·宋寅弼·翰弼爲腹心. 趙永善爲瓜牙, 其餘虮附奴, 使如梁千頃·姜海·洪千璟·丁巖壽者, 不可勝數.

於是別遣兩南御史, 又密諭各道監·兵·守令, 譏察逆黨, 逮捕旁午. 或騰傳飛語, 驚動聽聞, 或誘脅死囚, 誣爲援引, 百計羅織, 三歲鍛鍊. 東人名士騈首冤死者, 殆千餘家. 人心憤鬱, 國言未已, 未幾宸衷大悔悟. 澈·渾及其黨與, 并列名聲罪, 榜示朝堂. 澈以首惡, 安置江界.【初特配晉州, 蓋天意有在也. 後移洿江界.】

034　掌令張雲翼啓略曰: "東人每以西人交結戚里鄙斥之, 今交結逆賊, 其罪如何. 請并施夷三族之法." 上曰: "張掌令之言, 是矣." 修撰許筬啓曰: "以其法治之, 足以成獄, 聖朝何用亂秦之法乎." 其議遂寢.【『己丑錄』】

035　鄭澈小受業於奇大升. 大升嘗曰: "季涵喜言人過, 恩讎太分明. 他日得志, 誤蒼生者, 非寧馨耶." 其後附沈義謙斥金孝元, 己丑, 鄭逆之獄, 圖代推官, 務爲羅織. 凡平日所不悅者, 一切陷入, 蔓延三載, 死者幾千餘人. 而鄭介淸·崔永慶·李潑·洁, 蓋其最甚嫉者也, 極力鍛鍊, 必致之死地. 又以白惟諴·李春英輩爲羽翼, 搏擊異己, 竄殺殆盡. 旣而上悔之, 雪崔·鄭之冤, 圍置江界, 榜其罪于都堂. 壬辰, 召赴行在爲下三道體察使, 與從事日飮酒不事, 尋卒. 以言者言, 追奪官爵.

嘗與栗·牛爲至交, 故西人之崇仰者亞於牛·栗. 而其戕害善類, 恢張黨論, 以貽我東無窮之禍者, 此其首也. 塚初在高陽, 村童野豎, 至今皆呼爲鄭澈陵. 其亦兒童之頌君實耶, 抑惡而賤之耶. 近年其子孫病此, 移葬他山云.

036　左相澈己丑主時論按獄. 一日余遇澈於闕下問永慶獄事何如, 且言 "此人有高士重名, 獄事不可不詳審." 澈素輕又被酒. 忽以左手自執其項, 右手爲衝刺狀, 連聲言: "此人平日, 向我欲如此如此." 判府事沈守慶在傍解之曰: "人言何可盡信, 願大監無信人言." 余正色曰: "假使其人實有是, 公今爲獄官, 當忘此懷, 何故乃爾." 澈笑曰: "吾豈念此. 於推案極力解之, 故久不加刑訊, 惟仍囚耳." 且謂余曰: "公旣有此懷, 何不早言之." 余曰: "此乃大獄, 外人言之, 非徒無益, 反益其禍. 惟獄之人乃可伸理耳." 澈曰: "吾固已盡心保, 無他也." 數日永慶果赦出. 憲府啓請還囚更鞫. 時尹斗壽爲長, 而具宬以掌令主論. 人疑"澈外示公議, 陽爲解釋, 而陰使其

526

薰, 論之也."【『雲岩錄』】

037 澈之壬辰復起, 亦有因車駕, 到松京. 時時人乃以更召澈, 任政之意,
先使人密誘, 一二鄕氓, 仍白上"慰諭故都父老." 而使以此言進, 陽借公誦
之口, 陰爲濟私之計. 盖是時開府旣與坡接界, 又爲海歷路. 凡冠章甫出入
場屋者, 率皆稱坡門徒太半. 是海客之居停主人, 一境便作牛·栗人窩窟.
此儘他衣鉢相傳之秘計也. 或暗布謠言, 或潛傳俗諺, 使之流入深嚴, 可以
熒惑聰聽. 飛而有翼, 捉之無跡者, 皆此術也. 其後點·遠輩仍之, 以至於靑·
師·勳·澤者, 流而益密, 且憯矣.
壬辰, 鄭澈之開府, 溫陽也. 前副學申湛, 解官居韓山田舍, 倡義勤王, 聚衆
千餘人. 以洪季男爲前部, 師行有律. 澈聞之己心憚. 路經體府, 不得不投刺
上謁, 澈不見. 乃下令軍中曰: "當此危亂之時, 亂民聚衆, 自稱義兵, 其心
有不可測. 無使申軍過溫界." 防衛如敵虜. 季男武人大怒, 欲斫營直入爭
之, 湛急止之曰: "彼雖與我同朝, 素懷異己之嫌. 今日之令, 亦未必不由
於此. 若如君計, 則我眞爲亂民, 而彼且搆我不測, 吾有以處之."
遂將全軍, 付與季男, 并授以方略, 獨匹馬馳赴灣上. 季男乃引兵而還, 翶翔
於兩湖之間, 兩湖人士依歸者多. 於是澈恐爲公議所非, 復檄召季男, 季男
不報, 去投忘憂堂郭再祐云. 季男, 安城賤族, 有膽略多戰功, 後授助防將.
【『竹溪閑話』】

038 昆[15]侖崔昌大集曰, "遲川嘗問白沙曰: '松江何如人.' 白沙曰:
'松江半醉時, 抵掌談論望之, 若天上人.'" 此盖房玄齡稱季偉: "其人好髭
鬚之意也." 而乃曰: "白沙高眼欽服如此." 此所謂痴人前說夢也. 同時鵝
溪之言論·風度, 何不若松江, 而渠輩奚以目之爲小人耶. 鵝溪, 李山海號
也, 風姿拔俗, 能文善書, 幼稱神童.

---

15) 昆 : 저본에는 "崑"으로 되어 있다. 『昆侖集』에 근거하여 수정하였다. 이하 동일한
수정사례는 교감기를 달지 않는다.

039　鵝溪少與澈交厚, 後爲澈徒所攻, 乃貳之, 與李潑·洁等共攻澈. 己丑
獄, 澈復入, 潑等栲死, 山海懼甚, 更欲爲相合, 事之甚謹, 爲言“前日攻之
者, 皆金應南·柳成龍所爲, 非我也”, 要爲自免之計. 澈宿怨旣甚, 終不解.
時鄭獄多濫, 上頗厭之, 山海揣知上意, 與洪汝諄等, 密謀傾之. 先使其子慶
全, 結遊士洪奉先·李晟慶等六人, 詣闕請對言澈專權亂政, 多殺不辜狀.
上特賜褒諭, 山海卽令臺諫疏劾澈, 啓入卽允. 大憲洪汝諄又論尹斗壽·根
壽·李海壽等六七人竄之, 皆澈黨也. 禹性傳·李敬中, 非其類而爲山海所
惡, 故幷論罷之. 澈安置, 而山海猶與澈相問不絶, 且寄藥封云.【『雲岩錄』】

040　己丑冬, 汝立之獄. 立之姪緝, 誣引朝士數十人, 或死或竄. 及緝臨刑,
大呼曰: “喀我以多引卿士則可活, 今何殺我乎.” 於是人皆知主獄者, 誑
誘痴獸, 藉報私怨矣.【趙龍洲撰「相彦信碑」】

최영경과 기축옥사

041　崔守愚永慶淸介絶俗, 非其義, 一毫不取於人. 事親孝, 親沒傾家以
葬, 遂致貧窶. 居洛下, 不事交遊, 世無知者. 安敏學見之, 以爲異人, 言於成
渾. 渾入城, 委造剝啄, 良久, 赤脚小婢應門. 俄而永慶出, 布衣破履, 寒色蕭
然, 而容儀嚴重, 有不可犯者. 與語無一點塵埃氣. 旣而歸語白仁傑曰:
“吾見崔永慶還時, 覺淸風滿袖.”【『栗谷集』】其後與澈相惡, 牛溪亦絶交.

042　己丑獄, 白沙李相國爲問郞. 出語人曰: “吾因鞫囚, 得見偉人.” 守
愚盖亦當世之高士也, 少遊於南冥之門, 全尙氣節. 惜不及於陶山講學之
列, 得問精微之義, 加以琢磨之工也. 其顯斥松江爲索性小人, 又於成文濬
之來唁也, 直言“見嫉於爾翁.” 此殆類國武子之盡言, 難乎免於今之世矣.
古所謂“明哲煌煌, 遜于不虞, 以保天命”者, 恐不如是.
公言己丑冤獄事, 作『己丑錄』, 江陵本『白沙集』載其書. 今其書無有, 改作
『己丑錄』行於世.【『記言』】江陵本, 今人家或有在處, 而『己丑錄』緊要處一
半張, 率皆割截. 此必因其徒之借觀, 而竊去之也. 然則其全文終不可復見

於世歟. 江陵本既毀之後, 再刊晉州, 而以僞錄行. 其家子孫代, 不無聞人, 而其祖所錄, 一任他人之改竄, 不以實傳, 亦何心哉. 抑謾不省其改竄與不改竄歟. 豈其家藏, 更無眞迹, 副件而付之, 無可奈何者歟. 或云"一二舊家, 江陵全本, 猶有存者, 亦有目睹傳說者, 而畏老黨之勢, 且不敢出"云. 或者 "公論有待百年而出歟."

守愚被鞫, 風采動人. 如仙鶴颺颺, 自天而降, 左右獄卒, 無不驚動起敬. 白沙爲問郞, 顧謂推官曰: "今不見此老, 虛過了一生." 澈微哂以扇擬頸曰: "此漢欲斫我頭如此. 云云." 又曰: "以彼容貌, 偃臥竹林間, 嘲弄時事, 足以得虛名." 其供辭時, 神色自若, 澈曰: "此漢略無動色, 如非大黨劇賊, 必是有定力人也."【『掛一錄』】

白沙在忘憂里, 語及己丑事曰: "按獄時, 觀諸人對理之狀, 無不惶遽失措. 惟崔永慶處桁楊拷掠之間, 如在房中, 言語不紊, 有似平居對賓客."云.【『石室錄』】

崔之再供曰: "臣病伏, 不能出門已有年, 安有與汝立相會於七百里之外乎." 鞫廳請拿廷瑞面質. 廷瑞蒼黃失措, 謂監官鄭弘祚曰: "此言得聞於汝, 汝無隱諱." 鄭愕然大驚曰: "余之夢寐所不知之說, 城主何以及之." 廷瑞强迫曰: "汝無異言. 與我同患難富貴共之." 鄭固諿, 卒不得迺佯應曰: "諾." 廷瑞詣獄供曰: "聞於監官某." 故監官一時率來, 卽問監官, 則供曰: "崔杜門不出, 雖隣比之人不得聞知. 況臣所居距崔四十里之遠, 雖有此事, 臣何以知之. 判官無根之言, 無所指的, 以臣爲證. 臣雖無狀, 安敢陷賢者於不測之地乎. 寧死爲義鬼, 不願生爲不義之人." 刑六次放之. 廷瑞懼其反坐, 聞崔病不能食, 日飮燒酒一二盃. 賂獄卒, 換以毒酒飮之, 崔遂死. 臨死, 澈遣醫診之, 崔揮而却之. 弟子請後事, 捉筆書正字, 未畢而卒. 牛溪答門人朴汝龍書曰: "示喩崔事, 令人悚謝. 此君初非俗士, 淸修苦節, 有邁往, 不屑之韻. 與鄙人雖有趣向之殊, 交道未絶. 所以令豚兒問之也. 及其晚年哭子, 沈湎麴蘗, 再繫之日, 但存形骸, 錯亂顚倒, 殆不足責. 云云."【『牛溪年譜』】

043 金坡州繼輝, 己丑以禁府都事, 其時事歷歷詳道. 永慶再繫之後, 晉州判官洪廷瑞, 告'汝立奴子, 來往崔家'之說, 得'聞于鄭弘祚. 云云'. 鄭拿來入京之日, 永慶卽殞, 人疑其恐怕而死.【『石室錄』】其時獄案昭昭, 不可掩者, 而牛溪之所謂顚錯, 以其供辭頗疵栗谷也. 『石室』之所謂'恐怕而死', 刻害之言也.

044 甲午五月二十七日, 正言朴東說啓曰: "同僚以'國家贈崔永慶官爵, 當論鄭澈擠陷之罪', 臣以爲'年少輩爲此論', 而澈貽書大憲尹斗壽力遏之. 以此觀之, 澈身爲大臣, 未能鎭定, 當以此論之, 若以乘機擠陷罪之, 無乃冤乎. 況再鞫時, 臺諫有力主此議者, 此可罪也. 大諫李墍以爲'澈雖有此言, 不過陽與而陰抑之'. 臣妄信平日之定見, 不可苟同, 請罷臣職." 答曰: "予未知此間事, 亦未知某人所爲, 但永慶爲毒物所害則明矣. 予放之而竟不得免, 竟死於獄中, 加以自死之名, 天地之間, 其冤極矣. 噫, 予朝夕當退之人. 故欲伸其冤於予在之日, 百年後雖歸見庶無慚色矣. 予意只在於此. 若其是非, 則自有公論, 如予昏劣之人, 如坐針氈, 何能知之."
大諫李墍 · 司諫李尙毅 · 獻納崔瓘啓曰: "鄭澈性偏, 忌克媢嫉, 是事擠陷, 異己睚眦, 必報常恨. 崔永慶斥其奸狀, 挾憾懷忿, 欲逞其毒者久矣. 適乘逆賊之變, 便作擠陷之計, 做出許多無根之說, 遂成其獄. 及其推究無狀, 自上特放, 則陰嗾言官, 更成罪目, 竟使瘐死獄中, 一國稱冤. 今聖上廓日月之明, 垂天地之仁, 恤其妻子, 又爲贈職. 夫伸冤誅惡, 帝王之大政. 故臣等欲論澈誣殺善士之罪, 而正言朴東說以爲'永慶之死, 非澈之罪, 以實出於當時論事之人'云. 其時擠陷者, 罔非澈之指嗾, 今不可追咎許多人, 以啓騷擾, 故只論鄭澈. 而論議不一, 同僚引嫌. 云云." 持平黃是處置, 李墍以下出仕, 朴東說遞差.
執義申欽啓曰: "朝論角立, 彼此相攻. 右澈者以爲'伸救永慶', 攻澈者以爲'搆殺永慶', 二者均爲失中. 澈旣身爲大臣, 不能痛卞明析, 遏絶不根之說, 脫永慶於瘐死, 則雖有伸救之言, 伸救之意, 固難以伸救論. 若以此指爲搆陷, 指爲陽與陰抑, 則其罪名, 亦太逕庭. 云云." 大憲金宇顒 · 掌令奇自獻啓曰：“云云. 申欽以爲‘澈於其時獄事, 果多枉事, 吾心亦常以爲極誤. 若永慶之事, 則在上前以孝友稱之, 豈有「孝友之人爲逆之理」, 吾之所見, 常謂永慶之死, 非此人所爲. 云云’.” 答曰：“鄭澈於予前, 以孝友稱崔永慶事, 予思之不省得. 必有聞之者矣. 但尹海平言, 其至孝·石槨等事聞之矣. 正言李時發啓曰：“臣於鄭澈·崔永慶事, 未詳其曲折, 而若槪以所聞, 則永慶由澈而死. 趙盾猶不免弑君之惡, 殺永慶之罪, 澈其何說之辭乎. 公論之奮發, 在所不已. 云云.” 答奇自獻曰：“澈之事論之汚口, 置之可也. 永慶之冤, 予願當之. 宜亡其國.”【『銀臺日錄』】

045 癸巳十二月, 鄭澈在江華卒. 爲人褊狹輕佻, 非宰相器. 在江界圍籬中, 因倭變放回, 而自上全不眷遇, 戚戚不得志而卒.【上同】

기축옥사 책임공방

046 懷之「雜錄」曰：“成丈文濬上尹海平書, 以己丑獄爲士禍. 且不自以爲士禍, 而乃若以士禍二字, 出於牛溪者.” 又曰：“松江果以此獄爲士禍, 而惟自當之, 則是小人之甚者. 牛溪亦知松江能以直報怨而勸之起, 則雖曰以直, 知其報怨, 而勸之起, 則豈大賢之心. 云云.”

此盖蝸角之自相蠻蜀者也. 方澈之挺身突入, 按獄之事, 身自担當者, 非專爲報怨之私乎. 及其濫延不辜, 恣意戕殺也, 牛溪亦不無與有聞焉, 則安知牛溪之心, 初非澈之心乎. 由是, 國言洶洶, 久愈未已, 故文濬此書爲此之懼. 盖欲全蔽罪於澈, 而爲其父分疏地也. 張溪谷撰「白沙行狀」, 亦言己丑事曰：“會士禍起, 相國澈爲禍首.” 其爲士禍云者, 盖當時公頌之論也.

047 懷書云：“昔年, 大尹請去先師責申之書. 其書乃專責坡山門人疵斥松江, 淸脫文簡於己丑獄事也. 此係大是非, 何可去也.” 先師卽沙溪, 申卽應榘也. 榘乃坡之門人, 而甚不悅於澈之所爲, 常諫其師絶交者也.

048 己丑, 鞫廳問郎, 以委官意啓曰：“嶺南有大賊, 欲塞臨津, 遮車嶺,

絶龍津, 以防四方, 勤王之兵, 從中起來. 不可不預備." 上曰 : "知此者誰,
卽卽回啓." 澈方與惟誠[16]亂飮, 驚倒失盃, 罔知所措. 乃啓以忠義衛某告
變, 卽拿鞫刑, 二次而斃. 忠義衛者乃渠所蓄醫女善卜之愛夫也. 白地搆殺,
其心術類此.

李潑兄弟竄出後, 澈使醫官趙永善, 陰誘宣弘福曰 : "若引潑兄弟, 汝無事,
且得好官." 弘福信之, 一如其誘, 潑兄弟再因掠死. 弘福亦不免出刑於市,
哭曰 : "誤聽永善之言, 陷殺無事. 吾罪固當死, 愧恨奈何." 澈乃以士類待
永善, 永善驕妄日甚. 澈設酌大會, 永善中座, 敢與諸客, 行酬酢之禮. 大諫
沈忠謙曰 : "吾雖駑, 可飮永善之盃乎." 艴然而起, 澈之徒雲翼, 欲爲之搆
殺, 忠謙僅僅圖免.【『尤庵集』】

049 『尤菴[17]集』曰 : "晏兄【鄭澳, 字龍叔.】陳卞, 非所敢知也. 設使朝家有
公論, 豈待晏兄之言而知之. 如無公論, 則雖或言之, 人其信之乎. 已往畸庵
【弘溟號】之疏, 非不詳矣, 而反藉彼口, 何益之有乎. 松江是非, 乃士林中共公
底事, 非一家子孫所可自主張也. 金沙溪·宋龜峰, 以爲不及於崔石溪命龍,
且有一二事, 不滿人意處."云.

○ 又曰 : "鄭畸翁於坡門則怨之, 於異論則交之, 念其本心, 談笑涕泣者.
而至於滄浪及楸灘之喪, 終不一哭,【滄浪之喪, 逐日護喪, 至服成, 而澳不入哭.】與愚
伏交歡之意, 誠有不可曉者."

050 李喜朝, 華陽問答曰 : "余問 : '何以則可不入於偏黨中歟.' 尤翁
曰 : '此亦私心也. 只秉心公正則可矣.' 仍論當初東西分黨, 且曰 : '松江
事多過激, 至今謗毁不絶, 皆所自取, 奈何.' 又曰 : '守夢【鄭曄】常斥松江爲
小人, 諸老交諫而改之云. 其所改, 比之靈川【申應榘】之低眉, 其輕重何如.
愚伏以戾氣論松江, 而反正後刪之云, 刪後所見, 其能大變乎. 妄意以爲今
若以斥松江, 爲是非之判, 則愚伏爲重, 守夢次之, 靈川又次之. 而靈川獨見

---

16) 誠 : 저본에는 "咸"으로 되어 있다. 실록에 근거하여 수정하였다.
17) 菴 : 저본에는 "庵"도 병행하여 사용하고 있다.

532

黜, 未知論議之正, 如何. 云云.'"【已上并『尤集』】

051 魯西【尹宣擧】曰: "所謂吉三峰, 年貌居住, 亂招雜出, 例多爻差, 姓崔居晉, 旣爲明白. 雖無永慶二字, 不知者之疑訝, 不可謂無此理也. 三峰之變幻名號, 亦如邊湀之白日昇者, 誠不可測, 則姓崔居晉, 豈非司畜之不幸耶. 云云." 此盖澈之鍛鍊時, 所不能說出者, 而言之至此, 其心之毒螫, 誠有十倍於澈者矣. 設有姓尹居尼, 雖無宣卜二字,【在江都, 時改名宣卜.】人必謂之宣卜. 不可謂無此理乎. 雖急於搆人, 豈君子人口中語乎. 惜乎, 其馵不及舌. 其曰: "永慶士林斷之'爲不學無識之一禿翁, 眞的論, 處士二字, 不可妄下'云. 永慶之爲處士爲非處士, 吾不得以知之, 而若其殺之者誰歟, 乃曰'松江殺處士'云者, 仁弘之造誣也." 然則永慶之殺, 渠輩其欲自淸脫, 而歸之於仁弘歟. 歸之於自殺歟. 其說曰: "永慶之再鞫, 仍上敎之嚴重, 其意將欲歸之於伊誰歟." 又曰: "李潑之老母被鞫也, 松江卽使女醫扶護, 嚴刑命下, 極力牢拒. 西厓則不禁獄卒, 任其驅异, 坐視壓膝, 一言不救. 鄭彦信之賜死命下也, 松江力救, 而西厓不徒不救, 私語曰'宋有盧多遜'. 守愚之被鞫也, 松江約西厓同救, 而初諾後異. 云云."
潑之母子刑死, 在庚寅五月初四日. 而四月初, 西厓以吏判, 爲亡妻歸葬乞暇, 在嶠鄕. '六月二十九日, 拜相召還', 昭載『政院日記』. 而謂之'同推同約'·'隨推同約', 隨意造誣, 推此可知. 以判書爲委官, 國朝以來, 無是規. 況乞暇在鄕, 亦何以謂同鞫同約乎.

052 金沙溪艸澈行狀, 溟也朝夕在傍贊而成之, 故其辭害於成者多. 於是兩家子弟門徒, 轉成同室之鬪, 詆排蠻蜀, 甚於仇敵. 魯居間解紛, 費了多少心力, 苟爲保合. 而其後溟與李正郎書, 直以耳目所覩記, 硬說之, 乃以己丑獄, 擬之於己卯. 溟之姪潔, 卽板刻於龍安魯寄書, 切責脅之以勢力, 唸之以利害, 終至毁板乃已. 又要并改澈行狀, 累丐於金之子孫, 其子孫以其先代文字, 牢不聽改.
於是魯知衆論之不可一, 牛溪之卒不可淸脫, 乃倡反獄之論. 以爲己丑非士類中冤獄, 乃奸黨中逆獄. 凡諸枉死之類, 一皆驅之於逆黨. 構虛捏無, 指白爲黑, 其文深刻, 殆甚於己丑擠陷者之類. 畢竟以慢辭博辯, 文飾爲說, 筆之於書, 厭然掩其戕殺之跡, 而自以爲欺天欺人欺後世之計. 其用意之危險, 直是白晝大都, 剽吏奪金之手段也.

053 自己丑至魯之著論時, 已六十年餘. 中間屢經兵燹, 公私文籍蕩然無餘. 冤家子孫, 泯沒不振, 當時事實, 後生輩, 但逖聽風聲而已. 於是魯乘間闖, 發恣爲褊頗不公之論. 翻誣獄之案, 幻邪正之目, 所證引皆傅會增刪, 亂其眞僞者也. 不如是, 聖敎所判‘奸渾·毒澈’, 眞而實狀, 昭揭日星, 誠有所不可改者. 而必以殺之者爲君子, 見殺者爲奸黨, 然後, 可脫出耶. 眞拔本之妙策, 而百年公是非. 豈人力作僞之所泯乎.

054 竄改他人文字, 以掩直筆, 以私黨論, 乃西人之傳法·伎倆也. 白沙『己丑錄』, 再刊於晉, 而遂以僞錄行. 『栗谷集』改刊, 而其義理·疑晦處, 皆經添刪. 栗谷碑, 鄭曄必欲改之, 以其明載本集, 故不能卒改. 「牛溪年譜」, 文濬草之, 魯修之, 故隨意點化, 惟其所欲. 「松江行狀」沙溪所撰, 而害於坡者多, 故必欲改之, 而金之後人, 守先說甚篤, 請於愼齋而不得. 又累丐於兩宋, 宋之答書曰: “先師手記, 旣如此峻, 後人一切反之. 有若改愆者.” 然魯又復書曰: “幸賴高明參商反復, 悉許改正, 猶有餘蘊, 極知如請丐之支離. 而此係坡·連保合之一大機會, 故不得不煩縷.” 當時事實國史書之, 野史記之, 至今塗人耳目, 不可欺也. 其後成之子【文濬】, 鄭之子【弘溟】, 迭起卞誣, 互相柴捭. 成推於鄭, 鄭諉於成, 久爲不決之案.

清陰嘗問吳相允謙: “如今尙以松江爲罪乎.” “吾輩甚不滿松江, 嘗與人, 同謁成先生說松江爲人之不好. 先生作色厲聲曰: ‘松江, 吾之親友也. 君輩以我爲師, 則師之親友如是詆斥於吾前可乎. 君輩似無忌憚矣.’ 吾自是之後不敢復有所論.” 【『石室語錄』】

055 魯西曰: “牛溪之於司畜, 非但不疑其心, 亦且許其所長, 有此數書可作, 百世之定論也. 如'孝悌淸修, 初非俗士', 有'邁往不屑之韻'等語. 可見司畜之志矣."

056 澈之剛偏深刻爲索性小人, 世皆知之. 牛溪豈不知, 魯亦豈不知. 但牛溪急於報復, 與聞己丑事, 故寧不赴君父之難, 而追送澈, 謫行信宿乃返. 所以同患難而牛與松, 一而二, 二而一者也. 以是魯曰 : "欲伸松江, 不伸牛溪, 不可說. 欲伸牛溪, 不伸松江, 不可得." 此魯之所以欲白其外祖, 舍澈而不得者也, 故必以己丑治獄爲平恕, 被禍者爲黨. 非爲澈, 爲其外祖也. 『春秋傳』曰'事有欲盖而彌章者'. 魯欲盖其祖, 而幷與澈而盖之, 故其祖之愆, 愈盖而愈章. 此豈'非作僞, 心勞日拙'者乎.

松江得罪後, 坡門諸公, 頗附仁弘·爾瞻, 欲緩齮齕於牛溪, 專咎松江·文元【金沙溪】, 大加非斥. 又草松江行錄, 極其嚴峻, 尹譜所謂'失實可駭'者, 此也. 文元文字不一而足, 魯請删於文元稿中, 諸人頗費商量. 光城兄弟以爲必惹大鬧, 昨於進御印本, 俱不載. 畸翁曾有咎怨於坡門之長書, 極其痛切. 大尹用心, 力删去其書, 愼老心不平之, 大責晏叔曰 : "尊叔父文集, 可碎其板. 云云." 去年, 鄭澔欲追刊其書問於我. 此利害所關, 不可勸沮, 故只以量處答之. 尹之當初删去實狀, 見於尹祭鄭文.【『尤集』】

057 己丑禍, 鄭相國彦信亦辭連被刑流甲山, 卒於謫所, 鄭叅判彦智·金東岡宇顒, 俱被逮流竄. 守愚瘐死獄中, 而松江以治獄寃濫. 亦於辛卯竄江界, 壬辰放還. 癸巳, 受命體察三南, 被縱酒挾妓之謗. 廷議極峻請削官, 因欲加罪, 我先相國謂曰 : "鄭乃當路大臣也, 聖朝又有殺大臣之名, 則不幸甚矣." 盖指鄭彦信, 爺也, 時論咸以韙之. 而姜晉興紳爲諫長, 欲加罪松江, 更竄遠地. 正言姜秀峻卽金判書瓚之甥, 而尹二相自新之婿也. 先相公門下無出入者, 而獨姜正言以金判書, 嘗與先相公親切, 故夙聞議論耳. 及晉興之發論臺席, 姜正言言其過中, 大諫不從. 正言卽令隔帳, 其避辭曰 : "待國家平定之後, 若論鄭澈之罪, 則臣亦不辭."云, 因退待. 晉興以見輕引避而出曰 : "豈意如此, 邪論出於正言之口乎."云. 正言見遞而峻論亦止, 只削其職. 松江待命於先隴, 停啓後發向江都. 尹二相以壺酒往餞, 松江曰 : "今日得保首領, 乃正言之惠也." 尹曰 : "婿君之事, 吾亦不知, 而末端辭意, 亦何如." 松江笑曰 : "老夫死亡無日焉, 能久乎." 其冬果終. 正言之胤添慶, 爲余言之如是.【『撫松小說』】

정개청과 기축옥사

058 鄭困齋介淸先生, 好古篤信, 講學不倦. 如河圖洛書·八卦九疇·先天之本·後天之用, 與夫周天度數·日月運行·星辰躔次, 無所不究. 盖南中豪傑之士也. 宣廟時, 倭將有變, 上憂之問可將者. 領相朴淳對曰 : "鄭介淸以儒行致名, 實有將材, 其人眞可任." 先生素不悅於澈, 澈嘗嚼之. 己丑獄, 爲澈客丁巖壽·洪千璟所捏, 身被重刑, 死於阿山堡.【『記言』】

己丑, 鄭氏死於窮北, 其門人受業者, 皆被罪. 至今百有餘年, 餘禍未已, 至毀其祠.【宋浚吉建白】南方士以尊鄭氏, 陷於縲紲者五十, 配去者二十, 禁錮者四百餘人. 海翁以政瓇疏, 言鄭氏冤死事累千言. 斯人者亦見嫉於黨人, 久矣, 疏十上, 沮抑不以聞.【上同】

059 炭翁以困齋『愚得錄』, 投示尼尹. 尹復書以困齋嘗見拔於鵝溪爲大疵, 而不以見殺於松江爲大冤. 其末有云"將必以我爲偏論." 人之自知也, 亦明矣, 如知其偏論, 何不爲公論乎.

060 顯廟初.18) 同春建白撤困齋書院. 尹孤山訟其冤, 其前後事實, 纖悉備陳, 疏凡十數上. 爲政院阻擋, 終未撤. 魯與同春捏造, 無形無證之說, 以助其搏擊之勢. 又勸懷作文字, 要爲後來對訂之券, 其心至此益危且急. 魯曰 : "善道乃尹毅中之孫也, 毅中卽潑之舅. 以潑一家人敢請伸介淸. 特其罪家子弟, 自文其辭以爲眩亂之計."云. 祖之甥姪乃異姓從祖叔, 而謂之罪家子弟者, 衛鞅收司律所無, 其徒張雲翼'夷三族'之啓所不及. 況介淸何

---

18) 初 : 저본에는 '戊戌'로 되어 있다. 필사본에 근거하여 수정하였다.

親而嫌, 不敢言歟.

又曰: "辛丑, 奇自獻以殺士之名, 歸之君上, 以激上怒. 善道又用小人情態, 前後一轍."云. 其言何其巧也. 然則渠輩以私憾而誣殺善人者, 謂之君子人乎. 又曰: "大賢遜荒, 臨亂不召, 大爲國家之羞. 云云." 然則牛之不赴難, 又爲君上之過歟. 又曰: "汝立之惡, 未作逆前, 人皆知之, 而潑·介淸等相好, 而崇長之. 云云." 立之爲修撰, 栗之薦, 而牛之擬. 則栗與牛奚爲不知於未作逆之前歟. 其言之乖戾無稽, 盖多如是.

又曰: "介淸節義亡人國論, 至今觀之, 辭義無倫, 敢祖朱子者, 亦甚悖戾. 云云." 當初澈之殺介淸也, 以逆招請拿, 白脫無可問. 乃發其所著, 晉室淸談東漢節義論目之, 爲排節義論問曰: "汝嘗作排節義論, 必好爲背節義之事. 與節義相背之事, 何事耶." 仍啓推杖殺之. 今魯又變排節義, 目爲節義亡人國論. 其文采刻毒之心, 有浮於前人. 其曰: "敢祖朱子, 爲悖乖者更甚." 悖乖朱子之說一也. 豈有魯·懷輩祖之則爲正順, 介淸祖之則爲悖乖歟. 豈渠輩敢, 而他人不敢歟.

이이와 성혼 비판

061 魯曰: "世道晦塞, 人不識儒賢之術, 惟知偏黨之論. 挽儒賢而入於偏黨, 引偏黨而附之儒賢, 兩賢之道, 不能大明."云. 吾不知兩賢果皆偏黨外人乎. 沈·金之分黨也, 主沈者非黨乎. 己丑之獄, 戕殺千餘人者, 非黨乎. 以『石潭記』見之, 異己者必排軋之, 同好者必奬詡之者, 非黨乎. 身爲偏黨之領袖, 而反歸咎於世道. 若是而稱之曰: "不識儒賢之術, 挽儒賢而入於偏黨." 如使儒賢, 中道而立, 使能者從之, 則偏黨自消, 儒賢之道自明. 安有偏黨, 挽儒賢入之, 反使儒賢之道, 不明耶. 無乃兩賢之道不明, 而不能自拔於偏黨乎.

윤선거의 정인홍 비판

062 鄭仁弘, 陜産也. 少遊南冥之門, 以節孝文章, 聲譽大著, 乃坡之所大畏者也. 坡年譜曰: "丁丑鄭德遠來訪溪上. 飽聞其聲, 及見其容, 有壁立,

不可犯之色, 言辭簡精, 一語不冗. 問所疑義, 亦頗明白. 而戒渾之語切中,
渾病我拜而受之. 云云." 此其人從可知矣. 奈何老而不死, 至於耄, 及卒與
爾瞻輩, 同戮遺臭. 至今此眞下流人也, 故曰 : "下流所居, 衆悉所歸." 魯之
所以欲掩諱其黨與之偏, 私隱惡處, 必一皆歸之於仁弘, 凶吻餘論, 以防人
口. 於是乎仁弘, 豈非魯之忠臣, 而爲一大奇貨乎. 昔戰國時, 白圭以隣國爲
壑, 今魯乃以仁弘爲壑.

정철 당여 처벌 및 복권

063 辛卯, 梁千頃・姜海等【受澈嗾告變者】拿鞫, 吐實澈之奸狀, 畢露無餘.
魯曰 : "彼輩酷加嚴刑, 必取服乃已. 云云." 豈已丑殺千餘人時, 必用寬徐
之刑, 而獨於辛卯, 乃加嚴刑耶. 其言之無倫, 不可信如此.

064 癸亥反正後, 松江及東巖兄弟, 并復其官. 文德山之子曣謂人曰 :
"殺人者與被殺之人, 同一恩宥."云.

성혼 행적 비판

065 成渾, 字浩源, 號牛溪, 謚文簡. 處士守琛之子, 世稱名父佳兒. 栗谷
極奬許之, 徵以司紙・南臺持平, 皆不起. 及其赴召, 城中好名之士, 出迎郊
外者, 連互十餘里, 行路爲之駐馬. 其進對賜問, 亦無甚忠言奇謀. 尋陞嘉
善, 吏曹叅判. 自布衣, 不數年, 驟登卿宰, 盖前此未有. 其後曰是・曰非,
或入或出, 一聽叔獻之爲. 凡於朝廷生殺與奪・黨同伐異之論, 無不叅涉.
史臣曰 : "身在草野, 遙執朝權." 盖以是也.
壬辰, 車駕播遷, 過坡州, 上意其必來迎扈, 旣而不至, 上嗛之. 是冬, 世子駐
召, 從於成川分司. 右相兪泓書與左相尹斗壽言 : "成渾, 賢者宜增秩." 斗
壽啓如泓言, 上無發落. 銓曹直擬叅贊, 陞資憲, 始率其妻孥, 赴行在所謝
恩. 傳曰 : "予過卿門, 卿不見, 得罪於卿深矣. 云云." 其後主張時論, 論竄
洪汝諄・宋言愼・李弘老. 諸人皆鵝之與, 而曾攻澈黨者也.
及上旋軫, 以其家累衆多, 借馬於列邑. 又落後不從, 追及上於定州, 稱病待

罪. 答曰："卿爲義兵將, 恢復可期, 一時事, 何關. 勿待罪." 盖其在坡時,
率其村人子弟, 避亂自護, 而稱爲義兵, 上譏之也. 上還都, 從入城登對,
言賊可和. 上怒甚斥之, 渾惶恐出國門俟命, 解職歸坡. 御製詩云："百死
心愈鐵, 求和不忍聞. 公行倡邪說, 敗義惑三軍." 自是不復向用. 戊戌, 病
殆, 有猛虎登其屋, 撤盡盖茨, 怒吼聲震山谷. 如此數夜, 家人持兵仗, 防護
僅免.【『雲岩錄』】

066　壬辰, 牛溪以原任吏曹叅判, 家居畿甸, 初不赴難. 駕過其鄉, 亦不迎
扈. 其所處義本無可據, 國言未已, 謗議日煩. 於是其門徒·子弟·搢紳·章
甫, 群起申卞, 爲之分疏者百千, 其說築底無蘊, 而不過曰："變起倉卒, 未
及聞知, 路絕江津, 不可追赴." 又曰："先生每以王·江自擬. 而王·江亦未
嘗赴難." 王, 王蠋也, 江, 江萬里也. 然王蠋自到畫邑, 不避難入峽江. 萬里
投死止水, 不以義兵自衛. 夷考其跡, 太不相似, 如此等說, 終不可以服人而
止衆口. 於是魯尹倡爲儒·俗之論以爲："儒者有執師道, 有執友道, 未嘗
有不待召而動者. 世之論者, 未免執俗而論儒, 必欲同條而一段. 新豐【張維】
製碑, 月沙撰狀, 亦不知此義猶此. 云云." 良可慨也.
乃於特地搜得楊龜山·尹和靖·胡文定, 以爲不赴難, 三賢之成法, 卽牛溪
之義也. 魯創出此論, 自謂'擴前人之未發', 別作一種義理, 要以勝天下萬
世之公議. 公議果可爲一人一家之私所可勝者乎.

067　龜山, 建炎二年, 以工部侍郎召, 遂老病求退, 年已八十餘. 後於屢度
播越, 及苗·劉之亂, 俱不赴云. 苗劉, 內亂也. 亂起於其年三月, 四月卽討平
之, 中間不滿數十日. 所頒詔諭, 呂頤浩·王澃等, 泥而不宣, 遠外郡縣, 太半
有未及聞知者. 其謂播越考之『宋史』不別白, 未知指的何年何時也.
和靖出處, 又自別. 靖康元年, 召以布衣, 謝病不入朝. 朝廷知不可留, 授以
處士. 號還山. 紹興八年, 除少監, 復以布衣召, 至益衰病, 不能朝. 上悶其老,
麼以祠祿, 仍致仕歸, 年已七十餘. 先生紹興七年以前, 不授職, 依舊是處
士. 八年以後, 致爲臣而去, 赴難·不赴難, 非所可論.

此二賢者, 雖以衰病謝事在家, 若駕過其鄉, 亦可以儒賢, 自重偃臥, 不出迎問否, 吾不得以知之也. 『禮』曰: "老者不以筋力爲禮." 龜·和二賢, 年皆八十有餘, 則尙可以筋力之禮責之乎. 其艱難湊合, 苟且成說, 槪欲禦人以口給也. 魯亦豈不知而爲之者歟.

胡文定以建炎二年, 召以給事中, 行到池州, 辭疾具奏遂乞退, 朝廷許之. 此與任便居住, 無端不赴者, 邈若河漢矣. 昔李長源不從上皇, 入蜀後, 赴靈武之召. 今魯不必引不相肖之三賢, 引長源爲證, 則十分切着. 而乃强引三賢, 豈長源非儒賢而羞與之比. 又無衣白人之人望事業故歟. 爲之一哂.

今魯之說曰: "先生以不赴難爲素定之義. 君子處世, 隱居不出, 如箕潁者, 流則已矣." 已應命受職, 一立其朝, 則卽許身. 事君之日也, 其平居無事之時, 必以不赴難爲膠固素定之義者. 是何心哉. 『春秋傳』稱"必有無君之心, 然後發者", 其是之謂歟. 無君者, 惟孟子辭而闢之廓如也. 世無孟子, 則宜乎詖遁邪說者之有作, 而莫之禁也. 君臣之義, 無所逃於天地之間, 非有儒俗之可別也. 儒者在平時, 其待遇之禮·寵擢之眷, 出俗流常萬萬. 而當國家傾覆, 君父蒙塵曰: "我儒者也. 君不我召, 我不可從." 或避難深藏, 或稱義兵, 以衆自衛, 負紲奔問, 誘以俗流, 俗流曷不曰: "我獨賢勞乎."

世之人君, 必重儒賢者, 何爲. 其有益於國, 矜式於人也. 設令朝多儒賢, 國家有變, 人人俱曰'余儒賢也', 一皆引出處之節, 冒古人之成法, 不欲自同於俗, 而一無赴難從君者, 則是其君不得不獨行孤立, 無人乎側也. 然則世之人君, 誰願朝廷之多儒賢乎, 而儒賢反不爲遺君, 自便者之嚆矢乎. 『春秋傳』曰: "去國而未及仕者, 本國有難, 則歸而死於舊君." 此與魯之"在外不入"之義, 大不相似. 盖亦『春秋』之未備者歟. 子思居衛有齊寇, 子思曰: "如伋去君, 誰與守." 孟子曰: "子思, 臣也微也." 子思未嘗仕衛, 而以其居衛, 故猶以臣節自處, 不避亂自免. 如使子思仕於朝而顯, 則其將不曰: "臣而我儒者也, 師也, 友也. 任其避難自免, 而不恤其君之與守·不與守乎."

凡人之所貴乎賢者, 爲其有爲於世也. 當陸梁之日, 無論達官·士大夫·遐方氓隸·稍有知識者所在, 或起義·或居守·或扈駕·或從軍, 無不勞勣自見

540

者. 今其人則徵士也, 其官則宰輔也, 聖朝之禮遇·朝野之想望, 復何如也.
而自號義將, 旣無殲虜·乘一障之功, 奔問又遲, 無罪可幸. 而依附時相, 叨
受無名之資, 已是不韙. 方草莽朝廷, 何等時世, 而廟謨·軍機, 倚閣一邊,
所快者私怨, 及還, 所右者, 和議而已. 叔獻若在, 或使之不至此耶.

或謂: "世之論者, 必以不卽隨駕爲疵, 而當時駕出倉卒, 所居僻左, 不及
聞知." 此則容或然矣. 而至於涉夏經冬, 遷延不赴, 則其所處義, 有不可解
者矣. 其徒乃曰: "位居賓師, 宜無迎謁之義." 又曰: "國君棄社稷去, 臣
子不必從亡." 此皆病於黨論, 失其秉彝者也. 若乃靖陵三省之鞠身所主張,
鄭介淸·崔永慶之殺死, 李潑·洁·白惟讓之拏戮, 皆與有力焉. 此恒人者之
所不忍爲, 而曾謂腏食聖廟者, 可忍此乎.【『雲巖雜錄』】

068 大駕西狩, 牛溪居於路傍不迎謁. 駕駐西塞, 又召不赴. 今上爲世子,
無軍伊川, 馹召辭以病, 冬天兵渡鴨綠, 始赴仍入行在. 傳曰: "子過卿門,
卿不出見, 得罪於卿, 大矣. 今來行在, 深用赧然." 朝黨携貳, 議者疵之,
其黨不以爲非曰: "牛溪在賓師之位, 上當就謁, 彼無迎謁之禮." 又曰:
"上棄宗社而奔, 無可從之義."

嗚呼, 朋黨之沒人是非, 至此極矣. 設使渾實處賓師之位, 當君上播遷倉黃
之時, 人臣其可安坐不動耶. 今之爲弟子云者, 爲賊所迫19), 過其門, 其師不
致問, 可乎. 如果以賓師自重, 則安坐可也, 又何緩赴行在乎. 其心必有所未
安故也. 其所謂棄宗社而奔, 無可從之義云者, 尤可駭也. 文山謂從徽·欽
而北者, 非忠其是之謂歟. 今之西狩, 豈北轅之比歟. 唐德宗之奔奉天, 亦棄
宗社, 而君子以陸贄爲忠者, 何哉. 君臣之義, 天地之常經, 雖三尺童子皆知
後君之爲可罪. 而搢紳之徒, 食君衣君, 而皆以渾爲無罪. 韓文公·司馬公,
以楊雄擬於道統, 數千載, 莫有非之者, 至吾朱夫子書奔大夫然後, 雄之罪
始著.【『紫海筆談』】

---

19) 爲賊所迫: 저본에는 이 부분이 빠져 있다. 필사본에 근거하여 보충하였다.

069　姜承旨緒有風鑑. 隱士成渾以掌令徵, 百僚奔波, 緒熟視之, 不答, 揖而坐.【『於于野談』】

070　炭翁與魯書曰: "先生壬辰事, 文字不須多, 只書'病在峽中'四字, 則後人豈無諒而知之者乎." 善哉, 此爲吉人之辭乎.

071　"伊川分朝之召, 曾是意外. 旣赴分朝, 仍入大朝, 盖出於不得已也. 不得已之擧, 孔 · 孟亦所不免. 云云." 語意不分曉, 其是非, 有不可知者.【『石室語錄』】

072　壬辰後, 翼弼贈牛溪詩曰: "花到開時方有色, 水成潭處却無聲." 盖刺其得大名, 而當大難, 無所事事也. 牛慍之, 遂成末隙. 其子文濬證之, 而魯明其不然, 豈其外孫之耳聞, 詳於其子之目覩歟. 其言之不足信類是. 壬辰之亂, 國之不亡, 天也. 而中興經濟之力, 實藉於西厓 · 完平 · 白沙 · 漢陰諸臣, 其忠猷遠圖. 豐功偉烈, 方諸漢之雲臺 · 唐之鄱侯, 亦不多讓. 雖無牛溪等百數, 何缺於國. 翼弼乃其密友, 而投詩譏之, 盖有以也.
其徒耻其所尊儒賢者, 疵累難掩. 於是要爲儒賢, 藏拙地, 追咎中興諸臣, 睍睍不已. 完與厓則曰偏論 · 曰不學 · 曰奸黨 · 曰宵小. 鰲則曰: "俗流中稍出頭角者, 而牛溪之受誣也, 不一伸卞, 西厓之被論也, 屢屢分疏." 其處心行事, 沙猶如此, 他尙何言. 松江之雪冤也, 必與潑 · 洁等幷伸, 秉心公正之人, 實難得見云云.
如西厓則群咻衆詆, 吹覓尤甚. 至於魯之父子, 牛之邦俊, 隨事捏造, 不一其說, 而懷之關西失路等誣故. 爲幽晦其說, 使人見之疑亂, 眞若有其實者. 然懷之誣人, 必引而不發如是者, 乃其晻昧心法也. 又引石室語曰: "鰲城謂: '五峰嘗數近代名相, 惟柳相爲最.' 或曰: '其隱微處多有可疑.' 鰲曰: '雖有些少可疑, 其規模成就處, 諸人有未能及者.' 鰲若見關西事所論, 必不如此. 云云."

073　甲午五月, 全羅監司李廷馣狀啓大概: "以本道之事觀之, 不可形言. 今見顧摠督箚付, 與臣意同. 宜遣使約和, 三浦許留, 一如舊時通好, 庶可. 退師保國. 云云." 政院·兩司交章請罷, 上引見大臣·備局堂上·兩司各一員·銀臺·玉堂各一員, 下問廷馣可罷與否. 成渾對曰: "廷馣狀啓, 乃伏節死義之意也." 上不悅曰: "朝廷之上議論如此, 可乎." 更告曰: "其言誤矣. 可遞而不可罪也." 渾語不分明, 擧止惶怪, 人皆哂之.

○ 甲午夏, 答知事成渾疏曰: "緣予之罪, 國事至此. 方賴忠賢, 冀濟艱難, 卿宜姑恕予罪, 間預諸宰之列, 規畫邊務, 如何. 倘蒙卿之力, 掃蕩此賊, 則予不敢不報卿之德, 而祖宗在天之靈, 豈不有感於冥冥. 不勝涕泣之至." 上意, 蓋有憾於渾也.【李承旨德悅『銀臺日記』】

074　牛溪之入朝, 稱義兵也, 從開城義兵將金漬. 漬啓行在曰: "殿下, 人心已離, 天命已去, 宜傳禪小朝, 以圖興復." 又請以渾爲義兵大將. 漬, 無君不道之賊也. 牛溪知而與之, 是亦漬也, 不知而與之, 是不明也. 安邦俊稱此適好, 爲李弘老之讒中. 魯尹所稱"儒賢去就, 俗人所不敢知者", 其謂是歟. 安邦俊, 寶城人也. 入牛溪之門, 與成文濬爲密友. 壬辰, 牛溪旣不扈駕, 又不奔問. 帥其鄕人族黨, 避難朔峽, 自號義兵而無其實. 於是東西謗議朋起, 畢竟進退兩難, 蹤跡甚良貝. 文濬曲計於邦俊, 邦俊爲之奔走於伊川, 世子分朝, 干囑大小臣僚, 以圖馳召. 因爲轉進行在之計, 牛之復起, 皆俊之力也. 文濬深德之, 以其女妻邦俊之子厚之. 延譽於搢紳間, 以南臺致位衆議. 平生持論妄悖, 謂"吉冶隱仕辛禑, 以不仕恭愍爲立節, 而謟媚於本朝.", "陽村道學, 優於圃隱", "南溟非眞處士." 又敢訕斥五賢, 謂之曲謹. 至於晦齋, 則肆然譏侮, 無復顧憚, 而東方眞儒, 只有趙重峯一人而已. 此眞太陽之彗孛也, 斯文之亂賊也. 年踰八十, 强力不衰, 多所記述而率多, 偏頗不公之說. 其所謂野史及「買還堂問答」, 遊辭浮說, 白地搆誣. 詆毁西厓爲尤甚.

075　懷川書有曰: "沙溪詣坡, 勉以'先生名位不卑, 似不可臨亂堅臥', 坡翁終不應. 云云." 又與李喜朝書曰: "先師【沙溪】尊視栗谷, 故於渾不無差殊觀. 及靖陵, 陵變後, 渾請從權宜濟事之道, 而大被宣祖之怒, 卽和議也. 先師以爲: '變不可易處, 權, 非聖人不能用也, 渾容易進說以觸天怒. 若使李珥當之無是矣.' 渾之子孫, 不諒先師語意, 以至尹宣擧, 肆不遜語於先師. 夫渾權宜之議, 先師疑之, 雖以黃愼之父事牛溪, 猶不免甚疑而力爭之. 云云."【己巳正月, 懷上疏後, 與李書論疏語】

又答朴世采[20]書曰: "壬辰後牛翁主和. 先師嘗謂門人曰: '牛溪當陵變後, 以局外之人, 遽主和議, 受宣廟無限罪責. 云云.' 故坡門怒之. 如尹宜[21]觀安性詩: '使名回答向何之. 此日交隣我未知. 君到漢江江上望. 二陵松柏不生枝.' 南學士龍翼, 錄於『箕雅』. 如此等事, 如欲一一怒之, 將不勝其怒矣.【『尤庵集』】

윤선거의 성혼 변론

076　魯與懷書曰: "海疏之初上也, 謂當先之以同春, 繼之以執事, 明言善論. 兼與稷誣,【嶺儒】海疏一幷論卜, 衆心可服, 敢以妄見爲執事申申. 今則事機已變, 而乃欲委之於章甫, 輔之以三司, 惹動平地之風波, 紛爭衝激, 成一戰場. 無益於卜誣. 觀今館學必有對擧, 三司必有角異. 鬧端一起, 春與執事, 必不能安坐取勝, 殆有狼狽.[22] 幸更思之.

盖海疏執一介淸, 專攻松江. 欲卜此誣, 不可不窮源極論. 己丑事, 汝立比則邢恕也, 潑比則章蔡也. 潑爲奸魁較著, 而特以重罹逆獄, 一種議論, 哀憐不已, 終亦復爵, 不亦痛甚乎. 寒岡以乙酉被謫【渾·澈·斗壽】諸人爲邪黨, 西厓以潑等得志爲陽復. 漢陰謂臨海獄之洞快, 勝於己丑獄. 癸亥, 完平必請潑等與松江倂伸. 此等議論, 詿誤已久, 殆難草草攻破.

今日急務, 只當先卜潑等爲奸魁, 己丑獄爲逆獄. 執此實跡, 開牖群蒙. 先從誠【炭翁】, 希【白湖】, 諸友而告語之, 使國中談士, 皆知誣毁兩賢, 專出於仁弘

---

20) 采: 저본에는 "采"로 되어 있다. 실록과 필사본에 근거하여 수정하였다. 이하 동일한 수정사례는 교감기를 달지 않는다.
21) 宜: 저본에는 "冥"으로 되어 있다. 실록과 필사본에 근거하여 수정하였다.
22) 狼狽: 저본에는 "良貝"로 되어 있다. 용례에 따라 수정하였다.

544

之口, 則此眞卞誣也. 此非章甫·三司所能辨也, 惟在執事, 著爲正論. 倂敍
永慶·潑·介淸事合爲一通, 下俟百世而已也." 自有黨論以來, 凡事必著之
文字, 隨意捏造, 以爲他日證援者, 乃酉人伎倆也. 至如己丑反案, 特魯之所
急, 而懇囑於宋者也, 宋之卒不聽者. 其亦有一分公是非之心而然歟.

077 己丑事爲魯西計者, 欲伸其祖. 不必枉用, 許多心機, 曰逆獄·曰誣
獄, 但書之曰己丑治獄, 其生其殺, 廷尉當也, 山林之士, 何所與焉. 乃如炭
翁之書, 壬辰事云爾, 則其於白其祖之道, 思過半矣. 惜乎, 魯西之智. 不及
此. 而徒以多言, 多敗也.
魯爲改坡碑, 三丐於石室, 石室曰: "碑新豊【張維】所製, 何必改爲." 盖厭之
也. 石室又曰: "先生於壬辰初冬赴難, 則畢竟無齪脆之端." 此與諺所稱
"吾女無腹痛, 無欠"之語, 將無同乎. 又發一笑. 其後其子子仁改魯碑於懷,
三丐猶不止, 亦乃家家法耶.

078 性理之學, 退陶先生, 大成於嶺南. 自是厥後, 儒賢輩出, 有親灸而善
學者, 亦有聞見而興起者. 嶺南一區, 作性理之窟, 而專爲東人之事業. 西人
太半, 是勳戚·勢家, 世據權要, 於道學二字, 鮮有從事者, 每以爲恥. 及栗谷
之出才·氣英, 發見解敏給. 雖其循序工夫, 沙老【白沙】然疑, 而如使假之年·
而涵養德性, 踐履切實, 則其進不可量, 尙可爲一代之名儒. 牛以名父之子,
文學夙著, 聲名藉甚. 最被栗谷之獎拔, 許之以道學. 而二公皆主靑陽, 黨於
西者也. 西人於是以其道學之名, 古無今有, 大爲榮觀.
或尊之爲淵源嫡傳, 誇之爲程·朱復生, 直以氣勢權力, 躋之腏食之列. 栗
瑜不掩瑕, 牛尤多疵累. 以懷與春之偏於黨者, 亦不無異同之論. 特以尼尹
之表祖, 獨自擔當, 觚排衆論, 拖引三賢, 以諱其不赴難之跡. 又以己丑戕
殺, 誣之爲奸黨之逆獄, 使邪正互易, 是非變置. 又飾許多無理之說, 周遮其
忘讎主和之論, 著爲辭說, 刊行於其集. 雖傅會巧飾, 非其本情, 爲其祖諱
惡. 孟子曰: "名之曰幽厲, 雖孝子慈孫, 不能掩其惡." 古人又曰: "難將
一人手, 掩得天下目."

079 『癸甲錄』者, 安邦俊所作也. 錄癸未·甲申後, 分黨以來事, 而亦不無直書, 害於成者. 故魯西以爲顚倒失實, 脫略未備, 隨意添刪, 仍爲己述. 凡於東·西利害曲直相關事, 必以『癸甲錄』爲證, 人之驟見驟聞, 誰復卞其眞僞. 其所謂牛之文集·年譜等文字, 皆類是耳. 或曰: "雖平人其外祖其舅, 所遺文字, 有不可隨意竄改, 豈魯西爲之乎." 曰: "他家父兄文字, 雖已刊行者, 慾愚冀懇, 必改乃已, 況其出自己手, 高下在心者乎."

或曰: "其少也, 以斬虜使疏, 文章氣節, 已顯於當世. 江都以後, 爲其妻終身不改娶, 爲其友引匿, 終身不出仕. 守靜田園, 讀書窮理, 其學問之功, 有不可誣也. 其修攘復雪, 設施經綸, 與兪·宋書可見. 借令當路, 其事業成就, 非兪·宋輩所可同年語也. 其平日論議, 務去偏黨, 切無傷人害物之心. 其仁厚忠恕, 有如此者, 其己丑等說, 爲其祖申卞. 言雖過當, 亦看過知仁處, 何必深疵." 曰: "壬辰事雖如此說, 無後災, 至如己丑, 則重泉旣骨之冤魂, 重加厚誣, 更酷於己丑戕殺之人. 死者猶如此, 生者可知. 謂其無傷人之心, 吾不信也. 炭翁與魯之子子仁書曰: '君爲如此之論, 使得志行道, 則必殺不辜無忌憚.' 是所謂其父殺人報仇, 其子孫亦且行劫者歟."

080 魯與懷書曰: "左右於愚伏文字, 盛加讚揚, 而於坡門, 每有低眉輕視底意, 妄見之所, 未嘗曉也. 目今異言橫挐, 室中之語, 不宜自相異同. 若失稱停, 則波流漸遠, 益難收殺. 來敎曰: '當時事故多端, 說話鮮嘉, 特因伸冤一事, 而不可謂一番人全然做出也.' 又曰: '於弘·瞻之奸, 不甚嚴截. 云云.' 不亦下語之嚴重乎."

조헌과 이발의 우의

081 金南窓曰: "自分黨以來, 師友之道, 不全久矣. 獨趙汝式而已. 在昔辛卯間, 余宰錦山. 有一朝士, 以使命巡到, 汝式自沃川來亦來. 三人皆故舊, 懸燈夜話. 及己丑事, 汝式爲景涵【李潑】, 咄咄嗟惜, 朝士曰: '景涵之同綦逆謀, 萬萬無理. 原情定罪, 死且不怪.' 汝式當盃投地, 背面而坐謂朝士曰: '景涵非公之素所親厚者乎. 景涵不死而存, 公言猶之可也. 旣已冤死,

則公何爲出此言. 士君子師友之道, 果如是乎.' 流涕不已. 朝士慚謝汝式,
終不快釋. 雖似過激, 亦是師友之所可法者也."【『重峯師友錄』】

이항복의 이발 형제 신원

082 白沙於庚子年間, 嘗入侍. 筵中臨罷, 左右史亦辭退之際, 白沙獨留
起拜曰: "臣嘗欲一番啓達於筵中, 有意未果, 積有年所矣. 臣獨荷遭遇,
致位匪據, 將福過災生. 死亡無日, 不得暴白於君父之前, 則臣死不瞑矣."
上曰: "卿勿如是. 張本第言之."
白沙起拜而坐詳陳: "己丑治獄, 臣爲問郞, 自初至終詳知. 李潑兄弟原情
及刑訊對辭, 誠非逆謀同惡之人也. 大抵逆凶出於搢紳中, 天威震怒, 人莫
不惴慄. 無一人開陳其冤狀, 盖懾於威怒而然也. 潑亦曰: '前與鄭賊最相
親切.' 終不免死於杖下, 七十老母亦栲死. 此爲聖世之累也. 臣有所懷, 而
惶懼未達者, 乃此事也."
上笑答曰: "不意如此之言, 出於卿口." 白沙拜而對曰: "臣深知其冤, 而
終始畏憚天威, 不得暴白. 則不但辜負聖世恩遇, 亦將齎恨於泉下. 而至於
冤沒之人, 冤痛未伸者, 尤何如哉." 上願謂史臣曰: "此乃關後日之言也.
勿令遺漏, 而詳記之可也." 其時入侍兼春秋南復圭言之如是曰: "東巖兄
弟伸雪, 權輿實基於白沙公之一言."云.【『撫松小說』】

류성룡의 공평 판결

083 宣祖丙申, 逆賊李夢鶴·韓絢連起. 我先相國以左相爲推官, 治獄寬
平. 物議洽然稱之曰: "宰相治獄, 當如是矣." 先相國陳達榻前, 放釋任琦
等湖西二百餘人, 湖南三十餘人. 完事之日, 宣廟引見下敎曰: "賴卿明白
卞覈, 無如己丑冤死之事, 余甚嘉尙." 先相君起而對曰: "無非聖上之德
也. 豈臣之力也." 因進曰: "臣豈敢爲死友, 欺罔君父乎. 李潑不知汝立之
凶逆, 與之相親, 罪固當死, 而至謂同惡逆謀, 極其冤痛矣." 上默然不答.
先相國卽出宮門嘆曰: "吾雖見景涵於地下, 可無愧矣."
吳判書晚翠爺, 自筵中出謂人曰: "今日左相能陳不敢言, 可謂人所不及

也." 其前數月, 洪判書晚全爺上疏, 極陳東巖兄弟冤死之狀, 而且曰 : "至
於杖殺七十老母, 壬辰之變, 職競由此."云. 上震怒, 而特以守洪州城, 斬賊
魁夢鶴, 故終不之罪也.【上同】

성문준의 성혼 변론

084 成文濬, 號滄浪, 牛溪之子也. 牛之所謂'實行過余'者也. 同時有鄭
弘溟, 號畸翁, 澈之子也. 澈·渾俱以私怨殺士, 世多謗議, 故兩家子弟, 各爲
其父灑累. 將拚去黨論畦畛, 東西士流, 無不通同交好, 要爲彌縫, 蓋愆之
計. 以是兩家子弟·門徒, 互相詆訿. 尹宣擧稱 : "沙溪之門, 無鄭弘溟, 則
道益尊." 李惟謙稱 : "牛溪之家, 無成文濬, 則過益寡." 以至批頰詬罵, 拍
頭亂攘, 自爲婦姑之勃蹊者以此也.

085 癸亥後, 時輩有請復鄭澈官爵者. 上問完平對曰 : "澈, 或者謂之君
子, 或者謂之小人. 己丑之獄, 澈實主之, 冤枉多死, 人至今悲之. 臣曾任大
憲時, 亦論此人勘罪矣. 今諸被罪者, 或已得釋, 則澈亦可釋." 上曰 : "然則
兩釋之. 己丑諸冤死者, 及澈幷復官." 昔宋儒王安石爲小人中君子. 今以完
平之對言之, 澈亦爲小人中君子歟. 然安石有靈, 得不蹙頞否.
余遇一西論者論"牛溪之倉卒, 不得奔赴, 非牛溪之罪." 而後之尊牛溪者,
乃以賓師素定之義爲說, 則牛溪誠難免後君之責, 而爲萬古之罪人云. 其
人曰 : '東人但知牛溪之不赴爲咎, 而不知栗谷夫人自決事爲累於牛溪,
何也. 因言壬辰之亂, 栗谷夫人先有書告以同死生之意. 牛溪許其搬來, 未
及明日, 鄕里虛傳賊至. 牛溪遂挈家奔避, 未及通報. 栗谷夫人至, 則只空廬
而已. 夫人嘆曰 :「此猶如此, 何處可依歸.」到栗谷墓, 而自到云. 然則其
臨亂惶攘, 不得奔赴, 勢也. 此時何可計其賓師之義, 而不赴乎.'"

안방준의 성혼 변론

086 近聞湖南人言, 安邦俊者, 曾作『五臣傳』. 五臣卽困齋·東巖兄弟·
柳掌令夢井·曹大中【全羅都事, 死己丑獄】也. 五臣己丑冤死之後, 湖南士林屢

叫閶闔而卜其誣. 俊反其事而爲之傳, 至於困齋誣詆尤多. 其意盖欲爲鄭
澈, 掩蔽戕殺善類之罪也. 五臣之入於此傳, 何異宋賢之入奸黨碑也. 重泉
冤骨, 又被此誣, 令人氣短, 然齊東野人之言, 豈能傳信於千秋. 盖亦不自
覺, 其徒累於己, 而無益於澈也, 其爲術亦疎矣.

087 安邦俊所后父進士重敦, 初爲其季父艇繼子, 未幾重敦得罪於艇, 艇
呈于監營, 及禮曹罷養歸本家. 卽以族子重默爲子承家. 重敦之於艇義絶,
更不可以父子之號稱之, 艇之産業, 亦非重敦之所可預. 而重敦死後, 邦俊
求分艇之田民於重默, 重默不與. 邦俊藉勢, 聲張詬辱, 將欲起訟. 重默耻與
相較, 分給一半, 邦俊安而有之. 湖南士大夫之知其狀者, 無不唾鄙之. 而魯
西爲邦俊碑曰: "公之所後考進士公爲季父后, 早卒. 其家又養一人子之
傳其家業. 公爲進士公后, 則法當分之, 而一毫無所取, 一言無所及, 人難
之. 云云." 其言有若重敦早死, 而艇又潛取一人爲子, 然其罷養一節, 全爲
掩匿. 尹之曲筆阿好, 不可信類是. 重敦罷養之狀, 方在艇之宗孫載德家.
載德時在楊州, 漁陶隱村, 邦俊之孫, 每每來乞, 火其狀云.

088 浦相【趙翼, 號浦渚】曰: "反正後人物, 完平·楸灘爲上. 玄[23)]翁狹小, 守
夢庸常." 余對曰: "完平偏論頗甚. 始與朴謹元·洪汝諄同事, 終請李潑·
白惟讓等伸冤, 似非公正之人." 浦曰: "李延平貴亦嘗言完平偏論之甚,
而我則見其爲國盡忠, 誠非他人所及." 妄意完平·楸灘, 豈非一代之賢相.
然而完平蔽於偏論, 楸灘則不能講明師門之旨, 遂使是非邪正混淆莫卜.
中興人物, 不過數公, 才難不其然乎【『石室錄』】

단거론 대 병거론

089 反正初, 海儒尹弘敏爲栗谷從享, 來謁文元曰: "吳判書聞生等議,
卽往月沙宅議云: '今不幷擧牛溪, 後必難圖.' 月沙卽招生等. 云云." 文元

---

23) 玄 : 저본에는 "立"으로 되어 있다. 『魯西遺稿』와 필사본에 근거하여 수정하였다.

曰:"事將不諧." 乙亥, 從兄時瑩論於館學. 同春力主單擧之論, 李弘淵力主幷擧. 從兄曰:"非從事不成, 室中之語, 將大不好." 卽走問於愼齋, 愼齋答以可幷擧. 其議遂定, 自是坡門, 頗釋憾於沙門, 然本色間發. 尹常忿恨, 轉成悖亂, 至批李頖於山堂則駭矣.【『尤庵集』】

조헌과 정철의 우의

090 趙重峰始與金東岡·李潑·崔守愚, 諸人友善斥松江爲小人. 後重峯爲全羅都事, 未幾松江爲道伯. 重峯卽日棄官歸, 松江固請相見曰:"聞公以我爲小人, 將去信否." 重峯曰:"然." 松江曰:"公與我平生素昧, 何以知我. 留與共事見, 其爲眞小人, 然後去未晩也." 重峯猶不聽, 牛·栗諸公勸令還任. 旣相處日久, 甚歡曰:"始吾誤聞, 幾失公矣."

重峯, 志學之勤, 事親之孝, 尊師之誠, 殉國之忠. 實無愧於古人, 有辭於後世. 宜後學之尊慕, 而俎豆之表章, 而誇耀之也, 孰敢有異辭哉. 余嘗讀其封事, 專意於扶護牛·栗. 凡厥毁牛·栗者, 一切指以爲奸邪, 至不欲同朝. 夫以重峯, 豈故爲黨論而然哉. 然窃觀近世尊尙其師者, 徒知有其師, 不復知有他人. 恃衆角勝之勢成, 背公死黨之議痼, 恐或重峯有以倡之也. 在昔碑奸黨禁僞學, 果是斯門大厄會. 而程·朱門人, 只自尊尙其道, 不屈不挫而已. 何嘗與朝廷力爭是非期於必勝哉. 仲尼見毁於武叔, 子貢只斥其不知量. 以賢弟尊聖師, 而其所以斥武叔者, 何其太歇后耶. 以今方古得失, 果何如必有能卞之者矣.【『白野記聞』】

계사능변과 성혼

091 癸巳陵變時, 牛溪獨自立異於至重之事. 因喋具宬啓, 鞫李弘國. 蓋搆成是獄, 乃己丑禍心, 猶有未悔者, 而必欲因此殺西厓也. 設令其時諸囚, 一有亂言, 其羅織鍛鍊, 已有己丑成法, 不徒西厓, 必不免東人之幸免於己丑者. 其有子遺乎. 曾子曰:"夫子之道, 忠恕而已." 當臣子罔極之地, 假他尸要功, 必牛之所不爲, 則西厓亦必不爲, 人心之同然也. 以此搆人, 夫豈恕己而諒人者耶. 牛雖稱大儒賢, 恐於恕之一字, 猶有所未至者歟.【『銀臺錄』】

류성룡 관련 일화

092 觀察使柳公仲郢, 豐山人. 居家行修, 有厚德遠識, 訓子弟嚴. 以文忠公西厓爲子, 而督誨純深, 未嘗假以辭色. 西厓亦不敢以中人自處. 公一日自洛告還鄕老, 夜會敍話. 或問 : "洛下人物, 若何." 公歎曰 : "吾東從今數十年後, 將有大亂, 而人才眇然. 可屬當一面事. 如吾成龍輩者, 亦不多見, 大可寒心." 於是西厓俯伏窓外, 聽之驚起, 自語曰 : "不意得此於家大人. 吾輩尙可以備數於人乎." 盖西厓內而有賢父兄之敎, 出則講劘於陶山之門, 爲世大儒. 雖其天分固有, 他日勳名德業之所成就者, 豈其無所自乎.【『紫海筆談』】

093 西厓文章·學行爲世所重. 久爲三公, 淸貧如寒士. 爲政公明, 人不敢干以私. 壬辰之難, 以首相當國, 拮据經營, 凡可以利國家者, 不顧人言. 創立都監, 通融軍籍, 改定貢案, 至今賴之. 激濁揚淸, 稍存形跡, 卒以此爲人所讒. 去國歸鄕家食十年而卒. 朝野莫不齎恨.【上同】

당쟁의 폐해와 임진왜란

094 管氏有言曰 : "禮·義·廉·恥, 國之四維. 四維不張, 國乃滅亡." 國家開創, 昇平日久, 政多渝惰, 倫紀漸斁, 犯長凌貴, 遺親後君. 官以賂成, 獄以貨免, 紾兄而不知非, 摟女而不知怪, 禮義蔑矣. 慾浪滔天, 貪火熏骨, 輕肥閭巷, 無非哀乞. 醉飽官府, 俱是丐餘, 無恥之甚. 加以宮室·衣服·飮食, 極其奢侈, 人心淆漓, 風俗頹敗, 而滿朝靑紫, 龍斷網利, 惟以官爵高下, 角立於東西之間. 語曰 : "內有衣冠之盜, 然後外有干戈之賊." 秀吉之兵, 豈能無緣而長驅哉. 孟子曰 : "國必自伐而後, 人伐之." 豈不信哉.【『撫松小說』】

095 壬辰, 平秀吉動兵二十萬, 以四月十三日, 渡海陷釜山·東萊, 長驅大進. 巡邊使李鎰敗於尙州, 申砬全軍覆沒于忠州. 上會群臣議, 李山海首建西幸之策, 上從之. 右相兪泓極論京城不可去, 泓已令其家人, 出城避兵,而姑爲此大言. 以爲沽名之計, 人厭其詐.

五月三日, 駕到開城, 朝論劾治山海棄城誤國之罪, 竄平海, 幷黜柳成龍, 復召鄭澈. 是日秀吉陷京城, 渡海僅二十日. 當時誠如朝論坐守京城, 其能免靖康之覆轍者幾希. 而朝論之必如是者, 不徒大言無當, 亦莫非黨論害之也. 丙子初, 建虜有必至之勢, 而自强自守之策, 都置之膜外, 猶務爲大言, 終有平城之辱者. 淸論坐之也.

朝廷開國二百年, 無大段兵革, 無七年·九年之災, 以至于今, 上自朝廷下至閭閻, 豪侈相尙. 物盛而衰, 天道之常. 數十年來, 癘氣流行, 民多死亡, 己丑之獄, 鉤引鍛鍊, 三年未畢, 冤死者無慮千有餘人. 餘民失業失農, 城中四方, 僵尸相枕, 加以毒疹方熾, 癘鬼恣行, 轉輾相煽, 一染輒死. 將使靑丘數千里之地無復人類. 抑將亂甚否極, 使人悔過思治, 復開太和之運而然耶.【『松窩雜錄』】

096　乙未正月經席, 鄭經世啓曰: "黃廷彧父子且於書狀, 不書臣字, 其得保首領幸矣, 今在謫所, 縱恣無忌, 作弊多端, 罪難容貸." 傳曰: "使不得作弊." 兩司交章論罪, 連請拿鞫. 乙未三月, 黃廷彧父子拿來, 三省交坐鞫之, 而廷彧不服. 推官請刑, 傳曰: "不可刑推, 議處." 推官啓曰: "減死遠配. 曾在配所貽害公私, 更宜嚴加防禁, 使不得出入." 依啓, 赫刑問六次不服.

四月, 委官鄭琢請: "黃赫父子幷還配所, 圍籬安置." 西厓收議: "今此委官之啓, 與臣意無異. 昔張釋之曰: '盜長陵一抔土, 何以加其罪乎.' 今廷彧等因一紙迫脅胡亂之書, 而父子俱死, 則若有投降作惡, 如中行說·衛律, 又何以加其罪乎. 況其身係勳舊, 朝廷貸以不死流竄幽囚, 足以懲罪. 夫臺諫主直截, 大臣主平停, 非直截則公議不立, 非平停則刑政或過. 執中兩端, 惟在上裁."

097　秋浦黃愼, 牛溪門徒. 丙申, 臨淮侯李宗城及楊邦亨, 以封倭事, 出來發向東萊. 必要本朝解事宰臣一人伴行, 在路催促, 事且急矣. 愼素以氣節

552

才望著. 又方爲沈遊擊接伴時, 朝議特加通政爲上使. 以大丘府使朴弘長爲副使, 名曰跟隨陪臣, 差遣, 從便宜也. 其後尹拯撰黃愼碑謂: "西厓相修郤, 陰中擠之死地." 乃以小人目厓翁. 厓翁果可爲修郤, 陰中之宵人乎. 碑亦史也, 言不可若是其不稱停. 其後仁祖戊寅間, 虜使交道, 動輒生事, 關西一路, 人所厭避. 而愼之子一皓, 以其徒別薦尹義州爲淸人所磔殺. 此則曷不曰"當時薦任者, 爲修郤而陰中"之云乎.

098　黃愼碑又云: "愼於亂初, 代撰敎諭文曰：'廟堂力主和金, 秦檜之肉足食. 姦臣首倡幸蜀, 國忠之頭可懸.' 此一句語意, 爲西厓所陰中."云. 若以主和見忤, 則其師牛溪隱者, 不但陰中, 必且顯斥, 而將不置弟子之列矣. 豈獨厓翁爲然. 又懷之爲長溪君黃廷彧碑謂: "或護順和君而北至鐵原, 移檄乃用黃愼主和幸蜀之句, 遂爲豐原【西厓勳號】, 切齒俟隙陷之機穽."云. 以此一句, 兩黃俱爲豐原之所切齒陰中云者, 豈不異乎.
同時護臨海而東者, 上洛金君貴榮·持平李弘業, 皆名東人. 又無此檄文, 而與廷彧同被執. 先廷彧數年還朝, 而上怒其不能死賊, 必欲鞫之. 諸臣力爭, 特命長流而死. 此亦豈章子厚之所爲乎. 在其黨則如廷彧之老, 不死俘虜, 而褒以中郎之節. 非其黨則以西厓之德業, 而猶不免爲私邪小人. 彼黨人心肚中, 亦有些兒公義理否乎. 碑者世所同見, 猶如此, 況史筆乎. 自五·六十年以來, 秉史筆者, 全是一邊人也. 其褒貶生殺, 將何所不至. 昔金安老云: "『東國通鑑』人誰讀之." 此猶有所畏憚而而發也. 今也則史筆爲私筆, 後雖有讀之者, 於何而考其公是非也. 雖有如安老者, 亦安所畏憚於後人之讀·不讀乎. 自今以後, 雖謂之無史可也.【『記言』】

099　金德齡, 光州校生, 有勇力, 自稱遁甲. 李貴信之, 薦軍撫司曰: "解捕逐龍虎, 飛走空中, 智如諸葛亮, 勇過關羽." 東宮召見, 獎勵拜翼虎將軍, 宣廟命改號超乘. 於是一國聳動, 以爲神將, 德齡亦自不讓. 其實恇怯, 使酒不可用對敵, 疊將三軍, 無寸功. 卒以虛名爲李夢鶴之黨所引栲死. 亦自取也.

賊黨之引德齡也, 上大驚, 卽辟左右, 引大臣議曰: "德齡勇冠三軍, 且有親兵, 如不就擒爲之奈何." 匡相對曰: "臣久在南州, 視其所爲妄庸人也. 雖稱勇力, 亦非絶人. 大失物情, 親兵皆懷異心. 雖欲拒命, 亦不能." 上曰: "孰能捕之." 對曰: "如使逃匿則已, 不然捕之如反掌." 上猶危之, 徐渚曰: "韓明璉方在嶺南, 亦驍勇. 使明璉圖之. 以金應瑞降倭五十人助之, 德齡何敢枝梧." 匡相曰: "渚何敢於天威只尺之下, 大言無當乎. 其言可從." 上命, 渚急乘傳往捕之.

行到全州, 則都元帥權慄已械囚晉州矣. 渚馳啓曰: "慄使德齡討夢鶴, 則四日遲留, 觀望成敗, 故囚之." 其八字遂爲德齡之斷案. 人皆咎渚, 此備載國乘, 不可誣也. 德齡之死, 終始渚也, 而必歸罪於西匡者, 亦何心哉. 渚, 酉人之有力者, 而西匡乃非其黨故也.

100 西匡先生之在世也, 牛·松之徒, 必欲擠之, 爾瞻·弘道·南以恭之徒, 必欲殺之. 其沒也, 而尼·懷之徒, 又從而詆誣之. 不然, 何以稱然後見君子. 雖然公以領相兼吏·兵判·典文衡者數矣, 權勢所在, 所以來衆口也.

양현종사 추이

101 栗·牛學祭之論, 始於仁祖乙亥, 宋時瑩等閱仁·孝·顯三朝, 而列聖終不允可者. 蓋其耳目所及之人細大事行, 自上無不洞悉故也. 逮至肅廟辛酉, 始許入享, 己巳[24])黜之, 甲戌又入之. 其黜其入, 又作黨論中大關, 捩一從局面, 上翻覆. 聖廟俎豆之重, 豈若是嫚且輕乎. 以是末流滔天, 沙溪繼入, 懷又見擬. 自是以後, 若尼·若玄·若黃, 以及若翔與絳之曰弟·曰師云者, 舉將次第享矣. 晉人所謂"何代無賢", 其謂是歟.【英宗丁丑, 尤·春果入. 己卯, 又發金集·趙憲之論, 甲申, 玄石入享. 玄石自上以蕩平主人, 特命入享】

栗·牛享而黜, 黜而復享者, 凡今三度矣. 其黜也, 一邊人恨之, 纏索牽去, 無異流尸之委諸溝壑. 其享之也, 一邊人喜得所願, 如恐不及, 不待該曹回

---

24) 巳: 저본에는 "丑"으로 되어 있다. 실록과 필사본에 근거하여 수정하였다.

啓, 汲汲奉享, 如盆子之卽眞位. 此何貌樣也. 故藥泉相三悔中其一, 甲戌後, 復兩賢位祀時, 不得請少遲遲, 以示愼重之意云, 亦此也.

自昔躋配聖廟者, 如馬融·王弼·崔致遠. 諸人其德行固無可述, 而或以文章, 或以經傳, 特配之歷世皆然. 今牛·栗亦不必曲護其疵累過, 奬其道學, 只從王·馬·崔例配之, 則午人亦不必苦力力爭矣. 『石潭日記』爲栗谷藏拙地, 雖不刊布, 可也. 同時士大夫稍與己不合者, 一幷加之以不韙之目, 擧一世遂無全人. 其自伐則太過, 是豈君子之用心哉. 或曰: "松江澈托名僞錄者, 居多容或然矣." 【『紫海筆談』】

서궁 유폐와 인조반정

102 宣廟丙午春, 永昌大君㼁生, 繼妃貞懿王后金氏出也. 領相柳永慶率百官陳賀. 戊申二月一日, 上薨, 光海卽位, 永慶賜死. 壬子, 海州金直哉獄事起, 永慶追加逆律. 癸丑四月, 捕廳賊囚朴應犀,【淳, 庶子】獄中上變告: "與金悌男謀欲立㼁." 光海親鞫, 就服金悌男用逆律, 放㼁於江華. 甲寅, 使府使鄭沆迫殺之. 乙卯, 幽大妃於慶運宮, 爾瞻等用事亂國. 而癸亥, 仁祖與金瑬·李貴等密約, 三月十二夕, 各率丁壯, 出次弘濟院. 初昏, 長湍府使李曙, 領軍六百來會, 大約一千餘名. 夜二鼓, 破彰義門, 直進慶德宮. 時李而²⁵⁾放與知此事, 已於午時上變. 光海卽命訓將李興立, 領軍護衛. 領相朴承宗·左相朴弘耉·戶判金藎國·兵判權縉等, 方鞫而放於備局. 聞軍聲大振, 承宗等遁去, 興立迎拜軍前. 入御崇政殿階上坐繩床, 卽遣李貴及都承旨李德泂, 入直于慶運宮. 分兵曹衆議柳²⁶⁾翼, 內應開門, 夜三鼓矣. 十三日, 牌招諸宰百官, 各修其職分, 捕爾瞻等十三人. 午後, 上朝于西宮, 興廢主及東宮隨之. 所捕凶徒, 納於慶運宮內, 命大將李興立扈衛. 十五日, 結陣于鍾樓, 街上百官序立. 逆魁爾瞻·造·訒·偉卿·弘燁·益燁·醫官趙龜壽·朴應犀·韓孝吉等, 處斬凌遲. 二十二日, 判尹李适領廢主及東宮, 江華

---

25) 而 : 저본에는 "時"로 되어 있다. 실록에 근거하여 수정하였다. 이하 동일한 수정사례는 교감기를 달지 않는다.

26) 舜 : 저본에는 "順"으로 되어 있다. 실록과 필사본에 근거하여 수정하였다.

圍籬. 鄭仁弘·韓纘男·弘道·大珩·元燁·大燁·李苙·閔藻正刑. 李覺·柳希[27])發·李挺元·朴宗胄·黃德符·柳希奮·朴燁·金尙宮·尹淑儀·內人玉女·僧性智·巫福全等, 六十人斬. 府院君閔馨男等, 二百餘人, 削勳降資. 順寧君景儉·承旨黃中允等, 六十五人圍籬. 禮判任就正等, 一百十五人遠竄. 府院君李時彦等, 八十人付處. 朴弘耆·柳夢寅等, 三十三人削黜. 韓孝純·閔夢龍等, 十四人追奪. 朴承宗及子自興, 反正日自殺于山寺.【『朝野記聞』】

103 光海時, 弘文館書吏金忠烈者, 見金尙宮用事, 人心憤鬱, 乃上疏曰: "『詩』云: '赫赫宗周, 襃似滅之.' 我朝三百年宗社, 將滅於金尙宮之手. 臣爲殿下痛哭." 呈政院退却. 忠烈頗解作詩, 自號玉壺子.【『東平尉聞見[28])錄』】

유몽인 관련 일화

104 於于子柳夢寅, 光海時爲吏殺. 癸亥反正後, 東西移徙, 不定厥居. 癸亥[29), 逆獄辭連被逮, 初不知所在, 或謂亡命, 俄而得之西山. 鞫廳問曰: "汝何謀逆, 又何亡命." 夢寅曰: "光海之必亡, 婦孺皆知, 新王之聖德, 奴隷亦知, 我何有棄聖君, 復舊主之意乎. 我非亡命, 居於西山." 大臣曰: "汝之西山之說, 我亦解聽. 使武王立箕子爲天子, 則伯夷且入西山乎." 夢寅默然良久曰: "我曾作寡婦詞以寓意, 以此爲罪, 死無所辭." 仍誦曰: "七十老寡婦, 端居守空壺. 傍人勸之嫁, 善男顔如槿. 慣誦女史詩, 稍知妊姒訓. 白首作春容, 寧不愧脂粉." 大臣欲生之, 勳臣輩皆曰: "不殺夢寅, 效尤而不欲立朝者必多. 隄防不可不嚴." 終以逆論.【『東平尉聞見錄』】

105 李師尙自少酷嗜於于文章, 朝夕諷誦, 常恨其不多得. 忽宵夢中, 有一宰相, 升堂揖讓而坐, 自稱於于子曰: "吾喪亂以來, 平生遺艸, 散落人

---

27) 希: 저본에는 "孝"로 되어 있다. 실록과 필사본에 근거하여 수정하였다.

28) 聞見: 저본에는 "遺聞"으로 되어 있다. 용례에 따라 수정하였다.

29) 癸亥: 저본에는 "戊辰"으로 되어 있다. 실록에 근거하여 수정하였다.

間, 無人哀輯, 幽明之中, 恨結無窮. 今感子爲吾子雲, 是朝暮遇也, 子尚可爲地下陳人圖之不朽否乎." 曰: "微長者之敎之, 此小子平日之志也. 其奈爲官落拓, 無資力可辦, 何." 曰: "從今以後, 幾許年, 當作某某官, 力能爲之, 且不忘否乎." 曰: "小子藏之中心, 何敢忘之." 曰: "然則幸甚. 詩文若干冊在某人所, 子行且訪而求之, 可盡得. 子旣與長者有約, 他日玉而成之, 則當厚直所報. 如其爽信, 亦不無殃咎, 子其勉旃." 曰: "謹奉敎." 頃之告別. 申致丁寧, 旣悟了了, 依夢搜之, 果一一相符, 收集得十三冊. 其後爲慶尙監司, 有意入梓, 而家故貧甚, 急於營生, 姑爲徐徐, 卒未及施而遽遞歸. 乃遭乙巳之禍云.

余嘗讀於于文"知足不辱, 知止不殆", 楚苦縣人之誡也. 夫己也, 以光海寵臣, 專任吏部, 五年不替交, 是固能言而不能行者也, 然其文章氣節, 有可尙者. 而又强死, 宜其精爽不泯, 至今猶可畏. 於于, 無姓孫, 傍支多在興陽·豆原云.

인조의 장릉 이장

106　元宗初喪, 棺槨有罅隙, 別用木片添補. 及改葬, 具綾城宏白: "當初苟且補用, 今宜改備梓宮." 仁祖下敎曰: "體魄旣久安於此. 今雖不得已遷奉, 豈宜因此, 遂改梓宮, 以益其驚動." 特令勿改. 大哉, 聖人達理之見也. 萬曆庚申, 葬楊州, 仁祖丁卯, 移金浦長陵.

이귀의 딸과 인조반정

107　李貴玉汝有女名禮順, 其夫金自謙【自點之弟】. 酷好佛道, 與其友庶孽吳彦寬, 同修佛學. 其居處飮食無內外, 雖寢食亦同. 自謙病且死, 托妻於彦寬. 彦寬出入禮順之室, 猶親戚, 敎禮順佛書, 得他心通之. 一日從彦寬, 剃髮出家于安陰德裕山. 伐竹爲室而居之. 其僕爲禁盜所捕, 彦寬·禮順, 仍拿致京師. 鞠于殿庭, 彦寬死于訊, 禮順繫囹圄, 寄詩男弟曰: "至今衣上汚黃塵, 何事靑山不許人. 圜宇只能囚四大, 金吾難禁遠遊身."【『柳氏㝓杭』】其後禮順沒入掖庭, 深結金尙宮, 宮中事, 無不密通于其父, 癸亥擧義,與有力焉. 亦豈非應時而生者乎.

이해의 반정공신 비판

108　咸陵府院君李澥, 靖社功臣也. 傲睨軒冕, 務自放逸, 裸裎身體, 不事檢束. 余於少時, 異其爲人, 嘗質于先君, 先君笑曰："李公故自有意見." 始議反正, 諸人皆以安宗社保生民爲言, 故李公樂聞而與焉. 及至勳業已成, 多有不能踐其言者, 至聚籍沒家·器皿·衣服之類, 日日聚會親自分之. 李公見其瑣屑貪鄙之狀, 羞愧欲死, 自廢終身. 以明素志, 豈可執其跡而論其所存乎. 余始釋然.【『東平尉聞見錄』】

조경과 이명준의 간쟁

109　趙龍洲絅·李潛窩命俊, 在仁廟朝入侍, 榻前極言上過失曰："殿下於宮中, 某時有某事, 某日作某物然乎." 上或游辭以對, 則再三更陳, 仁祖必服過, 然後乃退. 兩人固是敢言者, 而仁祖崇奬直言, 使兩人能犯顔直諫. 若是使兩人在他時爲此擧, 則必不得免.【上同】

봉림대군의 처신

110　孝宗在鳳林邸, 受學於師傅尹善道. 仍問處身之方對曰："'公子王孫芳樹下, 淸歌妙舞落花前', 豈不爲千古名作乎." 盖見孝廟聖質非常, 諷以韜晦也. 孝廟聞之, 有契於心. 及承大統, 每語諸駙馬曰："當日善道愛我而言, 予之警惕, 得力爲多."【上同】

남이흥의 한탄

111　丁卯, 逆𤥚之子韓潤, 逃入虜中, 唆姜弘立, 引賊入寇. 氷渡鴨綠, 夜襲義州, 殺府使李莞·判官崔夢亮. 遂進陷安州, 兵使南以興·牧使金俊死之. 南公臨死嘆曰："朝廷平時, 使我訓一將練一卒, 豈至於是乎." 盖當時功臣輩, 猜疑太甚, 譏察旁布, 爲將者皆以兵事爲忌諱故也. 桐溪鄭公之疏有曰："殿下以此屬得國, 以此屬亡國." 盖指此等事也.

강홍립 종복 언복의 간언

112　丁卯, 和事有日, 弘立從僕彦福者, 來現于江華行在所, 言於廟堂
曰: "虜孤軍深入, 方當春夏之交, 水潦大漲, 進退兩難. 願使砲手數千人,
首尾邀擊, 可殲一陣. 然後, 約和則虜不復生心. 若不戰而和, 則不十年,
虜必復來."云. 而朝廷不能用, 卒有丙子之敗. 猶爲國有人乎.

인성군 처벌을 둘러싼 논란

113　戊辰, 有柳孝立逆獄, 仁城君珙爲逆囚所引, 廷論按律. 檢閱睦性善·
正字柳碩, 因求言上疏曰: "廷論請誅仁城, 非愛君以德. 功臣請罷國婚,
非公心." 上優答之. 時論憤起謂: "性善等欲攻退時人." 李明漢·李植·李
景奭·朴潢上疏詆斥, 大諫李聖求請焚其疏. 副學金尙憲以爲: "性善等欲
以逆家女爲國婚, 且附諸賊所引之王子. 時平, 欲結戚里之援, 世亂, 欲受酬
言之功." 持平趙絅啓曰: "昔在昏朝陷人者, 必以護逆. 尙憲, 其時亦仰屋
竊嘆者, 而不意今者, 身自蹈之也." 玉堂請兩遞, 上以尙憲之言刻甚, 命遞
憲, 勿遞絅. 淸陰之不悅於龍洲, 蓋始此云.

淸陰素以文學進高自標榜, 初不欲汲汲埋名者. 而復踵瞻·造·訒之轍, 導
人主戕殺骨肉. 他非不知非義, 而主是論者, 皆勳戚之家也. 爲全恩之論者,
特桐溪·睦·柳, 而非其黨與故也. 其時玄谷鄭公於酒席叱李敏求曰: "爾
家三父子, 苟一有人心者, 必無請焚睦疏之擧." 求色喪而起,【又見, 『荷潭錄』】
【仁廟爲東宮, 擇嬪尹判書毅立女中選. 功臣輩以尹非時類. 嗾李尙伋論"尹是逆族, 不合國婚."
蓋毅立之兄敬立孼子從适故也. 自點·沈命世等, 力言其不可, 上怒命停婚, 尙伋等并門黜.】

홍서봉의 행실 비판

114　洪瑞鳳, 靖社功臣也. 判兵曹時, 有一武夫, 直入政廳, 歷數其用賄授
官者十數輩, 自裂其冠裳而出. 瑞鳳羞左右人, 不能做一聲. 蓋其貪墨爲世
所指者, 久矣. 淸陰之以身爲質, 角牴公論, 爲權勳左袒, 豈不知爲淸士之
羞乎. 惟其黨私褊心, 有以坐之也.【『靑邱野言』】

115 丙子, 司諫趙䋹劾領相洪瑞鳳, 受賄鬻爵. 歷擧濟州判官李大廈, 盜善馬納賄事. 瑞鳳使其子命一與大廈上疏自明. 上令大臣議, 領敦寧金尙容議召致廷尉問公, 遂下吏. 同義禁閔馨男疏曰: "囚臺臣國朝二百年, 未之有也." 經筵官兪伯曾啓曰: "柳永慶不能囚鄭仁弘, 李爾瞻不敢殺尹善道, 豈謂今日有此亡國之事也." 上答曰: "囚之者大臣也. 予未知其意欲何爲也." 吏判金尙憲疏, 攻伯曾甚力, 又言: "瑞鳳嘗言'䋹不正', 及其爲相, 自疑見斥, 撗無實語, 欲一刺洞貫."云. 而瑞鳳於䋹, 實無此語也. 曰: "予雖昏, 長君也, 臣子焉敢挾私憾, 惟意所欲若是. 罷尙憲, 釋䋹."【上同】

116 懷川「雜錄」曰: "予私問於淸陰曰: '往年爲洪相劾趙䋹, 何意.' 淸陰曰: '我非爲洪相, 惡䋹心術也.'" 其所謂心術者, 果何事也. 淸陰平生, 最於黨論刻毒. 凡諸排軋異己, 少無一分公心, 乃其痼疾也. 其後其孫壽恒以黨論死, 恒之子昌集, 又以黨逆覆其宗, 其濡染於家庭者然也. 世之僻於黨, 論者尙亦知所戒哉.

卷之二

척화와 주화

001 丙子春, 武宰李廓·羅德憲, 以春信使赴瀋, 適三月十一日也. 金汗弘他時僭稱皇帝, 國號淸. 劫廓等叅賀, 廓等抵死不從. 胡差歐摔而入, 衣冠盡破. 雖至顚仆, 直腰不曲, 以示不屈之意. 降虜漢人見, 有垂涕者. 將還, 汗付答書, 稱皇帝. 廓等齎至通遠堡, 密裹靑布盛諸囊, 留置守堡胡人處而來. 平安監司洪命耈馳啓: "廓等受金汗之書, 初不嚴斥, 潛棄中路." 請: "賜尙方斬馬劍梟首境上." 上, 下其狀于備局, 吏判金尙憲論以當戮. 館儒趙復陽等抗疏請斬, 三司合啓按律. 備局諸臣明知無罪, 而拘於衆論, 以拿鞫回啓.

領相金瑬時主斥和之論, 年少峻激者和之. 斥和者謂之淸論, 得淸望淸職. 主和者謂之邪論, 譴罰隨加. 搢紳中亦有遠識深慮者, 皆以爲: '金汗自帝, 其國無與我事. 我國只從丁卯信誓, 勉爲自强之策而已. 不量我國國勢·兵力, 先荒盟好, 挑怨速禍, 非計之得.' 所見雖如此, 而亦不敢開口極言者. 是年夏初, 龍·馬兩將稱以仁烈王后吊祭, 來致金國十王子書, 陳僭號之事. 言廓等不叅賀班之罪, 要使和好不絶云. 而其情則乃探我國之意, 欲爲動兵之計也. 其機甚重, 而時議慢之, 皆謂虜必不敢出來. 凡待虜之禮, 一從鄙薄, 王子書亦不坼見, 二胡已甚憤怒. 掌令洪翼漢·館學尹宣擧, 斬使之疏上. 二胡詗知之, 破關步出, 散入閭家, 奪馬而走. 京城震動, 廟堂始生怔惚, 續遣宰相十輩請留, 而兩胡終不入來. 自是大小章奏, 逐日沓陳, 率是斥和之論也.

金瑬·洪瑞鳳·李弘冑, 以三公當國, 和事已無可恃, 而戰守之略, 亦無所講. 秋, 金自點爲都元帥, 申景禛爲副. 金瑬爲體察使啓曰: "若使虜兵深入, 都副帥及兩西方伯, 宜施孥戮之典." 上曰: "體察獨可免乎." 瑬乃大懼, 反

阿和議甚力. 時防秋已迫, 崔鳴吉議送和使, 尹集·吳達濟請斬鳴吉, 三司
俱發. 未及停啓, 上特命發送小譯, 以察虜情. 金汗言于小譯曰 : "爾國若
不十月念五前, 入送王子大臣, 更定和議, 則當大擧東搶."云. 其答書曰 :
"貴國多築山城, 我當從大路直向京都[1], 其可以山城扞我耶. 貴國所恃者
江都, 而我蹂躪八路, 則其可以小島爲國乎. 貴國持論者文士, 其可以筆却
之耶." 小譯致其言與書, 廟堂議欲送宰臣, 而畏斥和之論, 不敢顯言送使.
久後乃送朴簹, 而已失金汗所約之期. 此所謂議論定時, 虜已渡江者也.
時椵島都督沈世魁, 以我朝斥和之意, 轉報中朝, 勅監軍黃孫茂出來奬諭.
孫茂回到關西, 移咨廟堂曰 : "見貴國人心·器械, 決不可當彼强寇. 勿以
一時奬諭, 以絶羈縻之計."云. 朝議亦不爲之惕念. 十二月初六日, 汗動兵
渡江, 以後稱以講和, 使驟若颿風. 凡邊臣狀啓, 皆中路奪取, 故漠不聞知.
十四日, 賊騎已到弘濟院, 大駕倉皇入南漢, 竟不免城下之盟. 是固天數使
然, 而亦豈非人謀之不臧歟.

002 丙子胡書, 不欲坼見, 此以鎌遮目. 開見之後, 以順辭言之曰 : "我國
自古無稱帝之時, 例爲附中國. 小國況有再造之恩, 不可背德. 貴國若欲稱
帝, 獨稱可也, 不可勸我幷稱. 但我國文獻之邦, 稍知古事, 若不混一而遽爲
稱帝, 則史冊亦以僭賊書之. 今欲自尊者, 乃是自辱也. 貴國若知如此, 則必
不爲過擧. 我以兄弟之義, 不可不言." 如是言之, 則名正言順, 豈有遽觸其
怒, 速彼兵之禍也.【『澤堂家錄』】凡天下事, 事過後籌之不難, 而言之易易. 豈
其時良·平諸公不在耶.

003 丙子, 斥和之議, 是乃天經地義, 民彝物則, 堂堂不易之正論也. 洪·
尹·吳以身殉之, 乃能踐其言者也, 無容議爲. 至如八松尹煌言 : "金汗若
來, 吾將將吾八子, 且可擊却." 壯哉言也. 然而南漢·江都, 九父子無恙,
而未聞有忠獻奇節, 可以厭伏人心者. 則具宏之斥號當斬, 申景禛之必稱

鼠兒. 懷川之諜以宣卜, 猶至今斤斤未已者, 其所樹立, 豈非有以來衆口者
乎.

至如淸陰金尙憲之係頸索絶, 人以桐溪翁之刺腹不殊, 比而同之. 畢竟以
揚揚, 復入政事堂. 較諸終身塊蟄以自靖者, 則已不啻隔了一塵. 況其燕獄
重還, 如使桐老地, 則必無是也. 故風人刺之曰: "可憐愁送臺. 前水不
共." 淸陰到瀋陽, 遲川崔鳴吉箚有曰: "匹夫溝瀆之諒, 自不能辦, 而乃欲
責望於奉宗廟·社稷之君父. 云云." 上答副學李棨箚曰: "此人只欲取死
之名, 終無捐軀之實. 以予觀之, 其不及任天眞者遠矣. 而卿等過爲襃美,
無乃公道之不足歟." 自當時目覩耳記者, 其論已如此, 而聖上之明敎又如
此. 無乃其事行心跡, 或不能一出於誠實無僞, 而容有可議者乎. 雖然南漢
之裂書抗言, 當時亦一人而已, 淸陰獨不可爲淸名之士乎. 然則皆山·柳碩
之疏斥, 適足以增益其名, 而不免爲一邊人物色之疑乎. 龍洲公必與桐老
幷稱, 其亦樂成人之美者乎.

004 丙子, 崔相欲與同事, 吾許之, 仍勸崔上疏. 吾於備局, 欲從中應之,
崔亦怵於人言, 只發其端. 盖請遣信使事也. 疏下備局, 某相於座上曰:
"近日上疏, 逐日啓下, 而皆無可喜. 今日啓下一疏, 乃眞上疏也." 盖指崔疏
而隱然言之. 其時諸公外雖不敢言, 內則實欲和事之成. 余私謂淸陰曰:
"崔疏之言, 似不甚非."云, 則金曰: "斬字厭矣者." 再其實, 則淸陰亦畏人
言也.【『澤堂家錄』】時斥和淸論, 論斬遲川, 故淸陰之厭斬字云者以是也.

005 亂後, 論淸陰曰: "淸陰事, 固有未盡. 旣不能死, 則當不出山城一步
地. 有若古人歸家, 終身不下車之義, 可謂無欠. 若出山城, 而退處鄕谷, 復享
人間滋味, 則便是蒙國家出城之德也." 淸陰入瀋後, 余議論又變, 苟有不滿
者, 輒曰: "吾輩俱不能死, 彼乃不屈, 以吾輩無容更議."【『澤堂家錄』】

006 金昌翕與崔相絶交書: "其胡吽亂詆, 便是脫衣服上人門, 罵人祖
罵人父者也. 爲乃子乃孫者痛恨, 當如何." 而所謂昆侖子, 曾不發一說以抗

之, 但說道遲川·淸陰同在瀋館, 許多款好處, 以丐其見恕, 良可哀憐.
丙子亂前, 淸陰受海伯墨封. 是首陽梅月, 分賜一家諸少年. 及自瀋還, 壽弘
納其墨曰:“今無貴矣.”淸陰甚有慚色.【『靑邱野言』】

김시양의 선견지명

007 丙子前, 金判書時讓獨能知胡寇之必來. 其時胡差多於春秋, 出來戶
曹, 主管接待. 一日公之姪, 素以戶佐來言:“明日胡差. 欲出漢江洗馬, 將
持供具出待矣.”公曰:“汝須出待於三田渡. 胡差必不往漢江.”佐郞重違
其言, 出待三田渡. 胡差果到, 大驚曰:“何以知我到此耶.”托以馳馬, 馳至
南漢城底而還. 歸問:“公何以知之.”公曰:“胡人有志於我國久矣. 假托
洗馬, 欲知近京保障地形耳.”聞者嘆服.【『晦隱集』】

참화 속 백성들

008 丁丑, 南漢下城日, 被虜男婦累萬. 雜在賊陣, 見上號哭曰:“主上,
主上何忍使吾輩至此. 朝廷士大夫分黨交爭, 不恤國事, 以至於此. 而朝士
之誤國者, 晏如平日, 徒令無辜百姓受此係累之慘. 願主上念之, 拯濟於水
火之中也.”仁廟俯視流涕.【『東平尉聞見錄』】

효종의 너그러움

009 丁丑, 昭顯·孝廟, 俱入瀋館. 東還時, 各出銀貨贖我國被虜男婦數十
百人. 旣返國, 孝廟幷放歸故土爲民, 昭顯則悉屬內需寺爲奴婢.

이계의 억울한 죽음

010 李烓, 號鳴皐. 能詩善文辭, 有名望. 出入臺閣, 多所彈擊, 爲時輩側
目者久矣. 出爲宣川府使, 時有南朝漂海人, 來泊我境. 烓報營門, 粧船給米
發送. 後爲鄭命壽所發, 執烓赴瀋. 幸得不死而還, 時輩以爲賣國盜生, 搆成
不明之案至於孥戮. 顯廟丁未, 懷之徒當國也, 有華人漂到湖南. 不改漢儀,
自言東南撮土皇統猶在, 我卽其人也, 丐沾斗水, 而時輩不許, 擧將執解燕

山. 其人又懇乞仍留東土爲氓, 而又不許, 時愈命胤·權詻略言其不可. 後
懷作兩人碑, 亟以尊周之義, 許獎不已. 而在娃必稱凶賊, 何是非之心顚錯.
若是設令, 娃有圖生之罪, 以尊周之義將功, 贖罪容有可恕. 而渠輩之不少
爲地, 必以逆誅者, 莫非黨論也, 私隙也. 渠輩何嘗有尊周之義乎.
李娃以通款南朝執囚藩獄. 旣而繫之灣上監司具鳳瑞狀啓, 娃供辭多言國
之陰事. 娃被誅將族誅, 公上議曰:"此言出於鳳瑞傳聞而已. 言緖未著,
必得實狀, 然後處之可也." 時議以爲公護逆論竄.【『記言·李分沙碑』】

011 『東方名臣錄』「申翊聖傳」曰:"賊臣李娃爲宣川府使, 潛商事發,
捏造惡言, 謗國. 云云." 娃以賑大明漂到人, 被囚我國人所共覩而書曰潛
商. 我國事猶然, 況彼域萬里外流言乎. 世疵『名臣錄』, 全出私好惡. 不可
謂信史, 蓋多此等曲筆故也.

김류 관련 일화

012 金昇平沒後, 文章巨手, 不無其人, 而其神道碑文無有製之者. 至是,
懷乃製之, 爲眣眜者之金多也. 於其前後講和事, 少無一字淸論, 自家所謂
'平生所秉春秋大義', 於是爲祝欽明之五經矣. 孟子曰:"好名者, 能讓千
乘之國, 簞食豆羹, 見於色." 非是之謂歟. 甲子亂, 斬奇自獻等三十餘人,
乃金作俑, 而書之'爲完平事'. 是豈不知而作之者歟. 其時完平子孫上疏卞
誣.

박장원의 정직함

013 朴久堂長遠, 忠孝人也. 事親孝, 居官廉白, 持論頗公. 嘗自言:"牛·
栗從斥之議初發也, 實未知其所與, 質諸長老. 敎之曰:'後生於先輩, 推獎
之爲厚風. 訛毁之近薄俗.' 余於是定其去就. 云云." 此亦樸直之言也.

조경과 남이웅 일화

014 趙判樞絅, 淸儉刻苦. 南丞相以雄, 豪放佚宕. 氣味不同, 而交誼甚密.

人有問於判樞曰：“凡人之相友, 必志趣相符, 可以不渝, 而公與南公志不同, 而交深何也.” 公笑曰：“我天性隘, 故樂南之寬, 南則和而流, 故取我之儉. 是以相好.”【『東平尉聞見錄』】

015 尹判書絳言, “嘗與趙龍洲接隣, 趙時丁父憂, 其哭泣之哀, 執禮之節, 實有人所不及者. 使世之已經草土者視此, 則其不自愧者尠矣.”【上同】

016 辛巳春, 春城公判吏曹. 凡於銓注間, 必以西南北三人錯擬三望. 世謂之三色桃花, 時輩猶不厭. 或有囑鄭東溟駁之. 東溟冷笑曰：“此人以名家子, 少年爲進士, 壯元及第, 『弘錄』槩進素定. 在昏朝, 獨不與廢母廷請. 甲子, 以館餉使, 給饋不絶糧, 策振武勳. 仁穆上仙, 守陵三年, 建酋梗路, 航海朝京. 頃年扈東宮入瀋, 再經冬始還. 論其閥閱功勞, 奚特爲吏判. 行且入相, 入相後如有, 加九錫之議, 走來告我, 我將駁之.” 此雖出一時戲謔, 而想其習氣語癖, 其眞溟老之言乎.【上同】

017 春城公判銓時, 南叅判老星以佐郎秉筆. 時弼善有闕, 且當出代差遣瀋中, 時輩有力者之所厭避也. 初擬一人, 佐郎曰：“此人有老親不可擬.” 再擬一人, 佐郎曰：“此人有病, 請改之.” 公曰：“如是, 擬望之人乏少, 將若之何. 北行比如疫疾, 人人一度, 初不可免. 佐郎旣無老親又無病, 且以佐郎, 名首擬.” 佐郎不敢發一言, 書其名而出.【上同】

강석기와 강빈 옥사

018 姜月堂碩期嘗禁直夜夢, 白猫入家內, 噬吭輒殺人, 家人殆盡. 悚然驚覺, 流汗沾衾. 未明家中走報, 夫人解娩得女. 公心惡之, 欲令勿擧以其女子, 子無所事, 事不之果. 其後揀爲昭顯嬪, 仁廟丙戌, 以罪賜死, 闔門誅夷. 相國亦不免泉壤之禍. 肅宗晚年, 姜氏復位, 月堂復官.
吾於姜氏事, 以姜爲冤, 則心甚鬱, 以爲不冤, 則心乃稍降. 何也. 綱常之變, 無世無之. 性惡夫人, 勢迫忿深, 則何所不爲. 此則例事, 而若以其事爲冤,

則我主上今日所爲【服冷藥事】. 殆千古所無念, 至於此則心中自然抑塞. 故常
以不冤爲念矣.【『澤堂家錄』】

019 孝宗辛卯, 趙貴人賜死. 洪判書宇遠, 以修撰應旨陳疏曰："先王之
墳土, 未乾寵姬戕死, 愛子流竄."云. 人皆代怖, 而上優答之, 仍下敎曰：
"後復有此言者當論以逆律." 黃海監司金弘郁不知有禁令疏言趙貴人事,
逮及姜嬪冤狀. 上大怒拿鞫殿庭殺之, 仍召語顯廟曰："洪宇遠言雖切直,
是諫予過也. 金弘郁不徒在禁令之後語, 犯先朝不可不殺也."
丙申, 孝廟爲莊烈趙大妃, 搆萬壽殿. 先君翼獻公爲都提調, 元斗杓·許積·
鄭維城爲提調. 入審殿基路由後苑, 上要於所住別堂以待之. 諸公以史官
不入辭, 上立促之旣對. 上親擧觴, 以侑之論國家大事. 上自知岡陵限迫,
語多凄楚, 諸公不覺墮淚. 上曰："余方留意戎備, 措置事多. 而治兵繕甲,
宜在於國有長君之時, 非奉幼主者, 所能爲也." 逮甲寅後, 諸臣之遭禍者,
多以兵事. 大哉, 王言. 沒世不可忘也.【『東平尉聞見錄』】

효종 관련 일화

020 己亥春, 孝廟欲以儒生事有敎勅, 把筆擬草, 手戰放之, 口號聖旨,
使益平尉洪得箕書之. 命世子在傍, 提醒得箕聽瑩處. 書畢, 上以爲有添刪
處, 藏之几案. 間時, 諸儀賓及臣亦侍傍, 而年尙幼, 只知爲儒生事, 而不解
聖敎旨意. 後問益平尉, 答曰："孝廟在潛邸, 聞[2]長老之言, 知昏朝儒疏,
皆出權奸之指揮, 常用慨恨. 及登大位, 屢諭於引接臣僚之時曰：'昏朝之
將廢母也, 館學儒生, 擧皆陳疏, 其衆疏者, 豈盡有廢母之心乎. 儒生輩勤苦
讀書, 以期進取, 而身操黜陟之柄者, 恍以禍福脅, 使同惡. 苟非大力量大見
識, 孰能不畏目前之禍, 而不受驅迫乎. 因人局促, 終不自脫, 爲世所棄者,
不可勝數. 此不但儒生之誤着, 亦國家導率之未盡其方也. 欲爲定式以示
中外者, 久矣, 至伊日始起草.' 而聖旨盖曰：'館學及鄕儒, 將欲陳疏, 以必

---

2) 聞: 저본에는 '問'으로 되어 있다. 필사본에 근거하여 수정하였다.

先預期通文于中外儒生, 明言欲於某日以某事拜疏. 同志者來叅, 不願者不使施罰勒叅. 雖居泮·居學者, 亦許各從其志, 欲叅者叅, 不欲叅者不叅, 使爲善爲惡, 皆自己求, 勿爲脅迫等.' 敎而未及筆削, 弓劍遽遺. 云云."【上同】

021 孝廟嘗命顯廟曰: "人臣有似忠而實奸者, 亦有似奸而實忠者, 當察其秉心之如何耳." 仁宗卽祚, 文定在東朝, 而仁宗有不安節, 金麟厚請同叅議藥. 藥房以非其職拒之, 麟厚至發聲扣胸以請之. 又請仁宗移御他宮以調養. 觀其跡則似出於離間母子, 罪不容誅, 而人莫不服其誠忠. 光海朝, 仁穆在上, 而鄭造·尹訒請光海移御他所, 論其跡與麟厚彷彿, 而其心則逆也. 仁宗惟以不見不是處爲心, 一腔誠孝, 上質蒼穹. 而麟厚不顧一身利害, 急於保護聖躬, 至以議藥移御爲請. 而仁宗誠孝逾彰, 麟厚誠忠亦著. 光海則有猜疑之心, 無誠孝之行. 而造·訒乃請移御, 激動君心, 以爲固寵媒爵之計. 此所以爲逆, 而事同心異者也.
趙光祖當中宗朝, 以年少書生, 變易舊章, 全無稱停, 其所作爲, 何能盡善, 論人薦人, 亦不能允協輿情. 而其心則皆出於至公至正. 非如後世之人, 以私好惡爲之取舍, 而掩人耳目也. 至今稱爲君子, 而逾久逾敬者, 汝於觀人之際, 只察其秉心之邪正, 不可執跡而疑之.【上同】

022 鄭判書維岳, 雷卿子也. 魁進士謝恩之日, 孝廟特命引見, 爲道其父殉國之忠誠, 感嘆慰諭, 執手問曰: "汝有何所願." 對曰: "牛·栗從享是所願也." 上釋其手默然, 命賜筆墨豹皮. 旣退, 上曰: "雷卿, 不可謂有子." 蓋孝廟在藩時, 親見雷卿之被戮, 故意其有同仇復雪之願, 有此問也.

송시열과 북벌 그리고 상례

023 懷初出仕, 自闕中出見武人數輩, 從差備門入, 竊怪之. 訶知上心存北伐, 每於燕私之暇, 引武士論兵事. 於是大倡尊周攘夷之論, 由是眷注日隆至大拜. 特賜獨對, 周咨密勿, 而別無奇謀異策. 所薦大將材者, 乃李惟泰

568

也, 惟泰自是驟躋大憲, 而其施爲方略, 前後蔑有聞焉.

024 懷嘗到鄭相太和家, 大言征北事, 有若時日, 將興師, 啓行者之爲. 鄭相隨口應曰: "以公之謨猷才略, 受聖上付託, 任天下之大義, 辦天下之大事, 有何不可. 如老臣者耄矣無能, 不堪爲役於執殳從事之列. 惟願少須臾無死, 見公建非常之功, 伸大義於天下也." 懷憮然告退. 其子弟問曰: "此何時勢, 征北尙可爲. 而大人言若是, 何也." 鄭相笑曰: "誰謂明日將兵, 踰慕華館乎. 此公以此事爲己任, 叨聖上何等眷遇, 何等委畀. 而日月荏苒, 無有成功, 環顧其中, 無策可施, 方進退兩難. 故要嗛得吾一言不可, 藉爲口實, 歸罪於人, 作自家脫歸之計也. 吾何爲見賣. 吁, 人以權術御之, 我亦以權術應之." 諺曰'强中又有强手'者, 其以是歟.³⁾
夫陽坡嘗在果川墓下時. 暴雨連注, 隣客來言, 聞洛下白岳山崩. 坡曰: "峰甚尖, 宜其崩." 翌日客來言, 傳之妄白岳不崩. 坡曰: "盤根厚, 不崩亦宜." 槪於國事, 模稜不圭角, 亦多如是.

025 己亥, 孝廟之喪, 懷以問禮官. 當小斂以爲: "恐傷玉體, 使不敢略施絞結." 內旨傳諭: "天時炎熱, 疑有慮外之憂." 承事諸臣, 亦皆爲言, 而懷妄引『禮經』: "君喪用襚一百二十八稱, 棺制必甚寬闊. 寧有他憂, 牢執不可." 初不知梓宮尺度元有定制, 卒至歲漆之椑不能用, 不得已用附板, 此前古所未有之變也. 於是國言洶洶未已, 懷乃上疏自明曰: "其時諸大臣, 俱入奉審, 則非由人事而然者, 十分明白. 云云." 其曰"非由人事而然"云者, 不知此果何說乎. 非由人事, 則其將諉之於天事乎. 當臣子必戒必愼之際, 執拗誤事至此, 而又此文過護, 非不欲認罪, 則他事尙何言.
其後山陵卜於水原府後, 石役土功已半. 而懷又倡爲異論, 移卜健元陵局內, 未幾有遷陵之變. 盖水原尹孤山善道與諸地師講定者也. 懷故極力沮敗, 且其時水原吏民害其失業, 遷次釀收屢千錢, 行賂於當路故也. 如許國

---
3) 歟: 필사본에 근거하여 추가하였다.

之大事爲黨論, 與私賂猝亂已定之謀, 馴致罔極之變. 是可忍也, 孰不可忍也. 如令驪湖有一於此, 使懷議罪已族矣. 其後甲寅·癸亥疏, 論寧陵吉地, 誤遷之咎, 全欲歸罪於翼秀·楨·柟輩. 是皆掩己過 防人口之計也.

026 己亥大行, 小斂內習儀時, 懷爲問禮官. 鄭判書善興執作而問曰: "長絞·橫絞·鋪, 何先." 懷曰: "先長絞." 鄭故鋪長絞, 略結橫絞, 舉以示之曰: "若是則長絞無管束, 如何." 懷蹙眉不卽應. 鄭公慢戲之曰: "相公雖習於禮, 斂襲之節, 宜不如我鄭善興. 諺稱'喪事勿言爲助', 相公勿多言." 旣陪入梓宮贈襚畢, 猶有空缺處. 懷曰: "如有遺衣, 可補欠缺." 鄭公曰: "如此窮喪, 尙何餘衣." 懷色甚不平, 畏其逸口, 不敢言.

최석정의 윤증 제문, 최창대 변론

027 肅廟甲午春, 尼相卒. 明谷相代諸生, 奠酹文有曰: "觀世之儒, 虛驕伎伐, 色莊爲剛, 邦聞特達. 家讎旣深, 國恥未雪, 非曰果忘, 庶矣歸潔. 豈如夫人騖外殉名, 空言不躬, 高論無成." 老黨恚之.

館儒黃尙老等疏略曰: "其意以爲國恥後, 惟終身自廢, 與世不相關者, 爲合於義. 而乃以擔當世務, 討復爲事者, 反謂之騖外殉名. 夫擔當者, 非時烈而誰也. 嗚呼, 孝廟勵薪膽之志, 招時烈於草萊之中. 其所密勿經營者, 則曰復讎雪恥, 二則曰復讎雪恥. 然則孝廟之志, 卽時烈之志也, 時烈之事, 卽孝廟之事也. 今以時烈爲騖外殉名, 則其於孝廟將爲何如也. 蓋其排斥大義, 自有來脉, 無怪乎此人之爲此言也. 又以'虛驕·伎伐·色莊·邦聞'等語, 讒斥時烈, 噫, 亦慘矣. 臣等不暇多卞, 而獨其騖外空言云者, 不特時烈之受誣而已." 上答以不當推上於朝廷.

028 戊戌, 東宮代理時, 判決事崔昌大上書略曰: "向來有申球4)者投疏, 攙及先臣頃年祭文, 爲言罔極, 至云'時烈受誣, 則是孝廟受誣'. 其後金致

570

屋·金楺等, 迭起騰章, 幷詆以公排大義. 噫, 此何言耶. 恭惟我孝廟, 勵奮攘
之宏圖, 躬薪膽之大志, 咨詢施措, 動責實效. 雖協贊無人, 大業未卒, 而民
彝·物則, 賴以罔墜, 眞可以撑拄宇宙, 耿光乾坤, 則追論群下之得失, 何與
於聖德之萬一. 而前後言者, 輒敢曰'誣孝廟也, 毁聖朝也', 人言之無狀, 乃
有是耶.

臣請以誅文本旨, 粗擧梗槪. 弱國不幸, 遭値劫數, 丙·丁以後, 山林·遺逸之
士, 固以爲深恥, 不欲自輕於去就. 然出處之義, 有二道. 觀時勢之可否,
審材力之長短, 出當世道, 可以有爲, 則行仁政以得民, 務爲修攘之本. 修軍
實以壯國, 期收復雪之功, 此則出而成大義也. 此顧不可, 則力辭朝命,
履貞不渝, 晦跡山林, 畢命田畝. 此處而全大義者也. 其有起膺徵辟, 據高位
握重權, 而徒能大言復雪之義, 了無事爲之實. 則名號誠美矣, 豈與夫終身
不出, 克全大義者, 同日論也. 故祭文中有曰'非曰果忘, 庶矣歸潔'者, 美尹
拯[5]之潔身全節也. 曰'空言不躬, 高論無成'者, 蓋指時烈, 而譏其無實事得
虛名也. 然則先臣立言, 正所以崇奬大義, 而特明躬蹈之與口談, 自不相侔
耳. 今謂之公排大義者, 豈非全不解文理乎.

或曰: '朱子當南渡之後, 亦嘗立身於事虜之朝, 匡復之烈, 卒世未覩. 而撥
亂討罪之議, 累形於論奏之間. 何可以無實事得虛名, 獨病於時烈乎.' 曰:
'不然. 時烈固不可比方於朱子. 而朱子之職, 其顯者不過爲崇政殿說書, 非
若公卿將相之位, 處可行之地, 操可爲之柄也. 然於奏箚文字, 其所指陳刺
擧, 皆屬實際如曰表裏. 長江惟戰守合計曰:「上流督帥, 物望素輕, 下流
戍兵, 直棄淮甸.」其他筵謨幄籌, 類非一二. 而今時烈之位望權力, 顧何如.
而求其實事, 全然虛罔, 古今人同不同, 何啻千萬里相遼絶也. 且胡運方盛,
國力不競, 犂庭搗穴, 掃淸區夏, 雖未可遽責於一人. 旣任重負, 苟有誠心,
則當聖祖憂勤責厲之日, 前席對揚, 廊廟謨猷. 豈無一事一畫以效修攘之
實. 而雖以獨對時所奏達觀之, 可驗其虛罔之一端矣.'

或曰: '應徵辟談復雪者, 前後相望, 抑何心專咎時烈乎.' 曰: '出當世道,

---

5) 拯 : 저본에는 "極"으로 되어 있다. 필사본에 근거하여 수정하였다.

卒無事實, 則固未若處而全大義之爲高. 而況力自主張, 以作家計, 高自標致, 以立名號, 旣全在時烈, 則不責之時烈而於誰責之.' 言者又敢援比於孔·孟之作『春秋』·闢楊·墨, 此皆阿好之徒. 病其名實之不相副, 欲爲之曲相解說. 而旣不可謂大義之有成, 則求其說而不可得, 猥自托於聖人空言垂訓之例. 噫, 傳曰: '擬人必於其倫.' 時烈顧是何等人. 而樣也乃敢擧議於先聖言之, 妄悖無識, 至於是哉. 夫以孔·孟之聖不得其位, 不得其職, 則正名分定功罪, 著爲王道之權衡, 明聖道闢異端, 以救天下之陷溺, 宜其不越乎言語文字之間而已也. 若倡復雪之議, 居將相之重, 而被累朝不世之遇, 任世道數十年者, 何爲而不畫一策, 不施一籌, 徒爲是寂寥空言耶.

且夫『春秋』, 非孔子不能作也, 楊·墨, 非孟子不能闢也. 若今日大義, 則天經地紀, 如日星之麗於天, 夫人能見之·能知之, 初無深奧隱復之難解者也. 故自丙丁以後, 公卿侍從以及近來韋布之士, 其於奏對·章牘, 公私記述之文, 稱說大義, 不可一二數, 殆乎家談人誦. 此固非宋氏家私傳之物. 斯義也, 旣人人所能言, 則雖今之後生小子, 皆可以騰諸口頰, 書之簡札而莫之禦也. 若是則張三李四·趙五錢七, 皆可稱秉春秋之大義, 垂訓世之空言也耶. 古人所謂'子之胸中, 何其擾擾多, 周公·孔子也'者, 無亦近乎乎. 夫然後作『春秋』闢楊·墨, 非孔·孟則不能也. 談說大義, 亦將曰'非時烈則莫可乎'. 仁義非不美也, 聖人猶惡其假借. 包茅之責, 納王之師, 可謂義擧矣, 又皆有實事·實功, 君子原其心而貶抑之.

今時烈之於大義, 其心之虛實眞僞, 非臣之所敢知. 而旣無實事可言, 則雖被之以虛假之名, 顧無說可解. 而今不直斷以虛假, 但曰空言·高論, 亦可謂十分稱停. 過於寬恕, 而此猶朋怒而衆咻之, 至引萬萬不近之『春秋』·楊·墨, 苟爲脫出之計, 噫, 亦不知量已矣. 或曰: '今日國勢, 固難望於尊攘復雪之功, 斯義也, 卽天理·民彝之大關也, 終不可任其湮晦. 而宋氏主張倡明, 其功不可沒也.' 曰: '不然. 不能顯之行事, 而著之於言語·文字之間, 則此山林·遺逸者之事. 旣居其位, 身任斯義, 而略無施措之實, 徒以談論·說話爲功而止. 則其心雖不出於虛假, 將何辭而逃天下後世之責耶.'

嗚呼, 明明列祖, 赫赫臨下, 而今日臣子者, 何敢肆然指目, 窃藉爲黨伐之資耶. 孔·孟之道, 與天地準. 苟有人心者, 其孰敢輕加擬議, 自取僭亂之誅也.
何物球·樑, 乃敢板援聖祖, 忝辱孔·孟, 專欲夾重而誣人. 若論其用意之凶
邪, 其猥屑無嚴, 輕宗廟而侮聖賢, 亦云甚矣. 渠輩所謂'綱淪法斁之禍', 臣
恐正由渠輩人也. 云云."

송시열의 북벌 촌평

029 昔世祖朝, 李施愛反, 上召卿大夫會議. 班有一人挺身大言曰: "李
施愛宜擒之." 上曰: "擒之, 且奈何." 其人曰: "臣惟知擒之之爲, 宜擒之
之策, 臣亦不知." 上笑, 群臣皆笑. 宋之復讎之議, 無亦類是乎.

030 懷以尊攘·復雪之論爲一生家計. 而此特風聲·水月, 只好觀聽耳.
其於政令施措之間, 曷嘗有一行一事, 爲修攘之實者耶. 直藉此虛名, 以爲
固寵持權, 哄動一世人之術. 而若驪湖則謂眞可做得, 作兵車·練軍卒·復
體府. 區畫紛紛, 日所講者, 武事不知, 佳兵不祥. 有不戢自焚之患, 終至於
殺其身而後已. 槪其爲身謀則拙矣. 人謂之大癡小黠有以夫.

현종대 예송논쟁

031 己亥孝廟國恤, 大王大妃服制, 吏判宋時烈以期[6]年定行, 前持平尹
鑴以爲: "奪嫡·奪宗, 事異常倫. 旣繼體受重, 爲天地宗祊之主, 長在於此,
宗在於此. 爲繼體之服, 爲至尊之服. 又何[7]長衆嫡庶之可論. 爲斬衰三年
爲宜. 云云." 時烈乃引『大明律』長子衆子皆期之文, 以掩其宗嫡爲衆之說,
而囫圇彌縫, 斷爲期年. 庚子, 練期將迫, 掌令許穆上疏以爲: "『儀禮』長
子條疏'第一子死, 取嫡妻所生, 第二長者立之, 亦名長子', 大妃服制, 當服
長子服. 而子爲母齊衰三年, 則母之爲子, 不得過於子之爲母, 故齊衰三年
爲宜. 云云."
命大臣儒臣更議, 時烈啓曰: "聖人制禮, 未嘗不謹於倫序長庶之別. 故周

---

6) 期 : 실록과 필사본에는 "朞"로 되어 있다.
7) 何 : 저본에는 빠져있다. 필사본에 근거하여 보충하였다.

公制禮, 子夏傳之, 鄭玄註之, 皆無次子爲長之說. 至賈公彦疏, 始有此說, 而只言第一子死, 不言第一子無后而死. 則此恐是未成人而死者也. 長子成人而死, 而次長皆名長子, 服斬則嫡統不嚴. 云云." 僉贊宋浚吉亦同. 命從兩宋議, 行期年不改.

於是三說交爭. 領樞元斗杓·佐郎金壽弘·嶺儒柳世哲·護軍尹善道等, 或疏或說, 不啻千萬言. 皆右三年之說, 斥宋期年之非. 宋之徒群起論啓, 壽弘削板, 善道薦棘, 世哲永停. 仍著令爲論禮之禁.

032 己亥議禮, 曰期·曰斬·曰齊衰, 各執所見, 互相矛盾. 其義理是非姑舍之, 大都諉之於聚訟, 猶或可也. 而烈之所謂"檀弓免·子游衰, 果皆不足恤乎"云者, 此果何說乎. 按公儀仲子之喪, 擅弓爲之免, 爲仲子之舍孫立子也, 子游爲之衰, 爲惠子之廢嫡立庶也. 立非所當立, 故二子故爲此非禮之禮, 以譏其非所當立. 則何關於曰期·曰斬·曰齊衰之論. 而彼必引而證之者, 其意何居. 此說若發於昭顯初薨, 孝廟未繼統之前, 則猶可謂李敬輿之忠直. 今時則言之非其時, 而苟非妄發, 其心無乃不將乎.

未幾江都, 有李有禎之變書, 以"懷爲盟主, 以免衰之說爲嚆矢." 懷之此說, 雖曰發於無情, 而有禎之謀, 他雖曰不與, 若以春秋之議論之, 則懷其不爲逆之倡而惡之首乎. 懷之萬罪俱赦而獨此一款, 直不可爲三尺之斷案乎. 己巳人聲罪致討者, 固非一二, 而不能明其爲賊, 賊其可服乎. 假令其時午人有是說, 而使懷之徒按獄, 將不以置之族奏當乎. 然則己巳次律, 非懷之不幸也, 亦幸也歟.

033 甲寅二月, 仁宣之喪, 大王大妃服制, 初以期年磨鍊, 成服前一日, 改以大功付標. 傳曰: "臨時磨鍊, 似有未及成服之患. 禮堂郎廳拿問." 至是大邱儒生都愼徵上疏言: "我孝宗大王乃主宗祀十年之君也. 安有主宗祀十年之君之後, 而父母之爲之也, 不以適長婦之服, 服之者乎. 己亥服期之制, 旣諉之國制, 而反以國制, 衆庶之服爲大功, 於今日瀆亂人紀, 莫此之甚, 何者. 殿下之於大妃若曰衆庶婦之子, 則便是衆庶孫也, 大妃千秋有限.

他日, 殿下之爲大妃者, 將不得以嫡孫之傳重者自處乎. 自古及今, 果有承
大統之重爲宗社之主, 而不得爲嫡, 反以衆庶之稱歸之者乎."

於是上大悟, 卽日大臣·重臣·三司召對. 領相金壽興·禮判趙珩·戶判閔維
重·吏判洪處亮·左副金錫胄·獻納洪萬重·校理李濡入侍.   上曰:"大王
大妃服制, 以九月改定者, 有何曲折." 壽興曰:"己亥旣以期年定行故也."
上曰:"己亥, 不用古禮, 而以我朝禮用之, 九月之制, 亦是國制耶." 維重
曰:"古禮則大功, 國制則期年." 上曰:"古禮長子服爲何." 壽興曰:"斬
衰三年." 上曰:"己亥, 鄭太和·宋時烈同議, 用國制矣. 今用古禮何也. 今
日大功, 予實未曉." 趙珩曰:"己亥旣期年, 故今降爲大功矣."

上仍命小宦取都憲徵疏, 使壽興讀之. 敎曰:"己亥服制, 果以次長議定
乎." 錫胄曰:"宋時烈收議, 以爲'孝宗大王, 不害爲仁祖之庶子'云. 故許
穆上疏分釋庶字之義, 以爭之矣." 上曰:"禮曹所當詳考己亥事, 引證改
定, 而遽以大功改之, 何敢如是." 上曰:"事體重大, 六卿以下·三司長官,
幷命牌招, 今日內會議以啓."

同日, 賓廳會議. 判府事金壽恒·領相金壽興·戶判閔維重·兵判金萬基·吏
判洪處亮·大憲姜柏年·刑判李殷相·副應敎崔後尙等議啓:"取考己亥
國恤時, 大臣·儒臣獻議中, 只稱時王之制, 又無長子衆子論卞之語. 自有
三年之議, 始以長子·次長之說, 論議紛紜, 屢度收議, 終以國制定行期年.
槪爲長子三年爲衆子期年古禮, 而不分長重, 皆服朞年, 乃國制也. 當初不
行三年而爲期年者, 出於古禮, 服衆子之制. 而今番服制該曹之改定付標
者, 亦出於此也, 此外無他考據. 云云."

以口傳敎曰:"啓辭欠明. 大王大妃殿, 當服期年與大功, 無指一歸屬處,
何也." 壽興曰:"今日楊前, 以己亥服制議定時, 用古禮用時王制與否, 考
出之意承敎, 故當服期年與大功, 不敢徑先議啓." 備忘記:"今日會議者,
乃考出己亥收議時, 定奪文書, 以定應爲期年與大功兩款也. 今滿紙所寫,
皆己亥謄錄, 謄錄考出, 一承旨足矣. 何必使諸臣會議耶. 予實駭然." 賓廳
再啓:"今以時王制言之, 『大典』五服條子之下, 只書期年長衆, 不爲區
別. 其下長子妻期年, 衆子妻大功承重與否, 亦不擧論. 大妃服制, 似當爲大

功. 而莫重之禮, 臣等不敢只憑國典, 率爾斷定. 云云."

翌日十四, 左副金錫胄·同副鄭維岳引見. 上曰: "賓廳再啓, 只以『大典』
五服條, 草草塞責. 至於似當爲大功之說, 又何爲而發耶. 極爲駭異. 初啓旣
曰無長衆之別, 而今敢謂, 當爲大功, 此己亥所無之說, 而賓廳創開之言也.
必須先明先王之爲衆子, 然後, 九月之制, 可以論定, 而該曹何敢直爲付標,
賓廳何敢如是言之耶. 大妃於姜哥之死, 旣不爲服, 今日之禮, 不當如是.
承旨明聽, 往傳賓廳."

賓廳三啓: "『大典』爲子之服, 不分長衆皆期, 故己亥講定時, 衆長之說,
亦不擧論. 今則『大典』子婦之服, 旣別長衆, 衆子之妻, 大功之下, 別無承
重則服期之語, 則大功不爲無據. 槪己亥不論長衆以其同, 是期年故也. 若
以倫序言之, 則自有長衆之別, 至於以衆子承統, 則卽爲長子之文, 國典未
有現出處. 今此服制, 大功之外, 有難輕議. 云云."

申時, 以賓廳啓辭中'衆子承統, 卽爲長子之文', 付標以下政院曰: "此語
必有出處考出以啓." 政院啓曰: "旣於國典無出處. 似出於許穆等疏章."
傳曰: "賓廳啓辭, 必非今日創出. 當有根源所從來, 考出以啓." 政院以『儀
禮』父爲長子條, 及許穆疏, 宋浚吉·時烈收議, 元斗杓箚, 嶺儒柳世哲·館
儒洪得禹疏, 并付籤以入. 傳曰: "尹善道疏并覓入." 啓曰: "其時下敎焚
之故, 不載日記中, 不得覓入."

又傳曰: "金壽興·金錫胄·鄭維岳引見."【上御養心閣, 假注李聃命·記事沈壽亮·
李后沈, 同爲入侍.】 上曰: "己亥服制, 終以國典定之者, 亦喪禮從先祖之義,
非以先王爲衆子而然也. 今賓廳直以衆子書之, 無少持難, 必以大功何意
耶. 大妃旣於逆姜, 不爲之服, 則期年服歸於何地耶." 壽興曰: "不以古禮,
只以時王制論之者, 卽承上敎, 而期年國典無現出者, 故如是議啓." 上
曰: "國典無現言, 則何以分明分嫡庶耶. 己亥無分別之事, 而今敢分別何
也. '第一子死, 立第二子, 亦名長子', 則其爲長子, 必矣. 而用之未瑩之禮,
是何道理乎." 仍命錫胄草批曰: "己亥服制議定時, 未聞有長衆之說. 到
今始有衆庶大功之說. 『大典』五服條, 旣無承統一款, 則雖時王之制, 乃未
備處也. 諉之下敎, 而不爲叅考『禮經』, 務爲至當之歸, 今日會議之意安在.

更審議啓.

賓廳四啓: "『儀禮』父爲長子條疏曰: '第一子死, 取適妻所生, 第二子長者立之, 亦名長子.' 泛觀則似若適妻所生之承重者, 通謂之長子. 而其下有言'雖承重不得三年有四種', 其一曰'體而不正', 立庶子爲後是也. 庶子, 妾子之號. 適妻所生, 第二長者是衆子, 而今同名庶子, 遠別於長子, 故與妾子同號也. 以此觀之, 上下所言, 適妻所生第二子則同, 而一則謂之長子, 而服三年, 一則謂之庶子, 而不服三年, 此必有所由然矣. 四種之說又曰'正體不得傳重', 謂嫡子有廢疾, 不堪主宗廟也. 執此究之, 上段所謂第二子, 亦名長子, 似是嫡子有廢疾不立者, 而嫡子旣不服斬, 故卽此第二子亦名長子者, 服三年也. 下段立庶子爲後者, 雖是嫡生第二子, 皆名庶子. 此無乃旣爲長子服三年, 故不得爲第二子服三年也耶. 又嫡婦條疏曰: '凡父母於子, 舅姑於婦, 將不能傳重, 皆稱庶婦庶子.' 以此諸條, 反復叅互, 則今此服制之用國典大功, 似不悖於『禮經』之意. 云云."

答曰: "觀此啓辭, 尤不覺驚駭無狀. 卿等皆蒙先王恩渥, 而至以體而不正之說爲今日之禮律耶. 父爲長子下釋之曰'立第二長者, 亦名長子', 而其傳曰'正體於上', 其可曰'體而不正耶'. 卿等以如此不近理之說, 定爲禮律, 可謂薄於君而厚於何地耶. 予實痛惡. 莫重之禮, 不可以付托之論, 斷爲定制. 依當初磨鍊, 國制期年之制定行." 備忘記: "該曹不稽古典, 不請議處, 直爲付標, 啓辭亦不明白. 不擧職責, 厥罪難逭. 其時禮官拿鞫定罪. 現告判書趙珩·叅判金益炅·叅議洪柱國·佐郎任以道.

備忘記: "大臣職責, 不在於奉行簿書之間而已. 領相金壽興當今日會議之時, 初以滿紙胡亂之說, 終無歸宿處. 再敢以無倫不近理之說, 倡體而不正之語, 其忘先王之恩, 附他論之罪, 不可不正. 中道付處." 弘文館啓請, 大王大妃殿服制, 期制追服. 大諫南二星上疏, 傳曰: "二星阿附大臣敢曰: '如賓廳, 議啓然後, 國家典禮, 無一毫未盡之譏.' 欲以從薄悖理之論謂之, 以無一毫未盡云者, 是無君之言也. 絶島遠配, 禮官等皆命中道付處."

是年八月十六日, 顯廟昇遐, 肅宗卽位. 宋時烈以誤禮首罪, 初竄德源, 因臺啓, 移南邊. 答領相許積疏曰: "時烈之極罪, 難容於覆載, 神人之所憤. 明正國法, 少不饒貸, 雪孝廟受辱之恥, 此孤之日夜切齒者也. 卿辭至此, 移置無瘴之處, 時烈, 長鬐安置." 後因其門徒柳弼明疏加棘.

034 乙卯五月, 禁府啓: "柳弼明逆律論斷, 鞫問定罪事, 命下矣. 以治逆例, 大臣以下, 齊會本府推鞫依啓." 備忘記: "弼明兩度凶疏, 必有指嗾製給之人. 添入問目摘發." 答領相箚曰: "宗統之說, 是何等重事, 而弼明敢以無倫之說, 猥引太丁, 輕蔑孝宗, 以時烈之極罪, 歸於無罪. 是薄於孝廟, 厚於時烈也. 予見此疏之後, 臨殯嗚咽, 枕席無寐. 卿之陳箚, 予實未曉." 大憲尹鑴請對啓: "弼明指議宗統, 犯大不敬律, 宜殿下赫然震怒. 而一次刑訊, 足懲其罪, 宜寢加刑. 且因妖人亂言, 株及重臣, 尤非所以鎮定之道. 閔維重拿問之命還收." 上曰: "弼明凶悖無倫, 貶薄孝廟, 紊亂宗統, 當以逆律論之. 維重敢以弼明疏意爲好, 予甚駭然, 欲爲拿問. 卿言至此, 勿爲拿問." 領相啓: "弼明言宗統, 所歸極其凶逆. 宜聖上治之以逆律, 而其與謀逆有間. 且其援引之人, 并皆拿問獄事蔓延, 可慮." 上曰: "崔愼製給凶疏, 不可不拿問. 李秀仁·宋元錫, 雖有罪犯, 特從寬典, 其餘援引并皆勿問." 禁府啓, 柳弼明刑一次, 旌義定配.

035 己亥禮論, 領相鄭太和恐忤於時烈, 又恐得罪於公議. 乃引『大明律』「九族圖」'長子·衆子, 期年'之說, 假名國制, 以彌縫之. 世謂'鄭相保家, 優於相業'者, 以是也. 其家子弟問曰: "大人獻議, 此可謂不易之定議, 而後當無弊否." 曰: "否. 禮論, 午人後必全勝, 宋英甫行受其敗, 許汝車且當秉國." 曰: "然則酉人不復振乎." 曰: "汝車量隘, 亦何能持久." 其後甲寅, 其言皆驗.

이유정 모반 사건

036 潛谷相金堉[8]之葬也, 府院君金佑明僭用隧道. 宋時烈每以是持之, 要爲脅制之術. 府院君兄弟不能堪, 必欲去懷. 而以爲非午人則不可, 於是復召入社相, 進用午人, 棘懷于島. 午人之甲寅當局, 盖以此也. 而從中施設機權, 皆淸城金錫冑. 以是出入社相門, 恭執子弟之禮, 社相亦以才局器重之, 每事咨焉.

旣而午人權漸盛, 冑已心不平. 而失志怏怏者, 皆其親戚姻婭也, 日夜恐喝, 或遊說萬端. 冑又爲子索女於午人, 午人不許. 及江都, 李有楨反書出, 冑言于社相, 欲成獄盡殲西人, 社相牢執不可. 又焚有楨處所, 得都錄冊子, 謂“令反側子自安.” 冑, 於是恐禍及己, 釀成庚申之獄, 七處設鞫, 經歲蔓延. 堅以逆死, 午人之無辜株連者, 幾千餘人. 是歲彗星經天, 自春至秋.

037　社相與懷, 同升善好無間. 每政堂論事, 懷之言, 一無違異. 及懷之島棘也, 屢箚伸救“檀免·游衰, 謂之妄發, 貶薄君父, 謂之極冤.” 至於告廟之議起, 必用意沮抑. 江都變書, 不爲上聞者, 無非爲懷曲爲地也. 而懷則言言必稱賊積·凶積, 何曾有一分顧藉之心乎. 王文正稱萊公, 許多年紀無如駿, 何其必社相之謂乎. 然寧人負我, 無我負人瞞之, 所以爲賊也.

時烈之門徒李有楨, 往見時烈於長鬐圍中, 還卽投書於李藕, 約發築城僧軍, 期日犯京. 凶書中有曰'火攻宮城', 又曰'當盡戮領相以下', 又曰'當有內應者'. 事覺有楨逃匿, 朝家懸金, 物色得之. 有楨文書中, 西人失志之輩, 多有交通者. 上卽命設鞫, 有楨承款, 藕杖斃. 公與判義禁吳公【水村】請對奏曰：“有楨表裏相應之狀, 旣已盡露. 而誅之則不可盡誅, 請只斬有楨. 火其文書, 令反側子自安.” 上允之.【『社相行狀』】

038　己未三月, 發諸道僧兵, 築江華墩臺, 前水使李藕領其役. 有人使村嫗投書役所. 書曰：“諸公得將大軍, 據此近都, 此天假手於諸公也. 下令軍中, 急督入城, 立昭顯之孫臨昌. 臨昌, 國之宗統也. 今日朋黨之禍, 至於此極, 何也. 以宗統之失其序也. 國人孰不欲立此君, 以正國統, 以去朋黨. 而爲時世所制, 不得立也. 今諸公若立此君, 以正朋黨, 則撥亂反正, 非一世

---

8) 冑 : 저본에는 "淸"으로 되어 있다. 실록과 필사본에 근거하여 수정하였다.

之功也, 抑亦爲後世定是非之人. 豈不快哉. 云云."

又於芭子橋掛書曰: "南黨混濁, 西類怨恨. 人心離散, 國事無津, 宗社危急, 天意未定. 大變已迫, 於初九日. 云云." 李藕以故縱罪人爲先拿鞫, 壓膝火刑不服. 投書人因廣州出身李仁徵發告. 李有楨拿鞫, 其子弘道, 其弟有信, 其奴後升等, 原情承服. 有楨刑一次承服. 結案略云: "所謂'宗統失序'者, 近者彼此禮訟在於嫡庶, 則嫡字當歸於長子, 庶字歸於衆子. 故以宗統爲言者, 此也. '今日朋黨之禍, 以宗統失序'云者, 孝廟以衆子繼統, 慶安之子以嫡統失位. 故西人以此相爭, 宗統之爲朋黨根柢者以此."云. 謀逆的實行刑. 李仁徵同知除授, 有楨家産籍沒賜給. 以宗統不嚴之說, 俑自時烈, 巨濟加棘, 大臣·三司·章甫, 齊請案律, 不允.【『朝野記聞』】

한당과 산당의 대립

039 初金益熙與申冕有隙, 而與時烈締交甚密, 號稱山黨. 辛卯, 自點之獄, 冕爲山黨之所搆殺. 錫胄卽冕之甥姪也, 由是與時烈輩, 有大嫌怨. 及時烈敗, 錫胄以外戚任重兵自在. 金萬基以益熙之姪, 日夜望時烈之復起, 乃附錫胄而誘之, 且以國舅之勢而脅之. 胄與萬基, 復爲一心, 公以爲胄異於山黨. 且是肺腑之臣, 不可一倂斥退, 盖意在調劑, 而不覺胄之反耽耽視也. 冕之死, 公心知其冤, 至乙卯陳達復官. 錫胄使冕之子宗華·拱華稱以恩人, 出入公家, 執子弟之禮. 萬基使其叔益勳, 伺候干謁, 有同僕隸, 以察其動靜. 人或言胄·基之包藏禍心, 而公則置之度外. 於是錫胄知有妖孼, 陰遣心腹鄭元老, 交於堅, 使之締結近宗, 挑出日後希覬之心. 以萬基爲飛語上聞, 一夜之間, 易置兩局大將. 仍使元老, 密緣宦寺上變, 半夜吹角, 驚動上心, 有若禍機之迫在朝夕者, 卒售網打之計. 堅旣承款伏誅, 又竟撲殺元老, 以滅其口.【『社相遺事』】

허적 관련 일화

040 許相積聰明間世, 才力絶人, 閱歷三朝, 勞勩最多. 公家事[9]知無不言, 施措之間, 動合機宜. 申明禁法, 振衛綱紀, 使都鄙有章, 上下憚服. 且當

580

鄭虜恐喝之際, 誅求多端, 侵虐無藝, 而能談笑制之, 疆場賴安. 槪其事業, 唐代救時之相方之有餘. 而自甲寅後受顧命專國秉政, 老將至而耄及之, 作事瞳瞳, 不及前日. 衆[10]敵傍伺, 張目睢盱, 而復有妖堅孼芽, 其間[11]雖欲不敗得乎. 伊尹稱罔以寵利居成功旨哉.【上同】

041 壬寅, 公兵判在鄕時. 灣尹李時術令軍牢斫木中江島, 見覺於彼. 査使猝至, 卽拿術至京曰: "皇勅中, 令處以一罪, 日日促決." 上促召公, 特差公雲劍, 陪至館所勅. 發怒蹴宴饌, 請速處斬時術, 大臣以下, 莫能以口舌爭. 上目公, 公趨出坐勅前曰: "今時術之罪, 在大國之法, 雖曰一罪, 照敝邦之律, 只當推考. 勅使殺之而去, 則以皇帝之仁恕, 必加慨然哀矜. 時術竟至冤死, 則勅使必有天殃." 勅笑, 公曰: "吾當以謝使赴京, 更爲稟裁. 若以大國之法殺之, 無如之何矣, 若以小國之律, 活之恩, 亦至矣." 且以鄙語諭之曰: "今有父子隣居, 子斫柴於父之藪. 父欲殺子, 其子固非也, 其父亦爲何如父也. 惟勅使思之." 勅又大笑而罷. 公竟以副价往, 呈文爭界, 李得不死.【上同】

042 金弘郁拿鞫時, 天威震疊, 敎曰: "敢有爲弘郁伸救者, 以其罪罪之." 廷臣氣懾, 莫敢言, 公以軍啣上章訟其冤, 極言不諱. 仍與家人儕友, 訣席藁闕門外待命, 人莫不危之. 疏入, 上大怒, 手其疏詣慈殿. 慈殿問: "何疏." 上曰: "許積之救弘郁之疏." 慈殿曰: "弘郁死, 寧有救之者否." 上曰: "有以其罪, 罪之之敎, 無敢言者." 慈殿嘆曰: "先王知臣矣. 常言: '許積可任大事.' 今於此疏忠節, 盖可見矣." 上怒解, 留疏不下, 公亦卒無事.【上同】

043 許相積爲領相兼都體察使, 設體府於京中, 立文筆·勇力·材識等名

---

9) 事 : 저본에는 없다. 필사본에 근거하여 보충하였다.
10) 衆 : 저본에는 "公"으로 되어 있다. 필사본에 근거하여 수정하였다.
11) 間 : 저본에는 "問"으로 되어 있다. 필사본에 근거하여 수정하였다.

目, 以擇幕僚. 故京外雜類, 各眩才能門庭如市. 閔相熙訪余曰: "許相精神過人, 故雖有龘率之病, 而識見明透矣. 今則年老氣衰, 爲惡子所欺, 已可寒心. 況雜客盈門, 必敗之道也. 許相信服公之一家, 誠一開口, 則必有悔悟." 我曰: "大監可言而不言, 使我言之何也." 閔曰: "許相之待公異於我輩. 公之一言, 勝於我輩之百言." 我曰: "余則自少, 拜於床下者也, 何能回聽." 閔泯默良久曰: "我則不能言, 公則不肯言, 但待其敗亡耶." 仍爲之含涕. 果數年而敗. 至今思之, 言雖不用, 言之無妨, 而默觀其敗而不言, 幽明之間, 不能無愧.【『東平尉聞見錄』】

044 庚申獄, 公之就對, 莊烈大妃使別監慰諭再三, 饋以粥飮. 上亦諒公忠亮, 特命放歸田里, 臺官連啓, 竟有後命. 己巳, 復官賜祭, 削萬基·錫冑, 保社僞勳. 誅誣告者, 金益勳·李光漢·李師命等.【『許相遺事』】

045 社相爲都憲時, 途遇昏者. 乃市井子也, 其章服犯律, 拿至府, 卽日殺之. 其後夢, 是子入其門, 躝跚墙壁而進. 已而堅生, 果不良子. 行家中, 常乘肩輿出入. 人謂之冤家債, 社相不悟, 竟以堅敗. 庚申之獄, 搆虛捏無, 百道羅織. 而其時臺章, 猶曰: "獨其父不知此." 盖公論之自有不可誣者也. 許相之被後命也, 都民巷哭出涕曰: "使吾輩出金至萬萬, 如可贖兮, 宜無所惜."

046 關西有生祠, 柳尙運爲監司, 嗾一二不逞者使之呈文撤毀. 平壤·定州功德碑, 尙運亦仆之. 尙運在酉人, 不稱已甚者, 而猶如此. 彼烈·吉·墊·翔·澄·翻輩之媢嫉忌克, 日交章捃摭, 必欲殺之者 亦無足怪者.【上同】

047 庚申, 許及第積, 及楨·柟四五家, 盡爲籍産, 己巳, 復官還給. 甲戌, 考己巳文籍, 一一還推. 書吏金正立曰: "朝家旣已還給, 則賣而資生形勢然也. 當收見在之物, 而六年後考出文書徵推, 有若推賊贓者然, 失信大矣. 西人士大夫, 何無知此事理者乎." 欲爲上疏不果.【『東平尉聞見錄』】

김석주 관련 일화

048　金右相錫冑, 甲寅後以外戚, 兼兵判·御將. 時首相有孽子堅, 使堅之所親善者, 告其謀逆於金相. 金相因緣內官告於上, 盡黜一邊人起鞫獄, 錄勳封君. 大妃以諺書戒金相曰："卿身兼大司馬·大將軍, 又封勳爵, 我甚憂恐, 寢不能安. 因緣內官密告謀逆, 一亦不可, 決不可因爲規例. 每事不守經常, 則不但得罪於公論, 主上亦必有不是之心. 君心厭薄, 則我雖爲主上之母, 亦不可救. 小心奉職, 初不抵罪, 可也. 且諸臣朋黨之事, 雖云惡習, 而自君父視之, 同是臣子, 人君多殺不祥, 甚矣. 須以此意, 言于按獄諸臣, 務從寬大, 可也." 如此傳敎非止一二. 余問於金相, 金相出諸篋中以示之. 金相號息庵. 己巳, 削勳, 甲戌, 復官.【上同】

049　冑庚申後, 居必重房, 夜則屢易其處, 如防大敵. 此阿瞞·林甫之餘智也. 晚年或晝坐如魔, 大呼許·柳來殺. 己巳, 翻案, 妻任爲婢, 一子道淵, 飮藥自殺, 又無子. 人之貪利·嗜殺者可不少戒哉.

050　甲子, 都城民夢柳赫然, 戎服拔劍躍馬而過曰："今而後報金錫冑矣." 覺聞, 街上人語淸城逝矣.【『夢囈錄』】

051　息庵金相卒後, 有神凭平安道武人某甲, 自稱相國之靈. 空中有聲, 能言平生之事跡, 及所著篇章, 了了不錯. 相國家人聞之, 馱致武人于京師, 館置奴僕家. 而其所指揮, 無非亂其家者. 論定葬山, 則以水湧如井之地爲吉. 評品親舊, 則以救過正非者, 爲惡而俾絶之. 讎家細作者, 指爲善人, 而使厚遇之, 術士·迂怪之類, 稱爲善人, 而使聽其言, 皆是禍其家者. 使其靈果是相國之靈, 則爲之敗亂其家者, 何若是甚耶. 擧家不悟, 終有己巳絶嗣之禍.

曾聞故老所傳, 則世祖朝勳臣家, 亦有自稱先靈, 而降之以禍其家. 時人謂必是讎冤之人, 死而爲神, 假托作怪. 今息庵家所降之神, 無亦庚申讎家之神耶. 獨相國姊婿趙溫陽顯期知爲禍兆, 憂嘆不已. 同時, 龍仁有神降于女

巫, 自謂李相國之神, 憑空作語, 且言遺集中詩句, 而白沙子孫, 不爲迎致. 蓋懲他已然之事也.【『東平尉聞見錄』】

김익훈 묘소 침탈

052 初金益勳杖死, 置尸禁府門外, 讎家爭欲臠肉. 發柩之夜, 天雨昏黑, 讎家三處聚伺. 金家亦聚多人, 乘昏潛行. 至東關王廟前, 爲讎人所迫, 金鎭瑞揮刀突前, 僅免逼害. 至祭基峴, 滅火潛埋而平其土. 其子萬埰自其所懷神主, 向謫所矣.

至是, 有武人齎奠物, 至平塚近處, 數日留連, 嗚咽流涕曰:"吾乃光南家, 舊褊裨, 蒙愛恤, 每欲一奠, 而不知葬處, 備來祭需." 涕隨言零, 其家老奴認爲眞誠, 乃告其處. 武人與老漢, 夜往潛祭, 祭物盡與老漢而去. 後五·六日, 老漢望見, 烏鳶集其所, 往見則金尸堀出, 赤體委地. 而無其頭, 衣衾與柩悉燒之. 金家聞之具衣衾改斂, 移葬他處云.

김석주 묘소 이장

053 金錫胄墓在平丘驛村. 及誣獄起, 道衍死, 其家恐讎家椎埋, 一夜潛移其塚. 村人皆不知. 至是其家人, 指潛谷墓下, 江邊新塚, 爲淸城遷葬也. 或疑前日潛移者, 由於畏仇, 則今日宣言者, 必是爲虛塚誑人云.

유혁연의 문장력

054 柳大將赫然, 將門之將也. 才全文武, 甚得士卒心, 綽有古名將風. 其幕府舊僚, 向日猶有存者, 每說到當時事, 莫不扼腕感泣. 丁丑, 昭顯赴瀋, 上親送于昌陵坡, 命百官賦詩餞行. 柳以宣傳官侍衛, 柳先成其聯曰: "西郊細雨君臣淚, 北闕凝雲父子情." 一時文士皆讓頭. 與李相國浣, 同荷孝廟知遇, 嘗以當一面大事自任, 已而仙馭賓天, 時事大謬. 伊吾鳴劍之志, 齎恨於杜郵. 其後精爽不昧, 數感夢宸嚴, 特命昭雪.

이태서의 시문

055 李台瑞, 漣·朔間人也, 其文章遒健, 當代希有. 登第爲國子典籍. 冑
常問曰：“吾之文章較君, 何如.” 台瑞率口對曰：“令之文章, 可適用於奏
疏, 公事場爲有裕.” 冑甚慍之. 庚申獄, 台瑞父子同誅死, 其所著文章, 幷沒
入籍中所. 遺於世者, 只是科場二三策而已. 其詩, 人或有傳誦者, 其贈別燕
行曰：“自從天下共尊秦, 東海波臣幾問津. 鴨綠不[12]爲南北限, 每年冬至
送行人.” 詠杜宇曰：“錦江波浪楚江通, 尸鼈浮來作俊雄. 白帝城荒五萬
歲, 靑山花死哭東風.” 泛海詩曰：“蓬萊滄海天風壯, 叢石金蘭雲月孤, 一
鶴東飛一萬里, 不知何處訪麻姑.” 憶鄕山詩曰：“苦憶峨嵋山上月, 苦憶峨
嵋山上雲. 隨處非無雲與月, 最是峨嵋無垢氛.” 鸕鶿磯上獨鷹詩曰：“撲
簌朝忍饑, 磯頭獨立時. 草間狐兎盡, 惟應學鸕鶿.”

이계현의 연조비가

056 李啓賢, 賤人也, 服事春城公. 多才能, 又有口辯, 善應對, 又擊劍爲
燕趙悲歌, 聞者涕泣髮衝冠. 以是名聞搢紳間, 冑召致左右, 密有囑付, 不肯
從, 冑怒仍命賜酒. 賢知其意, 辭曰：“台監豈不知賢之不飮, 而命之酒乎.”
冑叱令强飮之. 飮了甫返所寓, 昏倒僅走. 居近所親厚士大夫, 語未卒卽絶.
冑之所密囑者, 盖使之爲斌·斗北輩【庚申獄誣告者】之所爲云. 賢自爲善堪輿
術. 春城公鳳鳴山, 乃賢所定, 而以今見之嗣絶, 累世零替甚矣, 其術斯所未
可信. 賢嘗有詩曰：“庭畔小桃花落盡, 子規啼送暮春聲.”

허목 관련 일화

057 眉叟許先生穆, 字文父, 又曰和甫. 眉覆面鬚鬒皓白, 十爪寸長如雪.
容貌古奇, 固是風塵物表人. 讀書作文八十老而彌篤, 其文章平易而簡古,
我朝三百年來, 無是作也. 學者以儒宗宗之, 而自居以游·夏之文章. 以掌
令一歲中超遷至右相, 肅廟壬戌卒, 壽八十八. 松谷李瑞雨代撰碑有曰：

---

12) 不 : 저본에는 “今”으로 되어 있다. 필사본에 근거하여 수정하였다.

"欣瞻眉鬚, 宛對東園·綺里之畵. 玩閱章奏, 如讀西漢·先秦之文, 人謂之傳神."

058 眉篆, 瑰傑蒼古, 自晉·唐來所希. 有同時筵臣李正英請下令禁之, 彼誠何心哉. 眉詩曰: "朝日上東嶺, 烟霞生戶牖. 不知山外事, 墨葛寫科斗者." 蓋爲是也. 眞珠凝碧軒扁額三板, 盡如葛藤, 是眉翁得意筆. 後爲宋昌者鬮去, 今不可復見. 亦正英之類乎.

許相文父之篆, 亦奇矣, 世人於異趣者, 必事事而剽剝. 雖末技亦不欲許與, 良可笑也. 後世自有公心明目, 誰肯自塞其聰明, 而惟汝之徧心, 是師乎.【『夢囈錄』】

眉叟文字, 晚歲始遒勁, 攻許積疏, 辭圓意活, 如流丸走冰, 字句雖猋差, 絶不滯礙奇矣. 許熙和之斥社, 可謂有壯士斷腕之勇矣.【上同】朴西溪論許眉叟: "觀其文, 亦知非山野木, 强徒泥於古者也."【上同】

059 李玉洞【潊】旣沒, 門人私諡曰弘道先生. 以善草書名. 嘗遊三日浦, 適權丈世泰, 守高城, 重創四仙亭時也. 受其扁額, 及到四十里, 意有未盡處, 還入四仙亭, 更書之. 其筆畵雄健蒼古, 如龍攖虎挐之勢. 使尹恭齋斗緖模刻懸板矣. 其後時人爲宰, 劈碎去之, 與宋昌之鬮去, 眉相凝碧亭額, 同一心腸. 古人所謂: "何代無賢, 其此之謂歟." 可勝嘆哉.

060 權學士瑎曰: "眉叟許先生有三大節. 當昏朝廢母之論, 削韓纘男儒籍, 一也. 己亥, 誤禮亂統, 首先抗疏極言, 二也. 至許積秉權, 箚論其罪惡, 屹爲淸議領袖, 三也."

061 眉相, 古貌古心, 讀古文, 好古禮, 是亦古之人也. 丁巳首春, 上君德日新箴, 因上親耕議, 勸上親耕, 又上親蠶議, 蓋欲行古道也. 懷之書曰: "賊臣某所以撓動中宮, 始勸親耕, 又勸親蠶. 其意要備命婦·世婦之數, 因媒進妖艶, 爲恚間兩宮計. 又托禮論屠戮二·三臣, 以逮國舅金萬基, 然後,

586

仍以上及. 云云." 甚矣, 人之爲言也. 金壽興兄弟稍失勢, 必圖進昌國之女, 此渠輩本來伎倆也.

062 肅廟戊午, 懷在島中與三閔書曰 : "哲宗初立, 所用卓子不好, 宣仁令換之. 哲宗不肯曰'爹爹所用', 是還用元豐意思也. 宣仁大慟, 哲宗甚啣之, 遂激而用小人. 哲宗旣悅小人, 雖宣仁尙且啣之, 他又何說. 小人又以定策說, 微動其聽, 元祐群賢安得不敗. 今之漣漢正如此, 國本未定之說, 是奇禍之大者也, 告廟之論, 正是策勳之意, 而人不覰破. 云云."

063 肅宗初立, 卽正邦禮, 圖任舊人, 式遵大行遺旨. 而渠且啣之, 敢以哲宗之昏駿, 比擬於聖上, 此『春秋』所謂 : "有無君之心, 而後發者也." 肅廟載誕, 已離襁褓之年, 而冊號猶遲. 其時眉相上早建之疏, 兼進賈誼「保傳篇」. 懷非之, 故眉之再起, 不得已有自明疏, 此奚謂之奇禍. 正邦禮, 國之大事也. 有事則告禮之正也, 此奚關於策勳. 其所爲言眞陰險, 可怕. 南伯居所謂"殆欲食人"者, 其謂是歟.

송시열과 윤휴의 갈등
064 初懷與人書曰 : "行到三山, 得見尹鑴, 始覺吾儕十年工夫, 可笑可笑." 鑴卽呂之初, 三山卽呂之外鄕, 常往處. 驪陽兄弟每見呂湖, 必傾倒焉. 人或問其故曰 : "觀其氣貌, 則座上春風也. 聽其言論, 則出入經傳, 貫穿古今, 使人娓娓不厭, 吟詩則能道'雲開萬國同看月, 花發千家共得春'之語, 吾何爲不傾倒也."云. 故懷書曰 : "聞鑴徒洶洶不已, 其徒是誰, 兩閔免矣, 則雖洶洶, 不足畏也." 又曰 : "鑴初不至此, 而大司馬兄弟扶助致." 是大司馬卽閔鼎重也. 故懷於兩閔, 屢屢惎間, 冀其交絶者, 以是也.

065 懷之誣人, 自做自說, 有如狐埋而狐搰者, 而必因人爲證, 乃其長技也. 其錄中如曰 : "鑴以王·魏事太宗爲義證, 以李翊·圃隱事私主爲非義證." 以愈棨, 其他吹覓, 必因人闖見者, 不可一·二數. 懷自謂於希仲 : "沈

溺汨沒, 不能自拔出者, 殆數十年."云. 則其間何事不論, 何言不聞, 而欲著
其惡, 必諉他人, 是誠何心哉. 其誣尼尹亦然, 究其言根, 至於窘迫, 則輒稱
造言之咎"吾請自當." 尼尹則形勢相埒, 猶可究問, 呂尹則幷其子孫門徒,
已灰死矣, 誰復究之.

066 懷稱呂湖曰狗・曰狗裔・曰帶雛・曰刺曰云者, 極可駭怪. 而稱呂湖夫
人輒曰雌狗, 其絶悖無倫, 豈士夫口業耶. 懷川詩曰:"初與帶方人, 古道以
相期, 安知梟獍心, 已自勝冠時." 又曰:"睠彼狗之門, 鞍馬如雲屯." 合尹所
著『尊堯錄』觀之, 兩人之爲人, 不待夷考其事行而了然矣.【『夢囈錄』】

067 呂之罪案, 只是照管慈聖, 復設體府也. 復設體府爲北伐, 必可行也,
照管慈聖, 乃用韓琦語也, 不可以此名罪. 故渠輩傳而釋之曰:"照, 照勘
也, 管, 管束也." 是懷之旨也. 訊刑二次, 賜藥死. 懷書曰:"盖其人資質之
美, 氣像之好, 制行之高, 立論之妙. 能使一世人, 風靡輻輳, 心悅誠服."
懷之常稱道呂湖者如此, 而此其爲伎心之所由發也歟. 呂有後命, 懷書之
曰'鑴伏誅', 累書不一書, 喜而書可知也. 己巳後人, 亦有繼而書之曰'時烈
伏誅'. 鬼猶有知遼東翟黑子, 得無笑人乎.

068 白湖嘗於經筵進奏言曰:"經傳註解, 甚浩汗. 人主萬幾, 不暇遍覽,
不如專意於經文之簡要." 懷之書曰:"鑴於經筵請勿覽朱子註." 又曰:
"近日鑴排斥程・朱, 自比於大禹抑洪水之功. 云云." 使人驟覽, 孰不以呂湖
爲怪物異類哉. 懷之誣呂, 皆類此.

069 呂湖母夫人, 女士也, 賢哲有識鑑. 呂湖小孤, 義方之聞, 內訓爲多.
嘗見懷過呂, 必留連數日, 主客談論, 輒俱忘寢飱. 覺其有異於常客, 從門隙
窺之大驚, 乘間詔戒之曰:"此客瞻視猜險, 言議不坦平, 恐心懷不仁者也.
將無不利於孺子乎." 呂曰:"客大儒也, 文章學識, 當世無右. 必不如是."
其後呂果以此客死, 人莫不賢知其母.

588

070　懷曰：“李靜觀幼能【端相】與鑴相善. 其兄弟相議曰：‘此人難信, 今日不受其供, 後必反覆.’ 逐招鑴問曰：‘君於兩賢從祀, 以爲何如.’ 曰：‘可合.’ 鑴去, 其妻兄權儁來. 幼能曰：‘希仲纔納供矣.’ 權曰：‘昨余親聞其不可, 豈其然乎.’ 幼能卽復招鑴詰之, 面色如土而起. 云云.” 假令希仲, 若是輕易, 受供納供, 呼來呼去, 曾小兒之不若, 則懷將把玩於股掌之間. 何其視爲巨猾大慝, 用破一生心機, 積累十年, 斤斤踶齕, 必至於不殺不已乎. 此等說雖欲自欺欺人, 人孰信之.

071　尼·懷之爭, 雖多端, 俱有引而未發者. 一曰：“懷自謂：‘見鑴誣朱子, 忘身斥之.’” 然吹噓稱獎, 又在誣朱之後. 是特激於禮論, 而假借聲罪也. 一曰：“魯西未嘗絶鑴, 實尊信而愛護之也.” 兩說皆是也. 何者. 懷見鑴起後生, 聲譽洋溢殆掩己, 而先也己心害之矣. 只以身爲士林領袖, 彼又無過失, 徑廢而逆折之, 非所以示一世. 於是佯爲好貌, 屈節而交之, 雖引喩蕙蘭, 比隆伯夷, 是何嘗一日忘推擠也哉. 時有不可姑竢之耳.
及其註『中庸』, 始躍然而喜, 謂奇貨可居, 微以語人, 試其當否, 皆無以爲大罪者, 旣不效矣. 徒使彼疑其異同, 非計之得者. 於是超八資, 擢進善矣, 請不考文案, 卽決山訟矣. 擺脫常格, 優異其事者極矣. 皆所以彌縫罅隙, 使彼坦然無纖芥之滯也. 而其處心積慮, 益危且急矣. 及己亥之事, 始揚言張目而斥之, 猶懼其不濟. 及許之疏·元之箚·海尹之疏出, 起而呼曰‘讒人也’·‘亂賊也’, 無能難之矣. 雖不悅者直謂‘見其攻己而怒也’. 不知十數年憧憧往來於胸臆之中者, 至是而豁如也. 若魯西之於鑴, 異是. 始而喜其英才敏識, 絶出等夷. 卒而惜其輕心浮氣, 竟至蹉跌. 其喜也, 好德之彝, 其惜也, 念舊之篤也. 若其末路貪恣報復, 不及見之, 所謂尊信愛護. 自庚申後觀之, 誠爲不吉之題目, 而求之當日事情, 質之故舊無大過不棄之義, 所處可見矣. 云云.
此南克寬伯居, 所錄其論呂·懷結怨, 始終信眞筆也. 盖呂始以春風顏貌, 更兼學問·才藝. 氣度超爽, 言論英發, 見之者, 如醉醇醪. 當時朝士如驪陽以下, 及至洛中, 章甫之士, 無不倒屣其門. 懷之門顧寥寥矣. 懷之所謂：

"睠彼狗之門, 鞍馬如雲屯者." 莫非忮心之所發. 則懷之心肚, 夢囈其有所
看破者乎. 若酉峰之不絕於呂湖, 其門人子弟, 餘悸未已, 猶有含糊不盡言
者. 而夢囈能說道分明, 差快人意也.

김수홍에 대한 비난

072　己亥禮論, 金壽弘與眉相同, 又獨上告廟疏. 懷恚而筆之曰："金壽
弘卽命壽之壽, 仁弘之弘." 甚疾之之辭也. 爲其子孫者不知惡, 而乃反仰戴
懷過於其父祖, 黨論之牿亡人心者如此.

현종에 대한 비난

073　是時懷抵金相壽興書發現, 轉聞于上. 其書曰："溫泉則逐年行幸,
只尺寧陵, 一不展謁. 初以弘濟洞, 爲遠而不用, 雖如寧陵之近, 不能展謁,
則與今寧陵, 何異. 云云." 君子曰："言君之過, 與諫君之過, 不同." 時烈居
相位, 如有所懷, 何憚不諫, 而必訐揚於私書者, 抑何心哉.

송시열과 이유태

074　李惟泰, 號草廬, 湖西人, 盖秀於凡民者也. 其始也, 托交於懷, 爲其
部伍遊騎. 遂致位卿宰, 而曲護私黨, 軋擊異己. 一從懷之號令, 則爲偏論之
將, 亦不可得, 況爲天下將乎. 晚年與懷相惡, 轉爲仇讎, 不復相面. 維泰死,
其子弟不受懷之吊慰, 懷使其徒潛往祭于墓. 此亦懷之怪鬼處也. 『夢囈
集』曰："觀懷川晚年文字, 殆欲食人, 爲之廢書蹙頞. 嗟乎, 靑天之下, 厚
地之上, 無限廣闊, 安穩世界, 幽箴路險, 彼獨何樂. 而不疲[13]哉."

송갑조 행적 비판

075　光海丁巳, 新榜進士鄭瀚等上疏請："依兵曹判書柳希奮例, 新恩肅
謝, 請停於慶運宮." 此所謂交榜疏, 交榜者生進各人, 交錯書名, 故也. 宋甲

---

13) 疲 : 저본에는 "爲"로 되어 있다. 필사본에 근거하여 수정하였다.

590

祚名, 在第十七.【『象村記事』】朴泰輔得此疏, 錄傳播於世曰: "甲祚名衆凶疏, 是亦凶人也." 懷恨之次骨, 必欲手刃於西溪父子者, 以是也. 及泰輔死, 於己巳懷函囑其徒, 其所嘗訴毀, 泰輔文字, 盡爲檢出削去云耳.

甲祚負此累, 故懷必倡獨朝西宮之說. 要爲諱惡盖愆之計者, 有未可知也. 而己巳正月, 辨誣疏, 引疏錄中洪穧·沈之源·金德升, 數三人名, 謂疏首李榮久. 故暗錄此等名, 流以爲藉重之資云. 是則舍曰然矣. 而其曰: "癸亥初, 大妃因金壽興外祖母鄭氏, 傳敎于其姊尹燗妻曰: '爾父奇節, 余嘗念之, 不忘. 云云.'" 當西宮幽閉之時, 防衛嚴密, 譏察旁午. 除朝夕薪水外, 內外隔絶, 不敢通風走息. 則彼么麼一進士, 朝拜於重重九闔之外. 大妃何從而知之記其姓名, 於七·八年之後, 有此常念, 不忘之敎乎. 盖其證以婦女, 他人所不知, 矯以慈旨, 外史莫敢記矣. 故隨意說去, 特地粧撰, 自謂盛水不漏, 而豈知人之見之如見肺肝乎. 懷秉權後, 又囑其黨, 特追書於國史云, 此將欲幷欺天下後世也. 天下後世雖可欺, 鬼神其可欺乎.

076　其己巳疏, 以淸陰碣文及尹煌·李溪挽詞爲明證. 而淸陰撰文在於丁巳後三十年丙戌, 其獨朝事, 淸陰其果考之國史, 徵之野乘, 得其實而爲之文乎. 不過因乃子之狀, 以阿好之筆爲諛墓之辭也. 此果可以取信乎. 挽亦如之, 而乃始出於己巳. 己巳距丙戌, 又四十餘年, 其人與骨, 皆已朽矣, 其眞其僞, 孰從而問之. 其與問諸水濱者, 將無同乎. 程子曰: "凡影子苟有一毫一髮, 不肖似者, 便是別人樣." 子之狀其父, 不敢一毫髮溢美者, 盖是意也. 然則見人之狀其父而疑之者, 亦非君子義也. 懷之所撰其父誌, 朴泰輔非不見之, 而必以凶人稱甲祚者, 無乃乃子之平生事行心術, 有可以來衆疑者乎. 懷, 於是其亦自取矣.

송시열 관련 일화

077　『明村雜錄』曰: "吾從祖姑夫柳燕岐有弟, 早死無子, 只有遺腹女. 其家愛重, 必欲得可率之壻. 尤也聞其賢, 力求於燕岐, 燕岐不敢辭强從之, 其寡嫂不欲而不能違. 及成婚呵責萬端, 年少婦人不能堪, 果投河而死. 其母哀傷之過, 不及小祥而死.

癸亥春, 余見懷川於良才村舍. 則遽謂曰: '左右聞亡子婦投河之由乎. 遠地人家事, 不能細知而結親, 厥後聞處女時有變, 稍稍傳布, 故投水.' 余聞之不覺寒栗, 卽辭還. 金甥昌協聞之駭曰: '紋九【疇錫, 字也】終始在座聽之否.' 曰: '然.' 協曰: '無狀, 無狀. 何忍坐而聽之耶.' 余曰: '懷之語聲微, 吾聞以病爲變耶.' 協曰: '兒時有病云爾, 則豈有投河之理. 云云.'

噫, 舅婦之間, 身沒之後, 乃以不忍聞之惡名, 搆誣罔測. 則此人心術之險惡, 何事不誣, 何言不造. 丁卯疏卞之時, 全然忘却, 乃與此人對卞, 至今思之, 誠不勝其羞辱也."

078 崔碩泰, 公州鄕人也, 爲余言: "少時從懷于黃山, 見四方饋遺米布外, 魚肉饌羞, 日日塡門, 充牣於三間假家, 雖其家人未嘗沾得一味, 日久腐敗, 臭不敢近.[14] 令健僕負棄江中, 數日不盡. 固疑其慳藏異常." 及其子婦, 自投江死, 不省其何因, 而其日卽黃山, 趁虛日也, 拯其尸, 暴馬鞍上, 吐盡水, 乃舁入. 一時[15]觀者, 莫不駭慘. 於是大疑之, 卽以事辭, 徒步而歸. 其後聞之謂: '自家在俗離, 不知. 云云.' 十目之視, 其可掩乎. 於是又疑之滋甚."云. 崔鄕老之朴直無黨者, 而其言如是.【『明村雜錄』】

079 "聞子仁以母死不明, 持疇孫甚急, 此孫何敢涉迹於名途哉. 以故藝苑之煎迫無限, 而一向斂縮, 未知何時而有出場日耶. 今執事使此孫出而應講, 豈未聞物論耶, 抑聞之而猶使冒出耶. 此孫繼母果以心疾, 自投礪山江水, 干此孫何事. 且此時此孫隨我遠棲於俗離絶頂, 聞訃而歸. 其時年幼, 猶以爲累者, 未知何說也." 此懷之與朴世采書也.【上同】

080 疇於翰薦後, 有物論, 久不就試. 時尤翁對客[16]曰: "疇孫之見枳, 非

---

14) 近: 저본에는 "聞"으로 되어 있다. 필사본에 근거하여 수정하였다.

15) 時: 저본에는 "市"로 되어 있다. 필사본에 근거하여 수정하였다.

16) 客: 저본에는 "容"으로 되어 있다. 필사본에 근거하여 수정하였다.

其母累也, 只有老物故也." 逢人輒以此云云者, 竊欲因此, 益播其溺死之累也. 疇之母, 不堪於其舅之險毒構捏而溺死, 故其舅反益恚怒之云.【上同】

081 懷嘗與人讀書山房, 托名鍾山之隱, 高索少室之價. 忽半夜蹴友人起曰: "吾夢[17]乘平轎, 呼唱赴闕, 是何祥也." 其友戲之曰: "君之夢覺, 其猶古者入定僧橫則腐之, 禪語耳." 懷怒其逼得其情, 相隙交絕云.【『明村雜錄』】

082 懷之先代, 墓所有碑役新磨治, 諸宗人會觀, 一人曰: "後面未知如何." 懷安坐翻覆, 而略不色變. 盖其膂力過人, 亦鍾氣不凡常者也, 懷之宗人云.【上同】

083 曾見『小說』云: "天爲誤宋. 儲精三百年, 生出秦檜, 來有是哉. 天之多事也, 檜之怪鬼, 人固不可測. 而當時士大夫, 染其風聲氣習, 和應附合者, 三天下而二之, 不特其權勢, 使之然也. 盖其陰譎伎倆, 若有天授者然, 亦異哉."
今懷亦天之誤我東國者也. 爲山黨領袖四十年, 使黨論日痼, 士趨日壞, 世道日敗, 其流之害, 至于今日, 日以益深. 其生也, 夫豈偶然. 雖然檜死, 而其勢卽消, 今懷死而其勢愈熾, 一言及懷, 榮辱立判, 死生隨至, 此則檜之所不能也.

084 懷全集五十冊, 別集·年譜, 又十餘冊, 多乎哉. 雖然天地間, 不可無此集, 苟非自家自供出來, 其一生作爲伎倆, 幽陰心跡, 人誰識破. 尹東衡之勤勤護行, 藏之石室, 不爲無意, 當時白簡之彈擊東衡者, 無已過乎.

085 孔子曰: "之死而致死之, 不仁, 而不可爲." 況之生而致死之乎. 有閔愼者, 懷之門徒也. 其祖業死, 而其父世翼有惑疾, 不可以服喪, 問禮於

---

17) 夢: 저본에는 없다. 필사본에 근거하여 보충하였다.

懷. 懷使愼服父之斬而主其喪. 府院君金佑明箚言 : "愼無父亂倫." 而以
其議出於宋時烈, 故舉世莫敢矯其罪. 上曰 : "愼拿鞫." 玉堂箚請 : "愼事
係私門, 不必鞫問." 上曰 : "此有關綱常, 不可不鞫問." 愼乃訊刑三次, 屛
之荒裔. 庚申後, 愼赦還, 而以名祖不貪之孫, 自慟其爲人所誤, 汚辱身名,
揷刃於壁, 自刳其腹以死.

086 眉叟曰 : "父有疾而爲祖三年, 邦君之禮也. 壽皇之喪, 光宗有疾, 嘉
王卽位乃斬. 非以祖斬, 以君斬. 此朱子之所以以『鄭志』爲斷者也."
○ 懷之使閔愼代父服斬也, 乃以宋寧宗時, 朱子箚爲證. 而曰 : "父在承重
者, 朱子斷以爲 : '人君・士庶, 通行之訓.'云." 此本非朱子之文. 朱子所
考據鄭氏之說有曰 : "天子・諸侯之喪, 有斬無期." 朱子固曰 : "得鄭氏
說, 方見國君, 承國於祖者之服." 然則朱子曷嘗以天子諸侯之服, 謂可通行
於士庶乎. 又引朱子告廟文以爲 : "七十傳家事於子孫, 凡於喪祭, 無復與
焉." 是誣朱子也. 朱子告廟文曰 : "嗣子旣亡, 藐孤孫鑑, 次當承緒, 議屬奉
祀." 且曰 : "未死之前, 猶當勉總大綱, 不使荒墜先訓." 朱子何嘗言 : '凡
於喪祭, 不復與焉.'云乎. 又曰 : "旣執喪則不得不奉祀, 旣奉祀則神主旁
題, 先代遞遷, 皆是一串事."云. 而又引朱子答人祧遷之問曰 : "將來小孫
奉祀, 則其勢亦當如此." 此豈朱子'未沒而旁題遞遷爲當從小孫.'云乎. 懷
之一生引朱子以禦人者, 皆是類也. 若論誣朱子之罪他也, 正自爲首, 而乃
反聲罪人, 必曰'背朱子之賊', 果不知賊在伊誰也.

087 萬儀寺, 隋城名刹也. 居僧頗富饒, 懷每辭官則必來, 借榻留連, 或一
朔・兩朔. 方歸, 一夕有兩健漢, 若行商者, 各挑着一擔子來寓宿. 忽夜半,
滿寺中, 四面火發, 百餘間屋子, 一時灰燼, 僧人亦多燒死. 朝而視之, 兩漢
已無蹤跡, 莫測其何故. 不數月, 懷移其婦葬. 葬寺後, 居僧始大覺. 方知伊
日兩漢, 懷之所使, 而所担者乃硝黃, 引火之物也.
其後寺之洞壑及三寶田地, 一幷攘之, 寺僧輩經歲訟之. 爲威勢所壓, 屢訟
屢屈. 武人具聖任來尹時, 得伸理, 數年後, 後尹復來復屈. 寺僧力盡, 今不

594

復訟. 寺今徙他洞, 而懷之子孫, 侵虐無度, 不能堪, 寺爲之空. 又以土着僧, 挾官令搜還. 害及隣族, 旣不敢逋, 又不敢訴. 寺迫吾鄕, 盧數往還, 故熟聞寺僧之言如此.【乙巳, 懷亦葬此. 英宗戊寅, 其玄孫能相欲遷之, 山下居學相·德相輩, 不欲遷之. 而能相挾其宗孫, 童遷于淸州華陽洞近處云耳.】

088　懷答三[18]閔書曰 : "萬儀寺, 固知有唇舌. 如朴上舍原道大言倡其非云, 已聞之矣. 然人其人廬其居, 自是盛世所欲之事. 況朱夫子所行, 蔡西山亦然, 雖是鐵輪轉于頂上, 吾不動一髮."云. 韓文公言 : "人其人, 火其書." 何嘗言殺其人, 而火其廬. 朱文公葬韋齋於靈梵寺傍, 蔡西山卜壽, 葬於蘭若側, 亦何嘗奪其寺而據有之乎. 其稱朱夫子所行云者誣, 亦甚矣. 懷之平生專心着力者, 稱以尊慕朱子. 人或有一言一事之不及朱子者, 必以侮朱子誣朱子, 大言折之. 是誠韙矣. 然而懷之「贈咸興二朱之序」曰 : "昔有惡解姓人者. 惡水中蟹, 然則其好之也亦然. 余愛紫陽之心, 推及於二朱者, 必有以也. 蓋以惡蟹之意推之, 則彼草間之蛛, 亦當愛之, 況二君哉. 從今以往, 余之所好, 不止於草間之蛛, 雖茱與株之無情者, 亦無斁於心也." 以愚論之, 事涉不經, 語甚不敬. 必取字畵之有朱者, 則奚用草間之蛛耶. 且以茱與株爲無情, 則以蛛爲有情耶. 其爲侮朱子, 似無過於此矣.

089　懷也, 慣讀朱文, 膽諸煩舌, 比事連類, 動輒援引. 以至於殺人·誣人·詬辱人, 無不稱托朱子, 欲使人不敢議其後, 此正挾天子以令之術也. 紫蛙·『周禮』, 卒亂天下, 豈『周禮』誤耶. 蒙人有言曰 : "儒以『詩』·『書』發塚." 言甚無謂, 而當戰國之世, 世衰道微, 眞儒不出, 口誦周·孔之說, 而身爲盜跖之行者有之故. 故爲此憤嫉之辭, 以刺談性理而釣名利者也.
噫, 今之一部朱文, 且爲別頰者之金錐, 則曷非朱文之一大厄會乎. 唐子西曰 : "挾天子以令諸侯, 諸侯不得不從, 然謂之尊君則未也. 挾六經以令百氏, 百氏不得不服, 然謂之尊經則未也." 懷之朱文, 亦可謂尊朱子哉. 實朱

---

18) 三 : 저본에는 "二"로 되어 있다. 『宋子大全』에 근거하여 수정하였다.

門之罪人也.

090　甲寅肅廟初元, 懷以亂禮首罪, 長鬐栫棘. 庚申四月, 誣獄後, 備忘記曰：“已定之邦禮, 若有奸臣凶孼, 敢爲挺身投疏, 眩亂國是者, 乃宗廟·先王之罪人也. 直以逆律論斷.”『朝野記聞』

회니시비

091　己亥禮論之出, 魯西右眉相議. 其嗣子拯方師事懷如父子. 亟請曰：“如此大議論, 與尤老相左, 則己將不利.” 於是卒不得已變其初議. 其後己酉書曰：“不幸禮訟之出, 鄙見鶻突, 不能俯仰, 十年之間, 然疑前却. 云云.” 其苟同之跡, 於此可見. 懷之氣焰, 能使一世人屈意從之者, 皆如此.

092　魯西【己酉】擬與書曰：“顧念此物, 獨於閤下, 曾不自外. 願作孔明之州平者, 素所蓄者也. 不幸禮訟之出, 鄙見鶻突, 不能俯仰, 十年之間, 然疑前却. 此心耿耿, 鬱鬱未伸, 每與一家昆季相對, 咄咄而已. 盖嘗讀「戊申封事」, 論天下之大本, 固在於人主之一心, 而今日格君之責, 實在於執事. 向箚所云：‘不世之大功易立, 而至微之本心難保, 中原之戎虜易逐, 而一己之私意難除.’ 此一語, 豈獨人主爲然. 任賓師之職者, 尤不可不加意也. 欲吾君之無私意, 當先袪吾之私意, 欲吾君之開言路, 當先開吾之言路. 請先就此兩端, 而畢其說焉.

昔市南每言：‘執事篤厚於親舊, 故有情勝之獘, 剛過於嫉惡, 故有量隘之病.’ 盖所愛則不知其惡, 而又未免牽已而從之. 所惡則不知其善, 而又未免過察而疑之. 加膝墜淵, 與奪高下, 一任於己, 聰明掩蔽, 好惡顚倒, 而或不之覺. 物情之不厭, 亶在於此, 此則私意之當袪者也. 石湖【尹文擧】兄嘗言：‘儒者之出世, 當先以王荊公, 燊前倚衡, 可也.’ 盖儒者必行其志, 故不免以同己爲賢, 而異己爲否. 動引古昔, 故不免以順承者爲知我, 而疑難者爲不知. 至於己志之不必合於義, 古昔之不必當於今, 則有不可反省焉. 如醫書之有藥方, 不可使謂古方, 而用之不當其症, 則便爲非矣. 用藥不當症, 而人或非之, 則拒之曰: ‘此古方也.’ 可乎. 吾黨之士, 多有此瘼. 故訑訑之聲色, 未免於拒人, 而附會之風習, 無恥於面諛.

以執事省察, 好問之勤, 而人或以聽納之不弘爲病者, 或者主張之有過當 處也. 此則言路之當開也. 近聞前席, 所陳如七·八條者, 無非遏人慾存天 理者. 閤下之所先下手者, 實得其要. 惟是武侯‘勤攻吾闕’之言, 不聞於門 人弟子之耳者, 何歟. 愚昧之衷, 不得不慨然於千里之遠也. 竊嘗聞草廬之 論, 一切禁抑立異之論. 夫人各有見, 安能一一相合, 如顔子之於孔聖乎. 難疑答問, 正好相發, 而乃斥之以立異, 則不亦偏乎. 天下無異議, 實非安寧 之術也. 今當先斯二者然後, 私意退聽, 而公論顯行, 佞人屛跡, 而讜言日 聞, 正君定國之功, 於是在矣. 愚謂天下之勢, 合則強分則弱, 不易之論矣. 西·南之偏論不破, 則梁·益之半, 不可以圖吳·魏之全矣. 川洛之標謗不除, 則閱墻之變, 殊非禦外侮之禍矣. 此爲今日之痼疾, 人無不見, 而莫之救藥 者也. 愚以爲‘事有本末, 先正其本’, 則末無不順矣.”

又曰: “兩賢之論定, 則異論無自而作, 士氣不壞, 人才可通用, 而偏論可 漸消矣. 偏論之分, 其源已久. 而今日所爭之論, 莫大於從祀. 邪正各立, 黑白互攻, 則是從祀之論, 爲一界分於國中. 執事始意, 則以爲從祀, 當如朱 子還故都, 改19)昭穆之義. 此則非不正當, 而及夫當事之際, 醜正之徒, 不得 不卞, 辱賢之輩, 不得不攗, 則雖欲姑俟後日, 勢不可得也. 若不先正其本, 而欲正其末, 則君上且不能焉. 如近日謁聖時通謁, 可見其一端矣. 況夫20) 大舉措·大事業之不可不齊心一力者乎. 昔道學·儒學之謗, 垂二百年, 而 大定於端平之從祀. 今日誠能, 上告前席, 下諭多士, 一日擧盛典而斷行之, 士論歸一, 邪說永熄. 孟子所謂: ‘君子反經而已.’ 豈非闢異端之本哉. 昔 日市南之論, 盖嘗如此, 竊覬勼意, 欲體寧考之訓, 爲簡擇升降之計. 則愚意 爲高明重之, 而不敢料其必能成之也.”

又曰: “禮訟之禁解, 則吾道自歸於公, 見疑者得釋於平恕, 而立異者無害 於卞質, 標榜可以退去矣. 黨論爲亡國之禍胎, 乃先正之說也. 當國者必先

---

19) 改 : 저본에는 빠져 있다. 『魯西遺稿』와 필사본에 근거하여 보충하였다.
20) 夫 : 저본에는 “復”으로 되어 있다. 『魯西遺稿』와 필사본에 근거하여 수정하였다.

袪黨論, 然後可以做事, 爲士者孰不欲袪黨也. 而『大學』正心之功, 有所未盡, 過與不及之間, 自不覺其爲黨論之歸矣. 今此禮訟之論, 又爲黨論之黨論. 初爲是非之爭, 轉爲邪正之卞. 彼則自以爲無他心, 而此則必以爲有邪議. 被攻者自以爲枉, 而攻之者猶恐不快. 傍觀者[21], 或以爲攻擊之已甚, 而峻論則一切論之, 以收司之律, 層加蔓延, 定爲士論者, 今十年矣. 其間豈直無他心者乎. 豈直無枉者乎. 豈無爲己甚者乎.

彼海尹固是貪淫之物, 雖非媢嫉, 實不可用. 若使海尹改其貪淫之行, 媢嫉之心, 亦當隨才收用. 不可以三年異論, 而永棄之也. 趙·洪諸人, 雖所論無據, 用意偏頗, 而被罰已過, 被錮已久, 則誠可蕩滌而用之. 況如尹·許二人, 本是士流中人, 縱有註誤之失, 安得終斷以讒賊毒螫之物而不之容乎. 金夏甫已蒙寬恕云. 以其所論, 則尹·許不過於金. 以其爲人, 則金不及於尹·許也. 今日果能滌禮訟猜嫌之跡, 先從兩人始, 以示我無私不吝之心, 內可以恢吾之量, 外可以服人之心. 況今執事當國, 與向來在閒地有間, 則實轉移之一機會也. 一日克己, 天下歸仁, 高明以爲何如. 抑又聞之, 執事之所謂去就異己者, 只以降與不降爲主云, 果然則僞訐之風益滋, 其爲世道之害, 尤不可勝言. 比五顯比之義, 執事所嘗丁寧者. 而愚則以爲當局者, 當如王文正之斥師德, 司馬公之薦劉安世, 然後自重, 有恥之士, 可得以用之. 不然則所得者, 只是卑諂趨走之類, 有識羞與之比肩. 況可望其樂出於門下乎.”

又曰 : “「壬午封事」衆以定計之要道, 此誠不可緩者也. 噫, 今天下左衽, 而獨吾東不剃髮, 此斥和諸人之功也. 大義晦塞, 吾東獨扶一脉, 此則今日士林之力也. 豈但人謀. 殆是天意. 雖與文王之事昆夷, 義有不同, 若論其勢[22], 則正相類矣. 仁者之化, 自近而遠, 三分天下者, 能有其二. 則吾東雖偏小, 獨不可以百里起乎. 況今中原乏主, 穢德見厭, 孟子所謂 : ‘事半功倍, 此時之謂也.’ 創業垂統, 雖在先王, 繼志述事, 實在聖上. 句踐詐矣, 延廣狂矣, 仁法文王之政, 義講『春秋』之策, 由是可興周道於東方矣. 昔者不揆僭妄, 以善言『易』之意奉戒, 先虛聲之失, 未蒙印可矣. 小事不可以虛

---

21) 者 : 저본에는 빠져 있다. 『魯西遺稿』와 필사본에 근거하여 보충하였다.
22) 勢 : 『魯西遺稿』와 필사본에는 “世”로 되어 있다.

聲僥幸於實功, 況此莫大之事業乎. 暴虎憑河者, 不可與之成事, 大言迎合者, 不可托以心腹, 未知前日之書, 或垂省記耶. 姑不敢索言, 幸望深察焉."
此書未及傳致, 而魯沒後始出, 宋見之, 以爲謗己也. 卒至釁隙者, 盖此爲之崇云.
宋答李喜朝書曰 : "來示'以己酉尹書爲出於朋友相戒之意', 窃恐高明於此, 猶未盡覷破也. 觀其主意, 則都在於爲鑴之地, 而趙‧許諸人俗所謂圍繞也. 然豈有與鑴聚精會神之宋時烈. 此則蔽於私而謂, 人不見其肺肝也."

093　甲寅年間, 尹明齋請其父魯西墓誌於懷. 懷引重於玄石朴世采所述行狀, 而不自爲總論. 明齋與世采屢請, 而終引魯西之不絶白湖, 明齋之受奠誄, 不許改撰. 明齋以是痛刻, 出其「辛酉擬書」. 云云.

094　拯以忝在門下之久, 得以窃覰於所存所發, 似或未免於朱子所戒王霸幷用‧義利雙行之說. 窃自念'吾所受於門下者, 晦翁之書耳, 何故, 與晦翁之書, 若不相似耶.' 若蓄疑於心, 而畏獲罪於門下, 不以仰質, 則是爲永負門下, 以及晦翁耳. 玆敢一布腹心. 夫所謂'王霸幷用‧義利雙行'者, 何也. 請姑先以所發一二事明之, 而論其所存於後可乎.
窃觀, 門下道學一宗於晦翁, 事業專在於大義, 其初固將粹然, 一以天理自期, 寧有霸與利之可言哉. 惟其以晦翁之道自任, 而大義之名自樹, 故主張不得以不高. 主張太過, 故已不能虛心而受益, 自任太過, 故人不得獻義而發難. 於是尚同者見親, 而替否者被疎, 匡拂者有患, 而將順者無災. 此所以大名壓世, 而實德內疚者也. 此則發於行己者也.
嘗承教以爲 : "退陶之學一模晦翁, 而其剛毅‧峻截處, 終似欠闕." 盖以此病於退陶, 而自處則又不覺偏於剛峻一邊. 自克勇者爲剛, 而今以責人猛爲剛, 理勝慾者爲剛, 而又以力服人爲剛, 則亦非眞剛也. 是以見於酬酢之間者, 其於克己‧躬行‧實地用工之處, 鮮或及之. 而譏誚諷切‧抑揚‧與奪之意, 則開口肆筆. 痛切深刻, 攻人勝人之語, 不絶於話頭, 至於引繩從違, 於一言之同異, 一事之差互, 分之又分, 析之又析, 平生精義棄之如遺, 則又類於少恩之申·韓, 此則發於接物者也.

惟其如是也, 故遊於門下者, 莫不以承望附會, 爲尊賢, 傾訐險薄, 爲嫉惡. 高者慕其名, 下者貪其利, 一例學爲談論, 而其於性·情·心·神·日用·彝倫之上, 則皆蔑如也. 是以在朝, 則以同異爲親疏, 以好惡爲彼此, 新舊相傾, 到處區分, 而士夫風習之壞, 不但私意之橫流矣. 在野則相歔動, 以勢相恇迫, 以威緝言納, 媚毁人發跡, 而鄕黨風俗之壞, 有同潁川之鉤距矣. 至於州縣之饋問過禮, 士林之承望過情, 人畏其威, 不懷其德, 宛然成一富貴門庭, 而無復儒者氣象矣. 卒之平生親舊無一人, 全其終始, 使六·七十年, 塤篪麗澤之地, 一朝變而爲蚌鷸觸之場. 將未免貽笑於後世. 則又無異於鬩墻之變矣. 其影如此其形可見, 此則發於符驗者也.

至於文章·言論, 無一不本於晦翁, 而若無晦翁之言, 則無以信其說. 然夷考其實, 則或只得其名目, 而意義未必相似者有之, 或先立己言而引晦翁之言, 以重之者有之. 其甚者幾於挾天子, 以令諸侯者有之, 是以人皆外不能抗, 而內多不服. 其發於文章者如此. 平生樹立, 實在於倡明大義然, 所謂大義者, 非可以言語取辦也, 亦非可以然諾取必也. 其初, 固有喚醒人心, 聳動瞻聆之效, 而積久則無實以繼之. 是以所謂'攘外修內·安疆復雪之圖'者, 了無卓然可見之實事. 而所可見者, 只是祿位之隆重, 聲名之洋溢. 而其發於事功者, 又如此.

以此所發於外者, 揆之則所存之一二, 亦或可以窺測而言之矣. 一則氣質之不能變也, 一則學問之不以誠也. 何謂氣質之不能變也. 栗谷先生有言曰:"矯氣質之法在於克己." 不能克己則無以矯氣質矣. 朱子曰:"己之私有三, 性質之偏, 一也, 耳目口鼻之慾, 二也, 人我克己之私, 三也." 栗谷曰:"己之難克者, 惟忿與慾." 謝氏曰:"剛與慾, 正相反. 能勝物之謂剛, 故常伸於萬物之上. 爲物掩之爲慾, 故常屈於萬人之下." 夫忿與忌, 克似剛而非剛, 無他, 是人慾耳. 竊覵門下之氣質, 剛德爲多, 而其用不能純於天理, 如右所論, 故反爲是德之病, 其所謂己之難克者也. 由其己不能克, 故無以矯其病而全其德. 其所以所發者, 無不因是, 病而生出者也.

何謂學問之不以誠也. 子曰:"主忠信.", 而朱子解之曰:"人不忠信事, 皆

601

無實, 爲惡則易, 爲善則難. 故學者必以是爲主焉." 又曰: "忠爲實心, 信爲實事." 栗谷因以申之曰: "天有實理, 人有實心. 人無實心, 則悖乎天理矣. 一心不實, 萬事皆假, 一心苟實, 萬事皆眞. 故周23)子曰: '誠者聖人之本.'" 今也, 氣質之病, 如彼而不能矯, 則其不能實心爲學卽此而可卜矣. 夫義者天理也, 利者人慾也, 純乎天理者, 王道也, 雜乎人慾者, 霸術也. 所陳所發, 如右所陳, 不可謂粹然一出於天理, 則安得不爲雙行而竝用也. 嗚乎, 以我門下聰明剛毅之資, 專確密察之學, 平生樹立之卓, 而由其一誠之未立, 一之未克, 末梢失得之效, 至於如此, 此豈獨門人後生之失其依歸而已. 竊想以門之明反而求之, 亦必喟然有學負初心之歎矣. 由此『麟經』之之大義, 晦翁之法門, 與夫薦紳·章甫之宗匠, 都依靠於門下之身, 而將無實可以眞, 有辭於天下後世, 則豈非萬萬可以傷痛者乎.

095 明齋擬書有曰同春所謂'都是機關'·草廬所謂'全用權數', 先親所謂'王霸竝用·義利雙行. 云云'. 此以其師生之分, 猶有不敢斥然正呼者, 故爲此遷就之說乎. 不然則其知之也, 亦不甚洞曉矣. 夷考懷平生事行, 全是外名內利, 濟之以權術者也. 曷嘗有幷用之王雙行之義乎.

096 尼之事懷, 殆五十年餘矣, 其平生心跡之發於日用事爲者, 雖愚夫猶或有見而知之者. 而獨以尼之恁地聰明, 從遊學幾許年, 尙有所不及知者, 何哉. 惜乎, 其知之太晚. 擬書之出, 出於乞碑, 不售之後, 無怪乎. 懷之不服, 而其徒之從而爲之辭也. 故協【金昌協】之書有曰: "尤翁不能作一聲, 阿彌陀佛, 自墜阿鼻地獄, 受罪無窮." 此必至之言, 尼亦滄浪之自取乎. 或曰: "師事五十年, 而不能知, 則不明也, 知而不能去, 則惑矣." 世稱明齋·暗齋者, 未必無所自也.

097 世之論者謂: "懷之爲碑, 以一副當好辭稱, 得眄睞者之心, 則擬書

---

23) 周: 저본에는 "朱"로 되어 있다. 『明齋遺稿』에 근거하여 수정하였다.

不必出, 而老·少不必岐. 懷之釁累, 不必彰聞, 而必將彌縫, 掩匿衛護, 而尊
榮之如栗如牛, 而尼與懷, 卒爛熳而同歸矣." 爲是論者, 其亦有以知之乎.
尼·懷之相惡, 非人也, 亦天也. 不然懷之幽奸隱慝, 傍人之所不可知者, 苟
非自家人傾倒之, 將何以發聞於天下後世乎.

見羅良佐『明村雜錄』, 直令人欲聲. 且以懷之一生牢籠手段, 如崔愼·李東
亨·蔡河徵·尹携輩, 牛溲馬勃之流, 俱收幷蓄. 而顧何慳於數行文字, 白白
地, 透走了, 一箇大徒弟. 其生其死, 不受用其無限大名稱·大享祀, 乃使前
徒, 倒戈凶德畢彰乎. 此懷之所以收九州鐵鑄, 一大錯處也. 懷之知數, 非不
及此, 而畢竟至是者, 非人也, 天誘之也. 故聖人有言曰 : "吾誰欺, 欺天
乎."

098　尼, 炭翁權公之壻也. 尼從懷路24), 歷過炭翁. 翁曰 : "懷之病痛處,
有如許, 如許者後生不可學也." 尼作色曰 : "丈人誠妄人." 拂袖而起. 其後
尼哭炭翁文, 不無追悔之意, 而亦吞吐不敢盡, 猶有所畏也.

099　懷川與魯書曰 : "申疏大意, 在於判別松江與牛溪. 而曾見尊兄筆
削之本, 乃全去其一段. 似非本意也. 若使死者有知, 則其能有厭於其心
耶."【『尤庵集』】

김수항·김창협 관련 일화

100　懷之穢垢恒相【金壽恒】, 人亦厭之. 彼協·翁輩, 豈其樂聞. 惟其仰戴旣
久, 遽不能一朝割捨. 而己巳以前, 猶不免依違, 首鼠之跡. 及至己巳, 與宋
同罪又同禍, 於是復牢合膠, 固從前醜辱, 或歸之不悅之讐言, 或諉之以一
家父兄之相誨責, 一切掩諱, 有若初不聞知者. 此其心無他要兩家合勢, 以
爲同仇報復之計也. 羅良佐累書諭之, 不聽.【『夢囈錄』】

---

24) 路 : 저본에는 빠져 있다. 필사본에 근거하여 보충하였다.

101 金壽恒將死, 羅良佐往見曰 : "兄知今日之禍乎. 宋政丞一也, 金貴人二也. 壽恒默然. 貴人, 恒從孫女也.【上同】

102 金久之, 性頗溫和, 死非其罪, 人多憐之. 然論其樹立, 則箝絡有在, 俯仰惟人. 語其才猷, 則國計民憂, 一不事事. 稱其出處, 則釁尤沓出, 貪戀不去. 擧其言議, 則傷害異己, 攘臂稱首. 摠之八年秉政, 無一善狀, 爲非負國可乎. 懷之訐之者, 雖多鄙悖, 若暗劣二字, 無容更評矣.【上同】

103 己巳, 金壽恒伏法於珍島. 懷書之曰 : "李道長之孫聃命, 主張殺文谷, 天何爲生此毒種, 殲我良人. 云云." 其不曰'元禎之子', 而必曰'道長之孫'者, 疾道長衆金尚憲連啓, 而且不欲著見, 元禎爲見殺於壽恒也. 庚申, 壽恒主張, 殺前判書李元禎, 黨論也, 私怨也. 以黨論私怨, 構殺人之父者, 非毒種乎. 而其子之爲父復讎者, 反爲毒種乎. 春秋之義, 恐不如是.【上同】

104 金昌協文辭, 雖愧渾厚, 自足爲東國一家. 晚而講學, 意在收召卒伍, 爲部黨之遊騎耳. 然鑽研文義之功, 亦自不易, 若言議是非·心術邪正, 固不足深論. 然觀其外祖母壽序極言 : "忠賢椓喪, 邦國殄瘁." 而以其父與師命當之. 不覺失笑.【上同】

박세채 관련 일화

105 許去非, 名是, 文士也, 有儒行而尙氣槪. 少也, 從遊玄石朴世采之門, 數月告退. 世采問曰 : "賢初以經歲相期, 今卒言歸, 何也." 許逡巡而退, 長揖出門. 自是改名曰是·字去非. 耕於峽自食力, 以終其身. 人或問遽歸之故曰 : "君子交絶, 不出惡聲, 何必云. 雖然吾切有所疑焉, 彼有大夫人在堂, 而晨夕不見有定省之節, 尋常覲見之禮, 亦曠至旬望, 吾何學. 學文辭乎. 文辭, 人亦能之."

106 李判書世華, 樸直人也. 朴世采大拜, 進謁曰 : "小人, 今日知膝之爲貴也." 朴曰: "何謂也." 曰: "小人素卑微, 以杖膝濫叨吏. 兵判大監以跪膝拜相, 由是觀之, 皆以膝之功也. 膝豈不重耶." 世采, 色變默然.

107　朴弼渭妻金氏, 故大諫洪福之女也. 方弼渭之登第也, 滿室歡喜, 而其妻獨不樂. 泰晦怪問之曰: "妾儒素家子也. 嘗見家大人, 誦讀十餘年, 得一名猶難. 今郎君未嘗讀一行書, 日日所爲, 只是蹴踘弄鴿子而已. 忽得大名, 恐有災咎, 是以憂之." 一家皆稱爲不祥女子, 已而禍作. 人始服其先見.【『晦隱集』】

108　肅宗己卯, 有科獄. 行賊者先以重賂, 賂試院書吏, 乘夜入纛所. 輒揀出鄕居無勢人入格皮封, 剝面改寫, 易其姓名·四祖, 依舊封入. 此賊謀最巧·最便, 全勝用情於掌試者也. 發覺獄成, 出閔時俊招者, 李聖輝·李秀哲·朴泰晦, 及其子弼渭·金麟至·宋晟·沈益昌·李道徵也.【聖輝, 崔錫鼎壻. 秀哲, 大憲秀彦兄. 弼渭, 世采孫. 晟, 承旨昌弟, 益昌, 主家子. 麟至, 其時應辦官也.】

諸囚皆巨室有力, 故獄滯四年. 聖輝·秀哲·晟·泰晦·弼渭·麟至, 充軍絶島. 益昌以追悔, 不叅科, 徒配. 泰晦以用賂行奸, 皆出其手, 故與子同坐. 時俊以憲吏, 多年鬻此技者也. 俊招曰: "每科, 何嘗無一人二人. 是科待以人多故事敗, 二所, 何不無如纛所者. 盖特未發覺耳."

사문난적 논란

109　西溪朴世堂, 平日有『思辨錄』, 懷之徒, 以爲反朱子, 疏請焚其書·罪其人. 令下該曹, 時肅宗癸未也. 盖經傳之義理無窮. 學者苟欲窮之, 則不能無疑, 疑則思, 思則辨. 思卞之得失·淺深, 惟係其人之識解如何爾. 於經傳, 何害, 於朱子, 何與. 而必欲焚而禁絶之者, 亦何心哉.

經傳, 本是活書. 若必硬定膠粘, 一如縛束之爲, 則是爲死書, 豈可爲活書. 自有黨論以來, 世間千萬事, 無一不出於黨論. 而不幸聖經·賢傳, 畢竟又作黨論中物事, 此莫非烈之餘烈也. 前此呂尹以解『中庸』, 得大罪死, 其後尼尹之『禮源』, 明谷之『禮類』, 皆不免毁板. 甚矣, 黨論也.

604

110 上古, 老·莊·楊·墨·荀·楊之書無論, 宋以來, 李泰伯有非『孟』書, 陸象山有辨太極書. 明有陽明·白沙書, 未聞中國人有論焚毀者. 我東, 李晦齋先生, 有『大學補遺』書, 與朱子不啻逕庭, 而其間如退·寒25)諸賢, 亦未嘗有焚毀之論. 未知今世之尊經衛道者, 其亦遠勝於前賢者乎.

111 或曰 : “朱子箋註, 集古今而大成, 生於朱子之後, 敢有異同者, 不幾於犯大一統之義乎.” 曰 : “不然. 『易』曾經三聖人之手, 『春秋』在當時, 游·夏之徒, 不能贊一辭, 猶且九師爭門, 五傳裂幅. 而『易』·『春秋』, 固自如也, 豈必罪九師焚五傳, 而後大統始尊乎. 朱子註解, 亦然. 後之人, 如或考訂其同異, 辯論其得失, 發揮經旨, 以爲前賢之羽翼, 則是亦朱門之忠臣也. 何必設禁峻防, 一切從事, 如治大寇賊之爲哉. 此皆出於褊心恚腹, 不欲公此道於天下者也.

이상·이재 관련 일화

112 李翔者翻之兄也, 號曰打愚. 挾其家世, 出入懷門. 官躋大憲, 鄉居全義. 貪汚不法之事, 無所不爲曰 : “吾行正心工夫, 見物之不正者, 吾心不安.” 其田之梯股, 不正者必割隣田而正之. 人畏其勢, 敢怒而不敢言. 同鄉富民, 有托子受業者, 其民素多田而盡膏腴. 居頃之, 謂其學子曰 : “今日有客, 爾其宿于某婢之室.” 暗囑其婢, 中夜大呼曰 : “某乙强奸.” 其夫登時束縛, 卽付于官, 勒成死罪. 然後, 翔爲若居間和解者, 其人許多田地, 全數沒入. 聞者掩耳.
其後又證成其姻家綱常淫獄, 乃敢疏誣天聽. 上深痛惡之禁廢以死. 甲戌翻局後, 上特敎曰 : “敢有爲李翔伸卞者, 論以重律.” 而其後官爵復自如, 其徒建書院, 俎豆之不十年, 雷震院宇. 人謂 : “天道有知.” 『春秋傳』 : “震夷伯之墓, 於是展氏有隱慝焉.”

---

25) 寒 : 저본에는 “靜”으로 되어 있다. 필사본에 근거하여 수정하였다.

113　近者翔之從孫緯, 又踵翔稱學者, 聚徒最多. 每一出携壺挈饌, 隨其杖屨者, 絡續數十里. 自南自北行處, 皆然. 向年, 其徒疏獎其師道德, 請召致大任. 疏錄至五千餘人. 昔年, 孔子以大聖, 生于大國, 門人亦不過三千人. 而今緯厥數倍之, 猶勝於吾夫子耶. 自上亦惡黨與太盛, 有未安之敎, 而緯猶自若, 聚徒猶盛. 後緯病瘖, 不能言, 丙寅, 其子强之上京, 死於道路.

114　緯之門有嶺生, 執二雉進見, 其所請問者. "繼母爲父生時所薄, 與出母同, 其死當不服衰." 緯應之, 不分曉. 時嶺伯兪拓基行過在座, 聞之大駭曰 : "東俗與中國異, 本無出母. 是亂倫也." 細究之, 其人乃繼母方死而不服喪者也. 卽令拿下逐出, 主人瞿然, 急索雉還之, 其一已去毛矣.

권상하 관련 일화

115　權尙夏, 本不利市, 擧子也. 中年依附懷父事之, 仍其獎拔, 坐致卿相. 論其人物, 則庸下無能, 論其文章, 則僅通書札. 道學踐履, 不知其如何, 而特其狀貌厖厚, 類有德者. 故懷死, 其徒以事懷之禮事之. 生稱函丈, 死崇俎豆. 世或有非笑者, 則群起而呼曰 : "醜正也, 侮賢也." 此皆懷之餘威也. 尙夏, 號遂庵, 居淸風黃江村. 黃江, 以山人自處. 其進見于溫陽行在也. 着紫鬃笠, 服藍緞綴翼, 人笑其服之不衷. 其後以其手曾經御執, 更不盥濯, 塵垢滿爪, 醜穢可惡. 見者駭之.

116　國恤成服前, 朝官烏紗帽·黑角帶·白袍. 前啣及士庶人, 白布帶·黑笠. 所在朝晡, 哭臨例也. 庚子, 肅廟喪, 黃江與其徒數人, 會樓巖書院, 脫網去冠出入衆哭, 觀瞻大駭. 或者言其非禮, 倉卒借村漢平凉子戴之, 其徒以爲平凉子禮也. 遍走[26]搜索, 奔走擾攘, 鄕人至今傳笑. 余久居鄕, 見鄕漢輩相吊, 無論親戚知舊, 必先脫冠解網, 然後入哭. 黃江之禮, 盖有見於此乎.

---

26) 走 : 필사본에는 "村"으로 되어 있다.

117 懷有別錄, 無論東·西人, 率皆指摘其瑕累, 如『石潭日記』. 緘縢甚固, 戒其子孫, 必於百年後乃出. 雖門徒之至親密者, 亦莫之或見. 及其刊行文集也, 黃江謀諸婺源輩, 盥手開視首書: '權格任江陵, 聞其父死, 遲回不卽奔喪. 云云.' 格, 卽黃江之父也. 黃江大駭, 泣丐削去, 不聽. 以故黃江雖致位台司, 婺源每以此操縱, 呼斥如奴隸.

118 有士人歷過黃江問曰: "先生靜處林下, 必有留意經綸者, 當今急務, 何者爲最." 夏曰: "第一春秋義也." 士曰: "此則列聖之所日夜腐心者也. 斯議也, 雖婦孺誰不識得爭. 乃燕小力弱, 勢有不逮, 何, 願聞其次." 曰: "施改嫁法, 然後, 戶口可滋息." 士曰: "改嫁, 初非朝家[27]設法禁之也. 改嫁子孫特不許淸職, 士大夫耻之, 馴成風俗. 如欲移風易俗, 何不自大家始, 以爲國人矜式乎." 黃變色默然. 此盖宋之執論, 而夏其祖述者也. 昔懷謂申曼曰: "吾今將建改嫁議, 君謂如何." 曼曰: "善哉, 善哉. 公之陰德, 可無窮也, 小生老鰥, 尤有幸焉. 尊門寡妹, 議許小生, 未知如何." 一世傳爲笑柄. 申自處以方外士, 滑稽玩世, 常以慢言侮弄懷如嬰兒. 懷之曼碣有曰: "雖規責過切, 人所不堪, 而交情如一日"云者, 是也.

서인의 권력의지

119 癸亥, 功臣輩約條有曰無失國婚·曰推獎學者. 盖結婚王家, 不徒游龍流水, 保有戚里之富貴. 親聯椒掖, 出入非時, 凡諸內間動靜, 伺候有便, 迎合投機, 密勿綢繆, 以固其寵利. 又以姻婭·肺腑, 常典樞要, 寄任爪牙, 此其世執國命, 無或失墜者也. 故午人之子, 若女爲后妃·貴人·王子婦, 爲公翁都尉者, 宣·仁以來, 數百載, 不過兩三家. 仁祖朝, 揀世子嬪, 判書尹毅立之女中選, 上意頗傾, 功臣輩以爲非其族類, 抵死阻搪. 上亦不得已竟停婚, 此其效也.
若夫學者之稱, 固士夫之美名. 名曰學者, 則不問其學問之高下, 人物才智

---

27) 非: 저본에는 없다. 필사본에 근거하여 보충하였다.

之如何, 自搢紳大夫, 以至儒士, 莫不推奬之尊慕之. 小而爲諠議·進善, 大而爲吏部·都憲, 不次超遷, 勿拘資歷. 仕宦之徑, 莫此爲捷. 當其名者, 雖內實空虛, 必外飾邊幅, 粧出許多學者貌樣. 自懷宋以來, 如尼尹父子·李維泰·朴世采·李翔·權尙夏·金榦[28])者流, 莫不馳聲朝野, 坐致卿相. 其言論褒貶, 足以榮辱一世, 其氣勢權力, 足以庇覆孤寒. 以是四方之冠儒服儒, 稱先生·曰弟子者, 無不朋招類引, 輻輳幷進. 或借其唇吻, 求送吹噓, 或藉其聲勢, 誇眩鄕曲, 以至於得罪州閭. 通名軍籍者, 率皆藪萃淵藏, 煦濡卵翼. 有疏論輒以此輩用爲前驅. 此輩亦慕其榮名, 樂爲之用, 蹈赴湯火, 至死不避. 其爲聚徒, 樹黨之計, 無過於此, 此正酉人術, 高處. 午人, 本以羈旅, 旅進旅退, 又無勳戚扳援之勢, 持國秉政, 又無十年之久. 且其習氣, 樂放曠多, 忽於謹飭之節. 安得不爲之所擠乎.

송시열의 쌍수정비 음기

120 忠監所請碑書, 以吾氣力, 安能爲此酬應. 且見宋相所作陰記, 則以別意思, 乃謂 : "朝家待适, 失宜." 且以爲 : "一爲諱兵之謀, 恬憘姑息, 無復獻爲." 至於末端, 終之以"宴安之樂, 眞鴆毒也哉." 其措辭極涉駭異, 若當仁祖臨御時, 而進陳戒之疏, 則如是措辭, 亦或可也. 今於易三四代幾百年之後, 於褒功之碑, 有此云云, 非但文體不然, 豈在下者所敢哉. 此一款亦難衆涉於其事矣.【「藥泉寄子書」】

又曰 : "顯廟朝, 有文官閔汝老者, 以少時有斥和疏. 故通淸爲臺諫, 出立溺禁亂, 一時傳笑. 李台慶徽吏判時, 久不擬望, 尤相以'李台全昧義理, 不扶氣節', 峻斥之. 李台因此抑鬱, 不久疽發而終. 其人之名, 似是汝老, 而年久不能分明記得, 汝知其時事否."【「藥泉集」】

권시 관련 일화

121 炭翁好戱言嘗曰 : "今之隱士, 乃法局隱士也." 或請問其說, 翁

---

28) 榦 : 저본에는 "欁"으로 되어 있다. 필사본에 근거하여 수정하였다.

608

曰 : "嘗見小兒隱其身, 使儕流輩搜得, 搜得者久, 不至, 隱身良久, 則輒自
呼法局,【法局, 鳩聲】欲搜其身者, 速來也. 今之隱士, 纔得逸之美名, 而旋恐
當世之不我知, 必求見知之術. 此非隱其身而自呼法局者乎. 吾故云云."
【『白野記聞』】

122 庚子年間, 炭翁以右尹在朝時, 兩司論請尹孤山善道按律. 翁上疏,
伸救疏入, 兩司俱避, 極口攻斥. 翁將出門外, 而無騎率, 一邊乞諸隣, 而徒
步往水口門, 獨語曰 : "武仲, 必知我意." 武仲, 卽兪棨, 字也. 玉堂上疏,
指翁爲衰·貞, 而市南【兪棨, 號】以長官實主張之也. 翁果不知市南耶. 市南負
知己耶. 市南自謂一從公論, 而不以故舊饒之耶. 時余在南谷, 朝夕踵翁之
門, 詳知始末, 故錄之.【上同】

卷之三

숙종대 기사환국의 전말

001 肅宗春秋鼎盛, 久無儲嗣. 戊辰, 貴人張氏誕懿陵, 上奇愛之, 欲以世子生之禮擧之, 而宋時烈·金壽恒有不滿之語. 上甚慊之, 人謂金·宋之禍於是萌焉. 及至己巳夏, 乃進午人而酉人斥廢, 廢仁顯王后, 立張氏. 甲戌, 酉人復用, 黜午人, 復坤位, 廢張氏. 辛巳, 張氏賜死. 於是酉人聲罪午人, 欲以曩時爾瞻輩廢母之罪, 罪之. 愈久愈刻, 靡有止極, 此何爲哉. 然則酉人自以甲戌·辛巳事, 將任爲己力者乎. 其廢其立其生其殺, 莫非天意, 則臣子於廢立生殺, 尙敢容有功罪於其間乎. 然則己巳人之不爲罪於己巳事, 亦猶酉人之不敢與有力於甲戌·辛巳事也. 甲戌·辛巳, 渠輩旣不敢與有力焉云爾, 則獨己巳事, 何用蔽罪於午人乎.

己巳四月二十三日, 中宮承傳色朱彬, 以中宮誕日問安單子捧入事拿問命下, 政院防啓徹還. 傳曰: "今日之事, 所關非細, 卿等不思爲宗祊, 深長慮患之道, 敢如此瀆撓. 任自爲之." 政院又啓: "待罪." 答曰: "勿煩." 於是百僚駭遑, 政院·玉堂·兩司·賓廳, 幷有縷縷陳啓. 答賓廳曰: "自古國家, 治亂興亡, 罔不由於后妃, 可不愼歟. 目今宮闈之間, 旣無幽閒貞靜之德, 反有呂·霍悖乖之行. 妬忌怨詈, 怒色相加, 乃敢自做先王·先后之敎, 公然倡說. 凌蔑君上, 回邪奸慝, 未有如今日者. 予年三十始有元子, 苟有一毫秉彝, 則慶幸之心, 顧復之情, 宜無異於己出. 而慍怒之色, 不平之語, 不一而足. 益親主家, 情跡綢繆. 若此不已, 日後之患, 有不可勝言. 故去春早定國本者, 予之隱憂遠慮也. 噫, 祖宗冥佑, 元良誕降. 則前日之矯誣, 假托奸情愈彰, 此實得罪宗社之人也. 其可母臨一國乎. 詳察舊典宜速擧行. 卿等如欲立節母事, 則將何顔面, 復見公卿乎. 願無父事寡躬, 以益羞愧."

於是賓廳大臣以下, 急急請對. 領相權大運·左相睦來善·右相金德遠·兵判閔黯·左叅贊李觀徵·吏判沈梓·禮判閔宗道·刑判李宇鼎·四宰柳命天·判尹吳始復·左尹尹以濟·吏叅兪夏益·戶叅權愈·工叅申厚載·工議朴廷薛·戶議李義徵·禮議兪夏謙·叅知李玄紀·同副李瑞雨·注書李再春·記事官閔震炯·朴涏入侍. 自領相以下, 皆以務爲和平·鎭定·寬容·感化之道, 及亟收備忘記之意, 次次陳達. 各至兩三次反覆開導, 不啻累數千言. 自上多有臣子, 不忍聞之敎, 閔黯流涕申奏. 上曰: "涕泣者出去." 諸臣猶亹亹不已. 上皆不答, 不得已退出. 退出後玉堂·賓廳合辭再啓, 答曰: "罔念國家之貽患, 違拒明命, 此日國事大可寒心. 卿等任自爲之."

二十四日, 玉堂箚子, 傳曰: "今觀堂箚, 辭意無嚴, 全不擇發, 已極驚駭. 至於'宮闈之不睦, 是誰之咎'等語, 肆然筆之於奏御文字, 極甚痛惋. 況今日處分, 實是爲宗社慮禍患, 而如此別樣立節, 輕視君父之徒, 不可不重究. 首叅, 應敎李湜削黜." 政院再啓, 兩司·賓廳又啓, 無批, 傳曰: "賓廳大臣以下引見." 又曰: "昨日, 閔黯有涕泣奏達之擧, 故使之出去矣, 今日賓廳啓辭敢聯名, 無嚴甚矣. 今日勿爲入侍." 領相以下入侍, 上曰: "卿等昨聞榻前, 丁寧下敎, 而一向違執, 何也." 領相更申前奏. 上曰: "致祥罪狀, 凡有心腸者, 當憤乎, 不憤乎." 領相曰: "豈有不憤者乎." 上曰: "榻前下敎及備忘記, 猶有所未盡. 積以歲月, 愈往愈甚, 卿等每稱'一時事雖或過中, 終必感化. 云云'者, 此何語耶. 宋時烈·洪致祥事極憤, 故昨已微發其端矣. 致祥以王室至親, 誣上不道之言極其凶悖, 而彼猶稱'洪主簿·洪主簿', 有若惜其被罪者然, 是何心腸. 卿等何不知其意, 强拂若是耶. 臣子之義[1], 固不當若是也."

諸臣又亂次申懇. 上曰: "昨日問安, 旣一'不捧'. 則彼當惶蹙無地, 而猶稱'於我, 何哉', 肆然無畏, 豈有如此人事." 宇鼎曰: "昨承不忍聞之敎. 今又下敎." 語未竟, 上曰: "自昨閔黯·李宇鼎, 挺身擔當, 以爲終始立節, 其心不可測. 宇鼎罷出." 權說曰: "臣老病聾, 不能口對, 今日之事, 決知其不可矣." 上曰: "旣見備忘辭意, 而稱其不可, 若是其無嚴乎, 權說拿鞫."

---

1) 義: 저본에는 "意"로 되어 있다. 필사본에 근거하여 수정하였다.

李萬元曰: "臣子遭此罔極之事, 雖被罪死, 只欲殫誠竭力, 感回天心而已. 殿下歷覽前史, 今欲求臣, 孔道輔·呂夷簡, 何所取乎." 語未卒, 上怒曰: "萬元之言, 無狀無狀. 古之昌邑王, 人君而猶且爲爲宗社廢之." 萬元曰: "臣所達者, 孔道輔也, 非昌邑王事也." 上曰: "孔道輔事, 予豈不知. 昌邑王, 天子而爲宗社計, 則不得不廢也, 此可謂無狀." 臺諫姜銑曰: "諸臣非不知死生·利害, 而冒昧爭執者, 豈有他哉. 只欲聖德之無累耳." 上曰: "萬元極邊遠竄, 姜銑罷職." 睦昌明曰: "痛迫之極, 不知所達. 古人云'父母不和, 子當諫止'. 十年母臨, 不忍奉承傳旨." 諸臣遂退出.

政院, 李沃·金海一·朴鎮奎·李瑞雨等啓曰: "昔者郅鄲恕己諒主, 孔道輔挺身諫君. 臣等雖無狀, 亦知捨彼而取此. 玆敢齊籲血, 請冀回天聽." 無批答, 還下. 賓廳·玉堂疏槪"請伏不匡之罪." 右相金德遠·左相睦來善疏槪"亟正臣等不敢將順之罪." 玉堂合司, 更申前懇. 領相辭病, 兼申前懇. 藝文館箚子, 敢陳痛迫之情, 無批還下.

備忘記: "金女入宮之後, 少無敬順之行, 外與罪人金壽恒及主家, 交結和應, 伺上動靜, 宮中凡事, 無不泄漏. 往在丁卯, 入侍御前時, 引見說話, 親錄小紙, 藏置矣, 乃敢任自偸竊, 幾見潛納袖中. 及其累次詰問, 勢不得已, 始乃還納, 其造意之陰凶, 實難測度. 與巧詐奸慝之婦人, 日夜諂媚, 作爲血黨, 飛語造謗, 無所不至. 搆亂國家, 誣逼君上, 論其罪狀, 實犯悖逆. 收其爵號, 黜酌廢出. 爾等知悉."

二十五日, 三司伏閤, 左右相率百僚廷啓曰: "恭惟內殿, 受命先后, 配體至尊, 母儀一國, 殆將十年. 設言行之間, 或有過差, 其不可輕議此擧, 明矣. 殿下預慮未然之事, 遽有罔極之敎, 如元子長成, 聞今日事, 其慟迫之情, 豈減於臣等今日之心乎. 廷臣雖無狀, 終不敢奉命承敎." 答: "勿煩." 行司直吳斗寅·李世華·朴泰輔等疏槪: "臣等目見, 君父無前之過擧. 適在散班, 無以自申區區憂愛之忱, 相率呼額. 云云." 疏入, 傳曰: "入直承[2]旨引見." 引見時, 吳斗寅等今夜三更前, 卽爲親鞫事下敎. 又曰: "親鞫事, 人定

---

2) 承: 저본에는 "丞"으로 되어 있다. 실록과 필사본에 근거하여 수정하였다.

612

前分付, 而尙不擧行, 當該都事拿問." 又曰: "陰凶罪惡, 不爲請刑, 禁府堂
上幷推考." 親鞫時, 朴泰輔·吳斗寅·李世華等刑問, 各一次. 朴泰輔壓膝·
烙刑, 各一次. 雷威震疊, 聲達外廷, 左右駭汗, 莫敢喘息. 右議政金德遠進
伏, 略發伸救之端. 未及數語, 上大怒曰: "右相敢救泰輔等乎. 亟命罷職
斥出." 傳曰: "自今以後, 敢有如此之疏, 則當以逆律, 斷不饒貸. 政院卽以
此意, 出於擧行條件, 布告中外."

二十六日, 朴泰輔加刑. 領相辭病兼救泰輔等. 答曰: "省悉卿懇. 泰輔亦涉
凶逆, 難逭顯戮. 而第旣有自今以後, 論以逆律, 頒布之敎, 則係令前, 似或有
泰酌之道. 泰輔減死圍籬, 斗寅安置, 世華遠竄, 卿其安心, 勿待罪."

二十七日, 左衆贊李觀徵疏入啓. 備忘記: "泰輔等得保性命, 於渠亦幸,
而李觀徵敢以'曲軫可生之道'等語, 肆然投疏. 如使此說得行, 末流之害,
有不可勝言. 此疏還給, 從重推考."

五月初一日, 館儒洪景濂·學儒許碻等疏槪: "涕泣祈懇, 以扶坤位之將傾
事." 呈政院, 還給.

初二日, 備忘記: "閔氏廢爲庶人, 歸之私第. 告廟領敎等, 一遵兩朝舊例,
令禮官卽速擧行." 政院啓: "玉堂請對." 敎曰: "予適不平, 所懷問啓."
校理李允修·修撰沈季良以爲: "近日自上旣下繩以逆律之敎, 臣等不敢
盡言, 悶迫退縮. 卽伏見春秋館, 考出成宗朝古事, 尹氏罪過彰著, 而成宗勉
從群下之請, 遲待三年而後處分. 盖出於欲望其遷善改過, 祖宗朝愼重之
意如此. 而臣等未諳古事, 前後進對, 一未得援據開陳, 敢此請對." 都承旨
申厚載啓曰: "非徒玉堂之意如此. 遲待三年, 亦臣等區區之望也." 備忘
記: "成廟朝事, 與今大不同. 則敢於予志堅定, 備忘旣下之後, 相率請對,
終始營救, 若是縱恣無嚴乎. 李允修·沈季良, 竝拿問."

領相箚: "臣伏見備忘記, 有廢爲庶人歸之私第之敎, 不勝痛迫. 內殿於辭
氣之間, 設有過差之事, 不過仰配儷之恩, 恃包容之德, 自不覺其重獲罪於
仁覆之下. 凡人有罪, 亦且開遷善之路, 啓改過之端, 况於配體之重乎. 無已
則處之別宮, 存其名號, 仍其儀物, 則聖朝處變之道, 於斯爲盡. 臣十年母
事, 名分已定, 一朝遽有此擧痛迫之懷, 自不能已."云. 答曰: "省悉. 大臣

雖與庶僚有異, 今朝家處分, 旣已完了, 則大異於廷請之時, 而或稱過差, 或稱內殿, 揆以國體, 決不當若是." 傳曰 : "閔氏旣廢, 朝家處分已定. 而今此領相之疏, 實出意外. 今後此等疏, 切勿捧入."

備忘記 : "自古后妃之因妬恚怒者, 誠有之, 今則不然. 妬忌之外, 別生慝計, 自做先王·先后之敎, 倡說于予曰 : '淑媛以前, 世獸身爲, 主上射殺, 欲報宿怨, 爲此降生. 故乃與庚申逆獄後, 一番不逞之徒, 互相締結, 禍將不測. 且其八字本無子, 主上勞而無功. 內殿則子孫之衆多, 無異於宣廟'云. 此雖三尺童子, 必不聽信. 况祖宗默佑, 元良誕降, 則自做凶計, 彰著無餘, 其誰欺, 欺天乎. 噫, 母臨一國, 臣民仰戴, 而乃有此千古所未有之奸態. 是可忍也, 孰不可忍也. 此則尹氏所無之罪, 而泰輔等之以死立節, 誣陷君父, 此成廟朝, 所未聞之事也. 其所謂相逼·相軋·浸潤等語, 其可毫彷彿耶. 天地鬼神, 臨之在上, 質之在傍, 不可誣也, 如此忘君逆類, 不可不別樣懲治. 泰輔·斗寅·世華等, 子·壻·同生, 永削禁錮.

左相睦來善箚, 陳痛迫之情, 呈政院. 政院啓 : "係是大臣箚子, 何以爲之." 傳曰 : "雖大臣箚勿捧." 傳曰 : "今日廢妃閔氏, 以素屋轎, 自曜金³⁾門, 出歸本第, 政院知悉." 成均館儒生捲堂所陳 : "忝居首善之地, 目見非常之擧, 不勝痛迫, 再度封章. 見阻喉司, 不敢晏然, 捲堂出齋. 云云." 領府事李尙眞疏槪 : "伏見昨日備忘, 益復痛迫. 未效匡救之忱, 乞伏不忠之罪." 入啓, 備忘記 : "乃者, 李尙眞投進一疏, 肆然立節於見廢之後, 以爲他日, 藉口之資. 其忘君負國, 孰甚於此. 世降俗末, 朋比滋甚, 以爲 : '寧負君父, 不可不伸救私黨.' 若不重究, 末流之患, 必將幷與逆姜而伸之矣. 李尙眞圍籬安置." 又曰 : "尙眞立節, 稱冤於旣廢之後, 若不嚴科痛防, 金弘郁之輩, 必將接踵而起, 藉口他日, 嫁禍國家而後已. 自今以後, 强臣凶孼, 敢復有提起者, 直以逆律論斷, 斷不饒貸事, 頒告中外." 答大司諫權瑒·校理金澍等疏曰 : "斗寅等事, 實出於嚴懲討之義, 而今乃以'重刑之餘, 至配荒遠'之語, 有若罪輕律重者, 然此應爲他日邪論之嚆矢. 何遣辭之不擇發至斯." 領

---

3) 曜金 : 저본에는 "金曜"로 되어 있다. 실록과 필사본에 근거하여 수정하였다.

相·禮曹堂上入侍時, 因領相陳達, 李尙眞因其道內移配.

002　此皆當時事實書在, 史臣焉可誣也. 自有非常之擧以來, 大小臣僚以
至韋布, 莫不震驚, 奔走. 或口對·或疏陳, 誠竭辭殫, 靡所不用其極, 而畢竟
天心, 誠有人力之所不可回者. 雖使渠輩易地, 尙此奈何哉. 而猶斤斤, 不已
於午人者, 是誠何心哉. 當時午人之遭嚴斥竄逐者, 固非一二人, 而特不至
死耳. 不死者適幸, 曾死者特其不幸. 今若以不能爲泰輔之死爲罪, 則泰輔
疏錄, 除被罪者外, 尙有七十餘人. 其外或帶職·或散班, 徘徊京洛者, 其麗
不億. 如以責人之心責己, 則人人何不踵泰輔再疏·三疏, 以至十疏百疏,
必爲泰輔之爲, 而何獨責之於午人乎.
當時幾次筵對, 諸臣章奏, 其苦口之爭, 瀝血之辭, 奚不及於泰輔·尙眞之
疏. 而在渠輩, 則謂之氣節·貞忠, 推奬之如逢[4]·干, 在午人, 則爲罪之不有
餘力, 此果爲公論乎. 若以坤位旣廢, 而猶此立朝, 供職爲罪, 則設如人家不
幸, 其父有過擧, 而出其母, 則爲其子者, 其將裂冠毀裳, 必逃其父, 而被髮入
山, 然後, 方可謂孝乎. 世間恐無此義理也. 是故求其罪, 而不得創爲罪名,
名之曰名義罪人. 要以二字題目, 錮盡千百多人, 歷千萬歲, 自『周官』·『呂
刑』·漢唐宋以至『大明律』·我國刑典, 曷嘗有罪名名義者乎.

003　在昔漢光武廢郭后, 立陰貴人. 當時雲臺諸名臣, 未知其如何諫君,
如何立朝處身, 而朱子修『綱目』, 未有以名義罪之者. 宋仁宗廢淨妃, 惟孔
道輔數人外, 歐陽·趙·杜·韓·富·文, 諸公未有聞一言匡救, 而亦未有以名
義罪之者. 呂夷簡與有力於廢立者, 而朱子亦不刊去於『名臣錄』.
我中廟朝, 愼妃之廢, 朴元宗·柳順汀輩, 迫脅成之. 而生分茅土, 死配廟庭,
及今溫陵, 復位之後, 廟享猶自若. 其子孫官居淸顯, 當路揚揚, 而人未有
以名義名罪者不知. 此名何名, 厥罪伊何. 午人以此無名之罪, 爲其所操切
者. 自甲戌, 已五十餘年矣, 雖爲午人者, 積憎其醜詆, 或者以爲"己巳午人,

---

4) 逢 : 저본에는 "逄"으로 되어 있다. 용례에 따라 수정하였다.

無可言"者, 是所謂"爲孔子者, 樂其誕而自小也." 大抵吾東事, 過五六十年後, 人皆昧昧, 此由不識當時事實, 借耳爲說也. 最有一種無恥之徒, 用此爲藉口, 媒進之資, 趨附時義, 以求利祿, 誠可惡也.

004 自古及今, 父或有出妻非一. 而爲其子者, 號泣而隨之, 可也, 固不能强其父而不之出也. 君臣猶父子, 君父廢后, 其臣子者諫之, 可也, 而强君父而不之廢, 亦不可得也. 君父或怒其諫, 而使之死則死, 可也, 使之不死則不死, 亦可也. 其死·其不死, 惟君父之命, 是視則於臣子何有哉. 孔氏三世出妻, 而伯魚·子思, 其處變之道, 不見經傳, 未知如何. 而先聖先賢, 未有以伯魚·子思之不死爲不可也. 是故孔道輔爲能諫之, 而終不能使郭后不廢, 則臣子分義, 誠有不可强於其君父者矣.

005 自古爲臣子者, 父出母, 君廢后, 而無有死之者. 故崔昌大爲吳斗寅, 盛稱忠節, 求其義而不得曰 : "爲后妃死, 禮歟." 曰 : "非死於后妃也, 死於義也." 是乃遷延爲之說者也. 爲后妃死如知其非禮, 奚獨於己巳人, 責其不之死, 而見罪之深耶. 其碑又曰 : "爲明主救大過失, 可以爲君臣. 爲國母盡臣子之義, 可以爲父子. 爲吾君保莊后, 可以爲夫婦. 一動而三綱立." 此獎吳之所以爲忠爲節也. 玆三者己巳人獨不能, 而惟吳能之乎. 己巳人之再言三言, 以至於千百言者, 奚不及於吳, 而獨賴吳之一言耶. 適其死·不死異耳, 何必謂死者爲忠, 不死者爲不忠乎.

006 藥泉爲申翼相碑曰 : "坤殿之遜于私第, 公以軍啣詣庭請. 翌曉, 擬上一疏, 袖草詣闕, 則有'陳疏者論以逆律'之敎, 彷徨出門." 領府事呂聖齊又以未及匡救, 有待罪疏, 而但草草數語. 豈非聖敎旣嚴, 分義有不敢强者乎.

007 酉人以名義爲穽, 前後擠陷午人者, 何所不至. 而至於趙泰耉鍋, 及其子若孫, 尹淳無母人之論, 極矣. 泰耉固中下人, 而當辛丑危疑之際, 適居台位, 爲少論輩所推許. 時藥峴[5]台沈檀, 判銓曹, 或恐一番人之復用, 爲此慘刻之論, 而亦群小輩之嗾囑也. 夫夫也, 何知. 至於淳渠是無母之人也, 渠之母夫人, 非午人之子乎. 其舅李玄紀, 非己巳臺閣中人乎. 渠少依舅家, 其骨肉生成, 莫非其舅. 己巳事, 渠豈不知. 而偏於黨論, 斥爲無母人, 渠則果有母乎. 古之染阿舅血成緋者, 其亦淳之流也歟.

정시한의 폐위 반대 상소

008 丁進善時翰, 號愚潭, 居原城. 談性理之學, 不樂仕宦, 課農以資食. 朝廷以遺逸徵, 屢遷至中丞, 皆不就. 每興到, 入皆骨山, 輒數月忘返. 山中釋子輩, 慕其風儀, 稱爲地仙, 盖亦當世之偉人也. 己巳, 上疏陳廢后事, 丙子, 又上封事數千言. 言禧嬪事, 又言春澤輩行貨事. 年七十餘, 終于家. 法泉舊居, 有鄉賢祠.

009 其疏略曰: "兩貴主靑年寡居, 可哀恂獨. 而有子無良, 獲戾于天. 塊處深宮, 形影相吊, 婦人偏性, 莫知其子之惡. 過於憂傷, 輾轉成疾, 則殿下豈不測然傷感也. 伏望曲加恩禮, 以篤親親之義焉. 臣於廢庶人事, 尤有感焉. 配體殿下, 幾至十年矣. 今雖見廢, 猶當處之別宮, 待之以禮, 以存帝王家法, 以全舊日之恩義, 而今乃加之以庶人之號, 置諸閭閻之中, 殿下之待, 無已太簿乎. 君子絕交, 不出惡聲. 今殿下特欠測怛黽勉之意, 反有迫切少恩之擧, 臣切惜之. 伏願依前所定, 更加施行. 云云."

又曰: "今此更革之際, 誅竄相繼, 大抵此等人, 以殺戮導殿下, 而反受其殃, 此固天道之必然也. 然彼初非不告殿下而擅爲之, 乃欺誣殿下, 以售其計, 則殿下受其欺誣, 使得肆其猜殺. 其當悔悟之時, 殿下以前日之見欺者爲戒, 朝臣以前日之逞憾者爲懲, 君臣上下, 交相勸勉, 大開寬仁之政, 實國家之福也. 況我朝寬仁立國, 列聖以來, 禮遇臣隣, 不妄誅殺. 豈有屢誅大臣, 如殿下之朝者乎. 臨御十六年, 時事三變, 而每於變革之際, 專用一邊

---

5) 峴 : 저본에는 "峰"으로 되어 있다. 용례에 따라 수정하였다. 이하 동일한 수정사례는 교감기를 달지 않는다.

人. 使屛退者, 含恨次骨, 使得志者, 恣行報復. 朝廷禮讓所在, 而作一戰場, 搢紳風化所先, 而徒事傾軋. 殿下任其所爲, 不思所以消融彼此, 調劑人心之道. 臣恐循是以往, 則殿下朝廷, 征戰無已時也. 況才難之歎, 莫甚於此時, 而乃擧國而分之. 古人云: '偏聽生奸, 獨任成亂.' 殿下進人退人, 加膝墜淵, 執德不固, 與奪無常, 故群下之事, 殿下者皆無長久之計. 各爲身謀, 不念國事, 朝著之間, 氣像淺促, 泯泯棼棼, 日趨於危亡之域, 臣不知稅駕於何地也."

又曰: "殿下卽祚以來, 乙卯至己未, 皆以爲賢而尊之寵之者, 凡幾個人, 而至己巳非誅則竄, 非竄則斥, 亦其可謂賢耶·邪耶. 然則自己巳, 皆以爲賢而尊之寵之者, 臣未知他日之果爲賢·果爲邪也."

又曰: "朴泰輔·吳斗寅之死, 尙忍言哉. 殿下觀前史, 撲殺言者, 果是何如主也. 滿廷臣僚, 無一人力諫者, 臣切惜之. 且殿下所厭聞者, 則必先立禁令, 雖未能設誹謗之木, 其可以禁令防人之言乎. 其中或有一言牛辭, 小犯時諱, 則群怪聚罵, 以爲眛事之痴漢. 所言不過冷官彈駁, 所論異已斥退, 一世之風聲習氣, 已至於此. 殿下試於燕閒之時, 以十六年行事, 一一勘驗, 曰'某年某臣, 諫某事, 吾所以應之果有合於納諫之道耶. 云云.'" 疏入削奪官職.

박상경의 장희재 처벌 요구

010 甲戌閏五月, 楊州儒生朴尙絅上疏後, 備忘記略曰: "至若離間·圖廢等說, 隱然語逼寡躬, 實無顔面以臨於民上也. 噫, 當己巳出就私第之後, 黮之矯誣王言, 造言流入之罪, 希載聽受傳說之狀, 固已昭著難掩. 而若其離間於君父之前, 圖廢於未廢之時, 則不但無一毫近似者. 云云. 試以更張之初, 布告中外之備忘辭意觀之, 足可知寡昧之本心. 而尙絅獨不信君父之明敎, 必欲臆逆情外, 擬之於不當擬之地, 極爲駭然. 云云."

남인의 무고함을 밝힌 남구만

011 乙亥夏疏決時, 領相南九萬曰: "光海時, 群凶主張廢母之論. 己巳

事, 乃聖上之過擧, 諸臣則乃不能力爭之罪而已. 何可一切禁廢, 不爲疏釋
乎.” 上曰:“己巳事, 何可比擬於光海時事. 若以當時諸臣, 不能碎首力爭,
爲孔道輔·范仲淹之罪人, 則容或可也. 何可每以不當擬之事, 比之於不當
擬之地耶. 古語曰‘欲投鼠而忌器’, 何敢若是.” 觀此聖敎, 則己巳人之不爲
名義罪人, 亦自昭然也.

숙종대 갑술환국의 전말

012 己巳廢立時, 午人若有聚貨行賄, 交通宮禁, 圖復圖黜, 如甲戌㜸·澤
者, 則酉人當摘發其人, 覈其情狀, 夷之族之, 無所不可. 而乃以名義二字,
驅一邊之人, 擧欲擠之於陷穽之中, 此不過爲黨人網打之術也. 果可以服
人乎.

013 甲戌之㜸·澤餘孽, 辛丑之三手外影. 以渠輩供招·文案言之:“所
謂西人之巨室·大族·名士·大夫, 鮮不有與知者, 其蹤跡之狼藉不啻, 若泥
中之鬪獸. 則雖擧一邊之酉人, 盡謂之澤·㜸, 三手之餘黨, 渠輩宜無辭可
逃.” 而不徒午人之不敢名言, 酉人者氣勢全張, 曾不以惡逆自沮. 己巳後,
午人不知其罪, 而甘爲名義罪人, 至今五十年. 有若束縛拘禁者, 而不能自
脫, 其亦可哀也.
己巳廢立時, 臣子雖不敢容力, 若有因齊桓柯丘之盟, 以警咳君父, 得別選
令族, 以備壼儀, 則其於捄過補闕之道, 斯過半矣, 尙亦有辭於天下後世.
惜乎, 當時諸臣, 無一人慮及於此者, 此酉人之所以名義罪午人者. 然此
非獨午人之罪也. 酉人者亦無一人言此者, 楚雖有失, 齊亦未爲得也. 酉人
之獨罪午人, 豈其公心·公論哉.
己巳, 陞張嬪時, 自上有一遵成宗·中宗故事, 策立之敎. 成宗貞顯后, 中宗
章敬后, 皆以淑儀, 自後宮陞位故也. 然則當時諸臣雖以別選令族, 極力爭
之, 而必不能得也. 然聽不聽在上, 而臣子引君之道, 必當以正, 可也.

014 甲戌春, 春澤就獄, 以聚銀交通復后. 換局等節, 取招決案. 而會其日

日暮, 將待明朝行刑, 夜三更, 時事卒大變, 朝著改面. 澤輩數十人翻案, 全釋澤·㶁之行貨交通. 果是何逕. 其間事秘, 世莫得以知其故也. 或曰: "澤以千金圖得宮人之妹爲妾, 此其爲通風蹊逕."云.

015　甲戌四月初二日, 夜二更, 備忘記: "右相閔黯以咸以完事陳達'仍令禁府囚禁推覈, 可罪者罪之, 可放者放之'. 予姑允可, 而窃訝之. 纔過一日, 禁府堂上, 肆然請對, 張大獄情. 昔之囚推者, 今乃反爲鞫獄, 昔之定罪者, 今反爲極刑. 一日·二日, 罪囚充滿, 轉相告引, 輒請面質, 面質纔了, 幾盡請刑. 若此不已, 其所前後援引者, 次第羅織, 主家及一邊之人, 其得免者尠矣. 愚弄君父, 魚肉搢紳之狀, 極爲痛愧. 衆鞫大臣以下, 幷削黜, 閔黯及禁府堂上, 幷絶島安置."

備忘記之下: "本府尙無奉傳旨之擧, 必欲營救, 事極痛駭. 入直承旨·玉堂, 幷罷職. 今此覆逆之論, 在外承旨, 必無不知之理, 一體罷職. 金斗明·李東郁幷除授." 又曰: "强臣凶孽, 敢有動搖國本. 爲廢人及洪致祥·李師命伸救者, 以逆律論斷, 爲李翔伸救者, 當論以重律. 以此意明白布告. 前領相南九萬爲領相, 申汝哲訓將除授. 吏判李玄逸在外改差, 柳尙運鋐用除授. 又曰: "因人陰告, 罪囚此多, 不可不[6]斯速處決. 韓重㶁·李時桌·康晚泰·崔格等供辭中, 雖有提起廢人之事, 與違禁陳疏者有異. '減死定配. 其餘李時檜·李譚·兪命基·李震明·韓碩佐·洪箕疇·李彦純·韓楷·兪復基·金春澤·李亐伊·李後成·金道明·李東蕃·李起貞·邊震英·洪萬翼·卞鶴齡·金魯得·元次山, 幷放送. 此外未及拿來人等, 竝置之. 咸以完之希功密告, 猝起大獄之狀, 萬萬痛愧, 令禁府, 除尋常, 各別嚴刑." 五次後, 絶島定配. 掌令兪集一·持平金時傑啓: "罪人不究情實, 遽皆疏釋, 此姑出於好生之德, 而揆以獄體, 大有不然者. 若使誣告羅織之情狀, 昭著畢露, 則凡諸被告者, 自當申雪. 請在囚者, 一幷仍囚, 究覈." 答依啓. 時時桌等, 箇箇承款取招, 明當正刑. 而一夜之間, 局面大改, 禁堂皆其黨與, 更究時, 從其變招,

---

6) 不 : 저본에는 빠져 있다. 필사본에 근거하여 보충하였다.

620

都歸於咸以完之誣告, 或徒配或白放, 未及見釋者, 若干人.

是年冬, 領相南九萬箚: "臣於夏間, 鞫獄按問時, 見康晩泰·崔格·李時桷·韓重爀等供辭及書札. 晩泰之以海上眞人爲說者, 殊極驚慘, 無論他犯, 只此一節, 不可不重究處斷. 至若崔格之與重爀, 時桷等聚合銀貨, 圖復坤位, 謀換朝著. 李時檜與重爀及其兄時桷等, 夤緣納賂, 謀議換局之說, 具已承服結案, 不勝驚痛. 至於重爀, 則鞫問時, 雖不承服, 其見發書札, 有三張, 爲時檜代筆. 寄其兄時桷, '庇仁承旨宅, 兩度送人邀來, 故方到京中. 主人定于總戎使本宅, 門前總戎使極爲款接. 且與韓生員多有相議之事, 而有許多妙理, 此間喜幸, 何可盡達. 詳細得聞, 韓生員言, 則今番萬無可慮.'云. 時桷答書: '韓生員銀子一百兩, 堅封下送, 則充東補西爲計. 古語云「雖以陳平之大略, 散千金事順」, 況於匹夫之事乎. 此書與韓生員, 同覽詳細思之, 然後告達于承旨令監, 更通爲可.' 重爀寄時桷書曰: '令監之如是久謫, 實是吾儕之不幸. 莫非天意, 只自咄歎. 自今秋後得一好妙理, 而旣與令監, 無路相議. 故不得已令季氏, 再度送人邀來, 方與我同到洛中, 得見摠戎使, 旣見萬端款接. 自他路有奇奇好消息, 非但令監之見釋不遠, 吾輩亦當見入. 此間喜狀如何盡言. 今番則不如前日之孟浪, 令監勿慮. 云云.'

觀此三張書札, 其聚銀謀議, 情節盡露, 不待其承款而可知. 以此斷罪, 渠必無辭. 故臣於頃日, 袖進短箚, 請鞫問晩泰, 得其凶言, 快行王誅, 格·時桷亦正其誣上之罪. 重爀則以手札, 論正其罪斷, 不可已. 如此然後, 朝家擧措, 方爲明白正大, 私逕之疑, 永永止息. 晩泰則旣已承款正法. 而格·時檜則該府方以變換納招, 情跡可惡, 啓請刑推, 更無可言. 獨重爀之事, 臣愚不能無疑. 重爀聚銀事, 具在時桷, 答弟之書, 夤緣蹊逕, 謀議通囑之跡, 亦在於渠之代筆時檜書, 及渠之自寄時桷書矣.

今此禁府推問時, 乃以好妙理, 歸之於築堰, 以奇奇好消息, 歸之於圖放時桷之竄, 謫以吾輩不久見入歸之於慰解時桷, 以收聚銀貨, 歸之於千萬無據, 其虛辭抵賴之狀, 昭著難掩. 問罪人不吐情實, 則惟當請刑, 而禁府之遽請上裁者, 旣非法例. 及其照律, 請極邊定配, 其後雖以罪重律輕, 更請絶島定配. 無論律之輕重, 從其虛供, 徑先擬律, 其在獄體, 實涉未安. 今之請治重爀等者, 本欲爲聖明, 解中外之疑惑, 爲坤殿, 昭明復位之正大, 爲朝著士大夫, 洗千古之羞辱也. 至今治之至於此而已, 則深恐不足以釋疑, 而反足以起疑, 初不如不治之爲愈也.

伏乞更令該府, 推問重爀, 巧飾隱諱之狀, 得情處置. 且伏念重爀, 乃是乳臭迷童, 固不足說, 至於韓構, 年已老, 官亦不卑. 而今以時棹答弟書觀之, 謀議宗主, 實在於構. 噫, 是誠何心哉. 當坤殿之退處私第也, 凡爲臣子者, 孰不扣心飮泣. 而此事只可待聖上一朝覺悟也而已. 何敢爲聚貨鑽刺之計也. 其言雖似外托大義, 其罪實歸誣及聖躬. 若此之類若或容貸, 則從今繼起有何懲戢. 構等當與重爀, 一體拿問, 若以父子同議之事, 互相詰問, 爲有傷事體, 則亦宜屏諸遐裔. 俾無疑亂, 淸朝之患. 云云."

蓋在囚諸人, 當初許多招辭, 箚中不盡載, 而只此一箚觀之, 其時獄情, 槪可見矣. 又其箚有曰: "卽今在朝諸臣, 其名之出入諸囚招者甚多."云. 則其巨室‧大家之孰不與知, 從可知矣. 此輩雖一時失志, 皆以勳戚‧親黨, 何等盤據, 何等權力. 而彼午人者, 乃欲以芒刃, 嬰之於衆髖髀之所, 易力深嚌, 宜其自敗. 其箚又以構爲謀議宗主者, 此遷就之說也. 其窩藏群不逞之徒, 摠聚千百銀貨, 曲逕邪竇, 無不貫穿者, 却是春澤之爲. 而特其氣勢可畏, 陰譎未測, 得至全釋, 人人敢指而不敢言. 雖南相亦不敢誰何於澤而蔽罪於構也.

016 甲戌四月初九日, 中殿閔氏復位, 張氏廢爲禧嬪. 政院啓曰: "坤位陞黜, 是何等大事, 而不令大臣親承, 朝廷齊議, 遽下一次備忘於政院. 此豈大聖人處變審愼之道哉. 將未免草草擧行, 亟召大臣‧宰臣‧三司諸臣, 會議朝堂, 務歸至當."

十七日, 領相南九萬所啓: "政院之啓失當. 當己巳禧嬪將陞壹位之時, 爲其時朝臣者, 以經義爭執, 可也. 及夫陞位之後, 名義已定, 母儀一國之後, 則凡爲臣子者, 皆已事之以國母矣, 至今又有還降之擧, 其在臣子之道, 與己巳何異. 以臣子常禮言之, 亦當以死爭之, 而但今日事與己巳差別者. 中殿旣以當初正后, 再復位號, 而又爭禧嬪之降號, 則難免一國二尊之嫌. 此今日臣子旣以復位爲慶, 又以降號爲感, 怡悅難狀, 驚愕未定者也. 今若以殿下處分爲有欠於處變之道, 反欲使諸臣議定, 則是子以議母, 臣以議君. 只見其欲重而反輕, 欲當而反失, 非但臣子所不敢爲, 亦恐非殿下所當詢於諸臣者也." 上曰: "大臣所達如此, 勿爲會議."

017 左相朴世采·右相尹趾完初筵陳達: "咸以完所告諸囚, 不可不按問. 中宮復位, 自上覺悟, 斷然行之, 光明正大, 如日月之更. 若如康晚泰所言, 此何等事, 渠敢圖之. 圖之又敢於何所." 上爲之改容. 初金春澤等群不逞窩結, 幽伏詭稱, 圖復坤位, 情跡狼藉. 閔黯偵得, 將鞫治, 一夜之間, 局面變幻, 上反鞫黯, 而盡釋諸囚. 趾完聞之曰: "此輩以黯之故, 而不一鋤治, 其爲聖德之羞, 何如." 入而奏于上, 出而語首相按治. 首相以貸希載事, 澤等嫉之, 嗾鄕生姜敏著投疏逐之, 不能究竟.

018 執義丁時翰上疏曰: "當己巳之初, 坤聖出就私第, 朴泰輔等以敢陳受戮. 臣於己巳疏中, 亦陳聖上之過擧矣. 今者天心悔悟, 復正坤位, 泰輔等亦被褒崇之典, 日月之更, 孰不欽仰. 其時諸臣之未能竭力匡救以回天聽, 固有其罪. 而泰輔等首被極刑, 繼有論以逆律之禁令, 則諸臣之爭之不力, 直畏死耳. 初以雷霆之威震之, 終以斁倫之罪歸之, 今殿下平心反己, 薄責於人, 則豈無坦然垂恕之道乎. 坤聖之復位, 禧嬪之降號, 出於國無二尊之義理, 勢固然矣. 而第以六年母臨之尊, 而還爲嬪御, 無少差別於後宮之列者, 在古無證, 於禮無據. 若於退處之後, 其所以供奉之節, 待遇之禮, 講究前代可考之禮, 博詢議定, 務歸得中, 則有何匹尊之嫌. 今乃不然, 反以此作爲邦禁, 諱言其事, 臣未知其何事也."
又曰: "甲戌獄事, 傳聞之說, 疑惑滋甚. 蓋其私聚銀貨之徒, 多在輸情, 伏法之科, 而一夜之間, 盡爲放釋, 按獄諸臣, 卽以魚肉搢紳之罪, 或誅或竄. 臣未知其間, 有何事情, 而試以其時處分觀之, 則其所謂輸情者, 似當盡歸於按獄諸臣之搆虛迫脅之致, 而是則不然. 曾未幾何, 言者繼起, 終不能掩護周遮, 而至有還囚按推之擧, 或有向者輸情者, 或有已伏法者, 亦有將伏法者. 由是言之, 伊日按獄諸臣, 有何魚肉搢紳之情狀. 而罪名之尙在, 臣未知其所以然也. 且夫銀貨爲物, 常行於市井之藪, 而爲羞於士夫之族. 乃者聚銀行貨之輩, 不幸出於士夫之族, 而流布於國者, 若泥中之鬪獸. 以渠輩書札及大臣·臺臣之疏觀之, 亦可考其一端也, 豈以街談巷議, 莫不譏7)斥士夫, 汚穢朝廷, 而朝廷士夫恬不爲異. 至有負當世儒賢之名者, 亦以不必覈究陳達於箚中, 以至訊問不嚴, 淹延時月. 晚有大臣之疏陳, 而疏中所謂謀議宗主者, 亦道於按問之科, 含糊苟且, 鶻圇吞棗, 終未聞明覈快正之擧. 使殿下受千古所未有之羞辱, 士大夫亦甘自處於黯黮之域. 臣竊傷之."

019 甲戌, 藥泉還朝時, 徐相文重以書貽之曰 : "九年·六年, 母臨無間, 有子無子, 輕重自別, 合疏爭論, 臣子義也. 云云." 南相以爲 : "前妃旣復, 則一陞一降勢也. 此與己巳事差殊, 臣子不可爭執. 云云." 議遂寢. 盖當時朝論, 皆以陞降爲言, 亦不敢加之以黜字. 及至辛巳, 釀成巫蠱獄, 必搆殺乃已. 搆殺儲君之母, 而當時略無忌憚, 後亦無災. 此前古有國之所無也. 老黨之氣焰·權力之可畏如此.

020 成廟, 賜死尹妃時, 許相琮晨赴闕歷, 謁其姊. 姊曰 : "何早也." 曰 : "今日將賜廢妃死命公卿會議." 曰 : "相公議何如也." 曰 : "上意也, 誰敢違之." 曰 : "吾女子也, 無見識, 以淺近易知者言之. 設令人家有僕隷, 不敢違家主之意, 與殺其家主母. 他日服事其主母之子, 果安於心乎. 且保其無後患乎." 公大悟, 到琮沈橋, 自墜橋下. 擔舁歸家, 托以落傷殊死, 不叅其議. 其後獨免慘禍. 至今琮沈之橋得名以是云. 國朝故事已如此, 彼釀成辛巳主獄者, 其無却顧之意乎.

021 甲戌四月初五日夜二更, 禁府罪人李時棹, 同四大漢, 直入捕盗大將張希載家, 據其胸, 極口醜罵, 拔佩刀欲刺之際, 家僮齊救僅免. 仍令結縛,

---

7) 譏 : 저본에는 "非"로 되어 있다. 필사본에 근거하여 수정하였다.

亂杖三十度, 捧招放送. 府啓時棹更囚, 希載不卽啓達, 罷職. 旣而希載, 以己巳流入諺書拿鞫. 泉相獻議, 減死安置. 院·府經年爭執, 中外疏斥者叢集, 泉相以此8), 不得一日安於朝廷之上. 希載被謫後, 春澤私奸希載妻者斤阿只, 慫惥咬囑, 以釀成辛巳之獄. 希載伏法, 諸張盡劉. 希載, 市井庸下之流, 特以禧嬪兄, 濫叨崇班. 物情有駭, 固其所也. 罪在死, 則殺之無不可, 而泉相任衆謗, 必傅之生議者, 以爲希載死, 則禧嬪危, 禧嬪危, 則東宮不安. 攻之者, 以爲爲他日邀福之地. 未旣9)有辛巳之獄, 其後有丁酉獨對事, 其後有辛丑三手之逆. 是皆一串貫來次第, 必至之勢. 泉相所謂, 深長慮者, 至是驗矣.

경종보호 노력

022 辛巳八月, 中宮殿昇遐. 九月二十四日, 備忘記: "大行王妃, 遘疾二載, 禧嬪張氏, 不但一不起居, 不曰中殿, 必稱閔氏. 潛設神堂於就善堂西, 每與二·三婢僕, 屛人祈禱, 是可忍也, 孰不可忍也. 荐棘罪人張希載爲先極正邦刑." 備忘記: "張氏罪已彰著. 若不早爲善處, 則他日之慮, 有難形喩. 張氏使之自盡."

假注書李命世曰: "殿下以今日處分, 非出於激惱爲敎. 而臣見己巳日記, 其時上亦有非出激惱之敎, 畢竟悔悟. 則安知今日處分, 不出於激惱乎." 上大怒曰: "今日事敢比於己巳乎. 命世罷職." 命世曰: "臣非敢比於己巳事. 誠恐事出倉卒, 未必不由於激惱, 故敢達." 上曰: "命世拿問." 時天威震疊, 蹴書案, 出於命世帽上. 命世色不撓口對, 手草不掇, 人以爲難. 後因臺啓, 命世極邊遠竄.

023 王世子疏略曰: "臣今年十四, 其母爲惡, 必無不知之理. 請與母同死. 云云." 領相崔錫鼎手上三箚, 引'田叔勿問梁獄事', 仍懇曲"貸禧嬪慰安春宮. 云云." 錫鼎中道付處. 判府事尹趾善·柳尙運·徐文重·右相申琓

---

8) 此: 저본에는 "下"로 되어 있다. 필사본에 근거하여 수정하였다.
9) 旣: 저본에는 "免"으로 되어 있다. 필사본에 근거하여 수정하였다.

各上箚, 語有淺深, 而全恩之意同. 左相李世白·知義禁金昌集·李畬 幷無一言.

十月初五初九日, 江原·咸鏡, 雷電雹. 十四日, 京城大風雷雹. 十八日, 營頭星出天中亘天際. 狀如盆尾長十餘尺, 有聲色白. 十九, 雷電, 月入東井. 二十五, 入太薇垣端門. 觀象監啓.

024　十月八日, 依前備忘, 使之自盡. 護軍姜世龜疏曰: "宮圍間事, 身處空山, 樵牧之社, 道聽塗說, 非所可遽信, 處分之得失, 臣不敢言. 祗以世子所遭情理, 伏而思之, 不覺撫膺. 幼冲玉質, 湯火消心, 積憂增悴, 寧保其常性乎. 乍見孺子將入於井, 必有怵惕, 惻隱之心. 彼孺子者不是我骨肉切屬, 而必如此者, 天理之發, 自不能已也. 若在父子之親, 當作何如懷也. 今者王世子, 纔堪宗社事之齡, 是乃匍匐之孺子也. 今者席地啼號之痛, 奚啻將入井之迫也. 殿下於此尙不動心, 則揆之天理, 不亦乖乎. 自古帝王家, 變生宮庭, 不能善處, 卒致亂亡者非一[10].

臣固知念玆在玆, 曲爲世子地, 恩斯勤斯, 慰安保護, 一國臣民亦知聖意所在, 十行絲綸, 四方傳誦, 恃而不恐. 然而霆電之威未已, 朝野之惑滋甚. 假令日後之事, 有不可知者, 國人皆將曰: '吾君於天倫之重, 宗社之託, 亦不之顧焉, 何有於群黎百姓乎.' 殿下雖日降德音, 日欲行仁政, 民孰信之. 此誠億兆人心, 離合去就之一大機會也, 可不愼哉. 此言發於憂國至誠. 願爲世子死者, 非直爲世子也, 實爲殿下克全盛德. 無作他日之悔耳. 臣每讀史, 至魏主叡子, 母鹿之說, 爲之掩卷惻然, 不謂此事, 乃見於聖世. 以殿下堯·舜之聖, 爲國家萬世大計, 豈居曹氏下哉. 臣年七十, 餘日無幾, 非要後福. 有所希冀, 臣四世五朝, 受恩深重, 願一言而死, 以報先王於地下. 云云." 因臺啓洪原竄配.

025　禁府鞫廳罪人張希載妻者斤阿只招: "淑媛生元子後, 崇善夫人申

---

10) 一 : 저본에는 빠져 있다. 실록에 근거하여 보충하였다.

氏與杭, 因淑正通書闕中." 又"安汝益·安世禎, 與張天漢·金泰潤·鄭彬,
聚淑正家謀議." 又"李彦綱數數連信于渠家. 云云." 幷拿鞫, 汝益·世禎·天
漢·彬, 皆杖斃, 金泰潤杖配. 彦綱削板, 杭賜死, 其後孥籍. 者斤阿只納招
後, 一夜徑斃, 世謂: "春澤殺之, 以滅口也."

026 罪人順命招: "吳始復使人探禧嬪服制, 同議禧嬪復位之疏. 云云."
吳始復圍置. 世禎招援閔彦良, 彦良援李宇謙·權重經主張: "疏議[11]吳道
一, 激成之."云. 吳道一不聽[12], 鞫廳請對議啓: "彦良更招'潛圖換局, 密
探服制', 皆已吐實. 雖與謀逆有異, 偵伺宮禁, 罪犯不道." 決案行刑, 籍沒.
右相申琓曰: "重經等初出於彦良之招, 而以彦良前後之招辭見之, 率多
錯誤·差亂之處. 渠亦稱喪子後失性, 似是實狀. 其言不可全信, 重經等一
向刑訊, 隕命可慮." 重經安置, 宇謙·道一定配後, 因臺啓遠竄. 府啓: "李
鳳徵論禧嬪服制疏, 已極陰凶, 圍籬. 柳命天·命賢·命堅·沈檀·睦林一, 同
參復位疏議, 幷遠配." 合啓: "南九萬曲庇希載, 柳尙運徑釋蠱賊, 幷付
處." 鞫廳啓請: "下希載讞書." 答云: "已爻周."
張希載結案云云: "'其時讞書中辭緣, 雖未詳記矣, 身往見閔黯, 則黯父子
及宗道會坐. 宗道曰:「閭閻間流言, 以爲有聚銀貨, 換局之人, 是如乎旀,
中宮殿貴人, 亦出銀貨之說, 流行是如. 云云.」 則章道曰:「貴人若出銀貨,
則雖千金何難矣.」 身心益驚惶. 同氣間, 雖有書通之事, 至登睿覽, 實出意
外. 此固出於無識所致是白遣.' 締結黯父子, 以渠札流入宮中, 謀害國母的
實. 凌遲孥籍."
時有鄕儒朴奎瑞·任敵等疏, 語意絶悖無倫. 兩司尹弘离·尹憲柱·黃一夏·
李東彦·金相稷等啓辭, 與奎瑞·敵無異, 奎瑞·敵, 遠配. 敵疏曰: "禧嬪弒
中宮, 何等大變, 而不爲之告宗廟, 而頒臣民乎. 殿下之誅禧嬪, 何等大義,
而不爲之告宗廟, 而頒臣民乎." 又曰: "今也, 必曰:'禧嬪不治, 然後, 可
以慰安世子.' 有若世子之心, 恝然於正母之被弒, 而偏護私親者, 然其跡雖

---

11) 議: 저본에는 "意"로 되어 있다. 필사본에 근거하여 수정하였다.
12) 吳道一不聽: 저본에는 빠져 있다. 필사본에 근거하여 보충하였다.

似獻忠, 而其實未免歸世子於不善之地云."【景宗辛丑, 正刑】

027　甲戌四月, 備忘記 : "金錫胄位居三公, 持身不簡約, 其第宅實有愧於僅容旋馬者. 至於壬戌誣告人, 金重夏·金煥獄, 處事謬戾, 公議沸鬱, 固有其失.13) 而朝家待大臣之道, 自別特別, 爲復官, 籍沒還給." 宋時烈亦復官. 天地之數, 陽一陰二, 故陰勝陽居多. 卽今黑戎亂華, 號令天下, 且將百年, 此正天地, 純陰無陽之候也. 一天下皆是而獨我東一區, 猶免爲左袵者, 實惟我列聖文敎禮樂之化也. 然自丙子後, 甲寅而庚申, 庚申而己巳, 己巳而甲戌, 以至今凡幾百年來, 君子道衰, 治日常少. 善類椓喪, 邦國殄瘁, 此固一天下之氣數, 而不可以人力免者也. 吾於天何哉. 辛巳, 持平李東彦啓 : "順明之招, 有金春澤交奸希載妻之說, 暗昧之事, 固不可以卜覈. 春澤以年少士子爲世指目, 前後凶賊之招, 姓名輒登. 不可無懲勵之道, 請定配." 不數月放還.

김춘택의 정치공작

028　春澤, 鎭龜之子也·萬基之孫也. 十歲, 淸城胄夜到其家, 與其祖在僻室, 謀秘密事. 澤在窓外聽之, 遽開戶入曰 : "所謀事何等事, 而不防窓外. 有人兒幸聽之, 若是他人, 豈不殆哉." 胄於是大奇之, 盡以其術授之. 又贈『水滸傳』一帙, 使之熟觀之, 澤之一生伎倆, 皆從其中出來. 咄哉, 淸城可謂賊夫人之子也夫.

029　辛巳獄, 因彦良亂招, 追論閔黯孥籍. 罪人雖逆死不承款, 則不隨坐, 國典也. 上從左相李世白議, 竟誅黯庶子有道. 領相崔錫鼎筵對, 論其非法. 尹世綏疏攻護逆, 繼有權益平疏, 極其醜罵. 益平者澤所豢養, 無賴子, 托以鄕儒, 爲此等疏者, 已非一再矣.

---

13) 失 : 저본에는 "實"로 되어 있다. 필사본에 근거하여 수정하였다.

628

030 彦良之亂招, 亦春澤之所慫恿如順命者也. 中間僞作本家私札傳入, 謂: "如是納供, 方可活." 彦良駮子, 信而爲然, 不知其自抵於逆. 權令重經同時就獄, 澤又如是, 權令得書大駭. 揣知其僞, 一反其說, 幸而得免. 既釋問其家人, 皆不知. 追究其傳札蹊逕, 俱是澤之所爲云.

031 甲申夏, 有林溥獄. 先是辛巳獄囚尹順命, 希載外弟[14]也. 臨結案時, 大呼言曰: "矣身之前後納供, 皆聽春澤之慫恿也. 春澤敎我'如是納供, 可無死而有利', 今反殺我, 何也." 吏卒皆聞之, 而案事者以爲亂言, 皆不錄. 又其供辭有曰: "希載在謫時, 投諺書數其妻之惡曰: '此女締結西人, 欲殺我而謀害東宮.' 按事者惡之, 沒之文案." 萬口騰傳, 傳說狼藉, 至是溥上疏. 言之略曰: "辛巳, 謀害東宮之說, 發於罪人尹姓之招, 其時鞫廳, 拔去四字, 掩匿不達, 此誠何意. 安知謀害於始者, 不爲肆凶於終也, 掩匿於前者, 不爲竊發於後也. 云云."
其時按獄諸人, 各自疏卞. 李光迪則曰: "順命, 初無一辭." 金昌集則曰: "順命, 因希載書, 而不曰: '謀害東宮.' 但曰: '欲殺我則於世子, 豈好耶'. 云云." 上命領相崔錫鼎按問, 乃刑訊, 辛巳, 問郎呂必重·姜履相, 以其言根, 自姜·呂出故也. 姜·呂之供, 與昌集疏, 互有異同, 其辭錯出, 人益疑之. 而昌集輩之傍喝不已, 按問者亦畏之, 誘以辭絶不可問. 斷以姜·呂傳言不實, 邊配. 溥以禍心嚴刑島配, 其後溥更拿鞫, 兄弟三人, 并死杖下.

이잠의 세자보호 상소

032 李潛先生, 亦東方奇偉之士也. 請斬凶渠之疏, 剖析名義之實, 披抉宵小之腹, 正而平, 嚴而能和. 昌言遠猷, 足爲一時之繩準, 夫豈前古草茅, 激訐之論, 所可擬哉. 惜乎, 一擲不中, 使伏而睊睊者, 得以呫呫議其後. 麟踏大野, 鬼騁中逵. 悲夫. 余嘗爲之贊曰: "雍容鼎鑊, 笑傲拉摺. 朱·梅舌撟, 束·澈氣懾." 又曰: "烈烈之氣, 終古昭明, 憑陵日星, 噴薄風霆. 宛爲

---
14) 弟 : 저본에는 "孫"으로 되어 있다. 필사본에 근거하여 수정하였다.

長虹, 燁然天衢. 下燭汙池, 烝豕于于." 此夢囈南伯居筆也.

先生偉行奇氣, 雖當世同好者, 猶或未之知, 而伯居能知之, 古稱'士有相感'者, 其是之謂歟. 先生在丙戌秋上疏言："春澤・頤命, 將不利於東宮." 卒陷於縲絏, 世運之所關也. 嗚乎, 學者號爲西山先生. 先生有二弟, 仲曰淑, 察訪, 號玉洞. 季曰瀷, 監役, 號星湖. 俱有學行, 隱德不仕.

033 東平尉嘗語人曰："己巳, 朴泰輔就鞫時, 諸大臣・臺臣入侍者, 無一人苦口面爭者. 吾以是每爲午人恨之. 及至丙戌親鞫李潛也, 吾適以雲劍侍衛窃觀. 天威震疊, 迅於雷霆, 人人奪魄, 戰慄無人色, 苟非膽大如斗者, 莫可以措一辭進一言. 吾於此始知己巳人, 亦猶是也. 宜不必深咎. 云云."

김춘택 관련 일화

034 余曾見春澤於場屋. 廣面如小盤子, 有大瘕痕點, 極爲憎頑, 萬人環視, 十手所指. 而猴目流睇, 傍若無人, 亦潑皮漢子也. 臥死牖下, 不特其勢力, 蓋其凶譎有餘, 而亦由少論無人也.

035 崔昌大載朴泰漢遺事, 盛稱泰漢. "在東山尹趾完, 座論殺希載事, 與世之挾雜黨比私意者不同, 辭氣激揚, 語意精深."云. 彼希載者特腐鼠孤雛耳, 殺之便殺挿株, 何有於灰堆. 且其罪犯乃私札流傳也, 當時鑽進私逕, 幽陰秘譎之計, 無所不爲者, 非春澤乎. 而渠輩尙復有一人, 敢言其當殺者乎. 不徒不敢誠畏之也, 且有所顧藉也.

渠輩己巳之失, 謂希載爲孤注, 心常恨之. 又慮其生置地上, 或有渠輩他日之患, 故曰必殺之. 甲戌之得, 春澤有力, 而渠輩皆有利焉, 故不無顧藉之心. 且畏其權勢, 論殺不售, 則必受其禍, 故不敢曰殺. 泰漢之激揚辭氣, 能勇於希載, 而恟於春澤者, 獨何哉. 其後老黨以大逆戮希載, 是泰漢之論, 於是得行. 試觀其時時勢・人心・宗社, 果何如也. 泰漢之論, 雖曰無挾雜之私, 而一出於公心云者, 是固小兒作强解事也.

남인 집권 춘평

036 庚申殺戮之後, 怨氣干和, 比年凶歉, 公私蓋藏俱乏. 及至己巳午人, 當局以來, 時和歲豐, 五·六年之間, 都鄙廩庾皆滿, 四民樂業, 國家無事. 於是各司財用贍富, 當路士大夫, 爭務飮樂. 上亦與之同樂, 筵對不時, 燕敖賡歌. 玉署·湖堂刻燭應製, 宣醞賜樂, 中使絡繹. 大提學閔黯詩曰:"衢樽法酒厭厭飮, 銀燭天街緩緩回." 此盖記實也. 甲戌以後, 歲又荒歉, 府庫蕩然. 及至丙子·丁丑, 大無饑, 殍載路. 戊寅沴疫, 八路蔓延, 京都門外, 積尸如山. 人民無復有生意, 風俗之薄惡, 日甚.

一日, 判書李益壽嘗戱謂延陵君李萬元曰:"己巳後, 午人日以酣宴相尙, 是何事也." 延陵君曰:"此所謂太平有象者也. 較諸今日, 街巷哀哭, 閭里愁慘, 賑飢埋殣, 惟日不足者. 其景色, 何如." 李强笑, 無以應.

037 辛卯, 藥泉南相卒. 甲戌, 上以上相召, 始金春澤·韓重爀等, 潛聚銀貨, 稱謀復廢妃. 閔黯等詗發, 而鞫治之會, 上黜黯等, 召用舊臣. 或言:"此輩所欲殺, 何必爲世充·建德報仇." 公曰:"金淸城後, 私逕一開, 覆轍相尋, 不痛防之, 國必亡矣." 乃請治重爀等. 曰:"今日之擧, 若謂群不逞, 一分有力於其間, 其爲聖德之累何如也. 鞫問其虛實, 快正王法. 爲聖主解中外之疑惑, 爲坤宮明復位之正大, 洗千古之羞辱. 是古人所謂:'尊朝廷於日月之上者也.' 云云." 重爀竟栲死.

숙종대 정유독대의 전말

038 丁酉七月十九日, 左相李頤命·藥房提調閔鎭厚·李觀命·假注書李聖起·記注金弘迪·記事權𥛚入侍. 上曰:"眼昏文書, 酬應甚難, 必有變通之道, 然後, 可無添加之患." 頤命曰:"入啓文書, 須令音讀分明之人讀之, 令世子在傍叅見, 如何." 上曰:"唐太宗末年, 不有變通之事乎." 頤命曰:"不必遠引, 前代世宗未寧, 文宗御別殿, 叅決國事." 鎭厚曰:"臣等當追考古事, 若可行, 敢不順之乎." 遂皆退出. 同日未時, 傳曰:"左相更爲入侍."

上御熙政堂, 頤命·同承旨南道揆·史官李倚天·金弘迪·權禰詣闕門. 承傳
色敎, 左相先爲入侍, 頤命趨入. 承·史遲回, 不敢入請, 承傳色稟徑入之意.
上久不發落, 再達許入. 上曰: "大臣獨對, 古亦有之, 承·史何必爭之." 因
皆退出. 獨對時, 說話外人無聞. 同日申時, 時·原任大臣, 并命招判府徐宗
泰·趙相愚·金宇杭不進. 領相昌集·左相頤命·判府李濡同詣, 傳曰: "引
見." 承旨李箕翊·史官李倚天·金弘迪·權禰入侍. 上曰: "予一病沈綿, 不
能視物, 今至三年. 不可無大段變通之道, 欲見諸大臣議之矣." 集曰: "未
知, 聖心何以思量." 上曰: "入診時, 予發端, 而大臣以我世宗事陳達. 卽今
予病若是, 世子聽政, 是予本意. 而更招左相, 蓋由於此."
濡曰: "乙酉, 欲爲傳禪時, 小臣以世子在傍叅決, 漸習國事, 調養聖躬爲
達. 卽今淺慮不過如斯." 上曰: "左相入對時, 已悉予意. 乙酉, 傳禪事,
予欲爲之, 而今則有必難之端矣." 濡曰: "自古使太子聽政者多. 而聖敎
以爲不可行, 誠不知聖敎所在也." 上曰: "予顧念之, 卽今難矣." 濡曰:
"有何持難之端乎." 上曰: "予意非以聽政矣." 濡曰: "所難者何事." 上
無發落. 翊曰: "式遵祖宗朝古事行之, 國家之幸." 上曰: "卽今無他道.
當依先朝古事爲之. 文宗朝叅決時實錄, 發遣春秋堂郞, 考來宜當." 頤
曰: "此事重大, 叅決與聽政, 宜以備忘下敎矣." 上曰: "五載沈綿之餘,
目病漸重, 視物益昏, 國事可虞. 依國朝及唐時故事, 使世子聽政."
二十日, 政院啓曰: "世子聽政命下矣. 應行凡事, 待實錄考還後, 儀節稟
定擧行, 何如." 曰: "依."
二十一日, 堂箚云: "筵席嚴秘, 雖不得其詳. 第伏聞酬酢之際, 多有未安
之敎云. 或慮語言翻傳, 聽聞易惑. 伊日, 筵敎之有涉於春宮, 并爲還收無載
『日錄』." 答曰: "勿錄事, 從之."
翌日, 執義權熀·獻納朴聖輅·弼善尹陽來·文學趙彦信·說書趙最壽·掌
令趙鳴謙疏. 槪或論獨對之非, 或[15]陳調護之道云. 同日, 前修撰李仁復疏
云: "殿下曷嘗觀, 根本一搖, 其國不亡者乎. 臣讀『大學衍義』「齊家」三

篇, 至李泌告唐宗之言, 令人感泣. 未知伊日大臣或以此陳達於獨對之時耶."云.

二十二日, 前持平崔宗周·持平金台壽等疏, 槪略同. 同日, 副司直李世弼疏: "三綱絶, 則國未有不亡者矣. 壼位之光復, 實千古盛節, 而追奉己巳, 餘恫在心伏. 況臨御以來, 名碩之不得保全者非一, 已極不幸. 及今春秋晼晚, 疾痾淹延, 而獨幸一人元良, 付托得所. 萬姓仰戴, 神人之祈嚮, 在是. 倘於此萬一有蹉跌, 其於三綱何如也."云. 判府金宇杭·趙相愚·徐宗泰·承旨李觀命·李德英·校理趙觀彬·正言兪拓基等, 判尹洪萬朝·知事姜銑等·司直吳命峻·李16)大成·金演等聯名, 大諫權抃·僉贊趙泰耈等相繼疏入, 大意略同.

二十三日, 同春秋申銋·待敎權禬, 實錄考來. 二十七日, 領府事尹趾完疏略曰: "自古衰末之世, 常有陰邪之徒孽芽其間, 敗人國家. 昔在甲戌, 特下備忘曰: '强臣·凶孽, 有敢搖國本者, 論以逆律.' 臣以爲: '動搖國本, 是逆也, 別立禁令, 是失體.' 請還收, 蒙允. 其時大臣南九萬微意長慮, 至誠調護之言, 已矣難作. 同時, 舊臣只有篤老未死之一微臣, 誠薄望輕, 不能感回天意, 鎭服人心. 言念及此心骨俱寒. 惟我春宮旣失明陵, 顧復之慈, 繼遭辛巳震剝之慟. 依仰覆幬, 只恃殿下, 而不豫之色, 遽形於辭旨, 至發於筵席, 臣不知何故致此. 從古處人君父子之間, 深言竭論, 無如李泌. 其所以防遏幾微, 全保恩義者, 實在於勿露此意之戒. 至於獨對之擧, 未免上下爲交失. 殿下安可以相國爲私人, 大臣亦何可以具瞻之位, 爲人主私人. 宜其中外之驚惑暄譁也."云. 前副率金載海疏云: "昔年, 姜世龜疏, 伊時謂之謬妄, 殿下特加威怒. 而至今思之, 其言不爲無見."云. 頤命以衆疏非斥, 不自安, 进出東門外. 承·史, 逐日傳諭. 掌令洪葰【湖邑品官, 頤命鷹犬.】疏曰: "今日章奏間, 有旨意至深. 語不擇發, 或以根本之搖, 或以三綱之絶, 張大其言, 有若非常之變. 在於其中, 載海之疏, 造意陰險, 有若宮掖之間, 讒說交行, 間隙17)潛生者. 至以世龜之言, 不爲無見, 似若有驗於今日者然, 是誠何

---

16) 李 : 저본에는 빠져 있다. 실록과 필사본에 근거하여 보충하였다.

17) 隙 : 저본에는 "諜"으로 되어 있다. 필사본에 근거하여 수정하였다.

心. 伏願幷加嚴斥." 傳曰 : "自今此等疏, 勿捧."

八月初一日, 王世子出臨時敏堂, 行朝衆禮. 自今日聽政. 十四日, 尹相再疏 : "臣之所陳, 宗社之至計, 而殿下忽於深慮, 略不省納. 窃恐殿下此擧, 終爲亡國之根柢. 況今邸報乃以李楨翊爲承宣, 楨翊昔日一疏, 雖不可斷, 以將心爲一世指目則久矣. 當此危疑波蕩之際, 殿下略無顧忌, 臣窃痛之. 獨對事, 連見相臣疏, 至以神天爲質. 相臣信能擴充於此, 盡心保護, 終辦李泌扶安之功, 則臣將不惜忠臣二字擧以與之. 豈復以私臣目之." 答曰 : "卿以白首之年, 甘心於壞亂朝廷, 予實痛恨." 仍辭廩輿歸. 晦日, 嶺南左道儒生金升國等七千餘人,【入京, 五十餘人.】右道黃鍾準等, 五千餘人【入京, 三十八人.】疏呈, 政院還給.

十二月, 副修撰洪萬遇上疏云 : "領府事, 臣固不識其面目, 盖嘗知其堅確有執守, 不爲非義人也. 憂國之誠, 死猶未已攜, 將毒疾顚倒, 走來擔輿之行, 行路咸嗟. 瀝血之誠, 婦孺皆誦, 顧其精忠, 可貫金石. 而殿下反責, 其汲汲入京, 辭旨之迫切, 大是情外. 九十老臣, 何所求於斯世, 而甘心於壞, 殿下之朝廷, 而爲殿下之讒臣乎. 向來, 人心之驚懼, 久而未定, 大小章奏, 交陳不已, 保護之道, 靡不用極. 諫臣疏請告廟, 盖亦此意, 而首相有持難之意, 徒以前例之有無, 布諭於回啓. 至於林下儒相,【權尙夏】初無一言於上下危疑之際, 大臣之爲國忠慮, 山人之調護儲宮, 恐不如是. 嶺南科儒輩廢擧封章, 原其本意, 亶出於延頸願死之忱. 此在道臣有何可怒. 而臣見其狀本有曰 : '處分旣定之後, 欲請保護者, 何事.' 又曰 : '一種儒生之欲爲陳疏者, 未知其意之所在.' 顯有深嫉構罪之意. 如是則輦下諸臣, 及其兄權怦之疏, 皆在處分, 旣定之後, 自懍視之, 亦未知其意之所在耶. 噫, 科擧, 士子之大關. 揆以人情, 豈欲罷場. 不過嶺外遐, 蹤驟聞流傳之言, 憂愛之誠, 自不覺出於秉彝. 千萬多士, 相率叫閽者, 適見聖朝之培養士氣. 在所嘉奬, 宜若無罪. 而考官以軍卒驅迫, 道臣以狀達構捏, 束縛械杻, 充車乃已. 臣窃慨歎. 云云." 備忘記 : "觀此疏, 但當不用, 不必罪之. 而敢譏斥大臣, 不遺餘力, 極甚駭惋. 洪萬遇罷職, 不敍." 因正言金礪啓, 配蔚山.

634

039　是後壬寅, 趙洽招有曰: "其父爾重爲平兵時, 金雲澤以監賑御史來, 因事上京還謂爾重曰: '國家將有大事.' 重曰: '何事.' 澤曰: '非久, 當知之已, 而有獨對事.' 爾重謂洽曰: '金哥, 可謂怪異.' 此等事能豫知. 云云." 李濾招有曰: "張世相以爲當有獨對之擧, 先通于頤命. 不數日, 果然, 自是順命輩, 益信世相. 每因世相, 通池尙宮, 以圖危東宮. 云云."

040　丁酉春, 上幸溫陽湯井. 東山尹相年九十, 昇疾迎候于路次, 但以知道答之. 黃江上謁, 特命引見, 親執手, 寵眷之隆, 前此無有. 尹以兩朝老臣爲國衷赤, 婦孺皆知, 而待遇之禮, 迥隔於黃江云.

경종을 노리는 삼급수

041　景廟, 庚午冊世子. 乙亥行冠禮, 太學甫八歲. 天質岐嶷夙造, 聲容起居動中儀節. 當時環橋門, 萬萬章甫, 有目俱瞻. 入侍醫官輩, 又傳說: "脉道, 洪壯如索, 特殊於常人有倍. 云云." 健命所稱 '痿弱之疾', 果不知崇自何年, 外人之惑, 至今滋甚.

盖辛巳誣蠱獄, 作俑於春澤, 成之者, 世白·昌集輩也. 旣殺其母, 而臣事其子, 此必無之理. 渠輩三手之謀, 已非一朝一夕之故, 而特發覺於辛丑爾. 是故行藥事, 灰金主張, 而頤命父子一派, 徐德修又一派之說, 狼藉於辛丑諸賊之招. 則自辛巳以來, 椒酒·鴆餠, 似不止一·二試. 而天命有眷, 百神陰護, 雖不能售其凶計, 毒物所中積傷致疾, 或不可知也. 『易』曰: '子弑其父, 臣弑其君, 其所由來者, 漸矣.' 辛丑賊招, 有三手之說, 一刃·一藥·一廢. 刃曰大急手·藥曰小急手·廢曰平地手云.

壬寅, 金盛節結案招有曰: "丁酉, 錦平尉使行時, 器之父子, 以百金買藥. 來使宇寬入送世相, 世相與水刺次知金尙宮謀試之, 上躬旋卽吐出."云. 考之『藥院日記』, 信然. 於是, 三司合啓, 大臣·宗班·文武·百官迭請查出, 閱歲不已. 甲辰, 造紙別提方萬規投疏以爲: "彼輩所謂金姓宮人, 乃指斥慈聖也." 語意極凶悖, 卽令拿鞫萬規. 款以渠則遝陁 "愚賤無所知識. 疏本則出於尹鳳朝. 云云." 於是萬規斬, 鳳朝竄, 未久赦還. 臺啓請還收, 經年爭

執, 雖老黨亦不敢遽停, 執義金廷潤停之. 權判書以鎭聞之曰 : "金廷潤,
可謂, 名不虛得世." 皆傳笑. 先是前都事兪應煥, 與萬規疏, 意一串, 亦鳳朝
之筆. 而鳳朝, 飛卿之孫也.

영조대 위시(僞詩) 사건

042 今上【英宗】庚申冬, 閔百昌新來席上, 趙顯命謂閔亨洙曰 : "金·李旣
復爵, 龍澤·天紀, 何不伸冤乎." 亨洙大言曰 : "龍澤家, 藏肅廟密賜詩札,
乃今上手筆也. 伸冤何不可之有." 顯命曰 : "何不於上前發之." 亨洙曰 :
"諾." 翌日, 顯命·寅明同亨洙請對. 亨洙曰 : "丁酉, 頤命獨對時, 肅廟問
曰 : '在朝諸臣, 余皆知之, 士人中誰爲可托大事者.' 頤命曰 : '金鎭華子,
龍澤, 其人也.' 肅廟遂作詩命, 殿下書之, 仍付頤命, 以賜龍澤. 頤命乃使白
望傳與龍澤, 卽今藏在龍澤家. 閔翼洙以其妹婿目見傳說, 殿下豈忘之耶."
上曰 : "無是事也." 仍命設廳拿鞫龍澤之子遠材.

遠材就鞫杖六度不服. 上怒曰 : "翼洙竝拿鞫." 寅明進曰 : "如此則事至
張大. 翼洙姑停, 如何." 旣而遠材承服, 出其僞詩. 上遍示諸臣曰 : "是豈予
手筆乎." 卽令爻周. 又曰 : "如許妖惡等事, 必是福澤所爲." 福澤拿入親
鞫, 刑二次物故. 灰金·八澤, 而六澤於是, 殲盡矣. 遠材以其在幼稚, 未及
知, 減死, 流三千里. 是時, 亨洙震怖, 無人色. 寅明白上曰 : "今此發覺僞
旨, 夬卞聖誣, 皆亨洙之功. 亨洙且當論賞." 世稱寅明, 善爲陰陽色態者也.

이소훈 독살 사건

043 壬寅五月, 徐德修結案, 招有曰 : "李昭訓有害於吾家, 故上年五月,
與張世相相議, 以二百金買藥於白望所親譯官家. 使東宮廚府內人, 和飮
食毒斃昭訓. 世相傳言曰 : '此女旣死, 豈不好哉. 云云.'" 昭訓乃孝章世
子, 所生母也. 其後孝章以尪羸沈痼之疾, 乃卒. 醫者傳爲誣蠱之崇, 捕將張
鵬翼譏捕誣蠱者. 妖賊鄭思恭自服孥籍, 而其干連黨與, 更無明白承款者.
世皆疑德修餘黨, 復爲辛巳後, 春澤輩之所爲云.

영조대 경술년 옥사

044　鄭思恭卽判書維岳之孼子也. 向年, 埋凶穢於其宗家, 詛殺其宗孫, 發覺逮囚, 幸而獲免. 庚戌, 爲捕將張鵬翼所譏捕, 竟赤其宗. 鵬翼, 辛丑黨與, 麤悍樂禍者也. 當戊申·庚戌獄, 廣布譏察, 恣意鍛鍊. 凡諸人奴之欲疾其主者, 與讎家之欲報私怨者, 從其訐告, 率以單辭捕入, 亟施淫刑, 不殺不已. 以是無辜之破家戮身者, 不計其數. 道路側目, 比之羅鉗云.

045　朴趾文, 字世能, 舍人涏之子. 有學識能文章, 操身修行, 斐然名下士也. 與鄭道隆, 同是權令重經之婿也. 權令之爲全伯也, 道隆之庶叔思恭, 要以軍官帶去, 世能以其人物憸邪, 不吉而止之, 思恭以是啣之. 庚戌, 咀呪獄, 恭誣引世能以爲: "見與道隆友婿, 道隆陰謀, 似必與知." 於是世能拿入與道隆, 不相干涉之狀, 初供淸脫. 而承旨柳儼白上曰: "此罪人於戊申逆節, 前預爲下鄕. 是必參知逆情也. 且無故廢科, 今春除叅奉, 而不爲謝恩, 是汚穢朝廷, 不欲立朝之意也." 以此加訊刑, 遂死於桁楊. 此與鄭介淸之初, 以逆告拿之, 終以淸談節義論, 斃之也.

士人鄭光震爲[18]言: "余[19]與趾文初無雅分. 而嘗於黌序間, 見其言動, 有異於凡人者, 故心識之. 李德壽判銓時, 訪余以午人士流中, 可爲齋郎者, 余以趾文應之. 適擬望受點, 敎旨旣下. 銓判復問於余曰: '聞朴趾文全家入俗離, 其族戚親知, 在洛下者未知誰某. 官敎將何以傳致乎.' 余曰: '訪其泮人而授之, 斯可矣.' 於是銓判使從者, 入泮中, 訪其主人以來, 授其官敎, 使之傳送. 而荏苒之間, 期限已過, 不能上來肅謝. 此非其罪也, 而竟以此殺身, 是所謂: '伯仁由我而死者.' 心嘗咄咄, 未已云. 槪趾文雖與道隆同婿, 而兩人早年皆喪耦. 又與道隆不相合, 平日不相往來, 亦儕友之所共知者也."

---

18) 爲: 저본에는 뒤에 "余"가 더 있다. 필사본에 근거하여 삭제하였다.
19) 余: 저본에는 빠져 있다. 필사본에 근거하여 보충하였다.

김진상과 노론4대신

046　金鎭商, 萬埰之子·益勳之孫也. 肅廟末年, 以東宮之無嗣, 命遷葬嬉嬪. 禮曹以出柩下棺時, 東宮望哭, 儀注啓下, 鎭商上疏曰: "張氏旣罪死於大朝, 則於世子道絶矣, 不可望哭. 云云." 人莫不駭之曰: "益勳之罪死, 萬埰, 其不哭乎." 景廟命竄商于茂山. 今上登極後, 蒙放除職. 上疏曰: "嘗父事四大臣. 四大臣俱不免禍, 寧忍有束帶, 復立朝之心乎." 退處驪江. 屢除三司, 至於正卿入耆社, 以廣遊名山爲事. 四家之子孫, 皆束帶立朝, 而商獨終不立朝, 蓋其父事之誠, 過於其子孫耶. 勳亦死於禍, 而埰則立朝供職, 位至宰列. 其父事勳, 果不及於商父事四臣耶. 甚矣, 商之溺於黨論也. 何其言之妄也.

박윤동의 경종 만장

047　朴掌令胤東, 撰進景廟挽章. 其一聯曰: "危檣閱歷千層浪, 寶座依俙一夢場." 又曰: "尋常一疾何須慮, 侍衛諸臣亦不知." 遂至被論廢錮. 翌年乙巳, 姜判書銳, 晬日有詩曰: "黨禍卽今回乙巳, 忠賢從古降庚寅." 姜台庚寅生, 故也. 當路者大以爲仇, 至於汰其子寢郞. 近年, 朴公之孫道天登第, 亦見枳. 古今詩案, 寧有錮子, 錮其孫者哉. 吁, 亦刻矣.

강박 관련 일화

048　姜樸, 字子淳, 號蕙圃, 又改菊圃. 今上元年, 以玉堂力斥閔鎭遠·魚有龜, 以內舅·外舅之戚臣, 先負景宗之罪. 又於經筵斥志述爲妖賊. 大爲老黨之所仇, 故早膺文衡之望, 而抹掞崎嶇. 戊申, 陞通政, 後十五年, 終不拜實職而歿. 老黨之勢, 去去益熾, 近年所謂, 午黨·少黨之歸附老論者漸盛, 爭袞於兩宋, 從享之論, 有若擧國公誦者然. 丙子, 竟至從享, 而京外寂無一言斥之者. 噫.

049　甲戌以來, 屢經風霜, 午黨惴惴然, 莫敢抗於西黨之稍有力者, 況於懷乎. 肅廟丙申春, 尼·懷之戰, 老黨有上疏斥尼. 且及己巳尤之被禍之事曰：“凶黨戕賢, 至于告廟. 云云.” 少黨金弘錫, 以承文正字, 將盡罰疏儒, 發通四館. 正字姜樸答：“以王法所誅謂之戕賢, 告廟正論謂之凶黨, 爲先停擧.”云. 正言宋眞明請：“摘出答通, 首發者罷職.” 弘錫“以樸等, 以醜言悖說, 狼藉簡中, 不可同院” 呈狀自明. 蓋其意直書謹悉, 則似右尼, 不欲同衆, 則似右懷. 故只主自己之論, 而處事十分精詳矣. 上博士姜綸答, 以與姜正字意同云. 正言金啓煥“以闖附尊賢之義, 欲售挾雜之意. 請罷綸等之職.”

蓋少黨之意, 皆怒於姜樸之自主已見, 於醜辱尼山之罪, 置之度外, 迭爲論啓. 姜樸遠竄, 姜綸削職. 金弘錫反覆之態, 不忍正視. 掌令權世恒疏論：“姜樸所攻, 即擬書所攻也. 彼祖述擬書者, 反罪姜樸之論, 其可以服人心乎.” 睦大叔贈詩送菊圃謫行曰：“何心風雨又終朝, 萬事人間氣欲消. 權知正字投荒去, 二十七男兒不寂寥.”

윤지술과 삼현사

050　明陵誌文, 李頤命製進, 而禧嬪賜死事, 猶不敢明言. 尹志述者以掌議倡言於太學曰：“上於張氏, 母子之義, 已絕, 無可諱者. 將率館儒疏論, 改撰. 云云.” 雖其醜類聞之, 相顧驚駭, 太半奔出. 以故疏議不成, 至於捲堂. 述書入所懷, 語極凶悖. 上怒特命誅之. 老黨以爲述能立節死義, 其推獎尊慕, 過於陳·歐.

昔漢武殺鉤弋, 班固作『漢史』書之曰：“鉤弋從幸, 有過見譴, 以憂卒.” 蓋其時昭帝已崩, 而猶爲昭帝諱之也. 史筆至嚴尙如此, 況誌銘之法, 稱美不稱惡乎. 凡今之人對其子暴揚其母之惡, 雖其僕隸猶不忍, 況於君父乎. 斯義也, 苟有人心者, 尙能知之, 而彼輩無一人知之者, 其眞不知耶. 其後領相閔鎭遠袖進箚, 乞以懿陵平日疾病昏蔽之由, 告廟頒示. 前有任敞者, 請列禧嬪弑中宮之由, 告祖宗頒示臣民. 是皆志述, 一串心腸也.

051　肅廟戊戌, 作三賢祠於太學, 三賢者何蕃·陳東·歐陽澈. 而倡之者, 時掌議志述也. 景廟辛丑, 述斥上私親過惡, 以不道, 誅. 今上丁巳, 老黨秉權, 述配三賢祠. 祠本無義, 而乃以辱君親之凶賊配之, 是又何義也. 丁未, 少黨得志, 志述黜. 述者少年狂妄子, 閔翼洙家, 私客卯育者也.

서원 남설의 폐해

052 書院, 本古者黨・塾・庠・序之遺儀, 爲士子藏修・肄業之所. 而仍祀鄕賢處士, 先有德者, 所以使人敬愼・齋肅・觀感而興起之者也. 挽近以來, 世道乖悖, 士不師古人, 各異論. 尊賢・尙德之風衰, 慕名黨私之習成. 以爲某也有道德・某也有行義・某也有文章, 皆可祀也, 爭事俎豆, 以相夸眩. 或至於官貴則祀之, 黨成則祀之, 都・鄙・州・閭, 院宇相望. 春『詩』夏『禮』, 絃誦之聲不聞, 徒爲鄕里子弟, 傾奪酒肉之場. 實戶丁男, 竄名軍籍, 無補於敎, 而有害於政, 莫此爲甚. 書院之設, 豈直使然哉.
肅廟深察其弊, 凡中外疊設新設者, 使之禁毀, 著在令甲, 而有司慢不擧行. 今上辛酉, 仍李光佐配, 食北靑事, 特令自甲午以後, 所設書院・生祠・鄕賢祠・影堂, 一竝撤去, 無慮百餘所. 而其中有勢者, 亦多仍存云.

이광좌 관련 일화

053 白沙謫北靑, 靑人建書院, 尸祝之. 及光相卒, 北士[20]爲其爲巡使時有遺惠, 配食于白沙. 事成後, 巡使朴文秀始啓奏, 老黨以爲不稟朝廷, 徑自私享, 違禁條, 卽令斥出文秀拿遞, 閔亨洙代任. 到卽究禁其時營建有司, 竝取其位牌. 出巡時, 使其人負其牌先路. 令兩卒持杖, 蹋足驅策之, 疾走行數十里, 氣急僵仆. 卽於路次, 捽入猛棍, 曳其牌. 使左右軍, 健齊聲唱曰: "逆賊李光佐拿入." 爲拷掠推鞫之狀. 仍以斧片片磔裂, 布諸路中, 行馬其上, 踏碎之. 後數日還營, 俄頃洙暴死. 人以爲光相之靈, 有以陰誅云矣.【後更從閔家往來人聞之: "亨洙以其位牌作廁牏, 其後嘔血卽斃." 其家人或有指斥光佐之語, 則必有殃咎, 故其家諸人, 口中不敢道, 李光佐三字云】北靑有土着軍官, 解事多能. 李相爲北伯時, 所獎拔信任者也. 亨洙曲加他罪, 卽日撲殺之. 黨論之怨毒, 至是歟.

---

20) 土 : 저본에는 "士"로 되어 있다. 필사본에 근거하여 수정하였다.

054 李光佐, 尙輔台相, 三從弟, 稱爲少論中, 第一人物. 莊重有威望, 朝野憚畏, 小民病瘧者, 背貼其名姓, 輒瘳云. 爲老黨深嫉, 方合啓論殺. 而地師朴東俊者受人嗾上變告"葬占王字穴爲無將"云. 於是憂憤不食, 胥命闕門外, 暴卒. 後數月, 竝移四葬, 此無異泉壤之禍也, 人皆冤之.

이태좌 관련 일화

055 李相台佐, 亦自謹厚. 嘗買女奴, 得母女二口. 見其嘗止宿內室, 不數數下堂. 或應命趁役, 不肯與奴隷輩相混. 覺其有異, 窮詰得其情. 其丈夫乃水原鄕族崔姓者, 凶歲無以糊口, 售其妻女爲活計也. 台相聞之, 大感爲改館其母女, 略備匜具, 以其女歸之於其鄕禹德明者爲妻. 而使其母偕歸, 卽日燒其文券.

삼급수, 역모의 근원

056 自辛丑以後, 逆獄連起, 禁郎沓出, 馹騎蔽於行路, 鄕卒疲於防送. 昔白沙李相國稱: "逆賊, 非如鳥獸魚鼈, 處處生産之物. 今則山童川渴, 鳥獸魚鼈, 不能處處生産, 而逆賊, 生産無處無之, 此何世變耶." 自古爲逆者不一, 而其慘毒狼藉, 源流蔓延者, 無如三手之逆謀. 而逆者皆勢家也, 逆旋變爲忠, 不徒復官贈諡, 至於書院, 而尸祝之. 諺稱'逆亦有勢, 然後能做'者, 其是之謂歟.

영조대 무신란의 전말

057 戊申, 李麟佐等招集鄕里無賴子弟, 入淸州殺兵使李鳳祥·營將南延年, 自稱大元帥. 僞關于湖西, 列郡風靡, 棄城逃者十居六七. 朝廷遣兵判吳命恒, 不旬日討平之. 上御崇禮門受馘. 逮捕其黨, 稱西·南黨人者, 一竝混出, 轉相援引, 其類不億. 趙文命·宋寅明, 按治之, 名爲西人者, 初不請拿, 雖拿入, 率皆全釋. 名爲南人者, 必窮訊而期於取服. 如權詹·權益寬·金重器·尹濙者流. 其形跡之可疑, 不啻泥獸, 而以趙·宋之黨與, 故遷延盖覆, 畢竟無事. 此外無名子拿入白放者, 何可勝計, 而若是午人, 則其鉤鉅鍛鍊,無所不至. 其計爲脫其黨類而專蔽罪於南人也. 蔓延數歲, 株連無辜, 權勢在手, 禍福生殺, 由其好惡, 人稱爲趙‧宋乾坤.

058 自古凶逆之稱兵者, 如李澄玉‧宋儒眞‧李夢鶴‧李仁居, 不一‧二. 而其狂癡妄悖者, 宜莫如戊申六賊. 將帥之出征凶逆者, 亦非一‧二. 而無其實而得大名者, 宜莫如吳命恒也. 以『勘亂錄』觀之, 則"其行軍用兵, 神謀鬼籌, 諸葛不如." 而出師之後, 賊徒已自潰散逃匿, 曾無一番交兵對陣之舉行, 到處但饋穀鳴鞭而已. 則所謂神謀鬼籌于何施措. 『勘亂錄』乃趙顯命‧宋寅明所作也. 人之讀之者無不曰: "千古史盡如此, 汾陽, 殲安史之功, 西平, 平泚滔之績, 都不可信." 此是近日事, 目覩耳聞, 有不可誣者, 故與人之誦如此. 朴文秀, 時爲命恒從事官, 自是同功一體之人. 而獻讒之初, 乃劾命恒出師逗遛, '功大罪小. 云云' 要亦自附於公論, 而蓋爲先發制人, 使人莫敢議其後也.

059 淸州陷報聞, 朝廷遣吳命恒. 將都監軍出征, 行到振威. 三日遲回時, 禁府假都事金聲玉, 捕罪人于平澤. 發平澤驛卒數十人, 夜到兵判所, 乞寄宿軍中. 軍中夜驚擾亂. 以都事爲賊間諜, 都事及所帶人卒, 竝驅出亂斬. 從事官趙顯命, 聞變蒼黃, 具戎服, 詣中軍幕. 爲亂兵所縛, 亦曳出將斬, 顯命卒惶急, 疾聲呼叫. 命恒聞其聲熟, 使之擁入, 乃顯命也. 顯命怒曰: "爾殺我, 將欲叛耶." 命恒愕然謝之.
軍行無斥堠, 不知淸賊之動靜如何, 欲直向淸州. 至素沙, 安城官吏文以益者, 適自鎭川, 探賊報走來告急. 命恒以爲爲賊慢軍斬之, 以益泣訴曰: "矣身於鎭川, 目見賊屯. 今必到安城, 願至安城無賊, 然後就戮." 命恒乃從安城路, 住軍于克敵樓下, 望見翰門峴, 賊軍現形. 遣安城把摠, 率土兵, 往試賊, 賊望風逃走. 賊將坐幕中, 其卒以幕掩之斬, 獻軍前. 於是命恒縱兵追之, 兵無所戲, 利於搶掠. 凡遇山谷間, 避亂民人, 一竝戮之, 以充賊馘. 竹山亦如之, 以是無辜之橫死者不少. 及踰嶺南, 賊徒已自潰散, 就擒道無留者. 命恒以不世奇功, 策勳拜相, 不數年身死. 死後, 其家爲火所灰, 人謂

642

多殺不辜之報. 老黨, 或謂命恒自請出征, 振威之三日逗遛, 可疑, 初與賊知情者云. 豈其然乎.

060 賊陷清州之日, 兵使李鳳祥方設大宴. 夕牧使朴鐘²¹⁾報曰:"城外酒店, 無賴之徒, 兩兩三三, 霱至接宿, 蹤跡可疑, 宜令潛察." 兵使醉應曰:"往來行人, 何必盡爲搬問." 方飮闌, 忽有鵲飛繞筵間亂噪, 坐客皆以報喜, 不爲之動. 夜深酒散, 挾妓甘寢于別堂. 三更許, 轅門大開, 賊兵擁入. 兵使驚走, 匿于園後竹林, 爲亂軍所殺. 賊初不知爲兵使, 窮覓不得, 裨將洪琳效逢丑父死之. 營將南延年方宿被擒, 不屈死. 虞候朴宗元投降.
賊留清州, 四五日, 散向鎭川·安城·竹山. 僞兵使申天永據山城, 及安·竹賊陣敗報至城中. 吏卒潛招, 土着閒散朴敏雄, 瞰其無備, 共斬之. 敏雄拜營將, 賊平後, 建忠烈祠于清州, 祀鳳祥·延年·琳. 有無名子, 題詩于壁曰:"三更靈鵲繞樑喧, 燭滅華堂醉夢昏. 裨將能建蓮幕節, 元戎謾作竹林魂. 雲猶死耳垂唐史, 陵獨何心負漢恩. 可笑漁人功坐取, 一時榮寵耀鄉村." 朴鐘棄城走間, 道連上啓, 故免死陞敍.

061 賊陣僞關到洪州, 州牧柳儼怡怳, 不知所爲, 但立馬整轡待之. 有一妄男子戴白氈笠, 馳過城門呼曰:"大軍方至矣." 儼聞之, 急索馬, 以單騎逃出, 不知所向. 府內無主, 人民大擾, 啇眷呼哭罔措. 其大夫人, 及唱負之, 其夫人, 吏房負之, 其室女, 通引負之, 踰城逋竄, 各抵山村. 數日稍定, 儼始還府, 賞從亡功. 負大夫人者, 給一石米, 負夫人及室女者, 內外所酬十倍之, 至今館置其門下, 爲軍官爲別將, 其利無窮. 及唱者處處分愬, 恨不負其夫人及室女. 一府傳笑, 有口皆言. 持平李碩臣論劾備悉:"'監司殿最曰分米不均, 居中'. 而儼托姻柄相, 勢大力重, 故呼唱道路, 略無愧色." 碩臣坐此, 十年不調.

---

21) 鐘 : 저본에는 "橦"으로 되어 있다. 실록에 근거하여 수정하였다. 이하 동일한 수정사례는 교감기를 달지 않는다.

이현일 상소를 둘러싼 논란

062 肅廟己巳四月, 南岳李玄逸以工議承召, 至廣州, 縣道封疏略曰:
"伏見邸報, 天心未豫, 將有動搖中壼之意, 大小臣僚以言獲罪, 實非臣愚平
日所望於殿下也. 昔漢之光武, 行之於前, 而不免賢帝之過. 宋之仁宗, 行之
於後, 而終爲白玉之瑕. 惟我殿下, 念哉戒哉. 云云." 留守鄭沉以嚴旨纔頒,
不上送. 卽依鄭監門之例, 違禁發遞, 授曹史, 呈院, 不得徹. 又因災異言事
曰: "廢妃閔氏, 不循壼儀, 自絶于天, 六禮所聘, 正位中宮, 殆將十年. 今被
廢黜, 至置閭家, 絶其廩食, 未免過當失中. 請依宋仁郭后事, 處之離宮,
爲設防衛, 謹糾禁, 給廩料, 使有所賴, 則其於處變, 庶幾曲盡. 云云."
甲戌, 掌令安世徵[22], 拈出自絶・糾禁等語, 啓請拿鞫. 其原情曰: "聖上卽
中宮之所天, 故自絶于天等語, 致宛轉委曲之意. 移入別宮, 守衛之官, 得有
糾禁, 則警守稍謹, 禮貌稍尊. 自古宮城國門, 皆有糾禁, 故窃取其意, 而摘
抉勘罪. 使尊上之意, 反[23]爲侮上之歸, 豈不冤哉." 委官南九萬・尹趾善等
以爲: "本情似非謀害." 荐棘嶺北. 辛巳, 崔錫鼎・李畬曰: "玄逸之疏, 決
非謀害." 上曰: "放之." 其後庚子・辛丑, 連有職牒還給之命, 而老黨力請
還收.

063 今上丁巳, 校理金聖鐸辭疏略曰: "嶺儒申瀗疏斥臣以詖言誣說,
醜詆之辱. 又及臣師李玄逸, 至比昏朝賊臣仁弘, 在臣生三事一之義, 豈思
泯默. 玄逸之至今名在罪籍者, 以己巳秋, 應旨疏一句語. 而全疏本意, 則實
爲聖母致慰安之道, 導先王盡處變之義. 己卯賜環・辛巳全釋, 其本情之無
他於此, 可見. 臣知殿下於己巳事, 付之先天. 而窃痛以臣之故, 辱及師門.
云云."
疏入, 老黨摘抉己巳事, 付之先天等語, 以激天怒, 設鞫庭訊, 必欲殺之.
豐原君趙顯命疏論以爲: "朝庭初不以逆律勘玄逸, 而以護逆責聖鐸, 不
幾於罔民乎. 必欲以護逆誅聖鐸, 則追行拏籍於玄逸, 然後可也. 金石之典,

---

22) 徵: 저본에는 "徵"으로 되어 있다. 실록과 필사본에 근거하여 수정하였다.
23) 反: 저본에는 "乃"로 되어 있다. 필사본에 근거하여 수정하였다.

自有次第, 護逆之律, 不可輕施於聖鐸也. 至於先天之說, 豈有別般隱情,
可以限死鞫問者. 而朝庭之名論太勝, 王獄之獻讞失平, 惜乎. 殿下之廷,
曾無一介張釋之故也. 云云." 於是老黨, 自左相下至三司, 交章攻豐原君以
名義罪人, 司諫徐命珩啓以遠竄. 鄭履儉以校理箚救豐原以爲: "聖鐸伸
玄逸爲護逆, 顯命卞聖鐸爲得罪名義云. 爾則聖朝名義之案, 果重矣. 天下
之逆一也, 昌集·頤命·徵夏, 逆名尙在丹書, 而其冒請伸雪之疏, 揚揚翩翔
於朝著之間, 聖朝刑政, 未免偏重. 云云." 於是老黨大臣以下, 卿宰在職者,
俱投章引嫌. 尹汲·韓翼謩疏論履儉以爲: "此輩不知罪頤·集兩臣, 反爲
讎代理之歸." 兵判閔應洙疏以爲: "此輩仇視建儲之臣. 云云."

八月五日, 筵席上下敎曰: "爲我臣子者, 豈聞尹汲之言而安於心乎." 於
是尹惠敎, 竝七卿宰·諸軍啣人疏攻尹汲. 翌日, 趙榮國·金光世等, 數十人
疏, 救鄭履儉. 兩邊章奏, 紛紛沓進, 竝無批還給.

初八, 承史入對. 下敎累千百言, 大略皆是偏論之弊, 間有臣子不忍聞之敎.
【傳禪事】仍敎曰: "君父, 兩日不食, 諸臣尙不待命, 道理當如是乎." 搢紳疏
諸人相率, 席藁於金吾, 右相宋寅明·奉朝賀李光佐, 竝入來待命. 敎曰:
"大小公事, 竝停出入." 又曰: "君父不食多日, 而尹汲·韓翼謩, 偃然在家,
不爲胥命, 其心可知." 當親鞫事分付. 又曰: "予不可爲諸臣之君, 而不
可[24]御正門親鞫. 進善門爲之." 於是左·右相·原任奉朝賀, 幷自席藁所上
箚言: "韓翼謩·尹汲, 雖妄言, 何至親鞫. 云云." 竝命還給. 韓·尹兩罪人推
問後, 左右相及入侍諸臣, 同辭救解, 仍命荐棘南海. 敎曰: "宋時烈啓此黨
論, 流害至今, 是國之賊也. 若使時烈在者, 必施重律." 金取魯欲伸卞纔發
端, 上怒叱退命付處. 尹淳·李秉常·吳瑗·金尙魯等, 皆以黨論已甚, 削黜.
搢紳疏諸人, 亦皆削職. 面諭李台佐曰: "卿子宗城, 偏論已甚, 速斬頭來."
辭氣嚴凜. 李光佐特拜領相, 批諭懇摯, 眷顧出常, 領相不得已出肅. 左右相
亦命重卜, 以期寅協. 仍命進湯蔬, 敎曰: "諸臣以予爲外面, 雖云不食, 自
內應有所進, 而彼天在上, 三日實無所食矣."

---

24) 不可: 저본에는 빠져 있다. 필사본에 근거하여 보충하였다.

064 今上辛酉, 上御月廊, 教曰: "因予寡德, 祖宗宗社, 將亡於黨論, 予
何顏復臨群臣乎. 但有屛退而已." 諸臣各引罪, 未畢, 上復命轎, 引入禁苑
深閣, 門開內官捲簾. 乃先王御容奉安所, 上上殿慟哭, 諸內人·宦寺皆哭.
諸臣或有隨哭者, 其中尹陽來最善哭. 數食頃, 上止哭, 回御正殿, 命諸臣登
對. 大臣進曰: "殿下因何激惱, 爲此無前之擧乎." 上曰: "俄已發端矣.
宗社將亡, 諸臣之朋黨無已, 予則退處之外, 無他策矣. 今日將與諸臣訣.
是以哭辭於先王." 諸臣惶恐泣伏罪, 縷縷陳達. 自今願無敢復爲黨論, 陽來
出矢言曰: "此後若復爲黨論者, 誠狗子也." 上微哂曰: "如此則姑從卿
等之言, 以觀將來." 諸臣仍退出.

이관후의 송인명 탄핵 상소

065 今上戊午, 持平李觀厚劾宋寅明疏中, 有'叱嗟之聲四起'六字. 領相
摘抉其句語, 袖魯仲連傳入對, 以激上怒. 遂廷鞫觀厚, 觀厚駭子, 招以渠則
不文. 前典籍裴胤明代草, 其語意淺深, 渠不省得. 於是胤明拿鞫, 伏不道之
誅. 觀厚受刑, 竄海島. 前持平李時熙·正字許錘, 皆以衆看疏草, 竝定配.
觀厚, 嶺士益馥之子, 爲武勳益祕繼子. 祕見觀厚, 爲世廢人, 乃反捃摭其過
惡, 鳴官罷養. 世皆唾祕之戕倫敗常.

민백상의 도량

066 閔百祥, 鎭遠之孫, 溺於黨論, 而猶有公心, 何其異也. 由萊府登道伯,
莅任之初, 其三從兄, 星州牧百男, 捉囚寒岡書院齋任, 張皇論報. 盖寒岡書
院, 午人之院, 鄉多新論者, 聯名呈文曰: "鄭寒岡詆斥立巖.【閔齊仁, 號】今
院任某之祖, 某有雜錄, 多醜詆立巖者. 云云." 百男論報, 必欲重究, 百祥題
送曰: "某等何爲不報而徑囚耶. 卽爲放送. 而捉囚呈文狀頭, 後報." 使百
男疑其誤見而誤題, 又爲稟報向如前題.
百男親往語之曰: "先祖受誣辱, 而吾兄弟爲牧爲伯, 不之治耶." 百祥
曰: "兄何爲發此言耶. 自東西分貳之後, 互相詆斥, 無足怪也. 先祖乙巳
事, 特以追悔之故, 幸得伸雪, 而異己之詆斥, 何必呶呶爭卞. 是藏火之復起

也. 人家私錄, 固不可摘發. 且南中新論者, 皆不如舊論之家也. 乘我兄弟之
爲牧伯, 欲快私怨, 而傾奪院宇之計也. 如許悖亂之輩, 嚴加堤防, 可息鄕
戰." 仍卽發關, 放其先囚, 捉致狀頭, 嚴刑放送. 祥獨有是, 見是量耶. 按道
亦多善政云.

유혁연의 명성

067 故尙書柳赫然, 才局俱備. 金錫冑忌其不附於己, 庚申之獄, 百計搆
殺. 國人至今悲之. 尙書之子, 故府使星明, 終身不向西而坐. 府使之再從
弟, 故統制使星樞, 取府使次子鳳章爲後曰 : "吾家自先世言之, 自是東人,
今吾取午人之子爲子, 父從子亦宜. 云云." 統制之言, 非徒出於從子, 盖不
忘本之意也.

鳳章又無子, 取本生末弟, 故佐郞得章次子寬基爲後. 寬基旣尙書之曾孫,
府使之孫, 則今視於西, 當何如也. 況又得章見陷害於己酉獄, 後雖伸雪,
其殺父之讎, 則何如也. 寬基今爲統制孫, 而曰 : "吾祖統制公, 幾乎不免
於辛丑之獄, 酷附時論, 自以爲歸正."云. 當初統制橫罹獄事, 非出於爲南·
爲西之故, 其生出獄門, 亦非由於爲南·爲西之故. 可謂偶入橫罹, 僥倖而
生出者也. 假使統制, 雖未免一時之厄, 其趨附於時人, 亦無顯然判爲時論
之端. 而寬之自以爲‘爲所後祖爲時論’云者, 爲所後祖, 則善矣. 獨不念其
所生之父與祖曾祖乎. 渠自云‘歸正’, 則正之反卽邪, 置其本生家於邪黨,
可乎. 傷倫敗義, 莫此甚矣.

삼수의 남은 독

068 今上庚申, 衆判李春躋, 冠子延客. 宋寅明父子, 以賓贊赴, 趙顯命以
下, 諸少論與宴者, 無慮數三十人. 宴未央太半中毒, 少年名士死者四人.
黃晸·寅明獨子·春躋寡嫂獨女, 及男女死者十餘人. 傔從僕隸死者, 竝數
十人. 上聞之驚動, 命逮膳夫廚監. 窮竆廚監者, 乃春躋庶弟, 夏躋也. 饌夫
自刎死, 夏躋累次評, 問嚼舌不復言. 饌夫妻所供有曰 : "設宴前數日, 其
夫負六十緡銅而來, 莫知其所從來."云. 後終不得其端緒, 世疑三手餘毒,

波及於此. 而向者李森·李光佐之死, 似是一串云.

이홍모의 절개

069 李弘模士範, 湖安公子之孫也. 辛丑, 弘述·明佐逆死, 明會隨坐, 德興廟乏祀. 士範以宗望, 授都正, 主其祀. 今上乙巳, 明會復爵, 祀歸本宗, 命收士範爵, 特仍資付僉樞, 此亦異數也. 卒官懷德縣監. 士範尙文雅, 疎於財利, 不屑爲家人産業, 好吟詩. 有翩翩佳公子風流習氣. 士範宗室, 後於東西, 論無不可, 而爲其先故, 姻親執友, 率多午人, 守志不變. 初其戚黨爲時柄相, 頗爲之言, 從而與之, 膴仕可得, 而亦不顧也.

嘗曰: "士大夫之有東西論, 粵自乃祖乃父, 如人之得姓, 子孫世守之而不變, 如其變之是, 猶變其姓者也. 此視今世之藏頭換面, 朝降夕反者, 其介石之志, 當如何哉." 吾猶知士範, 而士範亦不必知吾之能知士範也. 向也, 士範之孤時, 熙乞挽於吾面, 吾有所誠, 凡於朋友間, 不敢酬. 此者已有年矣, 心焉耿耿, 不能自已. 佔畢之餘, 聊述數行, 語以志之, 亦不必寄示其孤也.

김화윤의 선행

070 金上舍華潤仲鎭相門之孫也. 豐貌偉幹, 儀狀重厚, 一見可知爲大家人物也. 有學術文行, 至老不放倒, 持守堅確. 自甲戌以來, 風霜震剝, 桑海變遷, 而言議激昂, 不以時勢利害, 有所撓奪, 士友倚以爲重. 己酉, 爲不悅者, 所下石, 兄弟俱移關塞, 旋卽蒙放. 庚戌, 睦大叔以家奴之變, 死于牢狴, 轝歸故山. 時譏察旁午, 禍網彌天, 知舊無敢問者. 而仲鎭獨走往哭, 躬視其棺斂, 此亦衰世之所難得也. 年七十餘窮餓仍沒. 其沒之前一日, 浴髮澡身, 招集諸子姪, 區畫喪葬事. 自銘百餘言以遺其子孫. 其夜安寢, 翌日乃逝. 其平日操守, 有過人者, 可見矣.

대탕평론 비판

071 今上辛酉秋, 吳光運疏陳大蕩平論略曰: "朝討大朝之逆, 夕當討東宮之逆, 而不徒不討, 凶案尙在. 云云." 上納之, 親製大訓, 告廟頒示.

頤·集輩俱復讜, 辛壬獄案, 一竝燒火, 猶天紀·龍澤·喜之·尙吉, 四·五逆
仍存. 或稱光運爲元景夏所使. 景夏, 故相斗杓之曾孫也. 嘗排烈宋, 又當上
前每斥老黨之過, 陽貳於老黨. 又請追奬故大諫李東標, 并籹復其子濟兼,
以沽公直之名. 卒嗛光運, 倡大蕩平之論, 易四凶爲四忠, 并爻周逆案, 而不
親犯手勢, 其術數權謀, 殆亦胄·澤輩一流云.

是時, 古心齋朴公有詩曰: "辛·壬25)凶焰勢滔天, 王府丹書皎日懸. 已見
戮魁還鼎軸, 更聞成案蕩灰烟. 國言無奈騰千口, 公論何曾待百年. 蒼昊昭
臨神鬼質, 跳嗥餘黨莫翩翩. 又曰: "藥山司直稱恬退, 不向淸朝做熱官.
豈以孤身投間隙, 胡然尺疏觸機關. 誠忠自許看來好, 心跡交乖掩得難. 鳳
閣·銀臺平步去, 懿陵東望不泚顔." 又曰: "病翁未了岩磯事, 聖世宏猷敢
與知. 昕陛頒綸聞有命, 凍天垂雨況無騎. 甘趨畫地書遲晩, 未點疎斑聽訓
辭. 寂寂蓬廬掩戶坐, 仰穹無語獨長嘻." 君子謂之詩史.

072 吳光運, 辛酉疏, 稱先正臣李珥, 栗之稱先正, 自午人以來, 無是也.
乃祖敦寧公, 是己巳初, 斥享疏儒也. 斥之尊之, 前後人論議, 不同, 揆諸義
理, 未知如何也. 又曰: "北相誤國." 北相指鵝溪也. 鵝溪爲自家外先祖.
孟子稱: "孝子慈孫, 不能掩其惡者." 其謂是歟. 鵝溪女婿, 安監司應亨,
而監司之孫, 承旨後悅, 卽光運之外祖也.

073 吳光運案上·尊閣『栗谷集』, 鄭掌令廣運見之笑曰: "『粟谷集』奚
爲也." 所謂粟谷者, 當時不識丁之流, 多附於時論, 不知栗字, 稱粟谷者有
之, 故云然.

074 壬戌, 廷試時, 考官元景夏得一試券, 亟稱好文字, 旣而曰: "惜乎.
有妄發, 不可中選." 傍坐問曰: "何許好文字, 有何妄發耶." 景夏曰: "文
誠好矣, 而稱先正臣李珥, 若是酉人. 則物色太露, 若是午人則詔也, 豈非妄

25) 壬: 저본에는 "丑"으로 되어 있다. 필사본에 근거하여 수정하였다.

發乎." 或指吳光運曰: "此令疏中, 亦稱先正, 豈可謂爲諂." 景夏曰: "上疏則可, 科文則不可." 仍相視大笑. 光運但俛首泯默云.

이맹휴 등용과 건극 확립

075 壬戌九月, 春塘臺親策士, 命取十人. 翌日, 崇文堂合考時, 趙明履讀二平券. 上亟稱之曰: "雖所知之事, 何能如是書出乎." 鄭羽良曰: "此皆滿腹經綸, 而其文甚堅緻, 蹴踏不破也." 元景夏曰: "末端猶有精神." 上曰: "此若蘊蓄而發者, 則乃是俊乂也." 宋寅明曰: "壯元, 可乎." 上曰: "唯." 承旨進券, 上親坼封, 廣州居, 李潛子孟休也. 徐宗玉曰: "名下士也. 其父以學問著稱." 吳光運曰: "此故僉判夏鎭之孫. 素以該博能文, 有名當世. 其父學問甚高, 曾爲監役不仕. 課子甚勤, 故孟休文辭夙成矣."

十二, 晝講時, 景夏進曰: "李孟休博學之士, 但是李潛之姪."云. 上不答. 又曰: "李潛是先朝罪死之人, 是爲可惜." 上又無發落. 十七, 唱榜, 命文科十人, 宣政殿引見. 上謂孟休曰: "觀汝對策, 似識時務." 仍問我國租稅法, 及用人之道, 申戒以務公, 去黨之義.

十八, 晝講, 上謂景夏曰: "卿謂孟休爲李潛之姪爲言, 其人不但文也, 爲人精緊, 方長之木. 卿何如是. 爲卿慨然." 景夏曰: "方長之木, 臣豈遏絶. 但自上無由知某家人, 欲君父知之者, 是臣子之職也."

二十日, 都政. 上曰: "孟休必識時務, 宜除親民之官." 吏議尹汲曰: "部主簿有闕." 承旨洪象漢曰: "部官非擇差之窠. 漢城府亦統五部矣." 上曰: "然則除漢城主簿."

二十七日, 殿講, 孟休入叅. 上曰: "頃日, 景夏以孟休爲誰人之姪, 予謂景夏'其叔雖非, 其姪不可用乎'. 寅明曰: "景夏此言, 亦出眞心. 不爲此言, 但塞其人, 亦何妨. 而但事勢不便, 自難與平人同, 故以此上達. 盖出慨惜之意也." 上曰: "頃以此言, 言於領相金在魯, 領相曰: '叔姪之間, 有何關係. 而自與無故者有異.'云, 此亦以時道, 言也. 李潛豈逆耶, 非逆也." 寅明曰: "以我朝言之, 則沈貞之孫, 守慶爲相, 古則沈充之子勁爲名臣." 上曰: "此則何可比倫於彼耶. 近來事暗用他意, 在上者不可不察也." 上仍

命孟休進講『周易』. 敎曰 : "爲人極精明, 今日諸臣, 有見其父者乎. 其年
幾何." 講罷, 上曰 : "潛雖是逆, 予欲蕩滌而用之, 何況非逆乎."

昔日, 聖慮深遠, 預知有辛·壬事, 故防微杜漸, 有所處分. 其後有所陳達贈
職, 此則過矣, 襃之者黨心也, 毁之者亦黨心也. 若此不已, 辛·壬·戊申後,
礙眼者豈不多耶. 若以潛之侄而不用, 則國家寧有可用之人乎. 建極二字,
雖爲陳談, 此外無他道也.

요성의 유군덕 일화

076 肅宗戊寅, 吳判書道一, 使燕到遼城, 遇劉君德者. 自言曰 : "雲南開
國時翰林, 吳亡謫戍于此." 因略說吳王故事, 感咜泣涕. 使歸更訪, 贈詩要
和. 劉苦辭强之, 乃曰 : "請賦古詩." 自附於春秋, 大夫賦詩之例, 書唐人
詩. "燕趙悲歌士, 相逢劇孟家. 寸心言不盡, 前路日將斜." 一絶與之, 其意
亦可悲矣. 吳王沒於康熙戊午云.

요동의 임본유 일화

077 今上乙卯, 南原君㰒, 隨正使西平君橈, 赴燕至遼. 聞老人林本裕之
名, 與書狀申致謹, 歷訪其家. 家蓄萬卷書, 園庭花石甚富. 林時年九十四,
精爽猶不衰. 自言 : "十四以材略選, 爲吳三桂從事, 吳王敗後, 拘係遼東,
終身老此."云. 南原欲有問林令, 辟一行從者, 遂書示之, 曰 : "我們與爾
們, 有丙·丁之釁, 不可深言." 南原曰 : "我國於大明恩猶父子, 何可負德.
邦小力弱, 不得已從其强, 令豈其罪乎. 至今故老遺民, 猶謳吟慷慨, 不能
忘." 林乃汪然出涕, 仍說吳王事 : "吳王身長九尺, 面如渥棗, 好鬚髯. 有帝
王之量, 而無帝王之材. 及其薙髮降淸, 受封於雲南也. 九英介見其登車就
道曰 : '此子必非久爲臣者之國.' 遂建國, 號曰周, 稱大周皇帝, 改元宣武.
其百官·儀物, 布置規模, 略有綱紀, 傳之子孫, 凡三世乃亡."

曰 : "然則吳王, 何不求朱氏立之而自爲之也." 曰 : "朱氏之亡, 無德澤於
民. 民不復思朱氏, 是亦從民望也." 仍言九王之賢, 功過周公. 南原瞠視之
曰 : "周公, 聖人也. 何曾比是." 林曰 : "東人議論, 例如此甚局. 周公, 聖人

之子, 聖人之弟, 生於中國, 周公之聖, 不亦宜乎. 周公之事, 臣職也, 不如是, 何以爲周公. 九王生於夷狄, 眼不識聖人之書, 而行事處義, 沕合道理, 非上智之資, 能如是乎. 東征西討, 所向無敵, 旣平定天下, 人心已歸九王, 而超然不居, 提其兄之藐是孤而與之. 身攝周公之事, 而無管·蔡之流言, 是所謂功過周公者也."

林善書畵, 且能詩. 其後數年, 海興君橿以上使, 赴燕過林居相見. 及歸移書問之, 林手書以答, 又贈詩曰 : "每逢東國盡高人, 公子翩翩更絶倫. 愧我賣醬屠狗者, 信陵實負枉相親."

풍윤의 곡씨 일화

078 醫員權儉隨尹遊燕行. 過宿豐潤谷氏庄, 庄主26)卽築盆堂應泰之孫也. 耸尚書史, 其言多感慨, 而甚畏人聞知. 夜靜後出示遺衣, 一函流涕曰 : "此吾祖朝天時, 所服也. 每祭時, 陳此以寓, 撫古傷今之懷." 又曰 : "今一天下, 已無華製, 弊則改爲之, 將以傳示子孫."云.

仍說 : "朱氏子孫, 尙保南隅一海島, 祖廟香火, 至今不絶. 當時群27)臣有剪滅之議, 淸主曰 : '孫祭其祖, 有何罪, 其置之.' 順治天子大度如此. 卽今海內太平, 門不夜閉, 道不拾遺, 皆順治·康熙之化. 云云." 噫, 此所謂夷狄之有君歟. 自甲申至今已滿百年, 然則胡無百年運者. 將爲漫語歟. 噫.

조현명과 건릉제

079 上之癸亥, 乾隆帝將十萬兵, 以十月幸瀋陽, 祭墓省掃. 擧族皆隨, 此康熙時古例也. 廟堂訛言 : "乾隆爲獷奴所困, 棄城出走, 將委質於我." 或言 : "皇叔據靈古叛, 以故親征, 而十萬兵粻, 皆責於我." 或言 : "皇帝來遊金剛山." 於是重臣往審江華城堞, 各道俱令閱武, 復有築京都外城之議. 於是浮言胥動, 八路騷屑.

九月, 遣右議政趙顯命, 名爲問安使, 卽往瀋陽待28)候. 太后行先到, 而乾隆

---

26) 主 : 저본에는 빠져있다. 필사본에 근거하여 보충하였다.
27) 群 : 저본에는 "君"으로 되어 있다. 필사본에 근거하여 수정하였다.

迤過猠奴, 會獵於黑龍江, 以是後至. 顯命出迎於五十里外. 時虜中, 亦有訛言, 言：“朝鮮乘燕京空虛, 將擧兵內侵.” 國言洶洶, 未已. 乾隆亦疑之, 聞使臣遠來大喜. 進祭物·帖子, “此諸方國所無”, 亟稱爲禮義之邦. 接待使臣特厚, 引對頻繁, 使叅內宴, 手書‘式表東藩’四字. 及彤弓矢·鞍具御乘, 以遺國王, 奬賚使臣有加.

顯命復命上, 故令遲宿一日. 特賜儀仗, 鼓吹導迎以入. 持平趙重晦疏論：“胡書雖不能投之境上, 顯命以白馬·金鞍, 得得而歸, 自詫皇恩, 若立大勳者, 驕重日甚.”云. 趙右相出城, 待命.

조중회와 육상묘

080　重晦又疏曰：“上不致勤於宗廟之禮, 而數幸私廟親祭, 爲非禮. 云云.” 上震怒, 重晦削職. 其翌, 不卜日, 卽幸私廟, 夕旋駕, 仍閉閤, 凡公事不令出納. 三公率百官伏閤. 經夜殿庭, 天未明排闥, 誤扣中宮寢殿, 蒼黃待罪. 上亦以世子嘉禮迫近, 勉從群情.

조태상의 조중회 비판

081　正言趙台祥疏救右相. 且言：“親祭私廟, 略伸情禮, 重晦言之不韙, 請勘重律. 云云.” 上惡其逢迎, 台祥特命禁推. 經冬逮繫, 台祥之妻恨之. 日夜, 使婢僕詬辱於洪鏡輔·許采之門曰：“爾輩來集吾家, 慫惥吾夫, 使之上疏, 獨吾夫得罪, 爾輩無事. 爾輩所草, 諺文牛·眞書牛, 說話今在此, 爾輩終得諱之乎.” 此語狼藉, 傳播於搢紳間, 筵對臺臣啓之. 上曰：“此輩心術巧惡, 不可與同中國. 鏡·采并拿囚.” 仍命遠竄. 韓宗濟啓：“三人雖同罪, 不受爰辭, 徑先勘律, 何以服人心. 云云.” 上可其奏, 各人爰辭, 皆吞吐不分曉. 上怒其互相掩護, 自朝至昏, 續遣中使, 傳下嚴旨, 促其直招, 三四窘急, 不得已吐實. 上曰：“此輩巧詐欺君, 情狀甚惡. 一時竄逐不可, 以懲其罪, 并放歸田里, 永削朝籍, 沒身不齒.”

---

28) 待：저본에는 “往”으로 되어 있다. 필사본에 근거하여 수정하였다.

사색 분당의 전말

082 宣廟癸未, 金孝元·沈義謙, 因沈忠謙銓郎通塞, 相謗議. 朝紳之右金者爲東, 右沈者爲西. 於是有東·西之名. 辛卯, 鵝溪攻澈及其黨與, 大司成禹性傳, 以爲不可波及他人, 持之. 洪汝諄幷禹劾之, 南·北之論始岐. 而急者爲北, 緩者爲南. 己亥, 南以恭·金盡國劾洪汝諄. 主鵝·諄者爲大北, 主金·南者爲小北. 旣而鵝與諄爭權相攻, 爾瞻劫百僚, 廷論汝諄. 主諄者爲骨北, 主鵝瞻者爲肉北. 有緩南·急北, 大·小北, 骨北·肉北之名.

肅廟丁巳, 眉·社貳, 而於是有淸·濁之名. 眉·社訐, 而於是有老·少之名. 及壬戌年間, 金益勳誣告發覺, 逮囚受刑, 韓泰東·趙持謙·吳道一輩, 必欲誅之. 而勳戚諸老黨29)皆曲護, 欲傳生意30), 及宋時烈入京, 而主曲護之議. 於是老·少之論起. 而丁卯, 尼·懷之戰, 遂各立. 及甲戌, 春澤行貨之跡狼藉, 道一輩嫌同浴之譏, 與金·閔岐. 而老·少之論轉激, 視如仇讎. 老·少之中, 又各有緩峻派之名.

當初, 沈·金之補外也, 栗谷不無調劑之議, 左右牽掣, 終不免偏輕偏重之失. 乖離分拆, 其漸已滋, 及至許篈·宋應漑·朴謹元之竄逐, 繼以成渾·申礚·河洛, 海儒之疏, 紛紛迭出, 而遂放逸奔流, 莫可堤障矣.

083 黨論發源於金·沈, 其始涓涓, 猶捧土可塞, 而推波於牛·栗. 橫決於松·鵝, 分潰於恭·瞻, 汪洋汎濫於癸亥功臣輩. 自是以後, 陸沈滔天於己亥禮論. 甲寅·庚申·己巳·甲戌, 翻覆之際, 朝廷之上, 蠻觸日鬨, 戈戟相撞, 轉轉乖激. 一箭深於一箭, 小則流竄, 大則屠戮, 冤冤相報, 無有窮已. 外而學·校·庠·序, 傾奪紛紛, 州·閭·鄕·黨, 仇怨比比. 物色猜阻, 方寸九疑, 肝膽楚越, 只尺千里. 及今不徒士大夫爲然, 甚至於官司胥隷·人家臧獲, 亦莫不互有向背. 擧一世, 無小無大, 紛紛逐逐, 汨沒昏墊, 於狂濤駭浪之中, 而一未有望涯登岸者, 其亦胥載及溺而已.

---

29) 黨 : 필사본에는 "宰"로 되어 있다.
30) 意 : 필사본에는 "議"로 되어 있다.

654

084　東人盖自己丑, 成·鄭殺戮之後, 因值昏朝, 不能一日安於朝廷. 只旅
隨西人之局面, 難進易退, 自不失爲淸類. 雖以牛·栗斥享之論爲西人所惡,
爲酉人者, 亦不敢指斥其瑕疵. 及至甲寅之當路, 始爲戚里之所推進, 及至
庚申卒爲戚里之所擠陷. 此所謂'趙孟之所貴, 趙孟能賤'之者也, 又誰咎
乎. 及至己巳, 適當坤位陞黜之際, 君父之愛惡, 爲臣子者, 固不能容力於其
間, 而畢竟不免爲寵利所使, 其於處變之道, 有不能盡善者.
自甲戌至今, 五十餘年, 生受酉人無限醜詆, 是固東人之不幸, 而亦其自取
也. 雖然較諸庚申之誣告, 甲戌之行貨, 不啻天壤. 而酉人本以勳戚, 世執國
命, 如魯之桓·齊之田, 不計事之是非曲直, 直以勢利·權力, 驅駕人者也,
此固不足論. 而東人則自是君子之黨也, 以君子責備之道, 責之甲寅·己巳
之當局, 不能無少愧焉, 君子惜之.

085　老黨之人, 世執國命, 黨親盤據植根, 固流波漫. 其安身立命, 本不在
於仁義·誠實, 以挾籍爲至計, 以驅喝爲能事. 至或假借名義以爲重, 或指
斥闕失以爲名. 雖其機關運用, 不越乎排軋異己, 圖濟己私, 而推鋒賈勇,
人未易犯. 此正爲三王之罪人. 而以爭鬪, 則莫强之兵也, 故其言論, 常主於
峻急, 雖以此敗衂, 而亦不恤也.【『昆侖集』】

086　自有黨論以來, 鄭澈構殺崔守愚·鄭困齋, 此殺戮之始也. 其後庚申,
胄恒用事, 魚肉狼藉, 無辜騈首者, 不可勝計. 於是午·酉之人, 仇怨世深,
婚路絶不相通. 自甲戌以來, 五十年, 酉人秉國政, 午人不復振. 於是媒昏爲
媒爵之逕, 以女嫁之少論者, 自鄭來周·洪景輔始. 嫁之老論者, 自權賅始.
然酉人亦未有送女, 迎午人之子者. 此則猶烏孫之利漢財物, 必索漢女者
耶.

남인의 분화

087　景廟壬寅間, 又有一種新論. 藥峴台主之, 李仁復·李重煥, 若干人倡
之. 其論以眉叟爲宗, 割去驪·社, 及睦·閔·柳三家. 要自別於庚申·己巳諸

人云者, 此爲門外派. 以爲不可而排之者, 權令重經主之, 金華潤·權敍經,
若干人倡之. 此爲門內派. 又有持兩端遨遊其間者, 此爲跨城派. 鬧作一場,
風波擾擾不已, 人比之兩寡婦鬪鬩.

088 其後有持平李載厚疏證"庚申·己巳人爲逆, 有如道統相傳"者. 逆亦
有統乎. 此說甚奇. 時人則以道統, 相誇張其同類, 此則以逆統相殘害其同
類[31], 其相去亦遠甚矣. 爲是論者, 非有深意. 只是庚申禍家, 己巳當路人,
其子孫已敗亡, 無難於下石, 故借此爲名, 要取媚於時人, 或冀其見貸, 糜爾
好爵也. 好爵卒不能得, 徒令人疑其心跡, 而笑罵之. 此豈非婁師德, 所謂智
短漢乎.

如曰仕如是急, 則附老論, 當如洪聖輔·金廷潤, 附少論, 當如洪景輔·鄭來
周輩, 猶樸直可尙. 何必巧爲色目, 以自欺欺人乎. 其後吳光運有萬言疏,
亦此論也. 宋寅明筵白: "此輩反覆, 不可信用." 掌令李奎采又疏斥以
爲: "拈出己巳無所顧藉之黠·宗道, 偃然窃附於公正之論, 以爲沽直之
計. 云云." 彼此言議是非姑勿論, 受侮於彼, 亦多矣. 與其皮幣狗馬, 俱不得
免焉, 曷若守死善道爲一定之論乎.

장씨 부인의 결기

089 夫人, 旅軒張先生之女孫也, 嬪于安氏. 卒于其女柳氏家, 壽九十八,
時上之十五年己未也. 先是夫人子鍊石, 譎而有權數. 急於榮宦, 不守其世
守之論, 南士恥之. 及鍊石死, 其子復駿踵之, 又有甚焉. 南士中其毒害,
逮繫竄謫者, 前後累累. 南士憤之, 齊會復駿家, 將毀家出諸鄉. 夫人, 始悉
其詳, 於是大感, 使人傳語, 謝其敎子孫不謹. 人士恐傷賢母, 意不忍毀,
皆逡巡退去. 夫人召駿, 切責之, 使之不復面. 是後每或念之, 未嘗[32]不嘆息

---

31) 相殘害其同類 : 저본에는 "同類自相"으로 되어 있다. 필사본에 근거하여 수정하였다.
   아울러 저본에는 그 뒤에 "其相去 …… 一定之論乎."가 빠져 있다. 필사본에 근거하여
   보충하였다. 착간으로 인해 빠진 것으로 추정된다.

32) 夫人 …… 未嘗 : 저본에는 빠져 있다. 필사본에 근거하여 보충하였다. 착간으로
   인해 빠진 것으로 추정된다.

痛恨, 咄咄不已. 否則或頓忘不復記, 盖其老人事, 然也.

駿在家, 不自得走來京洛間. 久而歸覲, 夫人曰 : "若尙何歸." 駿曰 : "歸家省覲常也." 夫人曰 : "此若之家乎." 曰 : "然." 夫人曰 : "吾家先故, 世世南之人也. 吾不可以處若室, 速備轎." 駿曰 : "將焉往." 曰 : "若叔姑柳氏婦, 猶是南之人. 吾將往, 依而畢命焉." 駿懇辭止之曰 : "日已夕矣, 獨不可. 待來日乎." 夫人怒, 垂堂而坐命之曰 : "若若違吾志, 吾將徑隕於此. 人且不謂若逼殺我乎. 速備轎, 無久淹我也." 駿不得已備轎理行. 行數十里, 始達柳氏所, 夜已深矣. 以是疾驅, 駿數請入侍湯, 夫人拒之曰 : "吾與其死於若, 無寧死於吾女之手乎." 申戒柳氏女, 愼母納. 駿因招集內外諸孫與之訣, 乃終. 移次僅五日. 君子曰 : "嶺南先賢之鄉也, 故家遺俗, 流風善敎, 猶至今未泯. 雖風霜震剝, 涼燠嬗變, 卒以名節, 相激勵, 確乎有不可拔者. 殆孔子所謂君子之强者非耶."

夫人, 女子也, 在耄老之歲, 臨死亡之際, 能割慈於所深愛, 而不少恤, 其嚴正果決乃爾. 其平日, 母儀閨範於此, 槪可想見, 吁, 可敬畏也. 然其所以警動規切者, 一出於誠心惻怛, 何莫非義方之訓·不屑之敎誨. 爲厥子孫者, 不能惕然感悔, 思所以改圖者, 是亦終於不肖也已. 南士當有爲夫人立傳者, 而不可得聞. 駿之妹婿黃生者, 傳其槪如是, 故作「張夫人遺事」.

홍중기의 조덕린 후장

090 洪重夔, 豐山人, 投筆出身, 性甚亢峻. 爲康津縣監. 趙承旨德隣上疏後, 臺論追發請拿鞫. 終至栫棘濟州. 行到康津, 當酷熱篤, 老之人患痢甚重. 重夔邀來醫師, 竭力救護, 以都事之催行. 出留候風館距縣十里, 逐日往候救病. 一日押去禁都傅喝曰 : "有急議事, 早臨是企." 重夔促飯馳往, 則都事迎謂曰 : "罪人其死矣. 吾夢判金吾來臨, 蒼黃入謁, 果是靑袍仙官也. 吾問[33] : '首堂, 何以儼臨.' 答曰 : '將率去罪人.' 仍令出立前列, 則有大虹橋, 瑞彩玲瓏, 亘于九天. 仙官與罪人上去, 吾亦隨登數層, 危甚脚戰.

---

33) 問 : 저본에는 "聞"으로 되어 있다. 필사본에 근거하여 수정하였다.

更上俯伏聽之空中, 仙樂盈耳, 仙香觸鼻. 而招問書史與羅將, 則渠輩之夢, 亦如此, 豈非異事.”

夔聽罷入見, 則自昨夕病差減, 早朝梳洗更衣, 略進粥飮云. 而整衣冠, 正席而坐, 方手書寄二子書, 親爲皮封, 書訖仍臥曰“臥而酬酢好矣.” 才數語遂閉目. 初無痰氣, 又無痛聲, 翛然而化, 香臭滿室, 顏色不變云, 意者其仙化歟. 至於襚衣送終之節, 朝夕饋奠之需, 人馬糧費之資, 夔無不擔當助給, 使之返葬. 又差一吏限抵本家護喪. 郡前有大嶺, 夔送之踰嶺, 痛哭而歸. 計前後所費, 殆千金急困, 高義, 無愧古人. 菊圃姜學士子淳, 常語人曰: “宜以洪重夔之屎糊於金廷潤之口.”云. 廷潤卽連啓, 竟承拿鞫之允音者也. 彼發啓者, 固不足論, 而潤則本以午人, 反附時論, 所爲無狀, 爲世所唾鄙者也. 其說甚多, 而略擧其槪.

천연두 귀신은 없다

091 痘患最忌香火與喪葬. 故世俗値痘疫, 輒廢祭奠, 不赴喪葬, 禁人往來. 記昔丁未春: “外王父窆葬卜日之後, 墓奴家痘疫, 大熾多死者. 舅氏正郎公, 不以爲拘, 奴輩亦不敢言. 發引成殯于其家, 香火哭奠, 一如禮儀. 墓奴之子女, 年近二十者數三人, 臥痛於至近之處, 而症皆甚輕, 時乞餕饌而食之, 發癍落痂, 如期而起.”

以右說而觀之, 痘神似無. 雖或有之, 知其不可與較, 則不敢害之耶. 權長水訛丈嘗曰: “患痘之家, 設床卓, 排飮食, 晝夜祈禱. 則必有雜妖, 附麗於此, 聘怪作孼, 使順者逆, 生者死, 良可歎也. 識理者宜切禁之.”【『白野記事』】

按俗之畏痘者, 稱以齋戒[34], 至使痘者, 不啗[35]魚肉, 使之氣虛致危, 何其惑也. 補虛莫如雞汁, 必不拘於殺雞, 連用雞汁, 則回死千金之方. 雖在痘者, 窓外之雞, 勿拘烹用. 近世有一·二家, 擺却俗忌, 或哭泣行祭, 或殺牛設宴, 而皆無害, 是知死者死生者生. 不必爲區區俗忌, 可笑之事也. 余亦多見多聞, 素知其如此. 白野所記, 正合余意.

---

34) 戒 : 저본에는 “戎”으로 되어 있다. 필사본에 근거하여 수정하였다.

35) 啗 : 저본에는 “留”로 되어 있다. 필사본에 근거하여 수정하였다.

658

최동원 부인의 정절

092 　振威子郞村, 百姓崔東元娶同縣李某乙女, 色頗不惡. 居數年, 東元
與一少年漢釀飲, 仍醉倒. 隣家惡少李石鐵者, 同在座, 直到東元家. 其女解
衣熟寐, 輕輕開裯, 入懷搜之. 其女睡夢中, 認爲東元, 不甚疑. 旣悟模其體
骸, 聽其聲音, 知非爲東元, 急起聲張有賊, 村人幷集. 東元亦驚覺歸家,
其女痛哭曰: “姦我者石鐵也. 吾以女子爲人所汗, 何面目復見吾夫.” 卽
入廚下覓刀, 自刎死.

東元懦人, 畏石鐵族强, 不敢發狀. 石鐵在逃, 數年入來. 李夏龜守土時,
風聞捕石鐵, 杖足周牢, 各施一次, 放之. 不成獄, 以尸親, 無告狀也. 噫也,
之女也, 不幸倉卒遇變, 雖不能全節, 旣一刀夬斷, 不難於殺身, 以自潔則其
烈烈之行, 有足以勵俗而動人, 亦不可不以節氣許之. 君子曰: “較昔王氏
婦之斷臂.” 曷不及焉.

서평공자와 단적들

093 　有一武夫, 稱關西營防納地部人, 來寓于西平公子家. 衣服鞍馬, 極
其鮮麗, 從者數人, 亦皆豪健, 數三駄所裝載者, 俱稱細軟. 東西用貨如流,
酒食淋漓滿宮. 大小僕隷, 莫不心悅, 誠輸因是, 得見于公子. 公子亦喜,
其狀貌俊偉, 言語凌勵, 傾倒款狎, 恨相見之晚. 其所帶帶鉤妙絶, 公子視
之, 尤其人曰: “吾有勝於此者.” 卽探囊奉獻, 且幷解其所佩文犀粧刀以
進, 少無吝焉. 後數日進見面有憂色. 公子問其故曰: “明日, 當輸一半防
納, 而二百銀未準. 西來之人, 屢日愆期, 是以憂之.” 公子曰: “這般些兒
物, 何須關念. 吾將貸之.” 卽以二百兩與之. 後數日, 乃以二百二十兩償之.
公子以爲有信有義.

日益親密, 仍論及興販貨殖之方. 其人抵掌談利, 分析秋毫, 公子不覺口沫
津津, 仍前問曰: “如子之計, 卽今何者爲最利.” 曰: “江原某某州, 田稅計
幾許石, 今年道內大浸, 米貴貨賤. 若以洛下米價, 折錢代納于地部, 移關營
門, 以關東米價, 收之民間, 而減與幾許分, 則民所樂. 從如是, 則通計得錢爲
幾許貫, 除門戶各色·雜費, 四五朔內, 可收三倍之利.” 公子曰: “然則當用

銀幾何而足." 曰: "多多益善, 雖少之非三千兩, 不可. 公子能辦之否."
曰: "吾且圖之, 傾其帑藏, 得滿厥數. 專以委之. 任其作用."
於是, 期日解銀, 使宮奴五·六輩, 先待於市廛, 需其數錢, 輪錢之具. 原銀載
之一馬, 渠且騎馬隨出, 出門從間道走去. 宮奴之候諸市者, 怪其久不來,
日晡後歸而問之, 則已無蹤跡矣. 檢其所遺, 只有二卜馬, 蠃重橐衣服數件
而已. 追究其月餘留連所用酒食人事物, 計銀僅二百兩許. 盖其機權手段,
亦惟古之莫拿'我來也'之流也歟. 繼是, 冬至使, 方物見劫於鳳山界, 捕廳
譏捕, 捕崔進士者, 於都門外. 又獲一賊於海西, 其人壯士, 斷一臂, 始就擒.
歎曰: "好身手, 自此無用, 顔色自若."云. 訊之爲言渠輩[36]黨類衆多, 兩西
·兩北爲窩窟. 而徒卒則遍於諸道, 合十三壇所管, 各二千餘兵. 前年掠三
登縣, 向日賺西平銀者, 皆其一派云. 此雖賊人之大言, 不可准信, 以故中外
頗爲之騷屑. 先是, 洛下有野壇之謠, 人謂壇賊之應云.【今上庚申事】

영조대 전염병 창궐

094 辛酉·壬戌·癸亥, 通三年癘疫流行, 八路同然, 無一片乾淨土. 人物
之死亡, 三倍於丙子之難, 此亦吾東之一劫會也. 南小門洞, 前主薄南宮鏡
合家七口, 執事·婢僕, 相繼歿死. 難既定, 一家親戚, 欲爲之殯葬, 入見則叢
柩[37]同在一室, 某爲某, 莫可知也. 啓柩視之腐爛已盡, 但以衣服僅辨其男
女而已. 於是計不得已, 只別其男女柩, 男同一丘, 女同一丘, 以葬云.

095 湖中有貧富二漢, 同居一村, 同時染死, 同爲藁葬於一壟. 盖富漢之
子, 亦同染痛重, 不省人事. 父死出殯時, 只托隣漢數輩爲之, 其人且皆染
死. 富漢之子旣病而起, 錯認貧漢之殯, 以爲渠父之殯. 及秋方葬, 新備襲殮
之具, 迎地師擇吉地, 開壙築灰. 發貧漢之殯, 涉春經夏, 幷其衣服, 已就腐
敗, 無可辨者. 信之不疑, 改殮入棺載轝, 至葬地, 擧而下壙, 纔起塚.

---

36) 輩: 저본에는 "輋"으로 되어 있다. 필사본에 근거하여 수정하였다.
37) 柩: 저본에는 "柩"로 되어 있다. 필사본에 근거하여 수정하였다. 이하 동일한 수정사
례는 교감기를 달지 않는다.

貧漢之子, 望望而至, 拜塚痛哭曰: "汝何為舍而翁, 而葬吾翁耶." 富漢之子大驚駭, 且怒且罵, 爭詰不已. 貧子曰: "汝不吾信, 何不發而翁之殯而驗之." 於是兩漢, 同衆役夫, 發其殯, 猶有紬衣, 有不盡朽者. 貧子曰: "吾翁, 何處得有紬衣. 吾翁之殯, 吾親自為之, 吾豈不知." 富漢之子, 悲憤痛恨, 欲掘其所葬, 貧子曰: "旣葬私掘, 當有掘人塚之罪." 村父老皆曰: "彼其之言然矣. 何不訟之官." 兩漢訴之, 官斷之曰: "葬不可掘. 彼漢宜具棺殯之需而償之." 貧者曰: "民貧甚, 家無擔石, 渠所審知. 吾父死而有福, 幸得厚葬, 其恩亦大矣. 除非以身為奴, 則無可為者." 富漢之子, 亦無可斥, 逡巡退出.

096 壬戌冬初, 隋城金谷有少年漢, 販鹽到善山界. 望見大山下林木間有巨村, 驅馬投往, 則家家棘塞門, 闃無人聲. 獨一家柴扉半掩, 微有烟火氣, 隔籬喚主人. 良久自內問曰: "客從何來." 曰: "過去商人, 日暮到此, 前不可爬店, 乞一夜寄宿. 不知外主人, 亦在家否." 曰: "外主人審當還. 稅駕秣馬, 任客自便." 曰: "炊米在此, 將如何." 曰: "此村村俗, 不爾盤飧, 芻牧之供, 客勿深念." 旣而曰: "炊熟矣, 客宜入餉." 曰: "外主人不在, 嫌不敢承當." 曰: "兒家有伴, 非獨處之室. 室有上下房, 尤自不妨." 强辭不獲, 進入內室, 有兩女子. 在一女新上髻, 其一未笄. 而藍衣靑裳, 皆反着之. 釃酒勸飯, 極其殷勤, 心竊疑之, 而亦不敢問.

旣而髻者曰: "此村良戶, 無慮數十家, 而有一種毒癘遘之, 則死男女老少, 死者十過六·七, 生者各自逃命, 散而之四方. 兒家凡十三口同居, 十口染死, 傭奴一介出走, 只餘兒家二人. 而內外都無强近之親, 積尸滿室, 無人殯殮. 客若能辦此者, 兒家素不貧, 有田土·有牛馬, 卽今新舊粟, 有爾許斛, 綿布錢財, 亦自不乏. 兒家, 今年二十二, 此小姑十八, 隨緣結好, 惟客之從, 仍為此家主, 未為不可, 客意如何."

其漢旣感其款遇, 且誘於利, 慨然應諾. 翌朝早食畢, 仍到旁舍, 開戶視之, 二間屋子, 尸亂如麻. 或偃·或臥·或曲肱·或橫股·或瞋目·或張口, 種種可怕, 可愕之狀, 已極慘駭. 積日糜爛, 臭氣逆鼻, 昏昏顚倒閉戶却出. 髻者慰之曰：“客遠路行走, 氣力勞悴, 不須怪也. 數日安坐調養, 更試爲之如何.”
曰：“唯唯.” 終日終宵, 百爾揣量, 決不可堪, 當天未明, 托以便旋, 潛出羈
馬, 棄其䮴重, 脫身歸家. 歸家十餘日, 染疾物故. 金谷, 李斯文思胤, 親聽其
言而傳之如是.

097　癸亥冬, 恩津呈：“有女人産一物, 似是雙胎, 而上下有頭, 皆具人
面, 一直一倒. 腹臍相貼無罅, 四肢手足, 顚錯相接, 各有五指. 無陰陽, 無穀
道, 兩頭俱作. 嬰兒啼, 三日尙不死, 事係變異. 云云.” 雙胎之背腹相連,
或有之, 而一頭倒懸而能生者. 甚是無理之事, 怪哉.

附錄

태조의 내기바둑

001 太祖自咸興回鑾, 留住豐壤, 築宮而居之時. 或微服遊于兔院川, 上垂釣不設餌. 一日朝雨晚晴. 上以單衣岸巾臨幸, 有一行人. 遇雨沾濕, 卸鞍川邊曝曬, 望見太祖, 認以鄉居士夫. 寓輿觀魚, 乃以行笥盛生梨, 進呈仍問曰：“無餌而釣, 何也.” 上笑曰：“余非取魚, 取適耳.” 仍徘徊於其行李鋪乾處, 見有紙畫局, 問曰：“汝知博乎.” 對曰：“自少能之, 罕與敵矣.” 上以天縱之聖, 無所不能. 遂與對局, 手法相敵, 三局未決. 日昃, 其人欲行, 上挽留決勝. 其人曰：“明日乃兵曹點考, 不容少遲.” 上曰：“兵曹堂郎, 吾皆親切, 汝之立番, 足令全減.” 且曰：“吾先歸邀汝.” 行數十步, 已入宮, 命小宦出待. 其人問曰：“某樣兩班, 令我上來, 其家何在.” 小宦笑曰：“是我上王殿下也.” 其人大驚曰：“死罪, 死罪. 將若之何.” 小宦引入, 拜伏階下. 上命升殿對局, 互相勝負. 至夜分乃罷, 仍命寄宿於別監直房. 翌朝, 又召與博. 是日, 太宗自都城, 臨幸問安. 至門外, 內侍悉以奏達, 太宗喜甚. 蓋自上王, 移御豐壤, 尚未謁見, 間日, 問安於外而已, 今日乃入庭四拜, 循階上殿, 侍側. 太宗入門時, 其人欲起避, 上止之, 仍對局. 上或有失手, 則太宗從傍提醒. 上徐曰：“誰令君訓手乎.” 因出軍人題名小紙以授曰：“此軍人今番減除, 可也.” 太宗親受而出幕次, 以口傳政事, 特陞堂上, 拜豐壤宮衛將. 政單既入, 上笑曰：“汝可出去謝於汝主.” 命中官, 覓給章服. 太宗引見賜酒, 上曰：“君臣分義, 在所當爲, 使之扈駕入城而還終.” 上王末年, 以衛將直宿, 陞二品, 或云宋姓, 而名不傳, 可歎也已.【『撫松小說』】

정종의 묘호

002 恭靖, 無廟號, 無文字可徵, 曰：“有遺敎傳聞而已.” 何可必信. 子孫

封爵, 亦止三世, 當時必有所以然者.【眉叟『記言』, 亦不言睿¹⁾宗朝追上事】
右二說, 本在「原錄·上篇」, ‘貞陵洞洗冤雨事’之下, ‘尹月汀根壽, 考先朝
實錄事’之上, 而今移附于此.【以下諸說, 不盡記其原本在處. 但事實在「原錄」者, 與此
祭看, 恐好.】

이이의 실정

003 本朝武擧式年之規, 六兩片箭·驥搶諸技及考講, 俱入格, 計畫分等,
只取二十八人. 光廟六年, 巡四方行在處, 必設武擧. 除初試, 不限規矩,
隨其多寡取之, 各道通計, 一千八百餘人. 至今武士之不能制馬, 不能彎弧
者, 諺數謔必稱‘庚辰科’, 自此後, 武選始輕矣. 成·中兩朝, 雖或有別擧,
取以六兩, 百二十步, 騎射四中, 講書粗通, 武士皆傑, 然可用. 至萬曆癸未,
有尼湯介之亂. 李珥主兵, 爲防守赴戰之計. 遂設別擧, 取六百餘人, 逐年所
取雜色科目, 各不下數百人. 祖宗朝, 久遠規法, 至是蕩然, 取人愈多, 將材
益乏. 謀國者不思之甚矣.【『松窩雜說』】

004 國家用人之道, 文武兩科出身外, 國子生進, 以選人而用之. 孝子順
孫, 與文行之士, 以遺逸而擧之. 可任吏胥²⁾之人, 則該曹因其薦擧, 試材入
格後, 擇而收敍. 故族系不明, 門地單陋者, 不得廁於東西班正職. 至明廟
朝, 沈義謙·李珥, 共執國論, 託以用賢, 始開無取才之規, 唯其所好, 隨意登
用. 祖宗舊制大變, 而仕途漸至混雜矣.【上同】

005 李珥·成渾, 皆義謙所薦. 而兩人者自任以一世之重, 而喜事好權, 悅
人佞己. 朝之耆老舊臣, 多不快. 玉堂論斥, 朴淳·李珥·成渾, 三人者, 執權
太專. 而論珥則“王安石驕蹇慢上, 珥有之. 王安石固寵要君, 珥有之. 王安
石揮斥言者, 珥有之.” 憲府亦論珥“專擅國柄”, 諫院論珥“好紛更, 執拗自
用.” 公以大司諫辭職, 直斥珥“身累數事, 其一, 化身退俗也.” 上怒以爲“所

言不忠", 斥出爲長興, 典翰許篈, 出昌原. 上已不快於三司, 而有河洛者上疏, 力攻三司. 院啓以"河洛, 從所好中上意." 上愈怒, 命承旨, 方仕進者, 金悌甲·李元翼·成洛, 并遞去. 都承旨朴謹元竄江界, 許篈竄甲山, 公竄會寧.【宋公應漑, 墓碣】

006　癸·甲之際, 李叔獻爲東西調停之論, 而其實主西. 自慶安令瑤承望詆誣之後, 士類尤不快於叔獻. 人有問於梧里李文忠公曰:"叔獻以爲調停者, 而士論以'主西推助'咎之, 其是非, 如何." 公曰:"有衆人在平地角鬪, 有一人在高處看. 當遙語而兩止之, 不止則已矣. 苟不耐得下去, 而身自救解, 則不徒不能解, 卒亦與之焉已矣." 公之此言, 含渾不迫, 而畫出叔獻, 當日光景, 眞善喩也. 使叔獻聞之, 未知將何辭以解也.

성혼의 행실 비판

007　己丑, 牛溪之入朝, 郊迎之人, 彌滿道路, 自西郊, 接彰義洞, 及其歸敗徵已見. 詣闕辭出, 沈靑陽往別之, 一炬寥寥, 前導出城, 亦無送人, 舊時塡咽之客, 一無存者. 人心之簿惡如此, 靑陽嘗云.【『澤堂家錄』】

008　牛溪以持平赴召, 入城之日, 城中士子好名者, 悉出迎之. 牛乘馬在前, 左右隨者, 連亘阡陌, 行人爲之駐馬.【『雲巖錄』】

정경세의 안목

009　愚伏少時, 訪崔永慶. 崔曰:"吾今出遊, 不得留君話. 可隨我行." 愚伏唯唯. 將行, 見隨崔行者, 無慮百餘人, 作一長蛇陣, 連亘原野. 愚伏心知'不可不爲隨行, 借宿於他所, 翌日往謝'. 盖其意謂'崔山林之士持身如此, 取禍之道'云也. 愚伏年纔弱冠, 明目老熟如此.【『澤堂家錄』】

010　以山林之士, 致客鬧熱, 成與崔同. 而或配食俎豆, 或庚死桁楊. 畢竟禍福, 若是不同, 無亦人爲之自不同歟. 抑天之所命, 故不同歟. 鄭公先見,

胡事同, 而占不同歟. 吾不得以知之也, 古人稱"天下之事, 唯勢而已." 勢,
天與人, 俱無如之何矣.

이홍발의 처세

011 李司諫興浡, 丙子, 出守外邑, 値國屯難, 初未能勤王. 又未克奔問入
行朝, 亂已. 自責曰 : "君父蒙塵, 不能措一事, 畫一策以報國恩, 何顏更立
朝列乎." 遂歸鄕曲, 絶意仕宦. 朝廷多其志, 連降召命, 終身不起, 沒于顯宗
朝.【『東平尉聞見錄』】惜乎, 李公俗流也. 不知有三賢【牛門所稱, 楊龜山·尹和靖·胡
文定.】之成法而輕自廢也.

정철의 행실 비판

012 東嚴李大諫潑與其弟南溪李舍人洁, 俱以一時名流, 無憚大吏. 嘗於
讌席, 撚拉鄭相鬚髥. 松江仍吟曰 : "數箇疎髥君拔去, 老夫風彩更蕭條."
云. 逮至己丑, 汝立逆獄起, 東嚴兄弟坐交遊, 拷死杖下. 東嚴, 七十老母·十
歲兒子, 亦死杖下. 人間慘禍, 無逾於斯.【『撫松小說』】

013 壬辰十二月初一日, 李承旨德悅, 過公州時. 鄭澈爲體察使, 金瓚爲
副, 投刺而見. 則體察設小酌, 用橘皮盃, 酣飮諧笑, 辭意款洽. 鄭公當亂受
任, 杯酒女色, 不恤民瘼, 討賊無術, 南民失望.【『銀臺錄』】

송익필의 인사청탁

014 眉丈言嘗聞於梧相. 梧相曰 : "曾於姜判決, 緖座上見, 家僮入告以
'某處, 宋生員請謁'. 姜公只稱宋生員三字者數次, 宋也入謁, 姜公視而不
見. 宋先擧寒暄, 仍出小紙於袖中, 致之於姜公之前曰 : '敢有小託.' 姜公
卽呼奴曳出, 捽曳而黜之曰 : '汝自稱宋生員, 已動胸中氣, 又何敢有囑於
公事耶.' 宋被曳而出曰 : '此乃發狂底兩班. 云云.' 宋卽翼弼, 方與搢紳間,
締好者也.【『呂湖漫筆』】

015 "龜峯才學有餘, 而德器不足." 谿谷有所論說, 近日思之, 誠有所見云.【『尤庵集』】

허견의 자품

016 堅, 憸佞多才藝, 且善爲功令之文, 有聲場屋間. 當時名士徐宗泰·趙持謙輩, 皆指之謂'借述'. 堅恨之, 入圍, 獨持筆硏, 故與徐·趙爲隣鋪, 寫卷畢, 投示之. 又奪徐·趙卷讀之. 謂徐曰"稍熟", 謂趙曰"猶自靑靑, 遲待後擧, 可乎." 仍笑曰"天之生材, 豈可以庶孼而伊殊耶", 揚揚而起. 徐·趙大恚, 亦無如之何矣. 其文乃對感應策云.

숙종대 경신옥사

017 庚申獄, 上變之日, 許相家, 方設賜几杖宴. 其床排所, 有鷄逸入蕩, 倒盤羞盡, 盖近於鷄禍也. 是日晩, 胄始托病不來, 使人要柳大將赫然, 必無往赴會. 柳不解其意, 竟赴會, 幷及於難. 其日宴席座目中人, 尠有得脫者云.

이발 관련 인사

018 一堆李主簿懿信, 卽余姨母夫也, 少學於李東岩. 己丑, 以門生受刑, 謫富寧, 壬辰蒙放. 窮風水之術, 爲道詵·懶翁, 後一人, 又明數學云.【『無松小說』】

019 鄭慶男者卽東岩銓郞時, 傔從也. 東岩以交遊汝立被拷, 慶[3]男終始不離於後, 泣涕如雨. 東岩沒後, 誰復顧者. 慶男與東岩婦姪朴僉知宗賢, 埋葬於高陽碧蹄店近處. 鄭每言 : "東岩無子女, 其墳墓無守護者, 吾死後, 則必無知者. 可勝歎哉." 鄭以此名於世, 其子夢台, 以譯官爲嘉善, 子孫蕃衍, 宜其享福祿也. 其姪夢弼之作孼也, 不以家人視之, 此尤可觀者爾. 後嚴

---

3) 慶 : 저본에는 "愛"로 되어 있다. 필사본에 근거하여 수정하였다. 이하 동일한 수정사례는 교감기를 달지 않는다.

忠州爲高陽倅時, 有一常漢, 指告東岩墓, 仍爲墓直云.【上同】

정개청 관련 일화

020 困齋, 庚寅獄中疏: "臣前日所著讀朱子之書, 見朱子之論【『朱子語類』: "晉·宋間人物, 雖曰尙淸高, 然箇箇要官職. 這邊一面淸談, 那邊一面, 招權納貨. 云云."】因有所感, 以著其東漢節義, 晉宋淸談之弊而已. 云云." 又曰: "臣之前日所論, 節義淸談, 語意雖有未瑩, 其實有意於培壅節義之根本. 而反以爲排節義, 非臣之本心, 而抱冤無所發明者也. 云云."

021 困齋先生數學傳於松墩隱者. 隱者務安縣松在里人尹挺宇[4], 字天授者也. 弊衣蓬戶, 蔬食不厭, 絶迹不與人往來, 讀『易』不出, 七·八十年而死. 今讀其遺文, 通變無窮之妙, 極於無兆無朕而盡矣. 隱者守貞老人, 尹濟之子也. 老人聞易數於鄭氏, 藏其書, 諱其讀. 習其數, 不以語人, 亦不以示人, 老而傳於子, 八十四而死. 隱者亦無弟子, 自隱其名不見於世, 世莫有知者.【『記言』】

022 寬齋叟, 大淸, 字義仲. 先生次弟, 而少先生三歲. 亦博學多通, 時稱伯仲云. 先生死後, 十三年, 悲慟如一日. 其沒也, 戒其子曰: "我死, 斂不用華服, 祭不用魚肉, 一如生時." 年七十二沒. 鄕人爲先生立祠, 以叟配食.【上同】

백사집 훼판

023 己丑誣獄, 故相鄭公彦信, 爲澈所陷廷杖, 安置甲山. 其子慄, 痛其父之至冤, 不食嘔血而死. 時株連波及, 人皆凜凜, 家人葬, 不敢以禮, 亦不敢有挽之者. 而李白沙與慄有交分, 而時爲問郞知其冤, 方開棺時, 以挽詩一幅納於棺中. 其後, 慄之子世規旣長, 遷措啓棺, 歲已二紀, 而紙墨宛然.

---

4) 字: 저본에는 빠져 있다. 『記言』에 근거하여 보충하였다.

其後, 李顯榮爲江原監司, 李命俊爲江陵府使, 刊『白沙集』於江陵. 行於世
旣久, 澈之子弘溟, 見此挽詞惡之. 改刻『白沙集』於晉州, 削此詩, 原本蓋
爲毁板. 而世或有藏置之家, 大爲時諱, 不敢出云, 世變多類. 此其詩曰:
"大抵本如寄, 誰將論久速. 其來卽是歸, 玆理吾先矚. 然且爲君哀, 所未能
免俗. 有口豈敢言. 有淚不敢哭. 撫枕畏人窺, 呑聲長飮泣. 誰持快剪刀,
痛割吾心曲."

024 白沙「己丑記事」, 世言"下一半, 是竄改者", 今讀之誠然. 或曰: "是
東淮所爲." 或曰: "凡西人文集, 多東淮所改, 不特此." 象村庶子嘗謂人
曰: "我大監文集, 人知是大監文集耶." 言"東淮增損也." 增損多少, 雖不
可臆料, 據荷潭所記, 可見其一段.

양사헌의 모친 일화

025 楊蓬萊士彥, 字子美. 其外祖卽㫌善郡, 餘糧郵吏也. 蓬萊先公以三
陟府使, 營門往還之路, 寄宿郵吏家, 蓬萊母氏時年十五六, 容貌絶艶. 楊公
見而愛之, 問: "此兒, 主人之女乎." 對曰: "然." 召令來謁. 便卽脫衣裳,
換着新件, 父母問其故, 答曰: "使君召之, 或令入坐, 則恐有褻穢之氣也."
楊公使入坐謂曰: "汝之神容非凡, 故特召見耳." 仍以所把新扇給之. 其
冬, 父母欲嫁之, 女辭曰: "向者使君之贈扇, 可知其有意於我. 我不可適
他." 父母不能奪, 乃往告于三陟, 楊公適纏喪耦. 大喜曰: "吾於歸葬回路,
當率來也." 旣葬因往, 娶載還.
後生蓬萊三兄弟, 箇箇如玉, 楊公常以三子之拔萃, 而有礙於仕路爲惜. 至
其臨終, 慨然發歎. 其嫡子告曰: "吾輩若以繼母事之, 服其喪三年, 則人
孰謂何, 願勿介意." 便以繼母事之. 楊公旣沒及葬, 蓬萊之母, 作遺書曰:
"吾死而嫡子縗服, 則違禮犯分, 於心不安. 不如自處於今月." 遂自縊云.
可謂女中君子, 千載一人. 絶峽賤族, 稟生如此哲婦, 良可異也.
蓬萊登第, 官至江陵府使. 文章筆法, 冠絶今古, 漢陰相國, 自髫齡受業.
永平錦繡潭, 乃金僉知鑲亭舍也. 潭中石上, 蓬萊題七言絶句曰: "錦水銀

沙一樣平, 峽雲江雨白鷗明. 尋眞誤入蓬萊路, 莫遣漁舟出洞行.” 漢陰兒時
作五言絶句曰:“野闊暮光薄, 水明山影多. 綠樹白烟起, 芳草兩三家.” 蓬
萊大加稱歎曰:“君, 我師也.” 乃以眞艸書之曰:‘李某十歲作.’【見漢陰行
狀】余於萬曆甲寅, 往見之, 亭前絶崖, 書錦繡潭三字. 潭中石霤深處, 可容
酒數斗. 大刻, 樽岩二字. 又磐石上刻詩曰:“綠綺琴伯牙心, 一彈復一吟.
冷冷虛籟起遙岑, 江月娟娟江水深.” 皆蓬萊筆也. 蓬萊之子萬古, 號毗盧道
人. 光海庚戌, 魁泮試, 官至三品.【『撫松小說』】

홍성민 관련 일화

026　甲午六月, 益城府院君洪聖民居母喪, 起復承召, 卒于旅舍. 聖民城
府深險, 朋比西人, 多有偏私之病, 而甚有才華, 人皆惜之.【『銀臺錄』】

이희 관련 일화

027　乙未九月, 吏㕘李墍辭職, 不許. 墍自少淸愼·純善爲時第一. 至是,
以年過七十, 精神損慽, 辭經筵官及本職. ○ 丙申, 以李墍爲時吏判. 墍有
宿德·時望, 在從二品最久, 至是陞秩判銓, 物論恰然.【上同】

이항복의 청렴함

028　甲午七月, 以李恒福爲兵判. 恒福淸儉, 爲一時之最.【上同】

조헌과 안방준

029　趙重峯平生言論激昂, 勇敢爲國殉身, 忠節有餘. 而其於聖學工夫,
較之其師, 猶是方回之恒僕也. 則宜其一傳而爲邦俊也, 彼邦俊者自懷以
下, 特敬仰而尊慕之不已. 盖其人籍成趙之名, 占覇鄕曲, 廣聚徒衆, 爲黨論
領袖於湖南.

030　吉冶隱有伯夷之淸節, 而兼箕子之中道, 可謂伯夷而無其隘者也. 邦
俊以其陳疏辭職爲“不及於伯夷, 以暴易暴之歌”而非之云. 學未至於知之

至, 而輕爲言論故歟. 抑欲掃却湖南先賢之論, 而自立門戶歟. 其言類如此, 則不足辨也.【尹孤山與鄭東里書】

광해군대 성릉 추봉

031 光海初, 珒逆死, 光海私親無所奉, 姑安于孝敬殿廊廡, 禮官猶以爲所不敢. 時吾姪淓以禮郎, 咨其議于諸大臣, 過吾姊洪夫人陳其事. 夫人曰:"自古帝王, 未有不封其私親爲正位. 自漢文封薄太后, 漢昭封鉤弋夫人, 漢哀封共皇后, 宋仁封宸妃, 無不追上顯號. 而獨漢章不封私親, 前史美之. 今若主張爲是則近諂, 沮斥[5]爲非則必有師丹之禍. 況此廊廡之奉, 而猶曰不可, 豈終得之. 爾其愼之." 其後追封成陵, 奏請大妃之號, 一如其言.【『柳氏檮杌』】

정인홍의 폐모 논의

032 光海時, 仁弘以右相, 退居陜川, 望重一時. 當爾瞻廢母之時, 鄭桐溪陳疏不可, 而仁弘反上當廢之疏. 時仁弘子, 以便養爲星山倅, 人揭匿名詩於仁弘門曰:"千古綱常輝遠筆, 百年宗杜爾瞻拳. 丞相欺秦當万死, 李由何事爲三川." 仁弘見以驚曰:"我不得令終矣."【『東平尉聞見錄』】

033 白江【李相敬輿】曾爲完平從事. 癸酉, 白江爲湖南伯, 過辭完平於江上. 完平曰:"我最願速死. 盖近者如鄭仁弘, 自少淸名直節, 聳動一世, 而老而不死, 神識昏昧, 爲其徒黨所欺, 終爲凶論. 我以此爲戒, 每恐不卽死." 云. 未幾完平捐館.【『晦隱集』】

034 光海戊午, 司馬榜. 出令合榜上疏請:"廢大妃, 然後許給牌謝恩." 生·進等, 將上疏錄名之際, 欲書以生·進, 則時未受牌, 欲寫以幼學, 則已爲出榜. 渠等相與持難, 就質于爾瞻. 瞻敎以選士書之. 疏將上, 或耻廢母之

論, 徑歸·不應榜者, 亦多焉.【『竹溪小說』】

이만의 상소

035 甲申, 掌令李曼上疏, 刺士大夫家, 私餉衙譯. 其事始俑於一二勳臣家, 而壬午冬, 虜使以推勘五臣事入京. 譯官傳⁶⁾言:"今番免禍之家, 不可無謝禮於衙譯." 諸家不敢違拒, 公家亦隨衆爲之, 時公在西路未還. 及曼疏上, 始知之大驚. 上疏引咎, 仍贊其疏曰:"此誠今日士大夫, 頂門上一針也. 不謂長夜乾坤, 有此石火電光也." 曼由是, 被上寵擢.【『澤堂諡狀』】

박장원의 우의

036 久堂朴長遠少學杜詩於金監司緻, 受其獎知. 與栢谷金得臣爲蔥吹交, 陳·雷之義, 至老不變. 人與鰲·漢竝稱, 亦衰世之所難也. 金監司諱曰, 必助供祭需, 終身不怠云.

이경여와 윤선도

037 白江舊與尹海翁相好. 白江謫珍島時, 海翁方退居海南之金鎖洞. 以詩寄問曰:"滄溟獨灑孤臣淚, 石室方開万卷書." 盖羨公之閒逸自放也. 翁答詩曰:"嚴程有是慇懃問. 厚祿從來斷絕書." 白江甚恨之.

갑인예송

038 甲寅, 仁宣王后服制議定事言之:"『儀禮』父爲長子條, '適子死, 不立適孫, 則不得爲長子服三年.' 然則設如懷之議, 八大君雖次第立, 次第死, 立適孫, 必居一, 而不可二, 不可三者也. 懷之所謂'八大君皆斬'云者, 其迷塞, 甚矣."

039 湯崩, 太子太丁蚤卒.【註:"『禮記』云:'大夫死曰卒, 太丁未立而卒, 故亦稱卒.'"】

---

6) 譯官傳:저본에는 "傳官譯"으로 되어 있다. 필사본에 근거하여 수정하였다.

次子外丙, 立二年崩, 弟仲壬, 立四年崩. 太丁之子太甲立不明, 伊尹放之桐宮. 居憂三年, 悔過自責, 尹乃奉歸亳.【註: "太甲爲仲壬, 後故爲居喪三年."】以此觀之, 則懷相不讀『史略』初卷矣.

040　禮論, 金壽弘解說, 最分曉, 元相箚, 亦明快易知. 驪湖議, 議論文辭, 幷通暢, 而恐於庶嫡之分, 太無別.

허적과 잠상 사건

041　鄭翼獻太和爲西伯時, 公爲都事. 唐船漂到宣川, 鄭公因朝命, 造船載糧, 且通'我不忘舊恩之意'. 公慮事泄, 囑鄭公, 報達于瀋中世子所曰: "某月日, 海賊勒奪, 運米一船, 逃去. 云云." 自世子館轉報于彼中兵部. 其後, 是船被捉於旅順, 彼中疑我復通中朝, 以五千兵, 耀武於九連城. 急令備局諸宰置對, 賴曾有世子館轉報文字, 得無事.【『許相遺事』】

042　唐船之漂到宣川也, 府使李烓牒報方伯鄭公. 鄭公使軍官李枝龍, 以私書抵烓, 俾給粮米. 其後事泄, 烓被拘到灣. 鄭命壽夜半馳入烓所, 盡搜接待唐船時文書, 鄭公私書, 亦在其中. 公强邀命壽飮, 欲於座間, 拉奪不果. 乃以重賂周旋於命壽及龍將左右, 姑寢其書. 急報鄭公馳乘潛出, 見於柵門外, 彼中事機一一說, 與使之對如此如此. 鄭公旣就對, 對之一如公指, 事遂已. 鄭公旣出, 謁世子於幕次. 世子慰之曰: "國幾亡而幸存." 語未畢, 命壽入謁, 呈所搚私書曰: "此可怕, 文字也." 世子披示諸臣, 諸臣未及見. 鄭相致和, 時以輔德昵侍, 遽捲其書, 納口嚼呑, 人無有見者.【上同】

정태화의 예지력

043　有譯者嘗爲陽坡相所親, 新娶婦. 不數朔遽産兒, 其人要問策於陽坡. 夜已深, 翌曉乃, 扣門請謁. 坡迎謂曰: "爾家有如許變故, 可驚念." 其人駭遑返顧, 莫測其所知之由. 社相夫人, 晩年爲療病, 自忠州, 不時入洛, 寓于東門內僻巷, 雖親族未有知者. 駕才[7]稅, 日旣暮而鄭都尉載崙已使人問安, 致食物藥料. 人以爲 : “神鉤, 得閭里人家事情.” 世謂 : “鄭氏自有家法.”云.

송시열 관련 일화

044 懷嘗與人讀書山房, 托名鍾山之隱, 高索少室之價. 忽半夜蹴友人起曰 : “吾夢乘平轎, 呼唱赴闕, 是何祥也.” 其友戲之曰 : “君之夢覺, 其猶古者入定僧橫則腐之, 禪語耳.” 懷怒其逼得其情, 相隙交絶云.【『明村雜錄』】

045 同春嘗與懷, 論『孟子』不動心. 懷曰 : “此不難, 吾亦四十後, 亦能知之.” 春曰 : “君見黑衣人來, 色變, 何也.” 懷勃然, 春呵呵而罷. 盖懷曾與隣婦奸, 其夫覺之, 每以鳴官哄之. 懷見皂衣者, 自縣來輒驚動. 或云 : “方奸時, 本夫·黑衣人, 猝入來, 故慌怯而走.” 春知其陰事, 故戲之. 後懷門徒, 問黑衣人, 何謂也. 懷曰 : “驪者黑也, 指驪湖人也. 吾與春爲謎語耳.”

046 疇於翰薦後, 有物論, 久不就試. 時尤翁對客輒曰 : “疇孫之見枳, 非其母累也, 只有老物故也.” 逢人輒以此云云者, 竊欲因此, 益播其溺死之累也. 疇之母不堪於其舅之險毒·構捏而溺死, 故其舅反益恚怒之云.

송주석의 교만함

047 疇錫以尤之孫. 乞養爲金堤守. 驕蹇之習, 壓一道, 道伯以下, 莫不趨風. 往巡營, 則至達營門, 勸馬聲, 張日傘. 入門下轎, 直以平服入見道伯, 兵·水使以下縮伏, 無敢出一聲. 時礪山營將李斗望, 是湖西殘族, 而有膂力豪俠者也. 以軍器點考關到, 郡吏稟招工匠, 修軍器, 疇曰 : “置之.” 又稟迎候支應等事, 亦曰 : “置之.” 及營將來坐客舍, 大發憤怒, 鄕將廳以下, 至戶長·吏·兵房, 凡有名目於任使者, 皆令捉入滿庭.
吏屬惶怵, 告急於疇, 疇曰 : “惱哉, 吾將出見.” 平服乘肩輿, 直抵客舍大廳

---

7) 才 : 필사본에는 “纔”로 되어 있다.

而下, 入揖於交椅前. 營將視而不見, 猝然厲聲曰: "汝祖雖宰相, 汝亦宰相乎. 雖曰宰相而爲郡守, 則亦不聞上下官之體貌乎. 汝祖敎汝若是乎. 理學固如是乎." 疇不敢發一言, 奪氣昏窒. 通引負而歸, 灌水于口, 按摩四肢. 良久, 乃甦曰: "吾何以至此." 告曰: "營將厲聲叱責之故也." 疇曰: "渠何敢厲聲於我哉." 聞者捧腹. 營將因亂棍, 監色·諸吏, 逐點閱軍器, 執頉罷黜. 一郡惴慄, 曰虎狼營將云. 斗望坐詬辱尤庵, 坎軻而終, 疇亦坐, 是爲笑, 囷官不達.

윤선거와 신상

048 魯祭府使申恦【亦從江都, 被虜還者[8]】文, 借恦之說以爲: "吾輩可爲被虜中之潔者也." 被虜豈有潔·不潔之可別歟. 不覺一哂.

윤증의 비문요청

049 尼之丐碑, 一再尚可, 至三至四, 而猶不自已, 全出於苟且彌縫之意. 如是而雖得榮褒, 尚可以爲榮於化者, 無愧於生者乎.

김석주 관련 일화

050 庚申誣獄後, 金錫胄封勳. 訪汾厓申判書, 時庭前桃實新熟. 申公取幾顆, 送與親友, 招小婢令閱, 譜其數. 然後, 取以親自封緘, 密去若干顆, 并書付去. 旣而更招小婢, 閱其數爻, 則果見欠闕. 申公卽發怒, 刑其婢, 婢誣服云: "路間渴甚, 偸食幾顆."云. 申遂以密去者, 若干枚出示曰: "婢本不偸, 刑重故誣服也." 仍誦近日, 所作一絶云: "麒麟臺上畫群公. 第一聲名博陸功. 何似城南病學士. 百花叢裏醉春風." 胄憮然而去.

051 胄平生策勳封君, 其願也. 庚申之獄, 八方譏察, 百道羅織, 其排布鍛鍊, 慘刻深文, 有浮於孟靑者. 豈惟人之性惡哉. 乃其貪功名之心, 使之也.

---

8) 虜還者: 저본에는 "還者裁"로 되어 있다. 필사본에 근거하여 수정하였다.

甲戌四月, 備忘記:"金錫冑位居三公, 持身不簡約, 其第宅, 實有愧於僅
容旋馬者. 至於壬戌誣告人, 金重夏·金煥獄, 處事謬戾, 公議咈鬱, 固有其
失. 而朝家待大臣之道自別, 特爲復官, 籍沒還給. 曩時, 臺臣臚列宋時烈罪
狀, 不止一·二. 而其中己巳疏'有疾, 始策太子'等語, 實涉不韙. 平心恕究,
寧有他意. 特爲復官."

숙종 신사년 혜성 출현

052 辛巳, 十二月十九日, 觀象監啓:"月入軒轅星." 二十二日又啓:
"白虹貫日, 太白見於巳地. 初昏白氣一道, 起自西, 直指天中, 狀如彗星,
長四五丈, 廣尺許."

남구만 관련 일화

053 肅宗庚辰, 祠議復作. 藥泉相獻議略曰:"啓聖祠之議, 始發於宋末,
更發於皇明, 成於嘉靖年間, 張孚敬之所建請. 盖前後諸論, 以顔·曾·思父
子位次也. 窃以此義推之, 未知啓聖廟之制, 棟宇之高卑, 間架之闊狹, 祝幣
·奠獻之節, 犧牲·籩豆之品, 軒懸之樂, 六佾之舞, 一用王者之禮, 與大成殿
無少差減耶. 若稍有減損, 則論以孔聖尊所生之心, 豈不蹙然, 不自安於大
享耶. 顔·曾·思之先於其父, 有孔聖在上, 猶可以壓尊之義爲言. 至於叔梁
氏, 不祀則已, 祀之而有降於孔聖, 又將諉之以何義耶. 因尊祀孔聖, 推及於
叔梁, 又因叔梁推及於顔路·曾點·孔鯉, 又推及於不知名字之孟孫氏. 又
以其例, 推及於周·張·程·朱之父, 有若臣僚之受爵於朝, 追贈其祖考者然.
其在爲聖賢崇德·報功之義, 無乃有欲尊而反卑之嫌耶. 且伏念此事籍令
日當行, 終歸於繁禮彌文, 似非今日之急務, 不如姑寝. 云云." 竟從議者之
議, 立祠於聖殿之後. 齊國公叔梁紇主享, 曲阜侯顔路, 萊蕪侯曾點, 泗水侯
孔鯉, 邾國公孟氏, 配食. 祭儀·品式, 從十哲例.

054 吾於庚寅, 曾叅從祀[9]疏, 至今恨之. 勿論可·不可, 儒生上疏, 俱極不
當, 況今泮宮, 豈是儒生着足之地. 雖因此停擧廢科, 決不可往矣.【『藥泉

集』戊子】

이현석의 강산풍월도중기

055 李判書玄錫爲淸風府使, 歸時, 寫所著詩, 題曰「江山風月都重記」,
踏印莊之紙筒. 其詩一聯曰：“淨利住持羅酒灸, 上淸仙子帶妻孥.” 記實
也. 又賦三有十無詩謂, 有樓觀, 有江山, 有烟霞, 無米·無鹽·無醬·無餠·
無魚·無酒·無妓·無樂·無文·無武云.

남인의 신론 평가

056 世之論者以爲：“爲是新論者, 雖自謂匪心利祿, 一出於公. 是猶龜
玆王之騾, 非騾·馬非馬者也, 亦不可. 爲割據偏霸手, 其見豈不隘且小哉.”
此論得之矣.【「原錄」景廟壬寅, 新論章, 叅看.】

당색별 평가

057 古史書, 我東土風俗曰：“其人柔善, 重爲惡, 驟見如癡.” 以是稱君
子之國. 盖自黨論乖離之後, 風氣分裂, 品賦各殊. 老黨之人, 多剛厲, 少黨
之人, 少眞實, 少北之人, 喜色態. 其柔善如癡, 猶不失東土本俗者, 唯東人
爲然. 然其中有不盡然者, 而大率然矣. 觀其容儀·動靜, 卜其色目, 在十可
得其七·八, 豈非天之命, 與亦莫不由人所感召乎.

정인홍의 자품

058 理學是天地間, 第一等事. 若爲其欺世盜名, 而做此事, 則必是大奸
慝·大敢果之人, 終必作大姦. 鄭仁弘, 是也.【『澤堂家錄』】

권시 관련 일화

059 炭翁坦率無表褙. 修簡於其子弟, 往往使余讀之, 問無落字與否. 子

---

9) 祀 : 저본에는 “祖”로 되어 있다. 『藥泉集』에 근거하여 수정하였다.

弟書來, 亦使余讀而聽之. 窃謂：“世之人雖其朋儕間書尺, 必潛書竊視, 恐傍人視知. 豈非其所言, 不出於正大光明故耶.” 炭翁無隱無私如此, 可想其所存矣.『白野記聞』

060 炭翁常曰：“咀呪, 不能殺人.” 余時在座, 而年尙少, 不敢質疑, 到今追思翁之意. 豈不曰人之欲富貴長壽者, 祈禱·祝願, 無所不至, 而無一如意. 獨此咀呪於暗昧中者, 豈有得中之理. 此所以不能殺人也. 噫, 咀呪之獄, 相望於近世, 或服·或不服, 終歸於自戕其身, 而咀呪猶不止. 若使翁之說, 行於世, 皆知其不能殺人, 則庶乎其止息矣. 仁人之言, 其利博哉.【上同】

061 權長水汯, 炭翁之兄也. 操履端方, 志慮堅確, 有不可犯者. 其居喪也, 晝夜不脫衰服, 至針綻補弊, 而終三年. 其畏忌, 不惰之實, 可推而見也. 其誨人也, 表衣幅巾, 危坐於草座之上, 講論訓誨, 至日沒乃已. 學者雖持『史略』初卷, 一大文以來, 未嘗辭焉, 相對捉勸. 以其人讀精·學熟爲期, 曾不咎其扞格不勝. 古所謂：“誨人不倦者, 是也.” 先生尙質厭文, 凡言論一任己見, 曾不隨俗俯仰, 故朝廷無先後之者. 世人視之爲一蔭仕之人, 良可歎也.【上同】

당론 비판

062 孟子曰：“春秋無義戰.” 余窃謂：“黨論無君子.” 何也. 周而不比, 群而不黨, 乃所以爲君子也. 而卽今以學問, 見尊於世者, 皆在黨目中, 頭出頭沒, 與之俱化, 則惡可責其不比·不黨乎. 不比·不黨, 已無可望. 而往往因其同己者之得志, 生享好爵, 死得美名, 是則以黨論爲自己之利也. 古之君子, 決不如是, 故余窃謂：“黨論無君子.”

이광좌의 말년

063 昔范蜀公致事之後, 天子敦召不已, 終不復起. 李相光佐旣奉朝請矣, 歸釣錦江魚享, 晚節淸閒, 何不可. 而龜勉再入, 頓隳聲譽, 卒受无限狼狙. 其有愧於范公, 多矣.

허적 관련 일화

064 公爲灣尹時. 有被虜人, 逃還義州. 公牒報方伯, 方伯具鳳瑞使之移
置昌城. 無何其人復投瀋陽去. 具驚惶行關, 問議於公, 且云: "此去公文,
還送營門." 公度其有他日誘公之意, 乃回牒曰: "關文後考留之." 及查勅
之來, 具泣達東宮: "臣奉朝命, 留走回人, 死豈不冤乎. 願令府尹當之."
公曰: "臣何可代鳳瑞, 死乎." 具泣訴不已. 東宮曰: "方伯㤼矣, 府尹可
擔當否." 公曰: "邸下之敎及此, 臣何敢惜軀命." 仍於座上, 取前日關文擲
還. 具遽取入, 懷喜動於色. 及公就查, 應對不挫, 事遂已. 公之就對, 具與一
守令, 從門隙窺聽, 而神喪股栗. 公出門, 具執公手曰: "吾顧不賢於公乎.
能知公之判, 此非賢而何."【『許相遺事』】

영조대 이의풍 사건

065 李義豐爲靑南兵使時, 土着軍官某乙, 以微罪決棍杖斃. 其妻, 營屬
裴希唐之女也, 欲爲之報仇, 白日懷短劍, 闖入營門, 歷階升軒. 劍及於座,
左右侍妓, 驚倒發喊. 義豐卒惶急從後門跳出, 方跨墻而逃, 裴女揮劍追之,
刺其左股. 營卒搏執之, 獄成被戮. 何物女子, 乃爾健耶. 雖曰在法當殺,
其義烈則有不可遂泯者. 惜乎, 吾忘其名. 今上甲寅年間也.

홍중기의 향전 판결

066 癸丑, 洪重夔爲康津縣監, 五月到任, 則鄕戰方張. 老黨自前官時,
呈文臚列午邊七人之罪, 未及處決, 而前官遞. 兼官亦不卽決, 又呈巡營,
營題云: "七人化外亂民. 偸食校物, 一一徵出, 後報使." 仍定兼官, 老黨以
爲: "此非兼官, 處置之事. 新官不久當到, 宜少徐." 到任翌日, 十二人齊
至, 到付營題. 夔見兼官二字, 怒而數之曰: "吾兼官乎." 對曰: "城主也."
曰: "然則安敢以兼官到付之狀, 到付於我耶." 叱責半晌. 乃以其狀付於
狀頭之頭, 曳而黜之. 十二人復呈營, 得題到付. 夔曰: "此旣流來鄕戰, 而

且人各有見. 吾當仔細廉察後處決, 姑爲退待." 僉曰 : "官家旣欲廉問, 則
雖至一朔二朔, 當留待官門." 曰 : "任自爲之."

至七月念後, 招入十二人曰 : "汝等呈文, 能無誣陷." 對曰 : "豈有誣乎."
曰 : "如有誣當反坐." 納招後謂曰 : "將推捉七人, 可對卞." 數日後, 七人
皆至. 使之對卞而論理報使曰 : "旣多時急公, 故又爲廉問得情. 今始捧彼
此供辭, 及對卞之辭論報, 可以參商. 云云." 監司尹得和大怒題送曰 : "慢
置營題, 至此之久. 又復游辭論報, 顯有左袒, 七人之意, 豈有如許事體.
刑吏着枷嚴囚, 縣監段自處. 云云." 又曰 : "文官守令皆不坐於方席, 而向
者直坐方席, 豈敢慢我至此哉." 夔曰 : "何足多言. 自處云則吾當棄歸." 卽
出寓鄕. 廳吏曰 : "刑吏上使, 及七人捉囚, 何以爲之." 答曰 : "自處之官,
豈可復管縣事."

未幾秋巡, 關文來到, 而本縣爲初到之邑. 自鄕·將廳下吏等, 各以所掌來
稟, 皆不答而却之. 和則疾馳到縣, 而凡其支應·迎候等節, 一不擧行. 和益
憤怒, 及入客舍. 夔卽傳喝于裨將輩曰 : "吾可卽歸, 欲與令輩, 一言相別,
故爲淹留. 可卽入見否." 曰 : "卽來." 仍卽入去,[10] 不及入房. 諸將皆咄咄
曰 : "處事, 何以如是, 而生事至此耶." 夔厲聲答曰 : "吾無毫末之失也.
守令旣專百里之任, 朝廷豈使守令, 不計事之是非曲直, 只遵監司之令而
已乎. 且監司與守令, 相議凡事, 可也, 豈以所見之或異, 而卽令自處乎.
雖於御前自三公至部僉奉, 皆有方席. 以外方體例言之'堂上守令, 有紋方
席, 堂下無紋云', 則守令之方席例也. 吾始爲縣宰, 但不熟於監司·守令體
貌, 而不可坐, 則初不給方席, 可也, 旣給之, 又責之何也. 雖無自處之題,
而我亦士夫, 寧忍屈首爲下官於如此監司乎. 雖謂我左袒七人, 吾所論報,
只俟營決. 而以吾觀之, 監司之左袒十二人, 亦甚矣. 今當率吾奴, 乘吾馬一
揮鞭, 可達吾鄕, 安用此鄙鄙之縣粮哉."

和坐大廳, 詳聽其言, 不覺忸怩, 屢俾請見. 答以"吾自處之官, 不宜帽帶",
至晚以便服入見, 逐條卞破. 和節節稱罪, 亟取其狀, 割去舊題. 夔曰 : "自

---

10) 曰卽來仍卽入去 : 저본에는 "仍卽人"으로 되어 있다. 필사본에 근거하여 수정하였다.

處者, 安敢仍蹲."云爾, 則和亦"欲引遞", 故不獲已勉許姑留. 和不撻吏, 翌朝促還.

영조의 이지억 중용

067 李之億恒承[11]於戊辰之曙之獄, 出誣援, 被逮就拿. 時只飲一椀冷水, 精神爽然不迷, 卞暴甚明. 上大加稱善曰: "汝旣無罪, 可卽放釋. 而汝之兄弟在湖西者, 同出賊招, 尙未拿來. 來後, 可一問而俱釋." 仍囚四日, 兄弟始到卽日, 皆見放而日已昏矣. 上命巡邏軍偕送, 仍慰諭之億, 使之加勉科工. 其年菊製, 之億忝第三, 上命置第二, 仍竝賜第. 又賜樂曰: "聞有老母. 可作三日." 歡恩數之, 非常古未有也.

영조대 엄택주 사건

068 嚴宅周者, 私賤也, 實姓李, 名萬江. 全義及唱之子, 其母私婢也. 少有絶才, 學書于同縣文官愼, 後三年十六七, 文藝大進. 一夕, 告于愼曰: "某村某家有處子, 孤獨無依願結婚." 所謂某家, 乃渠主家也, 以家禍闔門沒死, 只有一女, 過時未嫁. 愼以同鄕, 故熟知之, 大怒叱之曰: "汝安敢乃爾. 從今無復踵吾門." 萬江因亡去, 浮遊東峽, 爲寧越戶長女婿, 自稱嚴興道苗裔, 改姓名曰嚴宅周. 讀書龍門寺十年, 出而交遊, 卿相子弟, 連登大小科, 除延日縣監, 亦有治聲. 遞居太白山下深僻處, 敎授鄕人. 鄕之士族, 或有連姻者, 其父祖名字, 合字成文, 人所不識. 當初登科仕宦, 一不省掃還鄕. 人或詰問, 則模糊答[12]之, 世頗疑其蹤跡.

乙丑, 持平洪重孝以其兄重厚宰全義, 數往來, 知其根脉. 論啓發其奸, 命拿鞫. 爰辭牢諱, 推致其族屬究問. 皆以"不相見已三十年, 其形貌長短, 雖不能詳, 少日患連珠瘡, 項有瘢痕, 此可證也." 驗之果然. 上以爲: "改其父祖姓名, 欺罔國家, 其罪當死, 而於律無明文, 特爲減死爲奴, 永配黑山島."

---

11) 承: 저본에는 "升"으로 되어 있다. 『國朝榜目』에 근거하여 수정하였다.
12) 答: 저본에는 "荅"으로 되어 있다. 필사본에 근거하여 수정하였다.

김석주의 정탐정치

069 錦山有朴龜齡, 武科出身, 有膽略. 一日宋判書奎濂招之曰："兵判欲見君. 須卽上京." 龜齡遂上京, 直入兵判家. 則兵判金錫胄坐密室言曰："君聽我言, 則不久超坐吾地位. 云云." 龜齡曰："小人何敢不聽. 死且不避矣." 錫胄謂曰："國有大盜, 君須告變. 云云." 龜齡曰："此則不難, 而不知盜之爲誰某, 何以告變." 胄曰："自有可知之道, 但君堅定爲之." 龜齡曰："願效死爲之. 云云." 胄欣然, 龜齡曰："小人往, 宿主人家, 明晨待令."云. 則胄不疑而許之. 卽往素所親友家, 夜以酬酢之言告之. 其友曰："殺人圖功, 非平人之所可爲, 況未必生乎." 因出其善馬, 及作飯米[13]數斗給之. "明晨待破漏逃去, 莫向大路, 歸家遠避, 則可以圖生. 云云." 龜齡從其言得生云.

其前, 僧人戒玄者善地術, 還俗爲敎鍊官. 爲錫胄所逼牢, 拒不聽. 錫胄饋酒一盃, 出而卽死. 其後得鄭元老, 用苦肉計. 決棍出之, 使之怨望, 詗察於許積家, 得堅妖言, 告變云. 當初許積與金錫胄, 甚好. 光城金萬基使李師命, 行讒離間, 釀成大獄. 其時設鞫三處, 一則捕盜廳·一則本府·一則錫胄家云.

070 李重敏, 龍仁賤孽也. 貧窮, 將其母寓於勢家之空廊, 以販賣資生, 取其婢作妻. 且其母善針線, 出入內堂, 勤幹任事. 故敏也, 得除敎鍊官, 仍登武科, 至雲山郡守. 其子光漢免賤, 繼入軍門. 得寵於淸城, 淸城慫惥譏察, 則對曰："小人父子之出入於大監·儕友之門, 累十年. 萬目所觀, 若非苦肉計, 彼何能信." 淸城喜曰："汝能辦之否." 後日衆會之中, 搆得罪目, 大怒毒打, 皮綻肉開, 血淋漓將死. 諸人苦勸乃止, 曳出之.

光漢日臨廣通橋下, 露臀洗血, 大罵淸城, 行路指點, 人不堪聞. 及其差也, 攀附社相之門, 納交於堅. 堅與語, 伶俐可愛, 曲勤視信, 親密無比. 光漢導之以不義, 誘之以非理, 日覘動靜, 陰報於淸城, 終至於告變. 使堅滅身亡

---

13) 飯米 : 저본에는 "餠"으로 되어 있다. 필사본에 근거하여 수정하였다.

家, 誰謂堅聰明乎. 光漢四通五達之衢, 日日大聲, 叱辱其帥, 人莫不掩耳.
少有知覺者, 則遠之, 猶恐有及, 況親密謀事耶. 天奪其魄而然歟. 人言:
"許相冤債, 化生堅也, 以禍其家." 或者不其然歟. 庚申十一月, 李師命·金
益勳·李光漢, 六人等, 追錄保社勳矣. 己巳, 師命·光漢等, 承服正刑矣.
甲戌, 只伸雪而勳號, 則仍削不論. 壬寅鞫獄, 光漢之子崇祖凶斃.

장붕익의 부당한 처결

071 鄭思恭卽判書維岳之孽子也. 向年埋凶穢於其宗家, 咀殺其宗孫, 發
覺逮囚, 幸而獲免. 庚戌, 爲捕將張鵬翼譏捕, 竟赤其宗. 鵬翼辛丑黨友,
麤悍樂禍者也. 當戊申·庚戌獄, 爲捕將廣布譏察, 恣意鍛鍊. 凡諸人奴之
欲疾其主者, 與讎家之欲報私怨者, 從其訐告, 單辭捕入, 亟施淫刑, 不殺不
已. 以是无辜之破家戮身者, 不計其數. 道路側目, 比之羅鉗云.

역귀는 없다

072 吾鄉洪丈晚生三子, 愛護備至. 至痘疫, 入家渾舍, 齋戒·不食肉·不
飮酒. 設床卓, 祈禱, 日再三沐浴, 不敢少懈, 俄而一子夭. 洪丈恐其誠意未
盡, 益加敬謹, 俄而一子又夭. 洪丈於是大恚曰: "我無失於神, 而神降禍
於我, 我有三子·二子已死, 其一之得保, 何可必也. 神乎, 神乎. 任意死生
之." 遂破其床卓, 黜病兒於外廊, 殺牛置酒. 日夜昏醉, 不問兒病如何, 其兒
不十日而愈, 而少無瘢痕. 今生子生孫, 世其宗祀. 苟有神也, 敬之而不見報,
慢之而獲其佑, 是何理也. 抑其本無神, 而人以爲有耶.【『白野記聞』】

송시열 관련 일화

073 原峽有權時道者, 士人也. 爲言其祖某, 少有性格, 家且豪富. 嘗從懷
學, 四·五年, 以母病歸家. 喪三年後, 復至懷所, 懷方在深山小菴. 清早上
謁, 懷初無一言, 但頷之. 良久問曰: "爾來時過吾門否." 曰: "中路聞先
生寓此菴, 急於進拜直來, 而山深日暮, 村下五里外投宿." 懷曰: "唯唯."
更無他言. 既而僧曰: "方炊, 生員可起出飯米." 曰: "吾雪曉徒行, 寒飢

特甚, 而行橐在山下, 奈何." 要觀懷俯仰, 懷暝默如不聞. 頓非前日, 款接之
意, 心窃怪之. 俄懷頤揮侍僮, 解下庋閣上諸饌, 大嚼細酌, 燒酒飲下. 依舊
藏置, 不分一味. 頃之懷起如廁, 於是出其閣饌, 恣意噉之, 引酒健飲.
及懷入, 見壺榼狼藉, 怒目睥睨, 乃起而進曰: "執事不以弟子遇吾, 吾不
敢復稱先生. 吾出入門下, 已四·五年, 何異一家人. 而草土三年, 終一不問,
今服闋, 促裝遠來, 無一言相慰, 視如路人, 人情固如是乎. 吾嘗聞諸執事
'天理人情, 竝行不悖', 是果天理乎. 吾點檢吾身, 無一分得罪於執事. 平日
往還, 必以物件·帖子先之, 今行卒卒無此, 此所以得罪於執事也. 吾於四·
五年間, 破吾産以奉執事, 何啻一二百緡. 吾出此言固小人, 而執事之非君
子人, 吾亦乃今知之矣." 仍呼其奴進小櫃曰: "顧此饌物, 今奉獻非情也,
持去亦不屑也." 撲碎于懷前, 長揖出門, 懷武色熟視而已. 其祖有手錄二
卷, 多書懷事, 懼不敢出云. 李元裕遇時道, 親聞此言, 爲余傳之.

074 有一士人, 居靑坡路傍, 草屋數間, 環堵蕭然. 白首讀『易』, 不出隣
里, 不見面, 不知姓名, 稱之曰易學隱者. 嘗夾『易』往懷, 問難於宋尤菴,
尤菴所答頗錯. 隱者反覆切詰, 則宋厲色, 不肯開討. 隱者作曰: "世無知『
易』者, 意公知之, 故來. 愚之所疑, 因公可析, 公之差處, 亦可因愚而得.
此麗澤相益之道也. 非如世路言議利害. 何公之亢己設勝而待之." 遂捲冊
而起. 尤菴慚謝留之, 隱者不爲留, 揖而歸. 或曰: "隱者李姓, 名弘業."云.

명종의 성덕

075 明宗朝, 義信君生長太平, 豪俠自任. 一日, 有承傳色來, 東皐相公傳
聖旨曰: "自上以義信君爲儲副, 待曉詣闕事有旨. 云云." 翌曉, 東皐赴闕,
問於內官曰: "昨日有如此, 內官來傳上敎, 果然否." 內官皆云不知. 李相
乃密奏其事, 上乃殿坐拿致義信君. 對曰: "生此盛時, 安享祿位, 亦無讎
怨於人, 今日之事, 臣實不知." 上曰: "汝於京妓私婢中, 有所眄者耶." 對
曰: "京妓某果與交歡." 乃令拿致厥妓嚴訊, 義信之外, 最所留情者. 妓對
曰: "市人某也." 卽令招來, 則果昨日李相家傳命者也. 其人無鬚貌類宦

684

者. 乃令依律行刑. 上下敎李相曰: "若韓琦必囚其人而來. 卿之不及古人, 遠矣." 特命遞相, 數日後, 復命. 此一節亦可見明廟聖德也.【『撫松小說』】

북벌에 힘쓴 윤휴

076　呂湖在庚申論劾, 方張之日, 以司僕提調, 尙勘諸道牧場公事. 人或止之則曰: "征北之日, 馬政最急, 吾一日在職, 安敢不盡一日之責." 盖其直腸誠心謂, 征北事, 尙可爲也. 及其臨死歎曰: "朝廷不用儒賢則已, 何至於殺乎." 人以賊殺之, 而以儒賢自居, 有是哉. 迂也. 雖然, 其言悲乎哉. 【在「白湖年譜」, 其文少異】

조현명의 윤광신 구원

077　尹光莘, 叅判東衡之子也. 以膂力勸武出身, 驟躋閫帥. 乙丑, 求爲忠淸水使, 荒淫貪濫, 監司啓罷. 遣宣傳官奪符, 托以病狂不見, 宣傳官迫脅, 乃從門隙, 投而與之. 又遣禁都拿來, 不就拿. 新水使李彦祥請交龜, 亦不出來. 不得已, 使軍官十輩, 逼請然後, 出給. 朝家聞之, 別遣禁都縛來, 臺官請梟首. 上允之, 而右相趙顯命日三箚力救之, 上卽命嚴鞫. 高打膝骨, 一次徑斃.

합강정 현판

078　合江亭, 燕岐勝處. 而亭主成氏也, 將死遺命葬亭上高阜, 板刻懸楣曰: "客有携酒來遊者, 先以一盃酹我墳土." 盖亦放達之士也. 至今往來, 遊人瀝酒不敢廢云.

『桐巢漫錄』之藏于其本孫家者, 是聾窩朴公所編次. 而諸家藏本想亦是本之謄傳. 然其繁簡, 與次序間, 有不同, 可知謄傳者之更加刪定也. 今印本, 亦從諸家藏本之一, 而更考於朴公所編本, 另作一編, 附於原錄之下. 雖片言隻字, 無遺珠之歎, 而如李台之億, 及錦山朴龜齡·龍仁李重敏事, 在朴本亦係附錄, 并入此.

拔

○ 不佞, 少也, 嘗從父兄長者後, 獲承謦咳於桐巢南先生. 其風儀之魁偉, 言論之爽豁, 有足以聳動人者, 自不覺其肅拱欽仰. 而稚幼蒙騃, 知識蔑劣, 粗覿其表, 而未窺其衷, 略涉其淺, 而莫測其深. 退而私自語曰 : "碩乎, 其碩人哉. 斐乎, 其君子哉." 間又遊習於先生之季潛翁丈, 人丐得先生遺文而讀之, 始有以悉叩其衷面深處. 盖操守之堅確, 踐履之篤實, 文章之宏博, 議論之公正. 不但偏邦衰世之傑出者而已, 殆古之所謂天下三代上人也. 於是乎怳然, 若高山之仰, 而又不覺其心悅而誠服也.

惟玆『漫錄』一篇, 卽先生晚年所箚記者, 凡公私古實, 遠近異聞, 旣皆搜羅包恬. 至若中世以來, 公卿大夫·士, 曁夫以儒名者之言行事業, 賢愚邪正, 豪分縷析, 明白的確, 深得春秋衮鉞之筆法. 眞可謂不史之史也. 嗟乎, 一自東·西·南·北之岐貳, 繼有老·少·緩·峻之割裂, 滄桑屢變, 奕棋頻翻. 人各其師, 士別其類, 黨同伐異之習, 塗於耳目. 入主出奴之意, 錮於心肚, 曰是·曰非, 互相角勝. 或自謂公心·公言, 而每當毀譽·取舍之際, 未免扶抑黜陟之偏.

由來數百載, 擧一世滔滔皆是, 而獨先生超脫於頹波之中, 卓立乎流俗之外. 雖色目之與同, 情志之相通, 而如其有不是處, 則必正言直斥, 無所庇護. 至於若栗·若牛·若尼·若懷, 卽一邊人之所尊仰而俎豆之者. 夷考其平生, 則用心立言, 私而不公, 從政行事, 譎而不正, 百般瘡疣, 萬端瑕累. 先生劈破頭臚, 剖析肝肺, 筆之於書, 不少容貸. 假使夫夫再生, 必無辭可卞, 偃幟不暇. 而顧其徒黨寔繁且盛, 世執國命, 勢焰薰天, 是非, 焉能顚倒之忠逆, 焉能變幻之禍福. 人殺活人, 惟意所欲, 則吾儕之失路者, 惴惴慄慄, 不敢奮一氣·發一聲, 較長短·爭得失, 而殆將百年于玆. 若使此書一出於世, 則同室之內, 瞠乎視而艴乎色者, 非止一二, 敵陣之中, 操其戈[14]而按其

686

劍者, 不翅千萬矣.

惜乎咄哉. 如此大文字·好言語, 竟不可以示於人而傳於世耶. 雖然天地無長夜, 日月不常晦, 大義, 未嘗歷千古而終泯, 至言, 或有曠百世而見信祇. 當十襲寶奉于巾衍, 以待夫一日, 從今以往百歲·千歲·萬歲之間, 亦豈無一日之遇哉. 幸而遇, 不幸而不遇, 天耳, 其奈天何. 潛翁以原本三冊, 屬余而戒之曰: "此編初旣隨錄, 無先後之序, 間或有一事而重言之者. 業欲釐正, 而耄且惛, 迄未之果焉. 願吾子爲我圖之. 而又惠一言而發揮之, 非吾子固不敢相浼也." 不佞於先生之遺業, 竊幸附驥, 有不可辭. 遂置諸案上, 反復披閱, 然後乃敢刪其煩, 複定其次序, 手自繕寫, 爲上下二卷. 仍以有感于心者, 跋而歸之, 倘先生有知於冥冥, 庶或以我爲世之子雲也否. 屠維大淵獻, 皐月下浣, 綿城, 朴思正識.【朴思正, 號聾窩, 務安人. 草亭朴應善, 五代孫. 與安順庵鼎福同時, 有文集, 又有『家禮酌通』四卷行于世.】

東方有隱遯高尙之士曰桐巢南先生, 其人也. 公生長名家, 誦法古人, 將有爲於斯世也. 而見世道日下, 風俗漸渝, 不可挽回, 乃謝絶世事, 以一進士, 老于林樊, 著書講志, 消遣歲月. 而時於燕閒之暇, 哀集舊聞, 箚錄零言, 以備考覽. 而其言無不鑿, 鑿有證據, 足以信. 後而警世, 編成籤之曰『桐巢漫錄』. 公沒而藏于家矣. 不佞嘗得而讀之, 見其志甚苦, 其言甚切也, 則又未嘗不閔其志而悲其言. 掩卷, 太息曰: "之人之時也, 其言安得不軋軋乎. 不止於中和也." 顧今時視公之時, 又異矣, 道喪文獘, 謬訛日長. 余懼此編之久而泯沒, 使後生末學, 無以辨疑而就正. 遂謀印出, 俾廣其傳覽之者, 有以知公編錄之苦, 刊錄者之亦出於苦心也. 公之行治, 已見於卷首略傳.【井源與刊所, 諸益叅酌而增刪於公之行狀與墓碣, 以爲略傳】是書編次顚末附錄下, 亦爲略述, 并不贅. 玄黓春下浣, 淸州, 韓井源識.

___

14) 戈 : 저본에는 "弋"으로 되어 있다. 필사본에 근거하여 수정하였다.

696